아무 일도
안 일어
났다

일러두기

- 이 책은 2024년 12월 3일 윤석열 정부의 비상계엄 선포 이후, 해당 사안과 관련한 의회와 정당의 공개 회의록 및 상정 안건, 공식 보도자료 등을 엮은 것입니다.
- 이 책의 자료는 〈국회회의록의 발간 및 보존 등에 관한 규정〉 제2조에 따른 임시회의록을 포함하며, 본문 내 자료에 해당 사실이 표시되어 있습니다.
- 각 자료는 최대한 시간 순서에 따라 배치했습니다. 의안은 검토나 의결 일자가 아닌 제안 일자에 맞춰 배치했고, 폐기된 의안도 중요도에 따라 수록했습니다.
- 모든 자료는 머리말과 꼬리말을 제외하고 원문 상태 그대로 보존하였습니다. 다만, 공식 문서 형태가 아닌 웹상에 게재된 자료는 책에 수록하기 위해 양식을 수정하였습니다. 이 과정에서 맞춤법을 포함하여 원문의 내용에는 어떠한 수정도 가하지 않았음을 밝힙니다.
- 목차의 각 항목에 표시한 부제는 원문 자료에 없는 것으로, 주요 논의 사항을 쉽게 파악할 수 있도록 추가한 정보입니다. 의안의 경우 최종 검색일을 기준으로 의결 상황과 일자를 표기했습니다.
- 모든 자료의 출처는 아래와 같습니다. (최종 검색일: 2025년 2월 14일)

  - 국가법령정보센터 https://www.law.go.kr/
  - 국무조정실 국무총리비서실 https://www.opm.go.kr/opm/index.do
  - 국회회의록 https://likms.assembly.go.kr/record/
  - 대한민국 정책브리핑 https://www.korea.kr/
  - 의안정보시스템 https://likms.assembly.go.kr/bill/main.do
  - 국민의힘 홈페이지 https://www.peoplepowerparty.kr/
  - 더불어민주당 홈페이지 https://theminjoo.kr/main/
  - 조국혁신당 홈페이지 https://rebuildingkoreaparty.kr/
  - 개혁신당 홈페이지 https://www.reformparty.kr/press
  - 진보당 홈페이지 https://jinboparty.com/
  - 기본소득당 홈페이지 https://www.basicincomeparty.kr/
  - 사회민주당 홈페이지 https://www.samindang.kr/

아무 일도 안 일어났다

탄핵 심판 홍장원, 곽종근 등 증언과
국정조사 청문회
(2.4.-2.6.) ————————————— 한국학술정보 엮음

머리말

2024년 12월 3일 20시 25분경, 윤석열 대통령은 긴급 대국민 담화를 통해 비상계엄을 선포했다. 1979년 이후 45년 만에, 1987년 민주화 항쟁 이후 처음 있는 일이었다. 그는 국회의 잇따른 탄핵 소추와 예산 삭감이 정부 운영을 마비시키려는 시도라며, 비상계엄은 "종북 반국가 세력들을 척결"하기 위한 조치라고 밝혔다.

계엄 선포 직후, 경찰과 계엄군은 국회의 출입문을 봉쇄하기 시작했다. 국회의 정치활동을 금지하는 내용을 첫 번째로 실은 계엄 포고문도 발표되었다. 그러나 국회의원들은 담을 넘어 국회로 진입했고, 시민들도 어느새 모여 국회 앞을 지켰다. 긴장이 고조되며 계엄군이 국회 본관 창문을 깨고 내부로 진입하기도 했지만, 시민과 보좌진은 몸을 던져 바리케이드를 쌓고 소화기 분말을 뿌리며 저항했다.

계엄군이 회의장 앞까지 도달한 12월 4일 오전 1시경, 국회는 재석 190명 전원의 찬성으로 비상계엄 해제를 의결했다. 비상계엄 선포로부터 불과 세 시간 만이었다. 윤석열 대통령은 그로부터 다시 세 시간이 지난 4시 30분경 계엄령 해제를 공식 발표했다. 국민과 국회의 신속한 대응으로 계엄령은 여섯 시간여 만에 해제되었으나, 이는 우리 사회 전반에 가늠할 수 없는 여파를 미치고 있다.

이 책은 12·3 비상계엄 선포부터 현안의 중심이 된 국회와 각 정당이 공개적으로 발표한 회의록과 성명문 등을 엮은 기록물이다. 긍정적이든 부정적이든 제삼자의 필터를 거친 보도를 배제하고 한국 의회의 실제 모습을 담아냄으로써, 우리 사회를 비롯해 전 세계가 주목하고 있는 이 사건의 실체를 기록하고 기억하고자 하는 의도에서 출간되었다.

물론, 국회와 정당만이 우리 사회와 현안의 전부는 아니다. 거리 곳곳을 밝힌 불빛과 목소리, 각계각층의 시국선언, 수사기관의 상황 보고, 언론과 매체의 분석, 그리고 조용히 일상을 지키며 살아가는 수많은 사람의 노력이 모여 우리의 현재를 이루고 있다. 그럼에도 이 책이 국회와 정당의 움직임을 기록하고자 한 이유는, 그들이 사회 전체의 의지를 반영하는 대표성을 지니고 있기 때문이다. 계엄령 해제를 포함해 향후 이뤄진 주요한 사회·정치적 결정은 모두 시민의 요구와 더불어 국회의 민주적 절차를 통해 이루어졌다. 이를 충실히 기록하는 일은 우리 사회가 민주주의의 과정을 이해하고 앞으로의 도전에 대비하는 데 중요한 자료가 될 것이다.

한편, 이 책 역시 분량과 구성의 한계상 국회와 정당이 내놓은 모든 의견과 자료를 담지는 못했다. 정당 관련 자료는 국민의힘, 더불어민주당, 조국혁신당, 개혁신당, 진보당 다섯 개 정당의 자료를 실었으며, 공식적으로 발표한 주요 입장과 보도자료를 중심으로 구성했다. 원내 정당 가운데 전문을 실지 못한 기본소득당, 사회민주당의 자료와 기타 관련 논평 등은 비어 있는 지면을 활용해 최대한 소개하고자 했다.

본 총서의 제14권은 2월 4일부터 6일까지 3일 간의 내용을 다룬다. 4일 비상계엄 국정조사 제2차 청문회에서는 언론사 단전·단수 지시 문건, 비화폰 사용, 노상원의 요원 제거 지시 등 많은 사항에 관한 질의가 오갔고, 특히 곽종근 전 특수전사령관이 "의원이 아닌 요원"을 비롯한 김용현과 윤석열의 4차 변론 당시 주장이 거짓이라고 재증언하였다. 동일 탄핵 심판 5차 변론에서는 이진우와 여인형 그리고 홍장원이 출석하여 국회로의 군 투입과 주요 대상 체포 지시에 관하여 증언했고, 그 와중에 윤석열은 이번 계엄 사태에서 "아무 일도 안 일어났다"며, 이런 질의가 마치 "호수 위의 달그림자"를 쫓는 것 같다고 강변했다. 5일에는 윤석열, 김용현 등이 수감된 구치소에서의 방문 청문회가 실시됐으나 모든 증인의 면회 거부로 무산되었다. 6일에는 국정조사 제3차 청문회가 열렸고, 비상계엄 전 국무회의의 정당성, 주요 대상 체포 지시에 관한 증언 등이 이루어졌다. 동일 탄핵 심판 6차 변론에는 김현태, 곽종근, 박춘섭이 증인으로 출석했고, 다른 군 관계 증인들과 달리 곽종근 전 특수전사령관은 국회의원 의결을 방해하란 대통령 지시가 분명히 있었다고 다시금 증언했다. 윤석열은 이를 부정하며, 홍장원과 곽종근 때문에 탄핵과 내란 몰이 프레임이 시작되었다고 이야기했다.

본서에는 이들 청문회 회의록과 탄핵 심판 당시 피청구인 윤석열의 발언 전문, 그 외 6일 있었던 제주항공 여객기 참사 특별위원회 현안 질의와 교육위원회 소위원회 회의록 등을 담았다. 또한 검찰과 공수처의 수사와 기소는 불법이며, 문형배 헌법재판관 등은 편향적이고, 이를 배후에서 조종하는 한편 카톡 검열이나 검찰 예산 삭감 등을 진행한 더불어민주당이야말로 내란 세력이라고 주장하는 국민의힘과 윤석열 측 변호인단의 입장문, 논평, 보도자료를 비롯해, 윤석열을 접견하고 헌법재판소를 흔들며, 폭동을 조장하고 극단적 발언을 서슴지 않는 극우 세력과 이에 동조하는 여당, 그리고 여전히 비상계엄이 정당한 권한 행사라 주장하는 윤석열 측을 비판하는 한편, 비화폰 및 명태균 게이트에 관한 검찰의 수사 미진을 지적하는 야권의 정당 자료 역시 수록했다. 그 외에 12월 4일을 헌법 수호의 날로 지정하자는 국회법 일부개정안, 국회 자체 경비조직을 신설하자는 국회 경호 관련 법률안, 2월 3일 발의된 여당의 공수처 폐지안에 맞서 수사·공소제기 대상 일치 및 정원 확대를 골자로 한 공수처법 일부개정안 역시 수록하였다.

이 책이 한국 사회가 과거를 기억하고, 미래로 나아가는 데 중요한 자료로 활용될 수 있길 바란다.

한국학술정보(주)

목 차

2025년 2월 6일

탄핵 심판 6차 변론 곽종근 등 증언, 국정조사 3차 청문회 외

2025년 2월 4일

탄핵 심판 5차 변론 홍장원 등 증언,
국정조사 2차 청문회

윤석열이 헌법재판소 탄핵심판 변론에서 또 해괴망측한 말을 했습니다. 비상계엄 당시 아무 일도 없었으니, 정치인 체포지시 등의 이야기가 "호수 위에 달그림자 쫓는 느낌"이라 표현한 것입니다. 세계가 경악할 위헌적 비상계엄날, '아무 일도 없었다'는 말입니다. 그리고 아무도 안 잡혀갔으니, 내란 관련 의혹도 모두 허상이라는 의미입니다. 그 논리대로라면 음주운전을 해도 사고만 안나면 됩니다. 흉기로 사람을 위협해도 죽거나 다치지만 않으면 됩니다. 이게 일 국의 대통령이었던 자가 할 말입니까. 군홧발로 국회가 처참히 밟히는 장면을 전 국민이 생중 계로 봤는데, 철면피도 이 정도면 해외토픽감입니다.

– 진보당 원내대변인 정혜경, 2월 4일 서면브리핑

제422회국회
(임시회)

윤석열정부의비상계엄선포를통한내란혐의 진상규명국정조사특별위원회회의록

제 6 호

(임시회의록)

국 회 사 무 처

일 시 2025년2월4일(화)

장 소 국방위원회회의실

의사일정
1. 윤석열 정부의 비상계엄 선포를 통한 내란 혐의 진상규명 국정조사 청문회(2차)
2. 간사 선임의 건
3. 동행명령장 발부의 건(추가)

상정된 안건

(10시02분 개의)

○**위원장 안규백** 의석을 정돈해 주시기 바랍니다.

지금부터 헌법 제61조, 국회법 127조, 국정감사 및 조사에 관한 법률에 따라 제422회 국회(임시회) 제6차 윤석열 정부의 비상계엄 선포를 통한 내란 혐의 진상규명 국정조사 특별위원회를 개회하겠습니다.

보고사항은 유인물로 대체해 주시기 바랍니다.

(보고사항은 끝에 실음)

설 연휴 기간에도 내실 있는 국정조사를 위하여 노력하여 주신 여야 위원님께 깊은 감사의 말씀을 표합니다.

참고로 오늘 국정조사 과정이 국회방송, 국회방송 유튜브로 생중계될 예정임을 알려 드립니다.

오늘 실시되는 제2차 청문회에서는 비상계엄의 원인과 책임이 꼭 명백히 규명되기를 바랍니다.

또한 참석하신 증인께서는 국민 여러분께서 지켜보고 있다는 점을 명심하시고 오늘 청문회에 진실되고 성실하게 답변하는 자세로 임해 주기 당부드립니다.

위원님께 먼저 안내말씀을 드리겠습니다.

국민의힘 김성원 간사께서 사임함에 따라서 간사 선임의 건을 먼저 처리하고 회의를 진행하도록 하겠습니다.

2. 간사 선임의 건

○**위원장 안규백** 그러면 의사일정 제2항 간사 선임의 건을 상정합니다.

이 안건은 국회법 제50조 규정에 의거 국민의힘 소속 간사 1인을 선임하는 것입니다.

간사 선임 방법은 관례에 따라서 국민의힘에서 추천하신 한기호 위원님을 간사로 선임하고자 하는데 이의가 없으십니까?

(「예」 하는 위원 있음)

가결되었음을 선포합니다.

---

o 간사(한기호) 인사

○**위원장 안규백** 먼저 간사로 선임되신 한기호 위원님과 또 우리 위원회에 새로 보임해 오신 장동혁 위원님께서 인사말씀을 차례로 듣도록 하겠습니다.

먼저 한기호 간사님 말씀해 주십시오.

○**한기호 위원** 존경하는 안규백 위원장님 그리고 민주당 위원님들!

그동안 오랫동안 많이들 열심히 일해 주셨는데 앞으로도 원활한 협조하에 의사가 진행되기를 바랍니다.

감사합니다.

○**위원장 안규백** 오랜 국방위 활동으로 모든 것이 잘 협조가 이루어질 수 있도록 양당이 다 협력해 주시기를 다시 한번 말씀을 드립니다.

그다음에 장동혁 위원님 말씀해 주시기 바랍니다.

○**장동혁 위원** 충남 보령·서천의 장동혁 위원입니다.

위원장님 그리고 여러 위원님들과 국정조사 하면서 열심히 하겠습니다.

이상입니다.

○**위원장 안규백** 청문회에 들어가기 전에 오늘 불출석한 증인의 동행명령을 위한 의결절차를 진행하도록 하겠습니다.

국회에서의 증언·감정에 관한 법률에 따라서 불출석 시에는 3년 이하의 징역 또는 1000만 원 이상 3000만 원 이하의 벌금에 처하며 동행명령 거부죄는 5년 이하의 징역에 처할 수 있습니다.

지난 1차 청문회 때 말씀드렸듯이 수사 중이거나 재판 중인 증인도 국정조사에 증인으로 출석하여야 한다고 의결한 바 있음에도 불구하고 국정조사를 회피 중인 데에 대해서는 동행명령장 발부 및 고발 등 단호한 법적 처벌과 책임을 물을 것을 다시 한번 말씀드립니다.

---

o 의사일정 변경의 건

○**위원장 안규백** 그러면 의사일정을 변경하여 불출석 증인에 대한 동행명령장 발부를 위한 안건을 추가로 상정하고자 하는데 이의가 있으십니까?

(「있습니다」 하는 위원 있음)

이의가 있으신 위원님 계십니까?

（「예」하는 위원 있음）

그러면 먼저 동 안건을 추가하도록 하고……

___

3. 동행명령장 발부의 건

○**위원장 안규백** 의사일정 동행명령장 발부의 건을 먼저 상정합니다.

우리 위원회가 의결한 오늘 청문회 출석 증인 또 참고인은 총 39명이었습니다마는 이 중 다수 증인이 건강상 이유 또는 구속 기소 중이라는 이유로 불출석사유서를 제출하여 출석을 하지 아니하였습니다. 그러나 이들 출석 증인 중 윤석열·김용현·문상호·강의구 증인은 비상계엄 선포와 관련하여 진상 규명을 위해 반드시 출석을 해야 될 핵심 증인입니다.

이에 국회에서는 증언·감정에 관한 법률 제6조 규정에 의거해서 오늘 청문회에 불출석한 윤석열·김용현·문상호·강의구 이상 4인 증인을 오후 2시까지 이곳 국정조사장으로 동행을 명령하고자 합니다.

위원님 여러분, 이의가 있으십니까?

（「예」하는 위원 있음）

○**한기호 위원** 표결해 주시기 바랍니다.

○**위원장 안규백** 그러면 이의가 있는 위원이 계시기 때문에 동행명령장 발부의 건은 표결로 처리하도록 하겠습니다.

오늘 불출석한 윤석열·김용현·문상호·강의구 증인의 동행명령장 발부에 대해서 찬성하는 위원님께서는 거수하여 주시기 바랍니다.

（거수 표결）

반대하시는 위원님 거수해 주시기 바랍니다.

（거수 표결）

표결 결과를 말씀드리겠습니다.

재석 17인 중 찬성 10인, 반대 7인으로서 의사일정 제3항 동행명령장 발부의 건은 가결되었음을 선포합니다.

그러면 지금 동행명령장을 바로 집행하도록 하겠습니다.

국회 경위 직원께서는 위원장 앞으로 나오시기 바랍니다.

（국회 경위 입장）

국정조사특위 위원장은 현 시간부로 국정조사 청문회에 증인을 출석하게 하기 위해서 동행명령장을 발부합니다.

국회의 경위께서는 윤석열 증인을 비롯한 4인에 대한 동행명령장을 즉각 집행해 주시기 바랍니다.

（동행명령장 전달）

국회 경위 여러분과 입법조사관 여러분께서는 막중한 책임감을 가지고 오늘 불출석한 증인에 대한 동행명령장 집행이 될 수 있도록 최선의 노력을 다해 주시기 바랍니다.

증인에 관련하여 제3차 증인으로 의결된 이창용 한국은행 총재는 오늘 2차 청문회에 출석하기로 간사 간에 양해가 되어 있습니다.

___

1. 윤석열 정부의 비상계엄 선포를 통한 내란 혐의 진상규명 국정조사 청문회(2차)

○**위원장 안규백** 그러면 의사일정 제1항 윤석열 정부 비상계엄 선포를 통한 내란 혐의 진상규명 국정조사 청문회를 상정합니다.

먼저 증인 선서를 받도록 하겠습니다. 증인에 대한……

○**곽규택 위원** 위원장님, 증인 선서하기 전에 의사진행발언 있습니다.

○**위원장 안규백** 잠깐만, 이거 마치고요.

○**곽규택 위원** 선서하기 전에 해야 됩니다.

○**위원장 안규백** 증인에 대한 신분 확인은 행정실에서 이미 실시하여 생략하기로 하겠습니다.

증인 선서를 받는 이유는 국회가 국정조사를 실시함에 있어서 증인으로부터 양심에 따라 숨김없이 사실대로 증언하겠다는 서약을 받기 위한 것입니다. 만약 증인이 정당한 이유 없이 선서 또는 증언을 거부하거나 증언 중 모욕적인 언행 등으로 국회의 권위를 훼손할 때, 선서한 증인이 허위로 진술할 때에는 국회에서의 증언·감정법에 의거 법률에 따라 고발될 수 있음을 말씀드립니다.

또한 국회에서 증인으로 조사받는 자는 이 법에 정한 처벌 받는 것 외의 증언으로 인하여 어떠한 불이익한 처분도 받지 아니한다고 규정되어 있음을 알려드립니다. 이 조항은 국회의 국정조사 과정에서 행한 증언 답변으로 인해서 다른 목적으로 불이익을 처분받지 않게 되어 있으므로 진솔하게 증언하시기 바랍니다.

형사소송법 제48조 규정에 의거, 본인이나 가족 관계에 있는 자가 형사소추 또는 공소제기를 당하거나 유죄 판결을 받은 사실이 드러날 염려가 있는 증언에 대해서는 증언을 거부할 수 있음을 알려드립니다.

다음, 선서 방법에 대해서 말씀드리겠습니다.

선서는 증인을 대표하여 국방부장관직무대행께서 발언대로 나와 주시고 다른 증인께서는 자리에 일어나 오른손을 들어 주시기 바랍니다.

그러면 김선호 국방부장관직무대행께서 발언대로 나와서 선서해 주시고 선서가 끝나면 선서문을 위원장에게 제출하기 바랍니다.

○**곽규택 위원** 위원장님, 증인 선서하기 전에 의사진행발언 있습니다.

○**임종득 위원** 저도 증인 채택과 관련해서 하겠습니다.

○**위원장 안규백** 예, 하십시오.

○**곽규택 위원** 청문회 동안 증인 채택에 대해서 불균형성을 여러 번 지적했었는데 번번이 다 무시돼 왔습니다. 오늘 2차 청문회 증인 중에 노상원 전 정보사령관이 찾아갔다던 무속인 비단아씨라는 사람이 증인으로 지금 출석했습니다.

그리고 과거에 윤석열 캠프에서 정책총괄지원실장이었던 신용한 참고인도 1차 청문회에 이어서 오늘 2차 청문회에 출석을 했습니다. 신용한 씨의 경우에 명태균 씨와 관련한 윤석열 캠프의 자료를 제물 삼아서 공천을 받아 볼 목적인지 22대 총선 과정 인재 영입으로 민주당에 입당한 후에 민선 9기 충북도지사 선거 후보로 지금 하마평에 오르고 있다고 합니다.

우리가 1차 청문회 때도 대통령 안가에 증축되는 건물과 관련해서 현대건설 측 인물들을 불러다가 내란 혐의와는 아무런 관계가 없는, 비상계엄과 아무런 관계가 없는……
　　(발언시간 초과로 마이크 중단)

　　(마이크 중단 이후 계속 발언한 부분)
질문들을 쏟았습니다.
　오늘 신용한 참고인의 경우에는 반드시 증인으로 선서를 한 다음에 답변하도록 해야
된다고 생각을 합니다. 그래야 본인의 정치적인 입지 그런 것과 무관한 사실관계를 증언
해야 되기 때문에 반드시 증인으로서 채택해 주시기 바랍니다.

○**위원장 안규백** 곽 위원께서 말씀하신 내용 중에, 제가 지난번에 우리 당의 전략공천
위원장을 했지 않겠습니까. 그래서 그 내용을 아는데 인재 영입이라고 하면 전략공천이
우선인데 신용한 증인은 전략공천 대상자가 아니어서 인재 영입이 아니었습니다. 본인이
신청을 해서 경선을 했던 것이지요. 그렇기 때문에 그 내용은 약간 좀 다르다는 그런 말
씀을 드립니다.
○**백혜련 위원** 위원장님, 그리고 증인과 관련해서……
○**위원장 안규백** 백혜련 위원 말씀하시고 임 위원님 말씀하십시오.
○**곽규택 위원** 위원장님, 그래서 증인으로서 선서를 하도록 해 달라고 제가 요청을 드
리는 겁니다.
○**위원장 안규백** 그러니까 제가 간사 간에 합의를 하도록 그렇게 하겠습니다. 잠깐만
요.
　백 위원 말씀하시고.
○**백혜련 위원** 지금 박성재 법무부장관이 증인으로 채택이 되어 있는데요, 보니까 불출
석 사유서도 미제출된 상태로 지금 출석을 하지 않은 상황입니다.
○**위원장 안규백** 오늘 안 나오셨나요?
○**백혜련 위원** 지금 자리에 없지 않습니까. 그래서 위원장님, 지금 동행명령장을 추가
로 발급을 하든지 그런 조치가 필요할 것으로 생각합니다.
○**위원장 안규백** 알겠습니다.
　그 부분에 있어서 본인이 사유서를 제출하지 아니하고 불출석했기 때문에 추가로 동행
명령서를 발부하도록 하겠습니다.
　임 위원님 말씀해 주십시오.
○**임종득 위원** 임종득 위원입니다.
　지난 1차 청문회 끝 무렵에 위원장께서 홍장원 1차장에게 무려 10분이 넘는 진술 시간
을 주셨습니다. 그러나 조태용 국정원장에게는 딱 1분만 발언하겠다고 거듭 요청했음에
도 불구하고 1분의 시간을 허락하지 않으셨습니다.
　당시 위원장께서는 발언 요청을 묵살하면서 2차·3차 청문회가 있으니까 그때 하라고
하셨습니다. 반복된 요청에도 2차에 나오셔서 말씀해 주시기 바란다라고 말씀하셨습니다.
위원장께서는 본인께서 하신 말씀을 지키기 위해서라도 조태용 원장의 출석을 재의결해
주시기 바랍니다.
　그리고 김어준 씨를 증인 채택하는 것을 제가 제기했을 때 야당 위원들은 피해자를 왜

자꾸 부르느냐고 이야기를 했습니다.

　이 특위의 목적은 진상을 규명하는 겁니다. 진상 규명을 위해서는 피해자도 자신이 어떤 피해를 어떻게 당했는지를 증언할 필요가 있습니다.

　형사 사건에서도……

　　(발언시간 초과로 마이크 중단)

....

　　(마이크 중단 이후 계속 발언한 부분)

고소인 조사를 먼저 하고 그다음에 피의자 조사를 진행합니다. 그 이유는 하나의 사건에 대해서 양측의 주장이 결코 일치될 수 없기 때문에 양측의 주장을 다 듣고 그걸 토대로 해서 객관적으로 진실을 가리기 위함입니다.

　그런 측면에서 본인들에게 필요한 사람들은 동행명령장까지 발부를 하면서 피해자라고 부르는 사람들은 출석을 막는 부분에 대해서는 제가 이해할 수가 없습니다.

　여당이 신청한 증인에 대해서는 지금까지 단 한 명도 받아 주지 않았습니다. 야당 신청 증인만 단독 의결한 이유가 뭡니까? 양쪽 신청 증인이 수십 명인데 일부 인원이 협의가 안 된다고 해서 모든 인원을 거부해 버리면 협의 과정은 왜 필요한 것입니까?

　공정하게 회의를 진행해야 될 위원장께서 이 점에 대해서 왜 한마디 지적을 하지 않는 것입니까?

....

○위원장 안규백　임종득 위원님께서 문제 제기를 할 만한 그런 가치가 있다고 생각합니다. 그 부분에 대해서 저도 숙고를 해 보고 또 양당 간사와 협의를 하도록 하겠습니다.

　그러면 지금 계속 의사진행발언만 하고 계시는데 바로 회의에 들어가도록 하겠습니다.

○백혜련 위원　위원장님, 이왕 말 나왔으니까 박성재 장관 동행명령장하고 조태용 원장 증인 재의결도 같이 한꺼번에 지금 진행하시면 좋을 것 같습니다.

○용혜인 위원　동의합니다.

○위원장 안규백　그 부분에 대해서 일단 간사님 간에 합의를 해 보고……

○한기호 위원　민주당 간사는 없는데……

○위원장 안규백　지금 바로 오십니다.

○박선원 위원　조태용 원장은 위증한 사람이기 때문에 꼭 불러 주셨으면 좋겠습니다.

○위원장 안규백　그것은 제가……

○임종득 위원　조태용만 할 게 아니라 김어준 씨를 불러 주십시오.

○백혜련 위원　본인이 조태용 원장……

○임종득 위원　조태용도 하고 다 불러야지요. 자기 유리한 것만 할 거예요?

○위원장 안규백　임 위원님.

○박선원 위원　갑자기 생각나는 대로 이야기하지 마시고.

○위원장 안규백　임 위원님……

○박선원 위원　하신 말씀 안에서 해야지요.

○위원장 안규백　가만히 계세요, 알았으니까. 가만히 계세요.

　그러면 바로 회의를……

○민병덕 위원　자료제출 요구 있습니다.

○**위원장 안규백** 예?

○**민병덕 위원** 자료제출 요구.

○**위원장 안규백** 지금 해야 되겠습니까?

○**민병덕 위원** 그러면 언제 합니까?

○**위원장 안규백** 바로 하십시오.

○**민병덕 위원** 전직 장관은 증언을 거부하고 있고요, 그리고 행정부는 자료 요구에 제출을 거부하고 있습니다.

윤석열 대통령과 내란 세력 그리고 김건희 여사도 썼다는 그 비화폰, 비화폰 서버만 열면 내란의 전모를 밝히는 것 아닙니까? 그런데 경호처는 압수수색을 방해하고 검찰은 김성훈 차장의 구속영장 청구를 거부하고 있습니다. 밝히고 싶지 않은 것입니다. 떳떳하면 증언하고 자료 요구에 응하면 됩니다.

전직 역술인이 대통령 4급 행정관으로 근무했다는 언론보도가 있었습니다. 그래서 그 행정관이 근무했다는 대통령실 시민사회수석실 근무자 전원의 채용 서류, 인사 기록, 주요 업무, 출장 기록을 요구했습니다. 답변 못 받았습니다.

굿판을 누구 돈으로 벌였을까라는 의문으로 대통령실 예비비 물었는데 답변 못 받았습니다. 오후까지 자료 일체와 대통령실 예비비 지출 내역을 제출해 주시기 바랍니다.

그리고 신용한 증인과 관련해서는 참고인으로……

(발언시간 초과로 마이크 중단)

⋯⋯⋯⋯⋯⋯⋯⋯⋯⋯⋯⋯⋯⋯⋯⋯⋯⋯⋯⋯⋯⋯⋯⋯⋯⋯⋯⋯⋯⋯⋯⋯⋯⋯⋯⋯⋯⋯

(마이크 중단 이후 계속 발언한 부분)
의결할 때는 한마디도 없다가 참고인으로 의결해서 나오니까 증인으로 해 달라고 합니다.

이 부분은 간사들 간에 합의하실 얘기지만 지난번 얘기했을 때 그 절차에서 문제를 제기하셔야지 절차에서는 아무렇지도 않게 그냥 넘어갔다가 오늘 말씀하시는 것은 순서가 올바르지는 않다 이렇게 생각을 합니다.

⋯⋯⋯⋯⋯⋯⋯⋯⋯⋯⋯⋯⋯⋯⋯⋯⋯⋯⋯⋯⋯⋯⋯⋯⋯⋯⋯⋯⋯⋯⋯⋯⋯⋯⋯⋯⋯⋯

○**위원장 안규백** 선서해 주십시오.

○**증인 김선호** "선서, 본인은 국회가 실시하는 윤석열 정부의 비상계엄 선포를 통한 내란 혐의 국정조사특별위원회에서 증언을 함에 있어 국회에서의 증언·감정 등에 관한 법률 제8조의 규정에 의하여 양심에 따라 숨김과 보탬이 없이 사실 그대로 말하고 만일 진술이나 서면답변에 거짓이 있으면 위증의 벌을 받기로 맹서합니다."

2025년 2월 4일

증인 　김선호
증인 　김용빈
증인 　인성환
증인 　최병옥
증인 　김대경
증인 　이완규
증인 　박현수

증인 　손우승
증인 　김봉식
증인 　오부명
증인 　목현태
증인 　허석곤
증인 　이영팔
증인 　전하규
증인 　방정환
증인 　서동설
증인 　나승민
증인 　김○○
증인 　박안수
증인 　고현석
증인 　곽종근
증인 　구삼회
증인 　박민우
증인 　양황석
증인 　이선진
증인 　류혁
증인 　이창용

○**위원장 안규백** 모두 앉아 주십시오.

이상민 장관께서는 증인 선서를 안 하시는 이유가 있습니까?

○**증인 이상민** 지금 이 사건 쟁점으로 제가 수사기관에서 집중적으로 수사를 받고 있는 상황이기 때문에 그런 사유로 선서 및 증언을 거부하기로 한 것입니다.

○**위원장 안규백** 장관께서는 다른 수사기관에서는 다 증언을 하고 하셨던데 왜 국회만 나오면 증언을 거부하시는 것이지요?

○**증인 이상민** 수사기관에서 증언한 적은 없습니다.

○**위원장 안규백** 아니, 지금 공소장에 다 내용이, 제가 읽어 봤는데요.

○**증인 이상민** 진술을 한 것이지요, 증언을 한 게 아니라.

○**위원장 안규백** 아니, 그러니까 진술이 됐든 증언이 됐든지 간에 다른 기관에 나가서는 진술과 증언을 하셨는데 왜 굳이 국회에 와서는 그렇게 증언을 거부하시고 선서를 거부하시냐는 얘기지요.

○**증인 이상민** 지난번 1차 청문회 때 제가 말씀을 드렸는데요, 수사기관에서의 진술은 원래 공개가 되는 것이 아닙니다. 그런데 국회에서의 증언은 국민들에게 전부 공개가 되는 것인데요. 여기 관련자들이 이 자리에서 하는 이야기들이 자기가 겪은 제한적인 상황 그리고 한정된 기억에 의존해서 진술하는 것인데 이러한 각자의 진술이 국민들에게 달리 알려질 경우에는 국민들이 신속하게 진실을 파악하는 것도 중요하지만 실체적 진실을 아는 것이 중요한데 이런 흩어진 조각을 국민들에게 그대로 알릴 경우에 국민들께서 더 혼란을 겪으실 거라고 생각합니다. 그래서 저의 진술이 다른 분들하고 달라질 경우 그러한

국민들의 혼선을 줄이기 위해서 제가 수사기관에서 진술을 한 것이고요. 잠시 시간을 기다려 주시면 모든 것이 제대로 국민들에게 알려질 것이라고 생각합니다.

○위원장 안규백 장관께서 선서를 거부해도 마땅히 다른 강제할 규정은 없습니다마는 한 나라의 국기를 흔들 만큼 계엄을 했다는 그런 사실 자체에 대해서 저는 선서를 하시고 증언하는 게 맞다고 생각합니다. 왜냐하면……

그래서 국회에서 국정조사가 지금 진행 중에 있는 것이고요. 이 점을 참조해 주시기 바랍니다.

○증인 이상민 수사기관에서는 다 사실대로 진술하고 있습니다.

○위원장 안규백 사실 수사기관보다 국민 앞에서 하시는 말씀이 더 설득력 있고 더 이해할 수 있지 않겠습니까?

○증인 이상민 수사기관에서는 여러 사람의 진술을 서로 비교해서 서로 탄핵도 하고 합리적으로 수사 과정과 재판 과정에서 실체적 진실이 하나하나씩 드러나는 것이고요. 여기서는 자기의 일방적인 주장만을 개진할 수밖에 없는 상황입니다. 자기의 일방적인 주장을 이삼십 명이 다 이야기하기 시작하면 오히려 국민들이 더 혼선을 겪을 수도 있습니다. 어쨌든 저의 판단을 그렇습니다.

○위원장 안규백 저는 평생 법조인의 길을 걸어오신 분이 더 잘 아시겠지만서도 이 상황에 대해서는 상황의 엄중함과 위중함을 생각해서 국민들한테 이해와 설득을 구하고 또 자기의 있는 의사 개진을 해야 된다고 생각합니다.

다음은 증인신문 순서입니다.

신문은 국회법 제60조 규정에 따라서 일문일답으로 하겠습니다.

신문을 하실 때는 답변하실 증인을 지정해 주시기 바랍니다.

신문 시간은 답변 시간을 포함하여 7분으로 하도록 하고, 1차 신문 후에 추가·보충 신문을 드리겠습니다. 가급적 시간을 엄수해 주시기 바랍니다.

그러면 신문 순서에 의거 용혜인 위원 질의해 주십시오.

○용혜인 위원 허석곤 증인, 김봉식 증인, 양쪽에 잠깐 대기 좀 해 주시겠습니까?

그리고 이상민 증인에게 묻겠습니다.

이상민 증인, 계엄 직전 피의자 윤석열로부터 24시경 경향신문, 한겨레신문, MBC, JTBC, 여론조사꽃을 봉쇄하고 소방청을 통해 단전·단수하라라는 내용의 문건을 받아 본적 있지요? 검찰의 공소사실입니다. 인정합니까?

○증인 이상민 증언하지 않겠습니다.

○용혜인 위원 그러실 거라고 생각은 했지만 참 처참합니다.

김용현은 지난 23일 헌법재판소에 출석을 해서 이상민, 한덕수, 조태용 또한 계엄지시서 문건을 받아 갔다라고 진술을 했습니다. 이 진술에 대해서는 인정하십니까?

○증인 이상민 증언하지 않겠습니다.

○용혜인 위원 윤석열의 사전 지령대로 계엄 선포 후에 소방청장에게 경찰의 언론사 단전·단수 요청에 협조하라고 지시한 바 있지요? 답변 좀 해 보세요.

○증인 이상민 증언하지 않겠습니다.

○용혜인 위원 김용현이 거짓말하는 겁니까, 아니면 이상민 장관도 동의하는 겁니까?

○증인 이상민 증언하지 않겠습니다.

○**용혜인 위원** 증언을 거부하실 거면 선서는 왜 안 하셨나요?

○**증인 이상민** 증언을 거부하고 선서도 안 했습니다.

○**용혜인 위원** 됐습니다.

허석곤 증인, 12월 3일 23시 37분경에 이상민 증인과 통화한 바 있으시지요?

○**증인 허석곤** 예, 통화한 바 있습니다.

○**용혜인 위원** 답변 자료가 다 있어서요 간결하게 '예, 아니요' 답변을 해 주시면 되겠습니다, 자료를 확인하는 거여 가지고.

이상민 증인의 단전·단수 요청을 소방청에서 받은 것이 있는가, 한겨레, 경향, MBC, JTBC, 김어준 뉴스공장을 언급하면서 경찰이 요청하면 소방청에서 적이 조치하라라고 말한 바 있지요?

○**증인 허석곤** 그렇게 기억하고 있습니다.

○**용혜인 위원** 이상민 증인은 시종일관 이것을 부정하고 있습니다. 경찰에 출석해서도 그렇게 부정을 했다고 보도가 나왔는데요. 그러면 허석곤 증인과 이상민 증인 둘 중 하나는 거짓말을 하고 있는 거겠지요?

허석곤 증인, 이상민 장관이 거짓말하는 겁니까, 본인이 거짓말하는 겁니까?

○**증인 허석곤** 제가 말씀드릴 수 있는 사항은 아닌 것 같습니다. 저는……

○**용혜인 위원** 사실대로 증언하신 겁니까?

○**증인 허석곤** 예, 그렇게 제 기억에 따라서 증언을 했습니다.

○**용혜인 위원** 알겠습니다.

김봉식 증인, 3일 밤 7시 20분경에 삼청동 안가에서 김용현 피의자에게 조지호 경찰청장과 함께 계엄 지시 문건을 각각 건네받았지요?

○**증인 김봉식** 공소 사실과 관련됐기 때문에 답변드리기 곤란함을 양해해 주십시오.

○**용혜인 위원** 모든 공직자들이 다 이렇습니다.

그 해당 문건에 언론사, 선관위, 국회에 대해서 행안부나 소방의 단전·단수 협조에 관한 사항도 적혀 있었습니까?

○**증인 김봉식** 지난번 말씀드렸듯이 단전·단수는 제가 들은 바가 없습니다. 이 자리에서 처음 들었습니다.

○**용혜인 위원** 들은 바가 없었다가 아니라 적혀 있었습니까? 기억이 나지 않으시는 겁니까? 없었던 겁니까?

○**증인 김봉식** 들은 바가 없습니다.

○**용혜인 위원** 없었던 겁니까, 계엄 지시서에? 묻지 않습니까?

○**증인 김봉식** 전혀 들은 바도 없고 아는 바도 없습니다.

○**용혜인 위원** 들은 바도 없고 아는 바가 없다가 아니라 계엄 지시서에 있었냐 없었냐, 기억이 안 나는 거냐라고 물었습니다.

○**증인 김봉식** 공소 사실과 관련된 부분은 말씀드리기 곤란하다고 제가 답변드렸습니다.

○**용혜인 위원** 경찰청장, 서울청장, 행안부장관이 받은 계엄 지시서의 내용이, 문건이 다 똑같은 거였다고 김용현 장관이 헌법재판소에서 다 증언했습니다. 검찰 공소장에 윤석열 피의자가 직접 행안부장관에게 단전·단수 지시가 담긴 문건을 건네줬다라고까지 나와 있어요.

이상민 증인이 전화할 때, 아까 그 내용 보면 단전·단수 소방에 벌써 요청했겠지, 이미 서로 다 아는 내용인 것처럼 소방에 재차 확인하는 내용까지 다 드러났습니다. 그래도 기억이 안 나십니까?

○증인 김봉식 들은 바도 없고 제가 전달받은 바도 없고 요청한 바도 없습니다.

○용혜인 위원 명백히 증인들의 계엄 중요임무종사를 지목하는 구체적인 진술들과 자료들을 앞에 두고도 진술거부권 뒤에 숨어서 제대로 변호조차 하지 못하는 이 모습들 국민들이 똑똑히 기억할 것입니다.

두 분 들어가세요.

이상민 증인, 12월 3일 비상계엄 선포 즈음해서 행안부장관으로서 대통령실 부속실 직원에게 참석자와 국무회의 시간, 발언 요지 등을 기록으로 남겨 놓을 것을 지시한 바 있으십니까?

○증인 이상민 증언하지 않겠습니다.

○용혜인 위원 복수의 국무위원이 국무회의 참석자 명단에 서명을 요구한 사람이 있었다라고 합니다. 그것 한덕수 총리입니까, 본인입니까?

○증인 이상민 증언하지 않겠습니다.

○용혜인 위원 점심 무렵에 대통령님과의 일정이 있을지도 모르겠다라는 이야기를 듣고서 12월 3일 울산 회의 일정 중간에 뛰쳐나와서 상경을 했다라고 진술한 바 있으시지요? 국회에서 그렇게 답변을 하셨는데요. 기억나십니까?

○증인 이상민 증언하지 않겠습니다.

○용혜인 위원 본인이 12월 5일 행안위에서 얘기하셨잖아요. 본인이 기존에 이야기했던 건 답변을 좀 하세요.

해당 이야기, 점심 때 윤석열로부터 직접 전화받았습니까, 서울로 올라오라고? 저녁 때 일정이 있을 수 있다.

○증인 이상민 증언하지 않겠습니다.

○용혜인 위원 이 통화도 비화폰으로 통화했습니까? 비화폰으로 통화했습니까?

○증인 이상민 증언하지 않겠습니다.

○용혜인 위원 당시 8시에 피의자 윤석열이 개별 호출을 해서 밤 9시까지 대통령 집무실에 모였던 이른바 8시 멤버들, 윤석열, 김용현 포함해서 도착한 순서대로 박성재, 김영호, 이상민, 한덕수, 조태열, 조태용입니다. 여기까지 8명입니다. 이 자리에서 피의자 윤석열이 국무위원들 앞에서 22시 KBS 생방송이 이미 확정됐다라고 이야기한 바 있습니까?

○증인 이상민 증언하지 않겠습니다.

○용혜인 위원 본인이 경찰 조사에서 다 진술한 내용 아닙니까. 그 자리에 한덕수 총리와 증인뿐만 아니라 이 8명이 함께 집무실에 있었던 그런 상황이었지요?

○증인 이상민 ……

○용혜인 위원 아예 답변을 안 하시기로, 말을 안 하시기로 마음먹은 겁니까?

○증인 이상민 증언하지 않겠다고 말씀을 드렸습니다.

○용혜인 위원 조태열 장관이 이미 진술을 했습니다. 8시에 8명이 집무실에 모였고 비상계엄을 해야 한다면서 계엄 지시 문건을 배부를 했고 그리고 나가 달라라고 해서 집무실과 연결된 대접견실로 자리를 옮깁니다. 그 이후에 총리가 다시 집무실로 들어가서 대

통령을 설득한 후에야, 한 사람씩 연락을 해서 1시간 후에야 국무위원 4명이 더 추가로 와서 11명을 채운 겁니다. 이거는 한덕수 총리의 경찰 진술과도 일치합니다.

윤석열이 8시 멤버를 소집할 때부터 대접견실로 옮기기까지 내란수괴에게 국무회의는 계획에도 없었다는 얘기인데요 한덕수 총리와 이상민 장관이 가짜 국무회의를 만들어서 어떻게든 이 비상계엄의 절차적 요건을 충족하려고 시도를 하다가 실패한 결과만 남은 겁니다.

그렇지 않습니까, 증인?

○증인 이상민 ……

○용혜인 위원 내란 중요임무종사로 국회 침탈과 언론사 단전·단수를 시도한 것도 모자라서 국무위원들 부르고 회의록 갖추고 서명 요구까지 본인이 했습니다.

30초만 주시면 마무리하겠습니다. 30초만 주십시오.

○위원장 안규백 예.

○용혜인 위원 여기에 12월 5일에 국회에 나와서 처음으로 고도의 통치행위라는 변론을 만들어 낸 게 바로 이상민 장관 본인입니다. 그야말로 12·3 내란의 주범입니다. 당연히 중요임무종사자들, 현재 피의자들 구속돼서 수사받고 재판받고 있는 거 감안하면 당연히 구속 수사 필요하다고 생각하고요.

제가 국정조사 내내 강조했던 그리고 진실이 드러나고 있는 이 8시 멤버와 계엄 지시 문건이 윤석열 내란 1부를 넘어서 국회 침탈과 선관위 침탈이 완성된 다음에 그 2부 계획을 파악할 유일한 실마리입니다. 수사기관에서 지금이라도 이상민 장관 철저하게 구속 수사하고 국무위원들, 관계된 사람들 철저하게 수사해야지만 이 내란수괴의 엉터리 변론을 깨부술 수 있을 것이라고 다시 한번 강조하고 촉구하는 바입니다.

이상입니다.

○위원장 안규백 여기 계신 증인께서는 거의 모두가 그 분야의 최고이시고 또 많은 탁월한 식견을 가지고 계신 분들입니다. 어린이한테는 동심이 있고 어른한테는 양심이 있습니다. 일국의 장관과 서울경찰의 수장이십니다. 이분들이 나오셔서 시비곡직은 분명히 표현을 해야 된다고 생각을 하고 있습니다. 다시 한번 촉구를 드립니다.

이어서 윤건영 위원 질의해 주십시오.

○윤건영 위원 질의에 앞서서 김대경 경호처 본부장님 발언석으로 좀 나와 주시지요.

구로을의 윤건영입니다.

묻겠습니다.

대통령실 비화폰 관리 업무를 담당하는 곳이 경호처 맞지요?

○증인 김대경 예, 맞습니다.

○윤건영 위원 관리지원본부에서 담당하는 걸로 알고 있는데 맞습니까?

○증인 김대경 예, 맞습니다.

○윤건영 위원 그렇다면 본부장님께서 비화폰 관련 업무를 사실상 총괄하고 있다고 봐도 되지요?

○증인 김대경 예.

○윤건영 위원 비화폰의 성격에 대해서 좀 확인해 보겠습니다. 비화폰은 국정 운영상 안보와 보안 유지를 위해서 제한적으로 사용되는 게 맞지요? 아닌가요?

○**증인 김대경** 예, 맞다고 봅니다.

○**윤건영 위원** 그런데 이번 내란 사태에서는 핵심 통신수단으로 악용되었습니다. 민간인에게도 지급되고 일종의 비화폰 공화국을 만들었습니다. 특히 비화폰은 12·3 불법 내란의 핵심 목격자가 되었습니다.

　김건희 씨는 여전히 비화폰을 사용하고 있지요? 짧게 대답을, '예, 아니요'로 짧게 대답해 주세요. 대답 못 하십니까?

○**증인 김대경** 여기서는……

○**윤건영 위원** 좋습니다.

　잠시만 시간 멈춰 주시고요.

　방정환 국방혁신기획관님!

　본부장님 옆에 잠깐 서 계시면 됩니다.

○**증인 방정환** 국방혁신기획관입니다.

○**윤건영 위원** 1차 청문회 당시에 계엄 당일 날 노상원 씨로부터 비화폰을 받아 장관실에 제출했다는 취지로 답변했습니다. 맞습니까?

○**증인 방정환** 그 폰을 전달한 사실은 있는데 그 폰이 비화폰인지 일반 폰인지는 확인이 돼야 됩니다.

○**윤건영 위원** 좋습니다.

　당시 노상원 씨에게 누구로부터 비화폰을 받았다고 들은 적 있습니까?

○**증인 방정환** 그 사실은 제가 공소 중인 사실이라서 답변드리기에 제한이 있습니다.

○**윤건영 위원** 좋습니다.

　들어가시고요.

　시간 멈춰 주시고, 본부장님 나오십시오.

　제가 여러 루트로 확인한 결과 경호처에서 노상원 씨에게 직접 비화폰을 제공했다고 들었습니다. 맞습니까? '예, 아니요'로 짧게 답하십시오.

○**증인 김대경** 위원님, 죄송합니다. 제가 그 사항은 정확하게……

○**윤건영 위원** PPT 다음 페이지 봐 주십시오.

　　(영상자료를 보며)

　끝 번호 9481, 이 번호 기억나십니까?

○**증인 김대경** ……

○**윤건영 위원** 빨리 답하시고요. 지금 증인이 거짓말을 이야기하시면 위증죄로 고발당할 수 있다는 걸, 법적 조치를 당할 수 있다는 걸 말씀드립니다.

○**증인 김대경** 제가 세부적인 번호까지는 좀……

○**윤건영 위원** 9481 기억나십니까라고 물었습니다. 이 번호는 바로 노상원 씨가 썼던 걸로 확인되는 비화폰 번호입니다. 모르십니까? 있는 그대로 이야기하셔야 됩니다. 증인, 기억나지 않습니까?

○**증인 김대경** 제가 정확하게……

○**윤건영 위원** 그러면 기억나게 해 드릴게요.

　계엄 하루 전인 12월 2일 날 민간인인 노상원에게 비화폰을 주라고 한 사람이 있습니다. 누굽니까? 알고 계시잖아요, 증인.

○증인 김대경 제가 정확하게는……

○윤건영 위원 정확하게 제가 다시 확인할까요? 경호처의 김성훈 차장 비서관이 와서 비화폰 가져갔잖아요. 맞습니까, 아닙니까? 본부장님은 비화폰 업무를 총괄하고 있는 사람입니다. 모를 리가 없고요. 맞습니까, 아닙니까? 경호처 김성훈 차장의 김○○ 비서관, 가져간 것 맞아요, 아니에요?

○증인 김대경 제가 불출 현황을 다시 한번 확인해……

○윤건영 위원 다시 한번 확인하는 게 아니라 아는 사실을 이야기하라는 겁니다. 맞습니까? 아닙니까?

○증인 김대경 제가 확인해 보겠습니다.

○윤건영 위원 확인하는 게 아니라 이게 확인된 내용입니다. 왜 본인이 진실을 이야기 안 합니까, 번호까지 확인했는데?

다시 이야기할까요? 김성훈 경호차장의 비서관인 김○○ 비서관이 와서 비화폰을 챙겨 갔습니다. 그리고 그걸 노상원에게 줬어요. 민간인인 노상원에게 준 게 사리에 맞습니까? 전화번호 전부를 다 공개할까요?

○증인 김대경 위원님 제가……

○윤건영 위원 본부장님, 김성훈 차장이 내란의 비선 설계자인 노상원에게 비화폰을 바쳤다는 것은 김성훈 차장이 사전에 비상계엄을 알고 함께 공모했다라는 사실을 보여 주는 아주 중요한 증거입니다. 즉 김성훈 차장이 내란에 깊숙이 관여되어 있다라는 거고요 내란의 주요 임무 종사자라는 걸 밝히는 겁니다. 왜 진실을 안 밝힙니까?

다음 보겠습니다.

잠시 시간 멈춰 주시고, 곽종근 사령관 앞으로 나와 주십시오.

○증인 곽종근 전 특수전사령관입니다.

○윤건영 위원 곽 사령관도 비화폰 받은 적 있지요?

○증인 곽종근 예, 받았습니다.

○윤건영 위원 어디로부터 받았습니까?

○증인 곽종근 경호처에서 받았습니다.

○윤건영 위원 2024년 4월 25일 비화폰 받았지요?

○증인 곽종근 받았습니다.

○윤건영 위원 좋습니다. 들어가십시오.

다시 본부장 나오세요.

곽종근 사령관 이외에 이진우·여인형에게도 비화폰 준 것 맞지요? 진실을 말씀하십시오. 맞지요?

○증인 김대경 ……

○윤건영 위원 내란의 주요 임무 종사자들에게 경호처가 비화폰을 지급하고 같이 공모한 거예요. 진실 안 밝힙니까?

○증인 김대경 위원님, 죄송하지만 저희가 장비 운용 측면만 담당하다 보니까……

○윤건영 위원 다음 PPT 봐주십시오.

비화폰에는 불출대장이라는 게 있습니다. 맞습니까? 맞습니까, 아닙니까?

○증인 김대경 장비는 그렇게 관리하고 있는 걸로 알고 있습니다.

○**윤건영 위원** 불출대장에 보면 예를 들어서 행안부장관에게 불출했으면 행안부장관, 비서실장이면 비서실장, 소통수석이면 소통수석 이렇게 불출대장에 나와 있어야 되는데 테스트(특), 테스트 괄호 열고 수, 테스트 괄호 열고 방, 이게 뭔지 아시지요? 불출대장에 나와 있는 거예요, 경호처 불출대장에. 이게 무슨 의미인지 아시지요?

○**증인 김대경** ……

○**윤건영 위원** 본부장님, 아십니까, 모릅니까?

○**증인 김대경** 본 적은 있는 것 같습니다.

○**윤건영 위원** 이게 바로 테스트(특), 특전사령관한테 비화폰을 줬다는 거고요. 테스트(수), 수방사령관한테 줬다는 거고요. 테스트(방), 방첩사령관한테 줬다는 겁니다.

　다음 PPT.

　테스트(예)가 뭔지 압니까? 이것 보셨지요? 안 보셨다라고 하면 본부장은 직무유기입니다. 보셨습니까?

○**증인 김대경** 예.

○**윤건영 위원** 이 테스트(예)가 바로 노상원 씨한테 간 비화폰입니다. 예비역이라고 해서 '예' 자를 썼다는 겁니다. 틀렸습니까?

○**증인 김대경** 그건 제가 잘 모르는 사항이라……

○**윤건영 위원** 테스트(예) 자 봤어요, 안 봤어요?

○**증인 김대경** ……

○**윤건영 위원** 12월 중순 김성훈 경호차장이 본부장한테 지시를 합니다. 자신이 내란에 결부된 게 두려워서 관련 기록을 삭제할 것을 요구합니다. 그 요구 받은 적 있지요?

○**증인 김대경** 위원님, 그 관련된 전체 사항……

○**윤건영 위원** 본부장님, 제가 알기로는 본부장님과 실무자들이 버텨 가지고 기록을 삭제하지 않았다고 들었습니다. 용감한 행동이고 의미 있는 행동이에요. 그래서 내란의 주요 퍼즐들이 맞춰지고 있어요. 지금 진실을 밝히셔야 돼요. 만약에 여기서 밝히지 않으면 본부장도 똑같이 김성훈 차장과 내란 동조자가 되는 겁니다.

　당시 삭제 지시한 거 맞지요, 불출 대장에 대해서? 맞습니까, 아닙니까?

○**증인 김대경** 위원님, 관련된 내용은 제가……

○**윤건영 위원** '예, 아니요'로만 답변하십시오. 제가 말씀드린 불출 대장 삭제 지시가 있었다, 사실에 부합합니까, 아닙니까?

○**증인 김대경** 그 관련 내용은 지금 현재 수사가 진행되는……

○**윤건영 위원** 본부장님, 마지막 기회를 드립니다. 저는 모든 걸 확인하고 묻는 겁니다.

○**증인 김대경** 위원님……

○**윤건영 위원** 30초만 더 주시면 마무리하겠습니다.

　본부장님께 마지막 기회를 드리는 겁니다. 본부장님과 실무자들이 온몸으로 저항했고 막았습니다. 인정합니다. 의미 있는 행동입니다. 그래서 내란의 주요 종사자들의 증거들을 밝혀 낼 수 있습니다.

　김성훈 차장으로부터 12월, 제가 날짜까지 말씀드릴까요? 12월 13일 금요일 날 본부장한테 지시를 했습니다, 불출 대장을 삭제하라고. 그런데 불출 대장은 삭제하면 안 되는 겁니다, 법적으로. 그래서 본부장과 실무자들이 버텼다고 합니다. 맞습니까, 아닙니까?

○**증인 김대경** 그 전반적인 내용에 대해서는 제가 여기서 좀 언급드리기가 조금 제한이 됩니다. 양해를 좀 해 주십시오.

○**윤건영 위원** 사실에 부합하지요? 사실에 부합합니까, 안 합니까? 그 이야기만 하십시오..

○**증인 김대경** 아니, 제가 좀 말씀드리기가 곤란합니다.

○**윤건영 위원** 사실에 부합하는지 안 하는지만 묻습니다. 어떻습니까? 아니면 오늘 하루 종일 본부장님 이 이야기에 대해서 답변을 하셔야 됩니다. 어떻습니까? 사실에 부합하지요?

○**증인 김대경** 그 내용은 지금 현재 수사 진행 중인 사항이라서 그 내용은……

○**윤건영 위원** 됐습니다. 추가 질의 때 밝히겠습니다.

○**위원장 안규백** 임종득 위원님.

○**임종득 위원** 임종득 위원입니다.
특전사령관 앞으로 좀 나와 주시지요. 이쪽으로 나오세요.

○**증인 곽종근** 전 특수전사령관입니다.

○**임종득 위원** 사령관은 12월 3일 비상계엄 사태 이후에 12월 6일 현역 군인으로서는 전혀 어울리지 않는 시간과 장소에서 언론과 인터뷰를 했지요? 기억 안 나십니까?

○**증인 곽종근** 예, 했습니다. 기억납니다.

○**임종득 위원** 김병주 위원 유튜브에 나와 가지고 인터뷰를 했지 않습니까?

○**증인 곽종근** 예.

○**임종득 위원** 사령관은 현역 군인들이 인터뷰를 외부에 할 때 상급부대 사전 승인이 필요하다는 것 알고 있었지요? 알고 있었지요?

○**증인 곽종근** 앞에 부분을 제가 정확하게 못 들었습니다.

○**임종득 위원** 외부와 인터뷰를, 언론 인터뷰를 할 때 상급부대의 사전 승인이 필요하다는 것 알고 있지 않습니까? 몰랐어요?

○**증인 곽종근** 예.

○**임종득 위원** 알았지요? 누가 먼저 연락을 했습니까, 인터뷰하자고?

○**증인 곽종근** 유튜브 하자고 누가 먼저 얘기하는 것보다 당일 날 민주당에서 항의 방문을 내려온다 그래서……

○**임종득 위원** 누가 전화를 했냐고요. 전화를 누가 했냐고. 사령관하고 통화를 했을 거 아닙니까, 어쨌든?

○**증인 곽종근** 항의 방문 내려온다는 사실 확인을 제가 먼저 듣고서 내려간 겁니다.

○**임종득 위원** 그게 언제입니까? 그 시간이 어떻게 돼요?

○**증인 곽종근** 12월 6일 오전인데 제가 시간은 정확하게 몇 시인지까지는 모르겠습니다. 오전은 맞습니다.

○**임종득 위원** 그전에 통화한 적이 없습니까?

○**증인 곽종근** 그전이라면 어느 때를 말해야…… 12월 6일 날 오전에 통화한 건 제가 맞습니다.

○**임종득 위원** 누구랑 통화했습니까?

○**증인 곽종근** ……

○**임종득 위원** 시간 끌지 마시고요.

○**증인 곽종근** 그것은 김병주 위원하고 통화했습니다.

○**임종득 위원** 그렇지요?

○**증인 곽종근** 예.

○**임종득 위원** 무슨 얘기를 주고받았어요?

○**증인 곽종근** 항의 방문 내려온다는 사항 확인했습니다.

○**임종득 위원** 김병주 위원하고 특전사령관하고 관계가 어떤 관계입니까?

○**증인 곽종근** 그건 예전에……

○**임종득 위원** 지상구성군사령관을 김병주 위원이 할 때 작전차장을 했지요. 그렇지 않아요?

○**증인 곽종근** 밑에 참모였습니다. 맞습니다.

○**임종득 위원** 그렇지요?

○**증인 곽종근** 예.

○**임종득 위원** 그 관계가 어떤 관계인지를 군인들은 다 알고 있습니다. 주무 참모로서 역할을 하지요.

PPT 한번 올려 주시기 바랍니다.

(영상자료를 보며)

내가 이걸 묻는 이유가 12월 6일 날 유튜브에 출연해 가지고 특전사령관께서 하시는 이야기에 문제가 있기 때문에 제가 지금 문제를 제기하는 겁니다. 김병주 위원이 '상급부대로부터 중간중간에 장관이나 계엄사령관 지침을 받는 게 있나'라고 했을 때 사령관은 뭐라고 답했지요? 기억나십니까? 그 나온 그대로지요? 그대로 녹취했습니다.

○**증인 곽종근** 말씀하시면 답변드리겠습니다.

○**임종득 위원** 다음 장 넘겨 주세요.

이 이야기가 있고 나서 박선원 위원이 '의원을 끌어내라는 의미냐' 김병주 위원이 '의원들을요?' 할 때 '네' 하면서 결국은 김병주 위원이 '본회의장에 있는 국회의원들을 밖으로 끌어내라'라고 하는 데 동의를 합니다. 맞지요? 최초에 한 말하고 바로 몇 초 사이에 바뀌는 겁니다. 왜 이런 일이 일어났는가 되게 궁금했어요.

사령관은 12월 5일 날 야간 늦은 시간, 12시경에 예하 모 지휘관과 통화한 적이 있지요? 기억납니까?

○**증인 곽종근** 말씀 다 하시면 제가 종합적으로 말씀드리겠습니다.

○**임종득 위원** 모 지휘관하고 하면서—화면을 봐 주시기 바랍니다—'본인이 내일(6일) 특단의 조치를 취하겠다. 부하들이 다치는 일이 생기지 않도록 하겠다'라고 울면서 이야기를 한 적이 있습니까? 그것도 기억이 안 납니까?

○**증인 곽종근** 12월 5일 날 그때 당시에 제가 부하들하고 얘기했던 사항들이 있었는데 특단의 조치라고 말씀하시는 부분들은 그와 연관된 건 아니었습니다.

○**임종득 위원** 증언을 하셨습니다. 지금 허위사실을 이야기했을 때 책임을 지셔야 돼요.

○**증인 곽종근** 예, 말씀하십시오. 말씀드리겠습니다.

○**임종득 위원** 특단의 조치를 했다라고 이야기를 했습니다. 그 특단의 조치가 뭘 의미

하는 겁니까?

○증인 곽종근 끝나고 다 말씀드리겠습니다. 답변 기회를 주시면 제가 말씀드리겠습니다.

○임종득 위원 그리고 6일 날 무슨 일이 있었어요? 김병주 위원과 박선원 위원이 와서 인터뷰한 거지요? 특단의 조치가 그것과 관계가 있습니까? 그 외에 다른 무슨 특단의 조치가 있었지요, 6일 날?

○증인 곽종근 말씀드려도 되겠습니까?

○임종득 위원 예.

○증인 곽종근 제가 느꼈던 것은 5일 날 김용현 전 국방부장관으로부터······

○임종득 위원 내가 지금 묻는 말에 답을 하셔야지요. 특단의 조치가 뭐였냐고 내가 묻잖아요.

○증인 곽종근 앞의 부분을 설명드려야 이해가 됩니다. 저한테 전화가 와서 '비화폰은 녹음이 안 되니까 당당하게 가라'라고 얘기해서 그 말의 의미를 저는 진실을 감추고, 하고 있는 내용들을 입을 닫으라고 이해를 했습니다. 그래서 저는 그날 고민에 이 상황이 그렇게 갈 게 아니기 때문에 제가 했던 사실들을 진실대로 다 밝히겠다라고 마음을 먹었던 내용이 그 내용입니다.

○임종득 위원 그 마음을 먹고도 최초의 김병주 위원의 질문에 대해서 인원들, 요원들 빼내라고 했다라고 이야기를 했어요?

○증인 곽종근 이 말씀들을, 저한테 설명할 시간을 주십시오. 그러면 설명드리겠습니다.

○임종득 위원 나중에, 마지막에 마치고 난 다음에 시간을 주겠습니다, 제가 물어야 될 게 좀 있어서.

12월 10일 날 오전 회의가 끝나고 나서 점심을 누구랑 먹었습니까?

○증인 곽종근 점심은······

○임종득 위원 707단장하고 수행원들 같이 먹었지요?

○증인 곽종근 예, 식당 내려가서 먹었습니다.

○임종득 위원 먹고 나서 휴식을 어디 가서 취했어요? 누가 마련해 준 휴식장소에서 쉬었습니까?

○증인 곽종근 3층 어디인지는 모르겠는데 3층 회의실 어디 들어가서······

○임종득 위원 가서 쉬었어요?

○증인 곽종근 예.

○임종득 위원 쉴 수 있었습니까?

○증인 곽종근 쉴 수 있다는 게 무슨 의미이십니까?

○임종득 위원 그 자리에서 쉴 수 없었지요. 제가 다 파악하고 난 다음에 지금 이야기하는 겁니다.

○증인 곽종근 그 자리에서 대화는 있었습니다.

○임종득 위원 대화가 있었던 정도가 아니잖아요!

거기에 누가 들어왔어요?

○증인 곽종근 말씀하십시오.

○임종득 위원 내가 이야기해 줄까요?

○**증인 곽종근** 말씀하십시오.

○**임종득 위원** 민주당의 전문위원이 들어오고 의원들이 들어오지 않았어요?

○**증인 곽종근** 그게 이 건과 무슨 상관입니까? 저는 분명히……

○**임종득 위원** 상관이 있기 때문에 제가 묻는 겁니다!

○**증인 곽종근** 저는 분명히 그때도, 12월 10일도 말씀드렸듯이 그때 당시에 박 위원님께서 말씀하셔서……

○**임종득 위원** 누가 들어왔어요? 그 방에 누가 들어왔었냐고요?

○**부승찬 위원** 제가 들어갔습니다.

○**임종득 위원** 조용히 하세요!

○**부승찬 위원** 제가 들어갔어요.

○**임종득 위원** 누가 들어왔어요?

○**증인 곽종근** 저는 분명히 말씀드리는데 제 의지대로 말씀드렸다고 분명히 말씀드렸고 누구의 사주를 받거나 누구의 요구로 답변한 사항 분명히 아니라고 말씀드렸고 검찰 조사에서……

○**임종득 위원** 거기에 누가 들어왔냐고, 내가 묻는 말에만 답하세요. 무슨 말이 오고 갔어요? 저한테 제보한 사람에 의하면 사령관이 회유당했다라고 이야기를 하고 있어요. 동의 안 하겠지요?

○**증인 곽종근** 절대 그런 적 없습니다.

○**임종득 위원** 슬라이드 올리세요.

이것 기억납니까?

1분만 더 주세요.

○**증인 곽종근** 저것도 분명히 제가 제 의지대로 말씀드렸다고 말씀드렸습니다.

○**임종득 위원** 박범계 위원과 면담을 진행했지요? 박범계 위원이 요구한 게 뭡니까?

○**증인 곽종근** 오전에 제가 두 번, 대통령 2차 통화와 관련돼서 했을 때 제가……

○**임종득 위원** 두 가지 요구를 하잖아요. 하나는 녹취하겠다. 두 번째, JTBC 방송 촬영하겠다. 기억 안 납니까? 그러면서 이야기한 게 공익신고자로 추천해 주겠다는 이야기 있었어요, 없었어요?

○**증인 곽종근** 말씀하십시오.

○**임종득 위원** 있었어요, 없었어요? '예스, 노'로 이야기하라니까. 그래서 불러 주는 대로 다 썼지요? 서명도 했지요? 박범계 위원도 추천인으로 서명했지요? 707단장한테도 이것 나쁜 것 아니니까 너도 하라 그래 가지고 권유한 기억 납니까? 나요, 안 나요?

○**증인 곽종근** 제가 707단장한테 건의했다고 말씀하시는 겁니까?

○**임종득 위원** 권유했다고요, 권유.

○**증인 곽종근** 권유……

　　(발언시간 초과로 마이크 중단)

⋯⋯

　　(마이크 중단 이후 계속 발언한 부분)

저한테 답변 시간을 좀 주십시오.

○**위원장 안규백** 예, 말씀하십시오.

○**증인 곽종근** 분명히 말씀드리는 것은 김병주 위원 유튜브 내용이나 박범계 위원께서 얘기했던 내용들 제가 모든 진실을 밝히겠다고 제 스스로 판단해서 한 내용이 분명히 맞습니다.

두 번째는 요원과 의원의 문제를 말씀하시는데 요원의 문제는 12월 4일 01시부터 09시 사이에 있었던 707특임단 요원이 본관에 들어갔던 인원들을 밖으로 빼내라는 사실이 정확히 맞습니다. 두 번째 국회의원을 끌어내라 하는 부분들은 12월 4일 00시 20분부터 00시 35분 사이에 있었던 대통령님과 김용현 전 장관이 국회의원을 끌어내라는 이 두 가지 사실도 맞습니다.

그런데 당일 유튜브 당시에 얘기할 때는 제가 앞서서 707특임단장과 707 작전 요원들을 빼내라는 문제를 얘기하고 있었는데 끝마무리에 바로 김병주 위원께서 '그게 국회의원을 끌어내라는 거지요?'라고 되물으셔서……

○**임종득 위원** 끝마무리가 아니고 처음에 했잖아요. 들어 볼까요?

○**위원장 안규백** 잠깐……

○**증인 곽종근** 앞에 그 부분이 있습니다. 제 말씀 들어 주십시오.

○**위원장 안규백** 말씀하세요.

○**증인 곽종근** 그 말씀을 이어서 저한테 물어보셨기 때문에 두 가지 다 사실이 맞기 때문에 제가 맞다고 말씀을 드렸던 겁니다.

○**임종득 위원** 이따가 틀어 주겠습니다, 그것. 틀어 줄게요.

○**증인 곽종근** 그리고 지금 계속 또 말씀하시는 게 그 말씀이, 대통령님께서 저한테 요원을 끌어내라 했다고 외친 언론도 봤는데 그것도 명백히, 지난번에 대통령님께서 2차 통화 말씀 주신 것은 분명히 사실이라고 다시 한번 더 말씀을 드리고요. 그 말씀 하실 때 당시의 상황이 707특임단 작전 요원들이 본관 정문 밖에서 대치하고 있던 상황이었고 본관 안에는 아무도 안 들어가 있는 상태였습니다. 그 상태에서 요원을 빼내라는 게……

○**임종득 위원** 그것도 사실 아닙니다. 내가 질문할게요. 사실이 아닙니다, 그것.

○**위원장 안규백** 임 위원님, 잠깐 계세요.

다 끝났습니까?

○**증인 곽종근** 예, 거기까지 일단 1차 말씀드리겠습니다.

○**임종득 위원** 이따가 이야기합시다, 같이.

⋯⋯

○**위원장 안규백** 이어서 추미애……

○**김병주 위원** 잠깐만요, 신상발언 좀 하겠습니다.

○**위원장 안규백** 뭐 무슨 일입니까?

○**김병주 위원** 왜냐하면 저에 대해서 언급을 하고 이걸 왜곡했기 때문에……

○**위원장 안규백** 예, 1분 이내에 하십시오.

○**김병주 위원** 지금 존경하는 국민의힘 임종득 위원님이 여기에 대해서 얘기했는데 심히 유감입니다.

그날 상황을 제가 좀 얘기를 하겠습니다. 대단히 왜곡하고 마치 제가 회유하는 것 같은 투로 이렇게 들리는데 저는 대단히 불쾌하고 유감스럽습니다.

12월 3일과 4일 날 비상계엄이 일어났고 내란이 일어났습니다. 그래서 국방위는 12월

5일 날 열렸습니다. 그때 사실은 우리 민주당에서는 특전사령관, 수방사령관, 방첩사령관, 핵심 요원들을 출석을 요구했습니다. 그런데 그때 출석은 국민의힘의 반대로 계엄사령관 박안수 사령관과 국방부차관 2명만 나왔습니다. 확인할 수 있는 것이 거의 없었습니다. 그래서 6일 날 민주당 국방위 차원에서 저하고 박선원 위원이 그 관련 부대에 항의 방문을 갔습니다, 특전사령부에. 항의 방문을 갔고 정문에서 한 20분 항의했더니 특전사령관이 나왔습니다. 그래서 국민들이 의혹을 갖고 있는 여러 가지 중에 몇 가지 질문을 했습니다. 그 당시는 제2 비상계엄이 열릴 것으로 국민들은 우려했습니다. 그래서 다시 이런 일을 명령을 받으면 할 것이냐 이 확답을 받는 것이 가장 중요했습니다. 그러고 나서 그 사항에 대해서 질의를 했던 겁니다.

그때는 국방위 차원에서 항의 방문을 간 것이고 그때 갑자기 만나서 얘기가 된 거기 때문에 회유할 겨를도 없습니다. 쓰리 스타 특전사령관이 회유의 대상입니까? 임종득 장군도 투 스타 장군 출신인데 누구가 찾아가서 얘기한다고 회유당합니까? 저를 모독하고 군을 모독하는 겁니다. 이것 사과하십시오. 똑바로 알고나 얘기를 해야지.

○**부승찬 위원** 저도 신상발언이요.

○**위원장 안규백** 지금 이렇게 되면 시간이 상당히 지연이 되고……

○**부승찬 위원** 아니, 제 얘기를 해서 저도 한 말씀 드려야 될 것 같아요. 받아 주십시오.

○**위원장 안규백** 그러니까 상호 질의응답 간에 상대 당 위원에 대해서 호명하면서 얘기하는 것은 적절하지 않을 것 같습니다. 계속 이렇게 되면 시간이 지연되지 않습니까?

○**임종득 위원** 아니, 지금 야당에서는 그렇게 안 했습니까?

○**위원장 안규백** 자, 하십시오.

○**임종득 위원** 안 했어?

○**곽규택 위원** 부 위원님 이름은 말 안 했잖아요.

○**위원장 안규백** 하십시오.

○**부승찬 위원** 다 알고 하는 것 아니에요?

○**임종득 위원** 내가 무슨 이야기를 했어요?

○**부승찬 위원** 회유를 했다고 하는데요 사실관계……

○**임종득 위원** 내 이야기가 아니잖아요.

○**부승찬 위원** 사실관계 명확히 확인하고 하세요. 전문위원 있었고 국회의원들 있었다며? 저 있었어요. 양심 고백하겠다고 해서 갔어요. 얻다 대고 회유를 했다고 합니까? 그것 말을 좀 가려서 하세요.

○**임종득 위원** 그게 내 이야기예요?

○**부승찬 위원** 하셨잖아요, 회유했다고.

○**임종득 위원** 제보자 이야기라고 제가 얘기했잖아요.

○**부승찬 위원** 아니, 제보자 얘기를…… 제 얘기를 들으세요, 제 얘기.

○**곽규택 위원** 지금 부 위원님 이름을 이야기한 적도 없는데……

○**부승찬 위원** 아니, 제 얘기를 들으세요.

○**임종득 위원** 정황을 한번 생각해 보세요. 국민이 판단할 겁니다, 그것은.

○**박준태 위원** 충분히 의심이 갈 만한 정황이라는 걸 지적도 못 합니까?

○**부승찬 위원** 아니, 제 얘기를 하고 있잖아요. 사실관계를 명확히 얘기를 할게요.

전 특전사령관이 양심 고백을 하겠다고 그래서 국방위 간사니까 와 달라 해서 갔어요. 가서 봤더니 707특임단장하고 특전사령관이 있었습니다. 그리고 사실대로 말하는 게 군인으로서 올바른 자세라고 얘기를 했어요, 저희가 '얘기하세요' 한 게 아니고. 제보자가 어떤 사람인진 모르겠지만 그래도 제보가 오면 팩트 체크는 해야지요. 저한테 전화했으면 자세히 얘기해 줬을 것 아니에요? 최소한적으로 제보가 오면 한 사람 정도는 더 팩트 체크를 하는 게 청문회특위 위원의 자세 아니에요? 그냥 질러 대면 됩니까?

○**임종득 위원** 제가 말한 것에 그렇게 물타기하실 거예요?

○**부승찬 위원** 물타기라니요? 채 해병 죽인 사람이 당신 아니에요, 그러면? 저도 제보받았어요.

○**곽규택 위원** 그것하고 뭔 상관입니까? 채 해병 사건이 왜 나와요, 여기서?

○**부승찬 위원** 제보받았어요, 저도.

○**임종득 위원** 참, 싸가지가……

○**위원장 안규백** 자, 가만히, 가만히 들으시지요.

○**부승찬 위원** 싸가지? 싸가지? 말 함부로……

사과하세요. 싸가지라니요? 제가 사실대로 얘기를 지금 드리고 있잖아요. 싸가지라니요? 선을 넘네. 해 보자는 거예요?

이상입니다.

○**위원장 안규백** 이어서 추미애 위원 질의해 주십시오.

○**추미애 위원** 질의에 앞서 자료 요구할 시간을 놓쳤어요, 저한테 눈길을 안 주셔서.

○**위원장 안규백** 간단히 하십시오.

○**추미애 위원** 자료 요구 먼저 하겠습니다.

저 질의와 관련된 건데요 여인형 전 방첩사령관 관련해서입니다.

여인형은 12·3 내란 관련해서 안가·공관 회동에 합류를 했습니다. 그런데 기록을 안 남기기 위해서 부하들 차량 또는 비서실 명의 차량으로 대리 배치해서 운행을 시켰습니다. 그래서 비서실 등 방첩사령관이 사용한 비밀 차량 배차 운행일지를 제출해 주시기 바랍니다.

또 여인형은 내란 회동 등과 관련해서 비용을 지불했다고 합니다. 여인형 방첩사령관 시절 사용한 수억원대의 지휘활동비와 국정원 특활비 사용내역을 제출해 주시기 바랍니다.

국정원 특활비 예산지침에 제한 사항이 생기니까 방첩사가 따로 방첩사 재정 혁신 TF 운영계획 및 결과보고……

(발언시간 초과로 마이크 중단)

아, 이것도 끊기는 겁니까?

○**위원장 안규백** 예.

○**추미애 위원** 그러면 자료 요구를 문건으로 하겠습니다.

○**위원장 안규백** 예.

김선호 장관대행님, 추미애 위원님께서 말씀하신 것을 오후까지 자료 제출해 주시기 바랍니다.

○**추미애 위원** 나머지 있는 것은 문건으로 제가 제출을 하겠습니다.

○**위원장 안규백** 그렇게 하십시오.

○**추미애 위원** 뒤의 보좌진은 문건 좀 김선호 차관에게 주시기 바랍니다.

　방첩사령관님, 곽종근 증인 나오십시오.

　이쪽으로 나오시기 바랍니다. 좀 명확히 하고 지나가야 되겠네요.

○**증인 곽종근** 전 특수전사령관입니다.

○**추미애 위원** 윤석열 피고인은 헌법재판관의 신문에서 본인이 국회의원을 끌어내라고 곽종근 증인에게 지시한 적이 없다라고 했습니다. 답변해 보십시오.

○**증인 곽종근** 명확하게 지시하셨고 12월 10일 국방위 때 제가 말씀드린 사항 그 부분입니다.

○**추미애 위원** 알았습니다. 분명하게 지시를 한 것이지요?

○**증인 곽종근** 예.

○**추미애 위원** 그리고 김용현 피고인은 본인도 요원을 끌어내라라고 했다라고 변호인과의 신문에서 답변을 했습니다. 그런데 증인은 이 국방위에서 앞에 이렇게 말했습니다. 190명이 아직 다 찼는지 확인이 안 된다라고 윤석열 피고인이 얘기하면서 정족수가 차기 전에 끌어내라라고 얘기를 해서, 설령 당시의 그 발언 단어를 요원 또는 인원이라 표현했다 하더라도 앞뒤 맥락상 보면 국회의원만이 그 본회의장 안에 있었지 국회의원 외에 표적물이 따로 있었습니까? 작전팀이 들어가 있었습니까?

○**증인 곽종근** 들어가 있지 않았……

○**추미애 위원** 요원이나 다른 인원이 들어가 있었습니까?

○**증인 곽종근** 그렇지 않습니다.

○**추미애 위원** 분명히 말해 보십시오.

○**증인 곽종근** 제가 12월 10일 국방위에서 한 말씀을 정확하게 다시 말씀드리겠습니다.

　대통령께서 저한테 직접 비화폰으로 전화하셨다고 분명히 말씀드렸고 그때 아직 의결정족수가 채워지지 않은 것 같다. 빨리 국회 문을 부수고 들어가서 안에 있는 인원들을 밖으로 끄집어내라라고 지시를 받았다고 말씀을 드렸습니다.

　그런데 그 인원이, 요원을 빼내라고 했던 그때 당시의 시점에서는 도저히 그 인원들이 본관에 들어가 있지도 않았습니다.

○**추미애 위원** 알았습니다.

　그러니까 국회의원이나 국회 보좌진 외에 별도의 타깃 대상물이 없었다라는 것이지요, 본관 안에는?

○**증인 곽종근** 그렇습니다.

○**추미애 위원** 예. 그리고 윤석열 피고인은 헌법재판소에서 본인이 직접 다치는 사람이 없도록 철수하라라고 국회의 계엄 해제 결의 후에 사령관들에게 지시했다라고 했는데 과연 그러한 지시를 한 사실이 있습니까?

○**증인 곽종근** 저는 지시받은 바 없습니다.

○**추미애 위원** 그러면 누구의 판단으로 철수를 하게 됐습니까?

○**증인 곽종근** 철수 지시는, 지난번 12월 10일 국회 국방위에서 분명히 제가 그때 처음 다시 말씀드렸습니다.

01시 01분에 비상계엄령 해제안이 의결되는 상황을, 제가 약 2분 정도 지난 뒤에 의결됐다라는 상황을 인식했다고 말씀을 드렸고 그 뒤에 이어서 바로 김용현 국방부장관과 비화폰 통화하면서, 저한테 전화를 해서 김용현 전 장관이 어떻게 하냐라고 저한테 먼저 물어봐서 제가 국회, 선관위 세 군데, 민주당사, 여론조사꽃 임무 중지하고 철수하겠습니다라고 말씀드렸습니다.

그러고 나서 답변이 '알았다' 얘기하시고 '조금만 더 버텼으면 좋았을 걸'이라고 말을 해서 저는 그 뒤로 바로 전화를 끊고 바로 이어서 707특임단장……

○**추미애 위원** 알았습니다. 그러면 조금만 더 버텼으면 좋았을 것이라고 김용현 전 장관이 말을 했다는 것이지요?

○**증인 곽종근** 예, 거기까지 하고 전화를 끊었……

○**추미애 위원** 그리고 이 말을, 이 말 때문에 오히려 국민들은 우려를 하는 겁니다. 제2·제3의 비상계엄도 마음먹고 있었구나, 이자들이, 윤석열과 김용현 등은. 이렇게 우려를 할 수밖에 없는 것이지요.

그리고 윤석열 피고인은 국회의 질서 예방용으로 군이 들어갔다 이렇게 얘기했습니다. 그러면 국회 경내나 국회 안팎으로는 국회 관계자들, 보좌진들 또는 국회를 지켜 주려고 하는 시민들이 있었는데 시민들이 서부지방법원 습격한 사람들처럼 당시 폭력적이고 공격적이었습니까? 군이 개입할 만큼 치한이 우려됐습니까?

○**증인 곽종근** 이 부분을 다시 말씀을 드리면 제가 비상계엄 상황이 발생하기 전이나 그 중간에도 어느 누구로부터 질서를 유지하라, 시민을 보호하라, 경고용이다라는 말을 제가 들은 바가 없습니다.

○**추미애 위원** 알았습니다.

그러니까 시민들이 폭도화될 것을 우려할 상황이 전혀 아니었고 국회 안도 그럴 상황이 아니었다라는 것이지요?

○**증인 곽종근** 그 상황을 판단하는……

○**추미애 위원** 국회를 확보한다라는 것은 무슨 뜻입니까, 국회를 확보한다는 것은?

○**증인 곽종근** 앞서 말씀드렸듯이 제가 그 당시 상황을 판단하는 것은 판단 영역 밖의 문제라고 말씀을 먼저 드리고 다만 그 말을 제가 들은 바가 없고 상황이 끝난 다음에 이후에 그런 말씀을 하시기 때문에 제가 질서 유지였다, 경고용이었다, 시민 보호하라라는 말을 비상계엄이 끝난 이후에 들었다고 말씀을 드리는 거였습니다.

그다음, 국회 시설을 확보하라고 말씀하신 이 부분은 제가 명확하게 지난번부터 12월 1일 6개 장소에 대한 시설을 확보하라라고 김용현 장관으로부터 제가 받았다고 지난번에 말씀을 드렸습니다. 시설을 확보하라는 의미를 받을 때는 통상 군인들은 명확하게 그 확보하라는 의미를 구현하기 위해서 해야 될 행동과 하지 말아야 될 행동을 정확하게 지침을 둡니다. 그런데 당시에 그런 지침 없이 시설을 확보하라는 임무만 저한테 부여됐고 저도 707특임단장한테 확보해서 경계하라는 임무를 줬습니다. 그렇게 되다 보니까 최종적으로 국회의원, 지금 여기 계신 안규백 의원님, 여러 인원씩 그대로 통과를 시켰습니다. 그 결과로 나타났는데 그 결과론적인 것을 거꾸로 다시 맨 앞으로 뒤집어서 국회의원을 잡지 말랬다라는 말이 거꾸로 나오고 있습니다. 그건 명백히 잘못된 겁니다.

저는 분명히 말씀드리는데 이것은 현장에 있는 지휘관과 현장에 있는 707특임단장과 거기에 있던 작전 요원들이 정말로 현명하게 판단하고 대응한 결과물입니다. 이것은 지시에 의해서 그렇게 된 것이 아닙니다.

○**추미애 위원** 현장 지휘관들의 현명한 판단에 따른 철수 지시나 제반 후속 조치가 있었는데 이걸 마치 김용현이나 윤석열 내란 공범들은 자신들이 그렇게 조치를 취했다라고 가로채기를 한다는 것이지요?

○**증인 곽종근** 저는 그렇게 동의합니다. 저는 그 전에 그런 말을 제가 지시를 받은 바가 없습니다.

○**추미애 위원** 예, 됐습니다.

수고하셨습니다.

그러면 시간을 절약했다가 다음 질의에 쓰겠습니다.

○**위원장 안규백** 30초요? 알겠습니다.

자, 이어서 주진우 위원님.

○**주진우 위원** 중앙선관위 사무총장님, 저는 중앙선관위도 국민의 위임을 받아서 일하는 중요 헌법기관이니까 국민을 보다 섬기는 자세로 일해야 된다라고 생각합니다. 특히 중앙선관위 시스템도 여느 국가기관과 마찬가지로 완벽할 수 없거든요. 끊임없이 개선해야 되고 또 미비점과 개선점을 투명하게 공개해서 계속 검증을 받아 나가야 된다라고 생각하는데 동의하십니까?

○**증인 김용빈** 예, 그 점에 대해서는 동의합니다.

○**주진우 위원** 소쿠리 투표로 국민의 지탄이 있었을 때도 선관위가 감사원 감사를 거부했었습니다. 그때 중앙선관위의 독립성 저해를 사유로 거부를 했었는데. 당연히 물이 고이면 썩기 마련이지요. 비리나 문제점에 대해서 외부기관의 감사를 받고 지적을 받으면 오히려 개선이 되는 것이지 왜 독립성이 저해됩니까?

○**증인 김용빈** 그 점에 대해서는 헌법적인 그런 부분이 좀 필요하다고 생각을 합니다.

○**주진우 위원** 좋습니다.

감사원은 감사할 때만 감사를 하는 것이지 선거기관에 감사원 직원이 와서 상주하는 게 아니거든요. 이게 문제가 뭐냐면 중앙선관위가 외부 통제도, 지금 말씀하셨던 헌법상 독립성을 이유로 외부 통제도 잘 안 받으려고 하는데 내부 시스템도 통제에 좀 문제가 있습니다. 특히 중앙선거관리위원장이 비상근인 것은 저는 매우 큰 문제라고 생각하거든요.

헌법 114조에 따르면 중앙선관위는 대통령 임명 3명, 국회 선출 3명, 대법원장 지명 3명 위원으로 구성되지요?

○**증인 김용빈** 예.

○**주진우 위원** 그중에 중앙선거관리위원장은 위원 중에 호선하도록 되어 있는데 관례적으로 대법관이 겸하고 있지요. 그러다 보니까 비상근입니다.

중앙선관위원장, 현재 노태악 위원장이 일주일에 몇 번 정도 상근하면서 근무하고 있습니까?

○**증인 김용빈** 그러니까 한 달에 1번 정도 위원회 회의가 열리고요. 그다음에 위원장은 기본적으로 보기 위해서, 그것 이외에 월 2회 정도 그러면서 한 달에 한 3번 정도 출무하고 계신 걸로……

○**주진우 위원** 그러니까 이 중요한 헌법기관인 중앙선거관리위원회가 수장이, 물론 사무총장도 계시고 하시겠지만 기본적으로 그 대표기관의 대표자가 지금 한 달에 3번 나온다는 것 아닙니까? 지금 제가 언론 보도 보니까 노태악 중앙선거관리위원장은 불과 4일 전에도 대법관으로서 법원 판결을 했어요. 대법관도 지금 일이 많기로 유명한 그런 직군인데 중앙선거관리위원회를 비상근으로 하면 저는 시스템을 정비하는 데 한계가 있을 수밖에 없다라고 생각하고요.

특히 선거가 예전보다 많아졌고 위탁선거 관리도 많아졌기 때문에 이 비상근 체제에 대해서 이번 기회에 저는 재검토해야 된다고 보는데 어떻게 생각하세요?

○**증인 김용빈** 일단 국민적인 공감대가 필요한 입법적인 사항인데요. 기본적으로 선거관리위원회의 태생을 좀 보셔야 될 필요가 있습니다.

○**주진우 위원** 좋습니다. 그 정도로 들을게요.

○**증인 김용빈** 조금 자세하게 말씀을 드려야 되는데······

○**주진우 위원** 제가 마지막에 말씀······

이게 지금 대법관이 중앙선거관리위원장을 하다 보니까 약간 성역처럼 비쳐지는 것도 저는 문제라고 생각하고요. 상호 독립적이여야 할 법원과 선관위가 사실상 한 몸처럼 이어져 있다는 비판도 지금 계속되는 상황입니다.

그런데 지금 처음으로, 감사원 채용 비리가 있었을 때 결국 어쩔 수 없이 감사원 감사를 처음으로 수용했는데 이게 오랜만에 외부······ 오랜만이 아니지요. 거의 최초로 외부적인 통제를 받다 보니까 그 결과가 굉장히 놀라웠어요. 아마 국민들께서 다 잊으셨을 수 있어서 제가 한 번 더 짚어 드리면 선관위 사무차장과 사무총장으로 재직한 분의 자녀가 경력경쟁채용으로 채용이 됐는데 이게 보면 불필요한데 일부러 1명을 뽑았어요. 자리를 일부러 만들어 줬다는 것이고 면접위원 3명 모두를 그 아버지인 선관위 사무차장·사무총장 이분과 친분이 있는 내부 직원으로 구성을 했습니다.

이런 게 지금 한두 건이 아니에요. 시선관위 사무국장 같은 경우에 셀프 결재를 통해 가지고 진단서를 반복 사용하거나 허위 병가를 내서 170일 이상 해외여행을 다녀왔습니다. 어느 조직이 이렇게 느슨합니까? 이게 한 10년 전에 있었던 일이 아닙니다. 그래서 지금 현재 감사원에 한 번 딱 감사를 했을 뿐인데 경력 경쟁 채용에서만 800여 건의 규정 위반이 발견됐고요 27명이나 대검찰청에 수사를 요청했습니다.

어느 기관이나 비리가 있지만 선관위의 이런 비리는 사실 한 10년 15년 전에도 잘 없던 비리 내용이고 지금 현재는 사실은 다른 기관 같은 경우에는 엄청나게 외부 관리 감독을 받으면서 이게 다 개선이 된 부분이거든요.

그런데 그런 부분이 선관위가 아까 말씀하시려다가 만 헌법기관 또 헌법상의 독립성을 스스로 너무 강조하다 보니까 외부 통제에 있어서 저는 굉장히 미흡하다고 생각합니다.

그리고 사무총장님, 2012년도에 만들어진 더 플랜이라는 다큐멘터리 본 사실 있습니까?

○**증인 김용빈** 영화 자체는 보지 못했습니다.

○**주진우 위원** 어떤 건지는 알고 계시지요?

○**증인 김용빈** 예, K값 조작한다는 겁니다.

○**주진우 위원** 부정선거를 주장하는 내용이고 김어준 씨가 4년에 걸쳐서 만들어서 영

화관에 상영도 했어요. 거기에 보면 1시간 넘게 중앙선관위의 선거 시스템 미비를 조목조목 지적하는 내용인데 내용 한번 점검 안 해 보셨습니까?

○증인 김용빈 그분 자체가 저희 입장에서는 허위라고 생각을 했기 때문에……

○주진우 위원 김어준 씨가 그러면 약간 극우 세력인가요?

○증인 김용빈 그때는 반대적인 부분이었고요.

○주진우 위원 저는 이 내용을 보면 지금 내용과 비슷해요. 개표보다 언론 발표를 먼저 하는 등 이상한 사례가 2500건 발견됐다라고 하는데 그 2500건이 짜잘 짜잘하게 보면은 어떤 것들은 오해한 것도 있지만 기본적으로 매뉴얼 같은 게 잘못되어 있어서 오해를 초래한 측면도 있는데 그 문제점도 다 검토해 보셨습니까?

○증인 김용빈 예, 그와 관련해서 부정선거 백서를 계속 주장하시는 분들에 대해서는 형사처벌까지 이루어진 것으로 알고 있습니다.

○주진우 위원 김어준 씨 주장에 따르면 자동개표 분류기가 해킹될 수 있다. 또 미분류표 중에서 문재인 후보보다 박근혜 후보 승률이 너무 지나치게 높아서 통계적으로 번개 두 번 맞을 확률이다. 그래서 이것은 부정선거일 가능성이 높다라고 하는 것인데 그 부정선거론에 대해서 어떤 것이 부정선거가 아니고 어떤 점이 문제인지를 좀 자세히 한번 설명을 해 봐 주시지요.

○증인 김용빈 지금 말씀하신 것은 김어준 씨가 저 플랜에서 주장했었던 종전의 부분, 그때 대부분의 얘기는 전산 조작의 가능성을 비치면서 K값으로 보정한다는 그런 내용이었던 것 같습니다.

그리고 그와 관련한 부분은 그때 당시에 실제적인 선거소송이나 그다음에 그거와 관련한 형사소송에서 사실과 다르다는 부분이 다 밝혀진 것으로 알고 있습니다.

○주진우 위원 김어준 씨 처벌됐나요?

○증인 김용빈 김어준 씨는 처벌 안 된 것으로 알고 있습니다.

○위원장 안규백 위원님들 지금 저 후방 가림막에는 신변 보호 요청을 요구하신 쓰리세븐의 김 모 대령과 정보사의 박 모 준장이 와 계심을 말씀을 드립니다. 질의에 참고해 주시기 바랍니다.

이어서 박준태 위원님.

○박준태 위원 곽종근 전 사령관 잠깐 나와 주시지요.

○증인 곽종근 전 특수전사령관입니다.

○박준태 위원 간단하게만 여쭤볼게요.

○증인 곽종근 예.

○박준태 위원 아까 민주당 위원님 말씀 들어 보니까 본인이 먼저 양심 고백을 하겠다 그렇게 해서 위원님들께 갔다고 했는데 그게 사실입니까?

○증인 곽종근 예, 점심 먹고 나서 제가 사실대로 말씀 다 드리겠다고 했습니다.

○박준태 위원 좋은데 양심 고백을 왜 민주당 위원님들 앞에서 합니까? 제가 들어 보니까 임종득 위원님 말씀이 무척 일리가 있습니다. 민감한 시기에 특정 정당 위원들과 여러 논의를 하는 것이 누가 봐도 오해를 살 만한데 그런 생각 안 하셨어요?

○증인 곽종근 지금 결과론적으로는 그렇게 보실 수도 있을 것 같은데 그때 당시에는 경황이 없는 상태에서 그런 것 같습니다.

○**박준태 위원** 그러니까 그렇게 당당하게 큰소리치실 일이 아니라고 제가 말씀드리는 겁니다.

들어가셔도 좋습니다.

선관위 사무총장님.

○**증인 김용빈** 예.

○**박준태 위원** 너무 많은 국민이 선관위를 믿지 못하겠다 이렇게 말씀을 하고 있습니다. 주진우 위원님께서 좋은 지적을 해 주셨다고 생각하는데요. 지금 선관위가 신뢰받지 못하는 이유에 대해서 좀 진지한 고민과 성찰 이런 것들이 필요한 시점이라고 생각하는데 동의하십니까?

○**증인 김용빈** 그 부분 동의하고 지금 제가 이 자리에 있는 것 자체가 선거관리위원회가 여러 가지 국민의 신뢰를 잃어 버렸기 때문에 그 부분을 개선해서 정리하기 위해서 이 자리에 있다고 생각을 합니다.

○**박준태 위원** 5년 동안에 최소 세 번의 전국 단위 선거를 치르고 있습니다. 선관위에 개선 노력이 없으면 탄핵 정국 이후에도 국민들의 어떤 갈등, 정치적 혼란 이런 상황은 계속될 거라고 생각을 합니다.

화면 한번 보시지요.

(영상자료를 보며)

소쿠리 투표 이것 재차 언급 안 해도 잘 알려져 있습니다. 내가 행사한 소중한 한 표 이것을 소쿠리 박스 쇼핑백에 넣으라, 그래서 엄청난 논란이 됐던 사건입니다.

우측 보시면요 국민권익위원회가 2023년도에 선관위 채용 실태 전수조사 결과 발표했습니다. 2017년부터 7년 동안에 162회 채용 진행했는데 이 중에 104회의 채용에서 문제가 있었다 공정성에 의심이 간다 이렇게 확인이 됐습니다. 이 기간의 채용 비리 의혹이 353건이다 이렇게 나와 있는 겁니다.

이런 문제들이 있었던 사실에 대해서는 인정을 하고 재발 방지 노력을 하고 계신 거지요?

○**증인 김용빈** 그 부분에 대해서 약간 보충설명을 드릴 필요가 있다고 생각을 합니다. 물론 선거관리 이 부분은 전적으로 선거관리위원회가 책임을 져야 되기 때문에 지금 소쿠리 투표 같은 것 선거관리위원회 책임이 맞습니다.

그리고 선관위 채용 비리 의혹 일부 있었던 것 맞습니다. 그러나 국민권익위원회에서 353건 적발한 그 내용은 실제적으로 정리된 내용을 보면 극히, 4건 정도고 나머지는 전부 입건조차 되지 않은 상황으로 정리가 됐습니다.

○**박준태 위원** 거기까지 설명 듣겠습니다.

○**증인 김용빈** 아니, 일단 소쿠리 투표에 대해서 제가 말씀드릴 수 있는……

○**박준태 위원** 이따 말씀드릴 시간 드릴게요.

○**증인 김용빈** 지금 이것은 선거관리 자체가 저희 인원 가지고 선거를 치르지 않는 것을 위원님도 아실 수 있을 겁니다.

○**박준태 위원** 그러니까 제도적인 보완을 같이 논의해 나가시자는 거예요. 이런 문제들이 있었다는 건 인정하시는 거지 않습니까?

○**증인 김용빈** 예, 맞습니다.

○**박준태 위원** 다음 넘겨 주시지요.

지금 전산 서버 관리도 허술하다 이게 국정원 점검으로 나타난 겁니다. 전산 시스템 비밀번호가 12345였다는 거예요. 요새 이메일이나 무슨 어떤 회원가입 패스워드도 문자 숫자 특수기호 이런 것 혼합해야 가입되잖아요. 그러니까 저는, 이런 부분들이 다 지난 얘기입니다. 이런 부분들에 대해서 잘 점검하고 보완 대책을 마련해 가자 이런 말씀 드리는 겁니다.

어느 지역구 선거구에서요 재검표하자 이러면 가슴 철렁하시지 않아요? 그것 검표 다시 해 보면 몇 표라도 오차가 나옵니다. 그런 것들을 완벽하게 100% 할 수는 없지만 최소한으로 줄여 나가자는 것이 선관위 목표가 돼야 되고 국민들이 기대하는 바가 그런 눈높이에 있습니다.

○**증인 김용빈** 예, 동의합니다.

○**박준태 위원** 다음 장 보시지요.

아까도 얘기 나왔는데 지금 선관위원장을 대법관 중의 한 분이 하고 계시잖아요. 그리고 중앙선관위원장은 대법관 중의 한 분이 하시고 지역의 법원장들이 지역의 선관위원장 하고 있지 않습니까? 이게 겸직자가 겸직 업무를 하다 보니까 제대로 된 책임자가 없다는 거예요.

그래서 아까 소쿠리 투표 나왔을 때도 그 긴박한 상황에서 중앙선관위원장이 출근도 안 했다, 그래서 엄청난 비판을 받았지 않습니까? 왜 출근 안 했냐? 비상근입니다. 그게 어떤 책임을 진다는 거예요?

그러니까 법원의 보호를 선관위가 받는다는 그런 방탄 지적까지 나오고 헌법기관들끼리 독립성을 유지하기 위해서라도 이 제도가 개선돼야 된다 이런 지적들이 많이 나오고 있습니다.

선관위에서도, 물론 이것은 선관위가 자체적으로 제도를 바꾸실 만한 내용은 아니에요. 국회가 법안으로써 우리가 제도개선을 해야 되는 부분이지만 어떤 여러 가지 검토를 좀 해 주시라는 겁니다.

사전투표제 잠깐 말씀드릴게요.

지금 헌재에 사전투표제도 위헌 여부 가려달라는 헌법소원이나 효력정지 가처분 사건 계류 중인 것 아시지요?

○**증인 김용빈** 예, 일부는 기각되고 일부는 계류 중입니다.

○**박준태 위원** 이게 지금 뭐냐 하면 사실상 1차 투표와 2차 투표로 변질이 됐다는 거예요. 사전투표제가 기형적으로 운영이 되면서 주권이 동일 시점에서 행사가 돼야 되는데 이 원칙이 지켜지지 않고 있다, 그래서 유권자가 정보의 비대칭성으로 인해서 투표의 실질적인 등가성이 침해받는다 이게 위헌의 주장의 요지입니다. 여기에 대해서는 대략 공감하시는 바가 있지요?

○**증인 김용빈** 예, 지금 이 부분에 대해서 여러 가지로 문제점이 있다는 점은 저희들이 인식……

○**박준태 위원** 2022년에 독일에서 이런 사례가 있었습니다. 하원이랑 지방의회 선거를 하는데요 몇몇 투표소에서 투표용지가 모자란 거예요. 그래서 인근 투표소에서 투표용지를 빌려 와서 투표를 마쳤습니다. 그런데 시간이 초과된 겁니다. 투표 시간이 초과됐는데

이 투표권에 대해서 이의 제기가 있었는데 독일 연방법원에서 주권을 행사하는 시점은 동일 시점이어야 된다는 법리에 따라서 베를린주 전체 투표소의 재투표를 판결했습니다. 아마 알고 계실 겁니다. 그러니까 투표에 있어서는 유권자의 정보 대칭성 그리고 투표의 실질적인 등가성이 그만큼 중대한 고려사항이다 이것을 남겨준 겁니다.

그래서 지금 부정선거에 대한 의심이 가장 많이 나오는 것도 사전투표예요. 미리 투표를 해 놓고 그 이후에 다시 투표를 하니까 그사이에 여러 가지 정보의 양도 다르고 새로 생성되는 뉴스도 많다 보니까 1차 투표와 2차 투표로 사실상 분리가 돼서 이 제도에 대한 개선이 좀 필요하다 이런 지적들이 나오고 있다는 점을 다시 한번 제가 전달드리고, 선관위에서도 이런 부분들 해외사례까지 고려해서 좀 대안을 한번 같이 고민해 보셨으면 좋겠습니다.

그렇게 하시겠습니까?

○증인 김용빈 예.

○박준태 위원 마치겠습니다.

○위원장 안규백 수고하셨습니다.

김병주 위원님 질의해 주세요.

○김병주 위원 곽종근 사령관님.

○증인 곽종근 예, 전 특수전사령관입니다.

○김병주 위원 01시 02분경에 국회에서 비상계엄 해제결의안이 통과됐잖아요?

○증인 곽종근 그렇습니다.

○김병주 위원 그거 언제 알았지요?

○증인 곽종근 제가 지난 국방위 때 한 2분 정도 뒤에라고 했기 때문에 01시 한 03분 그 어간쯤 되는 것 같습니다.

○김병주 위원 그렇지요. 그러고 나서 뭘 조치하셨나요?

○증인 곽종근 그다음에 바로 김용현 전 장관하고 전화 통화가 됐었다고 지난번에 말씀드렸고 그때 앞서 말씀드렸던 어떻게 하나라고 물어봐서 '국회에 출동했던 인원, 선관위 세 군데, 민주당사, 여론조사꽃 출동한 저희 특전사 병력 임무 중지하고 다 철수시키겠다' 이렇게 말씀을 드리고 다 중지시키고 철수시켰습니다.

○김병주 위원 그래서 병력을 철수시키겠다는 것은 곽종근 사령관이 먼저 결심을 하고 김용현 전 장관한테 건의한 것 같은데 맞습니까?

○증인 곽종근 예, 그렇습니다. 제가 먼저 말씀을 그렇게 드렸습니다.

○김병주 위원 사실 이번 비상계엄이 6시간 만에 끝날 수 있었던 것의 분수령은 이때였습니다. 특전사령관이 해제결의안 통과가 됐을 때 바로 병력 철수해야 되겠다는 결심을 했고 그리고 김용현 장관한테 건의를 한 거지요.

그럴 때 김용현 장관이 좀 더 있었으면 좋을 텐데 하면서 그렇게 하라고 얘기했습니까?

○증인 곽종근 예. 제가 그렇게 말씀을 드렸고 알았다고 얘기했고 그다음에 조금만 더 버텼으면 좋았을 걸 하고 다음에 바로 전화 끊고 그다음부터 제가 707·1공수에게 임무 중지, 철수 지시를 바로 전화하기 시작했습니다.

○김병주 위원 그러면 대통령이 본인이 지시를 해서, 비상계엄 해제결의안 통과된 후에

본인이 지시해서 철수했다 한 것은 거짓이네요?

○증인 곽종근 그것을 제가 직접 그렇게, 그 내부에서 그런 말씀이 있었는지는 제가 모르겠고 제가 그런 지시를 직접 받지 않았습니다. 그리고 추가적으로 나중에 비상계엄 끝나고 나서 제가 이진우 전 수방사령관한테 너는 어떻게 철수했느냐라고 전화로 물어본 적이 있습니다. 그랬더니 특전사가 철수하는 것을 보고 우리도 그냥 같이 따라서 철수했다 하고 저한테 얘기했습니다.

○김병주 위원 이진우 사령관 면담할 때 본인한테도 그렇게 했어요. 특전사가 철수한다는 것을 보고받고 본인도 따라서 철수시켰다라고.

  그다음에 지금 지난주 언론을 가장 떠들썩하게 했던, 진짜로 역대급 역사급 코미디가 윤석열 측 변호인에서 나왔어요, 윤석열하고 김용현하고. 요원을 끌어내라를 김병주 위원 이 의원을 끌어내라로 둔갑시켰다.

  여기에 대해서, 이 말에 동의합니까. 제가 둔갑술을 쓰는 사람도 아닌데?

○증인 곽종근 그것은 절대 제가 동의할 사항도 아니고 동의할 수도 없습니다. 그것은 지난번에, 그 유튜브 전체에서 그 부분만 딱 잘라 놓고 보시니까 자꾸 그렇게 말씀하시는데……

○김병주 위원 그러니까 본질은 의원을 끌어내라는 것이, 국회의원을 끌어내라는 것이 정확한 것 아닙니까?

○증인 곽종근 맞습니다. 국회의원을 정확하게 끌어내라고 두 분 다 말씀하셨고. 작전요원들 철수하는 상황도 뒤에, 그게 01시 09분에 인원들 임무 중지하고 철수하라는 상황도 있었지 않습니까?

○김병주 위원 예.

○증인 곽종근 그래서 그 상황이 두 가지 다 팩트가 맞다고 말씀드린 겁니다.

○김병주 위원 그리고 실질적으로 조금 전에 윤건영 위원 질의할 때 보니까 원래 직책폰으로 비화폰을 특전사령관 갖고 계시잖아요?

○증인 곽종근 예, 있습니다.

○김병주 위원 그런데 경호처로부터 작년에 또 비화폰을 받았습니까?

○증인 곽종근 원래 저 같은 경우는 비화폰이 2개였습니다. 하나 더 받은 게 지금 저기 보시면 그냥 검정색 원래 군이 쓰는 비화폰이 직책별로 주르륵 나와 있는 게 있고 또 하나는 별도로 받은 비화폰이 하나 더 있었습니다. 비화폰이 두 개 있었습니다.

○김병주 위원 그러면 경호처로부터 별도의 폰을 받았습니까?

○증인 곽종근 그렇습니다.

○김병주 위원 그러면 그것은 언제 받았습니까?

○증인 곽종근 특전사령관 보직된 이후에, 정확한 시점은 기억나지 않는데 보직된 이후에 제가 받았습니다.

○김병주 위원 그런데 기존에 갖고 있던 직책 비화폰으로는 통화가 안 되는 모양이지요?

○증인 곽종근 아닙니다. 그것도 둘 다 됩니다.

○김병주 위원 그러면 제가 봤을 때 윤건영 위원이 잘 지적을 했는데 대통령경호처에서 나누어 준 비화폰은 이번 비상계엄을 위한 특별 비화폰으로 보이네요, 보니까.

○증인 곽종근 그것까지는 제가 판단하기에는 좀 제한될 것 같습니다. 제가 받은 것은 분명한 사실입니다.

○김병주 위원 알겠습니다.

이창용 한은 총재님 나와 주세요.

마이크를 조금 올려 주시고요, 키가 크시니까.

비상계엄 언제 알았습니까?

○증인 이창용 12월 3일 TV를 보고 알았습니다.

○김병주 위원 TV 보고 알았고요.

그러면 F4 회의에 참석했었지요?

○증인 이창용 예, 했습니다.

○김병주 위원 몇 시에 했습니까?

○증인 이창용 11시 40분에 시작했습니다.

○김병주 위원 누구로부터 F4 회의 한다고 연락받았습니까?

○증인 이창용 10시 한 30분쯤에 최상목 부총리가 전화가 오셔서 계엄 얘기를 하면서 TV 봤냐고 그래서 봤다고 그러니까 시급히 F4 회의를 해야 되겠다 그래서 이동 중이니까 곧 보자 그래서 했고 저희 실무진한테 그 바로 뒤에 연락이 와서……

○김병주 위원 그러면 어디서 회의를 했습니까?

○증인 이창용 은행연합회에서 했습니다.

○김병주 위원 은행연합회.

이때 주관은 누가 했습니까?

○증인 이창용 항상 기재부에서 하고 있습니다.

○김병주 위원 그러면 최상목 부총리가 했습니까, 그 당시에?

○증인 이창용 예, 기재부에서 주관하고 있습니다.

○김병주 위원 그러니까 최상목 부총리가 하고.

또 참가자는 누구누구입니까?

○증인 이창용 금감위원장, 금융위원장, 저 그렇게 해서 4명입니다.

○김병주 위원 그러면 비상계엄 발표와 동시에 이 회의 소집을 최상목 권한대행이 한 거네요, 비상계엄과 관련해서?

○증인 이창용 그렇게 볼 수 있습니다.

○김병주 위원 그러면 거기 와서 최상목 전 부총리는 뭐라고 얘기했습니까?

○증인 이창용 계엄 상황에 있어서 동의할 수가 없어서 본인이 나왔다고 얘기하고 사임을 하겠다는 얘기를 해서 말렸습니다.

○김병주 위원 그리고 회의 내용은 뭐였습니까?

○증인 이창용 그때 외환시장의 환율이 한 사오십 원 올라가고 그래서 어떻게 하면 외환시장을 진정시키는지하고 아침에 주식시장을 열어야 되는지 않아야 되는지에 대해서 논의했습니다.

○김병주 위원 최상목 전 부총리가 받은 문건에 나오는 예비비 확보 거기에 대해서 논의 없었습니까?

○증인 이창용 전혀 없었습니다.

○**김병주 위원** 그것은 지금 일반적으로 합리적으로 봤을 때 총재님이 거짓말하는 것 같아요. 비상계엄 때문에 모였으면 비상계엄에 대한 대통령 지시사항을 어떻게 할지에 대한 회의잖아요.

○**증인 이창용** 아닙니다. 비상계엄으로 인해서 시장 상황이 어려워졌기 때문에 시장을 어떻게 안정시키기 위해서 저희가 회의를 했습니다.

○**김병주 위원** 그러면 그때 시장 상황 안정을 위해서 뭐를 했습니까?

○**증인 이창용** 어떤 조치가 가능한지 그리고 구체적인 조치를 해야 되기 때문에 그 당시에는 결정하기 어려우니까 아침 7시에 다시 만나서 각자가 자기……

○**김병주 위원** 그러면 7시에 다시 회의했나요?

○**증인 이창용** 예, 다시 회의했습니다.

○**김병주 위원** 그리고 12·3 비상계엄 이후에 우리 경제적인 손실은 얼마, 아침에 회의가 뭐였고 그다음에 우리 경제적인 손실이……

1분만 주시겠습니까?

○**위원장 안규백** 예, 마무리해 주세요.

○**김병주 위원** 마무리하겠습니다.

그때 7시에 한 회의 내용은 뭡니까?

○**증인 이창용** 7시에 할 때는 새벽에, 11시에 할 때와 달리 계엄이 해제가 된 상태기 때문에 일단 상황이 많이 바뀌었고요. 환율도 다시 안정되기 시작했고 그래서 주식시장은 걱정했던 것과 달리 열기로 했고 그다음에……

○**김병주 위원** 잠깐만요. 본 위원이 생각하기에 비상계엄이 되자마자 한 것은 대통령의 지시사항, 예비비를 확보하기 위한 회의였을 거고 그때 임무를 주고 7시에 관련 방안들을 갖고 오라라고 7시에 다시 회의가 열렸던 것 같은데 비상계엄이 해제됐기 때문에 그것은 별 소용이 없었던 거지요?

○**증인 이창용** 아닙니다.

○**김병주 위원** 12·3 비상계엄 이후에 우리 경제적인 손실이 어느 정도입니까?

○**증인 이창용** 우선 전의 얘기를 명확히 말씀드려야 될 것 같은데 F4 회의는 예비비나 이런 문제를 다룰 수 있는 회의가 아닙니다. F4 회의는 예산과 관계없이 저희가 금융시장 안정을 위해서 지난 2년간 해 왔던 거기 때문에 거기서 그런 논의를 할 수도 없었고 저희 그런 정보가 없었음을 말씀드립니다.

그리고 계엄을 통한 경제효과는 아직도 진행 중이기 때문에 저희들이 지금 이 단계에서 말씀드리기는 어렵고 상당한 대미지가 있었다는 것은 부인할 수 없는 사실입니다.

○**위원장 안규백** 수고하셨습니다.

부승찬 위원님.

○**부승찬 위원** 전 계엄사령관님 이쪽으로……

○**증인 박안수** 전 육군참모총장입니다.

○**부승찬 위원** 한 가지만 확인할게요.

계엄 해제 결의 직후에 대통령이 본인의 방, 집무실로 호출했습니까?

○**증인 박안수** 직후는 아니고 결심실 다녀가셔서 장관님이 무슨 회의인지 뭔지 모르겠는데 참가하시게 됐는데 따라가자 그래서 간 적은 있습니다.

○**부승찬 위원** 그때 정확한 시간이 기억나십니까, 대통령 방으로?

○**증인 박안수** 시간은 정확하지는 않지만 02시 한 40분에서 50분 그 사이에……

○**부승찬 위원** 거기서 무슨 지시를 하셨습니까?

○**증인 박안수** 지시를 따로 하지 않고 올라갔는데 그 옆방에 문이 있는데 거기 들어가 있으라고 그러셨고 들어가니까 여러 분들이 앉아 계셨고 거기에서 '병력들이 어떻게 있느냐' 어떤 분이 물어보셔서 안전한 곳에 있다고 말씀드렸고 조금 있으니까 다시 들어오라고 해서 들어갔는데 '내려가서 철수시켜라' 이렇게 말씀하셨습니다.

○**부승찬 위원** 정확히 철수 지시는 몇 시였습니까?

○**증인 박안수** 시간은 제가 정확하지 않은데 한 2시 50분에서 3시 어간 사이인 것 같습니다.

○**부승찬 위원** 3시, 새벽 3시요?

○**증인 박안수** 예, 새벽 3시.

○**부승찬 위원** 지난달 23일 날 윤석열 대통령이 헌법재판소 변론기일 날 '계엄해제 요구 결의가 나오자마자—그러면 1시지요—바로 장관과 계엄사령관을 즉시 제 방으로 불러서 군 철수를 지시했다', 계엄사령관님 말씀하고 좀 다릅니다. 새벽 3시하고 해제 결의 직후, 좀 다르지요. 한 2시간 텀이 있네요.

○**증인 박안수** 즉시라는 개념이 어떤지 잘 모르겠는데 하여튼 2시 40분에서 50분 사이에 갔습니다.

○**부승찬 위원** 그때 누구누구 있었어요, 2시 40분에 갔을 때 당시에? 정확하게 기억나는 사람만 말씀……

○**증인 박안수** 비서실장님만 기억나고 다른 분들은 제가 잘 모르겠습니다. 쭉 앉아 계셨습니다.

○**부승찬 위원** 정진석 비서실장만 기억나고 기억이 안 난다는 말씀이지요?

○**증인 박안수** 예.

○**부승찬 위원** 대통령 진술과 계엄사령관의 증언이 좀 상이하네요.

알겠습니다.

들어가셔도 좋습니다.

곽종근 전 사령관님!

○**증인 곽종근** 예, 전 특수전사령관입니다.

○**부승찬 위원** 몇 가지 확인 좀 할게요.

12월 3일 날 이후에 대통령과 비화폰으로 몇 차례 통화했습니까?

○**증인 곽종근** 12월 3일 날 헬기 투입할 때 23시 45분 한 번 하고, 12월 4일 날 00시 20분하고 30분 어간대에 한 번, 그 두 번 직접 통화했습니다.

○**부승찬 위원** 대통령이 군대…… 특전사를 철수하라는 지시가 있었습니까?

○**증인 곽종근** 그런 지시를 받지 못했습니다.

○**부승찬 위원** 끌어내라는 지시는 있었어도……

○**증인 곽종근** 예, 그게 두 번째 통화 내용이었습니다.

○**부승찬 위원** 두 번째 통화 내용에서 00시 20분에 끌어내라는 지시가 있었고 군대를 철수하라는 지시는 따로 별도로 1시 이후에 없었습니까?

○증인 곽종근 제가 받지 못했고 아까 말씀드렸듯이……

○부승찬 위원 자체적으로 판단하신 겁니까?

○증인 곽종근 예, 김용현 장관한테 제가 철수하겠다고 말씀드리고 임무 중지하고 철수시키기 시작한 겁니다.

○부승찬 위원 그다음에 이후에 통화하거나 대통령 전화 온 적 있었습니까, 해제되고 나서?

○증인 곽종근 그 이후에는 없었고 12월 6일 날 한 번 오전에 비화폰으로 전화 온 것이 있었는데 제가 안 받았다고 말씀드렸습니다.

○부승찬 위원 6일 날 전화 올 이유가 없는데 전화가 왔네요, 대통령으로부터.

 그리고 자꾸 '제보, 제보' 하면서 하는데 명확히 해 주셔야 될 것 같아요. 제가 나중에 불러서 갔지만 민주당이 회유한 적이 있습니까?

○증인 곽종근 아닙니다. 분명히 그전에 오전에 박범계 의원님께서 저한테 대통령 2차 통화 내용을 말씀을 해 달라고 질의 때 말씀하셨는데 제가 그때 차마 말씀을 못 드렸는데 점심 먹으면서 이상 어찌 됐든 간에 사실대로 가야 된다라는 제 스스로 판단을 제가 했기 때문에 오후 국방위가 열리게 되면 관련된 내용을 다 말씀드리겠다라고 제가 그렇게 말씀드렸습니다.

 (안규백 위원장, 한기호 간사와 사회교대)

○부승찬 위원 알겠습니다.

 인성환 제2차장님!

○증인 인성환 예, 안보실 2차장입니다.

○부승찬 위원 2차장의 주요 임무는 주로 군과 관련된 거겠지요?

○증인 인성환 군 아니고 국방……

○부승찬 위원 그리고 우리 군의 지휘체계는 유엔사, 연합사 그다음에 합참, 복잡하게 얽혀 있지요?

○증인 인성환 예.

○부승찬 위원 정전협정 관리는 유엔사가 하고 그다음에 전시 및 평시 일부—CODA지요—연합권한위임과 관련된 것은 연합사에서 하고 그다음에 평시작전통제는 합참에서 수행하지요?

○증인 인성환 예, 그렇습니다.

○부승찬 위원 그러면 접경지역에서나 북한지역 군사작전 수행 시에 안보실로 보고는 됩니까?

○증인 인성환 안보실은 그런 작전에 대해서 관여하지 않습니다.

○부승찬 위원 전혀 관여하지 않습니까?

○증인 인성환 저희가 그런 지휘체계 자체가 없습니다.

○부승찬 위원 아니, 보고를 하냐 이거예요.

○증인 인성환 저희한테 보고하지 않습니다.

○부승찬 위원 그러면 안보실은 뭘 해요?

○증인 인성환 안보실은 군사 사항을 관장하는 것이 아니라 국방안보를 담당합니다.

○부승찬 위원 국방안보만?

○**증인 인성환** 1차장이 외교안보면 제가 국방안보입니다.

○**부승찬 위원** 안보실에서 주도해서 평양 무인기 사건을 주도했다 이런 제보가 있었어요, 한 복수의 관계자로부터.

○**증인 인성환** 알고 있습니다.

○**부승찬 위원** 드론사령관은 몇 번 만났습니까?

○**증인 인성환** 드론사령관은, 전임 드론사령관은 제가 드론사령부 방문했을 때 만났고 그다음 드론사령관은 8월인가 9월에 저한테 와서 보고를 한번 했습니다.

○**부승찬 위원** 알겠습니다. 들어가셔도 좋습니다.
    장관직무대행님.

○**증인 김선호** 예, 직무대행입니다.

○**부승찬 위원** 접경지역하고 북한지역에서 군사작전 수행 시에 당연히 국방부장관한테는 보고가 되겠지요?

○**증인 김선호** 예, 합참에서 주로 작전이 수행이 되고 관련된 내용은 국방부에 같이 공유를 합니다.

○**부승찬 위원** 미군에도 사전협의가 이루어지겠지요?

○**증인 김선호** 관련된 업무가 연합방위작전이나 협조를 해야 되는 것들은 공유가 됩니다.

○**부승찬 위원** 만일 북한에 무인기를 보내고 대북전단 같은 것을 군이 주도해서 보내면 우리 국방부뿐만 아니라 연합사에도 보고 및 통보가 돼야겠지요?

○**증인 김선호** 글쎄요, 그런······

○**부승찬 위원** 그런 게 맞는 거지요?

○**증인 김선호** 그런 과정 사항에 대해서 제가 답은 어려운데 여러 가지 작전이 수행되면 한미 간에 연합되고 공유되는 것이 맞습니다.

○**부승찬 위원** 혹시 드론사에서 북한작전 보고받으셨습니까?

○**증인 김선호** 보고받은 적 없습니다.

○**부승찬 위원** 국군심리전단에서 북한작전 보고받은 적 있습니까?

○**증인 김선호** 보고받은 적 없습니다.

○**부승찬 위원** 합참을 패싱하고 무인기, 대북전단, 제가 상상하기도 싫은 전력을 북한에 보낼 때 보고받은 적 있습니까?

○**증인 김선호** 그런 사실 자체가 없기 때문에 보고받은 사실이 없습니다.

○**부승찬 위원** 작전통제 권한이 있는 합참도 모르고 그다음에 정전협정 관리나 평시 일부 작전통제권을 지닌 유엔사나 연합사도 모르게 소음도가 높은 작전업무에 부적합한 전력을 북한에 보내면 합리적 의심을 북풍을 유도했다고 볼 수 있는 것 아닙니까?

○**증인 김선호** 위원님 말씀하시는 무인기를 북한에 보냈다는 그 전제에 동의하지 않습니다. 그 부분에 대해서는 저희들이 확인해 드릴 수 없다는 명확한 입장을 말씀드렸고요.

○**부승찬 위원** 아니, 그러니까요.
    1분만 더 주세요.

○**위원장대리 한기호** 예.

○**부승찬 위원** 어찌됐든 경로랑 이런 것을 다 받았어요. 물론 NCND 하는 것도 중요하

지요, 안보적인 차원에서 북한에 보내는 것.

　일반론적으로 여쭤볼게요. 우리는 획득 절차가 있지요?

○**증인 김선호**　예.

○**부승찬 위원**　무기체계의 획득 절차, 전력지원체계의 획득 절차, 신속획득 절차가 있지 않습니까?

○**증인 김선호**　예, 맞습니다.

○**부승찬 위원**　그것에 따라서 평가 기준이 다 있지요?

○**증인 김선호**　예, 그렇습니다.

○**부승찬 위원**　그 평가 기준에 맞지 않으면 군사작전에 사용할 수 없지요?

○**증인 김선호**　예, 군사적 적합도 판정을 받아야 운용할 수 있습니다.

○**부승찬 위원**　그러니까요. 그런 것들을 군사작전에 사용했다면 문제가 되는 건 맞지요? 무인기라고 특정하지는 않습니다.

○**증인 김선호**　적합도가 없는데 군사작전에 사용되는 경우는 없습니다.

○**부승찬 위원**　그러니까요. 그러니까 북풍 유도라고 볼 수 있는 것 아니겠습니까?

　이상입니다.

○**위원장대리 한기호**　수고하셨습니다.

　다음은 강선영 위원님 질의해 주시기 바랍니다.

○**강선영 위원**　선관위 사무총장님, 지난번에도 제가 여러 차례 질의 드렸는데 다시 질의 드리겠습니다.

○**증인 김용빈**　예.

○**강선영 위원**　선관위는 대한민국의 중요한 국가기관이자 헌법기관이라는 것은 선관위 사무총장님도 생각하시고 저도 그렇게 동의합니다. 그래서 선관위는 국민에 대한 신뢰 회복과 그다음에 거기 근무하는 직원들의 전문성과 자긍심도 매우 존중해 줘야 된다고 생각합니다. 그런 측면에서 질의 드리겠습니다.

　(영상자료를 보며)

　지난 2024년 4월에 발표된 감사원의 선관위 채용 관련 아까 여러 위원님들이 말씀하셨는데 보시는 바와 같이 여러 채용비리가 확인됐습니다. 지난 10년간 선관위 채용비리는 총 1200건, 감사원은 선관위 고위관계자 총 27명에 대해서 이와 관련해서 대검에 수사를 요청했습니다. 또 23년 9월에 권익위가 실시한 선관위 채용실태 전수조사에서도 총 353건의 채용비리가 적발돼서 28명이 고발 조치됐습니다. 현재 이 인원들은 그러면 다 채용이 불허돼서 다시 근무하지 않고 있습니까?

○**증인 김용빈**　아닙니다. 지금 일부 계속 근무 중이고요. 다만 지금 여기서 10년간 1200건 이 부분은 정상적인 부분으로 얘기가 되는데 감사원이 바라보는 것과 저희 선관위에서 바라보는 시각이 다릅니다.

　즉 감사원 입장에서는 기본적으로 자기가 가지고 있는 소위 말하자면 행정부의 인사지침을 저희 헌법기관인 선관위도 지켜야 된다는 그 명목하에 저희가 독자적으로 운영하고 있는 인사기준과 행정부의 인사기준이 달랐을 때 그것을 전부 잘못된 것이라고 생각하는 전제에서 지금 얘기가 되고 있는 겁니다. 그리고……

○**강선영 위원**　알겠습니다.

○증인 김용빈 잠깐만요. 지금 수사기관이 28건에 대해서……

○강선영 위원 그런데 선관위에 그런 인원들이 계속 근무하는 것은 수사 중이기 때문입니까, 아니면 그러한 지적이 있었지만 그래도 근무하는 겁니까?

○증인 김용빈 이 건과 관련해서 저희가 감사원 감사 결과를 받아들여서 조치를 하겠다고 말씀을 드렸는데요. 감사원법에 의하면 소위 조사개시 통보가 온 사안에 대해서는 어떠한 징계 조치도 행할 수가 없습니다, 법률상. 그렇기 때문에 별도의 어떤 조치를 취할 수가 있는 상황이 아닙니다.

○강선영 위원 그러면 거기에는 내부의 행정적인 징계 절차를 할 수가 없기 때문에 채용 비리도……

○증인 김용빈 예. 지금 유보 중인 겁니다.

○강선영 위원 그러면 채용 비리가 된 사람들에 대해서는 처리하지 않고 계속 근무하고 있다는 건가요?

○증인 김용빈 예, 유보 중인 겁니다, 결국은.

○강선영 위원 그러면 결국은 처리를 안 할 수도 있다는 겁니까?

○증인 김용빈 감사원 감사 결과가 지금 계속 지연되고 있는데 나오면 그 감사 결과에 따라서 조치를 취할 겁니다.

○강선영 위원 알겠습니다.

다음, 2023년 7월부터 9월까지 실시한 선관위 시스템 일부에 대한 보안 점검 결과, 지난번에 이미 말씀을 드린 겁니다. 거기 일부 보면 통합선거인명부 시스템 그리고 개표 결과가 저장되는 개표 시스템의 핵심적인 시스템이 해킹에 매우 취약한 것으로 됐는데 또 그것에 추가해서 23년 10월 8일에는 중앙선관위 소속 직원의 업무용 PC가 악성코드에 감염됐습니다. 그래서 업무 자료가 다크웹에 유출된 사태가 발생했는데 선관위는 다음날……

○증인 김용빈 이 부분도 사실관계가 다르니까 짚고 넘어가겠습니다.

업무용 PC가 아니라 내부망의 PC와 외부 인터넷망을 사용할 수 있는 외부망 PC를 직원들이 같이 사용하고 있습니다. 그러니까 지금 해킹된 그 PC는 인터넷이 가능한 외부망 PC를 의미하는 겁니다.

○강선영 위원 그런데 어쨌든 내부망, 외부망 관계없이 이러한 다크웹에 노출돼서 백신이 침투해서 이것에 접속한 자료가, 정보가 얼마나 포함됐는지 아직 파악하고 있지 않고 그것에 대해서도 발표하지 않고 있습니다.

○증인 김용빈 실질적으로 유출된 그 정보가 어떤 것인지와 어떤 양이 나갔다고 하는 것은 국정원에서 일부 조사는 돼 있는 것으로 돼 있습니다.

그런데 정확하게 지금 말씀드리는 이유가 이 부분은 국민들께서 걱정하실 필요가 없는 게 내부망 PC가 해킹당해서 그 정보가 유출됐다는 것이 아니라 직원이 내부망에 있는 부분을 외부망의 PC에 대해서 자신들이 작업하기 위해서 일부 내용을 옮겨 놓은, 소위 인터넷이 가능한 외부망의 PC가 감염돼서 거기에 있는 메일이 해킹됐다는 취지입니다.

○강선영 위원 그러면 내부망에 있는 자료 일부를 업무용으로 필요해서 그렇게 옮겨 놓고 하는데 그런 건 문제 없는 겁니까?

○증인 김용빈 실질적으로 그 내용은 제가 확인한 바에 의하면 일선에서 이용하는 선

거관리에 필요한 지침이나 그다음에 국회의원이나 지방자치의원들한테 안내하는 그런 통상적인 절차 내용에 대한 메일로 확인했습니다.

○**강선영 위원** 어쨌든지 간에 저희 군 같은 경우에는 USB로 내·외부망을 접속해서 옮기는 과정 중에 얼마든지 해킹될 수 있다는 것 말씀드리고요.

다음이요.

지난번 기관보고 때 사무총장님께서 선관위 서버실에 대해서 국가 기반정보시설이라고 했는데 제가 사실 확인해 보니까 이것은 정보통신기반보호법상 정보통신기반시설입니다. 그것 정정해 드리고요.

○**증인 김용빈** 예.

○**강선영 위원** 관련 법령에 보면 이것이 정보통신기반법에 의하다 보니까 시설을 관리하는 직원이 신원조회를 받는지 아니면 시설과 장비에 대한 보안 점검을 받는지 하는 규정은 없어서 현재 법상에는 문제는 없습니다. 그런데 이렇게 인가된 인원이, 신원 조사를 안 받아도 되는 그런 인원이 선관위 서버를 막 이렇게 점검하고 확인하고 있습니다.

12·3 계엄 당시에도 선관위 서버실을 계엄군에게 안내한 인원도 누구인지 아십니까?

○**증인 김용빈** 예.

○**강선영 위원** 외부 용역업체 인원입니다.

선관위는 지난 8월에 외부 민간업체와 33억 원의 수의계약을 체결해서 서버실 건제 업무를 맡겼습니다. 선관위 서버관리 용역계약서 보니까, 여기 보니까 수의계약을 하셨고 33억인데 이걸 왜 수의계약했나 확인해 보니까 일반경쟁입찰이 두 번 유찰이 됐다는 것도 확인했습니다. 그런데 우리나라에서 이렇게 33억이나 되는 선관위 서버 같은 저런 사업에 일반 회사에서 입찰을 하지 않고 수의계약됐다는 것도 저는 사실 이해할 수 없고, 저 업체에서 근무하는 사람들은 아까 말씀드린 정보시설이든 뭐든 정보사 요원이 사진을 촬영해서 그것 때문에 서버가 재배치해야 된다라고 하는 그러한 중요한 기관 그다음에 시설인데 신원 조사도 받지 않은 인원이 마음대로 출입하고 그들이, 용역업체 직원들이 어떤 사람인지도 모르는 사설업체가 저렇게 관리하고 있는데, 이게 그렇게 국정원에서도 점검하면 안 되는 중요한 시설인데 업체 보안 점검을 하지 않는 것까지는 법상 그렇다지만 신원조회도 안 한 인원이 할 수 있도록 그렇게 관리하는지 이해가 안 갑니다.

그래서 최근 정보사에서는 군무원이……

1분만 더 주십시오.

군무원이 블랙요원 명단을 중국에 팔아먹고 그다음에 청주의 간첩단 사건, 제주의 간첩단 사건, 민주노총 간첩 사건 등이 마구…… 지금 국민들의 관심이 있고 북한 공작원한테 지령받은 인원들이 국내에 암약하고 있는데 이러한 시설을 그게 국가보안법의 보안시설이 아니기 때문에, 정보통신법에 의해 통제받기 때문에 신원 조사받지 않은 업체의 인원들이 마구 접속한다는 것은…… 이것은 제가 볼 때 이렇게 중요한 기관에 대해서는, 이것이 보안 점검을 안 받더라도 신원 조사를 받고 정기적인 보안 측정을 받고 한다는 것에 대해서는 총장님께서 제가 드리는 말씀이 상식에 어긋나는지 그리고 앞으로는 이런 것에 대해서 어떻게 조치하실지 답변을 듣고 싶습니다.

○**증인 김용빈** 일단 법상으로 신원 조회할 조항이 없어서 안 한 것은 맞는데 사실 저희도, 지금 용역업체가 관제 용역이 있고요 그다음에 서버관리 용역이 있습니다. 그런데

서버를 직접 만드는 요원에 대해서는 실제적으로 규정이 없더라도 저희가 임의적으로 그 사람들에 대해서 개인정보 보호법 때문에 동의를 받아서 신원 조회를 하고 있었고요. 다만 관제 용역 업체에 대한 직원에 대해서는 위원님이 말씀한 대로 신원 조회를 안 한 것은 맞습니다. 그런데 그 취지는 실제적으로 서버의 접근 권한을 이 사람들한테 주지를 않았기 때문에 그런데……

그러면 왜 관제 용역의 직원이 서버실에 들어갔느냐라고 말씀하시는 부분은 만약에 예를 들어서 화재가 나거나 기타 어떤 물리적인 문제가 생겼을 때는 조속한 조치를 위해서 관제 용역 업체도 들어갈 수 있어야 되기 때문에 거기에 대한 접근 권한을 준 것뿐인데 지금 위원님이 말씀하신 대로 국가의 중요 시설에 대한 부분이 보안은 더 강화해야 되겠다는 데에 저도 전적으로 동의합니다. 그래서 규칙을 개정해서라도 전체적인 용역업체에 대한 부분은 신원 조회나 이런 부분들 절차를 마련하는 방법을 강구하도록 하겠습니다.

○**강선영 위원** 알겠습니다.

○**위원장대리 한기호** 수고하셨습니다.

다음은 민병덕 위원님 질의해 주시기 바랍니다.

○**민병덕 위원** 선관위 사무총장님 잠깐만요.

선관위에 채용 비리 있었던 건에 대해서 지금 수사받고 있습니까?

○**증인 김용빈** 현재 기소된 사건은 4건이고 제가 보고받기로는 나머지 사안에 대해서 그것은……

○**민병덕 위원** 수사기관에서 수사받고 있지요?

○**증인 김용빈** 예.

○**민병덕 위원** 잘못했다고 생각하고 있는 건가요?

○**증인 김용빈** 예, 그 일부는 잘못한 부분을 인정하고 있습니다.

○**민병덕 위원** 좋습니다.

20년 21대 국회의원선거부터 24년 22대 국회의원선거 그 사이에 대통령선거하고 지방선거가 있었지요?

○**증인 김용빈** 예.

○**민병덕 위원** 이 4개의 선거에서 선거무효 소송이 몇 건이나 있었습니까?

○**증인 김용빈** 21대 국회의원선거만 제가 지금 머릿속에 있는데 126건……

○**민병덕 위원** 120건 정도가 있었습니까?

○**증인 김용빈** 예, 126…… 원래 제기된 것은 133건인가 4건이었습니다. 그리고 판결로 나온 것이 126건이고요.

○**민병덕 위원** 그중에서 선거무효 판결이 나온 게 있습니까?

○**증인 김용빈** 없습니다.

○**민병덕 위원** 단 1건도 없습니까?

○**증인 김용빈** 예.

○**민병덕 위원** 민경욱 선거무효 소송에서도 대법원에서 패소한 것 맞지요, 민경욱이?

○**증인 김용빈** 맞습니다.

○**민병덕 위원** 그러면 법원에서 이렇게 다 한 것인데 여기에 대해서 문제가 있다라고 계속 하는 거네요.

한마디 더 하겠습니다.

윤석열 대통령은 헌재에서 '선거가 전부 부정이어서 믿을 수 없다는 그런 음모론이 아니고 팩트를 확인하는 차원에서 한 것이다'라고 했는데 혹시 기억납니까?

○증인 김용빈 예.

○민병덕 위원 그렇지요? 스크린 차원, 점검 차원이라고 합니다. 그런데 스크린 차원, 점검 차원인데 군대와 경찰을 투입하고 영장 없이 당직 직원 5명의 인신을 구속하고 휴대폰을 압수했습니다. 이것이 비례의 원칙에 맞습니까?

○증인 김용빈 ……

○민병덕 위원 맞습니까?

○증인 김용빈 그 부분은 제 개인적인 의견을 물어보시는 것이 되어서……

○민병덕 위원 예, 알겠습니다.

사무총장님, 윤석열 대통령이 임명한 사무총장 맞지요?

○증인 김용빈 아닙니다. 국민들께서 오해를 하고 계시는데 지금 국민의 대표기관인 국회 이외에 유일하게 독자적으로 독립해서 인사권을 행사하는 기관이 선거관리위원회입니다.

○민병덕 위원 윤석열 대통령의 동창 맞지요?

○증인 김용빈 예, 맞습니다.

○민병덕 위원 이상입니다.

잠깐만 스톱해 주십시오.

한국은행 총재님 좀 부탁드립니다.

○증인 이창용 한국은행 총재입니다.

○민병덕 위원 F4 회의 때 부총리가 사표를 내겠다고 했을 때 뭐라고 하셨습니까?

○증인 이창용 일단 시장을 안정시킨 다음에 결정하는 게 좋겠다고 말씀드렸습니다.

○민병덕 위원 사표를 내지 말라고 했습니까?

○증인 이창용 예.

○민병덕 위원 시장을 안정시킨 다음에 사표를 내시든지 마시든지 하시라고 한 겁니까?

○증인 이창용 예, 그렇게 했습니다.

○민병덕 위원 그러면 사표를 당장 내지 말라고 한 거였지…… 그거네요?

○증인 이창용 뜻은 시장을 안정시킨 다음에 결정하시는 게 좋겠다고 말씀드렸습니다.

○민병덕 위원 알겠습니다.

F4 회의 회의록 있습니까?

○증인 이창용 회의록은 없습니다.

○민병덕 위원 원래 안 합니까?

○증인 이창용 예, 비공식 회의입니다.

(한기호 간사, 안규백 위원장과 사회교대)

○민병덕 위원 7시 40분에 회의가 또 있었다고 하는데 이 회의는 뭡니까? 이것도 F4 회의입니까?

○증인 이창용 그날 새벽에 저희가……

○민병덕 위원 7시에.

○**증인 이창용** 그러니까 새벽에 구체적인 안을 만들지 못했기 때문에 각자가 각 기관에 돌아가서 구체적인 안을 가지고 7시에 다시 만나기로 했었습니다.

○**민병덕 위원** 그러니까 11시 40분에는 논의를 했지만 결과를 못 냈고……

○**증인 이창용** 예.

○**민병덕 위원** 그리고 7시, 다음 날 아침 7시에는 구체적인 안을 가지고 오기로 했습니까?

○**증인 이창용** 예, 그렇게 했습니다.

○**민병덕 위원** 어떤 안을 가지고 가셨습니까, 한국은행에서는?

○**증인 이창용** 한국은행의 경우에는 저희가 그 회의가 끝난 다음에 금통위를 열어서 저희들이 RP 공급을 늘리는 그런 안을 가지고 왔었습니다.

○**민병덕 위원** 그날 무제한 유동성 공급이라는 보도자료가 11시 40분에 나왔습니다.

○**증인 이창용** 예, 그렇습니다.

○**민병덕 위원** F4 회의 바로 직후에 나왔는데 이게 오전에 나온 것, 7시에 나온 겁니까, 그 전 11시 40분에 나온 겁니까?

○**증인 이창용** 11시 40분, 그 전의 회의에서 무제한 공급 원칙은 시장에 공표를 하고……

○**민병덕 위원** 무제한 공급 원칙만 발표하고 구체적인 것들은 7시에 했다고 보면 됩니까?

○**증인 이창용** 예, 7시에 가져오기로 했습니다.

○**민병덕 위원** F4 회의할 때 금융위원장과 금감원장은 계엄에 대해서 뭐라고 하셨습니까?

○**증인 이창용** 계엄에 대한 자세한 내용을 얘기할 여력이 없었습니다. 환율하고 금융시장을 어떻게 안정시킬지에 관한 논의를 했었습니다.

○**민병덕 위원** 그러면 사퇴 얘기 나왔을 때 한국은행 총재님하고 금융위원장, 금감원장은 사퇴 여부에 대해서 본인들은 그런 얘기 없었습니까?

○**증인 이창용** 그때 저희들이 이런 일이 왜 일어났는지 얘기는 했지만 그 얘기를 하기……

○**민병덕 위원** 좋습니다.

총재님, 포고령 봤습니까?

○**증인 이창용** 저는 TV 통해서 봤습니다.

○**민병덕 위원** 그 내용이 위헌적이었습니까, 아니었습니까?

○**증인 이창용** 제가 이 자리에서 말씀드리는 것은……

○**민병덕 위원** 판단할 수 없었습니까? 포고령 자체가……

○**증인 이창용** 제 의견은 있습니다. 그러나 다만 저는 법사가 아니기 때문에 제 의견을 이 자리에서 말씀드리는 것은 적절치 않다고 생각합니다.

○**민병덕 위원** 이게 법률가 수준이어야 되는 그런 판단인가요?

○**증인 이창용** 제 의견은 있습니다만 있는 것으로만 말씀드리겠습니다.

○**민병덕 위원** 그러면 계엄이 경제에 어떠한 심대한 영향을 미칠 것인지에 대해서는 확신하십니까?

○**증인 이창용** 예. 그렇기 때문에 저희가 그날 그 회의를 길게 했습니다.

○**민병덕 위원** 그러면 네 분 중에서 이 계엄이 위법이고 이것을 막아야 한다라고 하는

분은 한 분도 안 계셨지요?

○증인 이창용　그 논의를 하지 않았습니다.

○민병덕 위원　한 분도 안 계셨지요, 그러니까?

○증인 이창용　그 논의를 하지 않았다고 말씀드렸습니다.

○민병덕 위원　그러니까 거기에서 한 분도 그런 얘기를 안 한 것 아닙니까? 본인들의 판단은 있었고 경제에 심대한 영향이 있을 줄은 알았지만 사퇴에 대해서는 전혀 얘기 안 했다.

○증인 이창용　사퇴에 대해서는 각자의 의견이 있을 수 있습니다만 저희는 그날 회의에……

○민병덕 위원　아침 7시 회의에 대해서도 회의록 없습니까?

○증인 이창용　없습니다. 똑같이 비공식 회의입니다.

○민병덕 위원　F4 회의를 어떻게 봐야 됩니까? 계엄이 성공했으면 이것이 계엄에 동조하는 행위 이렇게 볼 수 있는 것 아닙니까?

○증인 이창용　저는 그렇게 생각하지 않습니다.

○민병덕 위원　그러시겠지요.
　지시사항 있잖아요. 세 개의 지시사항 알고 계시지요?

○증인 이창용　지금 알고 계시지만 F4 회의에서……

○민병덕 위원　예비비를 신속히 마련하라라는 지시사항이 있는데 총재님 아시기에 예비비를 12월 3일 날 신속히 마련할 방법이 있습니까?

○증인 이창용　F4 회의를 통해서 마련할 방법은 없습니다.

○민병덕 위원　아니, 기재부에서.

○증인 이창용　그것은 제가 답변할 상황이 아닌 것 같습니다.

○민병덕 위원　정상적인 방법은 예비비를 마련하려면 추경을 거쳐야 되는 것 아닙니까? 그 정도 모르십니까?

○증인 이창용　저는 추경…… 그 부분 잘 모르겠습니다.

○민병덕 위원　그래서 이 예비비가 추경을 통한 정상적인 예비비 항목이 아니라 그냥 돈을 마련할 수 있는 방법을 찾으라 이렇게 해석이 됩니다.
　한국은행 대정부 일시대출제도가 있지요?

○증인 이창용　있습니다.

○민병덕 위원　여기에 한국은행의 심사 절차가 있습니까?

○증인 이창용　기재부가……

○민병덕 위원　기재부가 요청을 하면 심사 절차가 있습니까?

○증인 이창용　심사 절차라기보다는 국회에서 정해 준 한도 내에서 그 용도가 적법한지를 보고 저희들이 판단합니다.

○민병덕 위원　그 한도가 어느 정도 됐습니까?

○증인 이창용　지금 제가 알기로는 50조로 알고 있습니다.

○민병덕 위원　50조였지요? 당장……
　(발언시간 초과로 마이크 중단)
　1분만 더 주시면 마무리하겠습니다.

○위원장 안규백 예.

○민병덕 위원 계엄 당일 기준으로 해 가지고 기재부에서 한국은행에 요청을 하면 50조를 마련할 수 있었지요? 아니, 사실 여부를 묻는 겁니다.

○증인 이창용 예비비로 마련할 방법은 없습니다.

○민병덕 위원 그러니까요. 제가 묻는 것은 한국은행 대정부 일시대출제도 이것을 묻는 겁니다.

○증인 이창용 일시대출금이 어디로 쓰일지……

○민병덕 위원 기재부가 일시대출금 사용 요청을 공문으로 한국은행 국고국에 하면 50조라는 자금이 마련될 수 있는 것 아닙니까?

○증인 이창용 그 용도나 이런 것을 저희들한테 얘기해야 될 텐데 다른 용도로, 예비비라고 쓰면 저희가 아마 안 줬을 겁니다.

○민병덕 위원 아니요, 예비비가 아니라 그 용도를 어느 정도까지 심사할 수 있어요?

○증인 이창용 당연히 저희가 일시대출금은……

○민병덕 위원 거기에서 비상입법기구 설치를 위해서 자금이 필요하다, 계엄 자금이 필요하다라고 얘기하지는 않겠지요. 이러저러 얘기를 들어서 요구를 할 텐데 그랬을 때 이걸 거부했겠습니까?

○증인 이창용 저희 한국은행은 정부의 계좌 출입을……

○민병덕 위원 왜 이 말을 하냐면……

　　　(발언시간 초과로 마이크 중단)

· ·

　　　(마이크 중단 이후 계속 발언한 부분)

F4 회의를 했는데, 그리고 기재부장관은 대통령으로부터 신속한 자금을 마련하라는 지시를 받았는데 그 방법이 마이너스통장, 기재부가 한국은행에서 받을 수 있는 일시대출 마이너스통장 50조가 있는데……

○위원장 안규백 마무리하세요.

○민병덕 위원 이것을 요청하지 않았겠느냐라는 의심이고, 만약에 계엄이 해제되지 않았으면 아침에 요구가 왔을 때 한국은행에서 그걸 거부했겠느냐 이걸 묻는 겁니다.

○증인 이창용 답변해도 되겠습니까?

○위원장 안규백 예.

○증인 이창용 우선 그날 최 대행이 하는 얘기나 이런 것을 봤을 때 예비비나 이런 얘기는 없었고 예비비를 요청하지 않았을 것으로 저는 자신합니다.

　두 번째, 저희 한국은행에 요구가 왔을 때 저희 제도상, 예비비나 이런 것을 만들도록 저희한테 요청이 왔을 때는 제가 아니라도 저희 직원들이 줄 수 없는 그런 항목입니다.

○민병덕 위원 오후에 추가 질문하겠습니다.

○증인 이창용 감사합니다.

· ·

○위원장 안규백 민홍철 위원님 질의해 주십시오.

○민홍철 위원 곽종근 전 특전사령관께 질문하겠습니다.

　앞으로 좀 나오시지요.

○**증인 곽종근** 전 특수전사령관입니다.

○**민홍철 위원** 오늘 아마 많은 질문을 받으실 건데요.

2024년 12월 1일 오후경 김용현 전 국방장관으로부터 '정국이 혼란하여 계엄 상황이 있을 테니 준비하라', 지시받았지요?

○**증인 곽종근** 예, 여섯 개 장소 그때 말씀드렸습니다.

○**민홍철 위원** 그래서 비상 상황에 대비하라, 또 계엄 상황이 발생하면 국회, 중앙선거관리위원회, 과천청사 등 여섯 군데를 장악하라.

○**증인 곽종근** 예, 시설을 확보하라라고 제가 그때 얘기를 들었습니다.

○**민홍철 위원** 예, 지시받았지요. 그러면 1·3·9 특전사 요원들, 특전사를 출동시킨 이유는 계엄 때문에 한 거지요?

○**증인 곽종근** 그렇습니다.

○**민홍철 위원** 국회 질서를 유지하기 위해서 한 것은 아니지 않습니까?

○**증인 곽종근** 그런 말은 앞서도 말씀드렸듯이 제가 듣지 못했습니다.

○**민홍철 위원** 없었지요? 그러면 김용현 장관이나 윤석열 대통령이 얘기하는 국회 병력 투입, 질서유지 이것은 거짓말이네요?

○**증인 곽종근** 예, 저는 분명히 시설을 확보 및 경계하라고 임무를 받았고……

○**민홍철 위원** 그런 지시를 받은 사실이 없지요?

○**증인 곽종근** 질서유지 이런 것은 그 이후에 제가 그 말을 들었다고 말씀드렸습니다.

○**민홍철 위원** 그 이후에.

그리고 707특임부대를 출동시켰잖아요.

○**증인 곽종근** 예.

○**민홍철 위원** 증인께서 명령을 했을 건데, 707이 11시 40분경에 국회에 도착했어요.

○**증인 곽종근** 23시 47분에 헬기장에 랜딩을 처음 했습니다.

○**민홍철 위원** 그러면 707특임부대가 본청을 진입하기 위해서 했지요?

○**증인 곽종근** 예, 본청 쪽으로 이동했습니다.

○**민홍철 위원** 이동해 가지고……

○**증인 곽종근** 국회의사당 본관 쪽으로 이동했습니다.

○**민홍철 위원** 본관 쪽으로 이동해 가지고…… 이동한 이유는 뭐예요?

○**증인 곽종근** 시설을 확보하라고 하니 특임단장이 출입문 위주로 시설을 확보하기 위해서 출입문 쪽으로 이동했던 겁니다.

○**민홍철 위원** 그러면 그 이유가 국회의원들 출입을 제한하고 또 본회의가 열리는 것을 막기 위한 것은 아니었나요?

○**증인 곽종근** 그것까지는 뒤에 유추해석의 범위인데 정확히 시설을 확보 및 경계하라고까지만 임무를 부여받았고 앞서 말씀드렸듯이 그것이 어떠한 행위를 할 수 있고 어떠한 행위를 하지 말라는 부분들은 정확하게 안 내려왔기 때문에……

○**민홍철 위원** 없었고.

그러면 결국은 질서유지라는 말은 지시를 안 받았지만 '국회를 확보하라, 본관을'……

○**증인 곽종근** 예, '본관 시설을 확보하라' 이렇게 임무를 받았습니다.

○**민홍철 위원** 그렇다면 국회의 기능을 제대로 발휘하지 못하게 하는 그런 하나의 목

적도 있지 않았나요?

○증인 곽종근 지금으로 봐서는 유추해석을 할 수 있는데 그걸 저렇게 명확하게 지시를 받지는 않았습니다.

○민홍철 위원 그리고 김용현 전 장관이나 윤석열 대통령은 참군인의, 군인의 착한 모습, 그리고 평화적 계엄이다 이렇게 주장을 하고 있어요. 사령관께서는 어떻게 생각하세요?

○증인 곽종근 ……

○민홍철 위원 계엄이 평화로울 수 있나요? 평화적인 계엄이 있을 수 있어요? 34년간 군 생활을 하셨다고 아까 말씀하셨는데 계엄이 평화로운 계엄이 있습니까? 들어 봤어요? 훈련 많이 하잖아요, 계엄훈련. 전시나 또는 사회질서가 극도로 혼란스러울 때 또 사변이 일어날 때 그렇게 계엄을 할 수 있잖아요.

○증인 곽종근 비상계엄은 그렇습니다.

○민홍철 위원 그렇지요? 평화로운 계엄, 참 이게 처음 듣는 얘기인데……

그리고 평화로운 계엄과 질서 유지를 하기 위해서 특임부대 또는 특전사 각 부대가 실탄도 불출하고 개인 소지도 했지요?

○증인 곽종근 실탄은 개인한테 주지 않았습니다.

○민홍철 위원 통합 보관했지요?

○증인 곽종근 예.

○민홍철 위원 그러면 질서 유지하기 위해서 실탄 불출도 준비합니까?

○증인 곽종근 제가 이 말만 드리겠습니다.

비상계엄 전과 중에 질서 유지, 시민 보호, 경고용이라는 말을 제가 분명히 들은 바가, 지시받은 바가 없고 이후에 끝나고 나서 그런 말씀들을 하신 것으로 제가 지금 정확하게 기억하고 있고 그렇게 알고 있습니다. 정말……

○민홍철 위원 맞습니다. 그러니까 곽종근 전 사령관 말씀처럼 결과에 대해서 결과를 견강부회해 가지고 지금 주장을 하고 있는 것 아닙니까? 그렇게 생각 안 되세요?

○증인 곽종근 저는 그렇게 이해합니다.

○민홍철 위원 그리고 12시 40분, 그러니까 저녁 00시 20분에서 40분 사이에 대통령 지시를 받았다고 하는데 어떤 내용이었어요? 아까, 다시 한번 얘기를 좀 해 주세요.

○증인 곽종근 12월 10일 국방위원회 때 제가 정확하게 말씀을 드렸는데 그 부분을 다시 말씀드리겠습니다.

대통령께서 비화폰으로 저한테 직접 전화를 하셨다고 말씀을 드렸고 아직 의결정족수가 채워지지 않은 것 같다, 문을 빨리……

○민홍철 위원 그렇지요? 그러니까 결국은 정족수가 채워지지 않은 것 같다 이 얘기는 결과적으로 볼 때 계엄 해제를 할 수 있는 국회의 기능을 못 하게, 발휘하지 못하게 하려는 것 아닙니까?

○증인 곽종근 그래서 지난번에 제가 도저히 그 부분은 할 수 없다고 판단해서 중지했다고 말씀드렸습니다.

○민홍철 위원 그래서 질서 유지라든지 시민 보호를 위한 거라든지 경고용으로 했다든지 이게 지금 어폐가 있는 것 아닙니까? 그렇게 생각 안 돼요?

○**증인 곽종근** 저는 그렇게 말씀하신 사항에 동의하지 않습니다.

○**민홍철 위원** 그리고 대통령은 부당한 명령을 군인에게 내렸을 때 당연히 따르지 않을 것으로 알고 계엄을, 관련된 지시를 했다라는 취지로 헌재에서 얘기를 했어요. 어떻게 생각하십니까?

○**증인 곽종근** 솔직히 선뜻 이해가 되지는 않습니다.

○**민홍철 위원** 그렇지요? 그러니까 이게 궤변이라는 겁니다. 그래서 곽종근 사령관은 참 여러 가지 고뇌에 차 있을 거예요.

검찰에서 사실대로 진술했지요?

○**증인 곽종근** 그렇습니다.

○**민홍철 위원** 검찰 공소장을 보니까 지금까지 국회에서 대국민들께 말씀하셨듯이 그대로 지금 진술돼 있어요.

○**증인 곽종근** 저는 그것 다 솔직하게 지금까지 말씀드렸다고 말씀드렸습니다.

○**민홍철 위원** 그래서 어떤 회유라든지 어떤 계기, 어떤 특정한 목적을 가지고 지금 하고 있는 게 아니지요?

○**증인 곽종근** 저는 지난번부터 말씀드렸듯이 제가 진실을 말씀드리겠다고 애초부터 말씀드렸고 지금까지 그 기조를 계속 유지했고 앞으로도 그럴 것입니다.

○**민홍철 위원** 검찰에서 검사 앞에서 진술할 때는 정말 개인의, 본인의 처벌을……

(발언시간 초과로 마이크 중단)

··

(마이크 중단 이후 계속 발언한 부분)

감수하고 또는 처벌을…… 어떻게 하면 증거를 대면서 얘기하는 것 아닙니까? 그렇게 하셨습니까?

○**증인 곽종근** 지난번에 말씀드렸듯이 제가 지시하고 제가 한 행위는 분명하게 책임지겠습니다.

○**민홍철 위원** 부하들에 대한 생각은 좀 어떻습니까? 말씀을 해 보세요.

○**증인 곽종근** 이번 소감을 한번 말씀을 좀 드리겠습니다.

○**민홍철 위원** 간단하게 하세요.

○**증인 곽종근** 예.

이번 비상계엄, 아까 6시간 멈춘 부분도 말씀하셨는데 정말로 잘한 것은 우리 예하 여단장들과 현장에 있는 작전요원과 팀원들입니다. 그들이 현장에서 정말 현명한 판단을 하고 대응을 해서 이게 멈춰진 것입니다. 가장 큰 것은 그겁니다. 중간에 저의 역할이, 들어가는 것을 막고 철수시킨 것도 있지만 무엇보다 중요한 것은 그들의 현장 판단입니다. 저는 우선 그것을 존중해야 된다고 생각하고 그렇기 때문에 예하 여단장부터 현장에 있던 인원들을 그런 부분들을 잘 선처해 주셨으면 좋겠습니다.

○**민홍철 위원** 알겠습니다.

··

○**위원장 안규백** 사령관님, 이어서 간단하게 묻겠습니다.

경고성 계엄이다, 평화로운 계엄이다, 그 말에 동의하십니까?

○**증인 곽종근** 동의하지 않습니다.

○**위원장 안규백** 계엄은 전시·사변, 그에 준하는 어떤 국가의 위험 사태가 있을 때 계엄을 발동하는데 기실 이 계엄은 체포·구금·구속 영장 없이 마음대로 하는 게 계엄 아닙니까?

○**증인 곽종근** 지금 그렇게 말씀하시는 부분들, 평화·질서 유지 이런 부분도 농의할 수 없고 그렇게 할 사항이 아니라고 생각합니다.

○**위원장 안규백** 이어서 곽규택 위원 질의해 주십시오.

○**곽규택 위원** 증인, 그 자리에 그냥 그대로 계세요.

곽종근 증인, 앞으로 나와 보시지요.

지금 우리 비상계엄 관련된 청문회를 하면서 증인이 가장 많이 출석을 하고 말씀도 가장 많이 하세요. 그런데 그 증언이라는 것은 사실관계에 대해서 본인이 경험한 것을 맞다, 아니다 확인을 하는 것이지 본인의 입장에서 그때의 사실관계를 자꾸 해석하려고 하니까 말씀이 많아지는 것 같아요. 그런데 보는 사람 입장에서는 별로 신뢰는 안 갑니다.

제가 몇 가지만 좀 확인을 해 볼게요.

이 간단한 사실관계도 하도 진술이 왔다 갔다 해 가지고 뭐가 맞는지를 모르겠어요. 좀 간단하게 말씀해 주세요.

계엄 당일 날 대통령과 직접 통화는 두 번 했다, 맞습니까?

○**증인 곽종근** 그렇습니다.

○**곽규택 위원** 23시 45분경에 한 번 했고 00시 20분경에 한 번 했다.

○**증인 곽종근** 예, 그렇게 두 번 통화했던 것……

○**곽규택 위원** 00시 20분경에는 의결정족수가 아직 안 된 것 같으니 안에 있는 국회의원들을 끌어내라는 취지의 이야기를 했다는 것이지요?

○**증인 곽종근** 그렇습니다.

○**곽규택 위원** 23시 45분경에 대통령과 통화했을 때는 무슨 말씀을 들으셨어요?

○**증인 곽종근** 그때는 국회 이동 상황을 확인하시는 상황이라고 말씀드렸었습니다.

○**곽규택 위원** 이동 상황을 어떻게 확인했습니까?

○**증인 곽종근** 비화폰으로 전화하셔서 국회 이동하는 상황이 어떻게 되냐고 물어보셔서 '국회 이동 중이다' 이렇게 말씀드렸었습니다.

○**곽규택 위원** 그것만 하고 전화를 끊은 거예요?

○**증인 곽종근** 예, 그때는 그 정도 하고 그냥 '알았다'고 말씀하시고 끝났습니다.

○**곽규택 위원** 알겠습니다.

그리고 조금 전에 다른 위원님들 질의 중에 전에 김병주 위원님하고 박선원 위원님하고 유튜브 인터뷰한 거 있잖아요. 거기에서 본인이 방금 말씀하신 걸 들어보면 둘 다 맞다는 취지로 말씀하셨어요. 요원을 빼내라고 한 말도 본인이 한 게 맞고 그다음에 국회의원을 끌어내라는 취지도 맞다, 이 말씀이지요?

그러니까 요원과 국회의원이 헷갈려 가지고 말한 게 아니고 707 작전요원 등 투입돼 있는 요원을 빼내라 하는 것도 본인이 이야기 들은 거 맞고 그다음에 국회의원을 끌어내라고 한 것도 맞고, 둘 다 맞다는 취지 아닙니까?

○**증인 곽종근** 국회, 707 작전요원이라는 것은 01시부터 09시 사이에……

○**곽규택 위원** 둘 다 맞습니까, 아닙니까? 둘 다 이야기 들었다는 거 아니에요?

○증인 곽종근 임무 중지하고 철수하라고 한 사실은 맞습니다.

○곽규택 위원 맞지요?

○증인 곽종근 예.

○곽규택 위원 그런데 그 작전요원을 빼내라고 한 것은 김용현 전 국방부장관한테 들었다는 이야기인 것이지요, 맞습니까?

○증인 곽종근 아닙니다.

○곽규택 위원 그러면요?

○증인 곽종근 김용현 전 장관한테 들은 것은 국회의원을 끌어내라고 들었지……

○곽규택 위원 아니, 그러니까 아까 말씀하신 것 중에 '그게 헷갈려서 말을 한 게 아니고 처음에 요원을 빼내라고 하는 지시도 본인이 받은 게 맞습니다', 맞고. 그다음에 김병주 위원께서 '국회의원도 끌어내라' 하니까 '국회의원 끌어내라고 말한 게 맞습니다'.
  그거 둘 다 맞다는 거 아니에요?

○증인 곽종근 국회의원을 끌어내라고 지시한 사항은 맞는데 그 두 가지 팩트가 맞다고 말씀드린 것이지 요원을 끌어……

○곽규택 위원 그러니까 둘 다 맞다는 거 아닙니까, 그렇지요?

○증인 곽종근 그거를 김용현 전 장관이 지시하지 않았습니다.

○곽규택 위원 그러면 요원을 빼내라고 한 것은 누구한테 들은 이야기예요?

○증인 곽종근 그거는 듣지 않았습니다. 그거는 제 판단에 의해서 01시 09분에 철수시킨 겁니다.

○곽규택 위원 아니, 그게 무슨 말입니까? 방금 본인이 진술하실 때는 '요원을 빼내라고 하는 것도 본인이 들은 이야기가 맞아서 그렇게 이야기를 했고, 국회의원 끌어내라고 한 것도 본인이 그렇게 이야기를 한 것이 맞다. 다른, 김병주 위원이나 박선원 위원이 그렇게 말한 것에 대해서 본인이 헷갈려서 말한 게 아니고 둘 다 맞다' 그랬잖아요.

○증인 곽종근 두 가지 다 사실이라고 말씀을 드렸습니다. 두 가지 다 지시를 받은 게 아니고 두 가지 다 사실이 맞다고 말씀을 드렸던 것이고……

○곽규택 위원 그러면 요원 빼내라는 말은 누구한테 들은 이야기가 아니고 본인이 지어낸 이야기입니까?

○증인 곽종근 제가 지어낸 것이 아니고 12월 4일 01시 01분부터 01시 09분 사이에 임무를 중지하고 그 인원들을 빼내면서 철수하라는 이 상황에 대한 그 부분이 맞다고 말씀을 드린 겁니다.

○백혜련 위원 철수 지시를 했다는 거예요. 철수 지시, 본인 판단으로 철수.

○곽규택 위원 그것은 본인……

○증인 곽종근 제가 판단해서 국방부장관하고 03분부터……
  말씀을 드렸지 않습니까? 그 임무 중지하고 철수시키겠다 그 사실을 인정하는 거지 그 지시를 받았다고 말씀드리는 게 아닙니다.

○곽규택 위원 그러면 그런 부분을 김병주 위원하고 박선원 위원하고 두 분하고 이야기할 때는 왜 그 말을 꺼낸 거예요, 요원을 빼내라 이 말을 했다고 본인이 한 것을?

○증인 곽종근 그 말을, 유튜브 전체 보면 그 앞쪽 부분에 제가 707특임단장하고 국회 회관·본관에 들어갔던 인원들을 임무 중지하고 철수하는, 이 부분들을 빼내라는 얘기를

제가 앞에 하고 있었는데 바로 이어서 김병주 위원께서 '국회의원을 끌어내라는 거지요?' 이렇게 말씀을 하셔서 그 말씀도 팩트고 밑에 것도 팩트기 때문에 제가 국회의원 끌어내라는 말씀이 맞다라는 말씀을 얘기한 겁니다. 밑에 걸 인정한 게 아닙니다.

○곽규택 위원 알겠습니다.

그리고 방금 다른 질의에서 박범계 의원과 같이 앉아 있는 장면이 나왔는데 이때 박범계 의원으로부터 '공익신고자로 해 주겠다' 하는 이야기를 들은 적이 있습니까?

○증인 곽종근 그걸 제가 사실대로 말씀을 드리고 나서 그 부분들을 말씀하셔서……

○곽규택 위원 있습니까, 없습니까?

○증인 곽종근 그건 사실 맞습니다.

○곽규택 위원 알겠습니다.

그다음에 'JTBC와 인터뷰 주선하겠다' 이 말도 들은 것 맞습니까? 'JTBC나 언론과 인터뷰 주선하겠다. 사실대로 이야기해 달라' 하는 이야기도 들었어요, 박범계 의원한테?

○증인 곽종근 제가 그때 그 기자가 JTBC인지는 정확하게 모르겠는데 기자 이런 분들은 그때 현장에 같이 있었던 건 맞습니다.

○곽규택 위원 맞아요?

그리고 대통령과 통화한 그 시간 전에 계엄 당일 날 22시 28분경에 김용현 장관이 전군 주요지휘관회의를 소집한다고 해 가지고 수방사령관과 특전사령관만 연결된 상태에서 국방장관한테 무슨 지시받은 사실이 있었습니까?

○증인 곽종근 그것은 화상회의로 쭉 등장 중인 상태에서 비화폰으로 수방사령관한테 지시를 하고 그다음에 이어서 저한테 비화폰으로 전화 걸으셔서 지시하셨습니다.

○곽규택 위원 그러면 화상회의가 떠워진 상태인데 화상회의상으로 지시한 것은 아니고 그냥 비화폰으로 이야기를 했다는 거예요?

○증인 곽종근 화상회의에서 등장된 상태에서 지시를 비화폰으로 하겠다 그러셔서 저도 비화폰으로 받고 그다음에 '나가서 임무 수행해도 좋다' 그렇게 해서 제가 나왔습니다.

○곽규택 위원 그러면 화상회의가 열린 건 아니네요, 그날? 그렇지요?

○증인 곽종근 아닙니다. 화상회의는 열려 있었습니다.

○곽규택 위원 열려 있었어요? 본인이 그걸 어떻게 알아요, 열려 있었다는 것을?

○증인 곽종근 앉아 있어서 제가 화면을 봤기 때문에 그렇습니다.

○곽규택 위원 현장 검증 갔더니 그날 같이 있었던 다른 군 관계자들이 뭐라 하냐 하면 '전군 주요지휘관회의를 하려고 화상회의 연결하라 했는데 연결이 안 돼 가지고 수방사령관과 특전사령관 두 명만 연결이 됐다. 그래서 전군 주요지휘관회의를 하지 못했다' 이렇게 다들 확인을 했단 말이에요. 그런데 본인은 그게 전군 주요지휘관회의라고 알고 있는 겁니까?

○백혜련 위원 아니, 네 군데인가……

○증인 곽종근 제가 그때 앉아서……

○곽규택 위원 지금 백 위원한테 질문하는 게 아니잖아요.

○백혜련 위원 아니, 사실관계를 같이 들었는데 다르게 얘기하니까 그렇지요.

○곽규택 위원 이야기해 보세요.

○**증인 곽종근** 그때 당시에 화상회의 한다고 제가 사령관 앉는 위치에 분명히 앉아 있었고, 그때 화상을 연결해서 전체가 다 나왔는지는 제가 솔직히 기억 잘 못 하겠는데 화상에 일부가 있었고 그러면서 지시는 김용현 전 장관이 비화폰으로 하겠다 그래서 수방사령관 통화하는 것 제가 봤고 그다음에 저한테 지시를 하셔서 그다음에 비화폰 끝나고 나서 '나가서 조치해도 좋으니까 나가도 좋다' 이렇게 해서 저는……
　(발언시간 초과로 마이크 중단)

　(마이크 중단 이후 계속 발언한 부분)
○**곽규택 위원** 그러면 2명한테 개별적으로 비화폰으로 업무 지시한 것 외에 전군 주요지휘관회의에서 전군 주요지휘관한테 지시한 사항은 없다는 것 아니에요?
○**증인 곽종근** 아닙니다. 그 뒤에 것은 제가 나왔기 때문에 기억이 없습니다. 뒤에 것은 김용현 전 장관이 이제 나가서 임무 수행해도 좋다고 했기 때문에 제가 빠져나왔기 때문에 뒤에 전 장관이 어떤 내용을 지시했는지는 제가 그 뒤로는 듣지 못했습니다.
○**곽규택 위원** 알겠습니다.
　이상입니다.

○**위원장 안규백** 들어가십시오.
　위원님들, 질의에 참고해 주십시오.
　안보실의 인성환 장군께서 오후에 이석하기로 돼 있기 때문에 질의하실 분들은 오전에 질의해 주시기 바랍니다.
　이어서 박선원 위원 질의해 주십시오.
○**박선원 위원** 제2군단 부군단장님 연결돼 있습니까?
○**증인 박민우** 예, 나와 있습니다.
○**박선원 위원** 증인께서는 정보사 휴민트의 현역 최고참이시며 책임자도 역임하셨습니다. 계엄 위기에 빠진 속에서 그 가운데에 서 있는 정보사를 보면서 참 안타까운 마음이실 거라고 생각하는데 정보사 관련해서 가장 정확하게 증언해 주시기를 기대합니다.
　증인은 지난번 청문회에서 2024년 5월 말에 노상원으로부터 전화를 받았다고 하셨지요?
○**증인 박민우** 예.
○**박선원 위원** 무슨 내용이었습니까?
○**증인 박민우** 뜻밖의 전화였고 육칠년 만에 전화할 일이나 관계가 없는데 전화 와서 좀 의문을 가졌는데 저번에 말씀드렸지만 요지는 '한번 볼 일이 있다'라고 얘기를 했고, 그런데 제가 사령관하고 속초 부대장 근무할 때 저의 성향을 잘 알고 있는 분입니다. 그래서 '아직도 고집이 세냐' 이렇게 하면서 '너도 인정하냐' 하면서 '예, 고집도 세고 저도 인정합니다'라면서 그게 주 내용이었고 전화를 바로 끊었고 저는 한참 '왜 이런 전화 했을까?'라고 의문을 가졌는데 그 의문이 계엄 이후에 풀렸습니다.
○**박선원 위원** 그래서 증인의 반응이 노상원과 반갑게 뭔가를 도모하거나 협조할 상태가 아니라는 것을 감지하고 문상호를 시켜서 증인을 여단장에서 직무 배제시킨 거 아닙니까?

○**증인 박민우** 저도 역으로 생각해 보니까, 이게 사실 거리가 안 되는데 제가 문제가 돼 가지고 '왜 이런 일이 생겼을까?'라고 했을 때 계엄이라고 이게 전제를 하니까, 사실 노 상원 사령관은 저하고 같이 호흡을 맞춰서 할 수 없다는 걸 본인도 알고 저도 압니다. 그래서 문상호 사령관하고 둘이 협의해서 저를 좀 배제시키려는 노력을 한 게 아닐까 이 런 의구심을 가지고 있습니다.

○**박선원 위원** 예, 5월 통화 이후 한 달 뒤에 정보사 역사상 초유의 기밀 유출 간첩사 건이 터졌고 그저께 20년 형을 1심에서 받았습니다. 그럼에도 불구하고 지휘 책임자 문 상호가 끝까지 살아남았지요?

○**증인 박민우** 예.

○**박선원 위원** 이런 과정이 모두 노상원과 함께 계엄을 준비하기 위한 것 아니었습니 까?

○**증인 박민우** 결국 지금은 다 그렇게 판단이 되고 그럴 가능성이 높다고 저도 생각을 하고 있습니다. 그게 언론에는 굉장히 크게 다루어졌는데 사실 언론에 다루어질 문제도 아니고 또 사건화가 생길 문제도 아닙니다. 짧게 얘기를 하면 그때 외부 영외사무실 지 원이 더 문제가 됐는데 사실 외부 영외사무실이라는 거는 저희가 민간 영역하고 협력하 거나 협업하기 위해서 운영을 하는 겁니다. 그게 목적입니다.

○**박선원 위원** 예, 휴민트 관리, 블랙요원 관리할 때 원래 그렇게 해 오던 기관, 조직이 었다 이런 말씀이시지요?

○**증인 박민우** 그래서 사무실 지원한 거를 업무 배임으로 걸었고 그래서 이건 비……

○**박선원 위원** 시간이 없어서 다른 질문으로 넘어가겠습니다.

노상원 수첩 보면 '정치인 납치', '북한군 복장', '미군 살해' 등 지극히 비상식적인 내용 이 들어 있습니다. 또 '수거 대상', '수집소' 이런 표현이 있는데 이런 거는 정보사에서 쓰 는 용어가 아니지 않습니까. 그런데 마치 김용현, 노상원이 스물두 차례나 만났고 거의 매일 통화를 한 사이로서 두 사람이 마치 암호를 만들듯이 이런 표현을 써 가면서 정말 상상하기 어려운 그런 계획과 행동을 했는데 원래 노상원이 이런 사람이라고 생각하셨습 니까?

○**증인 박민우** 2016년도에 사령관 1년 딱 근무했습니다. 저는 속초 부대장으로 근무했 고 저희 속초 부대의 대북 임무가 북한 전역에서 대북 임무를 준비하고 또 변경하거나 새로 임무를 준비하거나 그런 사안들이 남북 관계에 따라서 이렇게 변경돼서 있습니다. 그래서 그때 새로운 임무를 계획하는 과정에서 노상원 사령관의 어떤 지시나 내용 중에 이해될 수 없는 부분, 도저히 수용할 수 없는 부분, 그런 것들의 지시가 있었고 또 제가 그런 경험이 있었기 때문에 이번 계엄 때 계엄 수첩에 그런 '사살', '납치', '수거' 이런 걸 보면서 일반 사람으로는 이게 과연 맞는 얘기인가, 이해가 안 된다고 생각했는데 저는 노상원 사령관의 성향을 알기 때문에 노상원 사령관이면 이건 가능한 얘기다 그렇게 판 단을 했습니다.

○**박선원 위원** 왜 김용현은 방첩사가 있음에도 불구하고 정보사령부 그리고 노상원을 활용해야 했을까요?

○**증인 박민우** 방첩사는 무력이나 완력 이런 어떤 특수인력이 없다고 알고 있고 또 계 엄에 필요한 어떤 작전이나 무력이나 이런 걸 동원하려면 방첩사는 안 맞고 그건 정보

사…… 그런 취지가 아닌가 싶습니다.

○**박선원 위원** 정보사 휴민트 조직에 원래 계엄 임무가 있습니까? 즉 전·평시를 막론하고 정보사의 휴민트 조직은 계엄 임무에 종사하지 않는 특수부대지요?

○**증인 박민우** 계엄 임무 자체가 없습니다. 계엄 임무 자체가 없고 저희는 전시·평시 임무만 있기 때문에 지금 '불법 계엄' 이렇게 얘기를 하는데 정상적인 계엄이라도 정보사는 동원될 수 없는 부대입니다. 동원되면 불법입니다.

○**박선원 위원** 바로 그렇습니다.

○**증인 박민우** 그래서 대한민국 계엄 역사에 정보사가 동원된 일이 없었던 겁니다.

○**박선원 위원** 정보사가 계엄에 동원되고 김용현이 가장 엽기적인 노상원과 함께 결탁해서 계엄을 준비했다는 것 자체가 내란 행위고 그리고 정보사에 전혀 부여되지 않던 계엄 임무를 부여했다는 것 자체가 불법이므로 내란이다 저는 이렇게 생각합니다.

　김선호 국방장관직무대리님.

○**증인 김선호** 예, 직무대행입니다.

○**박선원 위원** 직무대행님, 이 부분은 군검찰단에서 별도로 수사를 해야 된다고 봅니다. 이것은 그냥 정보사령부가 윤석열과 김용현에 의해서 동원됐다는 것이 아니고 법적으로 동원할 수 없는 부대를 동원했다라고 하는 것은 또 다른 차원의 문제고 그래서 내란인 겁니다.

　그래서 직무대행님께서 이건 군검찰단과 다시 수사 지시를 별도로 내려 주셔야 된다고 보고요.

　간만에 뵀으니까 마지막으로 여쭙겠습니다.

　지금 휴전선 상황 비교적 평온합니까?

○**증인 김선호** 예, 지금 전망상 저희들 안정적으로 관리하고 있고 대비태세에 만전을 기하고 있습니다.

　(발언시간 초과로 마이크 중단)

∙∙

　(마이크 중단 이후 계속 발언한 부분)

○**박선원 위원** 우리 군이 상황 장악하고 있다고 믿어도 되지요?

○**증인 김선호** 예, 믿으셔도 됩니다.

○**박선원 위원** 합참의장과 직무대행님 간에 대북 억제와 우리 국방을 위해서 긴밀하게 협력해서 전혀 문제없다고 봐도 되지요?

○**증인 김선호** 예, 전혀 문제없고 그 부분에 대해서는 안심을 하셔도 된다는 말씀을 드리겠습니다.

○**박선원 위원** 고맙습니다.

∙∙

○**위원장 안규백** 수고하셨습니다.

　백혜련 위원님.

○**백혜련 위원** 이상민 장관님, 아까 수사기관에서는 사실대로 진술하고 있다고 말씀하셨지요? 맞습니까?

○**증인 이상민** 그렇습니다.

○**백혜련 위원** 수사기관에서 사실대로 진술하고 있다고 그러는데요, 이번에 윤석열 공소장에서 어떻게 보면 유일하게 추가된 내용이 대통령 집무실로 다시 들어온 행정안전부장관 이상민에게 24시경 한겨레, 경향신문, MBC, JTBC, 여론조사꽃을 봉쇄하고 소방청을 통해 단전·단수를 하라는 내용이 기재된 문건을 보여 주는 등 비상계엄 선포 이후의 조치사항을 지시했다는 내용입니다.

이 내용은 수사기관에서 이상민 장관의 추가진술이 없고는 들어갈 수가 없는 내용이에요. 보니까 이상민 장관이 검찰이나 공수처에 추가로 이런 진술을 했을 것으로 보이는데 맞지요?

○**증인 이상민** 공소장은 검사의 주장일 뿐이고, 더 이상은 제가 말씀드리지 않겠습니다.

○**백혜련 위원** 증인이시니까 헌재에 가서라도 사실대로 진술하기를 바랍니다.

그리고 곽종근 사령관님 잠깐만 나와 주세요.

○**증인 곽종근** 전 특수전사령관입니다.

○**백혜련 위원** 지금 보니까 비화폰이 결국 2개잖아요?

○**증인 곽종근** 예.

○**백혜련 위원** 그러면 대통령하고 김용현 장관하고 통화한 비화폰은 어떤 비화폰입니까? 2개가 혼재돼 있습니까?

○**증인 곽종근** 혼재돼 있었습니다. 제 기억으로는 그렇습니다.

○**백혜련 위원** 그런데 윤석열 대통령이 통화한 것은 경호처에서 지급한 것일 가능성이 클 것 같은데 그것도 잘 모르시겠어요?

○**증인 곽종근** 예, 그때 2개를 막 계속 이렇게 받고 있던 상황이라서……

○**백혜련 위원** 알겠습니다. 앞으로 수사기관에서도 이 부분이 정확하게 좀 돼야 될 부분인 것 같아요.

수고하셨습니다.

그다음에 박안수 사령관님 앞으로 좀 나오세요.

○**증인 박안수** 전 육군참모총장입니다.

○**백혜련 위원** 본인도 혹시 경호처에서 받은 비화폰 있습니까?

○**증인 박안수** 없습니다.

○**백혜련 위원** 본인은 없어요?

○**증인 박안수** 예.

○**백혜련 위원** 그러면 본인은 그동안 비화폰으로 했을 때는 군에서 받은 비화폰으로만 계속 통화했습니까?

○**증인 박안수** 예, 그렇습니다.

○**백혜련 위원** 오늘 처음 나온 사실이 결심실을 떠나서 대통령 집무실로 김용현 장관과 가 가지고 그때 한 3시경에 '군 철수하라' 이런 지시를 받았다는 거지요?

○**증인 박안수** 예, 그렇습니다.

○**백혜련 위원** 그러니까 군을 철수하라는 지시는 그때 처음 대통령으로부터 받은 겁니까?

○**증인 박안수** 대통령으로부터 직접 받은 것은 그때가 처음……

○**백혜련 위원** 대통령한테 직접 받은 것은 3시경, 그때가 처음?

○**증인 박안수** 2시 50분에서 3시 사이, 정확하게.

○**백혜련 위원** 2시 50분에서 3시 사이.

○**증인 박안수** 예, 그때 움직임이 있었습니다.

○**백혜련 위원** 지금 계속해서 계엄사령관의 업무와 관련해서, 2차 계엄 관련해서 육본에서 3시경에 합참으로 군 병력을 이동시킨 것에 대한 질문을 받으셨잖아요?

○**증인 박안수** 예, 그렇습니다.

○**백혜련 위원** 그리고 본인이 3시에 지시한 게 맞다는 것도 확인됐습니다. 그건 아시지요?

○**증인 박안수** 지시한 게 아니고 지난번에 정책실장이 보고드린 바에 의하면 정책실장이 육본으로 전화를 받아서 '이동한다고 합니다' 보고한 거라고 그렇게 제가 들었습니다. 그런데 그때는 육군본부의 움직임에 대해서 그렇게 신경 쓸 수 있는 상황도 아니었고……

○**백혜련 위원** 그런데 하여튼 본인이 최종적으로 움직이라고 승인을 했다는 게 확인이 됐잖아요.

○**증인 박안수** 정책실장 말씀은 그런데 제가 거기 관심을 가질 정도의 상황은 아니었습니다.

○**백혜련 위원** 지금 대통령이 군을 철수시키라고 했던 시점과 본인이 그 승인을 한 시점이 전후로 어느 게 더 빠른 시점이에요, 그러면?

○**증인 박안수** 제가 승인했다는 시간은 제가 정확히 모르기 때문에 하여튼 제가 간…… 말씀하신 것은 2시 50분에서 3시 사이였고 이미 그전에 병력들은 다 철수된 것을 다 알고 있는 상황이었습니다.

○**백혜련 위원** 군병력이 그때까지도 철수가 안 됐어요. 군병력이 완벽하게 철수된 건 새벽 4시가 넘어서예요.

○**증인 박안수** 맞습니다. 다른 부분은 제가 잘 몰랐지만 저는 수방사, 특전사와 언론에 나오는 국회에 있는 병력들이 사실 다인 줄 알고 있었고 2시 좀 넘어서 안보실장님이 전화해서 그 병력들이 투입되고 하면 안 된다고 말씀하셔서 '제가 지금 병력 통제하지 않고 있습니다' 그러니까……

○**백혜련 위원** 2시경에 또 신원식 안보실장이 전화했어요, 본인한테?

○**증인 박안수** 예, 통화했습니다.

○**백혜련 위원** 새벽 2시경이요?

○**증인 박안수** 예, 2시 좀 넘어서.

○**백혜련 위원** 새벽 2시경에 본인한테 전화해서 군을 철수시켜라 이렇게 얘기한 거예요?

○**증인 박안수** 예, 안전한 곳에 있어야 된다, 투입하지 마라……

○**백혜련 위원** 군이 안전한 곳에 있어야 된다?

○**증인 박안수** 그런 말씀을 하셨고 '제가 병력은 지금 통제를 안 하고 있습니다' 말씀드리니까 '나도 알고 있다'라고 말씀하셨고 사령관들에게…… 그래서 저는 수방사령관, 특전사령관에게 전화를 해서 병력이 안전한 지역에 있는 것을 확인한 상태에서 대통령실로

갔었습니다. 따라갔었습니다.

○**백혜련 위원** 지금 보니까 오늘, 안보실장하고 통화하고……

또 용산 쪽이나 통화한 사람 있어요, 그러면? 대통령 말고.

○**증인 박안수** 그때는 따라다니고 움직이고 한 상황이라 그 외에는 없었습니다.

○**백혜련 위원** 안보실장하고만 한 번이에요?

○**증인 박안수** 두 번인가 정도 한 것 같고, 그 시간에.

○**백혜련 위원** 안보실장하고 두 번 통화했다고요?

○**증인 박안수** 예, 그 시간대에 했고 그게 주로 병력 철수와 관련된 내용이었고 그래서 제가 특전사령관, 수방사령관, 두 분에게 전화하면 다 철수할 것 같으니까 전화를 했는데 수방사령관은 전화가 굉장히 안 됐습니다. 여러 번 했는데 한 두세 번 한 것 같고, 특전사령관은 비교적 전화가 잘되어서 확인하니까 시민들하고 떨어져 있고 국민들하고 벗어나 있고 국회의 좀 이렇게 안전한 곳에 있는데 더 안전한 곳으로 이동하기 위해서는 국민들과 이렇게 통과를 해야 되기 때문에 안 한다 이런 내용의 기억이 있습니다. 그래서 저는 병력은 다 그때는 안전하게 철수된 상태였기 때문에……

○**백혜련 위원** 그것도 지금 철수 지시는 아니잖아요. 안전한 곳에 빠져 있으라는 것이지 그것을……

○**증인 박안수** 투입하지 말라니까 당연히 철수한 거지요.

○**백혜련 위원** 그게 어떻게 투입하고 철수하고 안전한 곳에 있으라는 지시가 같습니까?

○**증인 박안수** 그렇게 말씀하셨습니다. 안전한…… 병력들이 더 가면 안 된다, 철수해서…… 제가 기억을 정확하게 못 하겠지만 그런 것을 제가 그냥 인식으로 했습니다. 그래서 병력은 다 안전한 데 있다.

그래서 제가 아까 말씀드렸다시피 실로 갔을 때도 어떤 한 분이 여쭤보셨을 때 '군은 다 이격돼서 떨어져 있습니다' 말씀드리니까 '이격된 게 무슨 말이냐' 물어보시길래 이렇게 떨어져 있다는 말이기 때문에 걱정 안 하셔도 됩니다……

○**백혜련 위원** 오늘 박안수 계엄사령관이 제일 많은 말을 해요. 그동안은 뭐라고 하셨었냐면 상황이 종료될 때까지는 계속 군은 가야 된다, 그렇기 때문에 계엄사령부도 계속 존속시키고 마지막까지, 그래서 또 육본도 3시에 출발시킨 거 아니에요.

○**증인 박안수** 맞습니다.

○**백혜련 위원** 그러더니 오늘은 좀 얘기가 많이 다르네요.

○**증인 박안수** 그 부분은 제가 말씀드려도 되겠습니까? 시간 좀 주시면 말씀드리겠습니다.

○**백혜련 위원** 얘기해 보세요.

○**증인 박안수** 제가 말씀드린 군은 가야 된다는 것은 군 전체를 말씀드린 게 아니고 상황실을 말씀드린 겁니다, 상황실. 제가 임무 맡은 게 상황실이지 않습니까? 그러니까 상황실은 가는 겁니다. 그런데 제가 병력을 통제하거나 운용을 하고 있지 않기 때문에 실장님 전화를 받았을 때도 확인해서 말씀드렸고 이상 없다고 말씀드린 거고, 상황실은 군은 훈련을 하면 상급자가 상황 종료, AR을 해야 끝나는 겁니다. 그래서 육군본부는 와도 계획도 없고 임무 수행을 위한 훈련도 안 하고 매뉴얼도 없기 때문에 와도 임무 수행 못 합니다. 그래서 육군본부의 움직임을 저는 전혀 신경을 안 쓰고 있었습니다. 여기도

지금 정신이 하나도 없는데 거기를 다 어떻게 신경 씁니까?

　그것은 그 전날 합참에서 상황실 구성이 되면 육군본부 올라와라 그래서 임무를 배우고 인수인계를 하든 뭘 하든 해야지 하는 구체적인 대화도 못 한 상태에서, 올라오라고만 해 놓은 상태에서 진행된 것으로 저는 그렇게 이해하고 있습니다.

○**위원장 안규백** 사령관님, 사령관님은 지금 우리 군을, 병력을 통제 안 했다고 말씀하셨는데 조금 전에 금방 또 앞뒤가 안 맞는 말씀이 장군들 13명 영관급 21명, 34명을 육본에서 1시 30분에 준비해서 3시에 출발시키지 않았습니까. 그건 군 통제 아니고, 병력을 통제한 게 아니고 뭡니까?

○**증인 박안수** 그 부분은 상황실 구성을 하기 위한, 계엄 상황실을 만들기 위한 것을…… 그 전날 22시 40분에서 23시 사이에 아무도 없었습니다, 상황실에.

○**위원장 안규백** 상황실을 만든다고 하는 것은, 군을 통제하기 위해서 상황실을 만든 게 아닙니까?

○**증인 박안수** 맞습니다. 뭔가 보고를 받아야 되고 판단을 해야 되니까 참모 요원이 필요하거나 사령부가 구성이 돼야……

○**위원장 안규백** 그러면 그 자체가 2차 계엄을 준비한 것이지요.

○**증인 박안수** 아닙니다. 22시 47분의 그 얘기는 장관님께서 계엄사령관은 상황실을 준비하라고 명확하게 지시를 하셨고 그래서 제가 내려가서 준비하는데 아무것도 없기 때문에, 계엄과의 지원도 없는 상태고 계엄과도 아직 안 온 상태기 때문에 오라고 한 것뿐입니다.

○**위원장 안규백** 그건 어불성설입니다.

　장동혁 위원 질의해 주십시오.

○**장동혁 위원** 중앙선관위 사무총장님께 질의하겠습니다.

　선거는 민주주의의 핵심입니다. 그리고 선거의 생명은 공정성입니다. 맞지요?

○**증인 김용빈** 예, 맞습니다.

○**장동혁 위원** 그리고 선관위의 존재 이유는 공정한 선거관리입니다. 거기에도 동의하시지요?

○**증인 김용빈** 예, 동의합니다.

○**장동혁 위원** 그리고 시스템적으로 그다음에 선거를 관리하는 과정에서 공정하게 관리돼야 된다. 동의하시지요?

○**증인 김용빈** 예, 동의합니다.

○**장동혁 위원** 그런데 그 과정에 있어서 국민적 의혹이 있다면 이를 설명하고 설득하는 책임도 중앙선관위에 있다고 생각합니다. 맞습니까?

○**증인 김용빈** 맞습니다.

○**장동혁 위원** 그런데 그동안 정치권에서는 금기어가 하나 있습니다. 부정선거입니다. 부정선거를 입에 올리면 미친 사람 한 명 추가됐습니다, 당신도 부정선거로 당선된 거네요 이렇게 치부해 왔습니다.

　그런데 아이러니하게도 이번 계엄의 주된 목적 중의 하나가 부정선거의 가능성이 있는지 없는지 여부를 확인하기 위한 것이었습니다. 그리고 결과적으로 그로 인해서 부정선거에 대한 국민적 관심이 높아졌고 의혹이 더 커졌고 그로 인해서 사회적 갈등과 사회적 비용이 더 커졌습니다. 이제는 어쩌면 감당하기 힘들 정도로 커졌다고 할 수도 있습니다.

따라서 지금 이번 기회에 선관위는 부정선거가 없으면 없다고 국민들을 설득할 책임이 있고 이번이 절호의 기회고 저는 마지막 기회라고 생각합니다. 그것은 사회적 비용과 사회적 갈등을 줄이기 위한 것입니다.

그런데 부정선거에 대해서 헌재에 21대 총선에서 인천 연수을 선거구의 투표자 수 검증을 해 달라라고 했는데 신청을 기각했습니다. 이런 논리인것 같습니다. 문제가 있다면 압수수색영장을 발부하든 수사를 하든 뭔가로 밝혔어야지 그게 계엄으로 밝힐 문제냐, 절차와 방법이 잘못됐으니 그것은 탄핵의 쟁점이 아니다라고 하는 것 같습니다.

그런데 저는 계엄과 내란죄 판단에 있어서 그것이 논리적으로 완전히 연관되어 있든지 않든지 부정선거 유무에 대해서는 매우 중요한 쟁점이라고 생각합니다. 어떤 사람이 지나가다가 보니까 남의 집에 도둑이 든 것 같아서 도둑을 잡으러 담장 넘어 들어갔습니다. 결국 도둑은 잡지 못했지만 나중에 검찰이 그 사람을 잡아서 왜 들어갔냐라고 했더니 도둑이 있는 것 같아서 담장 넘어 들어갔다라고 했더니 요즘 세상에 무슨 도둑이냐, 대문 열고 들어가지 왜 담장 넘어 들어갔냐라고 이야기하는 것과 같습니다. 그러나 그 사람이 넘어간 동기가 도둑을 잡기 위한 것이라면 도둑이 있었는지 없었는지 여부를 확인하는 것은 저는 매우 중요한 절차라고 생각을 합니다.

그런데 부정선거를 얘기하면 많은 분들이 그렇게 얘기합니다, 대법원 판결로 다 끝난 거 아니냐, 특히 민경욱 전 의원 사건에서 대법원 판결로 다 끝난 것 아니냐. 대법원 판결 들고 왔습니다. 그런데 저는 이 판결이 잘못됐다 잘됐다 아니면 다시 해야 된다라는 그런 의미에서가 아니라 어떤 지점에서 국민들이 선거에 대해서 의혹을 가지고 있고 이 판결에도 불구하고 왜 의혹이 해소되지 않았는지에 대해서 저는 말씀드리려고 합니다.

판결문 16쪽에 이렇게 돼 있습니다. 투표용지 발급기의 USB 케이블 연결 문제로 동일한 일련번호의 투표지가 두 장 발급됐는데 한 장은 선거인에게 교부됐고 한 장은 폐기했다라고 선관위가 설명했답니다. 그랬더니 대법원이 '그것으로 충분히 설명이 됐다' 그럽니다. 판결문에 그렇게 돼 있습니다.

그다음에요 '이는 누군가가 투표지를 다량 위조하였을 뿐만 아니라 이를 우체국에 추가 투입하고 더 나아가 등기내역까지 조작하였다는 것을 의미하는데 사전투표 기간부터 개표일까지 일주일도 되지 않는 단기간 내에 전국 단위에서 사전투표지를 위조하여 투입하고 우정사업본부가 관리하는 배송내역까지 조작한다는 것은 특별한 사정에 대한 증명이 없는 한 생각하기 어렵다' 이렇게 판결했습니다.

그리고 원고는 투표함의 봉인에 비잔류형 특수봉인지를 사용해서 봉인의 연속성이 파괴될 수 있다는 취지의 주장도 하지만 앞서 살핀 바와 같이 사전투표함은 봉인 과정에서 사전투표 관리관과 사전투표 참관인이 각각 봉인지에 서명·날인하도록 돼 있고 나중에 확인하도록 돼 있다고 돼 있습니다.

그러나 대부분 선거에서 정당에서 추천하는 참관인은 투표 참관인과 개표 참관인이 다른 경우가 오히려 일반적입니다. 따라서 개표 참관인이 가서 그 봉인을 보더라도, 서명을 보더라도 저게 내 서명인지 아닌지를 확인할 수 있는 방법은 없습니다.

제가 계속 말씀드리는 이유는 그러니까 부정선거가 있다라고 말씀드리는 게 아닙니다. 이런 의혹들에 대해서 선관위가 설명을 하고 문제가 있다면 그런 지점들에 대해 선관위가 개선을 해야 된다는 것입니다.

그리고 '2021년 6월 28일 자 검증 결과 변론 전체의 취지를 종합하면 상단 또는 하단 일부가 붙어 있었던 관외 사전투표지는 정전기에 의해서 붙어 있었거나 관외 사전투표 운반·개표 또는 보관 과정에서 회송용 봉투에 접착제가 묻는 등의 사유로 생긴 현상이라고 볼 수 있다' 선관위가 이렇게 설명하니까 대법원에서 그렇게 인정을 했습니다. 저는 그 부분에 대해서 그런 현상이 발생했기 때문에 국민들이 의혹을 갖는 지점들이 생긴다는 것입니다.

그리고 '투표소에서 투표 관리인이, 뭉개져 찍힌 투표지가 다량 발견되었고 그중 이 법원이 육안으로 확인하여 투표 관리관이 확인이 어려울 정도에 이른다고 판정한 것은 총 294표인데 나머지 투표지는 투표 관리인을 식별할 수 있는 상태였고 무효표로 판정된 투표지도 현미경으로 관찰한 결과 상당 부분 투표 관리인의 인영이 추가로 확인되었다'. 투표 관리인의 인영을 현미경으로 확인해야 된다면 국민들이 의혹을 갖지 않겠습니까? 저는 그런 부분들에 대해서 계속 문제를 제기하는 것입니다.

그리고 관외 사전투표에 관련해서요 원고의 유효투표수가 4760표로 집계돼서 피고의 개표 결과 300표의 차이가 있대요. 4760표인데 그중에 300표가 차이가 있답니다, 개표 결과가. 그런데 피고가 공표한 이 사건 선거의 총 관외 투표 선거인 숫자는 1만 2957표로 만일 원고의 유효표 숫자가 이 법원이 집계한 결과와 같이 4760표였다면 총 관외 사전투표 수량은 1만 3248표, 그래서 공표된 관외 사전투표 선거인 수보다 약 300표를 초과한 수치랍니다. 숫자가 안 맞다는 겁니다. 그런데 이런저런 걸로 비추어 보아서 이는 피고가 공표한 관외 사전투표 선거인 숫자에 가깝답니다.

투표 숫자와, 투표한 사람과 이 투표를 확인했더니 숫자에 가깝다고 대법원이 판결했습니다. 가까워서 됩니까? 단 1명이라도, 1표라도 정확하게 일치해야 되는 거 아닙니까? 대법원 판결에 가깝다고 돼 있어요. 확인해 보니까 투표 숫자하고 투표인 숫자하고—1분 더 쓰겠습니다. 1분만 더 주십시오—가깝답니다.

그다음에 '갑 제47호증, 제51호증의 4의 각 영상에 의하면 이 사건 선거의 개표소에서 투표지 분류기를 촬영하지 말라는 안내방송을 한 사실이 인정된다' 이렇습니다. 그런데 그렇다고 해서 개표 결과 조작이 있었다거나 그에 대한 증명이 있는 것으로 볼 수 없답니다. 조작이 있었는지 없었는지를 떠나서 왜 참관인이 분류기를 촬영하지 말도록 공식적으로 방송까지 하느냐 이 말입니다. 이런 부분에서 국민들이 의혹을 갖는다는 겁니다.

'관외 사전투표함 보관 장소에 CCTV를 설치하지 않았다거나 투표지 분류기에 저장된 파일을 저장 매체에 옮기고 삭제하였다고 해서 그런 조치에 위법이 있다고 할 수 없다', 법률 규정이 없으니까 위법은 아니지요.

많은 경우 이 중에서 해소된 부분도 있지만 저는 이런 부분에 대해서 선관위가 국민들을 설득하고 국민들에 대해서 의혹을 해소할 의무가 있다고 생각을 합니다.

총장님, 말씀해 보십시오.

○**증인 김용빈** 지금 지적하신 내용에 대해서 이미 저희가 보도자료를 통해서 사실 관계에 대한 설명은 충분히 드렸다고 생각을 합니다.

그리고 지금 말씀하신 바와 같은 부분 중에 일부 선거 관리의 잘못된 부분 때문에 국민들한테 그런 신뢰를 잃게 되는 선거 관리상의 하자가 있다는 점도 저희들이 인정을 했고 그 부분에 대해서 충분히 사과를 드렸다고 생각을 하고.

　제가 들어와서 22대 국선을 준비하는 과정에서 지금 문제 됐었던 그런 내용 중에서 개선할 수 있는 부분들을 충분히 개선을 해서 지금 지적하신 내용 중의 상당 부분은 개선을 했다고 생각을 하고, 단지 아마 또 어떤 분이 문제를 제기하실지 모르겠지만 사전투표에 사전투표 관리관의 날인을 법적으로 하게 되어 있는데 왜 안 했느냐의 부분, 그 부분만 제가 받아들이지 않았고 나머지 선거관리지침을 전부 개정해서 22대 국선을 치렀습니다. 그런 상황에서 저의 입장에서는 최선을 다해서 나름대로, 완벽하지는 못하지만 그래도 성공리에 22대 국선을 치렀다고 생각을 하고 있는데 21대, 20대 대선이나 이런 부분들은 얘기하지 않겠습니다. 그렇다면 22대 국선에서 선관위가 어떤 잘못을 했다라는 부분들이 지금 나와 있는 게 있나요?

　(발언시간 초과로 마이크 중단)

─────────────────────────────

　(마이크 중단 이후 계속 발언한 부분)

○**장동혁 위원** 제가 날인하자고 두 번을 요청했습니다, 직접 날인하자고.

○**증인 김용빈** 맞습니다.

○**장동혁 위원** 그것 받아들이지 않으셨습니다.

○**증인 김용빈** 예, 그렇습니다.

○**장동혁 위원** 시간 관계상, 비용 관계상 받아들이지 않았습니다. 그러면 지금부터 준비해서 다음 선거부터는 그것을 하실 수 있습니까?

○**증인 김용빈** 그때도 제가 받아들이지 않는 이유에 대해서 충분히 설명을 드렸습니다. 이것은 제도개선적인 차원뿐만 아니라……

　예를 들어서 간단하게 설명을 드려 보겠습니다. 사전투표는 본투표……

○**장동혁 위원** 총장님, 공정한 선거가 되려면……

○**위원장 안규백** 장 위원님, 장 위원님.

○**장동혁 위원** 시간이 많이 들고 불편한 방법이 어쩌면 공정성을 확보할 수 있는 방법일 수도 있습니다.

○**증인 김용빈** 예, 그 의견에 대해서는 나름대로 동의를 합니다.

　더 말씀을 드릴까요, 아니면……

─────────────────────────────

○**위원장 안규백** 하고 싶은 말이 더 있습니까?

○**증인 김용빈** 지금 사전투표제 부분을 정리해 드려야 되는데……

○**위원장 안규백** 간단히 해 주십시오.

○**증인 김용빈** 이게 법상으로 사전투표를 시행하기 위해서는 제한을 할 수밖에 없습니다. 법률 만드실 때 읍면동에 하나씩만 설치하도록 되어 있지 않습니까, 사전투표제가?

○**위원장 안규백** 그렇습니다.

○**증인 김용빈** 그런데 거기에 대응하는 본투표소는 약 4배 이상을 설치하게 됩니다. 이번에도 거의 1만 5000개를 설치했거든요. 이거는 3500개 정도 설치를 하는 거고요. 그런데 이 사전투표소를 운영하는 데 있어서 개수를 늘리지 않는다. 그러면 개수를 늘리지 않으면 사전투표소는 전국 단위로 하기 때문에 어떤 특정 투표소에 선거인들이 몰려갈

수가 있습니다. 이때 너무 많이 몰려가면 이게 사전투표를 하고 싶어도 투표를 할 수 없는 상황이 벌어지게 되는 겁니다. 그러니까 그런 부분들을 전부 감안해서 하려면 사전투표소가 지금의 개수 가지고는 부족하다라는 생각 때문에 더 늘려야 되고요.

그런데 늘리는 게 지금 중요한 부분이 단순히 인원만 늘리는 게 아니고요 사전투표를 운영하기 위해서는 통합서버, 지금 서버가 또 문제가 되는데요. 사전투표소와 서버를 연결하는 전용 회선을 깔게 됩니다. 그래서 3500개를 까는데 그러면 그걸 더 늘려서 7000개나 1만 5000개를 깔아야 된다는 얘기가 되는 겁니다. 과연 그게 기술적으로도 가능할지 어떨지 모르겠지만 비용도 많이 들고 만약 서버와 사전투표소하고 연결하는 접점의 전용 회선망을 그런 식으로 많이 깔게 되면 지금 말씀하시는 대로 보안의 취약성은 어떻게 될 거냐 그런 얘기입니다. 그러니까 단순하게 비교해서 그런 식으로 이 제도를 짜서는 안 되고요.

지금 일부 공감한다는 취지가 뭐냐 하면 전국적인 단위에 의해서 사전투표제를 계속적으로 가져갈 거냐, 유지할 거냐 아니면 이런 국가적 분란 때문에 국민들 입장에서 신뢰가 보장이 안 된다면 적어도 변형을 해서 사전투표제를 폐지하지 않더라도 어떤 다른 방법을 사용할 거냐 이런 부분들은 제도개선 차원에서 마련을 해야 된다는 부분에 대해서는 적극적으로 동의를 하는데 단순히 사전투표소에 대해서 사인 날인을 해야 된다는 부분은 그와 같은 기술적이나 물리적인 부분들을 감안하면 그것이 좋은 방법도 되지 않고 그렇기 때문에 저희가 규칙으로, 법문은 그렇게 되어 있지만 규칙으로 바꿔 놓은 겁니다.

그런데 사실 이 법 자체가, 비교를 해 보시면 본투표에 관련한 투표관리관의 날인 방법과 사전투표관리관의 날인 방법이 마치 동일하게 사인 날인하는 식으로 같이 되어 있어요. 그런데 심지어는 본투표소에 있어서도 투표관리관이 현장 관리를 필요로 해서 법상으로 미리 100매 범위 이내에서는 날인을 먼저 해 두도록 되어 있습니다. 그런데 사전투표는 그런 것도 없어요. 왜? 미리 찍을 수가 없지요, 어떤 투표구에 있는 사람이 들어와서 본인 확인을 하고 그 해당 관할 투표구 위원회의 투표지를 받아야 되니까. 그런 식의 내용을 제가 다 설명을 드렸습니다.

○위원장 안규백 예, 충분히 이해했습니다.

한기호 위원님 질의해 주십시오.

○한기호 위원 오늘도 굉장히 늦어졌는데, 제가 우리 특별위원회 운영에 대해서 한 말씀 드려 보겠습니다.

오늘까지 운영하면서 기관 보고도 받고 청문회도 하고 하면서 여기 계신 위원님들이 새로운 사실을 얼마나 찾아냈는가, 새로운 게 무엇이 있는가 이런 의아심이 안 듭니까?

국민들이 우리 국정조사특위를 어떻게 보는가? 제가 국정조사특위에 있으니까 지난번 설 연휴 때 갔을 때 이런 얘기를 해요. '한 얘기 또 하고 한 얘기 또 하더라. 또 증인을 불러서 증인들 골탕 먹이는 게 국정조사특위냐? 이렇게 하다 보니까 국회가 거꾸로 우습게 보이더라' 이렇게 평가를 합니다.

또 실제로 우리는 어떻게 합니까? 동일한 증인을 매번 불러서 재탕, 삼탕, 사탕 하지 않습니까? 국민들이 뭐라고 그러겠어요. 짜증스러워하지요. 또 증인에 대해서 단 한 명도 여당이 요구한 것을 반영해 주지 않았습니다. 그리고 오직 야당에서 부른 증인들만 가지고 지금 하고 있습니다. 이게 얼마나 편파적입니까? 진짜 진실을 규명하려고 하는 것인지, 정치공세를 하려고 하는 것인지 국민들이 이제는 장시간 동안 우리 특별위원회가 운영되니까 알게 되는 거예요.

실제로 이 자리에 나오셔서 본인들이 본래 자리에서 수행할 임무를 수행 못 하면서 지연되거나 또는 실기하는 경우도 엄청나게 많을 겁니다. '이 손실을 우리 위원회가 그만큼 보완하고 있는가?' 이렇게 질문했을 때 그렇지 못하다고 답을 들을 겁니다. 그래서 냉정하게 사실을 증명해서 국민의 알권리를 확인해 주는 것이 우리의 몫이라면 정말로 우리가 충실한지 반성해 봐야 됩니다.

또 동행명령장도 두 번씩이나 발령했습니다. 대상자들은 지금 구치소에서 영어의 몸으로 수사를 받고 있습니다. 이 때문에 그들은 자신의 방어권을 가지고 응하지 않고 있습니다. 그럼에도 불구하고 안 올 줄 알면서 발령하는 거예요. 우리 스스로 우리가 우스워지는 거예요, 지금.

얼마나 더 우스워지려고 합니까? 정말 여기 다선 위원님들이 이렇게 앉으셔 가지고 우리 스스로 이것을 계속 하고 있다는 게 부끄럽지 않습니까? 지금 우리가 특위를 운영하면서 이렇게 운영한다면 결국은 국민들의 웃음거리만 계속 늘어날 겁니다.

지금 여론조사를 제가 옳다고 보지 않습니다. 그러나 부정적으로 자꾸 가지 않습니까? 야당이 생각했을 때 부정적으로 가는 거예요. 이 부정적으로 가는 데 우리가 기여하고 있지 않느냐, 우리 여당 위원들이 반성할 게 아니라 야당 위원님들이 이 점은 반성해 봐야 됩니다.

이상입니다.

줄이겠습니다.

○위원장 안규백 아니……

○한기호 위원 위원장님 답변할 것 없잖아요.

○위원장 안규백 아니, 한기호 위원님, 국가비상사태가 발동이 돼서 모든 것의 운명이 경각에 달린 상황에서, 이 엄중한 상황에서 지금 우리가 청문회를 진행하고 있는데 그에 대해서 무용론을 이렇게 말씀하시면, 간사께서 청문위원을 안 하시면 되는 것 아닙니까? 이 엄중한 상황에 대해서 그렇게 다 진지하고 아주 코피 터지게 준비하고 있는데……

나머지 시간 안 쓰십니까?

○한기호 위원 제가 줄였다 그랬잖아요. 시간도 제가 줄여 드렸습니다.

○위원장 안규백 감사합니다.

같은 한 씨에서 한병도 위원 해 주십시오.

○한병도 위원 전북 익산의 한병도 위원입니다.

잠깐만 멈춰 주시고요.

이선진 님 혹시 나와 계시는가요?

마이크를 좀 전달해 주시겠어요. 이쪽으로……

먼저 오늘 이렇게 용기를 내서 이 자리에 참석해 주셔서 감사하다는 말씀 드립니다. 아마 오셔서 느끼셨겠지만 현재 이것 자체가 대한민국의 민주주의와 헌정질서를 뒤흔든 중대한 사안입니다. 아마 여기 오시기가, 결정하시기가 쉽지 않으셨을 텐데 국민의 알권리와 진실을 밝히기 위해서 이렇게 참석해 주셔서 감사하다는 말씀 먼저 드리고요.

노상원 전 사령관을 여러 차례 만나셨고 계엄이라는 직접적인 단어는 없었지만 중요한 일이라는 이야기를 했고 계엄 후에 뉴스를 보고 '아, 그 중요한 일이라고 했던 것이 계엄을 이야기한 것'이라고 본인이 인지하셨다고 말씀을 하셔서 그것 관련된 것 몇 가지만 좀 여쭙도록 하겠습니다.

○증인 이선진 예.

○한병도 위원 2022년 2월부터 24년 1월까지 노상원 전 정보사령관이 수십 차례 방문을 했지요?

○증인 이선진 예.

○한병도 위원 처음에는 개인적인 운세를 물어봤는데 2024년부터 나랏일을 언급했다고 그렇게 말씀하셨습니다.

○증인 이선진 23년도부터요.

○한병도 위원 그래서 첫 번째 물어보면, 배신자 색출을 위한 군인 명단을 제시하면서 점괘를 의뢰했다고 하는데 그런 적이 있습니까?

○증인 이선진 예.

○한병도 위원 그때 배신이라고 하는데 군인이라는 걸 인지를 하셨나요?

○증인 이선진 군인이라고 설명을 다 해 주셨고요 이미 파악을 해 가지고 오신 상태였고요. 나와 뭔가 문제를 만들었을 때 끝까지 함께할 수 있는지 질문을 많이 하셨어요.

○한병도 위원 그때 군 비상계엄과 관련된 이야기는 없었습니까?

○증인 이선진 전혀 없었어요.

○한병도 위원 그러면 몇 명 정도였나요, 그 군인들은?

○증인 이선진 수십 차례 오실 때마다 군인을 사실 많이 물어보셨거든요.

○한병도 위원 그러면 아주 많은 숫자로 그냥 기억을 하시겠네요?

○증인 이선진 예.

○한병도 위원 많은 숫자, 그러면 사진이 있었느냐. 이렇게 펜으로 적어 왔나요 아니면 문서를 가져왔나요?

○증인 이선진 펜으로 적어 오셨어요.

○한병도 위원 그러면 사진이랑 이렇게 가지고 왔었는가요?

○증인 이선진 사진을, 제가 사주를 보고서 뭔가를 잘 몰랐을 때 얼굴을 조금 보고 싶다고 했을 때는 네이버로 찾아 가지고 사진을 몇 차례 보여 주셨었어요.

○한병도 위원 그러면 특징적으로 기억나는 군인들이 혹시 있나요?

○증인 이선진 전혀 기억나지 않아요.

○한병도 위원 기억은 나지 않는데 군인들이었다라는 거고.

○증인 이선진 예.

○한병도 위원 사람은 기억이 안 나는 거고요.

　　그러니까 그렇게 하면서 배신할 사람이 누구냐 이렇게 좀 배신이라는 표현을 사용하면서 물었다는 거지요?

○증인 이선진 나와 뭔가 함께했을 때 끝까지 따라올 수 있는지를 많이 물어보셨고요. 군인들마다의 운을 많이 물어보셨어요.

○한병도 위원 그 사람들의 운?

○증인 이선진 예.

○**한병도 위원** 그러니까 이 사람들을 신뢰해도 될까 아니면 이 사람이 우리 편인가 아니면…… 이런 식의 질문이었다는 거지요?

○**증인 이선진** 이 군인이 뭔가 더 올라갈 수 있는 자리가 있는지, 운이 나빠서 뭔가 올라가다가 멈춰지지 않을 것인지를 많이 질문하셨던 것 같아요.

○**한병도 위원** 그래서 좀 설명을 해 주면 반응은 어땠나요, 노상원 전 사령관은?

○**증인 이선진** 내가 보고 뭔가 했던 것과 거의 비슷하다고……

○**한병도 위원** 본인이 생각하는 것과 비슷하게 나왔다 이렇게 말씀을 해 주셨고요.

○**증인 이선진** 예.

○**한병도 위원** 그러면 김용현 전 장관에 대해서 관련된 언급을 하셨다고 말씀을 하셨습니다, 언론에.

○**증인 이선진** 예.

○**한병도 위원** 김용현 장관은 어떻게 아셨습니까?

○**증인 이선진** 처음에는 그냥 이름하고 생년월일을 가지고 오셔서 제가 이제 '이분은 그냥 보통 군인은 아닌 것 같아요' 했더니 '이 사람이 나중에는 장관이 될 거다'. 그때는 장관이기 전이었거든요.

○**한병도 위원** 장관 전부터?

○**증인 이선진** 예, 그래서 이 사람이 올라가는 데에 문제가 되지 않겠느냐고 질문을 하셨고요.

○**한병도 위원** 장관이 될 것 같은데 문제가 있겠냐 없겠냐?

○**증인 이선진** 예, '문제 되지 않고 올라갈 수 있겠다'고 했더니 '아, 그렇다'고 이제 하셨었고 '이 사람과 내가 뭔가를 함께 문제를 만들어서 했을 경우에 그게 잘되면 어쩌면 내가 다시 나랏일을 할 수도 있을 것 같다'고 '복직할 수도 있을 것 같다'라는 말씀을 하셨어요.

○**한병도 위원** 혹시 그분이 본인이 전 정보사령관이었다는 이야기를 이선진 님께 말씀하신 적 있나요?

○**증인 이선진** 투스타로 전역을 하셨다고 말씀하셨고요. 정권이 바뀌면서 옷을 벗고 나왔다고 하셨어요.

○**한병도 위원** 그래서 김용현 장관은 전 장관일 때 물어봤을 때 장관으로 갈 수 있을지 어쩔지 그런 걸 물어보고 그리고 이 사람이 잘 풀리면 본인도 서울 가서 일을 할 수 있을 것 같다 그런 의미로 이야기를 했다는 거지요?

○**증인 이선진** 예.

○**한병도 위원** 그리고 군 내부에서 김 전 장관의 지위를 강화하거나 특정 세력을 제거한다는, 아까 배신자 이야기를 할 때 그런 느낌도 혹시 받으신 적이 있나요?

○**증인 이선진** 아니요.

○**한병도 위원** 그런 적은 없고요?

○**증인 이선진** 예.

○**한병도 위원** 그런데 하나만 다시 여쭤볼게요. 그 중요한 일이라고 했는데 그 중요한 일이 언론에 나중에 계엄이 터지면서 그 중요한 일이 이거였구나라고 생각한 배경. 수십 차례 만났는데 계엄을 언론에서 보셨잖아요, 이선진 님께서. 그런데 이게 중요한 일이라

는 게 이거였구나 하는 걸 인지를 하셨다고 말씀을 하셨잖아요.

○증인 이선진 항상 오실 때마다 군인에 대한 질문을 굉장히 많이 하셨고요. 그러니까 나이가 어린 분도 나이가 많은 분들도 뭔가 마다하지 않고 다 적어 가지고 오셔 가지고 항상 질문을 군인들을 많이 하셨어요. 그래서 어쩌면 진작부터 계획적으로 뭔가 만들지 않았었나 그래서 이 사람들을 파악하기 위해서 저한테 묻지 않았었나라고 생각했어요.

○한병도 위원 본인이 느낄 때는 이 사람들을 물어본 게 나중에 뭔가를 도모하려고 하는데 도모를 할 때 이 사람들이 과연 이렇게 충성스럽게 같이 일을 할 수 있는 사람인지 어쩐지를 파악을 해서 이선진 님께 물어봤고 그런 느낌이 있었기 때문에 이후에 계엄이 발표되면서 '아, 중요한 일이 이거였구나'라는 걸 인지를 하셨다는 거지요?

○증인 이선진 예.

○한병도 위원 감사합니다.

  다음은 인성환 국가안보실 2차장님, 죄송한데 시간이……

○증인 인성환 예, 말씀하십시오.

○한병도 위원 짧게 좀 빨리 여쭤보겠습니다.

  12월 3일 밤 10시 30분부터 계엄이 해제된 새벽 1시까지, 2시간 30분 동안 2차장님 어디 계셨습니까?

○증인 인성환 처음에 저는 사무실에 간 게 한 11시 10분 정도 됐고요. 제가 한 10시 48분에 전화받고 왔기 때문에 그때 처음에 사무실 가서는 비서실장님 방에 올라갔었고요. 그다음에는 안보실장님 방에서 한 12시부터 1시까지 국회에서의 계엄해제 요구안 시청을 했습니다.

○한병도 위원 그러니까 윤석열 피고인이 수방사령관, 특수전사령관, 조지호 경찰청장, 직접 전화를 걸어서 내란을 진두지휘했는데 인성환 2차장님은 사실을 전연 몰랐다는 말씀이시네요?

○증인 인성환 그러니까 언론에서 나오는 것같이 결심지원실 얘기는 사실은 그때 시간이, 저도 지난번에 수사기관에 가 가지고 CCTV 조사 결과를 보고 알았는데 제가 전투통제실이라고 거기 있었던 시간이 한 10분 정도밖에 되지 않고요. 결심지원실은 그중에 반, 반 정도밖에 안 있었습니다. 그런데 그때 뭐 중요한 논의는 없었던 걸로 기억합니다.

○한병도 위원 1분만 더……

○한기호 위원 아, 자꾸 해요.

○한병도 위원 오후에 가셔야 된다니까, 오후에 이석하셔야 된다고 해서 제가 짧게 한 두 가지만.

○증인 인성환 예, 말씀하십시오.

○한병도 위원 그러면 윤석열 피고인으로부터 '국회에 병력을 얼마나 넣었냐' '1000명' 이런 이야기 그 10분 안에 들은 적 없습니까?

○증인 인성환 저는 그런 기억은 없습니다.

○한병도 위원 계엄 해제 이후에 법령집을 찾으셨잖아요?

○증인 인성환 예.

○한병도 위원 그때 2차장님이 갖다주셨나요?

○증인 인성환 아니요, 제가 갖다주지는 않았고요. 하여튼 법령집을 찾으셨던 기억은

납니다.

○**한병도 위원** 그러면 왜 찾았다고 생각 드셨어요?

○**증인 인성환** 그건 제가 잘 모르겠습니다.

○**한병도 위원** 모르겠고, 아무튼 법령집은 찾았다?

○**증인 인성환** 예.

○**한병도 위원** 예, 알겠습니다.

　여기까지만 하겠습니다.

○**윤건영 위원** 위원장님, 자료 요청하겠습니다. 30초면 됩니다.

○**위원장 안규백** 예, 하십시오.

○**윤건영 위원** 경호처 비화폰 관련해서요 오전 질의에서 사실상 인정했지만 보다 확실하게 하기 위해서 비화폰 불출대장, 불출확인서를 확인하면 간명하게 진실이 밝혀진다고 생각합니다. 따라서 제가 제시했던 '테스트(예)'라는 불출대장 기록과 불출확인서를 제출해 주시거나 만약에 정 그게 힘들다면 최소한 본부장께서 관련 내용을 열람 또는 확인하고 오후 청문회에 참석해 주실 것을 위원장님께 요청드립니다.

○**위원장 안규백** 예, 알겠습니다. 참조해서 협조해 주시기 바랍니다.

　김선호 장관대행님!

○**증인 김선호** 예, 직무대행입니다.

○**위원장 안규백** 단도직입적으로 묻겠습니다. 2차 계엄 시도는 있었습니까, 없었습니까?

○**증인 김선호** 없었습니다.

○**위원장 안규백** 말로만 없다고 하지 말고 구체적으로 납득 가능한 설명을 좀 해 주십시오.

　작년 12월 24일 날 김민기 국회사무총장이 계엄 해제 이후에 군인 제복을 입은 군인이 11명, 사복 입은 군인이 2명 정도, 약 13명이 국회의장 공관을 배회하고 CCTV에 지금 다 기록이 남았다는 것 아니겠습니까? 그걸 공개했잖아요.

○**증인 김선호** 예.

○**위원장 안규백** 정황상 이 인원들이 국회의장을 체포해서 2차 계엄 시도를, 무력화하려고…… 국회의 정상적인 운영 자체를 무력화하려고 했던 인원으로 지금 추정이 되는데 이 인원들에 대해서 지금 한 달 넘게 신원 조회를 아직 않고 있어요. 장관께서는 안 하는 이유가 뭡니까?

○**증인 김선호** 그 인원들을 저희가 파악했습니다. 그리고 관련 내용들을 제가 보고를 드렸습니다.

○**위원장 안규백** 그러면 이 사람들이 공관에서 배회했던 이유가 뭡니까?

○**증인 김선호** 그 인원들은 의장님 공관이 아니고 관저 경계 강화를 경호처에서 요청받아서 관련된 1경비단 요원이 그 외곽 경계를 가면서 경계 지역으로 이동하기 위한 과정 속에서 그 CCTV에 찍힌 걸로 저희가 확인을 했고 그것이 정확하게 팩트였습니다, 위원장님.

○**위원장 안규백** 그러면 그 상황에 대해서 구체적으로 다시 한번 설명해 주시기 바랍니다.

○**증인 김선호** 예, 그러면 제가 자세히 위원장님한테 다시 보고를 드리겠습니다.

○**위원장 안규백** 허석곤 소방청장님 좌측 발언대로 나오십시오.

지금 허석곤 청장이 행안위에서 이상민 장관하고 통화를 하시면서 '경찰 요청 시에 한 겨레, 경향, MBC 등의 단전·단수를 협조를 해라'라고 진술하셨는데 이상민 장관께서는 '안전을 각별히 챙겨 달라' 이렇게 말씀하셨다고 진술을 했어요. 그렇다면 허 청장님께서는 경찰 요청 시라는 단서를 달아서 경향, 한겨레, MBC 등 단선…… 단전·단수 지시를 하라고 협조를 내린 적 있습니까?

○**증인 허석곤** 제가 아까 전에 용혜인 위원님께서 자료를 띄워 놓고 말씀드린 그게 제가 기억을 해서 정리한 내용이라는 말씀을 드리고요. 유추를 하자면 어떤 경찰 요청이 오면 소방에서 적의 조치를 하라 이런 말씀으로 저는 기억을 합니다.

그리고 단전·단수가 소방업무가 아닙니다. 그리고 또 그때 전화를 받고 옆에 있던 우리 간부들도, 제가 아마 '단전·단수가 소방업무냐, 할 수 있느냐?' 물었는데 아니라는 이야기를 저에게 했기 때문에 제가 서울이나 일선에 단전·단수 지시 일절 하지 않았습니다.

○**위원장 안규백** 아니, 그러니까 청장님께서는 단전·단수라는 그 단어의 용어를 들으셨냐 이런 얘기입니다. 장관께서는 '안전에 각별히 유의해 달라' 이렇게 말씀하셨다고 그러는데.

○**증인 허석곤** 제 기억에는 앞에 관련해서 소방 활동 사항을, 대응 활동 사항을 물으셨고요. 그래서 제가 '특별한 사항이 없습니다'라고 말씀을 드리니 '그러면 단전·단수 요청을 소방청은 받은 것이 있느냐?' 이렇게 물었습니다. 그렇게 묻고 제가 '받은 것이 없습니다'라고 대답을 드린 것으로 기억이 나고요. 그렇게 말씀을 하시니 언론사 다섯 곳을 말씀을 하시고 경찰 이야기를 하고 요청이 오면 적절한 조치를 취하라 이런 뜻으로 저는 기억을 합니다.

○**위원장 안규백** 그러니까 계엄 시에 왜 언론사에 단전·단수를 해야 되는가 이 점에 대해서 이상한 생각을 안 하셨습니까?

○**증인 허석곤** 그때는 상당히 급박한 상황이었고, 그때 당시 우리 소방청은 상황 판단 회의를 하고 있었고 언론, 방송사를 통해서 국회 상황을 예의 주시하고 있었습니다. 그때 당시에 국회에서는, 저희들 우리 소방업무 차원에서 말씀드리면 다수 사상자가 발생될 수 있는 아주 우려가 높은 상황이었기 때문에 그쪽의 상황 관리가 우선이었다 이런 말씀을 드리겠습니다.

○**위원장 안규백** 소방청장님 정도 되면 이 위급한 상황에 집중력과 이해력이 뛰어날 것 아닙니까? 그렇다면 모든 것은 정무적 판단을 할 수 있는 그런 위치신데 단선…… 단전·단수에 대해서 잘 파악을 못 했다 이런 말씀인가요?

○**증인 허석곤** 제가 말씀드릴 수 있는 건 단전·단수는 소방업무가 아니고, 만약에 혹시라도 제가 판단할 수 있는 것은 경찰이 투입되면 우선 사상자가 발생할 수 있을 것 아닙니까? 그렇게 되면 단전·단수를 위해서 소방이 출동하는 것이 아니고요. 그 다친 다수 사상자를 이송하기 위해서 저희들은 소방업무를, 정상적으로 출동을 해야 되는 것입니다. 그것이 소방관으로서 판단할 수 있는, 그때 당시에 판단할 수 있는 저의 판단이었다는 말씀을 드리겠습니다.

○**위원장 안규백** 아니, 그러니까 장관께서는 모든 것을 다 파악할 수는 없겠지만 일반

적으로 단전·단수 그러면 소방업무로 인식을 할 수밖에 없지요.

○**증인 허석곤** 분명한 것은 단전·단수는 소방업무가 아닙니다. 제가 33년의 경험 동안에······

○**위원장 안규백** 아니, 소방업무가, 기본적인 복무의 업무지침이 아니더라도 장관께서 급박하게 말씀을 하시면 '아, 이것도 소방업무로 파악하고 계신가 보다' 이렇게 판단할 수 있는 것 아닙니까? 안 그래요?

○**증인 허석곤** 당시에는 그렇게 판단하지 않았습니다.

○**위원장 안규백** 청장님이 그런 판단을 안 했다 그런 얘기예요?

○**증인 허석곤** 그렇습니다. 제 경험으로서 단전은 우리가 보통 보면 한국전력에서 하는 것이고 단수는 상수도사업본부에서 하는 것입니다.

○**위원장 안규백** 갑갑하네. 그렇다면 국회에 계엄 상황이 떨어졌을 때 우리 군인들이 야간투시경을, 워리어 플랫폼을 착용하고 온 것 봤습니까, 안 봤습니까?

○**증인 허석곤** 봤습니다.

○**위원장 안규백** 봤으면 단전·단수를 전제를 하고 야간투시경을 하고 온 게 아니겠어요. 그런 판단 안 했습니까?

○**증인 허석곤** 그런 판단은 제가 당시에는 하지 않았습니다.

○**위원장 안규백** 안 했어요?

○**증인 허석곤** 예, 그렇습니다.

○**한기호 위원** 갑시다.

○**위원장 안규백** 한기호 간사님, 발언 중인데 지금······

○**한기호 위원** 배고파서 갑니다.

　　(일부 위원 퇴장)

○**위원장 안규백** 예, 알겠습니다.

　자, 중식을 위해서 15시에 계속 조사를 하도록 하겠습니다.

　조사 중지를 선포합니다.

(13시04분 회의중지)
(15시04분 계속개의)

○**위원장 안규백** 의석을 정돈해 주시기 바랍니다.

　조사를 계속하도록 하겠습니다.

　추가질문을 하도록 하겠습니다.

　추가질문은 용혜인 위원부터 하십시오.

　질문 시간은 답변 시간을 포함해서 5분으로 하겠습니다.

○**용혜인 위원** (영상자료를 보며)

　김선호 대행님께 한 가지 여쭤보겠습니다.

　그 스카이데일리라는 인터넷 매체가 지난 1월 16일에 계엄 당일에 미군과 계엄군이 합동으로 작전을 펼쳐서 수원 선관위 연수원에서 한국의 여론 조작을 하고 선거 조작을 했다는, 스파이 활동을 하는 중국인 해커 99명을 체포해서 일본 오키나와 미군기지로 이송했다라는 기사를 냈습니다.

　12월 3일이든 4일이든 계엄군이든 국군이든 좀 이런 작전을 펼친 바가 있으십니까?

○증인 김선호 없습니다.

○용혜인 위원 계엄 당일 혹은 12월 3일, 4일 모두 99명을 체포한 적이 있습니까?

○증인 김선호 그런 사실 없습니다.

○용혜인 위원 예, 없습니다.

이에 대해서 주한미군도 그리고 미국 국방부도 굉장히 강력하게 아니라고 부인하는 입장을 냈어요. 그런데 대한민국 국방부가 어떻게 대응했다는 소식을 제가 듣지 못한 것 같습니다. 어떻게 대응하셨습니까?

○증인 김선호 여기서는 뭐 별도로 저희들이 대응할 사안이 아니라고 저희들은 판단을 했고요. 거기에서 아마 관련된, 미 측에서 정확한 입장을 낸 걸로 제가 확인을 했습니다.

○용혜인 위원 예. 미국에서는 이렇게 강력한 언사로 부인을 하는데 한국의 국방부는 별로 그럴 만한 사안, 대응할 만한 사안이 아니다라고 판단했다는 것은 저는 좀 납득하기가 어렵습니다. 이게 군사·외교적인 문제까지 일으킬 수 있는 가짜뉴스인데 아무 대응을 하지 않았다는 게 저는 이해가 안 갑니다. 지금이라도 필요한 조치들을 좀 검토해 보시기를 바랍니다. 그렇게 하시겠습니까?

○증인 김선호 제가 지금 다시 한번 확인을 해 보겠습니다.

○용혜인 위원 김용빈 총장님!

○증인 김용빈 예.

○용혜인 위원 예. 스카이데일리에 이런 보도가 나간 1월 16일이, 1월 16일 그 헌법재판소 윤석열 탄핵심판 2차 변론 기일이었습니다. 여기서 피청구인 측의 배진한 변호사가 이 기사를 길게 인용을 하면서 '미국에서 조사를 했다면 곧 발표를 하겠지요'라고 이야기했습니다.

다시 한번 확인하겠습니다. 이 뉴스 가짜뉴스 맞지요?

○증인 김용빈 가짜뉴스 맞습니다.

○용혜인 위원 예. 스카이데일리는 지금도 이 이야기가 진실이라는 입장하에서 계속해서 비슷한 논조의 이야기를 내보내고 있습니다. 사실 지난 5년 동안 150건의 부정선거 소송에서 선관위가 150건 다 승소했음에도 불구하고 이 부정선거론이 수그러들지 않고 있는데요. 총장님은 이게 좀 어떤 이유라고 생각하십니까?

○증인 김용빈 여기서 제가 어떤 이유다라고 말씀……

○용혜인 위원 가짜뉴스가 수그러들지 않는 이유.

○증인 김용빈 글쎄요, 저희들이 그 대응을 소극적으로 했다는 그런 점도 있고……

○용혜인 위원 저는 이렇게 생각합니다. 그러니까 부정선거론을 퍼뜨리고 주장하고 다니는 사람들의 심리 상태가 그리고 동기가 진실에는 관심이 없다라는 것입니다. 그러니까 자신을, 이것이 진실이든 아니든 원하는 바와 목적하는 바가 있다는 거지요. 그러니까 자신이 믿지 않는 거짓을 다른 사람한테는 믿도록 하면서 그것을 믿은 상대방으로부터 어떤 경제적인 이득을 취하는 걸 형법에서는 사기죄라고 하지 않습니까? 저는 이 부정선거론은 정치적 사기라고 생각합니다. 자신은 믿지 않으면서 더 많은 사람들이 이 부정선거론을 믿게 만듦으로서 정치적으로 이해, 정치적으로 득실을 얻기 위해 벌이는 사기극이라고 보는 건데요.

구속된 내란 수괴의 입장에서 이 부정선거론의 가치론이 뭐겠습니까? 그 윤석열 내란

수괴가 자꾸 부정선거를 이야기하는 이유는 뭐라고 생각하십니까?

○증인 김용빈 지금 그 부분까지 제가 이제 말씀을 드리기가……

○용혜인 위원 예, 그러면 제가 말씀드릴게요, 곤란하시면.

퇴임하고 검찰 권력에 대한 통제력을 잃으면 본인과 배우자 김건희가 사법 처벌을 피하기 어렵겠구나 그리고 그 당시가 이제 명태균 씨의 황금폰 이야기가 나오던 때인데 그 정보들로부터 더는 감당하기 힘든 불법 비리가 나오겠구나. 그런데 국회를 없애 버리려는 비상계엄을 하기 위해서는 그것보다는 좀 더 그럴듯한 명분이 필요하지 않겠냐. 저는 그래서 이 비상계엄과 부정선거론이 내면의 추악한 동기를 감추는 그런 그럴듯한 명분이었다고 생각합니다.

뭐 나름대로 우리 사회에서 엘리트였고 또 검찰총장까지 거치고 대통령까지 되신 분이 정말로 부정선거를 너무 신봉해서 그걸 종교처럼 믿어서라고 저는 생각하지 않고 그 내에 그런 추악한 동기가 있었다고 생각하는데요. 만약에 진짜로 부정선거론을 믿었다면 야구방망이라거나 작두형 절단기라거나 복면 같은 이런 고문 도구들을 준비하고 최정예 대공 신문 요원들에게 선관위 주요 간부들은 물론이고 현직 대법원의, 대법원 대법관인 중앙선관위원장을 먹이로 던져 줄 생각을 저는 과연 감히 할 수 있었을까라고 생각합니다.

제가 이런 말씀을 드리는 이유는 부정선거론이 기본적으로 정치 사기극이기 때문에 부정선거론의 이런 성격에 부합하는 대책을 강구해야 할 때라는 말씀을 드리려는 거예요. 이 부정선거론에 대응하는 수단으로써 사법적 응징을 중심에 놓고 행동해야 한다라는 당부 말씀을 드리는 건데요.

스카이데일리를 선관위에서 고발했습니다. 저는 적절한 조치라고 생각하지만 부족한 조치라고 생각하고요. 유명 유튜버든 종교인이든 정치인이든 뭐 스타 강사든……

1분만 주시면 마무리하겠습니다, 위원장님.

○위원장 안규백 예, 시간 지켜 주십시오.

○용혜인 위원 예, 1분만 주시면 마무리하겠습니다.

그리고 윤석열 변호인이든 아니면 내란 수괴 윤석열 본인이든 악의적이고 반복적으로 이 부정선거론을 선동하는 사람들은 가능한 모든 민형사상의 조치를 강구해야 된다고 저는 생각합니다. 선관위의 존재 의미를 부정하는 것을 넘어서 대한민국 헌정질서 그리고 근본적으로 민주주의 체제의 정당성 자체를 부정하는 시도이기 때문이라고 생각합니다. 사실상 내란범에 준하는 대응이 저는 필요하다라고 생각하는데 적극적인 사법적 응징 그리고 민형사상의 조치 강구해 주시겠습니까?

○증인 김용빈 예. 위원님 말씀 무겁게 받아들여서 그와 같은 실행 방안을 고려해 보도록 하겠습니다.

○용혜인 위원 전광훈 목사에 대해서도 내란선동죄로 경찰 수사가 시작이 됐습니다. 스카이데일리 말고도 여러 언론, 유튜브에서 이렇게 지속적이고 악의적으로 선동하는 사람들에게까지 엄격하게 사법적 책임을 물어 달라라는 말씀이고요.

여기서, 오늘 이 자리에서도 여당 위원님들 계속해서 부정선거 이야기 하루 종일 질의하고 계신데 저는 진실에는 관심 없고 목적을 가지고 부정선거론을……

(발언시간 초과로 마이크 중단)

(마이크 중단 이후 계속 발언한 부분)

선동하는 사람들이 과연 보도자료를 낸다고, 선관위가 해명을 한다고 생각을 바꾸겠냐라는 생각이 드는 겁니다. 강력하게 사법적 조치 취해 주시기를 부탁드립니다.

이상입니다.

○위원장 안규백 수고하셨습니다.

윤건영 위원님 질의해 주십시오.

○윤건영 위원 김대경 본부장님 발언석으로 나와 주십시오.

저도 청와대에서 근무해서 경호가 얼마나 힘든지 그리고 고생하고 있는지 잘 알고 있습니다. 그리고 김성훈 차장의 내란 동조 행위에 맞서서, 위법한 지시에 맞서 경호처 대다수 구성원들이 얼마나 노력하고 있다는 것도 알고 있고요. 저도 그 명예를 지키기 위해서 노력하고 있는 사람 중의 한 명입니다. 본부장님을 비롯해서 많은 경호처의 사람들이 언제까지 김성훈 차장 등 내란 동조 세력에 끌려다녀야 될지 모르겠습니다. 경호처 명예를 위해서 저는 본부장님께서 역사 앞에 죄를 짓지 않겠다는 각오로 좀 답변을 해 주십사라는 말씀드립니다.

노상원 비화폰 지급을 누가 했는지 불출대장과 불출확인서 확인하셨지요?

○증인 김대경 예, 위원님 말씀하셔서 중간 시간 통해서 확인을 해 봤습니다.

○윤건영 위원 노상원 비화폰은 경호처에서 지급한 것 맞지요?

○증인 김대경 그 사안은 저희가 확인을 지금 하고 있는데 구체적인 저희가 배부 현황에 대해서는 보안 목적상 말씀을 드리기가 좀 그렇다는 걸……

○윤건영 위원 그러면 아까 '테스트(예)'라고 나와 있는 그 불출대장은 있지요?

○증인 김대경 그것도 지금 좀 확인하고 있습니다.

○윤건영 위원 확인한…… 본부장님, 역사 앞에 부끄럽지 말라니까요. 다 알고 있잖아요. 그것 다 드러났잖아요. 특전사령관, 방첩사령관, 테스트(특), 테스트(방) 다 나와 있고 노상원 씨 것 다 나와 있잖아요.

자, 그러면 노상원 씨가 사용했던 비화폰 언제 반납됐습니까?

○증인 김대경 위원님, 죄송하지만 제가 아까부터 말씀드렸지만 제가 구체적인 그런 운영 현황에 대해서는 말씀드리기가……

○윤건영 위원 비화폰 총괄 책임자인 본부장께서 답변을 안 하시면요, 비화폰 소재를 모른다는 건 전혀 말이 안 되고요 본인 책임이 되는 거예요. 김성훈 차장이 한 일을 본인이 감당하시겠어요?

제가 말씀드릴게요.

노상원의 비화폰은 12월 7일 날 반납됐습니다, 내란 시도가 다 끝난 다음에. 즉 입을 맞추고 증거를 인멸한 이후에 그 비화폰이 반납이 된 겁니다.

다시 또 묻겠습니다.

본부장님, 김성훈 차장의 비화폰 기록 삭제 지시에 대해서 하실 말씀 있으신가요?

○증인 김대경 그 사안에 대해서는 제가 특별히 지금 여기서 말씀드리기는……

○윤건영 위원 김성훈 차장이 그토록 비화폰 기록 삭제에 매달린 이유는 그게 바로 내

란 범죄의 핵심 연결고리이기 때문입니다. 제출하지도 않고 경찰의 압수수색 자체를 거부하는 이유가 내란의 결정적 증거이기 때문입니다. 따라서 저는 김성훈 차장에 대한 즉각적인 구속과 서버 확보가 필요하다고 생각하고 본부장님은 오늘 역사 앞에 진실을 이야기하고 있지 않은 거예요.

들어가십시오.

이상민 장관께 여쭙겠습니다.

12월 5일 날 행안위 전체회의에서 장관은 비상계엄 당일 날 '대통령과의 일정이 있을 수 있다. 점심 무렵에 연락을 받았다' 이렇게 이야기하신 바 있는데 맞습니까?

○증인 이상민 그건 당시 회의록 확인하시면 될 것 같습니다.

○윤건영 위원 예.

시간 잠시 멈춰 주시고요.

손우승 전 행안부장관 수행비서관 이쪽으로 나와 주십시오.

다시 질의할게요.

비상계엄 당일 날 이상민 장관이 집무실 나오면서 점심 때 대통령이 찾을 수 있으니까 조기 복귀를 위해서 울산에서 조기 복귀할 수 있도록 교통편을 알아보라고 지시한 적 있지요?

○증인 손우승 예, 있습니다.

○윤건영 위원 좋습니다.

즉 이상민 장관은 비상계엄 당일 날 사전에 미리 알았다는 겁니다. 용산에서 언제 부를지도 알고 있었고 점심 때부터 그 사실을 알았던 거예요, 울산에서 일정 하고 있었는데.

손우승 증인에게 묻겠습니다.

이상민 장관이 용산 도착 시간이 한 20시 40분 정도 어간입니다. 그런 다음에 서울청사로 들어온 게 몇 시쯤이었습니까?

○증인 손우승 한 11시 반 정도였던 것으로 기억하고 있습니다.

○윤건영 위원 그러면 서울청사에서 행안부 직원 중에 다른 특정인을 일대일로 만났다거나 별도로 찾은 행안부 직원이 있습니까?

○증인 손우승 지금 기억나는 건 없습니다.

○윤건영 위원 좋습니다.

들어가시고요.

행안부장관께 여쭙겠습니다.

이상민 장관 용산 대통령실 도착 시간이 한 20시 40분 정도로 추정이 됩니다. 그런데 계엄 문건을 그 시간쯤에 받았을 겁니다. 그런데 공소장상으로는 밤 11시 34분에 경찰청장한테 전화를 한 것으로 나옵니다. 한 2시간 이상의 시차가 존재하는데요. 이 시간 동안 왜 아무런 조치를 취하지 않으셨지요?

○증인 이상민 증언하지 않겠습니다.

○윤건영 위원 단전·단수와 관련해서 행안부 직원이나 또는 경찰청 직원과 통화한 적이 있으신가요?

○증인 이상민 증언하지 않겠습니다.

○**윤건영 위원** 행안부는 재난·안전을 책임지는 부처입니다. 혹시 KBS와 이상민 전 장관 통화하신 적 있으십니까? KBS 측과 통화나 또는 연락한 적 있으십니까?

○**증인 이상민** 증언하지 않겠습니다.

○**윤건영 위원** 한 30초만 주시면 마무리하겠습니다.

○**위원장 안규백** 마무리해 주세요.

○**윤건영 위원** 저는 전직 국무위원으로서 개인의 재판에 연루되어 있다고 해서 증언하지 않는 모습이 참 떳떳하지 못하다라는 생각을 합니다. 사명감이라고는 단 1도 찾기 어려운 그런 모습입니다. 기관보고할 때는 실국장급 간부회의만 개최했다라고 하면서 단전·단수 사실을 숨겼습니다. 앞에서는 반대했다고 하고 뒤로서는 언론사 단전·단수를 지시했습니다. 이게 정상적입니까? 그러고는 국회 청문회에 나와서 내란 공모 혐의를 벗기 위해서 증언을 거부하고 있습니다. 국민과 역사 앞에 정직해야 될 국무위원이 정말 볼썽 사납다. 이 광경을 보는 국민들이 뭐라고 생각할까. 윤석열 정부 한 단면을 보는 것 같아서 정말 안타깝습니다.

이상입니다.

○**위원장 안규백** 수고하셨습니다.

임종득 위원님.

○**임종득 위원** 임종득 위원입니다.

특전사령관 앞으로 좀 나와 주세요. 저쪽으로 나오세요.

○**증인 곽종근** 전 특수전사령관입니다.

○**임종득 위원** 오전 질의에 이어서 질문을 하겠습니다.

12월 5일 자정 무렵에 예하 지휘관에게 전화를 해서 '내가 내일 특단의 조치를 하겠다'라고, 오전에 물었었지요? 그와 관련해서 '유튜브 출연과는 관계가 없다'라고 이야기를 했습니다. 그렇지요?

○**증인 곽종근** 유튜브 출연……

○**임종득 위원** 출연과는 관계가 없는 일이다 이렇게 이야기했지요?

○**증인 곽종근** 예, 그때 시점에 그랬습니다.

○**임종득 위원** 그러면 특단의 조치가 뭡니까?

○**증인 곽종근** 그것은 아까 오전에도 말씀을 드렸듯이 12월 5일 날 저녁쯤에 김용현 전 장관이 비화폰으로 전화해서 '이것은 녹음이 되지 않는 전화니까 당당하게 가라' 이렇게 저한테 전화를 하셨습니다. 그래서 저는 그 말의 의미를 있었던 사실들을 사실대로 말하지 말고 이렇게 가라는 의미로 받아들여서 그와 같은 전반적인 상황들을 더 감추면 안 되겠다, 내 진실대로 가겠다. 거기까지……

○**임종득 위원** 그게 조치였습니까, 생각이었습니까? 조치를 어떻게 했냐고요?

○**증인 곽종근** 그 당시는 그런 생각을 갖고 그렇게 있었고 6일 날 아침에 참모들하고 얘기해서 내가 진실대로 필요한 부분들을 밝혀 나가겠다 그런 의지를 얘기했던 겁니다.

○**임종득 위원** 좋습니다.

박범계 의원으로부터 공익신고자를 해 주겠다고 하고 난 다음에 박범계 의원이 불러 주는 내용을 쓰고 특전사령관 서명도 했지요?

○**증인 곽종근** 그것은 그때 당시에 제가……

○**임종득 위원** 아니, 예스 노만 좀 해 주세요, 제가 지금 질문을 많이 해야 되니까. 했지요?

○**증인 곽종근** 그것은 공익신고 쓸 때 어떻게 쓰는지 물어보고 해서 그때 했던 기억이 있습니다.

○**임종득 위원** 했지요? 거기에 박범계 의원도 부서를 했고요, 사인을 했고. 통상 이것이 되면 접수를 하게 되거든요. 지금 그날 이후에 한 2개월이 지나갔지 않습니까? 공익신고자 선정이 지금 어떻게 진행되고 있는지 알고 있습니까?

○**증인 곽종근** 저는 그 뒤로 제가 그것을 신경 쓸 겨를이, 솔직히 어떻게 됐는지 모르겠습니다.

○**임종득 위원** 전화도 못 받았어요?

○**증인 곽종근** 제가 그 뒤로 12월 16일 이후로 구속이 됐기 때문에……

○**임종득 위원** 좋습니다.

신고 접수를 하게 되면 수사기관이든 권익위원회든 간에 거기에서 선정 절차와 관련해서 본인에게 전화 연락이 오게 돼 있어요. 못 받았다는 것 아닙니까?

○**증인 곽종근** 제가 12월 16일 날 구속된 상태였기 때문에 제가 그걸, 어떻게 진행됐는지 현재까지 솔직히 모르겠습니다.

○**임종득 위원** 그걸 꼭 확인해 보시기 바랍니다, 제대로 진행되고 있는지를.

그다음에 오전 질의 중에 곽규택 위원하고 추미애 위원이 질문하는 가운데 사령관의 답변이 오락가락했습니다. 지금 그게 언론에서도 서로 다르게 나오고 있거든요. 그래서 동영상을 잠깐 봐야 될 것 같아요. 유튜브에 나와서 했던 동영상을 한번 봅시다.

(영상자료 상영)

지금 음성이 안 나오기 때문에 자막을 읽어 주시면 되겠어요.

○**김병주 위원** 여기에 왜 출처가 없어요, 자료 출처가?

○**임종득 위원** 조용하십시오.

자, 중간중간에 장관이 여기 나오지 않아요?

○**김병주 위원** 아니, 왜 남의 자료를 가져가다 출처도 없이 하는 거예요? 출처를 적어 봐야지.

○**임종득 위원** 여기서 뭐라고 얘기하는지 보시지요.

○**김병주 위원** 출처 왜 없어요?

○**임종득 위원** 사령관님, 여기에서 지금 사령관님이 뭐라고 얘기하는가 하면 본회의장으로 들어가서 일부 들어갔던 인원이 있고 밖에 일부 의원이 있었는데 제가 그 조치를 하면서 전임 장관으로부터 국회의사당 안에 있는 인원들을 요원들을 밖으로 좀 빼내라 이렇게 답변을 했다고 본인이 이야기하셨어요. 그런데 오전 질의 때 왔다 갔다 거립니다. 그리고 본관 안에는 요원들이 들어가 있지도 않았고 빼낼 요원도 없다라고 또 이야기를 해요. 사실이 아니잖아요. 왜 말이 이렇게 왔다 갔다 그러는 겁니까?

○**증인 곽종근** 말씀하시면 제가 정리해서 말씀드리겠습니다.

○**임종득 위원** 다음.

○**증인 곽종근** 제가 말씀드려도 됩니까?

○**임종득 위원** 나중에 이야기하세요.

다음, 공포탄 테이저건 사용 금지와 관련해서 지금까지 증언이 극명하게 갈리고 있는 것 알고 있지요? 누가 테이저건이나 공포탄 사용을 금지했습니까?

○증인 곽종근　종합해서 말씀드립니까, 지금 말씀드립니까?

○임종득 위원　아니, 그것만 이야기해요.

　누가 했어요?

○증인 곽종근　테이저 공포탄은 707특임단장과 논의하면서 사용이 불가능하다고 제가 확인했고, 그래서 금지를 시켰습니다.

○임종득 위원　공소장에는 어떻게 쓰였는지 아십니까?

○증인 곽종근　그것도 기억하고 있습니다.

○임종득 위원　특전사령관이 계엄사령관에게 사용을 건의했고 계엄사령관이 거부했다. 이건 계엄사령관도 인정을 한 내용이고 공소장에 이렇게 나와 있어요.

○증인 곽종근　그건 제가 12월 10일도……

○임종득 위원　그래서 지금 특전사령관이 계속 아니라고 부정을 하고 있어서 특전사 법무참모한테 확인을 했어요. 사실은 이렇습니다. 예하 부대에서 사용 건의를 했는지는 모르겠으나 사령관이 공포탄 테이저건 사용을 결심하려고 해 가지고 그 사안은 사령관이 결심할 사안이 아니다라고 이야기하면서 계엄사령관에게 건의할 것을 참모 조언했다. 그래서 계엄사령관한테 건의했고 거부됐던 겁니다. 정확하게 하셔야 돼요. 다시 한번, 이야기 제대로 하시고요. 나중에 답하세요.

　지금 사령관은 엄중한 시기에 중요한 역할을 했던 사령관으로서……

　조금만 더 주시지요. 마무리하겠습니다.

○위원장 안규백　마무리하십시오. 1분 주십시오.

○임종득 위원　야당 위원의 권유로 공익신고자를 신청한 가운데 지금 일어나고 있는 여당 위원들의 질의나 여기에 어떻게 공정하게 답변을 한다고 믿을 수가 있겠습니까? 지금까지 말이 계속 바뀌고 있어요. 바뀌고 있는 그 말을 과연 누가 믿을 수 있겠어요?

　내가 특전사령관한테 간곡하게 부탁을 합니다. 유튜브 출연부터 국방위 전체회의, 기관보고, 청문회 1차·2차 한 내용들을 다 뽑아 달라고 그러세요. 그래서 한번 보세요. 지금 사령관이 한 증언이 어떻게 변해 가고 부정하는지를 본인이 아셔야 돼요. 이것은 국민이 보고 있고 많은 군인들이 보고 있는 거예요.

　그렇게 하시겠습니까?

○증인 곽종근　답변드려도 되겠습니까?

○임종득 위원　답변하세요, 이제.

○증인 곽종근　먼저 공포탄 문제를 말씀드리겠습니다. 분명히 12월 10일 날 국방위원회 때도 말씀을 드렸는데 현장에 있는 707특임단장하고 통화를 하면서 테이저건 사용이 가능하냐라고 했을 때 '사람이 많이 모여서 위험합니다' '알았다. 그러면 하지 마라'라고 얘기를 해 놓고 끝난 상태에서 그다음에 법무실장이 와서 저한테 물어보기를 '그것은 제 권한이 아닙니다. 계엄사령부로부터 지침이 내려와야 될 사항입니다'라고 얘기를 해서 제가 계엄사령관한테 전화를 분명히 했습니다. 그러면서 제가 12월 10일 국방위 때도 의사소통 간에 뭔가 잘못이 있었다, 그게 표현의 잘못이었든 그건 분명히 소통을 잘못했다라고 제가 인정을 했습니다. 사용 승인을 건의한 것이 아니고 사용 승인에 대한 지침을 받

았으면 좋겠다고 제가 소통을 했는데 마치 그게 건의된 것으로 올라갔다면 그것은 제가 표현이 잘못될 수 있다라고 지난번에 12월 10일 인정했습니다. 그렇게까지 저는 일관되게 그 말씀을 드려왔습니다.

　두 번째……

○**임종득 위원** 법무부차관 이야기는 어떻게 할 거예요? 설명을 해 보세요.

○**위원장 안규백** 가만히 계셔 보세요. 일단 답변 듣고.

○**증인 곽종근** 두 번째 말씀을 좀 드리겠습니다.

　제가 12월 16일 구속된 이후에 김병주 위원 유튜브 영상을 제가 솔직히 지금까지 다 들어 보지를 못해서 점심 때 그 부분을 다시 한번 해서 다른 위원님한테 전체 들어 봤습니다.

　지금 말씀하시는 저 요지가 전체 내용 중에서 김병주 위원께서 국회의사당 본회의장에 있는 의원들을 끌어내리라는 설명을 하는 과정상에 있어서 제가 표현을 거기에 인원과 요원을 전 장관이 뺀다라고 하면서 제가 요원이 같이 들어가면서부터 이게 생긴 문제라고 지금 정확하게 인식을 했습니다. 그 부분은 명확하게 제가 인원 및 요원을 같이 써서 생긴 문제라고 오늘 정확하게 인식을 했는데, 분명한 것은 뒤에 문구를 이어서 하시는 말씀을 보시면 국회의사당 본회의장에 앉아 있은 인원들을 끌어내면 안 되는 법적인 문제, 사람이 다치는 문제 이런 문제들을 12월 10일 날 설명을 드렸습니다. 분명하게 국회의사당 안에 있는 인원 즉 의원들을 끌어내면 안 된다는 설명을 하다 보니까 앞에서 있는 부분들이 요원이 같이 들어갔던 게 사실인 것 같습니다. 그 부분은 제가 명확하게 다시 한번 말씀을 드리는데, 제가 표현이 그렇게 됐던 것 같습니다. 그러나 분명한 것은 김용현 전 장관이 의사당에 있는 국회의원을 끌어내라고 했던 것은 명백한 사실이고 대통령께서도 그렇게 말씀하셨습니다.

○**위원장 안규백** 곽종근 사령관님, 지금 12월 3일 이후에 국회 출석하셔 가지고 본인이 위증이나 어떤 사실에 대해서 번복한 것이 있으면 이 기회에 말씀하십시오.

○**증인 곽종근** 번복한 사실 없습니다. 다만 이게 12월 6일로부터 죽 오면서 제가 기억이 100% 난 것도 있고 90% 난 것도 있어서 일부로 조금씩 시차나 이런 것에 변동이 조금 있을 수 있을지 모르겠는데 제가 사실을 왜곡하거나 거짓을 말하거나 그렇게 한 적 없습니다.

○**위원장 안규백** 들어가십시오.

○**김병주 위원** 저 신상발언 잠깐만……

○**위원장 안규백** 잠깐만, 알았습니다. 이따 하시고요.

　추미애 위원님 질의해 주십시오.

○**김병주 위원** 아니, 좀 하세요. 왜냐하면 저것은 저의 영상을 아주 악마의 짜깁기를 해서 저것은 용서할 수 없습니다.

○**추미애 위원** PPT 좀 띄워 주시기 바랍니다.

○**위원장 안규백** 1분 이내에 하십시오.

　추미애 위원님 잠깐 계십시오. 1분만……

○**김병주 위원** 앞에 국민의힘 임 모 위원이 저의 주블리 김병주 영상을 가져다 쓰는 것까지는 저는 그래도 양해를 구하고 하는 게 상도의에 맞는데 출처도 기재하지 않고 가

저다 쓰는 것까지는 이해하는데 그것을 악마의 커트를 시켜서 악마적으로 하고 있습니다. 저것을 하려면 풀 센텐스를 해야지요.

저기서는 앞에 분명히 어떻게 돼 있냐? 실제 국회문을 부수고 들어가서 인원, 요원을 끌어내라 했다. 인원을 방점을 두고 인원 그리고 요원은 아주 짧게 얘기한 거고요.

그래서 박선원 위원도 옆에 국회의원 해서 저도 국회의원을 의미하는 거냐 물은 거고 그렇다고 답변한 거고 그 뒤에 계속한 겁니다. 왜 풀 센텐스를 안 하고 저렇게 악마의 편집을 해서는 주블리 김병주를 모독하고 상도의를 모독하고 여기에 있는 곽종근 사령관……

(발언시간 초과로 마이크 중단)

··

(마이크 중단 이후 계속 발언한 부분)

진실을 얘기하는데 이렇게 왜곡해요, 진짜로. 아까부터 사과하라는데 사과도 안 하고. 도대체 뭘 하자는 건지 모르겠어요. 하려면 똑바로 하세요.

위원장님, 이거 사과 좀 받아 주세요.

○임종득 위원 풀 센텐스 해서 그대로라고!

○김병주 위원 풀 센텐스를 앞엣것을 왜 빼세요!

○임종득 위원 풀 센텐스 해서 그대로예요!

○김병주 위원 앞엣것을 왜 빼고 저렇게, 남의 주블리 유튜브를 저렇게 악마화하는 거야!

○임종득 위원 뺀 게 어디 있어요, 여기 그대로 있지.

한 번 쳐 볼까요?

○위원장 안규백 김 위원님, 임 위원님 고정하시고.

○임종득 위원 거짓말을 해도 말이야!

○위원장 안규백 유튜브가 무슨 유튜브예요?

○김병주 위원 사실이, 저것은 주블리 유튜브는 실제 국방위에서 가서 한 것을 국민께 알리기 위해서였는데 저것을 저렇게 악마의 편집을 짜깁기를 해 가지고 말이야 남을 모독하고 있어!

··

○위원장 안규백 자 이어서, 김병주 위원님 시간에 활용하시고.

일단 추미애 위원님 질의하십시오.

○김병주 위원 하려면 출처를 똑바로 대든가.

○추미애 위원 시작해도 되겠습니까?

○위원장 안규백 예, 시작하십시오.

○추미애 위원 저 화면 봐 주시기 바랍니다.

(영상자료를 보며)

선관위 사무총장님, 사전투표를 독려하는 2022년 대선 당시에 윤석열 후보 모습이지요. 화면 보시면요?

○증인 김용빈 예.

○추미애 위원 국민의힘이 대선 팩트 체크해 보겠다, 중앙선관위 선거정보센터 해킹,

투표수와 득표수 조작 가능하냐? 불가능하다. 투표함이나 계수기 조작 가능한가? 불가능하다. 사전투표함 바꿔치기 가능한가? 불가능하다 이렇게 돼 있는 거지요?

○증인 김용빈 예.

○추미애 위원 저렇게 후보가 직접 나서서 사전투표 독려를 하는 홍보대사가 됐습니다. 그런데 이번 내란 사태에서 선관위가 무력 침탈이 됐습니다. 무력이 동원이 돼서 중앙선관위 서버를 확보하겠다라고 한다든지 또 민간인 노상원이 이렇게 말합니다. 체포조를 보내면서 그 체포조에게 지시를 합니다. '선관위 직원들을 잡아 족치면 부정선거 꼬리가 잡히지 않겠나' 이렇게 말했습니다. 공소장 보면 그런 말 나오는 것 아시지요?

○증인 김용빈 예.

○추미애 위원 그러면 이 내란 수괴가 본인 선거 때는 저렇게 사전선거 안심하고 하라 이렇게 홍보대사가 돼서 직접 선거 독려를 하고 그래서 선거를 이겼습니다. 그런데 갑자기 이렇게 독립기관인 중앙선관위, 헌법상 기관이지요, 무력을 동원해서 침탈을 하고 이것을 사람을 시켜서, 직접 중앙선거관리위원장을 아까 그 노상원이 직접 심문하겠다 그런 게 수긍이 되십니까? 어떻게 느끼십니까? 그 사이에 중앙선관위가 신뢰를 상실할 만한 무슨 커다란 변고가 있었습니까?

○증인 김용빈 이런 부분에 대해서는 헌재에서 탄핵 심판 과정에서 자세하게 밝혀지고 판단하리라고 믿고 선관위 입장에서는 계엄 상황이더라도 실제적으로 군이 선관위, 헌법기관인 선관위에 진입했다는 것 자체가 위헌, 위법이라고 생각하고 있습니다.

○추미애 위원 만약에 선거 관리에 하자가 있다면 그 옆에 앉아 계신 이상민 장관 스스로가 먼저 책임져야 될 일 아니겠습니까? 한 번이라도 그런 지적 받으신 적 있습니까?

○증인 김용빈 그 건에 대해서는 선거 관리 책임은 전적으로 선거관리위원회에 있습니다. 행안부는 저희의 지원 부서일 뿐입니다.

○추미애 위원 알겠습니다.
그러나 아까 그런 득표수 무슨 이런 것이 선거인관리명부상의 잘못으로 있다고 한다면 당연히 옆에 앉아 계신 이상민 행안부장관부터 먼저 추궁이 돼야 되는 것이지요. 그렇지 않겠습니까, 선거인명부 관련해서?

○증인 김용빈 지원 부서 업무를 맡고 계시니까 저희한테 선거 관리에 문제점이 있다면 조언할 수 있는 그런 부분은 되겠습니다.

○추미애 위원 그런데 그 옆에 앉아 계시는 분은 벙어리 행세를 하시기로 했으니까 제가 묻지 않겠습니다.
오늘 방첩사 신원보안실 나승민 대령 나와 계십니까?

○증인 나승민 방첩사 신원보안실장입니다.

○추미애 위원 방첩사령관이 계엄 당일 날 군판사들이 어떤 사람인지 확인해 보라라는 지시를 했다는데 맞습니까?

○증인 나승민 예, 맞습니다.

○추미애 위원 이와 같이 수사기관에서 진술한 바 있습니까?

○증인 나승민 예, 진술했습니다.

○추미애 위원 그런데 왜 그런 지시를 내렸다고 보십니까? 만약 계엄이 지속됐다라면

군사법원에서 재판부가 구성이 돼야 되는 것이지요?

○증인 나승민 예, 그렇습니다.

○추미애 위원 그 재판부 구성을 위해서 미리 준비하라 그런 지시 아니겠습니까?

○증인 나승민 말씀드려도 되겠습니까?

○추미애 위원 예.

○증인 나승민 당시 제가 복귀한 이후에 00시경에 사령관이 저를 불러서 대령 1명, 중령 2명, 소령 1명 총 4명을 인적사항을 불러줬고 제가 사무실에 복귀한 후 인적사항을 확인해 보니 4명 모두 군판사였습니다. 저는 담당 과장하고 토의를 하는 과정에서 현재의 계엄 상황이 정상적인 상황이 아닌데 특히 이런 판사들 성향을 파악했을 때는 나중에 혹시 인사조치라든지 어떤 문제가 발생할 수 있을 것으로 판단했고 그래서 제가 일단 신원실에는 예하 부대에 확인을 해야 되기 때문에 확인 지시를 중단하고 하지 말도록 하고 일단은 복명하지 않았습니다. 제 개인적인 판단으로는 계엄 상황에서 군판사 임무가 중요하기 때문에 이것에 대한 혹시라도 인사조치라든지 불이익이 발생하지 않을까라는 우려 때문에 임무를 수행하지 않았습니다.

  이상입니다.

○추미애 위원 그 시간이 그러면 12시, 00시경?

○증인 나승민 00시경에 제가 부대 복귀해서 사령관한테 개인적으로 지시를 받았고 그리고 제가 와서 상황이 파악이 안 돼서 TV를 켰는데 보니까 국회에 계엄군들이 들어가 있는 상태였고 상당히 정상적인 상황들이 아니었기 때문에 중단했습니다.

○추미애 위원 알았습니다.

○증인 나승민 이상입니다.

○추미애 위원 들어가십시오.

  그러니까 이것은 향후에 군사법원 재판부가 구성이 되면 미리 준비하라라는 것이기 때문에······

  시간 좀 더 넣어 주시기 바랍니다. 마무리하겠습니다.

○위원장 안규백 예, 마무리해 주세요.

○추미애 위원 이것은 바로 윤석열 내란 수괴가 '2시간짜리 계엄이 어디 있냐. 이것이 평화 계엄이었다. 이 계엄 길어 봐야 하루 이상 유지되기 어렵다. 부하들이 안 들었을 것 같다' 이렇게 둘러대지만 오히려 반대로 계엄 상황 지속을 위한 향후의 준비였다, 왜냐하면 포고령 위반자 처분을 염두에 둔 것이었기 때문에 그렇게 보인다라는 점을 강조하면서 다음에 또 질의하도록 하겠습니다.

○위원장 안규백 수고하셨습니다.

  주진우 위원님.

○주진우 위원 법제처장님께 좀 묻겠습니다.

  어제 헌법재판소가 마은혁 후보 임명 관련 결정을 불과 2시간 전에 선고를 미루면서 변론을 재개했습니다. 마은혁 후보 관련된 권한쟁의심판을 한 달 만에 선고기일을 잡은 것도 헌정 사상 최초의 일이고 또 불과 2시간을 앞두고 선고를 미루고 다시 잡은 것도 사실 헌정 사상 최초의 일입니다.

  기본적으로 마은혁 후보에 대해서 최상목 대행이 반드시 임명해야 될 어떤 법적인 의무가 있습니까? 한번 말씀해 주시지요.

○**증인 이완규** 그 부분은 헌법재판소에서 판결이 선고된 이후에 검토해야 될 문제이고요. 일단 저는 이런 말씀을 좀 드리고 싶습니다. 저는 헌법재판소에서 권한쟁의심판과 관련해서 권한대행께서 여야 합의를 요청하면서 일단 임명을 보류해 놓은 이 조치에 대해서 이것을 위법이라고 판단할 거라고 믿지 않습니다. 왜냐하면 권한대행께서 임명을 보류한, 여야가 합의해 달라고 한 이유는 헌법재판소의 정치적 중립성을 확보하기 위한, 그것을 보장하기 위한 조치였거든요.

그러니까 여야 합의가 왜 필요하냐면 헌법재판소라는 것은 국회의 입법활동을 통제하는 기능을 가지고 있습니다. 다시 말하면 국회가 입법하면 그 위헌 여부를 가리고 또 탄핵하면 탄핵 여부를 가리는 것이기 때문에 이게 기본적으로 국민의 기본권 보장도 있지만 국회의 입법활동을 통제하는 기능을 갖고 있기 때문에 헌법재판소의 재판관들은 국회에서 뽑을 때 그냥 일반 다수당의 단순 과반수로 뽑아서는 안 되는 거예요. 단순 과반수로 뽑아서는 안 되고 국회 전체의 의사가 포함된 사람을 뽑아야 국민 대표성이 인정되는 그런 것이기 때문에……

○**주진우 위원** 통상적으로 헌법에서 여당 1명, 야당 1명 추천하고 마지막 3명을 추천할 때 여야 합의로 계속 추천을 해 왔고 만약에 단순 표결로써만 할 수 있다라고 하면 극단적으로 얘기해서 이제는 다수당이면 다수당이 3명 다 추천할 수 있다는 얘기가 되는데 그렇게 되면 헌법재판소가 정당성을 찾기 어렵다는 얘기 아닙니까?

○**증인 이완규** 그렇습니다. 그렇기 때문에 예를 들면 독일연방헌법재판소가 우리 헌법재판소의 모델인데 독일에서는 물론 의회에서 헌법재판관들을 선출하지만 거기서는 재적 3분의 2로 뽑게 돼 있어요. 재적 3분의 2로 뽑게 법률을 만든 이유가 여야가 반드시 합의하라는 거예요. 여야 합의를 강제하기 위해서 그런 조문을 만들어서, 여야 합의가 필요한 것이 바로 헌법재판소의 정치적 중립성 때문입니다. 그래서……

○**박선원 위원** 합의를 강제하는 국회가 어디 있어요?

○**곽규택 위원** 무슨 소리를 하고 있어요, 지금?

○**박선원 위원** 합의를 강제하는 국회가 어디 있어요? 말 같은 소리를 해야지.

○**곽규택 위원** 들어 보세요. 모르면 들어 보세요.

○**증인 이완규** 그렇기 때문에 우리는 그런 규정이 없지만 적어도 그동안……

○**박선원 위원** 전 세계 어디에 합의를 강제하는 국회가 있어요?

○**곽규택 위원** 모르면 들어 보세요, 모른다고 고함치지 말고.

○**증인 이완규** 적어도 우리 국회가……

○**박선원 위원** 전 세계 어떤 국회가, 합의를 강제하는 국회가 있어요?

○**박준태 위원** 중재 좀 해 주십시오, 위원장님.

○**주진우 위원** 지금 질의하는 데 뭐 하시는 겁니까?

○**박선원 위원** 말이 되는 소리를 해야지.

○**증인 이완규** 적어도 우리 국회가 그동안에 여야 합의로 했던 이 관행을 가진 것이 바로 독일법에서 여야가 반드시 합의해서 헌법재판소의 정치적 중립성을 강화하려는 그 취지가 반영된 거였어요. 그렇기 때문에 그런 취지에서 권한대행께서 여야 합의를 요청했던 것은 저는 정당한 권한 행사이기 때문에 절대로 이것을 불법이라고 판단할 거라고

믿지 않습니다.

○**주진우 위원** 박근혜 대통령 탄핵재판 때 민주당이 극렬 반대해서 대법원장이 지명했던 헌법재판관을 임명하지 않고 끝까지 박근혜 전 대통령에 대한 탄핵재판 이어진 전례 있는데 그것 알고 계시지요?

○**증인 이완규** 알고 있습니다.

○**주진우 위원** 만약에 지금 민주당 논리대로 무조건 다 9인 체제를 만들어야 된다고 그러면 그때 8인 체제로 탄핵 재판했던 것 자체가 위법이고 위헌이라는 뜻 아닙니까?

○**증인 이완규** 어쨌든 간에 8인 체제로도 충분히 판결이 가능하다는 것은 이미 선례가 있다는 말씀을 드립니다.

○**주진우 위원** 저는 어제 헌법재판소 공보관이, 실제 헌재의 결정이 이루어지지도 않고 변론 재개를 신청한 상태인데 만약에 헌재가 위헌이라고 결정하면 최상목 대행이 거기에 반드시 따라야 되고 따르지 않으면 위헌·위법이라고 언론 브리핑한 것에 대해서 저는 헌재가 결정문으로서 얘기를 해야 되지 공보관이 결정도 이루어지지 않은 상태에서 이것을 먼저 얘기한 것은 굉장히 문제라고 생각합니다.

　기본적으로 최상목 대행 같은 경우에는 설사 헌법재판소가 어떤 결론을 내린다고 하더라도 새로운 사정변경이나 새로운 사유를 들어서 당연히 그 임명권은 대통령권한대행에게 있기 때문에 대통령권한대행이 판단해서 임명을 하지 않을 수 있는 것 아닙니까?

○**증인 이완규** 결국은 대통령권한대행의 임명권 행사는 대통령의 임명권 행사지요. 대한민국은 대통령제 국가입니다. 대통령제 국가에서 헌법이 대통령한테 임명권을 부여하고 있어요. 그런데 헌법이 대통령한테 부여한 이 임명권을 국회가 선출하면 무조건 서명해야 된다는 식으로 해석하는 것은 그것은 저는 납득하기 어렵습니다.

○**민병덕 위원** 헌재 재판관 하세요. 저 정부 수준이야.

○**박선원 위원** 선출하면 임명……

○**증인 이완규** 그것은 그런 식으로 해석하는 것은 내각책임제 국가에서나 그렇게 해석하는 거예요.

○**박준태 위원** 답변을 들어 봅시다.

○**위원장 안규백** 말이 안 되는 얘기를 하니까 그렇지.

○**용혜인 위원** 못 듣겠어요. 말이 되는 소리를 해야지.

○**증인 이완규** 예를 들면 독일법에서는 국회에서 선출하면……

○**곽규택 위원** 이해를 못 하니까 다들……

○**증인 이완규** 얘기해도 되겠습니까?

○**한기호 위원** 질의하고 답변할 때는 좀 조용히 하세요.

○**주진우 위원** 아니, 남 질의할 때 이렇게 하는 게 어디 있습니까? 질의할 때마다 다 끼어들어요?

○**위원장 안규백** 위원님들 잠깐만 계셔 보세요.

○**박준태 위원** 저희도 합니까, 그러면?

○**위원장 안규백** 위원님 가만히 계셔 보세요.

○**곽규택 위원** 오늘 어디 많이 아프세요, 박선원 위원님? 웅얼거리지 말고 마스크 벗고 이야기하세요.

○**박선원 위원** 아파, 아프니까 마스크 쓰고 하지.

○**김병주 위원** 아니, 그 남의 신상……

○**곽규택 위원** 이름 부르면 안 됩니까?

○**위원장 안규백** 이완규 차장님!

○**증인 이완규** 예.

○**위원장 안규백** 지금 추경호 전 원내대표하고 박찬대 원내대표가 세 분의 헌법재판관……

○**김병주 위원** 아니, 아프니 뭐 이런 걸 왜 여기서 언급해요?

○**곽규택 위원** 헛소리를 많이 하잖아요, 오늘.

○**위원장 안규백** 가만 계셔 봐요! 양쪽 가만 계셔 봐요, 좀.

○**한기호 위원** 진작 화를 내시지.

○**위원장 안규백** 말을 끊으니까……

  세 분에 대해서 합의를 봤기 때문에 청문회를 개최했고 청문회 개최 이후에 본회의장에서 투표를 했지 않겠습니까. 그 부분에 대해서는 어떻게 설명하십니까? 여야 합의가 안 됐으면 투표를 할 수 있고……

○**증인 이완규** 실질적으로 합의가 안 됐다는 것이……

○**위원장 안규백** 아니, 합의가 됐기 때문에 청문회를 했고 청문회에 의해서 본회의 투표를 했지 않았습니까?

○**증인 이완규** 국민의힘에서 청문회에 참석하지 않았지 않습니까?

○**용혜인 위원** 합의했잖아요, 두 명이랑 하기로.

○**주진우 위원** 표결 시점을 기준으로 해야지요, 표결 시점을.

○**백혜련 위원** 민주주의 자체를 부정하는구먼.

○**주진우 위원** 합의 자체를 표결 시점으로 해야지요. 시점을 안 따집니까?

○**용혜인 위원** 그러려면 뭐 하러 합의합니까?

○**증인 이완규** 그러니까 실질적으로 합의가 됐느냐는 표결 시점으로 판단해야 될 것이고 표결 시점에서 합의가 있었는가는 아마 헌법재판소의 심리에서 판단하게 되지 않겠습니까?

○**위원장 안규백** 합의가……

○**증인 이완규** 그걸 저한테 묻지 마시고요.

○**위원장 안규백** 뭘 우리가……

○**증인 이완규** 그러니까 그것은 헌법재판소에서 판단하지 않겠습니까?

○**위원장 안규백** 위원장이 증인한테 안 물으면 누구한테 묻습니까?

○**증인 이완규** 그런데 그게 합의가 있었는지……

○**위원장 안규백** 그런 오만한 태도가 어디에 있어요!

○**증인 이완규** 아니요, 위원장님.

○**위원장 안규백** '아니요'라니, 안이면 바깥이지.

○**증인 이완규** 위원장님, 제가 지금 답변할 기회를 주시면…… 답변하는 걸 들으셔야지요.

○**위원장 안규백** 됐어요.

박준태 위원님 질의해 주십시오.

○**박준태 위원** 선관위 사무총장님, 오전에 독일 연방법원 판례를 소개해 드렸습니다. 투표용지가 부족해서 빌려 오느라고 몇 시간 연장 투표한 사건에 대해서 주권을 행사하는 시점은 동일한 시점이어야 된다는 법리에 따라서 베를린 주 전체 투표소의 재투표를 판결했다는 내용이었습니다. 이게 단 몇 시간 초과해서 투표가 이루어진 것에 대해서도 재투표를 명령했다는 것은 선거에서 유권자의 정보 대칭성이 그만큼 중요하다 이런 것들을 확인해 준 판례라고 볼 수 있습니다. 맞지요?

○**증인 김용빈** 예.

○**박준태 위원** 지금 부정선거에 대한 의심이 사전투표에서 가장 많이 나오고 있습니다. 여러 유형이 주장되고 있지만 대부분 보면 사전투표에서 어떤 의심이 간다 이런 주장들이 많아요. 그분들의 주장 중의 하나가 사전투표를 개표하면 특정 정당 후보한테 몰표가 나온다는 겁니다. 개표를 하는데 사전투표함을 여니까, 예를 들어서 1등 후보의 최종 득표율이 55%에 불과한데 사전투표함에서 나온 표를 계표하면 계속해서 그 후보한테만 몰표가 나온다는 거예요. 그러니까 확률적으로 불가능할 정도로 보인다는 거지요. 그래서 개표하는 영상을 보면요 상식을 가진 사람이면 충분히 의구심을 가질 만한 그러한 모습이 연출이 되는 겁니다. 그래서 이런 것을 두고 어떤 분들은 부정선거의 증거가 아니냐 이렇게 주장을 하는 것이고요 선관위는 당연히 인정하지 않는 겁니다. 그러니까 사전투표와 본투표 간의 유권자들의 성향이 많이 차이가 난다는 거지요. 그래서 이게 부정선거가 아니면 사전투표하는 유권자들이 특정 정당을 지지하는 경향이 뚜렷이 나타난다 이것은 선관위에서도 인정을 하시는 거지요?

○**증인 김용빈** 예, 결과는 그렇게 나오고 있습니다.

○**박준태 위원** 그것이 바로 선관위 해명입니다. 사전투표와 본투표 간의 유권자들이 가지는 특성이 다르기 때문에 나타나는 현상일 수 있다 이렇게 설명을 하고 있는 것이지요.

그런데 이런 경향성이 생긴다는 그 결과를 놓고 보면 분명 문제가 있어 보인다는 겁니다. 사전투표랑 본투표 사이에는 상당한 시간 차이가 있습니다. 며칠이라는 시간이 있습니다. 이 시간 동안에 선거 캠페인이 진행되고요 온갖 새로운 언론보도가 쏟아집니다. 그래서 정보의 양이 달라지고 선거의 분위기 자체도 달라질 수 있다는 것이지요. 그러니까 우리가 사전투표하는 본 취지가 투표율을 높이기 위해서지 않습니까? 그러니까 반드시 이게 사전투표와 본투표 간에 며칠 상간의 시간 차를 둘 것이 아니라 그냥 붙여서 하는 것도 방법이 아니냐 이런 식의 대안도 제시가 많이 되고 있는 겁니다.

그래서 제가 말씀드리고 싶은 것은 사전투표 제도를 개선하면 부정선거를 말씀하시는 분들이 갖고 있는 의구심이 상당 부분 해소될 수 있다 저는 그런 생각을 가지고 있습니다. 어떻게 생각하십니까?

○**증인 김용빈** 그 의견에 상당히 일리는 있다고 생각을 합니다. 저희들이 22대 국선을 관리할 때도 충분히 사전투표 제도 개선에 대해서도 논의가 됐었고, 문제는 뭐냐면 제가 지금 한 1년 7개월 정도 선거관리 업무를 담당하면서 분석해 본 결과 과거에도 부정선거론은 계속 존재해 왔습니다. 다만 2014년에 사전투표제가 도입되면서 그 이후에 굉장히 극심해진 그런 경향이 있다라고 저희들은 생각을 하고 있고.

그 원인이 뭐냐라고 하는 부분에서는 사전투표가 가지는 부분, 즉 통합선거인명부를 작성해서 전국적으로 투표를 하다 보니까 눈에 보이지 않는, 소위 전자정보로 관리하는 영역이 있다는 겁니다. 그 부분 때문에, 저희가 그래도 지금 말씀드릴 것은 실물투표제를 하고 있기 때문에 사실은 전자정보를 이용하는 부분하고 실물투표제를 하는 부분하고는 분리되어 있어서 부정선거론자들이 주장하는 내용은 상관없지만……

○**박준태 위원** 그래도 문제가 없다고 말씀하시지만 그런 의심을 살 수 있는 상황들이 많이 연출된다는 것이잖아요.

○**증인 김용빈** 예, 그렇습니다.

○**박준태 위원** 이런 말씀 드려 볼게요.

관외 사전투표를 하면 투표함에 봉인된 투표지를 넣지 않습니까?

○**증인 김용빈** 예, 그렇습니다.

○**박준태 위원** 그러면 이것을 본선거 전에 개방을 해 가지고 우체국을 통해서 해당 선거구로 다 개별 발송하고 있지 않습니까?

○**증인 김용빈** 예.

○**박준태 위원** 그러니까 이 과정을 알게 된 유권자들이 많아진 겁니다. 그리고 그것 때문에 불안감을 느끼는 겁니다. 내가 직접 넣은 투표지를 개표할 때 개방하는 게 아니라 뜯어 가지고 먼저 다른 곳으로 보낸다고? 의심이 생기는 겁니다. 그래서 저는 다시 말씀 드리지만 사전선거 제도 자체를 좀 재검토하는 것이 필요한 시점이 아닌가 생각을 하고요.

선관위 차원에서 혹시 이것을 내부적으로 좀 진지하게 검토하실 의향이 있으십니까?

○**증인 김용빈** 실질적으로 검토를 다 했었고 그 내용 때문에 2024년도에 22대 국선 즈음에서 저희가 유권자 의식 조사라는 것을 통해서 사전투표 제도가 갖는 그런 부분에 대해서 국민들의 의견을 들어 본 적도 있습니다. 그런데 이 제도가 지금 위원님께서 말씀 하시듯이 투표율을 제고하기 위해서 만든 제도고 국민들의 투표의 편의를 위한 것은 아니었습니다. 그런데 실제적으로 전국적인 투표를 하다 보니까 이 투표에 응하는 국민들 입장에서는 굉장히 좋은 제도라고 받아들여졌던 것 같습니다.

그래서 그 유권자 의식 조사에 의한 부분을 보면 지금과 같이 부정선거라든지 지금 다시 힘을 얻게 되기 전 단계에서 22대 국선이 치러졌을 때 상당히 그 나름대로 일반 국민들께서 제도 개선을 통해서 22대 국선은 그래도 믿을 만하다고 생각하셨던 것 같습니다. 또 그 결과 값도 있는데 78%에 해당하는 국민들이 사전투표제는 아무런 문제가 없으니까 유지돼야 된다라고 응답을 하셨어요.

즉 저희들 입장에서는 이런 부분들 때문에 공정한 선거 관리를 하는 데 상당히 힘을 들이고 있습니다. 그렇지만 선거관리위원회는 선거 관리를 하기 위한 기관이기 때문에 그 업무가 어렵고 힘들다고 해서 저희들이 이 제도를 바꾸자고 할 수는 없지 않습니까? 그러니까 지금 국민의 대표 기관인 국회가 정한 법대로 저희가 사전투표제를 운영해 오는 데 그런 어려운 점은 있다 이런 말씀을 드리고.

다만 저희 입장에서 얘기해서 사전투표제를 폐지하자거나 그런 의견은 지금 드릴 수가 없고요. 지금 얘기하는 대로 이 부분이 국가적인 큰 혼란 사태까지 이르렀으니 법을 제정하시는 국회의원들이 심도 있게, 그리고 과연 국민들의 총의가 어떤 것인지 이런 것을 잘 살펴서……

○위원장 안규백 이제 마무리 좀 해 주세요.

○증인 김용빈 제도 개선을 하시는 게 낫지 않나 이런 생각을 드립니다.

○박준태 위원 수고하셨습니다.

○위원장 안규백 우리 민주당 위원님들께 제가 한 말씀 드리겠습니다.

　오늘은 내란국조특위장입니다. 따라서 부정투표 얘기나 이런 얘기는 본 위원장이 판단할 때는 본질이 왜곡될 수가 있기 때문에 다른 데에 우리 민주당 위원들은 집중해 주시기 바랍니다.

○곽규택 위원 아니, 위원장님, 우리 들으라고 하는 말씀 같습니다.

○위원장 안규백 아니, 내가 '우리 민주당'이라고 얘기했잖아요.

○곽규택 위원 위원장께서 민주당 위원들한테 그렇게……

○위원장 안규백 내가 민주당이라고 얘기했잖아요.

○임종득 위원 위원장님은 중간에 서 가지고 진행을 하셔야지요.

○박준태 위원 선관위 사무총장님이 나오실 이유가 없지요, 그러면. 공정하게 진행해 주십시오.

○위원장 안규백 김병주 위원님 질의해 주십시오.

○김병주 위원 국민의힘에서 위원들이 내란특위 청문회인데 할 얘기가 없으니까 부정선거만…… '공정선거를 부정선거로 국민의힘 위원들이 둔갑시키고 있습니다' 이렇게 얘기하면 말이 됩니까? 안 되잖아요. 용어를 제가…… 뭡니까, '요원을 의원으로 둔갑시켰다' 이런 똑같은 맥락입니다.

　곽종근 사령관님 잠깐 나와 주세요, 시간 멈추시고.

○증인 곽종근 예, 전 특수전사령관입니다.

○김병주 위원 12월 6일 날 윤석열 대통령으로부터 전화가 왔는데 못 받았다 했지요?

○증인 곽종근 예.

○김병주 위원 그날 몇 시쯤 왔었지요, 부재중전화가?

○증인 곽종근 지금 기억으로는 10시 반 전후 어간쯤 됐던 것 같습니다.

○김병주 위원 왜 왔다고 생각해요?

○증인 곽종근 제가 거기에 있던, 참모들이 같이 있었는데 제가 그때 했던 말이 뭐라고 했느냐 하면 지금 상황과 관련해서 여러 가지 당부나 보안 이런 것을 얘기하셨을 거라고 제가 그때 유추를 했습니다. 그래서 제가 전화를 안 받고 그대로 상태를 유지했습니다.

○김병주 위원 그러니까 제가 봤을 때 이날쯤 곽종근 사령관을 회유하려고 전화를 하지 않았나 싶어요, 물론 안 받았으니까 정확하게는 모르겠지만.

　들어가 주십시오.

　박안수 전 계엄사령관 나와 주세요.

○증인 박안수 예, 전 계엄사령관입니다.

○김병주 위원 윤석열 대통령으로부터 12월 3일 날 '포고령 하달했느냐' 전화 받았지요?

○증인 박안수 예, 그렇습니다.

　(안규백 위원장, 한기호 간사와 사회교대)

○김병주 위원 몇 시쯤이었지요?

○증인 **박안수** 23시 한 23분경으로 저는 기억합니다.

○**김병주 위원** 23시 몇 분?

○증인 **박안수** 23분경입니다.

○**김병주 위원** 23분경. 그래서 뭐라고 답변했나요?

○증인 **박안수** '포고령이 하달되었나요?' 그래서 '예, 하달되었습니다', 경찰청장에게 알려 주라고 그래서 알겠다고 그렇게 말씀드렸고……

○**김병주 위원** 그래서 경찰청장한테 알려 주라 했고, 포고령을.

○증인 **박안수** 예.

○**김병주 위원** 그래서 계엄사령관은 경찰청장한테 전화했나요?

○증인 **박안수** 예, 바로 장관님께 보고드리고 지시받아 가지고 바로……

○**김병주 위원** 포고령 내용을 다 설명했습니까?

○증인 **박안수** 다 설명할 틈은 없었고 '포고령 하달되었습니다' 하고 말씀드리고, 정확한 기억은 없지만 장관님 말씀하신 것 알려 드리고 이렇게……

○**김병주 위원** 그리고 나서 윤석열 공소장에 보면 윤석열이가 경찰청장한테 전화를 했어요. '포고령 위반이니까 국회의원 체포해라'라고 공소장에 나옵니다, 대통령이 경찰청장한테. 먼저 계엄사령관보고 포고령 알려 주라고 한 다음에 대통령이 경찰청장한테 한 거지요. 이것은 실제 포고령을 실행하려는 의지가 아주 강했다라고 보여집니다. 그런데 마치 포고령은 형식적으로 했다라고 하는 것은 거짓입니다.

그리고 12월 4일 날 02시경에, 그러니까 국회에서 비상계엄해제결의안이 통과된 이후에 한 시간 정도 지나서 추가 계엄을 하려는 정황들이 속속 나오고 있습니다. 지난번에 문제 제기했는데 계엄사령관은 부인했는데 제가 국방부로 자료 요구했습니다. 한번 띄워 보시지요.

(영상자료를 보며)

02시경에 계엄사령관으로부터 접수받은 수방사 출동 병력, 추가 출동 인원에 대해서 수방사는 02시 06분에 계엄상황실로부터 출동 가용 인원 파악 지시를 유선으로 안 중령이 접수했고 그래서 쭉 파악한 다음에 02시 36분에 계엄상황실 한 중령에게 유선으로 52사단은 200명이 추가 가능하고 56사단은 300명이 가능하다라고 보고했습니다. 이것 알고 계십니까?

○증인 **박안수** 전혀 모르는 내용입니다.

○**김병주 위원** 여기에서 아마 계엄사령관 지시인데 계엄사령관은 수사 중이기 때문에 이것은 알려 줄 수 없다라는 게 국방부 의견이고요.

또 하나의 증언이 있습니다. 2차 계엄 준비 정황이, 2신속대응사단, 아주 막강한 사단입니다. 이 사단을 출동하려고 준비했던 겁니다.

이것 국방부 자료를 받아 보니까 12월 4일 02시 30분경에 계엄사 한 중령으로부터 201·203여단 출동 준비 가능 여부 문의 및 출동 준비 요청을 받은 사실이 있다라고 했습니다. 그러니까 이 2신속대응사단까지 출동을 시키려고 이렇게 검토를 했던 것이지요.

이 2신속대응사단 출동 요건, 이것은 나중에 알았다고 했지요?

○증인 **박안수** 이것은 제가 나중에 알았다는 말씀 드린 건 잘 기억이 안 나는데 그 전날 계엄 임무 수행과 관련됐을 때 이런 내용이 나온……

○**김병주 위원** 그래서 윤석열은 사실은 이것을 단기간이 아니라 2차, 3차, 계속하려고 했던 겁니다. 그런데 실제 특전사령관이……

　　(발언시간 초과로 마이크 중단)

──────────────────────────────────────

　　(마이크 중단 이후 계속 발언한 부분)
01시 02분에 계엄해제결의안이 됐을 때 철수하겠다고 하고 그 이후에 또 하다가 철수를 하게 되니까 이걸 접었던 거예요, 실제 검토하다가. 그러니까 2차, 3차 계엄을 계속 추진하려고 했던 이 정황들, 이것 말고도 여러 개가 있는데 아직 국방부에서 자료가 온 게 이 2개밖에 없습니다, 여러 가지가 있는데.

　여기에 대해서 국방부차관 한마디, 이 1·2 자료 얘기해 보세요. 국방부차관도 아까 오전에 아니라고 계속 부인하는데 이렇게 출동 검토를 했는데 아니라고 할 수 있나요?

○**증인 김선호** 지금 위원님께서 말씀하신 그 내용이 맞고요. 저희들이 파악한 것은 계엄사령부가 계속 존속하고 있는 상황에서 그 관련된 내용에 대한 파악들이 이루어졌고 그 이후에, 정확하게 03시 어간에 병력을 철수하고 완전히 종결시키는 것이 이루어졌기 때문에 그것이 진행되는 과정에서 다 종료가 됐던 것으로 파악을 하고 있습니다. 그것이 2차, 3차라는 또 다른 차원의 계엄과 연계된 게 아니라 그 연속선상에서 이루어졌던 계엄사령부 상황실 내에서 있었던 상황으로 저희들이 파악을 했고 그렇게 답변을 드린 겁니다.

○**김병주 위원** 계엄사령관이 정확히 지시해서 한 것이고—단지 부인하지마는—거기 다 증언들을 지난번에도 했어요. 그래서 이번에 공식적으로 자료를 받은 것이고 이러한 것들이 증거다라는 얘기입니다.

　이상입니다.

──────────────────────────────────────

○**위원장대리 한기호** 더 안 하셔도 돼요? 통상 더 달라고 하시는데 오늘은 달라고 안 하시니까 제가 여쭤보는 겁니다.

○**김병주 위원** 마이크를 켜 주셔야지.

○**위원장대리 한기호** 다음은 부승찬 위원님 질의해 주시기 바랍니다.

○**부승찬 위원** 국방부장관직무대행님!

○**증인 김선호** 예, 직무대행입니다.

○**부승찬 위원** 계엄 선포를 위한 결심 절차, 계엄사령부 편성 등은 계엄법 그다음에 국방전쟁수행지침 충무8000 등 관련 계획 문서에 따라 절차가 진행되는 것 맞습니까?

○**증인 김선호** 예, 그렇습니다.

○**부승찬 위원** 계엄법 5조에 따르면 계엄사령관은 국방부장관이 추천한 사람을 국무회의의 심의를 거쳐 대통령이 임명하게끔 되어 있습니다. 심의 안건에 보면 계엄사령관 임명과 관련된 안건은 없어요. 국무회의에서 심의가 이루어졌습니까?

○**증인 김선호** 제가 국무회의에서 계엄사령관 임명과 관련된 심의가 있었다는 것은 현재까지 파악을 못 하고 있습니다.

○**부승찬 위원** 관련 문서가 국방부에 있습니까?

○**증인 김선호** 없습니다.

○**부승찬 위원** 심의 안건을 올리려면 국방부에서 작성을 해야 될 것 아닙니까, 국방부장관 추천이니까?

○**증인 김선호** 예, 그런 문건 없습니다.

○**부승찬 위원** 여기서부터 계엄은 위법하고 위헌적인 요소를 띠고 있다고 보여집니다.

전 육군총장님!

○**증인 박안수** 전 육군총장입니다.

○**부승찬 위원** 계엄사령관이 계엄지역 안의 군부대를 계엄군으로 운영할 경우에는 대통령 또는 국방부장관의 승인을 받아야지요?

○**증인 박안수** 예, 그렇습니다.

○**부승찬 위원** 계엄군으로 가장 활발히 활동했던 특전사, 수방사, 방첩사, 정보사에 대해서 계엄군을 지정하고 국방부장관이나 대통령에게 승인을 받았습니까?

○**증인 박안수** 그런 과정은 없었고 장관님께서 지휘하고 계셔서 올라가서 대통령께 지휘감독권을 위임받았냐 여쭤봤는데 장관님께서 위임받았다 하는 그걸로 그냥……

○**부승찬 위원** 아니, 어찌 됐든 계엄사령관이 결국은……

○**증인 박안수** 없었습니다.

○**부승찬 위원** 없었지요?

○**증인 박안수** 예.

○**부승찬 위원** 그리고 지난 14일 국조 업무보고에서 강호필 지작사령관도 지작사 예하 계엄군은 없었다고 답변한 바 있습니다. 알고 계시지요?

○**증인 박안수** 예.

○**부승찬 위원** 그런데 아이러니하게도 합참이 지난 14일 날, 12월 4일 03시 25분에 합참의장이 김용현에게 특전사·수방사 지휘권에 대해 환원받았다고 업무보고 문건에 나오거든요. 그 시간대가 아까 얘기한 대로 새벽 3시 25분. 아니, 계엄군 지정이 없었는데 합참의장이, 왜 지휘권이 계엄사에서 합참으로 환원합니까? 이게……

장관직무대행님!

○**증인 김선호** 예.

○**부승찬 위원** 이런 상황이 이해가 되십니까? 계엄군이 지정이 안 됐어요. 그렇지요? 그래서 지정이 안 된 상태에서 수방사, 특전사, 방첩사, 정보사가 움직였어요. 움직였는데, 지휘권이 여전히 합참에게 있는데 왜 업무보고 자료에 합참이 계엄사로부터 3시 25분에 환원받았다고 합니까? 이게 이해가 됩니까?

○**증인 김선호** 그것은 계엄사령부가 운영이 되는 상태에서 일단 관련된 부대들이 동원이 돼서 임무를 수행하고 있었고 03시 25분이라는 이 어간이 마지막으로 장관께서 그것 관련된 부대에 투입됐던 인원들에게 VTC를 통해서 이제 정상적으로 부대를 복귀시키라는 그 시점으로 저는 이해를 하고 있고 그 시점에 아마 합참은……

○**부승찬 위원** 아니아니, 그런데 제 얘기는 합참의장이 처음부터 전투통제실에 있었잖아요. 지하 3층 전투통제실에 합참의장이 있었어요. 그렇지요? 계엄 상황 당시에 TV를 보고 들어왔단 말이에요. 그러면 '내가 작전 통제하는 데다' 이렇게 해서 넘겨주거나 이런 절차가 있어야 되는데 전혀 절차도 없는 상황에서 '야, 이제 그만해. 내가 지휘권을 환원받을게' 이게 말이 되냐 이거예요. 이게 뭐냐 하면요 군형법 제20조의 불법 진퇴에

해당된다는 겁니다. 이게 뭐냐 하면 '지휘관이 권한을 남용하여 부득이한 사유 없이 부대, 함선 또는 항공기를 진퇴시킨 경우에는 사형, 무기 또는 7년 이상의 징역이나 금고에 처한다'. 군형법이 존재해요. 군형법이 존재하는데, 이런 절차를 정상적으로 밟았으면 관계가 없는데 합참도 직무유기 그다음에 군형법상 제20조의 불법 진퇴에서 자유로울 수 없다라는 것을 말씀드리는 겁니다. 지금 수방사니 정보사니 방첩사니 사령관들 전부 구속기소됐잖아요. 하다못해 제가 존경했던 전 총장님도……

　　(발언시간 초과로 마이크 중단)

━━━

　　(마이크 중단 이후 계속 발언한 부분)
구속되셨잖아요. 그러니까 합참도 이 직무유기에서 자유로울 수 있냐, 군형법 제20조에서 자유로울 수 있냐, 저는 없다고 보여져요.
　그러니까 이 부분에 대해서도 직무대행이시니까…… 물론 힘든 부분은 있어요. 의전서열도 그동안에 이런 게 있었고 힘드시겠지만 직무대행님께서 이런 부분에 대해서 명확하게 책임 규명을 할 필요가 있다 이런 말씀을 드리고 싶습니다.
○증인 김선호　예, 알겠습니다.

━━━

○위원장대리 한기호　수고하셨습니다.
　다음은 강선영 위원님 질의해 주시기 바랍니다.
○강선영 위원　법제처장님 나오셔서, 법제처장님 질문드리겠습니다.
○증인 이완규　예.
○강선영 위원　공수처의 설치 및 목적을 제가 보니까 공수처는 고위공직자 비리와 범죄를 근절해서 정의롭고 공정한 나라를 만들기 위해 설치됐다고 되어 있습니다.
　　(영상자료를 보며)
　PPT에 보시는 것처럼, 맞지 않습니까?
○증인 이완규　예.
○강선영 위원　이를 위해 공수처에는 수사권과 공소권이 부여돼 있습니다. PPT 보시면 공수처의 수사권과 공소권은 공수처법 제3조에 명시돼 있기 때문에 수사권은 범인, 범죄사실과 증거를 수사하는 권한, 공소권은 검사가 법원에 재판을 요구하는 것…… 저보다 더 많이 아실 텐데.
　공수처법 3조에 보면 공수처에 수사권과 공소권이 모두 있는 경우가 있고 아닌 경우가 있는데 PPT에 보시면 공수처법상 수사권과 공소권이 모두 있는 경우는 열거가 아주 명확히 돼 있습니다. 대법원장, 대법관, 검찰총장, 판사, 검사, 경무관 이상 경찰공무원으로 되어 있습니다.
　이것에 의하면 공수처에 대통령에 대한 공소권이 있습니까?
○증인 이완규　없습니다.
○강선영 위원　대통령에 대한 공소권이 공수처에는 없습니다.
　헌법 제84조에 의거하면 대통령은 내란 또는 외환의 죄를 범한 경우를 제외하고는 재직 중 소추되지 않는다고 규정되어 있고 그런데 공수처에는 이러한 내란죄를 수사할 권한이 없기 때문에 결국 공수처가 대통령을 소추할 수 있는 권한은 없다, 수사할 권한도 없고 소추할 권한도 없다는 것에 대해 동의하십니까?

○**증인 이완규** 일단 대통령의 불소추특권의 해석과 관련해서 내란죄, 외환죄 이외의 다른 불소추특권에 해당되는 범죄에 대해서 수사기관이 수사할 수 있느냐라는 것과 관련해 가지고는 찬반 논란이 있습니다. 수사는 할 수 있다. 공소제기는 못 하지만 수사는 할 수 있다라고 하는 학설도 있고 공소권이 없으면 수사를 못 한다라는 학설이 있는데 제가 알기로는 수사를 할 수 없다고 하는 쪽이 훨씬 더 다수설인 것으로 알고 있습니다.

그러니까 불소추특권이 있는 경우에는 수사를 할 수 없다고 하는 그런 입장에 따르면 공수처는 수사권이 없는 겁니다.

○**강선영 위원** 예, 그렇습니다. 공수처는 직권남용에 대해서만 대통령의 수사를 할 수 있는데 직권남용은 대통령이 수사를 받을 수 있는 소추의 예외가 되기 때문에 공수처는 헌법에 따라 직권남용으로 기소 자체가 불가능합니다. 그래서 수사권이 없다.

다수의 의견이라고, 어쨌든 소수의 의견이 남아 있다 하더라도 다수는 할 수가 없다는 거에 대해서 동의하시지요?

○**증인 이완규** 예.

○**강선영 위원** 그리고 형사소송법 제246조는 국가소추주의에 대해서 규정하고 있습니다. 다시 말해서 기소독점주의가 국가소추주의지요. 검사만이 공소를 제기할 수 있다는 것입니다. 동의하십니까?

○**증인 이완규** 예, 그런데 어쨌든 검사만이 공소를 제기할 수 있는데 공소를 제기할 수 있는 검사를 검찰청에만 두느냐 다른 기관도 둘 수 있느냐 이건 입법정책적 문제이기 때문에 그래서 공수처가 설치된 걸로 알고 있습니다.

○**강선영 위원** 그렇습니다.

자, 그래서 어쨌든 그걸 보시면 대통령에 대해서는 수사권이 없고 그다음에 수사권이 없는 경우에는 공수처에 있는 직원은 검사의 지위를 갖지 못한다라고 하면 공수처에서 공소권이 없는 수사권만 가지고 있는 상태에서 어떻게 할 것이냐에 대해서 세미나를 했더라고요, 보니까.

그래서 공수처가 개최한 세미나에 보면 공수처에 공소권이 없는 경우에는 공수처가 영장을 직접 청구할 수 없다는 해석이 나왔습니다. 지금 보시는 것처럼 세미나 자료입니다. 보면 검사와 검사가 아닌 수사기관을 구분하는 핵심은 공소권의 보유 여부라고 할 것이다. 결국 공수처 검사는 판검사, 경무관 이상 경찰공무원에 대해서만 공소권을 가지므로 그 한도에서만 검사이고 그 외의 수사 범위에서는 검사가 아닌 사법경찰관에 불과하므로 압수수색 등 영장을 청구할 수 없다고 보아야 한다. 이것이 해석입니다.

그래서 저희 의원실에서 이 문제에 대해서 법무부에 검토를 요청했습니다.

(한기호 간사, 안규백 위원장과 사회교대)

법무부의 검토의견도 보시면 뭐라고 돼 있냐면, PPT를 보시면 검찰권의 본질 중 하나가 공소권임을 전제로 공수처가 공소권을 가지지 않는 영역에서 공수처 검사는 일종의 사법경찰의 직무를 수행하는 것이므로 직접 영장청구권을 인정하기 어렵다는 견해가 다수 있다.

즉 절대적이지 않지만 다수 있다라고 봤을 때, 이런 해석으로 봤을 때, 다수 의견으로 봤을 때 공수처가 서부지법에 대통령에 대한 체포영장을 청구하고, 검찰을 거치지 않고 직접 청구한 이 행위가 적법하다고 생각하십니까?

○**증인 이완규** 다수 의견에 따르면 적법하지 않은데요. 그 다수 의견의 논지는 그 논거가 이렇습니다. 그것은 뭐냐 하면 우리 헌법과 관련된 거예요. 우리 헌법에 영장청구권은 검사에게만 부여하고 있습니다. 그래서 어떤 사람을 검사로 볼 것이냐? 나중에 입법을 정할 때에도 그걸 먼저 해결을 해야 합니다.

그러니까 우리가 검사라는 기관을 법률로 국회에서 아무 데나 갖다 놓고 영장을 청구할 수는 없다는 거지요. 예를 들면 경찰에다가 검사라는 직책을 둬요. 그러면 경찰도 영장 청구할 수 있다고 그러면 그건 좀 이상하지 않습니까?

그래서 그러면 헌법에 있는 검사가 도대체 뭐냐를 정해 줘야 되는데 그 뭐냐라고 할 때 그 본질이 공소권이라는 거예요. 영장청구권을 검사한테 줄 때 이건 공소라는, 공소를 담당하는 사람이 전체적인 수사 절차를 통제하라는 뜻에서 그 조항을 둔 것이기 때문에 그러면 공소권이 있는 한 영장청구권이 있는 검사, 헌법상 검사다라는 그렇게 해석을 하면 공수처 검사가 공소권을 가지고 있는 영역에서는 검사로서 영장청구권이 인정될 수 있지만 그렇지 않고 공소권이 없고 단순히 수사권만 갖고 있는 영역에서는 적어도 헌법이 말하는 그런 영장청구제의 검사는 아니다라고 하는 것이 그 다수설의 논지입니다.

(발언시간 초과로 마이크 중단)

○**강선영 위원** 1분만 더 주십시오. 마무리하겠습니다.

○**위원장 안규백** 예, 마무리하십시오.

○**강선영 위원** 제가 법제처장님 말씀을 정리하자면 결국 검사라는 것은 공소권이 있느냐의 여부인데 지금 공수처에서 대통령에 대해서는 공소권이 없고 수사권만 있기 때문에 결국 그 사람을 검사라고 인정할 수 없다면 그렇게 영장 청구된 것은 사실 적법하지 않다라고 저는 생각합니다.

대통령이 계엄을 한 것이 위법하냐 적법하냐 통치행위냐 이것은 제가 판단할 영역은 아니라고 생각합니다. 그러나 대통령도 대한민국의 국민이고 지금 여당 대표님이 마찬가지로 무죄추정의 원칙에 의해서 활동하고 있습니다.

대한민국 국민은 모두 법에 의해서 존중받아야 하고 그게 비상계엄이 통치행위냐 아니냐를 따지고, 내란죄냐 아니냐 혐의를 따지는 데 있어서 공수처가 이렇게 적법하지 않은 영장 청구를 하고 위법하게 구속을 청구하는 것은 저는 일단 공수처가 위법한 행위를 했다라고 생각을 한다는 것입니다.

제 의견입니다. 다른 말씀 주실 거 있으면 말씀해 주셔도 됩니다.

○**증인 이완규** 그 부분도 지금 계속 다퉈지고 있기 때문에 결국은 본안 공판정에서 그 부분이 판결되고 나중에 대법원까지 가서, 공수처가 공소권이 없는 부분에 대해서도 영장을 청구할 수 있느냐가 아마 대법원에서 판결이 될 것으로 생각을 합니다.

○**강선영 위원** 알겠습니다.

○**위원장 안규백** 민병덕 위원님 질의해 주십시오.

○**민병덕 위원** 이창용 총재님.

○**증인 이창용** 이창용입니다.

○**민병덕 위원** 오전 질의에 이어서 하겠습니다. 기재부에서 한국은행에 요청하면 한국은행에서 줄 수 있는 대정부 일시 대출금과 관련해서입니다.

PPT 보시지요.

(영상자료를 보며)

지금까지는 거절 사례가 없어요. 요청했는데 거절한 사례가 없습니다. 이것 한국은행에서 준 답변서입니다. 답변 내용이에요. 그리고 아까 대출 용도를 확인한다고 했는데 어떨 때 확인하냐 그랬더니 '특이점이 있는 경우에 실무자 간 사전 협의 과정이 있다' 이 정도라고 합니다. 그다음에 사후 심사는 있냐? 전혀 없답니다. 그래서 이 정도면 기재부에서 요청하면 거의 다 주는 그런 형태로 볼 수 있고 일반인들이 보기에는 '아, 기재부가 가지고 있는 마이너스통장이구나. 그게 당시에 50조가 있었구나' 이렇게 보입니다. 그래서 저희가 합리적인 의혹을 제기하는 겁니다.

예비비를 조속히 마련해서 보고하라고 했는데 여기에 대해서 예비비를 정상적으로 마련할 수 있는 방법이 없습니다, 예비비 항목을, 예산 절차 과정을 통해서. 그러면 이 예비비를 마련하라는 것을 어떻게 인식할 수 있을까? '아, 한국은행에 이 요청을 해서 50조를 마련할 수 있구나' 이렇게 의심이 된다는 겁니다, 내란의 자금을 이렇게 마련할 수도 있었겠다. 그런데 11시 40분에 F4 회의를 했고 다시 아침 7시에 했을 때 이걸 마련해 갔는데 해제돼 버렸다, 그래서 실행은 하지 않았다 이렇게 의심할 수 있다라는 측면이고요.

○증인 이창용 제가 답변드려도 되겠습니까?

○민병덕 위원 예, 짧게.

○증인 이창용 그 의심을 하시는 것은 존경하는 민 위원님이 의심하시는 것이고 한국은행 입장에서는 이런 요구가 왔을 때 저희는 이것이 단기 자금으로만 사용되기 때문에 저희 실무자가 이것을 점검하고 그런 일이 일어나지 않도록 하는 것이 저희들의 의무입니다.

○민병덕 위원 알겠습니다. 지금까지는 한 번도 거절한 적이 없잖아요.

하나 더 물을게요.

한국은행 강남본부 알고 계시지요?

○증인 이창용 예.

○민병덕 위원 IT 정보가 엄청나게 모여 있지요?

○증인 이창용 예.

○민병덕 위원 외부 세력이 장악하면 엄청난 혼란이 발생할 수 있지요?

○증인 이창용 그렇습니다.

○민병덕 위원 여기에 대해서 12월 13일 날 1공수여단이 강남본부를 방문할 테니 협조하라는 공문을 보냈는데 알고 계시지요?

○증인 이창용 예, 알고 있습니다.

○민병덕 위원 2024년에 대해서는 수서경찰서하고 210보병여단이 이미 점검을 완료한 상태이거든요. 이렇게 1공수여단이 오겠다고 하는 게 상식적인 일입니까?

○증인 이창용 이전에 한 차례 있었던 일로 알지만 일반적인 일은 아닌 걸로 알고 있습니다.

○민병덕 위원 그렇지요? 그래서 한국은행에서도 이것에 대해서 취소 요청을 했지요?

○증인 이창용 예, 그렇습니다.

○민병덕 위원 그래서 취소됐지요?

○**증인 이창용**　예.

○**민병덕 위원**　여기에 대해서 저는 이렇게 생각합니다. 이 비상계엄 속에 한국은행 장악이 계획되었을 개연성이 있다 이렇게 의심하는 겁니다.

들어가십시오.

좀 스톱해 주세요.

신용한 참고인하고 아까 나오셨던 이선진 증인이 계셔서, 이선진 증인 잠깐만 나오시면……

○**위원장 안규백**　아니, 누구를 나오시라고……

○**민병덕 위원**　이선진 증인 먼저 하겠습니다.

아까 증언 잘 들었습니다.

노상원 씨가 어떤 일을 일으키면서 같이 할 사람들에 대해서 점을 봤던 것으로 보입니다.

혹시 본인은 어떻게 될지에 대해서 점은 안 봤습니까?

○**증인 이선진**　본인이 어떻게 일을 해서 먹고살아야 되는지, 다시 나랏일을 해야 되는지…… 어떤 사업가한테 어디 고문으로 자리가 왔다고 해서 처음에는 고민을 조금 하셨었어요.

○**민병덕 위원**　혹시 증인께서는 굿도 하십니까?

○**증인 이선진**　예.

○**민병덕 위원**　노상원 씨가 굿은 요청하지 않았습니까?

○**증인 이선진**　예, 하지 않으셨습니다.

○**민병덕 위원**　들어가 주십시오.

스톱해 주십시오.

신용한 참고인, 한겨레21 보도에 따르면 윤석열 대통령실에 역술인 출신 4급 행정관이 있었다, 채용됐었다라는 보도가 있습니다.

왜 대통령실에 역술인이 필요하다고 봅니까?

○**참고인 신용한**　소수종교, 신흥종교, 역술인 관리를 했다라고 제보를 받았고요. 대통령실 직원들, 대통령 내외와의 궁합 이런 것들을 봤다라고 제보를 받았습니다.

○**민병덕 위원**　직원 채용할 때도 그렇게 본 겁니까?

○**참고인 신용한**　예, 그렇게 제보를 받았습니다.

○**민병덕 위원**　해당 보도에서는 대통령실의 굿과 관련된 여러 가지 일도 추진했다고 하던데 관련 제보가 있습니까?

○**참고인 신용한**　소위 영발 좋다고 하는 5대 명산에서 같은 날, 같은 시에 동시에 굿을 했다라고 제보를 받았고 실제 한 곳에서 4000만 원 이 정도 받았다는 것을……

○**민병덕 위원**　그 산들이 계룡산, 감악산, 설악산 이런 산들입니까?

○**참고인 신용한**　예, 맞습니다. 그건 굿당에서 확인도 했습니다.

○**민병덕 위원**　손바닥에 왕(王) 자를 새기고 나오셨던 분입니다, 윤석열이. 그리고 건진, 천공 그다음에 미륵보살 명태균, 버거보살 노상원 씨까지 나온 상황에서 지금 대통령실의 4급 행정관이 역술인이었다라는 겁니다. 참고인은 국가 무속에 대한 제보, 여기에 대해서 왜 신뢰를 하는 겁니까?

○**참고인 신용한** 실제 그 분야에 계신 분이 직접 제보를 주셨고, 그 협회 관계자 분들과 확인을 해서 제보를 주셨고 실제 현장에서도 체크가 됐기 때문입니다.

○**민병덕 위원** 굿을 한다는 것은 어떤 의미입니까?

○**참고인 신용한** 아마 좋은 일을 기원하기 위해서 하는 게 대부분일 텐데 10월 달에도 택일을 받아서 국가적인 큰 거사에 대한 굿을 했다라고 지금 제보가 있기 때문에 그건 최종 확인 중에 있습니다. 굿당까지는 소개를 받았고 최종 확인 중에 있습니다.

○**민병덕 위원** 택일을 위해서 그런 것이다?

○**참고인 신용한** 택일을 받아서 국가적인 큰 거사에 대한 굿을 했다고 합니다.

○**민병덕 위원** 그러면 참고인은 윤석열 대통령 내외가 이렇게까지 굿과 무속에 집착한 이유, 이것을 뭐라고 봅니까? 저는 굿과 무속을 통해서 자신들의 권력을 영구히 유지할 수 있다고 그렇게 허황되게 믿었다. 그리고 그 비정상적인 믿음이 계엄과 내란이라는 행위로 이어졌다고 보는데 참고인은 어떻게 생각하십니까?

○**참고인 신용한** 제가 모셨던 경험 그리고 제가 공개했던 문서에 비추어서 전적으로 동의합니다.

○**민병덕 위원** 동의합니까?

이상입니다.

○**위원장 안규백** 이어서 민홍철 위원님 질의해 주십시오.

○**민홍철 위원** 선관위 사무총장님, 우리나라가 지금 사전투표 제도가 도입된 게 이제……

○**증인 김용빈** 2014년.

○**민홍철 위원** 2012년에 여야 합의에 의해 개정이 됐다가 14년 지방선거 때 했는데요 이게 미국도 있지요?

○**증인 김용빈** 일부 주에서 하고 있는 걸로 알고 있습니다.

○**민홍철 위원** 일부 주에서 하고 있고 일본도 실시하고 있지요? 우리 외에……

○**증인 김용빈** 그 부분은, 우리나라 이외에도 여러 나라가 사전투표 제도 하고 있습니다.

○**민홍철 위원** 그렇습니다. 우리가 지금 2012년도에 공직선거법을 개정하면서 여야의 결단으로 국민주권주의에 위임받아서 사전투표 제도를 도입한 이후에 지금 시행이 되고 있는데 그렇다면 이게 지금 제도상으로 볼 때, 윤석열 대통령도 계엄의 이유를 부정선거를 일부 이유로 들었단 말이지요. 지금 와서 헌재 심판에서는 그렇지 않고 시스템을 한번 스크린하기 위해서 했다 이런 식으로 약간 변경을 하고 있는데……

사전선거 투표를 볼 때도요 그 투표인 선거인명부하고, 선거인명부는 전국 단위로 시스템이 돼 있고요. 그다음에 투표자 그다음에 투표가 되면 이제 부재자 투표처럼 해서 각 주소지로 보내지 않습니까?

○**증인 김용빈** 예, 관외 투표인 경우에.

○**민홍철 위원** 예, 관외 투표인 경우일 때.

그러면 선거인명부하고 투표자 수하고 틀려질 수가 있나요?

○**증인 김용빈** 맞는 게 정상입니다.

○**민홍철 위원** 맞잖아요. 다 맞고 관외 사전투표용지도 같이 합산해서 개표를 하면서

참관인들이 다 참관하고 실물투표처럼 개표를 하지 않습니까? 그러면 선거 투표 자체는 어떠한 계산이라든지 실질적으로 투표한 내용 자체가 바뀔 수가 없는 시스템 아닙니까? 그렇지요?

○증인 김용빈　그 점에 있어서 이해를 돕기 위해서 제가 보충설명드리겠습니다.

○민홍철 위원　아니, 제가 말씀드릴게요.

○증인 김용빈　투표 개표한 결과가 투표용지 수하고 투표자 수가 달라지는 경우가 나타납니다.

○민홍철 위원　아니, 선거인명부하고, 사전투표도 선거인명부도 있잖아요.

○증인 김용빈　예, 그건 맞습니다.

○민홍철 위원　그거하고 다 맞지 않습니까? 맞고요.

그다음에 시스템이 해킹이 된다는 게 뭡니까? 중앙선관위의 중앙 서버가 해킹된다는 것은 선거 투표를 갖다가 선거 당일 날 개표하는 과정 속에서 해킹이 되더라도 현장에서는 실물투표 계산을 하기 때문에 결괏값이 달라질 수가 없지 않습니까?

○증인 김용빈　예, 그건 맞습니다.

○민홍철 위원　그렇지요?

○증인 김용빈　예.

○민홍철 위원　그러면 해킹이 돼서 통계가 달라진다고 해 가지고 선거 자체가 부정이 됩니까? 결과가 달라집니까?

○증인 김용빈　지금 부정선거론자들이 서버 해킹을 문제삼는 것은 통합선거인명부에 대한 부분에서 투표 여부를 조작하거나 그 통합선거인명부의 선거인에 허무인을 넣어서 정보를 추가할 수 있다 이런 주장인 걸로 알고 있습니다.

○민홍철 위원　아니, 그러니까요. 그렇다 하더라도 현장에서의 실물투표용지의 계산이 달라지냐 이거지요.

○증인 김용빈　예, 달라지지 않습니다.

○민홍철 위원　않지 않습니까?

○증인 김용빈　예.

○민홍철 위원　그러면 선거 자체에 전체 부정은 없잖아요. 있을 수가 없지요.

○증인 김용빈　그래서 말씀을 드리는 겁니다. 그러니까 해킹을 통한 부정선거의 시도는 있을 수 있어도 현행 제도에서 부정선거의 시도가 성공할 수 없다고 말씀드리는 겁니다.

○민홍철 위원　없다. 그렇지요?

○증인 김용빈　예.

○민홍철 위원　없는데 자꾸 망상에 망상을 거듭하다 보니까 자기가 진 선거는 부정이고 이긴 선거는 아무 말도 안 하잖아요.

○증인 김용빈　예, 저희가……

○민홍철 위원　추미애 위원께서 영상에 띄웠듯이 국민의힘 자체도 말이지요, 윤석열 대통령 스스로가 사전투표를 장려하고 '이상이 없으니 국민의힘 당원 여러분 투표해 달라' 그렇게 했지 않습니까?

그래서 이 문제는 민주주의에 엄청난, 대한민국이 지금 큰 위기에 봉착했다. 그래서 제가 지난번에도 사무총장께 말씀드렸지만 이것은 정말 시스템의 문제가 아니라 의식의 완전한 전환이 돼 줘야 됩니다. 그런 어떤 대비책을 세워 줘야 되지 않느냐.

시스템의 해킹이나 이것은 장비로써 바꿀 수가 있지 않습니까? 그러나 이번에 이 문제로 인해서, 잘못된 망상에 의한 계엄이 선포됨으로써 민주주의의 꽃인 대한민국 선거제도가 지금 엄청나 위기에 봉착돼 있다.

앞으로 선거 결과에 대해서 국민들이 어떻게 수긍하겠습니까? 우리 헌법기관에 대한 엄청난 불신을 야기했는데 이 책임은 어떻게 져야 되겠어요? 선관위의 문제가 아니지 않습니까.

그래서 이 문제가 여야의 문제가 아니다 이겁니다. 우리 정치권에서 이것을 극복할 수 있고요. 국민주권주의가 제대로 형성될 수 있도록 하는 게 선거제도인데 이번에 대한민국이 위기에 봉착해서 이 제도를 어떻게 타개하느냐. 이것 선거관리위원회에서뿐만 아니라 정말 여야가 노력을 해야 된다 저는 그렇게 생각을 합니다.

그래서 홍보뿐만 아니라 어떻게 하면 이 불신을 다시 한번 극복시킬 수 있고 신뢰를 줄 수 있느냐 그 문제가 매우 큰 과제다. 선관위에서는 그 부분에 대해서 적극적으로 신경을 좀 써 주셔야 되겠다 이 말씀을 드리고자 합니다.

○증인 김용빈 예, 위원님 말씀 공감하고요.

다만 지금 저희들이 사전투표제에 관련한 부분을 전혀 신경을 안 쓴 게 아닙니다. 다만 이게 보수적 진영하고 진보적 진영에서 나눠서 사실상의 결괏값이, 사전투표제의 일정 부분이 본투표와 사전투표에서 구분이 되는 현상이 벌어지고 있는 상황에서 선거관리를 책임지고 있는 선거관리위원회에서 제도개선에 먼저 앞서서 나갈 수가 있는 상황이 아닙니다.

즉 선거관리위원회는 기본적으로 엄정중립을 지켜야 된다는 그런 취지가 있기 때문에 이런 여러 가지 상황을 국회의원님들께서 잘 좀 종합을 하셔서 아주 현명한 선거제도로 개선이 될 수 있다면, 그런 개선책이 마련됐으면 좋겠다는 생각을 하고요.

지금 이런 사태를 초래하게 된 부분이 저희 선거관리위원회, 전적으로 저희가 책임을 지는 부서기 때문에 그 부분에 대해서도 책임을 공감하고 있습니다.

○민홍철 위원 노력을 해 주시기 바랍니다.

○증인 김용빈 예.

○민홍철 위원 이상입니다.

○위원장 안규백 곽규택 위원님 질의해 주십시오.

○곽규택 위원 선관위 사무총장님께 좀 여쭤볼게요.

조금 전에 답변하시던 부분 중에 사전선거에 있어서 투표자 수와 개표한 표의 숫자가 차이 날 수 있는 부분이 있다 말씀하시던데 어떤 경우입니까?

○증인 김용빈 실제적으로 사전투표하고 상관없이 본투표 때도 그런 일이 벌어졌어요. 투표하시는 선거인들이 정상적인 투표 행위를 안 하는 경우가 있습니다. 쉽게 얘기해서 투표지를 받고 투표함에 넣지 않고 가거나 심지어 다른 데에서 하거나, 이번 22대 국회 때도 21대 국회의원선거의 투표지가 나왔어요. 나온 데가 있습니다. 이런 식으로 되기 때문에 많은 표차가 아니라 한두 장 표차는 실질적으로 개표 결과에서 달라지는 그런 경우가 발생합니다.

○곽규택 위원 그러면 총장님 제가 쉽게 한번 여쭤볼게요. A지역이라는 곳에서 사전투

표를 한 사람이 한 1000명 정도, 전국에 흩어진 사전투표에서 한 사람들이 한 1000명 되는데 실제로 그게 그 선거구에 사전투표했던 그 표가 돌아오는 게 한 900표밖에 안 되는 경우도 있을 수 있다는 말씀이세요?

○증인 김용빈 실제적으로 투표 용지가 발급이 됐습니다. 그러면 투표를 정상적으로는 하셔야지요. 그런데 안 한다는 겁니다. 투표 용지를 안 넣는 사람들이 있다는 겁니다.

○곽규택 위원 투표 용지를 받아 가지고 들고 나가는 사람을 선관위 직원이나 그 현장에 있는 사람이 제지를 하거나 그런 적도 없습니까?

○증인 김용빈 제지를 하는 건 아니고 참관인이 보고 있으니까 당연히 넣겠지요. 그런데 정상적인 투표 행위를 하는 경우가 대부분이겠지만 간혹 그렇게 돼서 개표 상황표에 보시면 투표용지 교부 수와 투표용지 수가 일치합니다, 불일치합니다 그게 표현이 되게 돼 있어요.

○곽규택 위원 알겠습니다.

오늘 여러 분께서 선관위가 지금 국민들한테 불신을 받고 있는 이유를 한 세 가지 정도로 말씀하셨습니다, 채용에 있어서 비리가 있었다 그리고 전산시스템상의 보안성에 미비한 점이 있었다 그리고 일부 부실한 투표 관리가 있었다. 이에 대해서 사무총장님께서도 수긍을 하신 부분이 있어요.

그런데 채용 비리 관련해 가지고 감사원에서 지적된 사항은 선관위의 인사 관리 기준하고 행정부의 인사 관리 기준하고 다르기 때문에 감사원에서 지적한 사항이 다 맞는 것은 아닙니다 이렇게 말씀하셨고요. 전산시스템의 보안성이 미비하다는 부분은 내부망, 외부망이 분리돼 있기 때문에 국민께서 걱정하실 필요가 없다 이렇게 대답하셨고요. 부실한 투표 관리가 있었지만 그건 다 과거의 일이고 모두 개선되었다 이렇게 말씀하셨습니다. 그리고 2024년 22대 총선이 끝난 다음에 사전투표제에 대한 국민 신뢰가 78%에 달했다 이렇게 말씀하셨어요.

그런데 최근에 사전투표제에 대한 국민신뢰도 다시 조사해 보신 적 있습니까?

○증인 김용빈 없습니다.

○곽규택 위원 제가 보기에는 의심을 받는 분이 의심하는 사람이 잘못됐다 이렇게 하시는 것보다 의심받는 쪽에서 우리가 뭘 잘못하고 있는지 한번 잘 살펴보시고 필요하다면 그때그때 신뢰도 조사도 새로 하시고 그에 맞는 대책을 내놓으시는 게 맞지 않나 싶고요. 선거 관리라는 것은 국민들한테 신뢰를 계속 줄 수 있도록 지속적으로 계속 관리를 잘해 나가시는 개선 방안이 필요하다고 보여집니다. 그렇고요.

이창용 한은 총재님, 잠시 좀 여쭤보겠습니다.

계엄 당일 날 밤 11시 40분경에 F4 회의가 있었고 그 당시에 외환시장 상황이라든지 주식시장을 다음날 개장할 것인가 이 부분에 대해서 논의를 하셨다는 거지요?

○증인 이창용 예.

○곽규택 위원 그리고 그 자리에서 순수하게 금융시장 안정을 위한 회의를 한 것이지 계엄과 관련해 가지고 기재부장관이 받았다는 속칭 쪽지에 기재돼 있는 예비비와 관련된 논의를 하거나 또는 일시 대출 이런 이야기에 대해서는 전혀 언급이 없었다, 맞습니까?

○증인 이창용 그렇습니다.

○곽규택 위원 이상입니다.

들어가 주시지요.

법제처장님께 좀 묻겠습니다.

계엄 상황이 발생했을 때 군이 출동한 곳이 두 군데였습니다. 국회가 있었고요 또 선관위가 있었습니다. 조금 전 선관위에 대해서는 그런 불신받는 요인에 대해서 이야기를 했는데 국회와 관련해 가지고는 그동안 국회에서 비상계엄과 관련해서 과연 무슨 문제가 있었느냐 하는 것에 대해서는 사실 별다른 논의는 없었어요.

그런데 사실 우리가 알고 있듯이 22대 국회에 온 다음에 탄핵이 굉장히 많아졌다 하는 것은 다 알고 있는 것이고 그리고 대통령이 재의요구권을 행사할 수밖에 없는 그런 입법을 단독으로, 야당 단독으로 처리한 사례가 굉장히 많아졌다, 이에 대해서는 공감하고 계시는 거지요?

○증인 이완규 예, 그렇습니다.

○곽규택 위원 나중에 다시 추가질의하겠습니다.

○위원장 안규백 수고하셨습니다.

박선원 위원님.

○박선원 위원 두 개 질문하려니까 시간 좀 잘 끊어 주세요.

인천 부평을 박선원입니다.

김용빈 사무총장님!

○증인 김용빈 예.

○박선원 위원 국정원이 선관위 보안감사 할 수 있습니까, 없습니까?

○증인 김용빈 없습니다.

○박선원 위원 없지요?

○증인 김용빈 예.

○박선원 위원 그다음, 국정원이 선관위에 대해서 기술적 지원할 수 있습니까, 없습니까?

○증인 김용빈 그건 가능하다고 생각합니다.

○박선원 위원 (영상자료를 보며)

총장님, 국가정보원법 제4조 보십시오. 국가정보원은 제 중앙행정기관만 사이버공격 대응을 할 수가 있고요. 그래서 국정원이 중앙선관위에 간 것 자체가 불법이고, 통신기반보호법 제7조 3항 보세요. '국정원은 개인정보가 저장된 모든 정보통신기반시설에 대해 기술적 지원을 수행하여서는 아니 된다'.

선관위에 우리 후보자들 정보 다 들어가지요?

○증인 김용빈 예, 그렇습니다.

○박선원 위원 안 되는 거예요. 불법입니다. 사무총장이 이러한 법률적 지식과 헌법기관 수호해야 된다는 생각이 없으세요. 그게 문제입니다.

그래서 국정원 해커들이 뚫었어요, 못 뚫었어요? 못 뚫었지요?

○증인 김용빈 예.

○박선원 위원 업무망 못 뚫었지요?

○증인 김용빈 예.

○박선원 위원 그래서 결국 선관위가 다 줬어요, IP 현황, 설계도, 체계도, 서버 구성, 자산목록, 네트워크 구성, 선거관리프로그램 소스파일, 데이터베이스 심지어 방화벽까지.

패스워드 줬어요. 문 열어 주고 방화벽 해체하고 안에 뭐가 있는가 다 보여 줬어요. 그러면 구글도 보안 시스템 점검하면 미비점이 나와요. 아시겠습니까? 불법행위를 했고 자기들이 뚫지 못한 선관위를 지금 공중에 올려놓고 유린하고 있는 거예요.

○증인 김용빈 위원님······

○박선원 위원 다시 한번 봅시다.

저는 그래서 이것을 내란의 시작이라고 보는데요. 23년 국정원 선관위 보안감사, 김규현 국정원장, 백종욱 차장, 박성준 사이버보안국장, 김우형 단장이 주도를 했어요. 그랬지요? KISA는 옆에 끼기만 했어요. 한국인터넷진흥원은 그 옆에 있기만 했지 아무것도 한 게 없어요. 거기다가 백종욱의 선배 최효진 국가보안기술연구소장이 같이 두 달하고도 일주일을 파헤쳤어요. '문제가 없음', 그래서 23년 10월 6일 1차 보고서를 용산에 올리고 이 보고서를 공표 1시간 만에 취소했지요.

그때 1차 보고서 선관위 받았습니까, 안 받았습니까?

○증인 김용빈 저희들 결과보고서 받았습니다.

○박선원 위원 받았지요?

○증인 김용빈 예.

○박선원 위원 그다음에 2차 보고서는 받았지요?

○증인 김용빈 그게 2차 보고서는 아닙니다. 그러니까 수정본을 받은 것은 있습니다.

○박선원 위원 제가 설명을 드릴게요. 잘 모르시는 것 같아요.

그래서 용산에서 대통령이 노발대발했습니다. 이러려고 그 많은 인원 투입하고 시간 썼냐. 그래서 1시간 전에 연기했고, 그게 1차 보고서. 그런데 1차 보고서는 사전투표 날 발표하기로 했는데 연기돼서 본투표 하루 전날 김준영 국정원 비서실장, 그 밑에 정보비서관 직무대리 안땡호 씨 이들이 2차 보고서를 작성했습니다. 이 2차 보고서가 아직도 국정원 홈페이지에 있습니다. 알고 계시지요?

1차 보고서하고 2차 보고서 같습니까, 다릅니까?

○증인 김용빈 저희가 받은 1차 보고서와 2차 보고서의 차이는 저희의 요구사항을 반영시켜 달라고 했는데 반영 안 시켰고 다만 오탈자나 그다음에 기밀에 마스킹, 정보 마스킹을 해 달라는 요청은 받아들여졌습니다. 그러니까 일부 내용이 조금 변경은 됐지만 실질적인 내용은 동일한 것으로 저희는 알고 있습니다.

○박선원 위원 그래서 1차 보고서하고 총장님, 다시 한번 살펴보시고요.

1차 보고서하고 2차 보고서 다릅니다. 이것을 주도했던 사람이 김규현, 백종욱이고 그 당시 안보실장이 조태용, 그 당시 사이버비서관 윤호준이 지금 국정원에 눈 시퍼렇게 살아 있어요. 그래서 아직도 중앙선거관리위원회 이렇게 유린하고 있는 겁니다.

그 백종욱이 누구냐? 국민의힘 제22대 비례대표 32번이에요. 이런 자들이 선거에 관여해 가지고 그것을 앞에 계신 국민의힘 위원들이 이렇게 확대재생산하고 있습니다. 이 사람들이 내란의 단초를 제공한 사람이고 그것을 위해서 중앙선관위가 거의 걸레처럼 헤집어졌어요. 이래서 되겠습니까?

○증인 김용빈 저희들 나름대로는 잘 방어를 했다고 생각합니다.

○박선원 위원 그 점 인정하고 있어요. 국정원이 이렇게 했다는 점 말씀드리고 있는 겁니다.

○증인 김용빈 그리고 아까 기술적 지원 잘 모른다고 저한테 말씀하신 것 같은데……

○박선원 위원 기술적 지원은……

○증인 김용빈 실질적으로는 지금 보안감사 대상은 아니지만 그래서 KISA……

○박선원 위원 시간 좀 끊어 주세요.

잠시만요. 총장님, 미안합니다.

○증인 김용빈 예, 알겠습니다.

○박선원 위원 이게 시간이라는 게 있잖아요. 그래서 잠시 다시 돌아오겠습니다.

서울경찰청장 나와 주세요.

목현태 국회경비대장 나와 주세요.

이거 한번 보세요. 이 부대는 소위 수호신 부대입니다. 이 부대를 안내하고 있는 게 경찰이에요. 보이시지요?

○위원장 안규백 마무리해 주세요.

○박선원 위원 저 화면 보십시오. 그다음에 계엄군이 담장을 넘습니다. 그랬더니, 저 반짝반짝한 게 지금 경찰이에요. 경찰들이 안내를 해 줍니다. 넘어오니까 안내를 잘해 주고 있어요. 그다음에 아예 문을 열어 가지고 국회의원들은 못 들어가는데, 국회 직원도 못 들어가는데 경찰이 안내해 주고 앞장도 서 주고 같이 들어가고 있어요. 13만 5000 경찰을 이렇게 유린시킨 사람이 바로 이상민 행안부장관이고 김봉식 청장이 군의 하수인이 돼 버린 거예요. 그렇지 않습니까?

이것에 대해서 청장, 한 말씀 하세요.

그리고 목현태 경비대장님, 어떻게 보세요? 본인이 다 지시한 겁니까? 청장이 지시한 겁니까?

○증인 김봉식 제가 답변드리겠습니다, 위원님.

지난번에도 말씀드렸지만 이번 일과 관련해서 국민들과 국회의원님들 그리고 제가 36년간 몸담았던 경찰 조직에 다시 한번 진심으로 죄송하다는 말씀을 드립니다. 하지만 현장의 직원들은 당시 포고령의 어떤 위헌·위법성 여부를 미처 인식하지 못하고 지시에 따라 움직였다고 생각이 됩니다.

(발언시간 초과로 마이크 중단)

··

(마이크 중단 이후 계속 발언한 부분)

○박선원 위원 그러니까 그걸 막지 못한 이상민 행안부장관이 13만 5000 경찰들 앞에 사죄를 해야 되는데 저렇게 계시면 안 되는 거예요.

○증인 김봉식 장관님과 저는 그날 통화한 적도 없고 계엄 전후로 일체 연락한 적이 없습니다.

○박선원 위원 그러니까 왜 경찰을 군 밑에 그리고 대통령 밑에 바로 밀어 넣었습니까? 행안부장관 잘못이지요?

○증인 김봉식 어쨌든 그 부분에서 사려……

○박선원 위원 서울경찰청장이 대통령이 하라는데 무슨 힘이 있어요? 시키는 대로 한 거지.

○위원장 안규백 마무리해 주세요.

○증인 김봉식 사려 깊게, 신중하게 대처하지 못한 부분에 대해서 제가 서울청장으로서 지휘 책임을 통감하고 있습니다. 하지만 현장의 직원들은 미처 그 위법성 여부를 모르고 지시에 따라 움직였다고 생각됩니다.

○박선원 위원 앞으로 교육을 잘 시키십시오, 이런 일에 동원되지 않도록.

○증인 김봉식 그 부분에서 위원님들, 폭넓게 이해를 해 주셨으면 합니다.

○박선원 위원 알겠습니다.

　　아까 남은 17초……

○위원장 안규백 경비대장님 말씀하십시오.

○박선원 위원 정보통신기반 보호법 제7조 국가정보원은 기술적 지원을 수행하여서는 아니 된다, 그렇기 때문에 총장께서 국정원을 고발할 용의 있으세요?

○증인 김용빈 아닙니다. 그러니까 그 부분을 제가 설명드리려고 하는 겁니다. 기본적으로 기술적 지원을 받은 게 아닙니다. 명칭 형태는 국정원 보안 컨설팅이니까 기술적 지원을 받은 것처럼 돼 있지만……

○박선원 위원 그러니까 보안감사도 아니고 기술 컨설팅이라고 하는데……

○증인 김용빈 예, 그렇습니다.

○박선원 위원 국정원법 제4조, 정보통신기반 보호법 제7조 3항을 위반했으니까 총장께서 중앙선관위의 자존심을 걸고 이걸 고발하세요.

○증인 김용빈 그건 그럴 수가 없는 게 그때 상황 자체가 보안감사의 대상은 아니지만 이런 부분에서 문제가 있지 않느냐는 얘기가 있었고 저희들은 보안 컨설팅 자체의 주체를, 국정원을 개입시켜서……

○박선원 위원 아니, 그래서 이런 사람이……

○증인 김용빈 그렇기 때문에……

○위원장 안규백 박 위원님, 보충질의해 주세요.

○박선원 위원 국민의힘 비례대표 받아 가면서 설치고 다 오염시키고 있는 것 아닙니까, 국민의힘 의원님들을.

○증인 김용빈 그래서 지금 말씀을……

○박선원 위원 중앙선거관리위원회가, 사무총장이 중심 잡으셔야지요.

○증인 김용빈 그러니까 그게 고발할 사안은 아니라는 걸 말씀을 드리는 겁니다, 자의적이기 때문에.

○박선원 위원 알겠습니다. 저희가 고발해 드리겠습니다.

....

○위원장 안규백 백혜련 위원님 질의해 주세요.

○백혜련 위원 류혁 증인 앞으로 좀 나와 주세요.

○증인 류혁 류혁입니다.

○백혜련 위원 법무부 감찰관으로서 계엄 당일 날 용기 있게 계엄에 항의 표시를 하신 것에 대해서 감사드립니다.

　　그런데 조금 아쉬움도 있어요. 그때 조금 더 있었으면, 법무부가 실제로는 계엄에 있어서 큰 역할을 할 수 있는 부서로 보이잖아요. 실제로 경찰력이나 이런 동원은 경찰이나 군이 하겠지만 이후에 사법 문제와 관련해서는 법무부의 역할이 있을 텐데 그게 조금 더 어떻게 보면 알 수 있었던 부분들을 너무 빨리 나오셔서 알 수 없었던 아쉬움이 좀 있는 것 같습니다.

　그 당시 상황을 조금 구체적으로 말씀해 주시겠습니까? 몇 시쯤에 법무부에 모였고 어떤 사람들이 모여서 어떤 행동을 했는지.

○**증인 류혁** 저도 언론 보도를 보고 계엄 선포가 된 걸 알았고요. 법무부에 출근하면서 나름 판단을 했습니다. 계엄 선포는 당연히 말도 안 되는 상황이고 이게 현실 인식이나 혹은 위헌·위법한 계엄 선포라고 저는 확신을 가졌고요. 어찌 됐든 간에 계엄 선포는 당신이 마음대로 하셨는지 모르겠지만 그것을 따르고 안 따르고는 저의 마음대로 할 수 있는 것이고 제가 결정할 수 있는 영역이라고 생각했기 때문에……

○**백혜련 위원** 법무부 청사에 몇 시에 들어가신 거지요?

○**증인 류혁** 제가 12시쯤으로 추정됩니다. 제가 사직서를 제출한 게 00시 09분이니까 아마 12시 직전이었을 것 같습니다.

○**백혜련 위원** 12시 직전쯤에 어느 단위까지 이렇게 회의하겠다고 연락이 온 것인지는 아시나요?

○**증인 류혁** 제가 그때 당시에 실국장 단톡방에서 실국장들은 모이라는 비상소집 지시가 있었다는 그 단톡 메시지를 봤고요. 기조실장이 그 메시지를 올려 가지고 다른 실국장들이 다 그것 보면서 지금 바로 출근한다고 이렇게 글을 올리는 것을 보고 저도 그것을 보고 바로 법무부 과천으로 출발을 했습니다.

○**백혜련 위원** 과천에 도착하셔서 회의 안건이라든지 그런 것을 받은 것은 없습니까?

○**증인 류혁** 저는 최소한 이게 어떤 회의인지 성격은 확실히 파악을 해야 될 것 같아 가지고, 제가 여러 차례 언론에서도 말씀드렸습니다만 들어가자마자 장관이 얘기하는 것을 말을 잘라 버렸습니다. 상당히 기분 나빴던 것 같기도 한데 말을 자르고 제가 '이게 혹시 계엄 관련 회의입니까?'라고 여쭤봤고 장관이 '예, 그래요'라고 말씀하시길래 저는 그냥 제 결심했던 바대로 '그렇다면 저는 따를 생각이 전혀 없고 계엄 관련 지시라든가 명령은 전혀 이행할 생각이 없습니다. 그렇기 때문에 이 자리를 떠나겠습니다. 사직하겠습니다'라고 표시하고 바로 문을 열고 나왔습니다.

○**백혜련 위원** 그러니까 그때 박성재 법무부장관이 분명히 계엄 관련 후속 조치를 위한 회의다, 그것은 그렇게 얘기를 한 거예요?

○**증인 류혁** 그때 당시 '예, 그래요'라고 말씀하셨고 제가 그 이후에 몇몇, 제가 이름을 밝히기는 그렇습니다만 실국장하고 통화를 해 본 바에 따르면 계엄 선포 이후의 상황을 논의하는 회의였던 것으로 보입니다.

　그리고 그때 당시에 제가 사직서를 제출하겠다고 했을 때 박성재 장관의 모습이라든가 이런 것을 보면, 지금 밝혀진 사실에 따르면 8시 40분 정도에는 최소한 계엄 선포라는 상황을 알고 있었던 것으로 생각되는데 저보다 생각할 시간이 2시간, 3시간 이상 더 있었을 것으로 생각되고 그 당시에 그 자리에 앉아서 박성재 장관이 했던 행동은 계엄 선포를 부정하거나 불법으로 생각한다든가 의구심을 갖고 있었다든가 그런 사람의 행동이라고 저는 보기 어려웠습니다.

○**백혜련 위원** 그러니까 법률을 관장하는 그리고 대통령의 법적 참모라고 할 수 있는 박성재 법무부장관이 계엄에 관한 문제의식은 전혀 없고 그것의 후속 조치를 이행하기

위한 행동들을 한 것으로만 보인다 이렇게 본인은 판단한다는 것이지요?

○증인 류혁 예, 저는 그렇게 생각할 수밖에 없었습니다.

○백혜련 위원 그리고 지금 헌법재판소의 헌법재판관 임명과 관련해서 헌법재판소에서는 단호하게 헌법재판소의 결정이 내려지면 그것을 따라야 하고 따르지 않는다면 위헌·위법한 행동이라고 말을 하고 있습니다. 그것에 대해서 본인의 의견은 어떻습니까?

○증인 류혁 박성재 장관이 그렇게……

○백혜련 위원 아니, 지금 헌법재판소의 마은혁 헌법재판관 임명과 관련한……

○증인 류혁 그 부분은 제가 증인으로서 말씀드릴 수 있는 것은 아닌 것 같습니다.

○백혜련 위원 아니, 법률가시기도 하시잖아요.

○증인 류혁 예, 저도 위원님 말씀하신 것에……

○백혜련 위원 그러면 법률가로서의 관점을 얘기해 주세요.

○증인 류혁 헌법재판소에서 당연히 결정의 취지라든가 앞으로 결정의 효력에 대해서도 어느 정도 설시가 있을 것으로 판단이 되고 누구나 거기에 따라야 된다고 생각합니다.

○백혜련 위원 들어가……

잠깐 멈춰 주시고요.

김봉식 청장하고 오부명 공공안전차장님 여기 양쪽으로 나와 주세요.

김봉식 청장님은 참 책임이 무거우신데 더 무거운 것이, 그때 당일 날 8층 서울청 상황지휘센터에서 참모들과 법률 검토를 했지요. 그래서 참모들 대다수가 그때 당시에 국회의원들의 출입을 막는 이런 것들이 위법하다, 위헌적이라는 얘기를 했었습니다. 그럼에도 그 의견을 안 받아들였어요.

먼저 오부명 차장님……

○위원장 안규백 1분 더 주세요.

위원님, 마무리해 주세요.

○백혜련 위원 1분만 더 주시고요.

그때 당시에 의견 낸 것 얘기해 보세요.

○증인 오부명 처음 1차 차단했을 때 위법 출입 조치를 보고 저와 참모들이 청장님께 건의를 드렸고 청장님께서 그 의견을 수렴해서 1차 차단 해제가 이루어졌습니다.

○백혜련 위원 그러니까 어쨌든 그때 당시에 국회의장을 비롯해서 국회의원들의 출입을 가로막는 것은 헌법에도 비상계엄 해제 요구권이 있으니까 문제가 있다 이런 의견으로 얘기한 것이 맞지요?

○증인 오부명 맞습니다.

○백혜련 위원 대부분이 다 그렇게 얘기를 했지요?

○증인 오부명 그렇습니다.

○백혜련 위원 그러니까 결국 어떻게 보면 비상계엄 포고령 자체의 1호의 문제점을 지적하신 거예요.

청장님, 그런 참모들의 의견을 듣고도 계속 이렇게 강행한 것 어떻습니까?

○증인 김봉식 위원님, 사실 제 공소사실 관련되기 때문에 상세히는 말씀 못 드리겠습니다만 그 포고령 내려오기 전에는 제가 국회의원님들하고 보좌관, 사무처 직원들도 다

출입을 시켰습니다. 심지어는 국회 출입기자까지 출입증 있는 분들은 모두 출입을 시키라고 사실 제가 지시를 했습니다.

(발언시간 초과로 마이크 중단)

··

(마이크 중단 이후 계속 발언한 부분)

○**백혜련 위원** 이 법률, 법규 자체가······

○**증인 김봉식** 그 이후, 포고령 내려온 이후에 상황이 달라졌는데 그 짧은 초유의 급박한 상황에서, 어떻게든 그 부분에 따라야 되느냐 말아야 되느냐 그런 판단을 빨리해야 되는 상황에서 그 자리에서 일부 참모들의 즉석 브레인스토밍 같은 과정이 있었고 그 부분에서 상급청에서 지시가 내려온 부분을 소화하고 이행해야 될 그런 부분에서 제가 판단을 했던 겁니다. 제가 제 지휘 책임을 회피하려는 것이 아니고 그 부분에서 제가······

○**백혜련 위원** 조지호 경찰청장의 지시 때문이었다?

○**증인 김봉식** 물론 상급청의 지시가 있었습니다만 그 자리에서 포고령에 따라야 될······ 초유의 급박한 상황이고 포고령이라는 게 처음이기 때문에 그 부분에 대해서 논란이 좀 있었습니다. 사실 그 당시에 법무부나 대검 이런 데서 어느 한 부서라도 공식적으로 이게 위헌·위법하다고 발표한 부서가 없지 않습니까? 그 짧은 순간에 경찰에서 판단하고 집행을 해야 되는데, 그 부분에 대한 판단의 책임은 당연히 제가 지는 건 맞습니다만 현장의 직원들한테까지 그런 걸 강요한다는 건 쉽지 않다고 생각합니다.

○**백혜련 위원** 현장에서 직원들은 그 짧은 순간에도 이것이 위헌·위법하다는 의견을 낸 거예요. 그런데 안가에 가서 그걸 받고, 그런 상황에서도 본인이 못 하고 계속적으로 위헌·위법한 행동을 했다는 게 큰 문제인 겁니다.

○**증인 김봉식** 위원님, 포고령 이전에는 대통령 계엄 선포만으로는 국회의원님들 출입을 막을 수 없다 해서 출입증 있는 기자들까지 제가 출입을 시켰습니다. 그 부분을 좀 이해해 주시면 좋겠습니다.

··

○**위원장 안규백** 장동혁 위원님 질의해 주십시오.

○**장동혁 위원** 사무총장님께 오전에 이어서, 제가 드리고 싶은 말씀은 지금부터 드리려고 합니다.

선관위에서 의혹을 해소하려는 노력을 해야 되지만 해소되지 않는다면 총장님, 근본적인 대책은 제도를 개선하는 거라고 생각하지 않으십니까?

○**증인 김용빈** 예, 그 부분에 동의합니다.

○**장동혁 위원** 90년도부터 23년 7월까지 약 33년간, 사무총장으로 가시기 직전까지 거의 법관으로 근무하셨지요?

○**증인 김용빈** 예.

○**장동혁 위원** 부정선거 없다고 확신하시지요?

○**증인 김용빈** 예.

○**장동혁 위원** 그런데 답답하시지요?

○**증인 김용빈** 예.

○**장동혁 위원** 왜냐하면 여전히 국민의 40% 가까이는 부정선거 의혹에 공감하고 있기

때문에 답답하시잖아요.

그리고 이건 진영의 문제도 아닙니다. 아까도 다른 위원님 말씀하셨지만 김어준 씨도 2012년 대선은 통계적으로 기획된 선거였다라고 말씀하고 계시고 김두관 전 민주당 의원님도 지난 12월 달에 선거무효소송 재판에서 전자개표기 문제 많다, 부정선거 소지가 있다 이렇게 말씀하셨어요. 진영의 문제도 아니고요.

그리고 이건 있냐 없냐의 문제가 아니라, 아까 존경하는 민홍철 위원님 말씀 주셨는데 저도 공감하는 부분이 있습니다. 시스템 그게 문제가 있든 없든 결국은 국민의 의식이 달라지지 않는다면, 즉 여론조사나 이런 것들이 좀 왔다 갔다 한다 하더라도 적어도 국민의 3분의 1 이상은 부정선거에 대해서 공감하고 있고 내 한 표가 어디로 가는지에 대해서 매우 걱정하고 계십니다. 그렇다면 제도를 바꿔야지요. 왜, 아무리 의식을 바꾸려는 노력을 하고 선관위에서 아무리 설명을 하고 총장님께서 이번에는 사전선거제도 여러 가지 바꾸셨잖아요. 그럼에도 불구하고 여전히 이런 논란이 계속 사그라들지 않고 사회적 비용과 또는 사회적 갈등이 계속 커져만 간다면 저는 제도를 개선해야 된다고 봅니다.

그리고 제가 오전에 계속 판결을 읽어드린 이유는 법관이시니까 잘 알잖아요. 대법원 판결이 났으니까 입 닥치고 있어라 이렇게 얘기한다고 해서 국민들의 그게 사그라드는 게 아니지 않습니까? 이 판결은 적어도 전적으로 실체적 진실을 발견한 게 아니라 절차적 진실을 발견한 것 아닙니까, 주장·입증책임에 따라서? 맞지 않습니까? 완벽하게 실체적 진실, 우리가 존재하는 이 진실이 무엇인지를 완벽하게 밝혀낸 게 아니라 절차적 진실을 밝힌 겁니다. 그렇기 때문에 이유를 읽어도 의문이 다 풀리지 않기 때문에 국민들께서 여전히 의혹을 가지고 계신 겁니다. 다시 말씀드려서 대법원 판결이 있으니까 이 얘기 하지 말아라, 우리가 충분히 설명드렸으니까 얘기하지 마십시오라고 한다고 해서 의식이 안 바뀌고.

최근의 여론조사 보니까요, 12월 27일 날 어떤 언론사에서 한 여론조사에 부정선거 논란 규명이 필요하다가 41.8%입니다. 그리고 잘 모르겠다가 8.8%입니다. 거의 50%에 가깝습니다. 국민들은 여전히 의혹을 가지고 계십니다. 걱정하고 계십니다. 내 한 표에 대해서 걱정하고 계시다고요. 그러면 선관위에서 이번 기회에 특단의 조치를 해야 되지 않겠습니까?

설명만 가지고 안 된다니까요. 판결 나도 안 된다니까요. 제가 아까 판결 읽어드렸잖아요. 그리고 33년 법관으로 계셨고 저도 법관으로 오랫동안 했지만 이 판결문을 읽어 봤을 때 의혹이 다 해소되지 않기 때문에 계속 이런 문제들이 남아 있고, 시스템에 문제가 없고 부정선거가 없다고 아무리 말씀하셔도 국민들의 머릿속에는, 마음속에는 여전히 부정선거가 자리 잡고 있다면, 아까 말씀하셨지 않습니까? 사전선거가 도입된 이후로 부정선거에 대한 논란이 더 커졌다라고 한다면 저는 사전선거에 대해서 근본적으로 고민해 볼 때가 됐다고 생각합니다.

사전선거, 총선하고 지선은 선거운동기간이 13일이지 않습니까? 사전선거는 그런데 본선거 일주일 전에 하지요. 그러면 저희 같은 현역들은 좋지요, 선거운동기간 반으로 잘라지는데. 그런데 신인들은 선거운동 언제 합니까? 그리고 사전투표 이후에 새로운, 결정적인 상대 후보의 흠결이 발생되거나 발견되거나 그랬을 때 어떻게 뭐 취소도 못 하고 어떡합니까?

예를 들자면 '미스터트롯3'에 나와 가지고 노래하는데 첫 소절 듣고 하트 눌렀는데 중간에 갔더니 음 이탈 나고 박자 틀리고 음정 다 틀려서 그거 바꿀 수도 없고 어떻게 하냐 이거예요. 사전투표를 일주일 전에 하지 않습니까? 그 사이에 어떤 일이 발생하면? 따라서 저는 본선거를 금·토·일 3일 하는 것도 방법이라고 생각합니다. 그러면 이 문제를 해결할 수 있지 않습니까? 그리고 투표의 기회도 보장할 수 있고요.

저는 이번 기회에 그래서 의혹의 해소가 안 된다면, 선관위가 아무리 노력해도 이런 문제들이 계속 커져만 간다면, 이제 선관위가 직접 나서서 우리 사전선거 없애겠습니다라고 말할 수 없다면 저는 국회에서 그 논의를 시작해야 되고 선관위도 그에 적극적으로 공감하면서 대안을 연구하고 고민할 때가 됐다고 생각합니다. 어떻게 생각하시나요?

○증인 김용빈 사전선거와 관련한 부분에서 22대 국회의원 선거를 준비하면서 느꼈던 과정입니다. 그래서 아까 말씀드렸다시피 사전투표제의 기본적인 근간 자체가 통합선거인명부에 있고 결국 저는 국민들의 의혹을 해소시키기 위한……

○장동혁 위원 총장님, 제가 시간이 없어서 제 말씀부터 먼저 드릴게요. 나중에 말씀……

○증인 김용빈 예.

○장동혁 위원 지금 문제가 되는 게 통합선거인명부를 통해서 윤석열 대통령이 헌재에 신청한 것이 투표자 수를 한번 점검해 보자는 거지 않습니까?

○증인 김용빈 예.

○장동혁 위원 우리 무기명 수기투표 국회에서 하는 것을 예를 들어 볼게요. 무기명 수기투표를 예를 들어 볼게요. 제일 처음에 명패 받습니다. 투표용지 받습니다. 명패 넣고 투표용지 넣습니다. 최종적으로 뭐부터 합니까? 명패 숫자 셉니다. 그리고 투표용지 숫자 셉니다. 이 실물 투표용지와 명패 수가 같아야 그다음에 개표가 진행됩니다. 하나라도 틀리면 그 선거는 다시 해야지요.

그러면 선거인명부가 명패고요 실물 투표용지가 이 투표용지입니다. 이걸 맞춰 보면, 이걸 맞춰 보자고 하는 이유는 의혹이 사라지지 않으니 이걸 맞춰 보면 많은 의혹들이 있을 거라는 겁니다. 아까 투표 숫자와 투표용지 숫자가 다를 수 있다고 하는데 적은 경우는 발생하지만 많은 경우는 발생하지 않습니다.

○증인 김용빈 지금 말씀하시는 사전투표의 경우에는 우편투표 방식으로 해 가지고 넘어가니까 그런 부분이 별 문제는 없을 것 같아요. 다만 본투표 때는 아까 말씀드린 대로 선거인이 경우에 따라서는 이상행동을 하는 경우에는……

○장동혁 위원 그래서 그 부분에 대해서 국민들이 의혹 가지고 있고 확인하자고 하니까……

○증인 김용빈 지금……

○장동혁 위원 선관위도 그 노력을 하고 헌재에서도 저는 그것에 대해서 한번 검증할 필요가 있다고 생각하는 겁니다.

○증인 김용빈 저도 선거 과정이 국민들의 의혹을 해소시키기 위해서는 모든 과정이 투명하게 그렇게 관리 운영되어야 된다고 생각을 합니다. 그런데 문제는—사전투표제의, 이걸 단점이라고 해야 되나—사전투표제를 시행하게 되면 결국은 일정 부분 소위 통합선거인명부라는 서버, 소위 전자정보로 관리하는 영역이 생길 수밖에 없고요. 거기서 국민들이 실제적으로 공개해서 볼 수 있는, 투명하게 볼 수 있는, 확인할 수 있는 그런 제도

적인 장치가 없는 것은 인정합니다. 거기에 따라서 지금 문제가 되는 것이고……

○**장동혁 위원** 그래서 사전투표 제도를 저는 개선해야 된다고 생각합니다.

○**증인 김용빈** 하여튼, 그런데 저희들이 계속 말씀드리는 것은 선거관리, 중립적으로 어떤 제도를 운영하는 데 있어서 저희가 어느 일방향에게 유리하게끔 될 수 있는 제도를 저희가 먼저 제안하고 나갈 수는 없습니다. 그래서 저희들은 이런 부분들이 국회, 국민의 대변자이신 국회에서 입법적으로 잘 해결되기를 희망하고 있습니다.

○**위원장 안규백** 한기호 위원님 질의해 주십시오.

○**한기호 위원** 한병도 위원님 먼저 해요. 아까 내가 바꿔 드린다 그랬어요.

○**위원장 안규백** 그래요?

○**한병도 위원** 감사합니다.

○**한기호 위원** 존경합니다.

○**한병도 위원** 감사합니다.

오부명 경찰청 공공안전차장님 왼쪽으로 나와 주시겠어요?

아까 말씀해 주셨는데 다시 확인 차원에서 말씀드리겠습니다.

비상계엄 당시 국회 봉쇄를 진두지휘한 경찰청 경비라인 지휘계통에 계신 거였잖아요?

○**증인 오부명** 예.

○**한병도 위원** 12월 3일 밤 10시 46분, 국회를 최초 봉쇄한 직후에 증인을 비롯한 서울청 지휘부는 위헌 소지가 있다는 점을 김봉식 서울청장에게 국회의원 출입을 건의한 사실이 있지요?

○**증인 오부명** 예.

○**한병도 위원** 11시 7분경, 국회 출입이 일시적으로 그래서 허용이 됐고요?

○**증인 오부명** 예, 그렇습니다.

○**한병도 위원** 조지호 청장이 포고령을 인지한 밤 11시 37분 국회가 다시 전면 봉쇄를 했습니다. 그렇지요?

○**증인 오부명** 예.

○**한병도 위원** 12월 3일 밤 11시 41분부터 48분까지 7분 사이에 국장님께서 총 세 차례 통화를 하면서—임정주 경찰청 경비국장하고요—국회 전면 차단을 재검토해 달라고 요청한 사실 있지요?

○**증인 오부명** 예.

○**한병도 위원** 세 번 했습니까?

○**증인 오부명** 한 번은 통화가 잘 안 돼서 총 세 번 했습니다.

○**한병도 위원** 그런데 이 두 번째 건의는 받아들이지 않았는데 그때 조지호 경찰청장이 포고령을 따르지 않으면 우리가 체포된다라면서 전면 통제를 유지시켰지요?

○**증인 오부명** 그때 당시에는 조지호 청장님의 말씀은 듣지 못했고 본청장 지시대로 하라는 말만 들었습니다.

○**한병도 위원** 예, 본대 지시대로요. 저희들이 주목해야 될 점은 경찰청과 서울경찰청 지휘부가 국회 봉쇄의 위헌성을 계엄선포 직후부터 인지를 하고 있었던 거잖아요. 이미 논의를 했잖아요?

○증인 오부명 예, 헌법 77조를 보고 알게 됐습니다.

○한병도 위원 계엄선포 당시 국회 봉쇄를 통한 국회의원 출입 금지 조치가 헌법과 법률에 위반될 우려가 크다는 점을 이미 알고 있었고 그리고 증인뿐만이 아니고 서울청 지휘부 대부분이 국회 전면 봉쇄가 위헌·위법하다는 인식을 공유하고 있었던 겁니다. 그래서 그런 논의를 했고 전화를 받고 봉쇄를 풀어야 된다고 이야기를 했고요. 그럼에도 국회 봉쇄에 대규모 경력이 투입이 됐습니다. 이유는 조지호 청장의 의지가 가장 크게 작용을 했을 거라고 저는 생각이 듭니다. 그리고 조지호 청장의 그런 강한 의지는 포고령 선포 이후에 포고령을 근거로 한 주장, 그래서 그 포고령을 따라야 된다는 주장으로 경력이 투입이 되면서 봉쇄를 했던 것입니다.

경찰청장은 비상계엄 선포 전후에 시종일관 윤석열 피고인의 의중과 심기만 중점을 두고 경력을 운용하면서 국회를 봉쇄했다고 저는 생각이 듭니다. 심지어 13만 경찰 수장이 국회의 계엄 해제 의결 후에도 대통령 눈치만 본 것입니다. 국회 봉쇄부터 해제 과정까지 전 과정에 제기된 의혹들을 낱낱이 밝혀야 할 것입니다.

들어가셔도 좋습니다.

다음에 박안수 전 총장님 잠깐만 좀 부탁드립니다.

○증인 박안수 전 육군총장입니다.

○한병도 위원 아까 김병주 위원님께서도 질의를 해 주셨는데 결심지원실에서 윤석열 피고인이 비상계엄을 다시 선포하겠다라는 언급을 들은 사실이 있으십니까?

○증인 박안수 그런 사실 없습니다.

○한병도 위원 없습니까? 국회가 계엄을 해제했는데 새벽 2시경 수방사에 출동 가용 인원을 파악하라고 지시한 이유가 무엇입니까?

○증인 박안수 그런 사실도 제가……

○한병도 위원 없습니까?

○증인 박안수 예.

○한병도 위원 출동 가용 인원 파악 사실, 안경민 수방사 작전과장 증원 1차 기관보고 때 이야기를 했는데?

○증인 박안수 저는……

○한병도 위원 총장님은 모르겠습니까?

○증인 박안수 예. 1시 14분부터는 다른 장소에 있어 가지고 제가 그런 사실 잘 모르겠습니다.

○한병도 위원 그러면 곽종근 사령관님!

○증인 곽종근 예.

○한병도 위원 죄송합니다. 2시 13분경에……

○증인 곽종근 전 특수전사령관입니다.

○한병도 위원 김용현 전 장관이 선관위에 병력 재투입이 가능한지 문의를 했고 곽 사령관님은 불가능하다는 답변 하셨다고 발언을 하셨지요?

○증인 곽종근 예.

○한병도 위원 그게 2시 13분이었습니다.

○증인 곽종근 그 시간대입니다.

○**한병도 위원** 감사합니다.

　2시경에 계엄을 해제했는데 출동 가용 인원을 해제한 이후에 왜 이게 가능한지 계엄사령부에서 했고요. 그다음에 2시 13분도 해제된 이후입니다. 그런데 또 특수전사령관에게 전화를 해서 선관위에 투입할 병력이 가능한지를 해제된 이후에 왜 자꾸 물어봅니까?

　그리고 아까 2차 계엄 준비사항 김병주 위원님께서도 질의를 하셨는데 201 대구에 있는 이 부대는요 저희들이 제보도 받았습니다. 그때까지 헬기를 켜 놓고 병력이 대기를 하고 있었습니다, 끝날 때까지. 즉 왜 계엄이 다 해제됐는데 2시경……

○**김병주 위원** 1분만 더 주지요, 중요한 것 하니까.

○**위원장 안규백** 예, 1분.

○**한병도 위원** 특수전사령관, 수방사령관, 201, 이런 부대들의 출동 대기가 왜 계엄 해제 이후에도 계속됐는지, 이것은 결심지원실에서 피고인 윤석열이 추가 병력을 투입하라고 지시해서 그런 것 아닙니까?

○**증인 박안수** 그 얘기를 들은 게 전혀 기억이 없습니다.

○**한병도 위원** 그러면 3인은 계셨지요, 결심지원실에?

○**증인 박안수** 아, 3명……

○**한병도 위원** 전 장관과 사령관님하고……

○**증인 박안수** 예, 10분 정도 제 기억은 그렇습니다.

○**한병도 위원** 3명이요.

○**증인 박안수** 예.

○**한병도 위원** 그 10분 동안에 이런 이야기 전연 없었습니까?

○**증인 박안수** 예, 그때 그런 얘기가 없었고 간단한 현안보고, 법령집 보시는 시간, 좀 빨랐지만 좀 길게 느껴지는 그런 침묵도 조금 있었고 그랬었습니다.

○**한병도 위원** 그것만 이야기하고 병력 지원을 한 거나……

○**증인 박안수** 예, 논의하거나 그런 얘기 안 했습니다.

○**한병도 위원** 아니면 투입 사실 이런 이야기가 전연 없었다는 겁니까?

○**증인 박안수** 예, 굉장히 좀 무거웠고 약간 화나신 것 같은 그런 느낌……

○**한병도 위원** 이건 조사를 통해서 밝혀질 거라고 생각이 들고요.

　해제된 이후에도 왜, 제2·제3의 계엄을 생각하지 않았으면 왜 각 수방사·특전사 이런 부대들이 계속 병력을 운용할 수 있는지 문의를 한 게 납득이 가지 않아서 질문드렸습니다.

　이상입니다.

○**위원장 안규백** 한기호 위원님 질의해 주십시오.

○**한기호 위원** 조금 전에 경찰 관계관이 '현장의 경찰관들은 위법 여부를 판단하실 수 있는 상황이 아니었다. 명령에 의해서 움직였기 때문에 그들에게는 책임을 물을 수 없다' 이런 얘기를 하셨는데 저도 과거에 제복을 입었던 사람으로서, 이번 비상계엄을 통해서 경찰과 군인은 정말로 만신창이가 됐습니다. 특히 군인들은 정치군인, 내란 주범, 반란세력, 폭도 등등 수많은 폭언적인 용어로 포장이 됐습니다. 실제로 또 사조직이 운영됐다고 많은 누명을 썼습니다.

　이제는 군인들이 정상으로 돌아와야 될 때가 됐습니다. 수사를 받고 조사를 받은 사람들은 제가 알기로 이제 거의 다 끝났습니다. 이제 정상화시켜 주지 않으면 사실 주저앉을 수밖에 없고 앞으로도 심각한 상황이 되리라고 생각합니다.

2군단 부군단장님 와 계시지요? 가셨나요?

○증인 박민우 있습니다.

○한기호 위원 경계태세가 발령된 걸로 인식을 해서 또 그리고 예하부대에서는 경계태세에 의해서 움직였습니다.

2군단 예하의 21사단은 실제로 경계태세에 의해서 연락관이 운용됐습니까, 계엄령에 의해서 운용됐습니까?

○증인 박민우 그 당시 제가 보직일이 12월 4일이었습니다. 제가 12월 3일 날 저녁에 갔기 때문에 그 상황은 제가 알지 못하고 있습니다.

○한기호 위원 잘 모르신다?

그래서 지금 실제로 우리 경계태세로 인해서 움직인 것도 마치 계엄에 의해서 움직인 것처럼……

그리고 부대에서는, 부대 상황실에서는 항상 출동 가용 병력을 판단합니다, 누구 지시에 있든 없든. 그래서 전 육군총장에게 '지금 네가 출동 지시를 한 것 아니냐? 2차 계엄, 3차 계엄 하려고 한 게 아니냐?' 하지만 참모들은 자동적으로 자기들이 할 일을 한 겁니다.

또 전 육군참모총장이…… 실제로 여기 육군본부에는 계엄 담당하는 실무자도 한 명 편성되어 있지 않습니다. 그러다 보니까 실제 참모진들을, 합참 참모진을 쓸 수 없기 때문에 육군본부 참모진을 서울로 올라오라고 명령을 내린 것이지 이게 마치, 출동 병력으로 계산해서 얘기하는 것이 아니고 참모총장이 자기 참모진들을 부른 거예요. 그런데 이것도 그렇게 누명을 씌워서는 안 된다.

또 국민들과 우리 국회에 대해서도 총부리를 겨눴다 이렇게 얘기를 하는데 실제로 707특임단은 그날 훈련 복장으로 나왔다가, 야외에 나와 있다 그대로 출동한 거기 때문에 이것도 실제로 그날 복장을 그 복장을 하라고 지시해서 그 복장으로 온 게 아닙니다. 그래서 군인들을 이제는 정상으로 가도록 좀 놔둬라.

그렇게 흔들어서 누가 좋아합니까? 그래서……

○민병덕 위원 비정상으로 되게 한 사람이 누구입니까?

○한기호 위원 발언할 때는 좀 가만히 계십시오. 저희가 뭐라고 안 하잖아요.

○민병덕 위원 하도 속이 터져서 그렇습니다, 속이 터져서.

○한기호 위원 그러니까 위원들 간에도 예의를 차릴 건 차려야지요. 그렇게 자꾸 중간에서 껴 가지고 그렇게 얘기하시면 누가 기분 좋겠어요?

○민병덕 위원 속이 터져서 그렇습니다.

하십시오.

○위원장 안규백 민병덕 위원, 가만히 계세요.

말씀하세요.

○한기호 위원 곽종근 중장도 이제는 누가 불렀을 때 나올 때 '전 특전사령관' 이렇게 얘기하지 마십시오. 이미 한참 지나간 후의 일이에요. '곽종근 중장입니다' 이렇게 대답하십시오. 지금 특전사령관이라는 말이 나올 때마다 특전사 장병들은 뜨끔뜨끔합니다. 육군

총장도 '전 육군총장'이라고 하지 말고 '박안수 대장'이라고 하십시오. 지금 이런 것들이 우리 남아 있는 군인들에게 어떤 영향을 미치는지 좀 생각 좀 하고 해 주시길 바랍니다.

　육군총장님!

○증인 박안수　예, 박안수 대장……

○한기호 위원　박안수 대장님, 군 내에서 사조직을 운영할 수 있어요?

○증인 박안수　없습니다.

○한기호 위원　없지요? 엄하게 처벌받게 돼 있지요?

○증인 박안수　예, 그렇습니다.

○한기호 위원　저도 1분 주십시오.

　이미 하나회가 군에서 운용되고 나서 그 병폐에 의해서 군에서 사조직을 운영할 수 없도록 아예 군인복무기본법에 명시가 돼 있습니다. 그리고 철저하게 이러한 것들이 관리가 되고 있습니다. 그런데 지금 우리 사법 조직에 대해서는 지금 국민들이 불신하고 있는 것들이 있어요. 헌법재판소에 과거 우리법연구회 그리고 국제인권법연구회 여기에 관련됐던 재판관들이 있으면서 실제로 이게 사조직 아니냐 이런 의아심을 받고 있고 이게 지금 재판에도 엄청난 영향을 미치고 있습니다.

　제가 봐서는 최소한도 문형배 헌법재판관은 나는 여기에서 탈퇴한 지가 언제다, 몇 년도에는 탈퇴했다라고 얘기를 하든가 그리고 그런 데 관여하지 않고 있다든가, 뭘 얘기하지 않고는 국민들이 이번 헌법재판소 판단에 문제를 제기할 겁니다.

　이상입니다.

○위원장 안규백　박안수 사령관님, 앞에 서 계십시오.

　오늘 또 이 엄동설한에 하늘에서 바다에서 육지에서 조국 수호에 애쓰는 장병들한테 먼저 경의를 표합니다.

　군인의 길은 작은 의미에서는 고난의 형극의 길이지만 큰 대의의 의미에서는 조국과 민족을 위한다는 그 대의가 있기 때문에 국민들은 여전히 존경과 신뢰를 보내고 있는 것입니다. 99.99%의 군인들한테는 모든 국회의원들이나 우리 국민들이 전적으로 신뢰를 보내는 겁니다. 다만 0.01%, 한 줌도 안 되는 정치군인 때문에 도매금으로 넘어가고 있는데 여전히 많은 국민들은 저는 신뢰를 보내고 있다고 생각을 합니다.

　한 50분 전에 말이지요 헌재에서 이진우 전 수방사령관이 우리 계엄사령관한테, 박안수 계엄사령관한테 계속 전화를 받았다고 그래요. 뭐 무슨 내용으로 전화를 했길래 계속 전화를 받았다고 이렇게 진술했지요?

○증인 박안수　그 안보실장 통화할 때에 병력 추가 투입이나 철수를 말씀하셔서 수방사령관에게 전화를 했는데 왠지 수방사령관은 계속 통화 중이 많이 걸렸습니다.

○위원장 안규백　그러니까 반복적으로 계속 전화를 해 왔다?

○증인 박안수　예, 그렇습니다.

○위원장 안규백　무슨 얘기를 했습니까?

○증인 박안수　그래서 병력들이 어디에 있냐, 안전한 곳에 있냐, 추가 투입하거나 그래서는 안 된다라는 말씀을 전달하고 확인하였는데 제가 국회 정확한 지형은 잘 모르지만 어느 어느 어느 장소에 있고, 거기 어느 한 장소는 국민들이 있기 때문에 지나갈 수가 없어서 좀 안전하게 이렇게 이격되어 있다 그런 걸 확인하고 병력들은 국민들과 이격되

어 있고 안전한 장소에 있구나 하는 것을 한 02시 어간부터 안보실장 전화를 받고 02시 한 18분에서 20분까지 통화를 했습니다.

○**위원장 안규백** 그러니까 지금 박안수 사령관은 12·3 내란 전하고 이후하고 굉장히 사람이 많이 바뀌어졌어요. 지금 그 내용이 아니에요. 이 진술한 내용을 보면 '들어가라. 왜 못 들어가냐. 왜 못 들어가냐' 이런 이야기를 계속 반복적으로 했다는 거예요. 그런데 전혀 지금 상반된 진술을 하고 계시잖아요.

○**증인 박안수** 저는 전혀 그런 말씀을 드린 적 없습니다.

○**위원장 안규백** 아니, 계엄사령관의 부하인 이진우 수방사령관이 반복적으로 전화를 해서 '왜 못 들어가냐. 들어가라. 왜 못 들어와. 왜 못 들어가냐' 이렇게 반복적으로 했다는 거예요. 조금 전에 진술한 내용입니다.

○**증인 박안수** 전혀, 전혀 그런 사실은 없습니다.

○**위원장 안규백** 그러면 이진우 전 수방사령관이 허위 진술하고 있는 거네요? 그렇습니까?

○**증인 박안수** 제가 병력을 투입하거나 어떤 이동, 지시 이렇게 한…… 그럴 수가 없었습니다.

○**위원장 안규백** 반복적으로 왜 못 들어가냐고 했다는 거예요. 한기호 위원님……

　　(자료를 들어 보이며)

　여기 지금 조금 전에 나왔던, 50분 전에 나왔던 기사입니다. 그런데 지금 상반된 진술을 하고 계신 거예요.

○**증인 박안수** 상반됐다는 말씀은 이해하는데 전혀, 제가 그때 상황실도 없었고 어떻게 지시할 수 있는 그런 상황이 아니었고……

○**위원장 안규백** 아니, 그러니까 상황실이 없었기 때문에 계엄사령관께서 계속 반복적으로 전화를 했던 것 아닙니까?

○**증인 박안수** 아닙니다. 계속 반복적으로 했던 그것은 그걸 확인할 때였고 나중에 알고 보니까 다른 분들하고 통화를 많이 한 것은 알고 있었고……

○**위원장 안규백** 지금 계엄사령관께서 허위, 위증을 하고 계신 겁니다. 이따 제가 다시 확인해 드리겠습니다.

　들어가도 좋습니다.

○**증인 박안수** 예.

○**위원장 안규백** 류혁 법무부 감찰관님!

○**증인 류혁** 류혁입니다.

○**위원장 안규백** 용기에 찬사를 보냅니다.

　윤석열 12:3 내란 계엄선포 당시에 반헌법적 계엄이라고 판단을 해서 참여하지 않고, 그러니까 계엄이 해제되기 전에 12월 4일 0시 9분에 바로 사직서를 제출했습니까?

○**증인 류혁** 예, 그렇습니다.

○**위원장 안규백** 어떤 이유로서 그 사직서를 바로 제출을 했지요?

○**증인 류혁** 저는 언론 보도 보면서 바로, 내용이라든가 이런 포고문의 형태라든가 이런 걸 보면 도저히 지금과 같은 상황에서 그리고 이런 민주국가에서는 있을 수 없는 좀 폭력적이고 독재적인 언어를 표현한 포고문이라는 생각이 들었고 어찌 되었든 간에 포고

문 선포에는 제가 관여할 수는 없는 거였지만 그걸 따르고 안 따르고, 제가 공무원 조직에서 그 구성원으로서 그걸 따르고 안 따르고는 제 마음대로 결정할 수 있는 것이라서 제 책임하에서 제가 그냥 따르지 않기로 결심을 하고 그에 따라서 그냥 사직서를 제출했습니다.

○위원장 안규백 검사 출신이시던데 검사 출신으로서의 그런 마음의 양심에 동의를 못해서 그렇게 했다는 그런 말씀인가요?

○증인 류혁 예, 그렇습니다. 전혀, 웬만한 명령이라면 저는 윗분들 말씀 어떻게든 이렇게 고쳐 가면서라도 따르려고 한다고는 하는데 따를 상황……

○위원장 안규백 당시 그 회의 상황에서 법무부 인원들의 분위기는 어떻습니까?

○증인 류혁 저는 뭐 사실 거기 계신 분들 일일이 개인적인 마음이나 이런 걸 말씀드리는 건 적절치 않다고 보여지지만 어찌 되었든 간에 그때 당시에 제가 장관께 몇 마디를 물었고 장관으로부터 받은 해답이라든가 그 이후에 제가 들은 바에 따르면 어찌 되었든 계엄선포 이후에 법무부의 조치가 어떤 것이 있는지 계엄선포를 전제로 해서, 8시 40분에 알게 된 계엄선포를 전제로 해서 법무부의 역할을 논의하는 자리였던 것은 분명해 보입니다.

○위원장 안규백 그러니까 사직서를 제출했을 때 장관의 표정과 태도와 내용은 어땠습니까?

○증인 류혁 몇 번 말씀드렸는데 제가 따를 생각이 없고 그렇기 때문에 사직서를 제출하겠다고 했을 때, 뭐 전 그 정도도 가능하다고 보는데요 화난 목소리로 그냥 '그렇게 하세요'라고 얘기해 가지고 저도……

○위원장 안규백 아니, 왜냐하면 김용현 전 장관께서 헌재에서 비상계엄에 찬동한 국무위원도 계셨다라고 그렇게 말씀하셨는데 실지적으로 현재 국무위원들께서는 전혀 찬성하는 분이 한 분도 지금 나오고 계신 분이 안 계십니다. 그렇다면 박성재 장관께서 이에 대해서 동의나, 찬성이나 반대나 했더라면 감찰관께서 사직서를 냈을 때 어떤 반응을 보였을 것 아닙니까? 만류했달지, '이러면 안 된다. 같이 일하자' 이랬달지 어떤 표정을 했을 것 아닙니까?

○증인 류혁 잠시 기다려 보라고 얘기를, '기다리고 네 얘기를 한번 해 보자'고 이런 식으로 말씀하셨을 수 있을 것 같은데 그때 당시에 장관님께서는 그냥 바로 '그렇게 하세요'라고 말씀하셨고, 사실은 제가 사직서를 제출하는 데 좀 시간이 걸리고 말씀은 안 드렸지만 다시 한번 문 열고 그냥 제 나름대로 생각나는 게 있어서 한마디 소리 지르고 그냥 나와 버렸습니다.

○위원장 안규백 알겠습니다.

장관대행께 한 말씀 드리겠습니다.

본 위원장이 계엄 시에 탄약과 수류탄 일체 불출 현황에 대해서 자료마다 약간씩 좀 중구난방 하다라는 것을 문제 삼아서 재정리를 지시한 바가 있습니다.

본 의원실에는 1월 13일 자 국방부 보고 종이 책자 위에 적힌 기준으로 보면 기제출받은 자료와 함께 추산된 결과가 20만 2545발로 지금 나와 있습니다. 그런데 지난 14일 날 받은 국정조사 자료를 보면 17만 1703발이에요. 무려 3만 842발이 줄어든 내용입니다. 구체적으로 707 3556발, 1공수 298발, 3공수 7980발, 9공수 1만 7439발, 수방사 1경비단

1523발, 군사경찰단 22발, 방첩사 24발, 이게 지금 줄어들었습니다. 공포탄과 고무탄, 테이저건 수치를 빼고 계산하더라도 납득할 수 있는 그 결과가 지금 매우 큽니다. 국방부 자료에 대해서 지금 정확한지 여부와 함께 기존 자료제출 내에서 약 3만 발가량 줄어든 이유에 대해서 한번 설명해 주십시오.

○증인 김선호 제가 그거 보고 받았습니다. 저희가 보고드렸던 거하고 지금 위원장님께서 파악하신 거에 한 3만여 발의 차이가 있다라는 것을 제가 보고를 받았고 그것을 제가 다시 지시를 했습니다. 그 차이가 나는 부분이 어디 가 있는 건지 다시 한번 재파악을 하라고 지시를 해서 지금 아마 파악을 하고 있고, 제가 정확히 파악되면 다시 보고를 드리겠지만 그 차이를 보면 아마 세부적으로 들어 있는 탄종들에 있어서 여러 가지 유형이 있는데 그것을 계산하는 과정에 있어서 좀 착오가 있지 않을까 하는 생각은 드는데……

○위원장 안규백 그런데 착오라 하더라도 3만 발 이상이 차이 나면 굉장히 많이 나는 거 아닙니까?

○증인 김선호 예. 그래서 그 부분을 저희가 다시 면밀히 한번 2차 조사를 해서 정확하게, 저희들이 지금까지 수차례 파악을 한 것은 말씀드린 대로 국회에 갈 때 휴대하고 갔던 것이 한 5만여 발 그다음에 경계태세 2급 발령과 연계돼서 부대에서 탄약고에서 유출됐던 것이 한 12만여 발 해서 18만여 발이 되는데 그 차이가 납니다. 그게 정확히 파악이 되면 제가 다시 보고를 드리겠습니다.

○위원장 안규백 끝으로 한 가지요.
우리 특전사가 말이지요 신속대응부대가 있지 않습니까?

○증인 김선호 예.

○위원장 안규백 이게 각 특전사 여단별로 다 있잖아요. 1개 대대씩 다 있지요?

○증인 김선호 예, 정확한 건 아니지만 특전사 부대별로 그 임무에 맞춰서 다 신속대응부대를 운영합니다.

○위원장 안규백 그런데 이 인원들은 평시에도 실탄과 장비와 세트화돼서 일체화되어 있지요?

○증인 김선호 예, 그것은 출동 대기한 초동조치 부대용으로 다 세팅이 돼 있습니다.

○위원장 안규백 그러면 이 인원들이 출동을 했다는 것은 뭘 의미합니까?

○증인 김선호 어떤 말씀이신지 제가 정확히 그 의도를 파악하지 못했습니다.

○위원장 안규백 아니, 그러니까 평소에도 실탄과 장비와 장구류를 일체화해서 본인들이 휴대하고 있는데 이 인원들이 국회로 출동했다는 이유는 뭘 의미하냐고요?

○증인 김선호 위원장님, 제가 파악을 했고 또 보고드린 바와 같이 이 출동된 인원들은 사실 출동하기 직전까지도 기계획된 훈련 현장에 출동하는 것을 대비하기 위한 출동으로 인식을 하고 있었고 그것이 장소와 위치가 바뀌었다는 것을 인지한 것은 그리 긴 시간이 아니었습니다.
그러니까 이 대테러 작전에 투입되는 모든 장구를 휴대하는 이런 출동 개념이 아니었고 훈련을 위한 출동에 대한 준비 태세였기 때문에 실지로 가지고 나간 게……

○위원장 안규백 아니, 그러니까 훈련을 위한 게 아니고 평소에 특전사령관 여기 계시거나, 특전사의 신속기동부대라 하면 이 인원들은 평소에 실탄을 항상 일체화하고 있지 않습니까? 세트화하고 있지 않습니까?

○증인 곽종근 위원장님, 제가 말씀드리는 게 더 합당할 것 같습니다.

○위원장 안규백 예, 말씀하십시오.

○증인 곽종근 신속대응부대가 출동한 것은 9공수여단 예하의 대대가 그때 당시 신속대응부대로 지정돼 있어서 임무를 수행하고 있었습니다. 그래서 그 부대는 9공수는 관악청사하고 여론조사꽃 두 군데 임무를 제가 부여를 해서 갔던 부대들이고, 신속대응부대 그 부대들은 비상계엄령에 의한 탄 휴대한 게 아니고 그때 당시에 경계태세 2급이 같이 선포가 되다 보니까 그게 세팅이 돼서 평상시 대비 태세 유지하고 있는 그 탄이 그대로 같이 나간 겁니다. 그게 비상계엄령 때문에 그 탄을 들고 간 게 아니었고 장소도 국회가 아니고 관악청사 쪽으로 그때 임무를 부여받고 갔던 부대들입니다.

○위원장 안규백 관악청사도, 선관위도 헌법기관이지요.

○증인 곽종근 그게 저희들 최초에 임무 부여 받을 때 김용현 전 장관으로부터 6개 확보 장소에 대한 시설 확보 및 경계 임무를 수행하러 갈 때 그게 세팅되어 있었기 때문에 그게 그렇게 출동된 거였습니다.

○위원장 안규백 알겠습니다.

개인 정비를 위해서 20분간 휴식을 취하고……

○한기호 위원 많이 주세요.

○위원장 안규백 한기호 위원만 30분 하십시오.

(웃음소리)

취하고 17시 40분에 속개를 하도록 하겠습니다.

중지를 선포합니다.

(17시19분 회의중지)
(17시40분 계속개의)

○위원장 안규백 의석을 정돈해 주시기 바랍니다.

조사를 계속하도록 하겠습니다.

다음은 보충신문을 하도록 하겠습니다. 보충신문은 3분으로 하겠습니다.

먼저 용혜인 위원 질의해 주십시오.

○용혜인 위원 시간 멈춰 주시고요.

박안수 증인 앞으로 나와 주시겠어요? 이쪽으로 나와 주세요.

○증인 박안수 박안수입니다.

○용혜인 위원 1시 16분에 윤석열 피의자가 전투통제실로 들어오면서 증인을 결심지원실로 따라 들어오라라고 했습니까?

○증인 박안수 그때 말씀하신 게 아니고 쭉 같이 다 들어갔고 들어간 상태에서……

○용혜인 위원 그때 불러서 들어갔습니까, 아니면 그냥 알아서 들어가신 겁니까?

○증인 박안수 그냥 쭉 같이 들어갔습니다.

○용혜인 위원 그냥 들어오시길래 같이 들어갔다는 겁니까, 부르지 않았는데?

○증인 박안수 예, 그렇습니다. 앞에 나갔다가 같이 수행해서 들어갔습니다.

○용혜인 위원 그러면 윤석열 김용현 인성환 최병욱 4명은 같이 들어갔을 거고, 전투통제실에 있던 사람들 중에는 증인만 들어간 겁니까?

○증인 박안수 그런 개념은 아니고 복도에 나가 있다가 오시길래 복도에 계신 분들하

고 오신 분들하고 다 같이 쭉……

○**용혜인 위원** 다 같이 그냥 쭉 들어갔다?

○**증인 박안수** 예.

○**용혜인 위원** 그러면 윤석열 김용현 인성환 최병욱 4명 말고 박안수 증인 말고 몇 명이 더 있었습니까?

○**증인 박안수** 들어갈 때는 수행원들이 쭉 같이 갔었는데 누구누구 몇 명인지 제가 잘 모르겠고……

○**용혜인 위원** 대략 한 10명에서 15명 정도 됩니까?

○**증인 박안수** 제가 잘 모르겠습니다.

○**용혜인 위원** 그렇게 중요한, 국회에서 계엄 해제를 의결한 다음에 대통령을 모시고 들어가면서 그 상황에 대략적으로 몇 명이 있었는지도 기억을 못 한다는 게 좀 납득이 안 됩니다.

○**증인 박안수** 모시고 들어간 건 아니고 제가……

○**용혜인 위원** 대통령이 오신다고 그래서 복도에 나가 있다가 쭉 같이 들어갔다면서요.

○**증인 박안수** 오신다고 간 건 아니고요 계엄 해제가 되고……

○**용혜인 위원** 그러면 증인은 지금껏 당시에 결심지원실에서 긴 침묵이 있었고 별다른 얘기는 없었다라고 계속해서 국회에서 증언을 하고 있습니다.

회의를 하자고 해서 결심지원실에 들어간 겁니까?

○**증인 박안수** 회의가 아니었고 거기밖에 공간이 없습니다.

○**용혜인 위원** 왜 들어가는지도 모르고 그냥 들어갔다는 말씀이신 거예요?

○**증인 박안수** 대통령 오시니까 다 이렇게……

○**용혜인 위원** 들어가서 아무 말도 안 했습니까, 아니면 뭔가를 논의했습니까?

○**증인 박안수** 거기에 들어갔을 때 여러 분들이 계셨는데 처음에……

○**용혜인 위원** 아니요, 뭘 논의했습니까?

○**증인 박안수** 논의하고 이런 행위는 없었습니다.

○**용혜인 위원** 그러면 긴 침묵만 있었습니까?

○**증인 박안수** 예, 몇 가지 보고드리고 현 상황 체크해서 보고드리고 그다음에 법령집인가를 가지고 오게 되었고 그것 보는 시간과……

○**용혜인 위원** 법령집은 왜 가져오라고 했습니까?

○**증인 박안수** 저것도 제가 정확히……

○**용혜인 위원** 그냥 가지고 오라고만 해서 가져다준 겁니까?

○**증인 박안수** 제가 가져가고 그런 건 아니었습니다.

○**용혜인 위원** 아니, 국회에서 계엄 해제를 의결하고 대통령이 그 상황에서 이후에 어떡할지를 고민하면서 들어왔을 텐데 증인도 그 상황을 알고 있었을 거고, 그런데 그 상황에 대해서 잘 모르겠다, 기억이 안 난다, 뭐 별로 중요한 건 아니었다라고 이야기를 하면 지금 증인의 증언을 바라보는 국민들은 어떻게 그걸 이해해야 됩니까?

됐고요.

○**증인 박안수** 시간을 좀 주시면 제가 나중에 말씀드리겠습니다.

○**용혜인 위원** 그야말로 야당을 겁주고 혼을 내기 위한, 부정선거를 단죄하기 위한 역

사적 계엄을 했고 그게 철저하게 실패했고, 그래서 회의실에 들어간 거지요. 그러면 당연히 그 상황에서 대책이 뭔지 지금 상황이 어떤지 질문하고 답하고 그런 논의를 하는 게 상식적이지 않겠습니까?

2차 계엄이라는 표현을 가지고 오늘 앞선 질의에서……

1분만 주시면 마무리하겠습니다.

○위원장 안규백 지금 저녁 때문에 그러는데 끝내시면 안 되겠습니까? 해야 됩니까?

○용혜인 위원 제가 오늘 질문할 게 많이 남아 가지고……

○위원장 안규백 1분만 주십시오.

○용혜인 위원 2차 계엄이라는 표현을 가지고 말장난을 하고 있는 것 같은데 해제 의결이 불법이라고 몰면서 다시 한번 군대 동원해서 발동된 비상계엄 사태를 유지해 보겠다 이렇게 논의한 거잖아요. 그래서 아까 김병주 위원님도 2시 30분에 2신속대응사단 출동 준비 요청 받은 바 있다 이런 답변도 공개하신 거고요.

지금 이런 태도가 오천만 국민을 지켰던 국군 대장의 태도이자 정신인지 저는 박안수 대장의 군인 정신 영원히 역사 앞에 남을 거라고 생각하고요.

이것만 좀 확인하겠습니다.

2시 40분경에 대통령 집무실과 연결된 대접견실로 들어갔다고 아까 오전에 답변하셨습니다. 그렇지요?

○증인 박안수 예, 2시 40분 이동 출발했습니다.

○용혜인 위원 김용현은 바로 집무실로 들어갔습니까?

○증인 박안수 예, 같이 들어갔습니다.

○용혜인 위원 그 자리에 정진석 비서실장을 포함해서 대접견실에 여럿이 앉아 있었다고 했습니다.

대접견실에 한덕수 총리 있었습니까?

○증인 박안수 대통령실에는 안 계셨고요 옆에 방에 비서실장이 계셨고……

○용혜인 위원 옆에 방에 있었습니까?

○증인 박안수 한덕수 총리님은 제가 정확하게 기억이 안 납니다.

○용혜인 위원 아니, 제가 한덕수 총리를 비롯해서 이상민 장관 박성재 장관 등등의……

(발언시간 초과로 마이크 중단)

··

(마이크 중단 이후 계속 발언한 부분)

노선과 도착시간을 다 확인해서 여쭤보는 거예요. 한덕수 총리를 못 봤을 수가 없어요, 2시 반에 도착했기 때문에.

기억이 안 나세요?

○증인 박안수 아니, 저에게 너무 많은 것을 알고 있을 것으로 생각하시는데 저도 다 모릅니다. 그리고……

○용혜인 위원 저는 이것을 연기를 하시는 건지 정말 그렇게 아무것도 모르시는 건지 잘 모르겠는데……

○증인 박안수 방금 질문하신 것 제가 조금만 더 보충설명드려도 되겠습니까?

○용혜인 위원 제가 정리를 먼저할게요.

피의자 윤석열 말대로 야당에 대한 경고성 계몽령이었고, 요원들이나 끌어내라라고 지시할 거였다면 왜 비상계엄을 즉시 해제하지 않았겠습니까? 그러니까 내란 주범들이 국회 비상계엄 해제 즉각 반응해 가지고 결심실도 가고 대통령실로 같이 이동도 하고 했는데 정작 비상계엄 해제는 한참 뒤로 미뤄졌습니다. 이 3시경에 윤석열이 증인에게 철수해라라고 지시하기 전까지 2시간 동안은 국회의 의결을 불법으로 몰아세우고 계엄을 이어 갈 궁리를 했던 2시간 겁니다. 그래서 국회법 법령집도 필요했던 거고요.

동의하십니까?

○증인 박안수　예, 그 과정은 그렇게 해석이 되는데 제가 거기에 관여를 하지 않아서 정확한 내막을 모릅니다. 그래서 사실만 제가 죽 말씀드리고 있는 겁니다.

○용혜인 위원　그렇게 해석된다고 이야기하시는 거지요? 그렇게 해석할 수 있다고, 본인은 모르겠지만?

○증인 박안수　아니요. 지금 연결하면 그렇게도 말씀하실 수 있을지 모르겠지만 그때는 그런 생각이 전혀 아니었고요.

○위원장 안규백　자……

○증인 박안수　조금만, 잠깐만 보충설명하겠습니다.

○위원장 안규백　예, 마무리해 주세요.

○증인 박안수　해제가 되었고 지하에서 누군가에 의해서 해제가 되었으면, 의결이 되었으면 즉각 해제해야 된다 얘기가 있었고. 그리고 제가 지하에 있다 올라가서, 계속 계셨는데 장관님이 안 계셨습니다. 그래서 내부를 통해서 올라가서 장관님 어디 계시느냐고 여쭤보니까 스피드게이트 밖으로 나가셨다고 그래서, 해제됐는데 빨리 결심을 하셔야, 여쭤봐야 될 것 같아서 스피드게이트 밖으로 나갔습니다. 나갔는데 검은 양복을 입은 분들이 좍 계시는 겁니다. 그래서 뭔가 무거운 느낌이 들어서 '장관님 어디 계시느냐?' 그러니까 앞에 계신다 그러는데 스피드게이트 앞에 큰 복도가 연결된 곳에 계시는 것을 제가 보고 갔습니다. 갔는데 채 1분도 안 돼서 대통령께서 오고 계셨습니다. 그러니까 장관님 뵈러 갔는데 대통령 오시고, 저도 놀란 상태에서 이렇게 뒤에 있었고, 대통령 여기 계시고. 그런데 죽 오시면서 스피드게이트가 열려 있고 들어가시고 통과해서, 딱 그 공간이 앉을 수 있는 자리입니다. 다른 분들은 다 앉아 있기 때문에.

저도 거기 처음 가 봤지요, 근무하는 곳이라 정확하게는 잘 모르지만. 결심지원실이라는 곳에 들어갔습니다, 말씀하신 것처럼. 그리고 죽 이렇게 그냥, 원래 지휘자는 지휘관이 가면 죽 따라 들어가서, 죽 많이 들어가셨습니다. 많이 들어가셨는데 어느 정도 지나서 장관님, 저 남으라고 그러셨습니다. 남았는데 장관님께서, 저는 이쪽에 서 있고 장관님은 이쪽에 계셨는데 현 상황 관련해서 말씀드리고 하는데 그렇게 기분 좋은 분위기는 아니었지만 보고드리고 하는 과정에 저는 이렇게 있었고……

○용혜인 위원　그래서 그때 뭘 보고했고 뭘 논의했는지를 증언하셔야 된다고 말씀을 드리는 거예요.

○증인 박안수　예, 거기에……

○용혜인 위원　그런데 계속 별로 중요하지 않은 얘기였다, 별 논의 없었다, 논의한 게 없다, 회의가 아니다 이렇게 말씀하시니까 그게 납득할 수 없다라고 이야기하는 거예요.

○증인 박안수　중요하지 않았다는 말씀은 아니고, 지금까지 상황을 죽 하시는데 제가

일부러, 높은 분들 말씀하시는데 듣고 막 이렇게 캐치하고 그러지 않지 않습니까?

○위원장 안규백 자……

○용혜인 위원 아니, 높은 분들 말씀하시는 게 아니라 본인이 계엄사령관이시잖아요!

○증인 박안수 그러니까 그런 과정이 아니었습니다.

....

○위원장 안규백 보충 때 하십시오.

들어가십시오.

윤건영 위원님 질의해 주십시오.

○윤건영 위원 구로구을의 윤건영입니다.

비화폰 마무리하겠습니다.

국방차관님, 계엄사령관님 그리고 육참차장님, 앉은 자리에서 답변하셔도 되고요.

혹시 경호처 비화폰 세 분 중에 받은 분 계신가요?

○증인 박안수 저는 안 받았습니다.

○증인 김선호 받은 적 없습니다.

○윤건영 위원 그렇습니다. 그런데 내란의 주역이었던 여인형 사령관, 심지어 민간인인 노상원 씨까지 경호처 비화폰을 받았습니다. 경호처 비화폰은 일종의 내란의 표식입니다. 따라서 불출대장과 서버 확보가 무엇보다 중요하다라는 것을 짚고 질의하겠습니다.

국방부장관 직무대행께 여쭙겠습니다.

국회 본층 건물 1층에 협력단 사무실 있는 거 알고 계십니까?

○증인 김선호 예, 알고 있습니다.

○윤건영 위원 평균 한 9명 정도 근무하고 있는 것도 알고 계셨습니까?

○증인 김선호 예.

○윤건영 위원 좋습니다.

그러면 김용현 공소장에 따르면 수방사가 국회에 들어올 때 필요하면 국회에 파견된 협력단장의 도움을 받으라 이렇게 적시돼 있는 것도 아십니까?

○증인 김선호 예, 그 얘기 들었습니다.

○윤건영 위원 좋습니다.

그리고 당시 군 인력들이 국회로 들어왔을 때 국회협력단의 인원들이 CCTV에 영상이 찍혀 있다는 사실 혹시 아십니까?

○증인 김선호 제가 그것은 확인하지 못했습니다.

○윤건영 위원 좋습니다.

김용현 전 국방부장관이 비상계엄 하루 전날인 12월 2일 날 국회협력단 사무실에서 상당 기간 오랜 시간 체류했다는 사실 혹시 확인하셨습니까?

○증인 김선호 확인 못 했습니다. 제가 확인해 보겠습니다.

○윤건영 위원 권한대행님, 국방부 국회협력단 단장을 비롯해서 단원들이 비상계엄에 어떻게 연루돼 있는지, 제가 죽 말씀드렸던 사항들은 충분히 사전에 알 수도 있었다라는 의심을 받기에 충분하지 않습니까? 어떤 조치를 취했고 어떤 입장을 가지고 계십니까?

○증인 김선호 사실 그 협력단과 관련된 내용들을 제가 과정에서 입력한 게 아니고 조사하는 수사 과정에서 나왔다는 얘기를 들었고 사실 그렇기 때문에 제가 거기에 개입이

돼서 협력단의 그 관련된 세부 내용을 파악할 수 있는 사항은 아니었습니다. 그 사실만 인지했고 아마 수사에서 거기에 관련된 것들이 어떤 것이 있었는지 정확히 밝혀질 거라고 생각하고 있습니다.

○**윤건영 위원** 직무대행님, 그러면 국방부 내, 협력단 단장을 포함해서 모든 인원들이 다 국방부 내의 인원들이 아닌가요?

○**증인 김선호** 국방부에 있는 인원도 있고 각 군에서 와서 파견된 인원도 있습니다.

○**윤건영 위원** 그러면 조치를 했어야지요.

제가 또 질의할게요. 지금 현재 국회협력단 사무실 폐쇄된 것 알고 계시지요?

○**증인 김선호** 알고 있습니다.

○**윤건영 위원** 국회사무처에서 폐쇄를 했습니다. 그런데 협력단장이 비상계엄 다음 날 4일 날 오전에 이 폐쇄된 협력단실에 출입을 했다는 제보가 있어요. 혹시 알고 계세요?

○**증인 김선호** 모르고 있습니다. 출입이 아니라 폐쇄가 되다 보니까 그 안에 기존에 사용하던 사람들이 물품들이 거기 다 있어서 그것을 꺼낼 수 있도록 협조를 했는데 승인을 못 받았다고 제가 들었습니다.

○**윤건영 위원** 승인을 못 받았는데 협력단장이 협력단 사무실에 들어갔어요. 그건 뭐냐고 하면 협력단 사무실 안에 있는 혹시나 존재할 수 있는 비상계엄의 증거들을 은닉할 수도 있고 파쇄할 수도 있는……

1분만 주시면 마무리하겠습니다.

○**위원장 안규백** 예.

○**윤건영 위원** 파쇄할 수도 있는 것 아닙니까? 더군다나 협력단장이 협력단 사무실에 들어간 그 시간, 제가 알기로는 12월 4일 오전 10시 45분경으로 알고 있습니다. 이 시간에 국회사무총장이 국회 통제와 관련해서, 군경 출입통제와 관련해서 기자회견을 하던 시간이에요. 즉 모든 초점이 국회사무총장으로 가 있는 시간에 몰래 들어간 거예요. 이러면 의심해 봐야 되는 것 아닙니까? 증거를 은폐하고 조작하고 없애기 위해서 들어간 것 아니면 뭐 하러 들어갔겠어요? 국회에서 들어가지 말라고 그랬는데 협력단장이 왜 들어갑니까? 그리고 수방사 오면 안내 역할을 부여받았던 사람이에요. 의심을 하고 있으면 당연히 직무대행께서는 조치를 취하셔야지요. 조치 취하시겠습니까, 조사하시고?

○**증인 김선호** 협력단장이 거기에 들어갔다는 사실을 제가 지금 위원님 말씀으로 들었기 때문에……

○**윤건영 위원** 조치를 취하시겠습니까?

○**증인 김선호** 제가 확인하고 파악을 하겠습니다.

○**윤건영 위원** 좋습니다.

위원장님께도 요청을 드리는데요. 이것은 현장에 있는 CCTV 자료를……

(발언시간 초과로 마이크 중단)

⋯⋯

(마이크 중단 이후 계속 발언한 부분)

보면 명백하게 드러나는 부분입니다. 우리 위원회 명의로 국회사무처에 관련된 자료를 요청해서 진실을 명명백백하게 밝혀야 된다고 생각합니다.

⋯⋯

○**위원장 안규백** 예, 그렇게 하겠습니다.

이어서 임종득 위원님.

○**임종득 위원** 임종득 위원입니다.

중앙선관위 사무총장님께 질문하겠습니다.

PPT를 한번 봐 주시지요. PPT 띄워 주세요.

(영상자료를 보며)

2014년에 이재명 당시 성남시장이 18대 대선을 겨냥해서 3·15 부정선거를 능가하는 부정선거 했다라고, 이것 아시지요. 들어 보셨지요?

○**증인 김용빈** 예.

○**임종득 위원** 아까 모 위원도 말씀하셨는데 2017년에는 김어준이 '더 플랜'이라는 다큐영화를 통해서 18대 대통령선거의 개표 부정 의혹을 제기를 합니다. 최근에 24년 12월 17일에는 김두관 민주당 의원이 전자개표기에 문제가 많이 있다라고 이야기를 하지요.

사무총장께서 보시다시피 선거 부정 의혹에 대한 주장은 더불어민주당도 했고 야권도 했고 그러지 않습니까, 꾸준히 또 제기되어 왔던 것이고. 그런데 선거 부정 의혹과 관련돼서 이야기만 하면 극우라고 이야기를 해요. 이것은 극우의 문제가 아니지 않습니까?

○**증인 김용빈** 예.

○**임종득 위원** 진영의 문제라고 아까 모 위원이 말씀하셨는데 그렇게 보시지요?

○**증인 김용빈** 예.

○**임종득 위원** 다음 PPT 한번 보시지요.

최근 조선일보가 의뢰한 여론조사 결과입니다. 25년 1월 21일에서 22일 사이에 했는데 조선일보 여론조사에 의하면 국민의 43%가 부정선거 의혹에 공감한다라고 이야기를 하고 있고요.

다음 다른 PPT.

파이낸스투데이하고 더퍼블릭이라고 하는 기관에서 여론조사를 했는데 선관위 전산시스템 검증이 필요하다라고 하는 게 약 47%가 나왔습니다. 국민의 43%, 47%가 선거와 관련돼서 문제를 제기하고 있는 상황인 것 같습니다. 이것을 극우라고 할 수는 없겠지요, 이 정도의 국민들을?

그런데 선관위는 늘 부정선거는 불가능하다라는 주장만 계속합니다. 상당수 국민은 선거관리시스템에 대해서 심각한 불신을 가지고 있습니다. 왜 그런 일이 생긴다고 보십니까?

○**증인 김용빈** 기본적으로 정보에 대한 부분인데요. 믿으려고 하지 않고 바라보는 시각, 소위 편향적, 확증편향이라는 부분이 많은 영향을 미치고 있다고 생각합니다.

지금 이 문제에 대해서 저희 선관위 입장에서는 과거 21대 국선에 대한 대법원 판례까지 전부 정리를 하고 22대 국선 때는 문제되는 내용에 대해서 제도개선을 해 왔습니다. 최근에, 아까 보여 드린 김두관 전 의원인가요? 지금 그분이 제기한 선거소송에서 투표지분류기, 기본적으로 이 부분도 몇 번에 걸쳐서 해킹이 불가능하다, 외부 부분이 안 되고. 그 부분은 제가 와서 실재적으로 시연을 해 봤고 USB 보안 그런 부분들을 전부 정리한 내용입니다. 그래서 투표지분류기 안에 작동하는 시스템 내용 안에 소위 조작하려야 조작할 수가 없다는 것을 제가 제 눈으로 확인을 했거든요. 그럼에도 불구하고 자꾸 투표지분류기에 대한 부분이 지금 나오고 있는데 이 부분 설명자료를 이미 다 드렸음에도 불구하고 믿으려고 하지 않으시는 분들은 믿지 않습니다.

그리고 아까 말씀드렸는데 저희 선관위 서버를 공개하자 이런 부분들, 저희들 입장은 자발적으로 공개해서는 법 위반이 생기니 저희들은 자발적으로는 못 하지만 외부에서 공개를 해 줬으면 좋겠다 그런 생각을 하고 있는 겁니다.

○임종득 위원 충분히 이해가 됐습니다. 그런 노력을 하고 있음에도 불구하고 국민적인 불신이 있는 것 아닙니까, 그렇지요?

○증인 김용빈 예.

○임종득 위원 그런데 지금 제가 파악한 바로는 이것이 선관위 자체의 부정부패에 대한 의혹이 한 가지 문제이기도 하고 그다음에 지역이나 중앙선관위의 위원장을 법관이 하고 있지 않습니까? 이 부분에 대한 삼권분립의 문제도 제기를 합니다. 이런 문제들을 제대로 해결하지 않으면 아무리 해도 국민들의 의혹은 사라지지 않습니다.

○증인 김용빈 그 부분은……

○임종득 위원 그래서 제가 말씀드리고 싶은 것은 이 부분은 선관위에서 앞서서 못 하겠다는, 할 수 있는 상황이 아니라고 말씀을 하셔서 이 문제는 제가 봤을 때는 정치권에서 여야가 이 문제의 심각성을 이해하고 앞서서 풀어 나가는 노력을 하지 않고서는 해결되지 않는다라고 생각하는데 동의하십니까?

○증인 김용빈 예, 동의합니다.

○임종득 위원 그렇게 해야 되겠지요?

○증인 김용빈 예.

○위원장 안규백 추미애 위원님 질의해 주십시오.

○추미애 위원 나승민 신원보안실장님 나오시기 바랍니다.

○증인 나승민 방첩사 신원보안실장입니다.

○추미애 위원 아까 좀 전에 여인형 방첩사령관으로부터 군판사들 성향 보고 지시받았다고 했지요?

○증인 나승민 예.

○추미애 위원 그 4명의 군판사, 나중에 보니까 4명 지시받았는데 4명이 다 군판사들이라고 했지요?

○증인 나승민 이름을 받아 적었고 내려와서 확인해 보니까 직책이 다 군판사였습니다.

○추미애 위원 그런데 그들이 어떤 사건을 하고 있었다는 것 알고 있었습니까?

○증인 나승민 그 사건은 모르고 있었습니다.

○추미애 위원 그러면 그들은…… 중앙군사법원장이 들어가 있지요?

○증인 나승민 예, 들어가 있습니다.

○추미애 위원 중앙군사법원에서 이 3명의 중령과 소령은 다 박정훈 대령 사건의 재판장, 주심판사, 배석판사였습니다. 알고 있었습니까?

○증인 나승민 그 사항은 모르고 있었습니다.

○추미애 위원 또 한 사람은 8월 달에 박정훈 대령에 대한 구속영장 신청이 됐었는데 그것을 기각했던 사람이었습니다. 알고 있었습니까?

○증인 나승민 그것도 모르고 있었고 제가 파악한 것은 중앙지역군사 그쪽에 3명이 있

어서 직책만 체크했었습니다.

○**추미애 위원** 지금 나 실장이 하는 일은 군 인사를 검증하는 임무이지요?

○**증인 나승민** 예.

○**추미애 위원** 그런데 이것은 바로 여인형 방첩사령관, 대통령의 충암파인 겁니다. 박정훈 대령 사건에 있어서는 윤석열 대통령은 수사 외압을 행사했다는 의혹을 받고 있었습니다. 알고 있었습니까?

○**증인 나승민** 그 사항은 알고 있었습니다.

○**추미애 위원** 언론을 봐서 아는 거지요?

○**증인 나승민** 예.

○**추미애 위원** 그렇다면 여인형을 통해서 재판부 감시, 군사법원의 동향을 예의 주시하도록 재판부 감시까지 시켰다는 얘기가 되는 거예요. 이해하시겠습니까?

○**증인 나승민** 그 사항은 몰랐고 계엄 때……

○**추미애 위원** 알았습니다.

들어가십시오.

이것은 아주 심각한 사안이기도 합니다. 윤석열은 검찰총장 시절에 판사사찰 의혹으로 바로 징계를 받은 바 있습니다. 그런데 대통령이 돼서도 똑같이 박정훈 대령 사건에 대해서는 수사 외압뿐만 아니라 여인형 방첩사령관을 통해서, 방금 전 증인을 통해서 확인한 것처럼 중앙군사법원장과 해당 사건의 주심판사, 배석판사 또 영장담당 판사까지 동향을 감시하도록 했다라는 것이 방금 밝혀진 굉장히 심각한 사안입니다.

차관님, 만약 향후 이런 일이 똑같이 발생하면 되겠습니까, 안 되겠습니까?

○**증인 김선호** 그런 일이 다시 재발하지 않아야 될 거라고 생각합니다.

○**추미애 위원** 지금 영장을 기각했다는 윤 아무개 중령은 이후에 전출이 돼 있습니다. 혹시 영장 기각과 관련해서 인사상 불이익을 받았는지 한번 확인해 주시겠습니까?

○**증인 김선호** 예, 위원님이 물으시니 제가 관련돼서 확인해 보겠습니다.

○**추미애 위원** 지금 시간이 다 됐습니까?

○**위원장 안규백** 예.

○**추미애 위원** 1분만 주십시오.

○**위원장 안규백** 예, 마무리해 주십시오.

○**추미애 위원** 박안수 육군총장님 나오시기 바랍니다.

○**증인 박안수** 박안수 대장입니다.

○**추미애 위원** 11월 6일 날 당시에 육군 정작부 작전과를 통해서 합참 전시계엄계획 문건 찾았던 사실 있습니까?

○**증인 박안수** 11월 6일?

○**추미애 위원** 11월 6일.

○**증인 박안수** 잘 모르겠습니다.

○**추미애 위원** 기억이 안 납니까?

○**증인 박안수** 예.

○**추미애 위원** 한번 기억을 확인해 보시고 끝나기 전까지 본 위원에게 제대로 답변해 주시기 바랍니다.

○증인 박안수 11월 6일 날 계엄 관련된 문건……

○추미애 위원 11월 6일 합참 전시계엄계획 문건을 찾으셨다라고 제가 알고 있는데 기억을 상기를 하셔서 답변해 주시기 바랍니다.

○증인 박안수 예.

○추미애 위원 들어가십시오.

이상입니다.

○위원장 안규백 수고하셨습니다.

주진우 위원님 질의해 주십시오.

○주진우 위원 법제처장님, 마은혁 후보를 임명하면 문재인 전 대통령, 김명수 전 대법원장, 민주당이 임명하거나 추천한 후보가 6명이 됩니다. 저는 헌법재판소가 9인 체제가 되는 게 중요한 게 아니라 균형이 필요하고 그래야만 헌재의 결정에 권위가 실린다고 생각합니다. 9명 중 6명은 모든 헌재 결정이 다 가능하거든요. 탄핵, 위헌법률심판, 헌법소원 다 인용할 수 있는 정족수지요?

○증인 이완규 그렇습니다. 그래서 정치적 중립성이 필요하다는 것을 말씀드렸습니다.

○주진우 위원 지금 보니까 속보로 이재명 대표가 2심 공직선거법 위반 사건에서 위헌법률심판 제청을 한 게 떴습니다. 이게 재판부가 안 받아들이면 헌법소원으로 바로 갈 수 있는 것이거든요.

○증인 이완규 그렇습니다.

○주진우 위원 헌법소원으로 가면 또 해당 법령의 효력정지가처분도 신청할 수 있는 거예요.

○증인 이완규 그렇습니다.

○주진우 위원 그러면 효력정지가처분 하면 지금 문제되는 434억 원의 혈세를 반납하는 문제라든지 당선무효 규정 등도 멈추게 할 수 있는 겁니다. 그래서 헌재가 이게 명백한 꼼수이고 헌법재판소가 편향되게 구성되면 이런 결정들이 국민들이 승복할 수 없도록 불합리한 결정이 있을 수 있기 때문에 헌재를 편향되게 구성하면 안 된다는 것이고요.

민주당은 지금 마은혁 후보가 자꾸 여야가 합의가 된 후보라고 우깁니다. 그런데 저는 이것이 민주당도 여야 합의가 필요하다는 법리에는 동의하는 것이라고 생각합니다.

그런데 여야 합의가 되었을 때의 기준 시점이 언제냐, 당연히 표결 시점입니다. 예를 들어서 인사청문 전에 합의를 했는데 인사청문 과정에서 뭔가 비리가 발생하거나 편향성이 너무 드러나서 합의를 당연히 깰 수 있는 거지요, 그런 상황이 되면. 표결 시점에 국민의힘에서 명백히 반대했는데 이것을 어떻게 여야 합의 후보라고 볼 수 있겠습니까.

더군다나 이 건은 애초에 헌법재판소장이나 이런 걸 임명하는 데 있어서 민주당의 협조를 받기 위해서 협상을 했던 것인데 그 중간에 사정변경이 생겨서 인사청문조차도 국민의힘에서 안 들어왔거든요. 저는 이 기준 시점에 대해서는 표결 시점을 기준으로 해서 여야 합의 후보인지를 판단해야 된다라고 보는데 어떻게 보십니까?

○증인 이완규 저도 같은 생각입니다. 그리고 기본적으로 헌법재판관 3명을 국회에서 추천하는 데 있어서 의석 수대로 배분해야 한다라고 하는 주장 자체가 저는 동의하기 좀 어렵습니다.

아까 말씀드렸듯이 헌법재판소라는 것은 국민 전체의 대표성이 있어야 하기 때문에 그때그때의 의석수에 따라 배분이 되게 되면……

○**박선원 위원** 추천이 아니고 선출이에요. 추천이 아니고 국회가 선출한 것을 대통령이 임명하는 거예요. 말 같지도 않은 소리를 하고 있어. 국회가 추천하는 게 아니에요. 선출한 대로 집행해야지.

○**곽규택 위원** 조용히 합시다.

○**주진우 위원** 그리고 마은혁 후보 자체가 국민의힘에서 명백히 반대했고 표결 시점에서도 다 반대를 했던 것이지 않습니까? 여야 합의한 후보로 확실히 볼 수 없는 것이지요?

○**증인 이완규** 그렇습니다. 그리고……

○**박선원 위원** 법제처장이 법을 모르잖아!

○**증인 이완규** 아니, 지금 말씀하시는데요 이건 꼭 말씀드리고 싶습니다. 국회가 선출하면 무조건 임명해야 된다고 주장하시는 것은 그건 어떤 일부 학자들이 그렇게 주장하는지 모르겠지만……

○**백혜련 위원** 다수예요, 다수.

○**증인 이완규** 그것은, 지금 말씀드릴게요. 그것은 독일식 해석이에요. 그러니까 독일……

○**백혜련 위원** 우리나라가 기본적으로 대륙법제가 기본이에요!

○**증인 이완규** 그런데요 독일은 내각제지 않습니까, 내각제.

○**용혜인 위원** 대통령이 임명하는 건 편향성이 없어요, 그러면?

○**증인 이완규** 아니요. 그러니까 우리는 대통령제 국가이고 대통령제 국가에서 대통령의 임명권이 헌법에 규정돼 있습니다. 헌법에서 규정돼 있는 임명권이에요.

○**김병주 위원** 위원장님, 저걸 듣고 있습니까?

　법제처장, 여기 뭐 하러 왔어!

○**주진우 위원** 증인 답변하는데 뭐 하시는 거예요!

○**한기호 위원** 아니, 질의하고 답변하는데 왜 난리야, 지금! 본인 질의할 때 질의하란 말이에요!

○**위원장 안규백** 위원님들!

○**김병주 위원** 윤석열 변호인이 왔어?

○**곽규택 위원** 지금 김병주 위원 질문 시간입니까?

○**위원장 안규백** 자, 조용히 하십시오.

○**증인 이완규** 위원님, 제가 아까……

○**위원장 안규백** 증인, 가만 계세요!

○**한기호 위원** 이의가 있으면 본인 질의할 때 질의하면 되지. 왜 지금 그러세요?

○**위원장 안규백** 한기호 위원님, 간사십니다. 가만히 계십시오.

○**한기호 위원** 간사니까 얘기하지.

○**위원장 안규백** 가만히 있으세요. 가만히 계세요.

　박선원 위원님 질의해 주십시오.

○**박준태 위원** 제 질의잖아요?

○**위원장 안규백** 아, 박준태 위원이구나.

　미안합니다.

박준태 위원님.

○**박준태 위원** 증인들 말씀을 잘 듣도록 해 주십시오. 또 반론하시면 되지 않습니까.

저도 법제처장께 질의하겠습니다.

PPT 화면을 좀 봐 주십시오.

(영상자료를 보며)

법률전문가가 지금 법제처장밖에 안 계셔 가지고 자꾸 질문이 가는데요, 헌법재판소법 제51조입니다. '피청구인에 대한 탄핵심판 청구와 동일한 사유로 형사소송이 진행되고 있는 경우에는 재판부는 심판절차를 정지할 수 있다' 이렇게 명시돼 있습니다. 이 조항의 취지를 간략히 설명해 줄 수 있습니까?

○**증인 이완규** 탄핵심판 청구의 사유하고 형사소송이 진행되는 경우에 같이 중복될 수 있을 뿐만 아니라 기본적으로 형사소송이 굉장히 엄격한 증거법칙에 따라 운영되고 있는 소송 절차이기 때문에 그쪽에서 사실확정되는 것이 우선적으로 좀 더 충실한 심리가 될 수 있기 때문에 아마 재량으로 정지할 수 있다는 조항을 둔 것으로 알고 있습니다.

○**박준태 위원** 그렇습니다. 탄핵이 될 정도면 중대한 법 위반 사항이 있을 테니까 그에 수반되는 형사재판이 있으면 그 결과를 충분히 고려해서 심판 결과를 내는 것이 합당하다 이런 정도의 취지로 이해하면 되겠습니까?

○**증인 이완규** 그렇습니다.

○**박준태 위원** 이게 사례도 있습니다. 민주당 주도로 탄핵소추했던 손준성 검사의 경우에 고발사주 의혹 이것과 관련해서 항소심 절차가 진행되고 있어서 약 8개월 동안의 탄핵심판이 정지된 상태입니다. 그리고 그 항소심 과정에서 손준성 검사가 원심 판결이 뒤집어져서 무죄를 선고받았습니다. 그러니까 만약에 헌재가 항소심 결과를 보지 않고 탄핵에 대한 판단을 내렸으면 결과가 어떻게 됐을까요? 자칫 잘못하면 헌재와 항소심 재판부가 서로 모순된 판결을 내리는 그런 상황이 벌어질 수도 있었던 겁니다. 바로 이런 상황이 있을 수 있기 때문에 헌법재판소법 제51조가 필요한 것이라고 봅니다.

대통령은 지금 현재 내란 혐의 등으로 수사·재판 진행되고 있고 이 내용들이 지금 대통령 탄핵소추 사유와도 결을 같이하고 있습니다. 그래서 대통령 탄핵심판의 경우도 동법 제51조에 따라서 법원에서 형사재판 판결을 내릴 때까지 정지돼야 된다 이런 주장 나오는 겁니다. 그게 변론권, 방어권 차원에서 합당한 조치라는 거지요. 그러니까 탄핵심판을 일시적으로라도 중지를 하거나 아니면 계속 진행을 하더라도 형사재판 결과를 확인하고 그 이후에 탄핵재판의 결과를 내는 것이 타당하고 그래야 그 결과가 어떤 것이든지 간에 국민적인 수용성이 높아지는 것 아닌가 이게 본 위원의 생각입니다.

법제처장께서 보충하실 말씀 있으면 답변해 주십시오.

○**증인 이완규** 그렇게 주장할 수 있는 논거는 충분히 있고요. 여러 가지 논란이 있으니까, 어차피 정지할 수 있다고 해서 정지 여부는 헌법재판소 재량으로 정하는 거니까 잘 검토해서 정할 거라고, 결정할 거라고 생각합니다.

○**박준태 위원** 수고하셨습니다.

○**위원장 안규백** 수고하셨습니다.

박선원 위원 질의해 주세요.

○**박선원 위원** 쓰리세븐 김 대령님, 뒤에 계시지요?

○증인 김OO 예, 나와 있습니다.

○박선원 위원 노상원 전 쓰리세븐 사령관의 비서실장 하셨지요?

○증인 김OO 예, 그렇습니다.

○박선원 위원 작년에 노상원과 통화하신 적 있습니까?

○증인 김OO 예, 통화한 적 있습니다.

○박선원 위원 만나신 적 있지요?

○증인 김OO 만난 적은 없습니다.

○박선원 위원 증인이 노상원이 구치소 수감됐을 때 면회도 가고 했었지요?

○증인 김OO 면회 간 사실 없습니다.

○박선원 위원 없습니까?

○증인 김OO 예, 그렇습니다.

○박선원 위원 작년 9월에 진급하셨나요?

○증인 김OO 예, 그렇습니다.

○박선원 위원 증인은 노상원 수첩에서 '정치인 납치', '북한군 복장', '미군 살해' '수거 대상' '수집소' 이런 표현에 대해서 어떻게 생각하십니까? 매우 낯이 익습니까, 본인이 모시던 상관이었는데?

○증인 김OO 그렇지는 않습니다.

○박선원 위원 미군을 살해해서 미국이 북한을 폭격하도록 유도한다라고 하는 의혹이 제기된 사실 알고 계시지요?

○증인 김OO 예, 의혹은 기사를 통해서 인지하고 있습니다.

○박선원 위원 본인이 근무하던 곳이 합동근무 하는 곳이지요?

○증인 김OO 그 부대의 전반적인 근무 체계에 대해서는 답변드릴 수 없는 점 좀 부탁드립니다.

○박선원 위원 체계가 아니에요. 6명 이상이 동맹국하고 같이 근무하고 계시지요? 거기에서 미군이 살해되면 미국이 북한을 폭격하도록 유도한다라고 했는데.

최근에 보직 변경됐지요?

○증인 김OO ……

○박선원 위원 보직 변경되셨지요?

○증인 김OO 예, 그렇습니다.

○박선원 위원 합동근무에서 딴 곳으로 옮겼지요?

○증인 김OO 예, 그렇습니다.

○박선원 위원 옮긴 이유가 뭡니까?

○증인 김OO 정상적인 보직 심의에 의해서……

○박선원 위원 왜 심의를 하게 됐습니까? 최근에 했지요?

○증인 김OO 연말에 이루어졌습니다.

○박선원 위원 12월 말에 했습니까?

○증인 김OO 예, 그렇습니다.

○박선원 위원 그러면 이러한 의혹이 제기되는 데 대해서 한 중심에 전 777사령관이었던 노상원의 비서실장으로서 본인이 이런 점에 대해서 오해를 받고 있다는 점에 대해 상

당히 억울하시겠네요?

○**증인 김OO** 예, 그렇습니다.

○**박선원 위원** 그렇지요?

○**증인 김OO** 예, 그렇습니다.

○**박선원 위원** 왜냐하면 누구도 생각할 수 없기 때문입니다. 한미합동근무 하는 데의 미군을 살해하고 그것을 증거로 북한을 폭격하는 빌미로 삼는다라고 하는 것은 도저히 있을 수도 없고 상상할 수 없는 일이에요. 맞지요?

○**증인 김OO** 예, 그렇습니다.

○**박선원 위원** 그리고 지금 증인이 계신 곳은 그야말로 한미연합 정보 전략의 핵심 중의 핵심이고 한미동맹의 상징이에요. 그렇지요?

○**증인 김OO** 예, 동의합니다.

○**박선원 위원** 동의하지요?

○**증인 김OO** 예, 그렇습니다.

○**박선원 위원** 이런 곳을 노상원이라는 자가 있었어요. 어떻게 생각합니까?
  그래서 정보사령부뿐만 아니라 가장 중요한 우리 핵심 자산까지 위험에 노출시키려고 했어요. 그렇지요?

○**증인 김OO** ……

○**박선원 위원** 정보사가 계엄군이 돼서도 안 된다는 것은 알고 계세요?

○**증인 김OO** 예, 그렇습니다.

○**박선원 위원** 그렇지요?

○**증인 김OO** 예, 그렇습니다.

○**박선원 위원** 그러니까 정보사 안은 계엄 대상 부대가 아닌데, 유사시에 우리가 투입해야 될 곳은 따로 있는데 그곳까지 불법적으로 내란에 동원되고, 거기에 노상원과……
    (발언시간 초과로 마이크 중단)

┈┈┈┈┈┈┈┈┈┈┈┈┈┈┈┈┈┈┈┈┈┈┈┈┈┈┈┈┈┈┈┈┈┈┈┈┈┈

    (마이크 중단 이후 계속 발언한 부분)
증인하고는 어떤 관계가 있어요?

○**증인 김OO** 위원님, 말씀드리면 저희 부대는 지금 미군 사살이라는 일부 의혹이 있는데 이 사실은 상상할 수도 없고 불가능한 일이라 생각합니다.

○**박선원 위원** 그렇지요? 앞으로 그런 오해, 의혹 없도록 잘해 주시고 다시는 노상원 같은 사람과 어울리지 마세요.

┈┈┈┈┈┈┈┈┈┈┈┈┈┈┈┈┈┈┈┈┈┈┈┈┈┈┈┈┈┈┈┈┈┈┈┈┈┈

○**위원장 안규백** 수고하셨습니다.
    부승찬 위원님.

○**부승찬 위원** 이선진 증인님, 오랫동안 수고가 많으십니다.
    노상원 전 사령관이 처음 방문했을 때 누구의 소개로 왔다고 했나요?

○**증인 이선진** 친구분하고 같이 방문하셨어요.

○**부승찬 위원** 누구의 소개, 친구분의 소개?

○**증인 이선진** 예, 친구 소개로.

○**부승찬 위원** 친구분도 현역, 군인 출신인가요?

○**증인 이선진** 아니에요.

○**부승찬 위원** 그러면 뭐……

○**증인 이선진** 일반 분이세요.

○**부승찬 위원** 어떤, 정치 쪽에 있거나 뭐……

○**증인 이선진** 아니, 전혀 아니시고요. 그냥 일반 분이세요.

○**부승찬 위원** 그래요?

언론 인터뷰를 보면요 다른 군인들의 사주를 봤잖아요?

○**증인 이선진** 예.

○**부승찬 위원** 그리고 네이버 검색으로 얼굴도 보여 줬잖아요?

○**증인 이선진** 예.

○**부승찬 위원** 그렇지요? 검색해서 나올 정도면 유명인들 아닌가요?

○**증인 이선진** 저는 잘 몰랐어서요.

○**부승찬 위원** 여자 장군도 있었습니까?

○**증인 이선진** 예.

○**부승찬 위원** 여자 장군 있었고.

사업가들도 있었나요?

○**증인 이선진** 예.

○**부승찬 위원** 사업가들도 있었고.

혹시 요새 뉴스에 떠오르는 인물도 그중에는 있었습니까?

○**증인 이선진** 정확하게 기억이 나지 않아요.

○**부승찬 위원** 언론에 요즘 나오는 인물들.

○**증인 이선진** 정확하게 기억이 나지 않아요.

○**부승찬 위원** 기억이 안 난다?

그리고 대통령실 관계자들도 사주를 봐 줬지요?

○**증인 이선진** 예.

○**부승찬 위원** 혹시 기억나시는 분들 계십니까?

○**증인 이선진** 이름이 전혀 기억나지 않아요.

○**부승찬 위원** 그러면 날 것 같은 것 하나만 더 여쭤볼게요.

노상원이 말하는 '배신할 것 같은 인물'은 기억이 날 것 같은데.

○**증인 이선진** 이름이 전혀 기억나지 않아요.

○**부승찬 위원** 그래요? 그래요.

그리고 지금 언론 자료를 보면, 2023년 말경에는 두 차례 A4지 용지로 빽빽하게 다양한 연령대의 군인, 사업가 명단을 가져와 사주를 봤다라는 것은 사실이지요?

○**증인 이선진** 예.

○**부승찬 위원** 그것을 명리학 공부할 때 노트에 적어 놓으셨지요?

○**증인 이선진** 공부할 때 예를 든다고 해 가지고 몇 분을 넣어 가지고 한 노트가 사실은 있었는데요, 이사하면서 분실했어요.

○**부승찬 위원** 아직 못 찾으셨어요? 어디 버리지는 않으셨다며.

○**증인 이선진** 그런데 계속 찾아도 안 나오는 게 없는 것 같아요.

○**부승찬 위원** 거기가 새로운 인물들 중요한 단서들이 좀 있을 것 같은데 찾으시면 부승찬 의원실로 제보 좀 해 주세요.

○**증인 이선진** 예, 알겠습니다.

○**부승찬 위원** 꼭 해 주세요.

○**증인 이선진** 예.

○**한기호 위원** 저도 한 부 주세요.

○**부승찬 위원** 한기호 간사님한테는 주면 안 됩니다. 저한테만 주십시오.

알겠습니다.

잠깐만 멈춰 주세요.

감사합니다.

육군참모차장님!

○**증인 고현석** 예.

○**부승찬 위원** 12월 3일 날 비상계엄 선포가, 22시 40분에 합참에서 전군 경계태세 2급 발령 낸 것 아시지요?

○**증인 고현석** 예.

○**부승찬 위원** 전군 경계태세 2급 격상은 언제 인지하셨습니까?

○**증인 고현석** 지휘통제실에 가서……

○**부승찬 위원** 그 시간이 언제쯤입니까?

○**증인 고현석** 그게 23시 한 20분쯤 됐습니다.

○**부승찬 위원** 23시 20분이요?

○**증인 고현석** 예.

○**부승찬 위원** 저희가요 자료를 하나 요구해 봤어요. 비상계엄과 관련해서 경계태세 2급이, 북한 상황이 우려되니 경계태세 2급을 발령했는데 단편명령 제24-43호가 전군에 공문으로 전파됐다고 하거든요. 그런데 육군·해군·해병대 다 받았다는데 육군본부만 안 받았어요. 아니, 해군·공군·해병대 다 받았다는데 단편명령을 육군본부만 접수가 안 됐다고 답변이 왔어요.

○**증인 고현석** 예.

○**부승찬 위원** 왜 안 왔다고 생각하세요?

○**증인 고현석** 그것은 제가 잘 모르겠습니다.

○**부승찬 위원** 전혀 모르세요?

○**증인 고현석** 예.

○**부승찬 위원** 아니, 그러면 최소한 확인이라도 해야 되는 것 아니에요, 경계태세 2급이 발령돼서 단편명령이 내려갔는데?

○**증인 고현석** 그러니까 그것이 구두로 처음에 전파가 됐고 그 뒤에 문건이 왔는지는 제가 확인은 안 해 봤습니다.

○**부승찬 위원** 알겠습니다.

○**위원장 안규백** 강선영 위원님 질의해 주십시오.

○**강선영 위원** 차장님 잠깐만 다시 나와 주세요.

○**증인 고현석** 예.

○**강선영 위원** 혹시 총장님 앞에 마이크 있습니까? 마이크 없으면 잠깐만 같이 나와 주세요.

○**증인 박안수** 박안수 총장입니다.

○**강선영 위원** 제가 두 분께 확인하는 겁니다.

총장님, 12월 3일 날 22시 47분 정작부장한테 부·실장들—왜냐하면 계엄사령부를 구성해야 되는데 참모들이 없으니—상경 지시를 하셨습니다. 하고 이제 계엄 상황을 알고, 차장은 조금 전에 말씀하신 것처럼 23시 20분에 지통실에 들어와서 그때 인지했습니다. 그렇지요?

○**증인 고현석** 예.

○**강선영 위원** 그때 인지했는데 그때 다시 같이 경계태세 2급 발령된 것을 알았기 때문에 자동조치부호를 검토했지요?

○**증인 고현석** 예, 그렇습니다.

○**강선영 위원** 23시 20분부터.

○**증인 고현석** 예.

○**강선영 위원** 그래 갖고 총장님이 계엄 참모들 구성하라고 하니까 이때 인원들은 다 밖에 살고 그다음에 차량도 장거리를 가야 되니까 간부가 선탑해서 운전해야 되고 차량이 미리 준비가 안 돼서 군참부장한테 차량이 이동할 수 있는 시간을 대략 확인하니까 '사람과 장비가 모두 세팅되는 시간이 3시경에 될 거다'라고 얘기했지요?

○**증인 고현석** 예.

○**강선영 위원** 3시가 돼서 그때 차량을 동문에서 출발하자고 약속을 했습니다. 그렇지요?

○**증인 고현석** 예, 잠정 그렇게 했습니다.

○**강선영 위원** 그래서 그때 모였던 인원들을 다 해산시켰어요. '다 각자 집으로 가서 이동할 수 있는 용품을 가지고 와라' 이렇게 얘기했습니다. 그렇지요?

○**증인 고현석** 예.

○**강선영 위원** 그다음에 경계태세 2급 발령이 되다 보니까 부대는 초기대응반 소집을 했습니다, 22시 50분에. 그렇지요? 초기대응반.

○**증인 고현석** 예, 제가 들어가기 전에 이미……

○**강선영 위원** 이미 들어가기 전에 초기대응반 소집되고 이게 23시 6분에 위기조치반으로 격상됐어요. 그렇지요?

○**증인 고현석** 예.

○**강선영 위원** 그래서 차장님이 들어간 시간 23시 20분부터는 이미 위기조치반 격상된 상태로 위기조치 대기상태였고, 총장님은 합참에서 상황조치를 하고 있었고요.

○**증인 박안수** 예.

○**강선영 위원** 그사이에 여러 가지 상황이 변해서 무슨 일이 있었느냐 하면 01시 02분부로 본회의에서 계엄 해제 의결이 났습니다. 그렇지요?

○**증인 고현석** 예.

○**강선영 위원** 계엄 해제 의결이 났는데, 저는 국민들께서 궁금해하실 것 같아서 질문

드리는 거예요. 애초에 03시에 동문에서 출발하자고 한 그 시점에는 아직 계엄이 해제되기 전이에요. 본회의 의결되기 전이에요. 그런데 01시 2분에 의결이 됐어요. 의결이 된 걸 알았으면 03시에 출발한다는 그 상황을 왜, 어떠한 조치를 받고 출발시켰습니까?

○증인 고현석 최초에 총장이 지시한 것이 변경이 되거나 취소가 됐다 이런 사항이 없었습니다. 그래서 준비가 됐던 것이고 03시에 총장에게 승인을 받기 위해 전화를 했는데 총장이 통화가 안 돼서 같이 있던 정책실장을 통해서 확인하고 출발을 시켰습니다.

○강선영 위원 제가 그 당시 합참의 계엄상황실에 내려가 보니까 거기 장소가 세 군데로 분리돼 있었습니다.

1분만 주시면 이것 정확하게 설명을……

○위원장 안규백 예.

○강선영 위원 애초에 맨 처음에 장관님이 오셨던 전투통제실과 그다음에 건물 밑으로 다시 내려가서 4층에 합참에서 회의하는 회의실과 그 옆에 또 계엄과장이랑 전비태세 차장이 있던 상황실, 3개로 분리가 되어 있었어요. 그러다 보니까……

총장님은 계신 위치를 보니까 최초에 전투통제실이 아니고 그 밑에 지하 4층의 그 넓은 공간 거기 있었고, 차장은 그 당시 밑에, 지휘통제 수행했던 정책실장은 다른 곳에 위치했어요. 다른 곳에 위치하다 보니까 정확하게 총장님의 지침을 못 받았어요. 못 받았는데……

총장님, 그때 정책실장한테 '육본에서 출발하겠습니다. 출발시켜도 될까요?'라는 문의를 들었습니까?

○증인 박안수 그 부분이 정확하게 기억은 나지 않는데 3시쯤 출발한다 그래서, 상황실은 구성되고 있으니까 당연히 출발했겠구나 이렇게 생각한 그런 기억은 좀 있습니다.

○강선영 위원 이것 마무리 좀 짓겠습니다. 1분만 더 주시면……

○위원장 안규백 그러면 보충질의 안 하십니까?

○강선영 위원 안 해도 됩니다.

○위원장 안규백 예.

○강선영 위원 제가 왜 이 질문 하냐면 여당이고 야당이고가 중요한 게 아니라 사실이 중요하지 않습니까? 제가 제일 의문이 가는 게……

우리 군인은 명령을 받을 때 작명5개항을 받지요?

○증인 고현석 예.

○강선영 위원 1번이 상황이지요?

○증인 고현석 예.

○강선영 위원 상황, 임무 그다음에 뭡니까?

○증인 고현석 실시……

○강선영 위원 실시, 전투근무지원, 지휘 및 통신. 이 5개의 작명5개항을 갖고 우리는 아주 그냥 기계적으로 딱 생각을 하는데 결정적으로 총장이 지시한 시간에는 계엄이 발령됐지만 03시 출발 시간에는 상황이 바뀌었어요. 본회의에서 계엄을 해제하라는 의결이 됐어요.

제가 이런 말씀을 드리는 것은 차장님은 총장님이 안 세실 때 그 부서를 통세해야 되는데 이걸 왜 출발시켰냐, 그래서 그것이 마치 육군 2차 계엄 3차 계엄이라는 오해를 사게 했느냐, 본인의 정무적 판단이 왜 그랬는지를 듣고 싶습니다.

○증인 고현석 그때 당시에 저희 육군본부는 사실 어떤 정보도 공유가 되지 않았습니다. 그러니까 저희가 VTC도 빠져 있었고 어떤 상황 전파도 없었기 때문에 단지 뉴스 하나만을 보고 어떤 의사결정을 하기에는 대단히 제한적이었습니다. 그래서 총장에게 전화를 하기 위해서 시도를 했던 것입니다.

○위원장 안규백 차장님, 잠깐 서 계셔 보세요.

○증인 고현석 예.

○위원장 안규백 북한군하고 우리 아군하고 지금 총격을 가하고 있어요. 그러면 그것을 어디다 물어보고 총격 대응을 해야 됩니까? 응사를 해야 됩니까? 그건 아니잖아요. 삼성 장군까지 올라왔으면 그걸 정무적 판단으로서 본인이 가지고 있는 무기와 모든 제원을 해서 즉각 대응과 응징을 해야 될 것 아닙니까? 이미 TV 자막이나 모든 것이 다 상황 별로 나와 있잖아요. 그러면 총장의 지시가 없다고 하더라도 본인이 정무적 판단을 했을 것 아닙니까?

○증인 고현석 위원장님, 그러니까 그게 전체적으로 올라가는 인원들이 정확히 어떤 임무를 수행하는지 이런 것도 규정된 게 없었고 그냥 단지 올라오라는 그 내용밖에는 없었던 것입니다.

○위원장 안규백 그게……

○증인 고현석 그리고 상황 공유 자체도 제가 말씀드린 것처럼 저희 육군본부는 일체 그런 게 이루어지지 않았기 때문에 판단하는 데 상당히 제한 사항이 있었던 겁니다.

○위원장 안규백 아니, 지금 뒤에 계신 법무부 류혁 감찰관님은 들어가자마자 정무적 판단에 의해서 본인이 즉각 사표를, 이건 위헌이고 불합리하다 해서 사표를 썼다는 것 아닙니까? 그러면 육군총장도 그에 버금가는 이상의 직위에 있기 때문에 그건 정무적 판단을 해야지 누구 지시받고 그러고 합니까, 그게? 그런 말씀이, 그건 논리의 앞뒤가 안 맞는 말씀이지요.

들어가십시오.

○강선영 위원 저 다음 질의 안 하겠습니다. 1분만 주십시오.

○위원장 안규백 됐어요.

민병덕 위원님.

○강선영 위원 하겠습니다.

○민병덕 위원 박안수 총장님 이쪽으로 좀……

○증인 박안수 예, 박안수 총장입니다.

○민병덕 위원 육군참모총장님 그리고 계엄사령관님, 아까 김봉식 서울경찰청장이 이렇게 말했습니다. '포고령 전에는 출입증을 가진 사람은 모두 출입시켰다'. 그런데 포고령이 내려온 이후에는 출입을 안 시켰다는 거거든요. 포고령을 매우 중히 여겼다는 겁니다. 계엄사령관으로서 포고령 내용 충분히 인식하고 사인한 것 맞지요?

○증인 박안수 충분히 다 인식할 그런 수준은 솔직히 아니었습니다.

○민병덕 위원 그러면 제대로 인식하지도 않고 사인했다는 얘기입니까?

○증인 박안수 그래서 여러 분들하고 사실은 둘러보기도 했었습니다.

○민병덕 위원 충분히 인식하지 못하고 사인했다 그렇게 대답하시는 거지요?

○**증인 박안수** 예, 그것이 어떤 맥락이 있는지는……

○**민병덕 위원** 경호처에서 비화폰 받았습니까?

○**증인 박안수** 안 받았습니다.

○**민병덕 위원** 그래서 육군참모총장은 중심이 아닌 겁니다.

군복 입은 사람들이 외출하기가 두렵다고 합니다. 명예가 실추됐다고 합니다. 존경하는 한기호 위원님께서 그렇게 말씀하십니다. 왜 명예가 훼손됐습니까? 누구에게 이용당한 겁니까, 군이? 경찰이, 군인이, 이 무관들이 누구에게 이용당한 겁니까? 그것 생각하셔야 됩니다.

제가 말씀드릴게요.

영구 집권을 꿈꾸고 독재, 자기 마음대로 하려고 하는 세력이 있습니다. 그 사람들이 국회를 해산하고 국회의원을 잡아넣고 정적을 제거하고 싶습니다. 그런데 국회를 해산해야 되는데 어떻게 할까요? 선거 부정이 있다고 해야 됩니다. 그러니까 선관위를 턴 겁니다. 그런데 조사만 해서는 안 될 것 같습니다. 그러니까 고문 도구를 이용해 가지고, 방첩사, 정보사 이런 데가 동원된 겁니다. HID까지 동원된 겁니다. 알겠습니까?

잠깐만 멈춰 주십시오.

이완규 처장님!

○**증인 이완규** 예, 법제처장입니다.

○**민병덕 위원** 12월 4일 안가 모임 가셨지요?

○**증인 이완규** 예, 간 적 있습니다.

○**민병덕 위원** 이상민 장관이 오라고 전화 왔었지요?

○**증인 이완규** 그렇습니다.

○**민병덕 위원** 그 안가 모임 때 박성재, 이상민, 그다음에 김주현 민정수석 이렇게 있었지요?

○**증인 이완규** 그렇습니다.

○**민병덕 위원** 거기에서 무슨 얘기 했었습니까?

○**증인 이완규** 계속 그 질문에 많이 말씀드렸습니다마는……

○**민병덕 위원** 아니, 대답만 해 주세요.

○**증인 이완규** 가서 별로 한 얘기가 없습니다.

○**민병덕 위원** 그러니까 12월 3일 날 계엄하고 12월 4일 날 모였는데, 이 문신들이 다 모였는데 여기에서 '한 일이 없습니다. 아무 말도 하지 않았습니다' 이게 말이 되는지……

삼청동에서 모였지요, 제일 처음에? 7시 20분 정도에.

○**증인 이완규** 삼청동이요? 아니요……

○**민병덕 위원** 삼청동 안가에서 모였잖아요.

○**증인 이완규** 맞습니다. 거기 안가입니다.

○**민병덕 위원** 삼각지 갔었지요?

○**증인 이완규** 아닙니다.

○**민병덕 위원** 삼각지 안 갔습니까?

○**증인 이완규** 그렇습니다.

○**민병덕 위원** 여기의 이상민, 박성재, 이완규, 그다음에 김주현 민정수석, 저는 이분들

이 계엄의 헤드라고 생각합니다. 이 문신들이 무신들을 이용해 가지고 해 처먹으려고 한 거라고 생각합니다.

○**증인 이완규** 그것은……

○**민병덕 위원** 이상민 장관님!

○**증인 이완규** 너무……

○**민병덕 위원** 내 생각이잖아요. 당신 얘기를 물은 게 아니에요.

○**증인 이완규** 아니, 알겠습니다. 그런데 전혀 사실이 아니라고 말씀드립니다.

○**민병덕 위원** 스톱 좀 해 주십시오.

　　(발언시간 초과로 마이크 중단)

　1분만 더 주십시오.

○**위원장 안규백** 마무리하세요.

○**민병덕 위원** 이상민 장관님!

○**증인 이상민** 예.

○**민병덕 위원** 대통령 지시사항 받았지요?

○**증인 이상민** 증언하지 않겠습니다.

○**민병덕 위원** 김용현 장관은 행안부장관에게 딱 주었다라고 얘기합니다. 받았지요?

○**증인 이상민** 증언하지 않는데요, 그렇게 말씀 안 하신 것으로 알고 있습니다.

○**민병덕 위원** 받았지요? 김용현 장관은 주었다고 합니다. 행안부장관에게 주었다라고 그것까지 말씀했습니다.

　그리고 거기에서 찬성한 국무위원도 있었다라고 하는데, 찬성했지요?

○**증인 이상민** 증언하지 않겠습니다.

○**민병덕 위원** 그리고 끝나고 나서 행안부 소집해 가지고 거기에서 지시사항 이행했지요?

○**증인 이상민** 증언하지 않겠습니다.

○**민병덕 위원** 그럴 거라고 봅니다.

　박성재, 이상민, 이완규, 여기가 계엄의 헤드 문신, 그다음에 경찰과 군대들 이용해 가지고 해 처먹으려고 한 겁니다, 당신들이!

　스톱해 주십시오.

　구삼회……

○**민홍철 위원** 안 왔잖아요.

○**민병덕 위원** 있습니다.

○**증인 구삼회** 구삼회 준장입니다.

○**민병덕 위원** 구삼회, 제2기갑여단 전차·장갑차 하시는 분이지요?

○**증인 구삼회** 예, 맞습니다.

○**민병덕 위원** 이분이 어떻게 해서 12월 3일 날 판교 정보사 사무실에서 있게 됐는지 그리고 거기에서……

　　(발언시간 초과로 마이크 중단)

••

　　(마이크 중단 이후 계속 발언한 부분)

임무는 무엇이었는지 여기에 대해서 얘기해 보세요.

○증인 **구삼회** 그 부분은 지금 수사 중인 사항으로 진술이 제한됩니다.

○**민병덕 위원** 거기에 왜 있게 됐는지도 얘기할 수 없어요?

○증인 **구삼회** 예, 제한됩니다.

○**민병덕 위원** 이번에 처음 나온 거거든요. 내일도 안 나옵니다. 너무너무 좋지요?

○증인 **구삼회** 그렇지 않습니다.

....

○**위원장 안규백** 이따 추가로 해 주십시오.

민홍철 위원님 질의해 주십시오.

○**민홍철 위원** 구삼회 증인 잠깐만, 오늘 나왔으니까 확인 좀 하려고요.

기갑여단장이지요?

○증인 **구삼회** 예, 맞습니다.

○**민홍철 위원** 기갑부대 동원하려고 했습니까?

○증인 **구삼회** 전혀 사실이 아닙니다.

○**민홍철 위원** 수사 중이기 때문에 말할 수 없어요?

○증인 **구삼회** 이 부분은 저 개인적인 부분이 아니라 부대 부하들의 명예가 달린 부분인데 확실히 그 부분은 계획도 없었고……

○**민홍철 위원** 장담할 수 있습니까?

○증인 **구삼회** 장담할 수 있습니다.

○**민홍철 위원** 들어가세요.

다음, 박안수 육군대장 앞으로 나오세요.

12월 3일 계엄 때 김용현 전 장관에 의하면 계엄 선포문 다 국무위원들한테 배포를 했다는 거거든요. 계엄 선포문 알지요? 계엄 포고령하고 다르지요?

박안수 대장은 받았습니까? 봤습니까?

○증인 **박안수** 예, 그날 국방부 대변인에게 꺼내 주실 때 봤습니다.

○**민홍철 위원** 봤습니까? 그날 그 시간에 박안수 대장은 어디 있었어요?

○증인 **박안수** 같이 전투통제실에……

○**민홍철 위원** 전투통제실에서? 국무위원들하고 있는 그 자리는 아니고?

○증인 **박안수** 그게 아니고 계엄 담화 이후에 이제 전군 주요지휘관이 끝나고 계엄 선포문……

○**민홍철 위원** 뒤에 봤네요?

○증인 **박안수** 예, 그 끝에 건네 주셨습니다.

○**민홍철 위원** 윤석열 대통령은 헌재 재판에서 '군인들이 부당한 지시를 따르지 않을 것으로 알았다' 이 말을 했어요. 국회에 수방사, 특사경이나 특전사, 특임부대 다 투입을 했음에도 불구하고 진입을 못 하고 자진해서 철수한 상황을 자기 합리화한 것 같아요.

그러면 박안수 대장은 계엄사령관으로 임명을 받았는데 계엄 지시, 사령관 지시가 부당한 지시라고 생각을 했습니까?

○증인 **박안수** 당시에 대통령님께서 지시하시고 하신 거는 법적으로나 절차적으로 이상이 없다고 생각했습니다.

○**민홍철 위원** 이상이 없다고 생각했지요?

○**증인 박안수** 예, 그렇습니다.

○**민홍철 위원** 뒤에, 사후에 이걸 합리화시키기 위한 하나의 주장인 것 같고요.

또 오늘은 헌재에서 이런 얘기를 했어요. '이번 사건을 보면 실제 아무런 일도 일어나지 않고 있는데 내란에 해당하는 지시를 했느니 지시를 받았느니 하고, 마치 호수 위에 떠 있는 달 그림자를 쫓는 기분을 느끼고 있다'.

오히려 제가 볼 때는 박안수 육군대장이 하룻밤의 꿈을 꾸고 있는 태도예요, 지금. 그렇지 않습니까? 지금 계엄사령관으로서 역할을 뭘 했어요? 병력 출동하는데 내용도 보고도 못 받았다, 육군본부에서 올라오는 장성들과 영관장교들이 어떻게 움직이는 것도 보고를 못 받았다.

어떤 역할을 했습니까?

○**증인 박안수** 육군본부 올라오는 것은 제가 오라고 지시한 것은 기억이 나고 그다음에 병력 투입 이런 거는 저에게 보고되거나 한 게 없고……

(발언시간 초과로 마이크 중단)

....

(마이크 중단 이후 계속 발언한 부분)

○**민홍철 위원** 그러니까 오히려 제가 볼 때는 박안수 대장이 호수 위의 달 그림자를 쫓는 그런 느낌일 것 같아요.

들어가세요. 됐습니다.

....

○**위원장 안규백** 수고하셨습니다.

곽규택 위원님 질의해 주십시오.

○**곽규택 위원** 법제처장님, 아까 질문에 좀 이어 가겠습니다.

PPT 좀 띄워 봐 주시지요.

(영상자료를 보며)

이 자료를 보시면 윤석열 정부 이후에 국회에서 탄핵안 발의한 건 총 정리를 한 겁니다. 총 29건을 했고요. 22대 국회에 들어와 가지고도 총 18건, 한 페이지에 정리하기도 힘들 정도로 탄핵안을 남발했습니다. 특히 22대 국회 개원 이후에 발의된 18건의 탄핵안 중에서 약 절반에 가까운 7명의 검사가 포함되어 있습니다.

7명 검사들의 공통점에 대해서 알고 계십니까?

○**증인 이완규** 예, 주로 해 왔던 사건과 관련된 것 같습니다.

○**곽규택 위원** 그렇지요? 피고인 이재명을 수사했거나 또는 민주당의 돈봉투 사건 이런 사건들을 수사했던 검사들입니다. 이 검사들에 대해서 집중적으로 탄핵을 발의했는데요. 또 게다가 감사원장, 감사원도 헌법기관입니다. 감사원장에 대해서도 탄핵안을 발의했습니다.

그런데 대법원이나 헌법재판소나 헌법기관이라는 그런 이유로 사무처장만 국회에 출석시켜 가지고 질문도 하고 그러는데 감사원은 감사원장을 직접 불러 가지고 질문도 하면서 국회에서 제출해 달라고 하는 자료제출 제대로 안 했다고 탄핵을 해 버렸어요. 그러니까 직무정지가 되는 겁니다.

탄핵안 발의에 있어 가지고 가장 큰 폐해는 그 사유가 나중에 헌재에서 기각되더라도 발의되는 순간에 직무가 정지된다는 겁니다. 지금 이렇게 많은 행정부의 공직자들이 다 직무정지가 됐던 사람들입니다. 지금 그런 상태에 있기도 하고요.

법제처장님께서 생각하시기에 우리 헌법에 탄핵 제도를 두고 있는 것이 무슨 이유 때문이라 생각하십니까?

○증인 이완규 공직자가 헌법이나 법률을 위반했을 때 단순한 정치적인 책임을 물을 수 있는 제도가 없지 않습니까? 그렇기 때문에 법률적인 책임을 국회가 최종적으로, 정말 정말 중대한 헌법이나 법률 위반이 있어서 도저히 그 직무를 수행하는 걸 그냥 놔둘 수는 없는 그런 상황이 될 때 최후적으로 국회가 나서는 그런 제도라고 봅니다.

○곽규택 위원 중대한 위법이 있어야 되는 거지요?

○증인 이완규 그렇습니다.

○곽규택 위원 그리고 감사원장이라든지 법관 또 검사에 대해서 탄핵 제도를 두고 있는 것은 인사권자의 부당한 인사로부터 좀 중립성과 독립성을 보장하려는 제도의 취지가 탄핵 제도 아닙니까?

○증인 이완규 그렇습니다.

○곽규택 위원 그러니까 그런 중대한 위법이 있어서 형사처벌이 가능할 경우에는 형사처벌을 하면 공직자가 공직에 있지를 못하니까 탄핵 제도가 필요 없는 거지요. 그런데 22대 국회에 들어와 가지고는 이것을 행정부에 대한 공격 수단으로 적극 활용하기 시작한 겁니다. 탄핵 제도의 취지도 묻지마······

(발언시간 초과로 마이크 중단)

(마이크 중단 이후 계속 발언한 부분)
탄핵 사유도 묻지마였어요. 그래서 이런 탄핵 제도가 남발되는 것 때문에 행정부의 기능이 거의 마비까지 갔던 겁니다. 그것에 대해서 법제처장님도 같이 공감하고 계십니까?

○증인 이완규 예, 그렇습니다.

행정부 기능이 거의 마비되는 상태이고, 이 점에 있어서 가장 문제가 뭐냐면 이렇게 탄핵이 발의돼 가지고 탄핵소추 결의가 됐을 때 직무정지 기능 이것 때문에 그런 폐해가 있어서 헌법재판소가 빨리빨리 결정을 했었어야지요. 이걸 빨리빨리 결정해 가지고 탄핵 여부에 대해서 이 탄핵이 정당한지 부당한지를 결정해 줬으면 아마 이렇게까지 많은 탄핵이 이루어지지는 않았을 거라고 봅니다.

그런데 문제는 탄핵이 발의되고 나서 탄핵이 결정될 때까지 보통 다섯 달, 여섯 달 걸리게 되니까 어떤 한 기관에 대해서 직무정지를 시켜서, 직무정지시켜서 몇 달 동안 직무를 못 하게 하는 효과는 이룰 수 있지 않습니까? 그런 게 문제고.

가장 심각한 것은 최근에 한덕수 총리를 탄핵한 거예요. 지금 대통령이 탄핵돼 가지고 대통령이 이제 없는 상태에서 내각을 끌어가야 되는데······

○위원장 안규백 그만해 주세요.

○증인 이완규 한덕수 총리께서 안 계시니까 지금 내각이 굉장히 어렵습니다.

그리고 한덕수 총리의 경우에는 굉장히 심각한 문제가 있는데, 한덕수 총리를 탄핵할 때 의결정족수 문제가 있지 않습니까?

○**김병주 위원** 아니, 왜 관계없는 얘기를 하고 있어요?

○**곽규택 위원** 아니, 김병주 위원! 지금 내가 물어보고 있잖아!

○**위원장 안규백** 조용히 하십시오.

○**곽규택 위원** 말씀하세요.

○**증인 이완규** 얘기해도 되겠습니까?

○**곽규택 위원** 말씀하십시오.

○**위원장 안규백** 마무리해 주세요. 마무리하시고.
　김병주 위원.

○**증인 이완규** 아니, 위원장님께서……

○**김병주 위원** 질의하겠습니다. 질의하겠습니다!

○**곽규택 위원** 아니, 위원장님, 지금 제가 질의를 했고 증인 답변하는 중에 끊는 경우가 어디 있습니까?

○**위원장 안규백** 아니, 지금 답변이 너무 장황하지 않습니까.

○**강선영 위원** 아니, 그래도 들어야 되지 않습니까.

○**곽규택 위원** 아니, 지난번에 국정원 1차장은 10분 동안 말하게 두시더니, 말씀하시는 게 마음에 안 드세요? 아니, 증인 답변이 마음에 들어야 듣습니까?

○**강선영 위원** 제가 항의하는 것 보셨습니까. 저 항의 안 해요. 그런데 이건 들어야지요.

○**김병주 위원** 이선진 증인 나와 주세요.

○**곽규택 위원** 아니, 이렇게 회의 진행하시면 어떡합니까?

○**임종득 위원** 아니, 이것에 대해서 경고를 해 줘야지요.

○**위원장 안규백** 잠깐만요. 잠깐만요.
　1분 이내에 마무리하세요.

○**증인 이완규** 알겠습니다.
　한덕수 총리 탄핵의 경우에는 탄핵과 관련돼서 쟁점이 두 가지가 있어요. 하나는 뭐냐면 요건이 의결정족수가 충족됐느냐의 문제입니다. 그다음에 탄핵……

○**김병주 위원** 아니, 지금 그건 논외잖아요.

○**임종득 위원** 아니, 답변하잖아요.

○**민병덕 위원** 헌재에서 판단하고 있는데, 지금!

○**임종득 위원** 왜 듣기 싫은 건 막느냐고요.

○**김병주 위원** 헌재에 가이드라인을 주는 거야?

○**증인 이완규** 알겠습니다.
　그다음에 일단 의결정족수가 충족된다는 걸 전제로 해서 탄핵 사유가 있느냐의 문제가 있습니다. 그런데 지금 의결정족수가 충족되지 않았다는 이 부분에서 만약에 헌재에서 200석이다라고 판단해 가지고 이 부분을 결정을 하게, 이게 의결 요건이 잘못됐다고 판단을 하게 되면……

○**김병주 위원** 아니, 헌재에 자기가 가이드라인을 주는 거야 뭐야?

○**증인 이완규** 제가 계속 말씀드리잖아요. 이것을 판단하게 되면 탄핵소추 결의 자체가 무효예요. 그러면 이게 소급적으로 문제가 됩니다. 그래서 탄핵소추 결의가 정당한 거를

전제로 해서 진행이 된 직무정지 자체가 다 문제가 됩니다. 그래서……

○**위원장 안규백** 그만하십시오.

○**증인 이완규** 현재 최 대행 체제가 이게 유동적이에요. 그래서 이걸 빨리 결정해 줘야 됩니다. 이걸 빨리 결정해서 현재의 권한대행 체제가 정말 적법하고 이게 확정적인 것인지를 결재해 줘야지요.

○**위원장 안규백** 그만하십시오.

○**증인 이완규** 그게 우리 정부를 위해서 필요하다는 거지요.

○**위원장 안규백** 김병주 위원, 질의하십시오.

○**곽규택 위원** 법제처장님, 제가 나중에 또 추가 보충질의하겠습니다.

○**위원장 안규백** 김병주 위원, 질의하십시오.

○**민병덕 위원** 계엄의 헤드가 맞아?

○**곽규택 위원** 무서워서 질문을 하겠나, 답변을 하겠나. 공산당이야 뭐야?

○**위원장 안규백** 지금 질문 취지에 맞지 않게끔 계속 질의……

○**곽규택 위원** 질문 취지에 왜 안 맞습니까, 이게? 탄핵 제도의 문제점을 지금 질문하고 있는 거 아닙니까. 비상계엄의 원인이 된 게 의회의 독주 아닙니까, 위원장님?
   같이 질문을 했는데 어떤 증인한테는 말 끊고 어떤 증인은 10분 동안 발언할 기회를 주고……

○**김병주 위원** 곽규택 위원, 내가 질의할 시간입니다!
   곽규택 위원!

○**용혜인 위원** 국정조사에 맞지 않습니다.

○**임종득 위원** 그걸 누가 판단해요?

○**용혜인 위원** 내가 판단했어요! 그거는……

○**임종득 위원** 정신 나갔나!

○**용혜인 위원** 정신 나갔다니! 정신이 나갔다니!

○**위원장 안규백** 질의하세요.

○**용혜인 위원** 위원장님, 신상발언 있습니다!

○**위원장 안규백** 예, 하십시오.

○**용혜인 위원** 방금 임종득 위원이 저에 대해서 '정신이 나갔나'라는 표현을 했습니다. 저는 이 부분은 국정조사를 떠나서 인간으로서 상대방에게 해서는 안 될 말을 한 거라고 생각합니다. 분명히 선을 넘었고 모욕이라고 생각하고요. 이 부분에 대해서는 분명히 위원장님께서 사과를 받아 주셔야 된다고 생각합니다.

○**위원장 안규백** 제가 못 들어서 그러는데 임 위원님이 그렇게 말씀하셨습니까?

○**용혜인 위원** 그렇게 말씀하셨잖아요!

○**위원장 안규백** 가만히 계세요.

○**임종득 위원** 내가 그 말 하기 전에 무슨 이야기를 했어요?

○**용혜인 위원** '국정조사에 맞지 않는 질문이다'라고 얘기했지요.

○**임종득 위원** 그게 국정조사에 맞지 않는 질문이에요?

○**용혜인 위원** 제가 그렇게 질의한 위원님이 정신 나갔다고 얘기했습니까?

○**강선영 위원** 소리 좀 지르지 말고 얘기하자!

○**용혜인 위원** 소리를 안 지르게 생겼어요? 정신 나갔다니!

○**박준태 위원** 그냥 얘기하시면 되잖아요. 왜 이렇게 소리를 질러요? '정신 나갔네' 우리도 들었어요, 그런 얘기.

○**용혜인 위원** 사과하세요, 빨리.

○**임종득 위원** 못해요!

○**용혜인 위원** 사과하세요!

○**곽규택 위원** 용혜인 위원!

○**용혜인 위원** 왜요?

○**곽규택 위원** 제가 질문하는데 고함치는 것부터 사과하세요, 그러면!

○**용혜인 위원** 싫어요!

○**곽규택 위원** 왜요?

○**용혜인 위원** 정신 나갔다는 말을 듣고 그럼 가만히 있어요?

○**곽규택 위원** 그 전에 고함친 거 아니에요, 그 전에?

○**용혜인 위원** 정신 나갔다는 말을 듣고 가만히 있냐고요!

○**곽규택 위원** 그 전에 고함친 거 아니에요!

○**위원장 안규백** 용혜인 위원, 가만히 계세요!

○**용혜인 위원** 누가 그 전에 고함을 쳐요?

○**곽규택 위원** 고함 좀 지르더만!

○**임종득 위원** 그 전에 고함 안 쳤어요?

○**용혜인 위원** 그 전에 고함 안 쳤어요!

○**위원장 안규백** 용혜인 위원, 제가 확인한 다음에 여부를 판단하겠습니다.
　질의하십시오.

○**용혜인 위원** 위원장님, 이 부분도 사과를 안 받아 주시면 어떻게 합니까?

○**위원장 안규백** 발언 여부를 속기록을 확인해 보고 내가 추가……

○**용혜인 위원** 위원장님, 이 부분도 사과를 안 받아 주시면 어떻게 합니까?

○**위원장 안규백** 알겠습니다. 제가 확인한 다음에 하겠습니다.
　먼저 질의하십시오.

○**김병주 위원** 이선진 증인, 앞으로 나와 주세요.

○**백혜련 위원** 본인도 인정하는 것 같은데……

○**부승찬 위원** 한 거 맞아요, 제가 명확하게 들었어요.

○**추미애 위원** 들렸어요. 위원장님, 들렸습니다. 정리하고 갑시다.

○**부승찬 위원** 그래도 '정신 나갔나'는 심하잖아요. 싸가지 정도는……

○**추미애 위원** 또라이는 뭐고요, 또라이는. 나한테는 또라이라고 그랬잖아요.

○**임종득 위원** 아니, 수없이 많은 그런 소리 한 건, 그거는 뭐고……

○**용혜인 위원** 제가 그 얘기 했습니까? 제가 임종득 위원님 정신 나갔다고 했어요?

○**김병주 위원** 이선진 증인, 노상원을 22년부터 알았다고 했지요?

○**증인 이선진** 예.

○**김병주 위원** 그래서 가장 키가 제가 보니까 A4지 두 장에 이름들을 쭉 적어와서 점

을 좀 봐달라고 했잖아요. 거기에는 여군 장군도 있고 경호처나 저명 직원들도 있고요. 그 A4지 두 장 그거 언제쯤 그런 걸 받아서 했습니까?

○증인 이선진 23년도였고요.

○김병주 위원 23년 언제쯤이지요?

○증인 이선진 정확하게는 기억나지 않는데요. 하반기였던 것 같습니다.

○김병주 위원 하반기. 그리고 거기에는 주로 어떤 사람들이 있었다고 그랬지요?

○증인 이선진 보통 군인이 많이 있었고요. 사업가도 계셨고 대통령실에서 계신 분도 계셨어요.

○김병주 위원 그래서 거기에 이름하고 생년월일 음력으로 나와 있었나요?

○증인 이선진 예.

○김병주 위원 그러면 A4지 두 장이면 최소한 한 한 장당 한 20명에서 40명은 있었겠네요.

○증인 이선진 한 스무 분 정도 되신 것 같아요.

○김병주 위원 스무 명. 그러니까 군인은 그래서 거기에서 잘 안 나오면 네이버에서 찾아서 보여 줬다 했잖아요.

○증인 이선진 예.

○김병주 위원 네이버에 나올 정도면 군에서는 장군급이고 그다음에 경호처라든가 사업가라든가 정치인 같으면 고위직으로 보이거든요.

○증인 이선진 예, 군인은 네이버에서 보지 않았고요. 사업가를 네이버로 찾아 가지고 보여주셨어요.

○김병주 위원 그래서 제가 봤을 때는 노상원이 그때 이미 김용현하고 계엄을 모의하면서 그 사람들에 대해서 명단을 리스트 해서 배반할지 안 할지 점을 본 걸로 보이는데 어떻게 생각하세요, 역으로 추정해 봤을 때?

○증인 이선진 그렇게 생각하고 있어요.

○김병주 위원 그렇게 생각하시지요?

○증인 이선진 예.

○김병주 위원 그러면 그거를 찾기만 하면 실제 내란과 관련된 인원들을 좀 연결고리가 퍼즐이 맞춰질 것 같고요.
그리고 노상원이 본인이 나랏일을 할 수 있는지 질문을 언제쯤 했습니까?

○증인 이선진 22년도에는 그런 질문을 하지 않으셨는데요, 23년도가 되고 나서는 그런 질문을 매번 하셨던 것 같아요.

○김병주 위원 그러면 23년도부터 이미 내란에 대한 어떤 준비를 한 것으로 보이고요.
윤석열 씨가 1년 남겨 놓고 탄핵될 것이다 예상을 했는데 그때는 언제쯤 예상하고 그때 노상원의 반응은 뭐였지요?

○증인 이선진 그날이 A4용지 가지고 오셨던 날이었는데요, 절대 그런 일은 없다고 단호하게 자르셨어요.

○김병주 위원 아, A4지 가지고 온 날?

○증인 이선진 예.

○김병주 위원 그러니까 23년 하반기에 이미 그런 걸 한 것 같고.

그다음에 김건희 여사에 대해서는 혹시 점을 보지 않았나요?

○**증인 이선진** 예, 전혀 없습니다.

○**김병주 위원** 그리고 지금 장관들도 20명 명단에는 좀 있었겠네요?

○**증인 이선진** 전혀 기억이 나지 않아요.

○**김병주 위원** 그렇겠지요?

○**증인 이선진** 예.

○**김병주 위원** 그런데 보면……

1분만 더 주세요.

○**위원장 안규백** 마무리하세요.

○**김병주 위원** 그래서 역으로 이렇게 봤을 때 23년 말쯤 실제 계엄을 모의하고 인원을, 노상원하고 김용현이 리스트를 가지고 확인 작업을 점의 형태로 한 걸로 보여지는데 이선진 증인은 그렇게 된다고 얘기를 하신 것 같고요.

그리고 24년도에는 노상원과, 개인적으로 못마땅한 질문을 노상원이 해서 그때부터 연락을 끊었다고 하는데 못마땅한 질문이 어떤 거지요?

○**증인 이선진** 개인적인 이야기여 가지고……

○**김병주 위원** 아, 그래요?

○**증인 이선진** 예.

○**김병주 위원** 계엄이라든가……

○**증인 이선진** 전혀 아니고요.

○**김병주 위원** 아니면 여기서 이루어지는 것처럼 인신공격 이런 것이었겠네요?

○**증인 이선진** 아니, 그렇지 않았어요.

○**김병주 위원** 제가 인신공격을 많이 받고 있거든, 이 앞의 분들한테.

그래서 그 이후에는 연락이 없었나요?

○**증인 이선진** 예.

○**김병주 위원** 그래서 지금 키가 A4지 2장이 가장 키일 것 같아요.

○**증인 이선진** A4용지 2장 가져오신 것은 그날 다 가져가셨고요. 저한테 있을 거라고 했던 것들은 수업하면서 본인들의 이름을 써 가지고 사주팔자를 풀었던, 공부했던 노트를 말하는 거예요.

(발언시간 초과로 마이크 중단)

•••

(마이크 중단 이후 계속 발언한 부분)

○**김병주 위원** 하여튼 그날 A4지 2장에 갖고 왔던 리스트가 내란과 관련된 인원일 확률이 저는 대단히 높다고 보고요. 그때부터 이미 체계적으로 김용현과 노상원은 윤석열과 같이, 또는 거기에 김건희도 개입됐을 수가 있고요. 개입돼서 했지 않나 하는 생각을 하고 있습니다.

제 말에 동의하시나요?

○**증인 이선진** 잘 모르겠습니다.

○**김병주 위원** 아까는 동의한다고 했잖아요.

○**증인 이선진** 어떤 말에요?

○**김병주 위원** 아니, 그 사람들이 관련 있을 확률이……

○**증인 이선진** 예, 맞아요.

○**위원장 안규백** 마무리해 주세요.

○**김병주 위원** 알겠습니다.

....

○**위원장 안규백** 임종득 위원님, 제가 모든 속기록을 아직 확인은 안 했습니다마는 위원님들도 그렇고 임 위원님도 약간 동의를, 그걸 말씀을 하신 것 같은데 매듭을 좀 풀고, 잊고 다음으로 넘어갑시다.

그렇게 용혜인 위원님한테 발언하셨다면 여기서 깔끔히 사과하고 넘어갑시다.

○**임종득 위원** 사과할 마음 없습니다.

○**위원장 안규백** 사과할 마음이 없으면 퇴출을 명할 수 있습니다.

○**임종득 위원** 그건 위원장이 할 수 있는 건 알아서 하세요. 제가 사과할 이유가 없다고 저는 생각합니다.

○**백혜련 위원** 아니, 그건 해야지. 개인에 대한……

○**한기호 위원** 발언하는데 옆에서 하도 방해를 하니까 이런 일이 생기지 않습니까. 본인들도 과실이 있는 거지.

○**위원장 안규백** 깔끔하게……

○**임종득 위원** 지금 곽규택 위원이 질문……

눌러 주세요. 제가 얘기할게요.

○**위원장 안규백** 아니, 그래도……

○**임종득 위원** 저도 신상발언할게요.

○**위원장 안규백** 가만있어 봐요.

그래도 그렇지, 동료 위원한테 정신 나갔다고 하는 이런 발언을 어떻게 할 수 있습니까?

○**임종득 위원** 지금 한두 번 했어요?

○**강선영 위원** 김병주 위원님이 국민의힘에……

○**위원장 안규백** 가만히 계세요.

○**임종득 위원** 아니, 지금까지 그런 발언을 한두 번 했냐고요.

○**강선영 위원** 국민의힘에다가 정신 나갔다고 그랬지 않습니까?

○**위원장 안규백** 가만있어요! 강 위원, 가만히 계세요.

○**임종득 위원** 한두 번 했어요, 그런 발언을?

○**위원장 안규백** 정식적으로 사과하세요.

○**임종득 위원** 못 합니다.

○**위원장 안규백** 퇴출을 명합니다.

○**임종득 위원** 갑시다.

○**위원장 안규백** 김병주 위원……

백혜련 위원님 발언하십시오.

○**곽규택 위원** 도대체 다른 위원이 물어보는 증인의 답변을 함부로 끊고 질문 내용까지도 비상계엄과 관계 있나 없나 그런 것 따지고 있는데……

○**백혜련 위원** 방정환 증인 이쪽 앞으로 나오세요.

○**한병도 위원** 그래도 용혜인 위원님한테 정신 나갔다가 뭡니까?

○**강선영 위원** 아니, 김병주 위원은 국민의힘 정신 나간 의원이라고 그랬잖아요.

○**김병주 위원** 왜 나를…… 그건 한미일 동맹. 일본하고 아직도, 동맹 얘기하는데……

○**한병도 위원** 우리끼리야 하더라도 용혜인 위원님한테 정신 나갔다가 뭐예요, 그게.

○**위원장 안규백** 동료, 옆의 위원한테……

○**곽규택 위원** 저렇게 고함을 치는데 제지를 하셔야지 이런 말도 안 하시고, 똑같은 말을 하고……

○**김병주 위원** 그거하고는 다르지. 여기는 인신공격을 했잖아요.

○**한기호 위원** 질의 답변하는 사이에 방해를 하잖아요.

○**곽규택 위원** 사과하신 적 없잖아요, 여태까지!

○**한기호 위원** 화가 나게 만들잖아요, 자꾸.

○**김병주 위원** 비교할 걸 비교해야지. 일본하고 동맹한다는 작자들을……

○**강선영 위원** 또라이라고 했을 때는 왜 사과 안 했어요, 저한테 또라이라고 했을 때는?

○**민홍철 위원** 장군들이 채신이 없다, 진짜.

○**곽규택 위원** 자기가 한 말은 괜찮고 남이 한 말은 안 되는 거네? 이런 회의를 왜 해!

○**민홍철 위원** 정말 채신이 없네.

○**위원장 안규백** 백혜련 위원님 질의해 주세요.

○**민홍철 위원** 장군의 명예를 좀 유지하라고 하세요.

○**강선영 위원** 장군님의 명예를 좀 유지해 주십시오, 민홍철 위원님도.

○**민홍철 위원** 제가 듣자 듣자 하니까 너무 심하네요.

○**강선영 위원** 함부로 장군 어쩌고 말씀하지 마십시오.

(일부 위원 퇴장)

○**백혜련 위원** 강선영 위원님 좀 조용히 좀 해 주세요, 저 질의할 거니까.

12월 3일 날 오후 3시에 음식점에서 노상원하고 구삼회 또 증인, 김용군 이렇게 만났지요?

○**증인 방정환** 예.

○**백혜련 위원** 거기에서 구삼회 장군이 합수부 단장 그리고 본인이 부단장 이렇게 맡으면 된다고 노상원이 얘기했지요?

○**증인 방정환** 수사 중인 사안이라서 답변이 제한됩니다.

○**백혜련 위원** 다 얘기 잘하다가 수사 중인, 본인한테 불리한 것은…… 그 얘기도 못 해요, 합수부 부단장 맡으라고 얘기했다 하는 거?

○**증인 방정환** 제한됩니다.

○**백혜련 위원** 그날 노상원하고 문상호하고 통화한 것은 알고 있습니까?

○**증인 방정환** 기억이 없습니다.

○**백혜련 위원** 기억이 없어요?

○**증인 방정환** 예.

○**백혜련 위원** 이 사건과 관련해서 문상호하고 통화한 적 있습니까, 본인?

○**증인 방정환** 없습니다.

○**백혜련 위원** 문상호하고는 없습니까?

○**증인 방정환** 없습니다.

○**백혜련 위원** 본인이 계엄이 일어난다는 것은 언제 아셨어요?

○**증인 방정환** 대통령님께서 담화하시는 상황을 보고 알았습니다.

○**백혜련 위원** 그런데 이게 알 수가 있을 수밖에 없는데 이날 공소장에 의하면 합수부 부단장을 맡으라는 얘기를 노상원이 한 것으로 되어 있거든요. 합수부라는 게 계엄 아닌 상황에서 일어날 수가 있습니까?

○**증인 방정환** 제가 말씀드릴 수 있는 건 장관님 지시로 정보부대에 가서 대기하고 명령을 확인하고 임무를 수행해라 말씀하셨고 그것과 관련해서 저는 지속적으로 명령을 확인하려고 했으나 명령이 없었고 대기하다 복귀했을 뿐입니다. 그게 제가 알고 있는 사실입니다.

○**백혜련 위원** 들어가세요.

그리고 박안수 계엄사령관님 이쪽으로 나오세요, 다시.

아까 하시려다가 말았는데 한 가지만 할게요. 아까 계엄 해제되고 나서 국방부장관을 찾으러 가니까 그때 대통령하고 국방부장관이 오고 있었다는 거예요. 그래서 결심실에 들어갔잖아요.

○**증인 박안수** 예, 맞습니다. 좀 기다렸는데 오셨습니다.

○**백혜련 위원** 그러니까 본인은 계엄이 해제되는 것을 보고 군인을 철수시켜야 된다는 얘기를 하려고 국방부장관을 찾아가려고 했다는 거지요?

○**증인 박안수** 예, 밑에서 그런 얘기가 나왔었습니다. 그런데 이게 어떻게 하는지, 그거는 저 위에서 해야 되는 거고 우리가 하는지를 모르지 않습니까? 그래서 어떻게 해야 되냐……

○**백혜련 위원** 그러니까 물으러 갔는데 그리고 결심실에 들어와서도 그럼에도 불구하고 군인들에 대한 철수 명령은 그때 안 떨어졌고?

○**증인 박안수** 예, 그때는 안 나왔었습니다.

○**백혜련 위원** 계속 안 떨어졌고 새벽 3시경이나 돼 가지고 그때야 군인 철수 명령이 내려온 거지요?

○**증인 박안수** 맞습니다. 2시 50분……

○**백혜련 위원** 그러니까 지금 계엄 해제가 1시에 됐다고 생각하면 2시간의 공백이, 그 시간에도 여전히 군인 철수에 대한 지시는 내려오지 않았다?

○**증인 박안수** 예, 그렇습니다. 현장 병력들은 나와 있었지만 그랬었습니다.

○**백혜련 위원** 들어가세요.

그리고 선관위 사무총장님……

시간이 너무 없네요.

○**위원장 안규백** 1분 더……

○**백혜련 위원** 예, 1분만 더 주세요.

○**위원장 안규백** 예.

○**백혜련 위원** 지금 여당 위원님들이 부정선거에 대해서 많은 얘기들을 하는데 사실

채용비리 문제도 발본색원해서 없어져야 될 문제는 맞습니다. 그러나 채용비리 수사가 이루어졌던 것도 사실은 서버에 대한 검증, 일종의 국정원과의 조사를 강제하기 위한 그런 수단으로서 이루어졌던 부분들이 있어요, 분명히 제가 볼 때는.

그리고 선관위원장의 중립성 문제를 제기하시는데 지금 중앙선관위원 대통령 세 명, 국회에서 세 명, 대법원장 지명 세 명 아닙니까? 사실 대통령, 국회, 대법원장 여기에서 그나마 정치적 중립성을 가장 담보할 수 있는 중앙선관위원님들 한번 본다면 사실 대법원장 지명이 여러 진영에서 그나마 중립성을 담보하는 인원들이라고 볼 수 있는 거잖아요. 그렇지요?

○증인 김용빈 예, 4·19 민주 이념에 따라서 선거관리위원회가, 최초의 선거위원회가 작성될 당시에도 대법원 대법관 세 명에 국회가 지명하는, 그러니까 국회가 선출하는 6인으로 구성이 돼 있었습니다.

○백혜련 위원 그러니까 선관위원들, 지방선관위원들, 중앙선관위원들, 지방선관위원장을 비롯해서 법관들이 맡는……

　　　(발언시간 초과로 마이크 중단)

　　　(마이크 중단 이후 계속 발언한 부분)
그런 역사적 연혁과 그리고 가장 정치적 중립성을 그래도 담보할 수 있는 인원을 갖고 있기 때문에 그렇게 되어 왔다는 거지요.

○증인 김용빈 다만 지금 지적하시는 바와 같이 책임성이나 효율성 측면에서 문제가 있는 것은 맞습니다.

○백혜련 위원 중앙선관위에는 오히려 지금 부정선거를 주장하는 사람들 자체도 효율성의 문제 이런 것을 얘기하는 게 아니잖아요. 가장 객관적이고 공정성을 띨 수 있느냐의 문제인 거지요.

○증인 김용빈 그래서 전반적인 부분으로 만약 제도개선이 필요하면 충분히 국회에서 논의해 봐야 될 사안이라고 생각을 합니다.

○위원장 안규백 위원님들께 한 말씀 드리겠습니다.

동료 위원들 간에 토론이나 논쟁은 할 수 있으되 정신 나갔다는 등 이런 정치적 금도를 벗어난 막말은 해서는 안 된다고 저는 생각을 합니다. 다시 한번 여러 위원님들께 말씀을 드립니다.

석식을 위해서 회의를 중지했다가 21시에 속개하도록 하겠습니다.

정회를 선포합니다.

　　　　　　　　　　　　　　　　　　(18시55분 회의중지)
　　　　　　　　　　　　　　　　　　(21시04분 계속개의)

○위원장 안규백 의석을 정돈해 주시기 바랍니다.

회의를 속개하겠습니다.

회의를 속개하기에 앞서 한은 총재님한테 질의하실 위원님 계십니까?

그러면 먼저 하시고 이석하게 해 주시지요.

○윤건영 위원 제가 두 번째라서……

○**위원장 안규백** 윤건영 위원님 먼저 하십시오.

○**윤건영 위원** 제가 먼저……

○**위원장 안규백** 시작하십시오.

○**윤건영 위원** 총재님 늦게까지 수고 많으십니다.

저는 총재님께 여쭙고 싶은 게 이번 비상계엄이 대한민국 경제에 어느 정도의 영향을 미쳤는지 한번 여쭙고 싶습니다. 실제로 아주 중요한 문제라고 저는 생각을 하거든요. 비상경제로 인해서 대한민국 경제가 더욱더 어려워졌다라는 생각이 있습니다. 예컨대 코스피 시가총액이 3일 만에 58조가 감소가 되었고요. 원-달러 환율은 1500원대로 치솟았습니다. 당연히 한은에서 경제 전망 발표했지만 예상치보다 훨씬 밑도는 그런 경제 전망치를 내놓았지 않습니까?

거시경제분야 전문가로서 총재님이 보실 때 이번 비상계엄이 한국 경제에 어떤 영향을 미쳤는지를 간명하게 설명을 좀 해 주십시오.

○**증인 이창용** 윤건영 위원님, 제가 오전에도 말씀드렸다시피 지금 현재 이 프로세스가 끝나지가 않았기 때문에 그 영향을 판단하기는 아직 이른 것 같습니다. 그렇지만 말씀하신 대로 초기 임팩트를 보면 저희가 발표한 대로 외환시장에 가장 큰 충격을 주었고요. 그다음에 12월 소비 센티먼트(sentiment)를, 우리가 소비 센티먼트가 많이 나빠져서 경제성장률에 나쁜 영향을 주고 있습니다. 그래서 사실 지금 일어나는 일이 꼭 계엄뿐만 아니라 미국 정부의……

○**윤건영 위원** 여러 요인이 복합적이겠지요.

○**증인 이창용** 여러 가지 복합적이기 때문에 나누기는 굉장히 어려운데요. 여러 견해가 있지만 저희가 환율이 한 70원 정도 오른 것의 한 30원 정도가 여러 가지 방법을 통해서 계엄으로 인한 영향이다. 그리고 저희가 성장률을……

○**윤건영 위원** 잠시만요, 70원 오른 인상폭 중에서 한 30원이 비상계엄의 영향이다라고 보시는 거지요?

○**증인 이창용** 예, 봤고요. 그다음에 저희가 11월에 예상했던 것보다 경제성장률을 1월에 저희들이 중간 점검을 하면서 한 0.3% 정도 낮췄는데 그중에 한 반 정도는 일단 계엄 영향으로 인한 소비나 이런 것에 의해서 떨어진 게 아닌가 이렇게 보고 있는데.

제가 드리는 말씀은, 제가 왜 이게 계속된다고 보냐면 이러한 프로세스가 정치와 경제가 분리돼서 움직일 것이냐 이런 것에 의해서 많이 의존하고 있기 때문에 지금 결론 내리기 어렵습니다.

○**윤건영 위원** 그러면 방금 총재님 말씀처럼 한 0.15% 정도가 어림잡아서 비상계엄으로 인해서……

○**증인 이창용** 그것은 의견이 굉장히 다를 수도 있습니다.

○**윤건영 위원** 여러 가지 있습니다만 0.15% 정도가 비상계엄으로 허공에 날아가 버린 셈이지요. 쉽게 말하면 돈으로 따지면 5조 원 이상의 돈이 사라져 버린 것 아닙니까?

○**증인 이창용** 여러 가지로 판단할 수 있습니다.

○**윤건영 위원** 들어가셔도 됩니다.

여러 가지 이야기를 토론하고 싶은데 질의시간이 짧아서 마무리 발언을 해야 될 것 같아서요.

한 사람의 엉뚱하고 또 미친 생각으로 인해서 대한민국 경제가 완전히 무너졌습니다. 방금 총재께서도 답변하셨지만 어림잡아 5조 원 이상의 돈이 사라져 버렸고요. 코스피 지수도 마찬가지입니다.

(발언시간 초과로 마이크 중단)

••

(마이크 중단 이후 계속 발언한 부분)

환율도 한 30%의 영향이 있다라는 것을 본다면 저는 이 문제를 심각하게 보고 있습니다. 그래서 이 부분은 저희 국회가 여러 가지 진실을 규명하는 것도 아울러 필요합니다만 경제에 미치는 영향들을 좀 더 주도면밀하게 살펴서 우리가 해야 될 일을 잘 찾아야 된다고 생각하고.

후속되는 질의는 따로 또 하도록 하겠습니다.

이상입니다.

••

○**위원장 안규백** 또 한은 총재한테 질의할 위원님 안 계십니까?

○**한병도 위원** 민병덕 위원이 하신다고 했는데.

○**위원장 안규백** 아니, 한은 총재한테 질의하십니까?

○**한병도 위원** 아니, 저는 아닙니다.

○**위원장 안규백** 그러면 총재님 이석해도 되겠습니다. 먼저 이석하십시오.

순서에 따라서 용혜인 위원님 질의해 주십시오.

○**용혜인 위원** 한병도 위원님 안 하시지 않았어요? 삼차가 아직 다 안 돌았습니다.

○**위원장 안규백** 아, 저기 안 했지요.

하십시오.

○**한병도 위원** 오부명 차장님 다시 좀 부탁드립니다.

○**증인 오부명** 서울청 공공안전차장입니다.

○**한병도 위원** 오후 이어서 질문을 좀 드릴 텐데요.

12월 4일 새벽 1시 1분에 국회의 계엄 해제 의결에도 불구하고 경찰의 국회 전면 차단이 이어졌습니다. 실제 봉쇄가 해제된 것은 약 40분이 지난 새벽 1시 45분경이었지요?

○**증인 오부명** 그렇습니다.

○**한병도 위원** 이 국회 계엄 해제 의결을 인지한 이후에 임정주 경비국장에게 국회 출입 해제를 건의했었지요, 차장님?

○**증인 오부명** 그렇습니다.

○**한병도 위원** 그래서 차장은 새벽 1시 11분 전화로, 1시 15분 문자로 국회 봉쇄 해제를 요청했습니다. 그렇지요?

○**증인 오부명** 그렇습니다.

○**한병도 위원** 그런데 차장님이 건의를 했는데도 불구하고 청장은 임정주 경비국장을 통해서 대통령의 계엄 해제 선포가 없었으니 계속 전면 차단하라는 지시를 받았지요?

○**증인 오부명** 17분 전에 받았습니다.

○**한병도 위원** 그렇지요.

이후에도 차장님은 본청에 국회 봉쇄 해제를 건의했는데 경찰청장은 별도 지침을 내려 주지 않으니까 새벽 1시 45분경에 서울청이 자체적으로 국회 출입 허가 결정을 내렸습니다. 맞습니까?

○증인 오부명　서울청장님이 결정해서 무전으로 지시한 걸로 알고 있습니다.

○한병도 위원　그러니까요. 그렇지요.

　새벽 1시 54분경 임정주 경비국장이 차장에게 '서울청이 자체적으로 전면 차단을 해제하는 것을 잘 했네'라고 이야기도 했었지요?

○증인 오부명　전화가 왔었습니다.

○한병도 위원　국회 봉쇄 해제가 경찰청장의 결정이 아니라 서울청 자체 결정이었었네요.

○증인 오부명　저는 그렇게 알고 있습니다만 나중에 듣기로는 서울청장님이 해제 직전에 본청장님과 전화 통화했다는 사실은 확인을 했습니다.

○한병도 위원　예, 알겠습니다.

　다음, 김봉식 청장님 잠시만 부탁드립니다.

　청장님, 국회의 계엄 해제 의결 이후에도 청장이 국회 봉쇄 유지를 고수했습니다. 그런데 제가 이번에 통화 내역이랑 문자 내역을 확인해 보니까 당시 김봉식 청장님이 방금 차장님이 말씀하신 대로 해제를 결정했더라고요. 그때 당시 입장이 어땠습니까?

○증인 김봉식　사실 1시, 계엄이 해제됐기 때문에 통제는 더 이상 별 의미가 없다고 판단했습니다만 당시 계엄군이 국회 내에 많이 있었습니다. 그래서 일시에 한꺼번에 해제하는 것은 조금 리스크가 있다는 그런 판단을 아마 본청에서 한 것 같습니다. 그런데 한 1시 40분 넘어가면서 어느 정도 계엄군도 많이 빠지고 그런 상황이 되면서 우리 서울청에서 자체적으로 이 정도 되면 다시 해제를 해도 될 것 같다는 판단하에……

○한병도 위원　그러니까 본청장의 지시는 없었는데……

○증인 김봉식　본청장에게 제가 건의를 했습니다. 지금쯤 해제를 하는 게 맞을 것 같다 그렇게 전화로 알려드리고 해제가 된 걸로 기억하고 있습니다.

○한병도 위원　그러면 청장님은 뭐라고 하셨는가요, 보고를 드리니까?

○증인 김봉식　자연스럽게 그렇게 하는 걸로……

○한병도 위원　그래서 그 보고를 받고, 서울청장님이 결정하시고 본청장한테 건의를 해서 그렇게 됐다는 거지요?

○증인 김봉식　예.

○한병도 위원　다시 추후에 마무리하겠습니다.

○위원장 안규백　용혜인 위원님 질의해 주십시오.

○용혜인 위원　김선호 증인께 여쭙겠습니다.

　국방차관도 4일 새벽에 결심지원실에 대통령과 함께 있었습니까?

○증인 김선호　없었습니다.

○용혜인 위원　박안수 증인 나와 주세요.

　시간 잠깐 멈춰 주세요.

○증인 박안수　박안수입니다.

○용혜인 위원　각설하고요. 결심지원실에서 윤석열 대통령이 뭐라고 말했습니까?

○증인 박안수　똑같습니다. 제가 정확히 기억하는 건……

○**용혜인 위원** 기억하지 못한다?

○**증인 박안수** 예.

○**용혜인 위원** 12·3 내란 이후에 벌써 국회에 몇 번이나 오셨고 그때마다 몇 번이나 이 질문을 받으셨고 수사기관에서 진술하는 과정에서도 사실 이 질문을 몇 차례 받으셨을 텐데 질문 받으신 만큼 떠올리셨을 거고 기억을 못 할 리가 저는 없다고 생각합니다. 기억이 다 나실 거고 기억이 안 나셔도 지금 기억해 내서 답변을 하세요.

　윤석열이 뭐라고 했습니까?

○**증인 박안수** 생각 많이 해 봤는데 그런 게 없었습니다. 굉장히 무거운 분위기는 맞는데 막 토의하고 그런 분위기는 아니었습니다.

○**용혜인 위원** 무거운 분위기는 아니고 토의한 것은 아니지만 아무 말도 안 하지는 않았을 것 아닙니까?

○**증인 박안수** 무거운 분위기는 맞고 뭐 토의하고 막 그런 분위기가 아니었습니다.

○**용혜인 위원** 아니, 토의하고 그런 분위기는 아니었지만 한마디도 오가지 않았던 건 아니지 않습니까?

○**증인 박안수** 예, 두 분이 말씀 나누신 건 있는데 그걸 잘 모르겠습니다.

○**용혜인 위원** 그 안에 사람이 많았어요, 그 조그마한 방에?

○**증인 박안수** 처음에는 조금 많았는데 나중에 세 사람이 있을 때도 있었습니다.

○**용혜인 위원** 그런데 기억이 안 나요, 세 사람이 대화를 했는데? 본인 포함해서 세 사람인데?

○**증인 박안수** 예, 가까이서 이야기……

○**용혜인 위원** 왜 자꾸…… 맹한 척, 모르는 척 시간 끄시는데요 그냥 넘어갈 수가 없어요.

　윤석열 대통령이 뭐라고 얘기했습니까?

○**증인 박안수** 진짜 그렇습니다.

○**용혜인 위원** 지금 되게 이상하게 보입니다. 알고 계세요?

○**증인 박안수** 맞습니다. 그렇게 기억했습니다. 그날……

○**용혜인 위원** 국회 비상계엄이 해제되니까 국방부 청사 오자마자 결심지원실로 부하들을 데리고 우르르 들어갔어요, 대통령이. 그리고 거기서 아무 말 안 한 것도 아니고, 토의를 한 것은 아니지만 분명히 무슨 말은 했는데, 처음에는 사람이 많았지만 나중에 본인 포함해서 3명밖에 없었는데 무슨 말을 했는지 전혀 기억이 나지 않는다, 왜 이것을 답변을 못 하시지요?

○**증인 박안수** 전혀 기억이 안 난다 그게 아니고 장관님과 두 분이서 좀 이렇게 말씀하신 게 있습니다. 그런데 그것을 제가 이렇게 알 수가 없는 부분이 있고……

○**용혜인 위원** 귓속말을 했나요?

○**증인 박안수** 그걸 잘 모르겠습니다.

○**용혜인 위원** 그걸 잘 모르겠다고요? 귓속말을 했다도 아니고……

○**증인 박안수** 어떤 말씀들을 나누셨는지 잘 모르겠습니다.

○**용혜인 위원** 누가 봐도, 정말 지금 증인 되게 이상해 보여요. 누가 봐도 발설하면 안 될 것 같으니까 윤석열만이 아니라 본인 죄도 무거워질 것 같으니까 입 꾹 닫고 버티는

것 아닙니까? 차라리 진술을 거부하시는 게 낫지 않겠어요?

○**증인 박안수**   굉장히 조용한 분위기가 좀 오래 지속됐습니다.

○**용혜인 위원**   조용한 분위기에 3명이 있고 본인 빼고 2명이 대화하는데 그 조용한 분위기에서 무슨 말을 했는지 전혀 모르겠다고요?

○**증인 박안수**   예, 조금 구석에 계셨고요.

○**용혜인 위원**   김용현 장관은 뭐라고 했습니까?

○**증인 박안수**   그런 것도 모르겠습니다.

○**용혜인 위원**   국회를 무시해도 정도가 있다고 저는 생각합니다. 어떻게 이렇게까지 기억이 안 난다고 이야기를 하면서 4성 장군씩이나 돼서 어리바리한 척 하면서 국회를 모욕하고 농락하고 국민들 모욕하고……

   (발언시간 초과로 마이크 중단)

   (마이크 중단 이후 계속 발언한 부분)

여기 퀴즈쇼 하고 장난치는 자리가 아니지 않습니까? 저는 오늘 증인의, 대한민국 4성 장군의 국회 증언의 태도가, 정말 박안수 증인이 내란의 주범이고 악질범이다, 그것이 오늘의 이 기억상실쇼로 온 국민이 다시 한 번 더 기억하게 될 것이라고 생각합니다. 저는 증인이 정말 이상해 보여요.

○**위원장 안규백**   마무리해 주십시오.

○**용혜인 위원**   이상입니다.

○**위원장 안규백**   추미애 위원님 질의해 주십시오.

○**추미애 위원**   차관님.

○**증인 김선호**   예.

○**추미애 위원**   PPT 한번 보시고요.

   (영상자료를 보며)

   제가 사이버 내란도 있다, 이번 계엄에 대해서는, 이렇게 문제 제기를 한 바 있습니다. 그것은 사이버사·방첩사·정보사·777사 등이 방첩정보협의회를 구축했습니다. 그리고 2024년 10월부터 군사이버 정찰 TF가 운용된 바 있다라고 제가 지난번에 지적을 드렸습니다. 사이버 내란은 매우 조직적이고 계획적인 작전 활동으로 봐집니다. 그런데 국방부는 2018년 5월에 사이버 심리전을 공식적으로 폐지한 바 있는 것이지요?

○**증인 김선호**   예.

○**추미애 위원**   이 사이버 정찰 TF에 대해서 좀 더 말씀드리겠습니다. 이들은 고려대 사이버국방학과를 졸업한 최정예 사이버요원입니다. 28명으로 사이버 정찰 TF가 구성돼 있는데요. 군인 신분에도 불구하고 주로 사복을 입고 서울 시내 카페를 돌아다니며 군 노트북으로 사이버 정찰 활동 즉 해킹 작전을 하고 있습니다.

   PPT 또 봐 주시지요.

   사이버 정찰 TF의 정찰 활동은 거점 장악이 핵심입니다. 일종의 해킹전인데 유튜브, 페이스북, 트위터, 인스타 홈페이지 등 SNS 장악을 핵심으로 하고 있습니다. 그 대상은 관공서도 될 수 있고 정치인들의 SNS 정찰도 충분히 가능하다고 합니다. 이렇게 하는 건 민간인 사찰 우려가 매우 크고요 또 해외 사이트에 대해서는 외교적 문제로 비화될 수가 있다라는 것이 문제가 되는 겁니다. 사용자의 계정을 탈취해서 원하는 게시물을 탑재하는 사이버 작전 활동을 한다거나 무려 표적을 2000개, 네이버 피싱으로 사용될 계정을 알아냅니다. 비밀번호를 수집합니다. 해외 계정을 탐지하고 있고요.

작년 8월에 조원희 사이버사령관이 이렇게 얘기합니다. '유튜브를 장악해라. 초토화시켜야 된다' 이런 작전 지침을 내리니까 내부에 논란이 벌어졌습니다. 아무리 이걸 설령 군 통수권자가 지시한다 해도 '이거 하면 안 되는 거 아니야?' 이렇게 내부에서 술렁거렸다고 합니다. 아무래도 2000개의 서버 장악은 너무 심하지 않습니까? 아무리 대통령이 공세적 작전 지시를 한 이후에 그런 목표를 세웠다 하더라도 정치 개입과 직권남용의 혐의가 있기 때문에 내부가 술렁거린 것이지요.

만약에 북을 상대로 한 사이버 방어 작전 같다면 북한 핵·미사일·사이버·철도·군수공장·비료공장·통신망 등 뻔한 표적입니다. 그래서 그 표적을 무력화하거나 또는 중국·러시아 등이 생산하는 소프트웨어나 미사일 제어 시스템의 취약점을 연구·식별한다든지 이것을 무력화하는 그런 작전이 실제 필요하겠지요. 그런데 이들에 대해서는 표적 2000……조금 더 주시기 바랍니다. 마무리하겠습니다.

○위원장 안규백 마무리해 주십시오.

○추미애 위원 이들에 대해서는 표적 2000개가 필요하지 않습니다. 그런데 표적 2000개라는 건 아까 제가 우려 말씀드린 것, 너무나 포괄적이고 많아요. 또 추상적인 개념입니다. 그래서 민간인 사찰과 외교적 문제 소지가 다분합니다. 아직 수사기관에서는 여기까지 수사 진행이 안 되고 있기 때문에 국방부 차원에서 선제적으로 조사해서 본 위원에게 보고해 주시기 바랍니다.

또한 여인형 방첩사령관이 방첩사 내 인지전을 위해서 TF 조직 신설을 검토하라 지시를 한 바 있고요. 당시 참모장 소형기 소장이 11월에 정보종합통합대응팀 TF와 보안연구소 산하 인지전 전담팀 신설을 추진했습니다. 인지전 전문가 김은영 교수를 전담팀장으로 내정했다라고도 합니다.

인지전이 가짜 정보를 흘려서 이를 바탕으로 잘못 판단을……

(발언시간 초과로 마이크 중단)

⋯⋯

(마이크 중단 이후 계속 발언한 부분)

하게 하는 심리전의 일종으로 알려져 있는 것이지요. 만약 국민을 상대로 내란을 정당화하는 사이버 여론전을 전개하려 했다면 어떻게 됐겠습니까? 그래서 국방부와 수사기관에서는 즉시 조사하거나 수사해 주실 것을 촉구합니다.

이상입니다.

⋯⋯

○위원장 안규백 박선원 위원님 질의해 주십시오.

○박선원 위원 위원장님, 저 신상발언 1분만 하고 하겠습니다.

○위원장 안규백 예.

○박선원 위원 헌재……

○추미애 위원 잠깐만요, 답변을 좀 짧게 들어 봤으면 좋겠습니다.

○**위원장 안규백** 예.

○**증인 김선호** 말씀하신 내용, 언론에 보도되고 또 위원님 말씀하신 것 제가 확인했습니다. 먼저 제가 그냥 간단히 답변드리면, 정보협의체 관련된 것은 보안·방첩 분야에 대한 좀 더 나은, 향상된 강화 대책으로서 관련 기관들이 협의체를 구성했다는 말씀 드리고요.

사이버사의 정찰 TF도 급증하고 있는 사이버 위협에 대비하기 위한, 사이버 정찰 활동에 대한 업무 능력을 향상하기 위한 추진이었다는 말씀 드리고. 민간 사찰과 관련된 사이버 심리전은 그걸 수행했다는 것은 사실이 아니라는 말씀을 드리겠습니다.

그리고 마지막으로 인지전 관련됐던 방첩사, 이것은 우크라이나 전쟁 이후에 인지전에 관련된 것이 국제적으로 많이 문제가 되고 이슈화돼서 거기에 관련된 다양한 기관들이 각각의 역할에서 인지전에 대한 임무, 기능, 역할을 강화할 수 있는 방안들을 찾고 노력하고 있는 과정에서 방첩사가 아마 관련된 내용에 대한 역할을 식별했던 것으로 알고 있습니다. 그래서 이걸 가지고 별도의 무슨 여론전이나 또 우리 국내에 이런 것이 해당되는 것이 아니다라는 것을 말씀을 드리고요.

자세한 것들은 저희가 파악한 걸 가지고 위원님께 상세히 보고드리겠습니다.

○**위원장 안규백** 박선원 위원님.

○**박선원 위원** 8시 48분에 윤석열이 '체포 명단, 박선원에게 넘어가며 문제 시작' 이렇게 헌재에서 발언을 했다고 하는데요. 제가 다른 정보는 좀 빠른데……

○**위원장 안규백** 뭐가요?

○**박선원 위원** 체포 명단이오. 14명에서 16명의 체포 명단이 저한테 넘어가면서 문제가 시작됐다라고 하는데 전체적인 맥락은 모르겠습니다. 다만 이 체포 명단에 제가 포함됐는지 안 됐는지도 모르고, 제가 다른 것은 조금 일찍 아는 편인데 체포 명단은 아마 제일 나중에 안 편이거든요. 그래서 아무리 윤석열 피청구인이 제정신이 아니지만 이렇게 미친 듯이 마구 던지는 건 아닙니다. 아마 제가 의원님들 중에 이 체포 명단을 제일 나중에 안 사람에, 들은 사람에 속할 겁니다.

이상 신상발언이고요.

777 김 대령님!

○**증인 김〇〇** 예.

○**박선원 위원** 노상원과 언제 통화하셨지요?

○**증인 김〇〇** 제가 작년에 다섯 차례 통화를 했고 9월까지는 제가 전화를 드려서, 안부 전화를 드렸습니다. 마지막으로 전화를 저한테 주신 거는 작년 11월 10일입니다.

○**박선원 위원** 그래서 뭐라고 하던가요?

○**증인 김〇〇** 마지막 통화했던 작년 11월 10일에는 사령관께서 전화를 주셔서 제 카톡 프로필에 있는 반려견을 물으시면서 약 30초간 짧은 통화를 하였습니다.

○**박선원 위원** 진급 과정에 노상원의 도움이 있었습니까?

○**증인 김〇〇** 그렇지는 않습니다.

○**박선원 위원** 그래요? 그런데 '미군 살해'라고 할 때 미군부대에 있는 미군을 살해하기는 힘들잖아요?

○**증인 김〇〇** 예, 그렇습니다.

○**박선원 위원** 공작 차원에서 본다면?

○**증인 김OO** 예, 상상할 수도 없는 일입니다.

○**박선원 위원** 상상할 수 없지요? 그러면 우리 군에 있는 미군을 살해하는 건 좀 더 쉽지 않겠습니까? 그래서 김 대령께 자꾸 전화를 한 것 같은데 노상원의 상상력의 세계에서는 이런 일이 있을 수 있습니까? 잘 아시잖아요. 그렇지요? 과거에 어떤 일을 했고 어떤 행태를 했는지.

○**증인 김OO** 위원님, 작년에 제가 노상원 사령관과 총 다섯 번을 통화를 했는데 9월까지는 제가 네 번에 걸쳐서 의례적인 안부 전화를 드렸습니다.

○**박선원 위원** 그러니까 다섯 번 통화를 하셨는데 만난 적은 없다 이 말씀이에요?

○**증인 김OO** 예, 만난 적은 없고 네 번은 제가 전화를 드려서 의례적인 안부 전화를 드렸고……

○**박선원 위원** 임무 하달된 것 없고요?

○**증인 김OO** 예, 그렇습니다.

○**박선원 위원** 12월 3일 밤에는 어디 계셨나요?

○**증인 김OO** 12월 3일 비상계엄 당시에는 저는 상황실에 위치하고 있었습니다.

○**박선원 위원** 상황실에 위치하고 있었어요? 원래 계시던 곳이 아니고요? 원래 계셔야 될 곳을 상황실이라고 표현합니까?

○**증인 김OO** 예, 그렇습니다.

○**박선원 위원** 그때 동맹국 요원들 있었지요?

○**증인 김OO** 전에 말씀드렸듯이 연합 근무에 대해서는 말씀드릴 수 없는 점……

○**박선원 위원** 그때 쓰리세븐 사령관은 '나도 충암파인데 일체 움직이지 마라' 하면서 경계태세를 오히려 늦췄지요?

○**증인 김OO** 경계태세 관련해서는 저의 소관이 아니기 때문에 제가 답변드릴 수……

○**박선원 위원** 그러니까 외부에서 침투를 못 하도록 오히려 계엄을 강화하고 해야 되는데 그런 일을 일체 하지 않고 오히려 경계태세를 느슨하게 유지하지 않았습니까?

○**증인 김OO** 그렇지는 않습니다.

○**박선원 위원** 그러면 왜 증인은 보직 이동이 되었지요?

○**증인 김OO** 제가 상황실 근무를 2년간 했습니다. 2년간 했고, 아까 위원님께서 말씀했듯이 제가 작년에 진급이 됐습니다. 그에 따라서 작년 연말에 보직 심의를 했고 그 결과 제가 지금 있는 새로운 곳으로 보직이 변경됐습니다.

○**박선원 위원** 그러니까 현재로서는 미군 살해의 타깃으로……

　　　(발언시간 초과로 마이크 중단)

••

　　　(마이크 중단 이후 계속 발언한 부분)

귀 증인이 계신 곳이라고 아직 확정할 수는 없다, 노상원이 무슨 생각을 했는지는 모르겠다 이런 거지요?

○**증인 김OO** 그렇습니다. 위원님께서도 저희 부대를 방문하신 적 있겠지만 그 부대가 위병소부터 해서 내부 시스템까지 제삼의 인원이 들어올 수 있는 시스템은 아닙니다.

○**박선원 위원** 그래서 우리 HID를 동원한 것에 대해서 문제를 삼는 것이에요. 보통 외

부에서는 못 들어가지요, 그래도 안 되는 곳이고.

나중에 또 추가질의하겠습니다.

....

○**위원장 안규백** 부승찬 위원님 질의해 주십시오.

○**부승찬 위원** 김대경 경호처 지원본부장님.

본부장님, 지금까지 대통령 몇 분을 모셨습니까?

○**증인 김대경** 총 일곱 분 모셨습니다.

○**부승찬 위원** 일곱 분 모셨습니까?

○**증인 김대경** 예.

○**부승찬 위원** 일곱 분 모두 안가를 사용했었습니까?

○**증인 김대경** 제가 정확하게는 모르겠지만 많이 사용하신 걸로 알고 있습니다.

○**부승찬 위원** 지원본부장님은 안가와도 관련이 있지요, 관리와도?

○**증인 김대경** 예, 제가 보직받은 이후로는 관련이 있습니다.

○**부승찬 위원** 그렇지요? 대통령에게 사전에 보고하지 않고 안가 사용을 승인할 수도 있는 겁니까? 누구나 쓸 수 있는 겁니까?

○**증인 김대경** 위원님, 죄송하지만 제가 그 시설물은 담당을 하는데 안가 사용 절차에 대해서는 직접적으로 관여를 안 해서……

○**부승찬 위원** 그러면 누가 합니까?

○**증인 김대경** 즉답을 드릴 수 없는……

○**부승찬 위원** 안가에 대한 예약이라든지 이런 걸 경호처장도 안 한다고 하고 지원본부장도 안 한다고 하고, 그러면 누가 합니까?

○**증인 김대경** 제 직무 소관이 아니라서 제가 정확하게……

○**부승찬 위원** 아니, 누가 합니까?

○**증인 김대경** 말씀을 못 드리겠습니다.

○**부승찬 위원** 누가 합니까? 누군가는 할 것 아니에요 경호처에서, 안가 관리를, 예약이라든지. 모를 리가 없잖아요, 지원본부장인데. 일곱 분의 대통령님을 모셨어요. 그러면 안가를 예약할 때 어떻게 하는지는 알 것 아니에요.

대통령 부부 이외에 다른 사람들이 사용합니까? 사용한 적 있습니까?

○**증인 김대경** 아닌 걸로 알고 있습니다.

○**부승찬 위원** 아니지요?

○**증인 김대경** 예.

○**부승찬 위원** 4명이 모였어요, 여기. 참 아이러니한 상황이에요. 어떻게 민정수석 보좌관이 안가를 예약하고…… 대통령이 원래 거기 가기로 돼 있었습니까, 안가? 그날, 12월 4일.

○**증인 김대경** 위원님, 그 사항에 대해서는 제가 소관도 아니고 관여도 아니라서 제가 좀 말씀을 드릴 수 없음을 양해 부탁드리겠습니다.

○**부승찬 위원** 알겠습니다.

이완규 법제처장님!

○**증인 이완규** 예.

○**부승찬 위원** '안가에 집합해라. 만나자', 누가 연락이 왔어요?

○**증인 이완규** 이상민 장관으로부터 연락받았습니다.

○**부승찬 위원** 의심을 해 보지 않았어요? 대통령이 오실 거라고 생각했어요?

○**증인 이완규** 전혀 생각하지 않았고요.

○**부승찬 위원** 안가를 이용하는데 대통령이 오지 않을 거라고 생각……

○**증인 이완규** 저는 안가를 누가 예약하는지 그런 절차 자체를 모릅니다. 다만……

○**부승찬 위원** 절차를 물어보는 게 아니에요.

○**증인 이완규** 아니, 그러니까 저는 모르니까요, 그런 것을.

○**부승찬 위원** 절차를 물어보는 게 아니라니까요.

○**증인 이완규** 아니, 그러니까요. 어쨌든 대통령이 온다는 생각을 전혀 못 했고……

○**부승찬 위원** 절차를 물어보는 게 아니라고요.

○**증인 이완규** 그래서 아니라고 하지 않습니까. 몰랐다고요.

○**부승찬 위원** 제 얘기는 대통령이 참석할 거라고 생각을 안 해 봤냐 이 얘기예요.

○**증인 이완규** 안 해 봤습니다.

○**부승찬 위원** 안가를 이용하는데?

○**증인 이완규** 그럼요.

○**추미애 위원** 안가가 누구 집인데?

○**부승찬 위원** 법제처장님 집이에요? 말이 안 되는 소리 좀 하지 마시고요. 거기까지 올라가셨으면……

○**증인 이완규** 그것은, 그것은……

○**부승찬 위원** 아니, 삼청동 안가……

○**증인 이완규** 아니, 그러니까 위원님께서는 어떻게 생각하실지 모르겠지만……

○**부승찬 위원** 제가 얘기하고 있잖아요.

○**증인 이완규** 말씀하십시오.

○**부승찬 위원** 처장님, 들으세요, 아니꼽더라도.

○**증인 이완규** 말씀하세요.

○**부승찬 위원** 아니꼽더라도 들으세요.

○**증인 이완규** 말씀하시라고요. 듣고 있지 않습니까.

○**부승찬 위원** 지금 여기 왜 와서 앉아 계신 겁니까?

○**증인 이완규** 증인으로 불러서, 물으시려고 불렀으니까 나왔지요.

○**부승찬 위원** 윤석열 대통령이 구속됐어요.

○**증인 이완규** 그러니까 물을 것을……

○**부승찬 위원** 거기의 참모였어요. 거기의 참모였더라고요.

○**증인 이완규** 참모라도……

○**부승찬 위원** 조금이라도 반성을 하셔야 되는 거예요.

  그리고 제가 물어보는 게 잘못된 거예요? 안가를 이용한다는데 대통령이 온다는 생각을 안 했냐 이것을 물어보는데……

○**증인 이완규** 안 했다고 하지 않습니까.

○**부승찬 위원** 절차가 어떻고 저쩌고 했잖아요.

○증인 이완규 아니, 그러니까 그런 절차를 모르니까 대통령이 온다는 생각을 안 했다는 뜻이지요.

○용혜인 위원 절차를 모르면 온다고 생각하겠지요, 당연히.

○부승찬 위원 참, 반성 좀 하세요. 그래도 일말의 양심이 있으면 대통령을 모셨던 참모였고요 대통령이 구속기소됐어요. 어떻게 당신을 믿고 대통령이 국정을 운영했다는 게 한심할 뿐입니다.

○위원장 안규백 민병덕 위원님 질의해 주십시오.

○민병덕 위원 이완규 처장님!

○증인 이완규 예.

○민병덕 위원 이완규 처장님, 얘기드려 볼까요.

○증인 이완규 말씀하십시오.

○민병덕 위원 제가 오늘 증언하시는 것 보니까 국힘당 위원님들 질문하실 때 핵심 논리들을 제공하시는 정말 헤드 역할을 하시는 것 같아요. 굉장히 좋은 논리들을 제공하시고 있고요. 그래서 여쭙겠습니다.

이번 계엄, 내용적으로 위헌입니까, 합헌입니까? 계엄 요건을 갖췄습니까?

○증인 이완규 절차적으로 하자가 있다는 것을 인정합니다.

○민병덕 위원 내용적으로 물었잖아요, 절차적으로는 하자 있고.

○증인 이완규 그것은 그 내용은······

○민병덕 위원 그러면 내용적으로는 하자 없습니까?

○증인 이완규 내용적으로는 아마 이제 헌법재판소나 대법원에서 판단하지 않겠습니까?

○민병덕 위원 절차적으로는 하자 있고요?

○증인 이완규 그렇습니다.

○민병덕 위원 그러면 행정심판이나 이런 것 할 때 내용적 하자가 있거나 절차적 하자가 있으면 취소사유가 되는 것 아닙니까?

○증인 이완규 그런 문제는 다 이제 헌법재판소하고 대법원에서 판단을······

○민병덕 위원 잘 아시니까 여쭤보는 거예요. 대체로 그렇잖아요. 저도 법률가입니다.

무죄추정의원칙이 있지요?

○증인 이완규 그렇습니다.

○민병덕 위원 무죄추정의원칙에 의해서 불구속수사 원칙이 나오는 거지요?

○증인 이완규 그렇습니다.

○민병덕 위원 그런데 구속 여부를 결정할 때 범죄의 중대성이 핵심적인 역할을 하지요?

○증인 이완규 그렇습니다.

○민병덕 위원 그래서 살인죄 같은 경우에는 대체로 구속수사를 하지요?

○증인 이완규 그렇습니다.

○민병덕 위원 그렇지요? 살인죄 같은 경우는 5년 이상의 징역인데 대체로 구속수사를 하잖아요, 일반적으로 보면.

○증인 이완규 구속할 건지 여부를 판단하는 요소가 여러 가지가 있습니다.

○민병덕 위원 물론이지요.

그러면 우리 형법 중에서 가장 큰 죄로 기소된 윤석열, 내란죄로 구속기소된 윤석열,

무죄추정의 원칙에 따라서 불구속 원칙이 지켜져야 한다고 생각하십니까?

○증인 이완규   그것은 영장전담판사가 판단했기 때문에 거기에 대해서는 제가 말씀드리기 좀 그렇습니다.

○민병덕 위원   그렇지요. 판사가 판단한 것을 법제처장이 이래라저래라 말할 수가 없는 겁니다.

○증인 이완규   그렇습니다. 구속할지 여부는 여러 가지 요소가 있으니까요.

○민병덕 위원   그렇지요. 서부지법에서도 판사가 이러저러하게 판단한 것에 대해서 법제처장이 왈가왈부할 수 있는 게 아니고 헌재 재판관이 지금 심사 대상인 것에 대해서 법제처장이 왈가왈부할 게 아닙니다. 그 얘기 말씀드리고요.

위헌인 법률에 대해서 재판을 받고 있는 피고인이 이 부분이 위헌일지 모른다 하고 재판부에다가 위헌법률심판 제청을 하는 것은 피고인의 권리입니까, 아닙니까?

○증인 이완규   권리입니다.

○민병덕 위원   권리 맞지요?

○증인 이완규   맞습니다.

○민병덕 위원   그것이 재판이 연기되느냐 아니냐 이런 부분을 떠나서 피고인의 권리로서 인정해야 되는 것 아닙니까?

○증인 이완규   그렇습니다.

○민병덕 위원   그렇게 인정하시지요?

○증인 이완규   예.

○민병덕 위원   다시 한번만 묻겠습니다.

12월 4일 그 안가, 안가는 대통령의 집인데 그 대통령의 집을 갈 때 대통령이 온다고 생각하지 않았다는 겁니까?

○증인 이완규   그렇습니다.

○민병덕 위원   그러면 누가 온다고 생각했습니까?

○증인 이완규   이상민 장관, 박성재 장관……

○민병덕 위원   이상민 장관이 누가 온다고 했습니까, 그러면?

○증인 이완규   박성재 장관하고 김주현 수석 이렇게 온다고 그랬습니다.

○민병덕 위원   윤석열 대통령……

1분만 더 주시지요.

○위원장 안규백   예, 마무리하십시오.

○민병덕 위원   윤석열 대통령의, 이상민 장관이나 박성재 장관은 안가를 대통령 없이 이용해도 되는 겁니까?

○증인 이완규   죄송합니다만 저는 안가를 누가 어떻게 사용하는지도 전혀 몰랐고요. 제가 그날 갔던 것은 이상민 장관의 전화를 받고 제가 궁금해서 갔어요.

○민병덕 위원   예, 알겠습니다. 알겠습니다.

○증인 이완규   저는 아무것도 몰랐기 때문에 궁금해서……

○민병덕 위원   그런데 2월 4일 계엄이 끝난, 아니고 또 다른 계엄을 할 수도 있는 그리고 윤석열 대통령이 '이제 어떻게 해야 돼'라는 것을 물어야 되는 딱 그 시점에 핵심들인 법무부장관, 행안부장관 그다음에 민정실장 그다음에 헤드라고 불릴 수 있는 이완규 법

제처장, 이분들이 안가에서 모였는데 아무 얘기도 안 했답니다. 대통령이 오리라고도 생각하지 않았답니다. 이것을 가지고 삼척동자도 설득할 수 없습니다. 그 완벽한 논리가 안 되는 겁니다. 그래서 여러분들이 저는……

(발언시간 초과로 마이크 중단)

────────────────────────────────────

(마이크 중단 이후 계속 발언한 부분)
이 계엄의 헤드라고 보는 겁니다.
○증인 이완규 그건 위원님 생각이시고요. 제가 뭘 알아야 뭘 뭘 의논할 거 아닙니까? 제가 말씀드렸잖아요. 제가 아무것도 아는 게 없으니까 궁금해서 갔다고요.
○민병덕 위원 제가 안 물었는데, 안물.
○증인 이완규 알겠습니다, 예. 대답 안 하겠습니다.

────────────────────────────────────

○위원장 안규백 민홍철 위원님 질의해 주십시오.
○민홍철 위원 이어서 저도, 저도 우리 이완규 법제처장님께 질의 좀 하겠습니다.
 검찰은 윤석열 대통령을 내란죄 우두머리로 기소를 했습니다. 알고 계시지요?
○증인 이완규 알고 있습니다.
○민홍철 위원 그런데 내란죄 여부는 어차피 이제 아마 우리 처장님 소관이 아닐 것 같고요.
 검찰이 판단하기에 윤석열 대통령이 주장하는 계엄의 이유 여덟 가지를 들었습니다. 여덟 가지 사유 때문에 국정이, 국정 운영이 어려워졌다. 그 이후로 비상계엄을 선포하기로 하였다. 이걸 지금 검찰이 지금 정리를 했거든요. 제가 말씀을 드릴게요.
 첫째, 야당이 쟁점 법안들에 대한 단독 처리를 강행했다. 두 번째, 형법상 간첩죄 개정에 반대했다. 세 번째, 정권퇴진 탄핵 집회를 지속했다. 네 번째, 국무위원 등 다수의 고위공직자들을 탄핵했다. 다섯 번째, 당대표에 대해 유죄를 선고한 판사에 대한 탄핵까지도 검토했다. 여섯 번째, 정부가 추진하는 주요 사업의 예산을 삭감했다. 일곱 번째, 선거관리위원회의 부정선거 의혹이 있다. 여덟 번째, 여론조사 기관의 여론조작 의혹이 있다.
 자, 우리 법제처장께서 대한민국의 법제처장으로서 그리고 개인적인 법률가로서 이 여덟 가지 사유가 우리 헌법상의 비상계엄의 선포 이유가 될 수 있습니까?
○증인 이완규 그 부분은 법원에서 판단할 거라고 생각합니다. 제가 말씀드리는 건 적절치 않습니다. 지금 재판 진행 중에 있습니다.
○민홍철 위원 법제처장 입장에서는 법 해석을 못 하시는 겁니까?
○증인 이완규 할 수는 있지만 제가 제 의견을, 개인적인 의견을 말씀드릴 수 있지만 지금 그건 재판 중이고……
○민홍철 위원 자, 좋습니다. 그러면 헌법상의 비상계엄의 요건이 전시, 이번에 12월 3일 대한민국의 1년 동안이 전시였습니까?
○증인 이완규 전시 및 그에 준하는 사태라는 요건이 있지 않습니까?
○민홍철 위원 아니, 제가 여쭙잖아요. 전시였습니까?
○증인 이완규 물론 아닙니다.
○민홍철 위원 아니지요.

사변이었습니까?

○증인 이완규 아닙니다.

○민홍철 위원 아니지요.

이에 준하는 국가비상사태입니까?

○증인 이완규 대통령은 그렇게 판단했던 것이지요.

○민홍철 위원 예. 거기에 동의하십니까?

○증인 이완규 그것은 법원에서 판단을 하겠지요. 제가……

○민홍철 위원 아니, 법제처장으로서 대한민국의 법제처장으로서 윤석열 정부의 법제처장으로서 말씀을 해 주시고, 개인 이완규 법조인으로서 말씀 좀 해 주시지요.

○증인 이완규 재판 진행 중인 사건에 대해서 제 의견을 말하는 건 적절치 않습니다. 법원에서 판단을……

○민홍철 위원 지금 기소된…… 그러면 우리 이완규 증인께서도 기소되셨나요?

○증인 이완규 기소된 게 아니고요 이것은 지금 재판이 진행 중인 사건이지 않습니까. 재판 진행 중인 사건에 대해서……

○민홍철 위원 아니, 그러니까 제가 헌법상의 해석을 지금 묻지 않습니까.

그러면 다시 여쭐게요. 전시·사변 또는 이에 준하는 국가비상사태가 어떤 상황을 말씀하시는 겁니까?

○증인 이완규 그 판단은……

(발언시간 초과로 마이크 중단)

···

(마이크 중단 이후 계속 발언한 부분)

○민홍철 위원 법제처장으로서 말씀을 좀 해 주시지요. 이에 준하는 국가비상사태가 어떤 경우를 말씀하시지요?

○증인 이완규 글쎄, 뭐 특정할 수는 없지만 여러 가지, 여러 가지 상황이 있을 수 있지요.

○민홍철 위원 그렇게 해석하십니까?

○증인 이완규 그렇습니다.

○민홍철 위원 대한민국의 법제처장이 그렇게 법률을, 헌법을 이렇게 해석하십니까? '뭐 여러 가지 상황이 있을 수 있습니다' 이렇게 해석할 수 있어요?

○증인 이완규 제가 드리고 싶은 말씀은 그 판단권자는 대통령입니다.

○민홍철 위원 그렇게 말씀하시는 게 아니지요. 정말 대한민국의 고위직을 하시는 그 소신과 법제처장으로서 법적 양심, 국민들이 보고 있지 않습니까. 제가 정말 이런 질문을 안 하려고 했어요. 이 윤석열 정부의 고위직들이 다 이렇습니까? 국민들께 부끄러운 줄 좀 아셔야 될 것 같습니다.

이상입니다.

···

○위원장 안규백 수고하셨습니다.

김병주 위원님 질의해 주십시오.

○김병주 위원 법제처장님, 이쪽으로 좀 나와 주실래요? 여기서 보이지를 않네요.

힘드시지요?

○증인 이완규 말씀하십시오.

○김병주 위원 12월 3일 날 비상계엄이 발령이 됐는데 비상계엄에 대해서 언제 알았습니까?

○증인 이완규 집에서 TV 보고 알았습니다.

○김병주 위원 몇 시쯤 알았지요?

○증인 이완규 그때가 아마 10시 한 40분쯤 됐던 것 같습니다.

○김병주 위원 그래서 어떻게 했습니까?

○증인 이완규 집에 있다가 11시가 좀 넘어서 법제처 직원, 당직하는 직원들한테 전화가 왔습니다. 전화가 와서 '지금 비상계엄 사태 선포가 됐기 때문에 우리 직원들이 불안해한다' 그러면서 '국장들이 아마 사무실로 나오고 있다' 뭐 그렇게 얘기를 하더라고요. 그래서 그 당시 저는 서울에 있었는데 그러면 '나도 없는데 국장들이 나와서 뭘 하려고 나오느냐' 하고 제가 '그러면 내가 내려갈 테니까 국장들 그냥 나와 있으면 있으라 그래. 내가 내려가겠다'고 해서 바로 차를 몰고 세종 사무실로 갔습니다.

○김병주 위원 몇 시에 도착했어요?

○증인 이완규 도착한 게 아마 1시 반쯤 도착했을 것 같습니다.

○김병주 위원 그래서 뭘 했습니까?

○증인 이완규 가는 도중에 이미 계엄이 해제가 됐습니다.

○김병주 위원 계엄 해제된 건 아니지요.

○증인 이완규 계엄 해제 요구가 됐지요.

○김병주 위원 국회의 계엄 해제 결의안이 된 거지요.

○증인 이완규 계엄 해제 요구가 됐습니다. 그래서⋯⋯

○김병주 위원 그걸 법제처장이 똑바로 얘기하세요!

○증인 이완규 계엄 해제 요구가 됐습니다. 가는 동안에 제가 라디오를 듣고 갔으니까요, 차를 운전하면서.

○김병주 위원 그래요. 그러니까요. 그래서?

○증인 이완규 가 보니까 국장들이 나와 있더라고요. 그런데 이미 계엄 해제 요구가 됐지 않습니까? 그러면 저는 계엄 상황은 끝났다고 보고 직원들은 더 이상 여기 있지 말고 이미 계엄 해제 요구가 됐으니까 계엄 해제가 될 것이다, 그리고 다 들어가라고 해 가지고 다 집으로 보내고 저는 관사에 가서 잤습니다.

○김병주 위원 계엄 해제가 아직 완전히 되지도 않았는데 관사 가서 잤어요?

○증인 이완규 그렇습니다.

○김병주 위원 계엄 해제가 몇 시에 됐습니까?

○증인 이완규 정확히는 모르겠습니다마는 제가 관사에 들어가 가지고 계속 깨 가지고 있다가⋯⋯ 계엄 해제가 당연히 될 것이라고 생각했으니까요.

○김병주 위원 법제처장이 장관직이지요, 직급이?

○증인 이완규 차관급 직급입니다.

○김병주 위원 차관급. 법제처장이 아직 계엄도 해제되지 않았는데 집에 가서 잠이 옵니까, 그때 모든 국민들은 눈을 뜨고 불안해서 있는데?

그리고 포고령 봤습니까?

○증인 이완규 포고령은 나중에 봤습니다.

○김병주 위원 언제 봤어요?

○증인 이완규 정확히 기억은 안 나는데 나중에 봤습니다.

○김병주 위원 아니, 언제쯤 봤냐고요.

○증인 이완규 글쎄, 정확히 기억이 안 난다고요, 언제 봤는지.

○김병주 위원 아니, 대략적으로.

○증인 이완규 글쎄요, 그날 밤에 봤는지 아니면 그다음 날 출근해서 봤는지……

○김병주 위원 그게 대한민국 법제처장이 할 얘기입니까, 그다음 날 봤는지 언제 봤는지? 법에 대해서, 법령에 대해서 해석을 하고 해야 되는 법제처장이 비상계엄도 해제 안 됐는데 관사에 가서 잠이 옵니까?

○증인 이완규 계엄 해제가 요구가 됐기 때문에 당연히 해제할 거라고 생각했습니다.

○김병주 위원 당연히 해제하는 게 아니라 법제처장이 건의도 하고 해야 되는 거지.

○증인 이완규 건의하는 것이 아니라 이미 계엄 해제 요구를 위한 국무회의가 소집되고 있다고 들었기 때문이에요.

○김병주 위원 아니, 비상 해제가 안 되고 2차 계엄, 3차 계엄 할지 모르는데 가서 잠이나 자고 있어요? 그래 놓고 뭐가 떳떳하다고 여기 와서 그 난리를 치고 있어요. 국민께 사죄 좀 드리세요.

○증인 이완규 위원님, 계엄 해제가 요구가 됐고요……

○김병주 위원 지금 국민께 사죄드리세요. 그것은 법제처장, 대한민국 윤석열 정권의 법제처장 자세 아닙니다! 어떻게 그런 자세로 녹을 먹고 있어요?

○증인 이완규 계엄 해제 요구가 됐고요.

○김병주 위원 그리고……

○증인 이완규 계엄 해제를 위한 국무회의 심의가 지금 소집됐다고 들었어요. 그리고 들어갔습니다, 관사를 갈 때. 그렇기 때문에 당연히 계엄 해제가 될 걸로 예상하겠지요.

○김병주 위원 끝까지 지켜봐야지! 그것이 국민의 도리지. 국민들, 모든 국민들은 밤을 새우고 지켜보고 여의도에는 그 엄동설한에 국민들이 와서 하는데 법제처장이라는 분이…… 아이고, 참 한심합니다. 그래 놓고 여기 와서 뭘 떳떳하다고 소리 지르고.

(발언시간 초과로 마이크 중단)

··

(마이크 중단 이후 계속 발언한 부분)

진심으로 사과하세요, 국민께. 나한테 하지 말고 지금 하고 들어가세요.

○증인 이완규 적법한 절차에 따라서 계엄 해제가 된다는 거를 믿고 들어갔습니다.

○김병주 위원 법제처장의 태도에 대해서 사과하세요, 국민께.

○증인 이완규 못 하겠습니다. 내가 왜 사과를 해야 합니까?

○김병주 위원 나 참. 아니, 비상계엄 중인데 완전 해제가 되지도 않았는데 집에 가서 관사 가서 자는 법제처장 어떻게 국민이 이해합니까?

○증인 이완규 TV 보다가 소파에서 잠깐 잠들었어요. 잠들어서 잠을 깨 보니까 해제가 됐습니다. 확인했어요.

○**김병주 위원** 아이고.

○**위원장 안규백** 들어가십시오.

○**김병주 위원** 사과 못 하겠어요?

○**증인 이완규** 못 하겠습니다.

○**김병주 위원** 왜 못 하지요?

○**증인 이완규** 분명히 말씀드리잖아요. 계엄 해제가 되는 걸 확인했다고요.

○**김병주 위원** 국민의 혈세로, 그러면 국민께 사과하기 싫으면 당장 직을 던지세요. 자연인으로 가세요. 변호사 하시고. 저도 39년 동안 공직에 있었지만 공직자의 자세는 그게 아닙니다.

○**위원장 안규백** 마무리해 주십시오.

○**김병주 위원** 국가가 위기에 있는데 무슨 법제처장이 그런 자세로 하고 여기 와서 큰소리를 칩니까?

○**위원장 안규백** 마무리해 주세요.

○**김병주 위원** 한심해서.

　들어가세요!

○**위원장 안규백** 특별히 말씀하고 싶으시면 말씀하십시오.

○**증인 이완규** 아닙니다. 없습니다.

○**김병주 위원** 한심하지 않아요, 한심. 그게 공직자의 자세야? 뭐를 잘했다고.

··

○**위원장 안규백** 백혜련 위원님.

○**백혜련 위원** 이완규 법제처장님 다시 좀 나오세요, 이쪽 편으로.

○**김병주 위원** 아이고, 모든 장차관들이 이 모양이야. 죄의식도 없고.

○**백혜련 위원** 오늘 처장님께서는 답변하실 때 국민의힘 위원님들이 질문하실 때하고 지금 민홍철 위원님이나 다른 위원님들이 질문하실 때 태도가 확실히 달랐다고 저는 생각합니다. 아까 국민의힘 위원님들이 법률적인 문제에 대해서 질의를 하셨을 때 논란이 있는 부분들, 다수설 학설 여러 가지 있는 부분에서 너무나 자신 있게 개인의 의견을 정말 국민의힘 쪽에서 원하는 대답을 하셨어요.

　그런데 지금 계엄의 요건과 관련해서는 사실 법조인이라면 누구나 자신 있게 그때 당시의 상황은 계엄을 할 수 있는 상황은 아니었다고 다 판단합니다. 어떻게 그때 대한민국의 상황이 전시·사변, 그에 준하는 사태가 일어난 상황으로 볼 수 있습니까? 그건 누구나 다 자신 있게 얘기할 수 있다고 봐요. 그런데 그것 자체도 '지금 법률적인 판단을 내릴 때가 아니다, 재판 중이기 때문에' 그렇게 답변하셨거든요. 저는 아까 여러 가지 법률적인 질문들에 대해서 그런 자세를 견지했다면 이렇게 많은 위원님들께서 문제 제기를 하지 않으셨을 거라고 봅니다. 자세가 완전히 다른 거예요.

　그 안가에서 4인 회동과 관련해서 이상민 장관이 먼저 전화했습니까, 법제처장님이 먼저 전화했습니까?

○**증인 이완규** 이상민 장관께서 전화하셨습니다.

○**백혜련 위원** 제가 알기로는 법제처장이 먼저 이상민 장관에게 그날 전화를 한 것으로 알고 있는데 아니에요?

○**증인 이완규** 그날 새벽에 관사에 들어가서 도대체 어떻게 된 건지 궁금해 가지고 여러 사람들한테 전화를 했는데 전화를 안 받았어요. 전화 받는 사람이 없었습니다.

○**백혜련 위원** 이상민 장관한테도 전화했어요, 본인이?

○**증인 이완규** 물론이지요. 그래서 전화를 안 받았는데 이상민 장관께서 아침에 저한테 오전에 전화를 하셨어요. 그래서 제가 도대체 어떻게 된 거냐고 물었습니다. 그랬더니 그냥 그렇게 됐다고만 말씀하셔서 알았다고 전화 끊었는데 그 이후에 오후에 다시 전화가 오셔 가지고 오늘 저녁에 시간 되냐, 저녁 먹어도 되냐라고 해서 내가 시간 된다고 그래 가지고 갔던 겁니다.

○**백혜련 위원** 그러니까 본인이 먼저 전화를 했고 그다음에 나중에 이상민 장관이 와서 오전에 통화했고 오후에 또 이상민 장관이 와서 통화했다 이렇게 되는 거예요?

○**증인 이완규** 그렇습니다.

○**백혜련 위원** 본인, 그리고 이 안가의 회동이 밝혀지고 난 후에 핸드폰 교체했지요?

○**증인 이완규** 그렇습니다.

○**백혜련 위원** 그리고 SNS도 탈퇴했었지요?

○**증인 이완규** SNS 탈퇴한 거 없습니다.

○**백혜련 위원** 텔레그램이나 뭐 이런 데서 탈퇴했다가 다시 가입하지 않았어요?

○**증인 이완규** 아니요, 그렇지는 않습니다.

○**백혜련 위원** 그건 가입을 안 했어요? 핸드폰은 왜 바꿨습니까?

○**증인 이완규** 핸드폰을 바꾸는 이유는 여러 가지가 있을 수 있지요.

○**백혜련 위원** 증인, 그때 4명이 거의 동시에 핸드폰 교체했다는 거 알고 있지요, 언론을 통해서도? 봤지요? 안가 회동 4명이 다 거의 동시에 핸드폰을 교체했습니다.
　본인도 검사생활 오래 했지요? 이것 충분히 다 피의자들이 하는 행동 범인들이 하는 행동, 다 의심할 수 있는 거 아닙니까?

○**증인 이완규** 위원님, 거기에 대해 그 이유에 대해서는 답하지 않겠습니다.

　　(발언시간 초과로 마이크 중단)

　　(마이크 중단 이후 계속 발언한 부분)

○**백혜련 위원** 아니, 그것 객관적이잖아요.

○**증인 이완규** 아니, 그 이유에 대해서는 답하지 않겠습니다.

○**백혜련 위원** 4명이 동시에 다 교체하는 것, 그것 누가 어떤 사람이……

○**증인 이완규** 다만 제가 말씀드릴 수 있는 것은……

○**백혜련 위원** 본인은 왜 교체했어요?

○**증인 이완규** 아니, 그러니까 제가 말씀드릴 수……

○**백혜련 위원** 본인은 왜 교체했어요?

○**증인 이완규** 말씀드리지 않겠습니다. 다만 말씀드릴 수 있는 것은 저는 죄를 지은 게 없어요. 그러니까 증거인멸이라고 말하지는 마십시오.

○**백혜련 위원** 그러면 교체하지 말았어야지요, 더 당당하게. 뭐가 그렇게……

○**증인 이완규** 하여튼 그 이유는 말씀드리지 않겠습니다.

○**백혜련 위원** 국민들이 다 보고 판단합니다. 이 안가 회동이 보도되고 나서 4명이 동

시에 다 핸드폰을 교체했어요.

....

○**위원장 안규백** 위원님들, 보충질의를 더 하실 위원님 계십니까?

○**증인 이완규** 들어가도 됩니까?

○**위원장 안규백** 예, 들어가십시오.

누구누구 계십니까, 보충질의를? 다 있습니까? 그러면 마지막으로 하겠습니다.

용혜인 위원 먼저 하십시오.

마지막으로 정리해 주십시오, 시간을.

○**용혜인 위원** 잠깐 시간 멈춰 주시고, 박현수 경찰국장 나와 주시기 바랍니다.

○**증인 박현수** 행안부 경찰국장입니다.

○**용혜인 위원** 00시 41분에 강상문 영등포서장한테 전화한 이유는 무엇입니까?

○**증인 박현수** 그 당시 제가 TV를 보고 있었는데요. 국회에 중무장한 군인들이 투입되는 광경도 있었고……

○**용혜인 위원** 전화한 이유가 뭐냐고 물었습니다.

○**증인 박현수** 주변이 혼잡스러워 가지고, 아까 소방청장님께서도 말씀을 하셨지만 혹시나 국회 주변에서 불상사나 이런 것들이 일어나지 않을까 싶어 가지고 전화를……

○**용혜인 위원** 보면 국회 주변의 질서유지는 기동대 역할이고 당시에 기동대 총괄 지휘는 서울청에서 하고 있었거든요. 그런데 왜 영등포서에 전화하셨습니까?

○**증인 박현수** 영등포서장이 전체 관장을 한다고 저는 생각을 했었고요. 그래서 그 당시에 서장한테 통화……

○**용혜인 위원** 강상문 서장이 국회에 나와서 고생하신다 정도의 안부 전화였다라고 설명을 했어요.

○**증인 박현수** 처음에는 안부 얘기를 여쭸고요. 그다음에 저희가 그 당시에 40여 초 정도 통화를 했었는데 특별히 문제가 없다, 국회 주변의 질서유지와 안전조치가 큰 문제가 없다는 것을 확인했습니다.

○**용혜인 위원** 질서유지는 기동대 역할이었다라고 말씀드렸고 그걸 물어봤으면 영등포서장은 '그건 저희 소관이 아닙니다'라고 얘기했겠지요. 저는 영등포서가 맡은 임무에 대해서 파악하기 위한 전화였다고 생각합니다.

계엄 당시에 영등포서 형사 60명이 정치인 체포조로 동원이 됐습니다. 강상문 서장과 통화할 당시에 형사 배치 관련돼서 이야기한 바 있습니까?

○**증인 박현수** 그 당시에 저는 체포조는 전혀 인지한 사실이 없었습니다.

○**용혜인 위원** 그러면 전화해서 49초 동안 그냥 안부 묻고 통상적인 이야기를 했다?

○**증인 박현수** 아닙니다. 아까 말씀드린 국회 주변의 혼잡 상태, 안전유지와 질서유지 문제 이 부분에 대해서 확인한 바 있습니다.

○**용혜인 위원** 문제가 없다고 확인했다고요? 그때 당시에는 경찰이 의원이며 시민이며 다 막아서 가지고 아수라장이었던 상황이었어요, 0시 40분. 그런데 강상문 서장이 문제없다라고 했다고요?

○**증인 박현수** 그렇습니다.

○**용혜인 위원** 이상민 전 장관이 서울청사에서 1시에 퇴청을 합니다. 장관이 퇴청하기

전에 혹은 퇴청하면서 경찰청장한테 연락해서 상황 파악해라 이렇게 지시한 바 있습니까?

○증인 박현수 전혀 그런 바 없습니다.

○용혜인 위원 그런데 왜 1시 12분에 경찰청장한테 전화하셨어요?

○증인 박현수 제가 국회에……

○용혜인 위원 시간이 없습니다. 좀 빨리 얘기해 주세요.

○증인 박현수 국회에서 해제 의결이 나고 나서 제가 경찰청장한테 전화를 드렸습니다. 도대체 전반적인 상황이 어떻게 된 것이냐고 여쭤봤고 그 당시에 청장이 말씀하신 부분을 제가 장관한테 전달해 드릴 필요가 있어 가지고 그래서 장관께……

○용혜인 위원 그래서 1시 16분에 이상민 전 장관한테 전화했고 경찰청장과의 통화를 보고하려고 전화를 한 거지요?

○증인 박현수 청장이 그 당시……

○용혜인 위원 이상민 장관한테요.

○증인 박현수 그렇습니다. 청장님께서 말씀하신 것이 국회 통제와 관련해 가지고 통제를 풀었다, 다시 또 통제를 했다, 다시 또 풀었다 했다, 그중에서 포고령의 어떤 적법성……

○용혜인 위원 아니요. 제가 물어본 건 경찰청장한테 왜 전화했는지 그리고 1시 16분 이상민 장관과의 통화가 그 경찰청장과의 통화를 보고하려고 전화한 것인지 이걸 물어본 겁니다. 말 길게 하면서 시간 끌지 마시고요.
1시 16분이면 계엄군과 경찰 모두 국회에서……

(발언시간 초과로 마이크 중단)

∙∙

(마이크 중단 이후 계속 발언한 부분)

철수하지 않았을 때입니다. 이후에 어떻게 움직일지 지침도 정해지지 않았을 때고요. 계엄이 현재 진행 중인데 그냥 행안부장관이 퇴근한다라는 말을 듣고 퇴근하시면 안 됩니다라고 말리지도 않고 안녕히 퇴근하셔라 그리고 경찰청장이 이렇게 얘기했습니다 정도만 보고했다는 거예요?

○증인 박현수 그렇습니다. 그 당시에는 저는 해제 의결이 됐기 때문에 상황이 종료된 걸로……

○용혜인 위원 저는 있었던 일을 감추려고 하니까 이런 황당무계한 변명이 나오는 거라고 생각합니다. 상식적으로 생각하면 증인은 이상민 장관이 퇴청 이후에 대통령실로 가는 것 알고 있었을 거고 장관 지시에 따라서 경찰 상황을 파악해서 보고했겠지요, 장관에게.

○증인 박현수 전혀 그렇지 않습니다.

○위원장 안규백 마무리해 주세요.

○용혜인 위원 경찰국장이 국회에 제출한 통화기록이 여전히 많은 의혹들로 점철되어 있습니다. 그리고 이상민 장관의 1시부터 3시까지의 행적도 미궁으로 남아 있는데요. 이상민 장관과 박현수 경찰국장에 대한 수사로 행안부와 경찰의 내란 공모 의혹을 반드시 밝혀내야 한다고 생각합니다.

이상입니다.

....

○**위원장 안규백** 윤건영 위원님 질의해 주세요.

○**윤건영 위원** 시간 멈춰 주시고.

이영팔 소방청 차장님 발언대로 나와 주십시오.

○**증인 이영팔** 소방청 차장입니다.

○**윤건영 위원** 구로을의 윤건영입니다.

단전·단수와 관련해서 매듭을 좀 지어야 될 것 같습니다, 이상민 전 장관이 아무런 대답을 하지 않아서요.

앞서 허석곤 소방청장께서 대략의 이야기는 하셨습니다. 당일 날 소방청 국과장 회의를 할 때 증인께서는 허석곤 청장 바로 옆자리에 계셨지요?

○**증인 이영팔** 예, 옆자리에 있었습니다.

○**윤건영 위원** 허석곤 청장이 이렇게 이야기했지요? '장관한테 전화가 왔다. 다섯 개의 특정 언론사를 거론하면서 경찰이 단전·단수를 할 때 소방청에 협조하라고 했다'라는 취지의 전화를 옆에서 들으셨습니까, 아니면 허석곤 청장이 차장님께 이야기하셨습니까?

○**증인 이영팔** 전화를 하는 것은 들을 수가 없는, 안에 그 당시 내부 상황이 워낙 복잡했습니다.

○**윤건영 위원** 그러면 허석곤 청장이 차장께 뭐라고 하던가요?

○**증인 이영팔** 제가 기억나는 것은 단전·단수가 우리 업무냐는 것을 저한테 질문을 한 것을 파악했고요.

○**윤건영 위원** 그리고 이상민 장관이라고 이야기했나요?

○**증인 이영팔** 그때 전달하면서 장관님에게 전화가 왔다라는 것은 제가 알 수 있었던 분위기인 것 같습니다.

○**윤건영 위원** 그리고 다섯 개 언론사도 이야기했지요?

○**증인 이영팔** 그것은 기억이 없습니다.

○**윤건영 위원** 기억이 없습니다.

○**증인 이영팔** 예.

○**윤건영 위원** 좋습니다.

○**증인 이영팔** 단전·단수는 우리 업무가 아니고 단전·단수는……

○**윤건영 위원** 업무가 아니고 그것은 중요하지 않고요. 지금 이상민 전 장관이 입을 벙어리처럼 닫고 있어서 차장을 불러서 확인하는 겁니다. 이상민 전 장관이 소방청장에게 전화를 했고 다섯 개 주요 언론사에 대해서 단전·단수 이야기한 거고 그 이야기를 들은 허석곤 청장이 이영팔 차장한테 이야기를 한 겁니다.

들어가셔도 됩니다.

시간 멈춰 주시고.

최병옥 국방비서관 나와 주시기 바랍니다.

○**증인 최병옥** 안보실 국방비서관입니다.

○**윤건영 위원** 비서관께서는 결심실에 윤석열 씨와 같이 있었지요?

○**증인 최병옥** 예, 최초에 여러 인원들 들어갈 때 그때 같이 들어갔습니다.

○**윤건영 위원** 그러면 증인께서는 비상계엄을 언제 아셨습니까?

○**증인 최병옥** 집에서 TV로……

○**윤건영 위원** TV를 보고 바로 용산……

○**증인 최병옥** 브리핑하는 것을 보고……

○**윤건영 위원** 어디로? 출근을 바로 하신 거예요?

○**증인 최병옥** 예.

○**윤건영 위원** 출근한 시간이 몇 시쯤 됩니까?

○**증인 최병옥** 밤 11시 10분경 정도에 도착했습니다.

○**윤건영 위원** 11시 10분에 도착했을 때 대통령은 어디 있었습니까?

○**증인 최병옥** 제가 알지 못합니다. 대통령실에 계신 걸로 알고 있습니다.

○**윤건영 위원** 그러면 결심실에 내려갈 때 같이 내려가신 겁니까?

○**증인 최병옥** 그렇습니다. 1시 10분경에 대통령실 부속실에서 통상 군사시설이나 군부대를 방문할 때는 국방비서관과 안보2차장님이 수행을 하기 때문에 내려가서 준비를 하라는 지시를 받았습니다.

○**윤건영 위원** 좋습니다.

그러면 내려가서 미리 사전 준비를 하셨고?

○**증인 최병옥** 예.

○**윤건영 위원** 결심실에는 네다섯 명 정도밖에 계시지 않으셨지요?

○**증인 최병옥** 예.

○**윤건영 위원** 결심실에서……

○**증인 최병옥** 말씀드려도 되겠습니까?

○**윤건영 위원** 예.

○**증인 최병옥** 전투통제실 도착한 시간이 한 1시 15분 정도 됐고 대통령 일행께서 바로 도착하셨습니다. 그래서 채 내부를 둘러보거나 어디를 둘러보신다거나 왜 보신다거나 그런 걸 모르고 갔기 때문에 2차장님과 둘이서 도착하시는 대통령 일행을 바로 안으로 안내해 드렸고 그리고 그 안에서 몇 분과 악수를 하신 다음에 잠깐 들어갈 때가 없느냐라고 하시니까 김용현 장관께서 결심지원실로 안내를 했고 그때 같이 수행했던 인원들이 같이 동시에 다 들어간 상황입니다.

○**윤건영 위원** 1분만 주시면 마무리, 상황 정리하겠습니다.

○**위원장 안규백** 예.

○**윤건영 위원** 그러면 증인께서 결심지원실에 들어가서, 윤석열 씨가 곧바로 무엇을 하던가요, 정확하게.

○**증인 최병옥** 결심지원실은……

○**윤건영 위원** 짧게 이야기하십시오.

○**증인 최병옥** 들어가서 자리를 정돈하는 데 시간이 많이 걸렸고 그다음에 아까 대통령님 개인 참모 그다음에 경호인원, 국방부 관계자까지 같이 들어가기 때문에 근 한 9명 이상이 동시에 우르르 들어간 상황이었습니다.

○**윤건영 위원** 초기에는 그렇고요. 나중에 상황이 정리되고 구체적으로 윤석열 씨가 이야기했던 내용들을 묻는 겁니다.

○증인 최병옥 저는 듣지 못했는 게, 법전을 찾으시는 내용은 들었습니다.

○윤건영 위원 아니, 저도 결심실 가 봤는데 거기 못 들을 상황이 아니잖아요? 아주 작은 방에서 네다섯 명이 있었는데 그 이야기를, 오늘 나온 증인들이 전부가 다 못 들었다고 이야기를 하세요.

○증인 최병옥 위원님, 양심에 따라 정확히 말씀드리는데……

○윤건영 위원 아니, 그게 여기서 증인 이 거리밖에 안 되는 공간이에요.

○증인 최병옥 위원님 말씀드리겠습니다.
그때 당시에 가장 저의 포커스는 제가 2차장님으로부터 지시받은 사항이 현재 국회 일대 상황이 위급하니 거기에 민·군 간에 충돌이 있으면 안 된다, 그다음에 북한 상황이 있다 해서 저는 그 뒤 후열에 앉아서 언론 상황을 계속 모니터하면서……
　　(발언시간 초과로 마이크 중단)

　　(마이크 중단 이후 계속 발언한 부분)

○윤건영 위원 핸드폰 봤다는 소리 하고 싶은데……

○증인 최병옥 그렇습니다.

○윤건영 위원 그런 게 아니고, 핸드폰 보더라도 증인이 하는 이야기 제가 여기서 다 들어요. 제가 핸드폰을 보더라도요 증인의 이야기가 제 귀에 다 들려요.

○증인 최병옥 그리고 거기에 머문 시간이 법전이 없느냐 해서 제가 옆에 있는 국방부 군사보좌관으로 기억하는데 법무관리관을 잠깐 불러 달라 하고 법무관리관 도착하고 나서 바로 수 분 뒤에 나가라는 통지를 받아서 나간 상황입니다. 한 4분, 5분……

○윤건영 위원 아니, 그 오랜 시간에 법전 찾느라고 시간 다 허송세월했다고요?

○증인 최병옥 그렇지 않습니다. 법전이 없느냐고 해서 국방부 군사보좌관을 통해서 법무관리관을 오시게 해라……

○윤건영 위원 아니, 그 이야기만 어떻게 들립니까? 법전 찾으라는 이야기만 들립니까, 다른 이야기 하나도 안 들리고?

○증인 최병옥 그때 저한테 좀 크게 얘기하셨습니다.

○윤건영 위원 법전 찾으라는 이야기만 크게 들렸어요, 다른 이야기는 하나도 안 들리고?

○증인 최병옥 위원님, 저 현역 육군 소장입니다. 양심에 따라 말씀드리고 있습니다.

○윤건영 위원 소장인 것 알고 불렀어요. 육군 소장이나 되면 그런 이야기를 안 합니까, 여기 와서?

○증인 최병옥 지금은 제가 이렇게 마음 편하게 말씀드리지만 그 당시에는 정말 경황이 없던 상황이었습니다.

○윤건영 위원 경황이 없는 것하고 들리고 안 들리고는 다른 문제입니다, 비서관님. 그렇지 않나요?

○증인 최병옥 위원님, 그 안에서 정말 듣지 못했고 기억이 나지 않습니다.

○윤건영 위원 아니, 결심실에 들어간 사람은 다 벙어리예요? 아무것도 못 들었고 법전 찾으라는 이야기만 다 들립니까? 그 딱 한 대목만 들리고 나머지 하나도 다 안 들렸다고 그래요.

○증인 최병옥 CCTV를 통해서 봐도 그 안에 머문 시간은 불과 3, 4, 5분입니다.

○윤건영 위원 그렇지 않아요.

이상입니다.

....

○위원장 안규백 들어가도 좋습니다.

추미애 위원님 질의해 주십시오.

○추미애 위원 차관님, 12·3 내란 당일에 강원도 고성군 토성면 화암사 매표소 인근에서 건장한 체격의 30~40명의 특수요원들이 승용차 4대와 미니버스 1대 차량에 탑승하고 대기 중이었습니다. 그중 승용차 1대는 현대 i40으로 차량번호 46로 2525인데요 잘 메모해 주시기 바라고요.

왜 이것을 알려 드리느냐 하면 이 HID 속초 돼지부대 요원들이 상부 명령을 기다리면서 이 부대원 30~40명 정도가 대기하고 있었던 것입니다. 수도권 모처 등으로 출발할 것이다라고 했고요. 당시 HID는 체포조, 북파공작원, 신문조 이렇게 구성됐다고 합니다.

차관님, 이 내란 당시에 정보사 일반 요원을 제외하고라도 HID 속초 돼지부대 요원들이 몇 명이 동원됐는지 파악하고 계십니까?

○증인 김선호 저희들이 파악하고 있는 것은 10명이고 판교 일대에 소집됐다가 복귀한 것으로 알고 있고요. 지금 말씀하시는 것은 제가 지금 이 자리에서 처음 듣습니다.

○추미애 위원 국방부 차원에서 제대로 파악해 주시기 바라고요.

내란 하루 전날 12월 2일 오전입니다. 문상호 정보사령관이 계획에 없었던 대통령실 상부 보고가 있었다고 하는데 파악된 바 있습니까?

○증인 김선호 제가 지금 현재 파악하고 있지 않습니다, 못합니다.

○추미애 위원 이것도 지금 처음 들으시는 겁니까?

○증인 김선호 예.

○추미애 위원 아마 이와 관련이 있는 것 같은데요. 한번 확인해 보시기 바랍니다.

문상호 정보사령관은 12월 3일 당일 날 호남 출신인 속초 부대장, 아마 아실 겁니다. 육군 대령인데요 그를 패싱하고 그 밑에 있는 대대장에게 지시했습니다. HID 요원이 속초에서 출동한 것이 확인되었고 계엄 해제 후인 12월 4일 새벽 5시경에 이 요원들을 수도권 모처에서 복귀시켜서 출발한 것이 확인되고 있습니다.

차관님, 이 HID 속초 부대원들 몇 명이나, 아까 그런 차량에 계산을 하면 최대 한 40명까지로 보이는데요 몇 명이나 내란에 동원됐는지, 대통령실로부터 어떤 임무를 받았는지, 부대 복귀 여부 또 그분들이 트라우마 치료 등 후속 조치는 제대로 됐는지 이런 것들을 다 확인해 주시기 바랍니다.

○증인 김선호 예, 제가 추가적으로 확인하겠습니다.

○위원장 안규백 박선원 위원님.

○박선원 위원 질문하고 바로 제2군단 부군단장 질문하겠습니다.

이완규 법제처장님 앞으로 나와 주십시오. 안 보여요.

처장님.

○증인 이완규 예, 말씀하십시오.

○박선원 위원 옆에 이상민 장관 계시고 옆에 사무총장 계세요. 대단히 실례되는 말입

니다만 한 분은 9수하셨지요, 윤석열. 그리고 귀하께서는 8수하셨지요. 매우 친하시지요. 그리고 옆에 한 분은 고등학교 후배님이시고 한 분은 친구분이십니다. 그런데 이런 판에 이완규 법제처장이 어떻게 헌재의 정치적 편협성 등을 이야기할 수 있습니까?

　　헌법 111조 아시지요?

○증인 이완규　압니다.

○박선원 위원　거기에 국회가 선출이라고 돼 있어요, 추천이라고 돼 있어요?

○증인 이완규　선출이라고 돼 있습니다.

○박선원 위원　예?

○증인 이완규　선출하는 자를 임명한다고 돼 있습니다.

○박선원 위원　선출하는 자로 돼 있지요?

○증인 이완규　그렇습니다.

○박선원 위원　임명한다라고 돼 있지요?

○증인 이완규　그렇습니다.

○박선원 위원　그렇지요?

○증인 이완규　그렇습니다.

○박선원 위원　현재형입니다, 임명한다. 그것은 의무고 자연법으로 실행해야 되는 거예요. 영어로 할 때는 법에 대해서 'shall'이라고 쓰지요, 'will'이라고 표현하지 않고. 'shall'은 해야 하는 거예요, 의무. 다른 판단 요소가 헌법 111조에 단 한 글자도 안 들어가 있어요. 그런데 어떻게 이완규 처장이 이런저런 말을 할 수 있어요?

　　들어가세요. 말 들을 필요 없어요. 들어가십시오.

○증인 이완규　알겠습니다.

○박선원 위원　아까 선출이라고 하지 않고 추천이라고 했어요, 그렇지요? 그래서 제가 선출이라고 환기시켰지요?

○증인 이완규　선출하는 것은 맞아요. 선출하는 것은 맞는데……

○박선원 위원　추천이라고…… 증인께서는 헌법을 모른다 이거예요.

○증인 이완규　아니요, 제가 말씀드리는 것은 대통령이 임명권이 있다는 거지요.

○박선원 위원　됐어요. 임명권이 아닙니다. 권한이 아니에요. '임명한다'는 것은 의무예요.

　　제2군단 부군단장님!

○증인 박민우　예, 부군단장입니다.

○박선원 위원　문상호 사령관이 법정에 나와서 대통령에게 여러 번 계엄 반대했다라고 말을 했어요. 가능한 이야기입니까?

○증인 박민우　문상호 사령관은 대통령을 만난 것은 없는 걸로 알고 있습니다.

○박선원 위원　그러니까요. 그렇지요?

○증인 박민우　예.

○박선원 위원　그리고 노상원이 있고 김용현이 있는데 이를 제치고 대통령에게 여러 번 반대했다 이런 의사 표시할 수 있습니까? 없지요, 만난 적도 없고?

○증인 박민우　예.

○박선원 위원　오로지 김용현·노상원을 통해서 명령·지시받은 거지요?

○증인 박민우 그렇습니다.

○박선원 위원 그런데 왜 노상원은 김용현과 문상호에 대해서 이렇게 영향력이 있을 수 있을까요? 답변해 주십시오.

○증인 박민우 저는 다르게 보는 게 김용현 장관이 노상원한테 영향력이 있고 노상원 사령관이 문상호 사령관한테 영향력이 있고 또 그것은 저도 현직에 있지만 계엄을 준비하고 실행하고 하는 문제는 사실 노상원 사령관을 보고 할 수는 없습니다. 그 위에 있는 장관이나 대통령을 보고 하는 거지. 그래서 영향력 같은 것은 장관이나 오히려 그 위에 대통령 때문에 준비하고 실행하는 것으로……

○박선원 위원 문상호는 김용현이나 대통령을 보고 준비를 했다 이 말씀이지요?

○증인 박민우 예, 군대 조직 특성상 그렇습니다.

○박선원 위원 그런데 왜 노상원은 이렇게 우리 상상 밖의 일을……

  (발언시간 초과로 마이크 중단)

  준비할 수 있습니까? 이것은 증인의 경험상 이 사람은 상상 밖의 일을 할 수 있을 것이라고 판단한 근거가 있습니까?

○증인 박민우 제가 16년에 속초 부대장, HID 부대장 할 때 그때 노상원 사령관이 굉장히 관심을 가지고 임무 준비를 많이 시켰습니다. 그때도 지시하는 게 일반적이지는 않고 시나리오, 영화 이런 데서 보는 것을 많이 응용해 가지고 하는데 계엄 수첩에 나오는 용어들은 다른 사람들은 그것을 그냥 혼자 상상이라고 이렇게 일반적으로 생각을 하던데 저는 노상원 사령관이면 가능하다고 판단을 했습니다. 그것은 제가 겪은 경험 때문에 그렇습니다. 그래서 이것을 제가 얘기를 해야 되나 말아야 되나 굉장히 고민스러운데 있는 그대로 말씀을 드리겠습니다.

  16년에 대북 임무 준비를, 중요한 임무 준비를 했습니다. 그것을 한 6개월 정도 계속 준비를 했는데 그 지시 중의 하나가, 다른 불합리한 지시도 있었는데 그것은 제가 다 안고 가고 할 수 있지만 또 안전하게 제가 만들면 되는데 노상원 사령관이 임무 끝나고 요원들을 제거하라고 그렇게 지시를 했었습니다. 그래서 어떻게 제거하냐고 하니까 폭사시키라고 그랬어요, 폭사. 그래서 폭사의 방법이 원격폭파조끼를 입혀 가지고 임무 끝나면 들어오기 전에 폭사시키라고 그래서 저는 그 얘기 듣고 이것은 같이 하면 안 되겠다 이런 생각이 들었고 그 앞에서는 얘기를 안 했는데 속으로는 굉장히 이렇게 막 쌍욕 같은 게 나왔고 전화 끊고 나서도 계속 저 혼자 그런 감정과, 자연스럽게 욕을 뱉기도 했는데 결국은 그것을 얘기를 안 한 건 얘기하면 부대장도 교체되고 다른 방법을 할 수 있기 때문에 그것을 제가 안고 준비 안 하기만 하면 되는 거니까…… 저는 100% 안전하게 다 살려서 돌아오는 게 목표이기 때문에, 그런 지시가 있었기 때문에, 그때 그 사람의 잔인한 면, 반인륜적인 면을 봤기 때문에 계엄 수첩에 적힌 용어들이 전혀 낯설지 않았습니다.

  이상입니다.

○박선원 위원 위원장님, 위원장이 추가 질문해 주시거나 아니면 1분만 더 주십시오.

○위원장 안규백 저는 충격적이라서 지금 정신이 황홀지경입니다.

  하십시오.

  2분 더 주세요.

○**박선원 위원** 그래서 부군단장님은 이미 그때부터 노상원에게 '너는 고집이 세지, 아직도 그러냐' 하는 분으로 이렇게 찍혀 있었겠네요?

○**증인 박민우** 그때는 티를 안 냈습니다. 그게 티를 내서 의미 있는 게 아니고. 또 그분 성격이 제가 그것을 안 하면 교체돼 가지고 할 수도 있기 때문에, 그것은 제가 안고 가면 되는 거고. 노상원 사령관은 특수 비전문가이기 때문에 제가 안 하면 안전하게 임무 하고 복귀시키면 되는 겁니다.

○**박선원 위원** 그렇지요. 문상호도 특수 비전문가지요? 820이 아니지요?

○**증인 박민우** 예.

○**박선원 위원** 그러면 김용현은 왜 노상원을 가까이 두고 스물두 번씩 만나고 거의 매일 통화를 하고 12월 3일, 4일은 거의 하루 종일 폰을 갖고 있었는데 왜 김용현은 노상원을 써야 됐을까 하는 것하고.

두 번째는 수거 대상, 수집소, 북한군 복장, 미군 살해, 정치인 납치, 백령도 작전, NLL 북한 도발 유도 이런 것들의 메모는 김용현하고의 대화 결과 아니겠습니까?

○**증인 박민우** 김용현 장관이 노상원 사령관을 중용하는 이유는 제가 같이 근무를 안 했기 때문에 모르고 제가 들은 얘기는 수방사령관 할 때 군사관리관에 있으면서 그때 굉장히 친밀해졌다라고 얘기를 들었고 또 노상원 사령관이 부하를 다루는 것하고 자기한테 도움이 되거나 마음에 드는 상급자한테 대하는 것하고 많이 틀리다고 들었고 굉장히 인정을 받았던 것 같습니다. 그때부터 신뢰가 조성됐던 것 같고. 그리고 백령도나 이런 데 북한지역의 임무 같은 것을 사령관을 했기 때문에 속초……

우리 특수부대는 북한 전 지역에 임무지역이 있습니다. 그게 변경되거나 새롭게 바뀌거나 남북관계에 따라서 안 하거나 하거나 이런 경우가 있는데 백령도라는 데는 항상 서해 쪽의 저희 관심 지역이기 때문에 거기는 항상 뭔가는 준비를 하고 있습니다.

○**증인 김선호** 위원장님, 지금 증언하는 자가 자신이 얘기하는 것에 대해서 하는데 지금 군사적인 상당히 중요한 얘기들을 무분별하게 얘기를 하고 있습니다.

○**위원장 안규백** 잠깐만요. 장관대행님, 가만히 계세요.

○**증인 박민우** 저는 임무의 내용을 얘기한 게 아니라 HID가 우리가 전……

다른 야전부대도 마찬가지입니다. 북한에 다 작전 목표가 있고 또 그런 계획이 있기 때문에 우리는 북한 내륙, 서해, 동해에 우리의 계획이 있다는 것이고 그것은 당연한 겁니다. 작전의 내용을 얘기하는 게 아닙니다.

그리고 백령도라는 것은 서해의 당연한 관심지역이기 때문에 저희도 관심을 가지고 있고 그래서 노상원 사령관이 사령관을 했기 때문에 그런 부분에 대해서는 알고 있고 또 현재 진행 여부에 대해서는 문상호 사령관한테 만약에 뭔가를 확인했다면 확인하지 않았는가 그 얘기를 하는 거고.

저는 작전의 성격이나 내용이나 시기나 이런 것을 말씀드리는 게 아니고 어떤 부대든 어떤 특수조직이든 북한 안에 다 자기 임무나 임무지역이나 임무계획은 다 있기 때문에 그런 일반적인 사항을 얘기하는 겁니다.

이상입니다.

(발언시간 초과로 마이크 중단)

(마이크 중단 이후 계속 발언한 부분)

○**박선원 위원** 그렇습니다. 우리는 Pre-ITO로서 사전 적 타격지점 등 여러 가지 갖고 있는 거예요. 그것은 우리 작전의 기본입니다. 그런데 현리 등 몇 가지 지점이 나옵니다. 그리고 우이동도 나오고 이런 데 HID가 나와 있고 또 수거해서 처리하는 장소로 특정이 되어 있어요. 그런 모든 점이 이것은 상상의 세계가 아니라 실행의 영역으로 김용현과 세워 놨다 이렇게 보는 것이 맞겠지요?

그리고 존경하는, 이건 내 진심입니다. 존경하는 장관대행님께서는 화내지 마시고, 작전 파트하고 정보 파트는 많이 다르지 않습니까. 그렇기 때문에 화내지 마시고, 지난번에도 제가 HID 바깥에 나와 있는 요원 안 들어갔다 하니 화내고 그러셨는데 화내지 마십시오.

○**위원장 안규백** 마무리해 주세요.

○**박선원 위원** 우리 국정원 내에 다른 부서도 모르는 부서가 많이 있어요. 제 직속인 부서도, 제가 모르는 부서가 있어도 아는 체 안 하는 경우도 많이 있습니다. 그러니까 장관직무대행께서 다 아시고 아셔야 되지만 모르는 부분도 있을 수 있는 겁니다. 그게 조직이 큰 국방부의 특성이고 우리 군의 특성이고 국정원도 마찬가지예요. 그러니까 존경하는 장관직무대행께서는 더 조사를 하세요, 여기서 화내지 마시고.

. . . .

○**위원장 안규백** 박민우 장군님, 2016년도에 특수임무를 마치고 돌아온 요원들을 노상원이라는 사람이 격려를 못 할지언정 폭파시키라 했다는 말이 이게 사실입니까?

○**증인 박민우** 예, 사실입니다.

○**위원장 안규백** 사람이 물건입니까?

○**증인 박민우** 그래서 제가 분노한 겁니다. 그걸 또 부하들한테 얘기는 하지 않았습니다. 노상원이 얘기한 걸 저도 확인했고 저만 알고 있었고. 그래서 그 당시의 그 기억이 있기 때문에 노상원하고 뭘 이렇게 한다는 게 저는, 만약에 제가 여단장 있었으면 노상원하고는 안 했을 겁니다.

○**위원장 안규백** 금수만도 못한 사람이구먼요.

이어서 부승찬 위원님 질의해 주십시오.

○**부승찬 위원** 최병옥 비서관님, 확인하고 싶은 게 있어서요.

그때 9명 정도가 결심지원실로 갔잖아요?

○**증인 최병옥** 9명, 10명 이 정도……

○**부승찬 위원** 그런데 그러고 나서 비서관님은 바로 나오셨지요?

○**증인 최병옥** 한 사오 분 정도 있다가……

○**부승찬 위원** 있다가 나오셨지요?

○**증인 최병옥** 예.

○**부승찬 위원** 그러면 거기에 남아 있는 분이 누구누구 남아 있는지 아세요?

○**증인 최병옥** 거기, 제가 아까 위원님께서 질문하셨을 때 말씀을 드린 바와 같이……

○**부승찬 위원** 정확히나마요.

○**증인 최병옥** 그 당시의 경황이 그렇다 보니까 기억이 조각조각 납니다.

○**부승찬 위원** 그러면 대통령 있었고 장관 있었고 계엄사령관 있었고……

○**증인 최병옥** 그렇게 알고 있습니다.

○**부승찬 위원** 비서실장 없었어요?

○**증인 최병옥** 아닙니다.

○**부승찬 위원** 없고, 2차장 없었어요?

○**증인 최병옥** 2차장님하고 저하고 나머지……

○**부승찬 위원** 5분 내……

○**증인 최병옥** 같이 다 나왔습니다.

○**부승찬 위원** 그러면 대통령, 장관, 계엄사령관만 있었던가요?

○**증인 최병옥** 그렇습니다.

○**부승찬 위원** 세 분만 나중에 남아 있었던가요?

○**증인 최병옥** 그렇습니다.

○**부승찬 위원** 확실합니까?

○**증인 최병옥** 확실합니다.

○**부승찬 위원** 알겠습니다.

○**증인 최병옥** 위원님, 제 기억에서 확실하고 아까 윤건영 위원님께서 질의하셨을 때 제가 정확히 말씀을 드린다고 드렸는데 조금만 더 보태서 말씀드리겠습니다.

○**부승찬 위원** 아니, 그것 말고 또 한 가지 여쭤볼게요.

장관 보좌관 있었습니까, 김용현 장관 보좌관 신다윗?

○**증인 최병옥** 아닙니다. 김철진 준장이 최초에 들어갔을 때 잠깐 제 옆에 있었던 것 기억이 납니다.

○**부승찬 위원** 그때 장관 보좌관은 전투통제실이나 결심지원실에서 못 봤습니까?

○**증인 최병옥** 장관 보좌관이 누굽니까?

○**부승찬 위원** 신다윗.

○**증인 최병옥** 모릅니다.

○**부승찬 위원** 모르십니까? 알겠습니다.

○**증인 최병옥** 그래서 아까 말씀드렸다시피 기억이 조각조각 나다 보니까, 나머지 나가라고 할 때는 저는 그 얘기를 듣지 못했고 2차장님께서 나가자 해서 나갔듯이 들리는 건 듣고 기억이 나고 나지 않는 그런 부분도 있어서 그 부분들은 양해를 부탁드립니다.

○**부승찬 위원** 예, 알겠습니다.

시간 잠깐 멈춰 주세요.

박안수 전 총장님.

○**증인 박안수** 예, 박안수 대장입니다.

○**부승찬 위원** 죄송한 말씀이지만 군 생활 몇 년 하셨습니까?

○**증인 박안수** 학교 기간, 생도까지 해서 38년하고 10개월 했습니다.

○**부승찬 위원** 계엄사령관 몇 시간 하셨습니까?

○**증인 박안수** 계산 안 해 봤는데 한……

○**부승찬 위원** 6시간 정도?

○**증인 박안수** 그 정도 된 것 같습니다.

○**부승찬 위원** 5시간, 6시간 하셨습니까?

○증인 박안수 예.

○부승찬 위원 그걸로 인생을 바꿉니까?

○증인 박안수 그렇지 않습니다.

○부승찬 위원 그러면 사실대로 말씀해 주세요. 제가 보기에는요 모든 사람이, 피의자들, 피고인들 전부 계엄사령관 쪽으로 돌리고 있어요.

○증인 박안수 저도 느끼고 있습니다.

○부승찬 위원 적극적으로 방어를 하셔야지요.
계엄군 지정도 안 했어. 그렇지요?

○증인 박안수 예, 그렇습니다.

○부승찬 위원 그다음에 계엄군에 국회 들어가라 지시도 안 했어. 포고령 다 작성된 것 갖고 와서 사인하라고 그래서 사인했어. 위임한 것 맞냐고. 그러면 좀 더 적극적으로 본인을 방어하셔야지요. 기억을 찾아내셔야 되는 겁니다.

○증인 박안수 예.

○부승찬 위원 예? 당하지 마시고요. 38년을 그 6시간하고 바꿀 생각 하지 마시고요.
(발언시간 초과로 마이크 중단)
떳떳하게 얘기를 하셔야 되는 게 맞는 것 아닙니까? 기억을 찾아내세요. 억울하지도 않습니까, 이진우 수방사령관이 계엄사령관이 다 시켰다는데?

○증인 박안수 그 부분도 너무 이상한 얘기였습니다.

○부승찬 위원 그러니까 앞으로 자꾸 그러시면 그렇게 간다니까요. 한때 존경했던 분으로서 제가 말씀드리는 겁니다.
들어가십시오.

○증인 박안수 감사합니다. 늘 생각하고 있습니다.

○부승찬 위원 잠깐 멈춰 주시고요.
양황석 한양대 학군단장님 좀 나오시지요.

○증인 양황석 양황석 대령입니다.

○부승찬 위원 국군심리전단 철원부대원의 제보입니다. 23년 10월 26일 야간에 부대원 소집이 있었다고 합니다. 중대장은 부대원들에게 대북전단 살포 작전이 11월 1일 전에 있을 것이며 북한이 책임을 물을 경우 민간단체가 살포한 것으로 해명할 예정이라고 말했습니다. 해당 중대장은 '옆 소대에도 알리지 마라. 합참도 모른다. 합참 전비검열 때도 관련 장비를 은폐해야 한다'라고 했답니다. 이런 지시를 내린 적 있습니까?

○증인 양황석 관련된 사실은 오보가 많이 있습니다.

○부승찬 위원 '합참이 전비검열 때도 관련 장비를 은폐해야 된다', 오보예요?

○증인 양황석 그렇습니다. 사실이 아닙니다.
위원님께 말씀드리면 작년 4월 22일부터 전비검열실장님으로부터 직접 수검을 받았습니다.

○부승찬 위원 오케이, 됐습니다.
나중에 다시 물어볼게요.

○위원장 안규백 민병덕 위원님 질의해 주십시오.

○민병덕 위원 구삼회 준장님!

○**증인 구삼회** 구삼회 준장입니다.

○**민병덕 위원** 지금 소속이 제2기갑여단장이고 전차와 장갑차를 운용하는 데지요?

○**증인 구삼회** 예, 맞습니다.

○**민병덕 위원** 거기 위수지역이 어디입니까? 부대가 어디 있습니까?

○**증인 구삼회** 위수지역은 별도로 없고 1군단의 예비로서……

○**민병덕 위원** 판교에 있을 수 있습니까, 휴가 없이?

○**증인 구삼회** 예?

○**민병덕 위원** 판교 정보사에 휴가 없이 있을 수 있습니까?

○**증인 구삼회** 그날은 제가 이틀간 정식으로 휴가를 내고 갔습니다.

○**민병덕 위원** 확인할게요.

○**증인 구삼회** 예.

○**민병덕 위원** 24년 12월 3일 날 노상원 씨하고 3시부터 3시 30분, 롯데리아 음식점에서 만났지요?

○**증인 구삼회** 예, 만난 건 사실이고…… 사실입니다.

○**민병덕 위원** 이때 합동수사본부 수사단이 구성되는데 '구삼회 장군이 단장', 이 말씀 하셨지요?

○**증인 구삼회** 수사 중인 사항으로 답변이 제한됩니다.

○**민병덕 위원** 그리고 부정선거 의혹을 위한 합동수사본부의 제2수사단장으로 임명된 적 있습니까?

○**증인 구삼회** 수사 중인 사항으로 답변이 제한됩니다.

○**민병덕 위원** 예, 그쳐 주십시오.

사무총장님!

○**증인 김용빈** 예.

○**민병덕 위원** 오늘 엄청나게 질문 많이 받으셨는데 왜 계엄이 있었다고 생각합니까? 왜 선관위를 이렇게 침탈했다고 생각합니까? 선관위 직원들을 데려가 가지고 고문하고 이런 부대들이 지금 노상원이 만들었던 그 부대, 그 부대가 데려가 가지고 고문해 가지고 뭔가 하려고 하는 그 부대입니다. 왜 선관위를 그랬다고 생각합니까?

○**증인 김용빈** 제가 답변을 드리기는 적절하지 않은 것 같습니다.

○**민병덕 위원** 부정선거 의혹을 캐내기 위해서 그런 것 같습니까? 제가 아까 말씀드렸잖아요. 이 부정선거 의혹은요 국회를 해산하고 정적을 제거하기 위한 명분입니다. 그 명분 만들기 위해서 선관위를 이렇게 이렇게 힘들게 하는 거고 그 명분 만들어 주기 위해서 저기 국힘당 위원들이 계속 부정선거, 부정선거 얘기하는 겁니다.

지금 보십시오.

5개 헌법기관이 있는데 국회, 어떻게 했습니까? 선관위, 어떻게 했습니까? 법원, 어떻게 했습니까? 헌법재판소, 어떻게 하고 있습니까? 행정부가 4개 다 장악해 가지고 행정부 혼자 똘똘 말아서 하려고 하는 것, 이게 독재입니다. 이게 계엄의 목적입니다. 내란의 목적입니다.

그렇게 아시면 내가 왜 이렇게 사무총장으로 가셔서 힘들까 이게 이해되실 겁니다.

잠깐 스톱해 주십시오.

이상민 장관님, 12월 4일 날 이완규 법제처장에게 왜 보자고 전화했습니까?

○증인 이상민 증언하지 않겠습니다.

○민병덕 위원 왜 그때 핸드폰 교체했습니까?

○증인 이상민 교체 안 했습니다.

○민병덕 위원 이상민 장관님은 안 했습니까?

○증인 이상민 (고개를 끄덕임)

○민병덕 위원 이완규 처장은 했는데 안 했다는 겁니까?

○증인 이상민 언론에 이미 다 보도된 내용입니다.

○민병덕 위원 예.

　스톱해 주십시오.

　나승민 실장님······

　1분만 더 주십시오.

○위원장 안규백 예.

○증인 나승민 방첩사 신원보안실장입니다.

○민병덕 위원 신원보안실장님이시지요?

○증인 나승민 예.

○민병덕 위원 방첩사에서요 여인형 사령관이 계엄을 준비하기 위해서 자기의 측근들을 데려왔는데 소형기, 넘버 투인 참모장으로 데려왔습니다. 김철진, 부대 살림을 맡는 기획관리실장으로 데려왔습니다.

　이 두 사람이 방첩 출신입니까?

○증인 나승민 아닙니다. 일반 작전부대원입니다.

○민병덕 위원 그런 분들이 이런 핵심 요직을 맡는 경우가 있습니까?

○증인 나승민 참모장은 과거에 작전부대에서 많이 왔고 기획관리실장도 안보지원사령부 때 1명 온 것으로 기억하고 있습니다.

○민병덕 위원 소형기, 어디로 갔습니까?

○증인 나승민 육군사관학교장으로, 대리······

○민병덕 위원 육군사관학교장, 사단장 경험 없이 갈 수 있습니까?

○증인 나승민 지금 소장대리이기 때문에 그것은 크게······

○민병덕 위원 김철진, 어디로 갔습니까?

○증인 나승민 장관님 군사보좌관으로 갔습니다.

○민병덕 위원 김용현 군사보좌관으로 갔지요?

○증인 나승민 예.

○민병덕 위원 좀 전의 결심실에 들어갈 정도로 중요한 역할을 하고 있는 사람 맞지요?

○증인 나승민 예, 장관 군사보좌관은 당연직입니다.

○민병덕 위원 나승민 실장 지금 임기제지요?

○증인 나승민 예, 그렇습니다.

○민병덕 위원 임기제 두 번 했지요?

○증인 나승민 예, 연장······

○민병덕 위원 임기제에 또 임기제지요?

○증인 나승민 예.

○민병덕 위원 두 번째 임기를 누가 해 줬습니까?

○증인 나승민 신원식 장관님께서 승인해 주셨습니다.

　　　(발언시간 초과로 마이크 중단)

....

　　　(마이크 중단 이후 계속 발언한 부분)

○민병덕 위원 신원식 장관님? 그러니까 여인형 사령관이……

○증인 나승민 예, 그게 장관님 승인 사항이기 때문에 여인형 사령관이 추천해서 신원식 장관님께서 승인해 주셨습니다.

○민병덕 위원 여인형 사령관이 왜 임기제에 임기제, 육군 최초라고 알고 있는데 맞지요?

○증인 나승민 과거에, 아주 옛날에 있었고 최근에 없었습니다.

○민병덕 위원 아주 예전, 거의 육군 최초라고 하더라고요. 그 임기제에 임기제를 해 주면서 실장님한테 뭘 바랐을까요?

○증인 나승민 저한테는 특별한 것은 없었고 다만 제가 신원보안 업무를 사령부에서 제일 오래 했고……

○민병덕 위원 그 업무가 장군들 별 달아 주고 또 별 더 달아 주고 할 때 세평을 조사하는 업무지요?

○증인 나승민 세평은 하는데 그런 권한이 있는 것이 아니라 저희가 자료를 제공해 드릴 뿐입니다.

○민병덕 위원 자료를 모아서 주는 거잖아요, 결정은 인사권자가 하지만.

○증인 나승민 예, 그렇습니다.

○민병덕 위원 그렇지만 세평을 모아 주는 역할을 하는 것 아닙니까?

○증인 나승민 예, 그렇습니다.

○민병덕 위원 그 역할을 하라고 여인형 사령관이 임기제에 임기제를 해 준 것이다고 보입니다, 국민들에게는.

　　　이상입니다.

....

○위원장 안규백 장관대행님!

○증인 김선호 예, 직무대행입니다.

○위원장 안규백 영관급도 임기제에 임기제가 있습니까, 제가 처음 들어 보는데?

○증인 김선호 예, 뭐……

○위원장 안규백 임기제에 임기제를 할 수가 있나요?

○증인 김선호 예, 임기제를 연장하는 경우는 있습니다.

○위원장 안규백 아니, 그러니까 한 번은 다반사로 있는데 그것을 또 임기제로 하는 경우도 있었나요?

○증인 김선호 임기제 진급을 시키고 그 임기제를 한 번 더 연장시키는 겁니다.

○위원장 안규백 제가 듣도 보지도 못 한 것 같은데……

　　　아니, 말씀해 보세요.

○**증인 김선호** 그런 경우가 종종 임무에 따라서 또 필요성에 따라서 있습니다. 대령급 영관이 아니고 장군급들 관련해서 그런 경우가 있습니다.

○**위원장 안규백** 그러니까 장군은, 제가 그것은 기 아는 사실이고.

○**증인 김선호** 제가 영관급은 다 따져 보지를 않아서 몇 명 있는지 지금 확인을 못 하고 있습니다.

○**위원장 안규백** 없었어요, 없었어.

○**민병덕 위원** 군 전체에서는 한 번인가 있었지만 육군에서는 최초 아닙니까.

○**위원장 안규백** 민홍철 위원님 질의해 주십시오.

○**민홍철 위원** 국방부장관대행님, 그 세평 2005년도 남재준 총장 시절 때, 그때 기무사 시절이지요. 그 자체를 진급 심사나 아니면 인사 자료로 쓸 수 없도록 조치가 되어 있었는데 언제 바뀌었지요?

○**증인 김선호** 제가 그 연도하고 이런 것들이 조정된 것은 지금 정확히 숙지를 못 하고 있습니다.

○**민홍철 위원** 아니, 왜냐하면 제가 2005년도에 장군 인사심사위원회에 들어가서 여러 가지 제도 개선 문제 때문에 건의가 돼서 기무사 자체가 영관 장교든 장군 진급반이든 세평 가지고 이제는 안 된다 해서 그때 폐지를 했었거든요. 그런데 어느 날 갑자기 이렇게 부활이 되어 있는 것 같아 가지고 한번 여쭤보는 거고요.

그다음에 대행님, 지난번에 제가 합참 질의 때, 이번에 12·3 계엄 때 경계태세 2급이 발령됐잖아요?

○**증인 김선호** 예, 그렇습니다.

○**민홍철 위원** 그런데 제가 자료를 요청해서 지난 4년 동안 경계태세 2급 발령한 사안을 보니까 두 번 발령이 됐어요. 22년 11월 2일 날 2급인데 북한이 NLL 이남 동해 공해상으로 미사일 발사할 때 이때하고요, 그다음에 22년 12월 26일 날 북한의 무인기가 영공을 침범했을 때, 주로 북한 변수가 이렇게 있었단 말이지요.

그런데 이번에는 그런 어떤 징후가 있었거나 문제가 없었어요. 그런데 이게 지금 2급 경계태세가 발령됐다, 2급 경계태세가 발령되면 당연히 작전부대가 움직일 수 있는 준비태세가 되잖아요?

○**증인 김선호** 예.

○**민홍철 위원** 그런데 이번에 윤석열 대통령은 야당에 대한 경종, 국민에게 국정 운영의 어려움을 알리기 위해서 계엄을 했다라고 강변을 하고 있는데 2급 경계태세까지 발령이 됐단 말이지요. 그러면 그게 아니지 않습니까? 그러니까 어폐가 있는 거예요. 서로 주장에 모순이 있는 겁니다. 그런 말씀을 드리고요.

이번에 계엄 사태 이후에 국방부에서 자료를 제가 요청해서 받아 보니까 출동한 부대, 1공수여단과 특수작전항공단 그리고 특임부대, 이 부대의 장병들에 대해서 여러 가지 심리상담이 대폭 늘었어요. 그렇지요?

○**증인 김선호** 예.

○**민홍철 위원** 아마 그 현황은 알고 계실 겁니다. 전체적으로 한 달 평균 35~40건 정도 상담하던 것을 619건이나, 이렇게 증폭됐다.

(발언시간 초과로 마이크 중단)

1분만, 마무리하겠습니다.

○**위원장 안규백** 예, 마무리해 주십시오.

○**민홍철 위원** 이것은 상당히 국방부에서 장병에 대한 심리상담을 잘하셨다고 보는데 이제 문제는 탄핵은 탄핵이고 내란 범죄에 대한 형사재판은 재판입니다. 그리고 주요 임무 수행자나 또 단순 가담자, 그 죄책에 맞는 재판 결과는 어차피 지금 군사법원에서도 하고 있는데요. 단순히 상관의 명령에 의해서 출동했던 실무 장교들이나 병사들 또 그 외에 정말 열심히 국가를 위해서 지금 복무하고 있는 대다수의 장병들 명예 실추에 대한 사기진작책 이것을 할 때가 됐다, 저는 그렇게 생각을 합니다.

정말 국방부에서 좀 대책을 세워 가지고요……

(발언시간 초과로 마이크 중단)

(마이크 중단 이후 계속 발언한 부분)

얼마나 많은 마음의 상처를 입고 있겠습니까? 휴가 가면 그 젊은 친구들한테 얼마나 많은 얘기를 듣겠어요?

그래서 그런 측면에서 국방부에서 이제는 장병들에 대한 사기 진작과 대책을 좀 세워 주십사 하는 말씀을 제가 마무리 말씀으로 드리겠습니다, 물론 하고 계시겠지만.

○**증인 김선호** 예, 위원님. 말씀하신 대로 지금 그 부분을 저희들이 군을 안정화시키고 다시 군심을 결집시키는 중요한 요소로 파악을 하고 있고 거기에 대한 세부대책을 마련하고 있다는 말씀을 드리고요.

가장 중요한 것은 저희 군의 고위급 리더십들이 법과 원칙에 의한 지휘를 할 수 있는 이런 것들에 대해서 좀 더 관심을 가지고 그것을 어떻게 교육시키고 인식시키고 또 공감대를 형성해 나갈지 그런 것들에 대한 대책을 만들고 있다라는 말씀을 드리겠습니다. 세부 계획이 만들어지면 위원님들하고 같이 소통하면서 조언도 듣고 하도록 하겠습니다.

○**민홍철 위원** 고맙습니다.

○**위원장 안규백** 김병주 위원님 질의해 주십시오.

○**김병주 위원** 2군단 부군단장님!

○**증인 박민우** 예, 부군단장입니다.

○**김병주 위원** 조금 전에 너무나 충격적인 얘기라서 제가 조금 더 확인을 하겠습니다.

2016년도의 노상원에 관계된 얘기를 해서 너무나 충격을 받았는데, 그 당시에 노상원은 정보사령관을 했지요?

○**증인 박민우** 맞습니다.

○**김병주 위원** 그리고 지금 부군단장은 대령으로서 아마 HID부대 부대장을 했을 것 같고요.

○**증인 박민우** 예.

○**김병주 위원** 그 당시 저도 군 생활을 했기 때문에 잘 아는데 그때 2016년도에 어떤 특수임무를 띠고 HID가 가서 임무를 마치고 돌아오는 과정에서 수거하라고 한 겁니까?

○**증인 박민우** 임무 준비만 하고 임무는 실행이 안 됐습니다.

○**김병주 위원** 그래서요?

○증인 박민우 실행이 안 됐고 그때 계획상에 그걸 집어넣으라고 그래서 저는 계획상에 집어넣지는 않고 사령관이 얘기했기 때문에 저만 그냥 이렇게 알고 있었습니다.

○김병주 위원 실제 특수임무는 실행 안 됐고?

○증인 박민우 예.

○김병주 위원 그 계획이 됐는데 이 인원들이 계획상의 어떤 특수임무를 띠고 돌아올 때는 수거해라라는 것까지 계획 속에 넣으라고 노상원이가 얘기한 거네요?

○증인 박민우 예, 그래서 내륙에서 상황을 보고 포획될 것 같으면 내륙에서 그렇게 제거를 하고…… 제가 그때 무사히 와도, 무사히 오기 전에 처리를 해라 이런 식의 지시였습니다.

○김병주 위원 그래서 수거, 처리하는 방법을 물었을 때…… 조금 전에 뭐라 했나요? 폭파조끼 그것 다시 한번 말씀해 주세요. 어떻게 수거하라는 거예요?

○증인 박민우 노 사령관 말로는 폭파조끼를, 그러니까 우리가 거기 방탄조끼나 이런 것을 입기 때문에 폭파조끼도 같이 만들면 됩니다, 그리고 기술도 있었고. 폭파조끼를 입히고 그게 또 사거리가 굉장히 한 수십㎞ 이렇게, 먼 것은 100km, 200km 가는 그런 기술이 있었기 때문에 필요시에 잡힐만 하면 보고 흔적을 없애는 그런 지시였는데 사실은 그것을, 가능은 한데 그것을 실행하는 것은…… 모르겠습니다. 북한이나 공산주의는 모르겠는데 저희는 노상원 사령관 아이디고, 그런데 그분은 진짜 막 준비를 하는 그런 스타일이라서 제 선에서만 이렇게 알고 그것은 제가 노상원 사령관한테만 '지금 준비됐습니다' 하면 되기 때문에 실제로 그것은 실행을 안 하면, 조끼를 안 입히고 하면 되기 때문에 그것은 제가 책임지고 할 수 있어서 그렇게 해서 넘어갔습니다.

  (발언시간 초과로 마이크 중단)

  1분만 더 주세요.

○위원장 안규백 마무리해 주십시오.

○김병주 위원 예.

  그래서 실제 이것은 계획 단계에서 수거 계획까지 돼 있었다, 그래서 원격으로 폭파, 잡힐 것 같다든가 작전에 실패한다든가 어떻게 하면 돌아올 때든 임무할 때 폭발을 시키려고 했다, 그야말로 돼지부대라고 하는 인식을 노상원은 갖고 있는 것 같아요. 옛날에 한 사오십 년 전에는 잔치가 있으면 돼지 잘 키워서 돼지 날 하루 잡아먹잖아요. 그런 것처럼 사람에 대한 인격의 이런 것은 없고 하나의 돼지처럼 이렇게 취급한 이런 것으로 보이네요.

  그러면 노상원의 수첩에 보면 백령도 작전 있잖아요?

○증인 박민우 예.

○김병주 위원 거기서도 제가 봤을 때 정치인이든 일부 인원들을 폭파조끼 같은 것을 입혀서 원격에서 폭파한다 이런 정도로 시나리오를 만들 수 있는 인물이라고 저도 평소 생각을 해 왔었거든요. 그것 증인은 어떻게 생각하세요?

○증인 박민우 그때 저한테 그렇게 지시를 했기 때문에 거기 확인되지는 않았지만 노상원 사령관도 그런 구상을 했지 않겠…… 했을 가능성도 있을 것 같습니다.

○김병주 위원 그다음…… 딱 1분만 더 주십시오, 이건 너무 중요한 거기 때문에.

○위원장 안규백 예, 그러면 이제 마무리입니다.

○**김병주 위원** 예.

용어가 수거, 수거라는 것은 사실 우리는 쓰레기 수거로 보는데 HID 부대라든가 특수부대에서 수거는 완전히 그 사람을 죽여서 흔적을 없애는 것을 통상 수거로 인식을 하지요?

○**증인 박민우** 특수에서, 우리 정보사…… 특수에서 쓰는 용어는 아닙니다. 아닌데, 제가 이것 수거 때문에 계속 기억을 더듬어 보니까 노상원 사령관만의 용어였던 것 같다 이런, 정확한 것은 아닌데 그런 식으로 왜 저런 용어를 쓰지 하는 생각을 가지고 있었는데 그게 워낙……

○**김병주 위원** 만약에 이번에 계엄이 성공을 해서 HID 요원을 여러 군데 테러라든가 활용하고 난 다음에 또 수거하고 제거하려고 했을 수도 있겠네요, 그런 근거를 없애기 위해서?

　　（발언시간 초과로 마이크 중단）

　　（마이크 중단 이후 계속 발언한 부분）
가상에서, 노상원의 성격으로 봐서는?

○**증인 박민우** 그런데 이번에 노상원 사령관 계획의 타깃은 요원들이 아니라 우리나라 정치인들이나 종교인들 뭐 이런 걸로 나와 있는 것 같아서, 제가 그것까지는 구체적으로 알 수가 없습니다.

○**김병주 위원** 아니, 그러니까 그런 사람들, 종교인이든 정치인들을 제거하고 그 제거했던 HID 요원들을 또 근거를 없애기 위해서 폭파 조끼를 입혀서 제거할 수도 있는 거지요, 노상원이라면. 역사적으로……

○**증인 박민우** 노상원 사령관은 그런 것까지 생각할 수 있는 사람이라고 생각합니다.

○**김병주 위원** 참 끔찍하네요. 끔찍해.

○**위원장 안규백** 수고하셨습니다.

　　백혜련 위원님 질의해 주십시오.

○**백혜련 위원** 김용빈 총장님, 오늘 윤석열 피고인이 헌재 재판소에서 선관위 병력 투입은 본인이 직접 지시했고 엉터리 투표지가 많이 나왔기 때문에 선관위에 병력을 투입 지시를 했다는 얘기를 했어요.

　　엉터리 투표지가 많이 나옵니까? 그러니까 한두 장 아까 총장님도 말씀하셨지만 정말 본투표에 들어갔을 때 이상한 행동을 하는 소수 투표인들이 있다는 얘기는 하셨잖아요.

○**증인 김용빈** 지금 대통령 측에서 그 전에 탄핵심판 과정에서 제출한 증거 이런 부분들은 대부분 21대 국회의원선거와 관련해서 문제 됐었던 그 투표지에 대한 내용들입니다.

○**백혜련 위원** 그런데 그것들은 다 문제가 없는 걸로 이미 밝혀진 것들이지요? 그러니까 가짜뉴스잖아요.

○**증인 김용빈** 예, 대법원에서 그렇게 판단이 됐던 겁니다.

○**백혜련 위원** 예, 가짜뉴스.

　　압수수색도 됐던 사건들이 많잖아요. 실제로 그 투표지 관련해 가지고 비례대표 관련해서 제가 보니까 압수수색 됐었는데 다 문제없는 걸로 결론 난 거예요.

○**증인 김용빈** 압수수색이라는 개념이 아니고 법원의 검증을 거친 겁니다.

○**백혜련 위원** 법원의 검증?

○**증인 김용빈** 예, 검증 절차.

○**백혜련 위원** 압수수색도 된 사례가 있는 것 같던데요, 제가 보니까.

그런데 어쨌든 윤석열 대통령 측에서 주장하는 것은 다 이미 재판 과정도 거친 것이고 법원의 검증도 거쳐서 문제없는 것으로 밝혀진 가짜뉴스다.

○**증인 김용빈** 일단은 그렇게 생각하는데 지금 새로운 증거가 나왔는지는 제가 확인을 못 했습니다. 그런데……

○**백혜련 위원** 아니, 그 말이 엉터리 투표지가 많이 나왔기 때문에 그랬다고 그래요.

○**증인 김용빈** 그런 부분들은……

○**백혜련 위원** 그것 말은 안 된다는 것이지요?

○**증인 김용빈** 예.

○**백혜련 위원** 그리고 국정원에서 이번에 검사를 할 때 선관위가 전산시스템 모두 개방했었지요? 그냥……

○**증인 김용빈** 계속 말씀을 드리지만 검증을 받기 위해서는 해킹이 가능한지 여부의 기술적 그것을 하기 위해서는 방화벽이라든지 또 기타 비밀번호라든지 이런 부분들, 그 다음에 서버 설계도 이런 것을 전부 제공을 해 줘야 실제적으로 작업이 빨라지고 그렇게 되지 않겠습니까?

○**백혜련 위원** 그러니까 실제로 그것을 다 검토하고 이거는 국정원이 알아서 할 바고 어쨌든 선관위에서는 모든 것을 살펴볼 수 있도록 자료를 다……

○**증인 김용빈** 예, 조치를 취해 줬다는 겁니다.

○**백혜련 위원** 다 제출한 거잖아요, 그렇지요?

○**증인 김용빈** 예.

○**백혜련 위원** 그러니까 일국의 대통령이었던 사람이 음모론에 빠져서 이렇게 한다는 게 참 국민들 입장에서는 너무나 안타까운 일입니다.

그리고 법제처장님, 전공 분야 물어볼게요.

내란죄는 추상적 위험범이지요? 그러니까 행위 자체가 현실적인 위험을 야기하지 않아도 일반적인 위험성만 인정되면 결과가 발생하지 않더라도 구성요건이 충족되는 범죄지요?

○**증인 이완규** 그렇게 알고 있습니다.

○**백혜련 위원** 내란죄는 추상적 위험범입니다.

(발언시간 초과로 마이크 중단)

1분만 주세요.

○**위원장 안규백** 1분만 줘요.

○**백혜련 위원** 오늘 윤석열 대통령이 '결과적으로 아무 일도 안 일어났기 때문에 문제없다' 이런 취지로 진술을 했어요. 그런데 이 내란죄는 추상적 위험범이기 때문에 결과적으로, 지금 내란죄가 성공하지 못한 거니까요 결과적으로 아무 일이 일어나지 않았다 하더라도 이미 내란죄의 구성요건은 충족할 수 있는 것이지요, 내란죄가 인정된다고 하면?

그렇지요?

○**증인 이완규** 그렇습니다.

○**백혜련 위원** 그러니까 도대체가 법률가라는 대통령이 결과범과 추상적 위험범조차 구분하지 못하고 이런 헛소리를 한다는 게 정말 안타까울 뿐입니다.

이상입니다.

○**위원장 안규백** 위원님들, 내일 현장과 모레 청문회 일정을 감안해서……

○**박선원 위원** 질문 하나만 할게요.

○**위원장 안규백** 그러면 딱 우리……

○**김병주 위원** (자료를 들어 보이며)

저도 선관위 사무총장 목요일 날 안 와서 딱 하나 가짜뉴스……

○**박선원 위원** 나 이거 반드시 해야 돼요.

○**위원장 안규백** 두 분만 하십시오.

○**박선원 위원** 구삼회 장군님 잠깐 앞으로 나와 주십시오.

○**증인 구삼회** 예, 구삼회 준장입니다.

○**박선원 위원** 장군님은 저를 모르시지만 저는 장군님을 좀 압니다.

장군님, 죄송한 이야기지만 진급 실패하고 힘들었을 때 '김용현 장관이 곧 중용해 줄 거다', 'TF 임무 맡길 거야' 그런 말 누구한테 들었습니까?

○**증인 구삼회** 그 내용은 노상원 장군으로부터 들은 건 사실입니다.

○**박선원 위원** 그렇지요?

○**증인 구삼회** 예.

○**박선원 위원** 저도 청와대 근무 때부터 장군님, 대령님들하고 많이 일을 했습니다. 진급이 얼마나 중요합니까? 2차 진급 안 되셨잖아요. 그런데 장군이 '장관이 너 곧 중용할지 모르니 노상원한테 가 봐라' 해서 가셨잖아요.

○**증인 구삼회** 그 부분은 사실이 아닙니다. 장관하고 저는 애당초에 통화한 적이 없습니다.

○**박선원 위원** 그러면 노상원이 그렇게 이야기했군요. 그렇지요? 장관이 장군님을 중용할 거다. 그러고 나서 가 보니 햄버거집이었고, 가 보니 판교였지 않습니까?

판교에 가셨지요, 저녁 6시경에?

○**증인 구삼회** 그 부분은 지금 수사 중인 사항입니다.

○**박선원 위원** 간 건 확실하니까요.

제가 지금 방정환 장군님하고 구삼회 장군님 생각을 하면 너무 마음이 아파서 그래요. 어떻게 선배라는 분이, 장관이라는 자가 진급 못 하고 힘들어 하는 후배한테 중용될 거다 하는 미끼를 던져 가지고, 가 보니까 내란 하는 데야. 그래서 본인께서, 구 장군께서 '그래서 공작하는 정보사는 믿으면 안 된다' 이런 한탄까지 하는 마음이 생기셨지요?

○**증인 구삼회** 그 부분은 답변하지 않겠습니다.

○**박선원 위원** 그런 안타까움과 애석함과 고통이 있었지요?

아니, 이건 알아야 돼요. 왜냐하면 선배들이 앞으로 이런 짓 하면 안 되거든요. 그렇지 않습니까?

○**증인 구삼회** 위원님 말씀은 충분히 이해하지만 공개적으로는 답변하지 않겠습니다.

○**박선원 위원** 장군님 가족이 이것 다 알고 계시잖아요. 나를 이렇게 해 가지고, 노상원이 '장관이 너를 중용할 거다' 해 가지고 판교 가라 그러고 갔더니 정보사고 정보사에 갔더니 계엄이고.

거기 문건이 있었지요? 그것 받아다가 다 제출하셨지요?

○**증인 구삼회** 저는 그날 어떠한 문건도 받거나 본 적이 없습니다.

○**박선원 위원** 그 부분은 지금 조사받고 계시니까 내가 따로 확인을 할게요.

다만 존경하는 장관직무대행님, 존경하는 선배 장군님들, 이러시면 안 돼요, 후배들한테. 방정환 단장도 그렇고 구삼회 장군도 그렇고 옆에서 가까이 장관 잘 모신 죄밖에 없는데 진급 못 한 사람 '너 장관이 중용해 줄 거야' 내란의 구렁텅이에 처집어넣고 계엄군도 되어서는 안 되는 정보사……

(발언시간 초과로 마이크 중단)

⋯⋯⋯⋯⋯⋯⋯⋯⋯⋯⋯⋯⋯⋯⋯⋯⋯⋯⋯⋯⋯⋯⋯⋯⋯⋯⋯⋯⋯⋯⋯⋯⋯⋯⋯⋯⋯⋯

(마이크 중단 이후 계속 발언한 부분)
판교 후배 보내고 이러면 되겠어요?

그래서 구 장군은 후배들을 위해서라도 이런 것에 대해서 당당하게 재판 과정이든 조사 과정에 이야기를 하셔야 돼요. 내가 구 장군이 나를 아는 것보다 내가 구 장군을 더 많이 안다고 했지요? 알고 있습니다. 그러니까 바로잡으셔야 돼요.

이상입니다.

○**증인 구삼회** 예, 알겠습니다.

⋯⋯⋯⋯⋯⋯⋯⋯⋯⋯⋯⋯⋯⋯⋯⋯⋯⋯⋯⋯⋯⋯⋯⋯⋯⋯⋯⋯⋯⋯⋯⋯⋯⋯⋯⋯⋯⋯

○**위원장 안규백** 김병주 위원님.

○**김병주 위원** 선관위 사무총장님, 슬라이드 한번 봐 주세요.

(영상자료를 보며)

계엄군이 선관위 당직자 핸드폰을 5명 것을 압수했잖아요?

○**증인 김용빈** 예.

○**김병주 위원** 이것 자료를 받은 거예요.

저는 사무실에서만 뺏은 걸로 알았는데 그게 아니고 당직 근무자 한 명은 당직실에서 뺏었고 방호직 한 명은 3층 순찰 중에 마주쳤는데 뺏어 버렸어요. 그리고 공무직 근로자 한 분은 지하 1층에서 있는데 마주치니까 뺏어 버리고 통합관제실 당직자 2명 뺏은 거예요. 영장도 없이 핸드폰을 이렇게 압수한 거지요.

이것 선관위 자료 받았는데 맞지요?

○**증인 김용빈** 예, 맞습니다.

○**김병주 위원** 그다음에 스카이데일리에서 내란 왜곡 선동이 너무 지나친데, '선거연수원 거기서 중국인 99명을 체포해서 주일미군기지로 압송했다' 이것 가짜뉴스 나온 것 알고 있지요?

○**증인 김용빈** 예.

○**김병주 위원** 그래서 고발 조치했지요?

○**증인 김용빈** 그렇습니다.

○**김병주 위원** 그래서 99명이 어떤 인원인가 제가 선관위로부터 자료를 받아 보니까

숙박 인원은 12월 3일 날 96명인데 그중에 선관위 소속 공무원이 88명, 5급 승진자 과정 36명과 6급 보직자 과정 52명이고요 외부 강사 8명. 그러니까 공무원들이에요, 강사하고. 그 96명을 중국인으로, 간첩으로 둔갑을 시켜서 이렇게 한 거지요.

그다음 그 밑에 보세요.

지금 극우 유튜버들 보면 그 밑에 대형버스 2대가 중국인들 99명을 압류해서 대형버스에 복면을 씌우고 뭐 해서 했다라고 나오고 있어요. 그것은 계엄군이 01시 07분에 대형버스 2대로 선관위 정문에 도착하였으며 선거연수원 청사 내로 진입하지 않고 외부 도로면에서 버스를 탄 채로 머물다가 농업박물관 주차장 쪽으로 이동하였다, 이거 맞지요?

○증인 김용빈　맞습니다.

○김병주 위원　그런데 극우 유튜버들은 이때 중국인들을 태워 가지고 했다 하면서 떠들고 있어요. 이런 극우 유튜버들 가짜뉴스도 저는 고발을 해야 된다고 봐요, 선관위 차원에서. 지금 우리 이러한 것들을 발본색원해야 되잖아요. 이거를 확실히 좀 조치를 해 주세요.

장관님, 지금 이번 사건을 보면서 윤석열이나 김용현은 모든 걸 부하 책임으로 돌리고 있어요. 그렇지만 특전사령관이나 일부 여단장들은, 죄는 아주 참 나쁘고 괘씸하지만 책임은 자기에게 돌리려는 자세를 보이고 있어요. 그런 면은 저는 바람직하다고 봅니다.

딱 1분만 더 주세요. 이게 마지막, 중요한 거라서.

○위원장 안규백　예.

○김병주 위원　지금 보십시오. 군은 국가를 위해서 목숨까지 바치려고 하고 있어요, 임무를 위해서. 그럼 끝까지 그 군인 한 명 한 명을 라이언 일병 구하기처럼 책임을 져 줘야 합니다. 2016년도 아까 그 사건 보시지요. 돼지부대처럼 이렇게 되는 군, 안 됩니다. 채 해병, 그렇게 국가를 위해서 순직했는데 대통령 구하기 위해서 모든 것이 이렇게 돼버리고 있잖아요. 지금 윤석열·김용현에 의해서 군이 완전히 놀아나고 있잖아요. 그리고 또 김용현 떳떳하게 장관씩이나 돼서 책임을 인계하고 대통령은 더하잖아요.

앞으로 장관님은 그런 것을 확실히 좀 세워 줬으면 좋겠어요. 특전사령관은 실제 계엄에 개입한 건 너무나 잘못됐지요. 그렇지만 그 중간에 실제 부대를 후퇴시킨다든가 또 절제된 행동을 한다든가⋯⋯

(발언시간 초과로 마이크 중단)

(마이크 중단 이후 계속 발언한 부분)

책임지는 모습, 이것은 저는 높이 평가하고 있습니다. 군이 조금 그런 군을 만들도록 노력해 주세요. 그렇게 하시겠습니까?

○증인 김선호　예, 항상 책임을 가장 높은 덕목으로 우리들이 견지하고 있는데 그런 것들을 다시 한번 상기시키도록 하겠습니다.

○김병주 위원　여기 앉아 있는 법원처장 이런 분들처럼 국가 위기 상황에서 관사에 와서 잠이나 자고 이런 공직자 만들지 마세요. 24시간 대비태세 유지하는 군 만드세요.

○위원장 안규백　수고하셨습니다.

회의를 마치기에 앞서 구삼회 장군님 앞으로 좀 나오십시오, 발언대로.

○**증인 구삼회** 구삼회 준장입니다.

○**위원장 안규백** 구 장군님께서는 육사 졸업하실 당시에 강재구 소령상을 수상하셨지요?

○**증인 구삼회** 대위 때 수상했습니다.

○**위원장 안규백** 그러면 아주 우수한 자원이신데, 노상원 씨가 민간인 아닙니까?

○**증인 구삼회** 예, 민간인 맞습니다.

○**위원장 안규백** 민간인인데 어떻게 현역 장군이 민간인의 지시와 업무를 따를 수가 있지요?

○**증인 구삼회** 그 부분은 노상원의 지시라고 이렇게 하는 부분이 아니라 장관을 항상, '장관 지시다' '장관이 하는 말이다'라고 했기 때문에 저는 항상 모든 것을 장관 지시로 여겼습니다.

○**위원장 안규백** 장관 지시…… 장관이라고 하더라도 그것은 삼척동자도 다 아는 사실 아닙니까? 호가호위하는 사람한테 그걸 믿을 수 있는 겁니까?

○**증인 구삼회** 저는 정확히 그렇게 이해했고 모든 행동을 그렇게 했습니다.

○**위원장 안규백** 노상원과 함께 아기보살한테 간 적이 있습니까?

○**증인 구삼회** 전혀 없습니다.

○**위원장 안규백** 그러면 어떤 형태로 진급을 도와주겠다고 했습니까?

○**증인 구삼회** 그 부분은 지금 수사 중인 사항입니다.

○**위원장 안규백** 아니, 수사 중인 사항도 다 지금 나와 있잖아요.

○**증인 구삼회** 예, 수사 중인 상황에서 그 부분은 제가 자세히 진술을 했습니다.

○**위원장 안규백** '방첩사에 가 보니까 네 세평이 안 좋더라, 내가 그걸 없애 주겠다' 또는 '그걸 없애 주는 대신에 너 나한테 금전을 가지고 와라' 이렇게 요구한 적 있습니까?

○**증인 구삼회** 수사 중인 사항이라 그 부분은 답변하지 않겠습니다.

○**위원장 안규백** 구 장군한테 여러 가지 해명 기회를 주려고 해도 한계가 있군요.

들어가십시오.

○**증인 구삼회** 예.

○**백혜련 위원** 위원장님, 곽종근 사령관한테 제가 한 가지 좀 확인……

○**위원장 안규백** 제가 잠깐만, 한 가지만 하고요.

장관대행님, 저는 장관의 의지 문제라고 생각을 하는데요. 지난번에 오영대 인사기획관한테 제가 질의를 드렸는데 박안수 계엄사령관에 관련하여 군사법원에서 기소된 계엄사령관이 어떻게 아직까지도 육군총장의 직을 가지고 있느냐, 그 이유가 도대체 뭐냐라고 제가 이해가 안 간다는 말씀을 드렸는데 혹시 거기에 대해 관련해서 보고를 받은 적 있습니까?

○**증인 김선호** 예, 보고받았고 진행사항 제가 확인했습니다.

○**위원장 안규백** 지금 진행사항 확인했습니까?

○**증인 김선호** 예.

○**위원장 안규백** 그러면 제가 추가로 더 질문 안 해도 되겠습니까?

○**증인 김선호** 예, 질문하지 않으셔도 될 것 같고 적절한 조치를 하겠습니다.

○**위원장 안규백** 알겠습니다.

백혜련 위원님 질의하십시오.

○**백혜련 위원** 곽종근 사령관님, 잠깐 이쪽으로 나오세요.

○**증인 곽종근** 곽종근 중장입니다.

○**백혜련 위원** 그동안 대통령하고의 통화만 많은 위원님들이 질의하셨는데 이진우 사령관하고 계엄 과정에서 통화하신 적 몇 번이나 있습니까?

○**증인 곽종근** 그 당일 날 말씀하시는 겁니까?

○**백혜련 위원** 일단 당일 날은 헬기 문제로 한 번 통화하셨지요? 그것은 확인이 된 것 같고 헬기 문제 빼고 또 통화하신 적 있나요?

○**증인 곽종근** 정확하게 횟수는 기억을 못 하겠는데 헬기 때 관련된 공역 문제 때문에 전화한 것은 분명히 있고 그다음에 1여단하고 707 관련된 것 때문에 중간에 한두 번씩 통화하고 서로 먼저, 저한테 전화한 적도 있고 이렇게 통화했던 기억이 있습니다.

○**백혜련 위원** 그러니까 내용이 뭐였어요?

○**증인 곽종근** 국회 상황과 관련된 것들이었는데 제가 정확하게 그때 내용들이 솔직히 다 기억나지는 않습니다. 당시 국회 상황과 관련해서 우리 1여단 들어가고 707 들어가고 이런 상황들이 같이, 협조 문제 때문에 했던 내용들이 있었던 것 같습니다.

○**백혜련 위원** 수방사도 국회에 진입하기로 원래는 돼 있었던 거지요, 수방사도?

○**증인 곽종근** 저는 그렇게 알고 있습니다.

○**백혜련 위원** 그 문제에 대해서 이진우 사령관하고 좀 통화하신 게 있는가 싶어서 물어보는 거예요.

○**증인 곽종근** 그 안에 들어가는 것 관련돼서 말입니까?

○**백혜련 위원** 예, 국회에 진입하는 것.

○**증인 곽종근** 저는 기본적으로 같이 그렇게 하는 것으로 알고는 있었는데 그때 당시에 거기 들어가서 '어디까지 너는 어떻게 들어가고 이렇게 하고' 이렇게 논의하고 그럴 상황은 아니었습니다.

○**백혜련 위원** 그런데 수방사도 당연히, 특전사가 먼저 들어갔고 수방사도 들어오는 것으로 알고서 통화하신 거지요?

○**증인 곽종근** 저는 기본적으로 그렇게 알고 있었는데 그 상황을 당시에 논의하고 그러지는 않았습니다.

○**백혜련 위원** 그리고 계엄 해제되고는 이후에 통화하신 적은 있습니까?

○**증인 곽종근** 계엄 해제된 이후에 제가 나중에 한번 통화할 때, 말씀드렸듯이 '너는 어떻게 철수했냐?' 그래서 '특전사 빠지는 것 볼 때 같이 나왔습니다'라고 통화했던 기억이 분명히 있고 나머지들도 그다음에 이후에 직무정지되고 빠지고 나가기 전에 이사 문제하고 너네 어떻게 하나, 그냥 일상적인 대화를 하면서 통화했던 기억도 있습니다.

○**백혜련 위원** 국회의원 체포와 관련해서 통화한 적은 없습니까, 직접적으로?

○**증인 곽종근** 체포는 없습니다.

○**백혜련 위원** 국회의원 체포와 관련해서는?

○**증인 곽종근** 체포는 없습니다.

○**백혜련 위원** 그것과 관련해서 통화는 하지 않았다, 이야기는 하지 않았다?

○**증인 곽종근** 예, 체포 관련돼서 통화하거나 논의했던 것은 없습니다.

○**백혜련 위원** 곽 사령관님 내일모레 헌재에서 증인으로 나가서 진술하시게 되잖아요.

○**증인 곽종근** 예, 그렇습니다.

○**백혜련 위원** 각 사령관들이 본인의 무죄 판결을 위한 방편으로 또다시 법정에서 진술을 거부하고 또 거짓 진술하는 그런 경향을 지금 보이고 있습니다.

그래서 곽 사령관님께서 소신을 가지고 헌재에서도 정확하게 진술해 주시기 부탁드립니다.

○**증인 곽종근** 예, 저는 지금까지 앞서서 제가 알고 있는 사실을 사실대로 분명히 말씀드려 왔고 12월 일도 제가 알고 있는, 지금까지 말씀드렸던 내용들을 그대로 다 진술을 하겠습니다.

○**위원장 안규백** 끝났습니까?

○**백혜련 위원** 예.

○**위원장 안규백** 윤건영 위원님으로부터 서면질의가 제출되었습니다. 관련 기관에서는 답변을 성실히 작성하여 제출해 주시고 서면질의와 내용, 답변은 회의록에 게재토록 하겠습니다.

더 이상 신문하실 위원님이 안 계시기 때문에 오늘 신문을 마치도록 하겠습니다.

우리 위원회에서는 오늘까지 두 번의 기관보고와 두 번의 청문회를 실시하였고 내일 동부구치소와 서울구치소를 방문해서 수감 중인 비상계엄 관련자 상대로 2차 현장조사를 실시할 예정입니다. 법무부 교정본부 등 구치소 현장조사가 차질 없이 실시될 수 있도록 협조해 주시기 바랍니다.

오늘 청문회 준비를 위해서 애써 주신 위원님과 보좌진들 그리고 각 증인 여러분과 국회방송 등에 다시 한번 감사의 말씀을 드립니다.

이상으로 제2차 청문회를 모두 마치도록 하겠습니다.

다음 청문회 3차는 2월 6일 날 실시하고 앞서 말씀드린 바와 같이 내일은 구치소 현장조사가 있을 예정입니다. 마지막까지 윤석열 정부의 계엄 선포를 통한 내란 진상 규명을 위해서 여러분들의, 위원님들의 많은 협조와 노력 해 주시기를 다시 한번 말씀을 드립니다.

오늘 국정조사 종료를 선포합니다.

(23시00분 산회)

○**출석 위원(18인)**

강선영 곽규택 김병주 민병덕 민홍철 박선원 박준태 백혜련 부승찬 안규백 용혜인 윤건영 임종득 장동혁 주진우 추미애 한기호 한병도

○**출석 전문위원**

수석전문위원 오명호

전문위원 류승우

○**출석 증인**

이상민((전)행정안전부장관)

김용빈(중앙선거관리위원회 사무총장)

인성환(국가안보실 제2차장)

최병옥(국가안보실 국방비서관)
김대경(대통령경호처 지원본부장)
이완규(법제처장)
박현수(행정안전부 경찰국장)
손우승(행정안전부 사회조직과 사무관)
김봉식((전)서울경찰청장)
오부명(서울경찰청 공공안전차장)
목현태((전)서울경찰청 국회경비대장)
허석곤(소방청장)
이영팔(소방청 차장)
김선호(국방부장관직무대행)
전하규(국방부 대변인)
방정환(국방부 국방혁신기획관)
서동설(합동참모본부 군수부장)
나승민(방첩사령부 신원보안실장)
김00(000사령부 대령)
박안수((전)육군참모총장)
고현석(육군참모차장)
곽종근((전)특수전사령관)
구삼회((전)육군 제2기갑여단장)
박민우(육군 제2군단 부군단장)
양황석(한양대 학군단장)
이선진
류혁((전)법무부 감찰관)
이창용(한국은행총재)

○**출석 참고인**

신용한(서원대학교 교수)

【보고사항】

○**위원 개선**

사임위원	보임위원	교섭단체	연월일
김성원	장동혁	국민의힘	2025. 2. 4.

5차 변론기일, 피청구인 윤석열 발언

■ 이진우 증인 신문 후 피청구인 의견 진술

저는 일반적으로 좀 말씀을 드리고 싶습니다. 탄핵 사건이 다른 범죄 형사 사건하고는 조금 다릅니다만, 실제 일어난 일, 예를 들면 정치인들을 체포했다든지 누구를 끌어냈다든지 어떤 그런 비위 내지는 일들이 실제 발생을 했고 또는 현실적으로 발생할, 일을 할 만한 가능성이 굉장히 높을 때 이것이 어떤 경위로 이렇게 된 건지 누가 지시를 했고 뭐 이렇게 보통 수사나 재판에서 얘기가 되는데, 이번 사건을 보면 실제 아무런 일도 일어나지 않았는데 지시를 했니, 지시를 받았니 하는 얘기들이, 마치 호수 위에 떠 있는 달그림자 같은 것을 쫓아가는 그런 느낌을 좀 많이 받았고요.

저도 국군통수권자로서 우리 훌륭한 장군들의 진술에 대해서 이러니저러니 제가 말을 섞고 이러고 싶진 않습니다만, 아까도 전반적으로 나온 얘기의 취지는 군이, 수방사가 거의 몇 사람, 한 열 몇 명 정도가 국회에 겨우 진입을 했고, 또 7번 무슨 입구 부근에 총기도 휴대하지 않고 있었는데, 또 그런 상황을 제게 다 알려줬다고 하는데, 제가 그 4인 1조로 해서, 그 안에 사실 수천 명의 민간인들이 경내에 있었던 것으로 보여지고, 또 의사당 본관에도 그게 7층짜리 건물인데 그 안에도 수백 명이 있었을 것이고, 또 본관을, 본관의 위치에서 질서 유지하라는 특전사 요원들도 이제 불 꺼진 쪽에 유리창을 깨고 들어가다가 소화기 공격을 받고 또 다 나옵니다. 그런 상황에서 처음에 열네 명, 나중에 이제 군 철수 지시하고 계엄을 하고 철수 지시가 이뤄졌는데, 그게 과연 상식적으로 가능한 얘기인지, 물론 사람들마다 자기 기억이 다르기 때문에 제가 자기 기억에 따라서 얘기하는 것을 대통령으로서 뭐라 할 수는 없습니다마는, 좀 상식에 근거해서 본다면, 아마 이 사안의 실체가 어떤 건지 잘 알 수 있지 않겠나 하는 말씀을 드리고 싶습니다. 이상입니다.

■ 여인형 증인 신문 후 피청구인 의견 진술

아까 그거는 제가 그냥 설명을 드리겠습니다. 선관위에 좀 보내라고 한 것은, 제가 김용현 장관에게 얘기를 한 겁니다.

물론 제가 검찰에 있을 때부터 선거 사건, 그리고 선거 소송에 대해서 쭉 보고를 받아보면은, 일단 이 개함을, 투표함을 개함을 했을 때 여러 가지 상식적으로 납득이 안 가는 이런 엉터리 투표지들이 많이 나와 있기 때문에. 뭐 부정선거라는 말은 쓰는 사람마다 물론 다릅니다마는, '아 이게 좀 문제가 있겠구나' 하는 생각은 제가 해왔고요.

근데 이제 2023년 10월에 국정원으로부터 한 세 차례에 걸쳐 가지고 중앙선관위 전산 시스템에 대해서 자기들이 점검한 거를 보고를 받았는데, 정말 많이 부실하고, 엉터리였습니다. 그런데 이제 국정원에서는 그때도 이것을 충분히 다 보여준 게 아니라 아주 일부만 보여줬다, 제가 그때 보고받기론 5% 장비만 보여줬다고 했기 때문에, 제가 김용현 장관한테 계엄을, 아마 금요일, 11월 29일 내지 30일쯤 됐던 것 같은데요, 감사원장 탄핵 발의를 한다는 얘기가 나오면서 계엄 얘기를 했습니다. 그런데 하게 되면, 계엄법에 따라서 국방장관과 지휘를 받는 계엄사가, 계엄 당국이, 계엄 지역 내에서의 행정 사법 사무를 관장하게 돼 있기 때문에, 이거는 무슨 범죄의 수사 개념이 아니라 선관위에 들어가서 국정원에서 다 보지 못했던, 선관위의 전산 시스템이 어떤 것들이 있고 어떻게 이것이 가동되고 있는지를 스크린을 하라, 그렇게 해서 계엄군이 들어간 것으로 저는 알고 있는데.

제가 계엄 해제를 하고 나가지고 언론에 보니까, 저도 방첩사나 사이버사가 투입이 된 줄 알았는데 정보사가 들어가고, 나머지는 근처에 있으면서 들어가지 못하고 왔다고 하는 보도를 제가 봤습니다. 그래서 제가 그때는 김용현 장관이 구속되기 전이라, "아 이게 정보사가 맞느냐" 하니까 "IT요원들이 좀 실력이 있어서 그렇게 보냈습니다"라고 보고를 받았고요. 그래서 아마 방첩사는 근처까지 갔다가 못 들어갔을 것이고. 그 여론조사 꽃도 제가 가지 말라고, 아마 그게 자기들 계획에는 있었는지 모르겠는데, 제가 그거는 하지 마라 그래서 가다가 중단했을 것이고요. 그리고 이거는 포고령에 따른 수사 개념이 아니라, 행정 사법상으로 관장하기 때문에, 정부 부처나 공공기관 같은 데에는 계엄군이 들어갈 수 있다고 저는 판단했습니다. 그렇게 해서 기본적인 그 관계를 확인하는 것이고.

그다음에 지금, 제가 장관에 이야기할 때는 "이거는 계엄의 형식을 빌린 대국민 호소고, 국회 해제 결의가 있으면 즉시 할 것이다"라고 이야기를 하지만, 저 역시도 그런 내용은 해제하고 설명을 해야지, 저도 국무위원들한테는 그 얘기는, 계엄 전에는 얘기를 할 수가 없는 겁니다. 마찬가지로 국방장관도 지휘관들, 사령관들한테는, "이 계엄은 곧 해제될 계엄이고 전체 군 투입은 얼마 안 된다" 이런 얘기를 안 하고 필요한, 대통령의 선포에 따라서 각자 맡은 업무를 하도록 했기 때문에, 각자 정해진 매뉴얼대로 하다 보니까, 저나 장관이 생각한 것 이상의 어떤 조치를 준비를 했을 수는 있습니다마는, 지금 여기 방첩사는 이제 합수본으로 나가게 돼 있고, 그리고 육군참모총장은 계엄사령관으로 발령을 이미 받았죠, 그거는. 그런데 합수본부나 계엄사령부가 그 조직이 만들어지기도 전에, 국회의 해제 요구에 따라서 군 철수 지시를 하고, 그리고 군 철수 지시 하기 전에 벌써 제가 국무위원들을 부릅니다. 나와서 비상계엄 해제를 하려면 국무회의를 해서 해제를 해야 되기 때문에, 집에 들어간 국무위원들을 나오게 하고, 그 시간까지 기다리기가 뭐 해서 장관하고 계엄사령관을 불러서 "군을 철수시켜라, 특히 국회에 있는 군은 이동 수단이 도착하기 전이라도 무조건 경내에서 빼내라" 이렇게 하고 그리고 기다려도 국무위원들이 빨리 도착을 안 하니까, 제가 먼저 브리핑룸으로 가서, "군은 철수시켰고 정족수가 채워지면 계엄 해제는 곧 한다" 이렇게 발표를 합니다.

그래서 지금 여러 가지, 아까도 제가 말씀을 드린 게, 아무 일도 안 일어났다는 말씀을 아까 드렸고요, 이번에도 역시, 방첩사도 많은 사람들이 조사를 받았습니다마는, 방첩사 본연의 일이 아니고 방첩사가 합수본으로 역할을 맡게 돼서 하는 업무인데, 합수본 자체가, 방첩사령관이 합수본부장으로 장관에 의해서 임명만 받았지, 합수본 자체의 구성이 하나도 안 돼 있었습니다. 그 상태에서 해제가 됐고, 아무 일도 안 일어났다는 말씀을 드리고, 계엄사 역시 마찬가지고요.

그리고 아까 선관위에 왜 가셨냐고 하는 문제는, 제가 그래서 계엄법 7조에 따라서 행정 사법상으로 관장을 하기 때문에, 제가 평소에 의문을 가졌던 것, 또 2023년 10월에 국정원 보고를 받고 대단히 미흡하게 점검했다는 것 때문에, '어떤 시스템이 있는지는 알아놔야 나중에 국정조사를 통해서든지 아니면 여론 이런 걸 통해서든지 봐야 되겠다'라고 생각을 했기 때문에 점검을 하도록 시킨 것이고. 실제 가서 군인들은 그런 장관의 이런 계엄 선포와 장관의 지시가 있으면 서버를 압수하네, 뭐네, 이런 식으로 생각할지 모르지만, 제가 내린 지시는 가서 무슨 장비가 어떤 시스템으로 가동되는지 보라는 거였고, 실제 아무 어떤 압수 내지는, 서버 압수라는 하드웨어뿐만이 아니라 그 안에 있는 어떤 소프트웨어나 콘텐츠도 압수한 게 전혀 없는 것으로 저는 보고를 받았습니다. 그만큼 계엄은 신속하게 해제됐기 때문에, 아무 일도 안 일어났다는 말씀을 드리고 싶습니다. 이상입니다.

■ 홍장원 증인 신문 절차 후 피청구인 의견 진술

재판장님, 제가 내용에 대해서, 대통령으로서 제가 국정원을 지휘하기 때문에, 여기서는 재판관님들의 이해 편의를 위해서 제가 한 말씀 올릴 수 있는 기회를 주셨으면 좋겠습니다. (문형배 헌법재판관: 신문

사항이 아니라 저희들한테 하시는 말씀인거죠?) 그렇습니다. (문형배 헌법재판관: 네, 하십시오.)

지금 검거니 위치 추적이니 이렇게 하는데요, 국정원은 수사권이 없고 검거는커녕 위치 추적을 할 수가 없습니다. 뭐, 협력해서 한다고 하는데, 그런 거를 방첩사령관이 모를 리가 없고, 그래서 저 자체는 저는 말이 안 된다고 보고 있고요, 그리고 지금 저 메모가, 지금 이 탄핵부터 내란 몰이니 이런 모든 프로세스가 지금, 아까 정형식 재판관님께서 지적하신 저 메모가 아마 제 판단에는 12월 6일 국회에서 박선원 의원한테 넘어가면서 시작이 된 거라고 저는 보는데요.

제가 12월 4일날 계엄 해제하고 저녁에 집에 있는데, 조금 늦은 시간에 국정원장이 전화를 했습니다. 그러면서 저한테 "1차장한테, 홍장원 1차장한테 전화를 혹시 받으셨습니까" 그래서 "모르겠는데 한 번이 전화 끊고 열어보겠습니다" 해서 열어보니, 전화가 왔는데 제가 못 받은 거더라고요, 왜냐하면 비화폰은 무음으로 늘 해놓기 때문에. 그래서 제가 다시 국정원장한테 전화해서 "전화가 왔었노라, 왜 그러냐" 그랬더니, "사실은 대통령님께 진작에 말씀을 드렸어야 되는데, 사실 좀 오래됐습니다, 어떤 정치적 중립 문제라든지," 제가 자세한 말씀 이 자리에서 드리긴 뭐하지만, "홍장원 1차장을 해임해야 되겠습니다" 그래서 제가 다른 거 더 안 물었습니다. "원장이 그렇게 판단하면 그렇게 하십시오" 그래서 "내일 사표를 받겠습니다" 해서 사표를 받고, 아까 6일날 다시 일하자 했다는데 저는 그게 믿기지가 않는 것이, 벌써 6일날 오전에, 그때 제가 관저에 있는데 이미 관저로 1차장 해임과 오호룡 씨에 대한 임명 결재안이 올라와서 제가 그거를 점심시간에 결재를 했습니다. 그 이후에 지금 12월 6일 아침 기사부터 이런 체포 얘기가, 대통령이 한동훈 대표를 잡아넣어라, 이런 기사가 12월 6일 아침부터 나기 시작합니다. 그래서 이게 쭉 진행되는 것이고요.

그리고 아까 그 국정원장 해외 출장 문제와 관련해서는 제가 전주에 국정원장으로부터 "이번 주에는 미국 출장이 있기 때문에 매주 금요일에 하는 대통령 보고가 어렵습니다"라고 얘기 들은 기억이 나서, 제가 화요일 저녁에 국정원장한테 전화를 합니다. 해외에 있는지, 국내에 있는지 알기 위해서. 그래서 제가, 둘 사이에 약간의 미스 커뮤니케이션이 있었습니다. 제가 국정원장한테 "아직도 거기시죠" 저는 미국에 있는 줄 알고, 그랬더니 국정원장이 "예, 아직도 여깁니다" 이래서 저는 해외에 있는 줄 알았습니다. 그래서 처음으로 제가 홍장원 1차장한테 전화를 하게 됩니다. 그래서 처음에는 안 듣고 두 번째 전화가 왔습니다. 그래서 "제가 원장님 부재중인데," 제가 전화를 딱 받으니까 벌써 약간의 식사와 반주를 한 느낌이 딱 들어갔고, 제가 "원장님 부재중이니까 원을 잘 챙겨라"라고 얘기하고, "있다가 내가 혹시 전화할 일이 생길지 모르니 이 비화폰을 잘 챙기고 있어라" 이렇게 제가 얘기를 했는데.

8시 한 반 무렵에 국무회의 하려고 여러 국무위원도 오시고 비서실장 안보실장이 들어오는데, 안보실장하고 국정원장이 같이 오는 겁니다. 그래서 제가 "아니 어떻게 된 겁니까, 미국에 있는 거 아닙니까" 했더니 "저 내일 출발입니다" 그래서 제가 국정원장한테 "저는 원장님 미국 계신 줄 알고 제가 1차장한테 전화를 했습니다" 그랬더니 "원장님 부재중이라고 잘 챙기라고 했는데, '원장님 여기 계십니다'라는 말을 안 합디다" 이렇게 제가 국정원장한테 얘기를 했구요. 그리고 국정원장도 아마 둘이서 그런 커뮤니케이션을 했을 거라고 저는 추측이 되는데, 제가 만약에 계엄 사무에 대해서 국정원에다 뭘 지시하거나 부탁할 일이 있으면 국정원장한테 제가 직접 하지, 차장들, 업무 관련은 2차장이지만, 2차장한테도 안 합니다. 원장한테, 무조건 기관장한테 하는 것이고요.

그리고 제가 1차장, 홍장원 1차장한테 10시, 한 거의 11시 다 돼 가지고 이제 제가 대국민 담화, 계엄 선포 대국민 담화를 하고 올라와서 국무위원 아직 남아있는 사람들 하고 얘기한 다음에 돌려보내고, 제가 홍장원 차장한테 전화한 것은, 계엄 사무가 아니고 이미 관련된 문제는 원장하고 다 얘기를 했기 때문에, 제가 전화한 거는 아까 "전화를 하겠다"라고 한 것도 있고 또 제가 해외순방 때 국장원의 해외 담당 파트가 여러 가지 경호 정보를 많이 도왔기 때문에, 제가 격려 차원에서 전화를 기왕 한 김에 해야겠다고 생각을 해서, 계엄 사무가 아닌 간첩 검거와 관련해서, 여기는 수사권이 없고 조사권, 국가 안보 조사국으로 이름이 바뀌었습니다, 그래서 방첩사를 도와주라는 얘기를 한 것이고. 제가 국정원에다가 방첩사 도와주라는 얘기는 전인 김규현 원장 때나 조태용 원장 때나 늘 합니다. 왜냐, 방첩사는 예산이 아주 부족합니다. 그리고 국정원에는 정보들이 많이 있기 때문에, 경찰에 줄 것은 경찰에 주고 방첩사에 줄 것은 방첩사에 주면서, 저도 예산 지원을 좀 해주라는 얘기를 쭉 해 왔기 때문에, 또 사관학교 후배니까 좀 도와주라, 그래서 간첩 수사를 방첩사가 잘할 수 있게 도와주라는, 계엄 사무와 관계없는 얘기를 한 거를 가지고.

만약에 그렇다면은 제가, 아까 재판관님께서 잘 지적을 하셨던데, 제가 여인형 사령관한테 내가 조금 전에 1차장하고 통화했으니 애로 사항이 있으면 1차장한테 연락을 하라고 제가 전화를 했어야 되는데, 대통령이 방첩사령관한테 그런 전화한다는 것 자체도 굉장히 비상식적인 일입니다. 그리고 방첩사령관이 1차장의 사관학교 후배긴 하지만 엄연히 기관장이고, 계엄이 선포되면 방첩사령부가 사실상 국정원의 우위에 있기 때문에, 차장, 더구나 담당 2차장도 아닌 1차장한테 계엄 사무와 관련한 무슨 부탁을 한다는 게, 만약에 한다면은 방첩사령관은 국정원장한테 해야 된다, 기관장끼리. 그리고 계엄이 선포돼서 여기가 합동수사본부가 되면 정부도 역시 방첩사가 국정원 우위에 있는 거기 때문에, 제가 재판관님께서 이 전체적인 상황을 어떻게 판단하실지는, 그거는 제가 저거 할 문제는 아니지만, 이 전체 상황에 대해서 이해 편의를 위해서 간단하게 말씀드렸습니다. 이상입니다.*

---

* 이 자료는 2025년 2월 4일 헌법재판소 윤석열 대통령 탄핵 심판 5차 변론기일 공개 송출 영상에서 발췌한 것임을 밝힙니다.

이재명 대표가 연일 야누스의 두 얼굴로 국민을 기망하고 있습니다. 기본사회를 재검토한다면서 민간 주도 성장, 한미동맹 강화, 한일관계 정상화를 주장하더니 급기야 52시간제를 유연화하고 방산 수출까지 강화하겠다고 합니다. 하나 같이 윤석열 정권의 국정과제로, 지난 3년간 일관되게 추진한 국책 사업들입니다. 또한, 그 결과 24년 경제사 최초로 수출액이 일본을 추월하는 쾌거를 거두었으며 이재명 대표가 직접 인용했듯 방산 수출국 역시 22년 4개국에서 23년 12개국으로 껑충 뛰었습니다. 그 사이 민주당은 52시간제 유연화를 69시간제라 폄훼하고, 방산물자 해외 수출 시 국회 동의를 의무화하는 법안을 발의하며 사사건건 몽니만 부렸습니다. 이재명 대표와 민주당이 '탄핵 마일리지'를 쌓으며 행정부 발목 잡기에만 매달리는 사이 윤석열 정권은 국가 미래를 위한 '성장 마일리지'를 차곡차곡 쌓아왔던 것입니다. 그런 이재명 대표가 대통령이 체포되자 '민생'을 말하고 대통령이 구속 기소되자 '새 출발의 9부 능선'을 말하며 정치적 변심을 실용이라 포장하고 있습니다. 결국 이재명 대표와 민주당의 무차별적 행정부 파괴와 입법 폭거, 그 목적이 정권은 물론 국정 방향까지 통째로 가로채겠다는 야욕의 결과였음을 자백하는 것 아닙니까?

– 국민의힘 대변인 박민영, 2월 4일 논평

원내대책회의 주요내용

2월 4일 원내대책회의 주요내용은 다음과 같다.

- 권성동 원내대표

미국발 관세전쟁의 여파로 어제 코스피가 급락하는 등 우리 금융시장이 크게 휘청거렸다. 정부는 최상목 대통령 권한대행을 중심으로 금융시장의 불안을 해소하고, 우리 수출기업들의 피해를 최소화할 통상 대책을 마련할 것을 당부한다. 경제, 외교 라인뿐 아니라 전 부처가 가용자원을 총동원하여, 관세전쟁 시대에 비상 대응해 나갈 것을 당부 드린다.

작금의 비상경제 상황에 대통령과 국무총리가 탄핵으로 직무 정지 상태에 놓인 것은 국가적으로 불행한 일이다. 특히 전직 경제부총리, 전직 주미대사로서 풍부한 대미 경제 외교 네트워크를 가진 한덕수 총리가 탄핵으로 직무 정지된 것은 거대 야당 이재명 세력이 정부의 외교역량을 훼손한 심각한 국익 자해였다. 민주당 이재명 세력은 윤석열 정부 들어 29번의 탄핵소추안 발의와 23번의 특검법 발의로 행정부를 마비시키고 국정 불안을 야기하였다. 여기에 대한 일말의 반성도 없이, 지금 이 순간에도 최상목 대행에 대한 탄핵 협박을 계속 이어가고 있다.

어제 이재명 대표는 여야가 글로벌 통상전쟁에 초당적인 대비를 하자고 했다. 지금 당장 발등에 불이 떨어졌는데, 한가하게 대비를 운운할 때인가. 지금은 정부가 중심을 잡고 위기에 총력 대응할 수 있도록 발목잡기를 멈추는 것이 야당의 책무이다. 초당적 대응의 출발점은 '민주당의 경제 컨트롤타워 탄핵 협박 중단'이다. 민주당이 대통령 권한대행 겸 경제부총리에 대한 탄핵 가능성을 연일 시사하는 것 자체가 경제 컨트롤 타워의 리더십을 훼손하고, 우리 경제의 불안정성을 확대하는 것임을 깨달아야 한다.

오늘 오후 당정은 경제분야 민생대책점검 당정협의회를 열고, 우리 경제 상황을 꼼꼼히 점검할 예정이다. 이재명 세력은 이제 탄핵 협박을 중단하고, 정부가 민생을 위해 일할 수 있도록 힘을 실어주길 바란다.

최근 민주당이 연금개혁 논의를 띄우고 있다. 민주당은 복지위 차원에서 속도를 내면 2월 안에 연금개혁이 가능하다고 주장한다. 이재명 대표는 2월 안에 모수개혁을 매듭짓자고도 했다. 민주당이 이처럼 연금개혁을 단기간에 완수할 자신이 있었다면, 왜 문재인 정부 때는 개혁을 하지 못했는가. 당시 행정부와 입법부를 장악하고도 개혁을 거부한 것은 바로 민주당 자신이다.

당시 문재인 대통령은 국민 눈높이를 운운하며 연금개혁을 흐지부지 넘어갔다. 연금개혁이 인기가 없기 때문에 손도 대지 않은 것이다. 지극히 정치공학적 판단이었다. 최근 이재명 대표가 연금개혁을 띄우는 이유도 정치 공학이다. 조기 대선을 염두에 두고 마치 연금개혁을 결단하는 모양새를 연출하여, 정치적 이미지에 분칠하려는 것이다. 즉 문재인 대통령이 연금개혁을 안 한 것도, 이재명 대표가 연금개혁을 하자는 것도, 모두 정치공학적 계산의 산물인 것이다.

연금개혁은 국가의 백년대계이다. 복지위 차원에서 속도전으로 해결할 수 없다. 반면 국민의힘은 연금특위 구성을 지속적으로 주장해왔다. 연금특위에서 사회적 공감대를 모을수록 개혁의 동력이 붙기 때문이다. 그러므로 민주당은 연금개혁 언론 플레이만 하지 말고 진짜 개혁을 위한 테이블에 앉아야 한다.

또한, 이재명 대표가 말하는 모수개혁 역시 구조개혁과 병행하지 않으면, 연금 고갈 시점을 고작 몇 년 늦추는 땜질 처방에서 끝난다. 모수개혁은 반드시 구조개혁을 수반해야 한다. 이 역시 연금특위에서 논의해야 할 주제이다. 연금개혁은 국민의 삶을 결정하는 시대적 과제이다. 지금 민주당이 하는 것처럼 정치적 애드립으로 소모되어서는 안 된다. 제발 진정성을 갖고 연금개혁을 논의하자. 모수개혁, 구조개혁을 포함하여 연금특위에서 진지한 논의를 모아 가야 한다.

– 김상훈 정책위의장

국회연금특위·국회개헌특위 구성을 촉구한다. 어제 우원식 국회의장이 2월 임시국회 개회식에서 국회 특위로 연금특위, 기후특위, 윤리특위를 구성할 것을 제안했다. 국회연금특위 구성에 대해 말을 아끼던 국회의장이 연금특위 구성에 대해 적극적인 입장을 보인점에 대해 환영한다. 또한, 기후 특위와 윤리특위는 쟁점이 없는 상황이니 절차에 따라 진행하면 될 것으로 보인다. 다만 개헌론자라고 말씀하시던, 우원식 국회의장께서 무슨 이유로 갑자기 왜 국회개헌특위 구성은 입을 닫으셨는지에 대해서 설명을 해 주셔야 될 것으로 보인다.

지난 총선에서 거대 의석을 확보한 민주당은 일주일에 한번 꼴로 공직자 탄핵과 특검 그리고 입법 폭주로 대통령의 권한을 무력화했다. 이에 대통령 역시 비상계엄을 선포하며 국회와 대립했다. 대통령과 국회 모두 권한을 절제하지 않으면서, 민주주의가 후퇴했다는 평가를 받고 있다. 제왕적 대통령과 제왕적 의회로 대표되는 87년 현행 헌법이 종말을 구한 것이다. 국민의힘은 2월 17일부터 3일간 '국민 위에 군림하는 국가기관 정상인가'라는 주제로 개헌 토론회도 이어가며, 국회 개헌특위에서 논의할 내용에 대한 자체 점검에도 나서겠다.

오늘 오전 여·야·정 국정협의체 실무 협의를 재개한다. 연금특위, 개헌특위 같이 논의하면서 국민적 관심이 매우 높은 반도체특별법과 첨단 에너지3법 등 국가 미래먹거리 4법의 2월 국회 처리를 협의하겠다. 지난해 합의 처리하기로 했던, 민생 법안 중 아직 처리되지 않은 39개 법안의 처리도 협의하겠다. 이번 2월 국회부터는 국회가 정쟁의 장이 아닌 민생의 장으로 거듭날 수 있도록 여야정 협의체가 그 마중물이 되기를 희망한다.

가족 돌봄 등 위기 아동·청년 지원에 관한 법률이 복지위 소위를 통과했다. 어제 국회 보건복지위원회 법안소위에서 가족 돌봄 등 위기 아동·청년 지원에 관한 법률 제정안이 통과되었다. 이 법안의 소위 통과로 정쟁으로 얼룩졌던 국회가 2월 민생 국회를 위한 첫 단추를 끼웠다는 평가를 받고 있다. 복지위 소위 의원님들께 수고하셨다는 감사 인사 말씀을 드린다.

이 법안은 국민의힘이 중점적으로 추진하던 법안으로 지원 대상자 선정 등 지원 절차에 관한 내용, 고립·은둔 맞춤형 프로그램 제공 운영, 가족돌봄 아동·청년 특별지원, 맞춤형 서비스 지원 등 위기 아동·청년에 대한 사회보장 급여 제공 연계 근거 마련, 전담 조직 구성을 포함한 위기 아동 청년 지원 기반 조성을 위한 규정 등 위기 아동 청년의 지원을 위한 규정 등을 핵심 내용으로 하고 있다.

이 법안이 최종 처리되면 그간 기존 복지 정책의 사각에 머물러 있던 가족돌봄 청소년 10만 명, 고립·은둔 청년 54만 명을 좀 더 면밀하고 실효성 있게 보호하고, 이들의 자립을 지원할 수 있게 된다. 국민의힘은 지난 총선에서 자립 준비 청년들의 사회 첫걸음을 응원하기 위한 청년 주거 지원 확대, 청년 자립 지원 플랫폼 구축, 심리지원 사회서비스 바우처 제공 확대 등을 위한 청년 자립 지원법 제정을 공약했고 이번에 그 결실을 맺게 된 것이다. 아직 복지위 전체회의와 법사위 본회의 등 국회 절차가 남아 있다. 국민의힘은 해당 법안의 신속한 처리와 원활한 집행을 위해 마지막까지 책임을 다할 것을 약속 드린다.

– 이양수 사무총장

민주당 이재명 대표가 추경을 편성하자고 하면서 조건을 붙이고, 여당과의 논의 한번 없이 불쑥 국회 통상특위를 제안했다. 마치 닥쳐올 무언가를 준비하듯 지금까지 이 대표가 보여준 안보관, 외교관마저 다급하게 입장을 바꾸더니, 추경 편성과 통상특위를 제안하는 것도 급한 마음에 일단 지르고 보자는 심산인 것처럼 보인다. 그러면서 국가적 위기 앞에 여야가 따로 있을 수 없다고도 했다. 참 맞는 말씀이다. 위기가 눈앞에 닥쳐오는 상황에 정파적 이익을 생각할 겨를도, 생각해서도 안된다.

그런데 이 대표는 정부가 추가경정예산에 대대적인 AI 개발 예산을 담는다면 적극적으로 의논하고 협조하겠다며 조건을 달았으니, 그 진정성을 의심할 수밖에 없는 것이다. 올해 예산을 4조원 넘게 삭감해놓고 갑자기 추경을 재촉하고, 차근히 추경을 어느 정도의 규모로 어떤 분야 예산이 시급한지를 논의해보기도 전에 반드시 포함해야 할 분야를 직접 지정해 준 것도 마찬가지이다. 추경을 원한다면 내 의견을 담아야 한다는 고압적 태도일 뿐만 아니라, 내 의견을 따르지 않으면 논의할 수 없다는 식의 협박성 메시지까지 함축하고 있다.

통상특위 제안도 마찬가지이다. 트럼프 행정부 발 관세전쟁이 본격적으로 시작되는 모양새이다. 동맹국도 경쟁국도 미국발 관세에 자유롭지 못한 상황에 우리나라에 미칠 충격이 진심으로 걱정됐다면, 구태여 국회의 특위를 제안하기에 앞서 지금이라도 당장 여·야·정 국정협의체에서 논의해야 한다. 국가적 위기 앞에 여야 함께 지금 당장 힘을 모으는 모습이 그 어떤 제안보다도 국민께 희망을 드릴 수 있는 방법이다.

– 박형수 원내수석부대표

어제 우리당 권영세 비대위원장과 권성동 원내대표의 대통령 면담을 두고 민주당의 악의적인 비방이 도를 넘고 있다. 민주당은 대변인 논평을 통해 내란 정당의 공식 행보라고 했으며, 박지원 의원은 당과 대통령이 만나 현안에 대한 총체적 대응을 하기 위한 회동이라면서, 국민의힘 당사를 서울구치소로 옮기라고 망언을 했다. 또 다른 의원은 국민을 선동하는 것이라고 했으며, 여기에 김동연 경기도지사는 국민의힘은 언제까지 내란을 비호 할 셈인가라며 뜬금없이 내란 비호론을 주장하기도 했다.

이러한 근거 없는 모든 비난 내지 비방은 우리 국민의힘을 소위 내란 동조 세력으로 프레임화하여 국민을 호도하려는 매우 저질스러운 시도이다. 지난 23년 초부터 법무부의 교정시설 장소변경 접견, 소위 특별면회제도가 변경 시행되면서 미결 수용자들의 특별면회 대화 내용은 모두 녹음되고 있다. 가령 23년 2월 민주당 모 의원이 이재명 대표의 최측근인 정진상과 김용을 특별면회하면서 "알리바이를 잘 만들라"라고 조언한 것이 언론에 보도될 수 있었던 것도 다 특별면회 대화 내용이 녹음되었기 때문이다.

이렇게 모든 대화가 녹음되는 특별면회에서 어떻게 헌재 탄핵 심판 및 형사재판 대응을 위한 총체적인 점검과 지침 하달이 있을 수 있겠으며, 또 국민을 어떻게 선동할 수 있다는 말인가. 대통령은 당이 하나가 돼서 국민께 희망을 만들어 달라고 덕담을 했고, 국제 정세 등으로 우리 경제 걱정을 많이 했다고 한다. 이것이 어떻게 재판 관련 지침 하달이며 또 국민 선동이 될 수 있겠는가.

우리당 권영세 비대위원장과 권성동 원내대표 두 분 모두 당직을 떠나, 대통령과 오랜 지인이라는 공통점이 있어 개인 자격으로 접견을 하고 온 것이다. 민주당은 국민의힘 의원들이 대통령과의 친분에 의해 인사차 대통령을 접견한 것을 두고, 과도한 해석이나 무분별한 비난을 자제해야 한다.

그리고 민주당에게 묻고 싶다. 현재 8개 사건, 12개 혐의로 5개의 재판을 받고 있는 이재명 대표는 각 사건에서 모두 무죄가 선고되지 않는 한 그 죄질과 양형 기준상 매우 중한 형이 선고될 것이고, 따라서 구속수감 될 것이다. 그렇게 구속 수감 될 경우에 이재명 대표와 친분이 있는 민주당 의원들은 아무도 접견을 가지 않을 것이라고 장담할 수 있겠는가.

그럴 경우 민주당은 부패 혐의로 수감 된 이재명 대표를 접견한 것은 부패 동조 세력이 될 것이기에 민주당 의원들은 아무도 면회가지 않을 것이다 라고 자신 있게 말할 수 있겠는가. 이 질문에 자신 있게 답변할 수 없다면 향후 우리당 의원들의 대통령 면담을 두고 내란 동조 세력 운운하며 국민의힘 전체를 모욕하는 망언은 결코 반복되어서는 안 될 것이다. 민주당은 겸허히 성찰하기 바란다.

– 박수영 기획재정위원회 간사

한국경영자총협회는 국내대학에 경제학 교수들을 대상으로, 한국경제를 어떻게 보고 있는지를 조사해서, 이틀 전 지난 2일날 발표했다. 응답자의 56%가 한국산업경쟁력이 비관적이라고 했고, 낙관적이라는 답은 9%에 그쳤다.

올해 경제성장률 역시, 정부가 본 1.8%나 한국은행의 1.9% 전망치보다 낮은 평균 1.6%로 예상을 했다. 경제학 교수들의 64%는 상당 기간 경제성장이 정체될 것이라고 내다봤고 일정 기간 하락 후에 반등해서 가파른 성장이 지속 될 것이라고 하는 이른바 브이자형 장밋빛 전망은 단 한 명도 없었다.

경제학 교수들은 우리 경제의 해법으로 노동시장의 선진화와 기업규제개선을 이것이 시급하다고 입을 모았다. 하나같이 우리 국회에서 입법 조치가 필요한 사항들이다. 한마디로 경제학 교수들은 국회는 지금 무엇을 하고 있느냐고 꾸짖은 것이다.

최근 이재명 더불어민주당 대표의 우클릭이 연일 장안의 화제이다. 이 대표는 영국 이코노미스트지 인터뷰에서 실용, 성장, 기업을 강조했다. 설 직후에서는 전국민 25만원 살포를 철회했고, 어제는 반도체 연구인력에 대한 주52시간 근로 예외에 대해서도 긍정적인 발언을 했다. 그렇지만 많은 국민은 여전히 우클릭한다고 하니까, 정말 우클릭하는 줄 알더라 하고 말을 뒤집을까 봐 걱정하고 있다.

노란봉투법, 중대재해처벌법, 상법개정안 등 그동안 더불어민주당이 추진한 반기업법을 하나라도 철회하고, 특히 주52시간 예외조항이 포함되어 있는 반도체 특별법 처리는 이 대표 우클릭에 리트머스 시험지가 될 것이다. 지켜볼 것이다.

이 대표께 기억하나를 상기시켜 드리고 싶다. 20대 대선 직후, 한국 갤럽이 이재명 후보를 선택하지 않은 응답자들에게 그 이유를 물어보았다. 1위가 신뢰성 부족과 거짓말, 2위가 도덕성 부족이었다. 이번 우클릭은 신뢰성 부족과 거짓말에 해당하지 않길 바란다.

– 유상범 법제사법위원회 간사

국민들은 법과 원칙에 따른 헌법재판소를 원한다. 헌법재판소가 돌연 마은혁 헌법재판관 후보자 임명 보류 사건에 대해 선고 연기와 변론 재개 결정을 내린 것은 선택적 속도전과 졸속 심리 등 여러 비판에 대한 심각성을 스스로도 인정한 결과물로 판단된다. 법리와 상식에 부합하는 최소한의 일관성조차 없는데다, 특정 재판관들의 이념 편향성 의혹으로 공정성조차 심대한 불신을 받고 있는 만큼 지금 어떠한 결정이 나오든 국민적 신뢰를 얻지 못할 것이 분명했다.

설사 헌재가 대통령 권한대행의 마은혁 후보자 임명 보류를 위헌 결정하더라도 최상목 권한대행이 그 즉시 임명해야만 하는 것은 아니라는 게 법조계의 중론이다. 헌법 제111조 제2항은 헌법재판소는 법관의 자격을 가진 9인의 재판관으로 구성하며, 재판관은 대통령이 임명한다고 하고 있고, 제3항은 3인은 국회에서 선출된 자를, 3인은 대법원장이 지명하는 자를 임명한다고 규정하고 있다.

즉 대통령이 임명한다는 문헌은 대통령이 임명해야만 한다는 말이 아니라 대통령의 최종적 의사를 거쳐야 한다는 뜻이다. 이는 대통령이 국가 원수의 지위에서 후보자에 대한 최종 검토와 임명 여부를 결정할 수 있는 권한이 부여되었다는 의미이기도 하다.

그럼에도 거대 야당이 정략적으로 추천해 날치기 처리한 논란의 후보자에 대해 헌재까지 나서 반드시 임명해야만 한다고 결정한다면 다수당에게 헌법재판관 임명 권한을 부여하는 것으로 대통령의 임명권을 헌재가 임의로 박탈하는 반헌법적 해석이 될 것이다. 우원식 국회의장이 국회 의결을 생략한 채 국회 이름으로 권한쟁의 심판을 청구한 것 역시 중대한 절차적 하자로 당연히 기각되어야 할 사안이다. 권한을 침해당한 주체가 국회의장 개인이 아닌 국회인 만큼 국회의원들의 집단적 의사결정을 거쳐야 함에도 우원식 국회의장이 자의적으로 판단해 권한쟁의 심판을 청구한 것은 직권남용이자 자기 정치 욕심의 발로이다.

무엇보다도 헌재는 지금이라도 한덕수 전 권한대행 의결정족수 사건부터 우선 판단하겠다는 결정도 함께 내리는 것이 마땅하다. 한덕수 전 권한대행 탄핵소추 과정에서 벌어진 의결정족수 논란은 의결 자체의 유·무효를 다투는 것으로 의결이 성립한 것을 전제로 탄핵 사유의 적법성 여부를 다투는 다른 사건들과는 차원이 다른 사건이다. 만약 헌재가 한덕수 권한대행 탄핵소추 과정에서 의결정족수 산정이 잘못됐다고 판단한다면, 최상목 권한대행의 마은혁 후보자 임명 행위 역시 무효가 되는 중차대한 문제이기도 하다.

정상적이고 상식적인 헌법재판소라면 이 같은 법적 논란은 물론 헌재가 대통령 탄핵 가능성을 높이기 위해 마은혁 후보자 임명을 밀어붙이려 한다는 국민적 의구심을 벗기 위해서라도 헌법과 법률 양심에 따라 숙고해 합리적인 결정을 내려야만 할 것이다.

– 최형두 과학기술정보방송통신위원회 간사

지난 설 연휴 기간 동안 전 세계를 놀라게 했던 딥시크 충격 이후에 국민의힘 AI 3대 강국 특위에서 연휴 직후인 지난 금요일 전문가 분석 긴급 간담회를 개최했다. 마침 민주당도 관련 논의를 진행하고 있어서, 이제 여야가 함께 딥시크 쇼크 그리고 소버린 AI 전략, 그리고 또 CES의 2025년 대주제였던, 피지컬 AI 육성 정책을 논의해야 할 때이다. 우선 민주당 과방위원들과 공동 토론 주제를 잡아서 긴급 연속 간담회를 개최할 계획이다.

이진숙 방송통신위원장 탄핵소추 기각 이후에 이제 방통위 5인 체제 복원의 의무가 국회로 돌아왔다. 2월 중 야당 추천 2인, 여당 추천 1인을 국회에서 의결해서 글로벌 방송통신 환경 급변에 맞춰서, 방송통신 정책 그리고 규제 혁신 등을 추진할 수 있도록 해야한다.

문형배 헌법재판소장 직무대행이 이미 헌법재판 중에 지적한 바 있다. "방통위 추천, 방통위에 대한 국회의 추천 3명 의무가 있는데, 1년 넘게 하지 않은 것은 법률 위반 아닙니까"라고 따져 물었다. 지금 민주당은 계속 법률 위반 행위를 반복하고 있다. 그래서 또 물었다. "그러면 방통위가 일하지 말라는 것인가" 이 문제에 대해서 민주당이 답해야 된다.

지금 방통위는 무허가 상태로 지금 방치되고 있는 방송 인허가 문제를 재빨리 완료하고, 또 빅테크의 불공정 거래 행위 문제 등도 해결해야 한다. 설 연휴 직전에 국가 바이오위원회가 출범했다. 이 역시도 국회 과학기술정보방송통신위원회가 적극적으로 뒷받침해야 할 의제이다. 정부는 국가 바이오위원회 첫 회의에서 바이오 GPU 3천개를 탑재한 슈퍼컴을 구축하고, 생체 데이터 1,000만건을 확보하고, 15개 바이오 기관 데이터 개방을 통해 바이오산업 육성을 약속했다.

바이오 역시 AI와 결합해서 국가 명운을 가를 신산업이다. 저는 과학기술정보방송통신위원회 1소위, 즉 과학기술원자력법안심사소위 위원장으로서 국가 바이오 정책을 뒷받침하는 소위 활동을 적극적으로 진행할 계획이다.

故 오요안나 씨의 안타까운 죽음 이후에 젊은 세대를 중심으로, 어떻게 공영방송 내에서 젊은 방송인을 죽음에 이르게 할 만큼 직장 내 차별이 자행되었는지 분개하고 있다. 여러 언론에서도 과방위 간사인 저에게 과방위 차원의 대책을 묻고 있다. 이 문제에 대해서, 외면하지 않겠다. 우선 MBC 이사회인 방문진이 이 문제에 대한 철저한 진상조사를 통해서 이러한 차별 행위가 어떻게 방치될 수 있었는지, 그리고 어떤 재발 방지 대책을 세울 수 있을 것인지 철저히 대책을 마련해서 과방위에 보고해 주시길 당부한다.

– 권성동 원내대표

방송통신위원회 이진숙 방통위원장이 헌법재판소의 탄핵 기각으로 복귀를 했다. 지금 2인 체제인데, 5인 체제를 완성하기 위해서 국회에서 3명을 추천해야 된다. 여당 몫 1명, 야당 몫 2명이다. 이 부분에 대해서 우리 원내수석께 민주당과 협상하라고 이렇게 말씀을 드렸고, 아마 조만간에 협상이 진행될 것으로 이렇게 보고 있다.

– 이상휘 미디어특위 위원장

MBC에 대해서 말씀드리겠다. 오늘은 굳이 MBC 공영방송 기능을 상실한 편파적이고, 정파적 보도 행태에 대해서는 말씀드리지 않겠다. 지난해 9월 15일 숨진 故 오요안나 MBC 기상캐스터가 직장 내 괴롭힘 피해를 호소했던 사실이 뒤늦게 알려졌다. MBC는 비극적 사건에 대한 입장을 밝혔지만, 반성과 책임은커녕 면피와 책임 전가로 일관하고 있다.

지난달 28일 MBC는 입장문에서 고인이 고충 담당 부서나 관리책임자에게 신고한 적 없었다며 책임 회피하고, 유족이 요청하면 진상조사를 하겠다고 한다. 논란 커지자 마지못해 입장을 발표한 모습이 역력하다. 심지어 고인에 죽음에 대한 책임 있는 태도는 온데간데없고, 이문제를 MBC 흔들기 차원에서 접근 세력들에 준동에 대해 우려 표한다며, MBC 흔들기를 중단하라는 황당한 입장문을 내며 정치적 음모론까지 퍼뜨리고 있다.

입만 열면 진실과 정의 그리고 노동, 인권 부르짖고, 직장 내 괴롭힘 문제를 누구보다 강도 높게 비판해 온 MBC가 故 오요안나 씨 사망에 대해서는 왜 책임 있는 행동 보이지 못하는 것인지 의아스럽다. 국민들은 고인이 사망한 지 수개월이 지나서야 의혹이 제기된 점과 관련해 MBC가 이 사건을 은폐하려는 것은 아닌지 의구심마저 품고 있다. MBC는 자정 능력을 상실했다. 자체 진상조사 하는 그 자체가 말이 안 된다. 관련 녹취록까지 나온 이상 고용노동부가 즉시 특별근로감독에 착수해야 된다.

최민희 과방위원장님, 계엄 때는 계엄군이 방송장악시도 했다며, 현안질의를 열고, 선동꾼 김어준을 불러다가 가짜뉴스 양산하더니, 왜 MBC 사망 사건에서는 입장문만 내고 한발 물러선 모습을 보이는 것인가. KBS 나 TV조선 등 마음에 안 드는 다른 방송사였다면 어떻게 하셨겠는가.

아마 진작에 상임위 열고, 증인 부르고, 기자회견 열고, 자정 넘기고, 방통위원장 책임 묻고, 탄핵 협박하고, 국회 상임위를 괴롭혔을 것이다. 벌써 잊으셨는가. 국정감사 때 환노위 증인이었던 뉴진스 하니를 눈앞에서 촬영하기 위해 최민희 위원장의 적극적 모습과 행동 기억하고 있다. 그런 적극적 모습을 과방위에서 보여줄 때라고 본다.

국민의힘은 이번 비극적인 사건의 진실을 규명하고 책임 있는 자들에게 반드시 법적 도덕적 책임을 물을 것이다. MBC는 한치에 숨김없이, 고인의 죽음과 관련된 진상을 밝히는 데 모든 협조와 노력 다해주시길 바란다.

- 강대식 국방위원회 간사

지난 1월 28일 민주당의 추미애 의원은 계엄 사태 후, 전방 지역에서 우리 군의 무인기 불시착했다며 이른바 북풍 의혹을 제기했다. 그러나 이러한 주장은 사실과 다르며, 정치적 의도가 담긴 불필요한 논란을 부추기고 있다. 먼저 해당 무인기는 군사분계선 인근 북한군을 감시하는 사단급 무인기인 것으로 확인되었다.

군의 정찰 활동은 국가 안보와 관련된 필수 작전이다. 이를 북풍몰이로 정치적 논란을 이끌어 가는 것은 군의 활동을 폄훼하고 위축시키는 국익에 반하는 행위일 뿐이다. 현재 군은 해당 무인기의 추락 원인을 조사하고 있으며, 북한의 GPS 교란 전파에 의한 사고 가능성이 아주 높게 제기되고 있다.

만약 사실이라면 이는 북한의 군사적 도발 행위로 선제공격으로도 간주 될 수 있다. 민주당의 논리대로라면 이는 명백하게 전쟁을 유도하는 북한의 남풍인데, 왜 침묵만 일관하고 있는가.

민주당의 근거 없는 의혹 제기는 국민 모두에게 불필요한 불안감을 조성하는 행위에 불과하다는 것을 알았으면 한다. 더 이상 정치적 논란이 국가 안보에 해를 끼쳐서는 안 될 것이다. 근거 없는 북풍몰이와 같은 민주당의 선전 선동을 즉각 중단해 주시기를 바란다.

- 김미애 보건복지위원회 간사

원내대표님과 정책위의장께서도 연금개혁에 대해서 말씀하셨지만, 복지위 간사로서 덧붙여 말씀드린다. 민주당이 국회연금특위 구성에 애당초 협조했다면 지금쯤 연금개혁에 성과를 냈을 것이다. 지금껏 손 놓고 있다가 이재명 대표 한마디에 표변하여 2월 복지위에서 모수개혁만 처리하자는 저의를 의심하지 않을 수 없다.

또한, 민주당은 22대 개원 후 정부가 개혁 의지가 있다면 구체적인 개혁안을 제출하라고 다그쳤고, 정부는 지난해 9월, 21년 만에 단일 개혁안을 발표했다. 이후에도 민주당의 무조건적 비판만 할 뿐 소극적인 태도로 논의의 진전이 없었다. 우리당은 정부안 발표 후 제대로 된 논의를 위해 수차례 특위 구성을 요청했다. 심지어 지난 국정협의회 실무회의에서 주요 의제로 연금개혁을 제안하기도 했다. 그때도 민주당은 묵묵부답이었다. 민주당은 개혁 의지가 진짜 있는 건가. 곧 닥쳐올 이재명 대표의 사법리스크 현실화, 그리고 불안한 지지율 만회를 위해 쇼하는 거 아닌가.

민주당이 개혁에 진정성이 있고, 청년 세대가 갖는 우려에 공감한다면 이견이 없는 보험료율 13% 인상안부터 처리합시다. 지금 20살 청년이 기금 고갈 걱정 없이 죽을 때까지 연금을 받기 위해 필요한 보험료율은 17.9%이다. 지금 상태를 유지한다면 기금 소진 후 미래세대가 부담할 보험료율은 무려 35%에 달한다. 제도의 지속 가능성 담보를 위해 보험료율 인상보다 시급한 게 뭐가 있겠는가.

소득대체율은 크레딧 제도, 기초연금, 퇴직연금 등 소득 보장을 두텁게 강화하는 다른 조치들과 함께 논의해야 전반적인 조망이 가능하므로 국회 특위 구성을 빠르게 논의합시다. 다행히 어제 우원식 국회의장도 제안한 21대 특위 논의를 바탕으로 속도를 낸다면 시간이 그리 오래 걸리지 않을 것 같다. 이렇게 할 때 민주당은 진정성에 대한 의심으로부터 자유로울 수 있을 것이다.

어제 복지위 소위에서 저를 비롯해 여러 위원님들이 발의한 위기 아동 청년 지원법이 법안 소위를 통과했다. 가족돌봄 또는 고립·은둔과 같은 위기 상황에 처한 아동 청년의 이익을 최우선하여 전담 지원 체계를 마련하는 것으로 기존 복지 정책으로는 지원에 한계가 있어 새롭게 지원 근거 법률을 제정한 것이다.

아울러 어제 지난해 7월 19일 시행된 출생 미등록 아동 발생 방지를 위한 출생통보제와 아기와 산모의 생명과 건강을 지키는 위기임신보호출산제가 시행 200일이 되는 날이었다. 특히 보호출산제는 아동유기 조장, 알 권리 침해 등 일각이 제기하는 우려와 달리 지금까지 200일 동안 204명의 생명을 지켜냈고, 매일 한명 이상의 생명을 살린 것이다.

앞으로도 국민의힘은 가장 소외된 진짜 사회적 약자에 대한 관심을 토대로 입법과 정책을 계속 활동해 나갈 것이다. 또한 단단한 사회안전망을 구축하여 사회적 약자의 기본권을 보장하는 데 최선을 다할 것이다.

– 박충권 원내부대표

워낙 과방위 이슈가 산적해서 추가로 한 말씀 드리겠다. 첫째, 어제 과방위 소속 더불어민주당 의원들이 AI R&D 분야 추가경정예산 편성을 촉구하는 기자회견을 열었다. 그러나 이는 조기 대선을 염두에 둔 국민 기만행위이며, 순서 또한 잘못되었다. 불과 두 달 전 민주당은 사상 초유에 감액 예산안을 일방적으로 통과시키면서, AI, 원전, R&D 등 국가 핵심 산업분야의 예산증액을 송두리째 물거품으로 만들었다.

이런 결정을 주도했던 이들이 이제 와서 손바닥 뒤집듯이, AI와 R&D 예산을 증액해야 한다고 주장하는 건 오로지 대선에 목적을 두고 있기 때문이라 할 수 있다. AI 및 R&D 예산증액 국가 성장동력을 위해 꼭 필요한 것은 맞지만 이재명 대표의 감액 예산안 강행처리에 대한 유감 표명이 먼저이다

두 번째 MBC 故 오요안나 씨 직장 내 괴롭힘 인한 자살 문제이다. 이문제는 고인에 죽음을 단순히 정쟁으로 다루려는 것 아니라, 공영방송 MBC에서 최승호 · 박성제 사장 시절부터 있어 왔던 직장 내 괴롭힘 문제를 살펴보고, 어떻게 동료를 죽음에까지 이르게 했는지 철저히 조사하는 차원이다.

향후 재발 방지 차원에서도 시급하다. MBC는 넉 달 동안 진상조사나 사과하기는커녕 사건을 은폐하기에 급급했기 때문이다. 사회적 물의를 일으킨 사고에 대해서도 특별근로감독의 대상이 된다고 한다. 고용노동부에 적극적 검토를 요청한다.

세 번째는 민주당의 전국민 카톡 계엄 진상조사가 필요하다. 이는 국민의 표현 자유, 정치의 자유를 탄압하는 행위이자, 권력남용이다. 원래는 과방위에서 이번 주에 관련 청문회가 예고됐었지만, 그간 일방적으로 회의 개최를 강행하던 민주당이 이번에만 유독 쉬쉬하고 있다. 민주당은 이에 대한 입장을 명확하게 밝혀주길 바란다.

- 권성동 원내대표

김형동 환노위 간사님, 故 오요안나 씨의 사망 관련해서 특별근로감독 어떻게 진행되는 것인지 말씀
부탁드린다.

- 김형동 환경노동위원회 간사

오늘 안 그래도 야당 간사실하고 그 부분에 대해서 상의하고, 특별근로감독 요청뿐만 아니라, 상임위
차원에서도 청문회를 포함한 후속 절차를 상의하기로 했다.

2025. 2. 4.
국민의힘 공보실

오늘 윤석열과 내란 가담 장성들의 헌법재판소 대질 심문을 앞두고, 윤석열의 뻔뻔한 거짓말을 산산조각내는 생생한 증언과 물증이 쏟아지고 있습니다. (…) 검찰의 공소장도 내란 수괴 윤석열의 죄상을 낱낱이 밝히고 있습니다. 국회와 선관위를 병력 투입 대상으로 지목한 것도, 언론사 단전 단수를 지시한 것도 윤석열이었습니다. 곽종근 전 특전사령관의 옥중 노트는 윤석열과 김용현의 거짓말을 모조리 무너뜨리고 있습니다. 병력 철수 지시는 없었고, 병력 투입 목적은 질서 유지가 아닌 국회 접수였습니다. 의원이 아니라 요원을 끌어내라고 했다는 주장 역시 "왜곡"이라고 직격했습니다. 12.3 내란은 "경고성 계엄"이 아니라, 헌정질서를 무너뜨리고 독재체제를 만들기 위한 친위 쿠데타였으며, 모든 지시의 정점에 윤석열이 있었다는 것이 재삼 확인되었습니다. 언론에 보도된 노상원 수첩 속 내란 계획 역시 섬뜩합니다. 판사, 경찰 간부, 심지어 천주교 신부님들까지 '수거'해 북한 접경지의 '수집소'에 가두려 했습니다. 이것이 내란이 아니고 무엇입니까?

– 더불어민주당 수석대변인 조승래, 2월 4일 브리핑

더불어민주당
제26차 원내대책회의 모두발언

□ 일시 : 2025년 2월 4일(화) 오전 9시 30분
□ 장소 : 국회 본청 원내대표회의실

– 박찬대 원내대표

내란수괴 윤석열과 국민의힘, 그리고 광기 어린 극우세력의 '망국적 준동'이 점입가경입니다. 국민의힘 권영세 비대위원장과 권성동 원내대표, 나경원 의원이 어제 서울구치소로 찾아가 내란수괴 윤석열을 면회했습니다.

윤석열은 지금 이 순간까지도 위헌·위법한 12.3 내란사태를 부정하고, 자신은 아무 잘못이 없다고 강변하고 있는 파렴치범입니다. 헌정질서를 무너뜨리고도 이렇게 뻔뻔한 내란수괴를, 여당 지도부란 사람들이 직접 찾아간 것 자체가 '국힘은 내란공범'임을 자인한 것입니다.

정상적인 인간이라면 도저히 할 수 없는 짓을 뻔뻔하게 하고 있습니다. 심지어 윤석열은 이들에게 "이번 계엄으로 국민들이 민주당의 행태를 알게 돼 다행"이라느니, "무거운 책임감으로 계엄을 했다"라느니 하는 망언을 쏟아냈다고 합니다. 논평할 가치조차 없는 '쓰레기 발언'도 문제이지만, 헌정질서와 법치 파괴행위는 도를 한참 넘었습니다.

윤석열 측은 최근 헌법재판관 3인에 대한 '회피 의견서'를 냈습니다. 법적-논리적 타당성이 단 1%도 없는 궤변으로 헌법재판소를 공격하고, 시간을 벌어보겠다는 얄팍한 꼼수입니다.

국민의힘 의원들도 SNS 등을 통해 '시대착오적 색깔론'과 가짜뉴스로 헌재 재판관들을 날마다 물어뜯고 있습니다. 윤석열과 국힘에 빌붙은 극우세력들도 "국민이 헌재를 휩쓸 것"이라며 내란과 폭동을 공공연하게 선동하고 있습니다. 내란수괴 윤석열과 내란공범 국민의힘, 극우 폭도들이 이처럼 손발을 맞춰

야합하는 목적은 뻔합니다. 수단, 방법을 가리지 않고 헌재에 대한 불신을 퍼뜨려서, 탄핵 심판 자체를 부정하고 결국엔 탄핵 결과마저도 복종하지 않겠다는 망동입니다.

국민의힘에 충고합니다. 내란수괴 윤석열은 물론, 한 줌도 안 되는 극우세력과 절연하고, 헌정질서와 민주주의 회복이란 공당의 의무에 충실하기 바랍니다. 만약 내란·극우세력과 야합을 계속 이어간다면, 대한민국에 국민의힘이 설 자리는 없을 것입니다.

민주당은 2월 국회를 '내란종식과 민생회복 쌍끌이 국회'로 만들겠습니다. 어제부터 2월 국회가 시작되었습니다. 단 하루라도 빨리 내란을 진압하고 민생회복을 이루는 것이 나라와 국민을 위한 길입니다.

12.3내란국조특위는 오늘과 모레 2차, 3차 청문회를 잇따라 열어 최상목 권한대행, 이상민 전 행안부 장관 등 주요 증인과 참고인 신문을 진행합니다. 내일은 오전에 김용현이 있는 서울동부구치소, 오후에 윤석열이 수감된 서울구치소에서 현장 조사를 진행해, 내란 전모를 낱낱이 밝혀낼 예정입니다.

헌법재판소도 이번 주 증인신문과 탄핵 재판을 잇달아 연다고 합니다. "국회의원을 체포하라고 지시한 적이 없다."는 윤석열의 새빨간 거짓말을 깨트릴 증언들이 다시 한번 국민께 생생하게 전달될 예정입니다. 민주당은 헌법재판관 9인 체제 완성을 통해 탄핵 심판이 정상적이고 온전하게 진행될 수 있도록 모든 노력을 기울이겠습니다.

민생회복과 경제위기 극복에도 속도를 내겠습니다. 트럼프 정부가 전면적 관세전쟁을 시작한데 따른 충격파가 매우 큰데, 여기에 적극 대응해야 합니다. 민주당은 이미 경제안보특위를 구성해 만반의 준비를 하고 있습니다.

심각한 내수도 살려야 합니다. 지난해 '비자발적 퇴직자'가 137만 명에 달하고, 내수 침체가 장기화할 우려가 큽니다. 신속한 민생 추경과 함께 미래 먹거리를 위한 반도체특별법을 2월 국회에서 처리할 수 있도록 최선을 다하겠습니다. 이를 위해 국정협의체를 본격 가동하자고 국민의힘에 제안한 상황입니다. 국민의힘은 어깃장 놓지 말고 초당적 협력에 나서길 촉구합니다.

- 진성준 정책위의장

오늘 오전에 국정협의회를 위한 실무협의가 진행됩니다. 민주당은 추가경정예산안 편성, 민생 입법, 반도체특별법을 비롯한 산업지원 4법 등 시급한 현안들에 결과를 만들어 내도록 최선을 다해서 논의에 임하겠습니다.

잘 아시는 것처럼, 2003년 이후 21년 만에 우리 경제는 최악의 내수 침체 상황입니다. 모건스탠리는 우리 경제성장률 하락의 원인으로 수출의 하향세와 내수 소비 회복 지연을 꼽았습니다. 그러면서 20조 원 규모의 추경을 하면 성장률을 0.2%P 높일 수 있다고 전망했습니다. 민주당은 민생경제 추경을 위해서 민생회복지원금도 양보할 수 있다는 의지까지 밝혔습니다. 권성동 원내대표는 "추경의 원칙은 정치 논리를 배제하고, 취약계층을 지원하며 식어가는 경제 동력을 살리는 데 집중해야 한다."고 말했습니다. 바로 그렇습니다. 그렇게 하자는 것입니다. 이번에야말로 더 이상 억지 부리지 말고 추경에 합의해 주실 것을 국민의힘에 요청합니다.

그나마 경제를 지탱해 왔던 수출에 적신호가 켜졌습니다. 지난달 수출은 전년 대비 10.3% 감소해서 16개월 만에 감소세로 전환했습니다. 여기에 미국 트럼프 대통령이 '관세전쟁'을 선언하면서, 해외에 진출한 우리 기업과 수출의존도가 높은 우리 경제를 위협하고 있습니다. 특히 딥시크 쇼크까지 겹쳐서 우리 수출의 20%를 차지하는 반도체 업계의 위기감이 참 큽니다. 위기를 기회로 전환하려면, 반도체 산업에 대한 과감한 지원이 필요합니다.

그런데 반도체특별법은 노동시간 적용 제외 논쟁으로 진전이 없습니다. 민주당은 이 문제에 대한 해법을 마련하기 위해서 어제 정책 디베이트를 열었습니다. 다 지켜보셔서 아시는 것처럼, 양측의 이견을 절충하기가 쉽지 않은 그런 뜨거운 과제입니다. 하지만 반도체 산업에 대한 국가적 지원이 시급하고 절실하다는 데에는 모두가 공감했습니다. 그렇기 때문에 뜨거운 쟁점은 조금 더 시간을 갖고 논의하되, 모두가 공감하는 사항을 중심으로 반도체특별법을 2월 안에 처리하기를 희망하고 그렇게 제안합니다. 시간이 많지 않습니다. 국민의힘도 말이 아닌 행동으로 나서길 바랍니다.

내란수괴 윤석열이 본격적인 '구치소 정치'를 시작했습니다. '옥중 정치' 이런 표현으로 언론에 보도되던데, '정치'이겠습니까? 설 명절이 끝나자마자 서울구치소로 달려간 대통령실 비서관들에 이어서 어제는 국민의힘 지도부가 면회를 다녀왔습니다. 민주당을 '나치'에 비유하면서 비상계엄 선포를 합리화하는 발언을 윤석열이 쏟아냈다고 합니다. 이렇게 윤석열의 발언을 전달해 주기 위해서 국민의힘 지도부가 구치소를 찾아간 것입니까? 내란 수괴 윤석열의 지령을 받아서 '윤당일체'가 되기로 작정을 한 게 아닌가 싶습니다.

국민의힘의 헌재 흔들기도 목불인견 수준입니다. 권성동 원내대표가 '문형배 헌재소장 권한대행이 이재명 대표 모친상에 조문을 했다.'면서 '아니면 말고' 식 가짜뉴스를 퍼트렸습니다. 헌법재판관 개인, 배우자, 동생의 성향 등을 꺼내면서 재판부 흠집 내기에 전력을 쏟고 있습니다. 정계선 재판관 부군의 재단 이력을 들어서 편향 가능성 이야기를 했는데, 제가 어느 언론에서 보니까 정계선 재판관의 부군은 '충암파'라고 그러던데요. 충암고등학교 출신에 서울 법대 출신 아닙니까?

헌법재판소 9인 체제 막기에도 혈안입니다. 최상목 권한대행에게 헌재가 권한쟁의 심판을 인용하더라도 마은혁 후보자 임명을 거부하라, 이렇게 주문하고 있습니다. 대놓고 헌법 위반해라, 이렇게 주문하고 있습니다. 민주주의와 법치주의를 짓밟고 대한민국을 무법천지로 만들겠다는 것 아닙니까? 이러고도 공당입니까? 위헌 정당 심판에 제소될 사유가 있는 것 아닙니까?

헌법재판소법에 의하면 '헌법재판소의 권한쟁의심판 결정은 모든 국가기관과 지방자치단체를 기속한다.', 이렇게 규정되어 있습니다. 기속이란 말이 무엇입니까? 강제로 얽맨다, 이런 뜻 아닙니까? 재량의 여지가 없습니다. 헌법재판소가 국회의장의 권한쟁의심판을 인용하면 최상목 대행은 즉시 이행해야 합니다. 거부하면 그것이 위헌입니다. 헌법재판소도 같은 입장을 분명하게 했습니다. 최상목 대행은 무모한 내란 대행 노릇을 포기하고 헌법과 법률에 따라서 마은혁 후보자를 즉각 임명할 것을 촉구합니다.

12.3 불법 내란 사태가 발생한 지 두 달이 됐습니다. 국민께 일상을 회복해 드려야 합니다. 그러자면 내란을 하루빨리 진압하고 종식해야 합니다. 국민의힘은 내란 동조, 정치 선동, 헌재 흔들기 등의 작태를 멈추고 헌정질서와 민생경제 회복에 협조하길 바랍니다.

– 이정문 정책위 수석부의장

지금 우리는 어느 때보다 힘겨운 새해를 보내고 있습니다. 얼마 전, 설 차례상을 통해 얼어붙은 우리 경제의 현실을 다시금 체감했습니다. 이러한 상황에서 국민의 어려움과 걱정을 덜어드리고, 실질적인 경기부양책을 마련하는 것이 국회의 가장 중요한 책무입니다. 우리가 직면한 위기를 직시하고, 민생을 위한 해결책을 모색하는 것이 여야 모두의 책임이자 의무입니다.

새해에도 '민생 시계'는 계속 돌아갑니다. 민주당은 2월 임시국회를 통해 민생과 직결된 법안들을 신속하게 처리하도록 하겠습니다. 특히, 상임위원장이 국민의힘 소속인 상임위원회에서 민생법안의 처리가 지연되고 있습니다. 민생 회복에 대한 국민의힘의 의지가 진심이라면, 즉시 상임위를 가동해서 민생법안 논의를 시작할 것을 다시금 촉구합니다.

국민들께 새해의 희망을 돌려주십시오. 지금의 혼란을 신속하게 극복하고, 더 안정되고 더 굳건한 나라로 다시 나아갈 수 있도록 조속한 추경 편성이 절실합니다. 쓸데없는 아집으로 재정정책의 골든타임을 놓치지 말기를 진심으로 바랍니다. 곧 있을 국정협의체 실무협의에서 추경 편성에 대한 정부와 여당의 전향적인 논의를 기대합니다.

아울러, 연금 개혁안에 대한 논의도 더 이상 미룰 수 없습니다. 우리 사회의 고령화가 빠르게 진행되고 있는 가운데, 보험료율과 소득대체율에 대한 모수개혁부터 조속히 논의를 시작해야 합니다. 연금 개혁은 국민의 노후 보장을 위한 핵심 과제인 만큼, 민주당은 합리적인 개혁안을 마련할 수 있도록 최선을 다하겠습니다.

국회는 국민의 신뢰 속에서 존재합니다. 새해에는 그 기대에 부응할 수 있도록 더욱 노력하겠습니다. 2월 임시회를 통해 민생법안을 신속히 처리하고, 민생 회복을 위한 실질적인 대책을 마련할 수 있도록 민주당이 앞장서도록 하겠습니다. 국민 여러분께서 새 마음, 새 뜻으로 새해를 시작할 수 있도록 최선을 다하겠습니다.

앞서 정책위의장님께서 말씀이 있었듯이, 어제 반도체특별법과 관련된 정책 디베이트를 진행했습니다. 우리 경제의 큰 축을 담당하고 있는 반도체 산업의 발전을 위해 국가적 지원이 필요하다는 데에는 여야 모두 공감대를 이루고 있습니다. 그래서 반도체특별법의 주요 쟁점인 '주 52시간제 예외 조항'을 두고, 반도체 산업의 경쟁력 강화라는 산업적 요구와 노동자의 건강권 보호라는 사회적 가치에 대해 양쪽의 입장을 허심탄회하게 나누었습니다.

중요한 것은 두 가치의 균형입니다. '모 아니면 도' 식의 불필요한 대립이 아닌, 산업과 노동 모두에게 지속 가능한 미래를 보장할 수 있는 조화가 필요합니다. 이러한 취지 아래 어제 디베이트를 통해 상호 간의 오해는 어느 정도 해소되고 신뢰를 쌓았다고 봅니다. 이제는 민주당이 나서겠습니다. 양측과 충분히 소통하고 설득해서 조속히 합리적인 방안을 마련해서 힘차게 추진하겠다는 말씀을 드립니다.

최상목 권한대행은 국가적 혼란만 키운 공직자로 역사에 남고 싶습니까? 최상목 권한대행이 내란 특검법을 또다시 거부했습니다. 억지 주장으로 특검의 필요성과 진상규명을 계속 거부하는 이유가 무엇입니까? 비겁한 보신주의자의 변명으로밖에 들리지 않습니다. 국민이 선출하지도 않은 권한대행이 국민이 선출한 국회의 결정을 끊임없이 무시하고 억지 궤변으로 국가적 혼란만 키우고 있습니다. 심각한 문제입니다. 특검을 거부하는 최상목 권한대행의 목적이 무엇인지 국민들은 의심의 눈초리로 바라보고 있습니다. 내란의 실체를 밝히고 법적 책임을 제대로 물을 수 있는 길은 특검밖에 없다는 것이 국민적 상식입니다.

추가로, 내란 수괴 윤석열을 면회하고 돌아온 권영세, 권성동 의원에게 한 말씀 드리겠습니다. 당신들 주장대로 개인 차원에서 면회한 거면 지도부를 그만두고 가야 하는 것이 정상입니다. 당대표, 원내대표가 나란히 손잡고 내란 수괴를 만난 것, 알현을 한 것 자체가 내란 동조 행위가 아니면 무엇이겠습니까? 사익에 눈이 멀어 국가를 혼란에 빠뜨린 당신들의 행태는 훗날 역사의 심판을 받을 것입니다.

독일 얘기를 한번 해드리고 싶은데요. 독일의 보수 세력들이 보수당이라는 이름을 쓰지 못했습니다. 왜 못 썼을까요? 2차 세계대전 이전에 독일의 우파, 보수 세력들이 히틀러의 나치 세력에 적극 협조하고 동조해서 그 오명이 있었습니다. 그리고 역사적 심판대에 올랐고, 그 역사적 전과에 대해서 상당히 비판의 칼날들이 있다 보니까 독일의 우익 세력, 보수 세력들이 2차 대전 이후에 보수적인 이데올로기를 내세우지 못했습니다. 그런 차원에서 무엇이 있었냐면, 독일의 기독교라는 전통적 가치를 내세우고 기본적 인권을 옹호했던 기독교와, 우익 세력들이 결합되면서 우리가 이야기하는 기민련, 기사련이 나오게 되는 것입니다.

지금 우리나라 국민의힘의 모습이 어떤 모습입니까? '극우의힘' 아닙니까? 극우로 전향하고 있지 않아요? 제가 생각할 때는 머지않아 국민의힘 간판 내릴 것입니다. 내릴 수밖에 없습니다. 극우 세력에 의해 동조된 권성동 원내대표와 권영세 비대위원장의 모습을 국민이 용납할 수 있겠습니까? 저는 보수주의 세력이라고 할 수 없는 이 양태에 대해서 국민들의 비판이 더 거셀 것이라고 보고 있고요.

하나 더 나아가서 우리가 보수주의라고 하는 것을 어떻게 이야기하느냐, 정치학계도 그렇고 누구를 가장 먼저 이야기하면 '에드먼드 버크' 이야기를 많이 한다고 합니다. 버크가 보수주의의 원로라고 하는 이야기를 많이 하는데, 보수주의의 기본적 가치는 뭐냐면 국가의 보존입니다. 그런데 국가의 보존을 위해서 뭐가 필요하냐면 점진적 변화가 필요하다는 것이에요. 점진적 변화가 필요하고 점진적 개혁을 필수불가결이라고 하는데, 그 점진적 변화와 개혁에 있어서는 고도의 신중함이 필요하다는 것이 보수주의자들의 생각이에요. 그래서 에드먼드 버크가 어떤 이야기를 하냐면 "변화, 개혁은 아버지의 상처를 치료하는 심정으로 경건한 두려움과 떨리는 마음으로 임해야된다."라는 거예요.

그런데 윤석열의 모습이 보수주의자입니까? 헌정 질서를 무너뜨리고, 국가 질서를 무너뜨리고, 국민의 상처를 파헤치는 그런 무모함으로 비상계엄을 했던 것 아니겠습니까? 극우파 히틀러의 모습을 그대로 지녔던 윤석열의 모습을 보수주의의 원로라고 할 수 있겠습니까? 우파의 모습이라고 할 수 있겠습니까? 극우파의 모습 아닙니까? 그런 차원에서 권성동, 권영세 둘의 국민의힘 지도부가 윤석열을 알현하고 만나고 손잡는 모습이 결국은 극우와 함께 가겠다는 모습이기 때문에 저런 독일사를 말씀드리는 것처럼 국민의힘은 앞으로 간판을 내릴 수밖에 없고, 극우의 세력으로 이미 전락했다는 말씀을 드리겠습니다.

– 김남희 원내부대표

보건복지위원회 소속 광명을 김남희입니다. 국민연금 개혁, 더 이상 미뤄서는 안 됩니다. 국민연금은 계층 간, 세대 간 연대를 통하여 우리 국민들의 노후를 보장하는 중요한 복지제도입니다. 통계청이 실시한 사회 조사에서 전 국민의 59.1%가 주된 노후 준비 수단이 국민연금이라고 답변했습니다. 국민연금은 이제 전 세대에서 가장 중요한 노후 준비 수단이 되었습니다. 모든 국민들의 노후를 안정적으로 보장하기 위하여 적절한 소득 보장과 지속가능성의 제고라는 과제를 안고 있습니다. 그러나 연금 개혁의 과제는 2007년 이후 18년간 국회의 문턱을 넘지 못했습니다. 지난 21대 국회에서 연금특위와 공론화위원회라는 2년에 걸친 과정에서 의견을 모았고, 보험료율을 올리면서 소득대체율도 올리는 더 내고 더 받는 국민연금 개혁에 대하여 합의가 이뤄졌습니다. 21대 국회 막바지에 이재명 당대표는 국민의힘에서 제안한 소득대체율 조정에 대하여 양보를 하면서까지 합의를 이끌어내려고 노력했습니다. 하지만 윤석열은 공론화 합의와 이재명 대표의 제안을 전면 거부하고 연금 개혁 논의를 파기하였습니다. 22대 국회에서 윤석열 정부는 국민들이 수긍할 수 없는 연금 삭감 장치인 연금 자동화 장치를 도입하여 국민의 분노를 사기도 하였습니다.

지난 연휴 직전, 국회 보건복지위원회에서 연금 전문가들이 참여하여 국민연금법 개정안에 대한 공청회가 열렸습니다. 공청회에서 여·야 의원들, 전문가들 모두가 연금 개혁을 미뤄서는 안 된다는 것, 보험률을 올려야 한다는 것, 그리고 국민들의 노후를 배제되는 사람 없이 폭넓게 보장해야 한다는 것에 동의했습니다. 이제 그 합의를 바탕으로 신속한 연금 개혁을 추진해야 합니다.

　몇 가지 분명히 해야 할 지점들이 있습니다. 국민의힘은 국민연금뿐 아니라 퇴직연금, 기초연금을 포함한 연금 전체의 구조 개혁을 논의하는 연금특위를 꾸리지 않으면 안 된다며 국민연금 개혁을 지연시키려 하고 있습니다. 그러나 퇴직연금, 기초연금 개혁의 대안은 윤석열 정부, 국민의힘은 지금까지 한 번도 제대로 된 개혁안을 제시한 적이 없습니다. 지금까지 논의되지도 않고, 안이 마련되지도 않은 주제를 끌고 와서 시급한 국민연금 모수 개혁을 지연시키는 것은 연금 개혁을 미루려는 꼼수에 불과합니다. 21대 국회에서 충분히 사회적 합의가 이뤄진 국민연금 개혁을 특위 구성을 핑계로 지연시키지 마십시오.

　두 번째로 국민의힘은 미래 세대를 핑계로 국민연금에 대한 불신을 조장하는 시도를 멈춰야 합니다. 통계청 조사에서 20대의 62.4%, 30대의 60.2%가 주된 노후 준비 수단으로 국민연금을 꼽고 있습니다. 지금 청년 세대는 노동 시장의 불안정성이 더욱 증대될 수 있기 때문에 퇴직연금이나 개인연금으로 노후 대비가 어려울 수 있고, 국민연금이 중요한 노후 준비 수단입니다. 은퇴를 앞둔 중장년 세대가 연금에 대해 기여를 할 수 있도록 국민연금 개혁을 빨리 이행하는 것이 청년을 위한 기성세대의 책임 이행이기도 합니다. 연금 개혁이 적절히 추진된다면 국민연금 수지 균형을 이룰 수 있으며, 청년에게 부담을 넘기는 것이 아니라 청년들의 노후를 보장하기 위한 복지 제도로 안정화될 수 있습니다. 청년세대에게 불리하다는 과장과 왜곡으로 공포감을 조성하여 제도에 대한 불신을 확산시키는 것을 멈추고, 모든 국민의 노후 소득을 보장하고 지속가능성을 제고하는 연금 개혁을 이뤄야 합니다.

　마지막으로 국가도 국민을 위한 국민연금에 대한 역할을 해야 합니다. 가입자가 낸 보험료와 기금운용 수익만으로 재정 안정을 확보하기 어렵습니다. 국민연금에 대한 국고 지원은 미래 세대를 위한 투자이며, 대부분의 국가가 이행하고 있는 재정 안정화 방안입니다. 국민연금 기금에 대한 국고 지급은 거의 이뤄지지 않고, 오히려 국민연금공단 운영비, 인건비조차 국민들이 납부하는 보험료에 떠넘기고 있습니다. 지금부터라도 국민연금 국가 지급 보장, 국민연금 운영에 국고 책임, 출산 크레딧과 군복무 크레딧 확대, 저소득 직장가입자와 직장가입자 지원을 통해 국민연금 재정 안정화와 취약계층의 노후 소득 보장을 추진해야 합니다. 국민의힘에게 국민의 노후에 대해 책임 있는 자세로 국민연금 개혁에 임할 것을 촉구합니다. 국민의 노후 보장, 더 이상 미루지 마십시오.

– 김성회 원내부대표

대한민국 경제에 암운이 드리워져 있습니다. 한국은행은 올해 경제 성장률을 지난 11월 1.8% 성장 예상에서 1.6%에서 1.7%로 하향 조정할 가능성을 암시했고, 주요 국제 투자은행들도 성장 전망치를 일제히 낮추고 있습니다. 모건스탠리는 1.7%에서 1.5%로, 씨티은행은 1.5%에서 1.4%로, JP모건은 1.3%에서 1.2%로 낮췄으며, 영국의 캐피털이코노믹스는 1.1%까지 전망하고 있습니다. 한국경영자총협회 역시 올해 성장률을 1.6%로 예상하고 있습니다. 윤석열 정부 2년간 자행된 감세 정책과 긴축 재정은 세수 결손과 경기 침체라는 악순환만 반복해 왔습니다. 수출 둔화, 투자 위축, 소비 위축 등 우리 경제 요소요소들마다 빨간불이 들어와 있지 않은 곳이 없습니다. 끝 모르고 올라 국민들이 신음하게 만들고 있는 물가를 생각하면 통화정책의 역할도 제한적일 것으로 예상됩니다. 지금 필요한 건 경기 부양을 위한 재정의 적극적인 역할입니다.

그뿐이 아닙니다. 관세 전쟁으로 인한 세계 통상 질서 변화가 임박했고, 정말 눈 한 번 깜빡하면 발전을 거듭하는 AI 분야의 글로벌 경쟁은 분초를 다투고 있습니다. 딥시크와 GPT는 저만치 달려가고 있고, 급격한 세계 경제 변화 패러다임 변화에 각국은 기민하게 대응하고 있는데 우리만 멈춰서 있는 것은 아닌지 우려스럽습니다. AI 반도체, 우주항공, 양자컴퓨터 등 미래 먹을거리에 대한 과감한 개발과 투자 독려가 시급합니다. 최상목 대통령 대행은 탄핵 소추된 대통령을 반면교사 삼아 과감한 R&D 예산 추가 편성안을 즉각 준비하십시오. 1분 1초가 급합니다. 지금 추경을 준비해도 집행하기 위한 상당한 준비 시간이 필요합니다.

이 순간에도 소비 심리는 급락하고 경제라는 대한민국의 심장은 멈춰가고 있습니다. 지금은 정쟁이 아니라 협력이 필요한 시기입니다. 더 이상 말 바꾸기와 책임 떠넘기기로 시간을 허비해서는 안 됩니다. 오늘 국정협의회 실무협의가 이뤄질 예정으로 알고 있습니다. 최상목 대행과 국민의힘이 추경 논의에 진심을 담아 임하기를 국민의 이름으로 요구합니다. 더불어민주당은 국민의 삶을 최우선으로 고려하겠습니다. 우리 경제를 살리기 위해, 국민의 삶을 지키기 위해 여야가 함께 책임을 다해야 함을 명심하겠습니다.

2025년 2월 4일
더불어민주당 공보국

역대 최악의 경제 상황을 겪고 있는 우리 국민들은 일하고 싶어도 일자리가 없고, 그나마도 부당한 노동 환경을 감내해야 일할 수 있습니다. 먹고살기 힘든 정도가 아니라 당장 생존이 걱정입니다. 이런데도 국민의힘과 최상목 권한대행은 당장 시급한 추경예산에도 여야정협의체라는 조건을 달고 있습니다. 국민 생존이 국민의힘에겐 정략적 협상 대상입니까. 부자감세, 긴축재정, 내란 사태까지 국가 위기를 자초해 놓고 어떤 책임감도 없이 그저 자신들 생존이나 생각하는 국민의힘 때문에 국민들의 삶은 피폐해졌습니다. 당장 조건 없는 추경을 진행하십시오.

— 사회민주당 대변인 임명희, 2월 4일 논평

의원총회 모두발언

– 황운하 원내대표

국민의힘이 내란수괴와 일심동체임을 다시 한번 보여주었습니다.

내란수괴 윤석열은 서울구치소로 자신을 찾아 온 국민의힘 지도부를 향해, "국민께 희망을 만들어줄 수 있는 당의 역할을 해달라"는 소 하품하는 소리를 하달했다고 합니다.

대한민국 정치의 웃지 못할 진풍경입니다. 계엄선포로 자당을 존폐의 기로에 몰아넣은 내란수괴를 찾아 지도부가 머리를 조아린 것만 해도 기가 찬 일인데, 윤석열이 이들에게 내놓은 메시지는 거의 유체이탈 수준입니다.

윤석열은 "과거 나치도 선거에 의해서 정권을 잡았는데, 민주당의 독재가 그런 형태가 아닐지 걱정된다"고 말했다 합니다.

입만 열면 사실 왜곡과 거짓말하는 버릇은 감옥에서도 달라지지 않았습니다. 히틀러 나치와 비견될 사람은 윤석열 본인입니다. 히틀러는 선거로 정권을 잡고, 전권위임법을 통과시켜 총리로서 비상 권한을 휘둘렀습니다.

윤석열도 선거로 정권을 잡은 뒤 국회를 해산시키고 자신의 명령을 따를 비상입법기구를 만들고자 했습니다. 나치를 꿈꾼 것은 윤석열이지, 헌법을 지켜온 야당이 아닙니다.

윤석열이 아직도 망상 속을 헤매도록 하는 힘은 나치를 꿈꾸도록 부추기고 있는 국민의힘에 있습니다.

이제 윤석열과 국민의힘은 완벽히 '동기화' 되었습니다. 내란으로 일체화되었으니 책임도 더불어 져야 할 것입니다.

이제 국민의 힘은 내란사태 관련 어떤 정치적 면죄부도 받을 수 없습니다. 국민의힘에 남은 미래는 정당해산심판 뿐입니다.

– 신장식 원내부대표

국민의힘이 내란수괴 윤석열을 체포한 공수처 폐지 법안을 발의했습니다. 공동발의자는 박준태의원, 이양수의원, 유상범 의원 등 15명입니다. 이 구역 건달들 명단인 줄 알았습니다. 하지만, 동네 건달들이 반대한다고 파출소 없애야 합니까?

모기들이 싫어한다고 에프킬라 버려야 하나요. 건달이 준동하고 해충이 들끓으니 파출소는 보강하고 에프킬라도 한타스쯤 더 준비해야하겠습니다. 국민의힘 정신차리세요.

– 김준형 국회의원

"미국은 관세전쟁을 멈추고, 국민의 힘은 반헌법 내란을 멈추라"

우려가 현실화하고 있습니다. 미국 트럼프 대통령은 캐나다, 멕시코, 중국을 시작으로 세계를 상대로 한 관세전쟁을 선포하며 무역 질서를 뒤흔들고 있습니다. 발등의 불입니다. 우리 경제에도 곧바로 큰 타격을 줄 것입니다. 트럼프 대통령은 선거 내내 "미국의 안보에 의존하는 국가는 더 많은 방위비를 내야 한다"고 강조했고, 한국을 콕 집어 '머니머신'이라 칭하며 압박을 예고했습니다.

냉전 붕괴 이후 지금까지 세계가 함께 어렵게 유지해 온 '규칙에 기초한 국제질서', 그 중 핵심인 '자유무역질서'가 미국에 의해 파괴되려 합니다. 2차대전 종전 후 미국이 구축한, 냉전의 이념 전쟁에서 사회주의 진영의 우위로 내세운, 사회주의 붕괴 이후 궁극적 승리라고 했던 바로 그 질서입니다.

그런데 불리해졌다고, 이제와 규칙을 임의로 바꾼다 합니다. 아무리 국제정치가 조폭의 세계를 닮았다 하더라도, 이런 일방적이고 패권적인 조치는 용납 못합니다. 이러다 다 죽을 수 있습니다.

트럼프 대통령에게 경고합니다. 어렵게 더불어 가꿔온 국제질서의 근본을 파괴하지 말아야 할 것입니다. 지금이라도 보편 관세의 일방적 부과를 멈출 것을 요구합니다.

'아메리카 퍼스트'로 대변되는 자국 이기주의는, 적자생존과 이전투구가 만연하던 야만의 세계로 돌아가자는 것과 다르지 않습니다. 미국이 가장 강하니 미국만 살아남을 수 있겠지요. 하지만 모두가 죽고 난 후 혼자 남은 세상에서, 미국이 얻을 이익은 없습니다. 사실 그렇게 강조하는 미국의 이익에도 부합하지 않습니다. '관세는 미국 내 물가를 끌어올려 이미 고물가로 어려운 서민경제를 파탄으로 몰고 갈 것이다'라고 대다수 경제전문가는 경고합니다. 미국의 보수언론마저 '역사상 가장 어리석은 무역전쟁'이라고 혹평하는 소리에 귀를 기울여야 할 것입니다.

세계 어느 국가도 그렇겠지만, 대한민국에겐 외교가 곧 생존이고, 미래입니다. 윤석열의 내란과 뒤이은 국민의힘의 공모는 우리가 수호해 온 헌법과 민주주의를 위협할 뿐 아니라, 외교와 통상의 위기도 초래하고 있습니다.

국제사회는 더 이상 신뢰와 명분만으로 유지되지 않습니다. 국회와 정부는 이념이 아닌, 국익을 최우선으로 한 외교 전략을 마련하기 위해 총력을 기울여야 합니다. 탄핵 불복의 헛된 명분 쌓기로는 냉혹한 정글에서 살아남을 수 없습니다.

우리는 냉엄한 현실을 직시해야 합니다. 대한민국은 민주주의 모범국가입니다. 지금 우리가 해야 할 가장 시급한 과제는 헌법과 법치, 그리고 국민 주권의 원칙에 충실한 국가 체제를 수호하고 더욱 강화하는 것입니다. 반헌법적·반민주적 국헌 문란이 계속된다면 백척간두의 위기로 빠져들 것입니다. 대응책은 너무도, 너무도 분명합니다. 내란으로 촉발된 국내 정치 혼란을 하루빨리 수습하고, 대외적으로는 한마음으로 대처하는 방법 뿐입니다.

트럼프의 관세전쟁과 동맹국에 대한 압박은 분명 큰 도전입니다. 그러나 우리가 어떻게 대응하느냐에 따라 미래는 달라질 것입니다. 대한민국은 더 이상 '일방적으로 희생하는 동맹국'이 아닙니다. 이제 당당한 협상력을 갖춘 국가로 자리 잡아야 합니다. 우리 국민은 동시에 산업화와 민주화를 성공적으로 이뤄낸 유일한 나라를 만들었습니다. 대한민국은 수많은 위기를 극복하며 성장해 왔고, 위대한 국민의 저력은 언제나 새로운 기회의 시작이 되어 왔습니다. 이번에도 우리의 저력을 보여줍시다.

조국혁신당은 국민과 함께, 대한민국의 미래를 위해 최선을 다할 것을 약속드립니다. 조속한 시일 내에, 관세전쟁을 반대하고 자유무역을 지지하는 국회 결의안을 발의할 것을 제안합니다.

최근 헌법재판관들을 정파적으로 공격하는, 여당의 못된 행태에도 경고합니다. 탄핵 재판을 흠집 내 '탄핵당해도 불복하겠다'는 사악한 음모입니다. 한편으로는 여당의 입장도 이해가 됩니다. 저도 헌법재판관들이 모두 진보적인 인사로 채워져 진보적 판결만 내리길 바랍니다. 윤석열을 당장 내일이라도 탄핵하길 바랍니다. 윤석열 뿐만 아니라 국회가 탄핵 소추했던 모든 공직자를 파면하길 바랍니다. 국가보안법 전체를 위헌으로 판결하길 바라며, 사형제도도 완전히 끝장내기를 바랍니다.

그러나 우리 민주주의는 국민의힘의 망상은 물론이고, 제 속내의 성급함도 견제하는 장치를 이미 갖고 있습니다. 헌법재판관을 3권분립의 기관들이 추천하고, 과반도 아닌 '3분의 2의 찬성'이 있어야 결정을 내릴 수 있게 하는 장치가 그것입니다. 헌법재판관 구성원 개인의 이념이 전체 결정에 영향을 주지 못하도록 하기 위함입니다.

따라서 적어도 국회의원이나 정치 지도자들이라면, '내 마음대로 되는 헌재'라는 망상을 거둬야 합니다. '헌법재판소가 내 사람들로 채워져 내 편의 판결만 내려야 한다'는 발상이야말로 반헌법·반민주 그 자체이기 때문입니다.

같은 맥락에서, 최상목 대행이 마은혁 헌법재판관을 임명하지 않는 것도 반헌법적입니다. 그 자신이 내란에 부역했을 가능성에 비추어 보면, 반헌법을 넘어 내란 동조에 가깝습니다. 국민의 힘과 최상목 대행은 현재의 헌법재판관 구성 방식을 존중하고 따라야 합니다.

백번 양보해, 헌법재판관 구성이나 임명 과정에 문제가 있다면 먼저 법을 바꾼 후에 적용할 일입니다. 현존하는 법과 제도를 무시하고, '불복'의 군불 질로 국민을 위협하는 반국가세력 짓거리를 즉각 멈출 것을 강력하게 요구합니다.

– 백선희 국회의원

"혐오와 폭력으로 얼룩진 내란의 언어를 희망과 회복의 언어로 바꿔 갑시다."

안녕하십니까, 조국혁신당 국회의원 백선희입니다.

오늘은, 내란수괴 윤석열이 12.3 비상계엄을 선포한 지 63일째입니다. 12월 14일, 국회가 윤석열 대통령 탄핵 소추 의결한 지 52일째입니다. 그런데, 대한민국의 헌정질서를 파괴하고 민주주의를 유린한 '내란 우두머리'와 내란범을 배출하고 옹호하는 정당 '국민의 힘', 내란범을 수호하는 서부지법 폭도들과 그 뒤의 극우보수 '선동세력'들은 계엄령을 계'몽'령, 국민을 깨우기 위한 수단이었다 망발을 하고 있습니다. 헌법재판소 마저 흔들며 지금도 '내란'을 일으키고 있습니다. 내란의 '확실한 종식'이 필요합니다.

3년은 너무 길다 외치며, 윤석열 탄핵의 쇄빙선 역할을 해 온 조국혁신당은, 지난 2일, 내란 종식과 헌법 수호를 위한 '원탁회의'를 제안했습니다. 민주당은 바로 다음 날, '원탁회의' 제안을 수용했고, 이어 실무회의를 열겠다 했습니다. 환영합니다. 그리고 이제 시작입니다.

혁신당과 민주당의 원탁회의는 범야권 정당은 물론, 시민사회와 연대하며 더 큰 원탁회의를, 더 강한 민주세력 연합 원탁회의를 만들어갈 것입니다. 혹독한 겨울 추위 속에서도 광장에 모여, 오직 윤석열 탄핵, 내란 동조자 처벌, 국민주권 실현을 외쳐 온 응원봉을 든 시민들과 힘차게 깃발을 흔드는 민주세력의 국민적 열망을 담아내는 그런 원탁회의가 될 것입니다.

조국혁신당은 원탁회의에서, 검찰독재 조기 종식을 넘어 민주 정당의 집권과 완전히 새로운 대한민국, 제7공화국의 문을 여는데 강력한 '예인선'이 될 것입니다.

국민 여러분, 윤석열 정부 하에서 얼마나 고통스러우십니까? 고용률은 더 줄고, 실업률은 더 늘었습니다. 20대 청년 고용률은 줄고, 36시간 미만 취업자는 늘었습니다. 환율은 치솟고, 소비자 물가는 오르고, 자영업자는 줄폐업합니다. 실질임금 하락, 부와 자산의 불평등, 여전히 높은 노인빈곤율과 절망사 등 젊은이부터 어르신까지 먹고 살기 너무 힘듭니다. 먹고 살기 힘드니 소비도 안되고 경제도 어두워지는 악순환의 굴레입니다. 빛의 광장으로부터 민주시민의 연대가 확산되고 있지만, 저들이 만드는 혐오와 불신의 늪도 커갑니다.

우리는 이 원탁회의에서 다양한 국민의 목소리를 담아, 집권 이후의 '완전히 새로운 대한민국'의 청사진을 만들어야 합니다. 불평등과 격차 해소를 경제 성장의 동력으로 만들고, 디지털 대전환, 기후 대전환, 인구 대전환의 시대를 정의로운 전환으로 이끌 그런 청사진을 만들어야 합니다. 검찰독재 조기 종식 후의 사회권 선진국 건설을 비전으로 하는 혁신당이 원탁회의에서 미래 비전을 이끌어갈 예인선이 되겠습니다.

정의롭고 품위 있는, 우리 모두가 살고 싶은 나라 복지국가, 조국혁신당판 베버리지보고서를 만들어가겠습니다. 영국 베버리지보고서가 그러했던 것처럼, 내란의 전쟁 속에 있는 우리 국민들에게 미래를, 희망을 주는 청사진이 필요합니다.

뜻을 같이하는 조직들과 좋은 정책을 '사회계약' 하여 청사진을 만들고, 민주세력이 연합하여 세운 민주 정부에서 이를 실천해가야 합니다. 의료대란으로부터 국민 건강 보호, AI 시대 청년 일자리 창출과 인재 육성, 기후재난이나 사회적 참사로부터의 국민 안전, 저출생 대응, 5-60대 이중돌봄세대 고통 해소, 노후빈곤을 해결할 연금 개혁 등 해야 할 일이 너무도 많습니다.

광장의 요구가 민주정당 연합의 원탁회의를 만들었습니다. 다시 시민사회가 함께 참여하는 원탁회의에서 내란 종식, 민주정부 수립, 완전히 새로운 대한민국 건설의 과정을 만들어가길 기대합니다.

이제 우리 다 함께, 혐오와 폭력으로 얼룩진 내란의 언어를 희망과 회복의 언어로 바꿔 갑시다.

감사합니다.

28차 의원총회 모두발언

□ 일시 : 2025년 2월 4일(화) 오전 9시 30분
□ 장소 : 국회 본관 221호 진보당 회의실

– 윤종오 원내대표

"최상목 대행은 헌재 결정을 이행하겠다고 국민앞에 밝혀야 합니다"

헌법재판소가 마은혁 헌법재판관 후보자 임명 보류에 대한 권한쟁의심판 사건 선고를 미루고, 오는 10일 변론을 재개하기로 했습니다. 이는 내란 우두머리 윤석열과 국민의힘이 막가파식 헌재 흔들기를 하고 있는 상황에서 헌재가 조금의 빌미도 주지 않으려는 고심 어린 결단을 한 것입니다.

그러면서 헌재는 헌재가 마 후보를 임명해야 한다고 결정해도 최상목 권한대행이 따르지 않아도 된다는 주장에 대해서는 "헌재의 결정에 따르지 않는 건 헌법 위반이자 법률 위반"이라고 경고했습니다.

국민의힘은 변론재개를 두고 헌재가 절차적 흠결을 인정한 것이라는 왜곡된 주장을 하고 있으며, 나아가 국민의힘이 마음에 들어하지 않는 재판관은 스스로 탄핵 심판을 회피하라는 억지주장을 서슴없이 내놓고 있습니다.

집권여당인 국민의힘은 국회에서는 여야 합의 없는 의결은 전부 무효라고 우기고, 사법기관의 결정은 마음에 들지 않으면 모두 잘못됐다고 떼쓰는 상식 이하의 행동을 하고 있습니다. 입만 열면 법치를 이야기하던 정당이 어쩌다 이 지경이 됐습니까? 참 한심한 정당입니다.제발 상식적으로 일했으면 좋겠습니다.

최상목 권한대행이 그 자리에 있는 것은 헌법을 수호하기 위해서라는 걸 명심해야 합니다. 변론이 재

개되었으니 최상목 대행은 헌재의 결정을 이행하겠다는 의사를 국민앞에 밝히길 바랍니다. 그것이 헌정질서를 지키는 것이고 대한민국을 빠른 시간 내 정상화 시키는 길입니다.

– 전종덕 원내부대표

"윤석열 파면과 국민의힘 해체로 내란을 종식시킵시다"

윤석열 내란 우두머리가 '반국가 세력 척결을 외치며 비상계엄을 선포했던, 2024년 12월 3일 밤으로부터 해가 지나고, 오늘로 63일째입니다. 윤석열은 구속 되었지만, 국민들의 불안한 일상은 계속되고 있습니다. 서부지법 폭동사태, 최상목 권한대행의 위법적 권한 남용, 국민의힘의 적대와 혐오, 권모술수의 극우 선동정치, 헌법재판관과 헌법재판소 흔들기가 도를 넘으며 탄핵심판 불복을 위한 포석을 깔고 있습니다.

부정에 관용을 베풀고, 편법을 가벼이 여기는 일들이 쌓이고 반복되면, 폭력은 용기를 얻고 불의는 몸집을 키웁니다. 내란동조세력, 극우세력을 발본색원하고 완전히 뿌리 뽑지 않으면 제2, 제3의 윤석열은 독버섯처럼 자랄 것입니다.

박근혜 탄핵 후 민주당 정권을 거쳤지만 이명박 박근혜 사면과 국정농단으로 구속된 이재용까지 특별사면으로 풀려났습니다. 윤석열 극우 정권이 들어서고 내란을 일으킨 작금의 현실은 그동안 범죄를 제대로 단죄하지 못한 후과를 증명하는 것 아니겠습니까?

헌정질서를 유린한 내란세력이 존재하는 한 새로운 세계는 열리지 않습니다. 파시즘으로 치닫는 극우세력을 엄하게 단죄하고 다시는 준동하지 못하게 완전히 뿌리 뽑아야 합니다. 그 시작이 윤석열 파면과 국민의힘 해체로 내란을 종식시키는 것입니다. 더 나아가 정권교체를 넘어 체제교체로 극우세력 재등장을 막고 불평등 세상을 바꾸는 것입니다.

– 정혜경 원내대변인

"진보당은 조기추경, 민생법안 처리에 적극 동참하겠습니다"

설날, 지역에서 만난 민심은 심각했습니다. 만나는 상인들마다 "장사가 안돼 너무 힘들다."라고 말씀하셨습니다. 내란 사태에 소비심리는 꽁꽁 얼어붙었습니다. 통계청 발표에 따르면, 12월 소매 판매는 전년 대비 2.2% 감소했습니다. 2003년 카드대란 이후 가장 큰 감소입니다.

노동자는 쓸 돈이 없습니다. 몇 년 사이 물가는 천정부지로 올랐는데, 실질임금은 오히려 깎였습니다. 10년 사이 자장면값이 65%나 올랐다는 뉴스를 보는 최저임금 노동자들은 한숨만 나옵니다.

경총에서 실시한 현안 조사에서 경제학자 100여 명은 올해 한국 경제 성장률을 1.6%로 전망했습니다. 이는 지난 1월 정부 전망치 1.8%보다도 낮은 수치입니다. 또한 10명 중 6명은 상당 기간 경제 성장 정체를 예상했다고 합니다.

민생 경제가 어렵습니다. 진보당은 조기 추경에 적극적으로 동참하겠습니다. 하지만, 이번 추경은 반도체 등 기업 지원에 머물러서는 안 됩니다. 코로나 이후 늘어난 빚에, 내수 부진에 고통받는 소상공인들을 위한 추경, 저임금과 고용악화로 힘들어하는 노동자를 위한 추경이 되어야 합니다. 진보당은 민생법안 처리에도 적극적으로 동참하겠습니다.

하지만, 주 52시간을 무력화시켜 장시간 노동을 강요하는 가짜 민생법은 안 됩니다. 소상공인을 지원하는 법, 노동법 사각지대 노동자를 보호하는 법, 진짜 민생법안이 필요합니다.

2025년 2월 5일

국정조사 현장 조사

어제 탄핵 심판정에서 지금까지 윤석열의 헌법재판소 진술이 모두 새빨간 거짓말이었음이 여실히 드러났습니다. 홍장원 전 국정원 1차장, 여인형 전 방첩사령관의 증언은 윤석열의 내란 혐의를 뚜렷하게 입증했습니다. 선거관리위원회에 대한 계엄군 투입 지시는 스스로 자백했습니다. 그러면서도 부정선거 망상과 선동은 끝내 놓지 않았습니다. 홍장원 전 차장은 "싹 다 잡아들이라"는 윤석열의 지시를 재차 확인했습니다. 체포를 지시한 적 없다는 윤석열의 거짓말을 조목조목 반박했습니다. 여인형 전 사령관조차 체포 명단의 존재를 인정했고, 검찰의 공소장도 윤석열이 군경을 동원해 주요 정치인들을 불법 체포하려 했다고 명시했습니다. 수단과 방법을 가리지 않고 비판 세력을 제거하고, 헌정을 파괴하려 한 내란의 정점에 윤석열이 있었던 것입니다. 그런데도 윤석열은 여전히 "아무 일도 없었다"며 국민을 모욕했습니다. 그날 밤 온국민이 목격한 계엄군의 난동은 신기루였단 말입니까? 여전히 "경고성 계엄"이라는 억지 주장을 펼치면서 국무위원들에게는 알리지도 않았답니다. 언제까지 앞뒤가 하나도 안 맞는 궤변을 국민이 듣고 있어야 합니까?

— 더불어민주당 수석대변인 조승래, 2월 5일 서면브리핑

제422회 국회
(임시회)

**윤석열정부의비상계엄선포를통한내란혐의
진상규명국정조사특별위원회조사록**

（임시회의록）

국 회 사 무 처

피조사기관 서울동부구치소

일 시 2025년2월5일(수)

장 소 서울동부구치소대회의장

(10시00분 조사개시)

○**위원장 안규백** 의석을 정돈해 주시기 바랍니다.

성원이 되었으므로 윤석열 정부의 비상계엄 선포를 통한 내란 혐의 진상규명 국정조사 특별위원회 실시를 선언합니다.

먼저 동부구치소 현장조사에 참석해 주신 위원님께 감사의 말씀 드립니다.

구치소 관계자께서는 김용현 증인을 이곳 현장까지 나올 수 있도록 안내를 해 주시기 바랍니다.

○**서울동부구치소장 최규철** 예, 알겠습니다.

○**위원장 안규백** 위원님들, 증인이 나오시기 전에 좀 시간이 있을 것 같은데 의사진행과 관련해서 발언하실 내용이 있으면 말씀해 주시기 바랍니다.

국민의힘 위원들은 안 나오셨나요?

○**한병도 위원** 지금 부르러 갔는가요?

○**위원장 안규백** 예.

백혜련 위원님.

○**백혜련 위원** 유감의 말씀을 안 드릴 수가 없을 것 같습니다.

국정조사는 국회 본회의에서 양당 합의로 구성된 국정조사위원회입니다. 그럼에도 불구하고 국민의힘 위원님들께서 정상적인 국정조사특위 활동인 현장조사에 한 분도 참석하지 않은 것은 정말 유감이라고 말할 수밖에 없습니다. 정말 비상계엄에 동조하는 것인지 다시 한번 묻지 않을 수가 없습니다.

앞으로도 이렇게 국정조사특위 활동에 비협조적으로 나오신다면 그것에 대해서 양당 간사님들 그리고 위원장님께서 특단의 조치가 필요하지 않나 싶습니다.

우리 국정조사특위는 진짜 비상계엄의 진상을 밝히기 위해서 할 수 있는 최선의 노력을 다해야 한다고 봅니다. 그런데 그 국정조사특위 위원이라는 사람들이 오히려 그것에 반하는 행동들을 하는 것은 정말 문제라고 할 것입니다.

그래서 그 부분에 대해서 간사님들께서도, 한병도 간사님이 국민의힘 간사님을 만나서 그렇게 해서는 안 된다는 것하고 앞으로 적극적으로, 우리 국정조사특위 활동을 어떻게 할 것인지 좀 대책을 세워 주시기 바랍니다.

○**위원장 안규백** 예, 알겠습니다.

한병도 위원님.

○**한병도 위원** 피고인 김용현이 지난 1·2차 청문회에 불출석했습니다. 그리고 오늘 현장조사에도 현재까지 응하지 않고 있습니다.

김용현 씨는 수괴 윤석열과 함께 내란을 사전에 모의하고 준비하고 실행에 앞장선 공범입니다. 특히 계엄 선포문과 대국민 담화문, 포고령 초안을 직접 작성한 실실석 내란 지휘자입니다.

국정조사 불출석, 비협조는 진실을 거부하는 행태입니다. 그렇게 떳떳하고 자신 있다면 왜 국민 앞에 서지 못합니까? 호방하게 비상계엄을 진두지휘하던 모습은 대체 어디 갔습니까? 혹여 국회가 반국가세력의 소굴이라 국정조사에 협조하지 않는 것입니까?

겁쟁이 김용현은 국정조사를 거부하면서 헌법재판소에는 출석해 말도 안 되는 궤변만 늘어놨습니다. 의원이 아니라 요원이라는 해괴한 변명에 국민은 아연실색하고 있습니다.

윤석열과의 그릇된 의리를 지키고자 국가와 국민을 버린 것입니다. 35년 동안 국가와 민족을 위해서 복무한 군인이, 일국의 국방장관이 졸렬한 모습을 보이니 개탄스러울 따름입니다.

김용현 씨, 지금 전달을 하러 갔는데 다시 한번 촉구합니다.

지금이라도 국정조사에 협조하십시오. 떳떳하면 반론하고 부끄러우면 국민 앞에 사죄하십시오. 오늘 이 모든 과정은 기록이 될 것입니다. 역사의 죄인이 되지 않기를 바랍니다.

국정조사특위는 활동을 종료하는 날까지 김용현 조사를 위해서 모든 수단과 방법을 동원을 하겠습니다. 오늘마저도 김용현이 이 자리에 나오지 않는다면 위원장님께서는 바로 법적 조치를 강구해 주시기를 부탁드립니다.

이상입니다.

○**위원장 안규백** 한병도 간사께서 우리 헌정사에 남는, 기억될 날로 기록되기를 바라는 말씀으로 간절하게 말씀해 주신 것 같습니다.

박선원 위원님.

○**박선원 위원** 인천 부평을 박선원입니다.

어제 헌재에 나와서 내란수괴 윤석열 피청구인이 또다시 여러 가지 괴담과 도저히 묵과할 수 없는 발언으로 점철했습니다.

제가 국회에서 홍장원 차장의 메모를 제시한 것이 내란 프레임이다 이렇게 이야기하는데요, 그렇지 않습니다. 저희는 일관되게 국방위부터, 저희 더불어민주당 국방위원들은 일관되게 지난 8월 김용현의 인사청문회부터 분명하게 경고했습니다, '방첩사령관, 특전사령관 그리고 수방사령관 셋을 경호처장이 불렀다. 불러서 경호처장의 관저에서 만찬했다라는 것은 이미 내란 예비 음모 혐의로 의심받을 수 있다'. 그때부터 저희는 내란, 계엄, 불법 쿠데타의 가능성에 대해서 지적하였고 그것을 하지 말라고 했습니다. 헌정질서를 유린하거나 무너뜨리는 행위를 하지 말라고 경고를 해 왔던 것입니다. 그러한 공개적인 경고에도 불구하고 이들은 불법 내란을 자행한 것입니다.

김용현조차 첫 번째 헌재에 나와서 그렇게 말했습니다. '어떤 날 저녁에는 윤석열이 흥분해서 내일이라도 계엄 할 것처럼 그렇게 강력하게 요구를 했었고 그다음 날 아침 업무시간에 보면 또 평정심을 찾은 것 같더라. 그래서 계엄을 할지 안 할지 몰랐지만 계속 준비를 하고 있었다. 그리고 나서 11월 중하순, 갑자기 대통령이 이제 더 이상 기다릴 수 없다라고 해서 포고문 등을 준비하기 시작했다'라고 해서 이미 구체적으로 아주 오랜 기간 동안 비상대권, 계엄, 내란을 준비해 왔고 그 실행은 11월 중순부터 했다라고 김용현이 헌재에서, 윤석열 앞에서 인정한 사실입니다. 그런데 야당이 무슨 내란 프레임을 씌웠다라고 하는 것은 전혀 어불성설이고 책임을 야당에게 덮어씌우는 행위다라고 하는 것을 지적하지 않을 수 없고요.

한 가지만 더 말씀드리면 그간 국민의힘은 지속적으로 내란 국정조사 특위의 활동을 방해해 왔습니다. 어제도 부정선거 의혹 부풀리기 그것 하나로만 모든 위원이 달려들었고 단 하나의 진실도 추구하지 않았습니다. 이제 더 이상 부정선거팔이가 안 되니까 아예 사실상 내란 국정조사 특위를 보이콧하고 있는 것입니다.

가장 중요한 증인의 현장조사, 바로 그곳에 불참하고 있다라고 하는 것은 스스로 내란을 옹호하고 있거나 내란을 동조하고 있으며 앞으로도 그렇게 하겠다라고 하는 의사표시로밖에 볼 수 없습니다. 그래서 위원회의 이름으로 엄중하게 국민의힘 위원들에 대해서 개별적으로 각 위원 개개인에 대해서 경고를 해야 된다 이렇게 저는 주장하고 싶습니다.

○위원장 안규백 알겠습니다.

용혜인 위원님.

○용혜인 위원 기본소득당 용혜인입니다.

윤석열 증인과 김용현 증인에 대한 현장조사가 오늘 진행이 되는데 국민의힘 위원들 모두가 참석을 하지 않았습니다. 어제 청문회에서는 부정선거 의혹을 하루 종일 제기하면서 마치 이 계엄에 정당한 이유가 있는 것처럼 하루 종일 국민의힘 위원들이 질의를 했습니다.

지난 월요일 국민의힘 지도부가 윤석열 피의자를 면회하러 갔습니다. 그 과정에서 부정선거 의혹에 열심히 불을 지펴라라는 지시라도 받고 온 것인지 청문회를 방해하기 위한 목적인지 정확한 이유는 알 수 없지만 끊임없이 이 국정조사 회의를 방해하고 물타기를 하고 국정조사와 상관없는 질문들을 가지고 시간을 보내고 있었습니다. 그리고 오늘 결국 현장조사에는 참석을 하지 않았습니다.

국민의 녹을 받는 국회의원으로서 최소한 회의 참석조차 하지 않는 이 게으르고 무책임한 모습에 국민들께서 참 많이 분노하고 계시다라는 말씀을 드릴 수밖에 없고요.

오늘 현장조사에 나와야 하는 윤석열 증인과 김용현 증인은 지난 기관보고와 두 차례의 청문회에 단 한 번도 출석하지 않았습니다. 사실 윤석열·김용현 두 증인뿐만 아니라 여인형 전 사령관, 문상호 전 사령관, 노상원 전 사령관 모두 이 계엄의 핵심 인물들임에도 불구하고 지금까지 국회에 단 한 번도 출석하지 않았다는 점을 짚을 수밖에 없고요.

오늘 현장조사를 통해서 김용현과 윤석열에 대한 신문을 진행함과 동시에 이렇게 청문회에 나오지 않는 증인들에 대한 법적인 조치 강구뿐만 아니라 여인형·문상호·노상원 등의 주요 증인들에 대한 신문도 진행할 수 있도록 여러 가지 방법, 오늘 현장조사 같은 방법을 강구해야 된다라는 말씀을 위원장님과 간사님께 드리고 싶습니다.

지금까지 국회에 나와서 국민들 앞에서 한 번도 진술하지 않았던 이 계엄의 주요 주범들에 대한 신문이 국회 차원에서 반드시 이루어져야 한다라고 생각하고요. 그러기 위해서는 청문회의 횟수를 더하거나 기간을 연장하는 것까지도 우리 위원회가 함께 고민해 봐야 한다라는 말씀을 드립니다.

이상입니다.

○**박선원 위원** 한 번 더 말씀드리겠습니다.

김용현은 감옥에 범죄자로 있으면서도 변호인들이 선택적으로 언론사를 추려 가면서 공개적으로 자신의 정당성을 주장하며 자신의 불법행위를 호도하였습니다. 그럴 때는 얼마나 자신의 입장을 강하게 주장했습니까? 심지어 어제, 그제도 자신은 반국가세력 척결을 위해서 했다라는 식의 입장을 또 발표했습니다. 그렇게 열심히, 그것도 매우 빈번하게 자신의 입장을 강변할 뿐만 아니라 헌재에서는 윤석열 피청구인과 함께 거의 동창회 말장난 수준의 의견 교환과 말 맞추기를 진행하더니 정작 국회에서 국정조사 특별위원회 현장조사까지, 만약에 나오지 않는다라고 하는 것은 정말 국회를 본인들의 의지대로 탱크로 밀어 버리고 쓸어 버리고 국가비상입법기구를 세우려고 했구나라고 하는 것을 확인하는 자리가 될 것입니다.

그래서 국회를 없애고 선관위를 없애고 심지어 서울서부지방법원을 폭력적으로 파괴하고 헌법재판소를 무시하면서 끝까지 국헌을 문란시키려고 하는, 내란을 지속시키려고 하는 행위다라고 위원장님께서 정식으로 규정을 해 주셨으면 좋겠습니다.

○**위원장 안규백** 예.

백혜련 위원님.

○**백혜련 위원** 지금 저희가 서울구치소에서 윤석열 피의자만 조사하는 것으로 되어 있는데 노상원 같은 경우도 서울구치소에 있다고 한다면 저희가 같이 현장조사를 하는 게 맞다고 봅니다. 그래서 지금이라도 필요한 절차를 거쳐서 노상원에 대해서도 서울구치소에서 현장조사가 이루어질 수 있도록 위원장님께서 조치해 주시기 바랍니다.

○**위원장 안규백** 예, 행정적 조치가 가능한지 검토하고 적극적으로 하도록 하겠습니다.

가능한 걸로 판단했습니다.

어쨌든 12·3 계엄이라는 것이 민주주의를 파괴하고 헌정질서를 유린함과 동시에 국민들한테 씻을 수 없는 참혹한 고통을 주고 있는 것이 주지의 사실입니다. 두 달이 지나도록 그 어느 누가 참회하고 참회하는 그런 모습을 아직 보지 못했습니다.

동시에 계엄을 주도했던 주요 세력들이 아직 한 번도 국회에 출석한 바가 없어서 여러 위원님이 오늘 주신 말씀과 또 우리가 7차에 걸쳐서 청문회를 개최했는데 그걸 바탕으로 위원회 차원에서 강력한 여러 가지 조치를 취하겠다는 말씀을 드립니다.

민병덕 위원.

○**민병덕 위원** 오늘 내란 국정조사인데 앞에 비어 있는 국힘당 위원님들은 내란을 옹호하고 은폐하고 그러기 위해서 청문회를 진행하는 것 같고, 그래서 진행 상황들을 보면 계속해서 내란을 왜 일으켰는지 어떻게 일으켰는지 그리고 그 내란에 의해서 우리 공동체가 어떻게 해악을 받고 있는지 국민들이 얼마나 힘든지 이런 문제에 대해서는 전혀 논의하지 않고 계엄을 일으킨 그 사람의 변명을 계속해서 뒷받침하는 그런 방식으로 하고 있더니만 오늘은 계엄의, 내란의 거의 준우두머리격인, 본인 입장에서 보기에는 포고령도 자기가 작성했고 국무위원들에 대한 지시사항도 자기가 작성했다고 하는, 그래서 거의 쌍두마차라고 할 수 있는 이 김용현, 현장조사에 안 오는 것은 이들이 실제로는 내란을 옹호하고 있고 내란이 성공했으면 거기에서 호가호위하려고 했었던 반민주주의적이고 반법치주의적이고 그런 독재 옹호, 내란 옹호 정당이다라는 모습을 오늘 보여 주고 있다고

봅니다.

그리고 김용현 증인 같은 경우는 군대는 김용현, 경찰과 다른 행정은 이상민 그다음에 검찰 조직은 박성재 이렇게 하면서, 이 헤드를 구성하면서 군대와 경찰과 그리고 검찰을 이용해서 내란을 일으키려고 했고 그것의 자금 지원은 기재부장관을 통해서 마련하라는 것들을 했다라고 그림이 그려집니다.

이때 본인이 가장 많은 일을 했다고 하는 김용현이 국회에 와서 국민들에게 자신의 이유와 그리고 사죄할 것들은 사죄할 것들에 대해서 얘기를 해야 됨에도 불구하고……

국민을 대표하는 국회의원들이 이 자리까지 왔습니다. 동부구치소까지 왔는데 여기에서도 안 나오고 있는 모습은, 그 후안무치함이 도를 넘어선다라는 말씀입니다.

민주주의하고 법치주의를 유린했는데 그 파괴를 개과천선하지 못하고 끝까지 민주에 대해서 적대적이고 법치에 대해서 적대적인 그런 태도를 취하고 있다라는 것을 온 국민께서 지금 보고 있다고 보입니다.

이상입니다.

○**위원장 안규백** 민홍철 위원님.

○**민홍철 위원** 오늘 동부구치소에서 내란 국조 현장조사를 하는 이 순간에 국민의힘의 위원들께서 동참하지 않고 있는 데 대해서 심히 유감으로 생각을 합니다.

이 모습 자체가 내란 자체에 대해서 동조하고 같은 공범의 반열에 올라가지 않는가 하는 그런 모습을 국민들께 보여 주는 적나라한 현장이다 저는 이렇게 생각해서 국민의힘 내란국조특위 위원님들께 진상 규명과 대책 이 부분에 대해서 좀 더 적극적으로 해 주실 것을 같이 촉구합니다.

김용현 증인은 지난 8월부터 '결코 대한민국 현 시점에서는 계엄이 없다'라고 강변을 해 왔습니다. 그러나 거짓말도 들키면 더 강하게 한다고 12·3 계엄을 실행했습니다. 이제 윤석열 내란 우두머리와 함께 공동 우두머리 반열에 올라서는 듯한 그런 느낌을 받습니다.

어제 국회에서는 김용현 증인이 지휘하고 지시를 했던 군 관련 사령관들의 진술이 있었습니다. 특히 곽종근 특전사령관의 진술에 의하면 김용현 증인은 국회를 장악하기 위해서 '요원을 끌어내라'라고 지시를 했다고 했음에도 불구하고 분명히 곽종근 특전사령관은 요원이 아니라 국회의원을 끄집어 내라, 끌어내라 이렇게 지시를 했고 그다음에 국회를 장악하기 위한 또 계엄 해제 요구를 저지하기 위한 여러 가지 지시를 한 사실도 군 관련 사령관들에게서 다시 한번 확인이 됐습니다.

이럼에도 불구하고 헌재 진술을 통해서 김용현 증인은 '한 게 없는데, 별일이 없었는데 뭘 가지고 하느냐' 이런 어떤 강변과 궤변을 늘어놓고 있습니다. 당당하게 국민 앞에 나서서 민주 헌정질서를 침해하고 국헌을 문란시킨 그 행위에 대해서 국민들에게 오늘 현장에 나와서 소상하게 진술을 하고 사과를 해야 될 이 시간에 여전히 국회 조사에 응하지 않고 있는 모습이 매우 안타깝고 비루하기 짝이 없다 저는 이렇게 생각을 합니다.

어떻게 이 진상을 규명해야 될지 김용현 증인과 관련 핵심 증인들은 앞으로 국민에게 그리고 역사 앞에, 민주주의의 떳떳한 그런 모습을 보여 주고 죄책에 대한 응분의 대가를 치러 주기를 촉구하면서 다시 한번 오늘 이 현장조사에 불참한 국민의힘의 위원들께도 유감을 표시합니다.

이상입니다.

○**위원장 안규백** 추미애 위원님.

○**추미애 위원** 김용현 피고인이 이곳 동부구치소에 수감돼 있고 헌재에 출석해서 윤석열 내란 수괴와 함께 본인들의 죄상을 감추기 위해서 주거니 받거니 변명하면서 국정을 농단한 자로서 국민께 반성하는 태도는커녕 역사적인 죄를 쌓아 가는 모습을 보고 국정조사단의 한 사람으로서 심히 자괴감을 느끼는 순간입니다.

제가 이 김용현 피고인에 대해서 한번 짚어 보겠습니다.

내란을 저지른 이후에 김용현은 검찰과 수사 일정 또 어느 수사기관에서 수사받는 것이 좋은지 수사권이 있는 경찰을 회피하고 검찰에 출석함으로써 수사기관을 선택하고 수사 일정, 수사 범위 등을 조율했다라고 저는 의심을 하고 있습니다. 그것은 검찰도 이 사건 내란 모의 과정에서 사전·사후 준비와 법적 지원에 대해서 충분히 모의했을 가능성을 저는 의심을 하고 있고 또 관련 증거도 가지고 있기 때문입니다. 그리고 이미 그에 관한 의혹 제기를 한 바도 있습니다.

이런 김용현이 헌법재판소에서도 윤석열 측의 변호사들의 심문에는 적극적으로 장단을 맞춰 주는 반면 국회 소추단 측의 반대 심문에는 불응했습니다. 선택적 질문과 답변을 하고 있는 것입니다. 이 진실되지 못한, 성실하지 못한 태도에 대해서 헌법재판소 재판관은 경고를 했습니다. '증언이 전반적으로 무위로 돌아갈 수 있다'라고 경고를 했습니다.

내란 모의 과정을 한번 살펴보도록 하겠습니다.

김용현은 윤석열 내란 수괴가 검찰 쿠데타로 정권을 쟁취한 이후부터 당선되자마자 대통령 집무실을 국방부가 있는 건물로 옮기면서 미리 준비해 왔다고 저는 봅니다. 캠프 시절부터 일찌감치 결합했던, 야심가였던 김용현 피고인이 일찍이 밀착 관계를 형성했고 이른바 충암파라고 불리는 고교 시절의 인연을 살려서 당선자 시절부터 밀착 관계를 형성해서 용산 이전을 주도했고 용산이전의 의미는 단순히 대통령 집무실의 이전에 그치지 않고 이제 회고해 보면 국방부 시설을 집무실과 연계해서 계엄을 할 수 있는 물적 준비를 완료해 가는 과정이었다라고 생각이 되는 것입니다.

이렇게 김용현은 경호처장으로 임명이 되면서 경호처와 국방부의 인적·물적 결합을 통해서 윤석열과 함께 국정을 농단하고 영구 집권의 기회를 호시탐탐 노려 왔다라고 해도 과언이 아닌 것입니다. 왜냐하면 그는 인사를 손에 쥐고 있었습니다. 경호처와 국방부의 인사를 한 손에 쥐고 실제 사령관들을 경호처장 시절부터 인사 개입을 해서 현재 계엄 모의에 가담했던 사령관들을 적극 추천하거나 인사 전횡을 했다라고 봐지는 것입니다.

이렇게 김용현은 현재 계엄에 가담했던, 주축이 된 수방사령관, 방첩사령관, 특전사령관, 지상작전사령관 4명의 사령관을 총선이 끝난 직후 5월 내란 수괴 윤석열에게 소개하면서 '대통령님을 위해서 충성할 장군들이다' 이렇게 추켜 주었습니다. 그리고 그들은 곧바로 강남의 모 식당에 모여서 향후 계엄을 실질적으로 어떻게 할 수 있는 것인지, 가능한 것인지, 가능하게 할 방안과 준비 태세 등을 함께 모의했다라고 봐지는 것입니다.

이렇게 총선 참패 이후 정치적 위기에 봉착할 때마다 윤석열은 비상한 조치를 통해서 헤쳐 나갈 그런 엉큼한 생각을 품었던 것이고 또 거기에 부추기고 가능하도록 독려했던 것이 피고인 김용현이라고 봐지는 것입니다. 총선 무렵에는 채 해병 사건으로 박정훈 대령을 항명죄 내란 수괴로 구속하거나 기소를 하려고 시도를 한 바 있습니다.

이렇게 정치적 위기에 몰릴 때마다 비상조치를 꿈꿔 왔던 내란 수괴 윤석열과 같은 피고인 김용현 그들은 10월 무렵에 명태균 게이트가 터지자 다급해졌습니다. 아마도 조급해진 내란 수괴 윤석열은 집안에서는 V1이라고 알려진 김건희의 닦달을 받았을 것이고 '이래도 오빠가 대통령이냐' 하는 말을 아침저녁으로 들었을 것이고 또 밖에서는 김용현과 함께 비상조치가 아니면 헤쳐 나갈 방법이 없다라고 하면서 호시탐탐 그 핑곗거리를 찾았을 것입니다.

마침내 명태균에 관련된 수사 결과 보고서가 11월 4일 공개가 됐고 또 10월 말 무렵에 민주당에서 윤석열 내란 수괴가 '김영선 그것 좀 하나 봐줘라. 그런데 당이 말을 안 듣네' 하는 본인의 부정할 수 없는 육성이 공개된 바 있고 그리고 더욱 조급해진 윤석열은 곧바로 계엄하기로 결심을 한 것으로 보여지는 것입니다.

김용현은 그로부터 2주일 뒤 윤석열의 말을 듣고 본인이 직접 계엄 선포문과 계엄 공고문 그리고 대국민 담화문을 준비해 주었습니다. 방식은 전두환식 계엄을 따라서 전두환 계엄포고령에 쓰여졌던 문구를 거의 유사하게 무려 네 군데나 옮겨다 박았습니다. 그리고 또 국회를 대체할 비상입법기구를 모색하는 문건을 최상목에게 건넸습니다. 계엄 방식은 전두환식으로 하고 통치 체제는 박정희식으로 국회를 대체하는 입법기구를 별도로 마련하고 그 핑계를 찾기 위해서 실질적으로 국회를 해산할 방편으로 부정선거 준비를 했다라고 봐지는 것입니다. 부정선거와 관련해서는 노상원 일당과 함께 모의를 하면서 비화폰을 지급해서 아무도 모르게 진행했다고 봐지는 것입니다.

이렇게 온 헌정질서를 쑥대밭을 낸 주요 핵심 공범 김용현 피고인에 대해서 이 자리에 불러내서 반드시 역사 앞에 기록을 남겨야 하는데 바로 그렇기 때문에, 그 죄책의 무거움을 알기 때문에 김용현은 지금 숨어 있다라고 봐지는 것입니다. 그의 죄는 앞으로 법정에서 다뤄질 것이지만 국정조사 특위가 놓치지 않고 계속 추적해 나갈 것입니다.

이상입니다.

○위원장 안규백 동부소 소장님, 현장 체크가 됐습니까?

○서울동부구치소장 최규철 예.

○위원장 안규백 말씀해 주십시오.

○서울동부구치소장 최규철 동부구치소장 최규철입니다.

방금 저희 특사경 팀장이 김용현 수용자를 만나서 현장 국정조사에 참여하도록 설득하고 이야기를 했습니다. 그런데 본인이 완강하게 거부를 하고 있습니다. 거부 사유는 재판 준비 등으로 바쁘기 때문에 본인이 극구 사양하고 있는 상태에서 저희가 강제할 수 없음을 양해 말씀 드리겠습니다. 그리고 또 한 가지는 방금 변호인 접견이 와서 변호인 접견에 들어갈 걸로 예상이 됩니다.

이상입니다.

○위원장 안규백 알겠습니다.

위원님들, 그러시면 보안구역으로 이동을 해서 저희들이 직접 찾아가서 시도를 좀 해 보도록 하겠습니다.

그러면 회의를 잠시 중지했다가 보안구역으로 먼저 이동을 하고 거기서 마치고 다시 올라오겠습니다. 보안구역으로 먼저 이동하시지요.

회의를 잠시 중지하겠습니다.

○**위원장 안규백** 회의를 속개하겠습니다.

오늘 구치소 현장조사는 2016년 12월 달 박근혜 정부의 최순실 등 민간인에 의한 국정 농단 의혹 사건 진상규명 조사 이후에 실시된 구치소 현장조사로서 이곳 구치소에 수감 중인 김용현 증인이 출석을 하였다면 아마 헌정사에 상당히, 회의로 기록이 될 것 같습니다마는 애석하게도 오늘 김용현 증인이 출석을 하지 않았습니다.

오늘 현장조사를 이곳 동부구치소에서 실시된 것은 구치소에 수감되어 있는 김용현 증인이 국회 국정조사장에서 실시한 지난 1월 21일 1차 청문회 2월 4일 2차 청문회에 두 번 모두 출석하지 않았고, 그날 2회에 걸쳐서 동행명령장을 발부하였음에도 불구하고 동행명령을 거부함에 따라서 부득이하게 오늘 우리 특별위원회 위원들이 이곳까지 방문하게 됐습니다. 그래서 현장조사를 실시했는데 협조가 잘 안 됐습니다.

국민의 여론과 국회의 권위를 무시하는 증인의 무례한 태도에 위원장으로서 깊은 유감을 표하지 않을 수 없습니다. 구치소에 수감돼 있는 증인을 청문회에 출석하기 위해서 오늘 이렇게 위원님들이 동행, 현장까지 왔음에도 불구하고 또 현장조사에 응하지 않는 증인의 비협조적인 행태에 깊은 유감을 다시 한번 표합니다.

그러면 오늘 현재까지 기관보고 및 청문회에 출석하지 않은 증인에 대한 고발 등 후속 조치에 대해서는 향후 일정에 대해서 논의를 하고자 합니다. 또 조금 전에 논의가 계속 이어져 왔습니다마는 여기에 덧붙여서 꼭 하시고 싶은 위원님들 계십니까? 조금 전에 말씀을 다 하셨기 때문에……

용혜원 위원 말씀하십시오.

○**용혜인 위원** 감사합니다, 위원장님.

오늘 김용현 증인에 대한 신문을 준비했는데 결국 하지 못하게 되어서 회의록에 꼭 밝혀져야 하는 김용현 증인 관련된 내용들을 좀 남기고 싶어서 발언을 요청드렸습니다.

계속 이야기가 나왔던 12월 3일 7시 30분 경찰청장 서울청장 안가 회동부터 하달됐던 계엄지시서에 대한 진실, 그리고 당일 8시 멤버 소집부터 22시 23분 소위 가짜 국무회의 까지의 진실, 그리고 국회 비상계엄 해제 의결 이후에 진행된 결심실 회동부터 최종적으로 윤석열이 쿠데타를 포기한 것으로 추정이 되는 12월 4일 03시까지의 2차 계엄 시도에 대해서 김용현 증인은 국민 앞에 사죄하는 마음으로 투명하게 밝혀야 합니다. 그리고 북풍 의혹의 진실, 사전 모의의 구체적인 시점들도 밝혀져야 합니다.

본인의 현실을 객관적으로 좀 돌아보고 국민과 역사 앞에서 국방부장관이었던 본인의 역할이 무엇이어야 하는지에 대해서 답해야 할 차례라고 생각하고요. 재판정에 나와서 윤석열의 구원투수 할 생각은 좀 내려놓고 진실을 말해야 한다라고 생각합니다. 사법부의 재판보다 국민과 역사의 재판이 더 엄중하고 더 긴 형량을 가지고 있다는 점도 김용현 증인이 명심해야 된다는 점 말씀드리면서 내일 청문회를 비롯해서 국회의 증언 요구에 성실하게 응할 것을 마지막으로 촉구하는 바입니다.

이상입니다.

○**위원장 안규백** 불출석과 동행명령 거부 증인에 대해서 고발, 재출석 요구 조치를 하겠습니다.

우선 청문회 동행명령을 거부하고 출석하지 않은 증인에 대해서 간사 간의 협의를 거쳐서 다음 주에 전체 국회에서의 증언·감정 등에 관한 법률 제12조 및 13조에 의해서 불출석죄 및 국회모욕죄로 고발 조치하도록 하겠습니다.

　　오늘 현장조사를 마치면서 위원장으로서 한 말씀 드리겠습니다.

　　이번 국정조사 핵심 증인이 오늘 현장조사에 출석하지 않은 것에 대해서 위원장으로 다시 한번 유감을 표하고 이분들이 국정조사에 출석할 수 있도록 하는 방안에 대해서 좋은 제안을 마련해 주신 여러 위원님께 다시 한번 감사의 말씀을 드리고.

　　또 오늘 날씨가 굉장히 춥습니다. 추움에도 불구하고 법무부 관계자, 소장님들 또 이하 직원들께서 많이 협조를 해 주셨는데 다시 한번 국회를 대표해서 법무부 관계자 여러분께 감사의 말씀을 드립니다.

　　고맙습니다.

　　오후에 예정된 현장조사 장소인 서울구치소는 윤석열 노상원 김용군 증인이 수감돼 있습니다. 서울구치소에 수감돼 있는 증인들이 현장조사에 출석을 해서, 국민들을 대신해서 물어보는 그런 질의가 있기를 바랍니다.

　　이상으로 오늘 오전 현장조사를 중지했다가 오후에 속개하도록 하겠습니다.

　　오늘 오전 회의를 중지하겠습니다.

(11시14분 조사종료)

○출석 위원(11인)

　　김병주　민병덕　민홍철　박선원　백혜련　부승찬　안규백　용혜인　윤건영　추미애
　　한병도

○출석 전문위원

　　수석전문위원　오명호
　　전문위원　류승우

○정부측 및 기타 참석자

　　서울동부구치소
　　　소장　최규철

윤석열이 내란혐의를 자백했습니다. 어제 진행된 헌법재판소 탄핵심판 5차 변론에서 선관위에 계엄군 투입 지시를 윤석열 본인이 내렸다고 말한 것입니다. 그게 바로 '내란'입니다. (…) 홍장원 전 국정원 1차장의 증언 또한 윤석열 내란혐의를 입증했습니다. "체포에 '체'자도 꺼낸 적 없다"던 윤석열은 지난해 12월 3일 22시 53분 홍 전 차장에게 "이번 기회에 싹 잡아들여. 싹 다 정리해"라고 명확히 지시했습니다. 궁색해진 윤석열은 국회의원이 아닌 '간첩'을 잡으라고 격려했다며 또 억지주장을 펼쳤습니다. 대한민국 국회의원은 어떨 때는 '요원'이 되었다가, 또 어떨 때는 '간첩'이 되기도 합니까. 반박할 가치도 없는 거짓말 퍼레이드입니다. 윤석열 본인은 '아무 일도 없었던 것'으로 넘어가고 싶겠지만, 이번 내란사태는 21세기 헌정사 최악의 사건으로 남을 것입니다.

– 진보당 원내대변인 정혜경, 2월 5일 브리핑

제422회국회
(임시회)

윤석열정부의비상계엄선포를통한내란혐의
진상규명국정조사특별위원회조사록

(임시회의록)

국 회 사 무 처

피조사기관   서울구치소

일   시   2025년2월5일(수)

장   소   서울구치소대회의장

(13시54분 조사개시)

○**위원장 안규백**   성원이 되었으므로 윤석열 정부의 비상계엄 선포를 통한 내란 혐의 진상규명 국정조사 특별위원회를 개회하겠습니다.

먼저 오늘 서울구치소 현장조사에 참석해 주신 위원님 여러분께 감사의 말씀을 드립니다.

조사를 실시하기 전에 이번 현장조사와 관련하여 의견이 있으신 위원님들 계시면 의사를 개진해 주시기 바랍니다.

먼저 김병주 위원님 의사를 개진해 주십시오.

○**김병주 위원**   그런데 지금 왜 증인은 안 나와 있지요?

○**위원장 안규백**   증인은 이제 곧 부르러 갑니다.

○**김병주 위원**   아, 그렇습니까?

○**위원장 안규백**   예.

○**김병주 위원**   오늘 현장 청문회가 진행되는 데 아주 의미가 있다고 봅니다. 윤석열 증인이 빨리 와서, 그동안 사실 우리가 청문회에서 증인 채택을 했는데도 안 왔기 때문에 현장에까지 왔습니다. 증인이 참가해서 국민들의 의혹을 저희들이 질의를 통해서 풀려고 합니다. 여기서 하는 현재 청문회는 국민재판정이라는 거를 인식하고 윤석열 내란수괴는 꼭 여기에 참가해야 되겠습니다.

이상입니다.

○**위원장 안규백**   박선원 위원님.

○**박선원 위원**   두 차례 이상 국회에서 윤석열 증인을 채택했습니다만 불출석하였습니다. 그래서 위원회에서는 동행명령장을 발부해서 또한 두 차례 출석토록 하였으나 역시 그것도 좌절되었습니다. 그래서 저희 위원들이 여기 현장까지 온 것입니다.

어제 헌법재판소에서 윤석열 피청구인의 발언을 보면 할 말도 많고 자신이 주장할 바도 많다라는 모습을 전 국민에게 보여 주었습니다. 따라서 헌재보다 더 중요한 국회의 진상조사특위에 못 나올 이유가 없다. 자신의 발언기회를 활용해서 과연 자신이 정말 정당한 행동을 했는지 아니면 헌재에서 스스로 인정을 했듯이 포고령이 상위법 위반한 소지가 있다는 것을 인정하면서도 불구하고 불법적으로 비상계엄을 했는데 했다면 무엇 때문인지 밝혀야 될 것입니다. 어제 헌재에서 많은 말을 하고 싶었을 텐데 오늘 차수를 변경해서라도 윤석열 증인이 나오셔서 전 국민을 상대로 국회의 증인신문을 받아야 된다 이렇게 생각하는 바입니다.

○**위원장 안규백** 백혜련 위원님.

○**백혜련 위원** 12·3 비상계엄은 대한민국 체제에 대한 중대한 도전행위이자 민주주의의 근간을 뿌리째 흔드는 행위였습니다. 계엄 리스크를 극복하고 안정을 되찾기 위해서는 정말 계엄의 실체를 모두 밝히고 역사의 기록으로 남겨야 한다고 생각합니다. 그런 의미에서 국정조사는 너무나도 중요하다고 할 것입니다.

어제 헌재에서 가장 인상적인 장면으로 누군가가 윤석열 대통령이 이진우 사령관에 대해서 본인 측의 변호사가 꼬치꼬치 캐묻는 것을 보고 황급히 뜯어말리는 장면이었다고 합니다. 그동안 모든 수사 과정과 탄핵심판 과정에서 정말 보여줄 수 있는 모든 법꾸라지의 형태는 다 보여 준 것 같습니다.

정말 일국의 대통령이었다면 이제는 좀 당당한 모습을 보였으면 좋겠습니다. 국정조사의 현장에 나와서 국민 앞에 자신이 뭐 때문에 정말 비상계엄을 했고 하고 싶은 말이 뭐였는지 저희가 충분히 국민을 대표해서 국정조사 위원들도 들어 줄 자세가 돼 있습니다. 이 자리에 반드시 나와서 국민들의 의문점에 답할 수 있도록 위원장님께서 강력하게 조치해 주시기 바랍니다.

○**위원장 안규백** 여러 위원님들의 중지와 의지를 잘 파악했습니다.

대역죄를 짓고 있는 윤석열과 김용군은 역사의 죄인으로 기록되지 않기 위해서도 또 국민 앞에 대사죄하기 위해서도 반드시 청문회 현장에 나오셔 가지고 모든 것을 진술해야 할 것입니다.

그러면 서울구치소 관계자, 1차·2차 청문회에 불출석하고 또 동행명령을 거부한 윤석열·노상원·김용군 증인을 이곳으로, 이곳 장소로 안내해 주시길 부탁말씀 드립니다. 관계자께서는 협조해 주시기 바랍니다.

서울구치소 관계자께서 피고인 윤석열을 이곳까지 유치하기까지 시간이 약간 텀이 좀 있으니까요 위원님들께서는 자유스럽게 발언을 이어가도 되겠습니다.

○**용혜인 위원** 위원장님, 저 발언하겠습니다.

○**위원장 안규백** 용혜인 위원님.

○**용혜인 위원** 짧게 말씀드리겠습니다.

기본소득당 용혜인입니다.

이곳 서울구치소에 참 많은 내란 주범들이 수용되어 있습니다. 그중의 핵심은 윤석열 증인일 수밖에 없습니다. 내란의 우두머리로서 전체 12·3 내란을 기획하고 실제로 그 권한을 가지고 있었던 유일한 사람이기 때문입니다.

헌법재판소는 증인에 대한 탄핵심판을 진행하고 있습니다. 그리고 법원에서는 윤석열 증인에 대한 내란죄 형사재판이 이제 시작이 됩니다. 그리고 국회에서는 국민들 앞에 투명하게 그리고 국민과 함께 그 내란의 실체적인 진실을 밝히는 작업들을 해 나가고 있습니다. 오늘 반드시 윤석열 증인이 출석해야 된다라는 말씀을 좀 드리고요.

어제 청문회에 윤석열 증인이 불출석하면서 불출석사유서에 변호인이 삼권분립에 의해서 대통령은 국회에 출석할 의무가 없다 이런 이야기를 했습니다. 대한민국헌법과 민주주의에 대한 법률적 이해가 전혀 없는 표현이다라고 생각합니다. 삼권분립의 기본은 견제와 균형입니다. 그렇다고 한다면 대통령과 정부가 국회에 나와서 본인들이 하고자 하는 바를 설명하고 또 그에 따라 국회에서는 그것을 견제하고 또 지원할 것은 지원하는 것이 기본적인 삼권분립의 모습일 것입니다.

그러나 윤석열 대통령은 지난 2년 반 동안 단 한 번도 국회를 그런 논의의 대상과 파트너로 여기지 않는 모습을 보여 줬고 지난 12월 3일에는 심지어 군을 동원해서 민의의 전당인 국회를 침탈하고 총칼로 짓밟는 모습을 보여 줬습니다. 여전히 같은 모습으로 이 청문회에도 불출석하고 있다라고 생각합니다. 지금 이곳 서울구치소에 수감되어 있으면서도 전혀 반성하지 않고 있다는 것을 확인할 수 있습니다.

삼권분립에 의해서 불출석하는 것이 아니라 삼권분립이라고 하는 민주주의의 기본 원칙을 이해하고 존중한다면 반드시 이곳 청문회에 나와서 12·3 내란 사태의 실체적인 진실을 국민들 앞에 소상히 밝힐 것을 다시 한번 촉구하는 바입니다.

이상입니다.

○**위원장 안규백** 부승찬 위원님.

○**부승찬 위원** 윤석열이 꿈꿨던 거는 저는 개인적으로는 북한 체제였다고 봅니다. 북한 체제는 헌법 위에 당이 있고 당 위에 수령이 있습니다. 지금 대한민국 윤석열이 꿈꿨던 계엄을 시도했던 것도 우리 헌법의 가치를 지키는 게 아니라 헌법을 무너뜨리는 그런 행위였습니다. 그러기 때문에 내란인 것입니다. 북한 김일성·김정일·김정은으로 이어지는 3대 세습은 당 위에 수령이 존재하는 체제입니다. 그것 아니고서는 이번 계엄을 설명할 수가 없습니다.

그러기 때문에 윤석열은 내란의 수괴로서 엄벌을 받아야 됩니다. 최고형을 받아야 됩니다. 만일 인간이라면 반드시 이곳 증인석에 앉아서 국민께 사죄하는 게 도리입니다. 끝까지 실오라기 하나라도 붙잡겠다는 그런 마음을 갖고 있다면 민주주의 국가인 대한민국에 있어서도 안 될 것입니다. 교도소에서 평행 썩는 그런 우를 범한 존재이기 때문에 반드시 오늘 국민들 앞에 사죄드릴 것을 간곡히 요청드립니다.

이상입니다.

○**위원장 안규백** 일단 구치소 관계자께서 유치를 하러 가셨으니까 잠시만 대기해 주십시오.

○**박선원 위원** 위원장님, 순서대로 유치해서 데리고 오시는 겁니까? 그러니까 예를 들면 처음에는 증인 윤석열을 먼저 시도하고 안 되면 노상원 그다음에 김용군 이런 순서가 있습니까?

○**위원장 안규백** 아닙니다. 함께 할 겁니다.

○**박선원 위원** 동시에 세 사람을 하는 거군요.

○**위원장 안규백** 증인들을 순서대로 데리고 올 필요는 없잖아요.

○**박선원 위원** 한 가지만 더 여쭤도 되겠습니까?

○**위원장 안규백** 예, 말씀하세요.

○**박선원 위원** 오늘 국민의힘 위원 전원이 불참하는 이유를 위원장님께나 아니면 간사 협의에서 밝힌 바 있었습니까, 오늘 현장조사에 오지 못한다는 이유를?

○**위원장 안규백** 없습니다, 구체적으로.

○**박선원 위원** 특별히 입장 없이……

○**한병도 위원** 전에 야당 김성원 간사하고 간사 간 협의를 했는데 간사 간 협의에서는

참석을 못 하겠다고……

○**위원장 안규백** 그렇게 나왔습니까?

○**한병도 위원** 예, 김성원은 못 하겠다고……

○**박선원 위원** 합참하고 수방사 현장조사는 같이 했는데 교도소 증인 신문은 안 한다?

○**위원장 안규백** 아, 국민의힘 위원들께서?

○**한병도 위원** 예.

○**위원장 안규백** 아, 그건 알고 있었지요. 나는 증인에 대해서 말씀하는 줄 알았습니다.

○**한병도 위원** 정말 오늘 꼭 참석을 했으면 하는 바램이 지금 내란 사태 이후에 국가가 아주 극단적 대립으로 좀 위험한 상황으로 가고 있는 것 같습니다. 오늘 아까 방송 나오는 걸 보니까 김용현 피고인은 서부지법 폭도들에게 영치금을 전달했다고 하고 그들을 애국 투사로 묘사를 했다고 하고 그게 지금 기사에 나왔습니다.

○**위원장 안규백** 누가요?

김용현 씨가?

○**한병도 위원** 예.

그래서 그 사람들이 역사에 기록될 겁니다, 서부지법 폭도들이. 지금 세상이 이렇게 돌아가고 있습니다. 그런데 김용현도 문제지만 지금 윤석열 피고인이 정말 큰 문제입니다. 초기에 모든 사법기관의 출석요구서를 거부하면서 뭐라고 했습니까, 윤석열 피고인이? 끝까지 싸우겠다고 했습니다. 싸우라고 했습니다. 마치 국론을 분열시키고 지금 국민들 간의 싸움을 부추기고 있는 겁니다. 그리고 주요 임무 종사자인 김용현은 서부지법 폭도들에 대해서 애국적인 행동이라고 이렇게 표현을 하는 이런 게 정말 믿을…… 귀를 의심할 수밖에 없는 이런 참담한 현실이 지금 우리 대한민국에서 벌어지고 있다는 것이 너무 아쉽습니다.

그리고 헌재에 나가서 이야기하는 걸 보더라도 반성의 기미가 전연 없고 위험스럽고 걱정스러운 건 본인들이 무엇을 잘못했는지 모르고 있는 것 같습니다. 자기 정당화를 넘어서서 이건 거의 공감 능력이 상실된, 국민들과 공감 능력이 상실된 이런 상태까지 가서 빨리 대한민국을 정상화시키기 위해서는 내란 수괴와 주요 임무 종사자에 대한 엄격한 법의 처벌 그리고 저희 국정조사를 하는 이유가 이 조사를 통해서 사실관계를 명명백백히 밝혀 나가는 과정이 꼭 필요하다는 생각이 듭니다.

그래서 우리 위원회에서 진상 규명을 위해서 증인 소환의 모든 절차적 노력을 그동안 다 해 왔습니다. 또 증인으로 채택해서 출석요구서를 발송했고 또 동행명령장까지 발부했습니다. 그럼에도 이들은 계속해서 이를 무시하고 있습니다.

그래서 오늘 우리 위원들이 직접 서울구치소까지 찾아왔음에도 불구하고 끝내 문을 걸어 잠근 채 침묵으로 현재까지 일관하고 있습니다. 이것은 단순한 불출석이 아닙니다. 민주주의 근간을 흔드는 중대한 도전이라고 생각이 듭니다. 진실을 밝히려는 정당한 시도를 의도적으로 방해하는 것입니다. 떳떳하다면 당당히 나와 해명하면 될 일이고 이를 왜 이토록 피하는지 이해할 수가 없습니다. 그래서 우리 위원회는 이들의 불출석에 대해 국회법이 정한 모든 제재 조치를 검토할 것입니다. 이들의 이러한 비겁한 작태가 다시는 발생하지 않도록 하는 것 또한 우리의 사명이라는 생각이 듭니다. 그래서 우리 위원들은 끝까지 포기하지 않을 것이고요. 윤석열 피고인을 끝까지 불러서 최대한 국민들이 궁금해하시는 사항들을 진실에 접근할 수 있도록 끝까지 최선을 다해야 된다고 생각을 합니다.

○**김병주 위원** 저도 막간을 이용해서 한말씀 드리겠습니다.

○**위원장 안규백** 예, 김병주 위원님.

○**김병주 위원** 지금 12·3 내란 이후에 우리나라는 전쟁입니다. 실제 민주주의를 지키는 우리 국민과 민주주의를 파괴하려는 일부 극단 세력과의 싸움입니다. 또한 헌법질서를 준수하고 헌법을 지키려는 우리 국민과 헌법을 파괴하는 극단주의자와의 싸움입니다. 그리고 자유와 인간의 존엄성을 지키려는 우리 국민과 자유와 인간의 존엄성을 파괴하려는 극단주의자와의 싸움입니다. 이 전쟁에서 우리가 대한민국의 헌법을 수호하고 대한민국의 국가와 국민을 지켜내야만이 앞으로 미래가 밝습니다.

그럼에도 불구하고 우리 민주당과 대다수 국민들은 여기에 맞서 싸우고 있는데 국민의힘은 어느 편에 서 있는지 스스로 물어볼 필요가 있습니다. 지금 국정조사특위 청문회에 있는 분들과 우리 민주당은 거짓은 꼭 진실이 이긴다는 신념하에 노력하고 있습니다. 가짜뉴스가 판을 치고 있는데 또 윤석열발 가짜뉴스, 국민의힘발 가짜뉴스, 극우발 가짜뉴스와의 싸움에서 진실이 이긴다는 신념으로 싸우고 있고 우리 청문회에서도 그것을 밝히기 위해서 노력하고 있습니다.

그런데도 불구하고 앞에 오늘 출석하지 않은 국민의힘은 거짓은 진실이 이긴다는 신념이 아니라 거짓은 더 큰 거짓이 이긴다는 신념을 갖고 행동하는 듯이 보입니다. 윤석열발 거짓을 국민의힘은 더 큰 거짓으로 이것을 덮으려고 하고 있습니다. 앞에 나오지 않은 국민의힘 위원들에게도 심히 유감스럽고요. 이러한 전쟁에서 꼭 이기기 위해서 우리가 노력하겠습니다. 꼭 거짓은 진실이 이기고 대한민국은 미래로 나아가야 합니다. 오늘 청문회장이 또한 그와 같습니다. 오늘 윤석열과 노상원 등 내란의 수괴 및 핵심 주요 임무 종사자들이 꼭 나와서 이러한 국민들의 열망과 요구에 응해야 하겠습니다.

이상입니다.

○**위원장 안규백** 추미애 위원님.

○**추미애 위원** 헌법재판소에서 윤석열 내란 우두머리는 국민을 향해서 연일 본인의 말 같지 않은 변명만 늘어놓고 있습니다. 진실을 말하려는 증인들에 대해서 논리가 없는 말로 반박을 하거나 했습니다. 피고인 윤석열은 이제 국정조사 청문회에 나오는 것조차 거부하고 있습니다. 그렇게 당당하다면 또 본인이 어제 말한 것처럼 아무 일도 일어나지 않았는데 호수에 뜬 달그림자 쫓고 있다라고 냉소를 하고 있을 것이 아니라 이 자리에 나와서 무엇이 그리 당당했는지, 무엇이 그리 내란을 일으킬 만큼 이 사회가 본인이 보기에 준전시 상황이었다는 것인지 명백히 밝히면 될 일 아니겠습니까?

계엄에 필요한 실체적 요건도 전혀 없었던 것이고 어느 국민도 동의할 수 없는 상황이었고 또 본인도 평화 계엄이라고 했듯이 평화스러운 대한민국 사회라는 것을 인정하고 있습니다. 단지 문제가 있다면 본인의 정치 무능력뿐이었던 것입니다. 그 정치 무능과 질서 파괴를 오히려 거꾸로 더욱더 내란을 통해서 나락으로 빠뜨리고 또다시 국민 선동을 지속하고 있는 것입니다.

절차적 요건 또한 전혀 갖추어지지 않았다는 것이 수사와 국정조사를 통해서 드러나고 있습니다. 그렇다면 윤석열은 이 국정조사 청문회장을 통해서 본인의 사태 인식 인지부

조화와 또 그에 따른 대국민 사과를 할 수도 있는 기회라고 생각됩니다.

공범들 가운데 서울구치소에 수감돼 있는 노상원, 김용군은 민간인 신분입니다. 그들이 과거 군의 은혜를 입었으나 그들은 군을 배신하고 노상원은 정보학교장 시절 피교육생이었던 후배 여군을 성추행한 죄로 실형을 선고받았고 김용군은 사이버 댓글 수사를 방해한 혐의로 또한 실형을 받아서 본인들의 큰 잘못으로 예편이 된 처지에 또다시 내란에 가담을 한, 군을 배신한 두 번의 잘못을 저질렀습니다. 이들 또한 윤석열이 선동하고 있는 제2·제3의 내란 선동에 물이 들었는지 이 자리를 외면하고 회피하고 있습니다.

노상원과 김용군, 노상원은 정보사에 수사단을 설치해서 불법 수사 조직을 만들어서 선관위를 침탈하고 선거관리 업무를 하는 헌법 기구를 파괴하려고 했습니다. 김용군은 노상원의 지휘를 받고 역시 배후에서 불법 수사단을 조종·지휘하려고 한 의혹을 받고 있는 것입니다.

이들이 그들의 죄를 감형받으려면 이 자리에 나와서 국정조사에 제대로 응하고 국민을 향해서 사죄하는 길만이 남은 유일한 기회라고 생각합니다. 오늘 이 국정조사 청문회에 끝까지 증인들이 불출석한다면 역시 그들의 죄 정상에는 불리하게 참작될 수밖에 없을 것입니다. 유감으로 생각하면서 마지막까지 증인 3명이 여기까지 찾아온 국정조사 위원들에게 마지막 기회라고 생각하고 출석할 것을 촉구하는 바입니다.

이상입니다.

○위원장 안규백 서울구치소장님, 현장 상황 체크를 해 보셨습니까?

○서울구치소장 김현우 국조위의 증인 출석 요청 사항을 전달했습니다마는 3명 수용자 모두 출석 요청을 본인 의사로 거절을 했습니다.

○위원장 안규백 그러면 현장 접견실로 가서 저희들이 시도를 한번 해 보지요.

몇 분 정도 갈 수가 있습니까?

○서울구치소장 김현우 수용 사동까지는 들어가실 수가 없습니다. 지금 규정상 들어가실 수가 없고 들어가시더라도 보안구역 내의 보안청사 정도 들어가실 수밖에 없는 그런 상황입니다. 법령에 따라 가지고 미결수용자는 외부인하고 참관이나 시찰 모두 중지되어 있습니다. 할 수가 없는 상황입니다.

○위원장 안규백 그러면 보안시설 내까지도 저희 청문위원들이 갈 수 없다는 말씀이신가요? 접견실 말이지요. 접견실이요.

○서울구치소장 김현우 아, 접견실까지는 가실 수는 있습니다. 그런데 많은 분들이 다 가실 수는 없고……

○위원장 안규백 그렇지요.

○서울구치소장 김현우 한 다섯 분 정도 이렇게……

(「동부구치소에서 한 것같이 하시지요」 하는 위원 있음)

○위원장 안규백 그러면 접견실로 가실 다섯 위원님만 먼저 가시고 나머지는 여기서 대기를……

(「여기에서 안 가신 분들 가는 것으로……」 하는 위원 있음)

(「그러시지요」 하는 위원 있음)

그러면 김병주 위원님, 민홍철 위원님……

○민병덕 위원 저 안 갔어요.

○**위원장 안규백** 민병덕 위원님, 추미애 위원님 이렇게 가시면 되겠습니까?

○**용혜인 위원** 백혜련 위원님도 안 가시지 않았어요?

○**위원장 안규백** 백혜련 위원.

○**김병주 위원** 간사 가셔야지.

○**한병도 위원** 아니요, 다녀오세요. 제가 있을게요.

○**김병주 위원** 같이 가요.

○**민홍철 위원** 안 가신 분들 가세요.

○**위원장 안규백** 김병주 위원님, 그다음에 민병덕 위원하고 백혜련 위원님하고 또 추미애 위원님 이렇게 가시지요.

(14시22분 조사중지)

(14시48분 조사계속)

○**위원장 안규백** 좌석을 정돈해 주십시오.

오늘 구치소 현장조사는 2016년도 박근혜정부의국정농단의혹사건진상규명국정조사 이후에 처음 실시되는 구치소 현장조사입니다.

이곳 서울구치소에서는 윤석열·노상원·김용군 증인이 수감돼 있습니다마는 응당 국조특위 현장조사에 출석해서 국민들께 비상계엄과 관련한 진실을 소상히 밝히고 사죄를 해야 함에도 불구하고 오늘 이곳에서조차도 출석하지 아니하고 국회의 권위와…… 또 증인들의 무례하고 비협조적인 태도로서의 모습을 보인 것에 대해서 위원장으로서 심히 유감을 표하지 않을 수 없습니다.

그러면 오늘 출석하지 않은 증인에 대한 고발 등 후속 조치와 또 향후 일정 등에 대해서 위원님들이 조금 전에 논의를 했습니다마는 그걸 참작을 해서 조치를 하도록 하겠습니다.

불출석 및 동행명령 거부 증인에 대해서는 고발과 재출석 요구 등의 조치를 할 수 있습니다. 우리 청문회의 동행명령을 거부하고 출석하지 않은 증인에 대해서 간사 간의 협의를 통해서 다음 주에 전체회의에서 국회에서의 증언·감정 등에 관한 법률 제12조, 13조에 의거한 불출석죄와 국회모욕죄로 고발하고자 합니다.

오늘 동부구치소와 서울구치소에 수감돼 있는 증인들에 대해 비상계엄과 관련하여 국민들께 사죄하고 진실을 밝히는 것이 최소한의 도리라는 것을 다시 한번 명심해 주기 바랍니다.

이상으로 오늘 서울구치소 현장조사를 마치고 잠시 후에 여인형 증인이 수감돼 있는 수방사로 이동하도록 하겠습니다.

오늘 서울구치소 현장조사 중지를 선포합니다.

감사합니다.

(14시50분 조사종료)

○**출석 위원(11인)**

김병주 민병덕 민홍철 박선원 백혜련 부승찬 안규백 용혜인 윤건영 추미애 한병도

○**출석 전문위원**

수석전문위원 오명호
전문위원 류승우
○정부측 및 기타 참석자
시울 구치소
소장 김현우

제422회 국회
(임시회)

윤석열정부의비상계엄선포를통한내란혐의 진상규명국정조사특별위원회조사록

(임시회의록)

국 회 사 무 처

피조사기관   육군수도방위사령부

일   시   2025년 2월 5일(수)

장   소   육군수도방위사령부 세미나실

(15시 38분 조사개시)

○**위원장 안규백**   의석을 정돈해 주시기 바랍니다.

성원이 되었으므로 윤석열 정부의 비상계엄 선포를 통한 내란 혐의 진상규명 국정조사 특별위원회 현장조사를 실시하겠습니다.

오늘 이른 아침부터 동부구치소와 서울구치소에 이어서 수방사 장소에서 다시 또 현장조사를 하게 됐습니다.

조사를 실시하기 전에 이번 현장조사와 관련해서, 여인형 증인과 관련해서 의견이 있으신 위원님 계시면 간략히 말씀해 주시기 바랍니다.

○**박선원 위원**   박선원 위원입니다.

우리 모두 주지하다시피 여인형 방첩사령관은 소위 충암파 핵심 구성원이라고 할 수 있지요. 대통령 그리고 김용현, 이상민 그리고 방첩사령관으로서의 여인형, 이 네 사람이 이번 내란의 핵심이고, 특히 계획을 짜고 다른 특전사령관 그리고 수방사령관과 함께 합동수사본부를 설치해서 국가비상입법기구가 만들어지면 국회를 무력화시키고 국회의원들뿐만 아니라 정치 지도자 그리고 대법관, 언론인 그리고 종교인들까지 다 잡아서, 그리고 수방사 B1 벙커나 여타 감금시설에 감금을 하고 선관위 직원들까지 다 잡아들일 계획을 세운 것이 바로 방첩사이고 그 여인형 사령관이다 이렇게 되어 있습니다.

어제 헌법재판소에 나와서 매우 불성실한 증언을 했고 오로지 군이 정치에 어떻게 동원됐는지에 대한 기초적인 사실과 내란에 군이 동원됨으로써 헌정질서를 문란케 하고 이 모든 민주주의의 기초, 기반을 흔든 것에 대한 어떠한 사죄나 반성도 지금 보이지 않고 있습니다.

그래서 여인형 사령관에 대한 구인이 있었습니다만 두 차례 모두 응하지 않았던 것에 비추어서 현장조사로서 수방사, 구금시설이 있는 이곳까지 오게 되었습니다. 반드시 여인형 전 사령관을 증인으로 이 자리에서 신문을 할 수 있어야 된다고 생각을 합니다.

○**위원장 안규백**   알겠습니다.

민병덕 위원.

○**민병덕 위원**   방첩사는 전군의 눈과 귀를 가지고 있는, 그래서 군대에서 쿠데타가 일어나지 않도록 방지하는 역할인데 항상 방첩사가 쿠데타에 연관이 되어 왔습니다. 이번에도 방첩사가 쿠데타의 가장 주요한 역할을 했는데 그 역할들을 보면 기본적으로 여인형에 대한 검찰 구속영장에는 한동훈·우원식·이재명 체포 지시가 있었다라는 부분이 있

고, 그래서 반드시 이 부분을 확인해야 됩니다.

그리고 또 여인형 사령관은 수방사 지하벙커 구금 가능 여부를 지시했는데 그 이유가 무엇인지, 거기에 누구를 감금하려고 했는지, 50명 정도 감금할 수 있는 곳을 알아보라고 했는데 그 50명의 명단은 누구인지, 그리고 김용현 장관의 지시라고 밝히면서 14명 정치인을 불러 줬는데 그것이 사실인지?

그리고 또 하나는 조지호 경찰청장에게도 이재명, 박찬대, 전현희 등, 한동훈까지 포함해서 위치 추적을 요구했는데 이것이 사실인지, 이런 부분들에 대한 확인들이 반드시 돼야 되는 매우 주요한 임무에 있는 사람이다.

그렇기 때문에 국민들 앞에 나와서 본인이 했던 일들에 대해서 떳떳하게 밝히고 사과를 할 일이 있으면 사과하고 그것이 본인이 파괴했던 민주주의와 법치주의에 대해서 조금이라도 사과를 하는 그런 것일 것이다. 그 측면에서 반드시 여인형 전 사령관이 나오기를 바랍니다.

○위원장 안규백 위원님들 말씀이 다 똑같을 것으로 생각합니다마는 이번 12·3 내란 친위 쿠데타의 핵심 중의 핵심이고 또 주요 포스트(post)에서 그 역할을 했기 때문에 어느 경우든지 저는 이 자리에 나와서 진실을 밝혀야 한다고 생각을 합니다.

그러면 오늘 수방사 군사경찰단 관계자는 1, 2차를 거부하고 지금 동행명령도 거부하고 있는 여인형에 대해서 이곳 현장으로 데리고 나오시기 바랍니다.

○육군수도방위사령부예방안전과장 김혜인 예, 알겠습니다.

○위원장 안규백 잠시 기다려 주십시오.

○백혜련 위원 그런데 문상호에 대해서는 우리가 요청을 안 했던 건가요?

○용혜인 위원 증인 신청은 계속 들어갔습니다.

○백혜련 위원 그러니까 사실 여기에 지금 문상호도 있는 거잖아요.

○용혜인 위원 여기 아니에요.

○위원장 안규백 문상호는 여기 아니에요.

○민홍철 위원 수도군단이요.

○백혜련 위원 거기는 또 다른……

○민병덕 위원 수도군단은 안양이고, 수도방위사령부예요.

○백혜련 위원 똑같은 곳에 있는 줄 알았어요.

○추미애 위원 막간의 시간에 말씀을 좀 드릴게요.

오늘 이곳 수방사에서 증인으로 출석 의무가 있는 여인형 전 방첩사령관에 대해서 잠깐 정리를 해 보겠습니다.

계엄 문건이 11월 정도에서부터 이곳 방첩사령관의 비서실에서 작성된 것으로 저는 파악하고 있습니다. 제가 12·3 계엄 직후 한 5일 정도 지났을 때 계엄 문건에 대한 제보를 받았습니다. 보안 문건인 관계로 그 제보하는 사람도 보안 규정을 지켜 가면서 아주 신중하게 제보를 해 주었습니다. 그것을 재구성하고 보니 나중에 증거로 받아 본 실제 계엄에 활용된 문건과 거의 일치했습니다.

어제 출석했던 박안수 계엄사령관이 11월 5일 정도 무렵에, 이것도 내부 제보에 의한 것인데요. 11월 5일경에, 그러니까 이 계엄 문건을 이곳 방첩사령관 비서실에서 구체적으로 작성하기 한 열흘 전 그 무렵에 박안수 계엄사령관이 비서실을 통해서 합참의 전시계엄계획 문건을 찾았다고 합니다. 아마 박안수에게 누가 그런 지시를 내렸는지는 김용현 또는 김용현을 거쳐서 윤석열일 가능성이 높겠지요. 그래서 그 이후에 아마 이곳 방첩사 비서실에서도 움직였던 것으로 보입니다. 아시다시피 그 계엄 문건에는 전두환식 비상계 엄을 상정하고서 처단한다라는 그런 용어를 사용한 것이 눈에 띄는 것이지요.

방첩사령관 여인형은 방첩사 내에 전두환과 노태우의 사진을 내걸고 성공한 쿠데타의 롤모델로 상징화를 한 것으로 보입니다. 아마도 그들의 머릿속에는 자신들도 이런 일을 꾸민다면 전두환, 노태우처럼 성공해야 된다 이렇게 마음먹고 있었다라고 봐지는 것이지 요. 전두환, 노태우의 사진은 걸었지만 실패한 김재규의 사진은 걸지 않았습니다, 같은 위치에 있음에도 불구하고.

그래서 내란수괴 윤석열과 함께 모의했던 이들의 영구 집권은 우리나라의 역사를 굉장히 큰 수렁으로 빠뜨릴 뻔한 정말 제대로 조사가 돼야 되는 그런 사항이다라고 생각할 수가 있습니다.

어제 방첩사령관 여인형의 자세를 보면 계엄에 대한 판단은 대통령만 할 수 있는 것이다 이렇게 그 책임을 미루었습니다. 그렇다면, 대통령 혼자 정보 판단하고 대통령 혼자 그럴 권한을 갖고 있다면 계엄법도 필요가 없는 것이고 헌법도 필요 없겠지요. 계엄법이나 헌법에는 계엄의 요건이 명시돼 있습니다. 그리고 이것을 일탈할 때는 헌법재판소가 판단을 할 수 있고 형사법적으로 내란죄나 군사반란죄에 의율될 수 있습니다.

그래서 이 법률가 출신인 윤석열 내란수괴를 향해서 한편으로는 변호를 하는 것이지만 한편으로는 그 책임을 떠밀고 있는 내란수괴와 그 부화수행자들 사이에 어처구니없는 일들이 벌어지고 있습니다.

방첩사령관의 잘못은 우선 대전복 감시활동을 해야 되는 이곳 방첩사가 제대로 그 임무를 하지 못했다는 것입니다. 그것은 인사에서부터 시작되는 것입니다. 군정 문란은 인사 문란에서 비롯됐다라고 봐지는 것이고요. 인사에 관한 검정 역할이 또한 이곳 방첩사령관 지휘 아래에서 이루어지는 방첩사의 주요 직무 내용임에도 불구하고 대전복 감시활동을 못 하도록 하는 인사 문란을 이곳에서 인사를 통해서, 인사 정보를 통해서 만들어냈다라고 할 수가 있겠습니다.

그러면 이 방첩사령관 여인형의 윗대가리는 누구냐? 바로 김용현이라 할 것입니다. 좀 전에 충암파라고 말씀을 하셨는데 이른바 충암파 또는 용현파의 핵심인 김용현과 여인형이 인사 문란을 저지른 것이고 그래서 본인들이 가장 잘…… 그들의 능력과는 아무 상관 없이, 군사적인 지휘관의 능력과는 아무 상관 없이 자신들이 불법을 명해도 잘 들을 만한 그런 사람들로, 동원될 수 있는 사령관으로 인사 얼개를 짜고 그들이 내란을 통해서 영구 집권의 길을, 발판을 다 마련할 때까지 차기 인사를 보류했다라는 정황도 있는 것입니다. 그들을 이번에 인사를 하지 않은 것이지요.

그래서 이 12·3 내란은 미리 인사를 통해서 멀찌감치 내다보고 미리 포석을 깔고 집요하게 준비를 한 것이다. 그것을 막아 낸 것이 바로 위대한 민주시민이고 국회의 신속한 계엄 해제 의결이었다라는 것입니다. 이것을 어제 내란수괴는 아무 일이 없었다라고 그렇게 얘기를 했지만 그것을 믿을 사람은 아무도 없는 것이지요.

이렇게 정리하는 것은 오늘 이 여인형이 증언을 거부하고 또 출석을 거부하더라도 기록에 남겨서 이것이 수사기관과 함께 공유되고 진상조사단에서 향후에 진상조사기간을 연장하더라도 이 기조에서 연장되기를 바라는 취지에서 말씀드렸습니다.

이상입니다.

○**위원장 안규백** 수고하셨습니다.

지금 아직……

○**행정실장 신세민** 예, 확인하고 있습니다.

○**위원장 안규백** 확인하고 있습니까?

포고령 문구를 보면 지난 12·12와 다른 점이 국회와 지방의회의 정치활동을 중단한다 그 내용만 다르지요?

○**백혜련 위원** 아니, 그리고 저기도 있었지 않습니까? 의사들을 처단한다.

○**위원장 안규백** 의사들을 처단한다 그건 포함시킨 것이고.

그게 보면 방첩사에서 그 문안을 가지고 있거든요, 항상. 거기다가 업데이트해서 두 가지만 더 첨가한 것 같아요, 의사들을 처단한다는 내용이 들어가니까.

○**민병덕 위원** 우리 과제 중의 또 하나가 김용현이 얘기했던 것처럼 6명 내지 7명 정도라고 생각되는 그 지시사항을 누가 썼는지, 어떻게 쓰여졌는지 그리고 각각은 어떻게 그 지시사항에 대해서 실행하려고 했는지, 이 부분이 내란을 어느 범위로 고민했는지 그리고 그것을 어떤 정도의 사람들까지 수행하려고 했는지 이게 나올 수 있는 것이어서 포고령도 포고령이지만 그 지시사항을 확보하는 것이 저는 매우 중요하다고 생각됩니다.

그래서 김용현 증인이 명확하게 행안부장관에게는 줬다, 그것도 경찰청장하고 똑같은 걸 줬다라고, 지시사항을 줬다라고 증언했음에도 불구하고 어제 거의 그런 사례가 없는 것처럼 이상민 장관이 얘기하잖아요.

그런데 분명히 이상민 장관의 보좌관이라든지 그 밑의 사람들 같은 경우에는 그것을 가지고 회의를 이미 한 겁니다. 회의 도중에 단전·단수 지시사항을 빨리빨리 한 걸 보면 그것을 가지고 회의를 한 것이고 그리고 법무부도 제가 보기에는 그것을 가지고 회의를 한 겁니다.

그런데 회의록을 나중에 만들었는데 법무부는 아주 그냥 무관한 회의를 밤 12시, 1시에 한 것처럼 그렇게 작성을 해 놨고 행안부도 마찬가지로 거짓 회의록을 작성해 놓은 정도입니다.

그렇다면 저는 그 회의에 참석했던 인원들을 불러서, 다음에 증인으로 불러서 그 회의에서의 내용들을 구체적으로 묻고 해야 된다, 더 중요한 것은 지시사항이 작성된 김용현 증거를 확보하는 것이 가장 중요하겠다 이런 생각이 듭니다.

제가 마지막으로 한 말씀 더 드리면 모든 증거 중에서 가장 중요한 증거는 비화폰의 서버가 지금 내란의 핵심적인 증거인데 이 증거에 대해서 경호처에서 경호처 직무대리가 막고 있고 그 직무대리를 검찰이 구속하지 못하게 보호함으로써 이 총체적인 얼개가 드러나지 않게 하고 있다, 거기에는 경호처도 문제지만 검찰도 관계돼 있는 것으로 보인다라고 생각을 합니다.

○**육군수도방위사령부예방안전과장 김혜인** 증인에게, 수용자에게 증인 출석요구 사항을 전달했습니다. 증인은, 수용자는 출석을 하지 않는 것으로 의사를 표시하였습니다.

○**위원장 안규백** 그렇게 확인했습니까?

○**육군수도방위사령부예방안전과장 김혜인** 예.

○**위원장 안규백** 알겠습니다.

　전 국민을 불안하게 만들고 또 위헌적 비상계엄이라는 만행을 저지르고도 국정조사에 응하지 않고 있는 오만방자한 여인형 증인에 대해서 위원장으로서의 굉장히 심한 유감을 표하지 않을 수 없습니다.

　마찬가지로 이번 주에 여인형 증인에 대해서 증감법에 따라서 고발, 국회 모욕 조치를 동시에 같이하도록 그렇게 하겠습니다.

　오늘 현장조사에 임해 주신 위원님들께 다시 한번 감사를 드리고 또 어쨌든 아침부터 오후까지 이렇게 세 군데에서 연속 이동하면서 협조해 주신 방송사와 또 국회 관계자 여러분께도 감사의 말씀을 드립니다.

　오늘은 증인이 불출석하기 때문에 이상으로서 오늘 회의를 마치도록 하겠습니다.

　내일 10시에 뵙도록 하겠습니다.

　이상 회의를 마치겠습니다.

(15시58분 조사종료)

○**출석 위원(11인)**

　김병주　민병덕　민홍철　박선원　백혜련　부승찬　안규백　용혜인　윤건영　추미애
　한병도

○**출석 전문위원**

　수석전문위원　오명호
　전문위원　류승우

○**정부측 및 기타 참석자**

　육군수도방위사령부
　　예방안전과장　김혜인

오늘(5일) '윤석열 정부의 비상계엄 선포를 통한 내란 혐의 진상규명 국정조사특별위원회'는 서울동부구치소, 서울구치소를 찾아 현장 조사를 추진했습니다. 국조특위는 1차 청문회와 2차 청문회에 내리 불출석한 내란 우두머리 윤석열과 주요 공범인 김용현 전 국방부 장관에 대한 조사를 시도했습니다. 국조특위 위원들은 구치소에 대기하며 오랜 시간 기다렸고, 교도관을 통해 의사를 타진하면서 증인들에 현장 조사 협조를 요구했습니다. 소수 인원의 장소변경조사를 제안했지만 이들은 끝까지 거부했습니다. (…) 국정조사에 불출석하고 비협조적인 태도로 일관하는 것은 명백한 진상규명 방해 행위입니다. 최소한의 양심과 책임감도 내팽개친 윤석열과 그 추종 세력에게 깊은 유감을 표합니다. (…) 한편, 국민의힘 소속 국조특위 위원들은 오늘 현장 조사에 불참했습니다. 특위 출범부터 지금까지 시종일관 의사진행에 훼방 놓으며 동료의원에 막말만 일삼은 국민의힘을 강력하게 규탄합니다.

－ 더불어민주당 · 기본소득당 소속 윤석열 정부의 비상계엄 선포를 통한
내란 혐의 진상규명 국정조사 특별위원회 일동, 2월 5일 보도자료

국회법 일부개정법률안
(신장식의원 대표발의)

의 안 번 호	7911

발의연월일 : 2025. 2. 5.

발 의 자 : 신장식·김재원·이기헌
김준형·김선민·차규근
박은정·이해민·정춘생
황운하·서왕진·백선희
강경숙 의원(13인)

제안이유 및 주요내용

2024년 12월 3일 대통령의 비상계엄 선포 후 국회에서는 12월 4일 계엄해제를 요구하여 국민의 기본권을 수호한 민주주의 역사상 중요한 사건이 있었음.

2024년 12월 4일 국회의 계엄해제 요구 의결권 행사는 국회가 국민의 기본권 보장과 헌법수호 기관임을 상징적으로 보여준 것으로 이를 기념하고 그 헌법적 가치를 후세에 전승할 필요가 있음.

이에 국민 주권을 위임받아 대의민주주의를 실현하는 국회의 개원을 기념하기 위하여 매년 5월 31일을 국회개원기념일로 하고, 매년 12월 4일을 헌법수호의 날로 지정하여 국회의 헌법수호 의지를 천명함으로써 입법부의 책임과 역할을 재확인하고자 함(안 제6조의2 신설).

법률 제   호

국회법 일부개정법률안

국회법 일부를 다음과 같이 개정한다.

제1장에 제6조의2를 다음과 같이 신설한다.

제6조의2(국회개원기념일 등) ① 국민 주권을 위임받아 대의민주주의를 실현하는 국회의 개원을 기념하기 위하여 매년 5월 31일을 국회개원기념일로 한다.

② 헌법수호 정신의 중요성을 알리고 국회가 비상계엄을 해제한 날을 기념하기 위하여 매년 12월 4일을 헌법수호의 날로 한다.

부   칙

이 법은 공포한 날부터 시행한다.

신·구조문대비표

현 행	개 정 안
<신 설>	제6조의2(국회개원기념일 등) ① 국민 주권을 위임받아 대의민주주의를 실현하는 국회의 개원을 기념하기 위하여 매년 5월 31일을 국회개원기념일로 한다. ② 헌법수호 정신의 중요성을 알리고 국회가 비상계엄을 해제한 날을 기념하기 위하여 매년 12월 4일을 헌법수호의 날로 한다.

권영세 비대위원장이 오늘 20일 비대위원 회의에서 "권력의 눈치만 보는 비겁한 사법부가 대한민국 헌정질서를 유린하는 장본인들이다"라며 극우폭동을 사후적 정당화했습니다. 권성동 원내대표는 "폭력의 책임을 시위대에 일방적으로 물을 수 없는 상황"이라며 오히려 "경찰의 과잉 대응이 문제"라고 옹호하고 나섰습니다. (…) 국민의힘 지도부는 뒤로는 국힘에게 불똥이 튈까 두려워 국힘 당원들에게 '자제하라' 문자를 보내놓고, 앞으로는 폭동세력을 옹호합니다. 비상계엄에 대해서는 우려를 표해놓고, 내란특검은 반대하는 작태의 거듭 반복입니다. 이번 폭동 사태는 내란수괴 윤석열이 일으킨 것입니다. 불법수사, 불법체포, 불법구속을 주장하며 사법 체계를 부정하고, 서부지법에 출석해 일부 극렬 극우세력에게 좌표를 찍어주었습니다. 상식적인 보수 지지자들이라면 윤석열의 폭동 지시에 동의하지 않을 것입니다. 폭동 사태를 정당화하는 국민의힘 지도부에게 진절머리를 넘어 분노를 느낄 것입니다. 위헌정당 해산 마일리지가 이미 차고 넘치는 국민의힘입니다. 헌정질서를 파괴하고 있는 국민의힘은 당장 해산하십시오.

— 사회민주당 대변인 임명희, 1월 19일 논평

국회의장 및 국회 경호에 관한 법률안
(이정문의원 대표발의)

의 안 번 호	7916

발의연월일 : 2025. 2. 5.

발 의 자 : 이정문·박 정·이인영
이학영·문진석·황명선
이연희·어기구·임광현
김우영·이상식·김현정
의원(12인)

제안이유 및 주요내용

「국회법」 제13장 '질서와 경호'에 따라 국회의장은 경찰공무원의 파견을 요구할 수 있고, 파견된 경찰공무원은 국회의장의 지휘에 따라 회의장 건물 밖을 경호하도록 하고 있음.

그러나 최근 비상계엄 선포 사건에서처럼 국회경비대가 계엄사령부의 지휘를 따라 국회를 봉쇄하여 헌법기관인 국회의장과 국회의원의 의사당 진입을 막는 등 국회 보호에 제 역할을 다 하지 못하는 한계를 드러냄.

이에 국회경비대처럼 경찰청으로부터 파견받는 형태가 아니라 국회 자체적인 경호, 경비 조직을 신설하여 헌법기관인 국회가 스스로 질서를 유지하고 안전을 지킬 수 있도록 하려는 것임.

법률 제   호

국회의장 및 국회 경호에 관한 법률안

제1조(목적) 이 법은 국회의장 경호 및 국회 경비 등을 담당하는 국회 경호단의 조직과 직무에 대한 사항을 정함으로써 국회 자체적인 질서 유지를 통한 안전하고 효율적인 국회 역할의 수행을 목적으로 한다.

제2조(국회경호단) ① 국회사무처에 국회경호단(이하 "경호단"이라 한다)을 둔다.

② 경호단에 국회경호단장(이하 "단장"이라 한다) 1명을 두되, 단장은 1급인 일반직국가공무원으로 보한다.

③ 단장은 국회의장의 지휘를 받아 경호단의 업무를 총괄하며 경호단원(경호단에 파견된 사람을 포함한다. 이하 같다)을 지휘·감독한다.

제3조(직무) 경호단은 다음 각 호의 직무를 수행한다.

1. 국회의장(이하 "의장"이라 한다), 국회부의장, 그 밖에 의장이 경호가 필요하다고 인정하는 국내외 요인에 대한 경호

2. 회의장을 포함한 국회 관할구역과 의장 공관 및 그 주변 지역에 대한 경계·순찰 및 방비 등의 안전 활동

제4조(보상) 직무 수행 또는 그와 관련하여 상이(傷痍)를 입고 퇴직한

경호단원과 그 가족 및 사망(상이로 인하여 사망한 경우를 포함한다)한 사람의 유족에 대하여는 국회규칙으로 정하는 바에 따라 「국가유공자 등 예우 및 지원에 관한 법률」 또는 「보훈보상대상자 지원에 관한 법률」에 따른 보상을 한다.

제5조(국가기관 등에 대한 협조 요청) 국회사무총장(이하 "사무총장"이라 한다)은 직무상 필요하다고 인정할 때에는 국가기관, 지방자치단체, 그 밖의 공공단체(이하 "관계기관"이라 한다)의 장에게 그 공무원 또는 직원의 파견이나 그 밖에 필요한 협조를 요청할 수 있다.

제6조(국회경호안전대책위원회) ① 경호단의 직무 수행과 관련하여 관계기관의 책임을 명확하게 하고, 협조를 원활하게 하기 위하여 국회사무처에 국회경호안전대책위원회(이하 "위원회"라 한다)를 둘 수 있다.

② 위원회의 위원장은 사무총장이 되고, 위원은 위원장 1명을 포함한 15명 이내의 위원으로 구성한다.

③ 위원회는 다음 각 호의 사항을 관장한다.

1. 경호 등에 필요한 안전대책과 관련된 업무의 협의

2. 경호 등과 관련된 첩보·정보의 교환 및 분석

3. 그 밖에 경호 등에 필요하다고 인정되는 업무

④ 위원회의 구성 및 운영에 필요한 사항은 국회규칙으로 정한다.

제7조(경호단원의 사법경찰권) ① 경호단원(단장의 제청으로 의장이 지명한 경호단원을 말한다. 이하 이 조에서 같다)은 직무 수행 중

인지한 그 소관에 속하는 범죄에 대하여 직무상 또는 수사상 긴급을 요하는 한도 내에서 사법경찰관리(司法警察官吏)의 직무를 수행할 수 있다.

② 제1항의 경우 7급 이상 경호단원은 사법경찰관의 직무를 수행하고, 8급 이하 경호단원은 사법경찰리(司法警察吏)의 직무를 수행한다.

제8조(직권 남용 금지 등) ① 경호단원은 직권을 남용하여서는 아니 된다.

② 경호단에 파견된 자는 이 법에 규정된 임무 외의 직무를 수행할 수 없다.

제9조(무기의 휴대 및 사용) ① 단장은 직무를 수행하기 위하여 필요하다고 인정할 때에는 경호단원에게 무기를 휴대하게 할 수 있다.

② 제1항에 따라 무기를 휴대하는 사람은 그 직무를 수행할 때 필요하다고 인정하는 상당한 이유가 있을 경우 그 사태에 대응하여 부득이하다고 판단되는 한도 내에서 무기를 사용할 수 있다. 다만, 다음 각 호의 어느 하나에 해당할 때를 제외하고는 사람에게 위해를 끼쳐서는 아니 된다.

1. 「형법」 제21조 및 제22조에 따른 정당방위와 긴급피난에 해당할 때

2. 직무 수행 중 인지한 그 소관에 속하는 범죄로 사형, 무기 또는 장기 3년 이상의 징역 또는 금고에 해당하는 죄를 범하거나 범하

였다고 의심할 만한 충분한 이유가 있는 사람이 경호단원의 직무 집행에 대하여 항거하거나 도피하려고 할 때 또는 제3자가 그를 도피시키려고 경호단원에게 항거할 때에 이를 방지하거나 체포하기 위하여 무기를 사용하지 아니하고는 다른 수단이 없다고 인정되는 상당한 이유가 있을 때

3. 야간이나 집단을 이루거나 흉기나 그 밖의 위험한 물건을 휴대하여 경호업무를 방해하기 위하여 경호단원에게 항거할 경우에 이를 방지하거나 체포하기 위하여 무기를 사용하지 아니하고는 다른 수단이 없다고 인정되는 상당한 이유가 있을 때

제10조(벌칙) 제8조 또는 제9조제2항을 위반한 사람은 5년 이하의 징역이나 금고 또는 1천만원 이하의 벌금에 처한다.

부   칙

이 법은 공포 후 3개월이 지난 날부터 시행한다.

언론사가 무엇을 기사화할 지는 언론사 고유의 권한이며 언론 자유의 핵심입니다. 언제부터 기사 가치를 민주당이 판단하고 검열하게 됐는지 묻지 않을 수 없습니다. 누가 민주당에게 그럴 권리를 주었습니까. 심지어 노종면 의원은 YTN 기자 출신입니다. 이러고도 기자 출신입니까? 부끄럽지 않습니까? 민주당은 민형배 의원의 '조사지역 표기' 헛발질을 포함해 그동안 여러 차례 여론조사에 대한 무지를 드러내 왔습니다. (…) 또한 노종면 의원은 같은 글에서 펜앤마이크를 '듣보잡'이라고 비하하며 전체 인터넷 언론사를 모독했습니다. 공정성과 중립성을 애진작에 내다버린 소위 '공영방송' MBC보다 나은 인터넷 언론들이 다수입니다.

— 국민의힘 미디어특별위원회, 2월 5일 보도자료

조용술 대변인, 함인경 대변인 논평

■ **민주당은 헌법재판소와 밀월 관계를 선언하는 것입니까?**

친명계 좌장인 정성호 의원은 지난 2월 1일에 이어 어제도 문형배 헌법재판소 소장 직무대행을 "불편부당함이 없는 완벽에 가까운 판사"라고 치켜세웠습니다. 정 의원의 묻지마 찬양으로 헌재의 정치적 독립성에 대한 국민적 신뢰가 크게 훼손되었습니다. 민주당은 헌재에 대한 황당한 공개 구애를 통해 얻고자 하는게 무엇입니까?

민주당발 묻지마 탄핵으로 국민의 삶과 직결된 정부 기능은 마비되었습니다. 이 와중에 문 대행은 자신들의 빈자리를 채우기 위해 헌법재판관 임명 선고건을 무엇보다 최우선으로 했으나, 절차적 정당성에 대한 논란 속에서 선고를 연기해 무책임한 모습을 보였습니다.

더 심각한 문제는 문 대행과 민주당 간 얽히고설킨 관계입니다. 문 대행은 이재명 대표와 SNS에서 사적으로 교류했고, 정 의원이 둘의 관계를 보증했습니다.

문 대행의 대응 방식도 부적절했습니다. 편향 논란이 불거지자 불리한 과거 트위터 계정은 닫고, 페이스북에서는 자신의 의혹에 대해 적극 반박했습니다. 현직 재판관이 정치적 논란에 직접 기름을 붓는 행위가 과연 적절한 처신입니까?

국민의 눈높이에서 문 대행의 이러한 행적들은 결코 완벽한 판사의 모습으로 보이지 않습니다. 이러한 상황에서 정 의원의 문 대행에 대한 황당한 찬양은 그를 친명 인사화 하려는 것 아니냐라는 의심을 들게 합니다.

정치가 법을 지배하려는 상황에서 국민들은 헌재의 공정성을 어디에서 기대해야 합니까? 헌재가 특정 정치 세력과 결탁한 기관으로 비춰질 수 있는 상황은 민주주의 질서를 심각하게 위협할 수 있습니다.

헌재는 특정 세력의 이익이 아니라 오로지 국민의 헌법적 권리를 수호하기 위해 존재해야 합니다. 지금이라도 헌재는 국민이 납득할 수 있을 만큼 엄정하고 공정한 처신을 해야 합니다. 자정의 골든타임을 놓친다면 헌재에 대한 국민적 신뢰는 회복하기 어려울 것입니다.

■ '간첩은 자유' · '대통령은 구속' 이것이 정상입니까?

대한민국 형사 · 사법체계가 근본부터 뒤틀리고 있습니다.

언론 보도에 따르면 북한 공작원과 긴밀하게 내통한 것으로 알려진 창원 · 제주 간첩단 사건이 기소된 지 2년 가까이 지났지만, '간첩단 피고인'들의 꼼수로 재판이 사실상 중단 상황이라고 합니다.

국민참여재판 신청, 법관 기피 신청, 위헌심판 신청 등 온갖 재판 지연 꼼수로 시간을 끌었고, 구속 기간이 지나 '간첩단 피고인'들은 모두 풀려났습니다. 법원은 '간첩단 피고인들의 재판 지연 전술'에 무기력하게 끌려다니며 사실상 이를 방조하고 있는 것과 다름없습니다.

창원 간첩단 사건은 서울중앙지법이 집중 심리를 이유로 창원지법으로 넘어가면서 재판이 멈췄고, 제주 간첩단 사건도 법관 기피 신청으로 시간을 끌다 결국 피고인들이 풀려났습니다.

결국 '간첩단 피고인'들은 법망을 피해 불구속 상태로 대한민국 곳곳을 자유롭게 활보하고 있는 상황입니다. 법원이 '간첩단 피고인'들의 꼼수에 끌려다니면서 간첩 사건의 증거는 사라지고, 형사 · 사법체계 훼손은 물론 자유민주주의 존립 자체가 위협받고 있습니다.

'간첩단 피고인'들이 자유롭게 거리를 활보하는 상황에서 대한민국 현직 대통령은 어떠한 상황입니까? 공수처의 불법 체포와 불법 수사, 법원의 편법 논란이 있는 영장 · 검찰의 잘못된 부실 기소 등으로 현직 대통령은 감옥에 갇혀 있는 상황입니다. 헌재의 탄핵 심판도 '졸속 절차'라는 비판도 높아지고 있습니다.

'간첩은 자유' · '대통령은 구속'이것이 정상입니까? 과연 이것이 '정상적 법치'입니까? 이러한 상황에 대해 북한 김정은 말고 누가 좋아하겠습니까?

민변 변호사와 '간첩단 피고인'들이 농락해왔던 대한민국 형사·사법체계 체계를 근본부터 바로 잡아야 합니다. 특히 대한민국 법원도 자유민주주의와 법치주의 수호를 위해 '각고의 노력'을 해야 할 것입니다.

2025. 2. 5.
국민의힘 대변인 조용술

—

■ '부전자전'이라더니 민주당은 '아버지 이재명'의 협박 기술까지 닮아갑니까? 여론조사 압박과 언론 탄압을 즉각 중단하십시오.

민주당이 여론조사 기관과 언론을 향해 노골적인 압박을 가하고 있습니다.

민형배 의원이 한국여론평판연구소(KOPRA)의 여론조사에 대해 '지역'을 문제 삼으며 '허위사실 유포'라고 비난한 데 이어, 노종면 대변인은 특정 여론조사를 보도한 언론사와 기자들을 향해 도를 넘는 공격을 퍼부었습니다.

민주당의 이러한 행태는 여론조사 자체를 위축시키고, 언론 자유를 위협하는 명백한 '여론 통제' 시도입니다.

민형배 의원은 한국여론평판연구소가 실시한 여론조사 결과의 지역 표기가 '허위'라고 주장했으나, 이는 민형배 의원의 '무지' 혹은 '무지를 앞세운 억지'만 드러낼 뿐입니다. 해당 조사기관은 여러 항목에 걸쳐 명확히 '영남권(부산·울산·경남·대구·경북)'을 조사 대상으로 표기했으며, 시스템 상 2개 이상의 시·도에서 조사를 진행하면 자동으로 '전국'으로 표시되는 구조일 뿐입니다.

윤석열 대통령의 지지율이 51%로 나타난 여론조사 결과를 두고 "꼼수를 넘어 범죄에 가깝다"라는 막말을 쏟아낸 노종면 대변인의 행태는 더 가관입니다. 특정 여론조사를 인용 보도한 언론사들을 직접 거론하며 '공범' 운운했고, '듣보잡'이라는 폄훼로 언론사를 욕 보였습니다. 심지어 보도를 지시한 데스크의 신상을 공개하고 싶다는 위험한 발언까지 서슴지 않았습니다. 이는 명백한 언론탄압이자, '보도지침' 행태입니다. 도대체 이런 막가파식 협박은 누구에게 배운 기술입니까?

민주당은 6대 은행장 면담 이후 스카이데일리에 '백지광고'가 실리게 만든 '아버지 이재명'의 협박 기술을 그렇게도 닮고 싶은 것입니까? 콩 심은 데 콩 나고, 팥 심은 데 팥 나듯 협박도 대를 이어 계승하는 것입니까?

마음에 들지 않는 여론조사 결과를 두고 '보도 지침'을 내리고, 특정 언론사와 기자들을 공격하는 것은 국민과 언론이 갖는 기본권을 침해하는 행위임을 민주당은 깨달아야 할 것입니다.

■ 민주당의 경찰, 검찰 활동비 전액 삭감으로 대한민국이 범죄자 천국으로 변하고 있습니다.

언론 보도에 따르면 민주당이 단독으로 자행한 검찰 특수활동비와 특정업무경비 전액 삭감으로 인해 검찰 공무원들의 수사비가 사라지면서, 일선 범죄 수사에 차질이 빚어지고, 수사관들의 사기가 저하되고 있다고 합니다.

특수활동비와 특정업무경비는 일상 업무 외에 수사·조사 등에 쓰이는 예산으로 지난해 12월 민주당에 의해 검찰 특활비 80억원과 특경비 507억원 전액을 삭감한 바 있습니다.

특경비는 주요 피의자를 체포하기 위해 출장을 가거나 특수한 수사 활동을 위해 반드시 필요한 비용인데 사실상 수사를 하지 말라는 뜻입니다. 그게 아니라면 경찰이나 검찰 수사관 개인 경비로 충당하라는 말이겠지요.

이런 기막힌 현실을 마주한 한 검찰 수사관은 "범죄자는 떵떵거리며 사는데 우리 수사관들은 활동비가 없어 추위에 굶어가면서 일해야 하는 것이냐며 절규 어린 호소를 했다고 합니다. 참으로 가슴 아픈 일입니다.

민주당은 대체 어느 나라 정당입니까? 정치가 아무리 비정해도 열심히 일하는 공무원들의 사기를 이런 식으로 꺾어서야 되겠습니까?

그런데 이상한 건 공수처 예산은 45억원을 늘려 252억원으로 편성했습니다. 윤석열 대통령에 대한 공수처 수사가 유난히 사나웠던 이유가 여기에 있었던 것은 아니라고 믿습니다. 그러나 대통령에 대한 구속영장이 청구된 날 공수처장과 간부들이 와인을 곁들인 고기 파티를 즐겼다는 보도까지는 차마 믿겨지

지가 않습니다

　이재명 대표가 국민의힘에 대해 '여당이 아니라 산당. 산 위에서 가끔 출몰하면서 세상 사람들을 괴롭
히는 당'이라는 말을 했다고 합니다. 전과 4범에 5가지 재판을 동시에 받고 있는 이재명 대표가 할 말은
아니지요. 이런 엉뚱한 말로 국민들 속 뒤집어 놓지 말고 수사관들 수사비나 조속히 원상 복구하시기 바
랍니다.

2025. 2. 5.

국민의힘 함인경 대변인*

---

* 　동일 일시 보도자료 4개를 함께 실었음을 밝힙니다.

이재명 대표의 '우클릭 행보'가 연일 언론을 장식하고 있습니다. '실용주의'·'흑묘백묘론' 등 이재명 대표의 우클릭 행보에 대한 '정치적 수사'도 화려합니다. 그러나 안타깝게도 이재명 대표의 '우클릭 행보'는 현실화된 것이 하나도 없고 말 뿐입니다. 이재명 대표의 화려한 변신술에도 불구하고, 경제·미래 법안 하나 제대로 국회를 통과한 것이 없습니다. 오히려 참여연대와 민노총 등 사실상 '장외 대주주'들은 '우클릭'에 대해 '위험한 발상'이라고 강력 반발 중입니다. 이러다가 나중에는 "우클릭한다고 말을 했더니 진짜 우클릭하는 줄 알더라"라는 말이 나올 수도 있습니다. 이래서는 안 됩니다. 이재명 대표의 우클릭이 진짜 우클릭이 되려면, 말이 아니라 신속한 행동으로 보여줘야 합니다. 이재명 대표에게 강력하게 촉구합니다. ▲ 반도체 특별법 ▲ 국가기간전략망확충법 ▲ 고준위방폐장법 ▲ 해상풍력법 등 '미래 먹거리 4법'을 '아무런 조건 없이 최대한 신속하게 일괄 처리'합시다.

– 국민의힘 수석대변인 신동욱, 2월 5일 논평

더불어민주당

제74차 최고위원회의 모두발언

□ 일시 : 2025년 2월 5일(수) 오전 9시
□ 장소 : 국회 본청 당대표회의실

- 이재명 당대표

모두가 느끼시는 것처럼 국내 경제 상황이 너무 어렵습니다. 보시는 것처럼 주가도 환율도 매우 위험하고 좋지 않습니다. 온 국민이 아우성을 치고 민생이 정말로 나빠지고 있는데 우리 정부는 아무리 과도 정부라고 해도 지나치게 덤덤한 것 같습니다. 추경을 망설일 때가 아닙니다. 무슨 조건을 붙이고 이렇게 여유를 부릴 때가 아닙니다. 추경은 필요한 정도가 아니라 즉각 추진해야 될 만큼 긴급합니다.

최상목 대행도 "내수 부진의 골이 깊어진다" 이렇게 말은 합니다. 말은 하는데, 행동이 따르지가 않습니다. 18조 원 규모의 경기 보강 패키지, 민생 경제 대응을 위한 개선 조치를 매주 1회 강구하겠다면서, 말은 참 좋은데, 추경은 왜 안 하는지 모르겠습니다. 실무 협의 보고를 들어보면 추경을 하는데 무슨 조건을 자꾸 붙인다고 해요. 정부가 우리 추경할 테니까 "야당이 도와주십시오"라고 해도 부족할 판에 야당이 하자고 하는데 무슨 정부가 조건을 붙입니까? 거래합니까? 이해가 되지 않습니다. 모두가 추경이 필요하다고 말하고 있습니다. 추경을 통해서 즉각 얼어붙은 소비를 살려야 한다고 모두가 말하고 있으니, 신속하게 준비해 주시기 바랍니다.

국민의힘도 이해하기가 어렵습니다. 민생 예산을 삭감했다고 민주당을 비난하면서 "민생 예산 삭감할 때는 언제고 민생 예산 추경하자고 그러냐?" 이런 소리 하는 모양입니다. 이해할 수가 없습니다. 만약에 민주당이 민생 예산을 삭감했다면, 그 복구할 기회로 활용해서 빨리 추경해야 되는 것 아니겠습니까? 그게 책임 있는 여당의 자세 아닙니까?

두 번째로 민주당이 삭감한 예산에 민생 예산이 어디 있습니까? 특활비가 민생 예산입니까? 예비비가 민생 예산인가요? 혹시 국회의원 특활비와 특경비, 예비비 이게 민생 예산이라고 생각했던 것입니까? 민주당이 삭감한 예산안을 잘 들여다보시면, 다 특경비, 특활비 예비비 뭐 이런 것입니다. 그게 무슨 민생 예산입니까? 거짓말이거나 아니면 민생 예산이 뭔지를 모르거나 둘 중의 하나 아니겠습니까? 그런 이상한 핑계로 추경을 피하려고 하지 말고 여당에 책임을 다하기를 바랍니다.

지금 여당의 행태가 좀 이해하기 어려워서 제가 아무리 생각을 해봐도 '이게 도대체 여당이냐? 야당은 아니고 야당의 발목을 잡는데, 이게 도대체 여당이 맞을까?' 제가 이름을 지어보려고 참 고민을 오랫동안 했습니다. 원래 여당이라고 하는 것이 옛날 중국에서 궐 안에서 나라 살림 책임지는 집단을 여당이라고 했습니다. 여당, 들고 있다, 이런 뜻이죠. 야당 궐 밖에서 들판에서 견제하는 세력 국정 잘하라고 견제하는 세력을 '들 야(野)' 자를 써가지고 야당이라고 그랬습니다. 들판에 있는 집단이라고.

그런데, 지금 우리 국민의힘을 보면 이건 도저히 여당은 아니고, 야당 발목 잡고, 뒤통수 치고, 엉뚱한 핑계대고, 거짓말하고, 나라 살림에 관심 없고, 어떻게 하면 야당을 골탕 먹일까 이런 생각만 하고 있는데 이게 도저히 여당은 아니고 생각하다 하다 못해서 제가 이거 산당이다, 산당. 산 위에서 가끔씩 출몰하면서 세상 사람들 괴롭히는 산당. 별로 안 웃기나 보죠? 산당 같아요. 그러면 안 됩니다. 이게 완전히 만년 야당도 이러지 않았습니다. 말도 안 되는 거짓말을 해가면서 무조건 반대, 일단 반대 이런 태도로 어떻게 나라 살림을 합니까? 그래도 최소한의 명분은 있어야 될 것 아닙니까? 최소한의 근거는 있어야 될 것 아닙니까? 그런데 어떻게 추경을 반대하는 이유가 그런 말도 안 되는 이유일 수가 있어요.

우리가 통상 특별위원회 만들어서 지금 국제적으로 심각한 국제 통상 문제를 대응하자, 국가적 차원에서 대응하자, 이렇게 제안을 했더니 반대를 했어요. 아니 스스로 해도 부족할 판에 왜 이걸 반대합니까? 그런데 반대 이유는 더욱 이상합니다. 이런 제안을 하려면 협의를 하고 제안을 하라고 했다고 해요. 협의하자고 제안한 것 아닙니까? 그런데 이 제안을 협의를 하고 제안을 해야 됩니까? 닭이 먼저입니까, 알이 먼저입니까? 어떻게 여당이 나라 살림을 책임을 지고 있다고 하면서 이런 말도 안 되는 소리를 아주 아무 얼굴색 하나 안변하고 합니까? 이 나라 살림 이렇게 해서 되겠습니까? 이렇게 무책임해서요, 어떻게 여당이라고 하겠어요? 그러니까 산당이라고 하지 않습니까? '무조건 반대, 일단 반대, 거짓말로 반대, 혹세무민 내란도 정당하다, 군정을 하기 위해서 비상계엄을 불법으로 위헌적으로 한 것도 다 이유가 있다, 할 만해서 했다.' 이런 태도로 이 나라 살림을 하면 안 됩니다.

미국발의 관세 폭탄 쇼크가 또 우리 기업들에게 튀고 있습니다. 직격탄입니다. 캐나다, 멕시코에 운영 중인 국내 주요 기업의 해외 법인이 200곳이 넘는다고 합니다. 미국의 중국 추가 관세로 우리나라의 중간재 수출 타격도 우려됩니다. 그야말로 불확실성이 증폭되는 '시계제로' 상황 속에서 경제 지수가 요동치고 있습니다. 기업인뿐만 아니라 우리 국민들 모두가 불안해하고 있습니다. 대책을 세워야 합니다. 이럴 때일수록 정치권이 중심을 잡고 국가적 대응 의지를 보여줘야 합니다. 국회가 앞장서서 대한민국의 지금의 위기를 헤쳐 나갈 의지를 대외적으로 과시해야 합니다.

다시 한번 말씀드립니다. 국제 통상 위기에 대응하기 위해서 국회 차원에서 통상 특별위원회를 구성하자는 제안을 드립니다. 미리 협의 못 해서 미안합니다. 협의를 합시다. 대한민국 경제를 위해서 편 가르지 말고, 특정 자기 집단의 이익을 따지지 말고 일을 해야 됩니다. 그게 공인의 자세이고 공당의 최소한의 자세입니다. 부탁드립니다.

(추가 발언) 마치기 전에 한 말씀만 좀 더 드리도록 하겠습니다. 지금 국민의힘이나 윤석열 내란 피고인이나, 그 관련자들이 이 내란 사태를 즉, 친히 군사 쿠데타 사건을 희화화하려고 하는 것 같습니다. 장난으로 만들려는 것 같습니다. 말이 그렇습니다. 무슨 달그림자니, 아무 일도 없었다느니, 심지어 이런 식으로 하다 보면 무슨 '한여름 밤의 꿈' 정도로 만들려고 하는 것 아닌가 그런 생각이 듭니다.

그런데 분명한 것은 이들은 명확한 의도를 가지고 이 나라 민주주의를 완벽하게 파괴하고 군정에 의한 영구 집권을 획책했습니다. 그 과정에서 국민들의 인권은 파괴되었을 것이고, 이 나라 경제는 폭망했을 것이고, 이 나라는 군인들이 통치하는 후진국으로 전락했을 것입니다. 노상원이라는 자가 실제 작전 명령에서 HID 요원들을 폭사시키라고 지시했다는 것 아닙니까? 그 사람이 지금 원래 군사 쿠데타 계획에 의하면 수사 책임자가 되기로 되어 있었다는 거죠. 그자가 준비했던 것이 뭡니까? 야구 방망이. 야구 방망이로 누구를 때리려고 한 것입니까?

저는 칼에 찔려 죽는 거, 총 맞아 죽는 거 두렵지 않습니다. 그런데 야구 방망이는 두렵습니다. 펜치, 니퍼, 그걸로 도대체 뭘 뽑으려고 한 것입니까? 수제 절단기 그건 도대체 뭘 자르려고 한 것입니까? 노태악 선관위원장, 대법관을 잡아다가 직접 취조할 때 순순히 말로 물어보려고 했습니까? 백령도에 가서 수장 운운한 건 대체 무엇입니까? B1 벙커 수백 미터 지하에다 주요 언론인, 야당 정치인, 주요 인사들을 잡아다 가둬놓고 뭐 하려고 했습니까? 이제 사법 제도도 다 망가지고, 군사 재판을 통해서 일반 시민들을 재판하면서 대체 어떻게 하려고 했습니까?

아예 군사 법원까지 재편하려고, 어제 보니까 무슨 판사들 뒷조사를 시켰다는 것 아닙니까? 군 판사들. 모든 행정을 군인들이 장악해서 군인들이 이래라저래라 하면 행정이 되겠습니까? 경제가 되겠습니까?

외교가 되겠습니까? 이 나라를 군인들이 모든 것을 결정하는 완벽한 후진 군사 정치 국가로 만들려고 했던 것입니다. 인권이 살아남아 있겠습니까? 아무나 잡아다가 고문하고, 영장 없이 체포하고, 구속하고, 어디로 잡혀가는지도 모르고 그런 심각한 나라를 만들려고 했습니다.

누구를 위해서, 이 나라 국민들은 이 나라 다음 세대들은 어떤 세상을 살게 될 것입니까? 김건희, 윤석열 부부가 영구 집권하면서 영화를 누리겠지만, 그리고 거기에 빌붙은 그들을 옹호하는 국민의힘, 권력을 누리겠지만, 수천, 5천만 우리 국민들은 참혹한 삶을 살게 될 것입니다. 그렇게 만들려고 했습니다. 그런데 이게 장난입니까? 실실 웃으면서 아무 일도 없었다고 말할 사안입니까? 이게 민주당 때문이라고 평계 대면서 정당한 행위였다고 주장할 사안입니까? 민주당이 권한을 어떻게 행사했든, 그것이 이 나라 민주 공화정을 완전히 파괴하고 군정으로 되돌아갈 합리적 이유가 됩니까?

아무 일도 없었다고요? 온 국민이 밤을 새우고 지금도 다시 그들이 되돌아올까 두려워서 정신과 병원 드나들면서 불안증 겪는 그 수없이 많은 국민들은 아무런 피해자가 아닙니까? 저렇게 환율이 폭등을 해가지고 이 나라 모든 국민들의 재산이 7%씩 날아가도 아무 일도 없었던 것입니까? 그러면 협박죄는 왜 있습니까? 아무 일도 없지 않습니까? 형법에 법 전공했으니까 물어보겠습니다. 미수죄 그거 뭐 하러 있습니까? 아무 일도 없지 않았습니까? 살인 미수, 죽지 않지 않았습니까? 협박, 아무 일 없었잖아요. 근데 왜 처벌합니까? 아무 일도 없었다고요? 심각한 일이 있었습니다. 나라가 완전히 망할 뻔했습니다. 온 국민이 고통스러워할 뻔했습니다. 온 국민이 절망하고 나라가 완전히 후진국으로 전락할 뻔했습니다. 다행히 내란을 획책한 그들이 너무나 부실해서 다행이었습니다. 현명하지 않아서 다행이었습니다. 국민이 위대해서 다행이었습니다.

우리 여기 계신 민주당 의원님들 165명, 해외에 나간 5명 제외한 165명이 단 1시간 반 만에 전원이 경찰과 군의 경계를 뚫고 담장을 넘어서 목숨과 체포를 감수하고, 죽을지도 모르는 그 상황을 돌파해서 국회에 모였습니다. 그래서 다행이었습니다. 현장에 파견된 일선 계엄군 지휘관, 계엄 군사, 병사들 양심에 따라서 사실상 항명하고 민주주의를 지키기 위해서 버텨줘서 다행이었습니다. 수방사에서 다행히 헬기들의 여의도 접근을 40분이나 막아서 다행이었습니다. 그리고 실탄을 병사들한테 지급하지 않아서 다행이었습니다. 착검을 하지 않게 해서 다행이었습니다. 단 한 번의 충돌도 없도록 자제해서 그야말로 다행이었습니다. 이 중에 단 한 발의 총성이라도 들렸더라면, 단 한 번의 주먹질이라도 시작됐더라면 이 나라는 완벽한 암흑사회로 전락했을 것입니다. 그 수없이 많은 우연들, 그 우연들 덕분에 그나마 이렇게 회복하고 있는 중입니다.

그런데 아무 일도 없었다고요. 다시 그 세상을 만들고 싶습니까? 국민의힘 정말로 정치를 그렇게 하면 안 됩니다. 대체 뭐 때문에 정치를 합니까? 온 국민이 고통에 절망하고 나라의 미래가 완전히 사라져서 세상에 암흑이 되어도 당신들만 권력 유지하면 됩니까? 아무 일도 없었던 것이 아니라 심각한 일이 있었고, 지금도 그 심각한 일은 계속 중입니다. 정신 차리기를 바랍니다.

– 박찬대 원내대표

준동하는 폭력 선동과 테러 예고, 배후는 윤석열과 국민의힘입니다. 부정선거론을 주장하며 심지어 집회에서 헌재를 쓸어버리자고 선동한 한국사 강사 전한길씨의 유튜브 영상에 폭탄 테러를 암시하는 글이 올라와 경찰이 수사에 나섰다고 합니다. 해당 댓글 작성자는 "사제 폭탄을 준비 중"이라며 "전한길 선생님의 쓸어버리자는 말씀에 주저앉아 울었다. 20년 짧다면 짧고 길다면 긴 인생 바치겠다"고 적었다고 합니다.

12.3 내란 사태 이후 극우성향의 커뮤니티나 극우집회 등에서 내란을 선동하고, 유력 정치인 등에 대한 테러를 예고하는 자들이 준동하고 있습니다. 총기를 구입해 특정인을 저격하자거나 사제 폭탄을 준비하자거나 누구를 죽이겠다거나 하는 글들이 꾸준히 나옵니다. 전광훈, 전한길을 비롯해 폭력과 테러를 부추기는 자들, 테러를 예비하고 음모하는 자들에 대한 경찰의 철저한 수사를 촉구합니다.

폭력선동과 테러 예고가 부쩍 늘어난 데에는 내란수괴 윤석열과 국민의힘 권영세 대표, 권성동 원내대표의 책임이 매우 큽니다. 내란을 옹호하고 헌법과 법률을 부정하고 끊임없이 음모론과 가짜뉴스를 퍼뜨리고 있으니, 거기에 부화뇌동하는 사람들이 생겨나는 것입니다. 특히 권영세 대표와 권성동 원내대표는 사법부를 공격하고 헌법재판소를 음해하는 언행도 서슴지 않고, 심지어 최상목 대행에게 헌법재판소가 마은혁 재판관 임명 결정을 하더라도 거부하라며 위헌행위를 노골적으로 강요했습니다. 이 정도면 국가 시스템을 부정하는 남미 마약 카르텔이나 할 법한 행위 아닙니까? 조기 대선과 당권 욕심에 나라를 통째로 망가뜨려서야 되겠습니까? 국민의힘 지도부는 지금이라도 국가 시스템을 흔드는 망동에 대해 국민께 사과하고, 자숙하길 촉구합니다.

내란 수괴 윤석열의 공소장을 찬찬히 읽어보시고, 입만 열면 거짓말을 늘어놓는 윤석열을 비호하는 자신들의 부끄러운 모습을 돌아보십시오. 검찰의 내란 수사 방해 행위에 대해 엄중 경고합니다. 김성훈 경호처 차장에 대한 경찰의 구속영장 신청에 대해 검찰이 두 번이나 거부했습니다. 김성훈 차장은 내란 수괴 윤석열 체포를 물리력을 동원해 방해한 현행범이자, 12.3 내란에도 직접 관여한 의혹을 사고 있고, 지금도 비화폰 서버 압수수색을 노골적으로 막아서고 있습니다.

검찰이 구속영장 신청을 가로막는 행위는 매우 비상식적이고, 내란 수사를 축소은폐하려는 고의적 행동이라는 의심을 사기에 충분합니다. 그렇지 않다면 검찰은 김성훈 차장 구속영장 신청에 적극 협조하십시오.

12.3 내란의 트리거인 명태균-윤석열-김건희 여론조작 부정선거 의혹에 대한 철저한 수사도 서둘러 진행해야 합니다. 명태균 게이트가 비상계엄을 서두르게 만든 결정적 계기였다는 정황을 김용현 공소장에 담아놓고 정작 명태균 게이트 수사는 감감무소식입니다.

비상계엄을 선포한 진짜 동기가 무엇인지 밝히기 위해서, 그만큼 엄청난 불법과 부정이 있었다는 의혹을 풀기 위해서, 명태균 게이트에 대한 철저한 수사가 필요합니다. 검찰은 명태균 게이트 관련자들을 빠짐없이 수사해 진상을 밝히십시오. 직무유기를 하거나 고의로 진상을 축소 은폐하려다간 검찰도 수사대상이 될 수 있다는 점을 명심하길 바랍니다.

– 김민석 최고위원

윤석열은 왜 12월 3일을 택일했을까요? 12월 2일과 3일에 걸쳐서 명태균측이 황금폰 공개와 특검을 압박하자 윤석열이 쫄아서 그날 밤 계엄을 실행했다는 명태균씨 발언이 나왔습니다.

저는 감옥엔 절대 안가겠다는 김건희의 생존욕이 계엄 준비의 근본 동기라고 생각해왔습니다. 명태균 발언은 사실일 가능성이 높습니다. 밝혀야합니다.

계엄직전까지 속도가 붙던 창원지검의 명태균 수사관련 소식이 사라졌습니다. 검찰의 '황금폰 폐기 교사설'마저 나왔습니다. 명태균씨의 입이 열리면 홍준표, 오세훈, 이준석 등 국힘 계열 정치인들의 줄초상이 날 것이라는 의혹이 맞는지, 겉으로는 윤석열을 지키는 척하면서 실제로는 명태균을 덮으려는 것이 국힘의 실제 더 큰 관심은 아닌지도 밝혀야 합니다.

창원지검의 명태균 관련 수사진도와 내용을 다 밝힐 것을 요구합니다. 명태균게이트는 윤건희게이트

이자 '국힘 게이트'입니다. 내란정당, 극우정당이자 공천비리 부패정당인 국힘의 판도라상자에 햇볕을 쏘일 때가 되었습니다.

국힘에 한마디만 더 합니다. 아무리 입만 열면 이재명 대표 시비거는 것이 일이지만, 내놓고 '체포조 모집' 운운하는 국힘 지지자모임에 자제요청 한마디 안 하는 정당이 정상입니까? 최소한의 상식과 기본 을 회복하기 바랍니다.

– 전현희 최고위원

반성을 모르는 내란 세력들의 뻔뻔한 거짓말이 국민들을 다시 분노케 하고 있습니다. 급기야는 "국회 방어 목적으로 계엄군을 출동시켰다"는 궤변까지 헌법재판소 법정에 등장했습니다. 계엄군 국회 출동의 목적이 방어라면 국민이 국회를 공격했다는 겁니까? 그동안 새빨간 거짓말로 내란 범죄를 부정하고, 구속취소 청구라는 '듣보잡 법 기술'까지 시연하며 사법부를 우롱하더니, 급기야는 내란을 막아낸 국민을 폭도로 몰아가고 있습니다. 극우 수괴 윤석열이 궤변과 꼼수를 반복하는 의도는 분명합니다. 극우 지지자들을 선동하고 결집시켜 사법부를 겁박하고 탄핵을 무력화해서 다시 복귀하려는 것입니다. 사법 체계와 법치주의를 무력화하고 헌정질서를 붕괴시켜 권력을 잡으려는 전형적인 극우 나치 히틀러식 망동입니다. 극우의힘으로 전락한 국민의힘에 남아있는 양심적인 의원들께 요청합니다. 국민의힘이 있어야 할 곳은 구치소나 극우 집회가 아니라 국민 곁입니다. 이제라도 민주주의와 헌정질서를 복원하고, 내란 위기를 극복하는 길에 동참하길 바랍니다.

내란 수괴 윤석열의 선동, 그리고 이를 추종하는 극우세력들이 대한민국을 폭력과 테러의 위험에 빠뜨리고 있습니다. 전 세계에서 치안이 안전한 나라로 손꼽히는 그런 나라라고 자부했던 대한민국이 내란 수괴 윤석열과 그를 추종하는 내란 세력에 의해서 폭력과 테러의 위협에 노출되고 있습니다. 나라 망신이 아닐 수 없습니다. 극우 강사 전한길 씨의 극우 집회 유튜브 영상에 "쓸어버리자는 주장에 울었다"라며 폭탄테러를 암시하는 댓글이 달렸습니다. 극우 강사의 선동에 동조되어 일반 시민이 자신의 인생까지 바치겠다며 폭탄테러를 예고하고 나선 것입니다. 이재명 대표 암살 테러 시도로 시작되어 내란과 법원 폭동으로 이어진 극우세력의 백색테러는 결코 용납할 수 없는 민주주의와 헌정질서 파괴행위입니다. 수사당국의 엄정한 수사와 강력한 처벌을 촉구합니다. 극우 집회에 등단해서 폭동을 부추기고 선동하는 국민의힘도 극우 테러와 폭력행위의 공범입니다. 권영세, 권성동 국민의힘 지도부는 그간의 극우적 행위를 국민들께 석고대죄하고, 극우세력들에게 더 이상의 폭력과 테러 시도를 멈추라고 강력 경고하십시오. 그렇지 않다면, 이후 발생하는 일체의 극우 테러 행위는 전적으로 국민의힘 책임이라는 것을 경고합니다. 민주당은 그동안 중단되었던 당대표테러대책위를 재가동하여 테러 위협으로부터 목숨 걸고 국민과 민주공화정을 지켜내겠습니다. 국가 안녕을 위협하고 민주주의를 파괴하는 백색테러가 이 땅에 결코 발붙이지 못하도록 하겠습니다.

총성 없는 관세전쟁이 시작됐습니다. 미국이 중국에 추가 관세를 부과했습니다. 국가 명운이 달린 글로벌 통상 경쟁에서 생존하기 위한 핵심 키워드는 '협상력'입니다. 트럼프 대통령은 멕시코, 캐나다의 국경 강화 약속을 이유로 두 국가에 대해선 한 달간 관세부과를 유예하기로 결정했습니다. 대통령이 자초한 정부리더십 부재의 시기입니다. 이때 국민을 대표하는 국회가 대외 협상력의 컨트롤타워가 되어야 합니다. 초유의 통상 위기를 극복하는 데는 여야가 따로 있을 수 없습니다. 국민의힘은 이재명 대표가 국회 통상특별위원회 구성 제안을 사전협의가 없었다는 그야말로 황당한 무조건식 반대하는 발목잡기를 시연하고 있습니다. 이제 집권 여당다운 책임 있는 자세로 전향적으로 이재명 대표의 국회 통상특별위원회 제안 구성에 응할 것을 촉구합니다.

– 한준호 최고위원

오늘은 윤석열의 '말'에 대해서 한 말씀 드리겠습니다.

어제 윤석열 탄핵 심판 5차 변론이 있었습니다. 이때 쏟아진 속보들을 하나하나 보다 보니까 정말 화가 치밀어 올랐습니다. 내란 수괴 윤석열이 어제 변론에 출석해서 세 시간 넘게 눈을 감고 앉아 있었다고 합니다. 그러다가 기껏 한다는 소리가 '실제 아무런 일도 일어나지 않았는데 지시를 했니 받았니 이런 얘기 하는 게, 마치 호수 위에 떠 있는 달그림자를 쫓아가는 것 같은 느낌'이라고 말했다고 합니다. 이런 걸 두고 '자다가 봉창 두드린다'라고 표현합니다.

2024년 12월 3일 비상계엄의 밤에, 어떤 일이 발생했는지는 여기에 있는 모두를 비롯해서 국민들이 생생하게 기억하고 있습니다. 그런데도 아무 일도 없었다고 거짓말을 하면 천벌을 받아 마땅하지 않겠습니까. 문득 윤석열이 '계엄 당시 유혈사태나 인명사고가 있었느냐'라고 반문했던 일이 떠오릅니다. 혹시, 그런 참혹한 상황까지 시나리오에 써 두었는데 무위에 그쳤기 때문에 '없었던 일'로 간주하기로 한 것인지 묻지 않을 수 없습니다. 국회의 기물이 무참히 깨지고, 국회의원들이 담장을 넘다 부상을 입고, 국민께서 국가적 폭력 앞에 서야만 했던 일 정도로는 성에 차지 않았던 것입니까?

'지시를 했니 받았니'라는 표현 속에서 윤석열 본인이 지시한 것이 없다라는 인식이 엿보입니다. 지시한 것이 왜 없습니까? 비상계엄을 선포했다는 것 자체가 국민을 향한 오만한 지시였습니다. 총을 쏴서라도, 문을 부수고 들어가서라도 국회의원을 끌어내라고 한 것도 윤석열의 위법적인 지시였습니다. 심지어 어제 변론에서 윤석열 본인이 김용현 전 국방부 장관에게 '선관위에 군을 보내라고 얘기'하며 지시한 사실을 인정하지 않았습니까. 내란수괴의 한 몸에 둘 이상의 인격이나 영혼이 들어가 있는 것도 아닐 텐데, 앞뒤가 안 맞는 소리만 계속하니까 정말 볼 때마다 소름이 돋습니다. '달그림자'를 운운한 대목은 논평할 가치조차 없습니다.

이 와중에 국민의힘은 내란 수괴의 대변인을 자처하고 있습니다. 윤석열 일반 접견이 시작되면서, 그 옥중 메시지가 면회자들의 입을 통해서 전달되고 있습니다. 그제 국민의힘 권영세 비대위원장, 권성동 원내대표, 나경원 의원이 윤석열을 면회했습니다. 그 면회 직후 나경원 의원이 언론을 상대로 윤석열이 말한 계엄 선포 이유 등을 전달했습니다. 한 언론보도에 따르면 2월 달 윤석열 면회 일정이 꽉 차 있다고 하는데, 앞으로 '전언'의 형식으로 내란 수괴의 일방적인 주장과 망상이 끊임없이 전해지게 될 텐데, 언론에서도 여기에 대해서 철저히 사실 확인을 하기 바랍니다. 고작 내란범의 말이나 옮기려고 정치인이 되었는지, 저는 도무지 반성이라고는 국민의힘에서 찾아볼 수 없습니다.

국민께서 윤석열의 헛소리를 겨우 참아가며 보고 듣는 것은, 계엄과 내란이라는 위법적이고 폭압적인 행태를 선명하게 기억하기 위해서입니다. 윤석열의 거짓말과 억지가 계속될수록, 결국 제 발목을 잡고 스스로 결박을 하게 만들 것입니다. 국민의힘이 윤석열의 메시지를 전파할수록, 국민의 분노는 거세지고 집단적 기억은 더 선명해질 것입니다. 그러니 더 최선을 다하십시오. 국민의힘보다 센 것은 국민의 기억입니다. 이상입니다.

- 김병주 최고위원

국회'요원'이 아닌, 국회의원 김병주입니다. 어제 내란국조특위 청문회에서 국회'요원' 논란의 종지부를 찍었습니다. 곽종근 전 특수전사령관은 국회'요원' 논란에 대해 "윤석열과 김용현이 국회의원을 끌어내라고 지시한 것은 명백한 사실"이라고 확언했습니다. 그러면서 "12월4일 0시20분부터 0시35분 사이에 이 같은 지시가 있었다"고 강조했습니다. 그동안 말도 안 되는 '역대급 코미디'로 웃음을 선물해 주신 내란동조세력께 감사라도 해야 하는 걸까요? 그렇지 않습니다. 내란세력이 유발한 '실소', 그것으로 인한 창피함은 결국 우리 국민이 감당해야 할 몫입니다.

어제 청문회에선 과거 정보사령관 시절 노상원이 했던 충격적인 명령도 밝혀졌습니다. 노상원은 2016년 당시 HID부대장이었던 박민우 현 2군단 부군단장에게 북한 관련 특수 임무를 지시하면서 "임무가 끝나면 HID요원들을 폭사시켜라", "원격 폭파조끼를 입혀서 제거하라", 이런 반인륜적인, 파렴치하고 엄청난 명령을 했다고 합니다. 그렇습니다. 노상원의 수첩에 적혀있었다는 'NLL에서 북한 공격 유도', '국회 봉쇄', '사살', '정치인·언론인 수거 대상', 이런 용어는 그의 습작에 불과했던 게 아닙니다. 계엄이 6시간 만에 해제되지 않았다면 우리가 마주할 현실이었던 겁니다. 이런 극악무도한 내란 세력에게 자비를 베푸는 것은 악마의 씨앗을 남겨두는 것과 같습니다. 반드시 발본색원할 수 있도록 끝까지 최선을 다하겠습니다.

어제 헌법재판소에서 열린 탄핵심판 5차 변론에서도 윤석열의 거짓말 행진은 계속됐습니다. 국회의원을 끌어내라는 지시를 하지 않았다고 딱 잡아뗐습니다. 그러면서 "호수 위에 빠진 달그림자 같은 걸 쫓아가는 느낌"이라고 주장했습니다. 제가 보기엔 '호수 위에 빠진 달그림자'가 아니라, '호수 위에 뜬 진실의 달빛'입니다. 곽종근 전 사령관은 물론 여러 증인이 한목소리를 내고 있습니다. 달그림자가 아니라 진실의 빛이 호수 위에 뜬 겁니다. 공소장에도 윤석열의 지시가 있었다는 진술은 곳곳에 등장합니다. 한낱 세 치 혀로 진실을 가릴 수는 없습니다.

어제 이창용 한국은행 총재는 청문회에서 "환율 상승분 70원 가운데 30원, 경제성장률 하락 0.3%포인트 가운데 절반 정도는 계엄 때문인 것으로 파악한다"고 분석했습니다. 고환율과 저성장 때문에 많은 국민이 고통을 겪고 있습니다. 아직 일말의 양심이 남아 있다면, 윤석열은 진실만을 말해야 하고 하루빨리 그 자리에서 내려와야 합니다. 그것이 국민의 고통을 조금이나마 덜어드리는 길입니다.

– 이언주 최고위원

미국의 트럼프 대통령이 멕시코, 캐나다의 25%의 관세 부과 엄포를 놓고서 막판에 정상 간의 극적인 담판을 통해 시행 한 달을 유예하면서 마약 및 불법 이주민 단속 조치를 요구하고, 중국과는 파나마 운하 문제에도 협상할 것으로 예상됩니다. 이를 보면 트럼프가 막무가내식 폭군이 아니라 관세 무역을 미국 내 안보, 정치, 사회 문제까지 연결 지어서 협상의 레버리지로 삼는 전략적 압박을 구사함을 보여줍니다. 이렇게 정상외교를 통해서 경제, 정치 등 얽힌 문제를 단숨에 돌파하는 모습을 보여주는 게 트럼프의 전매특허인데 지금 우리나라의 트럼프를 상대할 카운터 파트가 없는 뼈아픈 현실입니다.

최근 이러한 관세 전쟁 등 국가적 위기에 대응하기 위해 국회 차원의 통상위원회 구성을 우리 민주당에서 제안한 바 있습니다. 그런데 국힘의 권성동 원내대표가 이에 대해 진지한 응답을 하기는커녕 우리가 협의를 안 했다는 이유로 거부를 했는데요. 우리 제안에 대해서 응답해야 협의를 시작하는 것이지 이 무슨 뚱딴지같은 소리입니까? 아까 대표께서는 '산당'이라고 하셨지만 제가 볼 때는 오로지 트집 잡는 걸 목표로 하는 '해적당'으로 보입니다. 무책임하게 짝이 없습니다. 나라 경제 걱정에 진영이나 이념이 따로 있을 수가 없습니다. 신속히 대통령 탄핵 심판이 종결돼서 정치적 불확실성이 제거되어야 할 것입니다.

지금 헌재에서는 윤석열이 연일 천연덕스러운 거짓말로 국민들 스트레스를 가중시키고 있는 중입니다. 더 이상 그런 비루한 거짓말을 들으면서 소중한 우리의 시간을 낭비할 필요가 없다고 생각합니다. 우리 국회에서는 여야가 협치를 통해 한목소리를 낸다면 미국의 관세 압박도 이를 무시하지는 못할 것이라고 생각합니다. 그러니 국회 차원의 통상위원회를 구성하자는 민주당의 제안에 대해 더 이상 트집 잡지 말고 각오를 분명히 밝히기 바랍니다.

오늘 오전과 오후에도 우리 당과 의원들이 주최하는 관세 전쟁에 대응해서 수출 기업과의 간담회가 있고, 내일 오전에는 경제 상황 점검단에서 경제 상임위 간사들이 기재부 및 산자부와 관련, 이와 관련해서 통상 전략에 대해 상의할 예정입니다. 엊그제 우리 민주당은 반도체 지원 특별법 중에 화이트칼라의 이그젬션 조항을 두고 경영계와 노동계를 초대해서 정책 디베이트를 주최했습니다. 본래 저와 김태년 의원이 각각 대표 발의한 반도체 지원 특별법은 미래 전략 산업인 반도체 산업의 발전을 위해서 국가 차원의 위원회를 설치해서 반도체 산업 경쟁력 강화를 위한 계획을 수립하고, 전력과 용수 등 필요한 인프라를 충분히 지원하며 보조금과 세액 등 세제 혜택을 주는 것을 내용으로 합니다. 그동안 여야가 이 법안을 두고 협의를 계속한 결과 보조금 조항은 정부가 반대해서 민주당에서 한발 양보한 상태입니다.

그런데 화이트칼라 이그젬션 조항이 국힘에서 도중에 발의한 법안에 포함되면서 이 조항 외에는 현재 여야 간 이견이 없는 상태입니다. 저는 지금처럼 미래 전략 산업 분야에 대한 전 세계 패권 경쟁이 치열한 현실과 연구 전문직의 업무 성격을 감안할 때 당사자 간 합의가 전제된다면 몰아서 일하고 몰아서 쉬는 걸 지나치게 제약할 필요는 없다고 생각합니다. 또한 그날 디베이트를 통해서 연간 총 노동시간을 늘리지 않는 범위에서 유연하게 하자는 것이므로 실제로 회사 입장에서는 오히려 야간 및 휴일 수당 등이 지급되므로 비용을 줄이려는 의도는 아니라는 점도 확인했습니다. 따라서 현행 근로기준법상 기존에 있던 연구직 특례는 절차나 조건이 너무 까다롭다고 한다면 이를 현실에 맞게 절차와 기준을 보다 간소화할 필요는 인정된다고 생각을 합니다.

다만 이 경우에 소부장 등 협력업체에 대해서도 똑같이 적용해야 하고, 반도체 산업 외에도 최근 AI 개발이나 배터리, 바이오 등 화이트칼라 이그젬션이 필요한 분야가 많기 때문에 그 분야의 연구직에도 함께 적용하는 것이 타당하다고 생각합니다. 따라서 반도체 지원 특별법은 전력과 용수 및 세제 지원에 관한 이런 급박한 내용을 중심으로 신속히 처리하고 화이트칼라 이그젬션은 개별 산업 지원법에 규정하는 것보다 근로기준법의 특례로서 미래 전략 산업의 연구개발직 노동에 대한 특례를 마련하여 처리합시다. 구체적으로 산자위와 환노위 여야가 함께 TF팀을 만들어서 한두 달 내에 미래 전략 산업의 혁신 생태계 전체에 대한 화이트칼라 이그젬션을 규정한 특례 법안을 마련하거나 미래 전략 산업의 연구개발직 고용계약을 아예 새로운 유형의 계약으로 분류하는 방안 등을 종합적으로 검토할 것을 제안합니다.

그래야 법 체계상으로도 맞고 이해관계자들의 의사도 제대로 반영되면서 다른 전략 산업 종사자들과 형평성에도 맞습니다. 국민의힘은 민주당이 이러한 생각을 가지고 종합적으로 검토를 하자고 하는 것에 대해서 마치 우리가 이런 연구직에 대한 화이트칼라 이그젬션의 정신 자체를 그 취지 자체를 전혀 이해하지 못하고 반대하는 것처럼 이것을 왜곡해서 자꾸 정치적 공세를 하고 있습니다. 이런 문제를 가지고 정치적 장난을 치는 것은 온당치 않다고 생각합니다. 국민을 정말 생각하는 건지 경제를 정말 생각하는 건지 가슴에 손을 얹고 생각해 보시기 바랍니다.

– 송순호 최고위원

민생과 경제에는 관심이 없고 국회에서 발의한 법안을 사사건건 발목 잡고, 얼토당토않은 몽니와 거짓말만 일삼고, 국민에게 짐만 된다 하여 우리 국민들은 국민의힘을 국민의 짐이라 부르기도 합니다. 평소 국민의힘이 하는 꼴을 보면 왜 국민들이 국민의 짐이라 부르는지 이해를 하고도 남습니다. 그런데 이참에 본인들의 정체성에 딱 맞게 당명을 바꾸길 강추합니다. 지금 국민의힘이 하는 짓을 보면 당명을 내란의 힘으로 바꾸는 것이 어떨까 싶습니다. 정명 운동, 바른 이름을 부르기 운동을 해야 할 적기입니다. 내란 종식이 시대적 과제이기 때문입니다. 그래야 국민들이 헷갈려 하지 않습니다. 윤석열과 국민의힘은 12.3 비상계엄과 내란 사태의 책임을 국회와 민주당에게 전가하며 계엄령이 아니라 계몽령이었다는 억지 논리를 폈는데, 내란의 비선으로 지목되고 있는 전 정보 사령관 노상원의 수첩에서 충격적인 내용이 드러났습니다.

노상원의 수첩은 상상을 초월하는 끔찍한 증거들을 담고 있습니다. 호러 영화에나 등장할 법한 실로 끔찍한 데스 노트에 가깝습니다. 국회 봉쇄와 북방 한계선의 북의 공격을 유도 같은 비상계엄의 실행 계획은 물론 사살로 보이는 문구뿐 아니라 한동훈, 이재명 등 정치인과 종교계와 노동계, 공무원, 심지어 경찰까지 수거 대상으로 지목했습니다. 천주교 정의구현사제단 수거, 즉 체포 대상으로 적혀 있고, 민주노총 수거 대상이라고 적시했습니다. 윤석열 정부 국정 운영을 비판하고 시국 선언 등에 나선 진보 성향 단체들을 노린 것입니다.

김명수 전 대법원장은 물론 현직 판사들의 이름에는 좌파 판사로, 방송인 김어준 씨의 이름도 있습니다. 문재인 정부 당시 총경급 이상 경찰 간부들은 물론, 청와대에 파견된 행정관급 공무원까지 무더기로 수거 대상으로 표현했습니다. 숫제 자기들 마음에 조금이라도 안 들면 다 죽여버리겠다는 것입니다. 계엄이 실패로 끝났기에 망정이지 그들의 뜻대로 되었으면 도대체 살아남을 자가 누구겠습니까? 생각만 해도 끔찍한 일입니다. 내란 세력에 대한 발본색원과 엄벌이 필요한 이유입니다.

수첩 내용이 노상원 본인이 작성한 것인지, 김용현 전 국방장관으로부터 전달받은 것인지는 아직 밝혀지지 않고 있습니다. 하지만 내란 세력에 가담한 자가 작성한 내용임에는 틀림이 없습니다. 아무리 감추고 부정하려 해도 윤석열 내란 세력들의 범죄 행위가 실체를 드러내고 있습니다. 윤석열을 비호하는 국민의힘은 체제 전복 세력이자 내란 세력임을 자인하는 것입니다. 국민의힘은 내란 선동과 내란 비호, 체제 부정과 체제 전복, 법치 부정과 헌법 파괴를 당장 멈추십시오. 국민과 역사, 법의 심판 앞에 관용이란 없다는 것을 명심하길 바랍니다.

2025년 2월 5일
더불어민주당 공보국

김용원 위원 등이 제출한 '윤석열 방어권 보장' 안건이 오는 10일 오후 인권위 전원위에 다시 상정돼 논의될 계획입니다. 그런데 이 안건에는 헌법재판소의 탄핵심판 절차마저도 부정하는 등 지난 1월 제출해 논란을 일으킨 '윤석열 방어권 보장' 안건보다 더욱 심각한 내용이 포함됐습니다. 김용원 위원 등은 지난 1월 제출한 안건에서는 "헌법재판관 6인 이상의 찬성이 있다고 하더라도 헌법 위반을 이유로 대통령 윤석열 탄핵 결정에 나아가는 것은 바람직하지 않다"고 해 헌법재판소의 탄핵심판 절차 자체를 부정하지는 않았습니다. 그런데 김용원 위원 등이 지난 3일 제출해 오는 10일 전원회의에서 논의될 예정인 안건에서는 해당 부분을 "헌법재판소는 그 계엄선포의 요건 구비 여부나 선포의 당·부당을 판단할 권한이 있는지 근본적인 의문이 제기된다"라고 수정해 탄핵심판 절차 자체를 부정하고 나섰습니다. 사법질서를 부정하며 서부지법에서 난동을 일으키고, 헌법재판소 재판관들을 공격하고 있는 극우세력의 주장에 일부 국가인권위원들이 동조하고 나선 것입니다.

– 더불어민주당 인권위원회, 2월 5일 보도자료

조국혁신당

탄탄대로위원회 공개회의 모두발언

– 김선민 위원장

저는 개인적으로 올 초에 4자 성어로 '사필귀정(事必歸正)'을 꼽았습니다. 윤석열 파면이야 말로 사필귀정을 대표하는 일이 될 것입니다.

그런데 어제 사필귀정 이뤄냈습니다. 조국혁신당 황운하 원내대표에 대한 공직선거법 항소심에서 무죄가 선고됐습니다. 정말 사필귀정입니다. 이 사건은 전 정부를 겨냥한 검찰의 정치 기소였고, 윤석열 검찰이 일으킨 저강도 쿠데타의 시발점이었습니다.

검찰 개혁의 필요성을 웅변하는 판결이 아니었나 싶습니다. 황 원내대표의 어깨가 조금이나마 가벼워진 것 같아서 매우 다행입니다.

지난 2일 기자회견에서 저는 '내란 종식 원탁회의'와 '반헌법행위 특별조사위원회' 구성을 제안한 바 있습니다. 반헌특위는 현 정국의 난맥상을 단번에 끊어낼 간장과 막야 같은 명검 역할을 해낼 것입니다.

대한민국은 크게는 두 차례 역사 정립(正立)에 실패했습니다. 두고두고 후유증으로 남았습니다. 바로 해방 직후 반민족행위특별조사위원회와 민주화 이후 군부독재 청산입니다.

친일 매국노를 발본색원할 기회가 있었습니다. 이승만 독재정권이 무력화했습니다. 반민특위를 방해해 무산시켰습니다. 도리어 친일파를 요직에 기용했습니다.

5.18특별법에 따라 군부독재 세력 처벌이 시도됐습니다. 전두환, 노태우 등 소수만 심판대에 올랐습니다. 발포 명령자조차 제대로 규명하지 못했습니다. 반란 세력과 기생했던 무리는 그늘에 숨어 웃었습니다. 당시 친일 매국노와 군부독재 세력과 부역자들은 권력과 부를 유지하며 지금도 떵떵거리며 살고 있습니다.

이런 불의가 재연돼서는 안 됩니다. 12.3 내란이 윤석열과 장관, 장성 몇 명 처벌로 그친다면 이렇게 선언하는 것과 같습니다. "매국해도, 반란을 일으켜도, 걸리지만 않으면 장땡이다." 후손에 절대로 남겨서는 안 될 교훈입니다.

내란과 독재 DNA, 부패의 악순환을 끊어야 합니다. 반헌법행위특별조사위원회, 즉 반헌특위를 발족해야 하는 이유입니다. 반헌특위는 내란 세력의 위법적 불법행위를 철저하게 조사하고 역사에 낱낱이 기록하는 역할을 하게 될 것입니다.

진실과화해위원회처럼 별도의 법정 기구로 설치해 독립적 활동을 해야 합니다. 문서 조사와 인터뷰에 그쳐서는 안 됩니다. 실질적 진상규명을 할 수 있도록 조사관에게는 수사에 준하는 권능을 부여해야 합니다.

여야나 진보, 보수의 구분이 아니라 공화와 민주주의를 지키려는 이들로 특위를 구성해야 합니다. 그래야 반국가 내란 세력과 동조 세력을 척결할 수 있습니다. 정의와 역사가 바로 설 때 국민은 통합할 수 있고, 전진할 수 있습니다.

이미 늦었다고 생각할 수도 있지만, 절대로 늦지 않았습니다. 12.3 내란은 의도하지 않은 결과로 대한민국에 선한 영향을 끼칠 수 있습니다. 이제라도 그렇게 만들어야 합니다. 대한민국은 처음 두 단추를 잘못 끼웠습니다. 이번에 세 번째 단추를 끼우면서 이를 모두 고칠 기회를 얻게 됐습니다.

지연된 정의를 이제라도 실행하느냐, 역사에서 배우지 못하고 잘못을 계속 반복하느냐는 우리의 의지와 행동, 선택에 달렸습니다.

감사합니다.

– 황운하 부위원장

어제 항소심 재판부는 '울산사건'에 전부 무죄를 선고했습니다. 진실을 밝혀준 재판부에 경의를 표합니다.

대법원의 확정 판결이 아직 남긴 했지만 '울산 사건'은 윤석열 검찰 연성쿠데타의 시작이었습니다. 윤석열이 검찰총장 시절에 "내가 책임진다"며 기소를 명령했던 사건, 당시 중앙지검장 이성윤 검사장은 황운하에 대해서는 조사도 한번 안 해보고 어떻게 기소를 하느냐라면서 사실상 기소 반대의견을 피력했음에도 불구하고 당시 윤석열이 이를 무시하고 내가 책임진다며 기소를 명령한 사건이었습니다.

이제 윤석열에게 어떻게 질 것인지 책임을 물어야 할 때가 다가오고 있습니다.

검찰권 남용의 전형적인 사건입니다. 이 울산 사건뿐만 아니라 검찰권 남용으로 인해서 숱한 사람들이 심지어 목숨을 끊는 사례도 지금까지 많은 언론에 보도된 바가 있습니다.

이번 울산 사건 수사 과정에서 검찰 수사관 출신의 청와대 행정관과 울산에 거주하는 노동자 1명이 검찰의 무리한 수사 과정에서 목숨을 끊었습니다. 2명이 희생되었습니다. 따라서, 이 과정에서 검찰권이 어떻게 남용되었는지 반드시 책임을 물어야 합니다.

최종책임자는 윤석열이지만 당시 울산지검장 송인택, 중앙지검 공안부장 김태은, 최정민 검사, 이승현 검사 등 우리 검사들에게 마땅한 형사 책임을 물어야 하고 민사상 손해배상 책임도 물어야 하고 이 사건에 대해 반드시 짚고 가야 될 부분이 있습니다.

이 사건의 최대 수혜자는 바로 김기현입니다. 국민의힘 김기현의 토착비리와 검찰의 사건 바꿔치기 즉, 없는 사건을 만들고 없는 죄를 만들고, 있는 사건을 덮는 과정에서 김기현의 토착비리는 덮였습니다.

그런 김기현이 가증스럽게 피해자 코스프레를 하면서 정치생명을 연장해 가고 있습니다. 김기현 형제가 건설업자로서 30억을 받기로 한 각서가 존재한다는 민원에서 시작된 수사였습니다.

경찰의 정당한 수사를 검찰은 부당한 선거 개입 수사로 몰아가기 위해서 김기현의 대형 토착 비리를 덮은 것이 이 사건의 본질이었습니다.

이제 진실의 시간이 다가오고 있습니다. 그리고 검찰권 남용으로 인한 피해를 근원적으로 제거하는 그런 유일한 해결책은 검찰을 해체해서 수사 기소를 분리 완성하는 것에 있다는 것을 다시 한 번 강조합니다.

최악의 정치검사 윤석열이 내란우두머리가 되어 중형선고를 앞두고 있는 것은 윤석열의 검찰권 남용의 업보입니다. 이제 윤석열을 끝으로 정치검찰이 판치던 시대는 마침내 종언을 고하고 있습니다.

그러나 검찰의 사건 조작, 또 보복 기소는 제2의 윤석열 등이 등장해서 계속될 수 있습니다. 권력 찬탈 기조도 계속될 수 있습니다. 따라서, 검찰을 해편해서 검찰을 정상화시키는 데에 민주당의 동참을 호소합니다.

내란수괴 윤석열이 법원에 구속 취소를 청구했다고 합니다. 법 기술을 부려 할 수 있는 시도는 다해보려는 구차한 짓입니다. 소환도 거부하고 체포영장, 구속영장도 모두 부정하고 수사도 거부하고 모든 사법시스템을 거부하면서 자신이 혹시라도 빠져나갈 있는 방법은 다 찾아보는 찌질함이 참으로 보기 딱합니다.

윤석열이 헌재의 탄핵심판 과정에서 보이는 태도는 비열하기 짝이 없습니다. 내란중요임무종사자들과 말 맞추기를 시도하다가 들통나고 국회의원을 국회요원으로 둔갑시키고 온 국민의 조롱의 대상이 되어 버렸습니다.

도무지 깜냥이 안되는 사람이 어쩌다 대통령까지 되어 그에게 투표했던 사람까지 몹시 부끄러워 하고 있습니다. 내란수괴 윤석열은 이제라도 구차하고 비열한 짓은 그만하고 사법절차에 순응하는 모습을 보이길 바랍니다.

– 서왕진 사회권선진국위원장

원내 제1, 2 정당인 민주당과 국민의힘이 일명 '미래 먹거리법'이라는 반도체특별법, 전력망확충특별법, 고준위방폐장법의 처리에 경쟁적으로 나서고 있습니다.

탄핵을 넘어 탄탄한 대한민국을 만들겠다고 약속한 조국혁신당은 민생과 경제를 챙기는 양당의 노력을 지지합니다. 문제는 방향과 내용입니다. 반도체특별법은 주52시간특례 조항을 삭제하고 신속하게 처리하면 됩니다.

전력망확충특별법과 고준위방폐장법 제정은 분산형 전원인 재생에너지를 획기적으로 강화하고, 반도체, 데이터센터 등 전력 다소비 산업의 지방 분산이라는 탄소중립시대 에너지와 산업정책의 대전환과 함께 추진해야합니다.

양당은 문제의 원인 진단부터 제대로 해야 합니다. 우선 반도체특별법과 에너지관련 법안의 처리가 늦어진 것이 주52시간 특례를 반대하는 야당 때문이라는 국민의힘의 주장은 그들의 유일한 능력으로 보이는 "책임 떠넘기기"입니다.

반도체특별법과 에너지관련 법안은 국회 산업통상자원중소벤처기업위원회 소관 법안들입니다. 국민의힘 의원이 위원장을 맡고 있는 다른 상임위처럼 산자중기벤처위도 일단 잘 열리지 않습니다. 그런 와중에도 법안소위에서 작년 11월 중에 반도체특별법과 에너지관련법안에 대한 심의를 충실히 진행했습니다.

특별히 심각한 쟁점 사안이 있는 것도 아니었습니다. 주52시간 특례 문제 역시 반도체 경쟁력 제고를 위해 추진하는 특별법안의 핵심 내용이 아니라는 판단하에 법안의 신속한 처리를 위해 제외하자는데 여야의 공감이 있었습니다. 12월 5일로 예정되었던 법안소위를 정상 개최했다면 상임위 통과에 문제가 없었을 것입니다.

12.3 계엄으로 국회는 물론 국가 전체를 마비시킨 정부 여당이 반도체특별법 처리 지연의 책임을 야당에게 지우며 주52시간 특례를 압박하고 있습니다. 민주당이 이를 허겁지겁 수용하는 절차를 밟아가는 모습은 한편의 블랙코미디 같습니다.

주 52시간 특례 문제는 우리 반도체 산업의 위기를 해소하고 경쟁력을 높이는데 필요한 핵심 요소가 아닙니다. 주 52시간 근무제도를 유지하고 있는 에스케이(SK)하이닉스의 약진이 이를 잘 설명한다는 점을 많은 전문가들이 지적하고 있습니다. 주52시간제 특례 주장은 21세기 첨단 지식산업인 반도체산업의 특성에 대한 몰이해에 기반합니다. 이는 반도체 산업 경쟁력의 가장 핵심인 젊은 인재들을 미국이나 대만으로 밀어내는 결과만 야기할 것입니다.

사안의 본질이 아닌 이슈를 정치쟁점화하여 여론을 호도하고, 이를 바탕으로 야당을 압박하고 결국 제도의 퇴행을 야기하여 특정 집단에게만 단기적 이득을 안기는 방식을 우리는 금융투자소득세의 폐지 과정에서 생생히 확인했습니다.

마치 금투세를 시행하면 한국 주식시장이 금방 무너지고 이를 폐지하면 코리아 디스카운트가 해소될 것처럼 여론몰이가 진행되면서 여야가 합의로 제정한 법안을 시행도 해보기 전에 폐지한 것이 불과 두 달 전 일입니다.

민주당이 일부 주식투자자들의 근거 없는 여론몰이에 흔들리는 모습을 보이자마자 한동훈이 정치 이슈로 증폭시키고 밀리고 밀린 민주당은 결국 정책디베이트 형식을 거쳐 폐지요구를 수용했던 것입니다.

그래서 한국 주식시장은 봄날을 맞이 했습니까? 아무런 효과도 없는 제도 폐지 결정으로 금융시장의 합리화는 중단되고, 정부 세수만 줄어드는 결과를 가져왔습니다. 불과 두 달 전에 원내 제1, 2 정당이 벌인 퇴행입니다.

현재의 반도체특별법 논의는 그 내용과 형식이 금투세 해프닝과 판박이처럼 비슷합니다. 금투세 논의 때 민주당을 압박한 것이 한동훈이었다면 지금은 권성동이라는 것만 바뀐 것 같습니다. 반도체특별법은 주52시간특례 조항을 삭제하고 그냥 신속하게 처리하면 됩니다.

전력망확충특별법과 고준위방폐장법도 필요합니다. 그러나 대전제는 윤석열정부가 저지른 최악의 정책 실패 분야 중 하나인 탄소중립과 에너지전환 정책의 퇴행을 바로잡는 것과 함께 진행되어야 한다는 점입니다.

전력망특별법과 고준위방폐장법 제정은 분산형 전원인 재생에너지를 획기적으로 강화하고, 반도체, 데이터센터 등 전력 다소비 산업의 지방 분산이라는 탄소중립 시대에 맞는 에너지와 산업정책의 대전환과 함께 추진해야합니다.

시대착오적인 원전 대폭 확대 정책을 수정하고 안전과 신뢰를 확고히 보장할 수 있도록 주민, 시민사회, 전문가가 함께 참여하는 검증 시스템의 확보와 함께 추진해야 합니다.

– 정춘생 정치개혁위원장

죄명 '내란우두머리', 피고인 윤석열이 뻔뻔하게 '옥중 정치'를 하며 헌정질서를 무너뜨리고 있습니다. 국민 분열을 조장하고, 불안을 가중시키고 있습니다. 온갖 궤변과 거짓말로 자신의 죄를 감추고 모든 책임을 부하들에게 떠넘기고 있습니다.

그러나, 진실은 감출 수 없습니다. 윤석열의 죄는 끝내 밝혀질 것입니다.

우리가 단죄해야 할 사람이 또 있습니다. 바로 김건희입니다.

명태균이 윤석열, 김건희 부부와 주고받은 280여 건의 메시지를 보면, 그동안 윤석열이 했던 말이 새빨간 거짓말임을 알 수 있습니다.

명태균은 불법조작한 여론조사 보고서를 김건희와 윤석열에게 수차례 보냈고, 이에 김건희는 '넵 충성!'이라 답하며 명태균에게 '우리 오빠 1등으로 만들어 줄 것'을 지시했습니다. 김건희가 선거에 개입한 것도 문제이지만, 윤석열이 여론 조작 대가로 김영선 의원을 공천한 것은 범죄입니다.

뿐만 아니라, 명태균과 김건희는 당 경선 룰 수정과 공천개입에도 깊숙이 개입했습니다. 국민의힘 대선후보 1차 예비경선이 끝난 직후, (2021.9.17.) 명태균은 김건희에게 선거캠프 총괄본부장 후보로 주호영, 윤상현, 김태호, 나경원 의원을 비서실장 후보로 박완수 의원을 언급했습니다. 그로부터 한 달 뒤 명태균의 제안은 그대로 실현됐습니다.

김건희와 명태균의 행태는 윤석열 대통령 임기 이후 더 대담해졌습니다. 해외 순방 일정과 세부 사항을 직접 결정하며, 심지어 국가 원수급 의전 일정을 멋대로 변경하기도 했습니다.

국회 이태원 참사 국정조사 때도 그렇습니다. 김건희는 명태균에게 대응방안을 물었고, 이에 명태균은 "국정조사 위원으로 전투력 있고, 언론플레이에 능한 사람을 배치해야 한다"고 조언합니다.

명태균의 조언대로 국민의힘은 적극적인 언론플레로 프레임 전환에 나섭니다. 당시 김상훈 국민의힘 비상대책위원회 의원은 "국가적 참사가 발생했을 때 이를 숙주로 삼아 기생하는 참사 영업상이 활개 치는 비극을 똑똑히 보았다. 이들은 참사가 생업자다. 진상이 무엇인지는 관심이 없다"고 입에 담지 못할 막말을 퍼붓습니다. 이 뿐만이 아닙니다. 명태균은 고위 공무원으로부터 국책사업 관련 보고를 받으며, 창원 제2국가산업단지 후보지, 창원 배후도시 지구단위계획 재정비, 창원순환도로 노선 변경 사업에도 영향을 끼친 것으로 알려졌습니다.

윤석열은 취임 후에는 명태균과 연락하지 않았다고 말했지만, 명태균은 윤석열, 김건희와 수시로 소통하면서, 국정에 깊숙이 개입해 왔습니다.

김건희는 어떻습니까? 민간인임에도 비화폰을 사용하며 국정에 개입하고, 해군 함정에서 술파티를 벌이고, 국가 재산과 자원을 사유화하는 행태를 서슴지 않았습니다.

서부지법 소요 사태 주동자 중 한 명이 김건희 팬클럽 '퀸건희'의 운영자로 밝혀졌습니다. 김건희는 지금도 한남동에서 경호처 김성훈 차장의 경호를 받으며, 또 다른 음모를 꾸미고 있을지도 모릅니다.

검찰에게 묻습니다. 범죄 혐의가 명백하게 드러난 물증을 확보해 놓고도, 검찰은 윤석열, 김건희를 소환조차 하지 않았습니다.

명태균의 창원 산단 개입 사건 수사는 어떻게 되고 있습니까? 소위 '명태균 황금폰' 수사는 언제 할 것입니까? '명태균 게이트' 수사가 왜 윤석열, 김건희 앞에서 멈췄습니까?

그래서 김건희 특검법이 필요한 것입니다. 특검을 통해 모든 죄를 끝까지 밝혀내서, 단죄해야 합니다.

다시 한번 강조합니다. 잊지 말자 명태균!! 다시 보자 김건희!!

홍성규 수석대변인 대변인 논평

□ 일시 : 2025년 2월 5일(수) 오전 11시 45분
□ 장소 : 국회 소통관 기자회견장

■ **좌표 찍어 시민 협박하는 극우'화살촉'들! 철저히 수사하여 일벌백계해야!**

민주노총 마트산업 노동조합에서 기자회견을 열어 디시인사이드 이용자들을 명예훼손 및 협박 혐의로 고발했습니다.

'윤석열 탄핵'이란 배지를 달았다는 이유 하나로, 마트 노동자들의 개인 신상을 공유하고 매장까지 찾아 협박하는, 차마 믿기 어려운 끔찍한 일들이 백주대낮에 일어나고 있기 때문입니다.

넷플릭스 드라마 〈지옥〉에 나왔던 사이비 종교 광신도 집단 〈화살촉〉들이 2025년 대한민국에서 스멀거리고 있습니다.

디시인사이드 '국민의힘 마이너 갤러리'가 그 소굴입니다. '탄핵 배지'를 단 노동자들의 개인 신상을 공유하고 항의전화를 돌리자는 글이 게시되었습니다. 국정농단의 주역 김건희의 팬카페 '건사랑'도, 일베저장소도 마찬가지입니다.

급기야 이들은 '부정선거' 망토를 두르고 해당 노동자들을 색출하겠다며 매장까지 들이닥쳤습니다.

선을 넘어도 한참 넘었습니다. 민주공화국 대한민국에서는 절대로 용납할 수 없는 백색테러 정치폭력입니다. 온라인-오프라인을 막론하고 절대로 있어서는 안 될, 우리 소중한 민주주의를 그 근간에서 갉아먹고 무너뜨리는 심각한 범죄행위입니다.

대부분이 여성들인 마트 노동자들은 극심한 불안을 호소하고 있습니다. 퇴근할 때 가족들을 불러야 할 지경입니다. 병가를 내고 출근도 못할 만큼 공포에 시달리고 있습니다.

이미 서부지원 난입폭동 사태로 극우폭력세력의 위험성과 끔찍함을 절절히 목도한 바 있습니다. 바로 지금 여기서, 그 악순환의 고리를 철저하게 끊어내야 합니다.

폭력을 사주하고 선동하고 실행하는 이 모든 범죄자들을 엄중히 수사하여 단호히 일벌백계해야 합니다.

■ '달그림자 쫓기'에 가장 적합한 곳은 바로 교도소 쇠창살이다!

내란수괴 윤석열의 체포 및 구속 기소로 오랜만에 홀가분하게 연휴다운 '설 명절'을 보낸 우리 국민들이, 헌법재판소 탄핵심판 변론과 국회 국정조사특별위원회 현황을 지켜보며 극심한 체증을 호소하고 있습니다.

내란수괴 윤석열은 이미 다 밝혀진 사실관계조차 천연덕스럽게 부인하며 파렴치한 거짓말로 일관하고 있고, 나경원과 국민의힘 지도부들은 '내란 대변인'을 자처하며 끔찍한 가짜뉴스로 여전히 사회를 어지럽히고 있습니다.

이 뻔뻔한 요설들, 도대체 언제까지 두고 봐야 합니까!

우리 국민들의 엄중한 판단은 이미 다 끝난 지 오래입니다. 무도하고 참담한 내란외환세력들을 그대로 두는 1분1초들이 바로 대한민국이 멈춰서고 퇴행하는 시간들입니다. 헌법재판소는 최대한 신속하게 판결을 내려 이 혼란과 퇴행에 마침표를 찍어야 합니다. 우리 사회 곳곳에 뿌리내린 동조세력들에 대한 철저한 수사와 엄중한 단죄는 당연히 뒤따라야 할 조처입니다.

희대의 흉악범에서 희대의 파렴치범으로 둔갑한 내란수괴 윤석열은 참으로 뻔뻔하게도 "호수 위에 떠 있는 달그림자 같은 걸 쫓아가는 느낌"이라고 둘러댔습니다. 그토록 원한다니 친절히 알려주겠습니다. 호수 위는 아니지만 '달그림자 쫓기'에 가장 적합한 곳이야말로 바로 교도소 쇠창살입니다.

그 무슨 성찰도 반성도 이제는 기대하지 않습니다. 우리 국민의 가슴을 정조준해 총부리를 겨눴던 그 무거운 죄상만큼, 앞으로 오래오래 달그림자를 쫓아야 할 것입니다.

2025년 2월 5일
진보당 수석대변인 홍성규[*]

---

[*] 동일 일시 보도자료 2개를 함께 실었음을 밝힙니다.

윤석열은 헌재 탄핵심판변론에서 "체포를 지시한 적 없다"고 했고, 전광훈은 "절대로 폭력을 쓰지 말라고 연설했다"고 주장했습니다. 윤석열은 "아무 일도 일어나지 않았다"며 천연덕스러운 궤변을 늘어놓았고, 전광훈은 "광화문집회 7년간 단 한 건의 사고도 없었다"고 되받았습니다.

압권은 "잘 모른다"는 '도리도리'입니다. 윤석열은 그 숱한 지시를 하고 받았던 정황들을 두고 "달그림자 쫓아가는 느낌"이라고 도리도리를, 전광훈은 "원로목사에 불과해 교회 행정에 대해 잘 모른다"고 역시 도리도리질을 했습니다. 참으로 너절하고 비루한 작자들입니다. 이런 파렴치범에 의해 민주공화국 대한민국에 '내란'이, 이런 뻔뻔한 작자에 의해 지금도 '내란선동'이 지속되고 있다는 사실이 참으로 끔찍하고도 참담합니다. 더 이상의 혼란을 막기 위해서라도, 진압이 시급합니다. 헌재는 조속한 '윤석열 파면'으로 국민의 명령에 응답해야 합니다. '특임 전도사'들도 줄줄이 체포된 마당에, 전광훈 또한 즉각 체포하여 거듭된 내란선동의 입부터 틀어막아야 합니다.

– 진보당 수석대변인 홍성규, 2월 5일 서면브리핑

2025년 2월 6일

탄핵 심판 6차 변론 곽종근 등 증언,
국정조사 3차 청문회 외

창원지검이 24년 11월 4일 작성한 수사보고서는 '윤석열과 김건희, 명태균의 문자메시지' 분석에 집중돼 있습니다. 이 수사보고서는 명태균과 강혜경 씨가 윤석열, 김건희에게 타격을 줄 만한 자료를 얼마나 갖고 있는지 윗선에 보고하고자 작성된 것입니까? 창원지검의 수사보고서가 대통령실 보고용으로 직행된 것입니까? 윤석열 김건희 부부의 김영선 전 의원 공천개입 의혹, 오세훈 서울시장과 홍준표 대구시장도 연루된 여론조사 비용 대납 의혹, 창원 산업단지 지정 관련 국정 농단 의혹 등에 대한 수사는 어디까지 진행됐는지, 그리고 왜 멈춰섰는지 묻습니다. 명태균 관련 수사진도와 내용을 다 밝힐 것을 요구합니다. 명태균의 공소장에는 애초 논란이 됐던 김건희 공천개입 의혹 사건 등이 모두 빠졌습니다. 12.3 계엄 쿠데타의 동기가 윤석열, 김건희 부부의 종합 비리를 덮기 위한 것이었는지 반드시 밝혀내야 합니다. 명태균게이트는 윤건희게이트이자 '국힘 게이트'입니다. 윤석열, 김건희의 공천개입으로 시작한 이 명태균게이트는 몸집이 커져도 너무 커졌습니다. 명태균의 입이 열리면 홍준표, 오세훈, 이준석 등 국힘 계열 정치인들이 줄초상 난다는 말까지 있습니다. 명태균게이트를 덮으려는 것이 국힘의 목표인지 밝혀야 합니다.

– 더불어민주당 명태균 게이트 진상조사단 일동, 2월 6일 보도자료

제422회국회
(임시회)

윤석열정부의비상계엄선포를통한 내란혐의
진상규명국정조사특별위원회회의록

제 7 호

(임시회의록)

국 회 사 무 처

일　시　2025년2월6일(목)

장　소　국방위원회회의실

의사일정

1. 윤석열 정부의 비상계엄 선포를 통한 내란 혐의 진상규명 국정조사 청문회(3차)
2. 동행명령장 발부의 건(추가)
3. 윤석열 정부의 비상계엄 선포를 통한 내란 혐의 진상규명 국정조사특별위원회 활동기간 연장의 건(위원회안)(추가)

상정된 안건

(10시02분 개의)

○**위원장 안규백** 의석을 정돈해 주시기 바랍니다.

지금부터 헌법 제61조, 국회법 127조, 국정감사 및 조사에 관한 법률에 의거 제422회 임시국회 제7차 윤석열 정부의 비상계엄 선포를 통한 내란 혐의 진상규명 국정조사특별위원회 개회를 선언합니다.

엄동설한의 한파에도 불구하고 국정조사를 위해서 노력하고 계시는 여야 위원님 여러분께 깊은 감사의 말씀을 표합니다.

참고로 오늘 국정조사 과정이 국회방송과 국회 유튜브를 통해서 생중계될 예정임을 알려 드립니다.

오늘 실시되는 제3차 청문회에서는 비상계엄의 원인과 책임이 더욱 명백히 규명될 수 있기를 바랍니다.

동시에 오늘 참석하시는 증인께서는 국민 여러분께서 지켜보고 계신다는 점을 명심하시고 오늘 청문회에서 진실되고 성실하게 답변해 주실 것을 당부말씀 드립니다.

청문회에 들어가기 전에 오늘 불출석한 증인의 동행명령을 위한 의결 절차를 진행하도록 하겠습니다.

국회에서의 증언·감정 등에 관한 법률에 따라 불출석 죄는 3년 이하의 징역 또는 1000

만 원 이상 3000만 원 이하의 벌금에 처하게 되어 있으며 동행명령 거부죄는 5년 이하 징역에 처할 수 있습니다.

지난 청문회 때 말씀드린 바와 같이 수사 중이거나 재판 중인 증인 또 국정조사 증인으로 출석해야 함에도 불구하고 출석하지 아니한 또 국정조사를 회피하는 증인에 대해서, 합당한 이유 없이 불출석한 증인에 대해서는 동행명령장과 함께 고발조치 등 단호한 법적 책임을 물을 것을 다시 한번 말씀드립니다.

---

o 의사일정 변경의 건

(10시04분)

○위원장 안규백 그러면 의사일정 변경을 하여 불출석 증인에 대한 동행명령장 발부를 안건으로 추가하고자 하는데 위원님들 의견 있으십니까?

(「없습니다」 하는 위원 있음)

○한기호 위원 아니, 명단도 안 주면서 그냥 하는 게 어디 있습니까, 위원장님?

○위원장 안규백 동행명령장을……

배부해 주세요.

○한기호 위원 아니, 우리가 찬동하지 않더라도 명령의 대상자가 누군지는……

○위원장 안규백 지금 자료를 준비해 주시고, 오늘 피고인 윤석열과 심우정 총장께서는 합당한 이유가 있어서 이분들은 동행명령장을 발부하지 아니하기로 했습니다. 오늘 법원에 출석하시고 심우정 총장은 차장께서 출석하셨기 때문에 발부하지 않는 것으로 했습니다.

○한기호 위원 한 부씩 나눠 드리라고요.

아니, 한 부씩 나눠 드리라니까요.

○추미애 위원 아니, 책상 위에 다 깔려 있습니다.

○박준태 위원 어디에 있다는 말씀이시지요?

○강선영 위원 우리는 없어요.

○한기호 위원 민주당 위원님들한테만 있고 저희들한테는 없습니다.

이렇게 편파적으로 하는 게 어디 있어요, 위원장님.

○민홍철 위원 우리도 없어요, 우리도 없어.

○백혜련 위원 아니, 증인명은 없어요. 착각하신 거예요.

○곽규택 위원 추미애 위원님한테만 갖다 바쳤네.

○민홍철 위원 우리도 안 깔렸어요.

○추미애 위원 불출석했으면 동행명령 대상인 거지요.

---

2. 동행명령장 발부의 건

(10시07분)

○위원장 안규백 의사일정 제2항 동행명령장 발부의 건을 상정합니다.

동행명령장을 발부하는 데 있어서 그 명단을 확인하셨습니까?

한기호 간사님, 확인하셨습니까?

○한기호 위원 봤습니다. 의결해 주십시오.

○**위원장 안규백** 이의가 없으신가요?

　　(「이의 있습니다」 하는 위원 있음)

　이의가 있습니까?

　　(「예」 하는 위원 있음)

　이의가 있으므로 의사일정 제2항 동행명령장 발부의 건을 표결하도록 하겠습니다.

　오늘 불출석한 김용현·여인형·노상원·문상호 증인의 동행명령장 발부에 대하여 찬성하는 위원님께서는 거수하여 주시기 바랍니다.

　　(거수 표결)

　내리십시오.

　반대하시는 위원께서는 거수하여 주시기 바랍니다.

　　(거수 표결)

　표결 결과를 말씀드리겠습니다.

　재석 18인 중 찬성 11인, 반대 7인으로 의사일정 제2항 동행명령장 발부의 건은 가결되었음을 선포합니다.

　그러면 지금 즉시 동행명령장을 집행하도록 하겠습니다.

　국회의 경위께서는 위원장 앞으로 나오시기 바랍니다.

　　(국회 경위 입장)

　특위 위원장은 현 시간부로 국정조사 청문회장에 증인을 출석하기 위한 동행명령장을 발부합니다.

　국회 경위께서는 집행해 주시기 바랍니다.

　　(동행명령장 전달)

　증인 출석과 관련하여 당초 청문회 증인으로 의결된 최상목 대통령권한대행겸부총리와 김주현 대통령비서실 민정수석께서는 오늘 3차 청문회에 출석하기로 간사 간에 양해되었음을 말씀드립니다.

---

1. 윤석열 정부의 비상계엄 선포를 통한 내란 혐의 진상규명 국정조사 청문회(3차)

(10시08분)

○**위원장 안규백** 그러면 의사일정 제1항 윤석열 정부의 비상계엄 선포를 통한 내란 혐의 진상규명 국정조사 청문회를 상정합니다.

　먼저 증인 선서를 받도록 하겠습니다.

　증인에 대한 신분 확인은 행정실에서 사전에 실시하였음을 알려 드립니다.

　증인 선서를 받는 이유는 국회가 국정조사를 실시함에 있어서 증인으로부터 양심에 따라 숨김없이 사실대로 증언하겠다는 서약을 받기 위한 것입니다. 만약 증인이 정당한 이유 없이 선서를 거부하거나 증언 중 모욕적인 언행 등으로 국회의 권위를 훼손한 때, 선서한 증인이 허위의 진술을 한 때에는 국회증언감정법에 따라 고발될 수 있음을 알려 드립니다.

　동시에 국회에서 증인으로 조사받는 자는 이 법에 정한 처벌을 받는 것 외에 그 증언으로 인하여 어떠한 불이익 처분도 받지 아니한다고 규정되어 있음을 알려 드립니다.

　즉 이 조항은 국회의 국정조사 과정에서 행한 증언 답변으로 인해 다른 목적으로 불이익 처분을 받지 아니하므로 진솔하게 증언해 주시기 바랍니다.

한편 형사소송법 제48조 규정에 의거, 자기나 친족 관계에 있는 자가 형사소추 또는 공소제기를 당하거나 유죄판결을 받은 사실이 드러날 염려가 있는 경우에 증언을 거부할 수 있음을 알려 드립니다.

다음 사항은 선서 방법에 대해서 안내말씀 드리겠습니다.

선서는 증인을 대표하여 최상목 대통령권한대행께서 발언대로 나와 주시고 다른 증인들께서는 제자리에 일어서서 오른손을 드시기 바랍니다.

그러면 최상목 증인께서는 발언대로 나와서 선서하시고 선서가 끝나면 선서문을 위원장에게 제출해 주시기 바랍니다.

○**증인 최상목** "선서, 본인은 국회가 실시하는 윤석열 정부의 비상계엄 선포를 통한 내란 혐의 국정조사특별위원회에서 증언을 함에 있어 국회에서의 증언·감정 등에 관한 법률 제8조의 규정에 의하여 양심에 따라 숨김과 보탬이 없이 사실 그대로 말하고 만일 진술이나 서면답변에 거짓이 있으면 위증의 벌을 받기로 맹서합니다."

2025년 2월 6일

증인 최상목
증인 한덕수
증인 정진석
증인 김주현
증인 김태효
증인 오00
증인 박종준
증인 이진동
증인 김선호
증인 김대우
증인 박안수
증인 이진우

○**위원장 안규백** 모두 자리에 앉아 주시기 바랍니다.

다음은 증인 신문 순서입니다.

신문은 국회법 제60조 규정에 의거 일문일답 방식으로 하겠습니다.

신문하실 때에는 답변하실 증인을 지정하여 주시기 바랍니다.

신문 시간은 답변을 포함하여 7분으로 하겠습니다.

1차 신문 이후에 추가신문, 보충신문 시간을 드릴 예정이기 때문에 가급적 시간을 준수해 주시기 바랍니다.

○**한기호 위원** 의사진행발언있습니다.

○**위원장 안규백** 그러면 질의 순서에 의거……

○**박선원 위원** 저도 의사진행……

○**한기호 위원** 1분만 주십시오.

○**위원장 안규백** 한기호 위원님 먼저 하십시오.

○**한기호 위원** 지금까지 우리가 청문회를 하는 과정에서 여야의 이견이 있을 수 있고

또 내용에 대해서 동의할 수도 있고 안 동의할 수도 있습니다. 그런데 오늘 아침에 저희들 국민의힘 위원들이 모여서 얘기한 것이 민주당 위원님들 발언할 때 의사 방해를 하지 말자. 또 그리고 오늘 부탁드리고 싶은 게 민주당 위원님도 저희들이 발언하고 질의할 때 방해를 안 해 주셨으면 좋겠습니다. 그래서 최소한도 지금까지 국민들 보기에 참 보기 흉한 모습을 보인 것을 오늘은 안 보였으면 좋겠다 그런 의미에서 제가 의사진행발언 한 겁니다.

위원장님 잘 좀 해 주시기 바랍니다.

○**위원장 안규백** 한기호 간사님께서 의원 간의 상호 신뢰를 바탕으로 신사협정을 맺도록 그렇게 말씀하셨습니다.

박선원 위원님 짧게 하십시오.

○**박선원 위원** 동일한 맥락입니다, 위원장님.

지난번 합참 현장조사 갔을 때 제가 임종득 위원께 말씀드렸습니다, 최소한 욕은 하지 말자. 저한테 욕한 게 돌아다니고 있어요, 지금. 저한테 싸가지 없는 뭐라고 한 동영상이 지금 돌아다니고 있습니다. 소리까지 들어있어요. 그래서 제가 임종득 위원님께 합참 현장조사 할 때 적어도 이러지 맙시다 했고 그러지 않기로 했습니다.

그런데 지난번에도 바로 이 직전 청문회에서도 용혜인 위원에 대해서 그런 심한 발언, 모욕적 발언 그리고 부승찬 위원한테 했던 발언이 제한테 했던 발언 똑같이 했습니다. 그래서 방금 한기호 간사님께서 하신 말씀을 존중하는 뜻에서 임종득 위원님이 사과 한 말씀은 하셔야 된다 저는 그렇게 생각합니다. 안 그러면 저는 윤리위에 제소하겠습니다.

○**위원장 안규백** 지금 사실 역대 국회를 보면 막말 하는 위원님들은 사실 우리 국회보다는 국민들께서 지역구민께서 그분들의 언행의 하나하나를 다 알고 계십니다. 저는 그 양심에 맡기기로 하고요. 이 부분에 대해서는 먼저 양당 간사께서 위원들의 질의 시간에 협의를 해 주시기 바랍니다.

그러면 질의 순서에 의해서 추미애 위원님……

○**박선원 위원** 자료 제출 하나 하겠습니다.

○**위원장 안규백** 예, 간단히 하십시오.

○**박선원 위원** 신상발언 겸 자료 제출입니다.

피청구인 윤석열 대통령께서 헌재에서 이렇게 이야기했습니다. 박선원 의원 때문에 내란 프레임이 씌워졌다라고 하는데 저희는 작년 8월부터 김용현 장관 인사청문회 때부터 곽종근, 이진우 그리고 여인형, 즉 특전사령관·수방사령관·방첩사령관 셋을 경호처장이 불러서 관저에서 행사 한 것 자체가 내란 예비 음모일 수 있다라고 했습니다. 그때부터 지속적으로 내란 예비 음모에 대해서 경고했고 계엄령 하지 말아 달라고 부탁을 했습니다. 안 한다고 하셨습니다. 그러고 했습니다. 그래서 내란죄가 된 겁니다.

그런데 홍장원 차장에게까지 온갖 음해와 모함이 판치고 있습니다. 국회 정보위에서 홍장원 차장이 그러한 돈 횡령이 없었다, 불법행위가 없었다라고 지난 10월 국정감사에서……

30초만 더 주세요.

○**위원장 안규백** 마무리해 주세요.

(발언시간 초과로 마이크 중단)

(마이크 중단 이후 계속 발언한 부분)

○**박선원 위원** 지금 현재의 국정원장이 그런 일이 없다고 증언을 했습니다. 그러니까 국회 속기록에 그 내용이 있으니까 자료로서 제출해 주시고.

　어제 김계리 변호인이 홍장원이 민간인 증인임에도 불구하고 통화 기록을 모두 조회해서 증거로 제출했습니다. 마찬가지로 이번에 이 청문회에 참석한 모든 증인의 통화 기록 두 달치를 확보해서 증거로 채택해 주시기 바랍니다.

○**위원장 안규백** 그걸 포함해서 사과 문제를 포함해서 한기호 간사님하고, 양 한 씨께서 협의를 해 주시기 바랍니다.

　질의 순서에 따라서 추미애 위원 질의해 주시기 바랍니다.

○**추미애 위원** 최상목 권한대행님, 현재 변호사 조력받고 계시지요? 지금 이 순간이 아니라……

　시간이 가니까 빨리 답변하세요.

○**증인 최상목** 무슨 말씀인지 제가 이해를 잘 못 했습니다.

○**추미애 위원** 아니, 변호사의 조력을 받고 계시지요?

○**증인 최상목** 아니요, 헌법재판…… 그러니까 헌재에 내는 거는 저희 기재부에 고문변호사가 있습니다.

○**추미애 위원** '예, 아니오' 대답해 주시기 바랍니다.

○**증인 최상목** 예, 알겠습니다.

○**추미애 위원** 대통령 지시문건에 대해서 묻겠습니다.

　변호사가 무조건 그 내용을 봐도 보지 않았다라고 진술하라고 조력했습니까?

○**증인 최상목** 아닙니다. 저는 사실대로 말씀을 드렸습니다.

○**추미애 위원** 그날 윤석열이 상목이라고 부르면서 이거 참고해 이렇게 말했습니까?

○**증인 최상목** 기획재정부장관이라고 부르셨고요.

○**추미애 위원** 이름을 불렀다고 하셨습니다.

○**증인 최상목** 아니요, 기재부장관이라고 불렀고요. 제가 사실대로 말씀을 드리는 겁니다.

○**추미애 위원** 12월 13일 자 대정부질문에서 대통령이 제 이름을 부르시더니 참고하라고 하니까 옆의 누군가가 자료를 건네줬다 이렇게 말했습니다.

○**증인 최상목** 예, 그렇습니다.

○**추미애 위원** 그러면 그 말이 틀렸습니까?

○**증인 최상목** 아니요, 기재부장관 부르셨고요. 그래서 그 자리에서 옆에서 누군가가 저한테 참고자료라고 전달해 줬습니다.

○**추미애 위원** 그런데 그 당시에 대통령의 지시라 생각하고 그 자료를 받았고 내용은 보지 않았다 이렇게 말했지요?

○**증인 최상목** 지시라고 생각은 안 했습니다. 참고자료라고 생각을 했습니다.

○**추미애 위원** 그러면 우선 그거 봐야 되는 거 아닙니까, 대통령이 건넨 건데?

○**증인 최상목** 그 당시에……

○**추미애 위원** '기재부장관' 하고 따로 별도로 불러서……

○**증인 최상목** 아니, 불러서 한 것이 아니고요. 들어가시면서 제 얼굴을 보시더니 그리고 저한테 참고하라고 하는 식으로 해서 옆의 누군가가 저한테 자료를 줬는데 그게 접힌 상태의 쪽지 형태였습니다. 그런데 그 당시는 계엄이라고 전혀 상상할 수 없는 그런 초현실적인 상황이었고, 저는 그 당시에 외환시장이 열려 있기 때문에 외환시장을 모니터링하느라고 제가 정신이 없었습니다.

○**추미애 위원** 아니, 길게…… '예, 아니오' 식으로 답변해 주시기 바랍니다.

○**증인 최상목** 경황이 없었다는 말씀을 드립니다.

○**추미애 위원** 윤석열은 준 적도 없고 뉴스 보고 메모의 존재를 알았다 이렇게 주장하고 있는데요. 그런데 조태열 외교부장관의 경우에는 그 지시문건 받았다라고 명확하게 얘기하고 있는데 하필이면 권한대행 것만 뉴스 보고 알았다 하는 건 이상한 거 아닙니까? 군이 그 내용을 부인하고 싶기 때문에 그렇게 조작하는 거 아닙니까?

○**증인 최상목** 그 내용은 제가 국회 답변 과정에서 여러 말씀을 드렸는데 저희 1급 회의가 끝날 때쯤, 1시 50분경이라고 저는 확인이 됐습니다만 그 당시에 확인이 일부 됐었습니다.

○**추미애 위원** 예, 알았습니다. 다음에 또 묻겠습니다. 긴 발언을 삼가 주시고요. 다음에 질문 내용이 나옵니다.

지시문건에 담긴 내용대로 비상입법기구가 국회를 강제 해산시키고 국회를 대체하는 기구라면 위헌적 기구가 아니겠습니까?

○**증인 최상목** 저는 그 내용에 대해서 알지 못합니다.

○**추미애 위원** 지금은 어떻게 생각합니까?

○**증인 최상목** 그 내용에 대해서 제가 전혀 무슨 말인지를 이해를 못 하는 내용들이 적시돼 있습니다.

○**추미애 위원** 아니, 그 후에 보셨으니까. 언론 보고……

○**증인 최상목** 예, 언론은 봤습니다. 제가 그 내용에 대해서 정확히……

○**추미애 위원** 지금 생각을 묻는 겁니다.

○**증인 최상목** 제가 내용을 이해를 못 하기 때문에 말씀을 드릴 수가 없습니다.

○**추미애 위원** 지금 생각이 없으시군요.

○**증인 최상목** 예.

○**추미애 위원** 12·3 비상계엄이 위법이라는 데 동의하십니까?

○**증인 최상목** 저는 잘못된 결정이라고 생각했고 그 자리에서도 반대를 했습니다, 강하게.

○**추미애 위원** 만약 윤석열이 주장하는 대로 또는 김용현이 주장하는 대로 재경부 내에 둘 수 있는 관료조직을 얘기하는 거다라고 한다면 그것도 또한 긴급재정경제명령은 국회 집회가 불가능한 경우에 한하여 열 수 있게 돼 있는데 당시는 국회가 열려 있었고 또 국회에 당연히 보고 승인을 받아야 되는 것이라는 것쯤은 알고 계시지요? 권한대행께서는 서울법대를 나오셨으니까 헌법 정도는 익히 숙지하고 계시겠지요? 그런 절차는 알고, 생각하고 있습니까?

○**증인 최상목** 제가 여러 번 말씀드렸지만 저는 계엄에 반대하는 사람……

○**추미애 위원** '예, 아니오'만 얘기를 해 주시기 바랍니다.

○**증인 최상목** 예, 반대를 했었습니다.

○**추미애 위원** 그래서 12·3 비상계엄은 어느 모로 봐도 어떤 변명을 하더라도 위법이라는 겁니다. 이해하시겠습니까?

대통령이 헌법을 위반하면 탄핵 사유가 된다고 보십니까?

○**증인 최상목** 탄핵 관련된 부분들은 국회에서 헌법과 법률에 의해서 결정했다고 저는 믿고 있습니다.

○**추미애 위원** 제삼자의 판단에 맡길 게 아니라 지금 권한대행이니까 묻습니다. 권한대행의 지위에서도 헌법을 수호할 의무가 대통령과 동등하게 부과되겠지요?

○**증인 최상목** 예, 그렇습니다.

○**추미애 위원** 권한대행이 헌법을 위반할 경우 탄핵 대상이 될 수 있다고 생각하십니까?

○**증인 최상목** 예, 그건 헌법과 법률을 위반할 경우에는 그렇게 될 수 있다 생각합니다.

○**추미애 위원** 그러면 헌법재판소법상 '헌재의 권한쟁의심판 결정은 모든 국가기관과 지방자치단체를 기속한다'라고 규정되어 있고 헌재가 공권력 불행사에 대한 헌법소원을 인용하는 결정을 하면 피청구인은 결정 취지에 따라 새로운 처분을 해야 한다는 것 이해하고 계시지요?

○**증인 최상목** 그 부분에 대해서는……

○**추미애 위원** 이해하고 있습니까, 아닙니까?

○**증인 최상목** 아니, 제가 답변을 드리지 않습니까?

그 부분에 대해서는 헌법재판소의 결정을 존중한다는 입장입니다만……

○**추미애 위원** 예, 존중을 한다?

○**증인 최상목** 아직 결정이 없기 때문에 제가 예단해서 말씀드릴 수가 없습니다.

○**추미애 위원** 예, 존중을 한다라고 하셨습니다.

헌법재판소가 마은혁 후보자를 재판관으로 임명해야 한다는 결정을 내렸음에도 불구하고 이를 이행하지 않는다면 명백한 헌법재판소법 위반인 건 알고 계시지요? 그렇다면 임명 결정이 나오면 즉시 마은혁 재판관을 임명하겠습니까? 하는 게 당연하지 않겠습니까?

○**증인 최상목** 아까 말씀드렸습니다.

○**추미애 위원** 임명하는 게 당연하겠지요?

○**증인 최상목** 아니, 제가 말씀드리지 않았습니까? 예.

○**추미애 위원** 임명하는 게 당연하겠지요?

그런데 왜 여야가 합의해서, 헌법재판관 3인의 임명에 대해 합의한 공문이 있습니다.

PPT 한번 봐 주시지요.

(영상자료를 보며)

권한대행께서는 합의가 이루어지지 않았다는 거짓된 주장으로 임명을 보류했습니다. 그리고 헌법재판소의 권한쟁의심판에 대해서는 갑자기 변론 재개 요청을 하면서 의도적으로 시간 끌기를 했습니다. 이것은 문형배, 이미선 재판관의 임기가 끝나는 4월까지 버티기 전략을 하고 있는 겁니까?

○증인 최상목 절대 아닙니다. 어쨌든 중대한 결정이기 때문에 헌재에서 현명한 결정을 하기 위해서……

○추미애 위원 중대한 결정이기 때문에 한 번 더 재고를 했다면……

○증인 최상목 여러 쟁점에 대해서는 충실하게 답변을 드리는 게 저는 당연하다고 생각하고 있습니다.

○추미애 위원 충실한 자세라면 헌재의 임명 결정이 나오면 즉시 재판관을 임명하는 것이 헌정질서를 빠르게 복구할 수 있는 방법이라는 것 권한대행으로서 잘 알고 계시는 거지요?

○증인 최상목 아까 답변드렸습니다.

○추미애 위원 예, 그러면 신문을 마치겠습니다.

○위원장 안규백 수고하셨습니다.

주진우 위원 질의해 주십시오.

○주진우 위원 최상목 대행님께 이어서 좀 여쭤보겠습니다.

당시에 마은혁 후보를 제외하고 여당 1명, 야당 1명, 그러니까 조한창 재판관과 정계선 재판관에 대해서는 임명을 하셨습니다. 그 당시에 마은혁 후보를 임명하지 않았던 결정적인 근거나 사유를 보면, 기본적으로 이때까지 헌정사상 여당 1명, 야당 1명, 여야 합의 1명으로 국회에서 추천해 왔던 것은 대행께서도 잘 알고 계시지요?

○증인 최상목 예.

○주진우 위원 그리고 그 기준 시점을 보면 지금 계속 민주당에서 주장하는 것은 마은혁 후보와 관련해서는 여당과 야당이 합의를 다 이루었던 후보다, 그러니까 임명을 해야 된다 이런 논리인데 저는 여야 합의를 통해서 임명해야 된다는 그 기본적인 대전제에 대해서는 민주당도 동의하는 것이라고 생각합니다. 반드시 여야 합의가 있어야 되는데 그러면 그 기준 시점이 어떻게 되느냐가 핵심 쟁점이 될 텐데요.

아까 띄워 놓은 내용을 보면 당시에 합의됐다라고 얘기했는데 그 기준 시점은 당연히 국회에서 표결하는 시점을 기준 시점으로 봐야 된다라고 생각합니다. 왜냐하면 여야가 어떤 후보자에 대해서 어느 정도 협의가 된 상황에서 인사청문회를 하더라도 인사청문 과정에서 어떤 문제가 발생하거나 적정한 후보가 아니라고 생각하면 언제든지 그런 의사는 철회될 수 있는 것이거든요.

특히 당시에 합의됐던 것은 오히려 여당 1명, 야당 1명, 여야 합의로 1명을 임명하던 관행을 민주당에서 무시하고 버티면서 헌법재판소의 공백 사태가 생겼기 때문에 그 당시 상황에서 헌법재판소장을 임명하는 문제와 연계해서 협의가 됐던 것이고 그 이후에 사정이 변경됐다라고 하면 마은혁 후보에 대해서도 표결 시점에서는 국민의힘에서는 인사청문회조차 들어가지 않았어요, 명확히 반대하는 입장에서. 그런 판단하에서 마은혁 후보는 여야 합의가 되지 않은 후보라고 저는 판단하고 있는데 대행께서는 어떻게 생각하고 계십니까?

○증인 최상목 제가 구체적으로 말씀, 지금 헌재에서 심리 중이기 때문에…… 그렇지만 그 당시의 판단은 여야의 합의를 확인할 수 없었다는 게 제 판단이었습니다.

○주진우 위원 여야 합의가 확인되지 않았기 때문에 마은혁 후보에 대해서만 임명을

보류했던 것이지요?

○**증인 최상목** 예, 지금이라도 합의해 주시면 임명을 하겠습니다.

○**주진우 위원** 그리고 제가 민주당에서 위원들 발언하는 내용을 보니까 저는 일종의 협박 행위라고 생각합니다. 당시 최상목 대행께서 박근혜정부 비서관 시절에 K스포츠재단과 미르재단 관련돼서 수사를 받았고 그것에 따른 공소시효가 아직 남아 있다, 이 얘기는 뭐냐 하면 마은혁 후보의 임명 문제를 과거의 사건과 연계해서 마치 임명하지 않으면 이것으로 고발을 해서 수사를 통해서 괴롭히겠다는 의사로 판단이 되거든요.

그런데 당시 박근혜정부 때 K스포츠재단, 미르재단 관련해서 실질적으로 대행께서 뭔가 관여돼 있거나 그로 인해서 아직 수사가 남아 있는 부분이 있습니까? 다 종결된 것 아닌가요?

○**증인 최상목** 일단 K스포츠재단 관련된 건 제가 관여한 게 전혀 없고요. 미르재단 관련된 부분들은 저는 쟁점은 없다고 알고 있습니다.

○**주진우 위원** 당시, 현재 남아 있는 수사가 있습니까?

○**증인 최상목** 없습니다.

○**주진우 위원** 전혀 별개의 사건을 가져와서 그 사건의 공소시효가 남아 있다 이런 협박 행위에 저는 절대로 굴하지 말아야 된다라고 생각합니다.

한덕수 총리님께 몇 가지 확인하겠습니다.

저희가 마은혁 후보자 임명 문제와 연계해서 하는 건데 당시 한덕수 총리의 탄핵소추를 할 때 기본적으로 탄핵 의결정족수에 대해서 국민의힘은 당연히 대통령 권한대행의 신분이기 때문에 200석이 있어야 탄핵소추가 가능하다라고 봤고 민주당은 반대로 150석이라고, 제 입장에서는 우겼다라고 생각합니다. 그래서 그 부분에 대해서 권한쟁의심판이 지금 제기돼 있는 상황인데 만약에 저희가 주장하는 대로……

당시의 탄핵소추 사유를 보면 국무총리 시절에 있었던 사유만 가지고 탄핵소추를 한 게 아니에요. 기본적으로 대통령 권한대행으로서의 행위까지도 문제 삼아서 탄핵소추를 했기 때문에 당연히 200석이라고 생각하고 이 부분은 헌법재판소에서 아직 심리기일조차 잡지 않았습니다.

그게 왜 문제냐 하면 마은혁 후보자 임명 문제에 대해서는 한 달 만에 선고기일을 잡았다가 졸속으로 진행된 것이 지금 문제가 되니까 또다시 변론을 재개했거든요. 헌법재판에서 이렇게 선고 두 시간을 앞두고 변론을 재개하는 경우는 사실상 처음 있는 일입니다. 그런데 이 탄핵 의결정족수 200석, 150석 문제에 대해서는 아직 재판조차 잡히지 않았는데 그 부분에 대해서는 어떻게 생각하고 계십니까?

○**증인 한덕수** 그 문제는 최종적으로 헌법재판소가 결정을 해야 할 사항이라고 생각하고 있고요. 저희는 헌법재판의 재판을 받는 사람으로서 우리 변호사를 통해서 한 두 번 정도 헌재에 그러한, 헌재가 하루빨리 이러한 구체적인 정족수에 대한 결정을 해 주셔야 되겠다 하는 말씀을 계속 정식 문서로 제시를 하고 있습니다.

○**주진우 위원** 지금 이 사건을 먼저 해야 되는 게 논리적으로 너무 당연한 수순인 것이 만약에 탄핵 의결정족수가 200석이라는 판단이 나오면 사실 원천적으로 탄핵소추 자체가 무효가 되는 것이거든요. 그러니까 지금 무효인 탄핵소추에 기해서 후임 권한대행이 재판관을 임명하는 문제가 생기고 그 재판관 임명이 또 원천 무효로 돌아갈 수 있기

때문에 저는 이 부분에 대해서는 탄핵 의결정족수에 대한 200석 이 부분에 대한 헌법재판소 판단이 먼저 나오고 마은혁 후보자에 대한 판단이 나오는 것이 당연히 논리적인 수순이라고 생각합니다.

또 어제 보도를 보니까 한덕수 총리의 탄핵소추 사건에서 무려 54일 만에 첫 변론기일이 19일에 잡혔습니다. 그런데 이것을 보면 또 내란죄를 뺐어요. 그러니까 기본적으로 탄핵소추를 할 때, 제가 총리의 탄핵소추 사유를 봤는데 나머지 내용들은 전부 특별한 내용들이 없습니다. 실질적으로 당시에 비상계엄을 막지 못했다는 것을 내란죄로 의율해서 어떻게 보면 내란죄 몰이를 한 것인데 이 부분이 빠진 것에 대해서 저는 탄핵소추 자체가 무효라고 생각하거든요. 거기에 대한 견해도 좀 밝혀 주십시오.

○증인 한덕수 제가 그러한 고도의 헌법 해석에 대한 결론을 내는 그러한 말씀을 드리는 것은 적절치 않을 것 같습니다.

저는 헌법재판소가 우리나라의 중요한 헌법에 대한 최종적인 해석과 탄핵소추에 대한 최종적인 결론을 내는 그러한 기관이고 또 우리 국회, 대통령, 모든 소위 헌법재판관님들에 대한 민주적 정당성을 분명하게 부여를 해서 임명을 하는 분, 그러한 최고의 헌법기구이기 때문에 저는 헌법재판소가 저희가 원하는 대로 빠른 시일 내에 이 모든 결정을 합리적으로 내려 주시리라고 믿고 또 그렇게 기다리고 있습니다.

○위원장 안규백 수고하셨습니다.

장동혁 위원 질의해 주십시오.

○장동혁 위원 한덕수 총리님 그리고 최상목 권한대행님, 제가 발언하는 것을 들으시고 마지막에 총리님은 지금 내란죄를 탄핵 사유에서 제외한 것과 그리고 최상목 권한대행께서는 마은혁 후보자 임명에 관한 의견을 말씀을 해 주십시오.

지금 헌법재판소의 과속으로 인한 공정성 그리고 정치적 편향성이 문제되고 있습니다. 헌법재판은 사회적 갈등을 해결하는 마지막 종결이 돼야 됩니다. 그런데 그것이 갈등의 시작이 된다면 그것은 큰 문제입니다. 중립적이고 공정한 재판이 그래서 필요한 것입니다. 특히 헌법재판은 단 한 번으로 끝납니다. 잘못되면 이것을 바로잡을 기회도 없습니다.

탄핵심판의 경우에는 형사소송 절차를 준용하도록 되어 있습니다. 즉 탄핵심판은 증거조사가 형사소송에 준해서 엄정하게 이루어지도록 해야 된다는 것이고 당사자의 방어권이 충분히 보장돼야 된다는 것입니다. 특히 형사절차에 준해서 정치적 중립이 필요하다는 의미일 것입니다.

혹자는 이렇게 이야기합니다. '헌법재판관 9명 중에 3명은 대통령, 3명은 대법원장, 3명은 국회에서 추천하도록 돼 있다. 그 자체가 벌써 정치적 중립을 기할 수 없다. 따라서 정치적 편향성 문제를 제기하는 것 자체가, 국회에서 이미 3명을 추천하도록 돼 있는데 그 자체가 문제다'라고 이렇게 호도하고 있습니다.

그런데 헌법재판관 9명 중에서 3명은 대통령, 3명은 대법원장, 3명은 국회에서 추천·임명하도록 하고 있는 것은 헌법이 포함하고 있는 가치들에 대해서 국민의 다양한 견해를 녹여 낼 수 있도록 하자는 취지이지 그것이 정치적 편향성이나 아니면 불공정한 재판을 방치하자는 취지는 아닐 거라고 생각합니다.

예를 들어서 호주제 폐지나 양심적 병역 거부 등에 대해서는, 뭐 그런 사회문제에 있어서는 국민들의 다양한 의견이 있고 가치판단이 있을 수 있습니다. 그런 것들을 잘 녹여 내자는 취지지 정치적으로 탄핵과 같이 민감한 사건에서 정치적 편향성을 노골적으로 드러내서 답정너 판결을 하라 그런 취지에서 국회에서 3명을 추천하는 것은 아닐 것입니다. 그렇게 하라고 헌재 재판관 구성의 다양성을 기한 것은 아니라고 생각합니다.

저희들이 문형배·정계선·이미선 재판관에 대해서 정치적 편향성을 지적하고 있는데 헌재는 이에 대해서 뭐라고 하고 있냐 하면 헌법과 법률에 따라서 재판할 것이기 때문에 아무런 문제가 없다고 합니다. 법과 양심에 따라서 재판할 것이니 입 다물고 있어라라고 할 것 같으면 법관의 제척·회피·기피가 왜 필요합니까?

예를 들어서 제가 재판장이고 제 아내가 재판 보러 왔다, 그렇다면 이것은 당연히 법률상 제척 사유입니다. 제가 재판할 수 없습니다. 재판에서 빠져야 됩니다. 재판한다면 무효입니다.

그런데 저는 법과 양심에 따라서 재판할 거니까 아무 문제 없습니다라고 한다고 그게 공정한 재판으로 인식이 되겠습니까? 공정성에서 문제를 제기하니까 '아니, 저는 요즘 제 아내하고 사이가 더 안 좋기 때문에 더더군다나 문제될 것이 없습니다'라고 한다 그래서 국민들이 설득이 되겠습니까?

저는 재판은 결과도 공정해야 되지만 처음부터 끝까지 공정성 자체를 의심받을 만한 일이 손톱만큼이라도 있어서는 안 된다고 생각합니다. 공정성을 의심받을 만한 일이 있으면 결과가 아무리 공정하다고 떠들어도 새로운 갈등과 분쟁이 시작될 뿐입니다. 그래서 법관의 제척·기피·회피 제도가 있는 것입니다. 재판관이 헌법과 법률에 따라서 공정하게 재판할 것이라는 선의에 기대서 모든 것을 처리한다면 제척·기피·회피 제도는 전혀 필요 없지요.

가장 큰 문제는 헌법재판소가 헌법과 법률에 따라서 중립적이고 공정하게 재판을 할 것이라고 믿는 국민들이 그렇게 많지 않다는 데 있습니다. 헌법재판소가 그동안 보여 준 정치적 편향성에 비추어 보면 공정성을 의심받을 만한 사정이 없어도 재판 결과에 대해서 신뢰를 얻기 어려운데 재판과 관련해서 정치적 편향성 시비가 있고 절차와 관련돼서 공정성 시비가 있다면 탄핵심판에서 어떤 결정을 하더라도 커다란 사회적 갈등이 시작이 될 것입니다.

특히 탄핵심판 절차의 특수성 때문에 위헌법률심판과 같은 헌법재판과 탄핵심판은 각각 다른 기관에서 심판하도록 하는 나라들도 있습니다. 형사절차가 준용되는 탄핵심판은 정치적 중립이 생명입니다.

그러면 지금부터는 헌법재판소가 어떤 지점에서 공정성과 정치적 중립성을 의심받고 있는지 살펴보겠습니다.

대통령에 대한 탄핵심판, 다른 탄핵심판과 달리 매우 이례적으로 변론기일을 일괄 지정했습니다. 그리고 5차 변론기일에서부터는 증인신문 시간을 90분으로 제한하고 윤 대통령은 직접 신문을 금지한다고 했습니다. 이것은 방어권의 심각한 침해입니다.

그리고 윤 대통령 탄핵심판 사유 중에서 내란죄 부분 철회했습니다. 이것은 헌법재판소 준비기일에서 탄핵심판의 쟁점을 내란죄 부분을 뺀 4개로 정리하니까 내란죄는 빼고 가도 되지 않겠냐라고 하는 가이드라인이 됐고 당연히 소추 대리인단 측에서는 '빼겠습니다'라고 얘기했습니다. 그리고 이것이 경험이 돼서 이번에 총리에 대한 탄핵 사유 중에서도 내란죄 부분은 빼겠다고 한 겁니다. 헌법재판소가 계속 가이드라인을 주고 있는 것 아니겠습니까?

그리고 윤 대통령에 대한 탄핵심판에서 증거 신청, 예단을 가지고 계속 기각하고 있습니다. 그리고 이진숙 방통위원장에 대한 탄핵 결정에서 4 대 4가 나오니까요 이제 다급해진 것 같습니다. 문형배 헌재소장이 이제 그토록 말이 많고 정치적 편향성이 문제가 되고 있는 마은혁 후보자를 임명하는 권한쟁의심판에서 무리하게 변론 종결하고 선고하겠다고 했습니다. 그리고 이것에 대해서 헌재가 나서서 선고를 앞두고 헌재 결정을 따르지 않으면 헌법과 법률에 위반하는 것이라고 브리핑까지 했습니다. 그 얘기는 뭐겠습니까? '우리는 이것 인용 결정할 테니까 반드시 따라라. 따르지 않으면 문제가 생길 것이고 헌법과 법률에 위반되는 거니까 탄핵 사유가 된다'라고 헌재에서 이 또한 가이드라인을 주는 것 아니겠습니까?

문형배 권한대행의 SNS가 논란이 되고 있는데요. 당사자도 아닌데 뭐가 문제냐라고 하지만 윤석열 대통령을 뺀다면 이 사건 탄핵심판과 가장 이해관계가 큰 사람이 유력한 대권 주자로 거명되고 있는 이재명 대표일 겁니다. 그리고 SNS 관련해서 대법원의 공직자윤리위원회 권고의견 제7호에 의하면 '법관은 사회적 논란의 중심에 놓이게 되거나 향후 공정한 재판에 영향을 미칠 우려가 야기될 수 있는 외관을 만들지 않도록 SNS 사용에 있어서 신중을 기해야 된다'고 하고 있습니다.

정계선 재판관의 배우자 논란, 그 배우자가 계엄 직후에 윤 대통령 탄핵을 촉구하는 시국선언에 동참했습니다. 이미선 재판관 친동생 이상희 변호사가 윤석열 퇴진 특별위원회의 부위원장을 맡고 있고요. 그다음에 최상목 권한대행 관련된 헌법소원을 그 단체가 내기도 했습니다.

이런 편향성을 보고 이것이 헌법재판소가 가지고 있는 내재적 한계이고 당연히 다양성의 범위 내에 포함되는 거니까 괜찮다고 할 수 있겠습니까? 이걸 보고 국민들이 어떤 결론이 난다 하더라도 공정하다고 이야기할 수 있겠습니까?

제가 아까 말씀드린 두 가지 답변해 주십시오.

○**위원장 안규백** 잠깐만요.

위원님들, 우리 국회는 국회법 60조에 의하면 상임위에서는 일문일답을 원칙으로 하게 되어 있습니다. 앞으로 장동혁 위원처럼 일괄 질의, 일괄 답변할 기회를 제가 주지 않겠습니다. 오늘 처음이기 때문에 증인석에서 답변해 주시고 일괄 질의, 일괄 답변은, 제가 이미 주지한 바와 같이 전통적으로 우리 국회는 일괄 질의, 일괄 답변이 아닙니다. 일문일답의 답변 형식으로 돼 있습니다.

○**박준태 위원** 위원들 재량으로 맡겨 주셔야 됩니다, 그것은.

○**위원장 안규백** 이런 기회는 이다음부터는 제가 안 주겠습니다.

○**박준태 위원** 그게 무슨 말씀이세요!

○**곽규택 위원** 위원장님, 의사진행발언 좀 하겠습니다.

일괄 질의라고 하는 것은 질문 여러 개를 한꺼번에 물어본다는 뜻이고요, 질문 자체가 긴 경우에는 일괄 질의가 아니에요. 일문일답인 거예요.

○**백혜련 위원** 저게 질의예요, 연설이지?

○**곽규택 위원** 그걸 이해를 그렇게 하시면 안 됩니다.

○**위원장 안규백** 그러면 제가 7분 지났으니까 답변 기회를 안 줘도 되겠네요? 그 말씀 아니에요?

○**곽규택 위원** 답변 기회를 주셔야지요.

○**위원장 안규백** 아니지, 7분 이내에 하게 되어 있으니까 안 줘야 맞는 거지요.

○**장동혁 위원** 답변 기회 안 주셔도 됩니다.

○**백혜련 위원** 답변 기회 주지 마세요, 위원장님.

○**박준태 위원** 위원들의 질의 시간은 위원들의 재량에 맡겨 주셔야지요, 위원장님. 질문하는 방식까지 어떻게 위원장께서 통제를 합니까?

○**위원장 안규백** 아니, 일문일답의 질의 형식이 돼 있고 내가 이미 고지를 했잖아요.

○**박준태 위원** 그걸 몰라서 그러는 게 아니지 않습니까?

○**위원장 안규백** 모르면, 실천해야지요.

○**박준태 위원** 필요에 따라서 위원이 자율적으로 운영할 수 있어야지요.

○**장동혁 위원** 제 질문은 딱 하나씩이었습니다. 저 안 들어도 됩니다. 기회 안 주셔도 됩니다.

○**윤건영 위원** 나가시면 어떡해요.

○**장동혁 위원** 안 주셔도 됩니다.

○**위원장 안규백** 아니, 한기호 간사님.

○**윤건영 위원** 예의가 아니지.

○**위원장 안규백** 이런 예의가 어디 있습니까?

○**한기호 위원** 위원장님이 가진 권한으로 제가 봐서는 답변 시간이 7분 안에 포함돼 있기 때문에 그러니까……

○**위원장 안규백** 아니, 이렇게 일괄 질의를 한 적이 있습니까?

○**한기호 위원** 할 수는 있다고 봐요. 그런데 답변 시간을 위원장님이 안 주시면 재량권으로 가능하다고 봅니다.

○**위원장 안규백** 아니, 제가 드린다고 했잖아요. 드린다고 했는데 이런 식으로 이다음에 여야를 불문하고 일괄 질의, 일괄 답변은 안 된다 이렇게 말씀드린 게 그게 국회법에 위배되는 얘기입니까? 그것은 상식과 상계 아닙니까?

○**한기호 위원** 장동혁 위원님은 답변을 듣는 자체를 포기하는 거지요.

○**위원장 안규백** 그러시면 안 되지요.

○**한기호 위원** 그래서 위원장님이 답변 시간을 안 주시면 되는 것 같습니다.

○**위원장 안규백** 말씀하십시오.

○**증인 최상목** 아까 말씀하신 내용들은 지금 헌재의 심리 중이고 아직 결정이 나지 않았기 때문에 제가 예단해서 말씀드릴 수는, 적절하지 않다고 생각합니다.

○**증인 한덕수** 저도 대행님과 유사한 답변을 드려야 할 것 같은데요. 다만 두 가지만 말씀드리겠습니다.

정말 우리나라 헌법재판소의 판결은 헌법에 대한 모든 법률의 위반 여부 그리고 중요한 국정을 하고 있는 사람들에 대한 탄핵 이런 것들을 하기 때문에 정말 공정하고 절차적 정당성 그리고 상식에 맞아야 된다 하는 얘기고요. 그렇기 때문에 그러한 것을 보장하기 위해서 권한대행이 과연 헌법재판관을 임명할 수 있느냐라는 논쟁에서부터 시작해서 헌법재판관에 대한 민주적 정당성을 어떻게 확보할 거냐, 왜 우리나라 헌법에는 대통령이 임명한다는 그러한 조항이 있는 것인가, 왜 우리 국회의 인사청문회를 거치고 여야가 투표에 참여를 해 가지고 여야 합의로써 이러한 사람들을, 합의라는 것이 만장일치라는 것이 아니고 여야가 투표 과정에 참여하고 인사청문회에 참여해서 왜 그렇게 이제까지 임명하는 절차를 단 한 명에 대해서도 예외를 두지 않았던 것인가 이런 것에 대한 모든 사안을 우리 국민들과 학자들이 잘 알고 계시고 또 우리 헌법재판관님들은 더 잘 아시리라고 생각합니다. 이 모든 것에 대해서 국민들이 정말 납득할 수 있는 그러한 판결이 아니면 정말 우리나라에 있어서의 중대한 이런 국민적 분열, 의견의 분열에 대해서 저는 현 직무 정지된 총리입니다만 정말 큰 걱정을 하고 있습니다.

이상 말씀드리겠습니다.

○위원장 안규백 김병주 위원님 다음 순서인데요. 마찬가지입니다. 야당 위원님들도 일괄질의 일괄답변 하는 건 안 됩니다. 그건 준수해 주시고, 오늘 이 상황이 비상계엄에 대한 엄중한 상황 아닙니까? 그것 책임을 가지고 말씀해 주십시오.

○김병주 위원 신상발언 먼저 좀 하고 하겠습니다. 원만한 진행을 위해서 아까 처음에 안 했습니다.

○위원장 안규백 1분 이내에 하십시오.

○김병주 위원 2분 주십시오, 2분.

지금 사실 윤석열 변호인 측에서 저를, 특전사령관이 '요원이다'라는 것을 제가 '의원'으로 둔갑시켰다라고 했고요. 그래서 특전사령관은 아니다라고 명확히 얘기했는데 어저께 국민의힘 임 모 위원이 저를 엮어서 이것은 회유한 것이 아니냐라고 했습니다. 특전사령관과 제가 근무연이 있어서, 연합사의 참모를 했기 때문에 했다라고 하는데 정확히 얘기하면 연합사령부에 근무할 때 특전사령관은 지구사 참모를 했고 용인에서 근무를 했습니다, 저는 용산에서 근무하고. 그렇게 따지면 지금 참가한 여기 증인들 중에 70~80%는 저의 다 같은 전우였습니다. 그리고 앞에 있는 임종득 위원은 저랑 가장 근무연이 많은 친구기도 합니다.

1분만 더 주세요. 이건 제가 꼭 얘기를 해야 됩니다.

○위원장 안규백 1분 마무리해 주세요.

○김병주 위원 임종득 위원은 제가 전략차장 할 때 전략과장으로 1년 근무, 직속 부하였고 매일 만날 뿐만 아니라 하루에 한 다섯 번은 만나는 관계였는데 회유가 안 됩니다. 맨날 저한테 반응하고요.

지금 한기호 위원도 1년 반을, 직속 부하로서 1년 근무했고요. 회유가 안 됩니다. 한기호 위원 회유됩니까?

강선영 위원은 지구사령관 할 때 작전통제부…… 항작사 참모장, 부하였습니다. 회유됩니까? 세 분은 저를 얼마나 공격합니까.

그 당시 6개월 정도 용인에 있고 용산에 있었는데 그리고 그 당시 곽종근은 한 달에 한 번 정도 볼까 말까 한 정도였는데 그런 것을 가지고 마치 제가 둔갑술을 부려서 회유한다 이런 엉터리 주장을 안 했으면 좋겠습니다. 그 얘기 하니까 유튜버들이 난리예요, 극우들이. 제 이름만 거론하면 조회수가 높으니까 일부러 여당 위원들은 제 이름을 걸고 넘어지는 것 같아요.

○**곽규택 위원** 아이고, 주블리 김병주 광고 좀 그만하십시오.

○**한기호 위원** 우리 위원님들 그만하세요.

○**곽규택 위원** 주블리.

○**김병주 위원** 인신공격 하지 마세요.

○**곽규택 위원** 주블리.

○**한기호 위원** 그만하세요.

○**임종득 위원** 간사님 말씀 들읍시다.

○**위원장 안규백** 전우애를 좀 복원해 주시기 바랍니다.

　질의해 주십시오.

○**김병주 위원** 최상목 권한대행님, 서부지법 폭동 1월 19일 날 일어난 것에 대해서 어떻게 평가합니까?

○**증인 최상목** 여러 가지 상상할 수 없는 그런 불법 폭력 사태라고 생각을 하고 있고 강한 유감을 표시하고 있고요. 앞으로 그런 일이 다시 벌어지지 않도록 정부로서는 지금 여러 가지 조치를 하고 있습니다.

○**김병주 위원** 서부지법 폭동 사실 언제 알았습니까? 그날 새벽, 1월 19일 날 3시부터 시작이 됐는데 언제 알았습니까?

○**증인 최상목** 제가 정확히 보고를 받은 것은, 9시 50분 정도에 경찰청에서 보고를 받았습니다.

○**김병주 위원** 그날 112 신고가 새벽 3시 13분에 있었는데 6시간 30분이 지나서 보고를 받았고, 그때 처음 알았습니까?

○**증인 최상목** 알기는 그 전에, 한 1시간 정도 전에 알았습니다.

○**김병주 위원** 1시간 전이라 해도 한 5시간 반 후에나 알았네요?

○**증인 최상목** 예, 그렇습니다.

○**김병주 위원** 이게 정상적이라고 봅니까? 그때 서부지법 폭동 날 때는 온 국민들이 관심을 갖고 새벽 밤잠을 못 자고 걱정하고 있었는데, 국가의 체계가 무너졌다고 생각하지 않습니까?

○**증인 최상목** 그래서 그런 부분들에 대해 저희 내부적으로 반성이 많았습니다. 그래서 지금은 경찰청과 핫라인을 구축하고 있고요. 그 당시에 관련된……

○**김병주 위원** 최상목 권한대행이 대통령 권한대행으로서 제대로 하지 않고 그 전에 내란수괴 권한대행이라는 얘기를 듣기 때문에 이런 것도 늦게 보고가 되는 겁니다. 좀 확실히 해 줬으면 좋겠고요.

　12·3 계엄 전후에 김건희 여사와 통화한 적 있습니까?

○**증인 최상목** 없습니다.

○**김병주 위원** 김건희 여사하고 일체 통화한 적 없습니까?

○**증인 최상목** 그 전에도 없습니다.

○**김병주 위원** 그 이후에도 없고요?

○**증인 최상목** 예, 없습니다.

○**김병주 위원** 비상계엄 언제 알았습니까? 비상계엄, 12월 3일 날.

○**증인 최상목** 12월 3일 9시 55분 정도에 대접견실에 들어가서 처음 알았습니다.

○**김병주 위원** 9시 55분요?

○**증인 최상목** 예.

○**김병주 위원** 그때…… 그 전에는 몰랐습니까?

○**증인 최상목** 예, 몰랐습니다.

○**김병주 위원** 그래서 비상계엄에 대해서 대통령이 쪽지를 줬고. F4 회의 소집은 몇 시에 했습니까?

○**증인 최상목** 한 10시 40분경에 했던 것 같습니다.

○**김병주 위원** 직접 그 4명에게 전화했습니까?

○**증인 최상목** 그건 아니고 제가 제 비서실에 얘기를 해 가지고, 전화를 해서요 소집을 하라고 얘기를 했습니다.

○**김병주 위원** F4 회의 한 내용이 뭡니까?

○**증인 최상목** F4 회의는 어떠한 상황이라도 비상사태가 벌어졌을 경우에, 비상 상황이 벌어졌을 경우에 우리 금융·외환시장의 안정 조치를 하기 위해서 하는 회의입니다. 최근 한 2년 동안 계속해 왔던 것입니다.

○**김병주 위원** 대통령이 준 쪽지, 문서를…… 예비비 확보를 위한 회의로 보여져요, 사실은. 그렇지 않습니까?

○**증인 최상목** 그 쪽지 내용은 나중에 보니까 예비비가 쓰여 있던데요. F4 회의는 금융시장에 대한 안정 조치를 하는 곳이기 때문에 재정에 대한 문제를 논의하는 회의는 절대 아닙니다.

○**김병주 위원** F4 회의는 몇 분간 진행됐습니까?

○**증인 최상목** 한 한 시간 정도 했습니다.

○**김병주 위원** 한 시간 했으면 11시 40분에 끝났네요?

○**증인 최상목** 예, 그렇습니다. 11시 30분, 40분 정도에 끝났습니다.

○**김병주 위원** 그 이후에는 뭘 하셨습니까?

○**증인 최상목** 그러고는 제가 1청사에 옮겨 가서 기획재정부 1급 회의를 했습니다.

○**김병주 위원** 1급 회의 할 때 내용은 뭐였습니까?

○**증인 최상목** 1급 회의의 내용은, 일단 도착을 해서 제가 계엄 때 있었던, 용산에서 있었던 상황과 그다음에 F4 회의 내용을 얘기하고, 제가 계엄에 반대를 했기 때문에 사의를 표명하겠다, 그렇지만 한은 총재가 만류했다 이런 상황을 설명하고 앞으로 계엄과 관련된 어떤 사항도 우리는 응하지 않겠다라고 얘기를 했습니다.

○**김병주 위원** 기재부 1급 회의를 해서…… 계엄에 응하지 않겠다라는 회의란 말입니까, 아니면 계엄에 대한 수행을 하기 위한 회의였습니까?

○**증인 최상목** 일단 그렇게 1급 회의를 했다는 말씀입니다.

○**김병주 위원** 그러면 그 성명서 낸 것 있습니까?

○**증인 최상목** 성명서는 내지 않았고요, 그렇습니다.

○**김병주 위원** 그러면 거기에 대한 1급 회의 자료가 있습니까?

○**증인 최상목** 그리고 나서 저희가 국회에서 계엄이 해제되는 상황을 지켜봤습니다, 회의를 하면서요. 그래서 일단은……

○**김병주 위원** 그러면 회의를 몇 시간 한 거예요?

○**증인 최상목** 회의를…… 그것도 한 사오십 분 했던 것 같습니다.

○**김병주 위원** 그러면 회의가 몇 시에 진행됐는데요? 해제……

○**증인 최상목** 제가 1시 정도에 했던 것으로 기억을 하고 있습니다.

○**김병주 위원** 아, 국회에서 해제 결의안이 통과된 것……

○**증인 최상목** 예, 결의안 통과된 게 1시 정도라고 저는 기억을 하고 있는데요. 회의는 1시 전에 시작을 해서 1시 한 사오십 분까지 했습니다.

○**김병주 위원** 그래서 그 이후에는 뭐 했습니까?

○**증인 최상목** 뭐 했느냐 하면 저희가 아침에 긴급경제장관회의를 시장 안정을 하기 위해서 하기 때문에 그 발표문과 자료를 검토했고요. 그다음에 F4 회의를 아침 7시에 하기로 돼 있었습니다. 그런데 7시에 하기로 될 때 저희가 생각했던 것이 증권시장을 아침에, 오전을 여느냐 오후를 여느냐 아니면 닫느냐 이런 논의를 했었습니다.

○**김병주 위원** 그래서 실질적으로 해제된 시간은 몇 시였지요, 비상계엄이?

○**증인 최상목** 제 기억이 맞다면 한 4시 좀 넘어서로 알고 있습니다.

○**김병주 위원** 그러면 그 이후에는 무슨 조치를 했어요?

○**증인 최상목** 그리고 F4 회의 끝나고 저는 집으로 왔습니다. 와서, 저희가 7시에 회의를 하기 때문에……

○**김병주 위원** F4 회의 끝나고요?

○**증인 최상목** F4가 아니고 1급 회의 끝나고입니다.

○**김병주 위원** 1급 회의가 그러면 몇 시쯤 끝났는데요?

○**증인 최상목** 1시 50분, 2시 다 돼서 끝난 걸로 알고 있습니다.

○**김병주 위원** 그러면 집에 가서는 뭐 하셨나요?

○**증인 최상목** 집에 가서 한 2시 반 정도 좀 넘었던 것 같습니다. 집에서, 저희가 7시에 F4 회의가 예상되어 있고 2시까지가 외환시장이 열려 있습니다. 그리고 그때는 글로벌 시장이 낮입니다. 그래서 저희가 F4 회의 준비를 하기 위해서 그 시장 모니터링 같은 것을 했습니다.

○**김병주 위원** 실제 이때는 국가 비상시국이고 비상계엄이 해제가 아직 안 된 상태잖아요, 결의안은 통과됐지만. 그러면 경제부총리로서 당연히 거기를 지키면서 하고, 이때 세계는 이미 주식시장도 돌아가고 있잖아요. 집에 가서 주무신 것 같네요, 보니까?

그리고 그 문건에 대해서, 받았는데 주머니에 넣었다고 했잖아요.

○**증인 최상목** 예.

○**김병주 위원** 그게 상식적으로 가능하다고 생각합니까? 비상시국, 45년 만에 한 비상계엄인데 대통령이 준 지시 문서를 부총리가 안 봤다는 것은 상식적으로 이해가 안 가지요. 만약에 안 봤다면 솔직히 직무유기지요.

○**증인 최상목** 아니, 그렇게는 저는 생각 안 합니다. 그 당시에는 저한테는 상당히 초현실적인 상황이었고요. 그다음에……

○**김병주 위원** 초현실적인 상황이기 때문에……

○**증인 최상목** 예, 그렇습니다. 그리고 그 당시에는……

○**김병주 위원** 대통령이 무슨 지시를 했는지 봤을 거고.

그러면 그걸 누구한테 줬습니까?

○증인 최상목 저는 내용을 보지는 못했고, 쪽지 형태로 받았기 때문에……

○김병주 위원 그걸 누구한테 줬습니까?

○증인 최상목 저희 간부한테 가지고 있으라고 줬다고 합니다.

○김병주 위원 어느 간부한테요?

○증인 최상목 저희 기획재정부 차관보입니다.

○김병주 위원 그러면 그걸 언제 다시 받았어요?

○증인 최상목 저는 그러고 나서 한동안 그걸 인지하지 못하고 있다가요, 1시 50분쯤 1급 회의 끝날 때쯤에 저희 차관보가 저한테 리마인드시켜 줬습니다.

　　　(발언시간 초과로 마이크 중단)

··

　　　(마이크 중단 이후 계속 발언한 부분)

○김병주 위원 그래서 그걸 봤을 때 뭐라고 했습니까?

○증인 최상목 그때 제가 내용을, 이게 딱 보니까 계엄과 관련된 문건으로 인지를 했습니다. 그래서 우리는 이건 무시하기로 했으니까 덮어 놓자, 무시하자고 하고 보지를 않았습니다, 내용을요.

○김병주 위원 추가질의하겠습니다.

··

○위원장 안규백 부승찬 위원님 질의해 주십시오.

○부승찬 위원 부승찬입니다.

　　몇 가지 확인 좀 하겠습니다.

　　최상목 권한대행님, 경호처에서 제공한 비화폰 갖고 계십니까?

○증인 최상목 예, 보니까 제가 가지고 있더라고요.

　　그런데 한 말씀 드리면……

○부승찬 위원 됐습니다.

　　한덕수 총리님, 경호처에서 제공한 비화폰 갖고 계십니까?

○증인 한덕수 예, 가지고 있습니다.

○부승찬 위원 대통령비서실장, 갖고 계시지요, 당연히?

○증인 정진석 갖고 있습니다.

○부승찬 위원 당연히 갖고 있고.

　　김주현 민정수석께서도 갖고 계시지요?

○증인 김주현 예.

○부승찬 위원 김태효 1차장님도 갖고 계시지요?

○증인 김태효 예.

○부승찬 위원 위기관리센터 오 중령님, 나와 계시지요?

○증인 오OO 예, 오 중령입니다.

○부승찬 위원 비화폰 갖고 계십니까?

○증인 오OO 없습니다.

○부승찬 위원 없고.

　　이진동 검사님, 비화폰 갖고 계시지요?

○**증인 이진동** 없습니다.

○**부승찬 위원** 경호처에서 제공받은 적 없습니까?

○**증인 이진동** 없습니다.

○**부승찬 위원** 전혀 없습니까?

○**증인 이진동** 예.

○**부승찬 위원** 알겠습니다.

국무총리께 여쭙겠습니다.

지난 1월 23일 날 헌재에서 김용현이 12월 3일 계엄을 의결한 국무회의가 정당하다고 주장했습니다. 동의하십니까?

○**증인 한덕수** 워낙 절차적, 실체적 흠결이 많기 때문에 동의하지 않습니다.

○**부승찬 위원** 동의하지 않으시지요?

PPT 한 장만 띄워 주실래요?

(영상자료를 보며)

비상계엄선포문입니다. 보신 적은 있으십니까?

○**증인 한덕수** 예, 이걸 비상계엄이 선포되는 당시에는 제가 전연 인지를 하지 못했고요. 비상계엄 해제 국무회의를 마치고 그리고 사무실로 출근을 해서 제 양복 뒷주머니에 있는 것을 알았습니다.

○**부승찬 위원** 양복 뒷주머니에 있는 걸 그때 알았다고요?

○**증인 한덕수** 예, 저희가 인지한 것은 그때입니다만……

○**부승찬 위원** 그때 그러면 거기에 모여 있었습니까? 양복 뒷주머니에 있었으니까 집어서 뒷주머니에 넣으신 것 아니에요?

○**증인 한덕수** 예, 이런 내용이었습니다, 나중에 보니까.

그러나 해제 국무회의가 될 때까지는 제가 전연 인지를 하지 못했고 그래서 이 부분은 저희가 수사기관에 제출을 하고 설명을 드렸습니다.

○**부승찬 위원** 혹시 당시의 11명 참석자 중에 김용현이 일부 계엄에 찬성하신 국무위원들이 있다고 하는데……

○**증인 한덕수** 저는 한 명도 들어 본 적이 없습니다.

○**부승찬 위원** 한 명도 들어 본 적이 없으시다?

○**증인 한덕수** 전부 다 반대하고 걱정하고 대통령께 그러한 문제를 제기하고 이렇게 하고 나와서 또 같이 걱정하고 했습니다.

○**부승찬 위원** 두 번째 슬라이드 한번 보실까요.

이게 대통령실에서 행정부로 간, 행안부로 간 공문입니다. 이게 왜 보냈냐 하면요, 아시겠지요? 원래 국무회의를 하면 당연히 의안번호나 회의록이 존재하잖아요. 그래서 행정안전부에서 회의록이 없다, 의안번호가 없다, 안건번호가 없다 그래서 보내 달라고 하니까 보낸 게 이겁니다.

그리고 여기 보시면 김용현이 헌재에서 한 시간 반 동안 국무회의에서 심의를 했다고 해요. 그런데 저기 보면 두 번째 가항 보면, 시작시간 보면 22시 17분부터 22시 22분까지 5분으로 기재되어 있습니다. 국무회의가 5분 한 것 맞지요?

○**증인 한덕수** 저는 이 내용을 상당히 후에 보게 됐고 행안부도 동의하지 않는 내용으

로 알고 있습니다.

○**부승찬 위원** 동의하지 않는다?

○**증인 한덕수** 최종적인 이러한 모든 것의 정리는 행안부 의정관이 정리를 하게 되어 있거든요.

○**부승찬 위원** 그렇지요.

다음 슬라이드 한번 보여 주세요.

사실관계만 확인하는 겁니다.

해제안은 정상적으로 처리됐고요. 의안번호도 2123호라고 돼 있어요. 그다음에 붙임도 있어요. 제출자도 있어요. 제출 연월일도 있어요. 그전에 12월 3일 날 한 국무회의하고는 완전 딴판이지요?

○**증인 한덕수** 이거는 대통령님께서 국무회의에서 해제를 해라라는 말씀을 듣고 제가 직접 정말 하자가 없도록 치밀하게 했던 게……

○**부승찬 위원** 그러니까요. 그걸 여쭙는 거예요.

그러면 2123이면 김용현이나 윤석열 대통령이 주장하듯이 그전에 국무회의가 정상적이 었다 그러면 당연히 의안번호는 2122여야 맞겠지요, 그냥 상식적으로?

○**증인 한덕수** 아마 그래야 되겠지요.

○**부승찬 위원** 그렇지요.

그래서 지금 보면 2122가 뭐냐 하면 회의록이지요. 뭡니까? 군보건의료에 관한 법률 일부개정법률안이에요. 그러면 비잖아요. 2122, 23 사이에 비지요? 그러면 정상적인 국무 회의가 아니지요?

○**증인 한덕수** 예, 국회에서 윤건영 위원님이 아주 상세하게 질의하셔서 제가 다 답변 드렸습니다.

○**부승찬 위원** 예.

○**증인 한덕수** 아마 이게 법적으로 어떻게 해석이 되느냐 하는 것은 제가 판단하지는 않겠습니다. 그러나 제가 이 문제를 오랜 동안 국무회의를 했었던 그런 사람으로서는 도 저히 이게 정식 국무회의라고 보기 어렵습니다.

○**부승찬 위원** 그렇지요.

헌법 제82조, 89조에 계엄과 관련된 것 그리고 국무회의와 관련된 조문이 있습니다. 정 부조직법 12조에도 나와 있습니다. 그다음에 국무회의 규정 제3조에도 다 나와 있어요. 명시가 되어 있어요. 강제조항으로 나와 있습니다.

그리고 '국무회의에서 중점 심의되어야 할 중요 사항에 대해서는 그 심의에 필요한 검 토의견 등을 해당 의안에 분명히 밝혀 제출하여야 한다'로 되어 있습니다. 그러면 이 국 무회의는, 계엄과 관련된, 선포와 관련된 국무회의는 실제적으로는 없었던 거지요?

○**증인 한덕수** 저의 오랜 동안 정부에서 근무했던 사람의 입장에서 보면 그렇게 생각 합니다. 법적으로 이것을 어떻게 판단할 수 있느냐는 그건 제가 모르겠습니다.

○**부승찬 위원** 그거는 사법부의 판단이겠지만 이것이 뭐냐 하면요 계엄이 애초에 불법 이었다라는 겁니다.

그리고 헌법재판소 재판관 임명과 관련된 논란, 아까 총리님께서 말씀하신 것 중에 절 차적 정당성, 상식, 민주적……

(발언시간 초과로 마이크 중단)

....

(마이크 중단 이후 계속 발언한 부분)

정당성 이 얘기를 하셨잖아요. 이런 불법적인 거를 했기 때문에 이런 논란이 생기는 것 아닙니까?

위법하고 위헌적이고 불법적인 논란 때문에 결국 여기까지 온 거잖아요. 그 부분에 대해서는 동의하십니까? 여기 앉아 있는 거요.

○증인 한덕수 어쨌든 그 자리에 있었던 국무위원들 어느 누구도 이것을 정식의 국무회의로서 진행되지 않았다 이러는 데 생각이 같습니다.

○부승찬 위원 예, 알겠습니다.

....

○위원장 안규백 강선영 위원님 질의해 주십시오.

○강선영 위원 최상목 권한대행님께 질의드리겠습니다.

○증인 최상목 예.

○강선영 위원 이번에 초유의 권한대행의 권한대행 체제하에서 총리님과 대통령 그리고 경제부총리의 1인 3역을 수행하느라고 정말 노고가 많으십니다.

특히 권한대행께서는 지난 1월 31일 야당 단독으로 국회 본회의에서 처리된 내란특검법에 대해서 국무위원들과 심도 있게 논의하고 숙고를 거듭해서 재의요구권을 행사하셨습니다.

권한대행께서 재의를 요구한 이유에 대해서는 여야 합의가 안 됐고 위헌적 요소가 있다고 지적하신 바가 있는데요. 그 내용에 대해서 간략하게 다시 한번 정리해서 말씀해 주시면 감사하겠습니다.

○증인 최상목 그때 국무위원들 간에 심도 있게 논의를 했습니다. 지금 말씀하신 것을 포함해 두 가지 정도 사항이었습니다.

특검법이라고 하는 것은 삼권분립의 예외적인 제도이기 때문에 보충성·예외성이 인정되어야 되는데 지금 재판 절차가 시작이 됐기 때문에 지금 상황에서는 별도의 특검 도입 필요성을 판단하기 어렵다라는 그런 의견이 많았고요. 두 번째는 많이 보완은 됐습니다만 일부 위헌적인 요소와 그다음에 국가기밀 유출 가능성에 대한 우려가 컸습니다, 특히 국방부를 비롯해서.

그 두 가지 사항 때문에 저희가 불가피하게 재의를 요구하게 된 것입니다.

○강선영 위원 예, 감사합니다.

김선호 장관 대행님께 질의드리겠습니다.

좀 전에 최상목 권한대행께서 간단히 두 가지로 말씀해 주셨는데 저희 의원실에서 윤석열 정부의 내란 행위 진상규명을 위한 특별검사 임명 등에 대한 법률안 재의요구서를 제가 정리해 보니까 대략 이게 세 가지 부분에서 문제가 있다라고 정리가 되어 있습니다.

첫 번째는 특별검사 제도의 보충성과 예외성의 원칙 위배, 아까 좀 전에 설명해 주셨고요. 두 번째는 국가안보 등에 대한 중대한 위해 그다음에 세 번째는 권력분립 원칙 위배 등 이렇게 정리가 되어 있는데 제가 여기서 국방장관 대행께 질문을 드리고 싶은 것은 가장 크게 문제 되는 것이 이 내란특검법 19조에 규정된 압수수색에 관한 특례조항 때문에 질의를 드리는 겁니다.

이 조항은, 형사소송법 제110조를 예외로 하자라고 하는 그런 조항이 내란특검법 19조인데 형사소송법 제110조는 군사상 비밀을 요하는 장소는 그 책임자의 승낙 없이는 압수 또는 수색을 할 수 없다라는 것입니다. 그런데 내란특검법 19조에서는 이와 같은 형사소송법을 배제하는 규정을 위해서 뭐라고 명시되어 있냐면 "국정원, 국방부, 합참, 각 군, 대통령비서실, 대통령경호처는 국가정보원법, 군사기밀 보호법을 이유로 이 법에 따른 압수, 수색 또는 검증 등 수사 및 재판에 필요한 증거의 수집을 거부하거나 방해할 수 없다."라고 이렇게 규정이 되어 있습니다.

이러다 보니까 대법원의 법원행정처가 이러한 내란특검법의 광범위한 압수수색 특례조항이 현재까지 시행된 법령에는 단 한 번도 존재하지 않았던 규정이다 그리고 군사기밀 등에 대해서 무제한적인 이러한 압수수색을 허용할 경우에 국가안전보장에 관한 여러 우려가 있다고 지적했습니다. 즉 안보와 관련된 다수의 국가기관을 압수수색하는 이러한 법이 발의되고 통과된다면 이러한 과정에서 수사 대상과 무관한 다수의 국가기밀이 유출될 위험이 있다 이렇게 법원행정처에서 유권해석을 했거든요.

저는 직무대행께서는, 만약에 이런 내란특검법이 통과되고 시행된다면 국방부와 합참 그리고 각 군이 관련법에 의거해서 무제한 압수수색이 가해질 거라고 생각합니다. 그렇다면 그동안에 우리 국내에 보이지 않는 많은 간첩들이 횡행하는데 그 수사 기록이나 이러한 것이 재판 기록으로 남고 그것이 공개된다면 그동안 우리가 지켜 오던 국가안보, 그중에 많은 기밀 그다음에 보호되어야 되는 군사적인 사항들이 외부에 유출될 가능성이 높다고 생각합니다.

그래서 저는 어떤 정치적 편향성을 떠나서 국가안보라는 측면에서 이러한 내란특검법 19조가 명시하는 것이 국가안보에 어떠한 영향이 있을 거라고 생각하시는지 답변을 부탁 드리겠습니다.

○증인 김선호 전체적으로 지금 위원님께서 우려하셨던 부분에 대한 우려점을 저희들이 의견을 제시했고 그런 것들이 또 재의요구안에 반영이 됐습니다.

지금 관련된 특검법 안에 보면 말씀하신 대로 저희 군사작전에 대한, 전 분야에 대한 압수수색을 다 허용하는 것이 법안에 있기 때문에 그렇게 됐을 때는 저희 작전의 모든 부분이 노출될 수 있는 위험도 있고 또 그런 것으로 인해서 군사작전의 심대한 위축이라든지 우려가 발생할 수 있다라는 그 우려와 염려를 충분히 제시했고요. 그것이 재의요구안에 반영이 되어 있습니다.

추가적으로 질의하셨으니까, 그런 것을 떠나서 여태까지 군사작전을 수행한 것 자체가 수사의 대상이 됐던 적은 없습니다. 그것이 만약에 수사의 대상이 된다면 향후 모든 군사 작전을 수행하는 데 있어서의 아주 심대한 악영향을 미칠 것이라는 것이 저희 군 내부 또 국방부에서 판단한 것입니다. 아마 그런 것들이 잘 반영이 돼서 조치가 될 것으로 생각하고 있습니다.

○강선영 위원 예, 지금 장관대행께서 말씀하신 것처럼 제가 여기서 안타깝게 생각하는 것은 제가 군 출신이지만 이러한 부분들이 사람들이 의심을 하고 국민들이 거짓선동에 동원되는 그런 많은 이야기들에 오해가 있을까 봐, 제가 드러내면 안 되지만 국가 경계

태세 2급 비밀의 자동조치부호라든지 아니면 거기의 탄약이라든지 아니면 자동조치부호 중에서 해야 되는 각 군청의 국가비상상황에 관련된 조치들 이러한 상황들이 마구 여기에서 북풍이다라고 하다 보니까 훈련이라든지 아니면 군사적으로 자동적으로 해야 될 많은 행동들이, 군인들이 이것을 움직이고 있지 않은 많은 부분들이 있습니다.

그래서 각 부대 지휘관들이 저희한테 얘기하는 것은 정상적인 훈련이라든지 정상적인 행동도 부하들이 의심하고 자기네들이 거기에 만약에 포함됐을 때 자칫 어떠한 신변에 위험이 있거나 아니면 신변에 위해가 가해질까 봐 두려워한다. 그래서 군인들이 군기도 서지 않고 지휘권도 서지 않는 그러한 어려움 속에 있다.

이 부분에 대해서 그러한 부분을 인지하신 사항은 있는지 좀 말씀해 주십시오.

○증인 김선호 예, 직접적으로 어떤 사안들이 아니고 전반적으로 제가 군 내의 전체적인 분위기를 파악했을 때 그런 것에 대한 우려와 염려들이 예하 지금 장병들이 갖고 있는 것은 현실입니다. 그래서 그런 것들이 이루어지지 않도록 또 역할을 해야 되는 게 제 역할이라 생각을 하고, 말씀하셨으니까 그런 부분에 있어서 저희들이 비상계엄 사태와 관련해서 진실을 밝히고 또 정확한 사실을 확인하시고 하는 것에 대해서는 저희들이 수사라든지 각종에 사실 숨김없이 지금 임하고 있습니다.

그러나 그런 과정에 있어서 사실 지금 우려스럽게 보안 분야 이런 것들이 많이 노출되는 것도 저희들이 지금 심대하게 우려점으로 보고 있습니다. 이런 것들은 질의해 주시고 또 답변해 주시는 위원님들께서 감안을 해 주셨으면 좋겠고. 또 저희 장병들이 그런 것으로 인해서 어떤 작전을 수행하거나 임무를 수행하는 데 위축됨이 없도록 제가 잘 독려하도록 하겠습니다.

○강선영 위원 알겠습니다.

이상입니다.

○위원장 안규백 수고하셨습니다.

민병덕 위원님 질의해 주십시오.

○민병덕 위원 경제부총리, 권한대행님.

○증인 최상목 예.

○민병덕 위원 (패널을 들어 보이며)

대통령의 기재부 지시사항 A4 문서 알고 계시지요?

(영상자료를 보며)

3개의 문장으로 되어 있는데요 PPT 1번을 보면 보고할 것, 차단할 것 그다음에 예산을 편성할 것 이렇게 돼 있습니다.

이 문언 그대로 봤을 때에는 어떤 임무를 지시하는 것으로 보이지요? 문언 그대로 봤을 때.

○증인 최상목 예, 문언은 그렇게 보입니다.

○민병덕 위원 그 지시를 한 주체가 대통령이지요?

○증인 최상목 일단은, 저는 그 당시에는 참고하라고 받았기 때문에…… 예, 그렇습니다.

○민병덕 위원 그러니까 그 지시를 한 주체가 대통령이라고 보이는 거지요?

○증인 최상목 이것은 지금 수사 중인 사항이기 때문에 제가 사법 절차가 진행되는 사

항에 대해서는……

○**민병덕 위원** 이 무엇무엇 할 것이라고 지시하는 사람이 또는 참고자료로 준 사람이 대통령입니까 아니면 국방부장관입니까?

○**증인 최상목** 참고자료를 직접 준 사람은 그 실무자가 줬고요. 대통령이 저한테 참고하라고 하시면서, 하니까 옆에 있는 제 실무자한테 줬습니다. 그게 사실관계입니다.

○**민병덕 위원** 그러면 이것은 국방부장관이 준 것이라고 볼 수 없지요? 국방부장관은 헌재 심판에서 업무 요청이라고 그렇게 주장하는데, 그렇게 볼 수는 없지요?

○**증인 최상목** 글쎄, 지금…… 아까 말씀드린 것처럼 저는 제가 겪은 그 기억에 준해서 말씀을 드린 것이고요.

○**민병덕 위원** 예, 알고 있습니다.

○**증인 최상목** 예.

지금 상황은 사법 절차가 진행되고 있기 때문에요……

○**민병덕 위원** 내용을 좀 자세히 보겠습니다.

하나, 첫 번째, 예비비 얘기가 나오는데요. 12월 3일입니다.

예비비를 조속한 시일 내에 충분히 확보하는 게 가능합니까?

○**증인 최상목** 저도 저게, 문장이 이해가 안 갑니다.

○**민병덕 위원** 이해가 안 되지요?

○**증인 최상목** 예.

○**민병덕 위원** 불가능하지요?

그러면 이것을 대통령 입장에서 한번 생각해 보면 예비비라는 것을 조속한 시일 내에 충분히 확보하라 이것은 자금을 마련하라 이렇게 보입니다. 그러면 자금을 마련하라는 것이 어떻게 가능한가 생각해 보면 기재부장관이 한국은행 총재에게 요구할 수 있는 게 있습니다. 한국은행 대정부 일시대출 제도입니다.

어제 이창용 총재가 오셔서 그 당시에 50조까지 가능했다라고 말씀하셨고 제가 한국은행에 확인해 본 바에 따르면 지금까지 기재부에서 요청했을 때 단 한 번도 거절한 적이 없다라고 얘기하고 있습니다.

이런 방법 있지요?

○**증인 최상목** 저것은 완전히 다른 제도입니다.

○**민병덕 위원** 그러니까요.

○**증인 최상목** 예, 완전히 다른 제도이기 때문에 저거랑 연결시키는 것은 저는 도저히 무슨 말씀인지 이해가 안 갑니다.

○**민병덕 위원** 만약에 계엄이 유지되었고 이 제도를 이용해서 대통령이 계엄 자금을 마련하라고 했다면 거부했겠습니까?

○**증인 최상목** 저것은 법령에 따라서 그렇게 가능하지 않습니다.

○**민병덕 위원** PPT 3번에 보면 자금 요청하는 게 이 공문 하나면 됩니다. 국고국 실무자끼리 공문 하나면 되거든요.

이것을 요청했다면 거부했겠습니까?

○**증인 최상목** 가정을 갖고 저한테 질문하시는 것은 적절치 않은 것 같고요. 이 부분은 제가 말씀드렸듯이 관련 법령에 따라서 가능하지 않습니다.

○**민병덕 위원** 불가능하지요?

○**증인 최상목** 예, 그렇습니다.

○**민병덕 위원** 불가능한데 요청을 했다면 어떻게 했겠는지에 대해서 지금 물어보는 겁니다.

○**증인 최상목** 제가 말씀드리자면 저희 기재부는 그 당시에 계엄에 대해서 제가 반대 입장을 분명히 했고요. 거기에 대해서 어떤 것도 응하지 않기로 저희들이 얘기를 했습니다.

○**민병덕 위원** 그 반대 입장을 밖으로 기자회견을 했습니까, 아니면 성명서를 발표했습니까? 안 했지요?

○**증인 최상목** 저희 회의 내에서는 그렇게 얘기를 했습니다.

○**민병덕 위원** 그래서 저희가 이렇게 하는 겁니다. 그것을 '방안통수'라고 합니다, 방 안의 여포. 광복절 날에만, 그 당일에야 만세 부른 격이다 이렇게 얘기하는 겁니다.

두 번째 보겠습니다.

국회 관련 보조금, 각종 임금을 완전 차단하라고 되어 있지요. 차단할 것이라고 돼 있습니다. 이게 가능합니까?

○**증인 최상목** 가능하지 않습니다.

○**민병덕 위원** 합법입니까?

○**증인 최상목** 저 부분이 현실적으로 가능하지 않습니다.

○**민병덕 위원** 불법이지요?

○**증인 최상목** 예, 가능하지 않습니다.

○**민병덕 위원** 국가비상기구 설치 얘기를 했습니다. 이게 가능합니까?

○**증인 최상목** 저는 저 부분은 정말 무슨 내용인지 모르겠습니다.

○**민병덕 위원** 그러면 가능하지도 않고 합법적이지도 않은 이 방법을 문서로 써서 줬는데 이 지시문서가 원하는 목표가 무엇일까요?

저는 이렇게 봅니다. 첫째, 계엄의 통치자금을 마련하라, 두 번째, 윤석열 본인 입맛에 맞는 법안을 찍어 내는 새로운 입법기구를 만들라, 이렇게 보입니다. 왜 이렇게 보냐면 5·16 때 국가재건최고회의가 있었고 5·18 때 뭐가 있었습니까? 국보위가 있었습니다. 이렇게 통치기구를 만들려고 한 겁니다. 거기에 자금이 필요했고 거기에 대해서 예산을 세우라고 한 거고 국회는 해산하려고 한 겁니다.

국민의 입장에서는 이렇게 보이는데 권한대행께서는 어떻게 보입니까, 이 문서가?

○**증인 최상목** 제가 정확히 알지 못하는 내용에 대해서 답변을 드리기는 좀 어렵다고 생각합니다.

○**민병덕 위원** 이 지시사항 받을 때 상황을 묻겠습니다.

참고하라고 하면서 최상목 총리의 이름을 부르면서, '상목아'라고 부르면서 했습니까, 아니면 직책인 '기재부장관'이라고 부르면서 했습니까?

○**증인 최상목** '기재부장관'이라고 부르신 것으로 기억합니다.

○**민병덕 위원** 그러면 대통령이 '기재부장관'이라고 부르면서 했으면 대통령이 무슨 문서를 줬다는 것을 인식하고 있었겠네요? 그게 상식이잖아요.

○**증인 최상목** 그건 제가 말씀드릴 사항은 아닌 것 같습니다.

○**민병덕 위원** 그러면 대통령은 헌재에서 '이런 문서를 준 적도 없고 나중에 언론을 보고 알았다', 이것은 거짓말이지요?

○**증인 최상목** 제가 답변드릴 사항은 아닌 것 같습니다.

○**민병덕 위원** 계엄 포고령 언제 보셨습니까?

○**증인 최상목** 저는 포고령을 아마 지금 처음 본 것 같습니다.

○**민병덕 위원** 그러면 포고령 외의 다른 문서, 그때 대통령 만났을 때 A4 그것 말고 다른 문서 본 적 있습니까?

○**증인 최상목** 전혀 없습니다.

○**민병덕 위원** 그러면 PPT 4번 보겠습니다.

　계엄 선포문이라고 이걸 본 적 있습니까?

○**증인 최상목** 없습니다.

○**민병덕 위원** 이걸 받은 적 없지요?

○**증인 최상목** 예, 없습니다.

○**민병덕 위원** 그러면 이 내용에 대해서 심의가 있었던 것도 아니지요? 안건으로 올라온 것도 아니지요?

○**증인 최상목** 예, 아닙니다.

○**민병덕 위원** 이 계엄과 관련해서 절차적 위헌이 있습니까?

○**증인 최상목** 아까 총리께서 말씀하셨듯이 저는 국무회의라고 생각하지 않습니다.

○**민병덕 위원** 실체적 요건, 전시·사변, 이에 준하는 국가비상사태가 12월 3일 날 있었다고 볼 수 있습니까?

○**증인 최상목** 제가 여기 비상계엄은 잘못된 결정이라고 말씀을 드렸고요, 그 당시 반대했다고 말씀드렸습니다.

○**민병덕 위원** 맞습니다.

　그러면 그 당시가 국회의 권한남용과 선거부정 의혹 때문에 군사적 조치가 필요한 상황이었습니까?

○**증인 최상목** 제가 같은 답변밖에 드릴 수가 없습니다.

○**민병덕 위원** 대통령이 그렇게 주장하기 때문에 그러는데 권한대행께서는 그렇게 동의하지 않으시는 거지요?

　경제 좀 묻겠습니다. 경제 엄청나게 힘들지요?

○**증인 최상목** 예, 어렵습니다.

○**민병덕 위원** 지금 GDP가 6조 3000억 원이 날아갔습니다. 알고 있습니까?

○**증인 최상목** 제가 그 추정치의 근거는 잘 모르겠습니다.

○**민병덕 위원** 소상공인들 엄청 힘들다고 소비 절벽 얘기하고 있습니다.

○**증인 최상목** 예, 그것은 듣고 있습니다.

　(발언시간 초과로 마이크 중단)

○**민병덕 위원** 1분만 더 주시면 마무리하겠습니다.

○**위원장 안규백** 아니, 이따 하십시오. 지금 다 똑같은 시간이기 때문에.

○**민병덕 위원** 그러면 이따 추가질문하겠습니다.

○**위원장 안규백** 그렇게 해 주십시오. 미안합니다.

민홍철 위원님.

○**민홍철 위원** 대통령권한대행님.

○**증인 최상목** 예.

○**민홍철 위원** 쪽지 문건을 받으셨다고 하면서도 내용은 관심이 없고 확인을 안 했다고 하셨는데 사실 참 국무위원으로서 그리고 가장 중요한 경제장관 입장에서 그 중차대한 계엄이 선포됐음에도 불구하고 그 문건을 확인을 안 했다는 그 자체가 저는 이해를 못 하는 것 같아요. 본인도 이해를 못 하시는 것 같은데……

○**증인 최상목** 위원님께서는 지금은 지금 문건을 보니까 그렇게 말씀을 하실 수 있겠지만 제 상황에 대해서 그 당시에 보시면 저는 전혀 상상하지 못했던 일이 벌어졌고요.

○**민홍철 위원** 좋습니다.

○**증인 최상목** 그다음에 그 당시에 아까도 초현실이라고 말씀드렸고 저는 사퇴를 하겠다고 생각을 했고 계엄에 반대를 했습니다. 그렇기 때문에……

○**민홍철 위원** 좋습니다.

○**증인 최상목** 그렇지만 시장이 돌아가고 있기 때문에……

○**민홍철 위원** 그래요. 하여튼……

○**증인 최상목** 그 부분을 관리하기 위해서 제가 책임을 다하겠다는 생각만 있었습니다.

○**민홍철 위원** 그런데 이 문건을 김용현 전 국방장관은 헌법재판소에서 본인이 작성해서 대통령께 보고를 했다 이렇게 지금 진술을 하고 있고요. 그 이유가 국가비상입법기구 관련 예산 편성을 넣은 것은 사실 제가 볼 때는 전두환 신군부의 비상입법기구를 모방해서 한 걸로 저는 추정이 되는데 헌법재판소에서 이렇게 변명을 했어요. '민생 살리기 법안이 많이 있었고 경제가 어려웠기 때문에 비상경제 조치를 하기 위한 기구를 편성하기 위한 거였다', 동의하십니까?

○**증인 최상목** 저는 그것 정확히 무슨 말씀인지 이해를 못 하고 있습니다.

○**민홍철 위원** 이해를 못 하지요?

○**증인 최상목** 예.

○**민홍철 위원** 그러면서 '그 당시에 대통령께서 평소에도 대수비 회의에서나 장관들에게도 재정경제명령 등 여러 가지 비상 조치를 말한 적이 있다'. 각종 회의에서 대행께서 대통령의 이런 말씀을 들은 적 있나요?

○**증인 최상목** 저는 없습니다.

○**민홍철 위원** 없지요? 이렇게 변명을 하고 있는 거예요.

그 상황이, 재정경제명령을 헌법 제76조에 의해서 할 수 있는 요건이 따로 있지 않습니까?

○**증인 최상목** 예, 있습니다.

○**민홍철 위원** IMF 때도 안 했지요?

○**증인 최상목** 예.

○**민홍철 위원** 제가 기억하기에는 김영삼 정부 때 금융실명제를 시행하기 위해서 재정경제명령을 한 걸로 기억하고 있어요.

○**증인 최상목** 예, 맞습니다.

○**민홍철 위원** 그 정도로 긴급한 어떤 보안을 유지하면서 경제적인 여파를 최소화시키

면서 할 수 있는 최소한의 요건이 있을 때 하는 거잖아요. 그런데 이때 재정경제명령을 하고 그 기구를 기획재정부에다 설치하기 위한 예산이었다 이렇게 지금 변명을 하고 있는 거지요. 그러면 기재부장관께서도 모르시고 국방부장관이 직접 작성을 해 가지고 대통령을 통해서 전달을 했다는 거예요. 물론……

대검 차장님 와 계시지요?

○증인 이진동 예.

○민홍철 위원 수사 과정에서는 이 비상입법기구에 대해서 김용현 피고인이 뭐라고 진술했는지…… 물론 수사 중이기 때문에 답변 못 하시겠지요?

○증인 이진동 예, 현재 수사 중이고 재판 중이라서 답변드리는 건 적절치 않은 것 같습니다.

○민홍철 위원 그 비상입법기구 자체는, 헌재에서 김용현 피고인이 진술했던 대로 진술했습니까?

○증인 이진동 지금 현재 그 부분에 관련해서 재판 중이고 수사 중이기 때문에 제가 여기서 답변드리는 건 적절치 않은 것 같습니다.

○민홍철 위원 그래서 이 부분에 대해서 어떤 측면에서는 국회 해산과 국회 기능을 마비하기 위한 조치를 지시를 했음에도 불구하고 이제 와서 변명을 하고 있는 겁니다. 이게 지금 문제예요.

그리고 헌재재판관 임명과 관련해서 대행께서는 여러 가지 여야 합의를 지금 전제를 하고 계시는데 헌법재판소의 태생 자체가 헌법재판은 사법재판이 아니지 않습니까. 그렇게 이해하고 계시지요?

○증인 최상목 예.

○민홍철 위원 그렇기 때문에 본질적으로, 태생적으로 정치적인 재판을 할 수밖에 없는 상황입니다. 헌법재판 자체가 정파의 공정성을 위해서 탄생된 기관 아닙니까?

그리고 더더군다나 지금 여당 위원님들께서 헌법재판관의 개별적인 어떤 정치적인 성향이나 개인적인 소견이나 이런 부분에 대해서 문제를 제기하시면서 헌법재판소의 공정성을, 지금 탄핵을 하고 있는데…… 예를 들어서 개별적으로 볼 때 헌법재판소 현재 대행도 당시에 여야가 합의해서 국회의 의견으로 선출한 겁니다. 그러면 지금 문제를 제기할 수가 없는 거지요. 제가 볼 때는 이 탄핵심판에 대한 어떤 정당성을 벌써부터 훼손하기 위한 하나의 흔들기가 아닌가 저는 그렇게 생각을 합니다.

그리고 여야 합의, 지금 대행께 제가 여쭙겠는데요.

자, 마은혁 재판관도 여야 원내대표가 합의를 했어요. 그러나 그 이후에 여당 쪽에서 합의를 깨고 인사청문회에 참여를 안 했습니다. 그리고 국회 본회의를 열어서 의결을 해서 보냈어요. 그러면 이게 국회 의사입니까, 누구의 의사지요? 헌법 111조에 국회에서 3명을 선출해서 행정부, 대통령한테 보내지요. 헌법에 어떻게 기재돼 있습니까? '국회에서 선출한 3명은 임명한다'라고 돼 있습니다. 의무사항 아닙니까?

그래서 이러한 헌법…… 그리고 여야 합의, 정당 간에 합의가 안 되면 국회 의사로서 차선책으로 다수결의 원리에 의해서 국회 의사를 표시해야 되지 않습니까? 그 자체가 국민주권을 위임받아서 국회가 의사를 표시해서 선출한다 이렇게 돼 있습니다, 지명한다가 아닙니다. 그러면 임명을 안 할 수가 없는 것 아닙니까? 그 자체가 헌법 위반 아닙니까?

대행께서는 지금 그 부분에 대해서는 어떻게 판단하십니까?

○**증인 최상목** 저는 아까 말씀드린 것처럼 여야의 그런 합의 관행을 존중해서 제가 임명을 한 것이고요. 그다음에 여야 합의를 기다리고 있습니다. 다만 구체적으로 말씀한 법률 논점에 대해서는 지금 헌재의 심리 중이기 때문에 제가 답변드리기는 적절치 않은 것 같습니다.

(발언시간 초과로 마이크 중단)

••

(마이크 중단 이후 계속 발언한 부분)

○**민홍철 위원** 아니, 여야 합의를 기다리고 있다고 하시는데 이미 국회 의사가 표시돼가지고 지금 국회에서 선출을 했어요. 그것 어폐가 있지 않습니까?

이상입니다.

••

○**위원장 안규백** 대행님, 말씀 안 하셔도 괜찮습니까?

○**증인 최상목** 예, 괜찮습니다.

○**위원장 안규백** 곽규택 위원님 말씀하십시오.

○**곽규택 위원** 부총리님께 좀 묻겠습니다.

부총리님, 조금 이상한 말일지 몰라도 부총리께서 부총리인 것은 맞지만 저는 대통령 권한대행인지는 아직 정해진 바가 없다 이렇게 보고 있습니다.

대통령권한대행에 대한 탄핵소추 의결정족수가 과연 200명이냐 151명이냐에 대해서 논란이 많았고요. 헌법재판소 자체에서 발간한 주석서나 국회의 입법조사관의 의견으로도 권한대행에 대한 탄핵소추 정족수는 200명이다 이렇게 밝히고 있습니다.

그러니까 우원식 국회의장이 자신이 없었어요. 불안하니까 국무총리에 대한 탄핵 의결정족수는 151명이다 이렇게 하고 표결을 했던 겁니다. 지금 그게 헌재에서 한덕수 권한대행에 대해서 과연 탄핵한 것이 맞느냐 이것에 대해서 재판을 기다리고 있는 상황인 거지요.

그러니까 그 결정이 나오기 전까지는 부총리께서는 마은혁 재판관을 임명하시면 안 되는 겁니다. 왜냐하면 행정부 수반으로서의 권한대행은 하고 있는 게 맞습니다. 맞는데 국가수반으로서의, 대통령권한대행으로서의 그 권한을 행사하시면 지금 안 되는 겁니다. 왜 그러냐? 한덕수 권한대행께서 만약에 헌재에서 그 표결이 잘못된 것이다, 다시 권한대행에 복귀하는 게 맞다 이렇게 하면요 헌법재판소 재판관 임명해 가지고 그 재판관이 판결하는 것에 대해서 효력에 대해서 큰 문제가 생기는 상황인 거예요.

그러니까 여야 간에 합의를 했느냐, 마은혁 재판관의 성향이 뭐냐 이것을 가지고 지금 임명해야 하냐 안 해야 하냐 이것을 따지시면 안 됩니다. 지금 법무부에서 굉장히 잘못 보고를 한 것 같아요, 부총리께. 아니면 차마 부총리께 권한대행으로서의 지위가 있다고 보기가 지금 좀 힘든 상황입니다. 이것을 보고를 못 한 것 같아요.

그래서 예전에 황교안 권한대행께서도 헌법재판관 임명을 안 했습니다. 여야 간의 합의가 중요한 게 아니고요. 국가수반으로서 타 헌법기관의 수장을 정하는 것은 보류하고 계셔야 되는 거예요. 한덕수 권한대행의 헌재 판결이 나오기 전까지는 그런 것을 하시면 안 됩니다. 그러면 판결의 효력에 돌이킬 수 없는 문제가 생기는 거예요. 행정부 내의 무슨 행정행위를 하거나 또는 인사를 하거나 이것은 나중에 한덕수 권한대행이 오셔 가지고 추인하면 됩니다. 그런데 헌법재판소의 판결에 관여할 재판관은 지금 상황에서는 임명을 하시면 안 된다 그 말씀을 드리고요. 법무부에다가 분명히 다시 한번 검토해 보라고 지시를 하십시오. 지금 그 문제를 가지고는 그렇게 말씀드릴 수가 있겠고요.

한덕수 총리님 상대로 물어보겠습니다.

PPT 좀 올려 봐 주시지요.

(영상자료를 보며)

이번 비상계엄에 대해서 지금 법원과 헌법재판소에서도 비상계엄의 구체적인 진행 상황이라든지 이런 부분에 대해서는 다 재판을 하고 심리가 열릴 것입니다. 국회 국정조사 특위의 원래 목적은 이런 비상계엄이 왜 생겼을까 하는 것에 대한 원인에 대해서 반성을 하고 그 원인에 대한 타당한 대응책을 내놓는 것이 국회로서의 기능이 아닌가 이런 생각을 합니다.

한덕수 권한대행께서 국무총리 시절에 우리 국회의 과도한 탄핵소추 발의 그리고 대통령이 재의요구할 수밖에 없는 그런 과도한 입법 권한 행사 이런 부분에 대해서는 아주 단호하게 국회에서도 반대하는 입장을 밝히신 바 있으시지요?

○증인 한덕수 예, 간단히 말씀드리면 우리나라 헌법에는 지금 국무위원을 15인 이상 30인 이하로 한다 이렇게 아예 박혀 있지 않습니까? 그런데 지금 탄핵하신 분들 다 빼고 나면 16명입니다. 그러니까 굉장히 국정이 마비되어 버릴 수 있는 이런 상황에 와 있다. 그러니까 정말 우리 정치권에서……

○곽규택 위원 맞습니다.

여기 PPT 한번 보시지요.

윤석열 정부 탄핵안 발의가 총 29건이고요, 22대 국회에서 총 18건을 했습니다. 저렇게 많이 했습니다. 특히 18건 중에서 한 절반 정도에 이르는 7명의 검사에 대해서 탄핵을 했는데요. 직무정지를 시켰어요. 7명 검사의 공통점이 이재명 피고인을 수사한 검사거나 민주당 돈봉투 사건 수사한 검사였습니다. 그 검사들 지금 일을 못 시키고 있는 것 아닙니까, 직무정지를 시켜 가지고?

이 부분에 대해 가지고는 우리 총리께서도 '잘못된 탄핵소추안 발의다' 말씀하신 적 있으시지요?

○증인 한덕수 적절한, 만약 원인이 그런 것으로서 탄핵이 된 거라면 그것은 적절치 않은 거다, 공정하지 않은 거다 이렇게……

○곽규택 위원 그다음 또 잠깐 보시지요.

윤석열 정부 재의요구한 것이 총 38건인데요. 그게 지금 윤석열 대통령 때뿐만 아니고 한덕수 권한대행, 최상목 권한대행으로 오면서도 재의요구할 수밖에 없는 그런 법들을 국회에서 계속 의결하고 있는 겁니다. 여야 간의 의석수가 워낙 차이가 나다 보니까 상임위에서도 표결 통과, 법사위에서도 표결 통과, 본회의에서도 표결 통과…… 토의 좀 하자고 그러면요 '억울하면 다수당 되지' 그렇게 반응을 합니다, 다수당이. 그래 놓고 재의요구한 것에 대해서 대통령이 재의요구권을 갖다가 과도하게 행사했다 이렇게 계속 주장을 하는 거예요, 탄핵하려고, 대통령 탄핵하려고.

그런데 보십시오. 윤석열 대통령뿐만 아니고 한덕수 권한대행, 최상목 권한대행 재의요구 안 할 수가 없잖아요, 이 법들을 보시면.

다음 넘겨 주시지요.

그래서 저는 탄핵소추 제도에 대해서 근본적으로 변경이 있어야 된다고 생각을 합니다. 그 구체적인 것으로 미국에서는 대통령제이면서 탄핵소추 제도가 있지만 탄핵소추된 대통령 한 번도 없었어요. 직무정지 제도가 없습니다, 미국은. 그러니까 일반적인 검사, 판사, 공무원 직무정지가 없으니까 탄핵할 필요가 없는 거예요.

만약에 우리도 직무정지가 안 된다면 과연 민주당에서 탄핵소추 발의했겠습니까? 방통위원장, 검사들 일 못 하게 하려고, 직무정지시키려고 탄핵소추 발의한 거거든요. 그 이후에 탄핵소추되는지 안 되는지는 관심도 없습니다, 국회에서.

그래서 저는……

(발언시간 초과로 마이크 중단)

(마이크 중단 이후 계속 발언한 부분)
헌법과 법률의 탄핵소추를 하더라도 직무정지되는 이 규정은 바꿔야 한다고 생각하는데 총리님 생각 어떻습니까?

○증인 한덕수 저는 지금과 같은 우리나라가 처한 국제적인 위상이나 또 어려움을 봤을 때 정말 우리나라가 앞으로 세계에서 존경받고 사랑받고 발전하는 나라가 되려면 모든 분야가 달라져야 된다고 생각합니다. 그것은 정치권은 물론입니다. 노사관계 물론입니다. 그리고 공무원들의 일하는 자세 물론입니다. 이것이 달라지지 않고서 우리가 우리의 잠재성장률을 1~2%가 아니라 4~5%로 가야 되겠다라고 하는 것은 정말 저는 연목구어라고 생각합니다. 정말 모든 분야가 우리나라가, 딴 나라들이 아무리 그런 경향과 그런 추세를 가지고 간다 하더라도 저희가 달라야 세계와 달라지는 겁니다.

저는 정말 그런 점에서 봤을 때에도, 저는 한병도 의원께서 얼마 전에 말씀하신 것에 전적으로 동감합니다. 우리 정부부터 정말 구두 뒤축이 다 닳아지도록 야당을 쫓아다니면서 설득하고 여당을 쫓아다니면서 설득하고 또 우리 노사 관계도 그런 쪽으로, 정말 합리적인 쪽으로 우리가 하지 않으면 우리가 4~5% 되기를 바란다, G7이 됐으면 좋겠다 이거는 될 수도 없는 일을 가지고 우리가 허튼 요구를 국민들에게 정말 하고 국민들을 희망고문을 하고 있는 것이다 저는 그렇게 정말 간곡히 말씀드리고 싶습니다.

○위원장 안규백 잘했습니다.

박선원 위원 질의해 주십시오.

○박선원 위원 한덕수 증인께 질문드리겠습니다.

한덕수 총리님, 노무현 대통령 마지막 총리 하셨지요?

○증인 한덕수 예.

○박선원 위원 그래서 제가 한덕수 총리님을 여전히 존경합니다. 우리 노무현 대통령이 기용해서 함께 국정 파트너로서 대한민국을 운영하셨기 때문입니다.

방금 전에 총리께서 하신 말씀 전적으로 동의합니다. 그래서 여쭙습니다.

총리께서 22대 국회에 오셔서 야당 의원들의 질의에 대해서 과연 얼마나 우리 대한민국의 윤석열 정부를 대표하고 지도자로서 과연 협치를 위해서 답변하신 적 있습니까? 저는 감히 여쭐 수밖에 없습니다.

여야 책임 이전에 방금 정부의 책임 말씀하셨지 않습니까?

총리, 계시는 동안 과연 야당 찾아다니셨습니까?

○증인 한덕수 찾아다녔고요. 또 여기서 말씀드리기는 어렵지만 여당 의원님들도 최대한 많이 만났습니다.

○박선원 위원 예. 알겠습니다, 총리님.

○증인 한덕수 그것이 저는 노무현 정신이라고 생각합니다.

○박선원 위원 그러니까 앞으로도 우리 사회의 지도자로서 어른으로서 정말 정치가 똑바로 가고 국가가 제대로 운영되게 하기 위해서 좀 더 높은 도덕과 방향성 제시를 해 주셔야지, 윤석열을 대변하는 그런 총리는 아니셔야 되지 않습니까? 그러시지요?

○증인 한덕수 국가와 우리 국민들의 발전을 위해서 저는 40년 넘게 근무해 왔다 이렇게 믿고 싶습니다.

○박선원 위원 예, 알겠습니다. 그래서……

○증인 한덕수 물론 부족한 부분이 많을 겁니다.

○박선원 위원 그래서 계엄 반대하신 거지요?

○증인 한덕수 예, 그렇습니다.

○박선원 위원 그런 맥락이시지 않습니까?

○증인 한덕수 예, 그렇습니다.

○박선원 위원 최상목 대행님, 그래서 계엄 반대하신 거지요?

○증인 최상목 예, 그렇습니다.

○박선원 위원 이창용 한은 총재께서 여기 오셔 가지고 당시에 최상목 경제부총리께서 사표 내겠다라고 하는 결연한 의지 밝혔다라는 진술을 하셨습니다. 그때의 결연한 의지가 여전하신 거지요, 지금도?

○증인 최상목 예, 직에 연연하지 않습니다.

○박선원 위원 그렇지요?

○증인 최상목 예, 그렇습니다.

○박선원 위원 그러면 잠시 멈춰 주고 PPT 화면 한번 봐 주십시오.

(영상자료를 보며)

이번의 계엄은 잘못됐다고 보시는 것 아닙니까?

자, 헌법재판소, 제111조 여기에 어떻게 나머지 3명에 대한 임명 권한은 없습니다. 이 절차를 처리해야 될 의무가 있는 것입니다. 그렇지 않습니까?

'재판관 중 3인은 국회에서 선출한 자를 임명한다'라고 되어 있습니다.

다음.

코넬대 박사 학위 하셨지요?

○증인 최상목 예.

○박선원 위원 저도 같은 82학번으로 영국에서 유학을 했습니다.

보십시오. 영문은, 저거는 법제처에서 해석을 한 것입니다.

'더 나은 대한민국헌법을 이해하기 위해서 이렇게 번역해서 제공한다'라고 되어 있습니다. 거기 보시면, 한번 보십시오.

저기 4항 보이시지요? 111조 4항, '대통령은…… president of the……' 아, 3항을 보시면 'shall be appointed from persons selected by the National Assembly'. 스톱. 다른 조건이 없습니다. 'based upon agreement between the parties' 이런 말 없지 않습니까?

그래서 총리…… 권한대행께서는 지금 헌법을 위반하고 계시는 겁니다. 여기에 단 한 자의 군더더기가 없지 않습니까, 111조.

그다음, 다시 묻겠습니다.

권한대행님!

○증인 최상목 예.

○박선원 위원 대통령이 주신 문건, 대통령과……

수석비서관 하셨지 않습니까?

○증인 최상목 예, 그렇습니다.

○박선원 위원 상하 관계지요?

○증인 최상목 예.

○박선원 위원 경제부총리로 임명하셨습니다. 대통령이 그만큼 믿기 때문이시겠지요.

그 문건 어떻게 접어서 호주머니에 넣으셨습니까?

○증인 최상목 접은 상태에서 받았습니다.

○박선원 위원 어떻게, 가로로 접었습니까, 세로로 접었습니까?

○증인 최상목 설명을 드리기는 그런데 쪽지 형태로 접었습니다.

○박선원 위원 아니, 그래서……

○증인 최상목 접혀 있는 상태의 쪽지를 받았습니다.

○박선원 위원 그러면 접혀 있는 상태가 세로입니까, 가로입니까?

○증인 최상목 가로입니다.

○박선원 위원 (접힌 종이를 들어 보이며)

이겁니까?

○증인 최상목 아닙니다.

○박선원 위원 가로?

○증인 최상목 가로로 두 번 정도 접혀 있고 또 한 번 더 접혀 있었습니다.

○박선원 위원 가로로 두 번 접혔다 이거지요?

○증인 최상목 예, 또 한 번 접혀 있었습니다.

○박선원 위원 한 번 더 접혔어요?

○증인 최상목 예, 그렇습니다.

○박선원 위원 그러면 이것을 받아서……

○증인 최상목 저는 그 당시에 쪽지로 인식을 했습니다, 말씀드린 것처럼.

○박선원 위원 부총리, 그렇게 했을 때 대통령이 이 지시 문건을 주시면 국무회의에 빈 손으로 갑니까? 서류가방 들고 가시지요?

○증인 최상목 저는 그때 사복으로 갔습니다.

○박선원 위원 사복으로 가셨습니까?

○증인 최상목 예.

○**박선원 위원** 그러니까 더더욱 국무회의가 아니었겠네요. 그렇지요?

○**증인 최상목** 저는 사복으로 갔습니다.

○**박선원 위원** 그래서 이렇게 접어서 밑의 분한테 주시고.

(접힌 종이를 펼쳐 보이며)

그다음에 이런 상태의 문건을 펴 가지고 검찰에 제출하신 겁니까?

○**증인 최상목** 제가 제출하지 않았습니다.

○**박선원 위원** 아니, 그러니까 이렇게 폈을 것 아니에요?

○**증인 최상목** 제가 펴지는 않았습니다. 저는……

○**박선원 위원** 제출한 상태에서 이렇게 접혀진 흔적이 없어요.

○**증인 최상목** 아니, 그런데 저는……

○**박선원 위원** 밑의 분이 이것을 다림질해 가지고 펴 가지고 다시 작성해서 제출한 겁니까?

○**증인 최상목** 그것은 차관보한테 물어보시면 될 텐데요. 접은 상태에서……

○**박선원 위원** 아니, 그러니까 받으신 분이……

○**증인 최상목** 그러니까 제가 드리는 말씀은……

○**박선원 위원** 대통령이니까 제가 질문드리는 거예요.

○**증인 최상목** 저는 지금 말씀하신 자료가 뭔지를 모르겠거든요. 그러니까 보신 자료가 접히지 않은 자료라는 게 무슨 뜻인지 모르겠고요.

○**박선원 위원** 예, 그거 확인하겠습니다.

○**증인 최상목** 저는 제 기억에 따라서 받은 것을 갖다가 그렇게 했던 것입니다.

○**박선원 위원** 예, 확인될 겁니다.

(접힌 종이를 들어 보이며)

그러니까 지금 경제부총리 기억한 것은 거의 이 정도로 접혀져 있다는 것 아닙니까?

○**증인 최상목** 예.

○**박선원 위원** 그런데 약 3시간 후에 다시 보니 내용이 말이 안 됐지요. 그렇지요? 따를 수 없었지요? 그래서 기재부 직원들에게 나는 따르지 않겠다고 말씀하신 거지요?

○**증인 최상목** 그 내용은 보지 않고 얘기했습니다.

○**박선원 위원** 이미 보시기도 전에 따르지 않겠다고 했는데 이 내용을 보니 더욱 말이 안 된다 이런 말씀이신가요?

○**증인 최상목** 그 내용을 다 읽지도 않았습니다, 정확히 말씀드리면.

○**박선원 위원** 그러니까요. 사후에 봐도 더더욱 말이 안 된다는 것 아닙니까? 민병덕 위원 질의에 대해서……

○**증인 최상목** 지금 물어보시니까 제가 답변하는 거고 그 당시에는 정확히 제가 국회에서요 예비비라는 단어도 기억을 못 하고 재정자금의 유동성이라고 답변을 했습니다. 그 정도로 저는 그 문건에 대해서 기억이 전혀 없었습니다.

○**박선원 위원** 예, 알겠습니다.

정진석 비서실장께 질문드리겠습니다.

김용현이 대통령을 이렇게 잘못 모셔 가지고 계엄으로 끌고 간 것에 대해서 당시 국무회의 배석자로서 김용현에게 뭐라고 말씀하셨습니까?

○증인 정진석   저는 국무회의 배석자가 아니었습니다.

○박선원 위원   그러면 그 자리에 계셨지 않습니까?

○증인 정진석   국무회의에 참석하지 않았습니다.

○박선원 위원   그러면 김용현에게 뭐라고 했습니까?

○증인 정진석   계엄 해제 국무회의는 참석했고 배석했지만……

○박선원 위원   김용현하고 접촉한 적 없습니까? 정확히 말하면 부딪친 적 있잖아요?
그러면 비서실장은 기본적으로 계엄을 찬성하셨습니까?

○증인 정진석   계엄에 찬성한 바 없고……

○박선원 위원   찬성한 적 없으시지요?
김선호 국방장관직무대행!

○증인 김선호   예, 직무대행입니다.

○박선원 위원   지금 증거 인멸하고 있습니까, 없습니까? 증거 보전하고 있습니까?

○증인 김선호   예, 증거 인멸한 적 없습니다.

○박선원 위원   감찰실장이나 기타 부하들에게 자체조사 시키고 있습니까?

○증인 김선호   어떤 조사를 말씀하시는 겁니까?
   (발언시간 초과로 마이크 중단)

⋯⋯

   (마이크 중단 이후 계속 발언한 부분)

○박선원 위원   전체, 계엄에서 왜 군이 동원됐는지에 대한 과정을 직무대행으로서 당연히 감찰, 감사하셔야 되는 것 아닙니까?

○증인 김선호   그건 지금 수사가 되기 때문에 제가 별도로 조사나 감사를 하는 것은 맞지 않습니다.

○박선원 위원   특검이 국가 안보에 위해가 되는 그런 압수수색을 무작위적으로 할 것이라고 상상을 하십니까?

○증인 김선호   예, 가능한 해석이라고 봅니다.

⋯⋯

○위원장 안규백   수고하셨습니다.
   백혜련 위원님 질의해 주십시오.

○백혜련 위원   최상목 대행님!

○증인 최상목   예.

○백혜련 위원   지금 헌법재판소의 결정은, 헌법재판에 대한 최고의 권위를 가진 기관이고 최고의 해석기관으로서 그 결정은 존중돼야 된다고 생각하시지요?

○증인 최상목   예, 아까 제가 존중한다는 기본 방향은 말씀드렸습니다.

○백혜련 위원   그렇다면……
   기본 방향입니까? 지금 헌법재판소에서, 마은혁 헌법재판관 임명과 관련해서 헌법재판소에서 임명하라는 결정이 내려진다면 그것을 당연히 지켜야 한다, 그것을 지키지 않으면 헌법 위반이고 법률 위반이라는 공표를 했지 않습니까?

○증인 최상목   제가 아직 결정이 나지 않았기 때문에요.

○백혜련 위원   결정이 나면 따르실 거지요?

○증인 최상목 결정이 나지 않았기 때문에 예단해서 말씀드리기 어렵습니다.

○백혜련 위원 만약에 헌법재판소의 판결이 났음에도 그것을 즉시 이행하지 않는다고 하면 권한대행의 손으로 우리 대한민국의 근간을 흔드는 행위입니다. 지금 국민의힘 의원님들을 비롯해서, 헌법재판소와 그리고 선거관리위원회 이런 중앙행정기관을 흔들고 있어요. 권한대행까지 그런 우를 범하지 않기를 바랍니다.

그리고 지금 그 쪽지와 관련해서 그 쪽지의 내용들이, 이제는 그 내용을 다 아시잖아요? 기본적으로 단기간에 할 수 있는 사항이 전혀 아니지요, 세 가지 다? 예비비 조속히 확보, 국회 관련 자금 완전 차단, 국가비상입법기구 관련 예산 편성, 이 세 가지 모두가 단기간에 할 수 있는 사항이 아니지요?

○증인 최상목 예, 현실적으로 어려운 사항이라고 생각합니다.

○백혜련 위원 그렇기 때문에 윤석열 대통령이 '경고성 계엄이다', '하루이틀 안에 끝내려고 했다' 이런 식의 발언들은 이 조치와 관련해서 전혀 현실성이 없는 주장이라고 볼 수 있는 거지요?

○증인 최상목 제가 그것은 판단할 위치에 있지 않습니다.

○백혜련 위원 그러니까 이 쪽지에 있는 내용들이 단기간에 할 수 없는 것은 맞다, 그건 확실한 거지요?

○증인 최상목 단기간에 할 수 없는 게 아니고 아까 말씀드린 것처럼 그 쪽지 내용의 앞의 두 가지 내용은 현실적으로 불가능하다는 걸 말씀드리고요. 세 번째 내용은 제가 정확히 내용을 잘 모르겠다고 말씀드렸습니다.

○백혜련 위원 만약에 한다고 해도 단기간에 할 수 있는 내용들이 아니잖아요, 이건.

그리고 권한대행으로서 지금 인사권을 행사하고 계신데 그동안 외교부 관련, 대사 임명에 관해서는 정무적인 대사 임명은 보류를 하셨잖아요? 저는 그건 잘하셨다고 생각합니다. 왜 그러냐 하면 정국의 여러 가지 변수들이 있기 때문에 또다시 대사를 임명하고 취소가 된다든지 그런 사태를 사전에 예방하길 잘하셨다고 생각하는데 어제 경찰 인사와 관련해서 박현수 경찰국장을 치안정감으로 승진 인사 내셨어요. 그렇지요?

○증인 최상목 예, 말씀하십시오.

○백혜련 위원 그런데 박현수 경찰국장이 이번 내란사건과 굉장히 긴밀한 수사 대상이 될 수 있다는 사실을 아셨는지 모르겠어요. 지금 사실 상층부에 대한 수사에 집중이 되다 보니까 밑의 실무자들에 대한 수사가 신속하게 되지 못하고 있는 상황입니다. 지금 조지호, 김봉식 이 청장들에 대한 수사만 됐지만 박현수 경찰국장 같은 경우는 계엄 선포 직후에 조지호 경찰청장과 두 번 통화하고 계엄 해제 의결 후에 바로 조지호 경찰청장 그리고 행정안전부장관과 통화하고 또 23시 10분, 23시 35분경에는 직접 국회 봉쇄를 책임졌던 임정주 경찰청 경비국장과 두 번이나 통화했습니다. 그리고 국회에 체포조를 파견하기로 돼 있었던 영등포경찰서장과 또 통화를 했습니다.

그래서 이것은 바로 내란의 주요 종사자로 지금 수사가 들어가야 되는 사람이에요. 이런 사람을, 지금 승진 발령이 되면 경찰의 기강이나 또 향후 수사에 대해서 어떻게 되겠습니까? 이것 알고서 승진 인사 내셨나요, 대행님?

○증인 최상목 제가 그런 구체적인 사항은 알지 못했고요.

한 말씀만 올리면요 지금 현재 치안 공백뿐만 아니라 국정 전체적으로, 여러 가지로 연말 연초에 인사들이 있어야지만 국정 안정이 되기 때문에 제가 각 장관들께 장관이 책임지고, 특히 정무직 인사가 아닌 경우에는 진행을 하는 걸로 진행을 하고 있습니다. 그런 일환으로 지금 하고 있다고 이해를 하시면 될 것 같습니다.

○**백혜련 위원** 지금 행안부장관은 탄핵돼 가지고 업무정지 상태잖아요?

○**증인 최상목** 차관이 장관직무대행입니다.

○**백혜련 위원** 그래서 차관의 의견을 받아서 했다는 거예요, 그러면?

○**증인 최상목** 일단은 그렇게…… 그런 구조로 되어 있습니다, 지금 인사는.

○**백혜련 위원** 저는 군과 경찰 같은 경우는 이번 내란 사건의 가장 주요 집단입니다. 그렇기 때문에 오히려 국정 안정을 위해서도 인사 같은 건 자제해야 되는 상황입니다. 이것에 대한 책임 소재가 불분명한 상태에서 되면 훨씬 더 혼란이 있을 수 있는 거예요. 다시 한번 좀 검토해 주시기를 바라고요.

이진동 차장님 앞으로 좀 나오세요.

지금 검찰에서 경찰의 체포조 관련한 수사에 집중하고 있는 것 같아요. 그런데 제가 말한 박현수 경찰국장 같은 사안, 지금 들으셨지요?

○**증인 이진동** 예, 방금 들었습니다.

○**백혜련 위원** 굉장히 심각합니다. 정말 우리가 수사를 해 봐서 차장님이나 저나 알지만 이 정도의 사안이라면 내란의 주요 종사자로 볼 수 있는 사안이에요. 검찰이 어차피 경찰 관련해서는 수사를 하고 있기 때문에 지금 이런 내란의 주요 종사자들에 대해서 더 철저한 수사가 이루어질 수 있도록, 체포조 부분에만 집중할 게 아니라 이런 부분들이 더 넓게, 그 당시에 직접 관여한 사람들에 대해서 수사가 이루어질 수 있도록 좀 조치가 이루어지기를 바랍니다.

그리고 12월 8일 날 새벽에 김용현 장관이 검찰 출석 전에 이진동 차장과 통화한 것 맞지요?

○**증인 이진동** 예, 맞습니다.

○**백혜련 위원** 누구로부터 연락을 받고 통화하게 됐나요?

○**증인 이진동** 저는 수사팀으로부터 받았습니다.

○**백혜련 위원** 수사팀 누구요, 그러면?

○**증인 이진동** 누구라고 말씀드리는 건 적절치 않은 것 같은데요. 하여간 수사팀에서 받았습니다.

○**백혜련 위원** 아니, 왜…… 수사팀에서 차장님하고 통화를 원한다 이렇게 온 겁니까, 그러면?

○**증인 이진동** 아닙니다. 이 사건에서 김용현 전 장관의 신병 확보가 가장 중요한데 김용현 전 장관이 있는 데가 군사보호시설 안에 있어서 사실상 영장을 받아도 집행할 수가 없습니다, 승인을 못 받으면. 그렇기 때문에 자발적인 출석이 제일 중요한 상황이라서 설득이 제일 우선이다 했기 때문에 처음에 수사팀에서 설득이 좀 어렵다 해서 제가 그러면 직접 장관하고 통화를 해서 설득을 해 보겠다 해 가지고 설득 과정이었습니다.

(발언시간 초과로 마이크 중단)

∙∙∙

(마이크 중단 이후 계속 발언한 부분)

○**백혜련 위원** 시간이 없어서 그런데……

또 오늘 기사에는 심우정 총장이 직접 통화를 한 거라는 기사가 났었습니다. 그것은 아니고 이진동 차장이 김용현하고 통화한 게 맞습니까?

○**증인 이진동** 예, 제가 통화했습니다.

○**백혜련 위원** 지금 그게 노상원 비화폰으로 통화를 한 것으로 알고 있는데 그 사실은 알고 있어요?

○**증인 이진동** 그것은 어제 방송사에서 보도된 것 보고 처음으로 인지했습니다.

○**백혜련 위원** 그러면요 이진동 차장님도 오늘 보셨겠지만 이 내란 사건의 가장 주요한 루트들이 비화폰을 사용한 통화와 그런 것들이 이루어지고 있어요.

⋯⋯

그러니까 비화폰에 대한 압수수색이 지금 바로 이루어져야 되는데 계속 그 서버 압수수색과 관련해서 검찰에서 경찰의 경호차장 영장 기각하고 이러면서 수사가 늦어지고 있습니다. 이것은 뭔가 의도가 있는 겁니까?

○**증인 이진동** 경호처 차장에 대한 수사하고 내란에 관련돼서 비화폰 수사하고는 별개의 사건이거든요. 그걸 같이 연관 짓는 것은 더 안 맞는 것 같습니다.

○**백혜련 위원** 아니, 이 사건에서 지금 다 봤지만 사건의, 내란의 수괴부터 주요 종사자들이 다 비화폰을 통해서 통화한 것들이 모든 기록을 통해서 지금, 그리고 관계자들의 진술에 의해서 밝혀지고 있지 않습니까.

(발언시간 초과로 마이크 중단)

⋯⋯

(마이크 중단 이후 계속 발언한 부분)

우리 수사의 기본은 통화기록 확보 아니에요?

○**증인 이진동** 그러니까 그 내란에 관련된 사건은 전부 다 엄정하게 수사하고 있고, 경호처 차장에 대한 수사는 기본적으로 체포영장을 방해한 공무집행방해이기 때문에 별개의 사건입니다. 그걸 관련해서 연결 짓는 것은 아닌 것 같습니다.

○**백혜련 위원** 지금 차장님이 모르시니까 제가 말씀드리는데 윤건영 위원님 질의에서도 나왔지만……

○**한기호 위원** 그만해 주세요.

○**위원장 안규백** 아니, 맥락이 있잖아, 맥락이.

○**백혜련 위원** 실제로 이 비화폰에, 경호처 비화폰이 내란의 주요 종사자들, 각 특전사령관부터 사령관들에게 다 나갔고 노상원에게까지 다 나갔어요.

○**위원장 안규백** 마무리해 주세요.

○**백혜련 위원** 그래서 수사의 기본이 이 비화폰 서버 확보에 있는 겁니다, 내란 수사의.

○**증인 이진동** 지금까지 보셔서 알겠지만 검찰에서 엄정하게 수사했지 뭘 누구를 봐주고 하는 것은 한 번도 없었습니다.

○**백혜련 위원** 추가로 하겠습니다.

⋯⋯

○**위원장 안규백** 수고하셨습니다.

박준태 위원님 질의해 주십시오.

○**박준태 위원** 국민의힘 박준태 위원입니다.

대통령이 계엄을 결심한 배경을 확인하는 것도 우리 위원회의 조사 업무입니다. 앞선 곽규택 위원님 질의에서 좀 이어가 보겠습니다.

화면 올려 주세요.

(영상자료를 보며)

윤석열 정부 출범 이후에 무려 29건의 탄핵소추안이 발의됐습니다. 이 중에 17명은 실제로 탄핵이 됐고 9명은 탄핵 심리 중에 있습니다. 탄핵 대상은 국무총리, 각부 장관, 감사원장, 경찰청장, 방통위원장 그리고 서울중앙지검장을 비롯한 검사들이 모두 포함되어 있습니다. 잘 아시듯이 특히 검사들에 대한 탄핵이 많았고, 민주당은 외견상으로는 온갖 다른 탄핵 사유를 제시하고 있지만 실제로는 이재명 대표나 민주당 전당대회 돈봉투 살포 사건을 조사했던 검사들입니다.

한덕수 총리께 질문드립니다.

총 29건의 탄핵소추, 폭정에 가까운 의회 운영이다 이런 언론 평가도 받았습니다. 국정에 어떤 어려움이 있었는지 간략히 말씀해 주실 수 있겠습니까?

○**증인 한덕수** 미국과 달리 우리나라 탄핵은 바로 직무정지가 되고 또 헌재의 판결을 얻어 내는 데, 물론 안건이 많고 아주 과로를 하시고 계시겠지만 시간이 오래 걸려서 사실 국무에 굉장한 차질을 주는 것은 현실입니다.

○**박준태 위원** 탄핵소추안이 발의됐거나 아니면 실제 탄핵된 국무위원들이랑 같이 일을 하셨는데 이분들이 탄핵당할 만큼 국무수행에 어떤 위법함이나 업무의 해태 이런 것들이 있었다고 생각하십니까?

○**증인 한덕수** 탄핵되신 분들에 대한 모든 그런 사유 같은 것을 제가 다 검토를 하지 않았기 때문에 단언적으로 말씀을 드리기는 어렵지만 대부분의 분들이 아주 수십 년 동안 그 자리에서 일을 하면서 최선을 다해서 국가를 위해서 봉사를 하는 분들이었다라는 그런 인상을 저는 강하게 가지고 있습니다.

○**박준태 위원** 그렇습니다. 제가 봤을 때도 더 일 열심히 하신 국무위원들이 탄핵 대상이 되는 경우가 많았다고 생각합니다.

이상민 행안부장관 탄핵 기각까지 166일이 걸렸습니다. 이정섭 검사의 기각은 272일 걸렸습니다. 이 기간 동안의 행정 공백 또 수사기관 공백이 발생했지만 아무도 책임지지 않습니다. 최근에 이진숙 방통위원장 탄핵 기각되고 업무 복귀했을 때에도 그 누구도 사과하거나 그 흔한 유감 표명조차 하지 않았습니다.

다음 보시지요.

예산은 어떻습니까? 초유의 야당 단독 감액 예산안이 통과가 됐습니다. 당 대표 관심 있는 주요 예산 사업 증액하지 않으면 감액한 예산안만 통과시키겠다 이렇게 엄포를 놨는데 실제로 그런 일이 벌어졌습니다.

재난에 대응하기 위해서 정부 예비비 편성해 놨는데 이거 2조 4000억 삭감됐고 딥페이크, 디지털 성범죄, 도박, 마약 이런 민생범죄 수사하기 위한 검찰의 특활비, 특경비 전액 삭감했습니다. 그리고 대통령실과 국가안보실의 특수활동비, 감사원의 특경비와 특활비, 경찰의 특활비 역시 전액 삭감했습니다. 의회의 권능인 예산안 심의 의결 권한을 정쟁에 악용했다 이런 비판이 나오는 이유입니다.

　총리님, 지금 50년 가까이 공직에 몸담아 오셨는데 그동안 정부와 국회에서 많은 일을 해 오셨지 않습니까? 이렇게 국회가 단독으로 예산안 감액안을 처리한 사례 있었습니까?

○**증인 한덕수** 아마 이번이 처음이 아니었나 그렇게 생각을 하고요. 또 우리 법에는 선진화법이라고 그래서 이러한 문제들을 최대한 협상을 할 수 있도록 하는 그런 제도도 있습니다.

　그리고 우선 예산 사정이, 항상 저희가 크게 신경을 쓰는 것 중의 하나가 재정의 건전성이기 때문에 어느 것 하나도 충분히, 흥청망청 쓰는 그러한 예산의 분야라는 거는 저는 거의 없고 우리 기재부가 그런 거를 허용을 하지도 않는다, 행정부의 심사 과정에서. 그렇기 때문에 이러한 것에 대한 모든 것은 정말 현실적으로 충실하게 여야가 협의를 해 가면서 합의를 이루어서 처리하는 것이 옳다 그렇게 생각합니다.

○**박준태 위원** 권한대행께서도, 경제부총리 맡고 계시니까요, 정부가 이렇게 편성해 온 예산을 국회가 심의하면서 증액 없이 감액만 했다, 정부 운영에 어떤 어려움이 있습니까?

○**증인 최상목** 당시 저게 통과됐을 경우에 저희가 굉장히 어려움이 크다, 그리고 안타깝다고 강하게 유감을 표시했었습니다.

○**박준태 위원** 공무원들이 경비가 없어 가지고요 전기세·수도세 낼 돈이 없어 가지고 공원 화장실 쓴다고 기사 난 거 보셨습니까? A4 용지 빌리러 다닌대요.

○**증인 최상목** 예, 봤습니다.

○**박준태 위원** 정진석 실장님께 질의하겠습니다.

　누군가는 계엄이 불가피할 정도로 국정이 어려웠다, 또 다른 이는 그래도 계엄은 과도한 수단을 동원한 것이니까 문제다 이렇게 얘기를 하고 있지요.

　수십 건의 탄핵안 그리고 최초의 감액 예산안, 특검법 그리고 다양한 종류의 국정조사, 사법 방탄 목적의 여러 왜곡된 법률을 일방적으로 추진하고 또 행정부 공무원들을 겁박해서 공포감이 들게 했다 이런 비판도 나왔습니다.

　대통령 옆에서 보필하시면서 그런 부분들을 같이 느낀 소회가 있을 텐데 한번 말씀해 주시지요.

○**증인 정진석** 대통령님을 지근거리에서 보좌하면서 국정 최고책임자인 대통령의 고뇌와 여러 가지 심정을 살펴볼 수 있었습니다.

　국회의 입법권이 과도하게 행사되면서 탄핵이 남발되는 상황, 그래서 국정에 커다란 차질이 야기되는 상황, 앞에서 한덕수 총리께서도 말씀을 주셨습니다마는 국정을 담당하는 입장에서는 매우 정말 염려되고 걱정스러운 일이 아닐 수가 없습니다.

　또 무차별적인 새해 예산의 삭감 이런 것들이 이루어지면서, 또 행정권과 사법권에 비해서 입법권이 특별히 남용되고 남발되고 과도하게 행사되면서 삼권분립을 근간으로 하는 헌법, 헌정질서가 큰 위기에 처해 있다는 인식, 헌법 수호자로서의, 국정 최고 책임자로서의 대통령의 상황 인식이 아마 비상계엄조치 발동의 어떤 계기가 되지 않았는가 하는 그런 생각을 갖고 있습니다.

○**박준태 위원** 마치겠습니다.

○**위원장 안규백** 수고하셨습니다.

용혜인 위원 질의해 주십시오.

○**민병덕 위원** 계엄이 합헌이라는 얘기구먼.

○**용혜인 위원** 최상목 대행님, 앞서 답변하시면서 서부지법 폭동은 상상할 수 없는 사태이고 용납해서는 안 된다라고 말씀하셨는데 지금도 동의, 그렇게 생각하시지요?

○**증인 최상목** 예.

○**용혜인 위원** 서부지법 폭동은 헌법 파괴행위이고 위법하다 이렇게 생각하십니까?

○**증인 최상목** 제가 사법적인 판단을 하기는 그렇습니다만 하여튼 저는 상식적으로 그렇게 판단하고 있습니다.

○**용혜인 위원** 그러면 윤석열의 12·3 비상계엄은 헌법 파괴행위고 위법하다라고 판단하십니까?

○**증인 최상목** 그 부분도 제가 여러 차례 국회에서 말씀을 드렸습니다. 제 상식적인 판단으로는 잘못된 결정이었다고 생각하고 반대했습니다.

○**용혜인 위원** 위법하다고 판단하십니까? 좀 전에 서부지법 폭동에 대해서는 위법하다라고 상식적으로 생각한다고 명확한 입장을 말씀하셨잖아요?

○**증인 최상목** 그 서부지법 판단에 대해서는, 그 당시 제가 판단한 건 권한대행의 입장이고요. 지금 말씀하신……

○**용혜인 위원** 지금도 이 순간 대한민국 대통령권한대행으로서 12·3 비상계엄에 대해서 위헌·위법인지 아닌지 판단을 좀 말씀해 주십시오, 명확하게.

○**증인 최상목** 제가 개인적으로, 아까 말씀드렸듯이 제가 가진 여러 가지 상식상 이건 잘못된 결정이라고 생각하고 그리고 강하게 그 자리에서 반대를 했고요. 지금도 같은 생각입니다.

○**용혜인 위원** 위헌·위법이라는 말을 끝까지 안 하시네요. 참……

이 순간 윤석열이 헌법재판소에서 탄핵이 만약에 인용이 안 돼서 돌아와서 다시 계엄을 하겠다라고 하면 그때는 또 어떻게 반응하실지, 결국 따르지 않을지 걱정이 됩니다.

또 묻겠습니다. 헌법재판소의 단심제 최종 결정에 대해서는 불복하는 절차가 없다라는 것 알고 계시지요?

○**증인 최상목** 예, 알고 있습니다.

○**용혜인 위원** 앞서 마은혁 재판관 임명에 대해서 헌법재판소의 최종적 결정을 존중하겠다라고 하셨는데요. 여기서 존중하겠다의 뜻은 헌법재판소가 임명하는 것이 옳다고 결정하면 지체 없이 임명을 하겠다라는 뜻입니까, 아니면 지체 없이 임명하지는 않되 시간을 두고 심사숙고해서 대응방안을 결정하겠다라는 뜻입니까?

○**증인 최상목** 제가 아직 결정이 없기 때문에 제가 미리 예단해서 말씀드리기는 어렵습니다.

○**용혜인 위원** 존중하겠다라는 말의 뜻이 무슨 뜻이냐고 여쭌 겁니다, 본인이 하신 말에 대해서.

○**증인 최상목** 그 문안 그대로입니다.

○**용혜인 위원** 헌법과 헌정질서에 맞서시겠다는 이야기입니까? 임명하겠다, 숙고하겠다, 명확히 답변을……

○증인 최상목 존중하겠다는 말씀을 그렇게 이해를 하십니까?

○용혜인 위원 존중하겠다라는 말에 대해서 임명하겠다라는 답변을 안 하고 계시지 않습니까.

○증인 최상목 제가 아직 그 결정이 없기 때문에 그걸 예단을 해서 제가 말씀드릴 수 없다고 말씀드린 겁니다.

○용혜인 위원 아니, 결정이 나오면 당연히 임명을 해야 하니까 여쭤보는 겁니다. 단심제에 대해서, 헌법재판소의 결정에 대해서 불복 절차가 없다라고 알고 있다고 하지 않으셨습니까.

　헌법 수호의 의지가 없을뿐더러 불법임을 뻔히 알면서도 거리낌이 없는 대통령은 윤석열 한 명이면 족하다고 생각하고요.

　내란 선동 혐의로 입건된 전광훈 목사가 헌법 위의 국민저항권을 운운하면서 서부지법 폭동을 옹호했습니다. 대통령권한대행이 전광훈처럼 헌법보다 본인의 자의적 판단이 우위에 있다라고 권한대행저항권을 행사할 수 있는 것처럼 지금 답변을 하고 계신 겁니다.

　시간 잠깐 멈춰 주시고 이진우 사령관 나와 주십시오. 이쪽으로 나와 주십시오.

　이진우 증인, 지금까지 12월 3일 비상계엄 이전에 계엄이 있을 거다라는 사실을 인지하지 못했다라고 입장을 밝혀 왔습니다. 지금도 같은 입장입니까?

○증인 이진우 예, 그렇고 또 제가……

○용혜인 위원 아니, 짧게 답변을 좀, 묻는 것에 답변을 해 주십시오.

　증인, 공소장을 보면 증인은 11월 9일 윤석열, 김용현, 여인형과 함께 국방부장관 공관 식사모임 자리에 참석을 했고 여기서 윤석열이 비상계엄에 대해 얘기했고 김용현이 증인에게 수방사는 어떻게 할 것이냐라고 묻자 출동태세를 갖추겠다라고 답변했다고 기술하고 있습니다. 그리고 공소장에는 이것이 비상계엄 사전 모의다라고 검찰이 명확하게 기재를 하고 있어요.

　그리고 또 공개된 증인의 검찰 수사기록 중에 '별첨2 피고인 이진우의 휴대폰 메모'라는 제목의 증빙자료가 있습니다. 검찰이 이 제목의 괄호 안에 '2024년 12월 2일 자 비상계엄 대비 계획 관련'이라고 기재를 했습니다. 검찰의 두 가지 이 수사 자료는 증인이 11월 9일 그리고 12월 2일에 비상계엄을 사전에 인지하고 있었다라고 공소장에 기술하고 있는 건데요. 검찰이 그러면 증인의 진술에 반해서 공소장에 이렇게 쓴 것입니까?

○증인 이진우 헌법재판소에서 제가 이미 그 부분에 대해서는 얘기드렸고요. 나머지는 제가 이 자리에서 말씀드리지 않겠습니다.

○용혜인 위원 증인의 진술에 반해 기술한 것입니까?

○증인 이진우 답변드리지 않겠습니다.

○용혜인 위원 증인이 4일 헌재의 윤석열 탄핵심판정에 증인으로 나와서 비상계엄에 대해서 지금도 적법하다고 생각한다라고 말했습니다.

○증인 이진우 그것은……

○용혜인 위원 저는 '지금도'라는 표현에 상당한 충격을 받았습니다. 비상계엄 이전에는 어쨌는지 몰라도 그 이후에 지금까지 비상계엄은 전시 또는 사변 그에 준하는 비상사태가 아니면 할 수 없고 비상계엄은 국무회의 심의를 거쳐야 하고 선포 즉시 국회에 알려야 한다 이런 이야기는 최소한 여러 차례 국회에 나오고 수사를 준비하고 법을 들여다

보면서 알았을 것 아닙니까? 그런데 지금까지도 그걸 모를 수가 있습니까?

○증인 이진우　답변드려도 되겠습니까?

○용혜인 위원　지금도 그렇게 생각하세요?

○증인 이진우　거기에 대해서 잠시 얘기할 수 있겠습니까?

○용혜인 위원　지금도 적법하게 생각한다라고 생각하시냐고요?

○증인 이진우　그 '지금도'의 의미는 만약에 지금이라도 그 순간에는 그렇게 적법하다고 생각할 거라는 얘기지……

○용혜인 위원　왜 그렇게 적법하게 생각하셨습니까?

○증인 이진우　그게 제가 군인이기 때문에 그렇습니다.

○용혜인 위원　'군인이기 때문에'가 어떤 의미입니까? 군인들은 그런 판단을 할 수 없다고 말씀하시는 거예요, 지금?

○증인 이진우　설명을 드릴까요? 아니면 그냥 예…… '예'라고 대답은 못 하고 설명을 해야만 되는데.

○용혜인 위원　법률 전문가인 검찰총장 출신의 대통령이 그렇게 판단했기 때문에 나는 적법하다고 판단했다라는 것 아닙니까? 맞습니까?

○증인 이진우　그 부분도 있습니다.

○용혜인 위원　수도방위사령부의 사령관씩이나 돼 가지고 법률 판단을 뭐 어련히 알아서 군통수권자가 법률 전문가 출신이니까 했겠거니라고 생각을 하지 않고 이야기하니까……

○증인 이진우　위원님은 수방사령관씩이라고 얘기하시는데 그게 기본 생각인 거세요?

○용혜인 위원　결정을 하니까 내란수괴도 증인도 내란죄로 구속되는 상황까지 이르게 된 겁니다. 그걸 뭘 잘났다고 그렇게 떳떳하게 이야기하십니까?

○강선영 위원　수방사령관씩이나라니!

○용혜인 위원　조용히 하세요!

○강선영 위원　말 함부로 해, 그냥.

○위원장 안규백　강 위원 자제해 주세요, 질의하고 있으니까.

○용혜인 위원　국민의힘 간사가 다른 위원 질의에 끼지 말자고 오전에 이야기했습니다. 제발 본인을 좀 돌아 보세요, 강선영 위원.

○강선영 위원　야!

○용혜인 위원　야?

○백혜련 위원　아, 정말.
　위원장님. 안 됩니다, 이거.

○강선영 위원　수방사령관씩이나라니!

○민병덕 위원　임종득 위원 그대로 두니까 이렇게 나오잖아요.

○용혜인 위원　수방사령관씩이나 돼서 그랬지! 그러면 일반 사병이 그랬어?

○백혜련 위원　위원장님, 이거는 진짜 조치가 있어야 돼요.

○위원장 안규백　강 위원!

○강선영 위원　예, 제가 흥분했습니다.

○민병덕 위원　그러면 사과를 해야지요.

○**용혜인 위원** 사과하세요, 그러면. '야'라니!

○**백혜련 위원** 흥분했으면 사과를 해야지요. 임종득 위원도 그렇고 지난번에……

○**강선영 위원** '수방사령관씩이나'라는 말에 사과하면 '야'라는 말에 사과하겠습니다.

○**용혜인 위원** 제가 그걸 왜 사과합니까?

○**백혜련 위원** 왜 사과해요, 내란의 주요 종사자인데?

○**강선영 위원** '수방사령관씩이나'라는 말에 사과하면 '야'라는 말 사과하겠습니다.

○**위원장 안규백** 아니, 한기호 위원님께서 말씀하시는 것이 지금 아직 잉크도 마르기 전에……

○**민병덕 위원** 사과 안 하겠다는 거잖아요. 그러면 '야' 해도 된다는 얘기잖아요.

○**강선영 위원** 군을 그렇게 매도하면 안 됩니다. 국방위원이시지 않습니까.

○**추미애 위원** 군을 매도가 아니라 내란범을, 내란공범에 대해서 얘기하는 거예요.

○**한기호 위원** 위원장님 진행하십시오.

○**위원장 안규백** 강 위원!

○**백혜련 위원** 아니, 그냥 진행할 수가 없지요.

○**김병주 위원** 아니지요. 이거는 사과를 받아야지.

○**백혜련 위원** 위원장님, 이건 조치가 필요합니다. 지난번에도 그랬고요.

○**박준태 위원** 일단 질의를 마치고 하시는 게 어떻습니까?

○**위원장 안규백** 가만있어 봐요.

○**강선영 위원** 수방사령관씩이라니요?

○**위원장 안규백** 아니, 그러니까 강 위원이……

○**민홍철 위원** 깨끗하게 사과하세요.

○**강선영 위원** 그거 사과하면 하겠다고요. 그 '수방사령관씩이나' 사과하면 '야' 사과하겠다고요.

○**위원장 안규백** 본인의……

○**김병주 위원** '수방사령관씩이나'가 뭐 잘못됐어요?

○**민홍철 위원** 내란 범죄잖아요. 수방사령관을 모욕하는 게 아닙니다.

○**추미애 위원** 그 지적을 왜 강 위원이 해요? 해도 위원장이 하는 거지.

○**위원장 안규백** 그걸 저를 통해서 공식적인 문제 제기를 해야지요.

○**강선영 위원** 그렇게 하겠습니다, 앞으로는.

○**용혜인 위원** 사과하세요, 그러면.

○**강선영 위원** '수방사령관씩이나'라는 발언을 사과하세요, 먼저.

○**부승찬 위원** 아니, 그거하고 '야'하고 뭔 관계 있어요?

○**강선영 위원** 먼저 사과하세요.

○**부승찬 위원** '수방사령관씩이나'가 오히려 나은 거지.

○**강선영 위원** 아니요, 저는 그렇게 생각하지 않습니다.

○**추미애 위원** 지금 강 위원이 내란 공범의 변호인 역할을 하는 거예요, 국정조사 위원인 거예요?

○**부승찬 위원** '야'가 뭡니까, '야'가?

○**민병덕 위원** 국군을 옹호하는 거지요.

○**위원장 안규백** 강 위원님, 강 위원님!

○**민병덕 위원** 지금 그 국군이 내란 저지른 겁니다.

○**위원장 안규백** 잠깐 계세요.

　강 위원은 여군 중에서도 장군 출신이십니다. 그것도 투스타 출신이십니다. 인내할 수 있는 방법이…… 또 인내를 해 왔고요.

○**강선영 위원** 지금까지 했습니다.

○**위원장 안규백** 그런데 그걸 못 참아서 이렇게 하면 되겠습니까?

○**강선영 위원** 지금까지 참아왔습니다, 용혜인 위원의 발언에 대해서.

○**위원장 안규백** 말끔히 정리하고 갑시다.

○**강선영 위원** 수방사령관씩이나라는 말을 사과하면 야라는 발언에 대해서 사과하겠습니다.

○**민홍철 위원** 그 무슨 궤변입니까?

○**용혜인 위원** 아니요, 그건 순서가 아닙니다. 그건 순서가 아닙니다.

○**위원장 안규백** 강 위원님, 원활한 회의 진행을 위해서 그렇게 하면 안 되잖아요.

○**강선영 위원** 그동안의 많은 걸 다 얘기합니까?

○**민병덕 위원** 보십시오. 임종득 위원 그렇게 넘어가니까 또 이렇게 '야' 나오잖아요.

○**한기호 위원** 진행합시다.

○**윤건영 위원** 이것 진행할 문제가 아니지 않습니까, 간사님?

○**위원장 안규백** 공식적으로 여기서 문제를 매듭짓고 갑시다.

　얼른 이 문제에 대해서 공식적으로 말씀하세요. 사과말씀 하세요.

○**강선영 위원** '수방사령관씩이나'라는 발언에 사과를 정식으로 용혜인 위원이 하면 저도 저도 '야'라는 발언에 정식으로 사과하겠습니다.

○**용혜인 위원** 그건 순서가 아닙니다. 그건 순서가 아닙니다.

○**윤건영 위원** 퇴장시켜 주세요, 위원장님.

○**위원장 안규백** 이것은요 용혜인 위원 문제가 아닙니다. 그런 논리 비약이 어디 있습니까?

○**추미애 위원** 수방사령관이 답변 자세가 문제가 있어서 지적하는 거지요.

○**강선영 위원** 그동안에 야당 위원들이 국방위에 계실 때 야당 위원이 발언할 때 또라이라고 말하는 것들도 넘어가는 것이 민주당 위원들 태도 아닙니까? 동료 위원한테 '또라이'라고 하는 거랑 '야'랑 비교하면 또라이가 더 문제가 되는데 그때는 아무 말 없이 넘어갔지 않습니까?

○**윤건영 위원** 위원장님, 저렇게 발언 기회를 줘야 됩니까?

○**강선영 위원** 그런 태도가 민주당 위원들 태도 아닙니까?

○**윤건영 위원** 위원장님, 우리가 저런 이야기를 들어야 됩니까?

○**용혜인 위원** 그래서 민주당 위원들한테 당해서 저한테 '야'라고 하셨어요?

○**위원장 안규백** 한 위원 말씀하세요.

○**곽규택 위원** '야'라는 말은 욕이 아니에요, 그냥 부르는 말이에요.

○**용혜인 위원** 그러면 '야'라고 해도 됩니까?

○**곽규택 위원** 하세요.

○**한병도 위원** 저희들이 오전에도……

○**백혜련 위원** 아니, 동료 위원한테 '야'가 뭐예요, 진짜?

○**위원장 안규백** '야'가 뭐예요, '야'가? 곽 위원, 왜 그래요!

○**곽규택 위원** 강선영 위원이라고 이름 부르니까 그렇지요.

○**위원장 안규백** 왜 그래!

○**강선영 위원** 저한테 강선영 위원이라고 했기 때문에 그렇습니다.

○**용혜인 위원** 그게 뭐가 문제입니까?

○**한병도 위원** 전에도 여당 위원……

○**김병주 위원** 위원을 위원이라고 그러지 요원이라고 그래요, 그러면?

○**곽규택 위원** 그러면 야를 야라고 그러지.

○**용혜인 위원** 야를 야라고 그래?

○**한병도 위원** 여당 위원님께서 어제 용혜인 위원님 그리고 부승찬 위원님 그리고 박선원 위원님에 대해서 하신 말씀도 있었고 아침에 논의가 있었습니다. 그런데 원활한 회의 진행을 위해서 저희들이 그냥 진행을 했는데 지금 그 문제가 있고. 또 방금, 글쎄요 이건 다 떠나서 어떻게 공식적인 석상에서 '야'라고 이렇게 표현한 이런 내용은 용납을 할 수가 없습니다.

그리고 아침에 말씀하시면서 야당 위원들이 회의를 진행하는데 자꾸 끼어들어서 못 했다고 말씀하시고, 그것 반대로 지금 끝나자마자 바로 하시는 거 아닙니까?

위원장님, 그래서 지금 이런 것들은요, 원활한 회의 진행을 위해서 이런 발언을 하신 부분에 대해서는 퇴출을 시켜 주시기 바랍니다.

○**위원장 안규백** 이번 지금 하는 이 국조특위는 일반 국조특위가 아니고 국가 비상계엄 선포에 관련해서 국민적 이목이 집중된 국조특위입니다. 그런데 이런 가운데에서 상대 당 위원이 거친 언사를 설혹 했다고 치더라도 '야'라는 그런 표현은 굉장히 지나칩니다. 그 부분에 대해서 정식적으로 사과를 하십시오. 사과를 하지 않으면 조치를 취하겠습니다.

○**강선영 위원** 예, 조치하세요.

○**한기호 위원** 한 위원님도 얘기하셨으니 제가 좀 얘기하겠습니다.

○**위원장 안규백** 예.

○**한기호 위원** 지금 엄중한 상황에 대해서 국정조사를 하다 보니까 실제로 자꾸 격양돼서 용어 쓰는데 험한 용어를 쓰고 있습니다. 그래서 제가 아침에도 우리 위원들끼리 그 얘기를 했었고 자제하자고 부탁을 드렸습니다.

임종득 위원님이 엊그저께 말씀하신 내용 그리고 강선영 위원이 오늘 말씀하신 거에 대해서 제가 국민의힘 간사로서 지나친 부분이 있습니다. 그러나 강선영 위원이 군 생활을 삼십 년 이상 하셨는데 '수방사령관씩이나' 이렇게 얘기하면 감정적으로 저도 그렇고 흥분할 수 있는 요소가 있습니다, 그냥 일반적인 용어는 아니기 때문에. 그래서 이런 점에서 제가 우리 국민의힘 위원들을 대표해서 잘못 사용된 용어에 대해서는 제가……

(발언시간 초과로 마이크 중단)

┄┄┄┄┄┄┄┄┄┄┄┄┄┄┄┄┄┄┄┄┄┄┄┄┄┄┄┄┄┄┄┄┄┄┄┄┄

(마이크 중단 이후 계속 발언한 부분)

대표로 사과를 하고, 원만하게 진행해 주시기 바랍니다.

이상입니다.

─────────────────────────────────────

○**위원장 안규백** 끝 부분은 못 들었어요. 다시 반복해 주세요.

○**한기호 위원** 끝났습니다.

○**위원장 안규백** 아니, 끝 부분은 못 들었어요. 다시 해 주세요.

○**한기호 위원** 끝났습니다.

○**위원장 안규백** 그러니까 당을 대표해서 공식적으로 사과하신다는 거예요?

○**한기호 위원** 말씀 다 드렸잖아요.

○**위원장 안규백** 아니, 못 들은 위원들이 계시니까.

○**한기호 위원** 얘기 다 들으셨어요.

○**위원장 안규백** 김병주 위원께서도 정신 나갔다는 소리를 국민의힘 위원들한테 하셔 가지고 공식적으로 사과를 했었습니다.

○**곽규택 위원** 안 하셨어요. 사과 안 하고 넘어갔어요.

○**강선영 위원** 언제…… 사과 안 했습니다.

○**곽규택 위원** 원내대표께서 그냥 유감 표명하고 넘어갔잖아요.

○**김병주 위원** 잠깐만요.

위원장님, 제가 의사진행발언……

○**한기호 위원** 당시에도 실제로 사과를 했어요. 그러니까 오늘도 지금 회의 진행을 위해서 진행해 주시기 바랍니다.

○**위원장 안규백** 알겠습니다.

○**김병주 위원** 잠깐만요.

○**위원장 안규백** 아니, 그만하시고……

○**김병주 위원** 왜냐하면 '수방사령관씩이나'에 대해서 제가 얘기를 할게요.

○**위원장 안규백** 예.

○**김병주 위원** 지금 이 자리는 내란에 대한 조사를 하는 청문회입니다. 지금 수방사령관 이진우는 내란의 주요 임무 종사자 피고인입니다. 그렇기 때문에 제대로 답변을 못 하기 때문에 '수방사령관씩이나 된 사람이 왜 그렇게 못 하느냐' 이것은 막말이 전혀 아닙니다, 실제. 물론 좀 과한 표현은 맞지요. 그런데 이 자리가 그런 자리가 아니었다면 좀 과하다 할 수 있지만 지금 피고인인데도 본인이 사죄는 안 하고 떳떳하게 하는데 저는 용혜인 위원이 충분히 지적할 수 있는 사항이라고 봅니다.

강선영 위원이 그걸 사과하라고 하는데 '씩이나'라는 단어를 가장 많이 쓴 위원은 강선영 위원입니다. 저 보고 맨날 '육군대장씩이나 돼서', '육사 출신씩이나 돼서' 이렇게 해도 저는 참았습니다. 그것이 잘못된 걸 알면서도 썼다는 거에 저는 되게 분노스럽네요. '육군 투 스타 출신이', '육군대장씩이나' 하면 군을……

(발언시간 초과로 마이크 중단)

─────────────────────────────────────

(마이크 중단 이후 계속 발언한 부분)

폄훼하고 장군단을 폄훼하는 거 아니겠습니까? 그것을 갖고 사과를 해야……

그리고 그거와 또 계속……

1분만 더 주세요.

○**위원장 안규백** 아니, 지금……

○**한기호 위원** 그만하시지요.

○**김병주 위원** 그리고 지금 여기서 일어난 걸 갖고 얘기해야지 과거에 국방위에서 어떻고 과거 본회의장에서 어떻고 과거를 따지면 여기 과거가 자유로운 사람 누구 있어요?

○**위원장 안규백** 김병주 위원님 알겠습니다.

○**김병주 위원** 그렇게 하면 한도 끝도 없지. 과거로 따지면 과거에 그런 정도 말 안 한 사람이 누구 있어요? 현재에 집중해야지.

○**위원장 안규백** 위원님들, 지금 국무위원들도 여러 가지 국가적으로 현안이 많기 때문에 제 마음 같아서는 다른 조치를 취하고 싶은데 일단 강선영 위원께 구두 경고를 하고 만약에 이런 발언이 있을 때는 퇴출도 하도록 하겠습니다.

계속 발언해 주십시오.

○**용혜인 위원** 위원장님, 저 신상발언 1분 하고 질의 마저 하겠습니다.

○**위원장 안규백** 예.

○**용혜인 위원** 수방사령관은 수방사령관으로서 그때 당시의 이 출동이 위헌·위법한지를 판단할 권한과 책임이 있는 사람입니다. 그런데 그런 권한과 책임이 있음에도 불구하고 수방사령관씩이나 되어서 판단하지 못한 것에 대해 저는 문제라고 생각하고요 그것을 지적하는 것이 무리한 표현이라고 생각하지도 않습니다.

저는 국회가, 정치 언어가 국민들께 모범이 되지는 못하더라도 국민들께 심려를 끼쳐서는 안 된다고 생각하고요. 그런 마음으로 늘 단어를 고릅니다. 저는 정치의 언어 또한 국격의 일부분이라고 생각하기 때문입니다.

그런 점에서 오늘 '야'라거나 저번에 '정신 나갔냐'라거나 '떽떽거린다'라거나 '군대를 안 갔다 와서 저런다'라거나 그런 여당 위원님들의 모욕적인 발언에 대해서 그럼에도 불구하고 그것이 누구든 선수와 나이와 성별 상관없이 동료 위원님들께 예의를 지키고자 노력하고 있습니다.

오늘 한기호 간사님께서 사과를 하셨지만 부디 강선영 위원님께서는 좀 본인을 돌아보셨으면 좋겠습니다.

마저 질의하겠습니다.

○**위원장 안규백** 그래서 '품격(品格)'이라는 말이 '입 구(口)'자가 3개 있는 겁니다. 입의 무게를 갖고 하십시오.

시작하십시오.

○**용혜인 위원** 이진우 사령관 다시 나와 주세요.

윤석열과 김용현이 증인에게 '국회를 봉쇄하고 계엄해제 결의안을 저지하고 총을 쏴서라도, 문을 부수고라도 들어가서 국회의원들을 끌어내라'라고 지시했고 증인 부하들 모두가 그렇게 검찰에 진술했습니다. 그런 지시도 적법하다고 생각하십니까?

○**증인 이진우** 지금 위원님께서 말씀하신 인용한 부분에도 사실과 다른 게 있고 그건

나중에 제가 재판 때 다룰 거지만 여기서는 답변드리지 않겠습니다.

○**용혜인 위원** 법률 전문가 출신의 군통수권자가 어련히 알아서 합법 계엄을 했다는 증인의 주장이랑 짝을 이루는 또 하나의 증언이 있습니다. 그게 '나는 명령에 따랐을 뿐이다'라는 증인의 주장인데요. 이 무죄 항변의 논리를 이번 친위 쿠데타 내란범들 전체에게 적용하면 어떻게 되는지 아십니까?

○**증인 이진우** 아니, 그 부분에 대해서 어느 위원님이라도 저희한테 설명할 기회를 주시면 별도 설명을 드리고 여기서는 답변드리지 않겠습니다.

○**용혜인 위원** 내란죄 유죄는 1명도 없게 됩니다. 왜냐하면 내란의 2인자 역할을 했던 김용현조차도 궁극적으로는 군통수권자인……

　　　(발언시간 초과로 마이크 중단)

･･

　　　(마이크 중단 이후 계속 발언한 부분)

윤석열의 명령에 따랐을 뿐이다라는 것이 되기 때문입니다. 그러면 윤석열만 남게 되지요.

그런데 내란죄는 범죄의 본질이 다수가 참여하는 폭동입니다. 수괴 혼자서 내란죄를 저지를 수는 없어요. 그래서 증인의 그 말을 그대로 인용하면 윤석열도 무죄가 되는 겁니다. 그러면 결론적으로 군통수권자인 대통령이 일으킨 친위 쿠데타에 대해서는 대한민국헌법과 법률로는 유죄판결을 할 수가 없게 된다라는 겁니다. 그러면 증인 같은 장성급 군인들이 앞으로 나라 지킬 생각은 안 하고 매일 친위 쿠데타 생각만 하지 않겠습니까?

2차 세계대전 이후에 전범들을……

○**위원장 안규백** 마무리해 주세요.

○**용혜인 위원** 마무리하겠습니다.

전범죄를 다투는 뉘른베르크 재판에서 주요 전범들의 한결같은 항변이 '명령에 따랐을 뿐이다'입니다. 증인이랑 똑같은 말이지요.

저는 진심으로 증인한테 충고하는데요. 지금이라도 이 위헌·불법한 내란에 참여한 것을 국민들한테 사과하고 그럼에도 불구하고 국회의원을 끌어내라는 불법적인 지시만큼은 따르지 않았다 그리고 수사와 재판 과정에서 국민들한테 그 과정을, 진실을 가감 없이 얘기하겠다라고 정상 참작을 호소하는 것이 본인에게 남은 그나마의 명예도 지키고 재판 과정에서도 본인에게 유리하게 작용하는 유일한 과정이라고 생각합니다. 이에 대해서 말씀하시고 마무리하시지요.

○**증인 이진우** 이제 위원님께서 말씀하신 취지가 이해됐습니다. 앞에는 너무 이상해서 제가 감정적으로 했는데 그건 죄송하고요. 저는 좀 그렇게 결론만 얘기해 주셨으면 참 감사 했는데……

그 부분도 사실 다툴 여지가 있어서 제가 여기서 말씀드리는 건 좀 제한이 되지만 만약에 저한테 별도의 시간을 주셔서 얘기할 시간이 있다면 그때는 제가 전체적으로 한번 설명을 드리겠습니다.

이상입니다.

･･

○**위원장 안규백** 아니, 이진우 사령관님.

○**증인 이진우** 예.

○**위원장 안규백** 무슨 말씀에 그렇게 제한이 많습니까? 사령관답게 좀 할 말은 하시고 시비곡직을 가려서 하시지 매번 그렇게 제한된 사항이 많으면 결심을 언제 어떻게 합니까?

들어가세요.

윤건영 위원님 질의해 주십시오.

○**윤건영 위원** 구로을의 윤건영입니다.

최상목 대행께 여쭙겠습니다.

대행께서는 비상계엄에 반대했다 그리고 사퇴까지 그 자리에서 입장을 밝혔다라고 말씀하신 바 있습니다. 그게 당연한 거라고 생각을 하고요.

여쭤볼게요.

왜 그 자리에서 대통령의 바짓가랑이라도 붙잡고 '나를 밟고 가라. 이건 안 된다', 열한 분의 국무위원이 그렇게 하지 못했습니까?

○**증인 최상목** 한마디로 말씀드리면 그 부분은 사후적으로, 너무 짧은 순간이긴 했습니다만 나중에 그렇게라도 했어야 된다는 생각을 총리님을 포함한 많은 국무위원들이 했습니다.

○**윤건영 위원** 얼마 전에 이 자리에서 한은 총재께서 대통령의 그릇된 행위, 비상계엄 선포로 인해서 수조 원의 경제적 손실이 있다고 발언을 하셨습니다. 경제를 책임지는 수장으로서 대통령이 비상계엄 조치가 있겠다라고 하면 무조건 막았어야지요. '나를 밟고 가라. 나를 죽여 놓고 가라', 왜 그 말을 못 하고 사후적으로 지금 와서 후회한다고 하십니까?

○**증인 최상목** 그런 부분에 대해서는 국무위원의 한 사람으로서 송구스럽게 생각합니다.

○**윤건영 위원** PPT 봐 주십시오.

(영상자료를 보며)

윤석열 대통령의 말들입니다. '계엄군이 국회 유리창을 깬 건 군중을 막기 위한 목적이다'라고 이야기하십니다. 이게 타당한 주장이라고 생각하십니까?

○**증인 최상목** 위원님, 지금 대통령님 관련된 사항들은 사법절차나 헌법재판소에서……

○**윤건영 위원** 이 내용은 사법절차하고 상관없는 태도의 문제입니다.

○**증인 최상목** 그런데 변론에서 답변을 하신 거기 때문에 이런 부분에 대해서……

○**윤건영 위원** 태도에 대해서 제가 여쭙는 겁니다.

○**증인 최상목** 제가 그것에 대해서……

○**윤건영 위원** 이 말이 상식적이고 타당합니까, 대행님?

○**증인 최상목** 제가 답변이 어려울 것 같습니다.

○**윤건영 위원** 좋습니다.

대행께 전달한 쪽지를 나중에 언론에서 봤을 뿐이다라고도 이야기했습니다. 아까 말씀하고 여러 위원들이 질의했지만 지시 형태의 문안입니다. 이게 가능합니까?

○**증인 최상목** 글쎄, 그건, 저는 제 기억에 따라서 말씀을 드린 겁니다.

○**윤건영 위원** 최 대행 개인의 의견을 묻는 겁니다. 대통령이 이 내용을 모른다라는 게

사실에 부합합니까?

○증인 최상목 위원님, 지금……

○윤건영 위원 좋습니다.

마지막으로 군이 부당한 지시를 안 따를 거라는 전제하에 비상계엄을 선포했다라고 윤석열 씨가 이야기합니다. 이런 비상계엄이 존재합니까? '예, 아니요'로 말씀하십시오. 대행님 개인의 의견이고 이건 사법절차하고 전혀 관계가 없는 거예요.

○증인 최상목 제가 지금 공직자이기 때문에요, 지금 사법절차나 헌재의 심판절차가 진행되고 있는데 이 관련 사항을 말씀드리기가 좀 어렵습니다.

○윤건영 위원 죄송한데 대행님, 대행님의 지금 이런 모습이 비상계엄을 못 막았다고 생각합니다. 단호하셔야지요. 대통령을 붙잡고라도 이건 안 된다라고 이야기하려면 결기가 있어야지요.

다음 PPT 보십시오.

윤석열 씨는 부하한테 모든 걸 다 떠넘기고 있습니다. 곽종근 특전사령관 발언에 따르면 자체 판단해서 전원 복귀했다고 하고요, 대통령이 끌어내라고 한 게 맞다고 하는데 윤석열 씨만 아니라고 합니다. 부하들에게 책임을 다 떠넘기고 있어요. 이게 태도입니다. 피의자 윤석열의 태도예요. 지금은 최 대행께서 대통령 권한대행입니다. 윤석열 정부를 대표하는 거예요. 보다 단호하고 결기 있게 나서야 됩니다.

치안정감 인사 관련해서 여쭙겠습니다.

혹시 경찰 치안정감 인사와 관련해서 용산과 협의한 적이 있습니까?

○증인 최상목 용산과 협의한……

○윤건영 위원 대통령실과 협의한 적 있습니까?

○증인 최상목 기본적인 인사를 하는 데 있어서의 검증 절차는……

○윤건영 위원 검증 말고 인사 내용과 관련해서 협의한 적 없습니까?

○증인 최상목 그런 내용에 대해서는 협의한 적 없습니다.

○윤건영 위원 치안정감 인사를 누가 하자고 했습니까? 행안부차관입니까, 경찰청장 대행……

○증인 최상목 행안부장관 직무대행입니다.

○윤건영 위원 대행이 이야기했습니까?

○증인 최상목 예.

○윤건영 위원 다음 PPT 봐 주십시오.

총경 이상 공무원은 경찰청장의 추천을 받아서 행안부장관의 제청으로 국무총리를 거쳐 대통령이 임명한다고 돼 있습니다. 모두 직무대행입니다. 이게 가당키나 한 인사입니까?

○증인 최상목 인사가 그런 부분이 모습은 그렇지만 그렇기 때문에 더더욱, 제가 아까 말씀드린 것처럼 모든 부처가 다, 이런 부처가 많이 있습니다. 그래서 국정 안정이라든지 치안 공백 이런 측면에서 저희가 정무직이 아닌 인사를 하자, 장관들끼리 얘기를 해서……

○윤건영 위원 좋습니다. 정무직이 아닌 인사, 충분히 가능합니다. 그런데 치안정감은 경찰청 넘버 투예요. 경찰청 넘버 투를 이렇게 합니까? 대행의 대행이 대행의 추천을 받

아서 합니까?

○증인 최상목 글쎄요, 정무직은 아닌 것으로 알고 있습니다.

○윤건영 위원 말씀……

○증인 최상목 정무직은 아닌 것으로 알고 있습니다. 그런 식으로 생각해서 각 부처가 지금 하고 있어서 행안부에서……

○윤건영 위원 그러면 다른 부처도 인사 하실 겁니까, 최 대행님?

○증인 최상목 다른 부처도 지금 1급 인사 하고 있습니다.

○윤건영 위원 1급 인사 말고요. 다른 차관급 인사, 사실상……

○증인 최상목 아니, 저는 정무직 인사는 말씀을 드리지 않았습니다.

○윤건영 위원 좋습니다.

그러면 제가 왜 문제를 삼냐 하면 '치안정감, 이번에 승진한 사람을 서울청장으로 오늘 오후에 발표한다, 임명하겠다, 경찰위원회를 개최해서'라는 이야기가 들립니다.

서울청장은 단순한 일반직이 아닙니다. 잘 아시잖아요. 사실상 정무직입니다. 경찰의 수장이에요, 경찰청장이 없는데. 이런 인사가 가능합니까?

그리고 앞서 말씀드린 것처럼 행안부장관과 경찰청장, 비상계엄 당일 날 연락을 많이 했던 사람이에요. 그리고 비상계엄의 동조자로 의심을 받고 있고 수사 대상이에요. 그런 사람한테 승진을 시켜서 서울청장을 맡긴다, 현실에 맞습니까?

○증인 최상목 구체적인 인사 내용에 대해서는 제가 정확히 말씀드릴 수는 없는 것 같고요. 아까 말씀드린 것처럼, 물론 위원님께서 지적하실 수 있을 것 같기는 한데 제가 드리는 말씀은 지금 서울청장이 공석이라는 것 자체의 문제의식은 없으십니까? 저희는 그 부분에 대해서……

○윤건영 위원 서울청장이 만약에 문제가 있으면요, 치안정감 보직을 이동을 하면 되지요. 대한민국의 치안정감이 한 명 바뀝니까? 부산청장도 있고 많습니다. 왜 그 생각 안 합니까?

○증인 최상목 아니, 그러니까 그것은 행안부장관 직무대행하고 경찰청 차장하고 협의를 해서 저한테 제안을 한 것입니다.

○윤건영 위원 자, 다시요.

다음 PPT 봐 주세요.

이번에 인사를 세 명, 치안감 인사를 세 사람 했습니다. 보통 경무관에서 치안감 승진하는 데 3년 이상 걸려요. 그 내용 알고 계세요, 대행님?

○증인 최상목 제가 정확히 모릅니다.

○윤건영 위원 모르면서 그러면 이런 인사를 하십니까?

이 사람들 1년 만에 다 됐습니다. 그런데 이 세 사람 중의 두 사람이 용산 출신이에요. 101경비단 출신이고 용산 대통령실에 있었던 사람입니다. 이러니까 국민들이 의심하지 않습니까? 상식적으로 좀 하자고요, 상식적으로.

3년이 걸리는 인사를 1년 만에 세 사람이나 승진을 시켜요. 그리고 서울청장 비었다고 그것도 승진을 시켜서 보냅니다. 치안정감이 대한민국에 한 명 있는 것도 아니에요. 이런 인사를 왜 합니까?

헌법재판관 임명 안 하신다면서요. 이런 인사만 다 합니까? 어떻게 생각하세요? 세 사람이나 3년이 걸리는 인사를 1년 만에 승진시키는 인사를 지금 최 대행이 하신 거라고 요.

○증인 최상목 저는 하여튼 행안부장관 직무대행과 경찰청 차장이 협의해서 한 인사안에 대해서 재가를 했습니다.

○윤건영 위원 그러면……

30초 정도, 1분만 주시면 마무리 좀 할게요. 죄송합니다.

○위원장 안규백 예, 마무리해 주십시오.

○윤건영 위원 행안부차관이 이 인사를 이야기하면서 '이 사람들 1년 만에 승진시키는 겁니다'라고 이야기하던가요?

○증인 최상목 그런 구체적인 얘기는 못 들었습니다.

○윤건영 위원 그런 인사 보고도 안 받고 승진을 시키면 어떻게 합니까, 경찰 인사를?

자, 그리고 조금 전에 말씀드렸던 치안정감 승진자……

옆에서 가르쳐 주지 마세요! 문재인 정부에 대해서는 제가 정진석 증인보다 더 잘 압니다.

치안정감으로 승진시킨 자도 마찬가지입니다. 윤석열 정부 들어서 벼락 출세한 사람이에요. 소위 말해서 대표적 친윤 인사입니다. 그런 인사를……

정상적인 인사라면 마음대로 하십시오. 그것은 정권 잡은 사람들의 권한입니다. 하지만 지금 대통령이 탄핵당했어요. 탄핵심판을 받고 있습니다. 그러면 최소한 대통령 권한대행이시라면 그런 것은 가려야 되지 않습니까? 대통령실에 근무했다고 3년 걸리는 인사를 1년 만에 다 합니까? 정상적 시기가 아니잖아요.

하실 말씀 있으면 하십시오.

○증인 최상목 제가 구체적인 인사 사항에 대해서는 말씀을 안 드리겠습니다.

○위원장 안규백 임종득 위원님 질의해 주십시오.

○임종득 위원 이진우 수방사령관님, 앞으로 좀 나와 주세요.

지난 4일 헌재에서 수방사령관은 작년 12월 6일 특전사령관이 전화를 해서 김병주 위원 유튜브 인터뷰 출연에 대해서 먼저 이야기를 꺼냈다라고 답변을 했습니다. 기억나십니까?

○증인 이진우 예.

○임종득 위원 특전사령관의 권유에 증인은 상급기관의 승인을 받아야 한다며 반대했습니다. 그렇지요?

○증인 이진우 그렇게 말씀드렸습니다.

○임종득 위원 관련된 내용들을 정리를 한 슬라이드를 보시기 바랍니다.

(영상자료를 보며)

이틀 전에 제가 곽종근 사령관에게 질의를 해서 받아 낸 내용인데 12월 5일 밤 24시경에 곽 전 사령관은 예하 지휘관과 통화를 통해서 특단의 조치를 언급을 합니다. 그리고 6일 아침 곽종근 특전사령관은 증인에게 전화를 합니다. 그래서 김병주 위원 유튜브 출연에 대해서 통화를 했지요. 그게 몇 시쯤 됐습니까?

○증인 이진우 정확하게 기억은 나지 않는데 아침 일찍이었습니다.

○임종득 위원 그 통화를 하고 나서 9시 15분경에 참모회의에서 여기에 대해서 논의를

하지요. 사실이지요?

○증인 이진우 저 말씀이십니까?

○임종득 위원 그 관련된 참모회의를, 증인이 사령부 참모들하고 모여서 유튜브 출연과 관련된 이야기를 나누지 않았습니까?

○증인 이진우 원래는 일반적인 회의였는데 그 부분을 약간 언급한 건 있었습니다.

○임종득 위원 언급이 있었지요?

○증인 이진우 예.

○임종득 위원 그 소리는 9시 15분 전에 통화가 이루어졌다는 이야기입니다. 그렇겠지요?

오전 11시경 김 모 위원의 일행이 특전사령부 위병소에 도착을 합니다. 그리고 20~30분 어간의 인터뷰가 시작이 됩니다.

다음 슬라이드 보여 주시지요.

그런데 김병주 위원은 특전사에서 라이브방송을 진행하면서 이렇게 발언을 합니다. '특전사에서 신변을 억류한다든가 안전에 위해가 될 수도 있다. 면담이 이루어질지 또 어떤 위해가 가해질지도 모른다'라고 합니다. 또한 2차 청문회 시에 신상발언을 통해서 특전사령관과 사전에 아무런 소통이 없었다는 점을 강조합니다.

증인, 김병주 위원 일행은 특전사에 오전 11시경에 도착했다고 아까 이야기했지요? 김병주 위원의 말대로라면 사전 협의 없이 갑자기 인터뷰를 요청했다라면 곽종근 사령관이 아침에 증인에게 전화를 해서 유튜브 인터뷰하자고 한 증인의 진술과 대치되지 않습니까?

○증인 이진우 그 부분은 제가 답변드릴 상황은 아닌 것 같습니다.

○임종득 위원 그렇지요?

그동안 김병주 위원은 곽 전 사령관 인터뷰는 즉석에서 진행된 것이다라고 반복적으로 주장을 해 왔습니다. 증인 답변대로라면 김병주 위원과 인터뷰는 사전에 협의가 있었던 겁니다. 그럼에도 불구하고 면담이 이루어질지, 위해가 가해질지 모른다고 이야기하고 있는 겁니다. 무엇이 진실인지는 지켜보고 있는 국민들이 판단하리라고 생각합니다.

들어가 주세요.

방첩사 수사단장 나와 주시기 바랍니다.

슬라이드 올려 주세요.

보시면서 이야기하시지요.

12월 3일 23시경 여인형 사령관은 단장에게 국수본에서 100명이 지원될 것이라며 합동수사본부 구성 지시를 받아 관련 내용을 수사실장, 수사조정과장에게 알려 주고 국수본과 협조하라는 지시를 하지요?

○증인 김대우 예, 조사본부 100명도 같이 언급했습니다.

○임종득 위원 이에 수사조정과장이 23시 32분경 국수본 수사기획계장에게 인력과 차량 지원을 요청을 합니다. 맞습니까?

○증인 김대우 예.

○임종득 위원 단장이 국수본의 수사기획계장이라면 어떻게 조치를 하겠습니까? 당연히 상급자에게 보고하고 조치를 취하지 않겠습니까?

○증인 김대우 그렇습니다.

○**임종득 위원** 슬라이드를 올려 주시기 바랍니다.

슬라이드에서 보시는 것처럼 국가수사본부도 수사단장이 말한 것처럼 상식적이고, 상식적으로 상급자인 경찰청장과 국가수사본부장에게 보고하고 조치를 진행을 합니다. 그런데 국가수사본부장은 23시 32분에서 52분경이 아니고 한 시간 정도 뒤인 00시 40분에 보고를 받고 최대한 시간을 끌고 체포조에 관련된 지원 명단을 주지 말라라고 지시했다라고 주장을 합니다.

단장님, 국가수사본부장은 왜 보고를 받은 시점이 23시 50분경이 아니라 00시 40분경이라고 주장하는지 말씀하실 수 있을까요?

○**증인 김대우** 제가 답변드릴 사항은 아니라고 생각합니다.

○**임종득 위원** 그 이유를 추정하기 위해서는 국수본의 조치 과정을 한번 살펴볼 필요가 있습니다.

슬라이드 한번 올려 주시기 바랍니다.

국수본은 방첩사 요청을 경찰청장과 국가수사본부장에게 보고한 직후에 23시 57분경부터 조치를 이미 시작합니다.

수사단장은 00시 13분경부터 00시 40분 사이에 국수본으로부터 명단을 받은 것이 사실이지요? 맞습니까?

○**증인 김대우** 예, 맞습니다.

○**임종득 위원** 국수본이 명단을 보낸 시점이 00시 40분 이전입니다. 00시 40분 이전에 국수본부장이 보고를 받았다면 본부장이 의심을 받기에 충분한 상황입니다. 그래서 국수본부장은 보고받은 시점이 23시 52분 이전이 아니라 00시 40분이라고 주장하고 있다는 의혹이 제기되는 겁니다.

사실 국가수사본부는 12월 3일 비상계엄 사건을 조사하면서 국민들에게 이상한 모습을 여러 차례 보여 줍니다. 기억나시겠지만 공수처 주도로 윤석열 대통령 체포영장 집행 시에 보여 준 모습이 대표적인 사례입니다. 공수처의 행태가 위법성 논란이 제기되는 등 절차적 하자 우려가 있음에도 불구하고 국수본을 비롯한 경찰의 적극적인 동조 행태는 국민의 상식선에서 볼 때 이해할 수 없는 수준이었습니다. 국수본이 주장하는 바와 같이 공소장에 적시된 내용이 큰 차이를 보이고 있으므로 분명 사실관계를 확인하고 추가 조사하고 수사할 필요가 있는 사안이라고 보는데 어떻게 생각하십니까?

○**증인 김대우** 제가 답변드릴 사항은 아니라고 생각합니다.

○**임종득 위원** 그런데 민주당은 비상계엄 선포에 유보적이거나 심지어 반대 입장을 표했던 정부 인사들에게조차 내란 동조자니 부역자니 하면서 비판을 하고 탄핵하겠다고 겁박하기도 하는 것과 달리 국수본부장에 대해서는 이런 의혹에 대해서 어떠한 비판도 한 적이 없습니다. 아예 언급 자체를 하지 않고 있습니다.

1분만 더 주십시오. 마무리하겠습니다.

○**위원장 안규백** 예.

○**임종득 위원** 관련 내용이 공소장에 적시되어 있기 때문에 국가수사본부장에 대해서도 세밀한 조사가 필요하다고 생각하는데 단장님 생각은 어떻습니까?

○**증인 김대우** 제가 답변드릴 사항은 아니라고 생각합니다.

○**임종득 위원** 좋습니다.

그나마 다행인 것은 최근에 검찰이 국수본에 대한 조사를 진행하고 있다고 합니다. 이런 의혹에 대한 한 점의 의심이 남지 않도록 철저한 수사를 해야 된다고 생각을 합니다.

　오늘 수고하셨습니다. 들어가세요.

○김병주 위원　신상발언 좀 하겠습니다. 계속 제 이름을 거론하면서 했잖아요. 진짜 고발을 많이 하는데……

○위원장 안규백　주블리를 광고해 준 것 아닙니까?

○김병주 위원　아니, 그건 아니고요.

　임종득 위원에게 심히 유감입니다. 여기가 사실 청문회다 보니까 위원들은 면책특권이 있어서 제가 법적 조치를 하는 것이 제한되는데 실제 여기 청문회가 아니면 제가 법적 조치를 하고 싶습니다, 솔직한 얘기로. 계속 저를 걸고 넘어지면서, 저를 걸고 넘어지면 극우 유튜버들이 유튜브를 만들어서 조회수 올라가고…… 제발 정치인이 스스로 발광체가 되세요, 저를 통해서 반사체 되려고 하지 말고.

　여기에 수방사령관 있으니까, 정확히 얘기하면 12월 5일 날 실제 국방위가 여기에서 열렸는데 안 왔어요. 그래서 6일 날 박선원 위원하고 갔습니다. 수방사령관한테 갈 때 수방사령관 한 번도 통화한 적이 없어요. 그리고 사전에 협조한 적도 없습니다. 수방사령관 여기 있으니까 제 말이 틀리면 이따 얘기를 하세요.

　그래서 제가 특전사를 간 이후에 수방사를 항의 방문을 하려고 가고 있었어요.

　1분만 더 주세요. 이건 팩트가 중요하기 때문에 1분만 주세요.

○임종득 위원　하고 난 다음에 저도 쓰겠습니다. 왜냐하면 지금 사실이 아닌 이야기를 하고 있거든요.

○김병주 위원　1분만 주세요.

○임종득 위원　저도 주세요.

○위원장 안규백　예, 마무리하세요.

○김병주 위원　그래서 수방사를 가고 있는데 수방사 참모로부터 연락이 왔습니다. 특전사 그것 봤는데 와서 좀 면담할 수 없느냐 그래서 간다고 했습니다. 물론 가는 사이에 또 참모하고 몇 번 통화는 했습니다. 그렇게 해서 거기에 대해서 항의도 하고 인터뷰를 했던 것들이 수방사도 30분 나왔습니다.

　그 당시에 수방사령관은 변호사나 이런 사람들하고 상의를 안 해서 그런지 몰라도 있는 그대로 많이 얘기를 했어요, 사실은. 그때는 본인이 국민께도 사과하고 또 본인이 책임진다고도 하고 부하들에게 그런 떳떳한 자세를 보였는데 이러한 것들을 왜 본질을 왜곡을 자꾸 하는지 모르겠어요. 사실 이것은 내란에 관계된 거고, 그때 국민의힘이 5일 날 특전사령관이랑 수방사령관 국방위에 불렀으면 이런 문제가 없을 것 아니에요. 그래서 국방위 차원에서 간 것이고, 그렇습니다.

　제발 발광체가 되세요. 반사체 되려 하지 말고.

○임종득 위원　신상발언입니다.

○위원장 안규백　1분만, 마무리 지으세요.

○김병주 위원　장군씩이나 돼 가지고 그렇게……

○임종득 위원　김병주 위원이 자기 밑에서 근무했다고 이야기를 하면서 아까 저를 또 이야기를 했었는데, 사실 같이 근무한 게 창피합니다.

그리고 발광체 이야기를 하시는데 제가 반사체라고요? 김병주 위원을 통해서 반사되는 것 바라지 않습니다. 제가 분명히 이야기하고요.

제가 하고 싶은 얘기는 이겁니다.

○**김병주 위원** 인간적으로 상관한테 그렇게 하는 것 아니야. 그때는 절대 복종하더니……

○**임종득 위원** 수방사령관하고 김병주 위원이 통화했다라고 이야기한 게 아니지 않습니까. 제가 엊그저께 특전사령관하고 질문과 답을 받으면서 특전사령관은 김병주 위원과 통화했다라고 이야기를 했습니다. 그다음에 특전사령관이 수방사령관에게 2월 6일 날 아침에, 9시 15분 이전에 전화를 했다는 게 밝혀졌지 않습니까, 지금 수방사령관이. 거기서 김병주 유튜브에 나가는 것에 대해서 이야기를 했고 자기는 안 나가겠다고 이야기를 했다라는 것을 이야기하는 겁니다.

그러면 지금 사전에 통화를 안 했다고 하는 말이 말이 안 되잖아요. 그 이야기를 제가 하는 겁니다.

○**위원장 안규백** 장군은 하늘의 별 따기보다 더 어려운 겁니다. 서로 간의, 여야 입장이 다를 수 있습니다마는 장군으로서 금도를 지켜 주시기 바랍니다.

한병도 위원 질의해 주세요.

○**한병도 위원** 한병도 위원입니다.

최상목 권한대행님께 여쭙겠습니다.

권한대행 해 보시니까 지금 현재 우리 대한민국의 가장 큰 위기와 문제, 지금 상태에서 국정을 책임지고 일하시면서 무슨 문제인 것 같습니까? 뭐가 가장 어려우십니까?

○**증인 최상목** 일단은 가장 큰 게 현재는 민생인 것 같고요. 그다음에 여러 가지로 국정 안정이 있고, 세 번째는 지금 글로벌 질서가 변화하고 있는데 거기에 대한 대응이라고 생각하고 있습니다.

○**한병도 위원** 그것보다도 지금 이런 위기가 다 닥친 게, 저는 계엄 이후에 나타나는 사회 현상들 이게 대단히 걱정스럽습니다. 제가 국회 계엄 그 충격 이후에 또 하나 정말 큰 충격을 받았던 게 서부지법에서 일어났던 일입니다. 그때 아마 동영상들 기억하시려는가 모르겠는데 작은, 노란 기름통을 꺼내 가지고 뿌리잖아요. 그리고 종이에다가 불을 붙여 가지고 집어넣었잖아요. 그것 불났으면 어떻게 됩니까? 그리고 법원 직원들이 옥상으로 대피하고, 때려 부수고 층마다 올라가고 판사님들 나오라고 소리치고 이런 일이 우리 눈앞에 벌어진 겁니다.

그런데 윤석열 피고인은 초기에 끝까지 싸우겠다고 했어요. 그런데 이 나타난 현상에 대해서 전 국방부장관 했던, 권한대행하고 총리님하고 같이 일했던 분이 뭐라고 했습니까, 그 폭력 사태에 대해서? 구국정신과 애국심이 오래오래 기억되도록 잊지 말아야 될 거래요. 그런 행위를, 서부지법 폭력 행위를 오래오래 잊지 말아야 될 거랍니다. 그리고 애국 국민들이 많음을 새삼 느꼈대요. 큰 감동과 감사함을 억누를 수 없다고 표현을 합니다. 그러면 앞으로 이삼십 대 젊은이들한테…… 그것을 보고 있는데 국무위원을 했던 분이 이 엄청난 폭력 사태에 대해서 구국, 애국이라고 표현을 하고 있어요.

그러면 문제는 앞으로 어떻게 되겠습니까, 여러분? 지금 국회는 민주당이 너무 과도하게 입법권을 행사해서 군을 투입해서 계엄을 했다고 합니다. 선관위는 부정선거가 의심

된다고 해서 군을 투입하고, 조사를 해 봐야 되겠다면서 군을 투입했어요. 법원은 판결이 마음에 안 든다고 이삼십 대 젊은이들이 주축이 돼서 때려 부쉈습니다. 방화 직전까지도 갔어요. 그리고 또 최근 분위기는 지금 헌재 재판관들 성향 분석하고 있어요.

그리고 걱정되는 것은 앞으로 어떤 결론이 나오면 또다시 인정하지 않는다는 거예요. 즉 사회적인 분위기가 어떤 결론이 나면 그 결론에 대해서 인정하지 않는 분위기, 결론 으로 이끌기 위한 민주적인 절차, 토론은 없어지는 대한민국. 이러면 글로벌 위기, 민생 경제 문제는 지속된다는 게 그리고 국민의 심한, 폭력을 통한 첨예한 갈등들은 지속된다 는 게 굉장한 문제입니다.

그래서 권한대행을 하시면서 이 문제에 중점적으로, 이것을 회복하는 게 대한민국을 정상화시키는 가장 중요한 문제라고 생각이 들기 때문에 그걸 꼭 염두에 두십사 하는 당 부 말씀 드리겠습니다.

또 하나는 인사 문제에 대해서도, 제가 보니까 최 대행님이 제대로 이 문제를 인지를 못 하셨던 것 같아요. 경찰청 직무대행하고 행안부장관직무대행이 인사 관련된 걸 요청 을 했던 것 같은데 굉장히 문제가 심각합니다. 이분에 대해서는 지금 이렇게 말씀하셨어 요. 연말 연초 국정 안정을 위해서, 불안함을 수습하기 위해서 이 인사를 단행, 인사 수 요를 지금 하고 있다고 말씀하셨는데 정말 혼란을 수습하시려면 이런 분들은 인사를 안 해야 됩니다. 다른 인력으로 대체를 해야 돼요.

지금 그 PPT 한번 띄워 줘 보세요.

(영상자료를 보며)

이분은 저번에 국정조사 과정에서요, 수사 필요 대상자입니다. 아마 끝나면, 위의 청장 과 서울청장 수사가 끝났는데 여기도 고발 대상자입니다. 여기 보시면 이분이 얼마나 심 각하느냐 하면 계엄 직전에 청장으로부터 22시 31분, 32분 전화를 받습니다. 그리고 바로 이후에 11시 10분경, 그러니까 11시 7분에 국회 통제 일시해제 직후에 국회를 통제하는 모든 책임을 지고 있는 경비국장에게 전화를 합니다. 또 11시 37분에 전면통제 직후에 또 통화를 합니다. 그런데 본인은 국정조사에 나와서 기억이 안 난다고 이야기를 했습니 다.

또 이 박현수 국장이요, 영등포경찰서장한테 12시 41분에 통화를 합니다. 전면통제 되 는 시기였거든요. 그런데 뭐라고 답변한 줄 아세요? 안부전화 했답니다. 아니, 밤 12시 41분에 계엄이 긴급한 전면통제 기간에, 경찰국장과 영등포경찰서장이 왜 이 시간에 그 렇게 긴박하게 통화를 했느냐고 그랬더니 '안부전화 했습니다' 이렇게 이야기를 하고 있 습니다. 그리고 그 이후에 1시 16분에 이상민 장관에게 보고하고 또 1시 12분에 경찰청 장에게 보고를 합니다.

즉 이 계엄의, 아주 긴급한 시기에 계엄과 관련된 통제와 관련된 주요 인력들하고 메 인에서 실시간으로 통화를 했던 사람입니다. 그래서 국정조사에 불려 나왔던 분이에요.

그러면 지금 나라가 이렇게 시끄러워지는 이유가, 이 혼란이 된 이유가 이 계엄 사태 이후에, 이 내란 때문에 그러는데 여기 이렇게 주요 임무종사자 및 핵심 통제를 한 당사 자들과 실시간으로 통화를 해서 저희들이 조사 대상으로…… 아마 다음에 조사가 연기되 면 또 부를 대상자기도 합니다.

그런데 이런 건 내가 보니까 지금 권한대행께 보고가 안 된 것 같아요. 이것 다시 좀 검토해 봐야 되지 않겠습니까?

○**증인 최상목** 하여튼 말씀을 주시니까요, 행안부장관직무대행하고 경찰청차장이 그 내용을 알고 있을 것 같고요. 그런 부분들이 필요하면 행안위나 이런 데 보고를 드리도록 그렇게 제가 조치를 하겠습니다.

○**한병도 위원** 인사라는 게 수요가 있어서 한다고 하는데 지금 정국을 생각해 보세요. 그리고 이런 인사를 하면 국민들이, 여기 조사위원들도 다 마찬가지입니다. 조사위원들이 이해하겠습니까? 아마 이걸 행안위에서 경찰청장직무대행하고 행안부 직무대행을 아마 최고의 중요한 문제로 삼을 겁니다, 특히 야당에서는.

○**증인 최상목** 잘 설명을 드리도록, 그렇게 하도록 하겠습니다.

○**한병도 위원** 그러니까 이럴 때는 국민 정서와 이런 것도 고려해서 해야 되기 때문에 한번 검토를 하시기 바랍니다.

　이상입니다.

○**위원장 안규백** 한기호 위원님 질의해 주십시오.

○**한기호 위원** 12월 3일 비상계엄이 발령된 이후에 지금 두 달이 지났습니다. 국무총리님과 최상목 대통령권한대행께서도 계엄령에 동의하지 않는다고 답변을 하셨습니다. 지금 국정과 민생 그리고 법 집행, 모든 것이 정상적으로 작동되지 않고 있다고 국민들은 보고 있습니다. 우리 대한민국이 대행민국이 되지 않았느냐 하고 국민들이 생각하십니다.

　최상목 권한대행 같은 경우는 대통령권한대행이자 국무총리직무대행, 경제부총리겸기획재정부장관으로 1인 3역, 4역의 역할을 수행하고 있습니다. 공식적인 직함도 대통령권한대행, 부총리겸기획재정부장관 이렇게 열여덟 자나 됩니다.

　지금 우리 공직사회가 어떻게 돌아가고 있습니까? 이가 없으면 잇몸으로 산다는 식으로 지금 가고 있지 않습니까? 이게 빨리 해소가 되어야 됩니다. 조금 전에 윤건영 위원님께서도 얘기하셨지만 경찰청장 대행, 행안부장관 대행, 국무총리 대행, 전부 대행 체계에서 이루어진 것입니다. 이것을 해소하는 것이 국민들은 무엇보다도 가장 시급한 일이라고 생각합니다.

　여기에는 민주당에서도 협조해 주셔야 됩니다. 어차피 대행 체제니까 임명하지 말고 하든가. 제가 봐선 개인적인, 그 개인의 문제가 있다는 건 얼마든지 국회의원이 지적할 수 있어요. 그러나 대행 체제로 만들어진 원죄를 함께 가지고 있는 민주당에서 대행 체제가 뭘 하느냐 이렇게 얘기하는 건 좀 맞지 않는다.

　그래서 이제 우리 국회도, 법이라는 게 뭡니까? 한문으로 물 수 자에다가 갈 거 자를 쓰지 않습니까? 물이 흐르는 대로 가는 겁니다. 이건 순리대로 간다는 얘기예요.

　이런 한마디로 순리대로 가야 되는데 지금 대한민국은 어떻습니까? 헌법재판소의 편향성, 공수처의 수사·기소권 남용, 판사 쇼핑, 체포영장과 셀프 출입 승인 이런 여러 가지 일들이 발생하고 있습니다. 지금 이게 대행 체제가 계속 가는 것이 맞느냐, 빨리 종결하는 게 맞냐?

　대통령실의 정진석 비서실장님, 지금 실제로 실장님은 대통령 권한대행을 보좌하는 역할을 수행하지요?

○**증인 정진석** 그렇습니다.

○**한기호 위원** 그런데 이 체제로 계속 가는 게 이게 사실 대한민국 안정에 심각한 문

제가 되지 않습니까?

○**증인 정진석** 그렇습니다. 지금 대통령 권한대행 체제가 연쇄적으로 이루어지고 있고 각 정부 부처도 법무부장관, 행안부장관, 서울지검장 또 감사원장, 경찰청장에 이르기까지 중요한 부서가 대행·대리 체제로 가고 있는데 그래서 정상적인 국정 운영을 위해서 빨리 시정되고 정상화되어야 마땅하다라고 생각합니다.

○**한기호 위원** 그래서 지금 국무위원들도 수사 받고 있는 분들이 계시고 한데 이것도 빨리 사법기관에서 해소를 시켜야 됩니다.

실장님, 지난번에 NSC 회의했지요?

○**증인 정진석** 예.

○**한기호 위원** 그 회의에서 중요한 안보 문제를 다루지 않았습니까?

○**증인 정진석** NSC 회의에는 제가 불참을 했고요. 안보실장이 참석했습니다.

○**한기호 위원** 지금 여기 1차장이 나와 있구나.

그래서 실제로 이렇게 중요한 문제를 다룰 때도 여러 가지 어려움이 지금 발생하고 있습니다. 그래서 저는 사법기관에, 우리 의원님들한테 말씀드리는 게 아니고 사법기관에서 이런 대행 체제를 해소할 수 있는 부분은 최대한으로 빨리 해소해야 된다고 봅니다.

또 군은 지금 어떻습니까? 국방부장관 대행께서 정상적인 임무를 수행하고 있다고 여러 자리에서 의사를 밝혔습니다. 그러나 군은 실제로 쑥대밭이 되고 존재감이 허물어지고 범죄자 취급을 받습니다. 국민들이 실망할 수밖에 없어요. 그리고 국민들이 이렇게 얘기하십니다. '저 군인들이 전쟁 나면 진짜 제대로 싸울까?' 이런 얘기를 직접 저한테 하십니다.

이렇게 심각한 상황에 와 있는데 지금 트럼프 대통령께서 여러 가지 새로운 안보 상황을 또 만들고 있습니다. 이런 때에 우리가 중요한 역할을 해야 될 시기에 사실은 정부가 스톱되고 있는 겁니다.

그러면 우리 위원회는 지금 어떠냐? 지금까지 기관보고회를 포함해서 총 일곱 차례 회의를 했습니다. 제가 우리 보좌진에게 '회의에 오신 분들이 몇 분 왔냐?' 하니까 출석 요구를 한 건 318명을 요구했어요. 이 중에서 실제로 출석한 사람은 241명입니다. 이 241명 중에 질의를 받은 사람은 128명입니다. 53%입니다. 그러니까 질의 받은 사람이 출석한 사람의 53%입니다. 한 번도 질의 받지 않은 사람이 113명, 47%입니다. 그러니까 국민들이 우리 국정조사특별위원회에 대해서 무용론이 나오는 거예요.

이게 결국은 뭐라고 얘기하느냐, 보여주기식 또 쇼하는 것 아니냐 이렇게 얘기하는 겁니다. 이걸 우리가 스스로 지금 자초하고 있어요. 이거는 우리가 부정할 수 없는 겁니다.

실제로 질의를…… 제가 증인으로 불러 놓고, 본인이 부른 사람이—증인을 요청했으니까 왔겠지요—한 번도 질의 안 하고 돌려보내는 거예요. 결국은 이런 것들이 우리 국정조사특별위원회가 자꾸 국민들 도마 위에 오르고.

지난번에는 또 어땠습니까? 무속인을 불러서 우리가 질의했잖아요. 그것은 뭐라고 얘기하느냐? 어느 언론에서 이렇게 얘기하지요. 무속인 불러 가지고 영업장으로 만들었다 이렇게 얘기를 해요, 그것 뭐 기사화된 상황까지 나왔으니까. 왜 우리가 이런 일을 합니까?

지금 아주 엄중한 특별위원회라고 누누이 얘기하십니다. 이 엄중한 특별위원회에서 무속인을 불러서 정말 물어보지 않아도 될 얘기를 물어보고 무속인의 영업장으로 만들어 주는 것이 우리 위원회입니까? 이렇게 가서는 안 됩니다.

또 어제 여러분들이 구치소도 다녀오셨어요. 그 구치소 갔다 오시고……

저도 1분만 좀 더 주십시오.

○**위원장 안규백** 예.

○**한기호 위원** 구치소 다녀오시면서 또 연장을 하신다고 하시더라고요. 그래서 진짜 이게 국민들이 바라는 것을 하는 것인지, 이런 면에서 정말 위원회가 우리 스스로 반성을 해야 됩니다.

그리고 제가 질의를 길게 한다고 왜 개인 질의 안 하냐고 그러시는데 제가 여기 자료를 다른 것을 가지고 있어요. 우리 위원장님도 과거에 일괄 질의하시는 얘기도 있고 한데 제가 그런 얘기는 안 하겠습니다. 그런데 하여튼 우리 위원회가 지금 정상적이 아니다 이렇게 저는 봅니다.

이상입니다.

○**위원장 안규백** 한 위원님, 간사님, 출석한 증인들 중에서 53%밖에 질의응답을 안 했다고 그러는데 아마도 여기 재석하신 위원님들이 시간이 부족해서 그랬을 겁니다. 그러면 이 특위를 연장해야 될 이유가 있네요? 시간이 충분하면 다 질의했을 것 아닙니까?

○**한기호 위원** 연장하십시오. 저희는 참가 안 하겠습니다.

○**위원장 안규백** 계엄을 선포한 것은 입법·사법·행정을 마비시켜서 법원의 영장 없이 체포·구금을 마음대로 하겠다는 게 아니겠습니까? 그 원인부터 저는 생각해야 된다고 생각을 합니다.

그러면 오늘 우리 최상목 대행께서 오후에 이석하기로 되어 있는데 추가로 질의하실 위원님들이 계십니까?

(「예」 하는 위원 있음)

그러면 추미애 위원님은 조금 전의 잔여시간과 함께 해 주시고요.

최상목 대행께서 오후에 이석해야 되기 때문에…… 여당 위원님은 안 계십니까? 없습니까?

○**장동혁 위원** 저……

○**위원장 안규백** 몇 분이시지요, 그러면? 세 분……

추미애 위원 먼저 하십시오.

○**추미애 위원** 비서실장께서는 여태 이 위원회에 오지 않으시다가 오늘 나타나셨는데 제가 가까이서 지켜보니까…… 아마 위원장님은 몰랐을 겁니다. 계속 쪽지를 건네는 겁니다, 최상목 대행한테. 그러면 최상목 대행께 쪽지를 건네주러 나오셨습니까? 변호하러 나오셨습니까? 안 되는 것 아니에요? 자세 좀 고쳐 주시기 바랍니다.

최상목 대행은 헌재의 결정이 있으면 존중한다 하셨는데 비서실장이 건네는 쪽지는 보시면서 대통령이 그 초현실적, 본인이 반대하고 초현실적이라고 '이렇게 해서는 안 되겠다', 그 긴박한 순간에 대통령이 '이것 봐라'라고 건네줬으면 그것 봐야 되는 것 아닙니까? 비서실장 쪽지보다 대통령 지시문건이 덜 중요했습니까, 그 상황에서? 말이 되는 소리를 하세요.

아까 헌재의 결정이 있으면 존중하겠다라고 분명히 못을 박으셨습니다. 그리고 이 자리에서 여야가 정치적 합의가 확인이 되면 지금이라도 임명하겠다라고 아까도 분명히 못을 박으셨습니다.

그러면 이렇게 물어보겠습니다. 헌재가 국회의 청구를 인용 결정을 내린다면 그것은 헌재가 바로 최 대행이 확인하고 싶어 하는 것을 판단으로 확인을 해 준 거예요. 그러면 즉시 임명하는 게 맞는 것이지요? 논리적으로 보자고요, 논리적으로.

○증인 최상목 아니요……

○추미애 위원 논리적으로 보시자고요.

○증인 최상목 아니, 아까 말씀드리지 않았습니까. 지금 아직 헌재 결정이 나지 않았기 때문에 예단해서 말씀드리기는 어렵다고 말씀드렸습니다.

○추미애 위원 그러니까 제가 가정법으로 물었습니다.

○증인 최상목 예, 다시 한번 답변드린 겁니다, 그래서.

○추미애 위원 헌재가 국회의 청구를 인용한다면 아까 본인 말이 존중하겠다 그리고 합의가 확인되면 지금이라도 임명하겠다라고 했어요. 그 지금이 헌재가 바로 권한대행이 바라는 대로 확인을 해 주는 거지요. 그렇다면 즉시 임명하는 게 맞겠지요?

○증인 최상목 그 두 문장이 어떤 연관이 있는지 개인적으로 잘 모르겠습니다.

○추미애 위원 논리적으로, 논리적으로 따질 만한 그런 경력이 되시잖아요. 서울법대 우수한 성적으로 졸업하셨고 또 최고 권한대행으로 계시기 때문에 그 논리 판단, 본인이 뱉은 말에 대한 논리적인 판단 능력이 없는 겁니까? 다른 것은 다 그렇다 칩시다. 본인이 방금 말한 것, 이 자리에서 말한 것도 논리적으로 그렇게 되네요라고 못 하십니까?

즉시 임명하는 게 맞겠지요?

○증인 최상목 다 아까 말씀드린 것으로 대신하겠습니다.

○추미애 위원 그러니까. 아까 말한 것이 그것이지요. 헌재의 결정을 존중합니다 그리고 여야 합의가 확인되면 지금이라도 임명하겠습니다.

그러면 헌재가 그런 판단을 해 준다면 즉시 임명하는 게 맞겠지요?

○증인 최상목 저는……

○추미애 위원 그때 가서 또 핑계를 대시겠습니까?

○증인 최상목 하여튼 아까 답변으로 대신하겠습니다.

○추미애 위원 아까 답변이 이거예요, 그러니까.

○증인 최상목 저는 헌재가 여야 합의를 확인해 주는 기관은 아니라고 생각합니다.

(발언시간 초과로 마이크 중단)

- -

(마이크 중단 이후 계속 발언한 부분)

○추미애 위원 또 말을 바꾸시네.

○증인 최상목 아니, 말을 바꾸는 게 아니고요. 그 말씀……

○용혜인 위원 그러면 변론기일을 왜 지정해 달라고……

○추미애 위원 그러면 헌법적 책임을 물을 수밖에 없겠네요?

○증인 최상목 아니……

○곽규택 위원 임명하시면 안 되는 거예요.

○추미애 위원 참 비겁하십니다.

○**위원장 안규백** 누가……

민병덕 위원님 질의했습니까?

○**민병덕 위원** 아니, 저기.

○**김병주 위원** 저도 질의 같이……

○**위원장 안규백** 장동혁 위원 질의해 주십시오.

○**장동혁 위원** 권한대행님께 여쭙겠습니다.

대통령 권한대행의 권한 범위에 관해서는 대통령이 국가원수의 지위에서 하는 것과 행정수반의 지위에서 하는 것이 있습니다. 그런데 학설상으로 행정수반의 지위에서 하는 것에 대해서는 일반적으로 권한대행의 권한 범위에 속하지만 행정, 국가원수로서의 지위에서 하는 예를 들면 통치행위나 이런 부분에 대해서는 대행이 할 수 있는지 여부에 대해서 논란이 있습니다. 그리고 제한이 있다는 것이 일반적인 이론입니다. 맞습니까?

○**증인 최상목** 저는 학설에 대해서 알지 못합니다.

○**장동혁 위원** 치안정감 인사에 대해서 지금 야당 위원님들이 뭐라고 말씀하시냐면 '대행의 대행이 그렇게 추천을 받아서 인사하는 것이 맞냐', '상식적으로 하자, 상식적으로', '그리고 지금 정상적인 시기가 아니지 않느냐' 이렇게 말씀하십니다.

똑같이 말씀드릴게요.

헌법재판관에 대해서 대행의 대행이, 대통령의. 더군다나 행정수반으로서의 지위가 아니라 국가원수로서의 지위에서 하는 그 헌법재판관의 임명권을 자유롭게 행사하는 것이 맞습니까?

박근혜 전 대통령 탄핵 시기에도 야당의, 지금 민주당의 반대로 결국 임명하지 못했었습니다. 그것은 권한대행의 권한행사 범위에 속하지 않는다고 계속 반대를 했었습니다.

자, 지금 말씀을 해 보십시오.

헌법재판관의 임명에 대해서는 국가원수의 지위에서 한다라고 하는 것에 대해서는 저는 학설에 큰 이론이 없다고 생각합니다. 행정수반의 지위에서 하는 치안정감의 인사에 대해서도 대행의 대행이 대행의 추천을 받아서 하는 것이 말이 되냐라고 상식적으로 하자, 비상상황 아니냐라고 말씀하시면서 지금 상식적으로, 지금 비상상황인데 대행은 대통령의 권한 범위 중 국가원수의 지위에서 할 수 있는 것에 대해서는 학설상 제한이 있다는 것이 일반적이고 박근혜 전 대통령 탄핵 당시에도 민주당에서도 똑같은 반대 주장을 해서 결국 임명하지 못하고 탄핵이 끝나고 나서 임명을 했었습니다.

그런데 지금 와서는 임명해야 된대요. 저는 마은혁 후보자의 개인적인 정치적 성향을 문제 삼는 것이 아니라 지금 야당 위원님들이 말씀하시는 대로 상식과 법리에 따라서 보자고요.

지금 8명의 재판관이 있습니다. 7명 이상이기 때문에 심리하는 데 아무런 지장도 없습니다. 그런데 자꾸 대행의 대행에게 국가원수로서의 지위에서 할 수 있는 권한이라서 그 행사에 제한이 있다라고 일반적으로 그리고 민주당에서도 그렇게 주장해 왔던 헌법재판관 임명에 대해서 서두르는 이유가 뭐라고 생각하십니까?

아까도 말씀드렸지만 이진숙 방통위원장 4 대 4로 나오니까 탄핵에 대해서 보다 확실한, 더 1명을 추가하고자 하는지 그래서 그런지는 모르겠습니다. 또 이재명 대표가 공직선거법 사건에서 공직선거법 그 법률 조항에 대해서 위헌법률심판 제청하고 안 하면 헌법소원 하게 될 것입니다.

결국 이 모든 사건들에서 안정적인 6명을 확보하기 위해서 지금 계속 압박을 하고 있다는 것 외에 법리적으로 저는 이 대행의 대행이 헌법재판관을 임명한다고 해야 되는, 해야 된다라고 하는 주장에 대해서 저는 수긍할 수 있는 어떤 근거도 찾기 어렵습니다.

답변해 보십시오.

○증인 최상목 위원님이 법률 전문가시니까요 제가 그 부분에 대해서 답변을 드릴 위치에 있지 않는 것 같습니다.

○위원장 안규백 민병덕 위원님.

○민병덕 위원 잠깐만요, 보셔야 되니까.

(패널을 들어 보이며)

권한대행님.

○증인 최상목 예.

○민병덕 위원 아까 기재부 A4 문서 가능하지 않은 내용이라고 하셨지요?

○증인 최상목 일단 그렇게 말씀을 드렸습니다.

○민병덕 위원 기재부 A4 문서 언제 받은 거지요? 도착하자마자 받으신 건가요?

○증인 최상목 아닙니다. 그 자리를 떠나기 직전입니다.

○민병덕 위원 직전에 받으신 건가요?

그러면 사복을 입고 그때 왔을 정도로 비상소집에 헐레벌떡 오신 것 아닙니까. 그렇지요?

그러면 무엇 때문에 왔을까, 무엇 때문에 우리를 이 시간에 불렀을까 매우 궁금하셨을 텐데, 그때 문서를 줬어요. 지시사항이 담긴 문서를 줬는데 이것을 그 시기에 안 봤다…… 그 문서의 내용이 엄청나게 많지도 않습니다. 딱 세 가지, 세 줄입니다. 이것을 안 봤다는 게 상식적으로 이해가 안 되는데 어떻습니까?

○증인 최상목 글쎄, 위원님은 상식적으로 말씀을…… 지금 와서는 그런 말씀 하실 수 있지만 그 당시 상황에서는 저한테 우선순위가 떨어지는 일이었습니다.

○민병덕 위원 계엄이 초현실적일 정도로 계엄 한다는 게 그렇게 말이 안 됐다는 거지요?

○증인 최상목 그 당시가 외환시장이 열려 있습니다. 그래서……

예, 그렇습니다. 환율이 계속 올라가고 있는 상황이었습니다.

○민병덕 위원 그러면 이 A4 문서를 언제 다시 받았지요?

○증인 최상목 그게 제가 떠나기 직전에 받아서 엉겁결에 주머니에 넣고요.

○민병덕 위원 기재부……

○증인 최상목 그다음에 제가 알게 된 거는 1시 50분경입니다.

○민병덕 위원 그렇지요? 그리고 그 내용을……

○증인 최상목 제가 한동안 인지를 못 하고 있었습니다.

○민병덕 위원 그 내용을 들었습니까?

○증인 최상목 ……

○민병덕 위원 그 내용을 들었습니까, 봤습니까?

○**증인 최상목** 못 들었고요, 펼쳐서 제가 윗부분만 봤습니다.

○**민병덕 위원** 아까 '무시해라, 덮어놓자' 이렇게 했는데 그거는 언제 말했습니까?

○**증인 최상목** 그게 그 자리에서 앞부분을 펼쳐서 저한테 보여……

○**민병덕 위원** 내용도 안 보고 제목만 보고 '무시해라, 덮어놓자' 합니까?

○**증인 최상목** 제 얘기 들어 보십시오.

첫 문장을 보고 제가 덮으라 그랬습니다.

○**민병덕 위원** 그다음 문장들은 보지도 않고 그랬다는 얘기 아닙니까?

○**증인 최상목** 예, 보지 않았습니다.

○**민병덕 위원** 정진석 실장님!

○**증인 정진석** 예.

○**민병덕 위원** 잠깐 스톱해 주세요.

대통령 지시사항이 담긴 문서에 대해서 '덮어 놓자, 무시하자'라고 해도 됩니까? 이래도 됩니까?

○**증인 정진석** 어떤 문서를 얘기하시는지 잘 모르겠습니다.

○**민병덕 위원** 다시.

대통령께서 평소에 이렇게 말이 안 되는 소리, 말이 안 되는 문서를 보냅니까? 그런 적 있습니까, 기재부장관님?

○**증인 최상목** 글쎄요, 지금 모든 걸 주관적인 판단을 말씀하시니까 제가 답변드리기가 어렵습니다.

○**민병덕 위원** 아니, 그게 아니라 바로 내용을 보고 '무시하자, 덮어 놓자'라고 했다고 해서 제가 묻는 겁니다.

○**증인 최상목** 제가 내용을 보고 그렇게 답변드린 게 아닙니다.

○**민병덕 위원** 평소에도 그런 적 있습니까?

○**증인 최상목** 무슨 말씀인지 제가 이해를 못 하겠습니다, 답변에 대해서…… 질문에 대해서. 죄송합니다.

○**민병덕 위원** A4 문서에 대해서 내용도 안 보고 '무시해라'라고 1급 기재부 회의에서 말했다고 하니까 하는 말이고……

○**증인 최상목** 계엄에 반대를 했기 때문에 계엄과 관련된 어떤 얘기도 따르지 말자고 얘기하고 회의를 시작했다고 말씀을 드렸습니다.

○**민병덕 위원** 그래서 거짓말일 개연성이 매우 높고 통치 자금을 마련하라고 하고 비상입법기구를 하라는 거에 대해서 실행을 하면서 지금 거짓말했을 개연성이……

(발언시간 초과로 마이크 중단)

••

(마이크 중단 이후 계속 발언한 부분)

높다라고 판단한다는 겁니다.

저는 왜 5분 안 주고……

○**위원장 안규백** 3분씩이에요. 3분씩이에요, 3분씩.

○**민병덕 위원** 그러면 1분만 더 주십시오.

아까 저는 다른 분들 추가했을 때…… 맥락이……

○**추미애 위원** 1분 주시지요.

○**민병덕 위원** 아니, 가셔야 된다고 하시니까 그렇습니다.

저는 5분짜리로 생각하고 질의를 했는데……

○**위원장 안규백** 아니, 그러니까 최상목 대행은 오후에 국정, 중요한 회의가 잡혀 있어 가지고 합의가 된 사항입니다. 그래서……

○**민병덕 위원** 제가 두 번이나 의사진행발언을 해서 나오신 겁니다. 다른 분들은 아무도 안 불렀는데 제가 불러서 나온 겁니다.

그런데 오후에 가시는 것도 제가 인정하는 겁니다. 그런데 경제 부분 해야 되는데 이 부분을 5분을 안 주는 것 저는 이해가 안 돼서 그렇습니다.

....

○**위원장 안규백** 2분 주세요.

○**민병덕 위원** 아까 경제가 가장, 민생이 가장 문제라고 하셨는데 4분기부터 지금까지 GDP가 6조가, 6조 3000억이 날아갔다는 걸 모르셔요. 소상공인들 너무나 어렵다고 하고 있습니다. 이렇게 막 보내 왔습니다. 뭐라고 보내 왔냐 하면 동전 한 닢조차 말라 버린 자영업자 참혹하다, 비참하다 이렇게 하고 있습니다.

저는 이해합니다. 내가 사표라도 내겠다고 했을 때 이창용 총재가 그러면 안 된다라고 했을 때 그 이유가 뭐였지요?

○**증인 최상목** 일단은……

○**민병덕 위원** 경제 때문이었지요?

○**증인 최상목** 그렇습니다.

○**민병덕 위원** 최근에 첨단전략산업기금 34조 한 것도 경제 때문이지요?

○**증인 최상목** 그렇습니다.

○**민병덕 위원** 신용평가사 세 곳과 화상 면담하셨는데 거기에서도 경제 때문이지요? 신용평가 하락하지 않기 위해서 면담한 거지요?

○**증인 최상목** 경제와 국가신인도 때문에 그렇습니다.

○**민병덕 위원** 그때도 정치적 불확실성이 굉장히 부정적 영향을 미친다 이렇게 우려했지요?

이창용 신년사에서도 '정치적 리스크가 국가 신용등급에 영향을 미친다'고 했고 최 대행께서도 '정치적 불확실성이 문제다'라고 하셨어요. 맞습니까?

○**증인 최상목** 예, 맞습니다.

○**민병덕 위원** 그러면 정치적 불확실성이 우리 경제 회복에 문제가 되는 것 맞지요?

○**증인 최상목** 뭐 한 요인이라고 생각합니다.

○**민병덕 위원** 맞지요?

정치적 불확실성의 원인이 뭡니까?

○**증인 최상목** 그거를 정확하게……

○**민병덕 위원** 내란입니까, 계엄입니까 아니면 대통령 탄핵입니까? 뭡니까? 대통령 탄핵 때문에 지금 정치적 불확실성이 생겼습니까? 내란 때문에 생긴 것 아닙니까? 그렇지요? 대답 못 합니까, 이 정도도?

○**증인 최상목** 아니……

○**민병덕 위원** 그러면 이 내란과 관련된 탄핵 심판을 헌재에서 빨리 결론을 내리는 게 정치적 불확실성을 조기에 해소하는 것 아닙니까?

○**증인 최상목** 위원님, 저도 계엄에 반대했다고 말씀을 드렸고요.

○**민병덕 위원** 제가 그 얘기를 묻는 게 아닙니다.

○**증인 최상목** 그렇지만 여야 관계없이 우리, 저를 포함해서……

○**민병덕 위원** 신속한 탄핵재판이……

○**증인 최상목** 극한대립을 지양하고……

○**민병덕 위원** 아니, 헌재가 결론을 빨리 내리……

○**증인 최상목** 그다음 민생하고 국정안정을 위해서 같이 힘을 모으는 것이 국민의 뜻이라고 저는 개인적으로 믿고 있습니다.

○**민병덕 위원** 그래서 헌재가 빨리 결론을 내는 것이……

1분만 더 주십시오.

○**곽규택 위원** 2분 드렸어요, 2분.

○**민병덕 위원** 아니, 나중에 안 할게요.

○**곽규택 위원** 2분 드렸어요, 아까.

○**민병덕 위원** 그러면 저는 가는 것 허용 못 하겠습니다.

○**곽규택 위원** 왜요. 뭘 구속하고 그러세요, 사람을.

○**민병덕 위원** 그러니까 1분 더 달라는데 1분을 못 줘요?

○**곽규택 위원** 권한대행이 오전만 하기로 한 것은 다 알고 있었던 사실 아닙니까? 그러면 질문 준비를 해 가지고 오셔야지.

○**위원장 안규백** 곽 위원님, 곽 위원님 이따 추가로 하십시오.

1분 마무리하십시오. 추가 드릴게요.

○**곽규택 위원** 아니, 무슨 고무줄입니까? 어느 국회의원은 시간 엄청 더 주시고……

○**위원장 안규백** 빨리 마무리하세요, 얼른.

○**민병덕 위원** 신속한 탄핵재판이…… 탄핵심판이라고 했습니다. 탄핵이 탄핵 가결을 말하는 게 아니에요. 거기에서 결론을 빨리 내리는 것이 정치적 불확실성을 해소하고 경제를 회복하는 것 아니겠습니까? 그게 동의가 안 돼요?

○**증인 최상목** 어떠한 방식이든 헌법과 법률에 따라서 신속히 절차가 이루어지는 것이 도움이 된다고 생각합니다.

○**민병덕 위원** 말씀드릴게요.

어떤 결론이냐에 따라 다르다는 얘기를 하시네요. 지금 황당한 얘기를 하신 거예요. 헌재가 결론을 내리는 것, 어쨌든지 간에 가결이든 부결이든 그것이 정치적 불확실성을 없앤다는 것이에요.

○**증인 최상목** 그러니까 헌법과 법률에 따라서 신속히 이루어지는 게 필요하다고 생각합니다.

○**민병덕 위원** 법원이 재판을 내렸습니다. 여기에 대해서 불복 절차가 있지요. 불복 절차를 하지 않고 재판에 대해서 계속 불복하면 어떻게 됩니까? 법치주의가 안 되지요. 그렇지요?

○**증인 최상목** 예.

○**민병덕 위원** 법원이 발부한 영장에 대해서 헌재가 결정하면 따르는 것이 법치주의 아닙니까? 그것이 정치적 불확실성 해소하는 것 아닙니까? 그런데 헌재가 마은혁 재판관을……

(발언시간 초과로 마이크 중단)

....

(마이크 중단 이후 계속 발언한 부분)

임명해도 결정하지 않겠다고 하는 것, 다른 토를 다는 것, 다른 조건을 달고 있는 것, 이 것이 정치적 불확실성을 가중시키는 겁니다. 그래서 경제부총리께서 그렇게 말씀하시는 '경제를 안정시키기 위해서' 이것하고 모순이 되는 겁니다, 지금.

그래서 지금 국민들은 '저 사람이 윤석열 내란수괴, 내란으로 구속 기소된 윤석열을 대행하는 거야?' 아니면 '대통령이라는, 국가 안정을 하는 대통령이라는 직을 대행하는 거야?'라고 의심을 하는 겁니다.

....

○**위원장 안규백** 김병주 위원, 마무리해 주세요.

○**김병주 위원** 최상목 권한대행님, 12월 3일 비상계엄이 잘못됐다라고 말씀하셨지요?

○**증인 최상목** 예, 그렇습니다.

○**김병주 위원** 그래서 12월 3일 그것은 진짜로 45년 만에 일어난 내란이고 너무나 우리 역사에 오점을 남겼는데, 저는 최상목 권한대행이 임무를 맡으면서 윤 정권을 대신해서 석고대죄하고 국민께 사과를 하고 시작을 했어야 된다고 생각하는데 지금이라도 기회를 드릴 테니까 국민께 사과하시겠습니까, 정부를 대표해서?

○**증인 최상목** 글쎄요, 지금 그 부분에 대해서 제가 개인적으로 아까 말씀드린 것처럼 국무위원의 한 사람으로서 송구스럽다는 말씀을 드렸고요. 그다음에 저희가 어떤 상황이 있어도 민생하고 국정안정을 위해서 아주 최선을 다해서……

○**김병주 위원** 사과하시겠습니까?

○**증인 최상목** 하루하루 제가 열심히 나름대로는 공직의 자세를 유지하고 노력을 하고 있습니다.

○**김병주 위원** 1월 19일 날 서부지법 폭동 이것은 저는 아주 있어서는 안 되는 일이고 최 대행도 이것은 아주 잘못됐다고 했어요.

이것은 최 대행은 두 가지 잘못을 했어요. 실제 공수처 수사관에 대한 테러, 차량 흔드는 것은 이미 그전에 있었는데 그때 경찰력을 강화했어야 되고 사전에 공권력을 윤석열 체포영장 집행 과정에서 확실히 했어야 되는데 그런 것을 방기하니까 이렇게 법치국가가 완전히 흔들려 버렸습니다. 여기에 대해서는 진짜로 사과를 해야 된다고 봐요.

사과하시겠습니까?

○**증인 최상목** 당시에는 우리……

○**김병주 위원** 사과하시겠습니까? 아까 이유는 들었잖아요. 지금 시간이 없으니까, 또 뒤에 질문 있어요. 사과 안 하시면 넘어가고요.

사과하시겠습니까?

○**증인 최상목** 아니, 저는 어떤 물리적 충돌이 있으면 큰 문제가 생기고 국가신인도에 타격이 있기 때문에 그것을 최소화하기 위해서 최선을 다해서 노력을 했습니다.

○김병주 위원 아니, 그때 새벽 3시, 4시 이때 어디 계셨습니까?

○증인 최상목 아까 서부지법 말씀······

○김병주 위원 예, 서부 폭동.

○증인 최상목 그때는 집에 있었습니다.

○김병주 위원 집에서 주무시고 계셨지요?

○증인 최상목 일단 지금 기억은 정확히 안 납니다.

○김병주 위원 주무셨겠지요. 그래서 아침에 일어나 보니까 한 8시 반 정도 알았다는 거고 9시 반에 보고받은······

○증인 최상목 제가 아까 그 부분에 대해서는, 그 부분에 대해서는 제가 많이 반성을 하고 저희가 경찰청과 그다음에······

○김병주 위원 그러니까 국민께 이것은 최 대행이 직무유기한 겁니다. 우리 법원이 무너졌어요, 법원이. 법원에 폭동이 일어났는데 이건 사전에 막을 수도 있었는데······ 이미 징후가 있었잖아요, 공수처 수사관들 차에 대한 테러를 하고. 그러면 그때 경찰력을 강화하고 했어야 되고 그전에 공권력, 윤석열 체포영장 집행할 때 명확히 했으면 이런 게 안 일어나는데 여기에 대해서는 너무나 잘못됐기 때문에 당연히 사과를 해야 되는 거지요, 석고대죄하고.

○증인 최상목 예, 그 부분에 대해서, 저희가 잘못한 부분에 대해서, 사전에 그 부분에 대해서 엄정하게 대응하지 못한 부분에 대해서 송구스럽게 생각합니다.

○김병주 위원 1분만 더 안 줍니까? 뒤에 하나만 물어볼게요, 하나만. 이것은······ 죄송합니다.

○위원장 안규백 1분 주세요.

○김병주 위원 그다음에 1급 회의를 F4 회의에 이어서 1시 반～2시 반 사이에 했다고 했지요?

○증인 최상목 예, 한 1시 40분인가 그 정도쯤 되겠습니다.

○김병주 위원 참석자가 몇 명 정도 됐습니까?

○증인 최상목 1급이 6명이고 1·2차관까지 하니까 7～8명, 저까지 9명쯤 되겠네요.

○김병주 위원 그 이후에 2시 반에 퇴근을 해서 집에서 모니터링했다고 했지요, 아침까지?

○증인 최상목 예, 그렇습니다.

○김병주 위원 그러면 해제 국무회의는 참석 안 했습니까?

○증인 최상목 예, 안 했습니다.

○김병주 위원 왜 안 했습니까?

○증인 최상목 제가 와서 저한테 문자로 통보가 2시 좀 넘어서 왔는데······

○김병주 위원 그래서······

○증인 최상목 제 말씀 들어 주십시오. 그때······

○김병주 위원 잠깐만요. 시간 이따가 말 끝나고······

그래서 우리 국민들은 최 대행은 내란과 중요한 관련이 있는 사람이다라고 생각을 해요. 그리고 내란특검을 거부권 행사한 것도 본인의 문제, 이해충돌이 되는데도 불구하고 본인의 문제기 때문에 거부권 행사했다고 보고 헌법재판관 마은혁······

(발언시간 초과로 마이크 중단)

....

(마이크 중단 이후 계속 발언한 부분)

재판관을 임명 안 한 것도 본인의 문제가 될 수 있기 때문에 안 했다, 이것은 명백히 이해충돌과 관계되는 겁니다. 이런 국민적인 의혹을 가지고 있어요, 진실은 수사를 통해서 밝혀져야 되겠지만.

물론 최 대행께서는 나는 반대했다, 반대했다 이렇게 하지만 제가 봤을 때 F4 회의에서 뭐가 이루어졌는지 그다음에 1급 회의에서 뭐가 이루어졌는지 그리고 왜 비상계엄령 시작할 때 국무회의는 참석했는데 해제 국무회의는 못 갔는지 또 이런 이해충돌 때문에 내란특검을 거부했는데 그 특검을 거부하는 자가 범인이다 이것 명심하시고요.

헌법재판관 마은혁 재판관 임명 안 한 것도 본인과 관련이 될 수 있기 때문에 안 했다 라는 의혹이 있으니까 이런 의혹 안 받으려면 마은혁 재판관 헌재 결정 나면 바로 하시고요. 결정 안 나도 지금이라도 당장 하세요. 그렇게 하시겠습니까?

○증인 최상목 저한테 답변 시간을 주신다고 하셨으니까요.

2시 좀 넘어서 목적을 적시하지 않고 국무회의장으로 오라는 문자를 받았습니다. 그런데 저는 아까도 말씀드렸듯이 계엄과 관련돼서는 제가 요청에 응하지 않겠다고 1급들하고 얘기를 했고 그런 생각을 했기 때문에 전화로 굳이 안 가겠다고 불참 통보를 했습니다.

○김병주 위원 검찰 차장님, 이것은 꼭 수사로 확인해 주세요.

....

○위원장 안규백 알겠습니다.

윤건영 위원님, 1분입니다.

○윤건영 위원 예.

구로을의 윤건영입니다.

최상목 대행께 여쭙겠습니다.

경찰 인사를 하자 여부와 관련해서는 행안부차관이 이야기하셨다는 거지요?

○증인 최상목 예, 그렇습니다.

○윤건영 위원 그러면 경찰 인사안을 만든 건 경찰청 차장이겠네요?

○증인 최상목 행안부장관직무대행한테 물어보니까 의논을 해서 만들었다고 들었습니다.

○윤건영 위원 그런데 아까 여러 위원님 지적하셨지만 내란 동조에 가담했을 수 있는 그런 의혹은 대행께서 지금 아시는 거잖아요.

○증인 최상목 그런 의혹은 제가 사후에 지금 들었습니다.

○윤건영 위원 그렇지요. 그런데 제가 한 가지 더 알려 드리겠습니다.

비상계엄 당일 날 이번에 승진했던 박현수 국장이 오후에 조지호 청장을 만났다는 사실 알고 계십니까?

○증인 최상목 저는 전혀 모르겠습니다.

○윤건영 위원 오후 4시경에 만났습니다. 왜 만났는지 알고 계십니까?

○증인 최상목 모릅니다.

○**윤건영 위원** 인사안을 협의하기 위해서 만났다고 합니다, 경찰 인사안을. 박현수 국장의 진술입니다. 승진할 사람이 지금 내란 동조의 핵심으로 가 있는 조지호 청장과 인사안을 협의하고 본인이 셀프 승진하는 게 말이 됩니까?

 (발언시간 초과로 마이크 중단)

 (마이크 중단 이후 계속 발언한 부분)
 저는 이 자리에서 꼭 대행님께 말씀드리고 싶습니다. 여러 위원님들이 지적하셨으니 이 사항들을 종합적으로 점검해 보셔야 될 의무가 있다고 생각합니다.
○**증인 최상목** 예, 일단은 말씀하신 대로……
○**윤건영 위원** 대행님께서 점검해서 저희에게 알려 주셔야 된다고 생각하는데 어떻게 생각하십니까?
○**증인 최상목** 제가 행안부장관직무대행으로 하여금 확인을 해 보라고 말씀드리겠고요. 그런데 저는 경찰국장이 원래 인사를 담당하는 자리니까…… 모르겠습니다. 하여튼 저는 구체적인 상황은 모르니까요. 그런데 그 부분들은 제가 행안부장관직무대행에게 확인을 해서, 아마 행안위에서 질의가 있으실 테니까 제가 그걸 정확히 답변을 드리도록 하겠습니다.
○**윤건영 위원** 저희 위원회에 보고해 주시고요.
 바로 계엄 다음 날입니다. 12월 4일 날 그때 조지호 씨를 만나서 인사안을 협의했던 사람이에요. 자기가 승진하겠다고 셀프 협의를 하면 어떡합니까? 이것 정확하게 점검해 주시고 보고해 주십시오.
○**증인 최상목** 예, 알겠습니다.
○**윤건영 위원** 이상입니다.

○**위원장 안규백** 최상목……
○**민병덕 위원** 잠깐만요, 한 마디만 더 묻고 싶습니다. 30초면 됩니다. 가시니까 그렇습니다. 30초만 하겠습니다.
○**김병주 위원** 오후 것 1분 빼면 되잖아요.
○**위원장 안규백** 회의 진행을 그렇게 하지 말아요.
○**민병덕 위원** 예, 죄송합니다.
 최 대행님.
○**증인 최상목** 예.
○**민병덕 위원** 아까 답변에 헌법재판소가 여야 합의를 확인하는 기관이 아니다라고 말씀하셨지요?
○**증인 최상목** 아니, 아까 다른 위원님께서……
○**민병덕 위원** 다른 분 답변에.
○**증인 최상목** 삼단논법으로 말씀을 하시길래 제가 그냥 답변을 드린 겁니다.
○**민병덕 위원** 그러면 제가 다시 물을게요.
 마은혁 후보 임명하지 않은 것이 위헌임을 확인한다라는 주문이 나왔습니다. 그럼에도 불구하고 여기에 이분들이 '여야 합의 확인된 게 아니잖아'라고 하면서, 법무부장관의 또는 법제처장의 의견이 필요하다 이렇게 하면서 또 토를 다는 것 아닙니까? 그러실 수 있는 겁니까?

○증인 최상목　언론에 법무부, 법제처 얘기 나오는데 저는 그렇게 얘기한 적이 없고요. 두 번째, 아까 말씀드린 것처럼……

○민병덕 위원　그러면 마은혁 후보를 임명하지 않은 것이 위헌임을 확인한다라고 되면 임명합니까?

○증인 최상목　아까도 말씀드리지 않았습니까. 아직 지금 그런 결정이 나오지 않았기 때문에 제가 말씀드리기가 좀, 지금 상황에서는 양해를 구한다 이렇게 말씀을 드리는 겁니다.

○민병덕 위원　마지막으로 이 얘기입니다.

　　(발언시간 초과로 마이크 중단)

∙∙∙

　　(마이크 중단 이후 계속 발언한 부분)
신속한 탄핵심판이라든지 법원이라든지 헌재에서 결정을 하면 그에 따르는 것이 법치주의고 정치적 안정을 줘서 경제가 안정된다 그래서 민생이 안정된다, 여기에 대해서 어떻게 말씀하시겠습니까?

○증인 최상목　유념하겠습니다.

∙∙∙

○위원장 안규백　최상목 대행님 가시기 전에……

　최상목 대행님 말씀대로라면 계엄과 전혀 무관해 보입니다. 그런데 왜 특검을 거부하고 계시고 또 마은혁 헌법재판관을 거부하고 계신지는 잘 이해가 안 가는 대목입니다.

　오늘 마 헌재 재판관 임명과 관련해서 권한대행께서 정확한 답변을 지금 안 하시고 있고 또 얼마 전에 기재부 관계자는 법무부, 법제처와 논의하겠다고 했습니다. 각 기관의 국회 답변을 살펴보니까 법에 따라서 권한쟁의심판 결정은 모든 국가에 귀속한다는 것이 법무부의 일관된 답변이고 또 헌재 선고는 법제처의 법령 해석 대상이 아니라는 것이 법제처의 답변이었습니다. 소속기관도 이렇게 명확히 지금 답변하고 있는 상황에서 권한대행께서는 헌재 결정을 지켜보겠다 이렇게 오늘 일관되게 답변을 하고 계십니다마는 법적 근거가 이렇게 명확한 만큼 권한대행께서도 법의 판단을 하시기를 다시 한번 촉구의 말씀을 드립니다. 그렇게 하시겠습니까?

○증인 최상목　예, 잘 알겠습니다.

○위원장 안규백　회의 마치기 전에 박안수 총장님 앞으로 좀 나오십시오.

○증인 박안수　박안수 대장입니다.

○위원장 안규백　박안수 총장님께서는 지난 1월 23일 날, 금년 1월이지요, 금년 1월 23일 날 윤석열 탄핵심판 4차 변론에서 '윤 대통령은 계엄해제안이 의결되자 김용현 전 장관과 박안수 계엄사령관을 즉시 집무실로 불러서 군 철수를 지시했다'고 이렇게 진술을 했습니다. 김용현 장관 또한 그 진술이 맞다고 말씀하셨고요.

　그런데 지금 해제안이 결의된 이후의 총장의 행동을 보면 이 앞뒤가 아귀가 맞지 않습니다. 해제안이 의결된 것이 12월 4일 1시 1분이지요. 1시 1분인데 그리고 결심실에 들어간 시간이 01시 16분부터 47분까지 약 36분 동안, 그러니까 결심실에서 회의가 끝난 직후에 37분 동안 결심실에서 계셨는데 직후 새벽 2시에 총장께서는 수방사령관에게 추가 출동 가용 인원을 파악하라고 지시를 하셨고 또 계엄사를 통해서 2사단에 출동 가용 인원이 얼마나 되느냐라고 문의를 하셨습니다. 또 3시에는, 제가 지난번에도 말씀드렸다시피 3시에는 약 2시 반 어간, 1시 반인가요 그 어간부터 시작해 가지고 육군본부에서 장성 13명, 영관급 21명을 포함해서 34명을 버스에 탑승해서 서울로 오다가 다시 복귀를 했지 않습니까. 이것을 보면 박안수 총장께서는 군 철수 지시를 언제, 어떻게, 누구한테 받아서 했는지 그 점에 대해서 말씀해 주십시오.

○증인 박안수 1월 23일 날 제가 진술한 내용은, 정확하게 제가 그때 진술한 것은 잘 모르겠습니다. 하여간 거기 참석을 안 한 것으로 생각이 되는데, 생각을 좀 하고 있는 중입니다.

그다음에 2시경에 수방사령관에게 병력 출동 여부를 확인한 게 아니라 2시경에 안보실장님이 병력이 투입되면 안 된다라는 말씀을 전화를 통화하게 되었습니다. 통화한 것을 가지고 수방사에 확인하니까 수방사령관께서 국회 주변 어디어디, 제가 투입한 장소를 잘 모르지만 어디어디에 안전하게 국민들로부터 이격돼 있다고 저에게 알려 주었고 그리고 어딘지는 모르겠지만 1개 부대는 국민들이 이렇게 계시기 때문에 통과를 못 하기 때문에……

○위원장 안규백 그러면 총장이 지금 그렇게 진술하셨는데 그러면 국회에서 01시 1분에 해제를 했으면 바로 철수를 해야지 왜 국회 인근에, 여의도 공원과 성수대교 북단에 있었습니까, 일단의 병 세력들이? 왜 복귀를 안 시키고 대기를 시킨 거지요?

○증인 박안수 제가 그때까지 병력을 어디에 운용하는가에 대해서는 전혀 지시하거나 통제하는 입장이 아니었습니다.

○위원장 안규백 아니, 일반적으로 상식적으로 봤을 때 계엄이 해제됐으면 바로 원대 복귀해라 이게 군의 기본적인 덕목인데 왜 대기시켰냐는 얘기예요.

○증인 박안수 그 부분은 제가 정확하게 모르겠습니다. 그것은……

○위원장 안규백 아니, 본인이 대기를 시켰잖아요. 금방 그렇게 말씀하셨잖아요.

○증인 박안수 아, 저는 확인을 했습니다. 안보실장님께서 병력이 투입되면 안 된다……

○위원장 안규백 확인했으면 왜 철수하라고 지시를 안 내렸냐는 얘기예요, 계엄사령관으로서.

○증인 박안수 아, 그것은 제가 그때까지 투입하라, 어디를 가라, 뭔 목적으로 운용을 한 게 아니고 '안전한 곳에 있다' 그래서 '곧 차를 타고 오겠구나' 이렇게 생각하지 제가 투입해라, 어디 가라, 임무를 안 줬기 때문에 어떻게 하라 지시를 안 내렸습니다.

○위원장 안규백 그 시간은 이미 1시간 반이 지난 상태입니다. 지난 상태이기 때문에 그것은 말이 앞뒤가 안 맞는 거예요.

○증인 박안수 저는 그때 그렇게 확인했습니다.

○위원장 안규백 계속 답변하세요.

○증인 박안수 그다음에, 그래서 그때는 이렇게 투입하라 이런 개념은 없었고 확인한 상태에서 안보실장님께 전화드려서 '예, 다 안전한 곳에 있습니다' 그렇게 말씀드렸고.

그다음에 대통령님께서 오셔서, 결심실에 오셨을 때는 들어오시는 시간 또 나가시는 시간 하면 30분쯤 되는데 그 사이에 이런 분 저런 분 오시고 법령집 보시고 하시고 하면서, 제가 정확한 시간은 알 수 없지만 한 10분에서 15분 정도, 아무리 길어도 그 정도까지는 세 사람 있었는데 그때 장관님께서 두 분 말씀하시고 하는 것은 제가, 진술하신 바와 똑같고 대부분, 법령집도 좀 오래 보셨습니다.

○위원장 안규백 아니……

○증인 박안수 그리고 그다음에 대통령님께서 호출하셔서 장관님을 부르셨는데 장관님께서 가시면서 같이 가자 그러셔서 가지고 갔는데 그때가 2시 42분경 출발했으니까 실에 도착해도 50분 채 안 될 것 같습니다. 50분 채 안 됐는데 그때 옆방에 들어가 있으라 그러셔서 가지고 옆방에 갔는데 여러 분이 계셨고 잠시 후에 다시 들어오라고 해서 들어갔는데 철수하라 그러고 그래서 저는 걸어서 여기까지, 합참으로 와서……

○위원장 안규백 그 철수하라는 지시를 언제, 누구한테부터 지시를 받았냐고요.

○증인 박안수 병력 철수하라는 말씀을 들은 것은 대통령님께 02시 50분에서 30분 어간인데 50분에 좀 가까울 것 같은 생각입니다.

○위원장 안규백 그러니까 2차 계엄 준비를 하다가 여의치 않아서 철수했다고 이렇게 보는 것이 정확하지 않습니까?

○증인 박안수 그렇게 저는 생각하지 않겠습니다.

○위원장 안규백 아니, 그러면 01시 1분에 계엄이 해제됐으면 바로 철수를 해야 되는데 철수도 않고 대기시키고 확인하고 출동을 준비하고 추가 준비하고 이것은 다 그런 저간의 행적들이 보이는 것 아니에요?

○증인 박안수 추가 준비한 사항은 없었습니다. 없었고, 확인하지 않았습니다.

○위원장 안규백 아니, 2사단에도 전화했고 이진우 수방사령관에게 전화로 추가를 확인했지 않습니까?

○증인 박안수 아닙니다. 이진우 사령관에게는 최초에 지휘소 개소 여부 보고받았고 그다음에 방금 말씀드린 대로 안보실장님 통화한 이후에 전화드렸는데 굉장히 전화가 안 됐습니다, 바빴는지 안 받았는데 어떻게 한 번인가 두 번인가 통화했는데 '안전한 장소에 병력이 있다' 그래서 '그러면 됐다' 안심하고 있었고.

그다음에는 그 앞에 경찰 병력이 필요한 순간이 있었는데 그때 수방사령관께서 서울 담당이시니까 서울청장님하고 좀 협조해 보시는 게 어떻겠냐 이렇게 한 적은 있어도 병력을 어디 가라 한 적은 전혀 없었습니다.

○위원장 안규백 그러면 육군본부에서 34명의 장성과 영관급도 출동을 대기시키고 일단 서울로 올라오라고 한 것도 계엄사령관의 결심입니까, 다른 사람의 지시입니까?

○증인 박안수 그 부분, 그 부분은 22시 47분이라고 제가, 조서에서 나와 있던데 한 22시 50분에서 한 이삼십 어간에 저희가 상황실 구성을 토의하다가 계엄과를 중심으로 먼저 상황실을 구성하고 육군본부에서 올라와서 인수인계도 하고 그런 말들이 나왔고 그때 제가 전화를 받은 것 같은데 정작부장에게 육군본부에서 올라오는 것을 준비하라고 지시, 내일 아침에 올라와라 이렇게……

○위원장 안규백 누구한테 전화를 받았어요?

○증인 박안수 정작부장과 통화했는데, 제가 받은 것 같은데 정확하게 모르겠지만……

○위원장 안규백 아니아니, 그게 아니고요. 육본에서 영관급과 장교들이, 장군들이 올라

오라고 지시를 누가 내렸냐고요?

○**증인 박안수** 지시를 한 게 아니고…… 지시는 그 전날, 방금 말씀드린 그러니까 12월 3일 날 22시 50분경에 제가 그때 올라오라고 했고 그다음 날 지난번에 말씀하셨던 한 3시 어간에 참모차장이 전화가 왔는데 제가 전화를 안 받으니까 참모차장이 우리 정책실장에게 전화를 하셨고 그 정책실장이 저에게 승인받았다 이렇게 다 진술을 하였는데 그때 제가 그런 기억은 별로 없었고 나중에 연락받았습니다.

○**위원장 안규백** 국회 인근에 대기하고 있던 병력들이, 약 2시 반이라고 그랬습니까? 2시 50분이라고 그랬습니까?

○**증인 박안수** 국회 인근의 안전 지역에 있다고 확인한 시간이 02시 04분에서 18분 어간 사이에 확인했습니다.

○**위원장 안규백** 그때까지 대기시켰던 인원, 병력들을 철수시키라는 것은 우리 대통령께서 그렇게 결심하고 지시를 내렸다는 얘기지요?

○**증인 박안수** 예, 그런데 어디에 어떤 병력이 있다 그런 말씀은 안 하셨고 병력 철수하라고 그래서 그냥 '예, 알겠습니다' 하고 내려왔고……

○**위원장 안규백** 아니, 그러니까 국회 인근에 병력이 있는 것을 아니까 철수시키라는 것 아닙니까?

○**증인 박안수** 예, 저도 그때까지는 거기만 병력이 있는 줄 알고 있었습니다.

○**위원장 안규백** 예, 알겠습니다.

중식을 위해서 15시 30분까지 중지했다가 15시 30분에 조사를 계속하도록 하겠습니다. 중지를 선포합니다.

(13시27분 회의중지)
(15시35분 계속개의)

○**위원장 안규백** 의석을 정돈해 주시기 바랍니다.

조사를 계속하도록 하겠습니다.

오늘 추가질의 마치고 한덕수 총리가 복귀하셔야 됩니다. 그동안에 계속 출석한 점 또 아직 감기·독감의 여독이 남은 점을 고려해서 위원님들이 추가질의 때 좀 집중적으로 해 주시기를 바랍니다.

그러면 순서에 의해서 추미애 위원 질의해 주십시오.

○**민병덕 위원** 의사진행발언 하나만……

○**위원장 안규백** 그래요? 간단히 해 주십시오.

○**민병덕 위원** 예.

지금 국민의힘 당에서는 가짜뉴스 가짜뉴스 그래서 그것과 관련된, 팩트체크와 관련된 자료 요구를 좀 하려고 합니다.

어제 신용한 교수가 참고인으로 나와서 역술인 출신 4급 행정관이 근무했고 그 직원의 업무가 직원 채용 여부라든지 대통령 부부와의 궁합 여부를 봤다.그리고 5대 명산에서 택일을 위해서, 내란 택일을 위해서 굿을 했다 이런 제보를 했는데. 그리고 또 하나 있었지요. 어제 노상원, 노상원이 계엄 동지의 옥석을 가리는 그런…… 했다라는 것들이 있는데 여기와 관련해서 고발을 했습니다.

그러면 고발할 바에는 자료를 제출하십시오. 어제도 자료제출 요구를 했는데 안 했습니다. 오늘 정진석 실장님 오셨기 때문에 요구드립니다. 오늘 저녁 때까지 꼭 이 부분에 대해서 자료, 예비비하고 채용 서류, 출장 기록 부탁드립니다.

○위원장 안규백 잘 제가 이해를 못 했는데 신용한 교…… 누가 고발을 해요?

○민병덕 위원 대통령실에서 어제 신용한 교수 참고인을 고발했습니다.

○위원장 안규백 아, 예.

○곽규택 위원 위원장님, 간단하게 의사진행발언하겠습니다.

○위원장 안규백 예, 곽 위원님.

○곽규택 위원 지금 뭐 국조특위 하면서 야당 위원님들께서 성실하게 질문하시는 건 좋은데 조금 시간 배분은 우리가 좀 합리적으로 잘 해야 된다고 생각을 합니다. 그래서 오전에 3분 추가 발언하신 분들은 꼭 재보충질의에서는 뺀다는 전제를 좀 미리 말씀해 주시고요.

그리고 항상 야당 위원님들의 질문 시간은 참 불가사의합니다. 자꾸 늘어나요. 그럴 때 위원장님께서 좀 적절하게 시간을 좀 조절해 주시면 감사하겠습니다.

이상입니다.

○위원장 안규백 곽 위원님, 우리 특위의 관행적으로 계속 전반부에 3분을, 2분을, 1분을 활용하셨으면 후반부에 당연히 빼는 건데 당연한 말씀하시네요?

○곽규택 위원 이때까지 안 그렇게 하셨습니다.

○위원장 안규백 그렇게 알고 있습니다. 걱정 마십시오.

○곽규택 위원 예, 걱정됩니다.

○위원장 안규백 추미애 위원님 질의해 주십시오.

○추미애 위원 저도 질의에 앞서서 자료 요구부터 먼저 좀 하고 질의하도록 하겠습니다.

지난번에 제가 자료 요구했는데요. 자료가 제대로 오지 않았습니다. 다시 한 번 자료 요구하겠는데요.

여인형 전 방첩사령관 재직 시의 비밀차량 운행일지를 요구했는데 이것이 제대로 안 오고 있습니다. 그렇다면 원본이 없다면 국방수송정보체계 일명 DTIS 자료를 제출해 주시면 되겠습니다.

두 번째로는 방첩사 재정혁신 TF 운영계획을 달라고 했더니 그것도 보안 자료여서 주지 못한다 그러는데요. 대면해서 열람할 수 있도록 해 주시기 바랍니다, 국방부차관님.

○증인 김선호 예.

○추미애 위원 부탁드리겠습니다.

○증인 김선호 확인하겠습니다.

○추미애 위원 예.

질의에 들어가도록 하겠습니다.

방첩사 대령 네 명과 검찰과 국정원 개입 관련 수사에 대해서 수사를 제대로 하지 않고 있어서 수사 촉구를 하는 바입니다.

제가, 윤석열은 12·3 내란을 김용현·여인형 등 충암파 일당과 함께 군의 사유화를 통해서 사이버 내란도 동시에 전개하면서 전방위적으로 치밀하게 계획하고 준비했다, 이렇게 본 위원은 판단하고 있습니다. 여인형은 내란 당일 정성우 방첩사 1처장에게 '선관위에 검찰과 국정원에서 올 거다. 중요한 임무는 검찰과 국정원에서 할 거니까 그들을 지원하라'라고 지시했고 정성우 처장은 대령 7명에게 같은 내용을 전파했습니다. 당시 배석한 신원보안실 중령이 꼼꼼히 메모까지 했고 이는 수사기관에 제출되어 있습니다.

자, 한번 PPT 봐 주시기 바랍니다.

(영상자료를 보며)

A 대령 '정성우 처장이 8명 모인 자리에서 검찰과 국정원을 언급한 사실이 있습니다', B 대령 '선관위 출동 앞두고 회의 과정에서 서버 확보하면 검찰과 국정원이 올 거고 인계해 주면 된다 얘기를 했습니다', C 대령 마찬가지로 '선관위 출동 전 정성우 처장이 검찰·국정원을 언급했습니다', D 대령 '마찬가지로 선관위 가서 서버 확보하면 검찰·국정원이 올 거다. 거기에 인계해 줘라', 이렇게 들었다고 했습니다.

이렇게 명백한 진술이 있음에도 불구하고 검찰은 제 목을 치지 못하니까 검찰·국정원이라는 표현 대신 수사기관·국정원 이렇게, 검찰 대신 수사기관이라는 용어로 바꿔서 공소장에 적시를 했습니다. 이러면 안 되겠지요.

지난, PPT 한번 봐 주시기 바랍니다.

탄핵심판 5차 변론에서 선관위 병력 투입 관련한 여인형과 윤석열의 답변 내용입니다. 여인형 '서버는 기본적으로 큰 방 서너 개에 가득 차 있다는 거 당연히 알고 있습니다. 그런데 서버를 떼 와라 제가 그런 말을 했다고요? 그건 말도 안 되는 헛소리지요' 이런 취지로 얘기했습니다. 피소추인 윤석열 역시 여기에 장단을 맞춰서 '군인들은 장관의 계엄 선포와 장관 지시가 있으면 서버를 압수하네 뭐네 이런 식으로 생각할지 모르지만 제가 내린 지시는 가서 무슨 장비가 어떤 시스템으로 가동되는지 보라는 거였습니다', 이렇게 거짓말을 임기응변식으로 하고 있습니다.

그런데 여기에 있는 서버 확보, 어떤 의미이겠습니까? 이것은 서버 안의 모든 단말기들이 저장되어 있는 것을 통제하라는 의미입니다. 다시 말씀드리면 다른 사람들이 접근하지 못하도록 하라, 건들지 못하도록 하라, 이런 확보의 의미이고 확보는 계엄 당시 여기 국회·선관위·더불어민주당사·여론조사꽃 등에 대해서 확보라는 용어를 쓴 바가 있습니다. 여기도 마찬가지겠지요.

자, 그런데, 이진동 대검 차장님 앞으로 좀 나오시겠습니까?

1분 더 주시면 좋겠습니다.

○위원장 안규백 예, 마무리하십시오.

○추미애 위원 자, 김용현이 통화를 한 거지요, 이진동 차장하고?

○증인 이진동 예, 했습니다.

○추미애 위원 그때 쓰인 폰이 누구의 무슨 폰입니까? 바로 노상원에게 김용현이 주라고 지시해서 경호처가 제공한 비화폰이었다는 거 이제 인지하셨습니까?

○증인 이진동 어제 방송 보고 알았습니다.

○추미애 위원 이것은 방정환에게 맡겼던 것이고, 12월 4일 날 노상원이. 방정환이 김용현에게 준 것이어서 그 폰으로 바로 통화를 한 것인데요. 이 비화폰이야말로, 내란 공범들 사이에 긴밀한 통화가 이루어진 건데 그렇기 때문에 고의적으로 막는 거 아닙니까?

○증인 이진동 전혀 아닙니다.

○**추미애 위원** 그렇다면 어떻게 해야 되겠습니까? 이 경호처 차장에 대해서도 인지수사를 하셔야 되는 거 아니겠습니까? 노상원이 지급한 비화폰으로 서로, 비화폰을 지급한 바 있고 하니까 내란죄의 공범 관련성을 인지하는 것이지요. 답변 좀……

○**증인 이진동** 그와 관련돼서는 전부 다 수사를 하고 있는 걸로 알고 있습니다.

　　(발언시간 초과로 마이크 중단)

....

　　(마이크 중단 이후 계속 발언한 부분)

○**추미애 위원** 검찰이 수사하면 안 됩니까?

○**증인 이진동** 구체적으로 어떤 수사를 하고 어떻게 하느냐, 어떤 방향이냐는 말씀 못 드리는데 하여튼 나온 의혹에 대해서는 조사를 하고 있는 걸로 알고 있습니다.

○**추미애 위원** 아니, 알고 있으면 안 되고요 경호차장……

○**증인 이진동** 왜냐하면 제가 직접 수사팀이 아니라서요.

○**추미애 위원** 그러면 여기 대신해서 나오신 거니까, 경호차장이 노상원에게 비화폰을 지급한 것이고 그것은 이 사건에 쓰여진 것이고 그렇다면 공범 김용현의 지시에 따른 것입니다, 경호차장은. 그렇다면 이들 상호 간에 공모하고 공동 실행한 의혹이 있는 것이지요. 그렇다면 이 내란 관련한 인지수사를 해 가는 거니까 당연히 인지하셔야 되는 거 아닙니까? 그리고 또한 범행에 공여된 비화폰에 대해서 압수를 할 수 있는 것이지요.

○**증인 이진동** 그러니까 앞으로 수사를 어떻게 할 거냐 그것을 제가 말씀드리는 건 적절치 않고 하여튼 이 사안이 엄중한 걸 알고 검찰에서 잘 수사를 하고 있는 걸로 알고 있습니다.

○**추미애 위원** 그러면 이 자리에서 국정조사위원으로서 증인에게 드린 말씀을 잘 인지하셔서 수사 방향 정하는 데 참고하시기 바랍니다.

○**증인 이진동** 잘 유념하겠습니다.

....

○**위원장 안규백** 수고하셨습니다.

　　주진우 위원님 질의해 주십시오.

○**주진우 위원** 대검 차장님 다시 좀 나와 주십시오.

○**증인 이진동** 예, 나왔습니다.

○**주진우 위원** 규정이나 법리가 불명확할 때 피의자의 이익으로 해석하는 게 원칙이지요?

○**증인 이진동** 예, 맞습니다.

○**주진우 위원** 검사의 이익이나 검사 편의적으로 결정하는 게 아니라 피의자의 이익으로 결정을 해야 되는 것이지요.

　　윤석열 대통령에 대한 구속기소 과정에서 검사장회의가 있었는데 아마 참여하셨을 겁니다.

○**증인 이진동** 예.

○**주진우 위원** 그 논의 내용은 보나 마나 공수처 수사의 불법성 여부, 검찰의 보완수사권 이런 등등 여러 가지 법리적인 논의가 있었는데 검사장들 간에 의견이 당연히 분분했겠지요?

○증인 이진동 구체적으로 그 당시에 어떤 얘기가 나왔는지 말씀드리기는 적절치 않은데 다양한 의견이 나온 건 맞습니다.

○주진우 위원 의견이 다양하게 나왔었지요? 저는 수십 년간 법리와 수사를 해 온 검사장들조차 공수처 수사의 불법성에 대해서 의견이 분분할 정도였다라면 보수적으로 당연히 해석을 해야 되고 피의자에게 이익으로 해석해서 이것은 당연히 불구속으로, 경찰로 수사를 돌려보냈어야 맞다라고 생각을 하고요.

이게 지금 공수처가 행안부장관에 대해서도 수사하겠다라고 해서 사건을 한 달씩이나 들고 있다가 지금 와서 검토를 해 보니까 단전·단수 관련돼서 실제 실행이 안 됐고 거기에 직권남용 미수죄는 아예 처벌규정이 없으니까 공수처가 수사권이 없다는 이유로 또 경찰로 내려보냈어요.

그러니까 저는 공수처의 기본적인 법리 검토 능력에 상당한 의문을 갖는 겁니다. 그래서 공수처가, 대통령에 대한 수사권에 대해서도 불법 수사라고 할 수밖에 없는 것이 직권남용은 대통령에 대해서 수사할 수 없고 행안부장관도 직권남용 미수죄로 수사할 수 없기 때문에 당연히 내란죄나 이런 부분들은 아예 수사권이 없는 걸로 명시되어 있어서 경찰에서 수사하는 게 순리였거든요. 그래서 저는 그 부분이 굉장히, 앞으로 향후 재판에서 또 검찰이 담당해야 될 공소유지 차원에서 굉장히 법리적인 논쟁이 있을 수밖에 없다라고 생각하고 법리적으로 이게 확립되지 않았다라고 하면 불구속 재판이 당연히 원칙이 돼야 된다라고 생각합니다.

이게 지금 현재 구속기소돼 있는데, 1심 재판 일주일에 몇 번씩 열릴 것 같습니까?

○증인 이진동 그것은 제가 재판부가 아니어서 잘 모르겠습니다.

○주진우 위원 재판부가 아니더라도 전례가 있어요. 박근혜 전 대통령 때 일주일에 네 번 재판했습니다. 그때도 탄핵 재판이 심지어 끝난 상태에서, 탄핵 재판이 완전히 끝나고 나서 종결된 상황하에서도 당사자의 방어권을 보장하고, 일단 구속이 되면 6개월 내에 1심 재판을 마쳐야 되지요?

○증인 이진동 예.

○주진우 위원 그러니까 6개월이라는 구속기한이 있다 보니까 그것에 맞추기 위해서 역산해서 일주일에 네 번씩 재판했어요. 지금 그 기록이, 제가 보나 마나 이 비상계엄과 관련된 조사 인원들 보면 연인원이 엄청나게 많을 것이고……

○증인 이진동 예, 많습니다.

○주진우 위원 그분들에 대한 증인 신청이 다 이루어진다라고 하면 역산해서 계산을 하더라도 반대신문권 다 보장하면, 6개월 내에 일주일에 한 서너 번 정도 재판하지 않으면 그게 제대로 재판이 될 수가 있습니까? 원천적으로 어려울 걸로 예상이 되지요?

○증인 이진동 예.

○주진우 위원 그러면 각자, 대한민국에 있는 각각의 법치기관들이 각자 자기가 알아서 일하면 어떡합니까? 헌법재판소는 자기 할 일을 하겠다고 탄핵 재판 두 번 하고 검찰은 공소유지하겠다고 구속기한 6개월 내에 형사재판을 네 번씩 하고 세 번씩 하면, 그러면 재판 과정에서 하루 종일 재판하고 재판에서 나온 새로운 내용에 대해서 어떠한 반론도 제기하거나 새로 검토해서 새로운 증인을 신청하거나 할 수 없는 게, 그러면 저는 적법절차에 상당한 문제가 생길 거라고 보는데 피고인의 방어권 차원에서 문제 아닙니까?

○증인 이진동 그것은 어차피 법원에서 잘 고민할 사항인 것 같습니다.

○주진우 위원 저는 그런 점이 있기 때문에, 공소유지 차원에서도 검찰의 공소유지는 진실을 밝히는 데도 목적이 있지만 당사자의 방어권도 제대로 보장을 해야 되는 것입니다. 그런 차원의 검토를 법과 원칙에 따라 해 주시기 바랍니다.

○증인 이진동 예, 유념하겠습니다.

○주진우 위원 그리고 지금 현재 민주당의 예산 삭감 관련해서 탄핵 재판에서도 쟁점이 되고 있어서 여쭤보는데 특활비랑 특정업무경비 빵 원으로 만들었어요. 하나도 없습니다. 지금 전국에 있는 수사관들하고 민생 사건, 마약 사건, 무슨 보이스피싱 이런 등등의 수사도 다 많은데 실질적인 수사에 지장이 있습니까?

○증인 이진동 예, 있습니다.

 저희가 어제 한번 통계를 뽑아 봤는데 기본적으로 압수수색 영장, 압수수색한 건수 보니까 한 3분의 1 정도 준 걸로 제가 기억을 하고 있거든요. 기본적으로 수사는 비용이 많이 들어가는데 비용이 없어서 실질적인 수사를 많이 못 하고 있습니다.

○주진우 위원 그러면 강제수사인 압수수색이 그렇게 3분의 1로 줄어든다는 것은 실제로 대규모 조직적인, 특히 조직적인 범죄거나 계획적인 범죄거나 서민을 상대로 한 범죄들에 구멍이 뚫린다는 뜻 아니겠습니까?

○증인 이진동 예, 맞습니다.

○주진우 위원 어렵겠지만 치안 부분과 검찰수사에 있어서도 비용이 없지만 그 자리에서 좀 최선을 다해 주시기 바랍니다.

○증인 이진동 알겠습니다.

○위원장 안규백 수고하셨습니다.

 장동혁 위원님 질의해 주십시오.

○장동혁 위원 이진우 전 수방사령관님 저쪽 앞으로 좀 나와 주십시오.

 지금 내란 혐의 관련해서 국회의원을 끌어내라 이런 지시가 있었느냐 없었느냐가 중요한 쟁점이 되고 있습니다. 알고 있습니까?

○증인 이진우 예.

○장동혁 위원 그 내용은 매우 중요한 내용이기 때문에 만약 그런 지시가 있었다면 언제 누구로부터 어떤 내용의 지시를 받았는지는 기억이 오락가락 할 내용은 아니라고 생각합니다. 그런데 이에 관해서 특별히 홍장원 전 국정원1차장과 곽종근 전 특전사령관은 계속 진술이 바뀌고 있는데요. 그 바뀌고 있는 내용에 대해서 알고 있습니까?

○증인 이진우 제가 그 부분에 대해서 답변드리기가 제한됩니다.

○장동혁 위원 홍장원 전 국정원 1차장은 지난해 12월 6일 국회 정보위원회에서 윤 대통령이 전화 통화에서 '싹 다 잡아들여라'라는 지시를 했다고 주장했습니다. 진술했습니다. 그리고 지난 달 22일 국정조사 1차 청문회에서는 체포명단을 불러 준 것은 대통령이 아닌 여인형 전 방첩사령관이고 대통령이 싹 다 잡아들이라는 말의 대상은 없었다고 진술했습니다. 그리고 지난 5일 헌재 5차 변론기일에서는 당시의 통화 내용을 보면 대상자, 목표물을 지정하지 않았기 때문에 뭔가를 잡아야 한다는 생각만 했다, 누구를 잡아들여야 하는지 전달받지 못했다 이렇게 진술이 바뀌고 있습니다. 그런데 이에 대해서 김용현 전 국방장관은 윤 대통령의 정치인 체포 지시를 받은 적이 없다 이렇게 진술하고 있고

요.

곽종근 전 특전사령관은 지난해 12월 6일 야당 의원 유튜브에 출연해서 국회의사당 안에 있는 인원들을, 요원들을 밖으로 이렇게 좀 빼내라고 최초 진술했다가 지난 3일 공개된 옥중 노트에서는 국회에서 끌어내라고 한 건 의원이 아니라 요원이었다고 이렇게 기술되어 있습니다. 그리고 지난 4일 국정조사에서는 요원을 빼라는 지시와 의원을 끌어내라는 지시가 다 있었다고 주장을 했습니다. 그런데 오늘 헌재 6차 변론기일에서는 국회의사당 안에 있는 사람을 데리고 나오라고 했다고 진술을 했습니다. 계속 진술이 바뀌고 있어서 어떤 진술이 맞는 진술인지 잘 모르겠습니다.

그런데 김용현 장관은 이에 대해서 4차 변론기일에서 의원들을 끌어내라고 한 게 아니라 요원들을 빼라고 한 것이다 이렇게 얘기했고요. 오늘 변론기일에서 김현태 707특수임무단장은 국회의원 끌어내라는 지시는 없었다라고 진술하고 있습니다.

이와 관련해서 지금 이진우 전 수방사령관은 대통령 또는 국방부장관으로부터 누구를 체포하라거나 의원들의 본관 출입과 의결을 못 하게 하라거나 의원들을 끌어내라거라 이런 지시를 구체적으로 받은 바 있습니까?

○증인 이진우 위원님, 그 부분에 대해서는 제가 답변드리기 제한이 되지만 제 당시 상황의 입장에서 간략히 설명드려도 되겠습니까?

○장동혁 위원 예.

○증인 이진우 그때 2시간이라는 것은 수십년이 압축된 시간이었습니다. 굉장히 혼란스러웠고 제가 무슨 말을 했는지 무엇을 들었는지는 제 스스로 기억이 나지 않아서 저 같은 경우는 12월 31일 날 마지막 검찰에서 조사가 끝날 때쯤 되니까 검사에 의해서 제가 무슨 일이 있었는지를 알게 됐습니다.

○장동혁 위원 어쨌든 조사받을 때까지는 그런 지시를 받은 기억이 없었다라는 거지요, 본인의 기억 속에는?

○증인 이진우 답변드리지 않겠습니다.

○장동혁 위원 예, 알겠습니다.

이상입니다.

○위원장 안규백 김병주 위원님 질의해 주십시오.

○김병주 위원 가림막 뒤에 이분이 와 있는지 몰라서 확인하고 하겠습니다.

가림막 뒤에 HID 출신 오 중령 와 계십니까?

○증인 오00 위기관리센터 오 중령입니다.

○김병주 위원 위기관리센터 근무하지요?

○증인 오00 예.

○김병주 위원 오 중령님 고생이 많아요.

언제부터 안보실에 근무를 했습니까?

○증인 오00 실질적으로 근무한 것은 23년 3월 마지막 주부터였습니다.

○김병주 위원 23년 3월 마지막 주요?

○증인 오00 예.

○김병주 위원 그때부터 쭉 근무를 했단 말이지요?

○증인 오00 맞습니다.

○**김병주 위원** 오 중령님은 대령 때, 소령 때, 중령 때 각각 HID 부대에서 근무를 했었지요?

○**증인 오OO** 제가 아직 중령이라 대령은 아니고……

○**김병주 위원** 대령, 소령, 중령 때 각각.

○**증인 오OO** 대위와 소령, 중령 이렇게……

○**김병주 위원** 예, 대위. 내가 진급 미리 시켜 주네요.

 거기에서 지금 별도의 TF를 4명을 구성하고 있잖아요?

○**증인 오OO** 별도의 TF라기보다는 저는 팀 단위로 일하는 것으로 이해하고 있습니다.

○**김병주 위원** 그러니까 그 팀을 하고 있지요?

○**증인 오OO** 예.

○**김병주 위원** 팀장은 국정원 출신 최 모 2급 공무원이 하고 있습니까?

○**증인 오OO** 업무와 직제에 관한 사항은 제가 확인해 드리기가 제한이 됩니다.

○**김병주 위원** 아니, 팀장을 누가 하고 있냐고요.

○**증인 오OO** 확인해 드리는 게 제한이 됩니다.

○**김병주 위원** 오 중령님이 하고 있어요?

○**증인 오OO** 저는 아닙니다.

○**김병주 위원** 그러면 국정원에서 제일 선임자가 최 모 2급이지요?

○**증인 오OO** 제가 그것은 확인해 드릴 수 없습니다.

○**김병주 위원** 국정원 2명이 있고 방첩사 1명이지요?

○**증인 오OO** 확인해 드리기 제한됩니다.

○**김병주 위원** 아니, 왜 TF를 확인해 줄 수가 없어요? 이건 확인을 해야지, 수사받는 것도 아닌데.

 그리고 여기 임무가 뭐였습니까, 이 TF의 임무가?

○**증인 오OO** 그 TF의 업무에 관해서는 제가 확인해 드릴 수가 없습니다.

○**김병주 위원** 그러면 이 TF의 상급자는 누구입니까? 누구한테 주로 보고했습니까?

○**증인 오OO** 차장·실장급에 보고가 됐던 것으로 알고 있는데 그것은 제가 담당하는 일이 아니라서 정확하게 모르고 있습니다.

○**김병주 위원** 김태효 1차장한테 보고했습니까?

○**증인 오OO** 그분뿐만 아니라 다른 분들에게도 보고가 됐던 것으로 알고 있습니다.

○**김병주 위원** 누구누구한테 주로 보고했어요?

○**증인 오OO** 제가 정확하게 알지 못합니다.

○**김병주 위원** 그러면 대통령과 김건희 여사한테는 얼마에 한 번씩 보고했나요?

○**증인 오OO** 일단 김건희 여사 관련해서는 전혀 업무적인 보고가 이루어지지 않았고 대통령은 제가 잘 모르겠습니다.

○**김병주 위원** 그리고 비화폰 가지고 업무 수행하시지요?

○**증인 오OO** 아닙니다. 없습니다.

○**김병주 위원** 그러면 팀장이 갖고 있나요?

○**증인 오OO** 가지고 있지 않은 것으로 알고 있습니다.

○**김병주 위원** 그러면 지금 팀별로 임무 분장이 어떻게 돼 있나요, 청와대하고, 국정원

출신하고 방첩사하고 HID가?

○**증인 오OO** 업무 분담에 대해서는 확인해 드리기가 좀 제한됩니다.

○**김병주 위원** 그러면 12월 3일 날 비상계엄 때 이 팀은 어디에 위치하고 있었습니까?

○**증인 오OO** 저는 영내에서 운동을 하고 퇴근하려던 찰나에 뉴스를 보고 알게 되어 사무실에 남아 있었고 나머지 인원들은 전부 다 귀가하여서 귀가 이후에는 아마 집에 있었을 것으로 생각이 됩니다.

(발언시간 초과로 마이크 중단)

···

(마이크 중단 이후 계속 발언한 부분)

○**김병주 위원** 노상원이가 정보사령관 할 때 오 중령은 무슨 직책을 하고 있었습니까, 2016년도경?

○**증인 오OO** 2016년도 초에 저는 합동대 교육을 마치고 정보사 예하 정보부대로 복귀하였는데 성남 소재 부대에서 보직을 받았습니다.

○**김병주 위원** 1분 더 줄 수 있나요?

○**위원장 안규백** 추후에 하십시오.

○**김병주 위원** 예, 알겠습니다.

···

○**위원장 안규백** 백혜련 위원님 질의해 주십시오.

○**백혜련 위원** 박종준 경호처장 좀 이쪽으로 나와 주세요.
12월 3일 날 삼청동 안가에서 조지호 청장, 김봉식 청장, 윤석열 대통령이랑 만났지요?

○**증인 박종준** 예, 그렇습니다.

○**백혜련 위원** 연락은 본인이 한 것으로 알고 있는데 맞습니까?

○**증인 박종준** 예, 제가 했습니다.

○**백혜련 위원** 대통령이 지시했습니까, 두 사람에게 연락하라고?

○**증인 박종준** 예, 그렇습니다.

○**백혜련 위원** 그러면 삼청동 안가 모임에서 조지호 청장이랑 김봉식 청장이랑 윤석열이랑 셋이 만나는 자리에 같이, 박종준 경호처장도 그 자리에 있었습니까?

○**증인 박종준** 저는 같이 있지 않았습니다.

○**백혜련 위원** 그러면······

○**증인 박종준** 김용현 국방부장관이 같이 있었습니다.

○**백혜련 위원** 그렇게 3명이 있고 본인은 그러면 밖에서 대기하는 상태였나요?

○**증인 박종준** 예, 안내하고서 저는 별채에 가서 대기하고 있었습니다.

○**백혜련 위원** 별채에 가서?
시간은 어느 정도 걸렸던 것 같아요, 그 면담?

○**증인 박종준** 한 15~20분 정도 걸린 것 같습니다.

○**백혜련 위원** 본인은 윤석열 대통령이 계엄을 하려 한다는 걸 언제 알았습니까?

○**증인 박종준** 저는 당일 9시 50분쯤에 대통령께서 집무실로 저를 불러 가지고 '10시에 비상계엄을 선포할 것이다. 그러니까 지금 국무위원들이 들어오고 있는데 출입 절차를 좀 챙겨 봐라. 그리고 경호도 좀 신경 써야 할 것이다' 이렇게 말씀을 하셔서 그때 인지

하게 됐습니다.

○**백혜련 위원** 그러면 그 전에 안가 모임, 조지호·김봉식 안가 모임 때는 왜 대통령이 부르는지 몰랐어요?

○**증인 박종준** 예, 전혀 몰랐습니다. 처음에는 저는 대통령께서 저하고 이렇게 차담을 하는 걸로 생각을 했었습니다. 그런데 안내해서 들어가 보니까 거기에 김용현 국방부장관이 앉아 계셨고 저는 나가라 그래 가지고 조금 의아하게 생각을 했었습니다.

○**백혜련 위원** 그러면 김용현 국방부장관한테는 본인이 연락한 게 아닌데 미리 그 자리에 와 있던가요?

○**증인 박종준** 예, 그렇습니다.

○**백혜련 위원** 그 이후에 본인도 나가라고 하고, 지금 본인도 경찰 출신이잖아요?

○**증인 박종준** 예, 그렇습니다.

○**백혜련 위원** 조지호 청장, 김봉식 청장 갔는데 향후에 무엇 때문에 대통령이 불렀는지 확인해 보거나 그러지 않았습니까?

○**증인 박종준** 통상적으로 그것은 비공식 모임이기 때문에, 저는 경호하는 사람이 그 비공식 모임에 대해서 이렇게 탐문을 하거나 그 후에 제가 아는 사람을 대통령께서 만났다고 그래 가지고 그곳에 연락하고 이런 것은 금기시되어 있습니다.

○**백혜련 위원** 조지호·김봉식, 조지호 청장한테도 비화폰 발급됐지요?

○**증인 박종준** 예, 그렇습니다.

○**백혜련 위원** 경호처에서 발급한 거잖아요?

○**증인 박종준** 예, 그렇습니다.

○**백혜련 위원** 언제 발급한 거지요, 경호처에서?

○**증인 박종준** 그것은 제가 오기 전에 한 거기 때문에 제가 알 수가 없습니다.

○**백혜련 위원** 본인이 오기 전에 이미 경호처에서 발급돼 있었어요?

○**증인 박종준** 그 비화폰은 아마 새 정부 출범 직후에, 제가 아는 바로는 이미 전 정부 때에 개발을 해서 새 정부 출범과 동시에 사용한 것으로 알고 있습니다.

○**백혜련 위원** 아니, 그런데 모든 사람들한테 일시에 된 게 아니라……

○**증인 박종준** 그렇지 않습니다. 일시에 거의 이렇게 됐고, 그러니까 비화폰을 잘못 이해하시는 분들이 많으신데 비화폰은 두 가지 기능을 하고 있습니다. 첫 번째는 국정업무 통신 기능을 하고 있고, 두 번째는 경호업무 기능을 하고 있습니다.

○**백혜련 위원** 간단하게 얘기하세요.

○**증인 박종준** 그래서 경호처의 간부들이 많이 가지고 있고 우리가 알고 있는 그 중요한 정부 요인들은 대부분 다 가지고 있다고 보시면 됩니다. 국정업무 전반을 관할하는 통신망이기 때문에 그렇습니다.

○**백혜련 위원** 지금 객관적으로, 좀 이따가 증거 얘기를 하겠지만 윤석열 정부처럼 이렇게 많은 비화폰이 정부의 위원들에게 발급된 사례가 없습니다. 그리고 지금 언론에서도 보셨겠지만 민간인인 노상원에게까지 발급이 된 거예요. 그건 그렇게 하시고요.

9시 50분에 그러면 처음으로 본인은 비상계엄이라는 걸 인지했다?

○**증인 박종준** 예.

○**백혜련 위원** 그 사전에, 전에 뭔가 일이 터질 것 같다든지 그런 분위기는 감지하지

못했습니까?

○증인 박종준 그런 것은 감지하지 못했고 8시 반부터인가 국무위원들이, 저희가 대통령실 출입 절차를 관할하고 있기 때문에 8시 반부터 국무위원들이 이렇게 순차적으로 들어오고 있다는 것을 제가 인지하고 있었습니다. 그렇지만 그 내용이 어떤 회의 내용인지 그것이 무슨 목적인지는 인지하지 못했습니다.

○백혜련 위원 9시 50분에야 그 통지 받았다고요?

○증인 박종준 예, 그렇습니다.

○백혜련 위원 본인은 그래서 그때 대통령이 계엄을 하겠다고 해서 어떤 생각을 했습니까?

○증인 박종준 아까 말씀드린 대로 국무위원들의 그 출입 절차를 챙겨 봐라 했는데, 아마 10시에 계엄을 선포해야 되는데 국무위원들이 성원이 안 됐기 때문에 혹시나 경호처에서의 출입 절차가 너무 까다로워서 그런 게 아닌가 이렇게 말씀하시는 것을 저는 들었고 바로 나와 가지고……

○백혜련 위원 아니, 계엄에 대해서 본인이 어떻게 생각했냐고요, 대통령의 계엄.

○증인 박종준 계엄에 대해서는 '이것이 큰 문제가 되겠구나' 이렇게 생각을 하고 거기서 바로 나와 가지고, 이 사실을 혹시 비서실장이 알고 계시는지 그걸 확인하기 위해서 제가 밖에 나와서 부속실 직원에게 '비서실장 혹시 들어오셨느냐' 하고 물었습니다.

○백혜련 위원 그래서 비서실장 그러면 통화하거나 연락했습니까?

○증인 박종준 아니요, 통화 안 했고 '비서실장은 아직 안 들어오셨고 수석들이 지금 들어오고 있습니다' 해서 수석들이 대기하고 있는 방으로, 그러니까 한쪽 방에는 장관들이……

○백혜련 위원 그래서 수석이라든지 누구하고 그 말을 듣고……

　　(발언시간 초과로 마이크 중단)

⋯⋯⋯⋯⋯⋯⋯⋯⋯⋯⋯⋯⋯⋯⋯⋯⋯⋯⋯⋯⋯⋯⋯⋯⋯⋯⋯⋯⋯⋯⋯⋯⋯⋯⋯⋯⋯

　　(마이크 중단 이후 계속 발언한 부분)
이 비상계엄과 관련해서 얘기를 나눈 사람이 있어요?

○증인 박종준 예.

○백혜련 위원 누구?

○증인 박종준 여기 앉아 계신 김태효 안보1차장, 거기 수석들이 앉아 계신 데 몇 분 계셔서……

○백혜련 위원 아니, 그러니까 김태효 1차장이랑 계엄에 대해서 얘기했어요?

○증인 박종준 얘기했습니다.

○백혜련 위원 뭐라고 얘기했어요?

○증인 박종준 김태효 1차장께서 '혹시 무슨 일이냐?' 저한테 물어보셔 가지고 제가 '지금 비상계엄 얘기가 나오는데 큰일 났다. 이게 좀 문제가 될 것 같다' 이렇게 다른 수석들한테 거기 몇 분이 앉아 있는데 같이 이야기를 했습니다.

○백혜련 위원 김태효 1차장은 뭐라고 했어요, 그러니까? 비상계엄, 큰일 날 것 같다 그렇게 얘기했더니?

○증인 박종준 아마 '그런 일이 생기면 안 되지요' 하면서 '말려야 될 것 같다' 이렇게

얘기를 한 걸로 기억하고 있습니다. 다른 옆에 있던 수석들도 그때까지 내용을 전혀 인지하지 못했고, 그러면 빨리 들어가서 말려야 되지 않느냐 이렇게 이야기를 한 것으로 기억하고 있습니다.

○**백혜련 위원** 한 가지만 추가로 물어볼게요.

계속 더 물어볼 게 많은데, 이광우 본부장이 '박종준 경호처장이 2차 체포영장 집행을 대비시켰고 차벽과 철조망 설치를 지시했다' 이렇게 경찰에서 진술했다고 해요. 맞습니까? 본인이 지시했습니까?

○**증인 박종준** 제가 1차, 12월 3일 날 체포영장 관련된 그 집행이 있었고 그다음에 4일, 5일, 6일에 걸쳐 가지고는…… 그때 저희는 처음에 정문 밖에서 체포영장, 공수처 직원이랑 국수본 직원과 정문 밖에서 이야기를 하고 대통령단 변호인을 만나는 걸로 생각했는데 정문이 개방되면서 갑자기 안으로 들어와서 거기서 문제가 생겼기 때문에……

○**백혜련 위원** 아니, 묻는 말에만 좀 대답을 하셔요.

그러니까 2차 체포영장 집행 대비를 위해서 차벽과 철조망 설치를 박 처장이 지시했다 이렇게 이광우 본부장이 진술했는데……

○**증인 박종준** 그래서 물리력으로, 그 안에 들어와서 물리력으로 저희가 대치하지 않기 위해서는—제가 경찰에 있었기 때문에—'차벽이 좋겠다' 이렇게 이야기를 해서 차벽을 얘기했고. 철조망은 부분적으로 돌아다니면서, 혹시 전체적으로 관저 부분이 오래됐기 때문에, 시위대도 있고 그렇기 때문에 밖의, 여러 가지 관점에서 철조망이 낡아 가지고 부서진 부분들은 좀 보완하는 게 좋겠다 이렇게 이야기를 했습니다.

○**백혜련 위원** 그러니까 결론적으로 2차 체포영장 집행을 대비해서 차벽과 철조망 설치는 본인이 지시한 게 맞네요, 그러면?

○**증인 박종준** 예, 그렇습니다.

○**위원장 안규백** 보충질의 때 해 주십시오.

○**백혜련 위원** 추가로 질의하겠습니다.

⋯⋯

○**위원장 안규백** 강선영 위원님 질의해 주십시오.

○**강선영 위원** 수방사령관님 좀 나와 주세요.

사령관님, 48기신가요?

○**증인 이진우** 그렇습니다.

○**강선영 위원** 사령관님, 사관학교까지 치면 88년부터 군생활 하셨지요?

○**증인 이진우** 그렇습니다.

○**강선영 위원** 한 37년간 군생활 하셨는데 그동안 37년간 수방사령관님 포함 대한민국의 군인이 대한민국의 현재 번영을 이루기 위해서, 안보를 위해서 많은 노력을 해 줘서, 비상계엄이 있어서 안타깝긴 하지만 우리 대한민국은 군인의 헌신으로 이루어졌다고 생각합니다.

그러나 제가 군복을 입은 선배로서 그다음에 국회의원으로서 저는 수방사령관님 이진우 장군을 비호하고 싶은 생각보다는 '수방사령관씩이나'라는 말은 50만 군의 3성 장군이 지휘하는 부대들이 많은데 그 군인들이 느꼈을, 3성 장군을 '씩이나'라고 말하면 우리 밑에 있는 병사들은 어떤 대우를 받을 것인가…… 그런 것을 제가 막아 주지 못해서 죄송합니다.

　질의하겠습니다.

　수방사는 22년 3월 1일부터……

○**민병덕 위원** 우리는, 내란을 못 막아서 죄송하지는 않고……

○**강선영 위원** 조용히 하세요.

　서울시 승인하에……

○**민병덕 위원** 내란을 못 막아서 참……

○**강선영 위원** 민병덕 위원 조용히 하세요.

　서울시 승인하에 CCTV를 볼 수 있는 계정 4개를 받아 가지고 사령부, 52사 213여단, 56사단 등 4개 부대 지통실을 운영하고 있지요?

○**증인 이진우** 그렇습니다.

○**강선영 위원** 당시 사령관님은 출동 지시를 받고 지통실에 있지 않고 같이 현장에 출동했지 않습니까?

○**증인 이진우** 회의하는 곧바로, 장관님께서 '수방사, 이상 없냐?'라고 하시고 '너는 먼저 나가서 출동 준비하라'고 하셔서 곧바로 나왔습니다.

○**강선영 위원** 지난 1월 17일 모 언론사에서 수방사가 계엄작전 수행을 위해서 서울시 CCTV를 활용해서 체계적인 지시를 했다, 그래서 CCTV가 있는 지통실에 사령관이 있지도 않은데, 체계적인 지휘를 사령관이 없는데 누가 했겠습니까? 이 내용에 대해서 동의하십니까?

○**증인 이진우** 위원님 말씀처럼 동의하지 않고 그 시스템은 경찰과 협력하기 위해서 평시부터 구축된 것과 관련돼 있는 부분입니다.

○**강선영 위원** 제가 지난번 1차 기관보고 때 특전사령관한테 동일한 질문을 했습니다. 거짓뉴스라고 확인도 했는데 그 방송사가 다시 반박기사를 냈습니다.

　그래서 PPT를 보면서 설명드리겠습니다.

　(영상자료를 보며)

　먼저 서울시 스마트도시 안전망시스템 운영 방식은 보시는 것처럼, 1·2·3처럼 묶여 있는데 1이라는 걸 클릭하면 1개 지역 그룹에 다수의 CCTV가 물려 있습니다. 그래서 1개를 클릭하면 거기 물려져 있는 다수의 CCTV가 보이도록 되어 있습니다. 이걸 발생이벤트라고 하고요. 발생이벤트 클릭을 하면 CCTV 로그 기록이 다음과 같이 생성이 됩니다. 이렇게 이벤트 이력 CCTV 조회를 하면 여기에 묶여 있는 다수…… 지금 보시면 저기에 한 번 누르면 동일한 시간의, 1월 2일—저희 답변서를 위해서 수방사가 다시 만들어서 보낸 겁니다—11시 56분 15초로 동일한 그룹 5개가, 로그 기록이 동일한 시간에 생성이 됩니다.

　그래서 실제로 12월 3일 날 23시 37분 수방사에서 로그한 기록을 보니까 단 한 번 클릭을 했는데, 1개 열람을 했는데 5개 그룹이 자동 생성돼 있는 걸 볼 수 있습니다. 12월 4일 CCTV도 보면 12월 1일부터 4일까지 열람기록이 동일하게, 저렇게 한 번 클릭하면 여러 개의 열람기록이 동시에 뜹니다.

　그래서 제가 수방사를 12월 1일부터 4일까지의 로그 기록이 돼 있는 그 서류철을 확인해 보니까 저렇게 시스템 접속은 총 28회입니다. 그런데 28회지만 아까 말씀드린 것처럼

1개 지역 클릭할 때 묶여 있는, 다수의 CCTV가 묶여져 있다 보니까 지금 보시는 것처럼 스물여덟 번이지만 총 41회 클릭했는데 430회라고 이렇게 돼 있습니다.

그리고 당시 현장 확인한 것은 국회 일대는 총 3회 클릭했습니다. 그래서 왜 클릭했느냐 그것도 물어보니까 당시의 국회 현장 상황이 어떤지 지통실에서 확인했다, 그래서 수방사령관이 확인한 사항은 없습니다. 맞지 않습니까?

특전사도 확인해 보니까 동일합니다. 12월 1일부터 4일까지 특전사도 사령부와 707특임단 2개 계정에서 26회 했는데, 26곳을 눌러 보고 그다음에 열람기록을 보니까 거기에 묶여 있던 CCTV가 총 509개였습니다. 그래서 동일한 시간에 509회를 클릭한 것처럼 돼 있는데, 1개 내지 2개 계정이 동시에 어떻게 500번을 누르겠습니까?

그래서 이렇게 제가 말씀드리는 것은 편들려고 하는 게 아니라 수방사와 특전사 기록을 종합해 보면 총 이렇게 누른 게 78회 정도, 939회로 나오는데 이것을 939회를 클릭해 가면서 지휘통제를 했다 이러한 거짓 뉴스가 나오고 있는 겁니다.

수방사령관님 들어가셔도 됩니다.

(안규백 위원장, 한병도 간사와 사회교대)

○증인 이진우 예.

○강선영 위원 그래서 수방사령관은 현장에 출동해서 지휘통제실에 없었고요. CCTV를 확인할 겨를도 없었습니다. 이러한 의혹을 해소하기 위한 국조특위에서 오히려 사실을 왜곡하고 증폭시키지 말고 국정조사 결과가 분명한 사실에 근거해서 기록되어야 될 거라고 생각합니다.

이상입니다.

○김병주 위원 강 위원님, 저것 수방사에서 만들어 보냈다고 했는데 제가 잘못 들었나요, 슬라이드?

○강선영 위원 제가 슬라이드 만들었고 그 기록은 대면 질의로 받았습니다.

○위원장대리 한병도 수고하셨습니다.

다음은 민병덕 위원님 질의해 주십시오.

○민병덕 위원 수방사령관님 잠깐만 나와 주시지요.

군 복무 몇 년 하셨지요?

○증인 이진우 현역으로는 33년 넘었습니다.

○민병덕 위원 33년?

○증인 이진우 예.

○민병덕 위원 계엄 한 6시간 됐습니다. 계엄 한 6시간 동안 이 33년이 날아간 겁니다. 이렇게 고초를 당하고 그간의 영광이 없어진 이유가 무엇이냐에 대해서 뭐라고 생각합니까?

○증인 이진우 위원님, 저는 그 33년이 날아갔다라는 표현에 대해서는 동의하지 않고……

○민병덕 위원 좋습니다.

○증인 이진우 제가 그날 그 시간에 있었기 때문에 제가 33년간 했던 경험을 최선을 다해서 그나마 역할을 한 거라고 생각합니다.

○민병덕 위원 아, 그나마 역할 한 것이다?

○증인 이진우 예.

○민병덕 위원 잠깐 스톱해 주십시오.

저는 군인들이 이 자리에 오시게 된, 그 고초를 겪는 이유가 내란이 발생했기 때문이다, 그리고 그 내란의 이유는 윤석열과 그 문신 일당들이 있습니다. 그 사람들이 자기를 위해서 군인들을 이용한 것이라고, 그래서 오히려 피해자라고 말씀드리고 싶습니다.

잠깐 스톱해 주시고, 나가시지요.

이진동 차장님.

○증인 이진동 예, 왔습니다.

○민병덕 위원 오늘 오전 답변 중에 김용현과 조율을 했다고 했고요. 그때 출석 전에 설득하기 위해서 통화했다고 했는데 무슨 내용으로 설득했습니까?

○증인 이진동 구체적 내용을 말씀드리는 건 적절치 않은 것 같습니다.

○민병덕 위원 경호처가 지급한 비화폰 없다고 하셨지요?

○증인 이진동 예, 그런 건 없었습니다.

○민병덕 위원 그러면 김용현과 통화할 때 걸었습니까, 걸렸습니까? 먼저 거셨습니까, 전화가 왔습니까?

○증인 이진동 제가 건 걸로 기억하고 있습니다.

○민병덕 위원 전화를 걸었습니까? 혹시 녹취된 것 있습니까?

○증인 이진동 아니요. 저는 따로 녹취 안 합니다.

○민병덕 위원 그러면 김철진이 김용현의 비화폰을 가르쳐주고 거기에다 전화를 건 겁니까?

○증인 이진동 김철진이 누구인가요?

○민병덕 위원 김용현의 군사보좌관이고 여인형 사령관의 측근이었던 사람입니다.

○증인 이진동 저는 잘 모릅니다. 저는 그냥 수사팀에서 그 번호를 받았습니다.

○민병덕 위원 아니, 전화번호를 알았던 거잖아요, 어쨌든.

○증인 이진동 수사팀에서 그 번호를 받았습니다.

○민병덕 위원 그런데 왜 본인 전화로 하면 되지 비화폰을 알려 줬을까요? 통화 녹음 되지 않게 하거나 은폐되게 하기 위해서겠지요. 그렇지요?

○증인 이진동 제가 알기로는 그 당시에 김용현 전 장관이 쓰던 번호가 연락이 안 돼 가지고……

○민병덕 위원 비화폰 그것은……

○증인 이진동 연락이 안 돼서……

○민병덕 위원 괜찮아요. 그것 알고 싶은 게 아니에요.

○증인 이진동 그다음 나중에 그 팀에서……

○민병덕 위원 잠깐만요.

○증인 이진동 국방부 협조를 받아서 번호를 받은 걸로 알고 있습니다.

○민병덕 위원 예, 알겠습니다.

비화폰 통화는 한쪽이 일반전화면 보안 기능이 없습니다. 그러면 검찰도 비화폰이 있었을 것 같은데 없었습니까?

○증인 이진동 저희는 없습니다, 그것은.

○**민병덕 위원** 통화한 사람이 김용현 한 사람이었습니까, 아니면 윤석열 대통령이나 다른 사람도 통화했습니까?

○**증인 이진동** 그 당시에 김용현 전 장관만 통화했습니다.

○**민병덕 위원** 혹시 내란의 브레인이라고 했던 김주현, 박성재, 이완규, 이상민하고도 비화폰으로 통화한 사실 없습니까?

○**증인 이진동** 통화한 사실 없고 이번에 비화폰이라는 걸 처음 알았습니다.

○**민병덕 위원** 비화폰이 사실상 내란폰으로……

조금 이따 다시 하겠습니다.

○**위원장대리 한병도** 수고하셨습니다.

그다음 민홍철 위원님 질의해 주십시오.

○**민홍철 위원** 이진우 중장님 앞으로 좀 나오시지요.

군 생활을 38년 하셨다는 거지요?

○**증인 이진우** 예, 생도 포함해서 38년 다 돼 갑니다.

○**민홍철 위원** 그렇습니다. 군의 명예는 군 스스로 지켜야 되고 만들어 가야 한다고 생각을 합니다. 장군의 명예도 마찬가지고요. 장군의 도는 별의 개수에 달려 있다 저는 그렇게 생각하지 않습니다. 얼마나 당당하게 부하를 보호하고 불의에 맞서 무관으로서 기질을 발휘하는가에 달려 있다고 저는 생각합니다.

부하를 믿습니까?

○**증인 이진우** 신뢰합니다.

○**민홍철 위원** 신뢰하지요?

○**증인 이진우** 예.

○**민홍철 위원** 그날 계엄 당일 출동했을 때 이진우 중장께서는 어제 헌재 진술에서 '총이라든지 문을 부수라든지 또 안에서 끌어내라든지 이런 말을 대통령으로부터 지시받은 바가 없다' 이렇게 말씀하셨지요?

○**증인 이진우** 거기서는 답변드리지 않은 걸로 기억……

○**민홍철 위원** 안 했지요?

그런데 검찰의 공소장에 보면 그 당시에 대통령으로부터, 그 당시 수방사령관, 작전지휘관이지요. '사령관에게 총을 쏴서라도 문을 부수고 들어가서 끌어내라 그런 지시의 전화가 내려왔다. 그래서 망설이고 있으니까 대통령이 오히려 대답을 안 한 사령관에게 큰소리로 어? 어? 이런 식으로 얘기를 했다' 이렇게 부하는 진술하고 있습니다. 수행 부관입니다. 그 내용을 모르지요? 기소할 때 아마 검사로부터 들어서 알았을 겁니다.

그리고 어제 윤석열 대통령은 그러한 지시를 한 사령관에게 이런 얘기를 했어요. 사령관뿐만 아니라 군사령관들에게 '군이 부당한 명령을 따르지 않을 것을 알고 전제로 해서 비상계엄을 선포했다' 그런데 우리 이진우 중장께서는 '대통령께서 검찰총장까지 지내셨고 30년 이상 검사 생활을 했기 때문에 하여튼 적법한 지시라고 무조건 믿고 따랐다' 이렇게 지금 얘기를 했지요, 지난 청문회 때? 그렇지요?

○**증인 이진우** 그렇습니다.

○**민홍철 위원** 그러면 결론적으로 우리 이진우 중장께서 수행한 그 업무는 불법적인 거예요. 대통령께서는 군이 대통령이 내리는 명령은 불법적인 것을 전제로 해서 내렸다

는 거예요. 그러면 전 수방사령관께서는 휘하 부하들을 동원해 가지고 국회를 확보하려고 했고요. 여러 가지 계엄 임무를 수행했는데 과연 그 당시에 위치가 뭐냐? 물론 현재 기소돼 있기 때문에 본인의 방어권을 행사하기 위해서 여러 가지 고민을 하겠지요.

저는 별 하나밖에 못 했어요. 정말 육군 대장을 보면 제가 초급장교 때 별이 몇 개인지 궁금했습니다. 군복 뒤로 별이 다 돌아가는 것 같아요. 정말 존경하고 그랬습니다. 그런데 이번에 보니까 정의감도 없지요. 아무런 생각한 판단도 없지요. 그리고 그 사후에 더 실망했습니다.

당당하십시오.

그 상황에서는 그렇게밖에 할 수 없었다, 그러나 뒤에 알고 보니까 잘못됐더라 이런 말을 좀 할 줄 알아야 되는 게 명예로운 장군 아닐까요?

○증인 이진우 답변할 기회를 주시겠습니까?

○민홍철 위원 예, 한번 간단하게 답변을 좀 해 보십시오.

○증인 이진우 제가 당시에 적법이라고 생각한 이유는 거기서 제가 판단할 사항도 아니지만 만약에 저 같은 기동부대 지휘관, 그러니까 전술지휘관이 대통령이라든가 민간인 국군통수권자, 민간인 장관이 지시한 거를 위법이라는 생각을 할 수 있게 된다면······

○민홍철 위원 아니, 그러니까요. 그거는 이해를 합니다.

○증인 이진우 그렇지요?

○민홍철 위원 그런데 지금 현재······

○증인 이진우 만약에 제가 그 반대로 한다면 저는······

○민홍철 위원 잠깐만요.

○증인 이진우 반대로 한다면······

○민홍철 위원 알겠어요.

○증인 이진우 저는 제 책임이 국회를 지켜야 되는 사람입니다. 그러면 들어와서 특전사 헬기 12대 다 격추시켰어야 되고 또 여기 들어와 있는 707과 교전했어야 되는 상황입니다.

(발언시간 초과로 마이크 중단)

(마이크 중단 이후 계속 발언한 부분)

○민홍철 위원 그것도 이해가 안 되고요.

그러나 지금 이 시점에서는······

○증인 이진우 그게 제 임무입니다. 둘 중 하나입니다.

○민홍철 위원 그러나 이 시점에서 대통령은, 그 우두머리는 부하들을 이용한 거 아닙니까. 불법적인 명령을 전제로 해서 내렸는데 군이 따랐다는 걸 지금 변명하고 있어요.

○증인 이진우 그건 제가 답변드릴 사항은 아닙니다.

○민홍철 위원 앞으로도 한번 곰곰이 생각을 해 보십시오.

○증인 이진우 알겠습니다.

○민홍철 위원 이상입니다.

○위원장대리 한병도 수고하셨습니다.

다음, 곽규택 위원님 질의해 주십시오.

○**곽규택 위원** 총리께 질문드리겠습니다.

오전에 비상계엄이 발생한 원인 중에 의회의 독주 이런 부분에 대해서 탄핵소추안 남발됐던 부분 또 일방적인 입법 폭주와 관련된 부분 말씀드린 적이 있습니다. 여기에 덧붙여서 저는 비상계엄 직전에 있었던 국회의 정부 예산안 일방적인 삭감 통과 이게 거의 도화선이 됐다고 생각을 하고 있습니다.

정부가 제출한 2025년도 예산안에 대해서 야당이 4조 1000억 원을 삭감한 감액 예산안을 단독 처리했는데 이게 헌정사상 최초였지요?

○**증인 한덕수** 예, 그렇습니다.

○**곽규택 위원** 그 당시에 검찰과 경찰, 감사원 등의 특활비뿐만 아니라 특정업무경비까지 전액 삭감했다는 것 외에도 민생 관련된 예산안이 아주 많이 삭감이 됐습니다.

제가 금액 큰 것만 나열해 보겠습니다. 국가유공자 보상금 179억, 금융 혁신성장 및 원전산업 성장 펀드 288억, 청년도약계좌 및 대학생 근로장학금 363억, 광물 전용 비축기지 구축 125억, 휘발유 가격 인하 및 유전개발사업비 497억, 중소기업 신용보증기금 400억, 아이돌봄수당 384억, 이런 민생예산안들이 다 삭감된 채로 일방 통과됐습니다. 총리께서도 기억하고 계시지요?

○**증인 한덕수** 예.

○**곽규택 위원** 그런데 이제 와서 추경 하자고 합니다. 그런데 예산안이라고 하는 것은 정부에서 사전에 정말 필요한 곳에만 배정하는 예산안이기 때문에 이것을 야당에서 일방 삭감했다는 것은 무슨 뜻이냐? 피고인 이재명이 정부한테 선전포고한 거예요. 대통령 줄 서지 말고 나한테 줄 서라 선전포고한 거라고 저는 생각을 합니다.

그리고 이 일이 있은 후에 국회법 개정안을 냈습니다. 과거에 정부 예산안이 여야 간 합의가 안 돼서 1월 이후에 한참 넘어가서 예산안이 통과되고 하니까 국회선진화법을 통해서 12월 초까지 여야 간에 합의가 안 되면 일단 정부안으로라도 본회의에 먼저 부의된 것으로 해서 그에 대해서 논의를 하자, 표결을 하자 이렇게 됐었는데 이것을 다시 과거로 돌리는 그런 국회법 개정안을 내 가지고 이에 대해서 총리께서 재의 요구하신 적 있으시지요?

○**증인 한덕수** 예, 그렇게 했습니다.

○**곽규택 위원** PPT 한번 띄워 봐 주시지요.

(영상자료를 보며)

저는 예산안에 대해서 이렇게 어떤 한 정당이 마음대로 정부 예산안을 삭감한 것을 통과시킨 다음에 다시 추경으로 하겠다 이것은 거의 정부 기능을 마음대로 좌지우지하겠다는 것과 다름없다고 생각을 합니다. 그래서 오전에 말씀드린 것처럼 이에 대해서도 우리 국조특위에서 진지한, 향후에 이런 일이 발생하지 않도록 하는 것을 고민을 해야 한다고 생각을 하고요.

당연히 국회선진화법에 의해서 지금처럼 12월 초까지 여야 합의가 안 되면 정부안을 먼저 본회의에 상정되도록 할 뿐만 아니고 작년처럼 그렇게 하나의 정당이 일방적으로 삭감안을 통과시키지 못하도록, 그럴 경우에는 국회법 개정을 통해서 재적의원 3분의 2 이상 정도의 동의가 있어야 그렇게 일방적인 삭감 예산안 통과가 가능하도록 해야 한다 이렇게 생각하는데 총리 의견은 어떠십니까?

○**증인 한덕수** 선진화법을 좀 더 효율적으로 우리 국정을 운영할 수 있도록 개선하는 그러한 노력은 항상 필요하다 이렇게 생각하고요. 그리고 그렇게 되기 전이라도 정말 우리 정치권이 여야 가리지 않고 이 재정이라는 것이 얼마나 우리 국가의 중요한 기능을 하는 것인지를 정말, 정말 우리 국가를 위해서 헌신적으로 이러한 문제를 잘 해결하기 위한 노력을 저는 훨씬 더 해야 되고 할 수 있는 여지가 많다 이렇게 생각합니다.

누구를 골탕 먹이기 위해서 재정을 운용해야 되겠다라고 그렇게 생각하시는 분은, 한병도 위원님 얼마 전에 말씀하셨듯이 우리가 그런 자세만 갖고 노력을 한다면 그러한 국익을 위해서 국회의원으로서 선서를 하신 의원님들이 한 분도 저는 우리 국회에 안 계시리라고 생각하고 정부도 그걸 위해서 더 노력을 해야 되고 여당도 더 노력을 해야 되고 야당도 더 노력을 해야 된다. 그렇게 하지 않으면 우리나라는 결국 항상 후진국이 될 수밖에 없다. G7은 언감생심이다 하는 말씀을 드리고 싶습니다.

○**곽규택 위원** 비서실장님, 예산안 4조 감액된 것에 대해서 뭐 그 정도 감액한 것 가지고 이렇게 정부에서 반발하느냐 했었는데 그 예산 삭감이 가지는……

(발언시간 초과로 마이크 중단)

⋯⋯

(마이크 중단 이후 계속 발언한 부분)

의미에 대해서 비서실장님으로서 말씀을 해 주시지요.

○**증인 정진석** 우선 전례 없는 초유의 일이고요. 새해 예산이 1월 2일부터 바로 집행이 돼서 국정 운영 각 분야에 우리 몸속에 피가 돌 듯이 정상적인 작동이 돼야 될 텐데 그 작업에 큰 차질이 빚어지는 것은 그 피해가 고스란히 국민들에게 결국 돌아갈 수밖에 없다는 점에서 매우 유감스러운 일이라고 생각합니다.

○**곽규택 위원** 이상입니다.

⋯⋯

○**위원장대리 한병도** 수고하셨습니다.

다음은 존경하는 부승찬 위원님 질의해 주시기 바랍니다.

○**부승찬 위원** 합참의장님, 몇 가지 한번 여쭤볼게요.

국군조직법 9조에 따르면 합참의장은 국방부장관의 군령 보좌와 작전부대에 대한 지휘권이 있지요?

○**증인 김명수** 예.

○**부승찬 위원** 그리고 합참에는 계엄과가 있지요?

○**증인 김명수** 예.

○**부승찬 위원** 평소 훈련하고 준비를 합니까?

○**증인 김명수** 평소에 한다기보다는……

○**부승찬 위원** 훈련 때?

○**증인 김명수** 연습 때 한 1년에 두 번 정도 합니다.

○**부승찬 위원** 연습 때.

계엄도 군령 보좌의 일환입니까? 계엄 훈련, 연습과 관련된 것.

○**증인 김명수** 군령의 보좌라기보다는 계엄법하고 이번에 봤을 때는 지휘권하고는 완

전히 지휘관계가 형성, 계선이 형성이 안 된다 이렇게 볼 수 있습니다.

○**부승찬 위원** 계선이 안 되는데 왜 합참에서 하지요?

○**증인 김명수** 합참에서 지휘한다는 게 아니라 계엄업무라는 것을 합참에서 두고 준비를 했다가 현실화 상황이 되었을 때 운영할 수 있는 태세를 갖춘다고 보시면 될 것 같습니다.

○**부승찬 위원** 알겠습니다.

지난번에 의장님께서 군사작전은 절대로 조사나 수사의 개념이 아니라 지휘관의 판단과 결심 영역이다라고 말씀하셨어요.

계엄군이 국회에 들어오고 그다음에 선관위로 들어가는 게 군사작전에 해당됩니까, 안 됩니까?

○**증인 김명수** 계엄활동을 국군작전이라고 할 것이냐 안 할 거냐 봤을 때는, 국군조직법하고 계엄법에 봤을 때는 분리되어 있다 이렇게 보는 게 적절할 걸로 평가합니다.

○**부승찬 위원** 알겠습니다.

지난 1월 14일 날 이 자리에서 '수방사·특전사의 작전지휘권을 계엄사로 인계할 때는 법령의 절차에 의해 장관님과 통수권자의 승인을 받아 인계할 수 있다'라고 말씀하셨고요. 그다음에 14일 날 업무보고에는 '12월 4일 03시 25분에 수방사·특전사에 대한 지휘권을 환원받았다' 하셨습니다. 맞습니까?

(한병도 간사, 안규백 위원장과 사회교대)

○**증인 김명수** 인계하는 문제는……

○**부승찬 위원** 아니…… 맞습니까? 그때 하신……

○**증인 김명수** 앞 부분은 제가 정확하게 모르겠고요. 뒤의 '환원받았다'는 맞습니다.

○**부승찬 위원** 제가 앞 부분은 의장님이 하신 말씀을 고대로, 녹취를 보고 고대로 적어서 왔습니다.

○**증인 김명수** 그건 제가 다시 확인해 보겠습니다.

○**부승찬 위원** 예, 확인하시고요.

계엄사령관 지정은 국무회의 심의를 거쳐야 합니다. 맞습니까?

○**증인 김명수** 법적 절차는 그렇게 통하는 걸로 압니다.

○**부승찬 위원** 국무회의 심의를 거치지 않았습니다. 그러면 계엄사령관 지정이 무효가 되는 거지요.

그러면 의장께서는 4일 03시 25분에 수방사·특전사에 대한 지휘권을 환원받았다고 했는데 지휘권은 언제 인계하셨습니까, 법적 절차에 따라서?

○**증인 김명수** 인계했다기보다는 이 문제는 제가 들어왔을 때 지휘가 되고 있는 상태였기 때문에……

○**부승찬 위원** 아니, 그러면 이게 합참에서 인계를 하는 겁니다, 작전지휘권을.

○**증인 김명수** 그렇게 보는 것보다는……

○**부승찬 위원** 아니, 아니……

○**증인 김명수** 말씀하시면 제가 다 통합해서 말씀드리겠습니다.

○**부승찬 위원** 제가 같은 말씀을 두 번 드리는데요. 의장님께서 '수방사·특전사의 작전지휘권을 계엄사로 인계할 때는 법령의 절차에 의해 장관님이나 통수권자의 승인을 받아

인계할 수 있다', '와 보니 이루어지고 있었다'. 그러면 합참의장의 건의에 의해서 인계할 수 있는 거 아닙니까? 그런데 이걸 안 한 거잖아요. 그건 맞지요? 합참의장님은 인계를 안 하셨지요, 수방사와 특전사에 대한 작전지휘권?

○증인 김명수 지휘권을 인계를 한다? 누구한테 인계를 지금 말씀하시는 겁니까?

○부승찬 위원 아니, 본인께서 말씀하셨어요.

○증인 김명수 그러니까 제가 지휘권을 장관님한테 인계한다는 겁니까?

○부승찬 위원 장관님이나 통수권자의 승인을 받아 인계할 수 있다. 어찌 됐든 계엄군이 지정이 안 되면 작전지휘권은 합참에 있는 거 아니에요?

○증인 김명수 말씀하시면 제가 종합해서 한번 말씀을 드리겠습니다.

○부승찬 위원 예.

그런데 인계도 안 한 거를 환원받았다고 해요. 이게 말이 되지 않다고 보여지고요. 인계 안 한 걸 환원받았다라는 게 어디 말이 됩니까?

그리고 합참이 작전 지휘권을 갖고 있는데, 수방사와 특전사에 대한 작전 지휘권을 갖고 있는데 그러면 국회나 선관위에서 군사작전들을 하고 있는 거 아닙니까? 계엄사와 관련된 국무회의 심의도 없었고 계엄사령관 지정도 없었고, 그런 상황이면 합참의 통제 하에 두는 게 맞지요. 그러면 늦게 알았더라도 절차를 밟든가 이건 잘못됐습니다 건의하는 게 맞는 게 아니냐 그게…… 군 서열 1위잖아요. 그러면 그런 책임을 지셔야 하는 게 아닌가 하는 말씀을 드리고요.

지난번에 화요일 날도 제가 지적했습니다마는 이거는 뭐냐 하면 군형법 제20조 불법진퇴죄에 해당합니다. 지휘관이 권한을 남용하여 부득이한 사유 없이 부대를 진퇴시킨 경우에는 사형, 무기, 7년 이상의 징역이나 금고에 처하게 돼 있습니다. 그래서 국방부장관……

(발언시간 초과로 마이크 중단)

⋯⋯⋯⋯⋯⋯⋯⋯⋯⋯⋯⋯⋯⋯⋯⋯⋯⋯⋯⋯⋯⋯⋯⋯⋯⋯⋯⋯⋯⋯⋯⋯⋯⋯⋯⋯⋯⋯⋯

(마이크 중단 이후 계속 발언한 부분)
직무대행한테 이거를 조사를 하라는 것을 말씀을 드렸습니다. 기억하시지요?

○증인 김선호 예, 그때 말씀하셨습니다.

○부승찬 위원 그래서 의장님, 다시 한번 확인하시고요. 명확하게 저한테 답변을 주시면 좋겠습니다.

○증인 김명수 그러면 잠깐 설명을……

○위원장 안규백 말씀하십시오.

○증인 김명수 지휘권 관계의 문제가 저희들도 참모들하고 법무실장하고 전체 얘기를 했습니다. 뭐냐 하면 계엄에 대한 지휘권은 엄격히 분리돼 있습니다. 계엄의 지휘권과 그다음에 작전 지휘권은 저는 국방부장관님의 군령권을 보좌해서 지휘하게 돼 있는데, 일단 상황이 발생했을 때 수방사와 특전사가 계엄사의 통제하에 있었고 그것이 진행되는 상태에서 사실은 저희들이 정확하게 파악을 못 하고 있었습니다. 그거는 인정을 합니다. 상황 파악을 못 했고 저희들은 일단 대북 작전의 경계 태세에 집중해서 들어갔고 그 이후에 1시에 국회에서 일단 계엄 해제의 안이 통과된 이후에 대통령이 왔다 가시고 그러면서 부대에 대한 통제권이 애매한 상태가 돼 있는 상태입니다, 법령적인 문제를 떠나서,

제가 판단할 때는.

그러면 이 부대가 철수해서 들어가는 부대를 과연 누가 지금 지휘를 해야 될 것이냐? 저는 일단 국가와 국민의 안전적인, 군 부대의 안전적인 통제와 철수에 대한 책임은 제가 해야 되겠다. 그런데 지휘를 장관님이 하고 있는 상태에서, 계엄사와 장관님이 하고 있는 상태에서 이것까지 회수를 안 하고 환원을 안 하고 두면 이건 어떻게 되느냐, 그렇기 때문에 제가 장관님께 요청을 한 겁니다. 환원을 해 주십시오, 제가 지휘를 해야 돼…… 안전하게 철수를 시키겠습니다. 그래서 가시면서 주의해서 안전하게 철수시켜라 해서 제가 수방사와 특전사에 대해서 복귀에 대한 보고를 받은 겁니다.

법령적인 문제를 존경하는 부승찬 위원님이 말씀하시는데 우리도 이것을 따져 보면서 그렇다면 넘어가고 했을 때, 계엄사로 넘어가고 하는 이 부분은 과연 어떻게 되느냐? 통수권과 장관님의 군령권을 다 가지고 있는 상태에서, 작동이 되고 있는 상태에서 이 법령적인 부분이 상당히 어렵고 애매한 부분이 있다.

예규상으로 따진다면 '제가 이런 명령을 받았습니다. 그래서 이렇게 갑니다' 하는 것이 맞을 수 있습니다. 하지만 이게 차원이 넘어선 군령권과 위로 갔기 때문에 이 부분은 저희들도 살펴보고 있으면서 이런 부분들은 앞으로 좀 더 보완시켜야 될 부분이다. 지금까지는 계엄과 지휘권을 제가 동시에 가지고 연습을 항상 해 왔는데 사실은 이게 분리돼 있는 상태를 저도 처음 경험을 하면서 참모들도 이런 법령적인 측면에서는 상당히 어려움이 있으면서 이런 부분들은 조금 더 살펴봐야 될 문제가 아닌가 하는 그런 측면으로 개선되었습니다. 이 부분에 대해서는 법령이든 이런 부분들은 조금 더 저희들이 합참에서 한번 더 살펴볼 수 있도록 그렇게 하겠습니다.

이상입니다.

○**부승찬 위원** 계엄사 존재하지가 않았어요. 그렇기 때문에 이런 문제가 대두되는 거예요. 존재했으면 문제가 안 되지요, 분리를 해서 하면 되니까. 어떤 법적 절차도 갖추지 않고 계엄군 지정도 안 되고 계엄사가 존재하지 않는데, 그러면 통제권 자체는 합참의장이 갖고 계신 거고요 합참의장이 법적 책임을 지시는 게 맞습니다. 그 말씀을 드리는 거예요.

<hr>

○**위원장 안규백** 수고하셨습니다.

박준태 위원님 질의해 주십시오.

○**박준태 위원** 국민의힘 박준태 위원입니다.

헌재에서 대통령 탄핵 심리가 진행이 되면서 공소장과 다른 진술 또 기존의 주장을 뒤엎는 진술들이 나오고 있습니다. 최초 계엄 이후에 어땠습니까? 대통령이 도끼를 이용해서 문을 부수고 들어가고 또 총을 사용해서라도 체포를 해라 이런 식의 지시가 있었다고 돼 왔습니다. 그런데 실상 지금 내용을 보면은 체포 지시를 한 적이 없다는 게 대통령 말씀이고 김용현 전 국방부장관, 여인형 전 방첩사령관 또 이진우 전 수방사령관 모두 대통령으로부터 직접 체포 지시를 받은 적이 없다고 이렇게 확인해 주고 있습니다. 핵심 관계자들이 모두 기존 내용을 부인하고 있는 겁니다. 오전에 헌법재판소에 출석한 김현태 707특임단장도 이런 비슷한 증언을 했습니다. '정치인 체포 지시받았냐', '받지 않았다. 끌어내라는 지시 없었고 그렇게 하는 게 사실상 불가능했던 상황입니다' 이렇게 얘기를 합니다.

그리고 곽종근 사령관이 지금 유일하게 대통령이 의원들을 끌어내라고 지시했다고 주장을 하는데 이분은 지금 진술이 계속 오락가락해서 우리 국정조사 과정에서도 여러 문제가 된 적이 있습니다. 무엇보다 이분이 민주당 의원님들 앞에 가 가지고 양심선언을 하고요. 민주당 의원께서 공익제보자 신고를 대신해 주겠다고 해 가지고 만나서 서명하고요. 유튜브에 출연해 가지고 이런저런 말을 하고 해서 여러 오해를 받고 있는 상황입니다. 오전에 박범계 의원님께서 인터뷰하셔 가지고 말씀 직접 했습니다. '곽종근 사령관이 양심 고백하겠다고 해 가지고 그분이 진술한 이후에 공익제보자 신고를 도와줬다' 이렇게 본인이 직접 확인해 줬습니다. 법조인 출신에 법무부장관까지 지내신 분이 또 야권의 유력 정치인께서 도움을 준다고 하니까 당연히 받아들였던 거겠지요.

홍장원 국정원 전 차장, 여기도 대통령으로부터 직접 지시를 받은 적이 없는데 마치 자기가 직접 지시받은 것처럼 얘기를 해서 국정원장과 진술이 계속 엇갈렸어요. 대통령께서는 국정원장이 해외 출장을 갔다고 생각해 가지고 1차장한테 전화를 했는데 통화에서 계엄 관련된 구체적인 지시가 없었고 방첩사 도와가지고 간첩 등을 잡아들이라는 지시를 했다고 이렇게 말씀을 하고 이런 점이 여러 배경을 통해서 확인이 되고 있습니다. 홍 차장이 최초에 대통령으로부터 체포 지시를 받았다고 직접 주장했어요.

그리고 지금은 '대통령으로부터 직접 지시받은 게 아니다. 여인형 방첩사령관이 통화하는 과정에서 무슨 명단을 불러 줘서 알게 됐다' 이렇게 얘기하고 있지 않습니까? 그런데 마치 자기가 어떤 부당한 지시를 받았는데 그것을 정의롭게 거부하는 과정에서 본인이 경질된 거다 이렇게 주장하고 있는 겁니다. 그런데 국정원장께서 이 자리에 나와서 말씀하셨습니다. '경질한 것은, 사표받은 것은 내가 결심해 가지고 요구한 것이고, 그러니까 분명히 증언하고 내가 두 번 세 번 확인한다' 이렇게 말씀하셨습니다. 그런데 혼자서만 '그게 아닐 거다, 그럴 리가 없다. 윗분, 대통령 뜻이지 않겠냐' 이렇게 말을 하고 있는 겁니다.

잠시 시간 멈춰 주시고요. 이진우 중장님 나와 주시지요.

어제 헌법재판소에서 계엄이 위헌·위법이라는 생각을 할 여지가 없었다 이런 취지의 말씀을 하셨네요?

○증인 이진우 예.

○박준태 위원 보도가 많이 됐는데 혹시 좀 보충하실 말씀 있습니까?

○증인 이진우 그 부분에서 보충드릴, 그때 말씀 다 웬만한 건 드린 것 같은데 제가 가장 우려하는 게 있습니다. 민주주의국가의 문민통제 체제에서 군인, 특히 저같이 야전에 있는, 특히 서울 지키는 사령관이 대통령이라든가 장관의 명령이 위법이라고 생각해서 제가 반기를 들면 어떤 상황이 벌어지겠습니까? 제 맘대로 하는 겁니다. 그게 바로 쿠데타입니다. 그렇기 때문에 항명죄라는 게 있는 겁니다. 민주주의 체제에서 인권과 가장 반하는 게 항명입니다. 왜냐하면 자기 생명을 내가 보호할 수 없게끔 만들어 놨거든요.

○박준태 위원 그러니까 그 짧은 순간에 이 지시가 적법한 거냐, 위법한 거냐 이런 거를 판단하기가 쉽지 않았고 또 군인으로서, 지휘관으로서 군통수권자인 대통령의 지시를, 명령을 따라야 했다 이런 취지로 말씀하시는 거지요? 그게 군인의 숙명이다?

○증인 이진우 예, 그러면서도 제가 봤을 때 저는 나중에 지나고 나서, 처음에는 그냥

적법하다고 생각을 했지만 지나고 놓고 봐서도 반대로 생각해서 봤을 때 아, 그래서 이 항명죄라는 게 존재하겠구나라는 생각은 제가 나중에 든 겁니다.

○박준태 위원 이해가 됩니다. 여러 판단이 있을 것 같아요. 대통령께서 계엄 취지나 배경 등에 대해서 충분히 설명을 하신 건 아니지요? 그 배경을 잘 모르고 있었지요?

○증인 이진우 그때는 전혀 몰랐습니다.

○박준태 위원 예, 알겠습니다.

마치겠습니다.

○위원장 안규백 수고하셨습니다.

용혜인 위원님 질의해 주십시오.

○용혜인 위원 정진석 증인께 몇 가지 여쭤보겠습니다.

국회 비상계엄 해제 의결 후에 한덕수 총리와 통화하셨지요?

○증인 정진석 의결 전에 통화했습니다.

○용혜인 위원 의결 전에 통화하셨습니까?

○증인 정진석 예.

○용혜인 위원 한덕수 총리께서는 의결 후에 통화했다고 지난 청문회에서 말씀하셨는데?

○증인 정진석 아닙니다. 대통령께 국회에서 해제요구 결의안이 통과됐으니 지체 없이 해제를 하셔야 된다, 그러기 위해서는 국무회의를 소집해야 된다라고 말씀드렸고 대통령……

○용혜인 위원 그러니까 해제 의결 이후에 한덕수 총리랑 통화를 하셨다는 거잖아요, 국회 의결 이후에?

○증인 정진석 국회 의결 이후에.

○용혜인 위원 그렇지요?

○증인 정진석 그렇습니다.

○용혜인 위원 그걸 여쭤본 겁니다.

한 총리 말씀대로 빨리 종료를 시키자 그리고 좀 전에도 말씀하셨지만 즉각 용산 대통령실에 모여서 대통령에게 건의를 하자 이런 이야기를 하신 거라고 증언을 하셨고, 실제로 빠르게 움직여야 하니 좀 다른 이야기들도 하셨을 것 같은데 추가로 더 이야기 나누신 게 있으십니까?

○증인 정진석 제가 총리님께 그때 1차 국무회의 이후 다 귀가하신 이후에 새벽 한 2시경 좀 넘어서 전화드린 것으로 기억하는데, 아무튼 제가 총리님께 전화드려서는 계엄 해제를 위한 국무회의를 소집해야 하니 다시 국무위원님들을 소집해서 해 주십시오, 빨리 나와 주셔야 되겠습니다 그 말씀을 드린 걸로 기억합니다.

○용혜인 위원 2시 넘어서 통화하셨다고 하셨는데 그러면 결심실에 대통령을 데리러 가셨던 것은 통화하기 이전 상황인 겁니까?

○증인 정진석 그렇습니다. 결심지원실에 제가 도착한 게 새벽 1시…… 그러니까 1시 1분에……

○용혜인 위원 1시 46분에 결심실로 가셨고 그리고 사십……

○증인 정진석 국회의 계엄해제 요구안이 1시 01분에 처리가 됐고 제가 결심지원실에

갔을 때가 1시 40분경……

○**용혜인 위원** 증인님, 제가 시간이 많지 않아 가지고요, 제까 여쭤본 것에 대해서 답을 해 주시면 좋겠는데……

그렇게 그러면 결심실로 대통령을 데리러 갔던 건 어떤 이유에서였습니까?

○**증인 정진석** 그때 안보실장이 제 사무실에 와서 대통령님이 벙커에 계신데 모시고 오는 것이 좋겠습니다 해서 안보실장과 함께……

○**용혜인 위원** 직접적으로 해제 의결…… 해제를 국무회의에서 다뤄야 한다라는 걸 건의하기 위해서 가셨다는 거지요?

○**증인 정진석** 예, 건의드리기 위해서.

○**용혜인 위원** 대통령이 3분 만에 같이 결심실에서 나와서 대통령실로 곧장 이동한 걸로 보이는데, 맞습니까?

○**증인 정진석** 예, 맞습니다.

○**용혜인 위원** 그리고 2시경 상황을 보면 신원식 실장이 박안수 증인한테 전화를 해서 병력 이동 제한을 시키고, 한덕수 총리는 국무회의 소집 문자를 국무위원들에게 발송을 하고, 증인은 대통령을 모시고 입장 전달을 계속 했을 거라고 저는 추측이 돼요. 결심실 이후로 2시 30분 대통령실 들어가기까지 약 40분 정도의 긴 시간이 있었는데 이때는 계속 계엄 해제를 하셔야 된다라는 말씀을 드린 거지요?

○**증인 정진석** 대통령께서 먼저 혼자 결심지원실에 가셨기 때문에 제가 뒤따라……

○**용혜인 위원** 그러니까 나와서 대통령실에 2시 반 들어가실 때까지 어떤 말씀을 나눴느냐라는 질문입니다.

○**증인 정진석** 대통령…… 글쎄요, 저는 계속 계엄해제 요구안이 국회에서 처리된 만큼 지체 없이 국무회의를 열어서 해제하셔야 됩니다라고……

○**용혜인 위원** 같은 내용의 말씀을 하셨다는 거고.

박안수 증인이 2시부터 2시 20분까지 신원식 실장과 통화를 했고 그 직후에 대통령실로 회의가 소집되었다라는 김용현 장관의 말을 듣고 대통령실로 동행을 했다 이렇게 진술을 했어요, 박안수 증인이. 그러면 이 회의는 정진석 증인이 소집하신 겁니까?

○**증인 정진석** 아닙니다. 저는 김용현 장관을 그 순간에 본 기억이 잘 없습니다.

○**용혜인 위원** 증인의…… 그러면 대통령이 직접 결심실 이후에 증인에게 이야기를 듣고 이동을 하면서 국방부장관과 계엄사령관을 소집했겠네요?

○**증인 정진석** 아마 그렇게 하신 것 같습니다.

○**용혜인 위원** 그 후에 한덕수 총리가 2시 30분에 도착을 해서 대통령과 면담을 한 것이지요? 그 자리에 다른 배석자가 있었습니까?

○**증인 정진석** 저도 같이 들어갔었습니다.

○**용혜인 위원** 또 있습니까?

○**증인 정진석** 저하고 총리님…… 총리님 모시고 제가 같이 들어가서, 또 총리님께서 간곡하게 계엄 해제 바로 하셔야 된다라고 진언을 드렸고 제가 옆에서 지켜서 같은 취지로 말씀드렸습니다.

○**용혜인 위원** 마무리를 해 보면, 증인의 이야기를 종합을 해 보면 한덕수·정진석·신원식은 4일 1시 3분 비상계엄 해제 국회 의결 이후에는 계엄 해제를 대통령에게 요구를 했

고 이것을 위해서 계속 움직였다라는 것이고, 반면에 윤석열·김용현·박안수 이 결심실 3 인방은 1시 16분부터 2시 50분까지 결심실 회의 그리고 대통령실 도착한 시간, 한덕수·정진석과의 면담, 그리고 20분 지나서 김용현·박안수와의 회의에서 2시 50분경 병력 철수 지시를 내리기 전까지 비상계엄을 해제할 결심을 하지 않았다 이렇게 보입니다. 맞습니까?

○증인 정진석 제 기억으로는, 저뿐만이 아니고 총리님께서도 말씀이 계셨지만 비상계엄 해제 건의에 대해서 대통령께서 바로 승인하시고……

○용혜인 위원 바로 승인했다고요?

○증인 정진석 예, 고개를 끄떡끄떡하셨기 때문에 제가 국무회의 소집차 전화를 드렸던……

○용혜인 위원 고개를 끄떡끄떡한 것이 아니라……
그러면 바로 해제하자라고 했습니까, 대통령이?

○증인 정진석 예, 승인하셨습니다.

○용혜인 위원 승인했습니까?

○증인 정진석 승인하셨기 때문에 제가 국무회의를 소집한 겁니다.
　　　(발언시간 초과로 마이크 중단)

⋯⋯⋯⋯⋯⋯⋯⋯⋯⋯⋯⋯⋯⋯⋯⋯⋯⋯⋯⋯⋯⋯⋯⋯⋯⋯⋯⋯⋯⋯⋯⋯⋯⋯⋯⋯⋯⋯⋯

　　(마이크 중단 이후 계속 발언한 부분)

○용혜인 위원 한덕수 증인, 혹시 관련돼서 2시 30분에 대통령실 들어갔을 때 설득을 했다고 하셨는데 대통령의 답변이 어땠습니까?

○증인 한덕수 설득보다는 말씀을 드렸고요. 해제를 빨리해야 된다……

○용혜인 위원 그러면 왜 2시 50분경이나 되어서야 병력 철수 지시가 내려졌을까요?

○증인 한덕수 그것은 저는 모르겠습니다.

○용혜인 위원 1분만 주시면 마무리하겠습니다.

⋯⋯⋯⋯⋯⋯⋯⋯⋯⋯⋯⋯⋯⋯⋯⋯⋯⋯⋯⋯⋯⋯⋯⋯⋯⋯⋯⋯⋯⋯⋯⋯⋯⋯⋯⋯⋯⋯⋯

　　결심실 회의 그리고 대통령실 도착해서 2시 30분에 면담하고 그 이후에도 바로 승인했다고 하지만 사실은 병력 철수 지시 등이 이어지지 않았습니다. 그러니까 비상계엄 해제를 할 결심을 하지 않고 어떻게 하면 계엄 상황을 지속시켜서 국회와 선관위를 침탈할 수 있나라는 고민을 하고 있었다고, 국회에서는 계속 2차 계엄 시도에 대해서 조사할 수밖에 없는 것입니다.

　　그래서 윤석열, 김용현, 박안수가 한덕수, 정진석, 신원식에게 그 두 시간 정도의 시간 동안 어떤 말을 했고 어떤 표현들을 했는지 한 틈의 거짓 없이 진술이 저는 필요하다고 생각합니다.

○증인 정진석 2차 계엄 이런 얘기는 들어 본 적이 없고요.
　　그리고 제가 기억하는 것은 오롯이 계엄 해제를 지체 없이 하셔야 된다라는 건의에 대해서 대통령께서 승인하신 점, 그 점을 또렷하게 제가 기억합니다.

○용혜인 위원 그렇게 하자라고 했습니까, 대통령께서?

○증인 정진석 예.

○용혜인 위원 그렇게……

○**증인 정진석** 고개를 끄떡…… 그래서 제가 총리께 전화를 드렸던 거지요.
(발언시간 초과로 마이크 중단)

··

(마이크 중단 이후 계속 발언한 부분)
○**용혜인 위원** 아니요, 고개를 끄떡…… 그냥 이동하자라는 말에 고개를 끄떡인 것이 아니라 계엄 해제를 하자?
○**증인 정진석** '그렇게 해야겠지요'라고 말씀하셔서 제가 나와서 바로 총리께 2시 넘어서 전화를 드렸던 겁니다.
○**용혜인 위원** 결심실 이후에 그래서 전화를 드렸다라는 말씀이신 거지요?
○**증인 정진석** 예, 그렇습니다.
○**용혜인 위원** 좀 납득하긴 어렵습니다만 조금 이따 다시 하겠습니다.

··

○**위원장 안규백** 윤건영 위원님.
○**윤건영 위원** 구로을……
시간 멈춰 주시고 이진동 차장님 나와 주십시오.
○**증인 이진동** 나왔습니다.
○**윤건영 위원** 차장님, 이 자리에서 거짓으로 위증하시면 처벌받는 것 알고 계시지요?
○**증인 이진동** 예.
○**윤건영 위원** 12월 6일 날 김용현 씨가 차장님한테 전화를 한 겁니까? 차장님이 전화를 받은, 아까는 분명히 전화를 차장님이……
○**증인 이진동** 제 기억으로는 제가 한 걸로 기억하고 있습니다.
○**윤건영 위원** 그걸 기억 못 하세요?
그러면 몇 시에 전화를 하셨어요?
○**증인 이진동** 저녁이었던 걸로 알고 있습니다.
○**윤건영 위원** 첫 번째 PPT 띄워 주세요.
(영상자료를 보며)
당시에 김용현이 차장님한테 전화를 했습니다. 정확하게 12월 6일 날 21시 09분에 전화를 한 겁니다. 따라서 김용현의 검찰 출석 설득을 위해서 차장이 전화한 게 위증이에요, 앞단에 이야기하신 게. 아시겠어요?
○**증인 이진동** 제 기억으로는 제가 먼저 전화를 한 걸로……
○**윤건영 위원** 거짓말하지 마세요.
다음 PPT 봐 주십시오.
왜 이렇게 하냐면요 김용현이 전화하기 직전에 차장님에게 문자를 보냅니다, 12월 6일 날 21시 07분에. 제가 문자 내용은 아쉽게도 보지를 못합니다. 못 봤으니까요. 그런데 이 문자를 받고 3분 후에 김용현 씨가 차장님한테 전화를 합니다. 기억 안 나세요?
○**증인 이진동** 아니, 그러니까 김용현 장관이 저한테 문자를 하고 그러고 나서 전화를 했다는 취지인가요?
○**윤건영 위원** 예.
○**증인 이진동** 문자 한 것도 있는 것 같은데 저는 제가 그때 전화를 한 걸로……

○**윤건영 위원** 있는 것 같다니요, 차장님.

　다시 물어볼게요.

　김용현 씨가 전화를 한 겁니까, 아니면 차장님이 전화를 하신 거예요?

○**증인 이진동** 저는 제 기억으로는 제가 전화한 걸로 알고 있거든요.

○**윤건영 위원** 검찰에서 확보된 진술하고 영 다릅니다. 차장님, 왜 이렇게 거짓말하세요?

○**증인 이진동** 아니, 거짓말한 게 아니고……

○**윤건영 위원** 그리고…… 잠시만요.

○**증인 이진동** 저는 제가 기억하는 대로 하는데……

○**윤건영 위원** 제가 질의하고 있는 중입니다, 차장님.

○**증인 이진동** 제 기억으로는……

○**윤건영 위원** 차장님, 제가 질의하고 있는 중입니다.

○**증인 이진동** 제가 전화한 걸로 기억해서……

○**윤건영 위원** 차장님.

○**증인 이진동** 기억한 걸로만 얘기하는 겁니다, 지금.

○**윤건영 위원** 위원장님, 끊어 주시고 주의를 좀 주십시오.

○**위원장 안규백** 차장님, 지금 위원님께서 질의를 하고 계시잖아요. 그러면 그 질의가 끝난 다음에 답변하셔야 되지 않겠습니까?

○**증인 이진동** 아니, 답변할 기회를 안 주고 그냥 말씀만 하시니까 그게 아니니까 제가……

○**윤건영 위원** 거짓말을 하니까 답변할 기회를 안 주는 겁니다.

○**증인 이진동** 아니, 거짓말이 아니라 제 기억으로만 생각해 갖고 진술하는 겁니다.

○**위원장 안규백** 잠시만요. 제가 30초 더 드리겠습니다, 추가로.

　말씀하십시오.

○**윤건영 위원** 질의하면 되겠습니까?

○**위원장 안규백** 예.

○**윤건영 위원** 앞서 차장께서는 수사팀 실무자라고 이야기하셨는데요.

　다음 PPT 보십시오.

　이찬규 검찰 특수본 부장검사가 차장이 통화하기 직전에 김용현에게 통화로 검찰 출석을 회유합니다. 이때 김용현이 이찬규 부장한테 뭐라고 하냐 하면 대통령과 통화 후에 하겠다라고 합니다. 그런데 이 시기가 12월 6일 20시 40분부터 22시까지가 이 시기입니다. 제가 지금 시간을 역으로 해서 말씀드리는 겁니다.

　차장님, 이찬규로부터 이런 내용을 이야기 들은 적 있습니까?

○**증인 이진동** 제가……

○**윤건영 위원** '예, 아니요'로 짧게 말씀해 주시면 좋겠습니다. 들은 적이 있나, 없나입니다.

○**증인 이진동** 기억이 잘 안 납니다.

○**윤건영 위원** 거짓말하고 계십니다.

　다음 PPT 봐 주십시오.

김선호 차관님께 여쭙겠습니다.

이날, 6일 날 20시 15분에 심우정 총장으로부터 전화가 왔습니다, 차관님께. '김용현 전 장관 번호를 달라', 맞지요?

○**증인 김선호** '번호를 달라'가 아니고 연락할 수 있는 방법을 좀 협조해 달라는……

○**윤건영 위원** 그 말이 그 말입니다.

그래서 차관님께서는 한 십여 분 정도 찾아서 김용현 씨의 비화폰 번호를 전달합니다. 맞지요?

○**증인 김선호** 예, 그렇습니다.

○**윤건영 위원** 제가 거꾸로 가 보겠습니다.

6일 날 저녁 8시경에 심우정 총장이 김선호 차관한테 연락을 하고요. 김선호 차관께서 비화폰 번호를 해서 심우정한테 줍니다.

이전 PPT로 넘어가십시오.

심우정 총장이 이찬규한테를 이야기를 해서 이찬규 부장검사가 김용현과 통화를 시도합니다. 그랬더니 김용현 씨가 이렇게 이야기합니다, '대통령과 통화 후에 이야기하겠다'. 이러고 나서 제가 알고 있는 한 피의자 윤석열 씨는 김용현에게 김주현 민정수석과 협의하라라고 이야기합니다.

시간 멈춰 주시고 김주현 수석 나오십시오.

지난번 청문회에서 증인은 통화한 적 없다라고 이야기했습니다. 그 진술 그대로입니까?

○**증인 김주현** 어떤 통화를 말씀하시는……

○**윤건영 위원** 어떤 통화라니요. 지난번 청문회에서 이 자리에서 물어본 것 기억 안 나세요?

○**증인 김주현** 특별한 기억이 없다고 말씀드렸습니다.

○**윤건영 위원** 특별한 기억……

자, 다시 물을게요.

그러면 그날 대통령 윤석열, 피의자 윤석열 또는 김용현과 통화한 적 있습니까, 없습니까?

○**증인 김주현** 김용현 장관하고 그날 통화한 기억이 없습니다.

○**윤건영 위원** 기억이 없……

통화한 적이 있냐고 묻습니다.

○**증인 김주현** 그러니까 지금 그때 당시에……

○**윤건영 위원** 그러면 대통령하고 통화한 적 있습니까?

○**증인 김주현** 예?

○**윤건영 위원** 대통령과 통화한 적 있습니까?

○**증인 김주현** 대통령님하고 통화를 한 일이 있느냐는 그런 말씀은, 그러니까……

○**윤건영 위원** 아니, 제가 묻잖아요.

○**증인 김주현** 어느 시점에 어떻게……

○**윤건영 위원** 12월 6일 날 통화한 적이 있냐고요.

○**증인 김주현** 제가 대통령님하고 통화는 그 시기 전체……

○**윤건영 위원** 아니, 있냐 없는지를 답변하라는데 그렇게 복잡합니까, 수석님?

○**증인 김주현** 김용현 장관의 출석과 관련해서 제가 전화 통화하거나 그런 얘기를 한 일은 없다고 말씀드렸습니다.

○**윤건영 위원** 잠시⋯⋯

들어가십시오. 들어가십시오.

증인은 지금 위증을 밥 먹듯이 하고 있습니다. 지난번 이야기하고 완전히 다른 이야기를 지금 하고⋯⋯

○**증인 김주현** 아니, 다른 얘기가⋯⋯

○**윤건영 위원** 들어가세요. 들어가시고요.

○**증인 김주현** 다른 얘기가 아니고요.

○**윤건영 위원** 답변을 하시려면 위원장 허가를 받고 이야기하시고요.

다시 이진동 총장 나오십시오.

○**증인 이진동** 차장입니다.

○**윤건영 위원** 죄송합니다. 차장님 나오시고요.

제가 다시 한번 확인해 보겠습니다.

심우정 총장이 김선호 차관하고 통화하고 그래서 번호를 입수해서 대검에서 김용현의 신병을 확보하기 위해서 난리를 칩니다. 그 과정에서 차장님은 통화를 하시고요.

저는 이 과정에서 반드시 피의자 윤석열 씨가 있다고 보는 사람입니다. 그렇지 않습니까? 그렇지 않으면 대검에서 김용현의 번호를 입수하고 설득하는 과정이 설명이 안 됩니다. 어떻습니까?

○**증인 이진동** 그것은 잘 모르겠고요.

그 당시에, 제가 아까 처음에 설명했듯이 이 사건에서는 김용현 전 장관의 신병 확보가 제일 중요한데 그 신병을 확보하기 위해서는 설득할 수밖에 없었습니다. 수사팀에서 설득이 잘 안 된다 해서⋯⋯

○**윤건영 위원** 죄송합니다. 제가 답변을 끊어야 될 것 같은데요.

이 직전에 경찰에서 김용현에 대한 압수수색영장을 청구했습니다. 따라서 검찰은 신속하게 신병을 확보하는 게 필요했기 때문에 피의자 윤석열까지 동원해서 김용현의 신병을 확보한 겁니다. 여기에 그 통화 내역이 나와 있는 거고요.

증인께서는 앞서 전화를 했다라고 했는데 실제로 전화를 받은 거예요. 김용현이 왜 갑자기 대검 차장한테 전화를 하겠습니까? 출석을 설득하기 위해서라면 차장이 전화를 했어야 돼요. 그런데 거꾸로예요. 이것은 대검과 윤석열 그리고 모든⋯⋯

(발언시간 초과로 마이크 중단)

••

(마이크 중단 이후 계속 발언한 부분)

커넥션이 다 있는 거라고 볼 수밖에 없는 겁니다.

○**증인 이진동** 위원장님, 답변드려도 되나요?

○**위원장 안규백** 예, 간단하게 해 주십시오.

○**증인 이진동** 아까도 말씀드린 것은 제 기억이고 분명히 김용현 장관하고 저는 통화를 했고 제 기억으로는 제가 건 것으로 기억하는데 그것은 지금 말씀하시니까 기억이 잘

안 나는데, 그때 통화 내용은 설득이 제일 중요했기 때문에 설득을 하는 과정이었습니다. 그리고 그 번호는 저는 분명히 수사본부로부터, 수사팀으로부터 받은 거고……

○**윤건영 위원** 이찬규 검사한테 받은 게 맞지요?

○**증인 이진동** 아마 제 기억으로는 그런 것 같습니다.

○**윤건영 위원** 제가 김용현 비화폰 번호까지 공개를 할까요? 차장님 지금 이야기하시는 게 아귀가 안 맞아요. 출석할 사람이 직접 차장님께 전화를 하신 거예요. 전화를 해서 내가 출석하겠다라고 이야기한 겁니다.

그리고요……

○**증인 이진동** 제 기억으로는 제가 전화한 것으로 기억하거든요.

○**윤건영 위원** 잠깐만요.

차장님은 30분 전에 이미 거짓을 이야기했어요. 전화를 한 거라고 이야기했지만 분명히 전화를 받으신 겁니다.

○**증인 이진동** 제 기억으로……

....

○**위원장 안규백** 차장님, 지금 약간 진술이 다르기 때문에 보충질의 때 또 추가로 질의를 할 수 있기 때문에 먼저 차장님께서는 생각을 정리할 시간을 가지십시오.

○**증인 이진동** 알겠습니다.

○**위원장 안규백** 다음에 추가로 답변해 주시기 바랍니다.

임종득 위원님 질의해 주십시오.

○**임종득 위원** 한덕수 국무총리님께 질의를 드리겠습니다.

총리님, 지난 12월 27일 더불어민주당에 의해서 탄핵소추가 되신 지 40여 일이 지났지 않습니까? 현재까지 헌재에서 어떻게 진행되고 있습니까?

○**증인 한덕수** 두 번 변론준비기일인가요, 쟁점 준비하는 그런 기일이 있었고요. 그리고 아마 2월 19일 날, 1차 변론일이라고 하나요, 뭐라고 부르는지 제가 잘 모르겠습니다. 하여튼 변론을 하는 날짜를 잡았습니다.

○**임종득 위원** 그런데 청구인 측에서 1월 25일과 31일 자 의견서를 통해 가지고 총리님의 탄핵 사유 중에 형법상 내란죄를 철회하는 걸 요청을 했다라고 하는데 그게 무슨 의미로 받아들입니까?

○**증인 한덕수** 저는 어제 아마 변론준비기일을 하면서 그런 것들을 쟁점을 정리하면서 그렇게 얘기가 된 것으로 저는 보고를 받았습니다. 그런데 정확한 그 내역은 제가 오늘 여기 나오는 바람에 잘 확실하게 파악하지는 못했습니다.

○**임종득 위원** 지금 대통령님의 케이스하고 같은 상황이지요?

○**증인 한덕수** 같은 건지 어떤 건지 제가 정확히는 모르겠습니다.

○**임종득 위원** 알겠습니다.

지난 4일 이완규 법제처장은 총리님 탄핵소추와 관련해서 심각한 문제가 있다, 특히 의결정족수 문제가 심각하다라고 이야기를 했는데 총리님도 동의하십니까?

○**증인 한덕수** 예, 그것은 분명히 많은 전문가들이 쟁점으로 제기를 하고 있는 그런 상황이기 때문에 저는 그것은 분명히 중요한 하나의 쟁점이다 이렇게 생각하고 있습니다. 또 앞으로 이런 일이 자꾸 있어서는 절대로 안 되겠습니다만 그런 대행 체제가 있을 때

뭔가 그런 것들이 좀 명확해야 되지 않나 싶습니다.

저는 물론, 제가 또 저의 그러한 문제를 가지고 여러 가지 어려운 때 그런 혼란이나 이런 것들을 추가하는 것은 옳지 않다. 그래서 저는 국회의 그런 결정을 그대로 받아들이고 헌재의 결론을 기다리기로 했습니다.

○**임종득 위원** 윤석열 정부 들어서서 더불어민주당이 발의한 탄핵소추안이 29건이지요?

○**증인 한덕수** 예, 추진한 것은 그런 걸로 생각됩니다.

○**임종득 위원** 그다음에 지금도 최상목 권한대행과 관련해서 탄핵을 하겠다라는 협박을 하고 있는 중인데 이런 상황을 어떻게 평가를 하고 계십니까?

○**증인 한덕수** 저는 그런 것들은 정말 자제됐으면 좋겠다 이런 생각입니다. 어느 대행도 본인이 생각하는 최고의 지력과 모든 걸 동원해서 또 전문가들하고 협의를 해 가면서 최선의 결정을 하기 위해서 노력을 할 것이다 이렇게 저는 믿습니다.

○**임종득 위원** 탄핵안이 발의되면 탄핵 사유가 헌재에서 기각이 되더라도 발의되는 순간 직무가 정지되는 문제점이 좀 있습니다. 이러다 보니까 탄핵이 남발되는 하나의 원인으로 작용하는 것이 아니냐라는 의견들이 좀 있는데 어떻게 생각하십니까?

○**증인 한덕수** 굉장히 예상하지 못하는 일들이 많이 생기지 않나, 물론 그 제도를 만들 때는 어떤 이유가 있어서 만들었겠습니다만 다른 나라들의 탄핵하고도 굉장히 다른 특별한 제도다, 저는 그렇게 알고 있습니다.

○**임종득 위원** 그러시지요?

그래서 탄핵소추안이 국회를 통과하더라도 헌법재판소 최종 결정 때까지는 직무를 유지할 필요가 있다, 그러한 국회법 개정의 필요성도 있다라고 하는데 어떻게 생각하십니까?

○**증인 한덕수** 그것은 물론 국회에서 위원님들께서 결정을 하실 일이라고 생각합니다만 저도 국가의 운영을 위해서는 그렇게 해도 그 사람이 무슨 위법적인 행위를 통해서 계속 국가에 해를 적극적으로, 지속적으로 끼치지 않는다면, 그런 사람은 저는 상당히 드물다고 생각은 합니다만 국가 운영을 위해서는 그렇게 고쳐지는 게 좋겠다 그렇게 생각합니다.

○**임종득 위원** PPT를 한번 봐 주시지요.

(영상자료를 보며)

두 개의 그림이 있습니다. 박근혜 전 대통령 탄핵 시와 윤석열 대통령 탄핵 시의 여론조사의 변화입니다. 큰 차이가 있지 않습니까? 그 원인이 어디에 있다고 보십니까? 배경이나 원인 좀……

○**증인 한덕수** 제가 뭐 그런 문제에 대해서 언론이나 이런 전문가들이 분석하는 것을 제가 전직 권한대행으로서 인용을 해서 말씀드리는 것은 적절하지 않을 것 같습니다.

○**임종득 위원** 알겠습니다.

다음 슬라이드 한번 보시지요.

이게 여론조사공정에서 실시한 내용입니다. 대통령 지지율이 51%를 기록하고 있습니다. 큰 변화라고 생각하지 않습니까, 탄핵 중인데?

○**증인 한덕수** 제가 코멘트할 수 있는 그런…… 직무 정지된 사람으로서 코멘트하는

것은 적절치 않을 것 같습니다.

○**임종득 위원** 알겠습니다.

수사기관을 비롯한 사법부의 신뢰 붕괴도 확인이 되고 있습니다.

가셔야 되지요? 다른 분한테 질문하겠습니다.

○**위원장 안규백** 한병도 위원 질의해 주십시오.

○**한병도 위원** 한병도 위원입니다.

이진우 전 사령관님 이쪽으로 잠깐만 나와 주세요.

하나만 여쭤보겠습니다. 다른 것들은 다 생략하고 하나만 확인하겠습니다.

어제 헌법재판소 변론에서 윤석열 피고인 측 대리인 질의에 이렇게 답변을 하셨습니다. 어제 답변하신 내용입니다. '대통령님께서 아마 인지하고 계신 건 저희가 총을 안 들고 들어갔다는 것까지 다 말씀을 드렸거든요. 계속 똑같은 얘기를 드렸어요' 이런 말씀 하셨지요, 어제?

○**증인 이진우** 예.

○**한병도 위원** 즉 그러니까 계엄 선포 당시 윤석열 대통령과 통화 사실은 이 내용에 반추해 볼 때 명확히 있었다는 거잖아요?

○**증인 이진우** 그렇습니다.

○**한병도 위원** 됐습니다.

오늘 대표로 합참의장님 나오셨으니까요. 저희들이 오늘도 그렇지만 이 국정조사 과정에서 군의 명예에 대해서 많은 논의가 있고 생각 다름, 차이가 있었습니다.

합참의장님께서 생각하시는 군의 명예라는 게 대체 뭡니까?

○**증인 김명수** 군의 명예라는 것은 군의, 군인에서의 명예가 있고 군은 국가와 국민의 군대이기 때문에 국가와 국민에게 충성하는 것이 가장 가치 있는 명예라고 생각합니다.

○**한병도 위원** 즉 국민이 가장 중요하다고 저는 생각이 듭니다. 그래서 우리가 오늘 이 계엄 상황을 놓고 군의 명예가 실추됐다 이런 이야기를 자주 하는데 그 이야기를 하기 전에 이번의 계엄을 통해서 군이 국회와 선관위 이런 데 나오면서 국민들이 받으셨을 상처, 아픔 이런 걸 먼저 꼭 생각했으면 좋겠고요.

707특임단장이 한 이야기가 있지 않습니까. 우리 군 부대원들 정신적 고통까지 이번 행위 때문에 호소를 하고 있다고 합니다, 투입됐던 군인들이. 즉 군의 명예를 위해서, 핵심 전제 조건은요 국민의 신뢰입니다, 국민의 뜻이고.

그리고 이번 행위 때문에 정말 진정한, 국민으로부터 신뢰받는 군의 명예를 다시 찾기 위해서 얼마나 많은 노력이 있어야 되겠습니까, 그 신뢰를 찾기 위해서. 그래서 군의 명예를 이야기하기 전에 이번 조사를 통해서 국민이 받으셨을 상처, 군은 그것을 먼저 꼭 좀 생각하고 앞으로 이런 일이 다시는 일어나지 않도록 합참의장님이 구조적으로 이 부분에 노력을 집중하셔야 되겠다 이런 당부의 말씀을 하나 드리겠습니다.

○**증인 김명수** 잘 알겠습니다.

○**한병도 위원** 정진석 실장님, 실장님께서 아까 오전에 답변을 하시면서 국회의 일방통행식 독주 이런 것을 대통령께서 많이 느끼셨고 그래서 국회에 대한 어떤 패악질 이런 것들을 국민에게 알리기 위한 대통령의 고뇌에 찬 결단이셨다는 취지로 저는 들었거든요, 이번 계엄을. 지금도 실장님 그렇게 이해를……

○증인 정진석 12·12 담화에서 그런 표현이 있습니다.

○한병도 위원 그러니까 그 담화에서 그것을 했는데 그런 고뇌에 찬 결단을 이해하신다는 취지로 이해를 하셨거든요. 정말……

○증인 정진석 그러니까 제가 아까 말씀드렸던 것은 이번 계엄이 정당했는가, 적절했는가의 판단에 대해서는 사실 한마디로 얘기하기는 좀 뭣하다, 제가 볼 때 그 계엄 조치가 발동되기 전후의 여러 상황을 봐야 될 것이고 또 법적 근거 이런 것도 따져 봐야 될 것이고, 이런 것을 종합적으로 평가한 뒤에 판단해야겠다라는 것이지요.

　물론 12월 3일 그 당시에는 너무나 깜짝 놀랄 만한 그런 조치의 소식을 들었기 때문에 여러 국무위원들 또 청와대 참모들도 만류를 하고 그랬습니다만……

○한병도 위원 실장님, 제가 조금……

○증인 정진석 대통령이 왜 그런 결단을 내렸는가 이렇게 반추해 보면 대통령으로서 국정 난맥상 또 국회에서 벌어지는 일방통행식의 어떤 이런 것들이……

○한병도 위원 실장님, 제가 말씀드리겠습니다.

○증인 정진석 굉장히 큰 고뇌로, 절망감으로 다가왔을 것이다 이런 대통령의 생각을, 편린을 읽을 수 있었다 하는……

○한병도 위원 실장님 답변의 취지를 제가 알겠는데요. 이것 복잡한 게 아닙니다. 야당 설득하기 어렵게 하고 다수 의석으로 횡포를 한다고—간단한 겁니다—계엄 합니까? 군을 국회에 투입합니까? 그리고 그것을 국민들이 지켜보게 합니까? 즉 이런……

　아니, 어려우면요…… 실장님, 고위 당정청 많이 하시고 야당 의원들하고도 많이 접촉하셨지요? 안 하시나요? 많이 하셨지요? 혹시 식사 같은 것 많이 안 하셨습니까?

○증인 정진석 야당 의원들하고 개별적으로 식사한 적도 여러 번 있습니다.

○한병도 위원 그러니까 이런 것을 전에 정진석 실장님……

　잠시만, 1분만……

○위원장 안규백 예, 마무리하세요.

○한병도 위원 문제가 있으면 해결을, 이게 국가적 시스템이 작동을 했으면…… 실장님, 다른 방법으로 찾아야지요.

○증인 정진석 그러나 위원님, 위원님 너무도 잘 아시겠지만 지금 말씀하시는 것이 의회민주주의의 본령인 대화와 타협 아니겠습니까. 그것이 실종된 지가 꽤 오래되었습니다. 이것을 해소하고 회복되려는 노력도……

○한병도 위원 아니, 그게 실종된 게 야당의 책임이라고 말씀하시는 게 얼마나 무능한 여당입니까?

○증인 정진석 아니, 그렇지 않습니다.

○한병도 위원 아니, 야당이 다수 의석이라고 주장을 하고 대응하는 것을, 그렇다고 계엄 합니까?

○증인 정진석 그건 그렇지 않고요, 위원님. 스물아홉 명의 고위공직자를 연타발로 탄핵하는 나라는 문명 세계에 없습니다.

○한병도 위원 문명 세계에요?

○김병주 위원 거부권 그렇게 해서……

○증인 정진석 그렇지 않습니다.

○**한병도 위원** 그러면 그것을 하기 위해서 어떤 노력을 하셨습니까?

○**증인 정진석** 그렇게 해서 무엇을, 어떤 결과를 낳았습니까?

○**한병도 위원** 지금도 실장님은 야당 탓만 하고 계시는 거예요.

○**증인 정진석** 아니, 그렇지 않습니다. 우리가 함께 반성하자는 이야기입니다.

○**한병도 위원** 야당 탓하면서 집권 여당으로서 우리가 그만큼 얼마나 무능했다 하는 것을 방증하는 이야기입니다. 어려울수록 푸셨어야지요. 어려울수록 더 극복하셨어야지요. 그 방법은 계엄으로 해서는 안 되지요. 다른 방법으로 했어야지요, 어려울수록.

○**김병주 위원** 스스로 내란 공범이라는 것을 입증하는 거예요.

○**위원장 안규백** 실장님.

○**김병주 위원** 무슨 말이 그렇게 많아요?

○**위원장 안규백** 조용히 해 주세요.

○**증인 정진석** 소리 지르지 마세요.

○**김병주 위원** 내란 수괴 공범 아니에요?

○**증인 정진석** 소리 막 지르지 마세요.

○**김병주 위원** 뭘 소리……

○**위원장 안규백** 가만히 계세요.

실장님, 동의보감에 보면 말이지요, '통즉불통 불통즉통(通卽不痛 不通卽痛)'이라는 말이 있습니다. '통하면 아프지 아니하고 아프지 아니하면 통한다', 이것은 인간의 신체의 혈류뿐만 아니라 정치에서도 똑같다고 저는 생각을 합니다. 소통이 그만큼 안 됐다는 겁니다.

○**한기호 위원** 저 질의할게요.

○**위원장 안규백** 다음 순서입니까?

○**한기호 위원** 질의할 차례예요.

○**위원장 안규백** 하실 겁니까?

○**한기호 위원** 질의해야지요.

○**위원장 안규백** 하십시오.

○**곽규택 위원** 위원장님, 왜 그러세요?

○**위원장 안규백** 잘 안 하시니까.

○**한기호 위원** 아까 용혜인 위원님이 '수방사령관씩이나' 이렇게 얘기를 했는데 거꾸로 뒤집어서 우리한테 얘기하면 국회의원씩이나 됐으면서……

왜 이 얘기를 하느냐? 사실 정부가 노력을 하지 않았다.

이번에 우리 위원회 운영하는 것을 보십시오. 우리 위원회는 지금 타협이 되고 있습니까? 한병도 간사님 저희가 요구하는 것을 들어 준 적 있어요? 한 번도 들어 준 적 없잖아요. 증인 한 명도 안 들어 줬잖아요. 그러고서 정부 여당 여기서만 안 했다, 너무 일방적인 얘기 하는 것 아니에요? 이렇게 얘기하는 것은 사실 국민들이 봤을 때 웃을 수밖에 없어요.

정부가 지금 야당하고 타협과 협상을 하지 않았다. 아니, 우리 국회의원들끼리도 안 되잖아요. 언제 법을 통과시킬 때 우리가 이것은 좀 문제가 있다고 하는 것을 받아 준 적 있어요? 국회의원 말도 전혀 안 들어 주시면서 정부가 안 했다, 대통령이 안 했다, 너무

지나친 비약 아닙니까? 이렇게 하는 것은 일방적인 매도입니다. 바로 이게 현 정부에 문제가 발생할 수 있도록 만든 원인 제공이고 오늘 이 상황까지 왔다는 거예요.

○**한병도 위원** 그래도 저는 계엄 안 일으켜요. 그렇다고 계엄 일으킵니까?

○**한기호 위원** 저도 제 발언 하는 거예요.

그다음에 사실 이번 비상계엄에 군인들이 엄청나게 연루가 돼 있어요. 과거 12·12 때는 군인에 의해서 군인이 행동을 했고 여기에 결과적으로 물리적인 충돌이 있었습니다. 이번에는 그런 상황은 아니었습니다. 군인이 주도한 것도 아니고 군인이 행동에 옮겼습니다.

국방부장관대행, 지금 군인들이 수사받고 있거나 조사받은 사람이 총 몇 명입니까?

○**증인 김선호** 정식 수사 개시된 인원은 29명이고 그 외에 관련돼서 참고·피의자로 수사받는 것은 그보다 상당히 많은 인원이 지금 계속……

○**한기호 위원** 상당히 많은 인원이 몇 명입니까?

○**증인 김선호** 그건 제가 정확히 파악을 못 했는데 한 수백 명이 되는 걸로 알고 있습니다.

○**한기호 위원** 그래서 지금 생각을 해 보십시오. 몇백 명이 지금 수사를 받고 참고인 조사를 받는다고 할 때, 저도 국회의원 하면서 참고인 조사도 받고 해 봤지요. 해 봤는데 그게 상당히 심리적인 부담을 갖고 있어요. 지금 이것을 그냥 계속 끌고 간다면 얼마나 많은 부담이 됩니까? 이대로 갈 겁니까, 차관님?

○**증인 김선호** 저희는 어떤 방법이든지 어떻게 해서 빨리 결정이 되고 정상으로 회복이 되어야 된다고 생각하고 있습니다.

○**한기호 위원** 그래서 어떻게 하든지 빨리 정리를 해야지 이렇게 가서는 안 됩니다.

우선 군인복무기본법, 이 법은 여기 계시는 위원장님과 제가 발의해서 만들어진 법입니다. 2조에 명령이란 이렇게 돼 있어요, 상관이 직무상 내리는 지시다.

사실 계엄에 의한 포고령은 명령입니다. 이 명령을 받아들였을 때 군복을 입은 사람은 명령으로 받습니다. 이것이 옳은 명령이든 그른 명령이든 명령으로 받는다는 거예요.

그러면 이런 명령을 받은 사람들은 어떻게 하는가? 명령을 받은 사람은 명령에 대한 의무가 있습니다. '군인은 직무와 관계가 없거나 법규 및 상관의 직무상 명령에 반하는 사항 또는 자신의 권한 밖의 사항에 대해서는 명령을 발하여서는 아니 된다' 이렇게 돼 있지만 사실은 지금까지 나온 바에 의하면 아주 짧은 시간에 비상계엄령이 발령이 된 거예요. 이 짧은 시간에 발령돼서 하달돼서 움직이는 사령관 그리고 부대장들이 판단하고 이럴 겨를이 없었습니다. 행동에 그대로 옮길 수밖에 없었던 거예요. 이것을 지금, 아까 차관님이 말씀하셨지만 몇백 명이 조사를 받고 있어요. 그리고 군이 흔들리지 않는다고 누가 얘기할 수 있습니까? 몇백 명이 지금 조사를 받고 다 불안해하고 있습니다. 밤에 잠은 제대로 자겠습니까?

그래서 이러한 명령을 받았을 때, 명령을 받았으면 실제로 행동으로 옮기는 건 당연한 거예요. 단 여기에 부당한 명령이냐 아니냐 하는 것이 있는데 판단할 겨를이 없었다. 그리고 명령은 지휘계통에 의해서 하달되어야 되는데 부득이하게 그렇지 않을 경우는 중간 지휘자에게 반드시 보고하도록 돼 있다.

실제로 여기 의장님도 계십니다만 의장님, 군인복무기본법을 정말 찬찬히 읽어 보셨어요?

○**증인 김명수** 예, 읽어 봤습니다.

○**한기호 위원** 이런 내용들이, 이런 사건이 터지기 전에……

저도 1분만 주십시오.

○**위원장 안규백** 예.

○**증인 김명수** 읽어는 봤습니다. 그렇게 깊게는 못 읽어 봤는데 읽어 봤습니다.

○**한기호 위원** 법이라는 게, 지금 사실 이렇게 해서 중간에 내가 명령을 받으면, 대통령한테 전화를 받았다 그러면 계엄사령관인 박안수 총장에게 전화를 하든가 어떻게 하든가 중간 제대에게 보고를 해야 돼요. 했으면 착오나 과오나 그리고 왜곡된 것이 훨씬 더 줄었을 겁니다. 그런데 아무도 보고하지 않았어요. 그래서 실제로 25조에 이렇게 돼 있지요, 군인은 직무를 수행할 때 상관의 직무상 명령에 복종하여야 된다. 복종해야 된다고 명시했어요.

그다음에 이번에 김용현 장관이 뭐라고 했습니까? 이건 명령을 따르지 않으면 불복종으로 처리하겠다고 했어요. 이렇게 했을 경우에 지금 우리 군인들이 조사받는 데서 상당한 부분은 사실은 부득이한 경우라고 봐야 됩니다.

(발언시간 초과로 마이크 중단)

(마이크 중단 이후 계속 발언한 부분)

이런 점을 감안해야지요.

저는 그래서 지금까지 이 상황을 보면서 이런 생각을 해요. 우리 군도 이제 법에 대해서 좀 알아야 되겠다. 그래서 여단급에 법무장교가 한 명씩이라도 근무해야 되겠다. 너무나 법을 모르고 오직 전투, 군무에 대한 준비만 하고 있다는 것이 이런 과오를 또 낳지 않았나 이런 생각을 합니다.

이상입니다.

○**위원장 안규백** 추가 질문을 마쳤습니다마는 김명수 합참의장은 태국 총사령관과의 국제행사 일정이 돼 있습니다. 그래서 추가로 합참의장께 질의하실 위원들이 있으면 먼저 해 주시기 바랍니다.

○**한기호 위원** 생리적인 현상을 해소할 시간을 주시고……

○**위원장 안규백** 아니요, 얼마 안 됐어요.

○**용혜인 위원** 위원장님, 총리님도 가신다고 하지 않으셨나요?

○**위원장 안규백** 예, 총리도 가시고요.

○**용혜인 위원** 한덕수 총리에게 질의 좀 하겠습니다.

○**위원장 안규백** 그러면 먼저 김병주 위원……

○**한기호 위원** 합참의장이 나갔다 왔다 하지만 여기 계신 분들은 안 그렇잖아요.

○**임종득 위원** 저는 합참의장.

○**장동혁 위원** 저는 총리.

○**위원장 안규백** 알겠습니다. 순서대로 해 주십시오.

○**추미애 위원** 저도 합참의장도 좀 들었으면 하는 질의가 있습니다.

○**위원장 안규백** 예, 알겠습니다.

○**김병주 위원** 그런데 합참의장이 뭐 때문에 간다는 거예요?

○**위원장 안규백** 여야 간사 간에 이미 합의가 된 사항인데요. 태국 총사령관의 국제행사가 지금 예정되어 있는가 봅니다.

○**김병주 위원** 어디서 뭘 하는데, 꼭 가야 되는 건가요?

○**위원장 안규백** 아마 방산 협력과 국방 협력에 대해서 있는 것 같습니다.

○**김병주 위원** 그거 차관이 가면 되지, 내일 만나고. 여기가 더 중요하지요.

○**위원장 안규백** 그것은 각 군, 태국과……

○**한기호 위원** 일정이 잡혀 있습니다. 좀 양해를 하십시오.

○**김병주 위원** 여기도 일정이 잡혀 있지요.
왜 지금……

○**곽규택 위원** 김병주 위원님, 좀 양보하세요.

○**김병주 위원** 잠깐만요.
의장님, 그거 몇 명이 참가하는 행사예요? 두 사람 대담이 아니잖아요?

○**증인 김명수** 총사령관하고 오늘 오후에, 구체적인 일정은 말씀 못 드리지만 갔다 와서 저녁에 같이 6시에 만나서 얘기하는 시간을 가지도록 되어 있습니다.

○**김병주 위원** 왜 6시에 잡았어요, 오늘 이게 있는데?

○**증인 김명수** 이것 때문에 잡은 게 아니고 1월 달에, 사전에 온다고 해서 사전 계획이 되어 있었던 사항입니다.

○**한기호 위원** 아니, 여기 유인물을 보십시오.

○**위원장 안규백** 가만히 계세요. 알았으니까 가만히 계세요.

○**한기호 위원** 두 번째 장에 합동참모의장 17시에 이석……

○**김병주 위원** 맨날 의장 왔다고 하면 두 시간 앉았다가……

○**한기호 위원** 17시에 이석하는 걸로 이미 합의가 됐잖아요.

○**김병주 위원** 질문할 게 이렇게 많은데 도대체……

○**한기호 위원** 김병주 위원님……

○**김병주 위원** 양당 간사님 똑바로 하십시오. 왜 우리한테 의견을 안 묻습니까?

○**곽규택 위원** 이미 되어 있어요, 여기.

○**한기호 위원** 한병도 위원님 좀 똑바로 하세요. 왜 똑바로 못 해요, 지금?

○**김병주 위원** 한기호 위원님 똑바로 하세요. 양 한 씨들 똑바로 해요. 저도 우리 어머니가 충주 한 씨이기는 하지만.

○**한기호 위원** 위원장님이 좀 똑바로 하세요.

○**위원장 안규백** 자, 먼저 하십시오.

○**한기호 위원** 아니, 이거는 합의돼서 유인물에 명시된 거예요.

○**위원장 안규백** 가만히 계세요, 알았으니까. 알았으니까요, 합의됐……

○**한기호 위원** 이걸 가지고 왜 자꾸 지금 얘기를 해요.

○**위원장 안규백** 그러니까 제가 지금 말씀을 드리잖아요. 가만히 계세요, 한기호 위원님.
하십시오.

○**한기호 위원** 왜 저한테만 그래요? 한병도 위원한테도 얘기해야지.

○**위원장 안규백** 말씀하시니까 제가 이 말씀⋯⋯

○**한기호 위원** 왜 저한테만 그래요. 저 사람한테도 하세요, 그러면.

○**위원장 안규백** 이 한 씨가 더 나아.

　말씀하십시오.

○**한기호 위원** 왜 잘못한 것은 꼭 여당 간사만 잘못한 것처럼 얘기하십니까?

○**김병주 위원** 김명수 의장님, 안 보여서 그런데 이쪽으로 좀 나오실래요.

○**증인 김명수** 합참의장입니다.

○**김병주 위원** 이번에 경계태세 2급이 발령됐지요?

○**증인 김명수** 예.

○**김병주 위원** 누가 발령했나요?

○**증인 김명수** 제가 발령했습니다.

○**김병주 위원** 몇 시에 했지요?

○**증인 김명수** 22시 40분에 구두지시로 했습니다.

○**김병주 위원** 장관이나 대통령 지시가 있었습니까?

○**증인 김명수** 없었습니다.

○**김병주 위원** 그런데 왜, 북한 사항이 전혀 특이한 게 없었는데⋯⋯ 경계태세 2급은 옛날에 진돗개 둘인데 간첩이라든가 북한 사항을 고려해서 하는데 왜 발령했습니까?

○**증인 김명수** 일단 먼저 설명드리겠⋯⋯

○**김병주 위원** 아니, 왜 발령했어요? 북한 사항이 없었잖아요?

○**증인 김명수** 22시 30분경에 제가 전화보고를 받고 이 상황이 무엇인지 판단이 안 된 상태에서, 애매모호한 상태이기 때문에 지금 가장 중요한 부분은 일단 경계태세를 강화시켜서 안보를 강화시켜 놔야 되겠다 그래서 제 판단에 따라서 지시를 했습니다.

○**김병주 위원** 그렇다고 전국에, 전군에 경계태세 2급을 해요?

○**증인 김명수** 예, 그거는 지금도 제 판단이⋯⋯

○**김병주 위원** 지금까지 경계태세 2급 중에 북한 사항이 아닌 가운데 경계태세 2급을 발령한 적은 한 번도 없어요. 이것은 우리 민간에 지대한 영향을 주기 때문이지요. 한다면 전방 사단 정도 하면 이해 가는데⋯⋯

○**증인 김명수** 저도 제가 군 생활 하면서 비상계엄을 맞이한 것도 처음입니다. 그래서 제가 판단할 수, 군 생활을 하면서 할 수 있는 것은 일단 대북부터 오판, 모든 문제를 안전적으로 확보를 해 놔야 되겠다 해서 제가 경계태세를 하라고 지시를 내렸습니다.

○**김병주 위원** 그거 궤변이고 북한 사항은 전혀 이상 없었어요. 안보실장 퇴근하고 국정원장도 퇴근하고 의장도 퇴근한 상황인데 무슨⋯⋯ 계엄을 지원, 군을 동원⋯⋯ 이번에 전군 비상계엄이기 때문에 전군을 계엄을 지원하기 위한 출동태세를 유지하기 위해서 한 걸로밖에 안 보여요.

○**증인 김명수** 저는 그렇게 보지 않습니다. 경계태세를 강화해야지만이 군이⋯⋯

○**김병주 위원** 스톱, 잠깐.

　경계태세 2급 조건이 안 됐는데 경계태세 2급을 걸은 거예요, 전혀 조건이 안 됐는데. 비상계엄도 조건이 안 됐는데 걸은 거고요. 합참의장은 비상계엄을 뒷받침하기 위해서,

전군을 동원하기 위해서 경계태세 2급을 건 겁니다. 경계태세 2급이면 실탄까지 전군에 다 분배하고 다 하는데.

그리고 초기에, 아까 말도 안 되는 소리 하지 마세요. 수방사나 특전사 병력 나중에 부대 지휘를 환수받았잖아요. 그러면 처음에 줄 때도 장관이 명령을 내리고 가야지. 그리고 계엄사 상황실을 합참에 있는 요원으로 해서 20명 구성했잖아요, 처음에. 그리고 그 인원들이 다 파악하고.

초기에 합참이 비상계엄의 상황실 역할을 했었고 합참의장은 경계태세 2급을 통해서 전국 비상계엄을 뒷받침하는 아주 핵심적인 관련자입니다. 조건도 안 됐는데 왜 경계태세 2급……

(발언시간 초과로 마이크 중단)

(마이크 중단 이후 계속 발언한 부분)
실탄까지 분배하는 그것을 거세요?
○증인 김명수 제가 말씀드려도 되겠습니까?
○김병주 위원 얘기해 보세요.
○증인 김명수 경계태세 2급을 설정하는 것은 제가 비상계엄을 보고를 받았을 때 최초에 물은 게 있습니다. 무슨 상황이냐, 무슨 말이냐 물었습니다. 그래서 '특별한, 지금 확인이 안 되고 뉴스에 나오고 있습니다' 하고 보고를 받았습니다.

그러면 차를 타고 제가 이동을 하면서 어떤 조치를 먼저 해야 될 것인가, 제가 합참의장으로서 국가와 국민에 대해서 가장적으로 조치하는 게 상황이 발생되면 모호한 상황은 경계를 일단 강화를 시켜야지만이 군의 이동이라든가 모든 게 통제가 될 수가 있습니다. 그래서 많은 생각을 했지만 그 생각 속에서 제가 해야 될 수 있는 것은 경계태세 설정과 그다음에 비상소집을 해야 되겠다, 합참 내 총원의 비상소집을 해야 된다, 그래야지만이 상황이 파악되고 정리될 수 있을 것이다 해서 제가 그 두 개를 설정을 한 것입니다.

그런데 경계태세 설정하는 것이 북한 상황만 있어서 설정한다, 그럴 수 있습니다. 하지만 통합방위태세에 의해서 적의 침투·도발이나 내부에 어떤 문제가 생겼을 때도 경계태세는 설정할 수 있습니다. 그런데 이 경계태세 설정하는 것은 합참의장이 판단하는 겁니다. 그리고 모든 것을 지침에 나오는 절차에 따라서 확인했으면 올릴 수 있습니다. 그것은 저희들이 말하는 관료적인 형태의 개념입니다.
○김병주 위원 합참의장……
○증인 김명수 존경하는 김병주 위원님께서도……
○김병주 위원 됐어요, 거기까지만 하고요.
합참의장……
○증인 김명수 부대를 지휘할 때 상황이 생기면 뭘 합니까? 경계태세를 먼저 강화합니다. 왜? 상황을 모르기 때문에 안전 상태를 확보하는 겁니다.
○김병주 위원 그렇다고 전군 경계태세 2급을 걸어요? 긴급조치를 걸어서 상황실을 운영하고 강화하고 정보를 수집하고 정보에 따라서 판단하는 것이지.

22시 40분은 대한민국이 아주 평온했어요, 북한은 전혀 움직이지도 않고. 그런데 경계태세 2급을 걸어서 전군에 실탄을 분배하고, 이것은 비상계엄을 합참의장이 전군을 동원해서 뒷받침하겠다 이겁니다.

○**증인 김명수** 그것은 동의할 수 없습니다.

○**김병주 위원** 합참의장은 동의 못 하겠지마는……

○**증인 김명수** 어떻게 그것을……

○**김병주 위원** 국방부차관!

됐어요, 들어가고.

○**증인 김명수** 경계태세 2급 설정한 것이 비상계엄을 지원한다고 얘기하시는 것은……

○**김병주 위원** 국방부차관!

○**증인 김명수** 그것은 군 총원이 비상계엄에 동의하고 들어간다는 얘기입니다.

○**김병주 위원** 스톱.

○**증인 김명수** 그것은 그렇게 말씀하시면 안 됩니다.

○**김병주 위원** 국방부차관……

○**증인 김명수** 총원이, 군 총원이……

○**증인 김선호** 예, 직무대행입니다. 말씀하십시오.

○**김병주 위원** 그것은 국방부 자체 조사를 하세요. 사실 경계태세 2급 조건도 안 됐는데 전군에 비상을 걸어서 전군에 실탄을 하고 이런 적은 세상에 한 번도 없어요, 북한 상황이 아닌 가운데서 이렇게 건 적은.

○**증인 김명수** 저도 제가 군생활 하면서 비상계엄을 처음 경험했습니다.

○**김병주 위원** 그러면 직을 걸고……

○**증인 김명수** 그렇기 때문에 제가 할 수 있는 것은……

○**김병주 위원** 그러면 직을 걸고 비상계엄을 막았어야지!

○**증인 김명수** 제가 들어와 가지고 상황을 파악을 하면서……

○**김병주 위원** 비상계엄을 직을 던지고, 이것은 잘못됐으니까 직을 거기서 던지는 거지!

○**곽규택 위원** 위원장님, 좀 정리해 주시지요.

○**위원장 안규백** 자, 의장님……

○**김병주 위원** 이것은 검찰 차장, 수사하세요. 알았지요? 이것은 아주 중요한 거예요.

○**곽규택 위원** 뭐 대통령 됐어요, 지금?

○**김병주 위원** 대통령이 아니라 국정조사위원으로서 요구하는 겁니다.

○**곽규택 위원** 시간이 얼마나 지났어요, 지금?

○**김병주 위원** 곽규택 위원 조용히 하세요, 내 발언 기회니까.

○**곽규택 위원** 이미 끝났어요, 발언 기회!

··

○**위원장 안규백** 자, 가만히 계세요.

의장님, 위원이 질의하면 감정을 섞어서 그렇게 대답하시는 것은 옳지 않다고 생각을 합니다.

○**증인 김명수** 죄송합니다.

하지만 전군이 비상계엄을 선포를 해서, 경계태세를 설정해서 비상계엄을 지원하는 것이다 이렇게 얘기하시면 대한민국…… 제가 경계태세 형성한 것이 비상계엄을 지원하기 위해서 비상계엄을 걸었다 이렇게 얘기하면 우리 군인들이, 총원이 비상계엄을 동조하기 위해서 행동한 것처럼 비쳐질 수 있지 않겠습니까. 그런 것은 아닙니다.

○위원장 안규백 그러면 이렇게 제가 질문을 하겠습니다.

합참의장은 우리 군의 군번이 1번입니다. 1번이면 불법 비상계엄이 선포가 됐으면 국회, 선관위, 다른 지역의 여섯 군데에 나간 군 병력들을 바로 철수하라고 했어야지요. 왜 그것은 못 했습니까?

○증인 김명수 제가 말씀드리지만 그때 들어와서 상황을 파악하면서 일단 오판 방지를 위한 대북 경계태세를 강화를 했습니다. 하지만 이 전체 상황을, 저도 상황 파악하는 데, 죄송스럽지만 상황을 제대로 파악을 못 했습니다. 왜냐하면 부대가…… 선관위에 나갔다는 부대는 저도 몰랐습니다.

○위원장 안규백 그리고 본인이 본인 휘하에 계엄과가 있으면 우리 합참의장께서 당연히 계엄사령관이 됨에도 불구하고 육군총장이 계엄사령관이 됐지 않습니까. 그것은 왜 퀘스천을 안 달았습니까?

○증인 김명수 그래서 비상계엄을, 계엄을 설정했을 때 계엄사령관을 합참의장으로 한다 하는 것은 법이 바뀌었습니다. 장성급 장교로 지정하도록 바뀌었습니다. 그래서 저희들이 사무를 계엄과를 가지고 전시에 대비해서 준비하는 것입니다.

○위원장 안규백 그것은 우리 군의 관행적으로 합참의장이 계엄사령관을 맡아서 했던 것은 사실이지요.

누가 추가로 합니까?

○김병주 위원 저 의사진행 잠깐 발언……

○임종득 위원 (손을 듦)

○장동혁 위원 (손을 듦)

○위원장 안규백 먼저……

○김병주 위원 왜냐면 의장님……

○주진우 위원 길게 하셨잖아요.

○김병주 위원 사전 계획 있다니까 보냈다가, 1시간이면 아마 면담 끝날 거예요. 면담 끝나고 8시까지 오도록 조치를 해 주세요.

이것은 대단히 중요한 겁니다. 지금, 다시 이따가 8시 이후에 따져야 되겠습니다.

○위원장 안규백 간사 간 협의하십시오, 양당 간사 간.

○한병도 위원 예, 그렇게 하겠습니다.

○위원장 안규백 임종득 위원 하십시오.

○임종득 위원 가서 앉아 주세요.

준비됐습니까?

○증인 김명수 예.

○임종득 위원 의장님, 사이버사령부가 합참의 예하에 있는 합동부대이지요?

○증인 김명수 예, 그렇습니다.

○임종득 위원 지난 1·2차 청문회 때 야당의 모 의원께서 사이버 내란을 모의했다라는 의혹을 제기를 했어요.

보고 받으셨습니까?

○**증인 김명수** 얘기는 들었는데, 세부적인 내용은 보고는 받았습니다.

○**임종득 위원** 사전에 모의한 사실이 있습니까?

○**증인 김명수** 저희들은 뭐 준비하거나 계획하거나 정황 자체가 없습니다.

○**임종득 위원** 사이버 내란 모의 의혹 제기 배경으로 사이버 정찰 TF를 운영한 것을 들고 있더라고요.

운영한 것은 사실이지요?

○**증인 김명수** 예.

○**임종득 위원** 그 이유와 목적이 어디에 있었습니까?

○**증인 김명수** 사실 보안사항에 노출되는 것은 어렵지만 해외의 어떤 거점에 대한 대비를 위한 준비였습니다.

○**임종득 위원** 사이버 정찰 TF를 이전에도 운영한 적이 있지요?

○**증인 김명수** 예, 과거에도 있었습니다.

○**임종득 위원** PPT를 한번 보시기 바랍니다.

(영상자료를 보며)

19년도에, 지금 윤석열 정부가 아닙니다. 문재인 정부 때 사이버 정찰 TF를 4개월간 운영을 했습니다. 24년에 운영했던 내용과 비교를 해 봤습니다. 크게 차이가 없습니다.

적 조직별 거점에 대한 정찰 수행이 그 임무였지요?

○**증인 김명수** 예.

○**임종득 위원** 이것하고 12·3 비상계엄하고 관계가 당연히 없을 것 같은데 어떻게 생각하세요?

○**증인 김명수** 예, 비상계엄하고는 관계가 없는 것입니다.

○**임종득 위원** 사이버작전사령부는 18년도 5월부터 국방부 지시에 의해서 사이버 심리전, 인지전 관련 임무수행을 못 하지요?

○**증인 김명수** 예, 법으로 못 하게 돼 있습니다.

○**임종득 위원** 한 가지 더 묻겠습니다.

24년 8월 을지연습 시에 인지전 훈련을 실행하고 사령관 지시로 SNS 장악 훈련을 했다는 주장도 있습니다. 들어보셨지요?

○**증인 김명수** 예.

○**임종득 위원** 그런 적 있어요?

○**증인 김명수** 그렇지 않습니다.

○**임종득 위원** 한번 PPT를 띄워 주시기 바랍니다.

의원실에 제출된 자료를 보면 오래전부터 을지훈련마다 전시 대비 적 대상으로 시나리오식 사이버 공격을 해 왔습니다. 맞지요?

○**증인 김명수** 예.

○**임종득 위원** 지금 20년부터 24년까지 한 해도 빠지지 않고 해 왔습니다. 훈련 내용도 크게 다르지 않습니다. 이것은 당연히 해야 될 훈련이지요?

○**증인 김명수** 예, 그렇습니다.

○**임종득 위원** 다음 PPT 띄워 주시기 바랍니다.

23년 3월에 윤석열 대통령이 사이버작전사를 방문했고 사이버 공격 양상 변화에 따른 공세적, 선제적, 능동적 작전 개념을 발전시키라고 지시했다라고 이야기를 합니다. 제가 수행했기 때문에 압니다. 맞습니다.

그런데 19년도에 수립된 국가사이버안보전략을 한번 보여 드리겠습니다.

(발언시간 초과로 마이크 중단)

....

(마이크 중단 이후 계속 발언한 부분)

저 보세요.

24년에 대통령님이 지시한 내용이나 24년의 사이버안보전략하고 다르지 않습니다. 어떻게 생각하십니까?

○증인 김명수 예, 동일한 것으로 알고 있습니다.

○임종득 위원 이상입니다.

....

○위원장 안규백 의장님, 일단 가셨다가요 행사를 마치고 마치는 대로 다시 국회로 돌아오시기 바랍니다.

위원님들의 요청사항이 있어서……

○증인 김명수 잘 알겠습니다.

○위원장 안규백 예, 먼저 행사를……

이석하십시오.

끝나고 오십시오.

장동혁 위원님 질의해 주십시오.

○장동혁 위원 총리님께 여쭙겠습니다.

예산안 편성권은 기본적으로 정부에 있고요. 국회의원은, 국회는 심의 의결을 합니다. 그리고 예산안 편성을 할 때 정부의 입장을 존중해야 되기 때문에 법적으로 증액에 있어는 정부의 동의를 필요로 하고, 물론 삭감은 국회에서 일방적으로 삭감할 수 있습니다.

2025년도 예산안이 정부안에서 일방적으로, 4조 1000억 원이 감액된 국회안이 일방적으로 통과가 됐습니다. 아마 감액만 한 예산안이 통과된 것은 아까도 말씀하셨지만 헌정사상 최초의 일일 것입니다. 맞습니까?

○증인 한덕수 예, 그렇습니다.

○장동혁 위원 삭감된 예산안 내용을 보면 중요한 민생 예산이 많이 포함되어 있고요. 그다음에 특활비 전액 삭감된 것들을 보면 보복성 예산 삭감도 있습니다. 맞습니까?

○증인 한덕수 제가 좀 판단하는 것은 적절하지 않지만 국가……

○장동혁 위원 중요한 민생 예산이 포함돼 있는 건 맞지 않습니까?

○증인 한덕수 국가의 주요 기능이 지장을 받을 그런 예산들도 있었던 것 같습니다.

○장동혁 위원 그런데 갑자기 2025년도 들어서자마자 1월 달도 다 가기 전에 야당에서 지금 추경을 얘기합니다. 물론 추경 필요하면 해야 됩니다. 민생을 살리고 또 경제 활성화하거나 아니면 지출이 필요한 예산이 있다면 추경 해야 됩니다.

추경의 요건에 대해서는 국가재정법 제89조에 요건들이 있습니다. 그러나 지금 추경은 그러한 어떤 새로운 사실이, 어떠한 새로운 필요성이 생겼다기보다 이미 일방적인 감액안이 통과될 때 당연히 추경은 예정되어 있었던 거라고 보여집니다. 저는 그것이 가장 주된 요인이라도 생각합니다. 이에 동의하십니까?

○**증인 한덕수** 굉장히 중요한 하나의 요인이지만 그렇기 때문에 역시 이 부분에 있어서도 여야정협의체를 통해서 충분히 논의를 하면서, 경제가 어려운 것은 분명히 사실이기 때문에 이러한 경제에도 도움이 되고 국가의 필수적인 기능도 지장을 받지 않고 좀 갈 수 있도록 하는 그러한 협의가 저는 필요한 시점이다 이렇게 생각합니다.

○**장동혁 위원** 그래서 여러 가지 예산의 협의 과정을 보면 증액에는 정부의 동의가 필요하기 때문에 증액과 감액에 대해서 국회와 또 여와 야당이 적절히 협의하면서 합의에 따라서 양보할 건 양보하고 그러면서 예산이 편성되고 마지막으로 통과가 되게 됩니다.

그런데 이렇게 일방적으로 힘에 의해서 전부 다 삭감해 놓고, 일방적으로 삭감된 예산안을 통과시켜 놓고 또 필요에 의해서, 힘에 의해서 또 이제 추경해서 증액 예산 하자라고 하는 것은 저는 사실은 힘에 의해서, 예산에 있어서 유리하게 아니면 입맛대로 예산을 편성하기 위한 꼼수라고 생각합니다.

추경이 필요하냐 안 하냐를 떠나서 이러한 방식의 예산 편성이, 일방적으로 감액안 통과시키고 힘에 의해서 나중에 한 달도 안 돼서 추경안 다시 편성하자라는 이런 관행이 반복되는 것은 저는 전혀 바람직하지 않다고 생각합니다.

이에 대한 총리님의 의견은 어떻습니까?

○**증인 한덕수** 평상시와 같지는 않은 분명한 예산의 확정이었고요. 그러나 지금의 여러 가지 상황이 경제도 대단히 어렵고 하기 때문에 여야정이 좀 충분히 모여서 이러한 필요성과 구체적으로 더 좀 재정이 역할을 해야 하는 이런 분야를 논의할 필요성은 있다 그렇게 생각합니다.

○**위원장 안규백** 추미애 위원님 질의해 주십시오.

○**추미애 위원** 아니, 지금 합참의장님도 같이 들으셔야 되는데, 군 관련이어서. 가셨으니까 어떻게 할까요?

○**위원장 안규백** 그러면 이따가 하시고.

행사 마치고 다시 복귀할 겁니다.

○**추미애 위원** 그러면 지금 이것 새로 다시 질의가 시작되는 겁니까 아니면 총리만 상대하는 겁니까?

○**위원장 안규백** 총리만 상대합니다.

○**추미애 위원** 괜찮습니다, 그러면. 없습니다.

○**위원장 안규백** 그러면 용혜인 위원님.

○**용혜인 위원** 한덕수 총리께 묻겠습니다.

　　(영상자료를 보며)

지난 23일 헌재에서 김용현 전 장관이 계엄 선포 전에 한덕수, 이상민, 조태용 역시 계엄 지시 문건을 받아 갔다 이런 진술을 했습니다. 이 진술에 대해서 총리께서는 인정하십니까?

○**증인 한덕수** 저는 계엄에 관련된 어떠한 지시나 어떠한 서류도 받은 적이 없습니다.

○**용혜인 위원** 그러면 김용현 전 장관이 헌재 판결을 훼방하기 위해서 의도적으로 거짓 증언을 하고 있다라고 봐야겠네요. 그런 말씀이시지요?

○**증인 한덕수** 저는 그것은 모르겠습니다.

○**용혜인 위원** 둘 중의 한 명은 거짓말을 하고 있는 거잖아요.

○**증인 한덕수** 저는 분명히 어떤 것도 받은 적이 없습니다.

○**용혜인 위원** 둘 중의 한 명은 거짓말이겠지요. 총리가 받은 게 없다면 총리가 받은 게 없다는 지금의 증언이 거짓말이거나 아니면 한덕수, 이상민, 조태용에게도 줬다는 김용현 전 장관의 그 증언이 거짓말이거나, 당연히 둘 중의 하나는 거짓말이겠지요.

○**증인 한덕수** 총리는 받은 적이 없습니다.

○**용혜인 위원** 예.

그러면 증인은 왜 김용현 전 장관이 다른 사람도 아닌 한덕수 증인을 콕 집어서 사실도 아닌 일로 고발하듯이 위증을 했다고 생각합니까? 좀 짐작 가는 이유가 있습니까?

○**증인 한덕수** 저는 전연 모르겠습니다.

○**용혜인 위원** 김용현 전 장관의 한덕수 증인에 대한 고발은 증인이 국회를 다녀간 바로 그다음 날 이루어졌습니다. 본 위원이 판단하건대 비상계엄은 윤석열, 김용현이 벌인 것이고 한덕수 총리는 비상계엄을 막으려 했다라고 하는 총리의 증언에 '내가 입 뻥긋하면 당신도 무사하지 못하다, 아직 죽지 않은 살아 있는 권력을 배신할 생각을 하지 말아라' 이런 경고를 보낸 것으로 보입니다. 어떻게 생각하십니까? 좀 그런 위협감을 느끼지 않았습니까?

○**증인 한덕수** 절대로 그런 의도나 또는 팩트가 그런 것이 아니기 때문에 그런 문제에 대해서는 저는 전연 걱정을 하지 않습니다.

○**용혜인 위원** 윤석열, 김용현은 한덕수 증인에게도 자신들의 죄를 감하고 또 떠넘기려고 협박과 모략을 시도하고 있다고 보입니다.

한덕수 증인은 비상계엄 선포 상황 그리고 또 국회 비상계엄 해제 의결 이후에 내란세력이 비상계엄을 계속 지속하려 했다는 상황의 핵심적인 증인입니다. 정권의 일원이기도 하고 또 탄핵심판이 진행 중인 상황이라 말을 삼가는 부분은 있으시겠지만, 적어도 이제는 본인들만 살아남으려고 하고 증인에 대해서도—증인의 말에 따르면—거짓말을 하는 이 내란세력들을 감싸고돌 것이 아니라 40년 총리의 공직생활을 지탱해 준 국민들 앞에 진실로 응답해야 되지 않겠습니까?

지금까지 국회에 털어 놓지 않은 그날 윤석열과 김용현이 어떤 말을 했는지 그 상황에 대해서 추가로 진술해 주시겠습니까?

○**증인 한덕수** 저는 우리 국회가 그동안에 여러 현안질의나 관련되는 상황에서 저에게 물은 모든 것에 대해서 진실에 기초를 두고 저의 마지막 이 자리를 충실하게 마치겠다는 그런 의지로 진술해 왔다는 말씀을 드리겠습니다.

○**용혜인 위원** 지금까지 국회에 오셔서 진술하신 것 외에……

(발언시간 초과로 마이크 중단)

••

(마이크 중단 이후 계속 발언한 부분)

그날의 진실을 국민들 앞에 더 투명하게 드러낼 수 있는 추가적인 진술을 해 달라고 말씀을 드리는 겁니다. 이렇게 답변을 회피하시니까 내란공범이다라는 인식들이 더해지는 겁니다.

이상입니다.

○**증인 한덕수** 저는 조금도 부끄러움은 없습니다.

....

○**위원장 안규백** 총리, 이석하기 전에 간단히 하나만 질문드리겠습니다.

이 계엄을 보면요, 계엄의 연원을 따져 보니까 중국 연나라 때 처음 계엄이라는 말이 나온 것 같아요.

지금 피고인 윤석열께서는 헌재에서 진술하기를 경고성 계엄이었다, 계몽성 계엄이었다라고 진술을 하셨던데, 계엄이 상대가 공격하기 전에 내가 어떤 준비를 해서 상대를 공격한다, 한마디로 말해 이런 뜻인데 계엄이 경고성 계엄이 있고 계몽성…… 뭐 19세기 계몽주의입니까? 계몽성 경고가 있고 그렇습니까?

○**증인 한덕수** 그 부분에 대해서는 제가 지식이 없습니다. 지금 연나라 말씀을 해 주셨는데요.

그러나 계엄이라는 것이 우리의 경제나 대외신인도 또 모든 분야에 얼마나 큰 영향을 미치고 나쁜 영향을 미칠 수 있는지 이 문제는 분명하다고 생각합니다.

○**위원장 안규백** 그렇습니다. 계엄은 입법·사법·행정 모든 것을 마비시키고 법원의 영장 없이 구금·감금해서 모든 일을 다 할 수 있는 것이 저는 계엄이라고 생각되고 그만큼 위중하다고 생각을 합니다.

그러면 추가질문을 마치면……

○**한병도 위원** 총리는 이석하셔도 좋고요.

의사진행발언입니다.

○**위원장 안규백** 총리, 이석하셔도 됩니다. 이석하십시오.

말씀하십시오.

○**한병도 위원** 저희가 오늘로서 세 번째 청문회를 진행하고 있습니다. 그런데 내란수괴 윤석열과 내란 주요 임무 종사자 일부는 계속해서 출석을 거부하고 있는 상황입니다. 동행명령을 매번 발부하고 있지만 무시로 일관하고 있습니다. 예정된 청문회는 오늘이 마지막인데 불출석을 일삼는 내란수괴와 주요 임무 종사자들에 대한 증인 신문이 단 한 번도 이루어지지 않은 것에 대해 깊은 유감을 표합니다.

내란 진상 규명을 위해서 반드시 출석해야 하는 윤석열, 김용현, 여인형, 문상호, 노상원 등 핵심 증인들이 매번 불출석해서 진실 규명이 미진한 측면이 있는 현 상황에서 위원회 활동기간 연장은 반드시 필요하다고 생각을 합니다. 아울러 내란 핵심 증인들과 함께 내란에 가담했던 주요 관계자들을 추가 증인으로 채택해서 진실을 명확하게 규명을 해야 합니다.

보다 충실한 국정조사를 실시하기 위해서 위원장님께서는 위원회 활동기간 연장을 검토해 주시기를 요청드립니다.

○**위원장 안규백** 한병도 간사께서 기간 연장과 관련하여 지금 건의가 있었습니다마는 한기호 위원님, 이게 지금 처음 나온 얘기입니까?

○**한기호 위원** 그렇습니다.

○**위원장 안규백** 일단 그러면 휴식시간에 양당 간사께서 협의를 해 주시기 바랍니다.

개인 정비를……

○**증인 정진석** 위원장님, 허락하신다면 1분만 의사진행과 관련된 말씀 할 수 있을까요?

○**위원장 안규백** 예, 말씀하십시오.

○**증인 정진석** 존경하는 우리 위원님들께서 고생하고 계신데 일부 야당 위원님들께서는 대통령에 대한 호칭을 '내란수괴', '윤석열이가', '윤석열은' 이렇게 호칭을 하고 계십니다. 그러나 통상, 비록 대통령이 지금 직무가 정지됐다고는 하나 엄연한 대한민국의 국가원수이고 대통령입니다.

야당 지도자가 범죄 피의자라고 해서 이름만 달랑 부르지는 않습니다. 그러니까 '윤석열 대통령'이라는 호칭으로 해 주시기를 정중하게 요청드립니다.

○**위원장 안규백** 참고해 주시기 바랍니다.

개인 정비를 위해서 잠시 회의를 중지했다가 20분 후에, 18시에 회의를 계속 속개하도록 하겠습니다.

조사 중지를 선포합니다.

(17시40분 회의중지)

(18시01분 계속개의)

○**위원장 안규백** 의석을 정돈해 주시기 바랍니다.

조사를 계속하도록 하겠습니다.

참고로 곽규택 위원까지 질의하시고 잠시 쉬었다가 석식을 하도록 하겠습니다.

먼저 추미애 위원님 해 주시기 바랍니다.

○**추미애 위원** 김선호 국방장관직무대행님께 질의하겠습니다.

PPT 한번 봐 주시지요.

(영상자료를 보며)

대수장이라고 아시지요?

○**증인 김선호** 예, 알고 있습니다.

○**추미애 위원** 대한민국을 수호하는 장성들의 모임이 약자인 거 같은데 설립 목적을 한번 보시기 바랍니다. 자유민주주의 체제를 수호하고 종북좌익세력 척결하겠다, 이것 굉장히 많이 본 것 같지요? 바로 12·3 계엄포고령 전문과 유사합니다. 반국가세력의 대한민국 체제 전복 위협으로부터 자유민주주의를 수호하겠다, 그래서 포고령 발동한다라는 것이 모두에 있는데요.

제가 왜 이러한 얘기를 하느냐 하면 군의 선배 모임인 대수장이 정치적 오염원이 되고 있습니다. 부정선거로 현역 군인들과 지휘관들을 현혹시켜서 정치 거사에 끌어들인 것이 이번 12·3 계엄의 실체인 겁니다. 따라서 이를 믿은 군 지휘관들이 국회와 선관위를 침탈하고도 계엄은 정당했다 이렇게 강변하고 있어요. 법률가인 대통령이 오죽 알아서 판단했겠느냐 이렇게 믿고 있는 겁니다. 헌법기관의 권능 정지, 내란죄에 군을 동원한 것, 이것이야말로 역사에 다시는 일어나서는 안 되는 대역죄입니다. 반역죄, 반국가 사범인 것입니다.

한번 볼까요.

24년 10월부터 민간인 노상원이 정성욱 정보사 대령에게 지시했습니다. 대수장 회원인 예비역 장성 대상으로 부정선거 교육할 테니 자료를 준비하라라고 했습니다. 이 자료는 본인이 직접 지시를 하고 있습니다. 김형철 예비역 공군 준장의 저서인 '4·15 부정선거 비밀이 드러나다'라는 책자를 참고해라 또 황교안, 민경욱 전 의원의 유튜브를 참고해라 그리고 부정선거 관련 보고서를 4장~5장으로 만들어서 내라라는 것이었어요. 대행은 이 사실 알고 계십니까?

○증인 김선호 언론에서 나왔던 저 내용은 인지하고 있습니다.

○추미애 위원 그러면 단순 인지가 아니라 심각하게 보셔야 됩니다. 바로 대수장이 선관위 규탄 집회에 참여하고 21대 총선 부정선거 의혹을 제기했고 대수장의 전용 유튜브 채널 '장군의소리'에 지속적으로 부정선거 의혹을 제기해서 부정선거 교육을 지속적으로 하고 있는 것입니다.

자, 이렇게 대수장의 부정선거 교육 준비에 현역 군인이 동원됐다 이것 정말 황당한 것 아니겠습니까? 이 멀쩡한 정성욱 대령 같은 경우 우리 군의 엘리트라 할 수 있는데 이런 사람이 민간인 노상원의 지시에 따랐다 하는 것 정말 큰일 아니겠습니까? 군을 골병들게 하는 것 아니겠습니까?

1분만 더 주시면 정리하겠습니다.

○위원장 안규백 예.

○추미애 위원 PPT 한번 보시면, 이 내란 혐의로 기소된 김용현 전 장관도 '장군의소리' 유튜브 채널 패널로 참석했습니다.

이 대수장은 노상원이 인사 개입하는 고리가 됐는데요. 바로 이 정성욱 대령의 말에 따르면 미리 진급자 명단을 사전에 빼 가지고 이번 계엄에 가담할 군인들을 포섭하고 회유하는 데 이 진급 인사 명단 빼낸 것을 활용했다고 합니다. 이 정성욱한테도 그렇게 포섭을 했다고 해요. 그래서 본인도 인사를 기대하고 노상원의 지시를 말없이 따랐다고 합니다. 그러면 다른 현역 군인들도 대수장과 연관됐을 가능성 한번 짚어 보시기 바랍니다.

○증인 김선호 대수장은 일단 군하고 국방부하고 전혀 관계없는 단체라는 말씀 드리고요. 지금 아까 일부 인원이 나왔던 것은 실제로 행해지지 않았다고 제가 확인하고 있고 진급 명단을 확보했다 이런 것은 사실이 아닙니다.

○추미애 위원 공소장에 그렇게 돼 있고요. 더 조사해 보시기 바랍니다.

○증인 김선호 예.

○추미애 위원 공소장이 괜히 나온 게 아니고요. 관련자들의 진술과 수사를 통해서 나온 것입니다.

○위원장 안규백 주진우 위원님 질의해 주십시오.

○주진우 위원 비서실장님, 저는 비상계엄 이전에 거대 민주당으로 인한 국가 기능에 심각한 훼손이 있었다라고 생각하고요. 특히 예산 삭감으로 인한 문제점들은 지금 막 현실화되고 있다라고 생각합니다.

첫 번째, 인사정보관리단 예산입니다. 인사정보관리단은 정부의 핵심 기능을 수행하는 조직이고 고위공무원뿐만 아니라 일반 공무원들도 승진하거나 배치할 때 인사 검증을 받게 되는 핵심 조직이지요?

○증인 정진석 그렇습니다.

○주진우 위원 인사정보관리단의 운영비 3억 3000만 원을 전액 삭감했어요. 이 조직은 있는데 일하지 말라는 얘기입니다. 실질적으로 지금 인사정보관리단 운영비가 없어서 제대로, 운영에 굉장한 애로사항이 있고 또 그렇게 되면 국가의 인사 검증 기능이나 이런데 지장이 있다라고 생각하는데 어떻게 생각하십니까?

○증인 정진석 　그렇습니다.

○주진우 위원 　다음은 검찰 특활비 부분입니다. 아까 대검 차장이 증언했다시피 실제 특활비랑 특정업무경비를 완전히 줄여 버리니까 검찰의 압수수색이 3분의 1로 줄어들었어요. 기업으로 따지면 이게 영업비가 지급되지 않아서 현장 판매를 아예 못 하고 있다는 것과 마찬가지입니다. 국민 입장에서도 엄청난 손해입니다. 검찰청을 운영하는 인건비 등 고정비는 많이 들어가는데 그 운영비를 제대로 주지 않아서 역할을 못 하게 하는 것이거든요. 이게 지금 국민들께 당장 치안이라든지 서민들 어떤 범죄 피해에 고스란히 노출시키는 것이고요.

　감사원 감사도 마찬가지입니다. 이것도 역시 특활비를 제로로 만들어서 실질적인 현장조사를 못 하고 있다는 게 언론 보도까지 나왔습니다. 사람 만날 때 비용 하나도 안 주고 지금 출장 가서 알아서 일하라고 하면 감사관이 뭐 사비를 들여서 하라는 뜻이겠습니까? 감사관이 사비를 들여서 제대로 현장조사를 할 수가 없는 구조인 것이지요.

　이게 지금 공수처와의 형평도 되게 문제되는 것이 공수처는 특정업무경비로 와인 곁들여서 저녁 회식하는 게 얼마 전에 보도도 났어요. 그런데 검찰·감사원은 실제 현장조사 나가는 비용조차 제로로 만들어 놓고 이것은, 공수처는 민주당이 이쁘다고 특정업무경비 그대로 줘서 이 회식까지 한다라고 하는데 실제로 비서실은 특활비가 또 제로가 됐습니다. 0원이 됐어요.

○증인 정진석 　한 80억 정도가 깎였습니다. 전액 삭감됐습니다.

○주진우 위원 　그 점에, 비서실 운영과 관련돼서 실질적인 애로사항을 좀 말씀해 주시겠습니까?

○증인 정진석 　지금 저희 비서실의 기능은 최상목 대통령권한대행을 보좌하는 기능으로 전환이 되어서, 물론 대통령 계실 때와 똑같은 업무 기능이 작동되고 있습니다만 특수활동비가 전액 삭감됐기 때문에 과거와 같은 그런 활동과는 조금 부족한 점이 많다 이렇게 말씀을 드리겠습니다.

○위원장 안규백 　장동혁 위원님, 3분 그대로 활용하십시오. 3분 쓰십시오.

○장동혁 위원 　아닙니다. 괜찮습니다. 안 쓰겠습니다.

○위원장 안규백 　괜찮아요?

○장동혁 위원 　예.

○위원장 안규백 　김병주 위원님.

○김병주 위원 　가림막 뒤에 있는 오 중령 나와 주세요.

○증인 오00 　예, 오 중령입니다.

○김병주 위원 　지금 안보실의 오 중령을 비롯해서 HID 출신 국정원의 최 모 2급하고 TF가 지금 계속 말을 안 하고 있는데 실제 그렇게 되면 이번 내란과 관련되어 있는 걸로 의혹을 받고 있기 때문에 그대로 갈 거예요.

　다시 한번 묻겠습니다.

　그 TF의 장은 최 모 씨였지요, 2급 공무원?

○증인 오00 　죄송합니다만 확인해 드릴 수 없는 점을 양해해 주시면……

○김병주 위원 　임무가 뭐였습니까?

○증인 오00 　업무에 대해서 확인해 드릴 수 없는 점을 양해해 주시면……

○**김병주 위원** 아까 김건희 여사한테는 보고를 안 했다고 했지요?

○**증인 오00** 업무에 전혀 연관이 되어 있지 않다고 말씀드렸습니다.

○**김병주 위원** 대통령한테는 말씀드릴 수가 없다 했고요, 대통령 보고는?

○**증인 오00** 예, 그렇습니다.

○**김병주 위원** 그러면 대통령이 통제한 특별 조직이네요?

○**증인 오00** 조직이 어떻게 형성되었는지는 제가 잘 알지 못합니다.

○**김병주 위원** 그리고 김태효 1차장하고 23년도 6월 1일 날 HID 부대 방문했지요?

○**증인 오00** 예.

○**김병주 위원** 그때 왜 HID 거기에 가는 것 오 중령이 주선했나요?

○**증인 오00** 지시가 있었고 제가 그 부대에서 근무한 이력이 있기 때문에 연락 정도를 담당······

○**김병주 위원** 누구의 지시가 있었나요?

○**증인 오00** 팀에서, 팀 상부로부터 지시가 있었습니다.

○**김병주 위원** 팀 누구로부터요? 상부 누구?

○**증인 오00** 업무 계선에 대해서는 제가 확인해 드리기가 제한이······

○**김병주 위원** 대통령이 원래 가기로 되어 있었는데 왜 취소가 됐지요?

○**증인 오00** 대통령님 관련한 사항은 제가 알지 못합니다. 저는 그런 이야기를 듣지 못했습니다.

○**김병주 위원** 대통령이 가기로 했는데 취소됐고 그래서 1차장이 가게 됐고요. 그 이후에 왜 HID가 이번에 관여가 된 거지요, 비상계엄에?

○**증인 오00** 저는 비상계엄에 대한 내용을 전혀 알지 못하고 팀 업무와도 관련이 없습니다.

○**김병주 위원** 그것 얘기를 안 하면, 오 중령이 제대로 얘기를 안 하면······ 여기는 비밀이라고 할 수가 없어요, 위기관리센터 내에 있는 TF는. 일상적인 임무를 하는데 비밀 임무라고 계속 감추게 되면 HID 이번 작전, 비상계엄에 동원된 것과 오 중령이 연관이 있다라는 의혹으로 볼 수밖에 없습니다.

○**증인 오00** 답변드려도 되겠습니까?

○**김병주 위원** 예, 얘기해 보세요.

○**증인 오00** HID나 저희 팀의 업무에 대해서는 말씀하신 대로 제가······

○**김병주 위원** 잠깐, 조금 이따 얘기하시고······

○**증인 오00** 예, 알겠습니다.

○**김병주 위원** 노상원하고는 자주 연락했지요?

○**증인 오00** 연락한 바 없습니다.

○**김병주 위원** 그러면 실제 노상원하고는 알고 있지요, 사령관 할 때 노상원이가 그때 근무를 했으니까?

○**증인 오00** 예, 사령관으로서, 정보사령관으로서 근무한 사실은 알고 있습니다.

(발언시간 초과로 마이크 중단)

⋯⋯

(마이크 중단 이후 계속 발언한 부분)

○**김병주 위원** 거기에 누가 추천해서 갔습니까, 역사적으로 처음 가게 됐는데, HID 요원이 안보실에?

○**증인 오00** 드물게 제가 선발이 된 것은 맞습니다만 그 선발의 과정에 누가 어떻게 작용했는지는 제가 알지 못합니다. 명령이 나서 명령대로 갔습니다.

○**김병주 위원** 22년도에는 국정원에도 파견 나가 있었지요?

○**증인 오00** 확인해 드릴 수 없습니다.

○**김병주 위원** 왜 본인 자력인데 확인해 줄 수 없어요?

○**증인 오00** 확인해 드릴 수 없습니다.

○**김병주 위원** 최 모 2급은 지금 김태효 1차장하고 아주 가깝잖아요?

○**증인 오00** 제가 개인적인, 타인의 개인적인 친분에 대해서 말씀드릴 수 있는 위치는 아닌 것 같습니다.

○**김병주 위원** MB 정부 때 같이 근무한 걸로 아는데, 몰랐나요?

○**곽규택 위원** 위원장님, 시간 끝났습니다.

○**위원장 안규백** 예.

○**김병주 위원** 다시 추가질의하겠습니다.

....

○**위원장 안규백** 백혜련 위원님.

○**김병주 위원** 혹시……

○**위원장 안규백** 이따 하십시오.

○**백혜련 위원** 김대우 단장님 이쪽으로 나와 주세요.

○**증인 김대우** 저는 방첩사 수사단장입니다.

○**백혜련 위원** 계엄 당일 날 23시경에 여인형 사령관으로부터 '경찰청 국가수사본부에서 100명, 국방부 조사본부에서 100명이 오기로 했으니까 합동수사본부 빨리 구성해라' 이런 지시 받았지요?

○**증인 김대우** 예.

○**백혜련 위원** 그리고 이재명 대표, 우원식 국회의장, 한동훈 대표, 조국, 김민석, 김민웅 등 14명을 신속하게 체포해서 수도방위사령부 B1 벙커 구금시설로 이동하라는 지시도 받았지요?

○**증인 김대우** 정확하게 뭐 체포하라는 말은 없었는데 잡아서 수방사로 이송시켜라라고……

○**백혜련 위원** 잡아서 이송시켜라.

○**증인 김대우** 수방사로 이송시켜라.

○**백혜련 위원** 수방사로 이송시켜라.
　아니, 잡는다는 게 뭐 체포잖아요. 사실 법률적인 용어로 한다면 체포인 거고……

○**증인 김대우** 예, 제가 말씀드린 건 사실을 그냥……

○**백혜련 위원** 잡아서, 그러니까……

○**증인 김대우** 그때 지시받은 용어를 그대로 말씀드리는 겁니다.

○**백혜련 위원** 그러니까 잡아서…… 지금, 맞지요?
　그러니까 이재명, 우원식, 한동훈, 조국, 김민석, 김민웅 등 14명을 빨리 잡아 가지고,

수방사 B1 벙커라는 얘기도 정확하게 한 건가요? 아니면 수방사로 이송……

○증인 김대우 그전에 수방사 B1 벙커가 구금시설로 좋겠다라는 얘기를 했고 그래서 수방사로 이송시켜라라고 했습니다.

○백혜련 위원 그러니까 본인은 B1 벙커로 이송하는 것으로 이해를 한 거지요?

○증인 김대우 예.

○백혜련 위원 그 14명의 명단은 본인이 적었습니까?

○증인 김대우 예, 직접 불러 줬고 여인형 전 사령관이 장관으로부터, 장관님으로부터 들었다……

○백혜련 위원 들었다 그리고……

○증인 김대우 전화를 받았다 하면서 받아 적어라 해서 수첩에서, 제가 직접 한 명 한 명을 받아 적었습니다.

○백혜련 위원 그 14명 명단 적은 것은 지금 수사기관에서 압수해 갔지요, 수첩에 적은 것?

○증인 김대우 예.

○백혜련 위원 언론을 보니까 본인이 적은 14명의 명단과 홍장원 국정원 차장이 얘기한 14명의 명단이 같다 이런 기사가 났던데 정확하게 본인은 그것은……

○증인 김대우 그 내용은 잘 모르겠습니다.

○백혜련 위원 모르겠나요?

본인이 14명을 다 적었고 그것은 지금 수사기관에 압수돼 있다는 거지요?

○증인 김대우 그렇습니다.

○백혜련 위원 그리고 구민회 수사조정과장하고 이런 분들 8명 그룹으로 묶여져 있는 그룹이 있지요? 8명 그룹이 있었다고 하는데, 없었어요?

○증인 김대우 지금 말씀하시는 것은 밑에 있는 수사조정과를 의미하는 것 같습니다.

○백혜련 위원 그러면 그것은 본인은 들어가 있진 않은 거예요, 수사조정과?

○증인 김대우 저희 밑에 실이 3개가 있는데, 안보수사실, 군사기밀수사실, 과학수사센터 이렇게 3개의 실이 있는데 안보수사실 밑에 한 과가 수사조정과입니다.

○백혜련 위원 그 수사조정과의 그러면 8명이, 이번 계엄과 관련해서 실무적인 작업을 한 데가 수사조정과입니까, 그러면?

○증인 김대우 예, 제가 직접 이제 관련된……

○백혜련 위원 지시를 했던……

○증인 김대우 지시를 했던 것은 수사조정과장을 통해서 지시를 했습니다.

○백혜련 위원 수사조정과에만 한 거예요, 이 3개의 과 중에서 그러니까? 아까 그……

　　(발언시간 초과로 마이크 중단)

실 3개 중에.

○증인 김대우 예, 주로 그렇습니다.

○백혜련 위원 그러니까 수사조정과 구민회 수사조정과장에게만 직접 지시를 했다는 거지요?

○증인 김대우 그렇습니다.

○백혜련 위원 그리고 나중에, 그런데 공수처……

1분만 더…… 위원장님, 주실까요?

○**위원장 안규백** 예, 마무리해 주세요.

○**백혜련 위원** 이 공소장에 보니까 더 자세하게 체포조 운용 계획이 나와요. 수사관을 5명, 10명씩으로 해서 25명으로 꾸려라. 방첩사는 혼자 할 수 없고 경찰청·국방부·조사부 인원 같이 해야 된다.

그러니까 이렇게 수사관을 5명, 10명씩 해서 25명을 꾸려라 이런 지시가 있던데 이건 본인이 직접 한 건가요, 아니면 이것도 여인형 사령관이 지시해서 지시를 내린 건가요?

○**증인 김대우** 그 내용은 지금 그 명단을 받기 전에 합동수사단…… 계엄사가 구성이 되면 그 밑에 합동수사본부가 구성이 됩니다. 그 밑에 합동수사단이 꾸려지는데 합동수사단이 꾸려지면 조사본부 그리고 경찰 병력이 저희한테 오도록 돼 있습니다. 그 병력을 꾸릴 때 합동수사본부에 있는 팀을 구성하는 인력을 그렇게 편성을 했던 것입니다.

○**백혜련 위원** 그리고 마지막에 계엄해제 의결이 임박하게 되니까 다른 체포……

(발언시간 초과로 마이크 중단)

⋯⋯⋯

(마이크 중단 이후 계속 발언한 부분)

인원은 취소하고 일단 이재명, 우원식, 한동훈만 체포하라는 지시가 내려왔잖아요?

○**증인 김대우** 예.

○**백혜련 위원** 그것도 여인형 사령관이 지시를 해서 전파를 한 건가요?

○**증인 김대우** 예, 저한테 직접 전화가 왔고 중간에 출동조를 출동시키는 과정에서 한 6~7개조 정도 출동시켰을 때 전화를 받고 다시 전파를 했습니다. 지금까지 14명 명단은 다 잊고 3명만 집중을 해라라고 해서 불러 주신 3명만 전파를 했습니다.

⋯⋯⋯

○**위원장 안규백** 수고하셨습니다.

강선영 위원님.

○**강선영 위원** 차관님, 합참의장이 지금 이석을 해서 부득이 여쭤보겠습니다.

합참에서는 최근에 다영역작전과 신설을 검토한 바 있으시지 않습니까?

○**증인 김선호** 예, 있습니다.

○**강선영 위원** 다영역작전이라는 건 뭔지 좀 간단히 설명해 주시겠습니까?

○**증인 김선호** 그것은 저희의 전통적인 물리적인 전장 영역인 지상·해상·공중이라는 영역 외에 사이버 또는 인지라는 새로운 영역들이 전장 영역으로 등장하면서 이것들을 다 통합한 영역을 다영역이라고 정의하고 있습니다.

○**강선영 위원** 따라서 이와 같은 전쟁영역이 발전하면서 군사 선진국들은 재래식 군사력에 의한 물리적 충돌이 발생하기 전에 이러한 회색지대 위협에 효과적으로 대응하기 위해서 초당적으로 범정부적인 노력을 하고 있습니다. 이는 평시작전의 중요성이 사실은 실제 전장보다 더 중요하다고 생각하는데 우리 군이 이와 같은 허위와 조작 정보를 차단하고 군이 정말 순수한 적에 대한 정보를 획득하기 위한 어떤 노력을 경주하고 계십니까?

○**증인 김선호** 그런 거에 대비해서 합참의 조직 개편이 들어왔고 거기에 다영역작전이라는 이런 것도 있고 또 국방부, 국방 관련 여러 가지 기관들이 그런 영역에서의 작전수

행에 대한 연구, 분석 이런 조직들에 대한 준비들을 해 나가고 있습니다.

○**강선영 위원** 제가 이런 말씀을 드리는 건 어제 복수의 국내 언론에서 포린폴리시라고 하는 외신 보도를 인용해서 '트럼프의 윤석열 정부, 대통령을 도와줄 생각은 낮고 오히려 유력한 대권 주자인 이재명 민주당 대표와 더 맞다. 한국의 보수 정치인들은 윤 대통령의 권위주의적 도박을 마치 중국의 간섭에 맞서기 위한 움직임이라고 왜곡하고 트럼프에게 도움을 요청했다' 등의 가짜 뉴스를 줄지어 보도했습니다. 알고 보니까 포린폴리시라는 공식 보도가 아니고 서울에 거주하는 미셸 김이라는 한국인이 기고한 것을 가지고 인용한 겁니다. 이는 극도의 편향성을 가진 한국인이 미국의 극좌 매체에 기고해서 이를 마치 외신의 일반적인 평가라고 둔갑한 거라고 생각합니다. 그리고 국내 언론사가 이를 무분별하게 인용한 거지요.

이러한 방식이 정보통신 기술의 발달과 연계해서 언론매체·소셜미디어 등을 활용한 사이버 영향공작의 핵심 전술로 확대되고 있습니다. 그래서 우리 군과 국가안보도 이 비상계엄이라는 엄중한 시기에 이러한 방식의 영향공작으로 얼마든지 침해를 받을 수 있습니다. 예를 들어서 이번 계엄에, 제가 확인했지만 '장갑차가 투입됐다', '수십만 발의 탄약이 불출되었다', '서북도서 정상적인 작계시행훈련이 북풍 공작이다', 이러한 정치인들의 무분별한 주장이 그대로 옮겨져서 언론사에 보도되면서 군인들이 위축되고 사기가 저하되고 있습니다.

그래서 지난번에도 말씀드렸지만 이와 같은 것은 실제 계엄이라는 상황과 관계없이 북한의 공작, 하이브리드전, 중국의 초한전에서 나오는 전형적인 심리전의 형태라고 생각합니다. 그래서 이러한 다영역작전을 신설 등을 하는 그 시기에 맞춰서, 제가 볼 때 이러한 부분들 국방부가 정말 신경 쓰시고 군에도 이러한 영향이 확산되지 않도록 노력해 주십시오.

○**증인 김선호** 예, 위원님 말씀하신 대로 또 관심 경주하겠습니다.

○**위원장 안규백** 수고하셨습니다.

민홍철 위원님.

○**민홍철 위원** 우리 비서실장님 여전히 대통령을 모시고 있을 건데, 면회는 갔다 오셨나요?

○**증인 정진석** 예, 1월 31일 날 잠시 뵙고 왔습니다.

○**민홍철 위원** 뵈셨지요?

이번 정부 수립 이후에 지금까지 우리나라에서 발생한 쿠데타와 군사반란, 내란이 한 일곱 번 정도 됩니다.

그런데 이번에 12·3 내란이 특징이 있어요. 제가 주장하기는 기동타격형 비상계엄이고요. 그다음에 5·16 쿠데타나 12·12 군사반란 또는 5·17보다는 그때는 국회를 직접적으로 군 병력을 동원해서 진입을 안 했습니다. 5·16이나 12·12나 5·17은 국회 외곽에서 병력으로서 통제를 했고 국회 자체를 해산을 하는 데 지나지 않았습니다. 이게 엄청난 큰 사건이라고 저는 생각합니다.

그리고 우리 실장님께서는 대한민국 검찰을 신뢰하시지요?

○**증인 정진석** 예, 그렇습니다.

○**민홍철 위원** 아까 우리 실장님께서 주장했던 윤석열 대통령이 계엄을 실시한 이유,

과도한 야당의 입법 독재, 예산 삭감, 빈번한 탄핵소추 그다음에 부정선거 의혹 등 이 문제에 대해서 대한민국 윤석열 정부의 검찰은 비상계엄 요건이 안 된다. 헌법상의 비상계엄의 요건이 안 된다. 그리고 특히 포고령 1호에 의해서 국회를, 기능을 마비시키려고 했고 중앙선거관리위원회에 군 병력을 투입했기 때문에 이것은 국헌 문란이고 내란이다. 이렇게 결론을 내서 기소를 했습니다. 알고 계시지요?

○증인 정진석 검찰의 기소장에 나와 있는……

○민홍철 위원 그렇게 얘기하시겠지요.

○증인 정진석 공소장에 나와 있는 내용은……

○민홍철 위원 그렇게 얘기하시겠지요.

○증인 정진석 검찰의 주장……

○민홍철 위원 검찰의 의견이다 이렇게 말씀하시겠지요. 그러나 이 정도 되면 최소한 윤석열 대통령이 대국민에 대한 사과를 해야 됩니다.

　비서실장님께서도 정말 4선 이상의 중진 정치활동 하셨고 의원도 지내셨어요. 그리고 현재 대통령을 보필하는 비서실장으로서 계십니다. 책임이 크지요. 최소한 어떤 변명도 필요 없지 않습니까? 뭐 평화적 계엄이다, 국민을 계몽하기 위해서, 국민에게 알리기 위해서 어쩔 수 없이 이렇게 했다……

　그렇지만 이러한 상황을 초래하게 된 데에 대해서는 부하들에게, 군사령관들에게 책임을 전가하고 이런 태도를 보이는 이 모습에 얼마나 많은 국민들이 실망하고 계시겠습니까? 현실적인 책임뿐만 아니라 역사에 대한 교훈을 위해서라도 지금 이 정도 되면, 법적인 책임과 정치적인 책임을 당당히 지시겠다고 담화까지 발표하신 마당에 이 정도 되면 비서실장께서 '그래도 이 정도는 대국민 사과라도 하십시오'라고 건의할 용의는 없으십니까?

○증인 정진석 대통령께서는 12·12 담화문을 통해서 국민 여러분들께 사과의 표명을 하신 바가 있습니다.

○민홍철 위원 그런데 그렇게 말씀하시지만 지금 현재 탄핵 심판정에서의 윤석열 대통령의 모습은 전혀 그렇지가 않다 이겁니다. 아무 일도 일어나지 않았다, 그런데 웬 국민들이 이렇게 나를 심판정에 세우고 책임을 묻느냐 이런 태도지 않습니까? 과연 그게 옳을까요?

　정말 정치를 오래해 오셨고 이런 상황 속에서, 여야를 떠나서 그렇습니다. 저는요 이 상황이 제대로 정리가 안 되면 진영을 넘어서 정말 앞으로의 대한민국은 헤어 나올 수 없는 갈등과 정치적인 혼란 속에 빠져들 거라고 저는 우려를 합니다. 그렇게 생각 안 되십니까?

○증인 정진석 위원님 말씀 취지를 제가 잘 알겠는데요. 그러나 우리가 조금 인내심을 발휘해야 된다라고 생각합니다. 어쨌든 저는 지금 계엄 자체를 형법 87조상의 국헌 문란 목적의 폭동이라는……

○민홍철 위원 아니, 그러니까요. 그것은……

○증인 정진석 내란죄로 공식화하는 데 지금 당장은 동의할 수가 없습니다.

○민홍철 위원 그러니까요. 이해를 합니다. 저도 존중을 합니다.

○증인 정진석 그래서 이 모든 사태는 사법적인 판단을 앞두고 있기 때문에……

○**민홍철 위원** 그러니까요.

○**증인 정진석** 사법적인 판단을 받아 보고……

○**민홍철 위원** 사법적인 판단과 탄핵 심판이 다르지 않습니까?

(발언시간 초과로 마이크 중단)

──

(마이크 중단 이후 계속 발언한 부분)

그러면 이 정도 되면 기소가 된 이상, 윤석열 정부의 검찰이잖아요. 거기서 기소가 된 이상 이 순간에서는 그래도 적어도 내 지시에 의해서 출동한 군, 대한민국 군에 대해서는 '국민 여러분, 제 잘못입니다'라는 말씀은 해 주셔야지요.

○**증인 정진석** 기소가 됐다 그래서 그것이 사과의 배경은 될 수 없습니다.

○**민홍철 위원** 아니, 그러니까 너무 현란한, 그것도 변명입니다. 제가 볼 때는 변명입니다.

○**증인 정진석** 아니, 모 야당 대표께서 다섯 가지 사건 12개 혐의로 기소가 됐는데도 사과 한마디 한 적이 있습니까? 그렇지 않습니다.

○**민홍철 위원** 그러니까 그것은 내로남불이고요. 최소한의 책임은 대통령으로서 지셔야 되잖아요. 그게 실망입니다.

○**증인 정진석** 국민들에게, 국민들을 놀라게 하고 불안해 하셨을 점에 대해서 12·12 담화를 통해서 진솔하게 사과의 말씀을 드렸습니다.

○**민홍철 위원** 개구리에게 돌을 던졌습니까? 거기에 지나지 않습니까? 호수 위의 달만 쫓아다니고 있어요? 정말 이것은요 대한민국 정치 발전을 위해서도 그렇고 역사 발전을 위해서도 이 태도가 아닙니다.

이상입니다.

──

○**위원장 안규백** 수고하셨습니다.

곽규택 위원님 질의해 주십시오.

○**곽규택 위원** 비서실장님, 오전에 제가 최상목 부총리께 마은혁 재판관 임명에 대해서 말씀드린 그 질문과 내용 알고 계시…… 기억나시지요?

○**증인 정진석** 예, 그렇습니다.

○**곽규택 위원** 저는 되게 아쉬운 게 국회에서 합의를 했다, 안 했다 그게 기준이 될 수도 없고요. 헌법재판관의 성향의 기준이 될 수도 없고 그래서 정계선 헌법재판관이나 조한창 헌법재판관도 당시에 최상목 권한대행이 임명할 수는 없는 지위에 있는 분들이라고 생각을 합니다. 왜냐하면 한덕수 총리에 대한 탄핵안에 대해서 그 표결이 과연 합법적인 것이냐에 대한 판단이 서지 않고서는 후임 권한대행인 최상목 권한대행이 그런 국가수반으로서의 권한 행사를 하는 것은 할 수가 없는 상태였다고 지금 보고 있고요.

그래서 당시에 만약에 한덕수 총리께…… 아니, 최상목 부총리께 조금 진언을 하셔 가지고 헌법재판소에서 한덕수 권한대행의 탄핵에 대해서 판단을 하기 전까지는 헌법재판관 세 분 다 임명하지 마시라 그렇게 조언을 하는 게 맞았어요. 그랬으면 헌법재판소에서 아마 일주일 안에 한덕수 총리의 그 문제를 판결을 했을 겁니다, 아마. 그런데 지금 두 명은 해 놓고 한 명은 안 하고 있으니까 또 혼란이 오는 것 아닙니까?

그런데 지금 상황에서는 헌법재판소에서 최소한 정계선 재판관이나 조한창 재판관은 마은혁 재판관 임명 안 하는 것에 대해서 잘못이다 이렇게 판결을 할 수밖에 없는 상황이에요. 본인들이 똑같은 과정으로 임명이 됐잖아요. 자기들 부채 의식이 당연히 있겠지요. 결과 나오면 보십시오. 정계선 재판관, 조한창 재판관은 마은혁 재판관 임명 안 하고 있는 것이 잘못이다 이렇게 딱 판결을 할 겁니다. 그건 분명한 거예요.

그래서 비서실장께서 지금 대통령 권한대행에 대해서도 비서실장 역할을 하고 계시는 것 아닙니까? 그렇지요?

○증인 정진석 예, 그렇습니다.

○곽규택 위원 그렇다면 마은혁 재판관 임명은 한덕수 총리에 대한 헌법재판소 판결되기 전까지는 해서는 안 된다 이렇게 조언하는 것이 맞다고 생각을 하고요.

반대로 아까 경찰청의 인사라든지 국방부장관의 인사 이런 부분은 지금 하셔야 되는 상황입니다. 행정수반으로서 행정부 내 인사를 하셔야 되는 상황이에요. 경찰청의 인사의 특징이 시험 승진도 있고 계급정년도 있고 이래 가지고 금년에 지금 승진을 해야 되는 사람들이 지금 다 있는 거예요. 그러면 위에부터 승진을 시키는 인사를 하여야 그 밑에 있는 다른 또 후속 인사가 가능한 것 아니겠습니까?

○증인 정진석 경찰인사 잠깐……

○곽규택 위원 그리고 국방부장관도 지금 차관 계시지만 지금 우리나라 안보 상태가 굉장히 불안한 상황 아니겠습니까? 그러면 어쨌든 간에 국방부장관이라도 임명을 하도록 그렇게 조언을 하셔야 될 것 같아요. 어떠신가요?

○증인 정진석 예, 위원님 말씀 동의하고요.

일단 아까 오전에도 위원님들께서 경찰 인사에 대해서 지적을 해 주셨는데 이번 경찰 인사는 어떤 기습적으로 갑자기 이루어진 인사가 아니고 연말연시에 있는, 오히려 좀 지연된 느낌이 있는 정기 인사입니다. 연말에 퇴직하신 분들, 명예퇴직하신 분들 있어서 공백도 많이 있고요. 경찰조직의 안정을 위해서 불가피한 인사라는 점, 특히 최근에 서부법원 사태도 있었습니다마는 경비·치안 이런 문제에 대해서 공백이 나지 않도록 빨리 치안 질서를 유지하기 위해서 경찰 인사는 매우 불가피하고 필요한 인사였다 이렇게 말씀드리고 싶습니다. 다만 이 인사의 범위를, 고위직을 먼저 하고 순차적으로 하위직까지 이어지는 인사인데 고위직의 범위를 최소화해서 했다는 말씀을 드리겠습니다.

○곽규택 위원 이상입니다.

○위원장 안규백 수고하셨습니다.

박안수 육군총장님, 앞으로 발언대로 좀 나와 주십시오.

○증인 박안수 예, 박안수 대장입니다.

○위원장 안규백 오전의 질의 이어서요.

군 철수 지시를 언제 받았냐는 것이 제가 질문을 드렸던 건데 총장께서는 02시 50분에서 30분 어간, 50분에 가까울 것 같다라고 답변을 하셨습니다. 기억하시지요?

○증인 박안수 예.

○위원장 안규백 그렇다면 정확히 2시 50분에서 3시 30분……

○증인 박안수 3시 30분이 아니라 3시 사이라 그랬습니다.

○위원장 안규백 그러니까 그 어간이지 않겠습니까?

○증인 박안수 예, 50분에서 03시 사이.

○위원장 안규백 그 사이라고……

○증인 박안수 예.

○위원장 안규백 그러니까 30분에서 50분 어간이라고 하니까 어차피 그 시간 어간이 되지 않겠습니까? 어쨌든 2시 50분은 넘지를 않았겠지요?

○증인 박안수 아닙니다. 그러니까 2시 50분에서 3시 사이라고 그랬습니다.

○위원장 안규백 그렇습니다. 그 시간이니까요.

○증인 박안수 예.

○위원장 안규백 그런데 대통령께서는 헌재 4차 변론기일에서 계엄 해제 즉시 군 철수를 지시했다라고 말씀하셨는데 그러면 누가 위증을 하고 있는 것이지요?

○증인 박안수 이틀 전에도 말씀드렸는데 제가 즉시에 대한 개념은 정확하게 잘 모르겠지만 호출하셔서 말씀하신 건 그때고 병력들이 이미 국회로부터 철수했고 또 아까 말씀드린 안보실장님으로부터도 확인했을 때 병력이 안전한 지점에 있고, 제가 부대나 병역 운용계획을 모르니까…… 곧 철수할 것이다 그런 분위기는 계속 있었습니다. 다만 직접 말씀하신 게 그때 말씀하셨습니다.

○위원장 안규백 그러니까 헌재에서도 윤 대통령이 김용현 전 장관한테 질의응답 과정에서 '맞지요?'라고 하니까 아마 '예' 그렇게 제가 기억이 나는데, 그런데 계엄 해제와 동시에 즉시 군을 철수시켰다고 했는데 계엄사령관인 총장께서는 2시 50분이라고 말씀하셨 잖아요.

○증인 박안수 예, 직접 들은 게 그거였습니다.

○위원장 안규백 누가 그러면 위증을 하고 있는 겁니까?

○증인 박안수 그 부분은 저는 사실을 말씀드렸고……

○위원장 안규백 그러면 대통령이 허위로 말씀했다는 거네요?

○증인 박안수 모르겠습니다. 제가 대통령께서 말씀하신 즉시라는 말의 개념을 정확하게 잘 해석을 못 하겠습니다.

○위원장 안규백 아니, 1시 1분에 계엄이 즉시 국회에서 해제됐지 않습니까.

○증인 박안수 예, 맞습니다.

○위원장 안규백 그 해제와 함께 즉시 군 철수도 지시했다 그러는데 지금 2시 50분이라고 말씀하셨잖아요. 또 안 맞잖아요.

○증인 박안수 죄송합니다. 제가 그 부분을 말씀드리기가 좀 어렵습니다. 제가 정확하게 모르는 내용입니다.

○위원장 안규백 알겠습니다.

앉으십시오.

김대우 수사단장님, 앞으로 좀 나오십시오.

한 달 전에 뵐 때보다 상당히 살이 많이 야위었어요.

지난번에 2월 4일 날 여인형 전 방첩사령관이 헌재에 출석해서 김대우 수사단장에게 정치인 체포를 지시했냐라는 질문에 여인형 사령관은 답변을 거부했어요. 기억하시나요?

○증인 김대우 예.

○위원장 안규백 그런데 어쨌든 12월 10일인가요, 우리 국방위가 열렸을 때 본 위원이

단장한테 물어보기를 '14명이 맞나?', '대략 체포가 맞는 것 같습니다'라고 그렇게 말씀하신 걸로 내가 기억이 되고 또 군검찰 공소장에는 '체포의 지시가 있었다'고 명시적으로 답변을 하셨는데 또 그다음에 어떤 회의에 와서는 '그런 워딩이 없었다'라고 진술을 했던 기억이 있어요. 어느 게 맞습니까?

○증인 김대우 제가 좀 전에 답변을 드렸듯이 '잡아서 이송시켜라'라는 지시를 받았고 체포라는 정확한 용어를 쓰지 않았다는 말씀을 드리는 겁니다. 그리고 제가 그 지시를 받고……

○위원장 안규백 체포가 한문이고 잡아서, 잡아들이라는 건 풀어서 쓴 말 아닙니까?

○증인 김대우 그런데 체포라는 것은 수사기관에 있는 사람들은 다 아는데 한 사람을 체포하기 위해서도 일주일, 2주일 이상의 시간이 소요됩니다. 주거지, 동선 그리고 현재 위치 그리고 압수하는 대상을 직장이나 아니면 자가 그리고 휴대폰, PC 등 어떤 대상물을 선정하고 그러한 모든 위치나 이런 것들을 사전조사하는 기간이 필요한데 바로 가서 체포를 하는 것은……

○위원장 안규백 아니, 그러니까 그 말씀은 초등학교에 가서 말씀하셔야 될 내용이고 체포와 잡아들이라는 말은 똑같은 풀이입니다.

○증인 김대우 그리고 그때 당시 상황을 보시면 아시겠지만 저희가 가서 체포를 할 수 있는 상황이 아니었다고 판단을 했습니다. 그래서 수사관들 들어오는 대로 빨리 출동을 시키라고 했기 때문에 전 수사관들한테 한 명 한 명 다 제가 지시를 한 건 '이건 체포가 아니다'라고 말했습니다.

○위원장 안규백 아니, 그러니까 잡아들여라, 체포해라, 어레스트(arrest)해라, 마찬가지 똑같은 말 아닙니까?

○증인 김대우 저희는 그래서 체포가…… 제가 수사관들한테 지시한 것은 '우리는 직접 체포하는 것이 아니다. 거기에 있는 특전사나 경찰에서 체포를 하면 그 신병을 인계받아서 우리는 단순하게 신병을 수방사로 이송시키는 임무만 수행하면 된다'라고 지시를 했습니다.

○위원장 안규백 그러면 잡아들이라는 말은 무슨 말이에요?

○증인 김대우 그것은 여인형 전 사령관이 체포의 개념을 모르고 일단 잡아서 수방사로 이송시키라는 지시로 저는 받아들였습니다.

○위원장 안규백 그러니까 그러면 왜 단장님께서는 군검찰에서는 체포라는 용어를 쓰면서 거기다 명시적으로 답변을 하셨지요?

○증인 김대우 검찰에서 체포라는 용어를 쓴 적은 없고 검찰에서 임의적으로 해석을 그렇게 한 것 같습니다.

 그리고 단순하게 이렇게, 저희 수사관들 전부 다 진술을 했기 때문에 누구 한 명 거짓이었으면 분명히 진술이 나왔을 겁니다. '체포가 아니다. 직접 체포하는 것은 절대 안 돼'라고 얘기를 했고, '절대 민간인과 접촉하지 말고 단독 행동을 해서는 안 된다. 경찰과 합동으로 행동을 해야 된다'.

 그리고 일단 국회 외부에 국민들이 너무나 많았기 때문에, 국민들과 접촉해서는 안 되기 때문에 일단 외곽에서 대기만 해라라는 개념에서 출동을 시켰습니다.

○위원장 안규백 단장께서는 지금 해군 제독이시잖아요?

○증인 김대우 그렇습니다.

○위원장 안규백 해군 용어 쓰는 용어하고 육군 용어 쓰는 용어하고 똑같은 의미지만 다르잖아요?

○증인 김대우 예, 다릅니다.

○위원장 안규백 다르잖아요, 블랙 1, 블랙 2 있듯이?

○증인 김대우 예.

○위원장 안규백 또 육군은 다른 용어를 쓰고?

○증인 김대우 예.

○위원장 안규백 그러면 그 말의 행간을 보면 약간은 다르지만 같은 우리 군으로서 쓰는 용어의 뜻은 다 이해를 하잖아요?

○증인 김대우 예, 그렇습니다.

○위원장 안규백 그러면 '잡아당겨라', '체포해라' 똑같은 그런 의미지 그 의미를 다르게 해석하는 이유가 뭡니까?

○증인 김대우 제가 다르게 해석했다는 것이 아니고…… 제가 그 잡아서, 말씀하신 대로 어떤 체포의 개념으로 저는 받아들이긴 받아들였습니다. 하지만 지시를, 우리가 체포할 수 있는 환경도 아니었고 체포할 수 있는 어떤 그러한 임무가 저희한테 없기 때문에……

○위원장 안규백 예, 알겠습니다.

그런데 수사단장이, 그 공문을 보니까 '최우선 체포 명단', 체포 명단, 분명히 체포 명단이라고 써 있고 그걸 단장께서 아마 부서를, 사인을 한 것 같아요. 그런데 여기서는 지금……

○증인 김대우 그런 적이 전혀 없습니다.

○위원장 안규백 예?

○증인 김대우 체포 명단이라는 것을 본 적도 없고, 저는 받아 적어라 해서 수첩에 받아 적었던 명단 말고는 어떤 서명하거나 사인하거나 한 적은 없습니다.

○위원장 안규백 그것은 방첩사에서 나온 문건에 그렇게 돼 있습니다.

알겠습니다. 들어가도 좋습니다.

저녁 석식을 위해서 21시에 회의를 속개하고, 한병도 간사님하고 한기호 간사님께서는 활동기간 연장 건에 대해서 계속 숙의를 해 주시기 바랍니다.

석식을 위해서 정회를 선포합니다.

(18시42분 회의중지)
(21시02분 계속개의)

○위원장 안규백 의석을 정돈해 주시기 바랍니다.

조사를 계속하도록 하겠습니다.

오후간 회의 시작할 때 양당 간사님께 활동기간 연장과 관련하여 말씀을 드렸는데 어떻게 됐습니까?

○한병도 위원 여당에서는 반대 입장이시고요 야당은 연장을 해야 된다는……

○한기호 위원 의결해 주시기 바랍니다.

○한병도 위원 의견이 안 모아져서……

○**한기호 위원** 아니, 어차피…… 절차대로 하세요. 절차의 합법성이 가장 좋은 겁니다.

○**위원장 안규백** 알겠습니다.

합참의장께서는 아직 지금 행사가 안 끝나서 끝나는 즉시 오신다고 그럽니다. 그걸 좀 참작해 주시기 바랍니다.

○ 의사일정 변경의 건

(21시03분)

○**위원장 안규백** 당초 우리 특별위원회 활동기간을 2024년 12월 31일부터 2025년 2월 13일까지 계획돼 있었습니다마는 잘 아시다시피 여러 차례 실시한 기관보고, 청문회 및 현장조사에서 다수의 증인이 불출석하여 비상계엄 진상규명을 하는 데 미진한 부분이 있고 수사기관을 통해서 그동안의 수사 진행 경과에 대한 보고도 받을 필요가 있다고 판단되어 위원회 활동기간을 연장하고자 하는 것입니다.

---

3. 윤석열 정부의 비상계엄 선포를 통한 내란 혐의 진상규명 국정조사특별위원회 활동기간 연장의 건(위원회안)

(21시04분)

○**위원장 안규백** 그러면 의사일정 제3항 윤석열 정부의 비상계엄 선포를 통한 내란 혐의 진상규명 국정조사특별위원회 활동기간 연장의 건을 상정합니다.

현재 남아 있는 활동기간이 약 일주일 정도 남았습니다. 이것만으로 비상계엄 진상규명을 위한 재발 방지 대책을 논의하기는 시간이 좀 촉박해서 국조특위 활동기간을 15일간 연장하고자 하는 것입니다.

그러면 위원님들 좌석에 배부해 드린 대로 의안 주문 및 제안이유와 같이 우리 위원회 활동기간 연장 건을 본회의에 제안하고자 하는데 이의가 있으십니까?

(「없습니다」 하는 위원 있음)

(「이의 있습니다」 하는 위원 있음)

그러면 이의가 있으므로……

○**박준태 위원** 위원장님, 이것 의사진행발언 좀 하겠습니다. 이걸 지금 여기에서 통과시키시려는 겁니까?

○**위원장 안규백** 예.

○**박준태 위원** 그러면 우리 위원회에서 통과하고 본회의에 상정해서 처리하시겠다는 말씀이십니까?

○**위원장 안규백** 그렇습니다.

○**박준태 위원** 그러면 저희 입장이라도 좀 남겨 놓겠습니다. 발언 기회 주십시오.

○**위원장 안규백** 예, 말씀하십시오.

○**박준태 위원** 국민의힘 박준태 위원입니다.

저는 국정조사 연장의 건에 대해서 반대합니다. 우리 국정조사특위 열심히 일했습니다. 갈등적인 상황에서 위원장께서 잘 이끌어 주셨다고 생각하고요. 매 회의 때마다 10시, 11시, 때로는 12시까지 했었지요. 증인들 불러서 충분히 얘기 듣고 입장도 확인했습니다.

저희가 위원장님 존중해서 항의를 제대로 하지는 않았는데요. 운영 중에 여러 문제점이 있었다는 부분은 짚어야 됩니다.

증인 채택, 간사 협의가 안 됐다고 하면서 야당이 일방적으로 했습니다. 우리 여당에서 신청한 증인 단 1명도 안 받아 줬습니다. 공수처도 안 불러 주고 헌재도 안 나오고 심지어 전문가, 헌법학자들 한두 명 참고인으로 나오게 해 달라고 말씀드렸는데 그것도 안 해 주셨지요. 반면에 참고인으로 민주당 당원을 두 번이나 불렀습니다. 지난 총선 때 민주당 인재 영입됐던 분 참고인으로 불러서……

1분만 더 주십시오.

○위원장 안규백 예.

○박준태 위원 증인으로 채택하자고 했는데 그것도 반대하셨지요. 대통령 망신 주기식으로 동행명령장 발부하고 반대하니까 표결해서 진행했습니다. 또 구치소의 현장 방문 실익 없다고 반대 의사 얘기했는데 야당 위원님들끼리 단독으로 방문하고 오셨습니다.

우리 특위가 진행되는 동안에요 대통령께서 체포되고 구속되고 헌법재판, 헌법심판 진행되고 형사재판도 받고 있습니다. 이런 상황에서 특위가 더 연장되는 게 어떤 헌법재판 또 형사재판에 영향을 미치려는 분명한 의도가 있다 저는 그렇게 생각합니다. 정치적인 활동으로 평가받을 수밖에 없다는 점을 말씀드리고, 그래서 저는 분명히 반대 의견을 남겨 둡니다.

이상입니다.

○위원장 안규백 한병도 간사님.

○한병도 위원 절차 진행해 주시지요.

○위원장 안규백 지금 박 위원님께서 저렇게 말씀을 하셨는데요……

○박선원 위원 저도 한말씀 드리겠습니다, 위원장님.

○위원장 안규백 이후에 증인 채택과 관련해서 여당 간사님과 협의를 해서 여러 가지 상충되는 문제를 좀 해소해 주시기 바랍니다.

○박선원 위원 아닙니다. 저……

○위원장 안규백 잠깐만, 이것 해 놓고요.

이의가 있으므로 제3항 윤석열 정부의 비상계엄 선포를 통한 내란 혐의 진상규명 국정조사특별위원회 활동기간 연장의 건을 표결하도록 하겠습니다.

○박선원 위원 표결 전에 입장 표명부터 해야 될 것 같은데요.

○위원장 안규백 활동기간 연장 건에 대하여 찬성하시는 위원님께서는 거수하여 주시기 바랍니다.

(거수 표결)

○박선원 위원 표결하는데 입장 표명하고 해야 되는 것 아닙니까?

○김병주 위원 끝나고 해요.

○위원장 안규백 반대하는 위원님 표결해 주시기 바랍니다.

(거수 표결)

표결 결과를 말씀드리겠습니다.

재석 17인 중 찬성 11인, 반대 6인. 의사일정 제3항 윤석열 정부 비상계엄 선포를 통한 진상규명 국정조사특위 활동기간 연장 건은 가결되었음을 선포합니다.

활동기간이 약 보름간 연장됐다 하더라도 여러 가지 남은 일정을 감안하면 길다고 볼 수가 없을 것 같습니다. 여야 위원님께서 지금까지 우리 국정조사를 잘 이끌어 오신 만큼 앞으로 성공적으로 잘 마무리될 수 있도록 협의를 잘 해 주시기 바랍니다.

간단히 해 주십시오.

○**박선원 위원** 연장이 반드시 필요하다는 점을 확인코자 합니다.

대통령 동행명령장을 비롯해서 여러 차례 동행명령을 하였음에도 불구하고 딱 1명 동행명령에 응했고 모두 응하지 않았습니다. 현장조사도 삼청동 안가, 용산 대통령실, 한남동 관저 그리고 합참 같은 경우에는 로그 기록 등 반드시 확인했어야 되는데 확인하지 못했습니다. 그리고 대다수, 상당수 증인도 불출석을 했습니다.

또 여당은 부정선거 의혹 부풀리기, 헌재에 시비 걸기, 내란 옹호하기, 증인에게 발언 못 하도록 핍박하기, 결국 내란국조 본래의 목적을 달성하는 것을 방해만 했습니다. 그렇기 때문에 반드시 연장돼야 됩니다.

---

1. 윤석열 정부의 비상계엄 선포를 통한 내란 혐의 진상규명 국정조사 청문회(3차)

(21시10분)

○**위원장 안규백** 그러면 보충질의를 시작하겠습니다.

먼저 추미애 위원 질의해 주시기 바랍니다.

○**추미애 위원** 이진우 수방사령관 앞으로 좀 나오세요.

군인이기 때문에 대통령의 명령을 따를 수밖에 없다라고 자꾸 주장을 하는데 귀관이 말하는 대통령의 명령은 무엇이었습니까?

○**강선영 위원** 위원장님, 안 하신 분들이 있는데요.

○**추미애 위원** 대통령의 명령, 따를 수밖에 없었던 대통령의 명령.

○**위원장 안규백** 계속하십시오.

○**추미애 위원** 저 질의하라는 것 아니었어요?

○**위원장 안규백** 아닙니다. 하십시오.

○**추미애 위원** 다시 시작할게요. 다시 넣어 주세요.

○**위원장 안규백** 예, 그렇게 하시지요. 제가 착각했습니다.

○**추미애 위원** 군인이기 때문에 대통령의 명령을 따를 수밖에 없었다, 거듭 주장을 하던데 그렇다면 대통령의 명령은 무엇이었습니까?

○**증인 이진우** 대통령의 명령은 사실상 물리적으로 직접적인 건 없었고……

○**추미애 위원** 아니, 대통령의 명령이 무엇이었냐고요? 비상계엄이다, 출동하라 그거였습니까?

○**증인 이진우** 그건 국방부장관 지시였고 제가 인식한 것은 계엄선포 관련 대국민담화가 전략적 차원의 지침으로만 이해했습니다.

○**추미애 위원** 그러면 TV 보고, 대국민담화 보고 군을 움직였다 그런 얘기입니까?

○**증인 이진우** 거기서는 군 움직이라는 말은 없으셨던 것 같고 다만 상황 인식을 정확하게 시키신 것 같은데……

○**추미애 위원** 대통령의 명령이 무엇인지 그러면 대국민담화 외에는 없었네요?

○**증인 이진우** 그렇지요.

○**추미애 위원** 그러면 비상계엄은 평시가 전시로 전환되는 건데요. 증인은 거듭 국회로

출동한 부하들에게 소총을 차에 두고 내리라고 명령했다고 했는데요. 그러면 이렇게 전시 상황에서 왜 총을 놓고 내립니까?

○증인 이진우 전시 상황으로 이해하지 않았고 장관님께서 저한테 작전지시로 현장 출동한 다음에 그다음 문부는, 군사적인 건 제 책임이고 제 권한입니다. 그래서 현장에서 상황 평가하고 그다음에 금지 사항으로 국제법, 국내법 차원에서 검토해서 지시한 겁니다.

○추미애 위원 알았어요.

그러니까 아까 국방부장관이 비상계엄 출동과 주요시설 확보를 얘기했다면 이미 총 놓고 내릴 때는 작전 대상이 시민이거나 국회의원임을 안 거예요. 그렇지요?

○증인 이진우 그 반대지요.

○추미애 위원 그러니까 유혈 사태를 생각한 거지요. 위험하다, 총을 들고 가면 자칫 위험하다, 만약에 북한 도발이나 이런 정말 비상계엄 실제 상황이라면 총을 놓고 내려가면 안 되지요. 총 들고 가야지, 완전 무장한 채로.

○증인 이진우 그것 당연합니다.

○추미애 위원 그렇지요?

○증인 이진우 예.

○추미애 위원 그러니까 그게 모순된다는 얘기예요.

이진우 사령관이 경비단장에게 국회의원을 끌어내라고 지시한 부분이나 또 대통령이 총을 쏴서라도 문을 부수고 들어가라, 본회의장으로 가서 4명이 1명씩 들쳐업고 나오라라는 등에 관해서는 어차피 제가 물어봐야 증인은 거부할 테니까 더는 여기에 대해서 묻지는 않겠습니다.

그러나 마지막에 이렇게 당부하겠습니다.

전 수방사령관으로서 부하들에게 그릇된 본보기는 되지 마십시오. 귀관이 수십 년간 군무에 종사해 온 것 우리는 존중합니다. 그렇다면 군의 기강과 또 자신과 군의 명예를 더 이상 더럽히면 안 되는 거예요.

아까 항명죄를 염려했다라고 하시는데요. 군형법상 항명죄는 상관의 정당한 명령에 반항하거나 복종하지 아니한 경우에 해당하는 것입니다. 부당한 명령에는 해당되지가 않아요.

그렇다면 이 부당한 명령이라면 항명죄 적용되지도 않는데 항명죄 때문에 군인이 무조건 명령에 복종해야 한다라면서 자신을 합리화하지도 마시고……

(발언시간 초과로 마이크 중단)

(마이크 중단 이후 계속 발언한 부분)

그릇된 본보기가 되지 마시고요. 만약 그렇게 가면 부하들을 똑같은 상황에서 또 다른 제2차, 3차 위험에 빠뜨릴 수가 있는 겁니다.

당부합니다.

○증인 이진우 위원님 말씀 명심하겠습니다. 그래서 저도 제 부하들 앞에서 절대 문제되지 않게끔 최선을 다하겠습니다.

○추미애 위원 총을 놓고 내리라고 한 건 잘한 겁니다, 하마터면 큰일 날 뻔 했으니까.

○**위원장 안규백** 박선원 위원님 하십시오.

질의하십시오.

○**박선원 위원** 저는 5분짜리입니다. 아까 안 했어요. 3분이 아닙니다.

○**위원장 안규백** 안 하셨나요?

○**박선원 위원** 예.

○**한기호 위원** 아니, 아까 안 했다고 지금 더 줘요?

○**박선원 위원** 아니, 차례가요.

○**한기호 위원** 위원장님, 이건 안 맞지요.

○**박선원 위원** 존경하는 간사님, 차례가 제 차례인데 5분 제 차례를 안 했다고요.

○**위원장 안규백** 제가 이제 파악했잖아요. 3분을 써 넣었잖아요.

왜 그러세요? 3분 써 넣었잖아요.

○**한기호 위원** 위원장님 잘하고 계십니다. 아주 훌륭하십니다.

○**위원장 안규백** 하십시오, 3분.

○**박선원 위원** 김대우 장군 앞으로 잠깐 나와 주십시오.

그리고 아직 시간 넣지 말고요.

이진동 대검 차장도 주목해서 봐 주세요.

(영상자료를 보며)

제가 2024년 12월 7일 토요일 9시 40분 신성범 정보위원장실에서 여인형 방첩사령관과 만나서 여인형 사령관의 진술을 들었습니다. 자세히 한번 봐 주십시오.

방첩사는 합수본부장 임명 대비해서 준비했다. 그리고 노란색 보이시지요? 선포되고 장관 지시 계속 받았다. 짧은 시간에 얼마나 많은 전화가 왔겠나? 군인인데 위기상황이라 장관 지시사항을 이행은 했다. 신중하지 못했다. 합수부 준비가 맞다고 보였다.

그래서 합수부 준비에 집중했었다는 거예요. 수사단장도 이와 관련이 있으십니다.

그리고 저희 인원들은 국회, 선관위에 새벽 1시에 나갔다 이렇게 이야기를 했고요.

그다음 보십시오.

합수부 준비하다가 국회의 의결 보고 1시 30분에 그만해라, 그런데 상황 종료를 정확히 언제 했는지는 불분명하다. 또 병력 철수 지시는 수방사, 특전사가 빠지고 그리고 체포조는 홍장원 선배—홍장원이 육사 43기 그리고 방첩사 여인형 47기지요. 알고 계시지요?—선배가 얘기했는데 장관 얘기 들을 때 사람 이름 이야기했고 미리 메모했는데 어디 있는지도 모르겠고 또 위치 파악하라고 했는데 기억도 잘 안 난다. 장관에게 명단 받았다, 명단.

(자료를 들어 보이며)

이진동 차장께 제가 이것 증거로 드릴 수 있습니다.

그리고 장관 지시 내용도 기억에 남겨 둬라, 이것은 신성범 위원장의 발언이고 '위치파악을 하고 장관에게 우리가 어떻게 하냐고 제가 물었습니다' 이렇게 이야기를 했습니다.

그리고 신성범 위원장이 왜 체포 대상자가 그들이냐 했을 때 왜 그들인지는 기억이 안 난다 그리고 심경은 참담하다, 특히 국민들이랑 부하들께 미안하다 이렇게 이야기를 했습니다. 그러면서도 여전히 합수부장이 될 것 같고 의명 그렇게 될 것이라고 생각을 했다 이렇게 이야기했습니다.

여인형 사령관이 정보위의 신성범 위원장한테 이야기를 했습니다. 저는 정보위 간사로서 그 자리에 있어서 받아 적은 겁니다. 대체로 수사단장이 이해하고 있는 상황과 같지요?

○증인 김대우 제가 아는 부분은 합동수사본부를 구성하는 부분에 있어서 그 부분은 맞는 것으로 확인되는데 다른 것은 잘 모르겠습니다.

○박선원 위원 다른 사항은 김대우 장군은 잘 모르신다 이거지요?

○증인 김대우 예.

○박선원 위원 다만 저쪽에 파견되는 것, 선관위하고 국회에 새벽 1시에 나갔다 이런 건 알고 계시겠네요?

○증인 김대우 선관위는 전혀 몰랐고……

○박선원 위원 그러면 B1 벙커 수감시설 알아봐라 그것만 들으셨습니까?

○증인 김대우 아닙니다. 수방사로 이송하라는 지시와 B1 벙커가 구금시설로 가능한지는 저한테 지시한 게 아니고 제 수사단 밑에 있는 군사기밀수사실장에게 지시를 직접 했습니다.

(발언시간 초과로 마이크 중단)

•••

(마이크 중단 이후 계속 발언한 부분)

○박선원 위원 알겠습니다.

대검 차장께는 제가 증거로 제출할 용의가 있습니다, 이 원본 그대로를.

○증인 이진동 참고하겠습니다.

○박선원 위원 김대우 장군 나중에 또 질문하겠습니다.

수고하셨습니다.

•••

○위원장 안규백 수고하셨습니다.

부승찬 위원 질의해 주십시오.

○부승찬 위원 김대우 단장님, 윤석열 공소장에 따르면 여인형 사령관이 김 단장에게 계엄 선포 30분경인 12월 3일 23시에 국방부장관에게 받은 14명 명단을 신속하게 체포해 수도방위사령부 B1 벙커 구금시설로 이송하라고 명령했다고 적혀 있습니다, 공소장에. 인정하십니까? 체포해, 잡아들여.

○증인 김대우 그 내용이 아마 제가 진술한 내용을 근거로 했을 것 같은데 저는 분명히 잡아서 이송하라는 지시를 받았다고 진술을 했고……

○부승찬 위원 '잡아서 수도사령부 B1 벙커 구금시설로 이송하라' 그렇게 돼 있어요.

○증인 김대우 수방사로.

○부승찬 위원 수방사로.

○증인 김대우 예.

○부승찬 위원 그렇게 했고요.

그다음에 공소장에 또 보면 김 단장이 여 전 사령관에게 전화를 받고 4분 후인 23시 4

분 김 단장이 방첩사령부 수사단장실에서 방첩사 안보실장, 수사조정과장에게 경찰에 호송차와 조사본부에 구금시설을 확인하라고 지시했다고 적혀 있습니다. 맞습니까, 그건?

○증인 김대우 예, 맞습니다.

　그런데 그 직후에 바로 조금 전에 말씀드린 군사기밀수사실장에게 사령관이 직접 그런 지시를 했다라는 이야기를 듣고 그 내용은 그렇게 할 테니 추가적으로 한번 확인해 보라는 차원에서 지시를 했습니다.

○부승찬 위원 그런데 김 단장님께서는, 지난해 12월 10일 날 저한테 답변하신 것 기억하시지요? 사령관이 B1 벙커를 구금시설로 쓸 수 있는지 수사단에 있는 이 실장에게 지시를 했다고 했는데.

○증인 김대우 2실장이 군사기밀수사실장입니다.

○부승찬 위원 그렇습니까?

○증인 김대우 예, 숫자 2 실장입니다.

○부승찬 위원 아, 숫자 2실장. 알겠습니다.

　잠깐 멈춰 주세요.

　됐습니다.

　김주현 수석님, 민정수석 업무를 하다 보면 사람들 이목을 피해야 할 경우가 많잖아요. 그래서 조용하게 만날 일들이 간혹 있으시지요?

○증인 김주현 글쎄요, 뭐 꼭 이목을 피한다는 그런 생각을 해 본 적은 없습니다.

○부승찬 위원 없습니까? 아무 데서나 만나시지요? 그러면 보통 어떤 장소에서 만나요? 집무실에서 만나는 거예요?

○증인 김주현 글쎄요, 제가 그렇게 많은 사람을 만날 기간은 아니었기 때문에……

○부승찬 위원 김 수석께서 이상민 장관에게 전화해서 본인이 안가를 쓸 수 있다고 말했다고 하는데 그게 사실입니까?

○증인 김주현 제가 하여튼 그런 말씀을 들었습니다. 안가를 사용할 수 있다는 말씀을 들어서……

○부승찬 위원 누구한테요?

○증인 김주현 저희 실장님께도 들었고……

○부승찬 위원 어느 실장이요?

○백혜련 위원 말이 바뀌었어요. 지난번만 해도 보좌관이 그냥 해 줬다면서요.

○증인 김주현 아니, 그러니까 그런 말씀을 들어서 쓸 수 있다고 해서 보좌관에게 얘기를 해서 진행을 했다 그런 말씀을 드린 겁니다.

○부승찬 위원 대통령……

　1분만 더 주시기 바랍니다.

○위원장 안규백 예.

○부승찬 위원 대통령비서실에서 안가를 쓸 수 있다고 하면 그냥 쓸 수 있는 겁니까?

○증인 정진석 위원님, 그거는 제가 말씀을 좀……

　대통령께서 저에게……

○부승찬 위원 언제든지?

○증인 정진석 필요할 경우에 안가를 사용할 수 있다고 승인을 해 주셨기 때문에 저하

고 수석들이 가끔 안가를 사용합니다.

○**부승찬 위원** 대통령 없이 그냥 사용해요?

○**증인 정진석** 그렇습니다, 대통령 없이.

○**부승찬 위원** (웃음)

멈춰 주세요.

○**증인 정진석** 사례가 많지는 않은데 대통령으로부터 일단 승인을 받았다는 말씀입니다.

○**부승찬 위원** 알겠습니다.

박종준 경호처장님.

○**윤건영 위원** 경찰에 물어보면 알겠지요.

○**부승찬 위원** 그러니까요. 이게 계속 말이 바뀌는 것 같아서······

○**백혜련 위원** 아니, 김주현 수석도 그날 안가에 처음 갔다고 얘기했는데······

○**부승찬 위원** 대체 안가 관리는 누가합니까?

○**증인 박종준** 경호처장이 관리합니다.

○**부승찬 위원** 경호처장이 관리합니까?

○**증인 박종준** 예.

○**부승찬 위원** 그러면 승인권자가 경호처장입니까?

○**증인 박종준** 제가 승인한다고 보기는 뭐하지만 예를 들어서 수석님들께서 쓰신다고 하면 거기 출입 절차를 해 주라고 제가 지시를 합니다.

○**부승찬 위원** 그 출입 절차를 확인할 수 있어요, 대통령이 사용 안 한 출입절차를?

○**증인 박종준** 지금 비서실장님이 말씀하신 수석들이 쓰라고 한 그 안가는 대통령님께서 주로 쓰시는 안가가 아니고 제가 대기하는 별채입니다. 그 안에서 안가 행사 때 경호처장이 대기하는 별채가 구석에 있는데 그 구석의 별채를 얘기하는 겁니다. 그러니까 대통령님께서 쓰시는 공간이 아닙니다. 그 전에는 조금 쓰셨다가 지금은 거의 쓰시는 공간이 아닙니다. 제가 주로 대기하는 그런 공간입니다.

○**부승찬 위원** 추가질의 하겠습니다.

○**위원장 안규백** 박준태 위원님.

○**박준태 위원** 박종준 처장님 그쪽 발언대에 잠깐 서 주시지요.

저는 좀 다른 질문 드려 볼게요.

대통령 체포 과정에서 경호처가 체포영장집행을 방해했다, 그러니까 위법한 일을 했고 범죄가 성립하니까 수사와 처벌이 필요하다 이런 주장이 있는데요. 저는 동의하지 않습니다.

화면 한번 봐 주시고요.

(영상자료를 보며)

형사소송법 제110조 알고 계시지요?

○**증인 박종준** 예.

○**박준태 위원** '군사상 비밀을 요하는 장소는 그 책임자의 승낙 없이는 압수 또는 수색할 수 없다' 이와 관련해서 법사위에서 책임자 승낙 없이 군사비밀장소에 강제로 들어가는 것이 적합한가라는 위원의 질의에 천대엽 법원행정처장이 형사소송법 제110조가 적용

되는 경우에 적법하지 않을 수 있다 이렇게 답변을 했습니다.

또 책임자의 승낙 없이 영장을 집행하려는 시도를 막는 행위가 적법할 수 있냐라는 질의에도 그런 해석도 가능하다라고 확인을 해 줬습니다. 그러니까 경호처가 출입을 허가하지 않았다면 강제로 들어간 공수처의 영장 집행이 위법할 수 있다 이런 의미입니다.

대통령 체포 국면에서 처장께서 출입을 허가한 적이 있습니까?

○증인 박종준　없습니다.

○박준태 위원　없다면 위법한 집행이 될 수 있다는 그 의미입니다.

다시 정리를 해 보면 적법하게 체포영장이 발부된 것이고 경호처가 출입을 거부한 것도, 승인하지 않은 것도 적법한 것이라면 이건 적법과 적법이 충돌하는 영역이라는 겁니다. 그런데 경호처만 위법하니까 처벌하겠다? 이것 말이 안 되는 얘기지요. 경호처와 공수처 모두 적법한 행위를 했으니까 모두 처벌할 수가 없거나 또는 위법성 논란이 있으니 둘 다 처벌하자, 최소한 이게 맞는 거지요.

그래서 이것 당당하게 대응하시기 바랍니다, 이미 퇴직을 하셨지만요.

○증인 박종준　예.

○박준태 위원　지금 수사받고 계신가요?

○증인 박종준　예, 수사받고 있습니다.

○박준태 위원　그렇습니다. 이거 법리에 따라서 한 정당한 조치다 이렇게 지금 보고 있는 시각이 다수설이에요.

○증인 박종준　저도 그 부분에 대해서, 저희 경호처에 법제관과 법무관이 있어서 체포영장 집행 전에 여러 번 법리 검토를 시켰습니다. 그랬더니 법제관, 법무관 보고가 체포영장 그 자체를 저지할 수는 없지만 체포를 위해서 들어오는 그 수색영장에 대해서, 군사기밀시설에 대해서 시설장의 허가가 없는 경우에 그 수색에 대해서는 진입을 거부할 수 있다 이런 검토를 가져왔습니다.

그래서 저희가 공수처나 국수본 직원들을 정문에서 대기시키면서 안으로 들어오지 않게 하면 물리적인 충돌도 없고 또 공무집행 방해에는 폭행과 협박이 같이 수반돼야 되는데 폭행과 협박이 같이 수반될 리도 없기 때문에 정문에서 대기시키면서 대통령 변호인단과 협의하도록 하는 것이 좋겠다 해서 저도 그렇게 지침을 내렸던 것입니다. 다만 예상치 않게 그 문이 개방되면서 체포조가 관저 안으로 진입하면서 저희가 생각지도 못한 그런 일들이 벌어진 것뿐입니다.

○박준태 위원　수고하셨습니다.

○위원장 안규백　용혜인 위원님 질의해 주십시오.

○용혜인 위원　정진석 증인, 지난 질의에서 말이 계속 바뀌신 거 아시지요? 한덕수 총리와의 통화 시간, 통화 의도, 심지어 한덕수 총리의 지난 1차 청문회 증언과도 다릅니다.

우선 한덕수 총리는 지난 1차 청문회에서 증인과 함께 통화를 하면서 이걸 종료시켜야 한다, 그러니까 우리가 가서 비상계엄 해제를 건의하자라는 전화 통화를 했다고 증언을 했습니다. 그런데 정진석 증인은 직전 질의에서 본인이 대통령의 승인을 받고 국무회의 소집을 하기 위해서 총리에게 전화를 했다라고 합니다. 이 두 가지는 엄연히 다른 의미고요.

지난 질의에서 한덕수 총리와의 통화 시간을 두 번이나 번복을 하셨습니다. 헷갈렸다고 할 수 있을 것 같아요. 그렇게 치고 증인 주장대로 대통령한테 결심실에 가서 비상계엄 해제를 위해서 국무회의를 소집해야 합니다라고 이야기하니 대통령이 그렇게 해야지요라고 고개를 끄덕였다면 한덕수 총리는 왜 비상계엄 해제를 건의하자라는 증언을 합니까? 이 둘 중 한 명은 거짓을 말하고 있는 것 아니겠습니까?

○증인 정진석 아니, 그게 그렇지 않고요. 한덕수 총리가……

○용혜인 위원 그러면 이렇게 묻겠습니다. 만약 증인 말대로 결심실에서 계엄 해제를 결심했으면 김용현 장관 그리고 계엄사령관이 바로 앞에 앉아 있는데 그 자리에서 바로……

○증인 정진석 결심실에서는 계엄 해제 얘기를 한 적이 없고……

○용혜인 위원 계엄 해제해야 되니까 국무회의를 소집해야 된다고 말했고 대통령이 그래서 고개를 끄덕였다고 아까 증언하셨잖아요.

○증인 정진석 아니, 그런 의도를 가지고 갔……

○용혜인 위원 말이 또 바뀌지 않습니까?

○증인 정진석 그런 의도를 가지고 간 것이고 그래서 대통령을 집무실로 모시고 와야겠다라는 거예요.

○용혜인 위원 그러니까 지금 말이 바뀌고 있다는 말씀을 드리는 거예요. 계속 말이 바뀌고 있잖아요.

계엄사령관이 바로 옆에 앉아 있었는데 그 자리에서 바로 철수 지시하면 되지 뭐 하러 3시까지 기다렸다가 철수를 지시합니까? 심지어 박안수 증인은 결심실 회의에서는 비상계엄 해제에 대한 논의가 없었다라고 지난 두 달 동안 똑같이 말하고 있어요. 모든 정황이 정진석 증인이 위증을 하고 있다고 말하고 있습니다.

윤석열 대통령이 1시 30분이 되었는데도 해제할 생각이 없는 것 같아서 신원식 실장이랑 대통령을 만나러 간 거겠지요. 가 봤는데 거기서도 해제하겠다라고 대통령이 명확히 말 안 했을 겁니다.

○증인 정진석 그런 얘기는 한 적이 없어요, 결심실 회의에서.

○용혜인 위원 아까 그렇게 말씀하셨어요.

○증인 정진석 아니아니, 모시고 와서 했다는 얘기지.

○용혜인 위원 그래서 모시고 나오면서 총리에게 전화를 했고 그래서 총리가 넘어왔다, 국무회의 소집하기로 했다라고 하셨잖아요.

○증인 정진석 그거는요 위원님, 저도 민주당으로부터, 시민단체로부터 고발을 당해서 지금 피의자 신분으로 있고 수사 당국의 조사를 받았는데 수사 당국에 다 진술을 한 사항이에요.

○용혜인 위원 아까 오후 질의에서도 지금 저녁 질의에서도 끊임없이 말이 바뀌고 계십니다. '돌아가서 이야기를 좀 하자'라고 하셨겠지요, 계엄상황실에서 나오면서. 그리고 그 앞뒤로 총리한테 전화해서 '계엄 해제 설득해 보자'라고 하신 거잖아요. 그게 아니고서야 총리가 왜 아까 증인의 오후 질의답변처럼 간곡하게 진언을 합니까, 계엄 해제를 하기로 했는데? 그것도 말이 앞뒤가 안 맞잖아요.

○증인 정진석 아니, 당연히 총리가 그렇게 말씀드릴 수 있지요.

○**용혜인 위원** 계엄 해제하자는 대통령한테 계엄 해제하자고 진언을 한다는 게 앞뒤가 맞다고 생각하세요?

○**증인 정진석** 아니, 계엄 해제를 제가 먼저 건의를 드렸고……

○**용혜인 위원** 위원장님, 1분만 더 넣어 주십시오.

○**증인 정진석** 대통령께서 승인을 하셨지만 총리 앞에서는 승인을 안 했으니까 총리도 오셔 가지고 '해제하시는 게 좋겠습니다'라고 말씀을 드린 거지요.

○**용혜인 위원** 총리한테 전화를 해서 총리가 용산으로 넘어온 거잖아요. 총리도 그렇게 이야기하고요.

○**증인 정진석** 제가 전화했지요, 제가.

○**용혜인 위원** 그러니까요.

○**증인 정진석** 제가 전화해서 총리한테 드린 말씀은……

○**용혜인 위원** 대통령이 계엄 해제를 하기로 했으면 와서 그냥 '국무회의를 하자'라고 하면 되는 거지.

○**증인 정진석** 그래요.

○**용혜인 위원** 뭐 하러 와서 간곡하게 진언을 합니까, 계엄 해제를 하자고?

○**증인 정진석** 아니, 총리가 오셔서 대통령님을 뵈었을 거 아닙니까?

○**용혜인 위원** 윤석열 대통령이 비상계엄 해제 이후에 즉시 해제하려고 했다는 것이 거짓말이라는 정황들은 넘쳐흐릅니다. 비상계엄 해제 수용 안 하려고 하는, 그렇게 버티는 대통령을 참모들이 겨우 뜯어말려서 비상계엄 해제가 된 겁니다.

저는 다른 건 몰라도 그건 잘하신 거라고 봐요. 비상계엄 해제하려고 마음먹었으면 뭐 하러 결심실 가서 40분 동안이나 국방부장관이랑 계엄사령관이랑 뭘 하고 있었겠습니까?

○**증인 정진석** 저는 결심지원실에 들른 게 딱 3분입니다, 3분. 다 수사 기록이, 출입 기록이, CCTV가 다 있어요.

○**용혜인 위원** 그래서 고개를 끄덕였다면서요, 이거 해제해야 되고 국무회의 해야 되니까. 아까 그렇게……

　　　(발언시간 초과로 마이크 중단)

···

　　　(마이크 중단 이후 계속 발언한 부분)

증언하셨습니다.

　　증인, 증인도……

○**증인 정진석** 아니, 결심지원실에서는 비상계엄 해제 얘기를 꺼낸 적이 없어요.

○**용혜인 위원** 국민의 대표로서 국회의원을 다섯 번이나 하시고 국회부의장까지 하신 분입니다.

○**증인 정진석** 저는 제 명예를 걸고 지금 사실만 증언하고 있는 겁니다.

○**용혜인 위원** 헌정질서를 문란케 하는 이 내란에 대해서 오랫동안 국민의 대표 역할을 하셨으면서 이렇게 내란 수괴를 비호하실 일은 아니라고 생각합니다.

　　이상입니다.

○**증인 정진석** 아니, 그렇게 억지로 자기 주장을 그렇게 강요하시면 안 되지요.

○**용혜인 위원** 본인의 증언이 계속 바뀌고 있다는 걸 말씀드리는 거예요.

○**증인 정진석** 속기록을 한번 보겠습니다. 증언 바뀌지 않았습니다.

○**용혜인 위원** 예, 저도 보겠습니다. 다 확인했습니다, 아까 영상.

....

○**위원장 안규백** 보충질의하십시오.

　윤건영 위원님 질의해 주십시오.

○**윤건영 위원** 시간 멈춰 주시고, 경호처장님 이쪽 발언대로 나와 주십시오.

　구로을의 윤건영입니다.

　앞선 질의에서 전 김용현 장관이 검찰총장, 대검차장과 비화폰으로 통화했다라는 사실 들으셨지요, 뒤에 앉으셔서?

○**증인 박종준** 예.

○**윤건영 위원** 사퇴하고 민간인 신분에 그렇게 비화폰을 쓰는 게 맞습니까, 김용현 씨가?

○**증인 박종준** 그건 저도 언론을 보고 알았습니다.

○**윤건영 위원** 아니요. 그러니까 그때 당시에 비화폰을 총괄하시는 분이 경호처장님이셨어요. 그게 사리에 맞냐고요. 비화폰 관리를 제대로 하신 거냐고 묻습니다.

○**증인 박종준** 그 당시에 제가 보고받은 건 없지만 비화폰을 민간인이 쓰는 것은 아닌 것 같습니다.

○**윤건영 위원** 잘못된 거잖아요.

　경찰에 출석하실 때, 처장님이 출석하실 때 윤석열 대통령이 뭐라고 하시던가요?

○**증인 박종준** 아무 말씀 못 들었고 저도……

○**윤건영 위원** 하지 말라고 하지는 않았습니까?

○**증인 박종준** 아무 말씀 못 들었습니다.

○**윤건영 위원** 가지 말라고 한 적은 없습니까? 있는 그대로 말씀해 주세요, 처장님. 출석하지 말라고 하신 적 있지요, 그러한 취지로?

○**증인 박종준** 아니, 그런 것 없습니다.

○**윤건영 위원** 2차 체포영장 집행을 앞두고 처장님께서 휴가를 내셨다는 이야기가 있는데 맞습니까?

○**증인 박종준** 예.

○**윤건영 위원** 개인적인 사유로 3일간 내셨습니까, 휴가를?

○**증인 박종준** 3일간 아니고 하루……

○**윤건영 위원** 하루 내셨습니까?

○**증인 박종준** 냈습니다.

○**윤건영 위원** 그것도 되게 좀 이례적이지요, 그렇게 하신 건?

○**증인 박종준** 마음 정리를 하기 위해서 냈습니다.

○**윤건영 위원** 그 마음 정리를 한다는 건 사직을 의미하는 거지요?

○**증인 박종준** 사직과 경찰 출두를 동시에 생각하고 있었습니다.

○**윤건영 위원** 예, 알겠습니다.

　1월 5일 날 처장님께서는 이례적으로 영상 메시지를 내셨습니다. 저도 청와대에 좀 근무를 했었는데 경호처장이 그렇게 공개적으로 입장 표명한 건 제가 역대 경호처장으로 처음 봤습니다. 그게 자의에 의한 입장 발표입니까?

○증인 박종준　예, 그 당시에 저희 경호처 직원들이 너무나 흔들리고 있었고 여러 가지로 어려움을 겪고 있어서 제가 우리 경호처는 정치적 중립성을……

○윤건영 위원　예, 좋습니다. 그때 경호처장이 말씀하신 게 경호처가 개인 사병으로 전락했다라고 이야기를, 전락했다라는 모욕적 언사는 삼가 달라고 하신 적 있지요?

○증인 박종준　예, 그렇습니다.

○윤건영 위원　그러면 처장이 경호처장으로 부임한 이후에 생각 우체통이라는 거 설치한 적 있지요?

○증인 박종준　예, 그렇습니다.

○윤건영 위원　그 생각 우체통이라는 건 경호처 직원들의 의견을 청취하는 건데 그 취합된 의견의 대다수가 김성훈 차장에 대한 비리와 문제 제기였던 거 맞지요? 상당수……

○증인 박종준　여러 가지가 있었습니다.

○윤건영 위원　여러 가지가 아니라 상당수가…… 대다수, 한 80% 이상이 그걸 차지하는 것 아닙니까?

　제가 몇 가지 지적해 볼게요.

　대통령 차량 시승 쇼 그다음에 사십구재 행사에 직원 동원했던 것, 생일축하 이벤트로 전 직원 축하엽서 쓰기, 축하 동영상 찍기, 이런 것에 대한 투서를 쓴 것 아닙니까? 제가 거짓말했습니까, 지금?

○증인 박종준　그 내용과 관련해서 지금 제가 받고 있는 또 그리고 김성훈 차장이 받고 있는 수사와 관련되어 있어서……

○윤건영 위원　아니, 그런 내용이 없으면 없다고 이야기하시면 돼요, 처장님. 제가 방금 예를 든 게 없습니까, 생각우체통 안에?

　제가 드리는 말씀은요 처장님, 바로 경호처를 개인의 사병으로 전락을 시킨 건 김성훈 차장 같은 사람인 거예요. 경호처 직원의 80……

　위원장님, 1분만 주시면 마무리하겠습니다.

○위원장 안규백　예, 마무리해 주세요.

○증인 박종준　존경하는 위원님, 제가 이 자리에서 부하 직원의 허물과 관련된 이야기를 말씀드리는 것은 제 도리가 아니라고 생각합니다.

○윤건영 위원　좋습니다. 그것은 공직자의 도리일 수 있습니다. 하지만 경호처가 개인 사병으로 전락됐다는 말씀을 하시려면 경호처를 개인 사병화시킨 주범을 경호처장으로 계실 때 정확하게 이야기하셨어야지요.

○증인 박종준　제가……

○윤건영 위원　경호처 직원들이 김성훈 차장의 만행과 횡포에 고통스럽고 괴로워한다는 걸 아셨잖아요. 생각우체통이라는 것 만들어서 그런 의견을 취합하셨잖아요.

○증인 박종준　그래서 제가 부임 후에 경호 본연의 업무에 집중하도록 누차 직원들을 교육하고 절대 쓸데없는 일 하지 않도록 그렇게 계속적으로 제가 감독하고 했습니다.

○윤건영 위원　잘하신 겁니다. 그것 잘하셨는데요. 그 뿌리가 지금도 남아 있어요, 김성

훈 차장이.

　제가 처장님…… 그 일은 잘하신 겁니다. 그런데 그 뿌리가, 경호처를 개인 사병화시킨 그 뿌리가, 김성훈 차장이 지금 남아 있어요. 그것을 제거하지 못하고 도려내지 못한 처장님 책임도 결코 가볍지는 않아요. 그래 놓고 왜 이걸 메시지를 외부로 내면서……

　　(발언시간 초과로 마이크 중단)

....

　　(마이크 중단 이후 계속 발언한 부분)

바깥 평계를 댑니까? 외부 평계를 댑니까? 시민들 평계를 대고 공권력 평계를 대냐는 겁니다.

　들어가셔도 됩니다.

....

○**위원장 안규백**　임종득 위원님 질의해 주십시오.

○**임종득 위원**　아까 했는데 또 해도 돼요?

○**박선원 위원**　위원장님, 임종득 위원 사과했어요?

○**임종득 위원**　예?

○**박선원 위원**　사과.

○**임종득 위원**　무슨 사과 얘기를 또 해요, 갑자기.

○**박선원 위원**　아니, 사과했냐고요.

○**임종득 위원**　아까 합참의장한테 질문을 3분을 했어요.

○**한기호 위원**　갑자기 지금 질의하시는 시간에 그러세요.

○**박선원 위원**　간사님, 제가 직접……

○**임종득 위원**　한 번 더 할까요?

○**위원장 안규백**　아, 했구나.

○**임종득 위원**　다음에 하겠습니다.

○**한기호 위원**　아니, 의사진행발언을 얻고 하든가……

○**박선원 위원**　의사진행발언하겠습니다.

○**한기호 위원**　아까 참석을 안 해서 모르시잖아요.

○**박선원 위원**　그러니까 여쭤보는 거예요, 위원장님한테.

○**한기호 위원**　그렇다고 지금 질의하는 시간에 그렇게 얘기하는 게 어디 있어요.

○**박선원 위원**　아니, 질의할 자격이 있는지를……

○**한기호 위원**　기본 예의는 차리고 하세요.

○**박선원 위원**　예의를 지키는 거예요. 아니, 그러면 욕설 듣고……

○**한기호 위원**　아까 참석 안 해서 모르시잖아, 어떤 일이 있었는지.

○**박선원 위원**　욕설 듣고 지금 또 연속 욕설 시리즈가 나오고 있는데 위원장께서 너무 부드럽게 하시는 거예요.

○**한기호 위원**　아까 참석 안 하셔서 모르시잖아요.

○**곽규택 위원**　박선원 위원님, 다 정리가 됐어요, 아까.

○**박선원 위원**　그래서 사과했냐고 물어본 거예요.

○**한기호 위원**　본인이 모른다고 그렇게 얘기하시면 안 되지

○**박선원 위원** 그래서 여쭤보는 겁니다, 간사님. 제가 임 위원한테 직접 그러는 게 아니고……

○**주진우 위원** 발언권 받고 말씀하세요.

○**박선원 위원** 임 위원하고 저하고 잘 아는 사이에요. 그래서 이야기하는 거예요, 지금. 초선이니까 앞으로는 잘해야 될 것 아니에요. 그래서 사과했냐고 여쭤보는 거예요.

○**곽규택 위원** 다 정리가 됐어요.

○**박선원 위원** 사과하셨지요?

○**한기호 위원** 예, 다 됐습니다.

○**백혜련 위원** 임종득 위원은 안 했습니다. 임종득 위원은 안 했어.

○**한기호 위원** 회의 진행하는데 좀……

○**백혜련 위원** 임종득 위원은 안 했어.

○**한기호 위원** 정상적으로 좀……

○**박선원 위원** 이미 사과한 걸로 제가 접수할게요. 됐습니까?

○**곽규택 위원** 오늘 하루 종일 안 계시더만 감이 떨어지셨네.

○**임종득 위원** 마음이 넓으시네요, 보니까.
　　　감사합니다.

○**박준태 위원** 그러니까 위원장님을 도와드리세요, 위원장님을.

○**박선원 위원** 사과하신 걸로 접수하겠습니다.

○**임종득 위원** 접수하세요.

○**박선원 위원** 이제 서로 그러지 맙시다.

○**위원장 안규백** 자, 정리하겠습니다.

○**김병주 위원** 직접 한 것은 한 번도 없잖아. 대리했지.

○**위원장 안규백** 한기호 위원님 질의해 주십시오.

○**한기호 위원** 추미애 위원님께서 아까 질의할 때 대수장에 대한 얘기를 하셨습니다. 대수장은 대한민국을 수호하는 장군들의 모임입니다. 이 대수장 모임이 결성된 것은 2018년 9·19 남북합의 후에 안보에 상당한 위기감을 가지고 장군들이 모여서 안보에 대해서 우리가 역할을 해야겠다 이렇게 해서 만든 단체이고, 법인체가 아니고 등록도 하지 않았습니다.

여기에 관련돼서 노상원이 회원이냐 아니냐 하는 논의가 있는데 회원이 아닙니다. 단지 노상원이는 24년도 2월 달에 후원금을 냈기 때문에, 후원금을 냈다고 본인이 생각하고서 회원이라고 얘기하는 건데 회원이 아닙니다. 회원을 하려면 정식으로 입회원서를 작성해야 되고 또 위원회에서 인정해서 회원 자격을 부여해야 됩니다. 그래서 노상원은 회원이 아닙니다.

부정선거에 대해서는 왜 부정선거 논의가 대수장에서 이야기가 되느냐, 대수장은 기본적으로 부정선거를 공식적으로 주장하거나 부정선거에 대해서 의혹을 제기하거나 하지 않았습니다. 단지 대수장에서 만든 유튜브가, '장군의소리'라는 유튜브가 있습니다. 이 유튜브가 4년 전에 만들어질 때 이때 특정인이 출연을 해서 유튜브에서 부정선거를 주장했던 유튜브가 지금까지 남아 있는 겁니다. 그래서 지금 이야기하고 있는 대수장이 부정선거에 대해서 주장을 했다고 하는 것은 4년 전에 출연자가 이야기한 자료를 가지고 얘기하시는 겁니다. 그래서 대수장은 부정선거와 아무런 관련이 없다. 그리고 대수장이 실질적으로 활동하는 데 있어서 위법하거나 그러지 않습니다. 그래서 미리 좀 말씀을 드립니다.

○**김병주 위원** 한 위원님, 지금도 대수장입니까?

○**한기호 위원** 아이참, 질의할 때 그러지 말라고 그러잖아요!

○**김병주 위원** 아니, 물어보는 거예요.

○**한기호 위원** 왜 지금 중간에 끼어들어 가지고 자꾸 헛소리를 해요?

○**김병주 위원** 아니, 대수장 예전에는……

○**한기호 위원** 정말 기본적인 예의를 좀 갖추세요.

○**김병주 위원** 아니, 대수장 대변인을 하시니까……

○**한기호 위원** 아니, 기본적인 예의를 좀 갖추세요!

○**김병주 위원** 계속하세요.

○**한기호 위원** 아니, 과거에 근무 인연이 있다고 하면서 저하고 아까 본인의 입으로 1년 6개월을 같이 근무했다고 했지 않습니까?

○**김병주 위원** 아니, 대수장이……

○**한기호 위원** 아니, 그걸 왜 중간에 끼어들어서 얘기하냐 이거예요!

○**김병주 위원** 제가 끝나고 얘기할게요.

○**한기호 위원** 개별적으로 나와서 저한테 물어봐요, 그러면.

○**김병주 위원** 끝나고 얘기할 테니까요.

○**한기호 위원** 정말 왜 이렇게 기본 매너도 안 지키고 하십니까?

○**위원장 안규백** 질의하십시오. 질의하십시오.

○**한기호 위원** 위원장님이 똑바로 못 하니까 그렇지요. 좀 똑바로 하세요, 위원장님.

（「시간을 다시 주세요」 하는 위원 있음）

○**임종득 위원** 시간 다 가 버렸네.

○**한기호 위원** 정말 이게 기분이……

○**임종득 위원** 시간 좀 더 주세요.

○**위원장 안규백** 1분 드리세요.

○**한기호 위원** 그냥 정상적으로 진행하려고 해도 왜 중간에 끼어들어요? 아니, 그렇게 재선 의원이 그런 매너도 없어요?

○**위원장 안규백** 아이, 한기호 위원님.

○**한기호 위원** 아니, 왜 저를 나무랍니까?

○**임종득 위원** 끼어들지 마세요.

○**한기호 위원** 아니, 왜 끼어든 사람한테 얘기 안 하고 저를 나무라요, 위원장님? 나무랄 사람이 따로 있지. 참 이해할 수 없고……

○**김병주 위원** 총선 때 대수장이 선거에……

○**한기호 위원** 끼어든 것 사과하세요, 김병주 위원.

○**민홍철 위원** 제가 대신 사과하겠습니다.

（「이건 사과할 것은 아니네」 하는 위원 있음）

○**부승찬 위원** 대신 사과 많네.

○**한기호 위원** 중간에 끼어들어 가지고 말이야, 그러면 안 돼요.

○**김병주 위원** 너무 아프신가 봐요, 대수장 했던 것이.

○**위원장 안규백** 자, 위원님들 지금……

○**한기호 위원** 저는 대수장 회원이 아닙니다.

○**김병주 위원** 옛날에 했잖아요.

○**한기호 위원** 옛날에 제가 언제 했어요? 왜 이럽니까, 지금?

○**위원장 안규백** 아니, 김병주 위원님, 끼지 마십시오.

○**김병주 위원** 알겠습니다.

○**위원장 안규백** 끼지 마십시오.

○**김병주 위원** 예.

○**한기호 위원** 시간을 주세요.

　저는 대수장 회원이 아니고 들어간 적이 없어요.

○**위원장 안규백** 아니, 지금……

○**한기호 위원** 그런데 왜 지금 그러십니까?

　대수장의 회원들 중의 많은 사람들이 제 동기를 포함해서 제가 아는 사람이지요, 그리고 제가 모셨던 분이 지금 대수장 회장을 하고 있고.

○**위원장 안규백** 아니, 한기호……

○**한기호 위원** 그래서 추미애 위원님이 질의하니까 내용을 확인해서 지금 얘기하는 것 아닙니까? 어떻게 저보고 과거에 대수장 회원 아니었냐고 이렇게 얘기해요, 알지도 못하면서? 인격적인 모독이지, 이건.

○**김병주 위원** 하세요.

○**한기호 위원** 기본도 없어요?

○**위원장 안규백** 자, 마지막……

○**한기호 위원** 이건 정말 도저히…… 어떻게 이럴 수 있습니까?

　(「진행해 주십시오」 하는 위원 있음)

○**민병덕 위원** 끼어든 것에 대해서 우리 두 민 위원이 사과드리겠습니다.

　죄송합니다.

○**한기호 위원** 아니, 어떻게 이럴 수 있어요?

○**김병주 위원** 계속하세요.

　미안합니다.

○**위원장 안규백** 1분 드리세요.

○**한기호 위원** 저는 대수장 회원이 아닙니다.

　아까 용혜인 위원님이 계엄 해제 결심수립실에서 했느냐 하고 얘기를 했는데 다시 한번 실장님, 정리해 주시기 바랍니다.

○**증인 정진석** 제가 12월 4일이 되겠네요, 4일 1시 반이 넘어서 신원식 안보실장하고 대통령을 좀 집무실로 모시고 와야겠다라고 해서 합참 벙커에 가서…… 그 결심지원실이라는 건 나중에 언론 보고 명칭을 제가 알았습니다, 처음 가 보는 데니까.

　갔더니 계엄사령관과 김용현 장관이 계셨고 대통령이 뭔가를 좀 읽고 계셨는데 제가 앉자마자 '실장님 오셨어요' 그렇게 대통령님 말씀을 하셨고 '대통령님, 집무실로 가시는 게 좋겠습니다' 이 말씀만 제가 드렸고요. 대통령님은 '그럽시다'라고 말씀하시고 저하고 신 실장이 입구 쪽에 기다리고 있었고 대통령이 한 1분 뒤에 나오셔서 모시고 온 게 다입니다. 그 출입 기록과 CCTV가 다 수사기관에 제공이 되어서 분초까지 나오고 있습니다. 제가 계산해 보니까 신원식 실장과 제가 합참 지하에 머문 시간이 딱 3분이 채 안 되더라고요.

그래서 대통령님 집무실로 모시고 와서 '이제 계엄 해제하시는 게 좋겠다. 국회에서 해제 요구 결의안이 채택되면 지체 없이 해제하도록 되어 있습니다'라고 했고 대통령님께서 고개 끄떡끄떡하시면서 '알았다' 해서 제가 '국무회의 소집하겠습니다' 이렇게 말씀을 드리고 제가 옆에 대접견실로 와 가지고 총리께 전화를 드린 것입니다. 그게 다입니다. 그리고 총리도 오셔서 계엄 해제하시는 게 좋겠습니다라고 진언을 드리고 대통령도 다 결심하신 상태에서 맞이하신 거고요.

제가 오늘 국정조사 증인으로 와 가지고 제가 이런 이야기를 거짓 증언을 할 하등의 이유가 없지 않겠습니까?

○**위원장 안규백** 한기호 위원님께서 대수장 회원도 아니시면서 대변인처럼 말씀하시길래 아마 그런 얘기가 나온 것 같은데 그 점 김병주 위원님 유념해 주시기 바랍니다.

그러면 순서에 의해서 주진우 위원님 질의해 주십시오.

○**주진우 위원** 민정수석님, 잠시만 여쭙겠습니다.

국민 누구나 어떤 사람의 증언이 불리하게 적용될 수 있을 때 반대신문권 보장은 우리 헌법의 핵심 가치입니다. 그렇지요?

○**증인 김주현** 예, 그렇습니다.

○**주진우 위원** 특히 형사재판의 경우에는 반대신문권 보장이 핵심 중의 핵심이고 국정조사나 국정감사가 수사나 재판에 영향을 미쳐서는 안 된다 이렇게 명시되어 있지요?

○**증인 김주현** 예, 법률에 규정이 있는 걸로 알고 있습니다.

○**주진우 위원** 탄핵재판도 예외는 아닙니다. 그렇기 때문에 헌법재판소법상 형사재판이 진행되면 탄핵재판을 정지할 수 있도록 규정하는 건데 그것이 일반적으로 형사재판의 절차적 방어권을 보장해야 되니까 그런 규정을 두고 있는 것이지요?

○**증인 김주현** 예, 그렇게 알고 있습니다.

○**주진우 위원** 충분하지는 않지만 현재 헌법재판소가 증인을 불러서 아주 극히 일부의 반대신문권이 보장되니까 이 핵심 증인들의 진술이 오락가락하기 시작했습니다.

(안규백 위원장, 한병도 간사와 사회교대)

오늘 보도도 됐는데요. 김현태 707특수임무단장 같은 경우에 2024년 12월 9일에 처음 기자회견을 했을 때는 특수전사령관한테 전화가 와서 '국회의원이 150명을 넘으면 안 된다. 끌어낼 수 있겠느냐' 하는 뉘앙스로 통화를 했다라고 했다가 오늘 있었던 헌법재판소 6차 변론에서는 '국회의원을 끌어내라는 곽종근 전 특전사령관의 지시는 없었고 그렇게 할 수도 없었다' 이렇게 또 진술을 바꿨어요.

또 두 번째로 이진우 전 수도방위사령부 사령관도 마찬가지입니다. 검찰 조사에 보면, 굉장히 보도가 많이 됐어요. '총을 쏴서라도 문을 부수고 들어가서 끌어내라', '네 명이 한 명씩 들쳐 업고 나와라', '문 부수고 끌어내, 총을 쏴서라도 문을 부숴라' 이런 얘기들을 굉장히 여러 차례 증언을 했는데 실제 어제 있었던 헌재 5차 변론기일에서는 아예 그냥 명시적으로 증언하고 한 선서의, 그러니까 증언 선서를 하고 난 다음에 '윤 대통령과 김용현 전 국방부장관에게 지시받은 바 없다'라고 명확히 증언을 했습니다.

여인형 전 방첩사령관도 마찬가지입니다. '대통령 지시가 있었다', 초기에 이런 식의 언론 인터뷰를 했었는데 이게 지금 현재로서는 '김용현 장관이 체포 대상자라고 확정적으로 말한 적 없다' 이런 식으로 어제 또 헌재 5차 변론기일에서 얘기를 했습니다.

이게, 지금 수사기관에서는 반대신문권이 보장 안 되고 일방적으로 그냥 수사만 하는 것이지요?

○증인 김주현　예, 그렇습니다.

○주진우 위원　재판 과정에서 반대신문권이 보장되면 어느 사건에서나 전부 이런 식의 진술 번복이 있게 되고 진술이 번복되거나 하면 진술의 신빙성을 의심받는 겁니다.

그런데 지금 현재 헌법재판소의 제일 큰 문제는 반대신문권 보장이 어설퍼요. 한 시간 반이니까 윤석열 대통령에게 부여되는, 변호인단에 부여되는 시간은 90분에 불과합니다. 형사재판에서 이렇게 제한된 반대신문권 보장은 하는 경우가 없는데 어떻게 보십니까?

○증인 김주현　지금 말씀하신 것과 같은 것은 수사기관에서의 진술이 서류, 조서의 형태로 법관에게 심증을 갖게 하는 그런 것들을 막고 공판정에서, 그러니까 공판중심주의 이렇게 가능성 얘기를 하는데 증인들의 직접적인 진술을 통해서 법관이나 재판관들이 심증을 형성하라, 그런 형사소송이나 하여튼 대원칙이라고 생각을 합니다.

그래서 헌법재판의 경우에도 그런 반대신문권이 보장되지 않은 서류를 바로 증거로 쓰는 것은 지극히 위험한 거다, 반대신문권이 충분히 보장이 돼서 충분히 재판관들이 심증을 얻을 수 있도록 재판이 진행이 돼야 된다 이렇게 생각하고 있습니다.

○주진우 위원　이상입니다.

○위원장대리 한병도　수고하셨습니다.

다음, 장동혁 위원님 질의해 주십시오.

○장동혁 위원　안보 1차장님 잠깐 앞으로 나와 주시겠습니까?

○증인 김태효　예, 나왔습니다.

○장동혁 위원　차장님, 2023년 6월 초에 정보 당국 관계자들과 육군첩보부대를 방문하신 적 있습니까?

○증인 김태효　예, 그걸 특수정보부대라고 부르는데요. 23년 6월 1일 날 갔다 왔습니다.

○장동혁 위원　23년 6월 1일 날이요?

○증인 김태효　예.

○장동혁 위원　목적이 특별히 있었습니까?

○증인 김태효　국가정보원에서 근무수당 예산을 지불합니다. 몇 년 동안 정체돼 있다 그래서 가서 격려 방문을 하면 인상하는 데 좋은 계기가 될 것이라고 건의가 와서 찾아가게 되었고, 대통령은 이런 실무적인 얘기를 아실 필요가 없어서 보고를 드리지 않고 갔다 왔습니다.

○장동혁 위원　2023년 6월 1일 날 방문한 것, 그러면 계엄 선포일로부터는 1년 7개월 전인데 지금 이것이, 격려 방문이 그때부터 이미 내란 획책 목적이 있었다 이렇게 문제 제기를 하고 있는데 그러면 지금 그런 문제 제기는 전혀 상관이 없는 것이고 격려 방문 목적이었다는 것이고요. 그리고 대통령께서도 함께 방문할 계획이었지만 취소됐다 그것

도 전혀 사실이 아니고요.

○증인 김태효 그것도 전혀 사실이 아니라 이미 국가안보실에서 언론 공지를 몇 차례 낸 바 있습니다. 전혀 대통령의 방문 계획은 애초에 없었습니다.

○장동혁 위원 그러면 지금 출석해서 진술을 했던 오 모 중령이 속해 있는 팀은 왜 만들었고 또 주된 업무는 무엇이었습니까?

○증인 김태효 2022년 6월에 출범한 팀인데요. 당시에 인수위 시절에, 출범 직전에 국가안보실의 조직 개편을 언론 브리핑을 한 바 있습니다. 문재인 정부의 국가안보실의 7개 비서관실 규모를 그대로 유지하면서 조정을 하다 보니까 경제안보비서관을 신설하게 됐습니다. 그래서 정보융합비서관이 한 여덟아홉 명 규모가 되는데 그걸 빼다 보니까 아쉬워 가지고 소규모의 정보융합팀을 그때 만든다고 언론에 알렸고 그래서 이것을 국가위기관리센터에 넣게 됐습니다. 이유는 이 센터에 국방부나 정보부서의 정보들이 모이는 곳이기 때문에, 그러나 관리는 해외 정보 그리고 대북정책을 제가 담당을 하게 돼 있기 때문에 이 팀을 운영하는 것은 제가 맡겠다 이렇게 해서 승인을 받고 시작했습니다.

○장동혁 위원 그러면 정보융합 TF를 위기관리센터 내에 만들었다는 것인데……

○증인 김태효 그렇습니다.

○장동혁 위원 이 정보융합 TF가 대통령께 직접 보고하는 비밀 TF가 맞습니까?

○증인 김태효 보통 비서관들도 대통령께 직접 보고할 기회가 드물어서 이 팀은 사실 2급 이하의 실무진이기 때문에 제가 주로 한두 달에 한 번씩 보고를 받고, 국가안보실장이 그동안 네 번 바뀌었습니다마는 오실 때마다 업무를 브리핑드리고 또 때때로 같이 보고를 드렸고 또 2차장도 센터를 관할하고 인원에 대한 평가는 하기 때문에, 또 2차장이 세 분이 바뀌었습니다. 그럴 때마다 가서 설명을 드리곤 했었습니다.

○장동혁 위원 1분만, 30초…… 마무리하겠습니다.

○위원장대리 한병도 예, 마무리.

○장동혁 위원 그러면 지금 차장님 말씀을 정리하면 2023년 6월 1일 날 육군첩보부대 방문했던 것과 관련해서 1년 7개월 전에 있었던 이 일을 가지고 그리고 이 조직을 가지고 계엄과 연결시키거나 내란과 연결시키는 것은 전혀 사실과 다르다 이렇게 결론지으면 되겠습니까?

○증인 김태효 팀원뿐만 아니라 저조차도 계엄을 사전에 몰랐기 때문에 전혀 연결이 안 되고요. 다만 소수의 TF 인원들이 정보나 공작 경험들이 있기 때문에 안보실 내에서 사실상 터놓고 활발하게 누구한테나 인사를 하면서 교류하기가 좀 어렵습니다. 그래서 신비한 팀처럼 이렇게 오해를 할 수가 있는데 실질적으로는 정보분석팀이라고 보시면 되겠습니다.

○장동혁 위원 예, 들어가셔도 좋습니다.

질의 마치겠습니다.

○위원장대리 한병도 수고하셨습니다.

다음은 김병주 위원님 질의해 주십시오.

○김병주 위원 저 개인적인 거라서 얘기 좀 2분만 하고 하겠습니다, 신상발언.

○위원장대리 한병도 예.

○김병주 위원 조금 전에 앞에 있는 한 모 위원님께서 대수장 대변인처럼 말씀하셔서

제가 그 회원 여부를 확인했었습니다. 사실 대한민국수호장군단 모임은 정치적인 색채를 띠고 있습니다.

　지난 3월에 제가 총선을 앞두고 있을 때 제 남양주을 상대 후보, 국민의힘 곽관용 후보 진영에 와서 김병주 낙마 운동을 펼치겠다고 제의를 했었습니다. 그러다가 곽관용, 곽 후보가 받아들이지 않자 곽 후보 지지 선언을 했습니다. 지지 선언한 내용이 역사적·국가적 불행이 닥치는 것을 막기 위해 곽관용 후보를 지지해야 된다. 제가 내란죄라도 하겠다는 겁니까, 내란을 막는 사람인데? 그리고 김병주 후보의 안보의식과 사상에 동의할 수 없다며…… 여기는 여러 가지 있는데 생략하겠습니다. 오히려 해군 예비역 병장인 곽 후보가 투철한 안보관을 가지고 있기 때문에 지지한다, 이러한 단체입니다. 이미 정치적인 색채가 아주 그렇고요. 사사건건 저 하는 것에 대해서 비방하고 있기 때문에 제가, 저는 한 위원께서 초기에 여기에 관여된 것으로 알았는데 그래서 질의를 한 겁니다. 왜냐하면 대수장 모임이나 이런 데 사진에 한 위원을 제가 본 적이 많기 때문이지요.

　사실 대한민국수호장군단 모임은 지금 내란에 관련된 것도 내란으로 규정을 못 하고 있는 것 같아요, 오히려 옹호하는 것 같고. 사실 예비역 선배들이 있어서 제가 이러한 모욕을 당하고도 지금까지는 대수장 언급을 안 했는데 대수장은 하여튼 총선에서 정치적인 중립을 지키지도 않으면서 상대의 같은 장군 출신을 떨어트리기 위해서 상대 후보를 이렇게 하는 말도 안 되는 이런 짓거리를 했던 단체기 때문에 제가 예의 주시하고 있습니다.

　질문하겠습니다.

　김명수 합참의장님, 경계태세 2급을 12월 3일 날 22시 40분 발령했다 했지요?

○증인 김명수　예.

○김병주 위원　발령하고 장관이나 대통령한테 보고했습니까, 발령 여부를?

○증인 김명수　보고하지 않았습니다. 전화로 일단 지시를 했고, 제가 이동하면서 전화로 지통실에 지시를 했기 때문에 아마 그쪽에서…… 제가 직접 보고는 하지 않았습니다.

○김병주 위원　경계태세 2급 정도면 당연히 장관과 대통령께 보고하는 것 아닙니까? 안보실장한테는 보고 안 했나요?

○증인 김명수　상황 계통으로 아마 보고된 것으로 제가 그렇게 알고 있습니다.

○김병주 위원　그러면 제대로 이 업무 수행을 못 한 거네요.

　그리고 지난번에 합참본부장이 존경하는 민홍철 위원님 질의에 경계태세 2급은 비상계엄 때문에 했다라고 얘기를 했어요.

　경계태세 2급 해제는 몇 시에 했습니까?

○증인 김명수　해제는 그다음 날 아침에 비상계엄이 해제되고 상황평가를 하고 그다음 날 아침인가 오전에 했습니다.

○김병주 위원　오전까지 기다렸다 한 거예요?

○증인 김명수　예, 상황평가를 하고……

○김병주 위원　상황평가를 하고 해제하는 게 당연하지요.

　발령할 때 상황평가 했습니까?

○증인 김명수　상황평가 안 했습니다.

○김병주 위원　발령은 더 중요한데, 왜 해제는 상황평가를 하고 하고 실제 발령할 때는

상황평가도 안 하고 이렇게 전군에 경계태세 2급, 실탄을 주고 이렇게 한 거지요?

○증인 김명수　상황을 그때 비상계엄이라는 보고를 받았을 때……

○김병주 위원　그래서 의장님, 경계태세 2급은 북한 도발이나 예전에 보면 동해안 잠수함 사건에서 무장공비 나타나고 엄청난 도발이 있을 때 전군에 실탄까지 지급하면서 하도록 돼 있어요.

　　경계태세 2급 하면서 제한 사항 준 것 있습니까?

○증인 김명수　조치부호를 검토하게 돼 있습니다.

○김병주 위원　조치부호 검토하는데 그중에 제한 사항도 주잖아요. 제한 사항 어떤 걸, 왜냐하면 조치부호대로 하면 모든 실탄들 다 까서 휴대해야 되고 목진지도 점령하고 전부 해야 되면 우리 국민들의 실생활에 너무 불편을 주지요. 그래서 제한 사항을 주잖아요.

○증인 김명수　그러니까 조치 목록 중에서 시행해야 될 것을 선정해서 단편 명령으로 다시 내려갑니다.

○김병주 위원　그래서 그 단편 명령 중에 제한 사항 준 게 뭐예요?

○증인 김명수　단편 명령이 내려간 것이 23시 30분경에 검토되어서 다시 하달이 되게 됩니다. 그래서 지난번에 단편 명령을 육본에서 받았느냐 안 받았느냐 얘기했던 것이 그 이후에, 구두 지시 이후에……

○김병주 위원　그러면 22시 40분에 발령이 됐고……

○증인 김명수　구두 지시로 일단 발령이 되었습니다.

○김병주 위원　그다음에 추가적으로 단편 명령이 내려가고……

○증인 김명수　이제 검토를 해서 단편 명령이 내려갔습니다.

○김병주 위원　이것은 비상계엄을 지원하기 위한 경계태세 2급입니다.

○증인 김명수　저는 그렇게 동의하지 않습니다.

○김병주 위원　이따 추가질의 안 할 테니까 1분만 더 주세요.

○강선영 위원　마지막인데 뭘……

○김병주 위원　아니에요, 오늘 늦게까지 추가질의 있어요.

　　이것은 해서는 안 되는 거예요. 왜냐하면 경계태세 2급은 북한의 도발도 없었고…… 그날 도발이 없었지요? 어디서 간첩 침투한 것 있습니까? 없잖아요, 그날.

○증인 김명수　말씀하시면 제가 답변을……

○김병주 위원　그날 없었지요, 간첩 침투가.

○증인 김명수　간첩 침투 없었습니다.

○김병주 위원　그리고 국내에서 테러가 일어난 것도 아니고 국내에 무장공비가 나타난 것도 아니고 김정은이가 사망한 것도 아니고. 그런데 이런 중차대한 경계태세 2급을 22시 40분에 합참의장이 구두로 판단하고, 생각으로 판단하고 내린 거예요. 이것은 사실 이미 22시 40분에는 윤석열, 저는 내란 수괴로 부르고 싶은데 그 당시 윤석열 대통령이 이미 왜 비상계엄을 하는지 쫙 얘기를 했어요, 반국가세력을 척결하기 위해서 뭐 어떻고 어떻고.

　　그러면 우리 민주당 의원들이나 또 이런 사람이 반국가세력이고 간첩이기 때문에 이 사람들을……

(발언시간 초과로 마이크 중단)

(마이크 중단 이후 계속 발언한 부분)

척결하기 위해 경계태세 2급을 한 겁니까? 이미 비상계엄을 해야 되는 이유가 대통령한 테서 나왔는데 거기에는 북한의 도발도, 어떠한 조건도 안 되는데 조건 없이 경계태세 2 급 한 것은…… 합참의장은 내란죄의 중요 임무 종사자예요. 이것은 수사로 해야 된다고 저는 봅니다. 조건도 안 되는데 엄청난, 전군을 경계태세 2급 한다는 것은 말도 안 되는 거지요. 그래서 사실 비상계엄이 해제가 안 됐으면 그다음 날 전군이 행정기관이라든가 사법기관에 장갑차 끌고 출동할 수 있는 여건을 다 만들어 놓은 거지요.

이상입니다.

○증인 김명수 답변드려도 되겠습니까?

○위원장대리 한병도 예.

○김병주 위원 궤변이면 할 필요도 없어요, 충분히 얘기했으니까.

○증인 김명수 경계태세 2급은……

○위원장대리 한병도 짧게 해 주십시오.

○증인 김명수 예.

적 도발의 오판을 방지하기 위해서 하는 것이고 그리고 내부적인 문제도 지금 파악이 안 됐고 저는 이동하는 상태에서, 상황이 모호한 상태에서 그러면 합참의장이 무엇을 할 수 있느냐? 경계태세를 설정해야지만이 군부대 이동이라든가 모든 것이 통제가 될 수 있는 거냐……

○김병주 위원 합참의장이 뭘 할 수가 있느냐가 아니라……

○증인 김명수 지금 제가 답변드리고 있는 겁니다, 그래서.

○김병주 위원 명예를 걸고 직을 걸고 비상계엄을 막아야 되는 거지요, 안 되면 사표 던지고. 합참의장 국군 1번 군번……

○증인 김명수 그래서 제가 들어오면서 상황을 판단해서 일단 경계태세를 올려야 되겠 다 그래서 경계태세를 올려 가지고 안전 상태를 확보해 놓고 들어가면서 상황을 판단해 서 조치부호를 설정해서 단편 명령으로 하달하게 된 것입니다. 이것이 비상계엄을 지원 하기 위해서 전군을 동원했다, 만약에 그렇게 비약적으로 얘기하신다면 그 당시에 비상 계엄이라는 상황이 있을 때 그런 조치를 안 하는 것이 과연 더 타당한 것인가……

○위원장대리 한병도 조금 요약 정리해 주십시오.

○증인 김명수 그런 측면에서 나온 결과를 가지고 상황의 모호성을 판단하지 않고 얘 기하시는 것은 옳지 않고, 전군이 비상계엄을 지원하기 위해서 2급 태세를 설정했다는 것은 전군이 이 비상계엄에 찬성하고 동의한다 이런 뜻이 될 수 있다는 겁니다. 제가 볼 때는 그런 말씀을 하시는 것은 굉장히 지나치고 제가 받아들일 때는 굉장히 유감스럽게 생각합니다.

이상입니다.

(한병도 간사, 안규백 위원장과 사회교대)

○김병주 위원 이미 작전본부장, 의장의 참모는 비상계엄 때문에 경계태세 2급 했다고 여기에서 증언을 했어요. 합참의장은 경계태세 2급이 얼마나 중차대하고 큰 건지 모르세

요?

○**증인 김선호** 위원장님, 국방장관직무대행으로서 관련해서 드릴 말씀이 있는데 시간 주시면 제가 한 말씀 드리겠습니다.

○**위원장 안규백** 어떤 것 관련……

○**증인 김선호** 경계태세 2급 발령과 관련해서 김병주 위원님께서……

○**김병주 위원** 그것은 다른 질의에서 해요.

○**한병도 위원** 그것은 다른 질의에서 하시지요. 또 나올 거니까요. 왜냐하면 의장님께 질의한 거니까요.

○**위원장 안규백** 알겠습니다. 이따 해 주십시오.

백혜련 위원님 질의해 주십시오.

○**백혜련 위원** 김대우 단장님 다시 앞으로 나오세요.

PPT 띄워 주세요.

(영상자료를 보며)

아까 계속해서 체포라는 단어는 쓰지 않았다고 얘기하는데 이미 수사조정과의 그 단톡방의 단톡원들은 이렇게 쓰고 있습니다. '기존 부여된 구금인원 전면 취소. 모든 팀은 우원식, 이재명, 한동훈 중 보시는 팀 먼저 체포해서 구금시설로 이동하시면 됩니다. 현장에 있는 작전부대를 통해 신병을 확보한 이후 인수받아 수방사로 구금 바랍니다. 포승줄 및 수갑 이용'. 그러니까 밑의 직원들은, 대원들은 다 체포로 이해한 거예요. 그러니까 지금 말장난인 거지요. 잡아 와라, 체포하라. 그것 먼저 말씀드리고요.

여인형 사령관이 계엄이 해제되고 그다음에 그 체포 대상자 이름이 적힌 메모 전부 수거해서 폐기하도록 지시했습니까?

○**증인 김대우** 처음에 상황 벌어진 바로 다음날 처음 폐기하라고 지시를 했었습니다. 하지만 그 내용에 대해서 제가 밑에 있는 실장들하고 토의하고 그리고 의견을 수렴한 결과 그리고 또 제 판단으로 그렇게 폐기하면 나중에 더 큰 문제가 발생할 수 있기 때문에 다시 여인형 전 사령관에게 그것은 폐기하지 말고 나중에 조사를 받더라도 있는 그대로, 100% 사실 그대로 진술하고 받아야 된다라고 건의를 해서 사령관이 그렇게 하라고 지시를 다시 했습니다. 그 과정이 의사소통 과정이라고 저는 생각합니다.

○**백혜련 위원** 그래요? 1차 폐기했다가 밑의 직원들이 반발을 해서 간부들이 다시 체포 대상자 명단을 복기한 것 아닙니까?

○**증인 김대우** 간부들이, 반발한 간부들은 없습니다. 그리고 그게 1차 폐기를 하라고 지시를 했다 한들……

○**백혜련 위원** 아니, 방금 전에 그렇게 얘기했잖아요. 하랬는데 직원들이 폐기하면 안 된다는 의견을 냈다는 것 아니에요.

○**증인 김대우** 한 실장이 의견을 냈고……

○**백혜련 위원** 실장?

○**증인 김대우** 예.

○**백혜련 위원** 어느 실장이요? 실장 한 사람이 낸 거예요?

○**증인 김대우** 실장들이 서로 얘기를 해 보니까……

○**백혜련 위원** 실장들 4명이라고 그랬지요, 아까?

○**증인 김대우** 3명이었습니다.

○**백혜련 위원** 실장들 3명이 다, 그러니까 그게 반대…… 왜 김대우 단장님은 이게……

○**증인 김대우** 그런데 그게……

○**백혜련 위원** 그러니까 반대 의견이잖아요. 사령관이 지시를 했는데 '그렇게 하면 안됩니다' 이런 의견을 낸 거잖아요, 실장들이.

○**증인 김대우** 그런데 그게 그다음 날 잠도 한잠도 못 자고 정신도 없는 상태에서 사령관 지시 사항을 그대로 전달을 했고 그리고 저도 사령관 지시라고 일단 먼저 전파를 하고 난 뒤에 그 내용에 대해서 저 나름대로는 또 과장이나 다른 사람들하고 대화하는 과정에서 그래서는 안 되겠다 하는 차제에 그런 건의가 올라왔고 그래서 다시 제가 '그래, 그게 맞다'라고 해서 다시 건의를 하게 돼서 수용하게 된 겁니다.

그리고 폐기를 하라고 지시를 했다가 나중에 다 폐기됐는지 안 됐는지 확인을 할 수없는 상태에서 다시 과장에게 지시해서 수사관들한테 다 물어봐서 그 명단을 다시 복원을 해라라고 다시 재지시를 했습니다.

○**백혜련 위원** 그러니까 두 가지가 다 있었던 거네요. 일종의 폐기를 하라 해 가지고 했는데 밑의 실장들이……

1분 더 주세요.

○**위원장 안규백** 예, 그렇게 하십시오.

○**백혜련 위원** 지금 단장님 말을 정리하면 폐기하라고 여인형 사령관이 지시했는데 밑의 실장들이 반발해서 그렇게 하면 안 된다, 그래서 그 의견을 전달해서 다시 결국은 여인형 사령관이 받아들이는 과정이 있었고 또 밑의 과장들이랑은 폐기도 일부 했다는 것 아니에요. 그래서 또 복기하는 과정도 있었다. 방금 그렇게 얘기한 것 아니에요?

○**증인 김대우** 예, 그런데……

○**백혜련 위원** 그렇지요? 2개가 다 있었던 것 아니에요?

○**증인 김대우** 그런데 그 과정이, 당장 조사가 들어온다고 해서 그렇게 긴박하게 이루어진 게 아니고 그때 아시겠지만 다들 너무나 이상한 상황이 발생했기 때문에 그다음 날 사후 대책 논의하는 과정에 그런 의견이 나왔고 그런 지시가 나왔고 그렇게 해서 그런 것에 대해서 의견 수렴하는 과정이었고 그렇게……

○**백혜련 위원** 그러니까 좀 이해가 안 가는 게 지금 여인형 사령관이 바로 받아들였으면 폐기라는 과정하고, 폐기와 복원이라는 과정은 없었어야 돼요. 그런데 일부는 그런 과정도……

(발언시간 초과로 마이크 중단)

··

(마이크 중단 이후 계속 발언한 부분)

또 거쳤다는 것 아닙니까?

○**증인 김대우** 예. 그런데 그 폐기라는 게 지금 이 문건…… 만약에 그 명단만 파기한다고 해서 없어지는 것이 아니지 않습니까? 진술로 수사관들이 다 들었기 때문에 그 14명은 당연히 진술로 나올 수 있다고 저는 판단을 했고 그래서 그것도 당연히 복기를 지시했고 나중에 수사기관에 압수될 때 정상적으로 제출된 것으로 알고 있습니다.

○**백혜련 위원** 아니, 그러면 다시 물어볼게요.

수사기관에서 압수해 간 그 체포 대상자 명단이요, 그건 원래 작성됐던 겁니까, 복기돼서 작성된 걸 압수해 간 겁니까?

○**증인 김대우** 원래 돼 있는 것도 있었을 것이고 복기돼 있는 것도 있었을 겁니다.

○**백혜련 위원** 그러면 여러 개가 압수됐어요, 그 체포 명단이?

○**증인 김대우** 그때 압수 당시에는 제가 직무 정지돼서 없었기 때문에 그렇게 무엇이냐…… 복기된 것도 압수됐고 관련된 진술도 확보됐고 그 관련된 명단에 대한 것은 모두 다 진술되고 제출된 것으로 알고 있습니다.

○**백혜련 위원** 지금 명쾌하지가 않은데 이게 일단은 시도됐다고……

○**위원장 안규백** 보충질의로 해 주십시오. 보충질의해 주시고요.

강선영 위원님.

○**강선영 위원** 수방사령관님, 제가 이걸 곽종근 특전사령관하고 같이 좀 질의를 해야 되는데 오늘 안 나와서 혼자 묻겠습니다.

곽종근 전 사령관은 12월 1일 전임 국방부장관으로부터 보안폰으로 국회 등 6개 시설을 확보하고 경계하라는 임무를 받으면서 본인이 계엄이 선포될 것을 사전에 알았다 이렇게 했습니다.

이진우 사령관님은 12월 1일 김용현 전 장관으로부터 계엄 선포를 유추할 수 있는 어떤 지시를 받은 사항이 있습니까?

○**증인 이진우** 없습니다.

○**강선영 위원** 그러면 동일 12월 1일 날은 어떠한 내용도 확인하지 못한 상태였네요?

○**증인 이진우** 예, 여기서는 답변은 못 드리지만 12월 2일 날 다른 얘기를 하신 게 있어서 거기에 대해서 제가 답변드린 건 있는데 없었습니다.

○**강선영 위원** 그러니까 계엄에 대해서는 유추할 수 없었다?

○**증인 이진우** 그렇습니다.

○**강선영 위원** 그리고 계엄 당일 특전사는, 707이 그때 주간부터 훈련 중이었어요. 점검한다고 그래 가지고 훈련 복장을 다 착용하고 있는 상태고 기본 화기를, 개인 화기를 다 갖고 있다 보니까 임무를 받으면서 개인 화기를 다 휴대하고 왔습니다. 그런데 수방사령관님께서는 비무장으로 국회를 진입하라고 지시를 해 갖고 총을 다 두고 왔습니다. 그렇지요?

○**증인 이진우** 그러니까 출동할 때는 정상적으로 똑같이 특전사랑 같이 했는데 이건 제 생각인데 특전사팀들은 멀리서 오니까 현장 상황을 모르지 않습니까? 그런데 저는 제가 먼저 갔기 때문에 현장이 파악이 된 겁니다. 그래서 현장에서 거기서 제 임무를 준 거지요. 총을 차에다 놓고 내려서 이동하라고.

○**강선영 위원** 예, 맞습니다.

그래서 일반인들이 볼 때는 군인이 총을 놓고 왔냐라고 하면 사실 의혹을 품겠지만 저희처럼 군대 생활한 사람들은 군인에게 있어 총은 그냥 늘 갖고 다니는 장비이기 때문에 이걸 갖고 왔어야 한다고 생각하는데 특전사가 갖고 온 것은 제가 볼 땐 일견 그냥 늘 갖고 다니는 군인의 기본 화기.

○**증인 이진우** 그렇습니다.

○**강선영 위원** 그런데 수방사가 놓고 온 게 오히려 저는 왜 어떻게 근거로 비무장을 시켰는지 사령관님의 판단을 듣고 싶습니다.

○**증인 이진우** 그런데 이 부분에 대해서 제가 좀 답변을……

○**강선영 위원** 예, 설명하십시오.

○**증인 이진우** 사실은 총을 내려놓으라고 했을 때 굉장히 힘들었습니다, 마음이. 그 결심이. 왜냐하면 내 부하가 어떻게 될지 모르고 위협이 뭔지 모르는데 총을 두고 나온 다음에 부하들이 문제가 되면 책임을 져야 되지 않습니까?

그래서 사실 그 명령을 내리고 전화가 여러 분이 왔습니다. 장관님이랑 여러 분이 오셨는데. 그래서 제가 거기서 제일 먼저 한 게 '총을 내려놨습니다' 하는 얘기를 드렸습니다. 그런데 계엄사령관님께서 '잘했다'라고 얘기하셔서 그때 사실은 굉장히 심적 부담이 없었습니다. 좀 많이 덜어 놨습니다.

이상입니다.

○**강선영 위원** 사실 개인 화기는 목적이 여러 가지가 있지만 소총 같은 경우에는 사실은 상대 제압도 있지만 자신의 보호가 있기 때문에 개인 화기는 군인에게 있어 개인 장구지요. 그런데 어떤 그런 상황에서 그런 판단을 했고 잘했다는 말을 들어서 위안이 됐다. 이해했습니다.

그다음에 대통령이 계엄을 선포하고 국방부장관으로부터 병력 투입 지시가 하달된 후에 곽종근 전 사령관 지통실에 있었어요. 그런데 아까 이진우 전 사령관님은 현장에 가야 되겠다……

1분만 더 주십시오.

○**위원장 안규백** 예, 마무리하십시오.

○**강선영 위원** 현장에 가야 되겠다라고 말씀하셨어요. 그래서 현장에 나와서 지휘를 하게 된 결심한 이유와 그렇게 하도록 이르게 된 어떤 지시가 있었는지 궁금합니다.

○**증인 이진우** 앞서 말씀드린 건데 대통령님한테는 전략 지침을 제가 해석했기 때문에 상황만 인식됐는데 장관님께서 지시를 했는데 불분명했습니다. '현장 출동했는데 뭐지?'라고. 그러니까 부하한테 임무를 줄 수가 없지 않습니까?

그런데 제가 출동을 시키려고 했더니 부하들이 준비가 안 돼 있었어요. 그래서 제가 먼저 가서 보고 확실히 한 다음에 이 지침 주고 돌아오려고 했는데 가서 보니까 이미 경찰도 있었고 많은 시민이 있었습니다. 그래서 제가 오는 부대들한테 임무를 줘서 '야, 총을 내려놔라' 이렇게 임무를 주고 그다음 단계는 걔네들이 원래 계획대로라면 매뉴얼상 핵심 지역의 외곽 대치선에 배치가 돼야 되거든요. 그러면 그 들어가 있는 단장이 현재 상황이 이렇습니다, 여기서 이렇게 됐는데 어떻게 할까요라고 분명히 상황 평가한 결과를 알려 줄 겁니다, 저한테. 군인이니까. 그러면 제가 그때 임무를 주려고 했는데 그 단계까지 못 가고 임무가, 상황이, 계엄 해제가 된 겁니다.

○**강선영 위원** 잘 알겠습니다.

이상입니다.

○**위원장 안규백** 민병덕 위원님 질의해 주십시오.

○**민병덕 위원** 이진동 차장님, 좀 나와 주실래요.

그다음에 김주현 민정수석님, 제가 잠깐 묻겠습니다.

○증인 김주현 예.

○민병덕 위원 이진동 차장님, 검사들도 비화폰 쓰나요? 비밀 통화폰……

○증인 이진동 저는 이번에 비화폰 처음 들었습니다.

○민병덕 위원 안 쓴다는 거지요?

○증인 이진동 예.

○민병덕 위원 24년 12월 6일 날 어떤 때냐 하면 경찰이 김용현 구속영장을 검찰에 신청했습니다. 그다음에 검찰은 법원에 영장을 청구를 했을 겁니다, 아마.

○증인 이진동 12월 6일 날 말하는 겁니까?

○민병덕 위원 예.

그런데 이때 김용현을 인터셉트합니다. 신병을 경찰에 뺏기면 안 되겠다, 검찰에서 확보해야 되겠다 그렇게 생각을 해서 김용현한테 전화를 해서 접촉을 합니다. 접촉했지요?

○증인 이진동 위원님, 좀 사실과 다른데……

○민병덕 위원 접촉했잖아요. 아까 다 얘기한 것을 가지고 그러세요?

○증인 이진동 김용현 전 장관에 대해서는 저희가 먼저 출국금지를 했습니다.

○민병덕 위원 제가 물을게요. 제가 물을게요.

그래서 김용현 장관하고 통화를 했고 김용현 장관은 윤석열 대통령하고 통화하겠다라고 하니까 윤석열 대통령은 민정수석하고 통화해라라고 해서 민정수석과 김용현이 통화했습니다.

아까 이진동 차장 전화, 먼저 했는지 받았는지 문자 받았는지 이것 확인했습니까?

○증인 이진동 예, 확인했는데 제가 먼저 연락한 게 맞습니다.

○민병덕 위원 문자 왔습니까?

○증인 이진동 제가 먼저 문자를 보내 가지고 통화를 하자고 그랬고 그다음 전화가 온 것으로 확인됐습니다.

○민병덕 위원 예, 알겠습니다.

○증인 이진동 제가 먼저 연락한 겁니다.

○민병덕 위원 더 확인하십시오.

민정수석님, 12월 7일~12월 8일 이 어간에 윤석열 대통령과 통화했지요? 그다음에 김용현 장관하고 통화했지요?

○증인 김주현 김용현 장관하고 제가 통화한 특별한 기억이 없고요. 김용현 장관의……

○민병덕 위원 지금 비화폰 쓰십니까, 자기 폰 쓰십니까?

○증인 김주현 제 전화 씁니다.

○민병덕 위원 확인하시면 될 것 아니에요? 지금도 확인 안 했어요?

○증인 김주현 그러니까……

○민병덕 위원 아니, 확인하시면 되잖아요. 조금 이따가 다시 물을 테니까 확인하세요, 그러면. 스톱.

○증인 김주현 제가 전화기를 바꿔서 지금 확인하기는 좀 어려운 상황인데 이 문제와 관련해서 제가 검찰하고 얘기를 한 적이 없습니다.

○민병덕 위원 됐습니다.

여기와 관련해서 왜 신병을 검찰이 경찰보다 먼저 김용현을 확보하려고 했는가, 설득의 내용이 무엇인가에 대해서 대답을 안 하셨는데 설득을 뭘로 했을까요? 검찰이 우리에게 와라라고 설득을 뭘로 할까요? 수사 범위를 축소하거나 그러기 위해서 설득했겠지요. 그것 아닙니까?

○**증인 김주현** 저는 그 내용을 모릅니다.

○**민병덕 위원** 왜 폰을 증거인멸했겠습니까?

○**증인 김주현** 증거인멸이라고 말씀하시면 그렇고요.

○**민병덕 위원** 잠깐 스톱해 주십시오. 잠깐만 스톱해 주십시오.

이진동 차장님 잠깐만 다시요.

○**증인 이진동** 예.

○**민병덕 위원** 다시 한번 묻겠습니다.

김용현의 신병 확보가 그렇게 절박했던 이유가 뭡니까?

○**증인 이진동** 저희가 처음에 12월 5일 날 수사팀 상황에서……

○**민병덕 위원** 아니, 짧게요. 구속영장 청구해 주면 되는데 검찰에, 경찰에……

1분만 더 주십시오.

경찰에……

○**증인 이진동** 그때 경찰에서 구속영장을 신청한 적이 없습니다.

○**민병덕 위원** 경찰이 검찰에 구속영장 신청한 적이 없어요?

○**증인 이진동** 압수수색영장만 신청했습니다, 제 기억으로.

○**민병덕 위원** 그러면 압수수색영장을 해 주면 되는데 안 해 주고 왜, 본인들이 해야 되는 절박한 이유가 뭡니까?

○**증인 이진동** 그 전날, 12월 5일 날 오전에 저희가 먼저 출국금지를 했고……

○**민병덕 위원** 아니, 전화한 이유가 뭐냐고 묻잖아요. 제가 그것을 묻는 게 아니라 전화한 이유가 뭐였냐고요. 왜 우리한테 오라고 했냐고요.

○**증인 이진동** 제가 오전에 얘기했지 않습니까. 이것은 신병 확보가 제일 중요하기 때문에 저희가 먼저 긴급 출국금지를 시켰고……

○**민병덕 위원** 물을게요.

○**증인 이진동** 그래서 출석시키기 위해서 전화……

○**민병덕 위원** 긴급 체포됐던 김성훈 경호처 차장 풀어 준 이유가 뭡니까?

○**증인 이진동** 그것은 별개의 사건입니다.

○**민병덕 위원** 체포영장이 이미 집행돼서 재범의 우려가 없기 때문이지요?

○**증인 이진동** 예?

○**민병덕 위원** 체포영장이 이미 집행돼서 재범의 우려가 없기 때문이지요?

○**증인 이진동** 처음에 구속영장을 기각한 것을 말씀하시는 건가요?

○**민병덕 위원** 예.

○**증인 이진동** 예, 여러 가지 고려해 가지고 기각한 것으로 알고 있습니다.

○**민병덕 위원** 누가 기각했습니까?

○**증인 이진동** 서부에서 했습니다.

(발언시간 초과로 마이크 중단)

(마이크 중단 이후 계속 발언한 부분)

○**민병덕 위원** 심우정 검찰총장이 지휘하지 않았습니까?

○**증인 이진동** 보고는 받으셨습니다.

○**민병덕 위원** 지휘했겠지요, 당연히.

○**증인 이진동** 먼저 서부에서 검토……

○**민병덕 위원** 그것을 어떻게 담당 검사가 결정합니까, 그 중요한 사항을?

○**증인 이진동** 서부에서 먼저 검토를 해 가지고 보고를 했습니다.

○**민병덕 위원** 조금 이따 다시 할게요.

○**증인 이진동** 알겠습니다.

○**위원장 안규백** 민홍철 위원님 질의해 주십시오.

○**민홍철 위원** 잠깐 박안수 대장님 이쪽으로 좀 와 주시겠어요?

○**증인 박안수** 예, 박안수 대장입니다.

○**민홍철 위원** 계엄사령관 역할을 하셨는데요. 원래 계엄 수행군을 계엄사령관이 지정을 해야 되잖아요?

○**증인 박안수** 예, 원래는 그렇다고 보고를 받았습니다.

○**민홍철 위원** 운용을 해야 되는데 이번에 수방사라든지 특전사라든지 방첩사, 정보사, 물론 국직부대, 육직부대 또 합동부대가 있는데요. 계엄사령관으로서 계엄 수행군을 지정을 했습니까?

○**증인 박안수** 제가 그것을 하지 않았습니다.

○**민홍철 위원** 그러면 누가 했지요?

○**증인 박안수** 그 관련해서 장관……

○**민홍철 위원** 관련 근거도 없던데요.

○**증인 박안수** 예.

○**민홍철 위원** 그러면 수방사나 특전사나 정보사, 방첩사가 계엄사령관 지시도 없이 투입이 됐다는 것 아닙니까?

○**증인 박안수** 예, 그 부분이 있어서 그때 장관님께 올라가서 장관님 지휘·감독권에 대해서 여쭤봤습니다.

○**민홍철 위원** 그리고 합참의장은 아까 답변에서 경계태세 2급을 발령했다, 그러면 특전사라든지 이런 부대 움직임에 대해서 의장하고 협의를 했나요?

○**증인 박안수** 제가 그런 협의는 하지 못했고……

○**민홍철 위원** 이러니까 정말 참 이 군 지휘 체계가 이번에 보면 정말 어떻게 이렇게 이루어졌는지 이해가 안 됩니다.

그리고 계엄 업무를 할 때 작전부대나 전방부대는 계엄 수행을 할 수 없지요? 하더라도 연합사하고 협의를 해야 되지요?

○**증인 박안수** 그 부분은 제가 정확하게 모르겠습니다.

○**민홍철 위원** 아까 경계태세 2급을 발령한 요건이 안 돼요. 제가 국방부로부터 최근 4년간 발령할 수 있는 현황을 파악을 해 보니까, 아까 존경하는 김병주 위원 말씀대로 국

지 도발이나 북한의 동향에 따라서 발령합니다.

그런데 아까 합참의장께서는 본인이 판단해서 발령을 했다 이거예요. 그러면 그 사태와 통합방위 사태하고는 어떻게 연결이 되지요?

○증인 김명수 통합방위 사태는 국내외의 도발이 예상되거나 어떤 특별한 사정이 있을 때 민관군, 소방, 경찰에 의해서 운영되는……

○민홍철 위원 그런데 이미 그때 방첩사의 여인형 사령관은 통합방위 사태까지 검토를 했어요.

○증인 김명수 그러니까 통합방위 사태를 고려했다는 게 아니라 국내의 사정이라든가 국외의 사정에 특별한 사항이 있을 때 위험요소가 있을 모호사항이기 때문에 경계태세를 설정을 할 수가 있는 겁니다.

○민홍철 위원 아니, 그러니까 그것은 아는데요.

그래서 우리 합참의장이 본인이 판단해서 발령을 했다는 것 아닙니까?

○증인 김명수 예, 그렇습니다.

○민홍철 위원 그리고 계엄사령관은 계엄수행군에 대해서 어떠한 지휘관들과 합참의장과 협조도 없이 또 군이 출동을 해 있고요. 또 계엄사령관은 누가 명령해서 출동을 했는지도 모르고 있고요.

아까 국방장관대행님 어떤 말씀을 하시려다가 말았는데, 경계태세 2급 때문에……

그것 어떻게 하실 말씀을 좀 해 보세요.

이런 상황이 이번에 이렇게 발령이 됐어요. 그리고 아까 수방사령관은 본인이 판단해서 무기를 내려 났다 그러면 명령이 또 안 맞잖아요. 정말 이런 지휘 체계가 돼 가지고……

군이 이렇습니까?

장관대행님, 한번 설명을 좀 해 보세요.

○증인 김선호 경계태세부터 제가 좀 말씀을 드리면 결론적으로 말씀을 드리는 것은 군사적인 상황에서 가장 최고의 결심을 할 수 있는 분이 합참의장님이십니다.

그때 합참의장님이 상황을 판단하는 인식 상황은 그때 상황이거든요. 그런 의장님의 판단을 지금 상당한 시간이 지난 다음에 그것을 사후적 판단에 이어서 수사를 해야 된다거나 이런 식의 접근이 매우……

○민홍철 위원 아니, 잠깐만요.

저는 장관대행 말씀처럼 수사를 해야 된다 그런 얘기가 아니잖아요. 아무리 위급한 상황이라도 군 지휘 체계가 지금 서로 안 맞고 속된 말로 엉망으로 이렇게 진행이 됐는데 과연 이래 가지고 되겠습니까?

○증인 김선호 경계태세를 발령한……

(발언시간 초과로 마이크 중단)

••

(마이크 중단 이후 계속 발언한 부분)

○민홍철 위원 실제적인 상황.

○증인 김선호 예.

○민홍철 위원 실제적인 상황이 있을 때 이런 식으로 움직이면 과연, 어떻게 우리 군사

목적을 달성할 수 있고 제대로 지휘 체계가 유지될 수 있을까요?

○증인 김선호 그래서 지금은 계엄 상황이 발령된 상태에서의 모든 부대에 대한 작전지휘권은 계엄사령관이 갖게 됩니다.

○민홍철 위원 아, 그렇지 않습니다.

○증인 김선호 그리고 합참의장은 그런 과정에 있어서 의장으로서 군사적 상황에서 이 상황이 혹시 우리의 대비 태세에 영향을 미칠 수 있을 것 같다라는 상황 판단하에 그것을 조치하기 위한 경계태세를 발령했기 때문에 계엄 상황에서의 부대 지휘에 대한 것과 합참의장이 경계태세를 발령한 것은 완전히 차원이 다르다는 겁니다.

○민홍철 위원 아니, 그러니까 그것까지는 이해하겠어요.

○증인 김선호 이것을 2개를 연결시켜서는 안 된다는 말씀을 드린 겁니다.

○민홍철 위원 예, 그 말씀은 저도 이해를 합니다.

그러면 의장께 한 가지만 여쭤볼게요.

수방사령부나, 수방사나 특전사가 움직이는 것을, 출동했다는 사항을 보고를 받으셨습니까?

○증인 김명수 보고 받지 못했습니다.

○민홍철 위원 그러니까 이게 지금 안 맞는 거예요.

○증인 김명수 그래서 조금 말씀드리면 제가 들어갔을 때는 일단 수방사하고 특전사는 전 장관님에 의해서 지휘가 되고 있는 상태고 그래서 제가……

○민홍철 위원 지휘권도 넘겨준 적이 없지요, 작전 통제나?

○증인 김명수 지휘권의 개념은 아까 부승찬 위원님께서 말씀했는데 지휘권의 문제는 법령상 절차에 의해서 인계되는 게 맞다고 봅니다.

그런데 이 지정된 절차에 의해서 장관님하고 통수기구에서 지금 지휘가 되고 있는 상태기 때문에 지휘권이 인계될 수…… 지금 지휘가 되고 있는 상태니까 저는 별도의 인계 행위가 없다는 겁니다, 제가 조치해야 될 사항이.

○민홍철 위원 그래도 협의하도록 돼 있잖아요. 계엄수행군으로 편입이 되면 계엄사령관과 작전지휘관하고는 협의하도록 돼 있지 않습니까.

○증인 박안수 추가로 제가 조금 말씀 올려도 되겠습니까?

○민홍철 위원 예.

○증인 박안수 그 당시의 상황이 의장님 말씀처럼 장관님께서 지휘하고 있는 상황이었습니다. 그래서 저희도 지하에 이렇게 보고 있다가 계엄과장의 건의에 의해서 전국에 비상계엄이 걸렸을 때는 계엄사령관이 계엄임무수행군이나 이런 걸 지정을 하고 건의하고 지휘를 해야 되는데 장관님께서 지휘하고 계신 것은 대통령님으로부터 지휘·감독권을 위임받아야 된다 그렇게 건의가 되었습니다. 그래서 제가 올라가서 장관님께 대통령님으로부터 지휘·감독 권한을 위임받아야 된다……

○민홍철 위원 아니, 그렇다 하더라도……

○증인 박안수 예, 여쭤보고 그렇게 이해했습니다.

○민홍철 위원 합창의장 지휘가, 지휘 협조를 해 줘야 되지 않습니까?

○증인 박안수 그 부분은 그때는 미처 그런 경황이 없이 확인만 했었습니다.

○민홍철 위원 알겠습니다.

○**위원장 안규백** 곽 위원님 질의해 주십시오.

○**곽규택 위원** 저 맞지요?

○**위원장 안규백** 예, 곽규택 위원님.

○**곽규택 위원** 국방차관님!

○**증인 김선호** 예.

○**곽규택 위원** 조금 전에 하신 말씀이 아까 경계태세 2급에 대해서 하시고 싶은 말씀을 하신 겁니까 아니면 조금 더 말씀이 필요합니까?

○**증인 김선호** 말씀을 드린 내용입니다.

○**곽규택 위원** 예, 알겠습니다.

○**증인 김선호** 경계태세하고 비상계엄을 같은 맥락에서 말씀을 하셔서 그것은 완전히 다른 차원이다 이 말씀을 드린 겁니다.

○**민홍철 위원** 아니지요, 같은 맥락에서 얘기하는 게 아니라……

○**곽규택 위원** 위원님, 제가 지금 묻고 있잖아요.

○**증인 김선호** 아니, 김병주 위원님께서……

○**민홍철 위원** 제가 지적한 것은 비상계엄을 했기 때문에 지원하기 위해서 했다는 그것 아닙니까?

○**곽규택 위원** 민홍철 위원님.

○**민홍철 위원** 제가 보충질의를 하잖아요.

○**곽규택 위원** 제가 묻고 있지 않습니까?

○**민홍철 위원** 하세요.

○**곽규택 위원** 말씀 다 하셨나요?

○**증인 김선호** 예.

○**곽규택 위원** 비서실장님, 여쭤보겠습니다.

○**증인 정진석** 예.

○**곽규택 위원** 아까 하신 말씀 중에 계엄 해제 건의할 때 상황이 합참 결심지원실에 갔더니 계엄사령관과 김용현 장관이 함께 대통령과 있었고, 함께 있었고 그래서 집무실로 모시고 온 다음에 이후에 계엄 해제 건의를 했고 그에 따라서 대통령께서 계엄 해제 해야겠다 해서 국무회의 소집했고 그리고 총리께 또 연락했다 이런 취지신 거지요?

○**증인 정진석** 그렇습니다.

○**곽규택 위원** 그러면 총리께서도 같이 대통령께 계엄 해제를 건의했다는 것과 모순되는 점은 없네요. 그렇지요?

○**증인 정진석** 그렇지요. 제가 먼저 건의는 드렸는데 총리님도 오시고 또 계엄 해제 건의를 들으셨기 때문에 두 사람에게 다 건의를 받으신 거지요.

○**곽규택 위원** 아마도 지금 질의하신 위원님의 취지는 결심지원실에 갔을 때 계엄사령관과 김용현 장관과 함께 대통령이 2차 계엄을 하려고 자꾸 하고 있었던 것 아니냐 이런 취지이신 것 같아요.

○**증인 정진석** 아까 말씀드린 대로 제가 결심지원실에 시간은 한 1분이 채 안 되는 것 같습니다, 1분이. 제가 가서, 가자마자 대통령께 '집무실로 돌아가시는 게 좋겠습니다',

'그럽시다' 그러고 대통령님이 일어나시고……

○**곽규택 위원** 그러면 갔을 때, 세 분이 계실 때 나누고 있던 대화는 내용은 잘 모르시겠네요?

○**증인 정진석** 전혀, 그때는 대통령님이 무슨 법령집 같은 거를 읽고 계신 걸로 기억합니다.

○**곽규택 위원** 합창총장님, 잠시만 앞으로 좀 나와 주시지요.

○**증인 박안수** 예, 박안수 대장입니다.

○**곽규택 위원** 지금 비서실장 말씀하신 것처럼 비서실장이 결심지원실에 들어오셨을 때 대통령과 김용현 장관과 계엄사령관 이렇게 세 분만 계셨던 것 맞습니까?

○**증인 박안수** 예, 그 당시에는 세 명 있었습니다.

○**곽규택 위원** 그러면 그 안에서 무슨 말씀 하고 계셨나요?

○**증인 박안수** 전체적으로 아까 40분이라고 용혜인 위원님께서 말씀하셨는데 저도 나중에 보니까 30분입니다, CCTV를 보면. 30분 중에 들어왔다 나가시는 분, 법령 가지고 오시고 나갔다 하시는 분 그런 시간 주면 한 10~15분, 못해도 20분 사이에 계셨는데 처음에 장관님과 대통령님께서 현재 상황에 대해서 좀 교류하셨고 그리고 이어서 현 상황에서 좀 침묵이 계셨습니다.

있었고 그다음에 누군가에게 법령집을 좀, 주셔서 그것을 보고 있는 과정에 실장님께서 오셔서 모시고 나가셨습니다.

(발언시간 초과로 마이크 중단)

・・・

(마이크 중단 이후 계속 발언한 부분)

○**곽규택 위원** 2차 계엄을 하려고 하거나 추가적인……

○**증인 박안수** 거기에서 무슨 토의하거나 나누는 그런 상황…… 저는 이쪽 테이블 이쪽 끝에 조금 있었고 이쪽 공간에 두 분이 이렇게 앉아 계셨는데 실장님이 들어오셔서 모시고 나갔습니다.

○**곽규택 위원** 대화한 내용 중에는 2차 계엄에 관련된……

○**증인 박안수** 그런 것도 전혀 없었습니다. 토의하는 게 없었습니다. 그냥 약간 무거운 과정이 조금 있었습니다.

○**곽규택 위원** 알겠습니다.

이상입니다.

・・・

○**위원장 안규백** 박선원 위원님 질의해 주십시오.

○**박선원 위원** 질문이 많기 때문에 간단간단하게 하겠습니다.

그러니까 국방장관직무대행 말은 차원이 다르다 이러니까 결국 그것 아니에요? 계엄은 적의 사변, 전시 할 때에 비상계엄을 하는 건데 이제 보니까 계엄으로 인해서 안보 위협이 초래되니까 김명수 합참의장이 독자적으로 판단해서 적 동향이 어떻게 되는지 지켜보고 경계태세를 갖추지 않을 수 없다, 즉 비상계엄이 안보 위협을 초래했다 그런 뜻이지요?

○**증인 김선호** 그런 종합적인 판단을 의장이 하신 것이고요.

○**박선원 위원** 그렇지요? 그런 종합적인 판단을 한 거지요?

○**증인 김선호** 예.

○**박선원 위원** 계엄 때문에 안보가 위협받고 있는 상황이 초래됐다, 공백이 생겼다?

　그다음 김태효 차장님, 간단하게 물을게요.

　23년 6월 1일 누구누구 가셨습니까, HID?

○**증인 김태효** 그 팀은……

○**박선원 위원** 몇 명 가셨어요, 총원?

○**증인 김태효** 정확히 기억은 안 나지만 대여섯 명으로 기억합니다.

○**박선원 위원** 아니, 정확하셔야 됩니다.

○**증인 김태효** 왜냐하면 2개의 팀……

○**박선원 위원** 팀원 빼고, 팀원 빼고 외부기관 있었습니까, 없었습니까?

○**증인 김태효** 국정원에서 아마 몇 분이 온 것으로 기억합니다.

○**박선원 위원** 그렇지요?

○**증인 김태효** 예.

○**박선원 위원** 다음에 추가질문하겠습니다.

　김대우 장군님 잠깐 앞으로 나와 주십시오.

　시간 멈춰 주세요.

　김 장군께서는 정보사의 천기석 군무원의 간첩사건을 성공적으로 매우 단기간에 처리했다 하면서 저에게 보고한 적 있지요?

○**증인 김대우** 그렇습니다.

○**박선원 위원** 정보위 간사이기 때문에 보고하셨지요?

○**증인 김대우** 그렇습니다.

○**박선원 위원** 그 뒤로 대형 간첩사건 동향 있었습니까, 없었습니까? 없었지요?

○**증인 김대우** 수사 성과로 이어진 것은 없었지만 내사, 공작 그리고 진행 상황은 계속 있었습니다.

○**박선원 위원** 그렇지요. 그래서 늘 방첩사도 그렇고 국정원도 그렇고 우리가 주시하는 대상들이 있잖아요. 그런 일반적인 상황이 있었지 싹 잡아들일 간첩이 갑자기 들고 일어난 것 없지요?

○**증인 김대우** 예.

○**박선원 위원** 없지요? 그러니까 대통령이 홍장원에게 '간첩 싹 잡아들였다' 하는 건 거짓말이지요? 방첩사에서 간첩을 대거 잡아들일 거니까 홍장원이 도와줘라, 그런 것 아니잖아요. 그렇지요?

○**증인 김대우** 제가 답변드릴 사항은 아닌 것 같습니다. 국정원이나 경찰이나 다른 상황은 모릅니다.

○**박선원 위원** 아니, 방첩사 수사단장이 그 당시에 대형 간첩단을 적발해 가지고 이것들을 싹 잡아야 되는데 방첩사조차 혼자 못 잡을 정도로 많은 간첩단, 한 사오십 명 되니까 때려잡으러 국정원 지원이 필요하다라는 식의 대통령의 '싹 잡아들여 정리해라' 이것은 틀린 말이지요?

○**증인 김대우** 그런 건 없었습니다.

○**박선원 위원** 그렇지요? 그런 것 없었으면 됐어요. 들어가 주세요.

시간 멈춰 주세요.

이진우 사령관, 간단하게 물을게요.

24년 2월 22일 이진우, 곽종근 방첩사 함께 방문하셨지요?

○**증인 이진우** 예.

○**박선원 위원** 그랬지요?

○**증인 이진우** 예.

○**박선원 위원** 그다음에 3월 달에 곽종근, 이진우, 여인형, 김용현 모여서 만찬하셨지요?

○**증인 이진우** 예.

○**박선원 위원** 그렇지요?

○**증인 이진우** 예.

○**박선원 위원** 그리고 가장 최근에 11월 9일 또 대통령과 함께 만찬하셨지요?

○**증인 이진우** 날짜는 정확히 모르지만……

○**박선원 위원** 그렇지요, 11월 9일.

그다음에……

1분만 더 주십시오.

그 이후에 11월 24일 김용현이 드디어 '대통령이 비상계엄을 결심하였다' 해서 포고문 준비 등 작업을 들어갔습니다. 그 언저리에 김용현에게 여인형은 '계엄령 하면 안 된다'고 김용현에게 책상을 치며까지 반대를 했다는데 그러면 이 서열 관계는 어떻게 됩니까? 방첩사 밑에…… 그러니까 이진우 장군하고 곽종근 장군이 방첩사령관 방문하셨잖아요. 그러니까 방첩사령관이 위고 그 밑에 특전사령관, 이진우 사령관 이렇게 되나요, 그 세 사령관 중에서는?

○**증인 이진우** 각기 별도의 자기 기능 가지고 있는 동등한 사령관들입니다.

○**박선원 위원** 그렇지요? 그러니까 같이 주요 임무에 종사하신 거예요.

잠깐만 멈춰 주고 사진 하나 띄워 주세요.

(영상자료를 보며)

이 차량 누구 차량입니까?

수방사 차량입니다.

○**증인 이진우** 측방이라서 정확히 모르겠습니다.

○**박선원 위원** 수방사 차량입니다.

그 밑에, 바퀴 밑에 시민이 들어가 있어요. 그래서 막아진 겁니다.

(발언시간 초과로 마이크 중단)

···

(마이크 중단 이후 계속 발언한 부분)

장군의 용단에 의해서 막아진 게 아니고 시민들에 의해서 막아진 거예요. 차마 총을 쏠 엄두가 안 났지요? 내가 이런 상황에 닥칠 줄 꿈도 못 꿨지요?

비상계엄이 전략지침…… 그런 전략지침 있습니까? 전시 대비 비상계엄이고 각각 역할을 맡고 벌써 몇 차례 세 사령관이 같이도 만나고 대통령하고도 만나고 김용현하고도 만나고. 그런데 전략지침이라고요?

○증인 이진우 존경하는 위원님, 결과적으로 계엄이 발령이 됐기 때문에 그렇게 유추하시는 것은 그럴 수 있을 것 같은데 정말 그렇지는 않습니다.

○박선원 위원 좋아요, 끊고.

존경하는 사령관님, 그동안 죽 과정에서 늘 대통령이 비상대권……

○위원장 안규백 마무리해 주세요.

○박선원 위원 그다음에 반국가세력 이렇게 했는데 계엄이 떨어지니까 이건 전략지침이라고 말하면 어느 분이 믿겠어요. 그렇지 않습니까? 그래서 제가 찾아뵈었을 때 '참담한 심정이다. 국민들께 죄송하다', '또 하실 거냐?', '안 하시겠다' 그렇게 말씀하신 거잖아요.

○증인 이진우 하여튼 종합적으로는 제가 안 하겠다라는 얘기를 말씀드린 건 맞습니다.

○박선원 위원 들어가세요. 추운데 건강하시고요.

· ·

○위원장 안규백 부승찬 위원님 질의해 주십시오.

○부승찬 위원 전 총장님.

○증인 박안수 예.

○부승찬 위원 계엄사령관 했습니까?

○증인 박안수 예, 사흘간 명은 받았는데 상황실이나 지휘소가 구성이 좀 안 된 상태였습니다.

○부승찬 위원 계엄사령관 했습니까?

다시 묻겠습니다.

계엄사령관이었습니까?

○증인 박안수 예……

○부승찬 위원 아니었습니다.

○증인 박안수 임무……

○부승찬 위원 국무총리가 나와서 그랬지 않습니까. 국무회의 심의도 안 한, 지정도 안 한, 안 했는데, 어떻게 법적인 절차가 없는데 계엄사령관이에요? 앞으로 계엄사령관 했다는 얘기 하지 마세요. 알겠습니까?

○증인 박안수 예.

○부승찬 위원 합참의장님.

○증인 김명수 예.

○부승찬 위원 합참의장님께서는 비상계엄 선포 전에 어디에 계셨습니까?

○증인 김명수 집에 있었습니다.

○부승찬 위원 TV 보고 알았습니까, 아니면 상황실에서 연락받고 알았습니까?

○증인 김명수 상황실에서 연락받고 알았습니다.

○부승찬 위원 연락받고 알고 오면서, 평온한 상태에서 집에 있다가 상황실에서 연락받고 왔잖아요. 그러면 계엄이 없었으면 경계태세 2급이 있었겠습니까? 집에서 편히 쉬고 계시는데……

○증인 김명수 계엄 상황을 발령……

○**부승찬 위원** 아니, 아니, 제 얘기는…… 그 한마디만 할게요. 비상계엄이 없었으면 경계태세 2급이 있었냐 이거예요.

○**증인 김명수** ……

○**부승찬 위원** 됐습니다. 답변 못 하실 것 같고요.

계엄사령관 아니에요, 법적으로. 앞으로 계엄사령관이라는 얘기 하지도 마세요.

장관직무대행님.

○**증인 김선호** 예.

○**부승찬 위원** 계엄사와 합참 물론 다르지요. 지정됐을 때, 법적으로 완비가 됐을 때 다른 겁니다. 그 완비가 안 된 상태에서는 합참의장에 작전지휘권이 있어요, 국군조직법상에. 무슨 말씀인지 아시겠습니까?

○**증인 김선호** 예, 위원님 말씀하신 것……

○**부승찬 위원** 계엄을 법적으로 다 절차를 거쳤다고 인정했을 때, 국무회의에서 심의를 다 가졌을 때, 맞잖아요. 그런데 국무총리가 아니라고 그랬어요. 무슨 말씀인지 아시지요?

시간 멈춰 주세요.

이진동 차장님 앞으로 좀 나와 주세요.

○**증인 이진동** 예, 나왔습니다.

○**부승찬 위원** 김용현 전 장관한테 미리 전화하셨지요, 먼저?

○**증인 이진동** 제가 문자한 걸 보았습니다.

○**부승찬 위원** 문자하고 전화도 먼저 하셨어요?

○**증인 이진동** 문자하고 전화가 왔고 그다음 제가 다시 또 전화했습니다.

○**부승찬 위원** 전화가 왔을 때 못 받았어요?

○**증인 이진동** 아니, 받았습니다.

○**부승찬 위원** 김용현 변호인 측에서……

오늘 공판준비기일 열린 것 아시지요? 오늘 공판준비기일 열렸잖아요, 재판부가.

○**증인 이진동** 예.

○**부승찬 위원** 열린 것 아시지요?

○**증인 이진동** 예.

○**부승찬 위원** 검찰의 주장을 다 반박했어요. 반박한 것 중의 하나가 뭔지 아세요? '검찰은 경찰이 먼저 김 전 장관의 신병을 확보할 것을 우려해 무리하게 긴급체포했다'.

경찰이…… 아니, 이게 그러니까 들어 보세요.

○**증인 이진동** 김용현 전 장관에 대해서는 저희가 먼저 출국금지를 해서……

○**부승찬 위원** 아니, 잠깐만요. 그게 아니고, 제가 주장하는 게 아니에요. 김용현 측 주장을 제가 얘기해 드리는 거예요. 공소장……

1분만 더 주세요.

○**위원장 안규백** 마무리해 주세요.

○**부승찬 위원** 공소장에 나와 있는 내용 자체를 전면 다 부인했어요. 검찰 측 주장을 다 부인했어요, 검사의 상상력이라는 표현까지 써 가면서. 그리고 노트북과 관련돼서는, 포렌식 요청한 것 관련돼서는 경찰에서 환부 신청까지 했던 사안이다. 그다음에 제일 마

지막으로 아까 출국금지 조치까지 다 하고 먼저 확보 그것 했잖아요.

○증인 이진동 예.

○부승찬 위원 그런데 그쪽 변호인은 검찰은 경찰이 먼저 김 전 장관의 신병을 확보할 것을 우려해 무리하게 긴급체포했다, 사전에 전화를 통해서 합의가 된 게 아니고 이 주장을 김용현 측에서 하고 있는 거예요. 이거에 대한 입장 좀 말씀해 주십시오.

○증인 이진동 김용현 전 장관이 어떻게 얘기했는지는 잘 모르겠지만 제가 그 부분에 대해서 답변드리는 것은 적절치 않은 것 같습니다.

　　다만 지금 계속 말씀하시는 게 저희가 김용현 장관을 봐준다는 거나 또는……

　　(발언시간 초과로 마이크 중단)

· ·

　　(마이크 중단 이후 계속 발언한 부분)

○부승찬 위원 아니, 제가 한 얘기가 아니고요. 공판 준비기일에서 김용현 측이 주장한 거라고요. 이거에 대한 입장이 있냐 여쭤보는 거예요, 제 주장이 아니고.

○증인 이진동 그거에 대해서는 특별히 말씀 안 드리겠습니다.

○부승찬 위원 알겠습니다.

· ·

○위원장 안규백 박준태 위원님 질의해 주십시오.

○박준태 위원 합참의장님, 계엄이 없었으면 12월 3일 당일 날 지휘통제실 나오실 일도 없었고 경계태세 2급 발령도 할 일이 없었을 거다, 야당 위원님이 이렇게 말씀하셨는데 당연히 그랬을 것 같습니다. 그런데 의장님 말씀은 경계태세 2급 발령한 것이 계엄을 지원하기 위한 것은 아니었다 그런 취지이신 거지요?

○증인 김명수 예, 지원하기 위해서 계엄을 했다 이거는 조금…… 아까 국방장관직무대행께서도 말씀하셨지만 그 개념은 아닌 것이지요. 왜냐하면 적의 도발을 억제하고 오판을 방지하고 억제를 하기 위한 방어 태세를 튼튼히 해야 되는 것이 합참의장의 기본적인 임무라고 생각했기 때문에 그에 집중하는 겁니다. 왜냐? 정보사항이 제가 없는 상태에서 판단을 할 수 없는 상황에서 그 상황을, 계엄이 없고 이런 사항이 없었다면 제가 볼 때는 이 국조특위라는 것도 없었겠지요. 그런데 그것을 되돌릴 수만 있다면 얼마나 좋겠습니까?

　　그렇지만 그렇게 가는 개념이 아니고 진행되는 상황, 다시 돌아갈 수 없는 시간의 경과 속에서 이루어지는 것들을 뒤에서부터 다시 맞춰 들어가는 것은 그때 상황에 집중해서 바라봐야 되지 않나 이런 생각이 듭니다. 옳을 수도 있고 틀릴 수도 있습니다. 하지만 모든 게 완벽하게 그렇게 갈 수 있다 그러면 그게 과연 인간 세상에서 가능한 사항일까 저는 그렇게 생각합니다.

○박준태 위원 그날 당일에 지휘통제실에 계속 위치해 계셨지요?

○증인 김명수 예.

○박준태 위원 그러면 주로 어떤 일을 하고 계셨습니까?

○증인 김명수 일단 들어가서는 최초로 하는 것은 군사대비태세 2급을 제가 구두로 지시를 했는데 아까 보고를 했느냐 물으셨는데 방금 연락 온 것은 작전본부장이 전 장관님께 2급을 선포했다, 알았다고 보고를 받으셨다 그리고 들어와서 거기에 따른 세부 조치

사항들에 대해서 조치를 해야 됩니다. 그래서 가장 중요한 내용들을 조치를 해서 23시 30분에 결재를 해서 나가고 그 이후에 한미 간에 워치콘 올리는 문제, 그래서 미 측에서도 워치콘을 올리겠다, 세부적으로 참모가 협조해 가지고 워치콘을 상향을 했고 그런 과정에 있었습니다.

그리고 제가 법령집을 좀 가져와 봐라, 제가 이때까지는 연습을 할 때는 합참의장이 계엄사령관도 되고 작전지휘권을 가진 합참의장도 했는데 이게 분리되다 보니까 다시 법령을 가져와서 우리 법무실장이 가져온 법령집을 보면서 지휘계선의 형성이 어떻게 되느냐, 지휘계선의 형성이 안 됩니다. 왜냐하면……

○**박준태 위원** 그러니까 미리 지침 받으신 게 없었기 때문에, 정보가 없었기 때문에 또 대통령께서 계엄을 어떤 배경에서 선포했는지에 대한 배경이 부족했기 때문에 할 수 있는 조치를 그렇게 하시는 건 자연스러워 보여요.

대통령 오셨을 때 지휘통제실 안의 소위 결심실 들어가셨을 때 그때 합참의장이 다시 같이 들어가셨습니까?

○**증인 김명수** 들어가지 않았습니다.

○**박준태 위원** 들어가지 않으셨고.

○**증인 김명수** 예.

○**박준태 위원** 그러면 그때도 계속 위기상황 관리를 하고 있었다 이렇게 이해하면 됩니까?

○**증인 김명수** 그 상황에서는 이제 후방지역하고 지작사하고 2작전사에 특이사항이 있는지, 이상 없는지, 부대장 이동 통제하라 하는 그런 부분들을 조치하고 있었습니다.

○**박준태 위원** 계엄과는 완전히 분리된 활동을 하고 계셨군요.

○**증인 김명수** 예.

○**박준태 위원** 이상입니다.

○**위원장 안규백** 용혜인 위원님 질의해 주십시오.

○**용혜인 위원** 시간 멈춰 주시고 김대우 증인 앞으로 잠깐 나와 주세요.

여인형 피의자는 헌법재판소에서 방첩사 평균 출동 개시가 1시다 그리고 10시 50분에 홍장원에게 체포조 이야기를 하는 것은 상식적이지 않다라고 주장을 했습니다.

증인, 계엄 선포 이전에 여인형 사령관에게 방첩사로 복귀하라는 명령 받으셨지요?

○**증인 김대우** 계엄선포 이전에 말입니까?

○**용혜인 위원** 예.

○**증인 김대우** 예.

○**용혜인 위원** 9시 20분에 받으셨다고 국회에 자료 제출하셨는데 맞습니까?

○**증인 김대우** 예, 집에서 자다가 비서실장으로부터 전화를 받았습니다.

○**용혜인 위원** 9시 20분에?

○**증인 김대우** 예.

○**용혜인 위원** 체포조 지시를 받은 시점이 언제입니까?

○**증인 김대우** 처음에 9시 20분에 전화받을 때는 사령관님이 찾으신다……

○**용혜인 위원** 제가 들어가서 몇 시에 받으셨냐고 여쭸습니다.

○**증인 김대우** 체포조 지시는 처음에 들어갔을 때 바로 한 이삼 분 있다가 TV로……

○용혜인 위원 그게 몇 분이지요, 대략적으로라도?

○증인 김대우 대통령님께서 계엄을 선포하셨고 그때는 그냥……

○용혜인 위원 그것이 끝나자마자 체포조 지시를 받으셨습니까?

○증인 김대우 아닙니다.

○용혜인 위원 제가 시간을 여쭈어보는데 왜 이렇게 말을 장황하게 하세요.

○증인 김대우 정확한 시간은 제가 기억하지……

○용혜인 위원 대략적으로 여쭤보는 겁니다. 계엄 선포가 끝나고 나서……

○증인 김대우 그 이후가 11시경이라……

○용혜인 위원 11시경?

○증인 김대우 예.

○용혜인 위원 (영상자료를 보며)

증인의 증언에 따르면 여인형 사령관은 이미 계엄 선포 전인 21시 20분부터 증인을 출근시키는 등의 정치인 체포를 준비하고 있었어요. 22시 30분에 조지호 청장에게 위치 확인, 체포 대상들의 위치 확인 요청을 했고 23시에는 증인한테 '체포조 구성을 하라' 이런 직접 지시도 내립니다. 그런데도 출동한 시점이 1시니까 아무것도 안 했다라고 하기에는 다 했네요. 준비를 다 한 거지요.

○증인 김대우 체포조라고 얘기를 하지 않았고 조사본부 100명 그리고 경찰 100명 병력을 요청했으니……

○용혜인 위원 체포조라고 이야기는 하지 않았지만, 체포에 대해서도 뒤에 얘기 드릴게요.

10시 50분 홍장원 차장에게 위치추적 요청한 것이 상식적이지 않다라고 여인형 사령관이 이야기했는데 이미 직전에도 경찰에게 위치추적을 요청했었습니다. 보시면 여인형 사령관의 이런 주장이야말로 사실 상식적이지 않지요. 이 홍장원 차장의 체포조 지시가 있었다라는 진술을 여인형 사령관이 부정하고 싶어서 상식을 건너뛰어서 사법부를 농락하면서 거짓말을 하고 있는 겁니다.

증인이 여인형 사령관에게 체포조 지시를 받은 것은 인정하시지요?

○증인 김대우 제가 다시 한번 말씀드리지만 100명씩·100명씩 받아서 합동수사단을 꾸려라라고 지시를 했고……

○용혜인 위원 잡아서 수방사로 이송하라고 했다면서요?

○증인 김대우 그것은 체포조를 꾸려서 이송시켜라라고 한 게 아니고 잡아서 이송시켜라라고 했고 저는 수사…… 전 사령관……

○용혜인 위원 체포조가 없는데 어떻게 잡아서 이송을 시켜요.

○증인 김대우 1조·2조 출동조가 있었지요.

○용혜인 위원 그러니까요. 그 사람들이 체포조인 거잖아요. 1조·2조 가 가지고 체포하기 위한 조인 거잖아요.

○증인 김대우 그런데 그 49명 전부 다……

○용혜인 위원 말장난하시면 안 됩니다, 증인.

○증인 김대우 아닙니다. 말장난이 아니고요.

○용혜인 위원 체포조 편성해야 된다, 수사관 국회로 보내 달라, 그리고 한동훈 체포조

5명 지원해 달라, 수도권 내의 미결수용실 현황 알아봐 달라, 이게 다 증인 지시로 구민회 과장을 통해서 국조본과 경찰에 다 지시됐던 사항 아닙니까?

○증인 김대우 아닙니다.

○용혜인 위원 아니에요?

○증인 김대우 예.

○용혜인 위원 진짜 그런 얘기 안 하셨어요? 구민회 과장이랑은 입장이 다르시네요?

○증인 김대우 아니, 제가 지시한 부분은 경찰로부터 합동수사단에 구성될 인원들을 지금 바로 100명을 불러라, 요청해 달라라고 지시를 했고 그리고 출동조가 구성이, 출동조가 사실은 합동수사단이 구성되려면 다음날 아침이나 오전 정도는 돼야 되는데……

○용혜인 위원 위원장님, 1분만 더 주십시오.

○위원장 안규백 예, 마무리해 주세요.

○용혜인 위원 출동조가 그러면 왜 출동합니까? 체포하러 출동한 거잖아요. 말장난하지 마시라고요. 위치 확인도 방첩사가 국정원과 경찰에게 시켰고요. 체포조 조직도 국조본과 국수본한테 바로 연락했습니다.

○증인 김대우 위치 확인 시킨 적이 없습니다.

○용혜인 위원 이송하는 것도 방첩사 역할이었고 국조본에 구금 장소 알아봐 달라고까지 했어요. 이것들은 방첩사가 국회의원 체포 작전의 모든 과정을 기획하고 총괄했다는 증거입니다. 그런데 우리는 그냥 이송만 할 거였다? 이송을 어떻게 합니까? 현장에서 그러면 만나 가지고 '아이고, 한동훈 대표님 저희랑 같이 B1 벙커로 임의동행 좀 해 주십시오' 이렇게 얘기합니까? 체포를 해야 이송을 하는 것 아니에요. 말장난하지 마시라고요.

○증인 김대우 좀 전에 지시한 국정원……

○용혜인 위원 김대우 증인은 체포를 우리가 할 수 없다라고 판단하고 소극적 지시를 한 것이 아니라 있는 조직들 다 동원해서 어떻게든 정치인 감금하고 체포하려고 한 겁니다. 여인형과 윤석열에게 충성을 다하려고 한 거지요.

　사실 이틀 전에 헌법재판소에서 여인형 사령관이 증인한테 책임 다 떠넘기려고 하는 것 보고 저는 좀 안타까운 마음도 있었는데 오늘 증인의 증언을 들으면서 어떻게든 자기는 체포 안 했다, 체포 지시 안 했다……

　　(발언시간 초과로 마이크 중단)

・・

　　(마이크 중단 이후 계속 발언한 부분)

거짓말하고 발뺌하고 있습니다. 저는 이렇게 도망치려고 하는 이유가 국회의원을 체포해서 국회의 기능을 마비시키는 것이 그 자체로 중차대한 국헌문란이고 내란죄 구성의 핵심 행위이기 때문이라고 생각합니다. 체포조를 총괄한 방첩사가 자기 임무를 부정함으로써 내란수괴인 윤석열의 범죄 혐의까지 은폐시켜 주는 거예요.

○위원장 안규백 용혜인 위원님, 마무리해 주세요.

○용혜인 위원 예, 마무리하겠습니다.

　아무리 국회의원 체포가 없었던 것처럼 진실을 은폐하려고 해도 결국에 진실은 다 드러나게 되어 있습니다. 저는 방첩사가 경찰과 국정원 동원해서 국회의원 체포하려고 한 것 맞고 다만 나는 그것을 최대한 막으려고 노력했다 혹은 부끄럽고 반성한다……

○위원장 안규백 추가로 해 주십시오.

○용혜인 위원 이런 모습을 보이는 게 증인에게도 더 유리할 거라고 생각합니다.

이상입니다.

○증인 김대우 제가 잠깐 말씀드리겠습니다.

○위원장 안규백 예, 말씀하세요.

○증인 김대우 제가 단 한 번도 수사관들에게 체포하라고 지시한 적이 없습니다. 그리고 수사관 49명 출발한 모든 수사관들 한 명, 한 명한테 '이것은 체포가 아니다. 직접 가서 체포하는 것은 절대 안 된다'……

○용혜인 위원 이것은 말장난이지요. 아까 백혜련 위원님 공개한 카톡에 다 체포에 대해서 나오지 않습니까?

○증인 김대우 그 단톡방은 출동……

○용혜인 위원 그 수사관들은 다 체포하는 걸로 업무를 알고 간 것 아니에요?

○증인 김대우 그것은 제가 한 것이 아니고 그 수사관들이 나가면서 그러한 어떤 전파를 하면서 어떤 용어를 썼는지는 잘 모르겠습니다.

○용혜인 위원 위원장님, 이런 말장난은 들을 필요가 없는 것 같습니다.

○곽규택 위원 아니, 답을 들어 봐야 될 것 아니에요?

○민병덕 위원 들어 봐. 들어 봐.

그러니까 가서 뭐 하라고 했는데?

....

○위원장 안규백 아니, 충분히 들었습니다, 다.

들어가십시오.

들어가시고, 윤건영 위원님 질의해 주십시오.

○윤건영 위원 윤건영입니다.

국방부장관직무대행께 우선 간단한 것 여쭤보겠습니다.

제가 지난번 청문회에서 국방부 국회협력단장 관련해서 한번 파악해 보시라고 했는데 파악해 보셨습니까?

○증인 김선호 예, 파악했습니다.

○윤건영 위원 짧게 설명해 주시겠어요?

○증인 김선호 예, 맞습니다. 그 시간대에 한 15분 정도 출입했던 게 확인됐습니다.

○윤건영 위원 언제, 어느 시간대예요?

○증인 김선호 12월 4일 날 오전 10시 어간쯤에 한 15분 정도……

○윤건영 위원 4일 날 오전 10시, 15분?

○증인 김선호 예, 정도 출입했다고 제가 확인을 했습니다.

○윤건영 위원 출입해서 뭘 하셨나요?

○증인 김선호 그때 제가 보고받고 확인한 것은 그때 당시 국방위원장께서 해외에 출장 가셨는데 귀국하면 계엄과 관련된 사항들을 좀 보고를 해 달라 이렇게 확인하셔서 그것에 대한 준비를 위해서 들어왔다고 제가 확인을 했습니다.

○윤건영 위원 그러면 국회사무처에서 협력단실을 폐쇄한 이후에는 그 딱 한 번밖에

출입한 게 없는 거네요?

○**증인 김선호** 예.

○**윤건영 위원** PPT 하나 올려 주시지요.

(영상자료를 보며)

저 PPT를 보시면요, 뭐라고 나와 있습니까? 22시 26분에, 저게 협력단실의 출입증 태그 현황입니다. 21시 26분에 찍혀 있지요, 직무대행님? 누군가 출입을 했다는 겁니다.

○**증인 김선호** 21시 26분 말씀하시는……

○**윤건영 위원** 예, 저기 나오잖아요. 12월 4일 날 21시 26분, 맨 마지막에.

○**증인 김선호** 그러면 저것은 제가 추가적으로 다시 확인하겠습니다.

○**윤건영 위원** 직무대행님!

○**증인 김선호** 예, 협력단장……

○**윤건영 위원** 청문회가 장난이 아니잖아요. 지금 두 번을 제가 확인을 했는데 방금 말씀하신 오전에 잠깐 들러 갔다라는 것 말고도 저렇게 태그 기록이 남아 있어요. 국회사무처에서 받은 자료입니다. 누군가가 아니라 지금 거짓이 분명한 것 아닙니까? 그렇지요?

다시 한번 점검하셔서 국회 국정조사특위를 우롱하는 그런 거짓은 하지 않도록 조치해 주시기 바랍니다.

○**증인 김선호** 다시 확인하겠습니다.

○**윤건영 위원** 정진석 실장께 여쭙겠습니다.

요즘 매일 출근하고 계시지요? 최상목 대행께는 주 몇 회 대면보고를 하십니까, 혹시?

○**증인 정진석** 제가 직접 대면보고는……

○**윤건영 위원** 아직 한 번도 안 하셨습니까?

○**증인 정진석** 아닙니다. 한 한 차례……

○**윤건영 위원** 한 차례 했습니까? 더 적극적으로 하셔야 됩니다. 그렇지 않습니까?

○**증인 정진석** 그런데……

○**윤건영 위원** 권한대행을 보좌하는 게 실장님의 업무니까요.

○**증인 정진석** 권한대행이 요구하는 어떤 업무를 다 수행하고 있습니다.

○**윤건영 위원** 요구하기 이전에 하시는 게 맞다고 생각하고, 제2부속실은 김건희 여사 보좌 업무를 지금도 하고 계십니까?

○**증인 정진석** 그렇습니다.

○**윤건영 위원** 왜 하고 계실까요, 역할이 없는데? 그러니까 김건희 여사 영부인의 역할이 없잖아요, 대통령은 탄핵심판 중이고.

○**증인 정진석** 사실상 큰 업무가 지금 작동되고 있다고 보기는 어렵겠지요, 아무래도.

○**윤건영 위원** 그런데 보좌 업무 할 게 없지 않아요?

○**증인 정진석** 그 직원들을 다 내보냅니까?

○**윤건영 위원** 아니요. 아니요. 말씀을 그렇게 하시면 안 되지요. 제2부속실의 직원들이 보좌 업무를 하고 있다고 말씀하셔서 제가 드리는 말씀이에요.

○**증인 정진석** 그렇습니다.

○**윤건영 위원** 보좌 업무 할 게 없는데 무슨 업무를 하냐는 거예요, 제 말은.

○**증인 정진석** 글쎄, 제가 알기로……

○**윤건영 위원** 답변을 흐리게 하실 게 아니라 정확하게 말씀해 주셔야지요.

(발언시간 초과로 마이크 중단)

김건희 여사께서……

1분만 더 주시면 마무리할게요.

○**위원장 안규백** 예.

○**증인 정진석** 구체적인 업무보고를 제가 받지를 못해서……

○**윤건영 위원** 아니, 그러면 말씀을 하시면 안 되지요. 분명히 보좌 업무를 하고 계신다고 하셨잖아요, 방금.

○**증인 정진석** 제2부속실장이 지금……

○**윤건영 위원** 말씀, 발언을 실수하신 거지요, 그러면.

○**증인 정진석** 제가 주재하는 수석회의에도 가끔 와서……

○**윤건영 위원** 아니, 그러니까요 보좌 업무를 하고 계신다 그래서 제가 지금 묻는 거고요.

실장님께서는 비상계엄 선포 관련 국무회의가 정상적으로 개최되었다고 생각하십니까?

○**증인 정진석** 저는 그 국무회의석상에는 없었지만 바로 옆에……

○**윤건영 위원** 아니, 그러니까 정상적 국무회의라고 생각하십니까?

○**증인 정진석** 저는 사실 한덕수 총리님과……

○**윤건영 위원** 죄송하지만 좀 짧게 해 주십시오.

○**증인 정진석** 예, 그런데 행정절차상의 흠결이나 하자가 분명히 있었는데 그러나……

○**윤건영 위원** 예, 알겠습니다.

○**증인 정진석** 잠깐만요.

○**윤건영 위원** 아니요. 짧게요. 제 시간 다 가잖아요. 나중에 끝나고 발언을 하시든가요.

○**증인 정진석** 아니, 그게 그러나 대통령이 소집한 국무회의 그리고 국무위원들이 정족수를 채울 때까지 충분히 기다렸다가 소집을 한 점 등 그리고……

○**윤건영 위원** 실장님, 5분짜리 국무회의가 어디 있습니까? 그리고 개회, 기록도 없고요.

○**증인 정진석** 아니, 그 상황이 급박한 상황이고 보안을 유지하는 상황이었기 때문에 그렇지요. 아니, 통상의 국무회의로는 볼 수 없지만 국무회의의 본질이 부정당하는 그런 시간은 아니었다라는 것이 제 인식입니다.

(발언시간 초과로 마이크 중단)

⋯⋯⋯⋯⋯⋯⋯⋯⋯⋯⋯⋯⋯⋯⋯⋯⋯⋯⋯⋯⋯⋯⋯⋯⋯⋯⋯⋯⋯⋯

(마이크 중단 이후 계속 발언한 부분)

○**윤건영 위원** 실장님의 지금 그러한 태도가 지금 비상계엄 정국, 친위 쿠데타 정국을 수습을 가로막고 있는 겁니다, 답변하실 게 아니라요. 분명히 잘못된 건 잘못됐다라고……

○**증인 정진석** 그거는 위원님 관점이시지요.

○**윤건영 위원** 관점이 아니라 총리나 모든 국무위원들이 그 국무회의에 참석…… 국무회의가 아니라 간담회에 참석했던 사람들이 다 동의하는데 용산 대통령실 비서실장이시라는 분이 그렇게 얘기하니까 이게 안 됩니다.

○**증인 정진석** 아니, 의견을 물어보셔서……

○**윤건영 위원** 그래서 제가 말씀드리는 거예요.

○**증인 정진석** 제 의견을 얘기한 거예요.

○**윤건영 위원** 얘기하시고 저도 제 의견을 이야기할 수 있는 거예요!

○**증인 정진석** 아니, 그러니까요.

○**윤건영 위원** 서로 이야기를 하는 거예요.

○**증인 정진석** 저를 자꾸 훈계하려고 하지 마시라고요.

○**윤건영 위원** 훈계가 아니라 국민의 목소리를 들으세요! 그래서 지금 수습이 안 되는 거라고요.

○**위원장 안규백** 실장님!

○**한기호 위원** 좀 잘하세요, 위원장님.

○**증인 정진석** 내 의견과 관점을 얘기한 거예요.

○**윤건영 위원** 제 의견을 이야기할 수 있는 거예요!

　　(장내 소란)

○**곽규택 위원** 시간이 오버되면 꼭 이런 일이 생긴다니까요.

○**임종득 위원** 시간을 통제를 안 하니까 이렇게 되지요.

○**위원장 안규백** 아니, 지금 토론 중간에 상황을 끊을 상황이 아니잖아요.

○**증인 정진석** 누가 막았습니까?

○**윤건영 위원** 아니, 이야기하고 있다고요!

○**위원장 안규백** 됐습니다.

　　실장님……

○**한기호 위원** 그냥 야당 위원님들끼리 하세요, 우리는 나갈 테니까.

○**박선원 위원** 예, 나가세요.

○**용혜인 위원** 나가세요, 그러면.

○**윤건영 위원** 질의하는데 왜 자꾸 방해를 하십니까, 여당은?

○**곽규택 위원** 방해 안 했습니다.

○**한기호 위원** 방해 안 했어요.

○**임종득 위원** 시간을 정해요, 그러면.

○**박선원 위원** 나가세요, 1시간 더 할 테니까.

· ·

○**위원장 안규백** 자, 임 위원님 질의하십시오. 임종득 위원님 질의하십시오.

○**임종득 위원** 국방부장관직무대행께 질의하겠습니다.

지난 1월 22일 1차 청문회에서 모 위원께서 대통령이 심리전 지휘 목적으로 해서 24년 5월에 방첩정보협의회를 결성했다라고 주장을 했습니다. 이와 관련된 사항을 보고를 받은 적이 있습니까?

○**증인 김선호** 보고가 아니고 그런 내용이 있어서 제가 그 후에 사후 확인은 했습니다.

○**임종득 위원** 이 주장이 사실입니까?

○**증인 김선호** 뭐 전체적으로 사실이 아니고 그 관련된 그런 협의회는 관련 기관들이 보안·방첩 분야에 대한 임무 기능 역할을 좀 제고시키기 위한 협의회로서 이렇게 운영됐던 것으로 제가 확인을 했습니다.

○**임종득 위원** 방첩정보협의회 신설을 위해서 최초에 모인 시점이 언제로 보고를 받으셨습니까?

○**증인 김선호** 제가 최초 모인 시점까지는 확인을 못 했는데 확인을 해 보겠습니다.

○**임종득 위원** 제가 확인을 했고요. 답변을 23년 1월에 최초에 모였다고 하더라고요, 방첩사·정보사·사이버사·777사령관들이.

4개 군 정보기관이 협의체를 신설한 이유가 뭐라고 생각하십니까? 보고를 했을 것 같은데.

○**증인 김선호** 제가 확인한 것은…… 예. 방첩·보안 관련된 관련 기관들이 그거에 대한 업무에 대한 효율적 수행을 위해서 협의체를 운영한 것으로 제가 확인했습니다.

○**임종득 위원** 예. 거기에 플러스해서 특히 강조가 됐던 부분들이 군 내 간첩 색출을 위한 정보 교류 활성화라고 제가 보고를 받았어요. 그런 부분들이 있었다는 말씀을 드리고 싶고.

모 위원께서 주장하신 대로 노조·야당·언론사·선관위 등 반국가 세력, 국가 위해 세력 등에 대한 색출과 대응 방안에 관한 논의를 했다라고 이야기를 하고 있는데 이게 사실이 아니지요?

○**증인 김선호** 예, 그것은 사실이 아닌 것으로 확인했습니다.

○**임종득 위원** 4개 사령부 사령관이 최초에 모인 후에 방첩정보협의회는 언제까지 운영이 됐다고 보고받았습니까?

○**증인 김선호** 제가 마지막까지 운영된 것은 확인을 못 했는데 바로 확인을 해 보겠습니다.

○**임종득 위원** 이게 날짜가 좀 중요합니다. 왜냐하면 제가 확인해 보니까 24년 1월 11일 실무회의를 끝으로 그 이후에 협의회는 개최되지 않았습니다. 그런데 지금 이 방첩정보협의회가 대통령의 심리전 지휘 목적으로 사용되었다라고 지금 의심을 받고 있는 거거든요.

하나 더 물어보겠습니다.

총 네 차례의 실무회의를 했다라고 하고 방첩정보협의회의 그 모임을 통해 가지고 성과들이 있었다라고 얘기를 하더라고요. 혹시 그것 보고 받은 적 있어요?

○**증인 김선호** 제가 자세한 보고는 받지를 못했습니다.

○**임종득 위원** 제가 말씀을 드릴게요.

19년부터 22년간 정보부대 간에 방첩사와 정보를 공유한 건이 연간 약 한 6건 밖에 없었어요, 19년부터 22년 사이에는. 그런데 가동되었던 23년에는 연간 33건의 정보 교류들이 있었다 그리고 많은 효과가 있었다라고 얘기했습니다. 그것 참고로 말씀을 드립니다.

○**증인 김선호** 예, 알겠습니다.

○**위원장 안규백** 1분 안 쓰셔도 되겠습니까?

○**임종득 위원** 됐습니다.

○위원장 안규백 예.

한기호 위원님.

○한기호 위원 수사단장님!

○증인 김대우 예.

○한기호 위원 아까 답변을 다 못 하셨는데 체포 지시에 대한 것을 다시 한번 말씀해 주십시오.

○증인 김대우 예. 저는 단 한 번도 수사관들에게 가서 직접 체포하고, 체포하라는 말을 한 적이 없습니다. 수사관 한 명 한 명 출동할 때마다 49명 전부에게 이것은 우리가 체포하는 것이 아니다. 체포가 아니다. 직접 체포하는 것이 아니고 거기 가면 현장 상황이 그러하니 아마 정문도 출입할 수 없을 것이다. 그러니까 정문 외곽에 대기만 하고 있어라. 나중에 다시 지침을 줄 것이다. 그리고 직접 체포하는 것이 아니…… 나중에 수방사로 이송을 하도록 지시를 받았기 때문에, 이송을 할 때 또 저희가 직접 가서 잡아서 체포를 해서 이송시키는 것이 아니고 거기 있는 특전사나 경찰 병력이 체포를 한 인원을 신병을 인계해 주면 그 인원을 인수받아서 차에 태워서 수방사로 이송만 하면 된다. 그리고 절대 저희가 무리하게 차량으로 정문을 출입한다거나 아니면 개인적으로 뚫고 들어간다거나 하면서 민간인과 접촉을 하는 일이 절대 없어야 된다. 민간인과 절대 부딪치지 마라라고까지 지시를 했습니다.

○한기호 위원 차에서 하차한 사람들은 없었습니까?

○증인 김대우 예, 아무도 차에서 하차하지 않고 정문에서 많이 떨어져 있는 대로변에 차에 탄 채로 대기토록 조치를 했습니다.

○한기호 위원 알았습니다. 고맙습니다.

아까 우리 질의하시는 과정 중에 실제로 장관의 지시가 작전사령관들한테 지시되는데 총장과 의장에 대한 역할에 대해서 이야기를 했습니다. 군인복무기본법에 이렇게 명시가 돼 있어요. 상급자로부터―상급자라는 것은 2차, 3차 상급자도 됩니다―지시를 받을 수 있습니다. 그러나 지시받은 그 하급자는 반드시 직속 상관한테 보고하라고 돼 있습니다. 그래서 얼마든지 장관이 직접 실제로, 법대로 얘기하면 수방사령관이나 특전사령관한테 지시할 수가 있어요. 있는데 수방사령관·특전사령관이 직속 상관에게 다시 이런 지시를 받았다고 복창을 해야 된다는 거지요. 그래서 이건 군의 명령계통에 분명하게 명시된 것입니다. 그래서 장관은 의장과 총장을 함께 지휘하는 겁니다.

또 경계태세 2급 발령에 대해서 지휘관이 판단할 때는 두 가지 경우가 있습니다. 하나는 상황조치를 위한 명령이 있을 수 있고 하나는 예방적 차원에서 조치할 수 있습니다. 제가 봐서는……

○위원장 안규백 1분 드리세요.

○한기호 위원 합참의장님이 경계태세 2급 발령을 한 건 바로 예방적 조치로 선제적인 조치를 한 것 아니냐. 그렇지 않습니까?

○증인 김명수 예.

○한기호 위원 그 다음 두 번째 제가 묻고 싶은 거는, 예하 부대에 실제로 포고령이 전부 다 내려갔느냐? 아니면 경계태세 2급 발령된 것이 예하부대까지 내려갔느냐? 어느 것이 내려갔냐는 것이 사실은 예하 부대에서는 심각한데 어느 것이 내려갔어요?

○증인 김명수 경계태세는 일단 구두 지시에 의해서 먼저 전파된 걸로 저희들이……

○한기호 위원 경계태세가 내려갔지요?

○증인 김명수 예.

○한기호 위원 그래서 실제로 예하 부대에서는 경계태세 2급 발령에 의해서 필요한 조치들을 해 왔다 이렇게 볼 수 있습니다. 이런 면에서 실제로 계엄사와 의장님하고 제가 봐서는 장관이 직접 지휘했기 때문에 이 문제는 해소가 된다고 봅니다.

　이상입니다.

○위원장 안규백 김대우 단장님 앞으로 나오십시오.

　지금 초기 상태하고 말씀이 많이 다르신데, 12월 2일 날 퇴근 전부터 사령관 집무실에서 참모장과 1차장 그리고 여타 다른 임원들, 간부들과 함께 23시 30분경에 수사단, 14명의 체포자명단을 하달한 후에 00시 25분에 체포조가 방첩사에서 출동했습니까, 안 했습니까?

○증인 김대우 예, 10개의 출동조가 00시 30분 사이에 출동을 했습니다.

○위원장 안규백 그렇지요? 그러면 방첩사에서 정치인과 주요 인사에 대해서 체포하는 것이 아니었다면 왜 방첩사에서 B1 벙커를, 구금시설을 점검을 하고 확인을 했지요?

○증인 김대우 제가 좀 전에 말씀드린 것처럼 저희가 직접 체포하는 것이 아니고……

○위원장 안규백 아니, 체포조가 지금 나와 있잖아요.

○증인 김대우 예?

○위원장 안규백 지금 체포조가 출동을 했잖아요, 방첩사에서.

○증인 김대우 예, 그런데 제가 판단했을 때는 직접 가서 체포하는 상황은 절대 이루어, 있을 수 없을 것이다. 왜냐하면 정문도 통과할 수 없을 것이고 그리고 접근 자체가 안 될 것이다……

○위원장 안규백 지금 상황 인식이 상당히 동떨어져 있네.

○증인 김대우 아니, 저는……

○위원장 안규백 아니, 제가 지금 구체적으로 누구, 누구, 누구, 시간까지 정확히 말씀을 드리잖아요. 그런데 지금 수사단장께서는 아니라고 말씀하시는 거예요?

○증인 김대우 그 14명에 대해서 조별로 이렇게 명단…… 처음에 1조로 나갈 때는 원래 비상소집을 하고 난 뒤에 순차적으로 수사관들이 복귀를 하기 시작했습니다. 그런데 원래 경찰하고 조사본부 합동으로 합동수사단을 꾸려서 나가야 되는데 지금 경찰도 안 온다 그리고 조사본부도 인력이 없다고 하니, 사령관께 그렇게 보고를 드리니 사령관이 그러면 우리 수사관들이라도 먼저 빨리 출동을 시켜라라는 지시가 있었고 그러다 보니 비상소집 후에 들어오는 수사관들에게 일단 순차적으로 먼저 출동을 하자, 출동해서 그냥 국회 인근에서 일단 대기하고 있어라, 그러한 대기 개념에서 출동시킨 것이고 아까 전에 이야기했던 여러 가지 이야기를 하고 반드시 국회에 들어가기 전에 외곽에서…… 경찰하고, 나중에 경찰 병력을 50명 보내 준다고 했으니까 그 병력하고 합동 조를 이루어야 된다……

○위원장 안규백 지금 단장님 말씀이 자승자박이 되고 있는 겁니다. 자승자박이 되고 있는 거예요.

　들어가십시오.

의장님, 본 위원장이 의장님이 말씀하신 것이나 우리 군이 계엄 지원을 위해서 대비태세 2급을 발령했다고는 저는 믿고 싶지 않습니다. 다만 의장님 답변에서 드러난 인식을 저는 지적하고자 합니다.

첫 번째, 만약 의장님이 계엄을 위해서 대비태세 2급을 발령하였고 우리 군이 거기에 복명한 상황을 가정하면 우리 군은 의장의 명령에 따른 것이라고 저는 생각을 합니다. 계엄에 동조한 사람은 의장님뿐이지요. 그러나 그러한 주장을, 우리 군 전체가 매도되는 것은 저는 아니라고 생각을 합니다. 본 위원장은 의장님의 진술을 믿습니다마는 그와 별개로 우리 군의 명예를 내세워서 그 뒤에 숨어서는 안 된다라는 생각을 저는 갖습니다.

두 번째, 의장님의 답변을 보면 의장님은 시종일관 계엄과 우리 군을 분리해서 지금 생각하고 계신 듯한 그런 느낌을 받습니다. 그러니까 의장님은 계엄으로 우리 군의 안보 취약점이 발생했으니 대비태세를 격상을 하였다는 생각을 하고 있는지는 모르겠습니다마는 비상계엄 그 자체가 위법·위헌이라는 점 그리고 그 위헌적 계엄에 우리 군이 동원된 점에 관해서는 일부러인지 아니면 몰라서인지 애써 지금 눈감고 계신다는 점입니다.

비상계엄이 단순히 정치적 투쟁에 불과한 것입니까? 의장님의 부하인 우리 군 장병들이 동원되어서 국회와 선관위를 침탈하는 그런 실제 상황이 발생했던 것입니다. 그 시간에 의장님은 어디에 계셨던 것이지요?

○증인 김명수 지통실에 있었습니다.

○위원장 안규백 그래요. 장관님 옆에서 상황을 지켜보고 있었지 않겠습니까? 그랬지요? 그런데 의장님에게는 이 계엄은 우리 안보나 국민 또 장병들의 생명과는 무관한 하나의 정치적인 사건으로 생각하고 계시지 않나 이런 생각을 지울 수가 없습니다. 그러나 의장님은 계엄 당시 상당 시간에 국내 상황에 대해서 눈을 감고 있었다는 것은 부인할 수가 아마 없을 겁니다. 이제 오셔 가지고, 국회에 오셔 가지고 지난번에도 그랬고 오늘도 지금 가만히 그 태도를 보니까 직을 거느니, 우리 군의 명예를 말씀하시면서 본인과 우리 군의 억울함을 지금 강변하고 계실 뿐이라고 저는 생각을 합니다.

그러나 의장님께서 우리 군을 매도하지는 않는다고 저도 생각합니다. 의장이 당시 의장으로서의 북한에 대한 안보 상황 대응을 하려고 하셨는지는 저는 몰라도 계엄 상황에 대해서, 계엄 세력에 대해서 우리 장병들의 동원 또 우리 군이 국민과 장병 스스로 생명의 위협을 그날 느꼈던 그런 시간들, 그에 대해서는, 그때 왜 그 책임에 대해서는 묻지 않는 것인지 저는 잘 이해가 안 가고요.

사실 우리 군이 국민의 충직한 군이었습니다. 그러나 우리 군을 대통령이 정치적인 도구화를 시켜 놔서 지금 우리 군이 상당히 멍들고 있는 것은 주지의 사실 아닙니까? 이에 대해서 한 말씀 해 주시기 바랍니다.

○증인 김명수 제가 비상계엄을 비호하거나 그렇지는 않습니다. 저희들 합참에서도…… 이런 것들이 사실 제가 합참의장으로서 방지되고 또 막을 수 있었다면 제가 하는 것이 당연한 책임이라고 생각합니다. 그래서 처음 말씀드린 것처럼 제가 국민들한테 비상계엄으로 인해 가지고 불안과 실망을 준 것에 대해서는 막중한 책임감도 느끼고 제가 죄송스럽다고 말씀을 드린 겁니다. 하지만 비상계엄 이 자체를 가지고, 이것도 굉장히 저희들이 반성해야 될 부분이라고 생각을 합니다. 하지만 안보태세를 유지하고 있는 전방에서 근무하고 있는 우리 모든 장병들이, 모든 것이 여기 함몰되는 것은 저는 원치 않다는 겁니

다.

합참이 사실 들어와서 상황을 국내 정세부터 정확하게 판단해서 더 잘했다면, 더 빨리 끝낼 수 있었다면, 그것은 지탄을 한다면 합참의장이 당연히 지탄을 받아야 된다고 생각합니다. 하지만 경계태세를 설정한 것이 마냥 비상계엄을 지원하기 위해서 했다 이렇게 하는 것은……

○위원장 안규백 아니, 그러니까 제가 말씀을 드리잖아요.

○증인 김명수 그것은 제가 아니라는 겁니다.

○위원장 안규백 계엄을 위해서 경계태세 2급을 발령하지는 않았을 것이다 그런 말씀을 제가 전제로 드리잖아요.

○증인 김명수 예, 저희들도 그렇습니다.

그래서 조금 더 말씀을 드리면 이 상황이 상당히 혼란스럽고 파악이 안 되는 상황에, 그러면 정성적인, 정량적인 평가가 군에서 많이 이루어지는데 정성적인 평가가 이루어져야 되는 겁니다. 그러면 지금 어떤 상황을 머리에 그릴 수 있겠습니까, 저도 처음이라는 이 비상계엄을 했을 때? 그랬을 때 제가 판단해 가지고 하는 것은 일단 국가와 국민의 어떤 안전 조치, 군의 경계태세를 올려야만이 제가 유지하고 있는 부대들에 대해서 통제가 강화될 수 있다는 겁니다.

○위원장 안규백 의장님의 말씀은 믿는데요. 우리 군의 명예 뒤에서 숨어서는 저는 안 된다라는 생각을 하고……

○증인 김명수 숨지 않습니다.

○위원장 안규백 가만히 계셔 보세요.

그리고 사실 우리 국민들이 우리 국민을 위해서 충직한 우리 군으로 생각했는데 그것이 정치 도구화돼서 우리 군이 상당히 괴롭고 힘들어 한 것은 주지의 사실 아닙니까? 이 부분에 대해서 앞으로 계속 장관대행님이나 합참의장님께서 이 부분에 대해서 많은 치유법을 좀 강구해 주시기 바랍니다.

○증인 김명수 잘 알겠습니다.

○위원장 안규백 지금 시간이 심야가 상당히 깊었습니다마는 질의를 하실 위원님이 계십니까?

(손을 드는 위원 있음)

그럼 거수한 위원님만 하겠습니다.

○곽규택 위원 1명 더 합시다.

○위원장 안규백 곽 위원 하지 마시지 그래요.

○곽규택 위원 왜 4명이나 하는데……

○한기호 위원 아니, 그럼 다 해요, 순서대로.

○추미애 위원 순서대로 다 하시지요.

○위원장 안규백 그러면 차수를 변경을 하실랍니까?

(「예」 하는 위원 있음)

간사 간 합의를 해 주시고 하시지요.

○한병도 위원 아까 처음 손 드신 분들만 하시지요.

○위원장 안규백 손 드신 분만 하시지요.

○**한기호 위원** 다 해야 돼요. 여기서 안 할 사람 있어요?

○**위원장 안규백** 자, 먼저 그러면 추미애 위원, 장동혁 위원 이렇게 하십시오.

그리고 급하신 분은 개인 정비를 보셔도 됩니다.

○**추미애 위원** 시작할까요, 위원장님?

○**위원장 안규백** 예, 하십시오.

○**추미애 위원** 내란 우두머리는 '6시간짜리 내란이 어딨냐?' 아직도 큰소리치고 있습니다. 그러나 국헌문란 내란죄는 너무나 명명백백하고 증거가 차고 넘치지요.

문제는 6시간 내란의 배후에 있는 사안들입니다. 계엄은 검찰 공소장에 의하면 오랜 기간 동안 준비되고 호심탐탐 노려 왔습니다. 대외적 원인, 요인을 찾기 위해서 북풍 시도를 했고 대내적 요인으로 부정선거라는 예열, 군불 때기를 하면서 동조세력을 규합해 오는 긴 과정을 거쳤다고 봐 집니다.

제가 그냥 넘어갈까 했는데 대수장을 적극적으로 대변해 주시는 한기호 간사님께 감사를 드립니다. 4년 전에만 부정선거를 주장했다라고 하는데, 대수장이. 아닙니다. 대수장은······

한번 표를 보시기 바랍니다.

(영상자료를 보며)

한기호 위원님 들어오셔서 표를 봐 주세요.

2024년 9월 대수장 회원들을 대상으로 한 부정선거 특강을 개최했습니다. 당시 강사는 22대 국회의원선거가 전산 조작이었다면서 선관위를 고발한 육사 출신 장재언 씨입니다. 24년 3월 총선을 앞두고는 선관위 앞에서 선거개혁 촉구 집회까지 벌였습니다. 그리고 계엄이 터지자 대한민국을 수호하겠다는 장군단이 내란수괴를 옹호하며 국회에서 윤석열 탄핵 반대 기자회견까지 했습니다.

이 정도면 한기호 위원님, 윤석열 정부의 수호 장군단 대수장 아닙니까? 정치단체 아닙니까? 화면으로는 들으십니까?

그나마 다행인 것은 본인들도 노상원 씨가 부끄러웠는지 후원금을 노상원이 냈지만 이제 와서 우리 회원은 아니었다 이렇게 선을 그어 주십니다. 감사할 따름입니다.

아까 제가 합참의장 가시기 전에 이 얘기 좀 들으라고 했는데 무슨 얘기냐 하면 우리 군의 순수한 의지, 국방에 대한 전념, 열정 다 믿습니다. 그런데 군을 오염시키는 선배 군인들이 있어요. 바로 이 대수장같이 장성들이 모여서 부정선거 특강을 노상원으로부터 듣고 그 노상원은 방첩사 처장을 시켜서 여러 가지 부당한 지시를 시켰어요. 그래서 왜 부당한 지시에 따랐느냐 그랬더니 하는 답변이 인사에 도움 줄 줄 알았다, 크게 기대를 했다는 겁니다.

그러면 그 배후에 누가 있느냐? 대수장 회장 이름을 팔아서 본인의 든든한 백으로 과시를 하고, 또 실제 2명이나 준장 진급을 시킨 바가 있어요. 그들이 박 모이고 불법수사단 단장 아래의 부단장을 시켰습니다. 만약 이게 계엄으로 갔다면 어떻게 됐겠습니까?

그래서 아까 위원장님 말씀도 그것입니다. 종이 한 장 차이인 거예요. 군을 이동하고 움직인 그 순간 위험해진다는 겁니다. 왜?

(발언시간 초과로 마이크 중단)

(마이크 중단 이후 계속 발언한 부분)
불법 계엄이니까, 하지 말아야 될 일을 하는 거니까. 그게 무슨 작전 지침이겠습니까?
　이상입니다.

○**위원장 안규백** 수고하셨습니다.
　장동혁 위원님 질의해 주십시오.
○**장동혁 위원** 비서실장님께 질의드리겠습니다.
　지금 계엄과 관련해서 국회의원을 끌어내라 이런 지시가 있었느냐가 하나, 또 국무회의가 있었느냐가 쟁점이 되고 있는데 아까 답변하시다가 제대로 못 하신 것 같아서요, 비서실장님께서 생각하는 부분을 제가 법리적으로 정리해서 말씀드릴 테니까 생각이 다른 부분이 있으면 말씀 주십시오.
　국무회의 심의 사항에 대해서는 헌법 89조에 규정하고 있습니다. 헌법 89조에는 그 내용만 있습니다. 그리고 정부조직법 제12조에 보면 뭐라고 돼 있냐면 1항에 '대통령은 국무회의 의장으로서 회의를 소집하고 이를 주재한다'. 2항은 직무대행의 순서가 있고요. 3항은 '국무위원은 정무직으로 해서 의장에게 의안을 제출하고 국무회의의 소집을 요구할 수 있다' 이 조항이 있고요. 네 번째 4항에 보면 '국무회의 운영에 관하여 필요한 사항은 대통령령으로 정한다'라고 되어 있습니다. 따라서 헌법과 정부조직법에는 국무회의의 절차나 소집 요건이나 형식에 대해서는 어떠한 규정도 없고 대통령령에 위임하고 있습니다.
　그런데 이번 국무회의 같은 경우에는 긴급을 요하는 상황이었고 보안을 요하는 상황이었고 그렇기 때문에 지금 대통령령, 법률이 아니고 헌법도 아닌 대통령령에서 요하는 요건을 갖추지 못한, 그래서 통상의 국무회의 요건을 갖추지는 못했지만 국무회의라고……
　국무회의가 있는 이유는 대통령의 국법상 행위가 적법하고 정당하게 행사될 수 있도록 보좌하고 동시에 대통령 1인의 판단에 따르는 경솔과 오류 및 권력의 남용을 사전에 통제하는 기능을 가지고 있기 때문에 그 의견을 들으라고 하는 것이 요체입니다. 의견을 들어서 혼자 결정할 때 발생할 수 있는 여러 오류나 남용을 방지하자는 게 요체입니다.
　따라서 이런 여러 상황을 보면 긴급을 요하고 보안을 요하기 때문에 통상의 절차와 형식을 갖추지는 못했지만 국무회의의 본질적, 있는 그 목적, 원래 국무회의를 둔 목적, 그리고 국무회의는 심의를 거친다 하더라도, 의결이 있다 하더라도 법적 구속력 자체는 없기 때문에, 대통령이 국무회의 의결과 다른 결정을 하고 실행을 할 수 있기 때문에 국무회의가 요구하고 있는 여러 국무위원들의 의견을 들어서 어떤 결정을 하라고 하는 그 실질적인 요체는 전혀 없다라고 할 수 없고 또 정족수가 찰 때까지 기다렸다가 어떤 형식으로든 국무위원들의 의견을 들었기 때문에……
○**박선원 위원** 일문일답 맞나요?
○**장동혁 위원** 제가 질의하고 있습니다.
○**박선원 위원** 아니, 그러지 말자고 했잖아요.
○**장동혁 위원** 자, 그렇기 때문에 형식적으로는 이것을 헌재에서 어떻게 판단할지 모르겠지만, 법적으로는 어떻게 판단할지 모르겠지만 비서실장님이 생각하실 때는 실체적으로 보면 국무회의가 전혀 없었다고 보기는 어렵다라는 게 아까 말씀하시려고 하는 취지

였던 것 아닙니까?

○**증인 정진석** 그렇습니다. 지금 정확히, 위원님 말씀이 제 생각과 정확히 일치하고 있고요. 행정 절차상의 미흡한 점은 분명히 있었을지 모르나 대통령이 국무위원들을 소집해서 또 정족수를 채우기 위해서 한참 동안 기다렸다가 정족수가 충족이 돼서 대통령이 주재하는 국무회의가 있었고 따라서 그 국무회의의 본질적인 시간이 유지되고 훼손되지 않고 이루어졌다 저는 이렇게 생각합니다.

○**위원장 안규백** 민병덕 위원님 질의해 주십시오.

○**민병덕 위원** 이진동 차장님.

○**증인 이진동** 예, 왔습니다.

○**민병덕 위원** 모든 국민들이 김용현의 신병 확보를 빨리해 준 것에 대해서는 검찰 참 잘했다라고 생각하는 것 같고 저도 그렇게 생각합니다.

○**증인 이진동** 고맙습니다.

○**민병덕 위원** 다만 그 과정에서 구체적인 설득 과정이 혹시 수사 범위 축소와 같은 것이 있을까에 대한 의혹이 있다라는 지점 하나 말씀드리고요.

그리고 아까 김주현 민정수석이 핸드폰을 교체했어요. 우리는 대체로 이것은 증거인멸로 보는 거잖아요. 그러면 통화내역 조회를 하면 김주현 민정수석이 그 시기에 무엇을 했는지를 확실하게 알 수 있을 것 같습니다. 경찰도 했다고 하니까 빨리 검찰에서 먼저 확실하게 하는 게 좋겠다는 말씀 드리고.

우리가 이런 고민을 얘기하는 이유가 뭐냐 하면요 검찰총장 출신 대통령입니다. 그분이 계엄을 했습니다. 계엄은 반대하는 정적을 없애고 자기가 꿈꾸는 대로 정권을 만들어가고 싶었기 때문입니다. 그런데 거기에서 자기 친정인 그리고 본인의 정권 내내 본인을 보위해 주었던, 본인과 부인에 대해서 계속해서 보위를 해 줬던 그 검찰에게 어떤 역할도 맡기지 않았을까, 비상계엄에서? 그 역할이 아무것도 없었을까 이것에 대해서 국민들은 궁금해합니다.

대검 차장님께서 여기에 연루됐다고 말씀드리는 게 아닙니다. 그렇기 때문에 이 의혹을 검찰이 해소해 주셔야 된다라는 말씀을 드리는 거고.

그래서 제가 몇 가지 말씀드렸어요. 방첩사 관계자들이 경찰에서 '선관위에 곧 검찰이 올 거야'라고 진술을 했습니다. 그러면 그 검찰이 누구인가에 대해서 제가 알아보라고 했는데 그냥 없답니다. 제가 구체적으로 두 검사의 이름과 직책까지 있다고 말씀드렸는데도 연락을 안 합니다. 제가 연락처 드리면 조사해 보시겠습니까?

○**증인 이진동** 저희가 확인한 바로는 요청받은 적도 없고 한 적도 없습니다.

○**민병덕 위원** 그 두 사람이 누군지 압니까? 제가 드릴게요. 대검에서 과학수사하는 분들 두 명이 계시는데 그분이 출발했다라는 제보를 구체적으로 가지고 있어서 그렇습니다.

○**증인 이진동** 전혀 아닙니다, 저희가 확인한 바로는.

○**민병덕 위원** 누군지 압니까?

○**증인 이진동** 그 자체가 없었기 때문에, 요청받은 적도 없고……

○**민병덕 위원** 아니, 내가 제보를 주겠다는데도 안 하겠다는 것, 그러니 의심스러운 겁니다.

김성훈 경호처 차장에 대해서 구속영장을 반려했잖아요?

○증인 이진동 예.

○민병덕 위원 그 이유는 뭐지요?

○증인 이진동 보완수사할 게 필요해서 반려한 걸로 알고 있습니다.

○민병덕 위원 보완수사가 필요해서?

○증인 이진동 예.

○민병덕 위원 그러면 저는 이렇게 생각합니다. 이분이 증거인멸을 시도하고 있거든요. 왜냐하면 이 내란의 핵심은 비화폰입니다. 비화폰이 내란폰이고 내란의 블랙박스입니다. 이것을 막고 있는 사람이 김성훈이거든요. 그런데……

　　(발언시간 초과로 마이크 중단)

....

　　(마이크 중단 이후 계속 발언한 부분)

그분을 풀어 주면 안 된다라고……

○증인 이진동 위원님, 증거인멸로……

○민병덕 위원 잠깐만, 말씀을…… 마무리할게요, 마무리할게요.

　그래서 비화폰과 관련된 비화폰 서버를 압수수색해야 한다고 생각을 하고 그러려면 김성훈이 거기에 대해서 증거인멸을 시도하고 있기 때문에 구속영장을 반려할 게 아니라 신청을 하고 법원에다 판단을 맡겨야 한다 이렇게 보는 거고, 만약 그렇지 않으면 검찰이 또 의심을 받는다는 겁니다. 어떻게 생각하십니까?

○증인 이진동 위원님, 김성훈 차장의 혐의는 체포영장을 방해했다는 공무집행방해하고 부당한 인사를 했다는 직권남용입니다. 두 본인의 범행에 대해서 증거인멸을 했냐? 비화폰은 내란에 관련된 사건이지 본인의 범죄사실과 관련된 게 아니거든요. 그러면 다른 범죄사실로 이 사람을 구속하는 게 맞나요? 그것 별건수사인데요?

○민병덕 위원 아니……

○증인 이진동 그리고 저희가 아까 말했듯이 누구를 봐주고 한 적 한 번도 없습니다. 저희는 원칙대로 했고……

....

○위원장 안규백 마무리해 주십시오. 됐습니다.

　민홍철 위원님 질의해 주십시오.

○민홍철 위원 다시 이진동 대검 차장님, 저도 좀 질의를 할게요.

　김성훈 경호처 차장 문제는 그렇다 치고요. 내란죄와 관련해서 중요임무 종사자라든지 이 문제와 관련해서 비화폰이 많이 지급이 됐어요. 군사령관들한테도 지급이 됐고요. 군검찰에서 그 중요임무 수행자들에 대한 비화폰 영장 청구했지요?

○증인 이진동 다 청구된 걸로 알고 있습니다.

○민홍철 위원 예, 했지요?

○증인 이진동 예.

○민홍철 위원 그런데 검찰에서 집행을 했나요? 영장집행을 했습니까?

○증인 이진동 청구해서 발부돼서 집행한 걸로 알고 있습니다.

○민홍철 위원 법원으로부터 군검찰이 신청한 영장은 나온 걸로 알고 있어요.

○증인 이진동 예.
○민홍철 위원 나왔지요?
　검찰도 일반인, 김용현과 노상원 청구했었나요? 영장 발부가 됐었습니까?
○증인 이진동 김용현 전 장관은 경찰에서 압수수색을 해 가지고 저희가 할 수 없는……
○민홍철 위원 아니, 비화폰 관련된 압수수색 말이지요, 영장.
○증인 이진동 제 기억으로 아마 경찰에서 한 걸로 알고 있습니다.
○민홍철 위원 아, 영장이 나왔어요?
○증인 이진동 경찰에서 영장을 신청해 가지고 저희가 청구해서 발부된 걸로 알고 있습니다.
○민홍철 위원 발부됐지요?
　그래서 집행을 못 했지요? 제가 볼 때는 안 한 거예요.
○증인 이진동 경찰이……
○민홍철 위원 아니, 제가 묻잖아요. 지금……
○증인 이진동 신청해서 발부받은 후에 집행은 경찰이 하는 겁니다.
○민홍철 위원 아니, 영장이 나왔고요 군검찰……
○증인 이진동 그러니까 영장을 경찰이 제 기억으로는 신청해서……
○민홍철 위원 저는 민간인들 말고 군 사령관들에 대한 비화폰, 세 사람이 지금 지급돼 있는데 군검찰이 청구해서 영장이 발부가 됐어요. 그걸 검찰에게, 특수본에……
○증인 이진동 그건 군검찰에서 아마 집행한 걸로 알고 있습니다.
○민홍철 위원 특수본에 요청하니까 집행했냐 이 말씀을 제가 물어보는 거예요.
○증인 이진동 군검찰에서 집행한 걸로 알고 있습니다.
○민홍철 위원 서버를 확보했나요?
○증인 이진동 글쎄, 구체적인 것까지는 기억 안 나는데 군검찰에서……
○민홍철 위원 특수본에 지금 같이 있잖아요, 군검찰하고 검찰하고.
○증인 이진동 그러니까 제가 그 사건이 워낙에 내용이 많아 가지고 자세한 건 기억이 안 나는데 군검찰에서 그것에 대해서 영장을 청구해서 발부받아서 집행한 걸로 알고 있습니다.
○민홍철 위원 그래서 이 위헌적이고 불법적인 비상계엄으로 인한 내란 혐의에 대한 재판 기소의 문제의 마지막 퍼즐이, 핵심 키가 비화폰의 압수수색입니다. 물론 검찰에서는 경호처가 협조를 안 해 주기 때문에 또 군사시설 보호법상의 어떤 장애가 있기 때문에 할 수 없다라고 핑계를 대겠지요.
　그러나 이 비화폰에 관련된 서버, 통신, 압수수색 영장 또는 임의제출 이 문제가 해결되지 않으면 제가 볼 때는 음모와 계획과 실행 단계의 여러 사람들의 문제가 제대로 공소유지가 안 될 겁니다. 검찰이 그걸 원하십니까?
○증인 이진동 공소유지는 저희가 철저히 하려고 노력하고 있습니다.
○민홍철 위원 철저히 하시겠어요?
○증인 이진동 예.
○민홍철 위원 이상입니다.

○**위원장 안규백** 수고하셨습니다.

박선원 위원님.

○**박선원 위원** 김태효 증인 잠깐 앞으로 나오시겠습니까?

그때 간 전체 인원 이제 생각나셨습니까?

○**증인 김태효** 정확지는 않지만 10명 이내 정도였던 걸로 기억합니다.

○**박선원 위원** 10명 이내 정도 됐지요?

○**증인 김태효** 예.

○**박선원 위원** 그리고 정보융합이라고 하는 것은 매일 해야 되는 작업이지요?

○**증인 김태효** 얼마나 자주 하는지 모르겠습니다만 저는 자주 보지는 않습니다. 가끔 올라와서 얘기를 합니다.

○**박선원 위원** 차장님, 대통령께 일일 안보정보 보고 안 하십니까?

○**증인 김태효** 예, 하지 않습니다.

○**박선원 위원** 안 하세요?

○**증인 김태효** 예.

○**박선원 위원** 프레지덴셜 데일리 브리핑(Presidential Daily Briefing)이라는 말 아시지요?

○**증인 김태효** 예, 알고 있습니다.

○**박선원 위원** 미 CIA에서 매일 아침 가서 보고하는 것 아시지요, CIA 차장이 대통령께?

○**증인 김태효** 예.

○**박선원 위원** 아시지요?

○**증인 김태효** 일주일에 한 번 하는 걸로 알고 있습니다.

○**박선원 위원** 매일 하고 있습니다.

그런데 차장은 대통령께 며칠 간격으로 하십니까?

○**증인 김태효** 자주 하지 않고요.

○**박선원 위원** 자주 하지 않았지요?

○**증인 김태효** 예.

○**박선원 위원** 아침 시간 못 맞추시니까 자주 못 했지요?

○**증인 김태효** 그건 아니고요.

○**박선원 위원** 차장님.

○**증인 김태효** 문서로 할 때도 있고 구두로 할 때도 있고 정기적인 정보보고……

○**박선원 위원** 정기적으로 매일 아침 7시 반에 대통령 책상에 안 올라갑니까?

○**증인 김태효** 문서는 매일 올라가는데요 대면보고는 매일 하지 않습니다.

○**박선원 위원** 그러면 문서로 매일 올라가는 그 정보융합을 아까 그 TF에서 한다는 이야기입니까?

○**증인 김태효** 그렇지 않습니다.

○**박선원 위원** 그렇지 않지요? 별도 임무지요?

○**증인 김태효** 예.

○**박선원 위원** 들어가 주십시오.

존경하는 국방장관직무대행님.

○**증인 김선호** 직무대행입니다.

○**박선원 위원** 저는 국방장관직무대행과 합참의장께 계속 '존경하는'이라는 경칭을 붙이고자 합니다. 그러나 이것은 차관 시절이라서 질문하지 않을 수 없습니다.

그날 김용현이 지통실에서 내려왔을 때 매우 가까운 거리에서 지속적으로 전화하고 전화받고 하셨지요?

○**증인 김선호** 제가 말입니까?

○**박선원 위원** 그렇습니다. 차관이 바쁘셨지요?

○**증인 김선호** 제가 그때 전화받은 기억은 없습니다.

○**박선원 위원** 전화하신 적도 없고 받은 적도 없습니까?

○**증인 김선호** 예.

○**박선원 위원** 아니, 증인, 정확하게 말씀해 주십시오.

○**증인 김선호** 예, 말씀하십시오.

○**박선원 위원** 그러면 아무것도 안 했어요? 결심지원실이나 지통실에서 차관은 무엇을 하셨습니까?

○**증인 김선호** 상황이 진행되는 것을 모니터하고 있었습니다.

○**박선원 위원** 그냥 어디 특정한 의자에 앉아서 계속 보고만 계셨습니까, 합참의장 하시는 것 그다음에 김용현이 하는 것을?

○**증인 김선호** 예, 그렇습니다.

○**박선원 위원** 제가 알기로는 장관 옆에 아주 가까운 거리에서 지속적으로 전화받고 전화했다라고 하는 진술을 확보했는데 차관께서, 증인께서 이것을 정정하실 마음이 없으십니까?

○**증인 김선호** 없습니다.

○**박선원 위원** 없습니까?

○**증인 김선호** 예.

○**박선원 위원** 그러면 다음 기회라도 정정하실 기회 있으면 정정해 주십시오. 왜냐하면 국방장관직무대행은 중요한 직책이기 때문에 제가 말씀드리는 것입니다.

○**증인 김선호** 그런 사실이 없기 때문에 정정할 생각 없습니다.

○**박선원 위원** 그렇습니까?

○**증인 김선호** 예.

○**박선원 위원** 알겠습니다.

이상입니다.

○**위원장 안규백** 더 이상……

○**백혜련 위원** 아니, 저……

○**위원장 안규백** 그래요?

○**곽규택 위원** 저 하기로 했잖아요.

○**위원장 안규백** 그러면 먼저 곽규택 위원 하시고 백혜련 위원 하십시오.

○**곽규택 위원** 수사단장님 좀 나와 주시지요.

○**백혜련 위원** 여기 부승찬 위원님도……

○**위원장 안규백** 그래요? 그러면 차수 변경해야 되는데……

○**부승찬 위원** 다 하는 거 아니었어요?

○**백혜련 위원** 3분이니까 차수 변경까지는 안 할 거예요.

○**위원장 안규백** 하십시오.

○**곽규택 위원** 단장님은 지금 피의자 신분으로 조사받고 있는 상황입니까?

○**증인 김대우** 그렇습니다.

○**곽규택 위원** 어떤 내용으로 조사받고 있습니까?

○**증인 김대우** 입건 내용은 내란 중요임무 수행으로……

○**곽규택 위원** 지금 국회의원 체포, 주요 정치인 체포에 대해서 금방 진술하신 부분이 있는데요. 어제와 지금 계속되는 헌법재판소의 심리 과정에서도 정치인이나 국회의원에 대한 체포 이런 부분에 대해서 진술이 계속 엇갈리고 있는 부분들이 있어요. 김현태 707 단장은 국회의원 끌어내라는 지시는 없었다 이렇게 진술을 하고 있고요. 곽종근 특전사령관 진술과 완전히 다른 진술이지요.

곽종근 특전사령관도 오늘 헌재에서는 국회의원이라는 단어는 들어 본 적이 없다 이렇게 또 이야기를 했습니다. 또 체포하라는 명단에 대해서 홍장원 국정원 1차장의 진술하고 여인형 방첩사령관의 진술이 명단에 대해서 내용이 달라요. 이런 부분에 대해서 알고 있습니까?

○**증인 김대우** 저는 잘 모릅니다.

○**곽규택 위원** 수사단장께서 방금 말씀하신 내용 중에 방첩사 차원에서 누구를 체포하라는 지시는 안 했다, 맞습니까?

○**증인 김대우** 예.

○**곽규택 위원** 그냥 대기만 하다가 다른 수사기관에서 누군가를 체포해 오면 이송하는 업무만 하는 것으로 알고 있었다 이런 취지인가요?

○**증인 김대우** 제가 그렇게 지시를 했다는 겁니다.

○**곽규택 위원** 지시를 했습니까?

○**증인 김대우** 예.

○**곽규택 위원** 그러면 아까 다른 위원님께서 보여 준 방첩사 출동한 사람들 간의 단톡방에 나오는 누구를 체포하라 이런 내용에 대해서 어떻게 된 거라고 생각하십니까?

○**증인 김대우** 그게 제가 수사관 한 명 한 명한테 다 그렇게 지시를 했는데 단톡방에서 조정과장이 지시를 할 때 체포라는 용어를 왜 썼는지, 이게 수사관들이다 보니까 이송을 할 때 신병을 인계받아서 이송을 하라고 했음에도 불구하고 워낙 급하니까 그렇게 그냥 작성하지 않았나 싶습니다.

○**곽규택 위원** 그러면 그 단톡방에 나와 있는 내용은 지금 수사단장이 지시한 내용하고는 전혀 다른 내용인 거지요?

○**증인 김대우** 예, 저는 단톡방 거기 어떤 내용을 게시했는지 모릅니다.

○**곽규택 위원** 수사기관의 조사받을 때 조사한 기관이 어디입니까? 검찰입니까, 군검찰?

○**증인 김대우** 피의자 조사는 군검찰에서 받았고……

○**곽규택 위원** 군검찰 조사받을 때 그 단톡방 문자 보여 주던가요?

○증인 김대우 그 내용은, 아직 1차 조사를 받았고 나머지 민검, 경찰 이런 데서 조사받을 때도 그 내용은 못 본 것 같습니다.

○곽규택 위원 그러면 단톡방 그 문자는 오늘 처음 본 거예요?

○증인 김대우 예, 제 기억으로는 그렇습니다.

○곽규택 위원 그것 확인 잘 해 보세요. 그것 조작된 거예요.

○증인 김대우 예, 알겠습니다.

○곽규택 위원 이상입니다. 들어가시면 됩니다.

○위원장 안규백 백혜련 위원님 질의해 주십시오.

○백혜련 위원 한 번만 더 나오세요. 딱 1개만 추가로 질문할게요.

12월 4일 날 00시 30분경에 국회로 출동하고 있는 7개 방첩사 출동조와 그룹 통화가 된 것 알고 있습니까, 그룹 통화?

○증인 김대우 예, 그때 제가 사령관으로부터 3명에 집중하라는 지시를 받고 그 내용을 전파하라고 해서……

○백혜련 위원 그래서 그룹 통화에서 정리된 내용이에요. 그러니까 기존 부여된 구금인원 전면 취소한다, 모든 팀은 이재명, 우원식, 한동훈을 체포하여 구금시설로 이동한다.

그래서 저는 단장님이 이제 본인이 피의자 신분이기 때문에 본인을 방어하려고 하는 건 이해가 가요. 그러나 이 수많은 증인과…… 한마디로 다 똑같은 말을 듣고 똑같이 전파를 한 겁니다. 이럴수록 본인의 책임은 더 커진다는 거예요. 여인형 사령관의 말을 그대로 전달한 거면 본인은 그래도 책임이 좀 가벼울 수가 있는데 이런 식으로 자꾸 본인 면피를 하려고 하면 더 커져요. 그러니까 잘 생각해 보시고 앞으로 대응하시기 바랍니다.

그리고 한 가지만 물어볼게요.

그 여인형 사령관 비화폰, 군대에서 지급한 거 말고 경호처에서 지급한 비화폰이 있다는 거 알고 있었습니까, 혹시?

○증인 김대우 몰랐습니다.

○백혜련 위원 몰랐어요?

○증인 김대우 예.

○백혜련 위원 그 비화폰, 군대에서만 지급한 거 있는 걸로 알고 있어요, 본인은?

○증인 김대우 예.

○백혜련 위원 그리고 그 계엄이 있었던, 계엄 발표가 있고 계엄 해제되기까지 여인형 사령관은 사령관실 방에만 있었습니까?

○증인 김대우 수사단 자체가 200m 본청 건물과 이격돼 있습니다. 그래서 별도의 건물로 있다 보니까 사령관이 어디 있었는지 무엇을 했는지는 모릅니다.

○백혜련 위원 사령관 옆에 항상 붙어서 쫓아다니는 사람은 누구예요, 혹시 그러면?

○증인 김대우 제가 같이 안 있어 봐서, 비서실장이나 참모장이나 그쯤 되지 않을까 싶습니다.

○백혜련 위원 비서실장이나 참모장?

○증인 김대우 예.

○백혜련 위원 알겠습니다. 들어가세요.

시간 멈춰 주시고요.

그리고 김선호 대행님, 지금 아까 보니까 그 심우정 검찰총장한테 김용현의 전화번호를 알려 주셨잖아요?

○증인 김선호　예.

○백혜련 위원　그런데 그 알려 주신 번호가 노상원의 비화폰 번호를 알려주신 거거든요. 본인은 어떻게 아셨어요?

○증인 김선호　저는 그게 그 전화인지는 제가 이번에 여기 하면서 알았습니다.

○백혜련 위원　아니, 그러니까 노상원의 비화폰 번호인지, 김용현의 번호로 알고 본인은 알려준 거잖아요.

○증인 김선호　그 번호는 제가 장관으로부터 직접 받은 번호입니다.

○백혜련 위원　김용현이 언제 그 번호를 알려줬습니까?

○증인 김선호　검찰총장이 연락할 수 있는 방법을 좀 확인해 달라고 해서 제가 전 장관께 전화를 드려서 전화번호를 주시면 제가 알려주겠다고 했고 장관께서 그 전화번호를 알려주셨습니다.

○백혜련 위원　본인은 그러면 전화할 때 무슨 번호로 했어요?

○증인 김선호　제가 말입니까?

○백혜련 위원　예.

○증인 김선호　저는 개인 폰으로……

○백혜련 위원　아니, 그러니까 김용현한테 처음 전화했을 때는 노상원의 비화폰으로 걸어서 김용현하고 통화한 게 아니시잖아요.

○증인 김선호　예, 그렇지요.

○백혜련 위원　그러니까 무슨 번호로 했냐고요. 그때 김용현은 국방부장관에서 물러나서 비화폰은 반납한 상태예요.

○증인 김선호　그건 장관님 개인 폰……

○백혜련 위원　그냥 개인이 사용하는 개인 폰?

○증인 김선호　예, 제 개인 폰하고, 장관님 개인 폰으로 제가 물어본 겁니다.

○백혜련 위원　보니까 노상원의 전화번호를 알려줬다 이거지요, 노상원의 비화폰 번호를?

○증인 김선호　노상원 전화번호라는 걸 지금 알았습니다.

○백혜련 위원　노상원의 비화폰 번호를 그렇게 알려줬다는 얘기지요.

　알겠고요.

　김주현 수석님 나오세요.

　4인 안가 회동과 관련해서 지난번에 나와서 이 자리에서 '자리 어디 편하게 할 데 없냐?' 그랬더니 본인 보좌관이 알아서 '안가 됩니다' 그러고 예약해 놨다고 했지요? 그렇게 얘기했어요, 명확하게.

○증인 김주현　아니, 보좌관이 알아서 한 게 아니고요 그게 가능한지를 제가 확인해 보라고 했던 겁니다.

○백혜련 위원　본인이 안가를 가능한지 확인해 보라고가 아니었습니다. 분명히 그때는 본인이 그냥 편한 자리 알아봐 달라 이렇게 하니까, 배석준 행정관이에요?

○증인 김주현　아닙니다.

○**백혜련 위원** 그러면 누구예요?

○**증인 김주현** 직원이니까 제가 여기서 말씀드리기는 그렇고요. 아까 말씀드린 대로 그걸 포함해서 쓸 수 있으니까 제가 확인을 시켜서 했던 겁니다.

　　　(발언시간 초과로 마이크 중단)

　　　(마이크 중단 이후 계속 발언한 부분)

○**백혜련 위원** 말이 바뀌었어요. 아주 중요하니까, 오늘 비서실장이랑 짜고 나왔는지 모르겠는데 그날은 제가 속기록, 분명히 다음번에 불러서, 그때는……

○**증인 김주현** 위원님.

○**백혜련 위원** 아니, 들어 보세요.

　제가 이게 너무 중요한 사항이기 때문에 그때 명확하게 기억합니다. 그때는 본인이 그냥 그 보좌관에게 편하게 밥 먹을 자리 어디 좀 알아봐 달라, 안가가 아닙니다. 그랬더니 그 안가를 예약해 왔다고 이 자리에서 말했어요. 그래서 우리가 윤건영 위원님하고 포함해서 어떻게 일개 행정관, 보좌관이 그 안가를 예약할 수 있냐고 질타당했던 것 아닙니까?

○**증인 김주현** 그러니까 그때도 말씀드린 게 제가 거기를 쓸 수 있다고 얘기를 들었어서 거기 포함해서 제가 그런 장소를 찾았던 거고요.

○**백혜련 위원** 그런 얘기가 아니었다고요, 그때는 그러니까. 말이 바뀌었다는 거예요, 지금.

○**증인 김주현** 제가 그때도 다 말씀드렸습니다.

○**백혜련 위원** 아니, 속기록 찾아보세요.

○**증인 김주현** 아니, 저도 지금 고발돼서 조사를 받고 있는 입장이에요.

○**백혜련 위원** 그러니까 말 바꾸기가 됐다고요, 지금은.

○**증인 김주현** 아니, 그러니까 수사기관에도 다 그렇게 얘기를 했고……

○**백혜련 위원** 본인이 그때까지는 안가에 예약 그런 걸 잘 몰랐어요. 그래서 대처를 못하고 그때 김성훈 경호차장까지 나와서 그러니까……

○**증인 김주현** '제가 쓸 수 있다고 말씀을 드렸다' 이렇게 말씀드렸습니다, 그때에도.

○**백혜련 위원** 전혀 아닙니다.

○**위원장 안규백** 부 위원님 마지막 해 주십시오.

○**부승찬 위원** 김대우 단장님.

　잘 복기해 보시고 틀린 게 있으면 말씀해 주세요.

○**증인 김대우** 예.

○**부승찬 위원** 12월 3일 21시 20분에서 21시 30분에 여인형이 사령관실에서, 이경민, 정성우가 있는 자리에서 김대우 단장을 부대로 복귀시킬 것을 정성우에게 지시했습니다. 정성우한테 연락받았어요?

○**증인 김대우** 저의 기억은 비서실장으로부터 연락을 받았습니다.

○**부승찬 위원** 복귀할 것을?

○**증인 김대우** 예.

○**부승찬 위원** 그다음에 23시에 단장에게 여인형이 경찰청 국가수사본부 100명, 국방부 조사본부에서 100명 오기로 했으니 합동수사본부를 구성하고 국방부장관에게 받은 명단을 신속하게 체포하여 수도방위사령부 구금시설로 이송하라고 했습니까?

○**증인 김대우** 말이 잡아서 이송하라고……

○**부승찬 위원** 체포하여가 아니고 잡아서?

○**증인 김대우** 예.

○**부승찬 위원** 14명의 명단을 그때 준 거지요? 받은 거지요?

○**증인 김대우** 그렇습니다.

○**부승찬 위원** 14명의 명단을 받았고.

23시 04분에 단장이 방첩사 수사단장실에서 이재학 방첩사 안보수사실장…… 구인회인가요, 구민회인가요?

○**증인 김대우** 구민회입니다.

○**부승찬 위원** 구민회 방첩사 수사조정과장에게 경찰 100명, 조사본부 100명 오기로 했다, 어떻게 오는지 확인해라. 체육관에 우리 부대 수사관들을 준비시키고 경찰에 호송차와 조사본부에 구금시설을 확인하라고 지시한 적 있습니까?

○**증인 김대우** 예, 그렇습니다.

○**부승찬 위원** 있고.

그다음에 23시 31분부터 53분에 여인형이 단장에게, 현재 집결된 방첩사 수사관들부터 먼저 국회로 보내고 조사본부와 경찰도 준비되는 대로 국회로 오라고 하라라는 지시받으셨지요?

○**증인 김대우** 그렇습니다.

○**부승찬 위원** 12월 4일 00시 30분에 김용현 전 장관은 여인형에게 이재명, 우원식, 한동훈 등 3명을 우선 체포하라고 지시했고 여인형은 이 명령을 단장에게 전달했지요?

○**증인 김대우** 그렇습니다.

○**부승찬 위원** 맞고요.

아까 똑같은 얘기인데 12월 4일 00시 38분에 단장은 당시 국회로 출동하고 있는 7개 방첩사령부 출동조와 그룹통화를 하면서 '기존 부여된 구금인원 전면 취소, 모든 팀은 이재명, 우원식, 한동훈을 체포하여 구금시설로 이동한다'. 여기에서 바꿀 내용이 뭡니까?

○**증인 김대우** 체포하여 이송한다라는 말을 하지 않았고 3명에 집중하라라고……

○**부승찬 위원** 3명에 집중하라?

○**증인 김대우** 예.

○**부승찬 위원** 오케이.

그다음에 아까 것은 존경하는 곽규택 위원께서 단톡방은 조작된 거라고 했으니까 통과.

그다음에 12월 4일 00시 45분부터 00시 59분에 단장은 구민회에게 국수본 지원인력 명단을 전송했습니까?

1분만 더 주세요.

국수본 지원인력 명단, 10명의 경찰관 명단과 연락처가 포함된 것을 전송했습니까?

○**증인 김대우** 명단을 받았다라고는 들었는데 제가 명단은 확인하지 못했습니다.

○**부승찬 위원** 명단은 확인하지 못했고.

방첩사 수사관들이 국회 수소충전소에서 경찰 50명을 포함한 체포조를 편성할 것을 지시한 바 있습니까?

○**증인 김대우** 아니, 거기서 일단 대기하고 있으면서 경찰이 그쪽으로 온다고 하니……

○**부승찬 위원** 경찰 50명이.

○**증인 김대우** 예, 합동조를 구성을……

○**부승찬 위원** 합동체포조를 구성하라?

○**증인 김대우** 합동조입니다.

○**부승찬 위원** 합동조.

○**증인 김대우** 예.

○**부승찬 위원** 알겠습니다.

감사합니다.

○**위원장 안규백** 그러면 더 이상 신문하실 위원님이 안 계시므로 이상으로 신문을 마치도록 하겠습니다.

청문회 준비를 위해 애써 주신 위원님과 보좌진 그리고 직원 여러분께 감사를 표합니다.

오늘 조사를 위해서 출석하시어 답변해 주신 증인 여러분께도, 또 늦은 시간 현장을 중계하시고 취재하신 언론인 여러분께도 고생하셨다는 말씀을 드립니다.

다음 회의는 13일 날 오전 10시 개의하여 활동기간 연장에 따른 위원회의 운영일정 변경 등에 대하여 논의하겠습니다. 세부 안건은 간사님과 협의를 거쳐서 공지하도록 하겠습니다.

이상으로 제3차 청문회를 모두 마치겠습니다.

종료를 선포합니다.

(23시44분 산회)

○**출석 위원(18인)**

강선영 곽규택 김병주 민병덕 민홍철 박선원 박준태 백혜련 부승찬 안규백 용혜인 윤건영 임종득 장동혁 주진우 추미애 한기호 한병도

○**출석 전문위원**

수석전문위원 오명호

전문위원 류승우

○**출석 증인**

최상목(대통령권한대행 부총리 겸 기획재정부장관)

한덕수(국무총리)

정진석(대통령비서실장)

김주현(대통령비서실 민정수석비서관)

김태효(국가안보실 제1차장)

오00(국가안보실 국가위기관리센터 중령)

박종준((전)대통령경호처장)

이진동(대검찰청 차장검사)
김선호(국방부장관직무대행)
김명수(합동참모의장)
김대우((전)방첩사령부 수사단장)
박안수((전)육군참모총장)
이진우((전)수도방위사령관)

김용현 전 국방부 장관이 지난해 12월 검찰 출석에 앞서 대통령 경호처의 비화폰으로 검찰 수뇌부와 통화한 사실이 확인되었습니다. 김씨가 불법 비상계엄 사태 이후 장관직에서 물러난 후에도 경호처 비화폰을 반납하지 않았는데, 무슨 짓을 꾸몄는지 모르겠습니다. 일각에서는 검찰이 비화폰으로 윤석열 등과 통화하며 내란을 공모한 것이 아니냐는 의혹까지 일고 있습니다. 특히, 경호처 김성훈과 이광우는 내란수괴 윤석열 체포영장 집행을 방해했고, 김성훈이 비화폰 서버 삭제를 지시한 정황도 확인되는 등 증거인멸의 우려가 커서 구속이 당연합니다. 그럼에도 검찰이 '보완 수사'를 이유로 구속영장을 거듭 반려했는데, 이처럼 납득할 수 없는 검찰의 행태는 수사 방해 의혹을 더욱 키우고 있습니다.

– 더불어민주당 사법정의실현 및 검찰독재대책위원회, 2월 6일 기자회견문

일   시   2025년2월6일(목)

장   소   국토교통위원회회의실

의사일정

1. 현안보고
   가. 국토교통부
      - 항공철도사고조사위원회
   나. 행정안전부
   다. 보건복지부
   라. 경찰청

상정된 안건

(10시03분 개의)

○**위원장 권영진**   의석을 정돈해 주시기 바랍니다.

성원이 되었으므로 제422회 국회(임시회) 제2차 12.29 여객기 참사 진상규명과 피해자 및 유가족의 피해구제를 위한 특별위원회를 개회하겠습니다.

회의에 들어가기 전에 위원장으로서 한 말씀 드리겠습니다.

오늘 현안보고를 실시하는 정부 부처는 이번 참사와 관련하여 사고 조사와 피해자 가족 지원 등 사고 수습과 관련하여 중요한 업무를 담당하고 있습니다. 사고 수습과 밀접하게 관련된 부처들인 만큼 사고 수습 과정에서 피해 가족분들이 불편함이 없도록 업무처리에 만전을 기해 주시기 바랍니다.

그리고 각 부처는 사고 수습 등 업무 처리 과정에 있어서 피해자 가족의 마음을 헤아릴 필요가 있습니다. 이를 위해 사고 조사의 객관성과 신뢰도 확보를 위해 노력해 주시되 사고 조사 과정과 결과를 투명하게 공개하고 유가족분들에게 소상하게 설명드림으로써 사고 조사에 있어 한 치의 의혹도 없도록 해 주시기 바랍니다. 아울러 희생자 추모사업, 유가족 피해구제와 지원사업 등을 추진함에 있어서도 유가족분들의 의견이 충분히 반영될 수 있도록 유가족분들과 적극 소통해 주실 것을 당부드립니다.

다음은 지난 회의에 참석하지 못하신 서천호 위원님의 인사를 듣도록 하겠습니다.

서천호 위원님 인사말씀 해 주시기 바랍니다.

앉으셔서 하십시오.

○**서천호 위원** 반갑습니다. 서천호입니다.

존경하는 권영진 위원장님을 모시고 또 양당 간사님을 보필하면서 여러 위원님들과 함께 이 특위가 제대로 된 성과를 낼 수 있도록 최선을 다하겠습니다.

감사합니다.

○**위원장 권영진** 서천호 위원님 감사합니다.

다음은 행정안전부장관직무대행이 시도지사협의회 감사, 면담 등의 사유로 오후 회의에는 참석하지 못함을 허가해 달라는 요청이 있었고 국가트라우마센터장은 오전 진료 관계로 오후에 출석하게 됨을 허가해 달라는 요청이 있어 위원장이 교섭단체 간사 위원님들과 협의하여 이를 승인하였음을 말씀드립니다.

오늘 회의는 국토교통부, 행정안전부, 보건복지부, 경찰청 순으로 보고를 받은 후 질의하는 순서로 진행하겠습니다.

참고로 오늘 회의는 국회 유튜브 채널을 통해 생중계되고 국회방송에서 녹화중계될 예정입니다.

그러면 의사일정에 들어가도록 하겠습니다.

○**이수진 위원** 위원장님.

○**위원장 권영진** 예, 이수진 간사님.

○**이수진 위원** 자료제출과 관련된 의사진행발언을 요청드립니다.

○**위원장 권영진** 자료제출과 관련해서요?

○**이수진 위원** 예.

○**권향엽 위원** 저도 자료제출 요청하겠습니다.

○**위원장 권영진** 그러면 이수진 위원님부터 하십시오.

○**이수진 위원** 야당 간사를 맡고 있는 이수진 국회의원입니다.

먼저 12.29 여객기 참사 희생자와 유가족분들께 깊은 애도와 위로의 말씀을 드립니다.

이번 참사는 179명이 사망하고 2명이 중상을 입은 전 국민께서 비통해하고 계신 사회적 참사입니다. 국회에서는 이번 참사의 진상규명과 재발 방지 대책을 마련하고 피해자와 유가족 피해구제라는 막중한 임무를 수행하기 위해 국회 특위를 출범시켰습니다. 한 치의 의혹도 없이 사고의 원인을 규명해 희생자와 유가족의 억울함이 없도록 하고 다시는 이와 같은 참사가 발생하지 않도록 철저한 대책을 마련해야 합니다. 또 피해자와 유가족에 대한 적극적인 피해구제와 희생자와 유가족에 대한 허위사실 유포와 명예훼손, 모욕 등 2차 가해행위에 대한 엄정한 대처로 더 이상 피해가 발생하지 않도록 해야 합니다.

그러기에 우리 특위는 국회법에 따라서 정부기관으로부터 필요한 자료를 제출받아 그 상황을 면밀하게 파악할 수 있어야 합니다. 그런데 많은 공무원들께서 이번 참사에 대응하느라 노고가 많은 것은 충분히 알고 이해합니다만 자료제출이 제대로 되지 않고 있어 오늘 중에라도 제출해 주시기를 요청드리는 바입니다.

이에 더해서 자료제출을 고의로 해태하고 있는 것은 아닌지 의구심을 갖게 하는 사례도 있어서 이에 대해서는 유감을 표명합니다. 먼저 국토부는 둔덕 및 로컬라이저 설치 과정을 살펴보기 위해 요구한 자료에 대해서 어제 날짜에서야 '부산지방항공청이 제출하기로 했다'는 답변서를 제출했는데 급하게 항공청에 알아보니 '해당 자료는 수사자료로 제출되어 경찰청에 제출되어 있다. 오래된 자료라서 전자문서 등 사본도 없다' 이렇게 답변을 받았습니다. 내부적으로 부산항공청이 제출하기로 정한 것을 특위 전날에서야 국회에 통보하듯이 한다라는 것은 이것은 문제가 있어 보입니다.

부산항공청이 자료를 경찰청에 제출했으니 거기서 받아야 된다고 하는 것 이것은 너무 무책임한 그런 말 아닌가 싶습니다. 좀 더 진정성을 갖고 특위 자료제출에 임해 줄 것을 위원장님께서 당부해 주시기를 요청드리면서요.

또 경찰청은 피해자와 유가족에 대한 전담수사팀을 꾸려서 적극적으로 대응을 하고 있다라고 보고를 받았습니다. 현재 243건이 접수돼서 일부 검거 등 수사를 진행하고 있는데 그 현황에 대해서 의원실에는 20건 검거된 것에 대한 보고서 기준 19건 검거 내용의 목록을 간략하게 보고를 했습니다. 그런데 나머지 건들도 굉장히 많은데 피의사실공표가 안 되도록 사전에 보고했었던 19건 검거 그 수준으로 보고해 줄 것을 저희가 요청드렸음에도 불구하고 나머지 건들은 피의사실공표 등이 된다라면서 변명을 하면서 제출하고 있지 않습니다. 많은 건들이 종결 처리된 것으로 들리는데 같은 수준의 보고를 종결 처리한 것 이것은 거부하고 또 검거한 것은 보고하는 이런 이중 잣대는 좀 문제가 있어 보입니다.

이번 참사는 아직 여러 조사가 진행 중이지만 정부의……

(발언시간 초과로 마이크 중단)

• •

(마이크 중단 이후 계속 발언한 부분)

책임 소재도 전혀 없다라고 단정할 수는 없지 않겠습니까? 이번 참사마저 국민적 의혹이나 불필요한 오해가 있어서는 안 될 것입니다. 각 기관들에 특위 자료요구 등 활동에 대해서 적극적으로 협조를 요청해 주기를 부탁드리면서 위원장님께서 관계 기관들에 이 부분에 대해서 꼭 당부해 주시기를 요청드립니다.

• •

○**위원장 권영진** 정부에서는 위원님들께서 요구하시는 자료에 대해서 성실하게 자료를 제공해 주실 것을 위원장으로서 말씀을 드리고 꼭히 법령에 따라서 자료를 제출하지 못하는 사항에 대해서는 충분히 위원님들께서 납득하실 수 있도록 설명해 주시기 바랍니다.

○**위성곤 위원** 자료 요청 좀 하겠습니다.

○**위원장 권영진** 잠깐만요, 위원님들.

자료제출과 관련된 위원님들의 질의가 많으실 텐데 오늘 지금 양해해 주신다면 현안보고를 받고, 그리고 유족 대표들이 다른 일정 때문에 조금 미리 이석을 하셔야 되는 것 같습니다. 그래서 제가 원래 순서에, 주질의 들어가기 전에 자료제출 요구를 하실 수 있는 시간을 마련해 두었습니다. 양해해 주신다면 현안보고를 받고 그리고 유족 대표들 말씀과 유족 대표들에 대한 질의 답변을 듣고 난 이후에 자료제출 요구를 하시는 시간을 갖도록 하겠습니다. 양해해 주시기 바랍니다.

1. 현안보고
가. 국토교통부
- 항공철도사고조사위원회
나. 행정안전부
다. 보건복지부
라. 경찰청

(10시10분)

○**위원장 권영진** 그러면 의사일정 제1항 현안보고를 상정합니다.

오늘 회의에는 유가족 협의회에서 박한신 대표, 이혁 장례위원장, 박철 광주전남법률지원단장께서 참석해 주셨습니다. 그리고 제주항공에서 김이배 대표가 출석하여 있습니다.

오늘 회의에 출석해 주신 피해자 가족 여러분들께 위원장으로서 우리 특별위원회를 대표하여 감사의 말씀을 드립니다.

그러면 국토교통부 박상우 장관 나오셔서 보고해 주시기 바랍니다.

○**국토교통부장관 박상우** 존경하는 권영진 특별위원회 위원장님 그리고 여러 위원님!

12·29 여객기 참사 진상규명과 피해자 및 유가족 피해구제 특별위원회에 현안보고를 드리게 되어 송구스러운 마음으로 이 자리에 섰습니다.

오늘로 참사 발생 39일째이나 무안공항 현장에 있었던 저는 아직도 당시의 참담한 상황이 생생히 떠오릅니다. 유가족을 비롯한 많은 분들께서도 더 큰 슬픔과 고통 속에 계실 것이라고 생각합니다. 유가족분들께 다시 한번 깊은 위로의 말씀을 드립니다.

1월 8일 특위가 발족된 이후 1월 18일에는 특위 유가족 간담회를 가진 바 있습니다. 오늘은 유가족분들, 특위 위원님들 관계 기관이 모두 참석하는 첫 번째 회의로 12·29 여객기 참사 발생 경위와 유가족분들을 지원하기 위한 정부의 시책, 앞으로의 항공안전 강화 계획 등을 보고드리고자 합니다.

참사 발생 이후 정부는 희생자를 수습하여 유가족께 인도하고 장례 절차와 합동 추모식을 지원하였습니다. 앞으로 다가올 희생자분들의 49재도 유가족 여러분들의 아픔을 조금이라도 위로할 수 있도록 준비하겠습니다. 또한 국회에서 논의될 특별법을 기반으로 유가족과 부상자 등 피해자분들께서 이번 참사의 아픔을 딛고 일상으로 복귀하실 순간까지 모든 지원을 아끼지 않겠습니다.

참사 발생 이후 긴급 안전조치로 항공사와 공항시설에 대한 특별종합안전점검을 진행하였습니다. 개선이 필요한 7개 공항의 시설을 조속히 개선하고 조류 충돌 예방을 위한 시책도 속도감 있게 시행하겠습니다.

제주항공 사고를 수습 중인 기간에 또다시 에어부산 항공기의 화재 사고가 발생하였습니다. 연이은 항공 사고에 대해 항공안전 분야의 주무부처 장관으로서 국민 여러분들과 위원님들께 깊이 송구하다는 말씀을 드리며 이와 같은 사고들이 재발되지 않도록 다각도의 개선방안을 마련하겠습니다.

항공안전 전반에 대한 근본적인 쇄신책 마련을 위해 민간 전문가로 구성된 항공안전혁신 위원회를 발족하였으며 심도 있는 토론과 의견 수렴을 통해 금년 4월까지 항공안전혁신 방안을 발표하겠습니다.

건설, 교통, 철도 등 국토교통 전 분야의 안전관리 강화에도 노력을 다하겠다는 다짐을 드립니다.

이상 오늘의 현안보고에 대해 간략히 말씀드렸습니다만 위원님들께서 양해해 주신다면 보다 상세한 내용은 항공정책실장으로 하여금 보고드리도록 하겠습니다.

○**위원장 권영진** 장관님 수고하셨습니다.

그러면 주종완 항공정책실장님 나오셔서 핵심사항 위주로 간략히 보고해 주시기 바랍니다.

○**국토교통부항공정책실장 주종완** 국토교통부 항공정책실장입니다.

12·29 여객기 참사 관련 현안보고를 드리겠습니다.

먼저 사고 개요에 대해 말씀드리겠습니다.

이번 사고 항공사는 제주항공, 발생 장소는 무안국제공항이며 사고 항공기는 기령 15년의 B737-800 기종입니다.

사고 항공기의 시간대별 운항 상황입니다.

지난해 12월 29일 제주항공 2216편 항공기가 우리 시각 04시 29분에 태국 방콕의 수완나폼국제공항을 출발하였습니다. 08시 54분 43초, 무안국제공항 관제탑은 사고 항공기에게 01 방향 활주로 착륙을 허가하였으며 08시 57분 50초, 관제탑은 항공기에 조류 활동 주의를 조언하였습니다. 08시 58분 56초, 조종사는 복행 중 관제탑에 비상 선언을 하였고 이후 약 4분간은 블랙박스 기록 중단으로 정확한 시각을 파악하기 어려우나 항공기는 19 방향 활주로로 선회하여 동체 착륙하였습니다. 이후 09시 02분 57초, 사고 항공기는 방위각 시설과 충돌하였습니다.

2쪽입니다.

피해상황 및 사고 수습 대응체계입니다.

항공기 탑승 인원 181명 중 사망 179명, 부상 2명이 발생하였으며 사고 항공기는 전소되고 공항시설 일부가 파손되었습니다.

사고 발생 이후 범정부 대응을 위해 중앙재난안전대책본부와 중앙사고수습본부를 구성하였으며 무안국제공항을 폐쇄하고 화재 진압과 응급구조를 위해 소방 긴급구조통제단을 가동하였습니다. 사고 당일 22시 30분부터는 현장 피해 지원을 위하여 통합지원센터를 설치·운영하였습니다.

중앙재난안전대책본부는 열아홉 차례의 관계 기관 합동회의를 개최하여 사고 수습을 지휘하였으며 현재는 국토부 내 중앙사고수습본부 체계로 정부 대응체계를 가동하고 있습니다. 중앙재난안전대책본부를 중심으로 합동 분향소 설치, 희생자 수습, 합동 추모식 및 합동 차례, 피해자 지원단 발족 등을 추진하였습니다.

3쪽입니다.

범정부 차원의 유가족 지원체계입니다.

통합지원센터에는 총 36개 기관이 참여하여 총 1263건의 사고 수습과 유가족 현장 지원 등 임무를 수행하였습니다.

희생자 백칠십아홉 분의 신원 확인과 유가족 인도를 1월 6일까지 진행하였고 유가족 전담 공무원이 함께한 가운데 1월 9일까지 장례 절차가 진행되었습니다.

유가족분들의 심리 안정을 위해 트라우마 상담 등 심리상담을 실시하고 현장 진료, 쉘터와

객실, 응급구호와 생필품 등을 지원하였습니다.

1월 18일 무안국제공항에서 유가족과 국회, 정부, 지자체 관계자 등이 참석하는 합동 추모식을 개최하였고 피해자분들에 대한 지원을 두텁게 이어 가기 위해 관계 기관 합동으로 12·29 여객기 사고 피해자 지원단을 1월 20일부터 운영하고 있습니다.

향후 국회에서 논의될 특별법 제정을 적극 지원하는 한편 희생자분들의 49재, 유가족 협의회 법인 설립, 심리치료, 유가족 유형별 맞춤형 지원과 신속한 피해보상 등 유가족분들에 대한 지원을 이어 나가겠습니다.

4쪽입니다.

항공 분야별 안전 강화 방안에 대해 보고드리겠습니다.

첫 번째로 항공사의 운항 및 정비규정 준수 점검입니다.

지난해 12월 30일부터 금년 1월 10일까지 사고 항공기와 동일 기종을 보유한 6개 항공사 대상 특별안전점검을 시행하였습니다.

점검 결과 점검 주기 초과, 정비 절차 미준수 등의 위반사항을 확인하여 행정처분 등 엄정 조치할 계획입니다.

이어서 1월 13일부터 31일까지 11개 전체 국적사의 모든 기종을 대상으로 안전관리 실태에 대한 종합안전점검을 시행하였습니다.

점검 결과 4건의 행정처분 대상을 비롯한 정비규정 위반 및 부실 사례를 적발하였습니다. 행정처분 대상 사례로는 엔진 정비와 관련한 운항 기술기준 위반, 정비 기록과 관련한 규정 위반 등의 사례를 적발하였으며, 시정 지시 대상 사례로는 반복결함 관리와 관련한 정비규정을 위반하고 정비 인력 산출 기준을 위반한 사례를 적발하였습니다.

5쪽입니다.

정부는 항공사들에게 적절한 정비를 수행하고 정확한 예비 엔진 보유계획을 수립토록 하는 한편 전자제품 화재에 대비한 물소화기를 기내에 탑재하도록 개선 권고하였습니다.

이번 종합안전점검 시 규정 위반이 적발된 항공사들에 대해서는 행정처분과 개선명령을 우선 조치하고 미흡사항이 재발될 경우에 추가 행정처분 등 강력 조치할 계획입니다.

다음으로 LCC 긴급 안전점검입니다.

지난 1월 23일 9개 저비용 항공사 대상 긴급 안전점검회의를 개최하여 정부의 고강도 안전관리 대책을 발표하고 항공사별 자체적인 안전 대책도 강구토록 하였습니다.

구체적으로 정부는 항공사 대상 안전성 심사와 운항 안전 감독을 강화하고 면허 관리 체계를 개선하며 법규를 위반하는 항공사에 대해서는 엄정 조치할 계획입니다.

저비용 항공사는 정비 품질 제고를 위한 가동률 감축, 정비 인력과 안전 투자 확대 등 안전대책을 마련하였습니다.

정부는 저비용 항공사의 자체적인 자구 방안이 이행되도록 철저히 점검하고 오는 4월까지 항공안전 혁신 대책을 차질 없이 마련하겠습니다.

6쪽입니다.

방위각 시설 등 공항안전시설 개선입니다.

지난 1월 13일부터 21일까지 전국 14개 공항의 방위각 시설 등에 대해 관계 기관 합동 종합안전점검을 시행하였습니다.

점검 결과 무안·광주·여수·포항경주 공항 등 7개 공항의 방위각 시설 개선이 필요하다는 결론을 내렸습니다. 해당 공항의 방위각 시설은 성토 및 둔덕 제거를 통해 지하구조물로 변경하거나 부러지기 쉬운 재질로 교체할 예정입니다.

시설물별 구체적인 개선 공법을 확정하기 위해 지난 1월 방위각시설 개선 TF를 구성하였으며 현장 점검을 거쳐 세부적인 설계안을 검토할 예정입니다.

또한 종단안전구역 길이가 권고기준인 240m에 미달하는 것이 확인된 7개 공항에 대해서는 종단안전구역을 확장하고 현재의 공항구역 내에서 종단안전구역 확보가 어려운 공항은 오는 4월까지 전문가 TF 운영, 해외 사례 검토 등을 거쳐 활주로 이탈방지 장치 등 별도의 대안을 마련하겠습니다.

방위각 시설 개선은 이번 달까지 설계를 발주하여 연내 개선을 목표로 추진하되 조기 개선이 가능한 시설은 상반기 내에 조속히 완료하겠습니다.

7쪽입니다.

조류 충돌 예방활동 개선방안입니다.

지난 1월 13일부터 23일까지 공항 특별안전점검과 조류 유인 시설 전수조사를 실시하여 조류 충돌 예방활동의 실태를 점검하고 개선 필요사항을 발굴하였습니다.

점검 결과 현장에서는 조류 충돌 예방 전담 인원과 장비가 부족했으며 제도적으로는 조류 충돌 예방위원회 운영과 공항 주변의 조류 유인 시설 관리와 관련된 미비점을 확인하였습니다.

이에 조류 충돌 예방 전담 인력에 대해서는 상시 2인 이상 근무체계 확립 등을 위해 2월 중 채용공고를 신속히 시행하고 4월까지 새로운 인력 확보 기준도 마련하여 추가 인력을 조속히 확충하겠습니다.

또한 전국 공항에 열화상카메라를 보급하고 차량형 음파발생기를 단계적으로 도입하는 한편 원거리에서의 조류 대응능력을 높이기 위해 전국 공항을 대상으로 조류 탐지 레이더를 도입하는 방안도 추진하겠습니다.

8쪽입니다.

전문용역과 관계 기관 TF를 통해 우리나라 실정에 맞는 조류 탐지 레이더 모델을 마련하고 우선 설치 대상 공항을 4월까지 확정하겠습니다. 우선 설치 대상 공항에 대해서는 4월 중 설계에 착수하고 이후 구매 절차를 진행하는 한편 다른 공항에 대해서도 신속한 도입 방안을 검토하겠습니다. 효율적인 레이더 운용을 위해 매뉴얼 마련과 합동훈련 등 사전준비도 철저히 진행하도록 하겠습니다.

공항별 예방활동 관리제도도 개선하겠습니다.

조류 충돌 예방위원회의 운영을 내실화하고 공항별 이행실태 점검을 강화하겠습니다.

조류 유인 시설의 신설을 막고 기존의 시설은 이전할 수 있는 제도적인 개선을 연내 추진하겠습니다.

마지막으로 현재 추진 중인 신공항과 관련해서는 계획부터 건설, 운영까지 매 단계마다 예방 활동을 강화하기 위한 방안을 반영하고 조류탐지레이더도 설치하도록 하겠습니다.

9쪽입니다.

앞서 보고드린 방위각 시설 개선, 조류탐지레이더 설치, 활주로 이탈방지 장치 설치, 공항시설 개선 등의 사업에 향후 3년간 약 2470억 원, 올해는 670억 원의 국비 예산이 소요될 것으로 예상됩니다. 긴급한 개선을 위해 한국공항공사의 예산을 우선 투입하고 향후 정부 재정으로 후속 보전하는 방식으로 사업을 추진할 계획입니다.

끝으로 항공안전 혁신방안 마련에 대해 보고드리겠습니다.

민간 전문가들이 참여하는 항공안전혁신위원회를 구성하여 지난 2월 4일 킥오프 회의를 개최하였습니다. 분과별로 안전체계를 근본적으로 강화하는 방안을 집중 검토해 나갈 계획입니다.

항공안전혁신위원회 활동 등을 거쳐 오는 4월까지 항공 전반의 제도개선 방안을 마련하겠습니다. 추후 이번 사고의 원인이 규명되고 추가적으로 문제점이 도출될 경우에는 추가 안전 강화대책을 마련하고, 지난 1월 28일 발생한 김해공항 에어부산 항공기 화재 사건에 대한 개선방안도 포함하여 항공안전을 지속 관리해 나가겠습니다.

이상 보고를 마치겠습니다.

○**위원장 권영진** 수고하셨습니다.

사고 발생 40여 일이 지났습니다마는 오늘 국토교통부의 현안보고를 듣고 있자니 그날의 아픔과 슬픔이 생생하게 다시 떠오르는 것 같습니다.

불의의 사고로 희생되신 고인들의 명복을 빌고 유가족들께 깊은 애도와 위로의 말씀을 거듭 드리겠습니다. 아울러 아직 병상에 계신 두 분의 부상자분들의 쾌유를 동시에 빌어 드리겠습니다.

다음은 항공·철도사고조사위원회의 이승열 조사단장 나오셔서 보고해 주시기 바랍니다.

○**항공·철도사고조사위원회조사단장 이승열** 안녕하십니까?

금번 여객기 사고의 총 사고 책임을 맡은 조사단장입니다.

지금부터 여객기 참사에 대해 저희 항공·철도사고조사위원회에서 조사하고 있는 조사 진행 과정 및 향후 조사 계획에 대해서 보고드리도록 하겠습니다.

사고 개요에 대해서는 미리 설명을 하셨기 때문에 생략하고 먼저 사고조사 진행 과정에 대해서 설명을 해 드리겠습니다.

저희 항공·철도사고조사위원회에서는 항공 사고 발생 이후 사고조사단을 구성하여 기체 잔해, 엔진, 통신기록, 비행기록장치에 대한 정보 수집을 하고 분석을 하고 있습니다.

현장에서의 초도 현장조사가 마무리됨에 따라서 꼬리회전날개, 주회전날개, 기타 잔해물에 대해서는 사고 현장에서 공항소방대 뒤편 등으로 이동하였으며 1월 20일부로 사고 현장에 대한 초도조사는 완료하였습니다.

사고조사 과정에서 필요한 중요한 부품, 자료, 잔해분포도를 작성하여 수집 중에 있고 현재 생존 승무원에 대한 1차 면담도 실시하였습니다. 추가적으로 요구되는 착륙장치 등 중요한 부품에 대해서는 현재 김포공항으로 이동하여 계속 조사 중에 있습니다.

객관성 및 공정성 확보에 대한 사항입니다.

국제민간항공협약 부속서 13에 따라서 항공기 설계·제작국인 미 교통안전위원회와 설계·제작국인 프랑스 사고조사 당국과 신임대표를 선임하여 현재 지속적으로 조사하고 있습니다.

비행기록장치에 관련한 사항입니다.

현재 비행기록장치는 1월 6일 날 미 NTSB로 이송하여 합동 분석 및 자료 인출을 하여 분석 중에 있습니다. 추후 엔진 분해검사와 필요한 데이터 분석을 통해서 전반적인 분석을 추가적으로 진행할 계획을 가지고 있습니다.

저희 항공·철도사고조사위원회의 독립성 및 공정성에 대한 사항입니다.

사고조사위원회에서는 저희의 독립성과 공정성 확보를 위해서 1월 7일 사조위 위원장님께서 사퇴 의사 표명을 하셨고 1월 18일부로 면직 처리가 되셨습니다. 그리고 현재 직무대행을 지정하여 운영되고 있으며 상임위원이신 항공정책실장님께서는 1월 7일부로 사조위에서 업무가 배제된 상태에 있습니다. 투명한 절차를 거쳐서 자격을 갖춘 신임 위원장을 임명할 수 있도록 조치 예정에 있으며 임명까지는 통상 3개월에서 4개월 예상되고 있습니다.

유가족에 대한 설명입니다.

사고조사단장은 무안공항에서 유가족을 대상으로 사고조사의 전반적인 진행 상태에 대해서 3회 브리핑을 실시하였습니다.

그리고 국제민간항공협약 부속서 13에 따라서 예비보고서를 30일째 되는 1월 27일 국제민간항공기구와 관계국, 관계국이라고 하는 것은 미국·프랑스·태국에 송부하여 발표하였고 저희 항공·철도사고조사위원회 홈페이지에도 게시하였습니다.

사고조사에 대한 향후 계획에 대해서 보고드리겠습니다.

현재 미국 NTSB와 프랑스 BEA와 합동으로 자료 분석 및 공조체제를 유지한 상태에서 객관성 확보를 위해서 합동으로 조사를 진행 중에 있습니다.

사고 용역에 관련되어서는 저희 조사관들이 추가적으로 전문적인 기술이 요구되는 분야에 대해서는 용역을 할 계획을 가지고 있으며 이 용역 분야는 둔덕과 조류에 관련된 사항이 되겠습니다.

지금 궁금해하고 계신 블랙박스에 4분 7초간 레코딩이 중단된 사항에 대해서 설명을 해 드리겠습니다.

4분 7초 레코딩이 스톱, 정지가 된 사항에 대해서는 저희가 그 이후에, 중간 이후 추락까지에 관련된 사항에 대해서는 관제사의 녹취록 또는 CCTV, 관련자의 영상, 추가 진술 등을 토대로 해서 타임라인을 재구성하여 종합적으로 조사할 계획을 가지고 있습니다.

그리고 저희 조사관은 각 분야별로, 각 그룹별로 구성해서 운항그룹, 생존그룹, 정비그룹 등 7개 분야로 구분하여 현재 진행 중에 있습니다.

다음 장입니다.

유가족 대상 정보공개에 대한 사항입니다.

유가족 대표와 사고조사 진행 과정에 대한 정보를 지속 공유 중에 있으며 공청회 등을 통해서 의견 수렴을 할 예정을 가지고 있습니다.

정보공개에 대한 사항입니다.

언론 공개 전에 유가족 대표를 통해서 사전에 피해자 유가족에게 공개를 하여 최대한 오해가 없도록 하겠습니다.

사고조사 과정에서 긴급하게 항공안전에 조치가 필요하다고 생각되는 중요한 사항 발견 시에는 항공사, 국토부 등을 대상으로 긴급안전권고를 발행하여 즉각적으로 해소하도록 하겠습니다.

전반적인 사고조사 과정에서 동일기종 조종, 엔진 등의 전 분야에 대해서 외부 참가자가 필요하다면 저희가 적극적으로 수용해서 같이 조사를 하도록 하겠습니다.

사고조사 과정 중에서 1년이 초과된 조사에 대해서는 중간보고서를 발표할 계획을 가지고 있으며 최종보고서 등 작성 단계에서 NTSB나 BEA 등에 의견 조회를 충분히 확인하고 반영을 하고 그다음에 최종 항공분과심의위원회에 상정해 심의하도록 하겠습니다.

저희가 계획하고 있는 최대 기간은 1년에서 1년 6개월을 목표로 해서 조사를 진행할 계획을 가지고 있습니다.

저희 항공·철도사고조사위에서는 제가 조금 전에 위에서 보고드린 대로 공정성 및 독립성을 유지한 상태로 명확한 사고 원인을 규명하여 다시는 이러한 사고가 재발하지 않도록 최선을 다해서 조사하도록 하겠습니다.

감사합니다.

○**위원장 권영진** 수고하셨습니다.

다음은 행정안전부 고기동 장관직무대행 나오셔서 보고해 주시기 바랍니다.

○**행정안전부장관직무대행 고기동** 존경하는 권영진 특별위원회 위원장님 그리고 위원님 여러분!

먼저 이번 불의의 참사로 희생되신 분들의 명복을 빌며 소중한 가족을 잃고 아픔을 견디고 계신 유가족 여러분께 깊은 애도를 표합니다.

행정안전부는 재난 및 안전관리의 주무부처로서 여객기 참사 수습과 복구, 유가족 지원 등의 관계부처 및 기관들과 함께 노력을 다해 왔습니다. 특히 사고 발생 초기 중앙재난안전대책본부를 가동하여 특별재난지역을 선포하고 국가애도기간을 지정·운영하였습니다. 또한 유가족을 위한 전담 공무원을 지정하여 요청사항을 조치하고 장례 절차를 지원하였습니다.

앞으로 범정부적으로 구성된 피해자 지원단을 중심으로 유가족 지원과 제도개선 등이 차질 없이 추진될 수 있도록 필요한 역할을 충실히 하겠습니다.

위원님들께서 양해해 주신다면 보다 상세한 추진 현황은 사회재난실장으로 하여금 보고드리도록 하겠습니다.

감사합니다.

○**위원장 권영진** 차관님 수고하셨습니다.

홍종완 사회재난실장 나오셔서 보고하실 때 핵심 사항 위주로 간략히 보고해 주십시오, 지금 자료들을 이미 다 미리 배포해서 보셨기 때문에.

○**행정안전부사회재난실장 홍종완** 행정안전부 사회재난실장 홍종완입니다.

12·29 여객기 참사 행정안전부 소관 사항을 간략히 보고드리겠습니다.

사고 개요는 생략하겠습니다.

다음은 초기 대응 및 현장 수습 사항입니다.

행안부는 사고 발생 이후 상황판단회의를 거쳐 10시 7분 대통령권한대행을 본부장으로 하는 중앙재난안전대책본부를 신속히 가동하였습니다. 이후 장관직무대행 현장 방문을 비롯하여 행안부 사회재난실장을 현장에 파견하였으며 당일 17시 12분 특별재난지역을 선포하고 22시 30분에 통합지원센터를 운영하였습니다.

1월 1일 사망자에 대한 신원 확인을 마치고 1월 9일 장례가 완료되었습니다. 국민적 애도와 추모를 위해 1월 4일까지를 국가애도기간으로 지정하고 총 105개소의 시도별 합동분향소를 운영하였습니다.

다음 쪽입니다.

유가족 지원 및 복구계획 추진 사항입니다.

정부는 통합지원센터를 운영하여 유가족을 대상으로 장례, 심리, 보험, 법률상담, 긴급돌봄 등 분야별 필요사항을 신속히 안내하고 1200여 건 이상의 현장 건의 사항을 처리하였습니다. 지난 1월 20일 피해자 지원단이 출범함에 따라 지원단에서 유가족 지원 등을 지속 수행하고 있습니다.

다음은 특별재난지역 선포에 따른 복구계획 수립 및 재정 지원 현황입니다.

정부는 1월 21일 복구계획을 수립한 이후 명절 전인 1월 23일 국비 교부를 완료하였습니다. 또한 수색·구조, 유가족 편의 제공 등 피해 수습 비용과 심리 지원, 추모사업 비용 등을 중점 지원하였으며 전남과 광주의 지방비 분담을 최소화하고자 특교세 등을 추가 지원하였습니다.

이 외에도 간접 지원 대상을 확대하고 휴가 연장, 긴급돌봄 등 현장의 유가족 건의 사항을 적극 반영하였습니다.

다음 쪽입니다.

향후 계획입니다.

행안부는 국토부에서 운영 중인 피해자 지원단에 통합지원센터 운영 현황과 지원안내서 등 필요한 자료를 인계하였고, 대책지원본부를 구성하여 성금 배분 및 심리 지원 등에 대해 지원단과 지속 소통하며 업무에 적극 협조하고 있습니다.

마지막으로 2월 15일까지 대한적십자사 등 3개 단체에서 국민성금 모금을 추진하고 기부금 협의회와 유가족 협의 등을 거쳐 국민성금을 배분토록 하겠습니다.

이상 보고를 마치겠습니다.

○위원장 권영진 수고하셨습니다.

다음은 보건복지부 조규홍 장관 나오셔서 보고해 주시기 바랍니다.

○보건복지부장관 조규홍 존경하는 권영진 위원장님 그리고 위원님 여러분!

보고를 드리기에 앞서 이번 참사로 돌아가신 분들의 명복을 빕니다. 또한 몸과 마음에 상처를 입으신 분들께서 빨리 회복하시기를 바랍니다. 아울러 가족을 잃으신 분들은 물론 참담한 상황 속에서 함께 슬퍼해 주신 국민 여러분께도 깊은 위로의 말씀을 드립니다.

보건복지부는 여객기 참사 당일 중앙응급의료상황실과 함께 현장 재난의료 대응을 실시하였습니다. 이후 범정부 차원의 중앙재난안전대책본부에 참여하면서 보건복지부 자체 사고수습지원 TF를 운영한 바 있습니다. 또한 현장진료소 운영과 장례지도사 파견, 심리적 응급처치와 긴급돌봄서비스 제공 등 의료·장례·심리·민생 지원을 실시하였습니다.

앞으로도 트라우마센터와 정신건강복지센터를 통해 유가족과 현장 수습 인력 등이 사고 트라우마를 극복하고 일상으로 복귀하실 수 있도록 전문적인 심리지원을 지속 제공하겠습니다.

이번 특별위원회를 통해 정부가 추진 중인 피해자 및 유가족에 대한 지원 방안이 더욱 내실 있게 추진될 수 있도록 적극 협조하겠습니다.

위원님들께서 양해해 주신다면 보다 상세한 내용은 기획조정실장으로 하여금 보고드리도록 하겠습니다.

감사합니다.

○**위원장 권영진** 　장관님 수고하셨습니다.

그러면 김혜진 기획조정실장 나오셔서 핵심 사항 위주로 간략히 보고해 주시기 바랍니다.

○**보건복지부기획조정실장 김혜진** 　보건복지부 기획조정실장입니다.

12·29 여객기 참사 지원경과 및 향후 계획에 대해 보고드리겠습니다.

1쪽입니다.

초기 대응입니다.

사고 상황 접수 즉시 코드 오렌지를 발령하고 재난의료체계를 가동하였습니다. 재난의료지원 3개 팀과 신속대응반 20개 팀을 즉시 출동시켰습니다. 이후 중앙재난안전대책본부에 참여하면서 보건복지부 내 사고수습지원 TF를 구성하여 의료·장례·심리·민생 지원을 실시하였습니다.

그간 지원경과입니다.

의료지원입니다.

유가족 의료지원을 위한 현장진료소·수액실·약국 등을 설치 운영하였습니다.

2쪽입니다.

장례지원입니다.

지난 12월 31일 시신 175구를 임시안치소에 안치 완료하고 장례지도사를 파견하여 54구의 시신을 복원하였습니다.

임시안치소 11개, 시신백 300개, 운구차량 10대를 지원하고 누적 총 278명의 장례지도사를 파견하여 시신 수습과 장례 절차를 지원하였습니다.

인근 장례식장과 화장시설 현황을 파악하고 화장시설 운영을 확대하여 장례가 원활하게 이루어지도록 지원하였습니다.

심리지원입니다.

국가트라우마센터를 중심으로 통합심리지원단을 구성하여 유가족 및 현장 인력의 심리지원을 지원하였습니다.

유가족과 부상자를 대상으로 공항과 분향소에서 심리적 응급처치를 제공하였습니다.

1일 2회 공항을 순회하며 심리지원이 필요한 유가족을 적극 발굴하고 정신과 전문의의 진료와 처방을 실시하였습니다.

전체 유가족과 부상자 가구를 대상으로 정신건강복지센터 등을 통한 지역사회서비스 연계를 추진하였습니다.

3쪽입니다.

소방·경찰 등 현장인력을 대상으로 국가·권역 트라우마센터와 민간 전문심리상담기관을 통해 트라우마 회복과 소진관리 프로그램을 제공하였습니다.

민생지원입니다.

유가족에게 사회복지공동모금회 성금으로 희생자 1인당 300만 원의 긴급생계비를 전달하였습니다.

갑작스러운 사고로 긴급한 돌봄이 필요한 유가족을 위해 가사지원과 아동돌봄 등 긴급 돌봄서비스를 제공하고 있습니다.

유가족과 부상자를 대상으로 건강보험료 6개월 경감과 국민연금 보험료 1년 납부예외도 실시하고 있습니다.

4쪽입니다.

향후 계획입니다.

유가족, 부상자 가족, 현장인력, 목격자 등 국민들께서 여객기 사고 트라우마에서 회복될 때까지 전문적인 심리지원을 계속 제공하겠습니다.

지역사회 기반 심리지원을 위해 통합심리지원단을 12·29 사고 트라우마 심리지원단으로 개편·운영하고 있습니다.

대상별 맞춤형 심리지원을 계속 제공하겠습니다.

유가족과 부상자 가족은 전담공무원을 통한 심리지원 서비스 안내를 강화하고 전문적 치료가 필요한 고위험군은 의료기관에 연계, 주기적 모니터링을 실시하겠습니다.

소방·경찰 등 현장인력은 국가·권역 트라우마센터의 회복·소진 프로그램을 지속 제공하겠습니다.

목격자와 일반인에게는 위기상담전화를 통한 유선 심리상담과 마음안심버스를 통한 찾아가는 심리서비스를 제공하겠습니다.

민간협력 및 전국민 마음투자사업 바우처 지원을 통한 전문적인 심리상담도 제공하겠습니다.

이상으로 보고를 마치겠습니다.

감사합니다.

○**위원장 권영진** 수고하셨습니다.

마지막으로 경찰청 이호영 청장직무대행 나오셔서 보고해 주시기 바랍니다.

○**경찰청장직무대행 이호영** 경찰청장직무대행 이호영입니다.

보고에 앞서 이번 참사로 인한 피해자의 명복을 빌며 유가족분들께도 깊은 애도의 말씀을 드립니다.

경찰 조치사항을 보고드리겠습니다.

참사 직후 전남경찰청장의 현장 총괄 지휘하에 무안경찰서 등 비상근무 발령으로 가용 경력을 최대로 동원하였고 참사 당일부터 정부합동추모제 전일까지 4512명의 경찰관을 현장에 투입하며 공항과 합동분향소 질서유지 등을 지원하였습니다.

피해자 신원 확인을 위해 경찰청 형사국장이 현장에 진출하고 전국 과학수사관 897명을 투입하였습니다. 지문 채취가 가능한 피해자는 신속한 감정으로 신원을 확인하고 국과수 협조를 통해 DNA 감정 소요시간을 단축하여 사고 발생 68시간 후 피해자 전원의 신원을 확인하였습니다. 아울러 국과수 법의관과 합동으로 검안과 시신 수습 절차를 거쳐 최대한 신속하고 온전하게 시신을 인도하기 위해 노력하였습니다.

유류품은 공항 내 유류품 보관소에서 1256점 중 603점을 반환하였으며 2월 15일 이후에는 경찰청 유실물 종합관리시스템을 통해 반환할 예정입니다. 또한 피해자보호지원담당경찰관 등 105명을 동원하여 시신 확인, 장례, 임시숙소 제공 등으로 유가족을 지원하였습니다.

다음 쪽입니다.

여객기 참사 관련 수사 진행 상황입니다.

참사 직후 전남청 수사부장을 본부장으로 수사본부를 구성하였습니다. 출국금지 조치, 압수영장 집행, 관계자 조사를 진행하고 있으며 조류 충돌과 정비 불량, 시설물 위험성 등 참사 관련 의혹 전반을 수사 중입니다.

아울러 항공철도사고조사위원회와도 자료 공유 등 긴밀히 협조하고 있으며 향후 압수물 분석과 현장조사 및 관계자 추가 조사 등을 통해 사고 원인 수사에 최선을 다하겠습니다.

온라인상 허위사실 유포, 명예훼손 등 수사 진행 상황입니다.

1월 2일 경찰청 수사국장을 단장으로 전국 사이버수사대가 참여하는 수사단을 편성, 전담 수사 중에 있습니다.

2월 5일 현재 243건을 수사 중으로 20명을 검거하였고 피해자와 유가족에 대한 모욕, 명예훼손 글을 게시하거나 사고 촬영 영상이 조작되었다는 허위영상을 제시한 유튜버 등을 검거해 엄정 수사하고 있습니다.

앞으로도 경찰은 피해자와 유가족을 향한 허위사실 유포, 근거 없는 비방과 악성 댓글 등에 대해서는 신속하게 조사에 착수하여 엄정 사법 조치하고 주요 검거 사례는 언론에 홍보해 경각심을 높여 나가겠습니다.

이상 보고를 마치겠습니다.

○**위원장 권영진** 수고하셨습니다.

다음은 유가족대표단의 말씀을 듣도록 하겠습니다.

박한신 대표님 나오셔서 말씀해 주시기 바랍니다.

(○박한신 발언대에서 ― 12·29 제주항공 여객기 참사 유가족협의회에서 말씀 좀 드리겠습니다.

권영진 위원장님 그리고 여러 위원님들!

안녕하십니까? 12·29 제주항공 여객기참사 유가족협의회 대표 박한신입니다.

먼저 국민 여러분들께서 우리 유가족들에게 끊임없이 보여 주시는 위로와 격려에 깊은 감사의 인사를 올립니다.

조금 늦었지만 올 한 해 여러분들의 가정에 평화가 가득하시기를 기원합니다. 이제 가족이나 마찬가지인 우리 유가족들도 무안공항에서 함께 차례를 지내고 떡국을 나누고 서로를 위하며 명절을 보냈습니다.

여전히 떠나간 가족의 빈자리가 너무 커서 상실감과 아픔을 감출 수가 없습니다. 하지만 이 사고의 진실을 빠르고 객관적으로 밝혀 떠난 이들의 억울함을 풀어 주어야 하는 것이 남아 있는 가족들의 몫이라는 것도 잘 알고 있습니다.

권영진 위원장님 이하 여야 위원님들!

본격적으로 특위 활동을 시작하는 이 자리에서 유족들의 발언 기회를 주셔서 감사드립니다.

항공조사위원회의 조사 활동은 물론 이 특위의 활동 역시 초기인 점을 감안하여 구체적인 발언보다는 몇 가지 유족들로서 당부드리고 싶은 말씀을 전하도록 하겠습니다.

첫째, 사고의 진실 규명이 철저히 이루어지도록 조사의 형식적·실질적인 면을 모두 챙겨 봐 주시기를 부탁드리겠습니다.

진상 규명은 무엇보다 피해자의 입장에서 의혹이 없도록 이루어져야 함이 원칙입니다. 그렇다면 조사 과정에서 피해자들의 입장을 대변할 수 있는 조사위원회의 구성, 조사 참여, 일정 단계 조사 결과 공유는 반드시 필요합니다.

관련법은 독립적이고 공정한 조사를 위한 위원회의 구성과 운영을 명시하고 있습니다. 이 규정은 적어도 유족들이 신뢰하는 전문가의 조사 참여와 유가족들에 대한 정보 공유를 제한하는 것으로 해석될 수는 없는 것입니다. 그렇게 해석되는 것이 법의 취지나 목적에 맞지 않을까 생각합니다.

둘째, 이 참사의 원인 제공자들로 하여금 응분의 책임을 지도록 해 주시기를 간곡히 부탁드립니다.

이 참사의 발생 원인이 무엇 하나에만 있다고 생각할 수 없는 여러 자료들이 속속 공개되고 있습니다. 항공사, 항공기 제조사, 정부 관련 책임자들은 조사 결과에 따라 그 경중에 차이가 있을 뿐 참사의 원인 제공자인 것에는 변함이 없는 사실입니다. 이들에게 엄중히 책임을 따지는 것은 물론이거니와 그 과정과 결과를 유족들이 가장 먼저 알 수 있도록 해 주시기를 부탁드립니다.

셋째, 유가족들의 생활과 정신적 안정을 살펴봐 주시기를 부탁드립니다.

이 참사는 여타의 참사와 달리 가족 단위 희생자들이 많이 있습니다. 그로 인해 생계가 막막해진 유가족들이 적지 않습니다. 당장 학업을 어떻게 이어 나가야 할지, 남겨진 노모와 아이를 누가 돌봐야 할지조차 알 수 없는 경우도 있습니다.

이 사건 조사 결과 발표는 언제일지 알 수 없고 그에 따른 배·보상 문제는 그보다 더 먼 미래입니다. 수년간 상당수 유가족들은 천길 낭떠러지 길을 한 발 한 발 내디뎌야 하는 엄혹한 현실을 마주하게 될 것입니다. 또 그러한 몸부림을 비난하거나 조롱하거나 재미 삼아 돌을 던지는 이들도 수없이 접하게 될 것입니다.

부디 유족들의 생계를 지원할 여러 제도들을 다각도로 챙겨 봐 주시고 적극적인 지원도 아끼지 말아 주시기를 부탁드립니다.

트라우마 극복에 긴 시간이 소요될 것인데 이 점도 살펴봐 주시기를 부탁드립니다. 또 희생자와 유족들의 명예를 훼손하거나 모욕하는 어떠한 비인도적인 시도도 용납하지 말아 주시기를 간곡히 당부드립니다.

넷째, 유가족들의 모임이 활성화될 수 있도록 적극 지원해 주시고 희생자의 추모를 할 수 있도록 배려해 주시기를 바랍니다. 유가족의 마음을 가장 잘 헤아릴 수 있는 이는 아이러니하게도 유가족들입니다. 유가족들이 서로의 상처를 보듬고 현실을 극복하는 데 힘을 합치고 사회의 다양한 기관 및 사회단체와 교류 속에서 보편타당함을 잃지 않고 희생자들을 온전히 추모할 수 있도록 충분한 지원을 요청드립니다.

다섯째, 이 사건을 계기로 대한민국 항공안전체계의 전반적인 점검을 하여 주시고 다시는 이러한 비극이 반복되지 않도록 제도 및 시스템을 정비해 주시기를 바랍니다.

참사가 발생한 지 한 달이 조금 넘은 현 시점에서 보자면 스스로 회복도 못 하고 있는 이들의 주제넘은 이야기라고 할 수도 있습니다. 그러나 우리 유가족들은 이번 참사가 대한민국의 항공 안전 시스템 전반을 철저히 점검하는 계기가 되어야 한다는 생각에는 변함이 없습니다. 다시는 이런 슬픔이 이 땅에 일어나지 않을 거라 생각합니다. 이러한 고통과 앞으로 이어질 긴 어두움의 시간은 우리 유족들이 겪는 것만으로도 충분합니다.

관제 시스템, 공항 설계와 운영, 안전 시스템 개선, 정기적인 항공기 점검, 항공인력 근무시간, 상시 점검 등 종합적인 항공 안전 강화를 위한 제도를 새로이 해야 합니다.

조사위원회의 인력도 양성하시고 늘려야 합니다. 전문적인 인력 확보도 이루어져야 합니다. 최근 들어 항공 관련 사고가 연이어 발생하는 상황에서 저희 유가족으로서는 조사 인력이 이러한 사고에 동시에 투입됨으로 인해 이번 참사의 조사가 소홀해질 가능성에 대해서도 크게 걱정하고 있습니다.

마지막으로 완벽하지 않더라도 최대한 신속하게 앞서 부탁드린 내용이 충분히 담긴 가칭 '12·29 제주항공 참사 특별법'을 조속히 제청해 주시기를 간절히 그리고 강력히 부탁드립니다.

최상목 권한대행님과 국회의장님 그리고 여야 정당 대표님들과 모든 국회의원님들께서 참사 현장을 찾으셔서 우리 유가족들을 위로해 주시며 약속하셨던 사항이기도 합니다.

참사 피해자와 유가족들에 대한 보호와 지원이 체계적이고 신속하게 이루어질 수 있도록 특별법 제정은 반드시 필요하고 이는 우리 유가족으로서는 사실상 생존과 생존권의 문제입니다.

국민 여러분 그리고 국회의원 여러분!

우리 유가족들은 그 어떤 국가적 참사의 전례를 찾아볼 수도 없이 차분하고 질서 있게 행동했고 현실을 피하지 않고 당당히 마주쳐 버텨 왔습니다. 그것이 이번 참사가 덜 참담하거나 덜 슬프거나 덜 힘들어 하거나가 아닙니다. 여러분들의 응원과 지지가 있어 유족들이 무너지지 않았을 수도 있고 타 참사의 피해자들이 남긴 이정표를 참고할 수 있었기 때문입니다.

그러나 유가족들이 걸어가야 할 험난한 여정은 이제 겨우 시작되었습니다. 부디 우리의 부모, 우리의 형제, 우리의 희생자가 될 수 있었고 또 유가족이 될 수 있다는 연대 의식으로 유가족들에게 변함없이 버팀목이 되어 주시길 거듭 고개 숙여 부탁드리겠습니다.)

○위원장 권영진 박한신 대표님 수고 많으셨습니다.

멀리서 올라오셔서 좋은 말씀 주셔서 감사드리고 또 박한신 대표님 오늘 말씀 주신 것들을 우리 특위 위원님들이 명심해서 유가족 편에 서서 일하겠다는 말씀을 드리겠습니다.

다음은 유가족 여러분들께 질의하실 위원님 계시면 먼저 질의를 한 다음 유가족 대표단 분들을 이석하실 수 있도록 하겠습니다.

○위성곤 위원 자료를 먼저, 지금 자료를 좀 요청하게 해 주십시오.

○위원장 권영진 그렇게 하시는 게 좋겠습니까?

○위성곤 위원 예, 그게 낫지요.

○위원장 권영진 유가족들이 좀 빨리 가셔야 된다고 그래서, 유가족 계신 데서 꼭 자료 요구 질의를 하셔야 되겠습니까?

○**위성곤 위원** 그건 아닙니다마는……

○**위원장 권영진** 그건 아닙니까? 그러면 유가족들께 질의를 마친 다음에 유가족들이 이석하시고 자료제출 요구를 하도록 하겠습니다.

그러면 주질의를 유가족 대표단에게 하실 위원님 계십니까?

(손을 드는 위원 있음)

김대식 위원님 하시고 이수진 위원님, 이런 순서로 하겠습니다.

○**전진숙 위원** 1분만 좀 쓰겠습니다.

○**위원장 권영진** 질의 순서는 여야 교대로 한 분씩 그렇게 순서대로 하도록 하겠습니다.

김대식 위원님.

○**김대식 위원** 부산 사상구에 지역구를 둔 김대식 위원입니다.

먼저 지난 12월 29일 여객기 참사로 희생된 분 그리고 유가족들에게 다시 한번 심심한 위로의 말씀을 드리고 고인의 명복을 빕니다.

또 두 분 하루빨리 쾌유를 우리 국회의원, 여기의 특위 위원 모두가 진심으로 이렇게 기원을 하겠습니다.

박한신 대표님, 참 많이 애통하시지요. 그래도 오늘 이렇게 나오셔서 꿋꿋하게 말씀을 해 주시고 여섯 가지 정도 이야기를 해 주셨는데 우리 특별위원회뿐만 아니라 여기에 계시는 장관님들, 관계부처 모두가 어떻게 하면 도와드릴까 이런 마음으로 이 특별위원회가 만들어졌다 이렇게 이해를 하시고 한결같이 우리가 함께 유가족 편에 서서 동행하겠다 이런 말씀을 드립니다.

(○박한신 발언대에서 — 감사합니다.)

지금 하늘의 비행기만 봐도 트라우마가 있고 또 동료들 그리고 친구들을 만나도 그런 아픔의 상처가 있을 줄로 믿습니다.

그런데 제가 거기의 공항 현장에도 몇 번 가서 대표님 뵙고 이야기를 했지만 이 여섯 가지 문제 중에서 제일 지금 유가족들의 아픔이 여러 가지 유언비어, 가짜뉴스들이 횡행하고 있는 것이지요?

(○박한신 발언대에서 — 예, 맞습니다.)

다른 부분도 있지만 어떤 점이 제일 지금, 아까 경찰청장대행님도 이런 부분에서는 특별하게 조치를 하겠다 이렇게 보고말씀이 있었는데 지금 제일 유가족들이 건의하고 싶은 내용이, 이 여섯 가지 중에서 뭐 다른 거 있지만 꼭 해야 될 말씀이 있으시면 해 주셨으면 좋겠습니다.

(○박한신 발언대에서 — 여러 위원님들께서 저희 유족들에게 굉장히 많은 부분이 궁금스럽고 또 도와주고 싶어 하시는 부분도 알고 있습니다. 그중에 가장 중요한 부분은 악성 유튜브와 저희의 가슴 심장을 후벼 파는 댓글, 이 부분이 매우 심각합니다.

실질적으로 경찰청에서 수사를 하고 그거를 잡으려고 하다 보면 글을 삭제를 하고 사이트를 폐쇄하고 탈퇴를 해 버려서 잡을 수가 없습니다. 그러나 저희는 그 내용을 봤기 때문에 그 내용이 죽을 때까지 기억이 됩니다. 이게 너무 고의적이고 아주 치밀하고 계획적인 것 같아요. 너무 힘듭니다, 솔직히. 저도 힘들지만 여러 유족들도 마찬가지입니다.

　　그리고 여기에서 건의 좀 드린다고 하면 초창기에 저희 유족들의 명단이라든가 탑승객 명단 또 탑승객 위치 그리고 탑승자, 이런 것에 대해서 너무 많이 무분별하게 포털사이트에 올라와 있습니다. 이 부분은 이제는 조속히 거두어 주셨으면 하는 바람이 있습니다. 그렇게 해서 이것으로 인해서 제2, 제3의 또 다른 슬픔은 오지 않았으면 좋겠습니다.)

　경찰청장대행님!

○**경찰청장직무대행 이호영** 　대행입니다.

○**김대식 위원** 　지금 유가족 대표의 말씀을 들으셨지요?

○**경찰청장직무대행 이호영** 　예, 들었습니다.

○**김대식 위원** 　그런데 지금 우리가 사이버수사대도 있고 정말 우리가 IT 분야에서는 세계 최첨단을 달리고 있는 이런 상황에서 저런 부분을 차단이 안 됩니까?

　가짜뉴스가 요즘 이것뿐만 아니라 전체적으로 이 사회에 횡행해 가지고 분열을 주고 여야 갈등을 주고 이렇게 하는 건데 이런 거는 좀 신속하게 처리가 안 됩니까?

　이게 이렇게 시간이 걸립니까? 우리나라처럼 이렇게 좋은 이런 두뇌를 가지고 있고 또 IT 왕국인데 이런 문제가 처리가 안 됩니까? 어떻습니까?

○**경찰청장직무대행 이호영** 　저희들도 전담수사단을 한 118명 정도 편성을 해서 전국적으로 적극적으로 수사를 하고 있습니다. 각종 추적 수사기법도 동원하고 해서 현재는 한 20명 검거했지만 특정한 것까지 하면 38명, 총 58명을 현재 수사하고 있다고 보시면 되고요. 나머지 137건도 수사 중인데, 이게 사실은 아까 유가족분들께서 말씀드렸듯이 우리가 수사하려고 그러면 바로 사이트 폐쇄하고 사라지고 이렇다 보니 저희들 특정하기까지가 좀 시간이 걸리기는 합니다.

　다만 시간이 걸리는 거기 때문에 수사단을 편성해서 그거에 따른 맞는 수사기법도 저희들도 여러 가지 프로그램이나 이런 거를 만들면서 추적 수사하고 있습니다. 조만간에 엄정하게 수사하는 대로 처벌하도록 하겠습니다.

○**김대식 위원** 　가급적이면 유가족들이 다시 제2의 피해를 받지 않도록 특별하게 관리를 좀 해 주시기 부탁을 드립니다.

○**경찰청장직무대행 이호영** 　알겠습니다.

○**김대식 위원** 　박한신 대표님 들어가셔도 좋습니다.

　국토부장관님, 여객기 사고 이후에 제 지역구에 있는 에어부산 사고가 또 한 달 만에 터졌잖아요. 국민들이 이래서 지금 항공기를 이렇게……

　관광산업도 이렇게 발전이 되고 아웃바운드도 있지만 세계 각국에서 인바운드 속에서 우리가 계속해서 추진을 해야 되는데 왜 이렇게 지금 이거 합니까? 이거 소 잃고 외양간 고치는 격으로 사후 조치하겠다 뭐 하겠다 이렇게 이야기를 하는데 이 근본적인 원인이 뭐라고 생각합니까?

　그리고 지금 정비사가 절대적으로 부족한데 아시아나 대한항공 이것뿐만 아니라 LCC, 한 38% 정도밖에 지금 이게 안 되는데 왜 이렇습니까? 이거는 왜 이렇다고 생각을 하십니까?

○**국토교통부장관 박상우** 　우선 존경하는 김대식 위원님 지적하신 대로 최근에 대형 항

공사고가 연이어 발생해서 주무부처 장관으로서 송구하다는 말씀을 다시 한번 드립니다.

지금 12·29 사고 이후에 공항이라든지 항공 전 분야에 걸쳐서 긴급점검 또 특별점검, 종합점검들은 실시를 했고요. 그래서 필요한 공항 시설의 개선이라든지 또는 정비를 비롯한 항공사의 분발하는 노력이라든지 이런 것들에 대해서는 기본적인 방향을 잡아서 추진을 하고 있습니다.

그리고 아까 모두에 업무보고에서 말씀드렸듯이 민간 전문가들을 동원한 항공혁신위원회를 구성을 해서 전반적이고 혁신적인 종합대책을 4월까지는 내놓을 것으로 하고 있습니다.

걱정하시는 대로 굉장히 지금 항공 수요가 많이 늘어나고 거기에 따라서 사고들이 또 비례해서 발생하는 것 같습니다. 그래서 정비부터 기체 도입 또 인력 양성, 모든 분야에 대한 종합적인 안전망을 구축하도록 하겠습니다.

(발언시간 초과로 마이크 중단)

··

(마이크 중단 이후 계속 발언한 부분)

○**김대식 위원** 하여튼 시간이 없어서 그러는데, 국토부가 주무부처이니까 국토부가 전체적으로 좀 이거 해서 국민들이 신뢰하고 재발 없도록, 그래도 우리가 세계 경제 톱10에 들어가 있는 나라 속에서 항공기 사고가 연달아서 한달 만에 이런 일이 나온다는 것은 참 부끄러운 일이거든요. 철두철미하게 이것 대비책을 강구해 주실 것을 부탁을 드립니다.

○**국토교통부장관 박상우** 예, 명심하겠습니다.

○**김대식 위원** 추가질의 때 말씀하겠습니다.

··

○**위원장 권영진** 예, 보충질의 때 하십시오.

김대식 위원님 수고 많으셨습니다.

다음, 유가족 대표들에게 질문하실 것부터 우선 하시는 게 좋겠습니다.

전진숙……

○**전진숙 위원** 저는 2분만 쓰겠습니다.

○**위원장 권영진** 예, 그러십시오. 2분만.

○**전진숙 위원** 광주 북구을 전진숙입니다.

박한신 대표님, 저도 이번 항공기 참사를 통해서 제 아주 가까운 동생이 그 희생자였기 때문에 마음이 다 같지는 않겠지만 지금 현재 마음이 얼마나 아프실지 충분히 잘 전달이 되는 것 같습니다.

저희 특위가 재난 상황에서 국가가 어떤 역할을 해야 될지 그리고 유가족과 피해자를 위해서 무엇을 해야 될지 그 답을 찾아가는 과정이라고 생각을 하고, 박한신 대표님께서도 아까 여섯 가지 이야기를 해 주면서 심리 지원에 관련된 이야기를 해 주셨는데요. 직접 좀 확인을 하겠습니다.

혹시 심리 지원 관련해서 안내 문자를 받으셨습니까? 받으신 적 있으십니까?

(○박한신 발언대에서 — 저한테는 지금 전담 공무원이 가끔 전화는 옵니다. 그러나 지금 제가 실은 오늘도 새벽 4시까지 무슨 말을 해야 될지 잠을 안 자고 잠깐 두

시간 눈 붙이고 여기에 와 있는 상태입니다. 저 같은 경우를 기준으로 하면 하루 평균 한 세네 시간 정도밖에 잠을 못 잡니다. 왜냐? 앞으로 해야 될 일도 많고 무언가를 더 유족들을 챙겨야 되는 부분도 너무 많아서 약간 좀 혼란스럽고……)

힘드시지요?

(○박한신 발언대에서 ― 많이 힘듭니다.)

특히 아마 유가족 대표이셔서 본인을 챙기는 것보다 전체 유족 대표로서의 역할을 하는 데 많은 무거운 책임감을 가지고 계시기 때문에 더 그럴 거라고 생각합니다.

실은 사고 이후에 한 달이 유족에게는 굉장히 트라우마를 치료할 수 있는 골든타임이라고 이야기를 하는데, 제가 여쭤봤던 게 심리 지원에 관련된 것을 받아보신 적이 있는지 그리고 실제로 그런 치료를 받으신 적이 있는지는 대표님이기 때문에 더 이제 그런 체크를 할 수 있을 것 같아서 질의를 한 거거든요.

(○박한신 발언대에서 ― 무안공항에 가면 1층에 심리상담센터가 있습니다, 코너 쪽에요. 거기를 제가 한 4일, 5일에 한번씩 '저 살아 있습니다'라고 제가 가서 인사를 드리고 있습니다.

제가 여기서 무너지게 되면 모든 것이 다 무너질 수 있는 상황이어서 정신줄 잡고 버티고는 있는데 언제까지 제가 버틸지는 장담을…… 솔직히 저도 잘 모르겠습니다. 저희 가족들도 저에 대해서 매우 걱정이 심한데 아직까지는 버틸 만합니다. 여러 위원님들께서 관심 가져 주시고 전화해 주시고 독려해 주셔서 그나마 지금은 정신적으로 버틸 수 있습니다.)

○전진숙 위원 좋습니다. 들어가셔도 됩니다.

여기까지 하겠습니다.

○위원장 권영진 수고하셨습니다.

또 김은혜 위원님.

○김은혜 위원 박한신 대표님, 사고 이후에 40일이 거의 다 돼 갑니다. 아무리 시간이 흘러도 아니, 오히려 시간이 갈수록 위로드릴 말씀을 잘 찾지를 못하고 있습니다.

제가 살펴보니까 이번 참사로 목숨을 잃은 만 15세 미만 희생자가 8명이더라고요. 그런데 상법 현행법상 만 15세 미만자의 경우에는 사망사고를 담보로 하는 보험에 가입이 불가능해서 시민안전보험 등 지자체에서 가입하는 보험에서도 보상을 받을 길이 전혀 없습니다. 몬트리올 협약이 있습니다만 그 권리 보장, 보상은 아직 기약이 전혀 없고요. 그래서 불의의 사고로 인한 15세 미만 사망의 경우에 생명보험 계약을 예외적으로 허용하는 상법 개정안을 제가 어제 발의를 했습니다. 이번 사고의 경우에 15세 미만 희생자가 지자체의 시민보험 등 사망보험에 가입했다면 받았을 보험금에 준해서 별도로 보상금을 지급하도록 안을 제가 특별법 제정으로 준비 중에 있고요. 상법은 소급이 어려우니까요.

그래서 정부와 국회가 유가족분들께 반드시 해 드려야 할 일이라고 본인은 생각을 하는데 어떻게 동의하시는지 궁금합니다.

(○박한신 발언대에서 ― 감사하지요. 저희는 저희를 도와주신다면 감사히, 정말 감사하게 생각하고 있습니다.)

많은 분들이 자녀를 잃는 참척의 아픔을, 또 부모님을 잃으셨는데 굉장히 막막한 현실에 직면하고 계시고 또 견디고 계시고 있다는 것을 듣고 있습니다.

(○박한신 발언대에서 ─ 맞습니다.)

알겠습니다.

감사합니다.

○**위원장 권영진** 그만하시겠습니까?

○**김은혜 위원** 예.

○**위원장 권영진** 나머지는 다음 주질의 때 하십시오. 5분 30초 남았습니다.

다음 이달희 위원님 질의하시겠습니까? 이달희 위원님 질의하시고.

○**이달희 위원** 국민의힘 비례대표 이달희 위원입니다.

저는 소위원회에서 피해자와 유가족 지원 및 추모사업 지원 소위원으로 이번 특위에서 활동할 예정입니다. 우선 제가 이 회의 전에 유가족을 대표해서 정말 불철주야, 밤낮으로 상주하면서 유가족들과 함께했던 유가족협의회 식구들에게 정말 감사의 말씀을 먼저 드립니다.

유가족협의회 대표자들이 정말 그 많은 유가족들을 이렇게 어루만져 가면서 중앙정부와 정치권 그리고 그 관계에서 매니지먼트, 코디네이팅을 잘하시고 위로를 잘하면서 원 보이스를 내 주는 덕분에 이렇게 전 국민들께서 그런 항공기 참사, 대형 참사에서 유가족들의 그런 목소리가 잘 전달돼서 잘 이렇게 마무리된 거 아닌가 이런 위로의 말씀과 또 고생하셨다는 말씀을 드립니다.

그리고 저희가 회의에 오기 전에 인터뷰를 좀 깊이 했습니다. 그때는 이혁 장례위원장이셨는데 지금은 직책이 무엇인지 모르겠습니다.

(○이혁 발언대에서 ─ 그냥 위원장입니다.)

위원장이십니까? 이혁 위원장님하고 저희가 유가족들이, 정부가 마련하는 시책이 있는데 조금 미진한 부분들이 몇 가지가 있더라고요. 혹시 위원장님, 저희 방에 이렇게 제안하신 사항 먼저 말씀해 주시겠습니까?

(○이혁 발언대에서 ─ 저희들이, 유가족 자녀들에 대한 지원에 대해서 제가 이달희 위원님 사무관한테 잠깐 건의를 드린 게 있는데 지금 현재 상태에서는 대학을 두 학기만 무상으로 하는 걸로 대학등록금 지원을 하고 계세요. 그런데 저희들이 원하는 것은 자기 부모들이 지금 다 돌아가시고 아기들만 남아 있는 경우도 있고 그러다 보니까 이거를 좀 더 포괄적으로, 자녀들에 대해서 고등학교, 중학교 그리고 대학교까지 포괄적으로 유가족 자녀들에 대해서는 등록금을 전액 면제해 주는 그런 제도를 시행했으면 좋겠고요.

또 하나 지금 보면 연금 문제에 대해서 지금 이게 국고로 환수되니 그리고 그 연금 부분을 거의 한 50% 감액이 돼서 받니 이런 부분들이, 지금 유가족들이 많은 애로사항을 저희들한테 말씀을 하고 계십니다. 그래서 그런 연금 부분에 대해서도 평생을 모은, 평생을 일하시다 가신 분들에 대해서 자녀들이 혜택을 볼 수 있도록 좀 더…… 지금 너무 비율이 많이 깎여 나가더라고요. 그런 부분들에 대해서도 신경을 좀 써 주셨으면 합니다.)

들어가시고요.

이번에 광주변호사회에서 굉장히 지원을 많이 하셨는데요. 박철 부회장님이시지요?

(○박철 발언대에서 ─ 예, 그렇습니다.)

우리 유가족협회에서는 광주전남법률지원단장으로 지금 참여하고 계시는데요. 국세나 지방세 납부에 대한 건의도 있던데 말씀해 주시지요.

(○박철 발언대에서 — 그렇습니다. 이번 사고 특징을 보시면 일가족이 3대에 걸쳐서 돌아가시거나 아니면 부모, 자식이 다 한꺼번에 돌아가시기 때문에 기존에 생계를 책임졌던 분들이 사업을 하면서 어떤 채권, 채무를 가지고 있는지 또는 세금은 어떻게 지급해야 되는지 또 그 규모는 어느 정도 되는지조차 파악하기가 굉장히 힘든 실정입니다. 설사 그런 규모를 파악한다 하더라도 갑작스럽게 이렇게 돌아가셨기 때문에 그 부분에 대해서 지급할 여력이 사실은 없습니다. 현재로서는 유예 정도, 한 3개월 정도의 유예 정도를 지금 생각하고 계신 것 같은데 실질적으로 3개월은 턱도 없는 기간이고요.

또 일반적으로 생각하시는 것과 달리 항공사고의 특성상 배·보상까지 가는 데는 수년 또는 10여 년 가까운 시간이 걸릴 수 있습니다. 그 기간 동안 사실상 경제적인 능력이 유가족들은 없는 경우가 대부분이거든요. 그래서 그 부분에 대해서는 적극적인 면제나 감세 부분도 좀 고려해 주셨으면 하는 생각입니다.)

고맙습니다. 들어가시지요.

먼저 행안부 장관대행님, 연금에 관련돼서 공무원 연금 관련돼서 법적으로만 우리가 해 줄 수 있는 게 60%, 유가족의 50% 이렇게, 또 두 분 다 공무원일 경우에는 그 감액이 더 심해지잖아요. 그래서 이 부분 혹시 특별법에 담아서 유가족들에게는 특별히 좀 챙겨 줄 수 있는 부분이 있는지 검토해 주시고요.

복지부장관님께서는 국민연금도 유가족 부분이 있는데 이런 사고, 이렇게 대형 참사에 대한 특별법에 국민연금의 유가족 부분을 특별히 조금 더 상향해서 지급할 수 있는 그런 부분이 있는지 좀 검토해 주시기 바랍니다. 다음에 좀 보고해 주시기 바랍니다.

특히 국토부장관님께서는 교육부하고 협의하셔서 대학금, 지금 저희들이 체크해 본 결과는 28년까지 두 학기를, 처음에는 뭐 1년만 정했다가 군대에 갈 경우를 대비해서 두 학기 정도 전액장학금을 지원한다고 이렇게 했는데요. 그러면 지금 고등학교 3학년인 경우가 대학교 됐을 때 더, 그때도 아직까지 배상금을 못 받을 경우도 있고 이런데요. 그래서 이 부분에 대해서 아까 유족 대표께서 말씀하신 것처럼 초중고등학교 학생들 장학금 지급에 대해서 한번 더 세밀하게 좀 검토해 볼 필요가 있다고 생각합니다. 논의 좀 해 주시면 고맙겠습니다.

○국토교통부장관 박상우 예, 유족들 입장에서 그렇게 노력하겠습니다.

○이달희 위원 그리고 또 한 가지……

(발언시간 초과로 마이크 중단)

....

(마이크 중단 이후 계속 발언한 부분)

국세 부분인데요. 국세 부분에 아까 3개월, 9개월, 무한일 경우는 재난안전특별지구에 들어서 9개월, 2년 이렇게 되어 있는데 9개월 정도 지원한다는 게 너무 짧을 것 같거든요. 그래서 기재부하고 국세 부분 논의 하셔서 특별하게 특별법에 담을 수 있는지를 검토해 주시기 바랍니다.

○국토교통부장관 박상우 예, 그렇게 하겠습니다.

○**이달희 위원** 예, 이상입니다.

○**위원장 권영진** 이달희 위님 수고 많으셨습니다.

다음 백선희 위원님 질의해 주시기 바랍니다.

○**백선희 위원** 안녕하십니까? 조국혁신당 국회의원 백선희입니다.

먼저 여객기 참사의 희생자, 고인의 명복을 빌고 또 유가족에게 위로의 말씀을 드립니다.

유가족 대표께서 가시기 전에 질의를 간단하게 드리겠습니다.

무안공항에서 계실 때 유가족하고 정부 측하고 비교적 소통이 잘 됐던 걸로 알고 있는데요. 무안공항이 정리가 된 이후에 지금 소통은 정부하고 어떻게 되고 있는지 원활히 되고 있는지 먼저 질문을 드리겠습니다.

그리고 두 번째 질문은 지금 그 희생자분들이 광주, 전남 지역에서 많이 나오셨습니다. 그런데 사실 다른 지역에도 있거든요. 그래서 다른 지역에 살고 계시는 유가족 분들과 그리고 유가족 대표 측이 그래서 어떤 소통을 하고 있는지 또 지금 여러 가지 현재 심리 지원 등의 정부 지원서비스가 있는데 이 지역이 아닌 다른 지역에 사시는 분들은 이런 지원서비스를 받는 데 별 문제는 없는지 들으신 바가 있으면 말씀해 주시기 바랍니다.

(○박철 발언대에서 — 위원님, 죄송하지만 지금 박한신 대표가 잠을 제대로 못 자서 지금 정확하게 좀…… 그런 것 같아서 제가 대신 답변드려도 되겠습니까?)

예.

(○박철 발언대에서 — 정부 소통 문제는 현재 국토부가 주관해서 저희랑 주로 소통을 했었는데 이후에 지금 아시다시피 정부 지원단이 꾸려져서 현장 사무실, 광주로 이동한 유가족들 사무실 근처 바로 옆 사무실에 지원단 인원이 벌써 5~6명 정도 내려와 있고요. 저희가 요청하고 있는 사항들에 대해서는 바로 대응할 수 있도록 노력을 해 주시고 계십니다. 그리고 타 지역의 유가족들 말씀하셨습니다. 유가족들은 지금 지역별로 한 9개에서 10개 정도로 이렇게 소그룹을 만들었습니다. 해서 소그룹 단위로 계속 만나고 있고요. 또 오늘 저녁도 서울, 경기 지역 유가족들과 유가족 대표단과 만나기로 저녁 약속이 돼 있고요. 해서 그렇게 소통하고 있습니다.

다만 광주, 전남권에 비해서, 저희가 지금 광주에서 활동을 하고 있다 보니까 타 지역에서도 트라우마 센터라든가 말씀하신 그런 지원들이 원활하게 이루어지고 있는지는 실시간 파악은 좀 되고 있지는 않고요. 다만 이런 타 지역의 대표들을 통해서 유가족 대표가 그런 민원 같은 것도 접수하고 또 건의할 사항들을 정리하고 있는 것으로 알고 있습니다.)

○**백선희 위원** 감사합니다.

○**위원장 권영진** 다 하셨습니까?

○**백선희 위원** 예, 이상입니다.

○**위원장 권영진** 다음 또 유가족 대표들께 더 질의하실 위원님들 안 계십니까?

그러면 유가족 대표님들께 질의하는 것은 이 정도로 마치도록 하겠습니다. 그러면 질의하실 위원님이 안 계시면 유가족 대표님들은 이석을 하셔도 좋습니다.

먼 길 해 주셔서 감사드리고요. 오늘 좋은 의견, 소중한 의견 주셔서 고맙습니다. 안녕히

가십시오.

○**위성곤 위원** 자료 요청을 하도록 하겠습니다.

○**위원장 권영진** 다음은 질의 순서입니다만 질의에 앞서서 자료 요구를 하실 위원님들 계셔서 자료 요구하실 위원님들 질의해 주시기 바랍니다.

○**위성곤 위원** 자료 요청드리겠습니다.

관제탑과의 교신 기록을 의원실에서 달라고 하는데 주지 않아서요. 제가 볼 때는 여러 규정에 의거하더라도 충분히 공개하는 것이 마땅하고, 여러 가지 의혹들을 제기하고 있는데 그 의혹 제기를 사전에 방지할 수 있을 거라고 보아지기 때문에 관제탑과의 교신 기록을 좀 주시고요. 그다음에 조종사의 비행 시간 및 근무 일정, 사고 7일 전부터 28일간 운항 기록 그리고 조종사의 휴식 시간 기록, 최소 휴식 시간 충족 여부를 확인하고자 합니다. 그리고 조종사의 훈련 및 비상 대응기로, 그러니까 비상착륙과 랜딩기어 고장 시에 어떤 대응을 훈련을 받았는지 자료를 좀 주시기 바랍니다. 그리고 사고기의 정비 이력, 랜딩기어와 유압시스템 엔진 점검, 수리 이력 등을 좀 주시고요, 최근 1년간 걸 주시고.

이번 사고기가 비행 전에 점검을 받았을 텐데, 왜냐하면 48시간 동안 열세 차례를 운항하고 평균 휴식 시간이 1시간도 안 되는 것으로 파악이 되고 있는데, 그래서 비행 전 점검보고서 그리고 항공사 정비인력 배치 자료를 주시기 바랍니다.

그리고 사고기의 제작 이력, 동체 피로균열 및 주요 부품 교체 여부 등에 대해서 사고기에 관한 과거 이력들을 정리해서 보고를 좀 해 주시고요.

그다음에 보잉737-800 기체 수명 및 검사 기준, 그래서 피로균열 위험 구간 및 검사 필요 여부들을 확인하기 위해서기 때문에 관련 자료를 제출해 주실 것을 당부를 드립니다.

그리고 로컬라이저 관련해서 관련 설계도서를 달라고 했는데 설계도서를 줄 수 없다고 얘기를 하고 있는데 그게 상식적으로 납득되지 않고요. 관련해서 설계도서를 주시고.

두 번째, 핵심은 콘크리트 둔덕 문제인데 콘크리트 둔덕을 왜 설치하게 됐는지에 대한 이유를 관련 서류, 결정되어진 회의 서류를 찾아서 결정되어진 내용을 주시기 바랍니다.

이상입니다.

○**위원장 권영진** 국토부와 관련 부서에서는 위원님들 자료 요구에 적극적으로 성실하게 해 주시기 바랍니다.

○**국토교통부장관 박상우** 나중에 다른 위원님들 요구를 다 듣고 제가 언급할 사항이 있으면 그때 말씀드리겠습니다.

○**위원장 권영진** 그렇게 하시겠습니까?

그러면 권향엽 위원님 질의하시지요.

○**권향엽 위원** 순천·광양·곡성·구례을 권향엽입니다.

장관님, 지난번에 항공 참사 바로 직후에, 12월 30일에 무안공항 로컬라이저가 관련 규정에 맞게 설치되었다고 발표를 한 적이 있습니다. 그런데 그 뒤에 언론에서 조금 이견을, 보도가 되고 하니까 다시 재검토하겠다 하고 1월 7일 날 재검토 결과 문제가 없다라고 발표를 하셨는데요. 저희가 그 검토를 어떻게 하셨는지 결과 자료를 요청했는데 지금 제대로 제출이 되지 않고 있습니다.

그래서 검토의견서를 달라고 했더니 문건 자체가 없다라고 이야기를 해요. 국토부가 부처 차원에서 규정에 부합했는지 검토를 하는데 문건 한 장이 없다라고 하는 것은 저희가 납득하기가 좀 어렵습니다.

장관님께서 로컬라이저 관련한 검토 결과 보고 받으셨지요?

○**국토교통부장관 박상우** 예, 받았습니다.

○**권향엽 위원** 문제없다고 보고 받으셨지요? 구두보고 받으셨나요?

○**국토교통부장관 박상우** 구두보고였는지 서면보고였는지 잘 기억이 안 납니다마는 어쨌든 사고 이후에 제가 사무실 복귀해서 받은 보고는 설치 당시의 설치기준하고 뒤에 제정된 운영기준하고 내용이 서로 상치하다. 그래서 그런 내용의 보고를 받았고요. 그런 자료를 드릴 수 있을 건데 왜 자료가 안 나갔는지 제가 잘 모르겠습니다. 확인해 보겠습니다.

○**권향엽 위원** 어찌됐든 문건이 없다면 어떠한 경위로 보고를 드렸는지 내부의견이라도 정리를 해서 달라고 그랬는데 아직까지 주지 않습니다.

작년 12월 검토의견하고 1월 재검토의견 다음 질의 시간까지 좀 제출해 주시면 좋겠고요.

○**국토교통부장관 박상우** 예, 그렇게 하겠습니다.

○**권향엽 위원** 그리고 장관님께서 작년 6월에 인천공항 방문하셨을 때 '안전하지 않은 항공기에는 단 한 명의 국민도 태울 수 없다' 말씀하시면서 11개 국적사별 정비 관리 및 예방 정비에 대한 전수 점검 실시 계획을 발표하셨습니다. 저희가 그 점검 결과보고서도 요청을 했더니 국토부 훈령이라서 줄 수 없다라고 합니다. 국토부 훈령이 법률보다 우선하지는 않지요?

국회증감법에 따르면 '군사·외교·대북 관계의 군사기밀에 해당하는 경우를 제외하고는 제출을 거부할 수 없다'라고 돼 있습니다. 물론 지금 국회증감장은 아닙니다만 이 특위 자체가 항공기 참사의 진상 규명과 재발 방지, 피해자 지원을 위한 특위 아니겠습니까? 진상 규명 중요하기 때문에 군사·외교·대북 관계의 군사기밀에 해당하지 않는다면 이 검토결과보고서도 제출해 주시면 좋겠습니다.

다음 질의 시간까지 협조해 주시기 바랍니다.

○**국토교통부장관 박상우** 예, 그렇게 하겠습니다.

○**위원장 권영진** 장관님하고 정부 측에서는 자료제출 요구할 때 일문일답 형식으로는 하지 마시고 자료제출 요구는 위원장에게 하는 거니까 제가 얘기를 할 때 말씀하십시오.

○**국토교통부장관 박상우** 예, 그렇게 하겠습니다.

○**위원장 권영진** 그렇게 되면 질의와 관련해서 불공정한 시비가 또 일어날 수 있으니까요.

손명수 위원님께서 먼저 손을 드셨고 그다음에 서천호 위원님도 자료 요구 하시겠습니까?

○**서천호 위원** 예.

○**위원장 권영진** 그리고 문금주 위원님 이런 순서로 하겠습니다.

해 주십시오.

○**손명수 위원** 우선 위원장님, 위원님들이 요구하는 자료는 요구하신 위원님뿐만 아니라

모든 위원들이 같이 공유할 수 있도록, 모든 위원들에게 제출할 수 있도록……

○**위원장 권영진** 그게 좋겠습니다.

정부 부처에서는 모든 위원님들께 공히 제출해 주시기 바랍니다.

○**손명수 위원** 예, 그렇게 해 주시면 좋을 것 같고요.

장관님, 이 사고 조사는 앞으로 면밀하게 이루어지겠습니다마는 우선 눈에 보이는 그런 현상이 로컬라이저 둔덕과의 충돌이 있었기 때문에 많은 관심이 거기에 쏠리고 있습니다. 그런데 로컬라이저, 2007년 개항, 그러니까 건설 당시에, 99년 말이나 2000년 초반이 아마 될 텐데 이 공항 건설 당시에 최초의 계획이 있을 겁니다. 그걸 지금 저희 의원실에서 계속 요구를 하고 있는데 안 내고 있어요.

그리고 이게 턴키 방식으로 건설이 됐는데 그러면 입찰공고서가 있거든요. 입찰공고서에는 기본계획이 첨부되게 돼 있습니다. 그리고 금호컨소시엄이 이걸 낙찰을 받았는데 그때 낸 제안서류가 있습니다. 그 제안서류에는 당연히 설계도가 첨부가 돼 있습니다. 그리고 그 이후에 실시설계를 하게 돼 있는데 그 서류를 내셔야지 여기에 대한 여러 가지 검토 그리고 의혹이 해소되든지 아니면 문제가 있었으면 왜 그렇게 됐는지를 얘기할 수가 있는데, 이것은 비밀도 아니고 당연히 보존하게 돼 있고 그렇습니다. 그런데 이 서류를 왜 안 내시는지 모르겠습니다.

이 서류는 입찰공고서 그리고 제안서, 이걸 건설한 금호컨소시엄이 턴키 입찰하면서 낸 제안서류, 설계도가 포함된 이 서류는 반드시 즉시 좀 내 주셔야 될 것 같습니다. 그렇게 좀 조치해 주시기 바랍니다.

○**위원장 권영진** 다음 서천호 위원님 말씀해 주십시오.

○**서천호 위원** 자료제출과 관련돼서 말씀하시기 전에 자료제출 관련해서는 문서로 이미 각 부처에 송달이 돼 있으니까 참고했으면 좋겠고 이게 왜 중요하냐 하는 부분을 다시 한번 제가 말씀을 드리겠습니다.

진상조사 부분을 지금 현재 사고조사위에서 기술적인 조사를 하고 있고 또 경찰에서 사법적인 조사를 하고 있고 더불어서 국회 특위에서 진상조사위 구성이 돼서 조사를 하고 있습니다. 그러다 보니까 방향성이 조금 흐트러질 수가 있어요.

우리 사고조사위는 어쨌든 기술적인 또 재발 방지가 아마, NTSB도 마찬가지지만 이와 같은 유사한 재발 방지 쪽에 포커스가 맞춰져 있는 부분이 있고 또 사법적 조사는 그와는 조금 다른 궤를 가지고 있고 또 국회는 국회 나름대로 역할을 해야 되는 그런 부분인데 여기서 자료 공유가 안 되면 또 자료제출이 정확히 안 되면 의혹이 양산됩니다.

국회 특위 과정을 통해서든 언론을 통해서든 아니면 실제로 기술적 조사를 통해서든 사법적 조사를 통해서든 오히려 많은 의문들이 난립되는 그런 현상을 빚을 수 있다.

그래서 여러 가지 법적 제한이라든지 또 아니면 현실적인 문제가 있어서 또 아니면 다른 조사위에서 조사하고 있는 조사에 자료가 제출됐기 때문에 없다고 얘기할 수 있는 핑곗거리가 있습니다만 어쨌든 가급적이면 자료제출이 돼서 근거에 의해서 이 진상이 조사가 됐으면 좋겠다 하는 그런 바람입니다.

그리고 우리 위원님들도 마찬가지입니다만 각 부처에서 그간의 여러 가지 언론에서 궁금해하는 사안에 대해서 해명을 한 내용이 있는데 그 해명이 다시 문제가 제기되는 그런 사례들이 몇 건 있습니다. 그것은 어떤 얘기냐? 조사가 아직 진행 초기 단계라고 저는 생각합니다, 오늘 예비보고서가 지금 나왔습니다만. 초기 단계인데 마치 확정적인 양 발표를 하다 보니까 또 다른 문제가 양산이 되는.

그래서 주문을 하고자 하는 얘기는 좀 신중을 기해 달라. 부처에서도 또 국회에서도 진상조사와 관련된 내용은 좀 신중을 기해서 최종 결과보고서가 나올 때까지는 정말 내부적으로 철저하게 공유를 하되 대외적인 발표라든지 이런 부분은 좀 신중을 기해서 이 조사를 통해서 또 다른 의혹이 제기되는 그런 게 없도록 했으면 좋겠습니다.

이상입니다.

○**위원장 권영진** 다음 문금주 위원님.

○**문금주 위원** 동일해서 저는 생략하겠습니다.

○**위원장 권영진** 안 하시겠습니까?

그러면 더 이상 자료 요구하실 위원님이 안 계시면……

국토부장관님께 자료 요구 질의가 집중되고 있는데요. 장관님, 혹시 자료 요구 질의와 관련해서 답변하실 부분이 있으시면 해 주십시오.

○**국토교통부장관 박상우** 여러 위원님들 요청하신 자료들을 저희가 다시 한번 확인을 해서 최대한 자료제출이 될 수 있도록 그렇게 협조하겠습니다.

제가 일일이 그 건에 대해서 보고를 받지 못하고 전체적인 상황만 보고를 받았기 때문에 어떤 자료가 제출이 되었고 자료를 요청하셨는데 왜 제출이 안 되었고 하는 것들에 대한 확인을 제가 다시 한 후에 위원님들이 납득하실 수 있도록 제출하거나 혹시 제출하기 어려운 경우에는 위원님들께 공통적으로 제출하기 어려운 이유, 아까 그 이유는 다른 게 아닐 겁니다, 아까 서천호 위원께서 지적하셨듯이 사전에 의원님실에 간다는 건 사실은 공개된다는 것을 전제로 한 것이거든요. 그렇게 됐을 때 불필요한 오해가 생기거나 혹은 조사 결과에 대한 방향성이 훼손되거나 하는, 객관성이 훼손되거나 하는 그런 우려가 생길 것들에 대해서는 아마 좀 신중을 기해야 될 것으로 생각이 됩니다.

그렇지 않은 경우에는 최대한 위원님들께서 자료를 받아 보실 수 있도록 그렇게 조치를 해 드리고요. 만약에 제출이 어려운 것들은 똑같은 방식으로 양해를 구하는 노력을 같이 기울이도록 하겠습니다.

○**위원장 권영진** 아마 속기록을 보시면 위원님들이 어떤 어떤 자료를 구체적으로 요청하셨는지를 상세히 알 수 있을 텐데요. 그와 관련해서 가능하시면 모든 자료들을 위원님들께 제출해 주시고 또 법적으로나 또 여러 가지 제약 때문에 못 하겠다는 부분들은 이유를 한 건 한 건 해서 위원들께 제출해 주시기 바랍니다.

○**국토교통부장관 박상우** 예, 그렇게 하겠습니다.

○**위원장 권영진** 그리고 손명수 위원님 말씀하셨듯이 위원님들 자료제출 요구에 대해서는 해당 위원님들뿐만 아니라 모든 특위 위원님들이 공유할 수 있도록 그렇게 해 주시기 바랍니다.

○**국토교통부장관 박상우** 예.

○**위원장 권영진** 감사합니다.

더 이상 자료 요구하실 위원님이 안 계시면 질의에 들어가도록 하겠습니다.

질의 시간은 이미 말씀드린 대로 교섭단체 간사 협의에 따라서 주질의 7분, 보충질의 5분으로 하도록 하겠습니다.

그러면 순서에 따라서 권향엽 위원님 먼저 질의해 주시기 바랍니다.

○**권향엽 위원** 12·29 항공 참사가 일어난 지 오늘로서 40일째입니다. 돌아가신 분들의 명복을 빌고 유가족들의 깊은 아픔과 함께합니다.

방금 유가족 대표들께서 일곱 가지의 당부 상황을 저희 특위에다가 말씀을 주고 가셨는데 엄중한 마음으로 받들며 특위 활동에 임하도록 하겠습니다.

질의하겠습니다.

국토부장관님, 국토부 고시 중에 조류 등 야생동물 충돌위험 감소에 관한 기준이 있습니다. 알고 계시지요?

○**국토교통부장관 박상우** 예, 알고 있습니다.

○**권향엽 위원** 제6조에 보니까 공항별 조류충돌예방위원회에 공군부대도 구성원으로 들어가 있습니다. 공군부대가 들어간 이유가 뭐지요?

○**국토교통부장관 박상우** 많은 공항이, 공군하고 같이 공유하는 공항이 더 많습니다. 그래서 아마 공군부대가 참여하는 것으로 알고 있습니다.

○**권향엽 위원** 그러면 PT를 한번 띄워 주시고요.

(영상자료를 보며)

공항공사사장직무대행님 나와 계시지요?

○**한국공항공사사장직무대행 이정기** 예.

○**권향엽 위원** 앞으로 나와 주시기 바랍니다.

작년 7월과 12월 두 차례, 무안공항에서도 조류충돌예방위원회 회의가 열렸고 참석 요청 공문도 보냈습니다. 그런데 또 공군부대는 빠져 있더라고요. 왜 그랬지요, 여기는?

○**한국공항공사사장직무대행 이정기** 다양한 항공사와 여러 가지 이렇게 하면서 일부 미흡한 점이 좀 있었습니다.

○**권향엽 위원** 그런가요?

○**한국공항공사사장직무대행 이정기** 예.

○**권향엽 위원** 그러면 더 살펴보도록 하겠습니다.

대한항공과 동방항공은 무안공항에 취항도 하지 않았는데 조류충돌예방위원회 참석 요청을 보냈습니다. 왜 그러지요?

○**한국공항공사사장직무대행 이정기** 앞에서 말씀드린 바와 같이 항공사가 무안공항에는 정기편······

○**권향엽 위원** 다시 제가 좀 더 말씀을 드릴게요.

참석 기관도 좀 문제가 있는데 7월 1차 위원회에 24개 기관 참석 요청 공문을 보냈습니다.

○**한국공항공사사장직무대행 이정기** 예, 그렇습니다.

○**권향엽 위원** 그런데 몇 개 참석하신지 아세요? 몇 군데 참석했지요?

○**한국공항공사사장직무대행 이정기** 8개 기관이 참석을 했습니다.

○**권향엽 위원** 그리고 그 8개 중에 1개 기관은 참석 요청 공문도 보내지 않았는데 참석했지요?

○**한국공항공사사장직무대행 이정기** 예, 그렇습니다.

○**권향엽 위원** 해경항공대가 참석했지요?

○**한국공항공사사장직무대행 이정기** 예, 그렇습니다.

○**권향엽 위원** 이렇게 참석해도 되는 거고요.

PPT 다시 보십시다.

12월 2차 위원회는 문제가 더 많습니다. 7월 1차 위원회처럼 24개 기관에 참석 요청 공문을 보냈는데 7개 기관만 참석을 했습니다. 백번 양보해서 공군부대는 공문 대상에서 빠져서 참석을 못 했다고 하지만 고시에 명시된 관할 행정기관은 왜 참석하지 않았지요?

국토부장관님, 혹시 조류충돌예방위원회 운영 실태 한번 제대로 파악해 보셨습니까?

○**국토교통부장관 박상우** 최근에 사고 이후에 전면적인 점검을 했습니다. 했는데 많은 공항에서 참석 대상자가 참석을 하지 않는 그런 운영 사례가 확인이 되었습니다.

○**권향엽 위원** 대단히 문제가 많은 것 같습니다. 무안공항 운영규정에 조류충돌예방위원회는 의장만 공항장으로 되어 있고 그 외에는 내용을 확인할 수가 없습니다.

직무대행님, 이 조류충돌위원회 운영과 관련된 다른 어떤 규정이 있나요?

○**한국공항공사사장직무대행 이정기** 조류충돌위원회는 아까 말씀드린 대로 국토부 고시에 따라서 무안공항과 부산지방국토관리청이 공동으로 해서 운영을 하고 있습니다. 아까 말씀드린 대로 항공사가 정기편과 또 부정기편이, 여러 가지가 있다 보니까……

○**권향엽 위원** 잠깐만, 제가 회의운영규정에 대해서 여쭈었습니다. 정족수라든가 진행 절차, 방법은 어떻게 하는지 그런 규정들이 있느냐를 묻는 것이고요.

○**한국공항공사사장직무대행 이정기** 그런 내용은 별도로 규정하지 않고 있습니다.

○**권향엽 위원** 그리고 제주항공과 진에어는 1차 위원회 때는 무안지점장에게 공문이 갔는데 2차 위원회 때는 대표이사에게 공문을 보냈습니다. 무안지점 관계자도 참석을 않는데 본사로 공문을 왜 보냈습니까? 그리고 회의 전에, 사전에 참석 여부에 대한 확인도 안 합니까? 회의 운영 이렇게 형식적으로 해도 되는 겁니까? 저희가 회의 자료 같은 것 이렇게 보니까요 참석자 사인 같은 것 해서 보니까 회의가 제대로 운영된 것 같지 않아요.

들어가시고요.

국토부장관님, 조류충돌 예방과 관련해서 방금 직무대행께서도 말씀을 했는데 무안공항을 포함한 모든 공항이 지금 현재 이 조류충돌위원회 운영과 관련한 규정이 제대로 없는 것 같습니다. 새롭게 정비해야 되지 않을까요?

○**국토교통부장관 박상우** 운영규정을 새롭게 정비를 하고 위원회에 참석하지 않는 경우에 대한 벌칙이나 불이익도 의무화하는……

○**권향엽 위원** 반드시 필요하다고 봅니다.

○**국토교통부장관 박상우** 그런 개선을 하도록 하겠습니다.

○**권향엽 위원** 지금 조류 등 버드 스트라이크 문제가 굉장히 항공사고의 주요한 원인으로도 많이 언급되고 있고 이 위원회 자체는 조류충돌 예방 대책 수립하고 예방 대책이 제대로 잘 작동하고 있는지 적정성을 평가하는 것을 목적으로 하는 그런 데입니다. 그렇기 때문에 이 차에 제대로 해 주시기 바랍니다.

그리고 국토부장관님께 다시 이어서 여쭙겠습니다.

작년에 총 290건의 조류충돌이 있었습니다. 특히 작년 무안공항에서 6건의 조류충돌이 있었는데요. 이것은 운항 1만 회당 조류충돌 발생 건수로 계산하면 몇 건이나 되는지 아세요?

○**국토교통부장관 박상우** 상당히 많을 것으로……

○**권향엽 위원** PPT 한번 좀 보여 주세요.

무안공항의 1만 회당 조류충돌 건수가 2022년에는 14.35건, 23년에는 10.25건, 작년에는 무려 22.23건이었습니다. 2022년과 2024년은 무안공항이 국내 공항 중 가장 높은 수치를 기록했고 이것은 인천공항의 한 10배 정도, 그야말로 압도적인 수치입니다.

그런데 무안공항 조류충돌예방위원회가 작년 12월 19일 날 개최가 되었는데요. 저희가 제출받은 당시 회의 결과 문건을 보니까 이렇게 명시가 되어 있습니다. 복행 시 해변 쪽으로 조류 출몰이 종종 발생하는데 어느 정도까지 조류 퇴치가 가능한가라는 질문이 있어요. 그런데 한국공항공사는 최대한 노력하지만 인력과 차량이 부족하고 원거리까지 확성기 소리가 미치지 못하는 한계가 있다는 형식적인 답변을 해 왔습니다.

이것과 관련해서 특별한 조치를 취한 것이 있는지 직무대행님 답변해 주시기 바랍니다.

○**한국공항공사사장직무대행 이정기** 한국공항공사 사장 직무대행 이정기입니다.

위원님께서 말씀하신 내용은 실질적으로 2024년 12월 19일 날 조류퇴치예방위원회에서 말씀하신 내용입니다. 그래서 훈련기관에서 복행 시 해변 쪽에서 조류충돌이 있다는 문제 제기는 했었습니다. 그런데 그 SAC는 남부공항 서비스의 조류퇴치 위원이 현장에 직접 갔었습니다. 실질적으로 거기에 보면 공항공사는 나름대로…… 공항 울타리 내에서 주로 할 수 있고 거기에 해변 쪽에는 7㎞, 10㎞의 상당히 먼 거리가 있기 때문에 현실적으로 공항공사에서는 할 수 있는 게 한계가 있다 이런 측면에서 말씀드린 걸로 알고 있습니다.

○**권향엽 위원** 장관님, 오후에 보충질의에서 추가로 더 하겠습니다만……

　　　(발언시간 초과로 마이크 중단)

⋯⋯⋯⋯⋯⋯⋯⋯⋯⋯⋯⋯⋯⋯⋯⋯⋯⋯⋯⋯⋯⋯⋯⋯⋯⋯⋯⋯⋯⋯⋯⋯⋯⋯⋯⋯⋯⋯

　　　(마이크 중단 이후 계속 발언한 부분)

이 조류충돌 발생 통계와 또 대단히 위험이 예상이 되는데 여기에 대한 특별한 조치가 취해지지 못하고 있는 이런 부분에 대해서 전면적으로 관심 갖고 이번에 대책 마련이 필요하리라고 봅니다.

○**국토교통부장관 박상우** 예, 그렇게 하겠습니다.

○**권향엽 위원** 추가적인 질문은 다시 하겠습니다.

⋯⋯⋯⋯⋯⋯⋯⋯⋯⋯⋯⋯⋯⋯⋯⋯⋯⋯⋯⋯⋯⋯⋯⋯⋯⋯⋯⋯⋯⋯⋯⋯⋯⋯⋯⋯⋯⋯

○**위원장 권영진** 권향엽 위원님 수고 많으셨습니다.

다음은 문금주 위원님 질의해 주시기 바랍니다.

○**문금주 위원** 전라남도 고흥·보성·장흥·강진 지역구 문금주 위원입니다.

무엇보다 먼저 이번 제주항공 여객기 참사로 희생되신 분들의 명복을 빌고 또 깊은 슬픔 속에 빠져 있는 유가족분들에게 위로의 말씀을 드립니다.

이번 특위에 참여하면서 무거운 책임감을 느끼고 있고요. 유가족뿐만 아니라 우리 국민 전체가 의혹을 느끼고 있는 사고의 원인에 대해서 한 치의 의혹이 남지 않도록 원인과 진상을 명확히 규명할 수 있도록 최선의 노력을 다하겠습니다.

그러기 위해서는 우리 정부 측에서 아까 존경하는 동료 위원님들이 말씀 주신 자료들을 제때 제출해 주시면 좋겠다는 말씀을 드립니다.

사진 하나 보겠습니다.

(영상자료를 보며)

조류충돌은 항공기에 매우 큰 위험을 주기 때문에 많은 공항에서 각별한 주의를 기울이고 있습니다. 특히 무안공항과 같은 철새 도래지 인근 공항은 더 세심하고 정밀하게 조류충돌 위험관리계획과 대책을 수립해야 되는데요. 하지만 철새 도래지에 인접한 무안공항이 세운 위험관리계획과 대책 내용을 본 위원이 살펴보면서 너무 부실하고 안일한 대책이지 않느냐. 따라서 이번 참사의 직접적 원인 중의 하나가 되었을 것이라는 생각에 굉장히 안타깝다는 말씀을 드립니다.

철새 도래지 인근의 공항 운영에 걸맞지 않은 부실한 조류충돌 위험관리와 예방 대책에 기인한 이번 사고는 명백한 인재라는 말씀을 드리고 그나마 다행스럽게 오늘 국토부 업무보고에 그러한 내용들이, 개선 대책들이 일부라도 반영이 돼 있어서 다행이라는 말씀을 먼저 드리고 질의를 하도록 하겠습니다.

한국공항공사 사장 직무대행님!

○**한국공항공사사장직무대행 이정기** 예.

○**문금주 위원** 한국공항공사는 항공기 안전 운행의 잠재적 위험요소인 조류 분류, 환경 관리 및 현장 개선, 조류 분산 등 야생동물 위험관리 업무의 체계 정립을 통해 이착륙 항공기의 충돌사고 위험을 최소화하기 위해서 매년 각 공항별 조류충돌 위험관리계획과 예방 대책을 수립하고 있는데요. 조류 등 야생동물 충돌위험 감소에 관한 기준, 국토부 고시에 따라서 다음과 같은 위험관리계획을 수립하고 있는 거지요?

○**한국공항공사사장직무대행 이정기** 예, 그렇습니다.

○**문금주 위원** 매년 수립하는 거지요?

○**한국공항공사사장직무대행 이정기** 매년 1월 수립을 하고 있습니다.

○**문금주 위원** 따라서 여기 내용을 보시면 무안공항의 조류충돌 위험관리가 상당히 위험성이 높다랄지 이런 부분들, 세부 내용 알고 계시겠지요?

○**한국공항공사사장직무대행 이정기** 예, 그렇습니다.

○**문금주 위원** 여기에 보면, 다음 화면 보시면 2페이지, 3페이지에 무안공항 조류생태 및 공항 환경에 대해서 나와 있고요. 공항 내외곽에 각종 철새들, 서식하는 조류들을 명시를 해 놓고 또 출현 조수별 이동 경향 및 습성까지도 분석이 된 내용들이 이렇게 보고서에 적시가 되어 있습니다.

다음 화면을 보시면 4페이지인데요 23년 개체수, 포획, 충돌 예방 실적이 나타났는데 여기에 보면 흰뺨검둥오리 같은 경우는 주로 겨울철에 많이 발생이 되는, 무안공항 주변에 발생이 되는 조류로 이렇게 또 분석까지 해 놓고 계십니다.

다음 페이지 보시면 또한 출현 조수별 이동 경향 및 습성 자료에도 오리를 포함한 다양한 조류 등이 공항을 가로질러 이동하고 있음을 사전에 파악하고 있기 때문에 조류충돌 위험성이 높다는 것을 이미 인지하고 계신다고 봐도 되겠지요?

○**한국공항공사사장직무대행 이정기** 예.

○**문금주 위원** 동일 보고서 9페이지 보면 23년도 주요 추진활동 평가 해서 개선할 점이라고 해 가지고 운항 증가에 따른 조류충돌 발생 건수도 함께 증가하고 있는 추세로 충돌 예방을 위한 본연적 퇴치활동 노력을 필요로 한다라는 내용이 또 돼 있습니다. 알고 계시지요?

○**한국공항공사사장직무대행 이정기** 예.

○**문금주 위원** 이를 토대로 공항은 24년도 조류충돌 예방 대책으로 인원 운영계획과 시간대별 탄력적 인력 운영 강화 계획을 제시를 하고 있어요.

그런데 여기를 보면 약간의 형식적인 내용으로 대책을 수립했다라는 내용을 알 수가 있는데 인력 배치에 있어서 봐 보십시오. 책임자 정·부가, 정도 실무 경력 2년이고 부는 실무 경력이 아예 없고 교육 수료도 안 한…… 최소한 정 책임자 같은 경우는 나름 베테랑이 좀 있었으면 좋았을 테고 부 같은 경우가 지금 현재 정 책임자로 돼 있는 분이 부가 되면 더 나았을 건데 이런 전문성이 떨어지는 인력들이, 제대로 된 인원 관리계획과 대책을 수행하고 있느냐라는 부분에 대해서는 의구심을 갖게 됩니다.

그리고 관리감독자들의 근무시간도 봐 보시면 9시부터 18시까지인데요. 이 시간 이후에는 관리감독할 인원이 없어서 안전 공백이 발생한다는 내용이 될 수가 있고요. 또 시간대별 탄력운영 예방 대책에 있어서도 일출 후부터 9시까지 집중 근무시간으로 지정해 놓고는 예방 인력은 단 한 명만 이렇게 지정을 해 놓고 있습니다. 한 명으로 그 넓은 공항의 조류충돌 예방이 가능하겠습니까, 사장님?

○**한국공항공사사장직무대행 이정기** 위원님께서 지적하신 바와 같이 현행 규정상에는 적정하게 되어 있습니다.

○**문금주 위원** 알겠습니다. 잠깐만요.

더 큰 문제는 공항의 최근 5년간 시간대별 조류충돌 발생 현황을 7페이지에 적시를 하고 있는데 보시면 아시겠지만 77.7%가 밤 9시부터 아침 9시 사이에 발생했어요. 그런데 주간에는 두 명 인력 그리고 가장 많이 발생하는, 77.7%가 발생하는 야간에는 한 명만 배치를 하고 있는 거지요. 이게 오히려 차라리 거꾸로 돼 있어야 되는 게 정상이 아니겠습니까? 누가 봐도 비정상적인 대책 같아요.

그리고 또 예방용 총기 사용 안전관리도 보면 사용 탄약이 3.5발이고 거기에 인한 실적이 1년 총 합계가 9876마리 정도 돼 있는데 과연 1일 사용량 3 내지 4발로 이와 같은 실적이 나올 수 있을까라는 생각이 듭니다. 실적 보고가 제대로 돼 있는지 저는 의구심이 들고요. 예방 활동을 거의 안 했다라고……

(발언시간 초과로 마이크 중단)

………………………………………………………………………………

(마이크 중단 이후 계속 발언한 부분)
판단할 수밖에 없습니다. 그리고 공항 주변 출현 서식지의 관찰과 조류 관측, 감시도 주 1회만 실시를 하고 있어요. 너무 형식적이 아닌가 싶습니다.

그리고 또 존경하는 권향엽 위원님께서도 말씀을 주셨지만 조류충돌예방위원회가 구성이 돼 있으면서 이런 문제점에 대해서 한 번도 지적이 나오지를 않았어요. 이것도 위원회가 형식적으로 운영이 되면서 나타난 문제점이다라는 생각이 들고 또 관리감독을 해야 할 국토부, 지방항공청도 무안공항에 대한 운영 검사도 실시를 하고 했습니다만 조류충돌 예방활동에 대한 지적 또한 거의 없었어요. 너무 형식적이었다. 관리 감독도 제대로 이루어지지 않았다. 이와 같은 상황을 종합해서 봤을 때 이번 제주항공 여객기 참사는 무안공항의 부실한 조류충돌 연간의 계획과 엉터리 예방대책 수립 그리고 이를 관리 감독해야 할 공항공사의 무능함 그리고 국토부의 책임 방조, 이로 인한 명백한 인재다라고 저는 생각하고 있습니다. 여기에 대해서 공사 사장님이랄지 장관님 하실 말씀 있으면 해 주시기 바랍니다.

○**한국공항공사사장직무대행 이정기** 지금 위원님께서 지적하신 분야에 대해서는 현행 규정상은 여러 가지 규정 테두리 내에서 저희가 최대로 운영을 했습니다만 실질적으로 1명이 운영하는 것에 대해서는 좀 어려운 점이 있다고 생각을 합니다. 그래서 이번에 최소한 2명 이상으로 하는 거하고 그다음에 경보기, 폭음기, 서치라이트 등 다양한 분야를 추가적으로 하고 조류 퇴치 레이더도 다양한 분야로 해서 최대한 노력을 하도록 하겠습니다.

○**문금주 위원** 그런데 여기 대책에도 여러분들이 다 적시를 하고 있잖아요. 야간에 제일 많이 발생되는 그 시간대는 오히려 1명이 근무를 하게끔 하고 그런 부분들을 좀 실질적으로, 실효적으로 운영이 될 수 있도록 적극적으로 검토를 해 주시기 바랍니다.

○**한국공항공사사장직무대행 이정기** 예, 그렇게 하겠습니다.

· ·

○**위원장 권영진** 문금주 위원님 수고 많으셨습니다.

다음은 백선희 위원님.

백선희 위원님, 남은 시간은 5분입니다.

○**백선희 위원** 예, 알겠습니다.

국토부장관님!

○**국토교통부장관 박상우** 예.

○**백선희 위원** 질의에 앞서서 '국토부, 경찰, 소방, 보건, 항만, 전남도청, 광주시청 등 사고 수습을 위해 고생해 주신 모든 분들께 감사드립니다' 이 말 기억하시지요?

○**국토교통부장관 박상우** 예, 기억합니다.

○**백선희 위원** 여객기 참사 시신 수습과 수색이 종료되던 날 유가족께서 남기신 말입니다. 전례 없이 이런 말씀을 남기셨는데요. 물론 유가족분들께서도 큰 슬픔 속에서도 같이 협력하고 또 상호 간의 노력이 있었기 때문에 가능한 일입니다. 지금까지는 평가가 그래도 모범 사례가 되지 않았느냐라고 하는 말들이 있는 것 같습니다. 부디 이 조사가 마무리될 때까지 잘 진행하셔서 참사 대응에 대한 모범 사례를 좀 남기시기 바라겠습니다.

○**국토교통부장관 박상우** 예, 명심하겠습니다.

○**백선희 위원** 지금 박한신 대표님께서 여섯 가지 사항을 말씀을 해 주셨는데 그 첫 번째 사항이 무엇이었는지 기억을 하십니까?

○**국토교통부장관 박상우** 사고 원인을 철저히 규명해 달라는 내용이었고요.

○**백선희 위원** 그 원인을 철저히 규명해 달라고 말씀을 하시면서 지금 항공조사위원회가 있는데 여기에 유가족 추천 위원을 포함을 시켰으면 좋겠다라고 하는 요청이 있었던 걸로 알고 있습니다. 이에 대해서 장관님께서는 뭐라고 답변을 하셨는지요?

○**국토교통부장관 박상우** 항공사고 조사에 관한 철저한 조사를 하는 것은 유가족들이나 저희 정부 당국자 입장이나 다를 게 없습니다. 다를 게 없고 객관적이고 투명한 조사가 이루어져야 된다고 생각을 합니다. 다만 항공사고에 관해서는 우리나라의 대형 참사라고 할 수 있는 이태원 사고라든지 이런 거하고 다르게 이미 국제적으로 정해진 룰이 있습니다. 그래서 그 룰에 맞춰서 해야 되고요. 유가족들이 우려하시는 것처럼 투명한 정보가 유가족들이 받아 보고 검토할 수 있도록 하는 수단은 충분히 또 다른 방식으로 강구할 수 있지 않을까라고 생각을 합니다.

○**백선희 위원** 국제적인 룰이 있는데 관련된 우리 국내적인 룰도 있습니다. 지금 항공철도사고조사법이라고 하는 것이 있지요?

○**국토교통부장관 박상우** 예.

○**백선희 위원** 그리고 여기에는 그 위원회 구성과 위원회 자격 요건 그리고 위원회 결격 사유가 있습니다. 그래서 위원회 자격 요건을 보면 여러 가지가 있습니다마는 '전문가이다' 이렇게 표현을 할 수 있습니다. 지금 유가족이 요구하시는 것은 유가족이 직접 들어가겠다라고 하는 것이 아니고 유가족이 추천하는 그 법적 요건에 맞는 전문가로 추천을 할 테니 받아 달라라고 하는 요구입니다. 이것이 불가능한 이유가 무엇입니까?

○**국토교통부장관 박상우** 그러니까 이게 유가족이 직접 가거나 혹은 그 대리인으로 표현할 수 있는 분이 들어가는 것 자체가 국제 규정에 맞지 않는 것으로 지금 그렇게 생각을 합니다. 다만 그런 전문가들이 위원회가 조사한 내용을 객관적으로 검토할 수 있는 그런 장은 충분히 열어 드리고 또 그렇게 해야 의혹이 안 생겨날 것이기 때문에 그런 수단은 얼마든지 국회 특위 과정이나 혹은 특위가 아니면 별도로 행정부 차원에서 만들더라도 가능할 것으로 생각합니다.

○**백선희 위원** 지금 장관님께서 업무보고를 해 주신 것에서도 조사위원회에서 조사된 내용에 대해서는 유가족에게 사전에 알리겠다라고 하는 말씀도 하셨고 그 의견을 들어서 보고서를 최종 완료하겠다라고 하셨습니다. 그런데 이와 유사한 참사가 있습니다. 세월호진상규명법 관련된 법률이 만들어졌습니다. 그래서 이 법에 의하면 여기도 위원회를 구성해야 되고 위원회를 구성할 때 희생자가족대표회의에서 선출하는 3명, 그중에서 상임위원 1명을 포함한다라고 되어 있습니다. 그래서 이미 재난과 관련된 이런 사례가 있다라고 한다면 적극적으로 검토해 볼 만한 사항이 아닌가라고 생각을 하는데 장관님께서는 어떻게 생각을 하시는지요?

○**국토교통부장관 박상우** 좋은 참고가 될 것은 틀림이 없습니다마는 아까 제가 말씀드린 것처럼 세월호나 이태원 참사와 같은 거하고 항공사고하고는 조금 성격이 다릅니다. 다르고 이게 비행기 제작사 또 엔진 제작사 또 승객들이 갖고 있는, 태국, 이런 것들이 있기 때문에……

○**백선희 위원** 물론 사안이 다를 걸로 생각이 들고 아까 말씀드렸다시피……

○**국토교통부장관 박상우** 국제적인 룰에 맞게 조사하는 것이 유가족에게 가장 유리하다라고 저는 생각을 합니다.

○**백선희 위원** 저는 거기에 대해서 동의를 합니다.

○**국토교통부장관 박상우** 다만 유가족들이 의혹을 갖지 않도록 객관적인 검증을 받을 수 있는 장치는 얼마든지 우리가 만들 수 있지 않냐라고 생각합니다.

○**백선희 위원** 현재 상황에 대해서는 장관님께서 충분히 말씀을 하셨고 제가 말씀을 드리는 사항은 그럼에도 불구하고 검토할 수 있지 않느냐라고 하는 말씀입니다. 제가 모범적인 사례로 좀 남았으면 좋겠다라고 서두에 말씀을 드렸었고요. 그리고 제가 그렇게 생각한 가장 첫 번째 이유는 무안공항 현장에서 장관님께서 유가족을 위해서 노력하신다라고 하는 것을 제가 직접 목격을 했고 그리고 많은 분들이 그렇게 생각을 했습니다. 이번 사안에 대해서도 안 된다라고만 말씀을 하시지 마시고 이미 국내에 그런 사례가 있는 만큼, 그리고 이분들이 추천하시는 분이 법적 요건에 해당된다라고 하면 적극적으로 검토해 주시는 것이 좋지 않을까라고 생각이 듭니다. 그래서 제안을 드립니다.

두 번째는 가장 사고의 원인이라고 이야기를 하고 있는 둔덕의 문제입니다.

지난번…… 다음에 질의하겠습니다.

○**위원장 권영진** 보충질의 때 하시지요. 지금 하시면 시간이 많이 걸릴 것 같습니다.

백선희 위원님 수고 많으셨습니다.

다음은 손명수 위원님 질의하시겠습니다.

○**손명수 위원** 손명수입니다.

사조위 조사단장님 앞으로 와 주십시오.

PPT 좀 띄워 주세요.

(영상자료를 보며)

국토부에서 보고해 주신 자료에 있는 이 화면인데요. 제가 좀 상식적으로, 저도 항공 분야에 꽤 근무를 했는데 전문가는 아닙니다마는 조종사는 아닌데 제가 상식적으로 좀 납득이 안 되는 부분이 있어서 좀 질문을 드리려고 합니다.

오늘 국토부에서 보고한 것처럼 08시 57분 50초에 관제탑에서 조류 활동 주의 정보를 발부를 했고 그리고 08시 58분 56초, 약 1분 후에 메이데이를 선언했어요. 그리고 09시 02분 57초에 방위각 시설하고 충돌을 했습니다. 그런데 메이데이 선언부터 방위각 충돌 시까지 약 4분간 CVR과 FDR 모두 기록이 되어 있지 않고요. 그러면 합리적으로 생각했을 때 메이데이 선언 당시에 이미 버드스트라이크가 있었다 이렇게 추정이 되잖아요. 그렇지요?

○**항공·철도사고조사위원회조사단장 이승열** 이거는 지난번에 예비 보고서에 포함시킨 내용입니다. 그래서 순서를……

○**손명수 위원** 아직 자세하게 설명을…… 그런데 제가 질문은 뭐냐 하면 아까 존경하는 문금주 위원께서 여러 통계도 보여 주셨는데 버드스트라이크가 사실 아주 자주는 아니지만 꽤 빈번하게 일어나잖아요?

○**항공·철도사고조사위원회조사단장 이승열** 예, 맞습니다.

○**손명수 위원** 그런데 버드스트라이크가 일어났다고 엔진이 바로 이렇게 셧다운되는, 그것도 거의 동시에 2개의 엔진이 다 셧다운된 그런 사례가 있습니까?

○**항공·철도사고조사위원회조사단장 이승열** 저희가 지금 보고 있는 게 추정으로 봐 가지고는 개념적으로 보면 엔진 2개가 셧다운됐다고 가정할 수도 있으나 지금 아직 그 단계에서는 저희가 엔진 분해 검사를 하지 않은 상태이기 때문에 추정……

○**손명수 위원** 그런데 이제 왜 그렇게 말씀드리냐 하면 엔진이 2개가 다 셧다운됐기 때문에 FDR 기록이 없다 이렇게 말씀을 하셨잖아요.

○**항공·철도사고조사위원회조사단장 이승열** 엔진이 셧다운됐다고 해서 기록이 스톱됐다고 보고서에는 들어가지는 않았습니다.

○**손명수 위원** 그렇게 다 지금까지 발표를 했는데……

○**항공·철도사고조사위원회조사단장 이승열** 아니, 발표는 그렇게는 안 돼 있고요. 엔진이 스톱된 내용에는 저희가 기록은 하지 않았습니다. 그런데 추정으로 봤을 때는 그럴 확률이 많이 있지만……

○**손명수 위원** 아니, 이 부분은 나중에 국토부에서 확인을 해 주십시오. 지금까지는 그렇게 발표를 했어요. 2개의 엔진이 다 다운이 돼서 전원이 끊겼기 때문에……

○**항공·철도사고조사위원회조사단장 이승열** 그거는 제가 조사단장으로서 엔진이 셧다운됐다고 저희가 발표한 적은 없습니다.

○**손명수 위원** 이 부분은 나중에 그러면 국토부장관님께 제가 다시 한번 확인을 하겠습니다. 이따 장관님도 확인 좀 해 주시고요.

만약에 엔진이 셧다운이 됐다고 가정하면 1차 착륙 시도 당시에 이미 활주로에 접근하기 한 2㎞ 전부터 이게 기록이 끊겼는데 그러면 만약에 그때 엔진이 셧다운됐다고 그러면 복행을 하려면 출력을 다시 확 올려야 되잖아요?

○**항공·철도사고조사위원회조사단장 이승열** 예.

○**손명수 위원** 엔진이 셧다운된 상태에서 그게 가능한가요?

○**항공·철도사고조사위원회조사단장 이승열** 그 분야에 대해서는 지금 사실 대개 이 부분이 가장 궁금해하는 중요한 요소이기는 합니다. 그래서 저희가 비행기록장치 CVR도 같이 검토를 하고 있는데 이 부분에 대해서 정확하게 제가 관련돼 가지고 조사하는 추정된 내용을 지금 설명하기는 좀 그럴 것 같습니다.

○**손명수 위원** 추정을 해 주시지 마시고 이 부분이 굉장히 궁금하거든요. 그리고 이 부분이 앞으로 사고 원인 조사의 핵심이 될 것 같은데……

○**항공·철도사고조사위원회조사단장 이승열** 저도 그렇게 생각하고 있습니다.

○**손명수 위원** 그 부분이 공개 조사가 돼서 어느 정도 결과가 나오면 즉시 좀, 유가족들도 굉장히 궁금해하시고 저희 특위 위원들도 다 궁금한 부분이기 때문에 그 부분은 조사가 진행된 다음에 결과가 나오는 즉시 말씀을 해 주시기 바랍니다.

○**항공·철도사고조사위원회조사단장 이승열** 예, 진행 과정에 대해서……

○**손명수 위원** 이 부분이 매우 궁금합니다. 들어가셔도 좋습니다.

장관님, 지금 말씀 들으셨는데 지금까지 발표한 내용하고 좀 다른 말씀을 조사단장님께서 말씀 주셨는데 지금까지는 계속 2개 엔진이 다 셧다운돼서 기록장치가 4분간 없어졌다 이렇게 했었거든요. 그런데 지금 다른 말씀을 하시네요.

○**국토교통부장관 박상우** 저희 부가 보도자료 냈거나 발표한 내용들을 지금 급하게 스크린을 했는데 국토부가 2개 엔진이 셧다운됐다라고 언급한 적은 없다라고 지금 직원들이 그렇게 보고해 왔습니다.

○**손명수 위원** 그래요?

○**국토교통부장관 박상우** 그런데 다시 한번 확인을 해 보고, 이게 국토부가 보고 자료에 내지 않은 내용을 아마……

○**손명수 위원** 그렇습니까?

○**국토교통부장관 박상우** 언론에서 기사화하면서 추론으로 들어갔을 수가 있는데 저희가 낸 보도자료를 다시 한번 제가 꼼꼼히 확인을 해 보도록 하겠습니다.

○**손명수 위원** 알겠습니다. 저도 다시 한번 확인해 보겠습니다. 이 부분 매우 중요한 내용일 것 같아서요 다시 한번 확인하겠습니다.

　장관님, 지금 무안공항은 폐쇄된 상태지요?

○**국토교통부장관 박상우** 예, 현재 로컬라이저를 다시 제대로 해야 제대로 된 공항이 되기 때문에…… 로컬라이저가 정밀 대기 비행을 위한 장비입니다.

○**손명수 위원** 그렇지요.

○**국토교통부장관 박상우** 안 그러면 육안으로 비행을 해야 되는데……

○**손명수 위원** 맞습니다.

○**국토교통부장관 박상우** 육안 비행이 사실은 썩 권장할 만한 내용이 아니라서 로컬라이저를 다 완벽하게 복원하는 데까지 시간이 상당히 소요되기 때문에……

○**손명수 위원** 그러면 지금 현재 무안공항에는 비행기가 있습니까? 없습니까?

○**국토교통부장관 박상우** 현재는 훈련기하고 진에어, 그때 먼저 들어가 있던 진에어가 지금 아마 아직도 있는 것 같습니다.

○**손명수 위원** 제가 지금 파악하기로는 사고 당시에 해경 항공기 그리고 훈련 대학, 초당대·경운대·교통대 이런 훈련 비행기들이 있었거든요. 그다음에 진에어 1대가 있었는데 지금 해경 항공기하고 3개 대학 항공기는 1월 12일, 21일에 다 나갔어요. 그런데 진에어만 남아 있어요. 진에어만 남아 있을 이유가 있나요?

○**국토교통부장관 박상우** 아마 비행 안전에 관계되는 요소 때문에…… 아마 제주항공 착륙 사고 십여 분 전에 착륙을 진행했다고 합니다.

○**손명수 위원** 맞아요.

○**국토교통부장관 박상우** 혹시 관련되는 조사나 이런 게 필요한 것 같아서 아마 항공청에서 이륙 허가를 안 내 주고 있는 것 같습니다마는 다시 한번 필요성을 따져 보도록 하겠습니다.

○**손명수 위원** 이 진에어 항공기는 사고 바로 한 십여 분 전에 도착해서 오사카로 출발할 예정이었는데 지금 못 나가고 있어요. 그런데 아까 계기착륙시설은 랜딩 할 때 ILS, 랜딩 시스템입니다. 그래서 이게 이륙하는 데 전혀 관계가 없어요. 그래서 나갈 수 있고 그래서 다른 비행기도 다 나갔고, 지금 이유 없이 이거를 잡아 놓으면 사실 항공사도 경제적 손실이 크고 그리고 이 항공기를 이용해야 하는 이용객들도 결과적으로 피해를 보는 거거든요. 이유 없이 잡아 놓을 필요는 없다고 보이는데 살펴서 가지고……

○**국토교통부장관 박상우** 예, 필요성을 엄밀하게 따져서 조치하도록 하겠습니다.

○**손명수 위원** 바로 좀 조치해 주시기 바랍니다.

　다른 부분은 보충질의 때 하겠습니다.

○**위원장 권영진** 손명수 위원님 수고 많으셨습니다.

　다음은 서천호 위원님 질의하시겠습니다.

○**서천호 위원** 공항공사 사장님, 로컬라이저 관련해서 지난 1월 1일 날 국토교통부에서도 로컬라이저는 관련 규정에 맞게 설치됐다. 이어서 공항공사에서도 기초에 대해서는 프랜저빌리티(frangibility)가 적용되는 사안이 아니다라고 답변했습니다. 그런데 제가 확인한

바에 의하면 자료가 충분히 제출이 안 돼서 단정적으로 말씀드리지는 못하지만 여러 가지 문제가 있는 것으로 보입니다.

10년 전인 2015년도에 무안공항 현장을 실사를 하고 국토부에서 용역한 보고서에 따르면 '로컬라이저까지 종단안전구역을 연장해야 된다. 부러지기 쉬운 재질로 설치해야 된다'는 내용이 담겨 있는 것이 확인이 됩니다.

(영상자료를 보며)

지금 용역보고서가 화면에 떠 있는데 이 용역보고서입니다. 이 용역보고서의 내용을 보면 한국공항공사, 부산지방항공청이 자문을 하고 참여했던 무안공항 활성화를 위한 공항시설 개선방안 연구에 따르면 명확하게 해석이 되고 있어요.

그리고 239페이지 한번 띄워 줄래요?

보면 '종단구역을 방위각제공시설까지도 연장하여야 한다'라고 되어 있습니다.

또한 국토부가 제시한 공항안전운영기준 제42조 4호에 따르면 허가된 물체에 대해서 지지하는 기초구조물이 지반보다 7.5㎝ 이상 높지 않아야 된다라고 규정이 되어 있어요. 지금 무안공항 로컬라이저 같은 경우에는 둔덕까지 약 4m가 넘습니다. 그러면 규정과도 상당히 이격이 있다.

특히 로컬라이저 받치는 지지대 재질에 대해서도 이 보고서에 적시가 돼 있습니다.

240페이지 한번 띄워 줄래요.

여기 보면 프랜지빌리티(frangibility)가 반드시 포함이 돼야 된다라고 돼 있어요. 실시설계용역에도 포함되어 있습니다. 두 차례 넘게 콘크리트 둔덕에 대한 개량 필요성이 제시가 돼 있어요.

이게 연구용역보고서로만 해당되는 것이 아니라 2020년 3월 공항공사 과업내용서 17페이지에 보면 '기초대 계기착륙시설 설계 시 프랜지빌리티를 고려하여 설계한다'라고 설계용역에 포함이 되어 있습니다.

그다음에 또 이어서 안세기술이 공항공사에 제출한 공사 시방서 106페이지에 보면 그런데 설계와 다르게 기초공사에 콘크리트 공사 작업이 들어가는 내용이 들어 있어요.

이 내용을 확인하기 위해서 자료를 요구했는데 자료가 제출이 안 됐습니다. 그래서 그 인과관계는 사고조사위원회에서 조사를 하겠지만 제가 주문하고 싶은 것은 이 의혹이 풀려야 되는 부분이 있고, 특히 아까 제가 서두에도 말씀을 드렸지만 관계자들께서 단정적으로 미리 문제가, 의혹이 제기된다고 해서 발언을 해서는 안 된다는 얘기입니다. 여러 의혹이 있고 여러 다른 자료들이 제시되고 있는 상황인데 책임자가 단정적으로 얘기해서는 또 다른 의혹을 낳는 꼴밖에 안 된다는 그런 주문을 합니다.

공사 사장님 나오셨습니까?

그런 부분을 다시 한번 주문을 드리고 관련 자료를 제출해 주십사 우선 말씀을 드립니다.

○한국공항공사사장직무대행 이정기 예.

○서천호 위원 제주항공 공항 관계자 나와 계시지요?

○㈜제주항공대표이사 김이배 제주항공 대표 나왔습니다.

○서천호 위원 자료를 확인해 보니까 사고 여객기 2024년도 일평균 가동률을 보니까……
이것 한번 띄워 줄래요?

표8 보면 제주항공 같은 경우는 14시간 이상을 가동한 것으로 돼 있습니다. 맞습니까?

○㈜제주항공대표이사 김이배 정확하게……

○서천호 위원 데이터를 정확히 모르실 것 같은데 14시간입니다.

그러면 타 항공사와 비교를 해 보면 약 2배 이상이 되는 경우도 많아요.

○㈜제주항공대표이사 김이배 위원님, 제가 시간은 기준이 항공사별로 조금 다른 것 같은 느낌이 들어서……

○서천호 위원 구체적인 부분은 제가 말씀을 다시 한번 하실 기회를 드리겠습니다.

사고 여객기의 경우에 이것 자료가 제출이 안 돼서 언론 보도를 제가 인용합니다.

사고 발생 전 48시간 동안 8개 공항을 열세 차례나 운항했다. 그러다 보니까 공항에 체류하는 시간이 보통 1시간 안팎이 채 되지 않는다. 산술적으로 따지는 거예요. 그래서 정비 시간이 매우 적었을 것으로 추정된다는 것이 언론 보도입니다.

그런데 국토부 고시에 따르면, 이게 지금 사고기입니다. 사고기 기종 같은 경우에는 이륙 정비 시간이—TR이라고 그러지요—최소 시간이 28분이고 비행 전후 점검 시간이 73분을 요구를 합니다. 그렇다면 이 정비 시간과 랜딩기어의 파손이나 작동이 정확히 되지 않은 부분, 이런 부분과 연관성이 있는 부분은 사고조사위에서 조사를 하겠지만 일반적으로 항공기 사고에서 볼 때 항공사의 경영 전략이 항공기 사고에 미친다는 연구 결과가 많이 있다는 것 알고 계시지요?

○㈜제주항공대표이사 김이배 경영 전략이 직접적으로 사고와 연관되는지는……

○서천호 위원 직접적인 부분이 아니고 그게 간접적이 됐든 또 다른 형태가 됐든 사고에 영향을 미친다는 부분이 연구 결과가 많이 있는 것으로 제가 알고 있는데 알고 계시지요?

○㈜제주항공대표이사 김이배 그것은 모르는 것 같습니다.

○서천호 위원 그러면 이 사고기 같은 경우에는 다른 항공사와 비교를 하다 보면 비행 스케줄 자체가 과도합니다. 이 부분에 대해서는 이 사고와 직접적인 연관성 부분은 없다손 치더라도 앞으로 항공기의 안전을 위해서도 심도 있게 검토가 필요할 것 같은데 검토해 주시기 바랍니다.

○㈜제주항공대표이사 김이배 예, 알겠습니다. 언론에도 보도가 됐습니다마는 운항 횟수나 비행시간에 대해서는 기준에 맞춰서 정비를 하고 있기 때문에 그 부분은 먼저 말씀을 드리겠습니다.

○서천호 위원 나머지 부분은 안 하겠습니다.

○위원장 권영진 서천호 위원님 수고 많으셨습니다.

다음은 위성곤 위원님 질의하시겠습니다.

○위성락 위원 제주 서귀포시의 위성곤 위원입니다.

우선 여객기 참사로 운명을 달리하신 희생자분들께 명복을 빌고요, 유가족 여러분들께 깊은 위로의 말씀을 드립니다.

(영상자료를 보며)

우선 간단한 것을 이호영 청장님께 질문을 좀 하겠습니다. 주문하겠습니다.

가짜뉴스 악성 댓글 관련해서 20명을 검거하고 38건을 지금 수사 중이라는 말씀을 들었습니다. 그런데 전담수사관을 118명을 편성을 하고 있는데요. 이 전담수사관 118명이 실제 모니터링을 전부 하고 있는 겁니까? 모니터링 요원을……

○**경찰청장직무대행 이호영** 그런 것은 아니고요. 각 지방청 단위로 해서 사이버수사대가 있는데요. 거기에서 수사하는 사람도 있고 모니터링하기도 하고 이렇게 같이 종합적으로 수사를 하는 겁니다.

○**위성락 위원** 엄정한 처벌이 필요하고요.

국토부장관님께 말씀을 좀 드리겠습니다.

경찰에서 편성하고 있지만 실질적으로 24시간 모니터링이 안 되고 있을 겁니다. 그래서 국토부에서 자체적으로 관련되어진 모니터링단을 구성을 해서 적발하고 그리고 그것을 경찰과 협조해서 이런 일이 없도록 조치를 취해 주시기 바랍니다.

○**국토교통부장관 박상우** 예, 그렇게 하겠습니다.

○**위성락 위원** 조규홍 보건복지부장관님께 말씀드리겠습니다.

미성년 유족과 관련되어서 보호가 필요하다라고 하고 있고 여러 어려움들이 있는 것 같습니다. 그래서 이분들에게 좀 특별하게 담당 실무자를 붙여서요 민원을 해결하는 데 도와주시겠습니까?

○**보건복지부장관 조규홍** 예, 그렇게 하도록 하겠습니다. 아마 미성년 후견인 선임과 관련된 말씀을 하시는 것 같은데 저희가 지자체하고 협의를 해서 차질 없이 이행하도록 하겠습니다.

○**위성락 위원** 고맙습니다.

다음, 사고위 누가 나오셨지요?

잠깐 나오시고요.

관제탑 교신 내역을 공개해 달라고 요청을 했는데 관련해서 '안 된다' 이렇게 하고 있는데 그 이유가 뭐지요?

○**항공·철도사고조사위원회조사단장 이승열** 그것 관련해 가지고 보고드리겠습니다.

지금 저희 항공 사고조사 법률 하고 ICAO 국제 기준에 따라서 공개해야 될 내용이 있고 내용 공개를 하지 말아야 될 상황이 있습니다. 그래서 저희가 항공 사고조사 법률에 공개를 금지할 수 있는 정보의 범위가 총 일곱 가지가 포함이 돼 있는데 그중에 네 번째가 조종실음성기록장치 및 녹취록 돼 있고 여섯 번째가……

○**위성락 위원** 알겠습니다.

○**항공·철도사고조사위원회조사단장 이승열** 이렇게 돼 있는데……

○**위성락 위원** 관련 규정을 잘못 적용하고 계신 거예요. 항공 조사 법률 제28조(정보의 공개금지)에 보면 국가의 안전보장 및 개인의 사생활 침해가 우려될 경우 그리고 장래의 정확한 사고조사에 영향을 줄 경우, 그래서 이것을 자의적으로 판단해서 하고 있지요. 공개를 하지 않을 수 있는데, 관련 규정을.

PPT 넘겨 주세요.

다음 보시면 이번에 공개된 게 '메이데이, 메이데이, 메이데이. 버드 스트라이크. 고잉어라운드'라고 하는 내용이 공개가 됐습니다. 특정 구간만 공개가 된 거지요. 그래서 이런 것들이 사고 원인을 속단하게 만드는, 다른 가능성을 배제하게 만드는 행위라고 저는 생각을 합니다. 어떻게 생각하십니까?

○**항공·철도사고조사위원회조사단장 이승열** 예, 맞습니다.

○**위성락 위원** 그렇지요. 그다음에 국토부에서 뭐라고 얘기를 하고 있냐면 활주로 반대편의 착륙, 관제사와 조종사가 상호 합의했다. 상호 합의 내용에 대해서 했는지 안 했는지 알 수가 없는 것 아닙니까? 실제 상호 합의라는 게 무엇인지, 그런 것들 때문에 이런, 선별적으로 이렇게 하고 있어서 불필요한 의혹과 음모론들이 만들어지고 있는 거지요.

그러면 미국은 어떻게 하고 있느냐? 미국 연방 규정에 따르면 사고 원인 규명을 위한 공익적 목적이 인정되어질 때는 필사본으로 공개를 하도록 하고 있습니다. 알고 계시지요?

○**항공·철도사고조사위원회조사단장 이승열** 예.

○**위성락 위원** 그리고 일본의 2024년 하네다 공항 충돌 사고에서 관제탑 교신 기록을 전부 다 공개했습니다. 알고 계시지요?

○**항공·철도사고조사위원회조사단장 이승열** 예.

○**위성락 위원** 우리 국민들께서는 '그렇다면 왜 공개하지 않지?' 이렇게 의문을 제기하고 있습니다. 그래서 저는 다시 한번 검토를 해 주시기 부탁을 드리겠습니다.

다른 얘기를 더 해야 돼서 계속하겠습니다.

항공사 정비인력 관련해서 말씀을, 이것은 누가……

○**국토교통부장관 박상우** 장관한테 질문하시면 됩니다.

○**위성락 위원** 정비인력 관련해서 말씀을 드리겠습니다.

문제가 생길 때마다 이것을 추가로 확보하겠다, 정비인력 전수조사하겠다, 실태조사하겠다, 개선하겠다 이렇게 하고 있는데 2024년 국내 항공사 정비인력을 보면 대형 항공사 2개사는 16.4명이 평균이고요. LCC는 10.8명밖에 되지 않습니다. 특히나 이번 사고 항공인 경우는 11.2명이고요. 한 대당 정비사가 11.2명밖에 되지 않습니다.

다음 넘겨 주시면, 그리고 운영과 관련되어서 제도를 개선했습니다, 원래 정비사를 12명을 두도록 하고 있는 규정을 정비 경력 2년 이상이면 전부 다 인정하는 방식으로.

그런데 관련 논문을 살펴보니까요, 미국의 경우는 최소 3년을, 그러니까 자격증을 따고서 실무 경력 3년이 넘어야 되는데 우리는 오히려 실제 1년 미만이라든가 1년 이상 2년 미만도 항공정비사 인력으로 추가로 있는 것으로 봐 주는 거예요. 보시면 1년 미만인 경우는 0.2명으로 쳐 주고요. 1년 이상 2년 미만이면 0.1명으로 쳐 주고 있습니다.

정비인력 LCC 업계가, 이번에 국토부에서 검토를 해서 원래 정부안이 이거였습니다. 6년 이상을 해야 되겠다라고 해서 발표를 하고 의견 수렴을 했더니 대형 항공사에서는 '3년 이상 해야 된다' 이렇게 얘기를 했고 LCC는 '2년 이상 해야 된다'라고……

(발언시간 초과로 마이크 중단)

．．

(마이크 중단 이후 계속 발언한 부분)
했고 현장 정비사들은 '무슨 소리냐? 8년 이상이어야 된다'. 그런데 국토부가 2년 이상으로 낮춰 버렸어요.

결국 항공안전에 대한 이런 안일한 인식이 이번 사고를 일으킨 원인 중의 하나이고 또한 그렇게 운영하고 있는 LCC들의 문제이다 저는 그렇게 생각합니다. 경영책임자들이 항공안전에 대해서 이런 식으로밖에 사고하지 않기 때문에 이런 사고가 난 게 아닌가라고 생각하는데 장관님과 제주항공 대표께서는 답변해 주시기 바랍니다.

○**국토교통부장관 박상우** 우선 위원님이 제시해 주신 기존 규정 개정 과정에서의 각계의 의견 수렴 결과와 그 반영 여부에 대해서는 제가 다시 한번 살펴보도록 하겠습니다. 어떤 기준으로 의견들을 수렴해서 어떻게 결론을 냈는지 하는 것은 다시 한번 면밀히 들여다보도록 하겠습니다.

그리고 현재 2년으로 되어 있는 부분에 대해서 지적하신 대로 앞으로 인증 기준을 상향으로 조정한다든지 혹은, 비행기마다 다 공통적인 게 있고 또 다른 게 있거든요. 그래서 그 특정 기종에 기종별 자격을 준다든지 하는 좀 더 세분화되고 상향된 기준을 만들어서 적용하도록 그렇게 의견 수렴을 해 나가도록 하겠습니다.

○**위성곤 위원** 제주항공 대표님.

○**㈜제주항공대표이사 김이배** 위원님, 2022년까지는 코로나 기간 때문에 안타깝게도 정비사들이 많이 그만뒀습니다. 타 업종으로, 그 당시에 휴직들을 많이 했고요. 고용유지 휴직 때문에 또 채용이 안 되는 부분도 있었습니다.

23년에 운항이 정상화되면서 저희가 채용을 계속 시도했고 약 4개월 동안은 12명을 못 맞추던, 채용기간 동안에 그런 사례가 있었습니다. 지금 국토부에서 그 기준을 강화하기 위해서 검토를 하고 있고요. 저희도 기준은 최소한의 요건이다 이렇게 이해를 하고 그것보다 훨씬 더 강화해서 숫자뿐만 아니고 품질 쪽도 강화하도록 그렇게 지속적으로 개선해 나가도록 하겠습니다.

○**위원장 권영진** 위성곤 위원님 수고 많으셨습니다.

다음은 전진숙 위원님 질의 시간입니다.

남은 시간은 5분입니다, 위원님.

○**전진숙 위원** 예. 광주 북구을 전진숙입니다.

보건복지부장관께 질문하겠습니다.

지난 1월 14일 보건복지위원회 회의에서 똑같은 질의를 했기 때문에 거기는 간략하게 생략을 하나 제가 오늘 또 똑같은 이야기를 하고 똑같은 답변을 주실 것 같아서 염려가 하나 된다는 말씀 먼저 드리겠습니다.

참사 발생 1개월이 지났습니다. 지금 40일 정도가 됐는데요. 재난경험자 전체 대상 파악이 어느 정도 됐습니까, 장관님?

○**보건복지부장관 조규홍** 심리치료 대상자는 저희가 국토부로부터 유가족 명단과……

○**전진숙 위원** 아니, 잠깐만요. 길게 말씀하실 것 없고요. 지금 전체의 재난경험자라고 하는, 피해자 유가족과 선이 닿는 가구가 몇 명 정도 되냐고 여쭤보는 거예요. 제가 1월 14일 파악했을 때는 102명이었습니다. 오늘 현재 이 시간에 추정하는 숫자도 정확하게 다시 102명으로 보고됐기 때문에 확인하는 겁니다.

○**보건복지부장관 조규홍** 제가 가지고 있는 걸로는 131가구에 192명 정도 되고요.

○**전진숙 위원** 그래요? 그러면 보고를 저희한테 제대로 안 하신 거네요.

○**보건복지부장관 조규홍** 예.

○**전진숙 위원** 여전히 전체 대상을 하는 데 있어서 많은 어려움을 가지고 있고 맞춤형 안내와 프로그램도 제대로 되고 있는가 하는 생각이 듭니다.

제가 오늘 이 회의에 오기 전에 아침에 국가트라우마센터에 들어가서 심리치료를 받아

봤어요. 그런데 제주 항공기와 관련된 항목 딱 하나 말고 나머지가 다른 트라우마하고 경험하는 정도에 있어서 차이를 어떻게 했는지는 전혀 저는 비교할 수가 없어서 이게 얼마만큼, 그냥 정형화된 틀로 다가가고 있지는 않은가라고 하는 하나의 우려를 하고 있습니다. 그래서 그 부분에 대해서 다시 한번 신경을 좀 써 주셨으면 좋겠고요.

○보건복지부장관 조규홍 예, 보완하도록 하겠습니다.

○전진숙 위원 유가족에 대해서도 계속 더 확충하는 문제, 연락선을 다질 수 있는, 확충하는 문제에 더 관심을 가져 주시기 바랍니다..

지금 긴급돌봄, 통합돌봄 서비스를 제공하고 있지요?

○보건복지부장관 조규홍 예, 그렇습니다.

○전진숙 위원 누가 하고 있습니까? 제공 인력이 누구입니까? 어떤 분들이세요?

○보건복지부장관 조규홍 그거는 각 지역에 사회서비스원이 있으면 사회서비스원 인력을 활용하고요. 없는 경우에는 각 지자체……

○전진숙 위원 구체적으로 사회서비스원에 들어가는 분들은 어떤 분들이세요? 제가 알기로는 사회서비스원에 물론 가사, 뭐 이런 여러 가지로 들어가기는 하는데 요양보호사들이 지금 많이 들어가고 계시더라고요. 그렇지요?

○보건복지부장관 조규홍 예.

○전진숙 위원 혹시 몇 분이나 이런 서비스를 받고 있는지 알고 계십니까?

○보건복지부장관 조규홍 제가 그 자료는……

○전진숙 위원 없으실 것 같습니다.

요양보호사가 들어가서 청소도 하고 집안일도 돕고 가사노동도 하고 이렇게 있는데 혹시 이 요양보호사들에게 파견 전에 이번 사건과 관련해서 참사와 관련한 분들에게 들어갔을 때 어떻게 어떤 주의를 하셔야 되는지 사전 교육을 하셨나요?

○보건복지부장관 조규홍 그것은 트라우마센터하고 사회서비스원이 협력을 해 가지고 하는 걸로 알고 있는데 제가 구체적인 사항……

○전진숙 위원 그건 전혀 되지 않았습니다. 그래서 재난 당했던, 물론 명칭을 유가족이라고 하기도 하고 재난피해자라고 하기도 하고 재난경험자라고도 하는데 저는 재난경험자라고 하는 표현을 쓰겠습니다.

이 재난경험자들에 대해서 서비스가 들어가고 있는데 사전에 이분들에게 어떤 걸 주의해야 될지에 대해서 통합 매뉴얼에 있는 것, 말을 걸지 말라는 것 이외의 어떤 교육도 되고 있지 않는 상황이고 실제로 이분들이 들어가서 서비스를 하는 과정에 상대적으로 다시 3차 가해처럼 이렇게 당하는 경우도 있어요. 그래서 심리적으로 굉장히 어려운 상황입니다. 이런 부분에 있어서 특별한 교육, 특별한 관리, 사전 교육과 다녀오셔서 또다시 이분들에 대한 상황을 체크해야 되는 이런 시스템이 갖춰져야 될 것 같습니다, 장관님.

○보건복지부장관 조규홍 예, 사전 교육과 사후 트라우마 관리에 더 신경을 쓰고 체계를 만들겠습니다.

○전진숙 위원 예, 좋습니다.

그러면서 담당 공무원을 지금 배치하셨다고 이야기하시는데요. 이분들에게 오히려 그 가족들이 지금 현재 어떤 상태인지를 보고할 수 있는, 알 수 있는 기회들을 가질 수 있다고 생각하기 때문에 철저한 시스템을 갖췄으면 좋겠다 생각을 하고요.

또 하나 질문하겠습니다.

재난 대응 심리지원 수행 인력과 시스템의 자료화면 봐 주시기 바랍니다.

(영상자료를 보며)

한번 그냥 보시고요. 그다음 화면 띄워 주시기 바랍니다.

전문지식과 임상경험이 충분하지 않은 정신건강 비전문 요원들이 지금 정신건강복지센터에 배치가 되어 있습니다. 이분들이 실제로 재난 대응과 관련한 심리지원은 수행할 수 없다고 하는 것은 장관님도 잘 알고 계실 거고, 이거에 대해서 대책을 좀 세워 달라고 이야기를 하고 있는데 구체적으로 어떤 대책을 지금 가지고 계십니까?

○보건복지부장관 조규홍 그때 상임위에서도 위원님께서 지적을 하셨는데, 일단 단기적으로는 이분들의 수준을 높이기는 어렵기 때문에 전문가 가용, 학회 등과 해서 가용인력 581명을 확보했습니다. 그래서 그분들을 최대한 활용하려고 하고요. 그다음에 또 중장기적으로도 전문인력 채용을 확대하고 또 비전문 요원에 대한 교육을 강화하도록 하겠습니다.

(발언시간 초과로 마이크 중단)

··

(마이크 중단 이후 계속 발언한 부분)

○전진숙 위원 방금 말씀하셨던 가용인력에 대한 예산이나 이런 부분들은 다 준비가 돼서 투입 가능한 겁니까?

○보건복지부장관 조규홍 지금 현재 저희가 가지고 있는 예산을 우선 먼저 활용을 하고 그다음에 추가 재원 확보를 위해서 재정 당국과 협의할 예정입니다.

○전진숙 위원 그 부분 방금 말씀하셨던, 그러니까 민간 영역에 계시는 실제로 정신 관련해서 상담하실 수 있는 부분들의 인력을 효율적으로 활용하는 것은 굉장히 중요한 문제이고, 구체적으로 어떤 방식으로 어떻게 활용하고 있는지에 대해서는 별도 보고해 주시기 바랍니다.

○보건복지부장관 조규홍 예, 그렇게 하도록 하겠습니다.

○전진숙 위원 이후 문제는 보충질의에서 다시 하겠습니다.

··

○위원장 권영진 전진숙 위원님 수고 많으셨습니다.

위원님들께 한 가지 양해말씀 올리겠습니다.

지금 주질의를 안 하신 위원님들이 네 분이십니다. 시간이 12시 반이 넘었습니다마는 네 분 주질의를 마치고 정회를 하도록 하겠습니다. 양당 간사와 그렇게 협의를 했다는 말씀을 드리고요. 아마 1시 언저리 정도에 마칠 것 같다는 말씀을 드립니다.

그리고 한 가지 더 양해말씀 드리겠습니다.

지금 행정안전부장관직무대행이 다음 일정 관계로 이석을 해야 한다고 합니다. 위원님들 괜찮으시다면 행안부장관직무대행은 이석하도록 하고 재난안전관리본부장이 대행하도록 하겠습니다.

장관대행님 이석하셔도 좋겠습니다.

그러면 계속 질의를 이어 가도록 하겠습니다.

다음은 이성권 위원님 질의하시겠습니다.

○**이성권 위원** 오전 주질의를 할 수 있도록 기회를 주신 위원장님께 감사의 말씀을 드리고.

부산 사하갑 국회의원 이성권입니다.

제가 이 말이 맞는지 모르겠습니다만 항공기 사고는 이륙 후 5분 그리고 착륙 전 5분이 가장 위험하고 그때 예방하는 게 중요하다는 말을 그냥 일반인들이 대부분 생각을 하고 있는데 공교롭게도 이번 사고 역시 착륙 전 5분 안에 발생을 했습니다. 그리고 조류 충돌에 의한 사고가 시작이 된 것 같은 느낌입니다.

사망은 또 로컬라이즈라든지 사망 원인이 별도로 규명되어야 되겠지만 이런 면으로 봤을 때 우리 한반도가 철새 이동의 한가운데 놓여 있는 지형적인 특성을 가지고 있고 공항의 위치가 해안가고 또 강을 끼고 있기 때문에, 대부분의 공항들이 철새들의 서식지 주변에 위치하고 있기 때문에 결국은 착륙을 기준으로 봤을 때나 또 이륙을 기준으로 봤을 때 조류 충돌에 의한 사고가 발생할 것은 명약관화했지 않은가라는 생각이 듭니다. 그런 면에서 이번 참사를 동일한 것이 발생하지 않도록 예방하는 데 있어서 조류 충돌을 예방하는 조치들이 아주 중요하다고 저는 생각을 합니다. 그런 면에서 국토부가 내놓은 예방활동 개선방안 네 가지, 7페이지에 있지요. 이 내용에 대해서 상당히 공감을 하고 상당히 인정을 합니다. 그런데 하나씩 따져 보면 조금 더 디테일하게 생각해 주셨으면 하는 부분이 있습니다.

일단 먼저 조류 충돌 위험관리와 관련해서 인력 증원을 하겠다라고 얘기를 했습니다만 인적인 숫자의 증원도 중요하지만 시간대별로 탄력적인 운영이 필요하다는 말씀을 드립니다. 존경하는 문금주 위원님이 말씀한 내용하고 좀 비슷한데요.

(영상자료를 보며)

지금 무안공항에서 2019년부터 조류 충돌과 관련된 발생 사례를 보면 거의 대부분 오전 9시 이전에 발생했습니다. 55%가 오전 9시 이내에 발생했는데 이번 사고도 오전 9시 이내에 발생을 했습니다. 그런데 같은 표의 18시 이후부터 21시 이후라든지 이런 야간 기간까지 합치면 90% 이상의 조류 충돌이 무안공항에서 발생을 했습니다.

그 다음 표를 봐 주시면요.

지금 여기 나온 것처럼 인력 운영에 보면 주간에 2명, 야간에 1명으로 되어 있습니다. 보면 조류 충돌 사고와 인력 운영이 정반대의 양상으로 나타나고 있다는 점을 말씀드리고요.

그다음 표 한번 봐 주시지요.

인근에 있는 광주공항을 한번 봐 주시면, 광주공항 역시 2019년부터 23년까지를 보면 18시에서 21시 사이에 46%의 조류 충돌 사고가 발생을 했습니다. 그런데 그다음 페이지 한번 봐 주시지요.

계절별로, 인력 운영과 관련된 시간대별로 보면 집중 근무 시간대에 18시에서 21시, 사고가 가장 많았던, 조류 충돌이 많았던 시간대가 집중 관리 시간대에 포함되지 않습니다. 이런 문제는 대안으로서 국토부가 전담 인력을 충원하는 데 대해 100% 동의를 드리고요. 그러나 각각의 공항의 사정에 맞는 시간대별 운영계획을 고민해 달라는 말씀을 제가 추가로 좀 드리도록 하겠습니다. 그런데 이거는 하도 양이 많아서, 대구도 또 비슷한 사례입니다. 그래서 그건 설명드리지 않겠고요.

그다음 페이지 한번 넘어가겠습니다.

또 제안을 했던 게 장비와 관련해 가지고 부족한 점이 있는 데 대해서 지적을 하고 대안을 마련했습니다. 열화상 카메라를 구비한다든지 조류탐지 레이더를 구비한다든지 말씀을 주셨습니다. 저도 100% 동의를 하고요. 그런데 제가 제안을 드리고 싶은 거는 탐지 기능과 그리고 탐지도 종류별로 다른 게 각각을 구비해야 되고요. 퇴치하는 기능으로서 지금 제안하는 것을 보면 차량형 음파 발생기, 이렇게 따로따로 한 세 종류로 나눠지고 추가적으로 더 종류가 나눠질 건데 제가 자료를 조사하다 보니까 우리나라의 기업 중에서 LIG넥스원에서 조류 퇴치 로봇을 개발한 적이 있습니다. 혹시 장관님, 들어 보신 적 있습니까?

○**국토교통부장관 박상우** 아니요, 오늘 처음 듣습니다.

○**이성권 위원** 그런데 이거 한번 연구를 해 보시면 좋겠는데.

지금 사진에 보이는 장면입니다. 여기에는 탐지기능인 레이저 송출 장비 그다음에 주야간 컬러 카메라, 열영상 카메라, 음향 탐지 장비 등 네 가지 기능을 가지고 있는 탐지 기능을 가지고 있고요. 퇴치 기능으로서는 극지향성 음향 송출 장비까지 같이 구비되어 있습니다.

제가 이 말씀을 왜 드리는가 하면 지금 우리가 기존의 공항도 있지만 앞으로 가덕도신 공항이라든지 TK 공항이나 새만금이나 제주2공항이라든지 국내에 많은 공항이 들어설 겁니다. 그랬을 때 탐지와 퇴치가 일체화된 형태 그리고 이동이 가능하기 때문에 제가 보기에는 좋은 장점이 있어 보입니다. 이것을 국가 차원으로 한번 연구용역 혹은 시범사 업으로 추진해 보면 어떨까. 왜 그런가 하면……

그 다음 페이지 한번 넘겨 주시지요.

ICAO에서 나온 통계를 한번 봤습니다. 거기 보면 이거는 장관님도 잘 아시겠지만 2016년부터 2021년까지 5년간 전 세계 공항에서 발생한 버드 스트라이크가 27만 건이 됩니다. 그리고 옆에 수치로 되어 있는 건 미국에서 발생한 버드 스트라이크도 18만, 19만 정도 되는 걸로 알고 있어요. 그러니까 전 세계에 이 문제가 항공사를 괴롭히는, 공항을 괴롭히는 문제기 때문에 케이, 우리가 방산도 얘기하고 K-컬쳐도 얘기하지만 이 분야에 있어서 좀 선도적인 기술 개발을 이번 기회에 하면 어떨까라는 생각에서 한번 검토를 해 주시기를 부탁드리도록 하겠습니다.

장비 부분과 관련해서 제안을 드렸고요 그다음으로는 위원회 활동 관련해서 한번 보겠습니다.

쭉 넘겨 보시지요. 그다음 것, 제가 다른 건 다 빼 버리고요 위원회 활동으로 넘어가도록…… 위원회 가기 전에, 방금 자료 7번 그렇게 놔 주십시오.

조류와 관련해서도 분석이 상당히 많이 다른 것 같아요. 무안공항에서 보면 조류 충돌 종별로 보면 파악이 된 게 2022년에 멧비둘기 그리고 불명으로 파악된 게 5건이 있습니다. 여기까지만 내놓고요. 그다음 페이지 한번 넘어가 보시면 2020년부터 24년까지 무안 공항을 대상으로 한 조류충돌위험평가 결과를 내놨는데 여기서 쭉 조류의 종류들이 다 나와 있는데 이번 사고를 발생시킨 조류가 어떤 종류입니까?

○**국토교통부장관 박상우** 가창오리라고 들은 기억이 있는 것 같습니다.

○**이성권 위원** 가창오리지 않습니까? 이거 포함이 안 돼 있습니다. 그러면 결국은 뭔가

하면 공항 주변의 조류에 대한 분석에 있어서 사실은 현실에 부합하지 않는 결과가 있었다는 겁니다. 똑같은 게 오늘 자 국제신문 부산에도 나왔지만 김해공항에도 가창오리가 집단 서식되는 게 확인이 되었거든요. 그래서 이 부분을 분석하고……

　　　(발언시간 초과로 마이크 중단)

‥‥‥

　　　(마이크 중단 이후 계속 발언한 부분)
　제가 보충질의 안 할 테니까 1분만 좀 더……
○**위원장 권영진**　마무리하십시오. 제가 다른 분들한테 안 드렸기 때문에.
○**이성권 위원**　죄송합니다.
　그래서 제가 드리고 싶은 얘기는 지금까지 기존의 분석 방법으로는 공항과 철새와의 관계에 대해서 정확한 매칭이 안 이루어진 면들이 있기 때문에 차라리 어떤 기구, 센터 같은 것을 만들든지 아니면 연도별로 정기적인 용역을 통해 가지고 전문가들을 통해서 이걸 제대로 도출해야만 예방 활동이 제대로 될 것 같다는 생각이 들거든요. 이 점까지 좀 염두에 두셨으면 합니다. 혹시나 답변하실 내용 있으면 답변하십시오.
○**국토교통부장관 박상우**　위원님, 정말 좋은 지적들 많이 주셨는데요. 이런 정원하고 장비 보강하겠다는 기본 방침에 더해서 인원을 실질적으로 운용을 한다거나 또는 아까 문금주 위원님이 지적하셨나요? 실질적으로 횟수당, 그러니까 비행기 몇 대가 많이 오르는 인천공항 같은 데는 사람이 많이 가고, 비행기는 적게 오른다고 사람이 적게 가 있는데 사실 따져 보면 조류 출몰 빈도라든지 이런 것, 그 위협에 맞춰서 인력을 배치해야 되거든요. 마찬가지로 낮 시간, 밤 시간도 마찬가지고 그런데 이런 것들이 실질화되지 못하고 약간 형식적으로 운용됐다는 측면을 깊이 반성하고 있습니다. 그래서 앞으로는 단순 증원에 그치는 것이 아니고 인원 운용 같은 것들도 실질적으로 효과가 있도록 그렇게 하도록 하고, 아까 지적해 주신 장비의 문제는 한번 관심 가지고 들여다보도록 하겠습니다.

‥‥‥

○**위원장 권영진**　이성권 위원님 수고 많으셨습니다.
　다음은 정준호 위원님.
○**정준호 위원**　항조위 조사단장님 잠깐 나와 주시고요.
　PPT는 영문 매뉴얼하고 국문 매뉴얼 차이 있는 것부터 먼저 좀 띄워 주십시오.
　더불어민주당 광주 북구갑 정준호 위원입니다.
　PPT 먼저 좀 보겠습니다.
　　　(영상자료를 보며)
　예비조사보고서 영문판하고 국문판을 저희가 같이 살펴봤더니요 예비조사 영문판에는 버드스트라이크라 해서 우측 하단에 빨간색 부분의 항목이 존재를 하는데 국문판 보시면요 이 부분이 빠져 있습니다. 왜 그렇습니까? 왜 차이가 납니까?
○**항공·철도사고조사위원회조사단장 이승열**　어떤 부분, 제가 확인이……
○**정준호 위원**　앞장 다시 보시면요 영문판에는 버드스트라이크라 그래 가지고 '가창오리의 혈흔이 DNA 분석 결과 확인된다'라는 내용이 들어가 있는데 그다음 국문판 보시면 버드스트라이크와 관련된 내용이 아예 빠져 있습니다. 왜 차이가 있는 거지요? 잘 인지,

지금 정확하게 인지 못 하고 계신 건가요?

○**항공·철도사고조사위원회조사단장 이승열** 버드스트라이크 관련돼 있는 부분이……

○**정준호 위원** 국문판은 빠져 있습니다.

○**항공·철도사고조사위원회조사단장 이승열** 제가 다시 오늘 확인해 보겠습니다.

○**정준호 위원** 다시 확인해 보시겠습니까?

○**항공·철도사고조사위원회조사단장 이승열** 예, 알겠습니다.

○**정준호 위원** 알겠습니다.

다음으로 넘어가겠습니다.

보잉707 관련된 매뉴얼 제가 잠깐 보면요 오른쪽 아래 보면 조류 충돌이 일어났을 때 착륙을 계속 진행할 것을 권고한다, 새떼를 만나도 피하지 말고 뚫어라, 엔진 추력을 최대한 낮게 유지하라고 했는데 당시에 사고 항공기는 버드스트라이크 이후에 착륙을 성공하지 못하고 복행을 시도했고 이 매뉴얼과는 다소 다른 측면의 행동을 한 걸로 봅니다. 관련해서 특별히 밝혀진 사항이 있습니까?

○**항공·철도사고조사위원회조사단장 이승열** 그 사고기에서는 제가 CVR을 통해 가지고 나타난 일부의 내용은 있는데 여기서 공개하기는 좀 어렵겠습니다.

○**정준호 위원** 그렇습니까? 그러면 이렇게 좀 바꿔서 얘기하겠습니다.

랜딩기어 미작동에 대해서도 여러 가지 지금 얘기들이 나오고 있잖아요.

○**항공·철도사고조사위원회조사단장 이승열** 예.

○**정준호 위원** 그렇고, 그다음에 엔진이 양쪽 다 정지가 된 부분에 있어서도 지금 여러 가지 추측이 나오고 있고요. 그래서 여러 가지 객관적인 조사를 진행하실 테지만 이 부분과 관련해서 많은 유가족분들도 그렇고 혹시 기장이 조작 과정에서 착오로 다른 쪽 엔진을 정지시켰다든지, 랜딩기어를 작동이 된 걸로 착각을 했다든지 이런 의혹들도 제기가 되고 있기는 합니다.

제가 묻고 싶은 것은 내용은 공개하기 어렵겠지만 이런 기장 과실이라든지 관련된 내용을 항조위에서 어떤 방식으로 조사가 가능한지, 조사 자체가 가능한지를 한번 여쭤보고 싶습니다.

○**항공·철도사고조사위원회조사단장 이승열** 저희가 지금 데이터를 가지고 있는 게, 가장 메인으로 가지고 있는 게 CVR하고 FDR 데이터입니다. 그 데이터를 가지고—CVR 데이터는 음성이고 그다음에 FDR 데이터는 비행 기록에 관련돼 있는 사항인데—저희가 조사하는 방법에, 이런 모든 분야를 같이 조사하는데 여기에서 음성에 나와 있는 내용하고 그다음에 조종사가 FDR에 나와 있는 결과물 또는 비행 결과를 같이 종합을 해 가지고 보는데 지금 위원님께서 말씀하신 모든 그런 분야도 같이 분석을 하고 있고요. 그다음에 추가적으로 저희가 분석하는 와중에 FDR 데이터하고 CVR 데이터는 어쩌면 이것도 하나의 조사를 하는 데의 메인이지만 보조 자료가 될 수 있습니다. 그래서 거기에 관련돼 있는 엔진도 지금 분해 검사를 할 예정에 있고요. 그래서 분해 검사를 하면서, 분해 검사를 하면 그 안에 있는 블레이드가 어떻게 손상이 갔는지 부분도 같이 조사를 하면서 종합적으로 다 포함시킬 계획을 가지고 있습니다.

○**정준호 위원** 모든 가능성에 대해서 철저하게 조사를 좀 해 주시기 바랍니다.

○**항공·철도사고조사위원회조사단장 이승열** 예.

○**정준호 위원** 들어가시고요. 영문판과 국문판 차이 있었던 부분은 추가적으로 답변……

○**항공·철도사고조사위원회조사단장 이승열** 그것은 다시 한번 확인해 보겠습니다.

○**정준호 위원** 확인해서 서면으로 좀 제출해 주십시오.

○**항공·철도사고조사위원회조사단장 이승열** 예, 알겠습니다.

○**정준호 위원** 제주항공 사장님 잠깐 나와 주십시오.

제주항공 사고 여객기 운항 기록 PPT 잠깐 띄워 주시고요.

무안공항이 좀 특수한 게 있더라고요. 보니까 다른 공항 같은 경우에 있어서 여름 하절기 휴가철이 성수기인데 전남 지역 같은 경우는 농번기가 끝나서 10월 말부터 2월까지 농민들이 많이 해외여행을 가시는 것 같습니다. 그런데 이 기간 동안에 이 사고 여객기도 해당 기간에 사고가 났지만 혹사 의혹이 있어서 제가 말씀을 좀 드리겠습니다.

PPT 보시면 27일 날 무안에서 제주를 다녀와서 인천을 가서 베이징을 가고요 그다음에 다시 제주로 간 다음에 무안에 와서 코타키나발루로 또 갔습니다. 하루 동안에, 이렇게 많은 경유지가 있었고 그다음날 또 나가사키, 타이베이도 들러서 방콕에 갔다가 밤새워서 오는 과정에 이 참사가 일어났습니다.

비행기만 그런 게 아니고요. 조종사도 역시 피로가 누적돼 있는 사안입니다. 오른쪽에 보시면 한 달 동안에 비행 근무 시간이 79시간 정도로 이렇게 나와 있습니다. 많은 분들이 여쭤보실 건데 제주항공의 공식적인 입장을 듣고 싶습니다. 사고 여객기를 이렇게 빈번하게 운항을 하고 기장 피로도가 누적됐다라는 지적이 있는데 여기에 대해 정확하게 항공사 입장을 밝혀 주십시오.

○**㈜제주항공대표이사 김이배** 그 지적에 대해서 지금 반영해서 약 10% 정도의 1분기 운항 횟수를 줄여서 운영을 하고 있고요. 앞으로도 그 부분에 대해서는 항공기 운항의 시간과 운항 횟수, 사이클은 지속적으로 관리를 하도록 하겠습니다.

○**정준호 위원** 경영 판단상 보더라도 다소 과도한 측면이 있었다는 걸 인정하시는 건가요?

○**㈜제주항공대표이사 김이배** 대단히 조심스럽습니다마는 다른 항공사의, 이번에 보도된 자료도 봤습니다. 이것보다 통상적으로 어떻게 운항되는지 이런 부분은 제가 말씀드리는 것보다는……

○**정준호 위원** 그러면 저희가 보다 구체적인 자료 요구를 할 테니까 좀 협조해 주시고요. 일단 들어가 보십시오.

트라우마센터장님 잠깐 앞으로 나와 주시겠습니까? 행안부 직무대행님 없으셔 가지고.

○**보건복지부제1차관 이기일** 오후에 오기로 했습니다.

○**위원장 권영진** 오후에 오게 돼 있습니다.

○**정준호 위원** 센터장님도 오후에 오시는가요?

○**보건복지부제1차관 이기일** 오전에 진료가 있어 가지고……

○**정준호 위원** 그러신가요?

그러면 주질의는 일단 마치고요 보충질의 때 하겠습니다.

○**위원장 권영진** 보충질의 때 못다 한 부분들 쓰십시오. 그렇게 하십시오.

정준호 위원님 수고 많으셨습니다.

다음은 김은혜 간사님, 6분 남으셨습니다.

○**김은혜 위원** 감사합니다.

　장관님, 지난 여객기 참사 이후에 1월 10일까지 엔진, 랜딩기어 포함한 특별점검을 실시하셨지요?

○**국토교통부장관 박상우** 예.

○**김은혜 위원** 거기서 행정처분 조치가 내려진 건 몇 건 정도 됩니까?

○**국토교통부장관 박상우** 행정처분 대상으로 지금 적발된 것이 한 2건 정도 있는 것으로 알고 있습니다.

○**김은혜 위원** 결함 해소 절차를 미준수한다든지 이런 문제가 적발된 걸로 알고 있는데요. 그런데 이후에 2주일이 채 지나지 않아서 이상이 발견됐는데 베트남에서 출발해서 인천 도착 예정이던 제주항공 여객기가 엔진점검표시등에 경고등이 켜져서 운항이 취소됐습니다. 그리고 이 여객기는 동일 737-800 기종이면서 엔진은 CFM56-7B인데요. 이게 프랑스-미국 회사와 같이 합작한 엔진입니다. 그런데 유독 이 동종 엔진이 폭발사고가 잦았더라고요. 2018년에 엔진 폭발로 필라델피아공항에 불시착했던 미국의 사우스웨스트항공만 보더라도 8명의 사상자가 났는데 그때의 엔진도 이 동일한 CFM56-7B 엔진입니다.

　2022년 제주항공으로 넘어가 보겠습니다. 그때 간사이에서 인천으로 향하던 1381편이 있습니다. 그 제주항공 여객기가 더 의심이 가는 것이 당시에 상공 1500피트에서 다시 회항을 하면서 조종사가 조류 충돌을 보고합니다. 회항하고 나서 독일에 있는 수리처에 확인을 한 결과, 그러나 첫 보고와 달리 엔진 결함 즉 제작 단계에서의 엔진 결함으로 최종 결론이 났습니다. 블레이드 손상, 이어서 터빙 연쇄 손상에 의한 비행 중 엔진 정지, 셧다운인데요. 이 항공기 기종이 공교롭게도 이번 제주공항 여객기와 같은 737-800, CFM56-7B 엔진을 장착하고 있었습니다.

　장관님, 저는 엔진 결함도 이 사고 가능성에서 철저히 조사해야 된다고 봅다. 동의하십니까?

○**국토교통부장관 박상우** 예, 전적으로 동의합니다. 오전에 손명수 위원님 질의에 버드스트라이크가 있다고 엔진이 서는 게 정상적이냐 하는 질의를 주셨는데요. 합리적인 의심이라고 생각이 되고, 아마 사조위에서 철저하게 그걸 분석할 것으로 생각을 합니다.

○**김은혜 위원** 하나 더 여쭤보도록 하겠습니다.

　이번 제주항공 사고와 관련해서 제가 이 엔진 부품을 좀 조사해 보니까요 제주항공의 경우에는 가짜 엔진 부품을 진짜로 속인 즉 인증서가 위조된 부품을 장착했다는 사실이 국토부에 의해 적발된 적이 있습니다. 몇 건이 적발됐습니까?

○**국토교통부장관 박상우** 23년에 그런 사실이 있었던 것으로 제가 보고를 받았습니다.

○**김은혜 위원** 제가 파악하기에도 2건이 있었는데요. 모델명이, 엔진 모델명과 함께 엔진이 어떤 엔진인지 아십니까? 이번 사고가 났던 엔진과 동일한 CFM56입니다. 이 엔진은요 델타항공과 유럽항공안전청에서만 조작 사실 72건이 보고됐습니다. 부품이 위조됐고 또 정부 안전점검에도 엔진 이상이 발견되고 있는 이 엔진과 관련해서, 제가 사조위에 몇 분이 참석하고 있는지 보니까요. 엔진 전문가가 지금 몇명이 있지요, 장관님? 항공철도사고조사위에서 이번 제주항공을 분석하시는 분 중에 말이지요.

○**항공·철도사고조사위원회조사단장 이승열** 2명이 있습니다.

○**김은혜 위원** 예?

○**항공·철도사고조사위원회조사단장 이승열** 2명이 있습니다, 2명.

○**김은혜 위원** 안 들립니다.

○**국토교통부장관 박상우** 2명이 있다 그럽니다, 2명.

○**김은혜 위원** 여기에 혹시 CFM 인터내셔널 즉 엔진 제조업체 전문가가 들어가 있습니까?

○**국토교통부장관 박상우** 단장님 답변 좀 해 주시겠습니까?

○**위원장 권영진** 단장님께서 나오셔서 답변을······

○**김은혜 위원** 단장님 답변해 주시지요.

○**항공·철도사고조사위원회조사단장 이승열** 저희에 정비조사관님 지금 현재 두 분이 계신데 두 분 중에 이게 꼭 특정 엔진을 가지고 조사를 하고 있는 조사관님이 따로 없습니다. 거의 조사관 자체가, 저희가 인원이 부족하다 보니까 전반적인 엔진 통째로 해서 다 분야로 해 가지고 조사를 하고 있는 거지 특정한 엔진을 가지고 조사하는 조사관은 따로 없습니다.

○**김은혜 위원** 179분이 돌아가셨습니다. 그리고 엔진 결함, 셧다운이라는 문제 제기가 진행되는 상황에서 엔진 제조사 조사가 배제되는 게 문제가 있다는 우려가 있습니다. 엔진 제조사의 참여가 필요하다는 생각은 안 해 보셨나요, 단장님?

○**항공·철도사고조사위원회조사단장 이승열** 그것에 대해서 설명을 해 드리겠습니다.

지금 현재 엔진 제작사가 CFM 엔진으로서 GE하고 그다음에 프랑스의 사프란하고 합작 엔진입니다. 그래서 저희가 일차적으로 GE 제작사에서, 엔진 제작사에서 같이 일차적으로 저희하고 조사를 했고 이차적으로 지금 사프란 엔진하고 지금 영상회의도 하고 같이 진행을 하고 있으며 추후에 엔진이 프랑스로, 아마 100% 결정된 건 아니지만 프랑스로 가서 사프란 엔진을 조사할 계획을 가지고 있습니다. 그래서 GE 엔진제작사 그다음에 사프란 엔진제작사 그다음에 저희 조사관, 조사·정비 담당, 저하고 같이 해서 조사를 할 계획을 가지고 있습니다.

○**김은혜 위원** 특히 해당 제작사의 관계자의 배제와 관련해서 유가족들은 특히 공정하고 중립적으로 이 조사가 이루어질지, 재검증할 가능성은 유가족에게 기회가 부여되지 않는 건지 걱정을 하고 있습니다.

단장님, 이와 관련해서 제가 추가질의를 나중에 하면서 전문가 보완에 대해서 여쭙도록 하겠습니다.

○**항공·철도사고조사위원회조사단장 이승열** 예, 알겠습니다.

○**김은혜 위원** 이상입니다.

감사합니다.

○**위원장 권영진** 김은혜 위원님 수고 많으셨습니다.

질의 시간과 관련해서 제가 공정하게 관리하고 있습니다. 아까 김은혜 위원님이 1분 30초 쓰셔서 5분 30초 남았는데 타이머가 30초 단위로 작동이 안 됩니다, 그래서 6분을 드린 거고. 백선희 위원님한테도 똑같은 기회를 드렸다는 말씀을 드리겠습니다.

그러면 오늘 주질의 마지막으로 이수진 간사님 질의하시겠습니다.

○**이수진 위원** 더불어민주당 이수진 위원입니다.

먼저 희생자분들과 유족들께 애도의 말씀을 드리며 질의하겠습니다.

박상우 국토교통부장관께 질의하겠습니다.

이번 참사, 희생자께서 승무원일 경우에는 항공사 등의 책임 소재에 따라서 중대산업재해에 해당할 수 있습니다. 그리고 또 일반 시민이신 경우 국토부 등 정부의 책임 소재에 따라서 중대시민재해에도 해당할 수가 있습니다. 이런 이유로 국토부 소속으로 사고조사위원회를 두도록 한 항공·철도 사고조사법에도 불구하고 사고조사위원회의 독립성 문제가 제기되고 있는 것입니다. 그렇지요?

○**국토교통부장관 박상우** 예, 알고 있습니다.

○**이수진 위원** 국토부 소속으로 사고조사위원회를 둬서 전문성을 높이겠다는 기존 취지에도 불구하고 사고조사위원회를 총리실 소속으로 옮겨야 된다 이런 의견도 나오고 있습니다. 검토가 필요하다라고 생각하는데 어떻게 생각하십니까?

○**국토교통부장관 박상우** 관련된 법안이 상임위에 제출돼 있는 것으로 알고 있고요. 그래서 그런 오해를 받지 않기 위해서 국토부 출신으로 지금 항공조사위원회 위원장을 하셨던 분이 자진해서 사표를 제출하셨고 수리가 됐습니다. 그리고 항공정책실장이 당연직 상임위원으로 보직이 돼 있는데 직무배제 조치가 이루어져 있습니다.

○**이수진 위원** 그 부분은 아까 설명 주셨기 때문에 제가 잘 알고 있습니다.

국토부가 중심이 돼서 관계 부처·기관들과 피해자지원단을 꾸려서 운영하고 있는 점 이런 부분들은 긍정적으로 또 평가받고 있는 부분입니다. 피해자의 입장에 서서 최선을 다해서 지원해 주시기를 다시 한번 요청을 드립니다.

그런데 제가 유족분들과 관계 기관 말씀을 좀 들어 보면 현행법 제도의 한계로 인해서 특별법의 제정이 꼭 필요한 상황이어서 저도 법안을 준비 중에 있습니다. 충실한 내용으로 제정이 될 수 있도록 국토부의 협조를 당부드립니다. 그렇게 하시겠습니까?

○**국토교통부장관 박상우** 예, 그렇게 하겠습니다.

지금 저희 부 산하에 지원단이 있지만 복지부 또 행안부 등 관계 부처에서 파견이 나와 있고요. 그리고 아시다시피 전 정부적으로 지금 관심을 가지고 있는 사항이기 때문에 법안 제정 과정에서 정부가 적극적으로 대응하도록 하겠습니다.

○**이수진 위원** 다시 사고조사위원회와 관련해서 국토부 소속 문제뿐만 아니라 사고조사위원회 위원 질문을 드리겠습니다.

유족이 추천하는 전문가나, 아까 답변에 대해서 좀 미온적이셨던 것 같아요, 장관께서. 그렇다면 국회에서 추천하는 전문가를 위촉할 필요가 있다라는 그런 의견들이 또 최근에 계속 얘기들이 있습니다. 이 부분에 대해서는 어떻게 생각하십니까?

○**국토교통부장관 박상우** 사고 조사 과정에서 위원회 위원들을 개임하거나 보충하는 것이 가능한지는 한번 제가 따져 보겠습니다. 따져 봐서 아까 김은혜 위원님이 지적한 것처럼 전문가를 더 보완을 하든지 하는 조치가 가능한지를 한번 따져 보고요. 그게 만약에 사고 조사 결과의 타당성에 대한 의문이 제기되는 결과를 초래한다면 오히려 유족들에게 불리할 수가 있기 때문에 그거는 조금 신중하게 판단해 봐야 된다고 생각을 하고……

○**이수진 위원** 아무래도 유족들께서……

○**국토교통부장관 박상우** 그 외에 위원회 자체는 참여하지 않지만 위원회가 조사한 결

과를 보고받고 그걸 검증하는 위원회는 별도로 둘 수 있지 않느냐 하는 생각을 가지고 있습니다.

○**이수진 위원** 어쨌든 저희가 봤을 때는 조사법에 어떤 분야의 전문가를 위촉하는지 자격조건만 규정돼 있고 또 실제로 오늘 여러 가지 얘기들이 나오고 있고 방금 말씀하신 대로 다양한 형태로 고민해 보실 수는 있겠으나 그럼에도 불구하고 우리가 여야정 협의체로 협의를 한다라면 저는 요건을 갖춘 전문가를 위촉해서 신뢰성이라든지 투명성이라든지 전문성이라든지 이런 것들도 다 고려해서 문제가 없게 저는 좀 보완을 해야 된다 이렇게 생각합니다.

○**국토교통부장관 박상우** 위원님, 이 건 관련해서 여야 입장이 다를 수가 없고요. 국회와 행정부가 입장이 다르지 않다라고 생각합니다. 오로지 유족들에게 유리한 쪽으로, 유족들의 이익을 해하지 않는 쪽으로 정해져야 된다고 생각합니다.

○**이수진 위원** 그래서 특별법에 조사위에 관한 사항을 둬서 유족 추천이나 국회 추천 전문가를 위원으로 위촉하는 방안도 저는 있을 수 있다 그렇게 생각하고 있기 때문에 지금 질문을 드리는 겁니다.

○**국토교통부장관 박상우** 같이 한번 심도 깊게 논의해 봤으면 좋겠습니다.

○**이수진 위원** 조규홍 보건복지부장관께 질의드리겠습니다.

　국토부장관께 말씀드린 지난 1월 20일 출범한 피해자지원단, 보건복지부 참여하고 계시지요?

○**보건복지부장관 조규홍** 예.

○**이수진 위원** 지원단에서 유가족과의 소통 업무를 담당하는 것으로 알고 있는데 어제 구성 현황을 좀 살펴봤습니다. 담당 과장 2명 등 배정 인원 2명, 아직 파견하지 않은 것으로 확인됐습니다. 어떻게 됐는지 궁금하고요.

　여러 가지로 바쁘고 업무 부담이 있겠지만 이번 참사를 대하는 보건복지부의 진정성에 대한 의구심을 갖게 될 수 있습니다. 복지·심리 지원을 본연의 업무로 하고 있고 시간이 가면 갈수록 이 업무는 매우 중요합니다. 그래서 복지부 역할이 중요하다라고 여러 위원님들이 강조하고 계시는 거고요.

　당장 내부 업무 조정 통해서라도 피해자지원단에 합류할 필요가 있다고 생각하는데 그렇게 하시겠습니까?

○**보건복지부장관 조규홍** 저희도 이 정부 지원에 있어 가지고 심리 지원은 전적으로 저희가 담당한다는 생각으로 하고 있습니다. 그래서 저희가 권역중앙트라우마센터 그다음에 각 부처 그다음에 전문가가 참여하는 지원단을 1월 31일 날 발족을 했고요. 그리고 그걸 저희 부처 전체가 지원할 수 있도록 저희 부처 내에도 지원 TF를 만들었습니다.

　다만 국토부 산하의 지원단에 저희가 파견이 아직 안 된 것은 거기에 저희 복지부 과장이 가서……

○**이수진 위원** 좀 짧게 말씀해 주시지요.

○**보건복지부장관 조규홍** 죄송합니다.

　복지부 과장이 가 가지고 심리 지원뿐만 아니라 유가족 연락까지 담당하도록 돼 있는데 그거는 복지부 과장이 담당하면 좀 힘들지 않을까 해 가지고 지금 협의하고 있습니다.

○**이수진 위원** 그래서 빠르게, 빠르게 협의하시고요. 내부적으로 업무 조정은 또 알아서 하실 일이고 파견은 내셔야 됩니다. 빠르게, 속히 진행해 주십시오.

○**보건복지부장관 조규홍** 예, 그렇게 하도록 하겠습니다.

○**이수진 위원** 이번과 같은 대형 참사의 경우에는 유가족과 부상자에 대한 신체적 건강뿐만 아니라 정신적 트라우마를 지속적으로 관리·치료하는 것 매우 중요하지요?

○**보건복지부장관 조규홍** 예, 그렇습니다.

○**이수진 위원** 국가 트라우마센터, 의료기관 연계를 통해서 심리 지원하고 있는데 피해자와 유가족에 대한 지속적인 지원이 매우 중요합니다. 책임 소재에 따른 배·보상 문제를 떠나서 자칫 평생 따라다닐 수 있는 트라우마에 대해서 지속적인 관리와 지원 대책을 저도 특별법에 담아야 된다고 생각합니다. 동의하시지요?

○**보건복지부장관 조규홍** 예, 동의합니다.

○**이수진 위원** 이에 대해서 적극적인 협조 요청드립니다.

○**보건복지부장관 조규홍** 예, 협조하겠습니다.

○**이수진 위원** 여기까지 하겠습니다.

○**위원장 권영진** 수고 많으셨습니다, 이수진 간사님.

이상으로 위원님들의 주질의를 모두 마치고 잠시 회의를 정회하도록 하겠습니다.

오후 3시에 속개할까 하는데 괜찮으시겠습니까? 그러면 오후 3시에 속개하도록 하겠습니다.

정회를 선포합니다.

(13시03분 회의중지)
(15시01분 계속개의)

○**위원장 권영진** 좌석을 정돈하여 주시기 바랍니다.

약속된 시간이 되었기 때문에 회의를 속개하도록 하겠습니다.

보충질의를 실시하도록 하겠습니다.

보충질의 시간은 5분입니다.

먼저 권향엽 위원님 질의해 주시기 바랍니다.

○**권향엽 위원** 순천·광양·곡성·구례을 권향엽입니다.

복지부장관님께 좀 여쭙고 싶습니다.

철저한 진상규명만큼이나 중요한 것이 피해 가족들에 대한 심리 지원입니다. 오전에도 여러 위원님들께서 질의를 하셨는데요. 그러나 그 중요성에 비해서 오늘 부처가 국회에 보고한 심리 지원 향후 계획은 상당히 부실해 보입니다. 새로울 것도 없고 기존에 하던 것 그대로 하겠다 그렇게 느껴지기도 했었는데요.

장관님, 오늘 보고한 자료에 보니까 참사 피해자 중 치료가 필요한 고위험군은 의료기관으로 연계해서 주기적으로 모니터링하겠다라고 이렇게 되어 있던데요. 현재 그 해당 대상 인원은 어느 정도로 파악하고 계십니까?

○**보건복지부장관 조규홍** 아직까지는 저희가 해당…… 아까도 말씀드린 것처럼 재난경험자가 백구십이 분이십니다. 그분하고 접촉을 해 가지고 심리 지원은 하고 있는데 아직까지 의료 지원자가 정확하게 파악되지는 않았습니다.

○**권향엽 위원** 그러면 향후 파악되는 대로 저희들에게도 다시 보고를, 자료를 주시고요.

○**보건복지부장관 조규홍** 예.

○**권향엽 위원** 그렇게 되면 그러면 치료비는 누가 부담하지요?

○**보건복지부장관 조규홍** 치료비는……

○**권향엽 위원** 현재 재난 심리 지원 정책상 최대 60일까지 심리 회복 지원하고 3회 이상 심리 회복 지원 상담에도 호전이 되지 않을 경우에는 의료기관 등에 치료 연계는 하되 결국 치료비는 본인이 부담해야 되는 것 아니에요?

○**보건복지부장관 조규홍** 치료비는 이태원 참사 때하고 동일하게 하려고 합니다. 회복될 때까지 국가 그다음에 지자체 또는 건보공단이 같이 힘을 합쳐 가지고 대상자의 부담은 완화할 수 있도록 그렇게 하려고 합니다.

○**권향엽 위원** PT 한번 떠워 주시지요.

 (영상자료를 보며)

 저희가 전국민마음투자 사업을 보니까 2년 연속 사업성 검증 패싱 논란이 있었던 사업이더라고요. 사업 적정성 검토 절차도 아직 완료되지 않아서……

○**보건복지부장관 조규홍** 완료됐습니다.

○**권향엽 위원** 1월 중까지 진행하는 것으로 되어 있던데요?

○**보건복지부장관 조규홍** 완료됐습니다.

○**권향엽 위원** 완료됐어요?

○**보건복지부장관 조규홍** 예.

○**권향엽 위원** 그리고 예산운용 원칙에 맞지 않다는 국회의 지적도 있었고요. 다 보완이 된 건가요?

○**보건복지부장관 조규홍** 예. 그래서 작년에 올해 예산안을 상임위에서 심의를 하시면서 적정 금액으로 조정을 해 주셨고 또 적정성 평가 결과를 감안해서 집행하라고 말씀하셔 가지고 저희가 집행할 계획입니다.

○**권향엽 위원** 저는 개인의 트라우마 회복에서 한 발 더 나아가 사회 전반의 재난 대응 능력을 강화하는 데 초점을 맞춰야 된다고 생각합니다. 이를 위해서는 재난 피해자에 대한 직간접적인 마음 회복에 대한 장기적인 등록 추적연구—코호트연구라고 그러지요—가 활성화돼야 된다고 생각하는데요. 효과적인 위기관리와 피해자 지원 시스템을 구축하는 등 재난 대응 및 예방 체계를 마련할 필요가 있습니다. 이미 미국, 일본, 노르웨이 등 주요국에서는 이러한 코호트연구를 통해서 위기관리와 피해자 지원 시스템을 잘 구축하고 있지요. 반면에 우리나라는 지금 재난은 지속적으로 발생하고 있으나 피해자에 대한 공식적인 코호트연구는 부족한 실정입니다.

 장관님 그리고 행안부차관님, 이러한 재난 피해자 추적연구 체계의 필요성에 대해서 공감하시지요?

○**보건복지부장관 조규홍** 예, 공감하고 있습니다.

○**권향엽 위원** 지금 현재 두 부처에서도 이번 참사와 관련해서 함께 논의 중인 사안인가요? 이것까지 고려해서 지금 심리 지원을 계획하고 계시나요?

○**보건복지부장관 조규홍** 예. 지금 장기 추적연구 필요하다는 말씀에 전적으로 동의를 하고요. 제가 가지고 있는 자료에 따르면 행안부에서 전남 지역에 이러한 추적조사용역비로 한 3억 원을 반영해 주신 걸로 알고 있습니다. 그것을 집행하는 데 저희랑 같이해

가지고 효율적으로 집행이 될 수 있도록 하겠습니다.

○**권향엽 위원** 효율적으로 하고, 그것을 시기를 늦춰서는 안 된다고 봅니다. 지금부터 바로 시작이 되어야 된다고 보고요.

○**보건복지부장관 조규홍** 조속 추진하겠습니다.

○**권향엽 위원** 그리고 지금이 신체적·정신적으로 더 힘들 수도 있습니다, 피해자들에게는. 그래서 이러한 부분들이 트라우마 회복의 골든타임을 놓치지 않도록 각별히 더 맞춤형 지원과 장기적인 등록·추적관리 잘 부탁드리겠습니다.

○**보건복지부장관 조규홍** 예.

○**권향엽 위원** 그리고 아침에 존경하는 전진숙 위원님께서도 지적을 해 주셨습니다마는 지금 정신건강 전문 요원들, 비전문 요원이 40.3%로 지적을 하셨는데 지금 전남 지역 같은 경우는 피해자 가족들이 많이 흩어져 있기 때문에 이분들의 도움을 받을 수밖에 없는데 아침에 지적했다시피 정말 사전에 트라우마에 대한 사전교육을 해서 2차 가해가 되지 않도록 하는 것 그것 각별히 신경 써 주시기 바랍니다.

○**보건복지부장관 조규홍** 예, 유념하겠습니다.

○**권향엽 위원** 그리고 경찰청장직무대행께 질문드리겠습니다.

○**경찰청장직무대행 이호영** 예, 직무대행입니다.

○**권향엽 위원** 이번에 경찰기동대 등 4512명의 경찰관이 현장 투입됐다고 그랬는데 이 중에 신원확인에 투입되었던 897명이 굉장히 어려운 일 많이 하셨잖아요?

○**경찰청장직무대행 이호영** 예.

○**권향엽 위원** 신원확인, 검안, 검시, 인도 이렇게 하셨는데 지난번에 저희가 비공개로 한번 간담회를 했을 때 굉장히 어려움을 호소하기도 했었는데요. 이분들 지금 현재 케어를 어떻게 하고 있지요?

○**경찰청장직무대행 이호영** 현재 심리상담·치료를 꾸준히 병행해서 하고 있고요. 과학수사 같은 경우는 다음 주에 워크숍 등을 통해서 심리를 안정화시키는 워크숍도 준비하고 있습니다. 현재까지 한 1200명 정도 했고요. 앞으로 한 사오백 명 정도 남은 것 같습니다.

○**권향엽 위원** 일회성으로 그쳐서는 될 것 같지 않고요. 좀 더……

○**경찰청장직무대행 이호영** 지속적으로 원하는 사람 다 하도록 하겠습니다.

○**권향엽 위원** 필요할 것 같고요. 경찰청 업무와 관련해서도 교통사고라든가 형사 사건 등 담당자들에 대한 지속적이고 전문적인 심리 지원……

　　(발언시간 초과로 마이크 중단)

　　(마이크 중단 이후 계속 발언한 부분)

시스템을 마련할 필요가 있겠다는 생각이 들었습니다.

○**경찰청장직무대행 이호영** 저희들은 자체적으로 심리상담·치료를 그동안 쭉 해 왔고요. 내부적으로 그런 시스템을 갖추고 있습니다.

○**권향엽 위원** 호소하시는 분의 이야기하고 조금 차이가 있습니다.

　나중에 추가로 또 말씀드리겠습니다.

○**경찰청장직무대행 이호영** 예, 알겠습니다. 잘 챙겨 보겠습니다.

○**위원장 권영진** 수고하셨습니다.

보충질의 시간이 5분입니다만 마무리를 위해서 한 1분 정도 더 드릴 테니까 마이크가 있는 상태에서 마무리를 잘해 주시기 바랍니다.

다음은 김대식 위원님 질의해 주시기 바랍니다.

○**김대식 위원** 부산 사상구에 지역구를 둔 김대식입니다.

보건복지부장관님, 아침부터 수고 많으십니다.

제가 유가족들하고 통화도 해 보고 하는데 유가족들에게 현재 제공되고 있는 교육비·생활비 그리고 돌봄서비스 이런 게 있지 않습니까?

○**보건복지부장관 조규홍** 예.

○**김대식 위원** 이게 다다익선이겠지만 다 충분하지 않다, 지원 확대를 요구하고 있어요. 긴급생계비 지원 300만 원 해 주셨지요?

○**보건복지부장관 조규홍** 예.

○**김대식 위원** 긴급돌봄서비스 확대를 혹시 또 계획을 하고 계시고 있습니까?

○**보건복지부장관 조규홍** 긴급돌봄서비스는 지금 한 달에 72시간을 해 드리고 있는데 현장의 상황에 맞게 탄력적으로 운영하라고 해서 그보다 더 서비스를 받으신 분들이 있고요. 일단 유족분들께서 3개월을 얘기하셨는데 저희는 3개월을 기본으로 하되 추가 지원 소요가 있을 경우에는 돌봄 지원도 계속할 계획입니다.

○**김대식 위원** 우리가 같이, 이 특위가 만들어지고 장관님 이하 여러 부처에서 함께 힘을 모으는데 다른 문제보다 장관님께서 좀 전향적으로 유가족 편에 서서 이것을 챙겨 봐 주실 것을 부탁드리고요.

○**보건복지부장관 조규홍** 예, 유념하겠습니다.

○**김대식 위원** 그다음에 미성년자 자녀와 중증장애인을 포함한 유족들의 경제적 지원 확대 지속 가능성을 위한 특별법, 우리가 물론 여기에서, 지금 특위에서 특별법이 필요하다면 하겠지만 장관님의 입장에서는 특별법이 필요하다고 생각하십니까, 어떻습니까? 이 상태로 해도 괜찮고 아니면 특별법을 통해서 하는 것이 좋다, 어떻게 생각하십니까, 장관님?

○**보건복지부장관 조규홍** 지원 내용의 문제인데요. 지금 이 같은 경우는 아까 변호사께서도 말씀하셨지마는 원인 분석과 배상에 장기간이 소요되기 때문에 현행법으로는 지원이 좀 곤란한 경우가 있을 수 있다고 생각이 됩니다. 특별법 제정에 저희도 동의하고 그 논의에 적극 참여하도록 하겠습니다.

○**김대식 위원** 장관님, 그리고 아침에 박한신 대표 이야기가 유가족협의회 운영 지원 및 상주 인력 배치를 위한 이것을 요구를 하셨는데 이런 계획을 좀 갖고 계십니까, 어떻습니까?

○**보건복지부장관 조규홍** 이것은 유가족 지원은 이때까지는 지자체하고 행안부 중심으로 했는데 저희가 국토부에 설치된 지원단을 중심으로 해 갖고 관계부처와 협의를 해서 지원될 수 있도록 한번 잘 검토해 보도록 하겠습니다.

○**김대식 위원** 지금 우리나라 전체 예산 중에서 보건복지부하고 교육부가 100조가 넘는 그걸 하고 나름대로 우리가 복지정책에 심혈을 기울이고 있다고 이렇게 봐야 됩니다.

그런 측면에서 우리가 전 국민뿐만 아니라 취약계층 또 이렇게 불의의 사고로 이런 참변을 당한 유가족들은 우리 정부에서, 국가에서 따뜻하게 보듬어 주는 그런 전략이 필요하다 이렇게 생각하고 장관님, 거기에 대해서 적극적으로 협조를 부탁을 드리도록 하겠습니다.

○**보건복지부장관 조규홍** 예, 그렇게 하겠습니다.

○**김대식 위원** 그리고 하나만 더……

이것은 전 국민에게 다 해당될 수도 있는 건데, 재난심리지원 바우처 사업 있지 않습니까?

○**보건복지부장관 조규홍** 예.

○**김대식 위원** 이것 사업이 충분한 효과를 내고 있다고 지금 판단하십니까, 어떻습니까?

○**보건복지부장관 조규홍** 그게 작년부터 시작을 했던 사업인데요. 작년에는 이게 저희가 착수가 늦어 가지고 예산을 많이 못 쓰다 보니까 올해 예산이 많이 감액이 됐습니다. 그렇지만 사업 적정성 재검토를 통해 가지고 적정 규모를 저희가 받았기 때문에 그 계획에 따라서 차질 없이 추진하도록 하겠습니다. 이것은 단년도로 끝날 사업이 아니기 때문에 꾸준히 전문성도 높이고 그렇게 해 가지고 사업을 잘 추진하도록 하겠습니다.

○**김대식 위원** 상담 지원 횟수가 여덟 번이지요?

○**보건복지부장관 조규홍** 예, 현재는 여덟 번 하고 있습니다.

○**김대식 위원** 이게 여덟 번이 지금 국민들이 좀 부족하다…… 좀 많이 해 주면 좋겠지요. 열 번이고 스무 번이고 해 주면 좋겠지마는 보건복지부에서 이 자체를 좀 확대할 생각은 가지고 계십니까, 어떻습니까?

○**보건복지부장관 조규홍** 저희는 그것 확대할 생각이 있는데, 우선 이번 제주 여객기 항공 재난 경험자에 대해 가지고는 이 8회에 한정되는 것이 아니고 원하시는 경우에는 심리 지원을 하게 되는 거고요. 그다음에 전국민 마음투자 사업, 이 사고와 관계없이 저희 정부가 추진했던 것은 8회로 지금 하고 있는데 그것도 시행 성과를 봐 가면서 탄력적으로 적용할 수 있도록 하겠습니다.

○**김대식 위원** 그런데 심리상담을 지원받은 분들은 상당히 효과적이다, 상당히 만족감을 가지고 있어요. 그래서 그것을 전부 모니터링을 해서서 이런 부분을 충분하게 검토를 해서 적극적으로 협력을 해 주는 방안이 좋지 않겠나 이렇게 생각을 합니다.

○**보건복지부장관 조규홍** 예, 유념하겠습니다.

○**김대식 위원** 존경하는 위원장님께서 1분을 더 주셨기 때문에……

○**위원장 권영진** 마무리 잘하십시오.

○**김대식 위원** 참 마음이 우리가 힘들어도 국민분들이 참…… 우리가 국회나 정부나 이런 데서 요구하는 게 굉장히 많습니다, 또 지역을 돌아봐서도 그렇고. 그러나 이번에 이 여객기 참사 사건은, 정말 있어서는 안 될 이런 일이 벌어졌기 때문에 여기에 국토부 장관님도 와 계시고 보건복지부장관님도 와 계시는데 이걸 우리가 전체 하나의 마음으로 모아서 이것을 우리가 적극적으로 대처를 해 주고 도와줘야 되겠다.

여기에 지금 우리 여야가 어떻게 따로 있겠습니까. 이번에 여야가 이것 한마음으로 하는 것은 이 특위라고 생각을 하니까 장관님들께서 여기에 적극적으로, 내 일이다 생각하시고 대처를 해 주실 것을 간곡히 부탁을 드립니다.

○**보건복지부장관 조규홍** 예, 유념하겠습니다.

○**김대식 위원** 이상입니다.

○**위원장 권영진** 김대식 위원님 수고 많으셨습니다.

다음은 문금주 위원님 질의하시겠습니다.

○**문금주 위원** 전남 고흥·보성·장흥·강진 지역의 문금주입니다.

먼저 항공철도사고조사위에서 제출한 자료 사진을 보겠습니다.

사진 좀 보여 주세요.

아침에 사고조사위 사진에 보면, 아마 그 참사 현장을 장관님도 확인을 하셨기 때문에, 사진이 준비가 안 된 것 같은데 말씀을 드리면 전문가들은 이 참사 현장을 보고 '과연 이 사고가 지상에서 발생한 여객기 사고 현장이라 할 수 있겠나'하고 '믿지 못하겠다' 이런 얘기까지 합니다. 뭐냐 하면 하늘에서 추락해도 이 정도 사고는 안 날 텐데 지상에서 공항 내부 구조물과 충돌해서 발생한 사고로 이렇게 대형 참사가 일어난 것에 대해서 상당히 전례가 없다라는 그런 말씀들을 하는 것을 제가 들었습니다.

해당 여객기를 조종했던 기장과 부기장은 나름 최선을 다해서 동체착륙을 시도한 걸로 나타났는데 물론 동체착륙 과정에서 랜딩기어가 왜 안 내려왔는지 또 여러 가지 의문들은 있겠지만 그것은 사고조사위에서 조사를 해 줄 걸로 믿고.

장관님이 보시기에는 이렇게 대형 참사가 나온 이유가 뭐라고 보십니까?

○**국토교통부장관 박상우** 우선 여객기가 제대로 정상적인 착륙을 하지 못한 원인을 따져야 되고요. 그게 조류 충돌이 되든 기체 결함이 되든 그 부분에 대한 규명이 한 파트 있어야 되고 그다음에 그렇게 사고가 났더라도 인명 피해가 그렇게 많이 난 것은 또 다른 차원에서 따져 봐야 된다라고 생각됩니다. 그래서 제가 확인한 바로는 사고조사위원회에서 조사 과정에서 충돌로 인한 인명 피해의 증폭 문제 그런 것에 대해 전문적인 기관의 협조를 받을 것으로 알고 있습니다.

○**문금주 위원** 누가…… 물론 사고조사위에서 진상규명이 철저히 이루어져야 될 텐데 저는 갑자기 나타난 2m 높이의 콘크리트 둔덕이 결국 충돌로 이어졌고 그게 폭파되면서 화재로 이어져 가지고 이런 대형 참사가 난 걸로 보여지거든요. 그것에 대해서는 동의하시지요?

○**국토교통부장관 박상우** 그럴 개연성이 상당히 높다라고 인정을 합니다.

○**문금주 위원** (영상자료를 보며)

그런데 로컬라이저 둔덕 관련해 가지고 국토부가 초기에 발표한 내용도 약간 국민들의 의구심을 사기에 충분했고, 이게 99년에 설계를 시작해서 2007년에 완공이 되는데 이때 이미 콘크리트 둔덕으로 만들어졌다고 그래요.

○**국토교통부장관 박상우** 예.

○**문금주 위원** 그리고 20년에 시설 개량공사를 하는 거지요. 공사를 하는데 이때도 개선할 수 있는 기회가 좀 있었습니다만 과업지시서에도 오전에 존경하는 위원님들께서 몇 분 말씀 주셨습니다만 부러지기 쉬운 재질을, 설계 시에 부러지기 쉬운 것을 고려해서 설계해야 한다고 나와 있음에도 불구하고 과업지시서대로 이행이 되지 않았고 또 각종 항공장애물 관리 세부지침이랄지 공항·비행장시설 및 이착륙장 설치기준 등을 보시면 다

그렇게 똑같이 나와 있어요. 부러지기 쉬운, 부서지기 쉬운 재질로 해야 된다는 내용들이 명시가 되어 있는데 어찌 됐든 법과 시행령, 장관 고시, 국토부 예규 등에 반복적으로 명시돼 있음에도 불구하고 이게 제대로 지켜지지 않았다는 거지요.

그리고 이게 당시에 개량공사 하면서도, 일부 언론에서는, 당시 작년 12월 말에 한겨레 보도가 된 것 보면 그때 시공에 참여했던 사람들 가운데 한 사람이 콘크리트까지 필요하지 않는데 이게 이런 게 있어서 좀 의아했다라는 내용의 기사가 나온 것도 제가 봤고요. 아마 국토부에서도 확인을 했을 텐데, 그러니까 이것은 규정도 그렇고 과업지시서도 그런데 누군가 이렇게 지시하거나 묵인하지 않으면 이게 이런 식으로 시공이 되지 않았을 텐데 거기에 대해서 어떻게 생각하세요?

○**국토교통부장관 박상우** 지금 로컬라이저의 재질이나 위치 이런 것들이 위원님께서 지적하신 각종 규정에 적합한지 여부에 대한 내부적인 검토를 감사 차원에서 하고 있습니다. 하고 있고, 아마 경찰에서도 수사를 그쪽으로 검토하고 있는 것 같습니다.

○**문금주 위원** 이 부분은 반드시 책임 규명이 되어야 될 것 같고……

○**국토교통부장관 박상우** 예, 그 과정하고 이런 것들도 다 들여다보고 면밀하게 따지겠습니다.

○**문금주 위원** 누가 지시를 했고 또 어떤 과정을 거쳐서 이렇게 시공이 됐는지 이런 부분은 분명히 따져서 명확한, 엄중한 책임을 물어야 된다.

그리고 저는 위원장님께 건의를 드릴 게 당시의 설계·시공·감리 업체 관계자들도 한번 불러서 우리가 위원회 차원에서 조사를 할 필요가 있다 이런 말씀을 드립니다.

그리고 국토부장관님, 또 관련해서 공항시설법 등을 보면 매년 장애물 조사와 관련된 규정들도 있어요. 그래서 매년 조사가 이루어져야 되고 조사를 했음에도 불구하고 이런 부분들이 지적이 안 됐단 말이지요. 그래서 점검이랄지 이런 예방과 관련된, 안전과 관련해서는 좀 실질적으로 이루어질 수 있도록, 규정이 제대로 지켜질 수 있도록 해 주시기를 부탁 말씀을 드립니다.

○**국토교통부장관 박상우** 예, 그렇게 하겠습니다.

○**위원장 권영진** 문금주 위원님 수고 많으셨습니다.

제안해 주신 설계사, 감리사, 관계자 의견 청취는 양당 간사님들과 협의해서 반영하도록 그렇게 하겠습니다.

다음은 백선희 위원님 질의해 주시겠습니까?

○**백선희 위원** 복지부장관님께 질의하겠습니다.

일반적으로 재난과 참사가 발생을 하게 되면 그 희생자 중에서도 가장 취약한 대상은 누구라고 생각을 하시는지요?

○**보건복지부장관 조규홍** 직접 피해를 입은 사람 말고는 가족들이 가장 하고 그다음에 그때 같이 구조 활동에 참여했던 분들이 취약 대상이라고 생각이 듭니다.

○**백선희 위원** 그렇습니다. 그렇지마는 우리가 일반적으로 이야기를 할 때 재난과 참사에 가장 취약계층이 더 취약한 지위에 있을 수 있다라고 이야기를 합니다. 이번 참사 같은 경우에는 아동·노인·장애인 등이 있습니다. 지금까지 국토교통부장관님께서 많은 수고를 하셨고 또 조사위도 앞으로 수고를 하셔야 되겠지마는 유가족을 위한 지원에는 보건복지부장관님께서 지금부터 본격적으로 나서셔야 된다라고 생각을 합니다.

이번에 항공 참사 피해자 중에 부모님을 모두 잃고서 미성년 가족만 남은 경우가 있는데 알고 계시지요?

○보건복지부장관 조규홍 예, 알고 있습니다.

○백선희 위원 몇 가구에 몇 명의 아이들이 있는지 알고 계시나요?

○보건복지부장관 조규홍 정확한 숫자는 제가……

○백선희 위원 세 가구에 4명의 아이가 있습니다.

○보건복지부장관 조규홍 아, 예.

○백선희 위원 현재 이 아이들을 누가 돌보고 있을까요?

○보건복지부장관 조규홍 친척들……

○백선희 위원 친척들이라고 추정을 하시는 거지요?

○보건복지부장관 조규홍 예.

○백선희 위원 확인은 안 해 보셨지요?

○보건복지부장관 조규홍 예.

○백선희 위원 확인을 하셔야 됩니다.

　유가족들이 미성년 유가족에 대한 보호책 마련을 촉구를 했었습니다. 그런데 그중의 하나는 후견인 제도도 있었습니다. 지금 후견인 제도 안내하는 것 말고는 다른 것은 없는 것 같은데요. 지금 이 어린아이들에게 후견인을 붙인다라고 해 가지고 이 문제가 해결이 될까요?

○보건복지부장관 조규홍 그래도 법적으로 후견인이 필요……

○백선희 위원 법적으로 후견인이 필요하기는 하겠습니다마는 실질적으로 이 후견인들이 아이들을 돌보는 일을 할 수가 없을 것입니다.

○보건복지부장관 조규홍 맞습니다.

○백선희 위원 그러면 아이들을 돌보는 일에 대해서 그 어느 부처보다도 보건복지부가 신경을 쓰셔야 되는데요. 그러면 이 아이들을 돌볼 수 있는 구체적인 방안은 무엇이라고 생각을 하시는지요?

○보건복지부장관 조규홍 우선 긴급돌봄처럼 그 아동들을 실질적으로 케어할 수 있는 분들이 필요하다고 생각이 듭니다. 일단 요양보호사라든지 아니면 아동복지센터에 관련돼서 전문가분들이 필요하다고 생각이 듭니다.

○백선희 위원 물론 그렇습니다. 그런데 지금 이 아이들은 부모님이 안 계십니다. 누군가는 돌봐야 되는 것이거든요.

　그 내용들을 조금 검토를 해 봐야 되겠습니다마는 보건복지부에는 가정위탁제도라고 하는 것이 있습니다. 그래서 혹시 활용할 수 있으면 활용하는 것이 가능하다라고 생각이 들고 잘 아시겠지마는 친인척도 가정위탁 부모님이 될 수 있고요 이 경우에는 많은 지원이 가능합니다. 적극적으로 검토해 주시기 바라겠습니다.

○보건복지부장관 조규홍 예, 알겠습니다.

○백선희 위원 그리고 보편적으로 제일 중요한 문제가 트라우마 문제입니다. 지금 사고 직후에 1월 30일까지 통합심리지원단을 운영하셨다라고 했고요. 그리고 2월 현재 12·29 여객기 사고 트라우마 심리지원단을 운영을 하고 있습니다.

　지금 지역 트라우마센터에서 중요한 역할을 하고 계시는데 그중에서 나주 국립병원 트라우마센터가 있지요?

○**보건복지부장관 조규홍** 예, 있습니다.

○**백선희 위원** 지금 이 센터는 유가족 전담병원으로 알려져 있고 그렇게 유가족에게 홍보를 하고 있습니다.

혹시 이 나주 국립병원 트라우마센터를 이용한 유가족의 숫자가 어느 정도 되는지 알고 계시는지요?

○**보건복지부장관 조규홍** 제가 그……

저희가 이 지원단을 만든 것이 1월 31일입니다. 그래서 아직까지 정확한……

○**백선희 위원** 그전에도 나주국립병원 트라우마센터는 운영 중에 있었습니다. 그런데 이 부분이, 유가족 전담병원이라고 하는데도 불구하고 현재까지 한 분도 안 계셨다라고 하는 것이 오늘 아침에 확인한 내용입니다.

PPT를 보여 드리겠습니다.

(영상자료를 보며)

지난해 11월, 얼마 안 됐습니다. 7·15 오송참사 피해자 추적조사 결과보고에 따르면 피해자 설문조사 결과에서 심리 지원이 부족했다라고 하는 점이 두드러졌습니다. 참사 발생 직후 일주일 이내부터 참사 이후 3개월이 지난 시점까지 심리지원서비스 필요성에 대해서는 '필요하다'라고 하는 답변이 87%였고 지금도 그 이상이 될 거라고 생각을 합니다. 그에 비해서 서비스 이용 만족도는 평균 7%에 그치지 않았고 조사는 안 해 봤습니다마는 현재도 이 수준에 머무르지 않을까라고 예측이 되고 있습니다.

심리 지원을 거부하거나 중단한 피해자들은 대표적으로 '전문적 치료와 상담이 아니다'라고 말을 했는데 무안의 경우에도 마찬가지로 제가 알고 있습니다. 방문한 상담사가 '사고 내용도 전혀 몰랐다'라고 이야기를 했는데 무안의 경우도 이런 일이 종종 일어나고 있는 것으로 알고 있습니다.

오송참사 설문조사 결과에서 피해자들이 '국가 트라우마센터 전화 상담만으로는 치료가 불가했다'라고 이야기를 했는데 형식적인 전화 느낌이라고 이야기를 했습니다. 아까 유가족 대표께서도 생존하고 있는지 확인하는 정도라고 하는 느낌을 말씀을 해 주셨습니다.

이 오송참사 이후에 국가 트라우마센터가 많은 일을 하셨을 텐데 별로 바뀐 것이 없다라고 생각이 듭니다. 적극적으로 이에 임해 주셔야 됩니다. 특히 접근성의 문제를 해결해 주시고요. 보건복지부가 잘하는 것이 사실은 찾아가는 서비스 아니겠습니까? 최근에는 이 찾아가는 서비스가 복지 분야 전반으로 흐르고 있는데 지금 트라우마로 고통받고 있는 분들에 대해서 찾아가는 서비스를 하셔서라도 적극적으로 지원해 주시기 바랍니다.

간단하게 하나 더 말씀을 드리면 고통받고 있는 분들 중에는 현장 인력, 수습 인력들이 있습니다. 가장 대표적으로 소방, 경찰, 군 등인데요. 지금 소방 같은 경우에는 사실 자체적인 프로그램이 경찰보다는 그나마 이루어지고 있습니다마는 경찰은 굉장히 걱정이 됩니다. 지금 경찰 쪽에서는 관련된 마음동행센터라고 하는 것이 있기는 있습니다마는 상담사 전문인력이 매우 부족해서 이것만으로는 트라우마에 대한 대처가 안 될 거라고 하는 생각이고요.

그리고 지금 보건복지부 자료에는 관련 현장 인력으로 경찰, 소방은 있는데……

(발언시간 초과로 마이크 중단)
....
  (마이크 중단 이후 계속 발언한 부분)
군은 없습니다, 사실 시신 수습을 위해서 가장 어려운 일을 하셨는데. 경찰, 소방 그리고 군에 대해서도 본격적인·적극적인 대처를 마련해 주시기를 촉구하겠습니다.
  이상입니다.
○**보건복지부장관 조규홍** 예, 위원님께서 좋은 제안들을 많이 해 주셨는데요. 특히 경찰하고 군하고 협의를 해서 그쪽에도 심리 지원에 차질이 없도록 하고 전반적으로 제안해 주신 것을 검토해 가지고 시행할 수 있도록 노력하겠습니다.
○**백선희 위원** 이상입니다.
....
○**위원장 권영진** 백선희 위원님 수고 많으셨습니다.
  다음은 손명수 위원님 질의하시겠습니다.
○**손명수 위원** 사조위 조사단장님 앞으로 좀 나와 주십시오.
  단장님 전공은 조종입니까, 정비입니까?
○**항공·철도사고조사위원회조사단장 이승열** 저는 원래는 헬리콥터 조종입니다.
○**손명수 위원** 조종입니까?
○**항공·철도사고조사위원회조사단장 이승열** 예.
○**손명수 위원** 제가 오전에 질의 그 연장선에서 좀 말씀을 드리겠습니다.
  우리 특위가 진상 규명 그리고 피해자 또 유족 피해 구제를 목적으로 한 특위인데요. 진상 규명에 있어서 첫 번째는 왜 비상 착륙을 해야만 했는가 그 원인을 규명하는 게 첫째 아니겠습니까, 그렇지요?
○**항공·철도사고조사위원회조사단장 이승열** 예, 맞습니다.
○**손명수 위원** (영상자료를 보며)
  그 PPT 좀 띄워 주세요.
  오전에 제가 말씀드렸습니다마는 FDR·CVR이 모두 활주로에 접근하기 한 2㎞ 전에서 끊겼단 말이에요, 1차 착륙 시도 중에. 지금까지 조사 중에 1차 시도 때 랜딩기어는 내려와 있었습니까?
○**항공·철도사고조사위원회조사단장 이승열** 예, 1차 시도 때는 랜딩기어가 내려온 상태에서 착륙 준비를 하고 어프로치(approach) 하는 상태였습니다.
○**손명수 위원** 그렇지요?
○**항공·철도사고조사위원회조사단장 이승열** 예.
○**손명수 위원** 그러면 지금 이해가 안 가는 게 아까 오전에 존경하는 정준호 위원께서도 말씀하셨지만 설사 조류 충돌이 있었더라도 바로 착륙을 해야 되는 거예요. 그렇지요, 매뉴얼상? 그런데 왜 복행을 해야 했는가 의문입니다. 나중에 답변을 해 주시고요.
  그러면 만약에, 이것은 가정입니다. 아까 오전에 엔진 2개가 다 셧다운되지는 않았다고 말씀을 하셨기 때문에 제가 지난번 속기록을 찾아봤는데 그때는 거의 됐다는 그런 답변이 좀 있었는데 그건 나중에 따지기로 하고.
  가정적으로, 조종 전문이시라니까 여쭤보겠습니다.
  엔진 2개가 셧다운이 됐다고 그러면 복행이 가능합니까?

○**항공·철도사고조사위원회조사단장 이승열** 그 고도나 그때의 출력에 따라서 상황이 좀 다르긴 한데 그때 진행되는, 강하 중이었는지 아니면 상승 중이었는지 아니면……

○**손명수 위원** 이건 강하 중이었다고 보는 게 합리적이잖아요, 거의 고도로 봤을 때. 상승 중은 아니었고.

○**항공·철도사고조사위원회조사단장 이승열** 일반적으로 그 엔진이 꺼진 상태에서는 다시 복행하는 데는 좀 어려움이 있었을 거라고 판단이 됩니다.

○**손명수 위원** 그렇지요? 그러니까 이게 강하 중에서 다시 복행을, 위로 올라가려면 강한 출력이 필요하기 때문에 엔진이 꺼졌다면 상식적으로 이게 안 되는 거거든요. 그리고 조류 충돌이 있었다고 그래서 엔진이 셧다운된다는 것도 합리적으로 상식에 맞지 않고. 그리고 그게 좀 반드시 규명돼야 될 거라고 생각이 되고요.

또 한 가지 여쭤보겠습니다.

만약에 엔진이 셧다운됐다면 복행도 어렵지만 선회를 했잖아요. 선회를 하려면 방향을 틀어야 되는데 그것도 엔진이 살아 있어야 가능한 거 아닙니까?

○**항공·철도사고조사위원회조사단장 이승열** 엔진이 살아 있는데 살아 있는 정도에 따라서 다를 수 있다고는……

○**손명수 위원** 그러니까 어쨌든 살아 있어야 되는 거지요, 최소한이라도?

○**항공·철도사고조사위원회조사단장 이승열** 예.

○**손명수 위원** 그러지 않고는 조종이 안 되는 거 아닙니까, 선회를 하려면 방향을 완전히 180도 틀어야 되는데.

○**항공·철도사고조사위원회조사단장 이승열** 그때 정상적으로는……

○**손명수 위원** 어렵지요?

○**항공·철도사고조사위원회조사단장 이승열** 예, 어렵습니다.

○**손명수 위원** 그러니까요. 이것은 제가 지금 여쭤보는 거예요, 가정적으로. 그런데 사고 원인 진상 규명에서 반드시 이 부분이 밝혀져야 됩니다, 그래서.

○**항공·철도사고조사위원회조사단장 이승열** 그렇지요.

○**손명수 위원** 그리고 그 연장선인데 마지막으로, 지금 우리가 언론이나 이런 데서 너무 추측성 보도를 많이 하고 있기 때문에 지금 사실은 좀 그런데 많은 사람들이, 저도 그렇게 알고 있었고 동체착륙을 했다 이렇게 다 알고 있잖아요?

○**항공·철도사고조사위원회조사단장 이승열** 예.

○**손명수 위원** 그런데 제가 자세히, 지금 사실 다음 이 영상을 보시면 아시겠지만 제가 이것을 영상을 띄우려고 그러다가 너무 트라우마가 다시 일어날 것 같아서 그냥 사진으로 대체를 했는데 그 영상을 제가 다시 보니까 동체착륙이 아니에요. 동체착륙이 됐다면 여기에 엄청난 불꽃이 일어나야 되고, 현장 조사하셨겠지만 활주로 어때요? 동체착륙한 흔적이 있습니까?

○**항공·철도사고조사위원회조사단장 이승열** 예, 있습니다.

○**손명수 위원** 있어요?

○**항공·철도사고조사위원회조사단장 이승열** 예. 동체착륙……

○**손명수 위원** 그러면 거의 활주로가 망가졌을 텐데요.

○**항공·철도사고조사위원회조사단장 이승열** 저희가 동체착륙의 근거를 확인하는 것은

메인 바디가 활주로 아스팔트에 닿은 흔적이 있었고 그다음에 좌측의 1번 엔진과 우측의 2번 엔진 똑같이 닿은 흔적이……

○손명수 위원 그러니까 동체착륙의 정도가 다를 텐데……

○항공·철도사고조사위원회조사단장 이승열 예, 맞습니다.

○손명수 위원 엔진이 완전히 꺼져서 동체착륙을 했다면 거의 완전히 풀로 그냥 박아야 되는 거잖아요. 그러면 그 충격이나 훼손의 정도가 굉장히 심해야 되는 건데 예를 들어서 살짝 스쳤다 이걸 동체착륙으로 볼 수는 없잖아요.

○항공·철도사고조사위원회조사단장 이승열 일단은 동체착륙의 개념은 바퀴가 내려 왔느냐 아니면 동체가……

○손명수 위원 그러니까 랜딩기어가 내려오지 않은 걸로 동체착륙으로 다들 이렇게 얘기하는데 제가 지금, 그 질문의 요지는 화면을 다시 자세히 보니까 거의 엔진이 살아있는 상태에서 간 것 같아요, 이게. 그래서 그 부분이, 제가 지금 이것은 확정할 수 없습니다. 그런데……

1분만 더 주십시오.

사고 조사 단계에서 이 부분이 반드시 규명이 돼야 될 것 같아요. 그래서 거의 속도가 줄지 않고 굉장히 심한 하드랜딩 그래서 동체가 활주로에 심하게 부딪혔다면 엄청난 불꽃과 그리고 아무래도 제어가 됐을 거 아닙니까. 그런데 속도가 하나도 줄지 않았어요. 그래서 그런 부분을 반드시 잘 규명해야 된다 이 말씀을 드리겠습니다.

○항공·철도사고조사위원회조사단장 이승열 일부에 대해서 답변을 드리겠습니다.

○손명수 위원 좀 끝난 다음에 해 주세요, 시간이 없기 때문에.

그리고 이게 로컬라이즈 부분인데 이것은 오전에 제가 장관님께 요청을 드렸습니다마는, 그다음으로 크게 사망 사고로 번진 것은 모두가 이 로컬라이즈 부분을 주시하고 있습니다. 그런데 이 부분에 대해서는 초기 최초의 설계도 그걸 반드시 내 주셔야 됩니다. 지금 협의 중이라고 하시는데……

○국토교통부장관 박상우 경찰에서 받아 오도록 협의를 하고 있습니다.

○손명수 위원 경찰청장님도 지금 나와 계신데……

(발언시간 초과로 마이크 중단)

....

(마이크 중단 이후 계속 발언한 부분)

이 부분은 저희 특위에도 사본이라도 주셔야 돼요.

○경찰청장직무대행 이호영 예, 확인해 보겠습니다.

○손명수 위원 전체가 다 필요한 건 아니고 로컬라이즈 부분에 대한 기본계획, 최초 입찰제안서 그다음에 금호의 제안서 부산항공청의 입찰공고서 그거를 받아 보고 제가 좀 할 말이 많은데 충분히 자료를 본 다음에 제가 이 부분에 대해서는, 그래야 국토부도 소상히…… 필요하면 해명이 되고 할 것 아니겠습니까? 그래서 이 부분은 제가 자료를 다 본 다음에 말씀을 드리겠습니다.

○국토교통부장관 박상우 너무나 당연한 말씀이시고요, 경찰에 적극적으로 협의해서 자료를 전해 드리도록 하겠습니다.

○손명수 위원 단장님, 말씀하실 것 있으면 해 주세요.

○**항공·철도사고조사위원회조사단장 이승열**　위원님께서 말씀을 잘해 주셨는데 사실 이 부분이 사고 조사하는 과정의 그 나머지 4분 7초 부분에 대한 중요한 핵심 요소 중에 모든 분야입니다. 그래서 말씀하신 것 중에 일반적으로 버드 스트라이크(bird strike)가 일어났을 때는 활주로로 그대로 접근하도록 교범에는 돼 있는데 그 상황에 조종사가 그것을 선택을 하지 못하고, 못 했는지 어떤 이유로인지 모르지만 그걸 하지…… 그런 상황을, 못 하고 복행을 하게 된 이유에 대해서는 조종사의 어떤 이유가 있을 거라고 생각을 하는데 그 부분을 저희가 조사를 하고 있는 상황이고요.

그리고 두 번째, 엔진 셧다운이 됐을 경우에 항공기가 끌고, 활주 복행이 되면서 활주까지 들어올 수 있느냐 하는 부분도 사실은 이 엔진이 꺼진 정도가, 예를 들면 꺼졌는지 안 꺼졌는지는 사실 아까 말씀드렸지만 확실하게 결정이 된 상황은 아닙니다. 그런데 꺼졌다가 어느 정도 다시 살아 났는지 아니면 어느 정도의 출력을 가지고 있었는지에 따라서 그것을 설명하는 데 조금 더 상황이 좀 다를 것 같습니다.

그리고 또 하나는 동체착륙에 관련돼 있는 부분에 대해서는 항공기가, 저희가 일단은 1차적으로 활주로 상태를 보거나 그다음에 기체 구조물 상태를 보는 상태에서는 동체착륙에 대해서 일단은 랜딩기어가 나오지 않았기 때문에 동체로 활주된 것이 일단은 저희가 1차적으로는 판단은 내렸고 그다음에 저희가 지금 판단 내렸다라고 해서 모든 게 다 결정이 됐다는 상황은 아닙니다. 그래서 활주가 닿으면서 조종사가 조종관을 앞으로 뒤로 당기면서 좀 더 충격을 완화하려고 하셨는지 그 부분은 추가적으로 계속 조사를 할 생각이고요.

그다음에 접근하는 와중에 엔진이 살아 있었는지 안 살아 있었는지 아까 말씀드린 부분에 대해서는 저희가 국과수하고 그다음에 NTSB하고 이 부분에 대해서 여러 다각적인 방법으로, 예를 들면 엔진에서 소리가 났는지 또는 엔진 뒷부분에서 열기가 있었는지 이런 부분을 통해서 열기가 있었으면 어느 정도, 그다음에 소리가 있었으면 어느 정도 사운드가 있었는지를 지금 협의하면서 조사 중에 있으며 중요하게 보고 있는 것은 사실은 이 엔진 상태입니다. 엔진 상태가 어느 정도에서 충격을 받았는지 그 부분을 조사하기 위해서는 저희가 올해 이번 달 말이나 아니면 다음 달 초에 엔진 분해 검사를 하면서 이런 부분을 좀 더 명확히 하려고 계획하고 있습니다.

○**손명수 위원**　알겠습니다.

○**위원장 권영진**　손명수 위원님 수고 많으셨습니다.

다음에는 서천호 위원님 질의해 주시기 바랍니다.

○**서천호 위원**　조사단장님 나오신 김에.

우리 항공기조사위원회 발족된 게 2006년도인가요?

○**항공·철도사고조사위원회조사단장 이승열**　예.

○**서천호 위원**　그 이후에 몇 차례 항공기 사고가 발생이 됐고, 재발 방지 차원에서 각종 권고 사항이 이루어졌지요?

○**항공·철도사고조사위원회조사단장 이승열**　예.

○**서천호 위원**　그중에, 앞서 이성권 위원님도 말씀하셨는데 항공기 사고 마의 11분, 이륙 후 3분 또 착륙 전 8분부터 착륙 시까지 이 부분에 실제로 위험성이 가장 높고 많은 사고가 그때 집중되어 있다는 것도 알고 계시지요. 그렇지요?

○항공·철도사고조사위원회조사단장 이승열   예.

○서천호 위원   그래서 우리 항공기조사위원회 발족된 이후에 몇 차례 항공기 사고를 거치면서 이 시간대, 12·29 사고도 이 시간대거든요. 이 시간대에 특별히 권고한 사안이나 보강한 매뉴얼이라든지 프로그램이 혹시 기억나는 게 있습니까?

○항공·철도사고조사위원회조사단장 이승열   저희가 지금까지는 큰 대형 사고가 그 이후로 발생되지 않았기 때문에 크게 제가 기억나는 것은, 어떤 권고를 했는지는……

○서천호 위원   혹시 그러면 문건을 한번 찾아보시고요 관련 사안이 있으면 자료를 제출해 주시면 고맙겠습니다.

앞서 존경하는 손명수 위원님께서 말씀하셨는데 이 항공 조종과 관련된 분을 제가 개인적으로 인터뷰를 했는데 그런 얘기를 해요. 자연적·환경적 요인, 그러니까 철새 충돌 사안이지요. 엔진의 셧다운, 랜딩기어 작동이 안 됐던 부분 그래서 복행 중 이유를 알 수 없는 비상 역방향 착륙을 했다는 겁니다, 이 사고가 현장 상황은. 그런데 이게 여러 요인이 이렇게 겹치기가 쉽지 않다고 그래요. 그러면 지금 사고조사위원회에서 여러 가지 분야에서 조사를 하고 계시겠지만, 동력장치·구조물·시스템·운항 분야, 추가로 인적 요소까지 전방위로 지금 조사를 하고 있을 텐데 이런 상황이 겹치는 경우는 항공기 정비와 직간접적으로 인과성이 있을 수 있다—한 전문가의 개인적인 소견입니다—이런 부분에 대해서도 충분히 조사가 될 수 있도록 관심을 기울여 주시기 바랍니다.

○항공·철도사고조사위원회조사단장 이승열   예, 알겠습니다.

○서천호 위원   들어가시지요.

공항공사 사장님, 자료 요구 답변서에 보니까 '조류 충돌 사고에 대해서는 공항 지역 내 사항 외에는 공항공사에서 관여를 하지 않고 보고도 하지 않는다'라고 답변이 왔어요.

○한국공항공사사장직무대행 이정기   통상적으로 공사는 공항 지역 내하고 그 이외의 3km, 8km, 13km의 범위 내에서 조류 유인 시설을 두고 종합적으로 관리하고 있습니다.

○서천호 위원   제가 답변 시간을 드릴게요.

표 1번 한번 띄워 줄래요?

(영상자료를 보며)

보시면, 국토부 고시에 보면 조류 충돌 상황은 보고체계가 돼 있습니다. 조종사가 관제탑에 보고하고 관제탑에서 공항 당국, 지방항공청장, 공항운영자는 한국공항공사입니다. 그래서 다 보고하도록 시스템이 돼 있어요.

○한국공항공사사장직무대행 이정기   예, 그렇게 돼 있습니다.

○서천호 위원   그러면 조류 충돌이라는 것은 고시 제9조에 보면 운항 중인 항공기가 조류와 충돌하는 것, 모든 것을 포함하는 것으로 돼 있습니다. 그래서 이 해석을 공항공사에 유리한 쪽으로 해석해서 자칫 이런 부분이 언론을 통해서 나가게 되면 이게 진위 파악, 진상을 제대로 파악하자 하는 차원인데 왜 보신 쪽으로 이렇게 접근하냐는 질타를 받을 수 있어요. 규정도 지금 안 맞잖아요. 그런 부분은 좀 다시 한번, 제가 오전에도 말씀을 드렸지만 신중하게 언행을 했으면 좋겠다는 말씀을 드립니다.

○한국공항공사사장직무대행 이정기   예, 알겠습니다.

○서천호 위원   장관님, 오전에 문금주 위원님을 포함해서 여러 존경하는 위원님들 말씀하셨는데 조류 등 야생동물 충돌 위험 감소에 따르는 인력 배치 사항이 있지 않습니까?

○**국토교통부장관 박상우** 예.

○**서천호 위원** 11조의 그 기준을 보니까 인력을 배정하는 기준이 두 가지 기준이에요. 하나는 공항 운영 시간, 공항을 운영하는 시간, 9시간 이하·9시간 초과·18시간 초과 그다음에 적용한 활주로 개수……

1분만 더 주세요.

적용한 개수 그렇게 돼 있는데 그러다 보니까 지금 무안공항 같은 경우에는 최소 기준으로 따져서 2명이 배치가 됐습니다. 그래서 앞서 여러 위원님들께서 말씀하신 대로 근무 인원을 적정 시간대별로 탄력 배치하는 것도 필요하지만 애초에 공항에 근무 인원을 배치할 때 그 기준을 산정할 때도…… 철새가 많은 공항이 있습니다. 그 부분은 실제로 운영 시간이 적고 이용 활주로 수가 적더라도 오히려 그런 부분까지 감안을 해서 인원 배치가 됐으면 좋겠다 하는 부분을 부가적으로 말씀을 드립니다.

○**국토교통부장관 박상우** 전적으로 위원님 지적에 동의하고요. 실질적인 그런 효과가 있는 쪽으로 규정을 개선하도록 하겠습니다.

○**서천호 위원** 이상입니다.

○**위원장 권영진** 서천호 위원님 수고 많으셨습니다.

다음은 위성곤 위원님.

○**위성곤 위원** 위성곤 위원입니다.

(영상자료를 보며)

이번 제주 사고 여객기가 월 83시간 정도 더 난 것으로 확인이 됐습니다. 국내 항공사별 여객기 월평균 가동 시간을 보면 아시아나항공의 경우는 335시간 정도 되는데 제주항공의 경우는 418시간 이렇게 많이 되어 있습니다. 그리고 또 이번 사고가 핵심적으로는 랜딩기어, 기체 이상이었다 저는 그렇게 생각을 하는데요.

조사단장님 잠깐 앞으로 나와 주십시오.

앞서 손명수 위원님 말씀 답변에 '랜딩기어가 1차에는 내려왔다' 이렇게 말씀하신 게 맞지요?

○**항공·철도사고조사위원회조사단장 이승열** 접근할 때 내려왔던 건 맞습니다.

○**위성곤 위원** 확인됐습니까, 그게? 영상으로 확인이 됐고요?

○**항공·철도사고조사위원회조사단장 이승열** 예, 영상에 최초에 어프로치할 때에는 내려와 있었습니다.

○**위성곤 위원** 그러면 왜 착륙을 안 했을까요?

○**항공·철도사고조사위원회조사단장 이승열** 그것은 제가 지금……

○**위성곤 위원** 그러면 2차에는 왜 내려오지 않았을까요?

○**항공·철도사고조사위원회조사단장 이승열** 그것은 제가 지금 어떻게 말씀드리기가 좀 어려울 것 같습니다.

○**위성곤 위원** 일반적으로 랜딩기어가 작동하지 않는 이유는 기체 결함이라고 봐야 되는 거지요. 그렇지요?

○**항공·철도사고조사위원회조사단장 이승열** 꼭 그렇게만 생각하지는 않을 수도 있겠습니다.

○**위성곤 위원** 않습니까?

○**항공·철도사고조사위원회조사단장 이승열** 그게 꼭 기체 결함인지 아니면 랜딩기어를 내리지 않았는지 그것은 모르겠습니다. 그건 봐야 될 것 같습니다.

○**위성곤 위원** 랜딩기어를 내리지 않고 착륙을 시도하지는 않을 것 아닙니까. 랜딩기어를 일반적으로, 사실은 기록장치가 4분 동안 사라져서 확인할 수가 없는데……

○**항공·철도사고조사위원회조사단장 이승열** 지금 질문하신 내용에 대해서는 사실은 조사를 하고 있는 과정이기 때문에 지금 제가 이런 부분에 대해서 추정을 해서 답변하기는 좀 어려울 것 같습니다.

○**위성곤 위원** 저는 그 부분에 좀 더 집중적으로 조사가 필요하다 이렇게 말씀을 드리고요.

○**항공·철도사고조사위원회조사단장 이승열** 예.

○**위성곤 위원** 그리고 저는 비행기가 48시간 동안에 열세 차례나 착륙하고 이런 것들이 실제 비행기 기체의 피로도를 높이지 않았을까라고 생각이 되는데 어떻게 생각하십니까?

○**항공·철도사고조사위원회조사단장 이승열** 그 부분에 대해서도 사실은 제 추정이 또 들어갈 수 있는 내용이기 때문에 답변은 드리기가 어렵겠습니다.

○**위성곤 위원** 일반적으로 이착륙이나 비행이 잦게 되어지면 기체 피로가 오게 되는 건 사실이지 않습니까? 그러니까 사실은 사람도 마찬가지인데 쉬어야 되는 거지요. 얘도 안 쉰 거지요, 비행기가?

○**항공·철도사고조사위원회조사단장 이승열** 글쎄요, 지금 당장 그게 안 쉬어 가지고 피로가, 문제가 생겼다라고 판단하기는 좀……

○**위성곤 위원** 판단할 수는 없지만 저는 그렇게 의심하고 그것에 대해서 구체적인 조사가 필요하다……

○**항공·철도사고조사위원회조사단장 이승열** 예, 그러면 그런 쪽으로도 한번 검토하고 조사하도록 하겠습니다.

○**위성곤 위원** 조사의 방향이 지금은 조류에 맞춰서, 철새에 맞춰서만 의논이 되고 있는데 그것에 비해서 오히려 기체의 결함이라든가 정비 불량 문제를 더욱더 점검해야 된다. 그리고 앞서도 얘기했지만 조종사의 휴식시간이 적절하게 되었는지, 그것이 조종에 어떤 영향을 미쳤는지까지도 검토할 필요가 있다라고 생각하는데 어떻게 생각하십니까?

○**항공·철도사고조사위원회조사단장 이승열** 지금 조류와 관련돼 있는 부분의 조류 얘기가 나온 이유가 처음에 어프로치하는 와중에 조류가 있었고 조류하고 버드 스트라이크가 발생돼 있는 시점부터 FDR, CVR도 리코딩이 스톱됐고 그다음에 항공기도 복행을 하면서 사고가 났기 때문에 이게 꼭 조류 때문에 사고가 발생했다고 하는 의미를 얘기하는 건 아닙니다. 단지 시작하는 시점이 조류하고 우연인지 연관성이 있는지 부분에 대해서부터 시작을 해서 돌아왔기 때문에 이 시작하는 시점을 중심으로 해서 좀 더 관심 있게 보고 있고 조사하고 있다는 부분을 말씀드립니다.

○**위성곤 위원** 앞서 셧다운이 됐는데, 셧다운이 돼서 우리가 느끼기에 FDR이나 CVR이 기록되지 않았다 이렇게 생각을 하고 있는데 그런데 앞서 단장님께서는 '셧다운이 안 됐을 수도 있다'라고 말씀을 하셨고 그러면 FDR이나 CVR이 기록되지 않은 이유는 뭐라고 판단을 하시는 겁니까?

○**항공·철도사고조사위원회조사단장 이승열** 판단에 대해서 지금 제가 이렇게 말씀을 드리면서 제가 이 판단의 근거를 정확한 모든 팩트를 가지고, 종합적인 데이터를 가지고 콜렉트(collect)를 한 상태에서 말씀을 드려야 되는데 지금 하나의 근거를 가지고 말씀을 드리게 되면 추정된 2차적인 가정이 나올 수 있고 또 결과가 나올 수 있기 때문에 그 부분은 조심스럽다고 말씀을 드리겠습니다.

○**위성곤 위원** FDR이나 CVR이 기록되지 않을 가능성에 대해서, 결국은 왜 기록이 안 됐다고 생각하십니까?

○**항공·철도사고조사위원회조사단장 이승열** 그 부분은 저희가 항공기 시스템 그다음에 조종사의 모든 부분을 지금 같이 검토를 하고 있는 중입니다. 지금 저희가 중요하게 보고 있는 리코딩 스톱이 된 이유를 여러 채널 또는 여기저기 조사하는 과정, 엔진·관제·CCTV 조사 그다음에 저희가 NTSB하고 같이 협력적인 조사 이런 부분을 통해서 밝히고 있는 과정에 있다고 말씀드리겠습니다.

○**위성곤 위원** 알겠습니다.

이상 질의 마치겠습니다.

○**위원장 권영진** 위성곤 위원님 수고 많으셨습니다.

다음은 이달희 위원님 질의하시겠습니다.

○**이달희 위원** 국가에 갑자기 재난이 이렇게 발생할 때가 많습니다. 자연재난도 있고 이렇게 사회적인 재난도 있는데요. 이런 경우에 수습 과정이 가장 선진국인가 후진국인가, 공무원들이 정말 국민을 위해서 일을 하는가 안 하는가 그런 판가름이 나는 상황인 것 같습니다.

저는 보완할 점 하나와 또 앞으로 적법하게 참 잘해서 이어 나갈 점 한 가지를 말씀 좀 드리겠습니다.

행안부의 이한경 재난안전관리본부장님, 허위정보라 하면 어떤 게 있겠습니까? 지금 여러 가지 문제가 되는데요 SNS상을 주로 많이 얘기하겠지요. 국립재난안전연구원에서 발간한 허위정보라 함은 루머, 유언비어, 거짓말, 풍자, 프로파간다(propaganda), 음모론, 오보, 가짜뉴스, 낚시글, 허위조작정보 이런 모든 것을 허위정보라고 하거든요. 그런데 우리가 보통 재난이 나면 컨트롤타워, 가장 핵심이 되는 부서가 행안부잖아요?

○**행정안전부재난안전관리본부장 이한경** 예, 맞습니다.

○**이달희 위원** 행안부는 모든 재난의 수습 과정에 다 참여하는데요.

여기 매뉴얼에 미국의 루머컨트롤센터, 그러니까 허위정보통제센터 같은 그런 게 바로 딱 뜨거든요. 혹시 우리도 큰 대형사고가 나면 그런 센터가 옆에 바로 이렇게 차려지거나 홈페이지에 그런 부서가 생깁니까? 우리 매뉴얼에 있나요?

○**행정안전부재난안전관리본부장 이한경** 매뉴얼이 저희가 있기는 있는데 위원님께서 지금 말씀하시는 그 정도까지는 아직……

○**이달희 위원** 그래서 우리가 이런 경우에는 이 사건을 계기로 해서, 사고를 계기로 해서 앞으로 대형 참사나 사고가 났을 때 중대본 산하에 이런 센터를 만들어서 국민들도…… 여기 뒤에 보면 악의적인 음모라든가 이런 것은 정말 악의적인데 또 그냥 청소년이나 이런 친구들이 낚시글에 낚여서 퍼 나르거나 이럴 수도 있기 때문에 이건 대국민 홍보 차원에서도 이런 컨트롤센터를 만드는 매뉴얼을 넣었으면 좋겠고요.

또 이번 사고와 관련해서 대규모 희생이 이렇게 났을 때 희생자 안치에, 우리가 이번에 사실 격납고에 안치했다가 날씨가 너무 더워져서 저녁에 부랴부랴 냉동 안치소 만드느라고 고생하셨잖아요. 그래서 이런 부분은 미리 매뉴얼에 넣어서 사고마다 유형이 다른데 준비가 좀 됐으면 좋겠습니다.

○**행정안전부재난안전관리본부장 이한경** 전적으로 공감합니다.

○**이달희 위원** 그리고 재난이 발생하면 저도 행정부에서 근무한 경험으로는 최고위층이 그 현장에서 근무할 때 수습이 가장 빨리 됩니다. 왜냐하면 다른 부서와의 유기적인 협력도 필요하고 지시를 바로바로 내리고 또 그 현장에서 일어난 일들을 바로 이렇게 대처할 수 있기 때문이거든요.

그런 부분에서 이번에 국민들께 보고를 좀 드리면 국토부장관께서 첫날부터 모든 유족들이 시신을 다 모시고 나갈 때까지 그 공항에서 나오지 않고 현장 지휘를 100% 하신 부분은 정말 이 사고 수습을 좀 빨리할 수 있는 그런 계기가 되지 않았나 해서 앞으로도 우리 두 분, 복지부 이기일 차관도 계시고 또 국토부 백원국 차관도 계속 머물러 계시는 것 저희들이 봤는데요 앞으로도 이런 중대본을 꾸릴 때 사고가 나면 현장에 관련 부서 최고 책임자가 머물러서 마무리될 때까지 있는 것은 빠른 수습을 위하거나 또 유족들과의 그런 관계에서 소통이나 신뢰감을 쌓는 부분에서는 굉장히 좋은 사례라고 생각해서 앞으로도 우리가 사고가 없으면 제일 좋겠습니다마는 이런 일이 있을 때는 중대본에서 이번 건을 계기로 해서 그렇게 이어 갔으면 좋겠다고 국민들께 이 부분은 보고를 드리는 바입니다.

이상입니다.

○**행정안전부재난안전관리본부장 이한경** 그 부분 제가 잠깐 말씀드리면 재난관리를 꽤 오래 한 사람 입장에서 볼 때 담당 부처, 재난관리 주관기관의 장께서 이렇게 적극적으로 하는 경우는 위원님 말씀 주신 대로 수습하는 데 굉장히 큰 도움이 되는 게 맞고요. 그런데 사실 현실적으로는 유가족하고 만나는 것을 다들 두려워하세요. 그런데 그럼에도 불구하고 이번에는 우리 장관님께서 역할을 상당히 잘해 주셨다 이렇게 말씀드리고 싶습니다.

○**이달희 위원** 국토부장관님 한 말씀……

○**국토교통부장관 박상우** 당연히 했어야 될 일을 했고요. 하여튼 앞으로도 안전사고 안 생기도록 그렇게 사전에 미리 제도와 현장 관리를 철저히 해 나가도록 하겠습니다.

○**위원장 권영진** 이달희 위원님 수고 많으셨습니다.

다음은 전진숙 위원님 질의하시겠습니다.

○**전진숙 위원** 오전 질의를 통해서 심리 지원에 관련된 이야기를 했는데 그 이야기를 조금 더 하겠습니다.

오전에도 말씀하셨지만 지금 가지고 있는 국가트라우마센터, 지역에 있는 정신보건센터 체계로는 인력과 전문성에 일정 정도 부족함이 있다라고 이야기를 해 주셨고 이것을 향후에 어떻게 키워 갈 것인가라고 하는 고민을 갖고 계시는 것 같은데 국가의 재난대응 심리지원체계라고 하는 측면에서 제가 자연재해나 테러사건을 많이 겪었던 국가를 보니까 재난 경험자의 건강을 장기적으로 연구하고 지원하는 이런 시스템이 되어 있는 데가 있더라고요. 그걸 혹시 장관님 알고 계십니까?

○**보건복지부장관 조규홍** 아직은 보고받지 못했습니다.

○**전진숙 위원** 그러십니까? 미국은 9·11 테러 피해자들에 대해서 2090년까지 추적조사와 지원을 하고 있고요, 일본도 동일본 대지진 그다음에 후쿠시마 원전사고 관련해서 지역주민의 장기조사와 지원을 진행을 하고 있습니다. 그리고 대한민국에서는 세월호가 10년 동안 장기추적조사를 통해서 지난 2024년에 마무리가 되어 있습니다.

이렇게 하는 이유는 처음에 재난을 당했다고 했던 사람들, 지금 우리가 재난의 피해자라고 하는 재난의 경험자라고 하는 사람들의 풀을 조사를 하고 이 사람들을 등록을 하고 이들을 체계적으로 데이터 관리를 하는 이런 이점이 있는 거고요. 더 나아가서 지속적으로 저희가 항상 트라우마나 이런 것들 때문에 한 달 이내, 한 달에서 세 달, 세 달 이후에 만성적인 극심한 스트레스를 갖는다고 이야기를 하잖아요. 그런 측면에서 건강에 대한 피해를 조기 발견하고 관리할 수 있다고 하는 이점이 있습니다. 그리고 더불어서 맞춤형 지원이 가능하다고 하는 이런 이점도 있고요. 그리고 재난 대비 관련해서 대응체계를 강화시킬 수 있다고 하는 이런 장점이 있기 때문에 재난경험자의 장기추적시스템을 만드는 건 굉장히 중요할 것 같습니다. 그래서 혹시 이후에 국가트라우마센터나 이 부분에서 이런 것들을 가져가실 생각이 있으신지 질의합니다.

○**보건복지부장관 조규홍** 하여튼 이번 사건을 수습하는 데도 국가트라우마센터가 노력을 해야 되겠지만 향후 재난이 발생했을 때 심리지원을 하기 위한 중추적인 기관으로서 그걸 육성하는 데 있어서 전문인력 보강 그다음에 예산 그다음에 지금 위원님께서 말씀하신 해외사례를 참고로 한 조직 개편도 검토를 하고 그 조직 개편 시에는 방금 말씀하신 장기추적연구가 이루어질 수 있도록 하겠습니다.

○**전진숙 위원** 너무 먼 시간에 이루어지지 않도록 장관님께서 특별히 더 애정을 가지고 섬세한 관리를 조금 진행해 주셨으면 좋겠습니다.

○**보건복지부장관 조규홍** 예, 유념하겠습니다.

○**전진숙 위원** 실은 제가 국가트라우마센터 센터장님께 이런 체계를 갖기 위해서 지금 현재 가지고 있는 인력의 한계, 전문성의 한계를 어떤 방식으로 늘렸으면 좋겠는지를 질의를 하려고 했는데 그것은 방금 주신 답변으로 대체를 하고 그것에 대한 것을 주시면 될 것 같고요.

그리고 특별법에 관련해서 저희가 특위에서도 다시 이야기를 하기는 하겠지만 제가 특별히 조금 눈여겨서 보고 있는 부분이 있습니다. 물론 유가족 그리고 전남도 그리고 광주시의 의견들을 지금 받고 계시지요?

특별법과 관련해서는 국토부장관님이 그냥 답변을 일괄 주셨으면 좋겠어요. 혹시 이 특별법과 관련해서 의견들을 낸 것을 전체 취합해서 보신 적이 있으신가요?

○**국토교통부장관 박상우** 안에 골자는 봤습니다. 제가 조문을 다 읽어 보지는 못했고요. 여야, 여 쪽 야 쪽과 크게 다르지 않은 내용들이 지금 저는 특히 돼 있는 것 같고.

○**전진숙 위원** 그래서 반드시 특별법, 저희들도 물론 법을 입안하고 이 과정 속에서 유가족의 의견들을 최대한 반영할 수 있도록 노력을 해야 되겠지만 충분히 듣는 시간을 가지셨으면 좋겠다라는 말씀을 좀 드리고.

특히 오전에도 이야기했던 2차 가해 관련해서 특별법 법안에 좀 명확하게 들어갔으면 좋겠다 하는 의견들이 조금 있습니다. 왜냐하면 이태원 참사 특별법에도 법 조항으로는 들어 있지 않아요. 그 관련된 항목은 있다 보니까 자꾸 그 부분에 대해서 계속 일어났고 또 실은 이태원 참사 관련해서도 모욕을 했던 이런 글들이 23명이 1심 선고를 받았는데 이들의 83%는 벌금형에 그치는 아주 가벼운 방식으로 처리를 하다 보니까 반복되는 사례들이 놓여 있어서 법안에 꼭 좀 들어갔으면 좋겠다 이야기를 하고 싶고요.

그리고 또 하나, 복지부장관님이 말씀하셔야 될 것 같은데 지금 광주에서 1229마음센터 조성하려고 하고 있는 걸 알고 계시지요?

○보건복지부장관 조규홍 예, 그때 저희가 추모식 날 가서 광주시장님께 직접 들었습니다, 권한대행님하고 같이.

○전진숙 위원 그것에 대해서 어떻게 생각하십니까?

○보건복지부장관 조규홍 권한대행님께서 최대한 지원을 하겠다고 말씀을 하셨기 때문에 저희도 실무적으로 어떤 것을 검토해야 되는지 그다음에 어떤 지원이 필요한지를 지금 검토하겠습니다.

○전진숙 위원 속도를 조금 내 주시고요.

○보건복지부장관 조규홍 예.

○전진숙 위원 아침에 박한신 대표님도 말씀하셨던 것처럼 자조모임을 진행을 하지만 그 자조모임을 넘어서서 치유 커뮤니티에 대한 일상회복 프로그램을 반드시 진행을 하고 치유를 위한 공간들이 정확하게 필요하다고 하는 것은 인식을 같이해서 이 부분에 대해서 속도를 좀 내서 지원에 대한 방안을 고민을 해 주셨으면 좋겠습니다.

○보건복지부장관 조규홍 예, 그렇게 하도록 하겠습니다.

○전진숙 위원 이상입니다.

○위원장 권영진 전진숙 위원님 수고 많으셨습니다.

다음은 정준호 위원님 질의하시겠습니다.

○정준호 위원 이진철 부산지방항공청장님 오늘 나오셨습니까?

설 연휴 때도 에어부산 사건 때문에 또 정신 없으셨지요? 무안에서도 고생 많으셨는데.

무안공항 활주로 폐쇄에 관해서 제가 여쭤볼 건데요. 지금 4차 폐쇄 기간이 4월 18일까지로 돼 있지요?

○부산지방항공청장 이진철 예, 그렇습니다.

○정준호 위원 4차 폐쇄를 결정하신 주체가 지금 부산지방항공청장님으로 돼 있는데 맞지요?

○부산지방항공청장 이진철 예, 지방항공청장이 그것을 책임지게 되어 있고요.

○정준호 위원 4차 폐쇄 결정 보니까 1차 폐쇄는 무안공항출장소장 공항장님께서 사고 수습을 위해서 자체 판단을 해 가지고 일주일 동안 폐쇄를 했었고 2차하고 3차는 사고조사위원회에서 요구해서 폐쇄한 거 맞지요?

○부산지방항공청장 이진철 예, 그렇습니다.

○정준호 위원 그러면 사고 수습, 사고 조사 때문에 했는데 4차 폐쇄의 주된 목적을 저희가 뭘로 알고 있으면 됩니까?

○부산지방항공청장 이진철 항공기 사고로 파손된 시설물 보수 등이라고 말씀드릴 수 있습니다.

○**정준호 위원** 시설물 보수.

(영상자료를 보며)

PPT 한번 보시면 한국공항공사를 통해서 받아 봤던 파손시설별 공항 공사계획이 나와 있어서 지금 사고로 파손된 부분은 2번까지 해 가지고 활주로 진입등, 방위각 시설이 2025년 8월로 예정이 돼 있습니다.

다음 PPT 보겠습니다.

아까 존경하는 손명수 위원님께서도 말씀하셨는데 동체착륙 시도가 있었는지 없었는지 의심이 들 정도로 동체착륙에도 불구하고 활주로 상태가 매우 양호해서 이 부분에 대해서는 침하 또는 파손이 없는 걸로 확인이 됐다라고 지금 돼 있습니다.

그러면 아까 말씀하신 것처럼 사고로 인한 파손 보수가 주된 폐쇄 목적이었다라고 하면 2025년 8월 말 정도에는 공항 폐쇄 사유가 소멸되는 걸로 저희가 봐도 됩니까?

○**부산지방항공청장 이진철** 물리적인 시설의 복구는 많이 이루어질 거라고 생각이 되고요.

○**정준호 위원** 그러면 지금 활주로 폐쇄를 번복해서 폐쇄를 해제해서 재개항도 그때쯤이면 검토가 가능한 시점이 된다고 보면 됩니까?

○**부산지방항공청장 이진철** 그런데 그런 부분에 대해서는 지금 단언해서 말씀을 드리기 힘들 것 같고요.

○**정준호 위원** 어떤 부분 때문에 단언하기가 어려우신 거지요?

○**부산지방항공청장 이진철** 시설공사 관련해서는 8월 정도로 저희가 예상을 하고 있고요. 그리고 성능 점검, 안전성 검토, 인가절차 등등이 또 필요합니다. 물론 두 가지를 같이 진행하면서 패스트트랙으로 진행하는 방법으로 시간을 당길 수는 있겠지만 다른 절차들이 존재하는 것도 있고요.

○**정준호 위원** 다른 절차들이 존재한다? 알겠습니다.

장관님.

○**국토교통부장관 박상우** 예, 위원님.

○**정준호 위원** 제가 다른 것을 여쭤보려는 것은 아니고 폐쇄하고 폐쇄 해제 규정과 관련된 내용들을 확인을 하려고 하는 건데요.

공항안전운영기준을 보니까 144조에 아까 말씀하신 것처럼 지방항공청장 등이 공항운영자로서 일시적으로 활주로를 폐쇄할 수 있는 결정을 할 수 있게 돼 있습니다. 그런데 제가 규정을 보니까 과연 언제까지가 이 일시적인 시간적 한계에 해당하는지를 찾아보니까 규정이 특별히 존재하지를 않습니다. 오히려 폐쇄 해제 같은 경우를 보니까 공항운영자가 객관적인 근거를 제시해서 폐쇄 해제를 하는 것으로만 돼 있습니다. 이 규정 내용 들어 보셨지요?

○**국토교통부장관 박상우** 예, 확인했습니다.

○**정준호 위원** 제가 생각할 때는 이게 좀 부자연스러운 규제 방식인데요. 자의적인 판단도 개입될 수가 있고 한번 폐쇄가 되면 이게 도대체 언제 정도에 폐쇄 해제가 되는지를 도무지 예측할 수 없는 규정이기 때문에 제가 생각할 때는 행정당국이 공항운영자에게 폐쇄 권고를 하면 공항운영자가 한번 검토한 다음에 수용을 하고 또 운영자가 재개해야 되겠다는 생각이 들면 당국에다가 보고를 하고 당국이 검토한 후에 승인하는, 이런

식으로 크로스 체크하는 방식으로 운영이 됐으면 한다는 생각이 들었는데 이에 대해서 의견 한번 간단히 주십시오.

○**국토교통부장관 박상우** 일단은 파손된 시설이 로컬라이저하고 항공등하고 이런 것이 파손이 됐기 때문에 이게 정밀계기비행하는 데, 특히 착륙할 때 필요한 시설이거든요. 이게 언제까지 복구가 가능한지 설계를 하고 예를 들어 공사하는 기간이 있고 또 성능 테스트하는 기간이 있을 것 아닙니까? 그것이 빨리 확인이 되면 바로 로드맵을 제시하는 쪽으로 그렇게 하겠습니다.

○**정준호 위원** 말씀 잘해 주셨는데 그러면 이 로드맵이 언제쯤 제시가 된다라고 저희가 보면 됩니까?

○**국토교통부장관 박상우** 그래서 그것을 제가 뭐라고 지금 말씀드리기는 좀 그렇지만……

○**정준호 위원** 그렇지요.

○**국토교통부장관 박상우** 빨리 서둘러서 정확하게 로드맵을 제시해야 거기에 맞춰서 우선 다른 공항 관련되는 예를 들어서 여행업이라든지 이런 분들도 계획을 세울 수 있기 때문에 그렇게 지금 조치하고 있습니다.

○**정준호 위원** 제가 사실 장관님한테 여쭤보고 싶은 게 이 부분이었는데 규정상 문제 때문인지는 몰라도 활주로 폐쇄하고 폐쇄 해제 또 재개항과 관련된 로드맵 제시하는 기준 같은 게 지금 안 정해져 있는 것 같습니다. 그래서 이런 부분도 한번 고민을 해 보셔야 될 부분인 것 같고요.

실제로 제가 장관님한테 여쭤본 것처럼 지금 재개항과 관련된 로드맵이 전혀 확정이 안 돼 있는 상황이다 보니까, 제가 연휴 중에도 장관님께 지금 광주공항에 국제선 임시 유치 가능성이 있는지 이런 부분 문의한 사실이 있잖아요?

○**국토교통부장관 박상우** 예.

○**정준호 위원** 그러다 보니까 지금 광주·전남 지역의 관광업계에서 여행객 모집한 것 취소라든지 환불이라든지 이런 부분 때문에 굉장히 힘들어하는 부분이 있는데 지금 어떠한 대책을 못 세우고 있는 상황입니다.

○**국토교통부장관 박상우** 잘 이해합니다.

○**정준호 위원** 그래서 제가 한번 당부드리고 부탁드리고 싶은 것은 방금 말씀하신 것처럼 로드맵을 지금 곧 수립을 하든지 검토를 하셔야 될 건데 그 과정에서 관광협회라든지 광주시나 전남도라든지 이런 지자체와 관련된 곳 좀 다 포함해 가지고 관련자들이 포함이 된 상태에서 로드맵 검토가 이루어지고 수립될 필요가 있어 보입니다, 일방적인 통보보다는요. 이런 부분들을 한번 약속해 주실 수 있습니까?

○**국토교통부장관 박상우** 예, 그렇게 열린 소통의 포지션을 가지고 할 텐데요. 일단은 기술적인 문제가 정해져야 되기 때문에 그것은 기술파트의 검토사항을 지자체나 관련된 업계에 알려 드리고 또 거꾸로 그쪽에서 예를 들어서 무슨 행사가 있거나 이런 게 있지 않겠습니까? 언제까지는 좀 해 주면 좋겠다라고 이야기를 하면 가능하면……

○**정준호 위원** 하나만 더 말씀드릴게요. 시간이 없어서 하나만 제가 더 물어 볼게요.

그러면 지금 여행업계에서 보니까 국적항공사 취소수수료 면제라든지 환불 조치라든지 이런 부분 요청하고 있는데 이 부분도 검토해 주십시오.

○**국토교통부장관 박상우**　예, 그런 것은 문화부에 지원하는 기금이 있어서, 저리에 자금 지원을 하는 게 있습니다. 그래서 그게 적용이 되도록 관계부처 간 협의를 하도록 하겠습니다.

○**정준호 위원**　이상입니다.

○**위원장 권영진**　정준호 위원님 수고 많으셨습니다.

　다음은 국민의힘 간사이신 김은혜 위원님 질의하시겠습니다.

○**김은혜 위원**　제주항공 김이배 대표님 나오셨나요?

　대표님 오랜만입니다.

　2년 3개월 전으로 넘어가 볼까 합니다. 아까 제가 제기했던 22년 11월에 간사이에서 회항을 했던 제주항공 HL8303을 말씀드리고 싶습니다. 그때 엔진 내에 블레이드 결함이 발견됐지요. 그리고 그 직전에 상공에서 조종사가 버드스트라이크를 신고했고요. 맞습니까?

○**㈜제주항공대표이사 김이배**　신고가 아니고 버드스트라이크 서스펙티드라고 하는 그걸 적게 돼 있습니다.

○**김은혜 위원**　대표님, 본질에 좀 집중해 주시고요. 조종사가 버드스트라이크를 신고하고 그 뒤에 엔진이 정지된 것으로 12월 31일 날도 브리핑을 하셨습니다.

　당시에 결함 블레이드가 발견이 됐는데 그 결함 블레이드에 대해서는 다른 항공기에 대해서 어떻게 조치를 취하셨습니까?

○**㈜제주항공대표이사 김이배**　발견이 된 게 아니고 그때는 바로 엔진을 일본 현지에서 내리게 됐고요. 거기서 직접……

○**김은혜 위원**　대표님, 계속 말꼬리를 잡으시면 안 된다고 생각합니다. 유가족이 본다고 생각하시고요.

○**㈜제주항공대표이사 김이배**　거기서 직접 MRO로 이송을 했습니다.

○**김은혜 위원**　저는 제주항공이 제작 결함이 발견된 블레이드에 대해서 다른 항공기까지 추가로 발견된 결함 블레이드에 대해서 어떤 조치를 취하셨는지 묻고 있습니다. 모르세요?

○**㈜제주항공대표이사 김이배**　23년 말씀입니까?

○**김은혜 위원**　대표님, 다시 조사하셔서 저희 의원실에 보고해 주시기 바랍니다.

　지금 사고의 중대성을 아직도 모르고 계시다고 저는 생각을 하는데 당시에 간사이에서 엔진이 정지됐던 그 제주항공 기종과 똑같은 엔진 모델이 이번 무안공항에서의 제주항공 블레이드 모델과 같습니다. 그러면 이렇게 결함 블레이드가 발견되면서 국토부에는 블레이드의 교환 주기를 단축했고 결함 블레이드를 사용 중인 다른 비행기의 10개 엔진 전체를 교환 완료했다고 보고했습니다. 그런데 왜 지금 기억이 안 나시지요, 이 중요한 사고의?

○**㈜제주항공대표이사 김이배**　엔진은 동일한 엔진이고 그 부분은 22년 상황과 다른 상황입니다. 그래서 노르웨이전 항공이 사용했던 엔진에 대해서 전체적으로 점검으로 교환을 했던 부분입니다.

○**김은혜 위원**　그러면 교환을 했으면 HL8088, 즉 무안에서 사고가 났던 그 항공기도 블레이드 교환했습니까?

○㈜제주항공대표이사 김이배 정확하게 그 엔진인지는 제가……

○김은혜 위원 똑같은 엔진이라니까요.

○㈜제주항공대표이사 김이배 엔진은 동일합니다. 국제적으로도……

○김은혜 위원 블레이드 모델도 같습니다. 대표님, 제가 확인을 했습니다. 어떻게 제가 대표님보다 더 잘 알고 있습니까?

○㈜제주항공대표이사 김이배 블레이드는 엔진 정비가 들어갔을 때 교환하는 주기가 있습니다.

○김은혜 위원 대표님 들어가십시오.

저희 의원실에 해당 HL8088 블레이드도 교체를 했는지 알려 주시기 바랍니다. 오늘 안으로 알려 주십시오.

○㈜제주항공대표이사 김이배 예.

○김은혜 위원 이승열 단장님, 말씀 주신 대로 CFM 인터내셔널의 사조위 불참이 유가족분들의 우려가 있을 수 있지만 아까 GE와 샤프란이 각각 참석한다고 이야기를 들었습니다. 그럼에도 불구하고 엔진이 프랑스로 옮겨질 때까지 걱정되시는 바가 있을 것 같은데, 프랑스로 엔진이 옮겨지는 게 언제 가지요?

○항공·철도사고조사위원회조사단장 이승열 지금 그 분야에서는 협의 중에 있습니다. 그래서 계획 중으로는 프랑스 샤프란으로 갈 생각을 가지고 있는데, 그래서 저희 엔진 운반하고 하는 과정, 절차……

○김은혜 위원 시기는 아직 결정이 안 됐습니까?

○항공·철도사고조사위원회조사단장 이승열 저희 계획으로는 빠르면 한 2월 말 아니면 3월 초 정도로 계획하고 있습니다.

○김은혜 위원 저는 엔진이 넘겨지기 전에 사고 현장에 있을 때부터 유가족이나 국회가 추천하는 엔진 제조 전문가가 보강돼 조사가 진행돼야 한다고 생각합니다. 왜냐하면 GE와 샤프란 측이 각각 나온다면 우리 측에서도 대항력을 갖고 조사에 임해야 유가족의 시선에서 확고하게 준비가 될 것이라고 생각하기 때문입니다.

단장님 계시고요.

차관님, 이에 따라서 사조위에 유족이나 국회가 추천하는 엔진 제조 전문가 합류를 강력하게 요청드리는데 어떻게 검토하실 수 있을까요?

○국토교통부제2차관 백원국 그 부분에 대해서는 위원님 말씀도 대항력을 갖춰야 한다는 측면에서는 일리 있으신 말씀이시고요. 또 국제적인 룰에 따라서 그 부분에 참여할 수 있는지에 대해서는 그 부분도 검토가 돼야 될 것 같습니다. 그래서 종합적인 검토를 거쳐서 별도 한번 보고를 드리도록 하겠습니다.

○김은혜 위원 예, 알겠습니다.

단장님, 또한 제가 여쭤보고 싶은 것은 사실 아까 존경하는 손명수 위원님 말씀하셨을 때……

오늘 주종완 실장님 나와 계시나요?

○국토교통부항공정책실장 주종완 예.

○김은혜 위원 주종완 씨는 당시에……

1분만 더 주실 수 있으십니까?

아마 블랙박스가 저장이 안 됐고 전원이 없었다라는 추정하에 실장님께 말씀드렸을 때 실장님이 전원이 없었던 부분에 대해 그렇게 추정이 되고 있다라고 말씀드린 부분 때문에 지금 엔진 셧다운에 대한 논란이 계속 있었던 것 같습니다.

실장님은 괜찮습니다. 단장님께 말씀드리겠습니다.

그래서 단장님, 이렇게 되면 다시 복행을 하는 과정에 있어서 분명히 그 당시 저희 국토위에서는 관제탑과의 교신이 있었고 블랙아웃이 됐다 하더라도 관제탑과의 교신 같은 간접적 증거를 통해서 사고 원인을 저희가 조명하는 것으로 당시에 장관님 포함해서 제가 들었습니다. 그러면 그 안에서는 분명히 엔진과 관련해서도 관제탑과의 내용이 있었을 거라고 저는 판단하고 있는데요.

지금 제가 이 법을 보니까 항공철도사고조사법상에 정보의 공개금지 조항이란 임의규정이지 공개할 수 없다는 것은 아닙니다.

(발언시간 초과로 마이크 중단)

(마이크 중단 이후 계속 발언한 부분)
확대해석 하기 전에 유가족 그리고 우리 특위 위원이라도 정보가 공개될 수 있도록 관제탑과의 교신 내용에 대해서 공유를 촉구를 드립니다.

○항공·철도사고조사위원회조사단장 이승열 그 부분에서 설명을 드려도 되겠습니까?

○김은혜 위원 예, 그럼요.

○항공·철도사고조사위원회조사단장 이승열 지금 위원님께서 말씀을 해 주신 부분 잘 이해를 했습니다. 그리고 유가족분들께서도 그 부분에서 많이 말씀을 해 주셨는데 정보 공개 금지에 대한 내용이 저희 항공철도사고조사법률 이외에도 ICAO에서 이미 그것을 규정을 지어서 정보 공개에 대한 금지에 대한 내용을 적어 놨습니다.

그래서 그것을 적어 놓은 이유가 보면 여기에 정확하게 나와 있는 것처럼 사고 조사에 영향을 줄 수 있거나 또는 개인의 사생활에 침해를 줄 수 있는 경우는 정보 공개를 금지하도록 돼 있습니다. 그런데 저희가 조사를 하는 와중에 보면 이 개인의 사생활 침해라고 하는 부분에 관계가 돼 있는 게 사실은 거기에 관계가 돼 있는 조종사 또는 관제탑의 컨트롤했던 컨트롤러 이 부분도 사실 관계자가 될 수 있고요. 그다음에 공개를 함으로써 더 혼란이 올 수 있다.

그런데 저희가 공개를 하지 않겠다는 의미가 아닙니다. 공개를 하는 시기와 그다음에 방법에 대해서 설명을 제가 아까도 좀 드리고 싶었던 내용이 그건데, 뭔가 하면 공개를 하는데 저희가 공개하는 방법에 지금 음성으로 들어 있는 바로 이 다이렉트로 들어가 있는 음성 공개를 절대로 하지 않겠다는 말씀을 드리는 거고요. 대신에 조사하는 와중에 좀 더 어떤 부분이 확인이 됐을 경우에는 그것을 서머리해서 그 부분을 공개를 부분적으로 할 수가 있고, 나중에 최종적으로 저희가 조사 보고서의 내용에는 사고와 연관성에 있는 내용에 대해서는 그 부분을 스크립트해서 그것을 최종 보고서에 기록을 할 것이고 그리고 기록한 데 이후에 그 내용에 대해서 분석까지도 다 포함을 시킬 내용입니다. 그래서 공개를 하지 않겠다는 의미가 아니고 이런 절차대로 공개를 하겠다는 의미를 말씀드리겠습니다.

○김은혜 위원 알겠습니다. 4분이 사라졌기 때문에 더 투명하게 해 달라는 요청이었습

니다.

　감사합니다.

○**항공·철도사고조사위원회조사단장 이승열** 예, 알겠습니다.

○**김은혜 위원** 이상입니다.

....

○**위원장 권영진** 김은혜 위원님 수고 많으셨습니다.

　다음은 더불어민주당 간사이신 이수진 위원님 질의하시겠습니다.

○**이수진 위원** 위원장님, 질의 전에 자료 요구와 관련된 의사진행발언 잠깐 좀 드려야 될 것 같습니다.

○**위원장 권영진** 예, 하십시오.

○**이수진 위원** 제가 경찰청에 자료 요청을 드렸는데 답변이 오기는 왔는데 궁금한 내용이 적시가 안 돼서 답변이 왔습니다.

　국회 특위에서 전체적인 수사 상황을 보기 위해서 전혀 피의자를 특정할 수 없는 익명 그리고 추상적인 내용으로 종결 처리된 건들 현황이라도 좀 알려 달라고 요구를 드렸는데 이게 저만 궁금해서 이런 요구를 하겠습니까? 유가족 대표분이 워낙 점잖고 이성적으로 모든 것들을 해결하기 위한 노력을 하기 위해서 최대한의 노력을 하고 계시는 모습을 보면서, 그렇지만 실제적으로는 2차 가해가 심각하게 벌어졌고 아까 경찰청에서 설명한 대로 사이트 폐쇄하고 글 지우고 사라지고 이러면 더 이상 수사가 불가능하다 이렇게만 얘기를 하시는데 이게 그렇게 넘어가기에는 너무나 치명적인 그런 문제들이 있단 말입니다. 그렇다면 경찰청에서 최대한 최선을 다해서 이 많은 200, 거의 300여 건이나 되는데, 그리고 그 인터넷상에도 남아 있는 것들이 여전히 있고 그러면 좀 더 적극적으로 뭔가를 해야 되는데, 그렇다면 전반적인 상황들에 대해서 좀 알려 주셔야 되거든요. 너무나 좀 거부하는 것이 오히려 유가족들에게 별로 도움이 되지 않겠다 저는 이런 생각이 들어서 다시 한번 자료 요구를 드리는 바이고요.

　그리고 부산지방항공청 자료는 아직 제가 못 받았다는, 언제 받을 수 있는지 그 기한이라도 좀 답변을 당연히 주셔야 되는 거 아닌가.

　그리고 또 하나는 이번 사고의 기체 결함 여부도 중요하지만 무리한 운행의 정비가 제대로 이루어졌는지가 매우 중요합니다. 여러 위원님들도 지적을 해 주셨고.

　사고 항공기 정비이력, 엔진 및 랜딩기어 결함 및 정비이력, MEL 규정에 따른 정비이월 이력 등을 요구했습니다. 그런데 아직 답변이 없습니다. 이게 소관 부처에서 제주항공 협조가 필요하다 이런 이유가 있다라면 관련해 가지고 협조 받아서 제출해 주시기 바랍니다. 여러 자료들이 여전히 안 온 것이 상당합니다. 서둘러서 자료 제출해 주기를 다시 한번 위원장님께 요청을 드리면서.

　어떤 자료는 지금 존경하는 김은혜 간사께서도 질의를 하는 과정에서 여러 가지 궁금한 것들이 있는데 당장 혼란이 있을 수 있어서 당장은 오픈할 수 없다 뭐 이런 얘기들을 단장님께서도 하시고 그러는데, 실제로는 정보위나 이런 경우는 위원들만 따로 모여서 다른 형식의 보고를 받기도 합니다. 마냥 몇 달씩 기다리면서 저희가 아무것도 모르고 지나갈 수는 없는 상황이기 때문에 관련해서 어떤 형태로든 저희가 보고를 받을 수 있도록 그렇게 조치를 취해 주실 것을 요청드립니다.

○**위원장 권영진** 이수진 위원님 잘 알겠습니다.

우선 이호영 경찰청장 직무대행님, 경찰에서 요구했던 자료 그거 못 줍니까?

○**경찰청장직무대행 이호영** 경찰청 차장입니다.

수사 진행 중인 경우에는 원래 아직 특정되지 않는 경우에는 피의자 도주나 증거인멸 우려가 있어서 저희가 수사에 지장을 줄 수 있어서 제출이 어렵다고 말씀을 드렸습니다. 다만 위원님께서 말씀하신 종결된 거나 이런 경우, 종결이 41건이 종결이 됐는데요. 그중에 고소 취소가 21건, 입건 전 조사 등이 13건 정도고요. 나머지 수사 중지가 한 5건, 수배 등 이렇게 돼 있습니다. 실질적으로 고소 취소된 거 빼놓고는 입건 전 고소 취소된 것이 한 반 정도 됩니다. 이런 분야와 같이 명백히 종결된 것은 차후 위원님께 별도로 보고를 드리든지 하겠습니다.

○**위원장 권영진** 나머지 국토부 자료들……

○**국토교통부장관 박상우** 국토부 관련되는 자료는 존경하는 이수진, 책상에 한 장씩 지금 위원님들 현안질의하시면서 자료 요구한 거 목록을 정리를 했는데요. 우리 실무자들이 하면서 이수진 위원님 지적하신 사항, 요청하신 사항을 대부분 위성곤 위원님도 아마 중복으로 요청하셨는지 함께 포함이 돼 있습니다. 예를 들면 최근 1년간 사고기 정비이력 이런 것들은 즉시 제출하도록 그렇게 분류가 되어 있고요. 최대한 빠른 시간 내에 제출하도록 하겠습니다.

그리고 정보 공개 관련해서 사실은 저도 궁금하고 위원님들도 궁금하고 모든 사람이 다 궁금한데 저는 이거 하나만은 우리가 다 같이 좀 같이 컨센서스를 이루었으면 어떨까 하는 생각이 듭니다.

만약에 요즘 모든 일에 있어서 이 과정의 정당성이라든지 투명성 이런 것들이 굉장히 중요하게 여겨지지 않습니까? 그래서 만약에 정보가 너무 일찍 공개가 되어 가지고 조사 결과에 영향을 줬다든지 이런 오해를 받게 되면 오히려 유족들이 나중에 보상을 받을 때 제가 생각할 때는 마이너스가 될 우려도 있습니다.

예를 들면 결국은 보험회사가 보상금을 지불해야 되는데요. 보험회사가 대한민국 정부의 사고조사위원회와 미국 NTBS 등등이 합동으로 조사한 내용이 중간에 무슨 컨태미네이션(contamination)이 있었다든지 이런 식으로 시비가 붙기 시작하면 결국은 유족들이 보험금을 늦게 지급받게 되거든요. 그래서 그런 일이 안 생기도록 잘 단도리를 해 가면서 최대한 알려 드릴 건 알려 드리겠다는 말씀을 드리겠습니다.

○**위원장 권영진** 잘 알겠습니다.

이수진 위원님 질의하십시오.

○**이수진 위원** 질의드리겠습니다.

조규홍 보건복지부 장관님, 사회적 처방이라는 얘기를 좀 알고 계시나요?

○**보건복지부장관 조규홍** 예, 들어 봤습니다.

○**이수진 위원** 사회적 관계 또 이런 사회적 처방을 통해서 활력을 지원하는 그런 프로그램이라고 들었습니다. 참사 트라우마뿐만 아니라 고립, 고독 문제를 해결하기 위해서도 활용이 된다라고 하는데요.

다시 한번 강조드리지만 대형 참사 후에 생존자와 유가족이 겪는 외상 후 스트레스 장애는 현재도 문제지만 앞으로가 더 큰 문제입니다. 지금 트라우마 치료를 위해서 수고가 많으신데 더욱 노력할 부분이 있어 보입니다.

참사 피해자의 트라우마 극복을 위해서 2018년 영국이 실시한 이 사회적 처방 서비스, 작년 기준 32개 나라에서도 도입한 것으로 알려져 있습니다. 우리나라도 좀 적극적으로 도입할 필요가 있고 이번 참사의 피해자분들을 위해서 지원을 고려해야 된다고 생각하는데 어떻게 생각하십니까?

○보건복지부장관 조규홍 위원님, 저희가 이 내용을 보고 영국 사례 등 선진국 사례를 봐서 필요할 경우에는 특별법에 반영할 수 있도록 검토하겠습니다.

○이수진 위원 그리고 현행 정신건강복지법에서 보면 국가트라우마센터의 지원 대상이 나와 있습니다. 재난이나 사고로 정신적 피해를 입은 사람과 가족, 재난이나 사고 상황에서 구조, 복구, 치료 등 현장대응업무에 참여해서 정신적 피해를 입은 사람으로 규정하고 있습니다. 맞지요?

○보건복지부장관 조규홍 예, 맞습니다.

○이수진 위원 그런데 이번 참사가 대형 참사였던 만큼 현장 수습을 위해서 여러 일들이 있었습니다. 특히 자원봉사자들을 기억하고 계실 겁니다. 직접 이런 업무에 참여하기도 했습니다. 그래서 이분들에 대한 트라우마 관리와 지원도 필요하다고 생각하는데 어떻게 생각하십니까?

○보건복지부장관 조규홍 지금도 저희가 그 조항을 좀 넓게 해석을 해서 지원을 해 드리고 있는데 만일 법에 그게 명확하게 되면 더 지원하는 데 원활하게 이루어질 수 있을 거라고 생각이 됩니다.

○이수진 위원 제가 제도개선 준비를 하고 있는데요. 적극적인 협조 다시 한번 당부드립니다.

○보건복지부장관 조규홍 예.

○이수진 위원 행안부의 이한경 본부장께 질의드리겠습니다.

유가족분들 중에는 부모님이 돌아가셔서 졸지에 소년소녀가장이 된 유족 또 홀로 남겨진 나이 든 어르신 그리고 당장 학비가 없어서 대학 등록을 못 하게 된 청년도 있습니다. 다양한 방법으로 정부에서 지원을 하겠다라고 말씀은 하고 계시는데요. 지금 대한적십자사 그리고 전국재해구호협회 그리고 사회복지공동모금회, 3개 단체에서 국민 여러분들께서 감사하게 성금을 모아 주셨고 지금도 여전히 모으고 계시지요.

그런데 여러 논의가 필요한 것으로 알고 있습니다. 배·보상 문제가 상당한 시간이 걸릴 수 있는 만큼 굉장히 어려운 시기에 좀 신속하게 지원을 할 필요도 있다 이렇게 생각을 합니다.

그런데 지금까지 유가족에게 지급된 긴급생계비는 1월 10일에 1차로 1인당 300만 원 수준에 불과한 것으로 알고 있습니다. 국민들께서 감사하게 성금을 계속 많이 모아 주시는 것도 정말 중요하고 우리 사회가 참 큰 의미를 담고 있다라고 저는 생각을 합니다. 앞으로도 계속 저희가 노력해야 될 부분이라고 생각하고요.

그런데 생계가 시급한 분들 이분들을 위해서 소액이라도 적시에 신속하게 지원을 해야 된다 이렇게 저는 생각하는데 어떻게 생각하십니까?

○행정안전부재난안전관리본부장 이한경 그 문제 관련해서 민감한 부분이 좀 있는데요. 일단은 저희가 2월 15일 49제 때까지 성금 모금한다는 말씀 드리고요. 현재 약 130억 정

도 모금이 됐습니다.

관련해서 저희가 지원을 하게 되면 배분위원회를 통해서 아마 빠르면 3월 초쯤 지원이 가능할 것 같습니다. 다만 그 시기 결정이나 방법에 대해서 저희 쪽에서 일방적으로 결정하는 게 아니고 유가족의 의견을 전적으로 존중을 해서 진행을 하려고 그럽니다. 그래서 그런 과정에 있다는 말씀을 드리겠습니다.

○이수진 위원 유가족분들과 상의하고 해야 되는데, 우리가 재난 상황이 생겼을 때 적정 타이밍 그리고 그 상황에 따라서 적극적으로 대처해 줘야 될 필요가 있습니다. 아무래도 사각지대 발생합니다. 아무리 잘 챙긴다 하더라도 실제로는 그 깊숙한 사정과 어려움을 저희가 충분히 모를 수 있습니다. 그래서 유가족 대표를 비롯한 분들과 상의를 계속하시면서 무엇보다도 신속하게 적극적으로 검토하셔서 진행을 해 주시는 게 저는 좋다 이렇게 판단을 합니다.

○행정안전부재난안전관리본부장 이한경 예, 위원님 말씀 공감하고요. 유가족이 가장 원하는 그 타이밍에 맞춰서 지급하도록 그렇게 하겠습니다.

○이수진 위원 이상입니다.

○위원장 권영진 이수진 위원님 수고 많으셨습니다.

이상으로 위원님들의 보충질의를 모두 마치도록 하겠습니다.

혹시 더 질의하실 위원이 있으시면 추가질의시간을 3분 더 드리도록 하겠습니다.

백선희 위원님 질의해 주시기 바랍니다.

○백선희 위원 감사합니다.

보건복지부장관님에게 말씀드리겠습니다.

시간이 제한돼서 그냥 제가 죽 말씀을 드릴게요. 아까는 제가 부모님을 잃은 어린 아이들의 말씀을 드렸는데 사실은 성인이지만 우리가 돌봐야 되는 대상자가 또 있는데요. 성인 중증장애거든요. 그런데 이번에 부모님을 참사로 모두 잃은 성인 중증장애 자녀가 1명 있는 걸로 알고 있습니다.

그래서 현재 장애인활동 지원법에 의해서 지금 8시간 지원을 받고 있는데 나머지는 사실은 부모님들이 돌봐 주셨겠지요. 그런데 지금 그러지 못하는 상황에서 활동 지원을 조금 더 해야 되는데 현재 특별지원급여라고 하는 것이 있더라고요. 그런데 지금 한 달에 20시간밖에는 되지 않아서 이 특별지원급여로 한다고 하더라도 충분히 지금 보호를 해줄 수가 없는 상황입니다. 그래서 이번에는 재난 상황이고 조금 특별한 경우이기 때문에 특별한 조치를 해 주셨으면 좋겠다라는 생각이 들고요.

사실 성인 중증장애 이분이 이후에 어떻게 생활을 하셔야 되는지 좀 고민이 되기도 하는데 현재 발달장애인 긴급돌봄서비스도 있는 걸로 알고 있습니다. 그런데 이게 1회 최대 7일 그래서 연 30일, 매우 제한적이어서 한 분밖에 안 계시기 때문에 이분이 또 일상을 회복하고 살아가실 수 있도록 누구의 돌봄을 받아야 되는지 고민을 하고 다음 회의 때 말씀을 해 주시면 감사하겠습니다.

이상입니다.

○보건복지부장관 조규홍 예.

○위원장 권영진 수고하셨습니다.

이달희 위원님.

○**이달희 위원** 경찰청직무대행님, 이번에 정말 국과수의 DNA 조사가 얼마나 소중하게, 저희들 수습하는 데 굉장히 고생을 많이 하셨으니까 좀 치하를 해 주시고요.

복지부 이기일 차관님, 전국에 이번에 우리 유족들하고 대면이 없었던 분들이 국과수의 DNA 조사하는 검취원들하고 장례지도사라는 분들이 있으시지요?

○**보건복지부제1차관 이기일** 예, 있습니다.

○**이달희 위원** 전국에 몇 분 정도 계시나요?

○**보건복지부제1차관 이기일** 정확한 숫자는 모르겠는데 지난번에 회장님이……

○**이달희 위원** 지금 제가 알기로 한 7000명 가까이, 그때 가서 장례지도사님들께 굉장히 감사드린다고 인사를 했더니만 숙제가 있더라고요.

○**보건복지부제1차관 이기일** 알고 있습니다.

○**이달희 위원** 장례지도사들은 사단법인이 안 돼서, 혹시 분파가 안 되고 하나로 모아졌다면, 이번에 굉장히 봉사를 많이 한 걸로 알고 있는데요. 그래서 한번 검토해서 저한테 좀 한번 알려 주시겠습니까? 장례지도사분들도 고령사회 맞아서 이분들을 재교육도 하고 여러 가지 이런 사단법인화하는 것 굉장히 해야 될 시점이라고 생각하거든요.

○**보건복지부제1차관 이기일** 조만간에 만나기로 했습니다.

○**이달희 위원** 그렇습니까? 긍정적으로 검토해 주시기 바랍니다.

○**보건복지부제1차관 이기일** 알겠습니다.

○**위원장 권영진** 이달희 위원님 수고 많으셨습니다.

다음, 전진숙 위원님 말씀해 주십시오.

○**전진숙 위원** 짧게 하겠습니다.

계속 저에게도 민원이 들어온 사안이어서, 원래는 이 질문에 관련된 것은 문체부 소관이기는 한데 어쨌든 주 소관 부처가 국토부장관님이시니까 이후에 보고를 해 주시라는 의미로 말씀드리겠습니다.

앞에서도 계속 말씀하셨던 것처럼 무안국제공항 정상화까지는 시간이 상당히 많이 걸리는 것 같습니다. 그래서 무안공항이 지금 현재 그 상태이다 보니까 실은 계속적으로 비행기 여행사들이 굉장히 어려움을 지금 겪고 있어요. 그러니까 비행기를 뭐 선약했던 분들에게 다 그것을 환불해 줘야 되는 상황이고 또 비행기 예약을 했던 시스템에는 그 돈은 그대로 와 있어서 환불이 안 되는 이런 상태이다 보니까 저를 비롯해서 여기 계시는 많은 특위 위원님들을 찾아뵈면서 어려움 호소를 조금 하고 있는 상황입니다.

그래서 이분들이 요구하는 것들은 크게 보면 세 가지 정도예요. 재난 업종으로 지정해서 핀셋 지원을 할 수 있는 방안이 없겠냐 이것을 조금 찾아 달라고 하는 요청이 있으시고요. 그리고 여행사 직원의 고용유지지원금이 6개월 이상 지원될 수 있도록 해 달라고 하는 문제 그리고 코로나 대출금 상환유예 등에 관련된 부분에 대해서 여행사가 실제로 손실을 하고 있는 부분에 대한 어떤 손실 보전을 위한 추경예산을 편성을 좀 해 달라고 하는 이런 요청이 실제로 있고 너무 절박한 마음으로 지금 국회에 계속 다니고 계시는 것으로 알고 있습니다. 그래서 처음에 말씀드린 것처럼 국토부장관님의 소관 부서 업무는 아니기는 하지만 문체부·기획재정부 등과 관계 부처들 회의를 통해서 이 부분에 대한 별도 보고를 해 주시면 감사하겠습니다.

○**국토교통부장관 박상우** 예, 그렇게 하겠습니다. 아까 정준호 위원님이 질의하신 내용

중에 여행업계의 어려움을 지원하기 위한 문화체육부의 관광개발진흥기금특별융자 같은 것 제가 알선을 알아보겠다라고 답변을 드렸는데요. 마찬가지 차원에서 관계 부처와 잘 협의를 해서 따로 보고를 한번 드리도록 하겠습니다.

○**전진숙 위원** 이상입니다.

○**위원장 권영진** 다음, 손명수 위원님.

○**손명수 위원** 장관님, 제가 오전에 말씀드린 것 확인만 좀 하려고 그러는데요. 진에어는 내보내기로 하셨습니까?

○**국토교통부장관 박상우** 그 이후에 지금 확인을 못 해 봤는데요. 그런 쪽으로, 저희가 더 이상 사고 조사에 필요하지 않거나 또 이륙하는 데 다른 위험 사항이 없으면 이륙을 안 시킬 이유가 없을 것 같습니다. 그렇게 판단을 한 것 같습니다.

○**손명수 위원** 그러니까요. 그래서 1월 20일 자로 초동 조사도 끝났고 잘 아시겠지만 항공기가 굉장히 고가의 자산인데 이유 없이 잡아 둘 이유는 없을 것 같거든요. 괜히 나중에 국토부 또 진에어로부터 클레임 당할 수도 있을 것 같습니다.

○**국토교통부장관 박상우** 예, 잘못하면 또 그럴 소지도 있기 때문에 이유 없이 행동할 수는 없습니다.

○**손명수 위원** 그 결과를 알려 주시기 바랍니다.

○**국토교통부장관 박상우** 예.

○**위원장 권영진** 이수진 위원님.

○**이수진 위원** 전진숙 위원님께서 관광서비스업에 종사하시는 분들의 어려움에 대해서 말씀을 주셔서 방금 장관께서 관광진흥기금, 문체위에서 관리하는 그 기금 얘기를 하셨는데 그것은 실제로는 충분하게 지원이 가능한 것 같지는 않습니다. 대출을 해 주는 이런 조건들이 이 정도인 것 같고 실제로는 저희 특별법을 통해서 이분들도 지금, 피해 사례를 통계 낸 것을 봤거든요. 상당한 피해를 입고 계시고 폐업을 하거나 생계의 위협이 있거나 아무래도 그런 분들이 어려워하고 있습니다.

　실제로 저희가 코로나 때도 항공사라든지 관광업 종사하는 분들 고용 유지를 위해서 노동부에서도 그렇고 예산 지원을 하거나 기간을 연장해 주거나 지원할 수 있는 근거들을 마련해 주고 그랬거든요. 특별한 상황에는 특별한 법이나 제도를 통해서 보완해 주기도 합니다. 그래서 그런 것들도 같이 저희가 함께 검토해 볼 필요가 있다 그런 말씀을 저는 드립니다.

○**국토교통부장관 박상우** 예, 위원님 지적에 전적으로 동의하고요. 그렇게 한번 정부 내에서 논의를 하도록 하겠습니다.

○**위원장 권영진** 김은혜 위원님.

○**위성곤 위원** 1분만 하겠습니다.

○**위원장 권영진** 김은혜 위원님 하시고 위성곤 위원님.

○**김은혜 위원** 저는 장관님께 자료제출을 요구드립니다. 지난 22년 11월에 간사이에서 인천으로 가던 제주항공 회항과 관련해서, HL8303입니다. 그 당시에 관제에 버드 스트라이크 보고를 하고 엔진 결함으로 나중에 판명된 이후에 결함 블레이드 10개를 교환했다라고 하는 보고를 한 것으로 알고 있는데요. 그 교체된 엔진이 어느 기체인지 이번 무안에서 사고가 났던 제주항공 HL8808도 포함이 됐는지 만약에 똑같은 블레이드를 쓰고 있

는 HL8808을 교체하지 않았다면, 엔진 교체를 하지 않았다면 국토부 차원에서 어떤 조치를 취할 수 있을지 다음 주 안으로 저희 의원실에 보고해 주시기 바랍니다.

○**국토교통부장관 박상우** 예, 검토해서 보고드리겠습니다.

○**김은혜 위원** 예, 감사합니다.

○**위원장 권영진** 위성곤 위원님.

○**위성곤 위원** 에어부산 사고 관련해서, 화재가 발생했잖아요. 화재 발생 원인을 충전 보조배터리로 보고 있는데 요새 겨울철이어서 많은 분들이 사실은 핫팩 아시지요? 핫팩을 많이 갖고 다니시거든요? 저희들도 갖고 다니시는 분들이 계신데 혹시 제가 볼 때 조사를 하실 때 그 부분도 한번 고려할 필요가 있겠다라는 생각이 들어서요. 왜냐하면 핫팩의 온도가 생각보다 높습니다. 그래서 보조배터리랑 같이 있었다면 화재 위험성이 충분히 있다고 생각이 되거든요. 물론 전문가는 아니지만 그런 우려가 있고 또 그런 우려가 있어서 그러면 핫팩을 가지고 비행기를 탑승하게 하는 게 맞는 건지에 대한 그런 검토들도 좀 필요하겠다 생각이 되어서 말씀을 드립니다.

검토해 주시기 바랍니다.

○**국토교통부장관 박상우** 예, 지금 화재 원인은 감식 중에 있고요. 다양한 가능성을 열어 놓고, 보조배터리라고 언론에서 나오지 지금 정부에서 공식적으로 확인은 한 바가 없는 것으로 제가 알고 있습니다. 다만 다들 추론이 그렇게 지금 흘러가고 있는데 하여튼 최대한 빠른 시간 내에 사고 원인을 밝혀내야 되고 그래야 또 대책도 세우고 할 텐데 하여튼 가능성은 굉장히 광범위하게 열어 놓고 지금 보고 있습니다. 보고 있고, 핫팩 문제는 조금 더 심도 있게 논의를 해서 다시 한번 결론을 내도록 하겠습니다.

이상입니다.

○**위원장 권영진** 더 이상 질의하실 위원님 안 계십니까?

(「예」 하는 위원 있음)

더 이상 질의할 위원님이 안 계시면 질의를 종결하겠습니다.

혹시 회의를 마치기 전에 박상우 장관님 비롯해서 국무위원석에 계신 장차관님들, 하시고 싶은 말씀 있으시면……

○**국토교통부장관 박상우** 제가 국회 상임위 오면 늘 느끼는데 위원님들이 정말 조사도 광범위하게 하시고 또 아주 폭넓게 저희가 미처 눈길을 주지 못했던 것까지 다 이렇게 지적들 해 주셔서, 늘 그렇지만 상임위에서. 오늘 특위에서도 굉장히 많은 내용을 저희가 새로이 깨닫고 또 앞으로 저희가 하고자 하는 일에 큰 도움이 되었습니다. 그래서 앞으로 그런 주신 말씀들을 잘 받들어서 제도개선과 또 현장에 차질 없는 집행에 애써서 노력하겠습니다.

아까도 말씀드렸다시피 지금 사고 조사를 철저히 원인 규명하고 하는데 나중에 책임 문제까지 연결되고 또 배상 문제까지 연결되는 것이고 그게 결국은 유가족들에게 가는 문제가 있어서 유가족들의 이익을 잘못하면 해할 수 있는 그런 가능성이 있는지 없는지는 단계 단계마다 우리가 짚어 보고 가야 되지 않을까 하는 그런 말씀을 제가 한번 더 기우로 드립니다.

오늘 정말 좋은 시간이었고 다시 한번 이 사고에 대해서 죄송하다는 말씀을 드리고 앞으로 사고 예방을 위해서 최선을 다하겠습니다.

○**위원장 권영진** 더 이상 말씀하실 위원님들 안 계십니까?

장관님 괜찮으시겠습니까?

○**보건복지부장관 조규홍** 예.

○**위원장 권영진** 그러면 오늘 회의를 마무리하면서 12.29 여객기 참사의 희생자외 유가족 여러분들께 다시 한번 깊은 애도와 위로의 말씀을 드립니다.

그리고 위원장으로서 몇 가지만 의견을 드리겠습니다.

먼저 오늘 회의에서 유가족협의회 대표께서는 사고 원인의 철저한 규명과 함께 유가족의 생계유지 및 트라우마 극복을 위한 지원을 당부하시면서 특히 악성 댓글, 가짜 뉴스 등으로 인한 고통을 호소하셨습니다. 이에 대한 신속하고 엄중한 대응이 이루어져야 할 것입니다.

아울러 유가족분들이 당부하신 등록금 등 유가족 자녀에 대한 지원, 세금 납부에 대한 감면 대책 등에 대해서도 정부 차원에서 신속히 검토하여 주시기를 바랍니다.

한편 이번 참사에서 보듯이 항공 안전을 위협하는 조류 충돌에 관한 여러 지적이 위원님들로부터 제기되었습니다. 국토교통부는 조류충돌예방위원회 운영 개선, 조류 퇴치 인력 확대 및 운영 개선 등 조류 충돌 방지를 위한 개선 대책을 마련하고 항공기 정비인력 인증 기준에 대해 면밀하게 재검토하여 유사 사고의 재발 방지에 만전을 기해야 할 것입니다.

또한 항공철도사고조사위원회는 사고 원인에 대해 모든 가능성을 열어 두고 사고 조사에 임하여 한 치의 의혹이 발생하지 않도록 참사 원인 규명에 최선을 다해 주실 것을 당부드립니다.

보건복지부와 행정안전부는 재난대응심리지원 수행 인력의 전문성 강화를 위한 방안을 마련하고 국민연금, 공무원연금 지급과 관련한 유가족들의 요구에 대해서 적극적으로 검토해 주시기 바랍니다.

우리 특별위원회도 참사 피해자와 유가족에 대한 보호와 지원이 체계적이고 신속하게 이루어질 수 있도록 특별법 제정 등 가능한 모든 방법을 적극 강구하겠습니다.

오늘 여러 위원님들로부터 서면질의가 있었습니다. 각 기관장은 서면질의에 대한 답변서를 작성하여 일주일 내에 제출하여 주시기 바랍니다.

서면질의와 답변서 내용은 오늘 회의록에 게재토록 하겠습니다.

오늘 원만한 회의 진행에 협조해 주신 여러 위원님들과 장관님을 비롯한 기관장 및 정부 관계자 여러분, 국회 직원과 의원실 보좌 직원 여러분 그리고 언론인 여러분께 진심으로 감사를 드립니다.

그러면 이상으로 오늘의 의사일정을 모두 마치겠습니다.

산회를 선포합니다.

(16시43분 산회)

○**출석 위원(14인)**

권영진 권향엽 김대식 김은혜 문금주 백선희 서천호 손명수 위성곤 이달희 이성권 이수진 전진숙 정준호

○**출장 위원(1인)**

김미애
○**출석 전문위원 및 입법심의관**
　수석전문위원　박재유
　전문위원　임종수
　입법심의관　남궁인철
○**정부측 및 기타 참석자**
　국토교통부
　　장관　박상우
　　제2차관　백원국
　　기획조정실장　문성요
　　항공정책실장　주종완
　　항공정책관　김영국
　　항공안전정책관　유경수
　　공항정책관　김홍락
　　기획담당관　이재평
　　12.29여객기사고피해지원단
　　　단장　박정수
　　가덕도신공항건립추진단
　　　단장　김정희
　부산지방항공청
　　청장　이진철
　항공·철도사고조사위원회
　　조사단장　이승열
　　사무국장　김수정
　행정안전부
　　장관직무대행　고기동
　　재난안전관리본부장　이한경
　　기획조정실장　정영준
　　사회재난실장　홍종완
　　안전정책국장　김주이
　　재난관리정책국장　박천수
　　재난복구지원국장　조덕진
　　기획재정담당관　박성민
　보건복지부
　　장관　조규홍
　　제1차관　이기일
　　기획조정실장　김혜진
　　정책기획관　임호근
　　비상안전기획관　임영봉

사회서비스정책관   유주헌
노인정책관   임을기
공공보건정책관   정통령
정신건강정책관   이형훈
기획조정담당관   오상윤
국립정신건강센터
국가트라우마센터장   심민영
경찰청
청장직무대행   이호영
기획조정관   도준수
형사국장   유재성
사이버수사심의관   홍석기
혁신기획조정담당관   어윤빈
한국공항공사
사장직무대행   이정기
안전보안본부장   박광호
전략기획본부장   박재희
㈜제주항공
대표이사   김이배
경영기획본부장   이정석
경영지원본부장   송경훈

제422회국회
(임시회)

교육위원회회의록
(법안심사소위원회)
(임시회의록)

제 1 호

국 회 사 무 처

일   시   2025년2월6일(목)

장   소   교육위원회회의실

의사일정

1. 지방교육재정교부금법 일부개정법률안(강경숙 의원 대표발의)(의안번호 2203977)
2. 지방교육재정교부금법 일부개정법률안(김문수 의원 대표발의)(의안번호 2205624)
3. 고등교육법 일부개정법률안(김민전 의원 대표발의)(의안번호 2203129)
4. 지방대학 및 지역균형인재 육성에 관한 법률 일부개정법률안(김민전 의원 대표발의)(의안번호 2203172)
5. 지방대학 및 지역균형인재 육성에 관한 법률 일부개정법률안(서지영 의원 대표발의)(의안번호 2200599)
6. 지방대학 및 지역균형인재 육성에 관한 법률 전부개정법률안(강승규 의원 대표발의)(의안번호 2200163)
7. 지방대학 및 지역균형인재 육성에 관한 법률 일부개정법률안(김대식 의원 대표발의)(의안번호 2203353)
8. 고등교육법 일부개정법률안(정을호 의원 대표발의)(의안번호 2200679)
9. 취업 후 학자금 상환 특별법 일부개정법률안(정을호 의원 대표발의)(의안번호 2200639)
10. 취업 후 학자금 상환 특별법 일부개정법률안(한창민 의원 대표발의)(의안번호 2200951)
11. 취업 후 학자금 상환 특별법 일부개정법률안(김용태 의원 대표발의)(의안번호 2204385)
12. 초·중등교육법 일부개정법률안(백승아 의원 대표발의)(의안번호 2201441)
13. 초·중등교육법 일부개정법률안(서지영 의원 대표발의)(의안번호 2205847)
14. 초·중등교육법 일부개정법률안(정성국 의원 대표발의)(의안번호 2203912)
15. 사립학교법 일부개정법률안(조정훈 의원 대표발의)(의안번호 2205130)
16. 유아교육법 일부개정법률안(백승아 의원 대표발의)(의안번호 2205400)
17. 사립대학의 구조개선 지원에 관한 법률안(문정복 의원 대표발의)(의안번호 2202668)
18. 사립대학의 위기대응 및 구조개선에 관한 법률안(강경숙 의원 대표발의)(의안번호 2203809)
19. 사립대학의 구조개선 지원에 관한 법률안(서지영 의원 대표발의)(의안번호 2204447)
20. 사립대학의 구조개선 지원에 관한 법률안(김대식 의원 대표발의)(의안번호 2204831)
21. 사립대학의 구조개선 지원에 관한 법률안(정성국 의원 대표발의)(의안번호 2205565)
22. 교원의 지위 향상 및 교육활동 보호를 위한 특별법 일부개정법률안(백승아 의원 대표발의)(의안번호 2201628)

상정된 안건

(10시04분 개의)

○**소위원장 문정복** 좌석을 정돈해 주시기 바랍니다.

성원이 되었으므로 제422회 국회(임시회) 제1차 법안심사소위원회를 개회하겠습니다.

1. **지방교육재정교부금법 일부개정법률안**(강경숙 의원 대표발의)(의안번호 2203977)
2. **지방교육재정교부금법 일부개정법률안**(김문수 의원 대표발의)(의안번호 2205624)
3. **고등교육법 일부개정법률안**(김민전 의원 대표발의)(의안번호 2203129)
4. **지방대학 및 지역균형인재 육성에 관한 법률 일부개정법률안**(김민전 의원 대표발의)(의안번호 2203172)
5. **지방대학 및 지역균형인재 육성에 관한 법률 일부개정법률안**(서지영 의원 대표발의)(의안번호 2200599)
6. **지방대학 및 지역균형인재 육성에 관한 법률 전부개정법률안**(강승규 의원 대표발의)(의안번호 2200163)
7. **지방대학 및 지역균형인재 육성에 관한 법률 일부개정법률안**(김대식 의원 대표발의)(의안번호 2203353)
8. **고등교육법 일부개정법률안**(정을호 의원 대표발의)(의안번호 2200679)
9. **취업 후 학자금 상환 특별법 일부개정법률안**(정을호 의원 대표발의)(의안번호 2200639)
10. **취업 후 학자금 상환 특별법 일부개정법률안**(한창민 의원 대표발의)(의안번호 2200951)
11. **취업 후 학자금 상환 특별법 일부개정법률안**(김용태 의원 대표발의)(의안번호 2204385)
12. **초·중등교육법 일부개정법률안**(백승아 의원 대표발의)(의안번호 2201441)

13. 초·중등교육법 일부개정법률안(서지영 의원 대표발의)(의안번호 2205847)
14. 초·중등교육법 일부개정법률안(정성국 의원 대표발의)(의안번호 2203912)
15. 사립학교법 일부개정법률안(조정훈 의원 대표발의)(의안번호 2205130)
16. 유아교육법 일부개정법률안(백승아 의원 대표발의)(의안번호 2205400)
17. 사립대학의 구조개선 지원에 관한 법률안(문정복 의원 대표발의)(의안번호 2202668)
18. 사립대학의 위기대응 및 구조개선에 관한 법률안(강경숙 의원 대표발의)(의안번호 2203809)
19. 사립대학의 구조개선 지원에 관한 법률안(서지영 의원 대표발의)(의안번호 2204447)
20. 사립대학의 구조개선 지원에 관한 법률안(김대식 의원 대표발의)(의안번호 2204831)
21. 사립대학의 구조개선 지원에 관한 법률안(정성국 의원 대표발의)(의안번호 2205565)
22. 교원의 지위 향상 및 교육활동 보호를 위한 특별법 일부개정법률안(백승아 의원 대표발의)(의안번호 2201628)
23. 고등교육법 일부개정법률안(김대식 의원 대표발의)(의안번호 2201285)
24. 영유아보육법 일부개정법률안(조정훈 의원 대표발의)(의안번호 2204881)
25. 초·중등교육법 일부개정법률안(김주영 의원 대표발의)(의안번호 2202316)
26. 초·중등교육법 일부개정법률안(김민전 의원 대표발의)(의안번호 2205158)
27. 초·중등교육법 일부개정법률안(강명구 의원 대표발의)(의안번호 2203061)
28. 초·중등교육법 일부개정법률안(민형배 의원 대표발의)(의안번호 2207577)
29. 초·중등교육법 일부개정법률안(진선미 의원 대표발의)(의안번호 2203175)
30. 초·중등교육법 일부개정법률안(조정훈 의원 대표발의)(의안번호 2202777)
31. 지방교육자치에 관한 법률 일부개정법률안(송옥주 의원 대표발의)(의안번호 2205073)
32. 지방교육자치에 관한 법률 일부개정법률안(정성호 의원 대표발의)(의안번호 2204254)
33. 지방교육자치에 관한 법률 일부개정법률안(김용태 의원 대표발의)(의안번호 2204354)
34. 지방교육자치에 관한 법률 일부개정법률안(추미애 의원 대표발의)(의안번호 2204471)
35. 지방교육자치에 관한 법률 일부개정법률안(이준석 의원 대표발의)(의안번호 2205472)
36. 지방교육자치에 관한 법률 일부개정법률안(민형배 의원 대표발의)(의안번호 2204752)

(10시05분)

○소위원장 문정복 의사일정 1항부터 36항까지 36건의 법률안을 일괄 상정합니다.

의사일정 1항 및 2항, 강경숙 의원과 김문수 의원이 각각 대표발의한 지방교육재정교부금법 일부개정법률안 2건을 심사하겠습니다.

전문위원 보고해 주십시오.

○수석전문위원 천우정 수석전문위원입니다.

심사자료 1쪽입니다.

두 법안의 주요 내용은 지방교육재정교부금의 배분 및 특별교부금의 교부에 관한 특례 규정을 삭제하고 교부율의 보정 사유를 명확히 하려는 것입니다.

2쪽입니다.

1. 지방교육재정교부금의 재원배분 및 특별교부금의 교부에 관한 특례 삭제에 관한 사항입니다.

디지털교육혁신 특별교부금 한시 지원 등 지방교육재정교부금의 재원 배분 및 특별교부금의 교부에 관한 특례규정을 삭제하는 내용으로 교육청의 자율적인 예산 집행 등 지방교육자치의 취지 및 특별교부금에 대한 재정통제의 어려움 등을 고려할 때 개정 취지에 공감할 수 있습니다. 교육부는 신중검토 의견입니다.

5쪽입니다.

2. 교부율의 보정 사유를 명확히 규정하려는 것입니다.

최근 세수결손 등으로 지방교육재정의 불확실성이 증가하는 상황에서 인건비 등 경직성 경비의 안정적 확보 방안 마련 필요성에 공감합니다. 동 개정안은 현행 시행령 제2조 제1항을 법률로 상향 규정하려는 것으로서 최근 교부금 규모 등을 고려하여 판단할 필요가 있습니다.

6쪽입니다.

교육부는 신중검토 의견입니다.

8쪽에 부칙이 있습니다.

개정안은 교부금의 재원 배분 및 특별교부금의 교부비율을 변경하는 등의 내용이므로 회계연도를 고려하여 다음 연도의 1월 1일부터 시행하도록 하는 것이 원칙적으로 명확하다고 판단됩니다. 다만 개정안 시행일이 도과하였으므로 시행 시기 조정이 필요합니다.

9쪽부터는 참고 자료가 있습니다.

이상입니다.

○**소위원장 문정복** 다음은 정부 측 의견 말씀해 주십시오.

○**교육부차관 오석환** 정부 의견 말씀드리겠습니다.

먼저 법 5조의3에 대한 의견입니다.

디지털교육혁신특별교부금을 3년간 한시적으로 신설하는 것은 급격한 교육 환경 변화에 대응하기 위한 수업의 혁신이 필요하고 수업 혁신을 위해서는 교원의 역량을 개발할 수 있도록 교원 연수에 대한 집중적 지원이 필요했기 때문입니다.

3년 동안—24년부터 26년입니다—교원 연수 체계를 변화시키기 위한 기반을 구축하고 27년 이후부터는 이를 바탕으로 시·도교육청이 교원 연수를 발전시킬 수 있도록 함께 협력하여 연수를 추진하고 있습니다. 25년 2월까지 선도교사 1만 1500명 그리고 전체 교원 15만 명 연수 이수를 했고요. 찾아가는 학교 컨설팅 3000개를 목표로 현재 각 시·도교육청에서 디지털 기반 교육 혁신 연수를 운영 중입니다. 이 연수는 지금 2022 교육과정 개정에 따른 그때의 디지털 혁신 역량의 필요성에 대해서도 공감해서 마련된 법안에 따라 연수가 진행이 되는 것입니다. 선도교사 연수 전후의 역량 향상도도 높은 만족도를 나타내고 있습니다.

3개년 계획으로 계획된 연수를 중단하는 것은 연수를 운영하는 시·도교육청뿐만 아니라 내년도 교육과정을 준비하는 학교 연수 참여를 계획한 교원 등의 교육 현장 전반에 관한 어려움이 발생할 것으로 예상됩니다. 아울러서 여기에는 교원 연수뿐만 아니라 학교 현장에서 학생들의 방과후 교육 지원비로도 활용되고 있고 방과후 교육도 지금 오랫동안 우리가 방과후 교육을 통해서 공교육을 보충하고자 하는 그런 노력에 부합되게 운영이 되고 있습니다. 이런 점에서 이 법안에 대해서는 신중검토 의견을 드립니다.

○**소위원장 문정복** 끝나셨어요?

○**교육부차관 오석환** 그다음 제4조에 대해서도 신중검토 의견 드립니다.

이 내용은 제가 좀 말씀을 드리면, 먼저 지금 형식적으로 보면 시행령을 상향 입법하는 것처럼 보여지지만 실제로는 단순한 상향 입법이 아니고요 현행 법률은 국가가 불가피한 사유가 있다고 판단하는 경우에만 교부율을 보정할 수 있도록 규정하고 있는데 이렇게 되면 이 법안에 따르면 의무적으로 보정하도록 되어 있어서 단순한 상향 입법의 범주를 벗어나는 것입니다.

그리고 이 법안은 연혁을 좀 보실 필요가 있는데 보정 제도가 도입된 취지가 2005년도에 종전에 봉급교부금이 따로 나눠져 있었습니다. 그러니까 봉급교부금의 당시의 비율이 약 40.2%로 되어 있어서 굉장히 큰 인건비 비중을 차지하고 있었는데 그것을 교부금 체계로 병합할 때 그렇게 되면 자칫 인건비를 보전하지 못하는 정도 수준의 재정 여건이 되지 않는 것에 대한 우려에 대해서 제도를 만들었던 것이고요. 그 이후에 지금 운영을 하고 있는데 재정 여건이 많이 변했습니다. 2006년 병합 당시에 인건비가 5.3조고 교부금이 13.2조 원 규모로서 인건비 비중이 40.2%였던 반면에 22년 기준으로 볼 때 교부금은 73조고요 인건비는 18.5조 원으로서 24.7%를 차지하고 최근 5년간의 내국세 교부금 증가율도 볼 때 내국세 교부금 증가율은 4.2%, 인건비 증가율은 2.3% 즉 객관적으로 볼 때 인건비를 충당할 수 없을 정도 수준의 교부금의 감소가 이루어진다고 보기 어려운 상황입니다. 이러한 여러 가지 여건과 연혁을 고려할 때 신중 입장 의견 드립니다.

고맙습니다.

○소위원장 문정복 위원님들 토론해 주시기 바랍니다.

위원님들 토론하실 분 손 들어 주십시오.

위원님들 토론 준비하시기 전에…… 먼저 하실래요?

○조정훈 위원 말씀하세요, 먼저.

○소위원장 문정복 저희가 지방교육재정교부금에 특별교부금을 원복시키는 문제 하나하고 의무적 교부율을 보정하는 문제, 두 가지인데 차관님, 이 내용에 대해서, 저희가 이 법안을 상정한 이유에 대해서는 충분히 아시지요? 그러니까 어떤 마음으로 했는지는 아시지요? 지금 무슨 문제가 있는 거냐면 보통교부금에서 특별교부금에 0.8%를 더해서 특별교부금으로 산정을 한 거잖아요.

○교육부차관 오석환 예.

○소위원장 문정복 그런데 그 0.8%가 실제로는 21대 상임위에서 충분한 논의가 이루어지지 않았고 당시 의장이었던 김진표 의장이 예산부수법안으로 그렇게 정리를 해서 훅하고 넘어간 법안이에요. 그래서 당시 기록을 보시면 아시겠지만 본회의에서 저희 교육위원들은 전부가 다 반대를 했습니다, 보통교부금 0.8%를 특별교부금으로 넘기는 것에 대해서. 더군다나 그렇게 하고자 하는 이유가 AI 디지털교과서와 관련한 예산을 여기에서 쓰겠다라고 얘기를 했기 때문에 더 많이 반대를 한 거예요. 그래서 지금 이 시점에서 특별교부금 0.8%를 원복시키는 문제와 관련해서는 일단 교육부가 AI 디지털교과서 2025년도 사업 시행과 관련해서 좀 대안을 내놓으셔야 됩니다. 대안을 내놓으셔야 돼요.

가령 하나만 예를 들어 보자고요. 전국에서 학생이 제일 많은 경기도의 인터넷망이 하이러닝이라는 거잖아요. 그런데 실제로 이 디지털교과서를 구동하는 인터넷망하고 이게 호환이 안 된다라고 얘기를 해요. 그러면 아직 인터넷망도 호환이 안 되고 그렇다고 AI 디지털교과서를 구독할 수 있는 인터넷망이 존재하지도 않는데 이것을 3월 달부터 계약을 시작하게 되면 현장에서 얼마나 많은 큰 혼란이 일어날지 눈을 보듯 뻔한 거거든요.

그래서 장관님하고 차관님이 상임위에 나오셔서 이런 말씀을 하셨어요. '그러면 교과서 지위는 유지를 해 주시되 2025년도는 시범사업을 하겠습니다' 이렇게 말씀을 하셔요. 그러면 시범사업을 도대체 몇 퍼센트를 할 건지 그리고 시범사업의 규모는 어떻게 할 건지 그리고 시범사업에 들어가는 구독료는 얼마로 할 건지 대략 이런 것들에 대해서 의견을 내 주셔야지 국회에서 이런 독약 처방을 안 내릴 거 아니겠습니까? 그래서 제가 좀 갑갑한 거예요.

그래서 차관님의 의견을 저는 듣고 싶어요. 도대체 교육부가, 계속 담당자들은 와서 그냥 진행하겠다, 진행하겠다 이렇게 하는데 대구 같은 경우에 채택율이 80%가 넘어가요. 그러면 그냥 완전 도입 아니겠습니까? 완전 도입하면 전체 국가적으로 어디는 하고 어디는 하지 않고 이런 혼란이 더 가중되고 이럴 건데 그리고 대구교육청이 예산이 넉넉한 것도 아니고, 그날 강은희 교육감이 예산 넉넉하지 않다라고 얘기를 했잖아요. 그러면 실제로 이 AI 디지털교과서에 들어가는 비용에 대해서 대구교육청이 스스로 책임질 것도 아니고 그것 만약에 책임진다 하면 다른 재원에서 다 깎아서 넣을 건데, 다른 재원에서 삭감을 하고 이 AI 디지털교과서 구독료에 다 넣을 건데 이 상황을 어떻게 할 건지 교육부가 지금 아무런 대안을 내놓지 못하고 있는 중인 거예요. 그래서 이 법안이 올라온 김에 적어도 2월 달에 한 번 더 법안소위를 열려고 합니다. 그렇다라고 하면 교육부가 책임 있는 대안을 내 주셔야 돼요. 그래야지만이 저희도 이것을 원복시킬 건지 아니면 그대로 놔둘 건지 이런 고민이 있는 거고요.

그리고 실제로 김문수 의원 법안에서 교부금의 의무적 교부율을 보정하는 문제도 있지 않습니까? 이게 차관님도 잘 아시지만 몇 년 전까지만 해도 우리가 교육청이 다 지방채를 발행해서 썼어요. 그런데 문재인 정부 들어서서 21년도 22년도인가요? 갑자기 세수가 확 늘면서 예산이 남았던 거고 그 남은 예산을 교육안정화 기금하고 시설안정화기금으로 넣었던 거예요. 그런데 지금 보시면 24년부터 저희가 어쨌든 교부율이 쭉쭉 떨어지고 있는 거 아니겠습니까? 그러면 앞으로 경기가 더 나아질 거라는 전망이 되지를 않아요. 그렇다라고 하면 실제로 학교 현장에서 써야 될 금액은 고정적으로 들어가는데 이것과 관련해서 부족하면 교부율을 조정해야 될 필요도 있는 거지요.

그리고 늘 우리가 그랬지 않습니까? 가령 무상교육을 실시한다든가 무상보육을 실시한다든가 이랬을 때 교부율을 조정했어요. 지난번에 거부권을 행사하신 고교 무상교육과 관련해서도 지방교육재정교부금에 다 넣는 게 아니라 이건 교부율을 조정했어야 되는 거예요. 만약에 국가가 그걸 못 넣는다라고 하면 교부율을 조정해서 그만큼을 보완해 줬어야 되는데 그렇지 않고 현재 지방교육재정 교부금에서 다 쓰라고 하니 교육청의 곳간은 비어 가는 상태고 그렇게 되면 어떻게 하겠습니까? 시설비부터 삭감하고 방과후 프로그램이나 학생들에게 돌아갔던 기타 여러 가지 프로그램들을 삭감하는 수준에서 먼저 하지 않겠습니까? 이 법안이 이런 여러 가지가 연동돼 있는 거예요. 그렇기 때문에 위원님들이 추가로 질문들을 하시겠지만 이건 교육부에서 좀 뭔가 확실한 대답을 주셔야지만이 된다라고 저는 생각합니다.

제 질문은 여기까지고, 어떻게 차관님 답변하시고 질문 더 이어가실까요?

○**교육부차관 오석환** 예, 위원장님께서 제기해 준 그 이슈들에 대해서 간략하게 말씀을

드리고. 실제로는 지금 저희가 보면 예정으로는 전체회의에서 AIDT나 이런 추진 과정에 대해서 한번 전체적으로 보고드리고 논의할 수 있는 기회가 있는 것으로 알고 있습니다. 그 전에 오늘 지금 진행되는 상황에 대해서 제가 간략하게 말씀을 드리면 먼저 AIDT와 관련해서는 지금 교과서의 지위와 관계없이 희망하는 학교에서는 사용할 수 있도록 하는 체계로 저희가 준비를 해 왔고 그건 작년에 저희가 준비를 해 온 연장선상에서 희망하는 학교에 대해서는 지원할 수 있도록 하는 것을 원칙으로 해서 지금 준비를 하고 있기 때문에, 위원장님 말씀과 같이 어쨌든 학교 단위에서 희망이 있다고 그러면 그 희망을 받아 가지고 지원할 수 있도록 교육청이 희망조사를 하고 거기에 따라서 지원하는 체계로 저희가 준비를 하고 있습니다.

거기에 따라서 필요한 여건과 관련돼서는 2025년 3월 도입을 목표로 진행을 해 왔기 때문에 인프라와 관련돼 있는 요소들 그다음에 디지털교과서의 운영과 관련된 요소들에 대해서는 우려와 그다음에 기간의 부족 이런 것들에 대한 우려가 있기는 합니다마는 어쨌든 현재까지는 활용 가능한 상태로 저희가 준비되어 있다는 것을 확인을 하고 있고 거기에 따라서는 지금 우려되는 부분들을 문제가 발생하지 않도록 하는 노력들은 계속해 나가고 있습니다.

거기에 따른, 지금 아까 말씀 주셨으니까 하나는 인프라의 운영과 관련돼 있는 거고 하나는 재정 운영과 관련돼 있는 부분인데 인프라와 관련돼 있는 부분은 아까 경기도교육청의 하이러닝과 관련돼 있는 부분은 조금은 다른 이슈들입니다. 지금 AIDT를 활용하기 위해서 기본적으로 필요한 인터넷망은 저희가 스쿨넷을 기반으로 하는 기반이고요 하이러닝은 경기도교육청이 별도의 교수·학습 통합 프로그램을 마련을 해서 여러 주요한 교과뿐만 아니라 비교과까지를 포함한 다양한 활동들이 가능하도록 운영하고 있는 별도의 통합 플랫폼입니다.

그래서 그 2개를 연계하는 노력들은 별도로 이루어지고 있고 실무적으로 협의가 이루어지고 있어서 별도로 개발했던 하이러닝이 효과를 높이는 방식으로 운영될 수 있도록 AI 디지털교과서가 활용이 된다고 그러면 그거와 연계시켜 갖고 운영하는 기술적인 방법들 그리고 제도적인 방법들은 실무협의를 거쳐서 지금 마련해 나가고 있는 상황입니다. 그런 면에서는 지금 스쿨넷을 중심으로 한 디지털교과서가 작동되기 위한 그러한 기본적인 인프라는 저희가 교육청과 협력해 갖고 지금 준비해 가고 있다는 말씀을 드리고요.

재정과 관련돼 있는 부분은 기본적으로 교육재정이 다른 재정에 비해서 많이 확보되는 것에 대해서는 우리 교육부의 기본 입장입니다. 적정한 교육 예산이 확보돼서 그게 교육에 투자되고 그게 우리 국가 발전 전략에 필요하다는 것에 대해서 늘 그런 방식으로 또 위원님들의 지지를 받아 가면서 저희가 설득을 하고 있습니다마는 그 가운데서도 특별히 교육재정이 지금 현재 지방교육재정교부금의 구조 내에서 비교적 안정적으로 운영되고 있는 상황에서 대체적으로 교육재정의 결손이 일어나는 시기가 언제냐 하면 저희가 20.79와 국세 부분 교육세와 연계돼 있는 지방교육재정교부금의 체계에 따라서 국가 전체의 재정도 줄어드는 형국입니다.

그렇기 때문에 국가 전체의 재정이 줄어드는 상태에서 우리의 지방교육재정만, 저희는 고등교육까지 포함을 하고 있는 그런 교육 정책을 하는 입장에서 지방교육재정만 완전한 보전을 하자고 하면 결과적으로는 두 가지의 딜레마에 빠집니다. 하나는 고등교육 재정에 대한 확충의 어려움이고 또 하나는 국가 전체 재정 중에서도 적정한 수준은 저희가 확보해야 됩니다마는 적정한 수준을 벗어나는 범위에서 확보할 때는 문제가 생기는 요소인데 그 적정한 수준을 벗어나는 범위의 문제를 야기하는 그러한 구조가 지금 김문수 의원님이 제안해 주신 그 보정입니다. 그래서 그 부분은 아마 제가 별도로 좀 이따 상세하게 제가 말씀을 드리면 그 부분은 이해해 주실 거라고 생각이 되고요.

지금 현재 재원 내에서 그러면 아까 위원장님이 모두에 말씀 주셨던 것처럼 이 3년간의 한시 디지털 교육혁신에 대한 특별교부금에 대해서는 어찌 됐든 의회에서 국회에서 법안을 마련해 주셨고 저희는 그걸 중심으로 해서 3년간의 교육혁신에 대한 틀을 짜 가지고 교원 연수를 중심으로 운영을 하고 있고 또 일부는, 약 30%에 해당하는 재원은 방과후 학교를 통해서 공교육 지원을 하고 있는 그런 체계로 3년간 운영을 하고 있다는 말씀을 드립니다. 그 구조 내에서 그러면 중간에 중단을 하게 되면, 예컨대 작년은 일단 활용이 됐고요 금년에는 학기가 시작된 상황인데 금년에 중단할 때는 굉장히 큰 혼란이 있다는 것은 위원님들께서 너무 잘 아실 거고요. 그런 다른 대안들이 있는지는 계속 논의를 해 주시면 고맙겠습니다.

간략하게 말씀드렸습니다.

○소위원장 문정복 조정훈 위원님.

○조정훈 위원 조정훈입니다.

오늘 올라온 지방교육재정교부금법 첫 번째 강경숙 의원님이 발의한 법안의 그 말씀하신 취지 그리고 아마 문정복 위원장님 말씀하신 내용도 이해는 하겠습니다만 아까 말씀하신 발언을 제가 경청했는데 독약 처방이라는 말씀을 하셨어요. 아마 이 취지의 목적을 달성하기 위해서 이게 굉장히 강한 정책 수단이라는 것을 동의하시는 발언이 아닐까 싶은데 큰 틀에서 보면 저는 21대 때 성급했다 반대했다 이걸 다 떠나서 결국은 발의할 때 국민의힘과 민주당이 공동 발의를 했고요 그걸 국회가 통과시킨 법안입니다. 국회가 이 특별교부금에 새로운 항목을 만들어서 24년 25년 26년 이 3년 한정 기간 동안 디지털 교육혁신을 위해서 0.8%를 쓰겠다라고 법안을 통과시켰고 이에 따라서 행정부는 그 지출 계획을 세워서 24년은 했고 또 25년은 이미 시작했습니다.

그런데 이 와중에 또 갑자기 국회가 국회 스스로 결정을 뒤집으면서 이 법을 폐기하겠다라고 한다는 것은 어떻게 보면 행정부를 견제하는 것이 아니라 국회 스스로의 신뢰성을 떨어뜨릴 수도 있다는 생각이 듭니다. 이 법이, 이 특례가 무한정 진행된다라고 하면 얘기가 다를 수 있습니다만 어차피 올해 내년이면 마무리되는 법이고요.

또 지금 저희의 논의가 작년 겨울쯤 25년 예산과 맞물려서 벌어졌으면 일견 이해가 됩니다만 지금 예산이 이미 다 통과되었고 정부는 예산 집행을, 국회가 통과시킨 예산에 의해서 그리고 관련 법령에 의해서 예산을 집행하고 있는데 지금 갑자기 이 법을 중단시키겠다고 하면 행정부의 입장에서는 지금 진행하고 있는 여러 가지 사업들을 다 중단해야 되는 상황이 발생하고 이미 여러 가지 계약했던 것들 그리고 고용했던 것들을 다 취소해야 되는 상황이 발생합니다. 이건 말씀하신 대로 독약 처방이고 이 독약을 마시고 사람이 사는 게 아니라 죽을 수가 있다.

저는 이 법안의 취지를 달성하기 위해서라면 백번 양보해서 26년부터 삭제를 하든지,

25년은 그냥 가고 26년부터 삭제하든지 지금 진행되고 있는 여러 가지 프로그램들을 어떻게 마무리할지를 고민해야지 이 법을 통과시킴으로써 진행되고 있는 프로그램을 중단시키겠다라는 것은 입법부의 올바른 행정부에 대한 견제 방식은 아니지 않을까 생각이 들고요. 그래서 저는 이건 좀 재검토가 필요하다는 생각입니다.

두 번째, 김문수 의원이 발의한 인건비 보정 사유인데요. 저는 대체토론 의견, 수석전문위원 평소에 제가 존경합니다만 이 두 가지 의견 다 저는 수석전문위원 의견에 동의할 수 없습니다. 개정 취지에 공감할 수 있다고 하는데요 저는 공감할 수 없습니다. 두 번째도 단순한 상향 규정이라고 저는 공감할 수 없습니다.

교육부에서 말한 거와 함께 저는 큰 틀에서 교육 예산의 배정 문제에 있어서 인건비가 있을 수 있고 시설비가 있을 수 있고 운영비가 있을 수 있고 여러 가지 항목이 있을 수 있습니다. 그런데 이 항목을 어떻게 조합해야 우리 아이들에게 가장 최선의 교육을 제공할지에 대한 문제는 정책 담당자들이 굉장히 깊은 고민을 해서 해결해야 될 문제입니다. 어떨 때는 인건비가 더 필요할 것이고 어떤 곳은 인건비가 줄어들 수도 있다고 생각합니다. 그리고 어떨 때는 시설의 확충이 필요하겠지요. 그런데 이렇게 인건비 우선의 교육정책을 가장 상위법인 법률에 못 박아 둔다는 것은 정책의 경직성을 굉장히 과하게 도입하는 측면이 있습니다.

그리고 다들 아시겠지만 통계에서도 보면 지금 인건비 상승률이 내국세분 교부세를 초과해 본 적이 없습니다. 2006년에는 40%였던 인건비가 2022년에는 24%로 줄었습니다. 그리고 연평균 증감률로 봐서도 교원인건비는 대략 2%, 3% 증가한 반면에 내국세분 교부세 증가율은 4%를 상향하고 있습니다. 그러니까 이 법이 발동될 가능성이 지난 10여 년 동안은 없었다는 거지요.

그래서 저는 이 취지도 교육 예산을 확보하겠다라는 취지는 동감이 됩니다만 인건비라는 특정 항목을 다른 모든 항목에 앞서서 써야 된다라는 취지 또한 정책적 효율성에 있어서 상당한 문제가 있다. 그래서 저는 신중 검토가 필요하다는 의견입니다.

이상입니다.

○**소위원장 문정복** 조정훈 위원님 말씀에 조금만 수정해야 될 부분이 이것은 민주당과 국민의힘이 합쳐서 발의한 법안이 아니고요.

○**조정훈 위원** 21대 때.

○**소위원장 문정복** 21대 때 그렇게 한 법안이 아니고요. 의장님께서 예산부수법안으로 그냥 훅 하고 넣은 법안입니다.

○**조정훈 위원** 그렇습니까?

○**소위원장 문정복** 예, 그래서 전혀 상임위에서 이루어지지 않은 법안이고요.

다음은 백승아 위원님 그다음 강경숙 위원님 질의하시지요.

○**백승아 위원** 먼저 왜 이 법안을 낼 수밖에 없는지, 이전과는 다르게 지금 얼마나 지방재정교부금이 악화되어 있는 상황인지 말씀을 먼저 드리고 싶은데요.

23년도에 10조 4000억 원 교부금 불용 처리하셨지요? 그리고 24년도에도 거의 4조 1000억 원 그러니까 2년 동안 15조를 안 주셨어요. 그런데 디지털 특교는 99% 다 내려보냈습니다. 쓰고 싶은 데는 다 쓰셨어요.

그리고 얼마나 방만하게 썼냐면 이 예산이 거의 교사 연수에 쓰였지요. 그러니까 저도 새로운 교육이 들어오고 그 교육을 제대로 준비하려면 교사 연수가 먼저 선행돼야 한다 너무나 공감을 합니다.

그런데 AI 완성된 교과서 자체가 작년 12월에 공개가 됐지요. 그런데 연수는 그전부터 이루어지고 있었고요. AI 없는 AI 교원 연수라고 굉장히 비난을 많이 받았었습니다.

그리고 지난 1월 17일에 저희가 AIDT 청문회를 열었었잖아요. 그때 제가 참고인으로 출석 부탁을 했던 서지섭 선생님이 그 선도 연수에 직접 참여하셨던 분이고 그분의 증언에 따르면 시간이 없으니까 선도 교사들이 줌으로 AIDT 사용 방법을 스스로 공부해서 다른 선생님들을 가르쳤어요. 너무나 부족한 연수 아닙니까? 그리고 12월에야 완성된 교과서를 3개월 만에 사용하도록 강행하고 계시고요.

이렇게 보니까 지금 교과서가 중요한 건지, 교사가 중요한 건지, AIDT를 만든 업체들의 이익이 중요한 건지, AIDT의 본질이 무엇인지 지금 사람들에게 와닿지 않기 때문에 국민들이 이렇게 반대를 많이 하고 계시는 겁니다. 납득을 못 시키고 계신 거예요.

그리고 작년에 얼마나 방만하게 운영이 되었냐면 원래 특교 기준을 보면요 운영 기준 보면 국가시책사업 중에 정책연구비 해외연수비 홍보비 수당 인건비성경비 업무추진비 비품구비 이런 것들 불가피한 경우 제외하고 신청을 제한한다고 돼 있는데 실제 내용 보면 해외연수에 150억, 홍보비 인건비 전부 다 특교로 사용하셨고요. 국내 연수도 얼마나 방만하게 사용했냐면 기사를 보면 서울에서 평일에 교장·교감 연수 특급호텔에서 1인 1실 제공했고 부산에서는 교장·교감 연수에 13만 원짜리 코스요리를 제공했고 한 관리자는 자기 교직 생활 수십 년 하면서 이런 호화로운 호텔방에서 1인 1식 제공하는 것 한 번도 본 적이 없었다, 내가 개인적으로야 너무 편하고 좋았지만 이렇게 학교가 예산 때문에 허리띠 졸라매는 가운데 내가 이렇게 돈 쓰는 게 너무 죄책감이 들었다, 걱정됐다 그런 증언들도 있습니다. 미안할 정도의 호화 연수 너무나 문제가 크지 않습니까? 그리고 지방교육청 교부금을 그렇게 15조나 덜 내려 보내놓고 특교로 이렇게 방만하게 호화 연수 해도 됩니까?

예산도요 편성이 중복된 게 너무나 많아요. 디지털교육 AI 관련 없는 인성교육 실천사례 연구발표대회라는 게 있습니다. 열심히 연구하는 선생님들이 되게 많이 참석을 하시는데요. 거기에 글로벌 역량 강화 연수 제공하고 그 비용 특교로 썼습니다, 디지털 특교로.

또 서울시 교육청에는요 디지털 특교 예산 중에 늘봄 지원사업에 312억 썼어요. AIDT 지원 사업을 보면 물론 AI 교사 역량 강화 또 방과후 교육 활성화 이렇게 두 가지 쓸 수 있게 되어 있긴 합니다. 그런데 늘봄은 방과후가 아니잖아요. 늘봄이랑 방과후는 엄연히 다른 사업입니다. 그러니까 늘봄에 물론 방과후도 포함되어 있어요. 돌봄, 초1 맞춤, 방과후가 합쳐진 게 늘봄이고 이것 외에 방과후 교육도 따로 있습니다. 그런데 그 방과후 교육에 쓰신 거예요. 그런데 사실 교육청은 그렇게 할 수밖에 없었을 거예요, 돈이 없으니까. 돈 없는데 늘봄 강제로 하라고 하니까.

보면요 또 저는 이런 것까지 해야 되나 싶은데 에듀테크 박람회에 교육청 전시부스 운영하면서 선도 교원 연수받으면 디지털 배지 발급해 주는 사업이 있습니다. 그래서 디지털 배지 디자인, 발급 또 배지 운영 단기 근로자 인건비 이런 것도 다 특교로 썼는데 이게 과연 AIDT 사업에 꼭 필요한 것이었을까, 예산을 이렇게 방만하게 써도 될까 그런 생각이 저는 들었거든요.

차관님이 교육청별로 디지털 특교 사업 예산 집행 내역 혹시 검토하셨습니까?

○**교육부차관 오석환** 예, 저희가 실무적으로는 항상 검토를 하고 있습니다.

○**백승아 위원** 그러면 부적절한 사업이나 또는 중복된 사업 아니면 특교 운영지침에 어긋나는 사업들을 했는지 확인해 보셨습니까?

○**교육부차관 오석환** 담당 과장님이 말씀드리겠습니다.

○**교육부디지털교육전환담당관 김현주** 디지털교육전환담당관입니다.

저희가 위원님께서 지적하신 서울이나 부산에서 나온 연수의 문제는 그 내용이 나오자마자 교육청에 그 부분을 확인을 하고요. 그 이후의 연수에서는 그런 부분을 삭제해 달라는 요청을 드렸고 해외연수도 저희가 가기 전에 편성 내용에 대해서 일부 교육청에서 연수와 관계없는 관광성·외유성 프로그램들이 들어갔다라고 해서 시·도교육청별로 해외연수 프로그램에 대한 전수조사를 하면서 저희가 그런 부분을 삭제하고 재운영할 것을 시·도교육청에 요청해서 프로그램 편성에 대해서 재검토를 요청드린 바가 있었습니다.

○**백승아 위원** 그러니까 기존에 이루어진 건 사실이고 이후에 교정해라 그렇게 쓰지 마라고 말씀하셨고, 그러면 그 후에 실제로 집행 내역 확인하셨습니까?

○**교육부디지털교육전환담당관 김현주** 집행 내역은 해외연수를 일부 진행을, 방학 중에 일단은 진행을 하시는 교육청들이 있고, 그래서 저희가 그때도 가이드라인을 시·도교육청 담당자들이랑 협의를 할 때 그러니까 예를 들어서 실제 학교현장을 방문한다든지 아니면 사례와 연결된 곳을 방문한다든지 아니면 해외에서 실제 에듀테크나 이런 것들을 어떻게 활용하고 있는지를 직접 경험하시거나 체험할 수 있는 프로그램 위주로 구성할 것을 말씀드렸었습니다.

○**백승아 위원** 그러면 확인하셨다고 하니까 지금까지 특교로 무슨 사업에 어떻게 썼는지 적절했는지 검토하고 그 집행 내역 저희 의원실로 제출해 주시기 바랍니다.

○**교육부차관 오석환** 예, 그렇게 하겠습니다.

○**백승아 위원** 그래서 저는 안 그래도 없는 살림살이에 지금 국가 세수가 너무 부족한 상황에서 호화 연수에 이렇게 방만하게 쓴 특교 예산 저는 없애야 된다고 생각하고요. 예산 집행을 교육청이 자율적으로 할 수 없는 부분이고 이것 지방교육자치에 적합하지도 않고 재정 통제도 어렵고 지금 사용된 방안을 보면, 이것들의 상황을 보면 너무 불투명하게 운영됐다는 느낌도 들어서요. 그리고 또 중요한 것은 특교 삭제해도 보통교부금으로 국가시책 특교 사업으로 얼마든지 교육감님이 원하시면 사용할 수 있잖아요, AIDT에도.

○**교육부차관 오석환** 그렇습니다.

○**백승아 위원** 그러니까 저는 이 특례 조항을 삭제하는 게 좋겠다 그렇게 생각을 합니다.

이상입니다.

○**소위원장 문정복** 강경숙 위원님 질의해 주십시오.

○**강경숙 위원** 앞서 백 위원님이 워낙 조목조목 다 지적해 주셔서 제가 간단하게만 말씀을 드리겠습니다.

세 가지 말씀드리고 싶은데요. 아까 조 위원님, 여당 간사님 말씀하신 것은 문 간사님께서 지적해 주셨지만 사실상 그게 2007년도에 원래 4%였던 것을 3%로 줄이는 법률안을 통과했고요, 특교 비율을요. 그리고 2019년부터 그렇게 축소된 바가 있어요. 그러면서 교육자치가 위축되는 것이 아닌가라는 우려가 계속되고 있는 와중에 3%인 것을 아까 문 간사님 말씀하신 것처럼 법안심사소위를 통과하지 못했고 당시에 강민정 위원이 반대토론도 했습니다. 전혀 통과한 것이 아니에요. 다시 한번 강조를 드리는데 그건 사실이 잘못된 말씀이시고요.

그래서 그때 당시에 국회의장님이 원래는 세출예산인 것을 세입예산안 부수법률안으로 지정해 갖고 본회의에 자동부의가 돼 버린 것이에요. 그러니까 이 자체가 원래 잘못된 것입니다. 그래서 바로잡는 것이고요. 첫 번째 그 말씀을 드립니다.

두 번째는 아까 백 위원님 말씀하신 것처럼 이게 없어지는 게 아니에요. 보통교부금으로 사용하면 되는 것입니다. 특교를 보통교부금으로 비율로 조정하는 것일 뿐이지 교과서 예산을 아예 다 줄여 버리겠다 쓰지 못하게 하겠다 이것이 아닙니다.

그리고 아까 조 간사님께서 좋은 제안도 하시긴 했는데 이를테면 저는 제가 이 법이 통과되면서 즉시 시행되는 걸로 했으나 김문수 의원님은 1월 1일 날로 시행하는 것으로 했기 때문에 올해 이미 교부가 많이 됐을 거거든요. 물론 현장에 혼란이 있을 것이라는 생각 당연히 하는데 이 법이 2024년에 다루어진 것이 아니고 올해 이제 넘어갔기 때문에 이미 이게 집행이 된 거고 교부가 된 것이라면 좀 양보해서 그러면 병합심사하면서 2026년 1월 1일부터 시행하면 지금 말씀하신 모든 문제는 다 해결이 되는 것입니다. 거듭 말씀드리는데 교육자치 이렇게 하면 굉장히 많이 침해받는 것입니다. 다 이유가 있는 것이었고.

그리고 여러분, 아까도 백 위원님 조목조목 말씀하셨지만 이것이 지금 5300억 맞지요? 그 예산도 사실은 거의 다 연수에 많이 쓴 것들이거든요, 방과후 교육하고. 그래서 방만하게 사용된 것들은 이미 너무너무 많은 부분, 실질적으로 다 나와 있는 얘기를 말씀을 드린 것이기 때문에 이것을 보통교부금으로 돌리는 것이 전혀 무리가 없는 사안이다. 저는 즉시 하고 싶었으나 이미 교부가 된 것이라면 2026년도부터 예산 삭감하는 것은 지금 모든 문제들을 제기하는 것을 다 해소할 수 있는 방안이다라는 말씀을 드립니다.

이상입니다.

○소위원장 문정복 더 토론할 위원님이 안 계신 것 같아요.

이렇게 정리할게요. 이달 10일에 아마 보좌진 업무보고에 AIDT가 들어가 있는 걸로 제가 알고 있어요. 그리고 저희 상임위 차원에서 업무보고가 17일에서 19일 그러니까 본회의 잡히는 날짜 제외하고 저희가 업무보고를 받는 걸로 되어 있어요. 그때까지 차관님께서 장관님께서 이 AIDT와 관련한 구체적인 방향성, 25년도 시행과 관련한 대략적인 방향성을 좀 마련해 갖고 오시면 저희가 20일 날 또 법안소위가 한 번 더 열리거든요. 그때 한 번 더 조정하고 결정하는 걸로 그렇게 계속 심사해도 되겠습니까?

(「예」 하는 위원 있음)

그러면 계속 심사하는 걸로 진행을 하고요.

다음은 의사일정 3항 김민전 의원이 대표발의한 고등교육법 일부개정법률안, 의사일정 4항부터 7항까지 김민전 의원·서지영 의원·김대식 의원이 각각 대표발의한 지방대학 및 지역균형인재 육성에 관한 법률 일부개정법률안 3건, 강승규 의원이 대표발의한 지방대학 및 지역균형인재 육성에 관한 법률 전부개정법률안을 심사하겠습니다.

전문위원 보고해 주시기 바랍니다.

○**수석전문위원 천우정** 수석전문위원입니다.

해당 법안들은 12월 14일 법안소위에서 일독한 바가 있습니다. 이 법안들은 RISE 사업과 관련된 법안들입니다. 그래서 자세한 설명은 생략하도록 하겠습니다.

고맙습니다.

○**소위원장 문정복** 그때 하신 걸로 정리하신다고요?

(웃음소리)

지난번 일독하신 거 다 기억하시지요?

(「예」 하는 위원 있음)

그러면 정부 측 의견 말씀해 주시기 바랍니다.

○**교육부차관 오석환** 전문위원님께서 말씀드렸듯이 1차적으로 주요한 사항에 대해서는 지난번에 한 번 설명을 드렸고요. 구체적으로 고등교육법과 지방대학 육성법과의 관계에서 역할 분담한 법안을 중심으로 해서 논의를 해 주시면 거기에 따라서 개별 사안별로 의견을 말씀드리겠습니다. 대체적으로는 위원님들하고 기본적인 방향에 대해서는 의원실과의 상의를 통해서 최종적인 정부 의견을 같이 제출해 드린 상황입니다.

고맙습니다.

○**소위원장 문정복** 또 대체하시는 거지요?

○**교육부차관 오석환** 예.

○**소위원장 문정복** 그러면 위원님들 토론해 주실 건데요.

이런 말씀 드리게 돼서 조금 유감이기는 하지만 지금 저희가 대통령께서 직무정지 상황이지 않습니까? 그리고 이 RISE 사업과 관련해서는 윤석열 정부의 대표 교육 공약이기도 합니다. 그런데 어찌 되었든 이 정부가 죽 이어 갈지 이 정부가 중간에 멈춰 설지 이것은 아무도 장담하지 못하는 상황인 거예요.

그래서 윤석열 정부가 핵심적으로 가져갔던 이 RISE 사업과 관련해서 우리가 이 문제를 어떻게 해야 될지 사실은 교육위원회에서도 참 난감한 상황이 돼 버린 겁니다.

○**조정훈 위원** 난감하지 않고, 그냥 이게 윤석열 정부의 공약이든 아니든 이 교육위에 도움이 되는지 안 되는지 판단하시면 되지 않습니까?

○**소위원장 문정복** 그렇게 말씀하시는 측면도 있지만 이것이 1조가 넘는 예산이 수반되는 사업이어서, 더군다나 체계 개편까지 같이 가는 사안이어서 대략 오늘 한 번 더 논의를 해 주시면, 논의를 좀 더 깊이 해 주시고 그리고 방향을 정해 보도록 그렇게 하겠습니다.

더 의견 주실 위원님 계시면 주시기 바랍니다.

○**조정훈 위원** 말씀드린 대로 저희 당과 정부의 주요 정책 중에 하나고 대학이 지역 중심 그리고 지방단체들과 협력해서 지자체 대학이 동등한 입장에서 지역 발전과 교육 발전을 추진하겠다고 하는 취지이기 때문에 당연히 저희 당 의원님들은 대표발의까지 하실 정도로 적극 지지하는데, 지난번 우리 일독했을 때 저희가 보류했던 게 RISE법과 이게 같이 병행해서 가자라는 이유로 아마 보류했을 겁니다.

○**소위원장 문정복** 분리해서 가자.

○**조정훈 위원** 분리해서 가자, 죄송합니다. 그래서 지금 이렇게 분리해서 이 두 가지 법안이 대표발의가 다 됐고.

그래서 저희는 민주당 위원님들 그리고 강경숙 위원님의 입장이 궁금한 게 법안의 내용 중에 어디가 반대가 있고 걱정이 있으신지 구체적으로 말씀해 주시고 논의했으면 좋겠다. 이 취지에 대해서는 다 동의하신다고 지난번도 속기록에 다 기록돼 있으니까, 그렇게 좀 구체적으로 말씀해 주셨으면 논의가 신속하게 진행되겠다 싶습니다.

○**소위원장 문정복** 정을호 위원님.

○**정을호 위원** 지난번 논의가 죄송하지만 잘 생각이 나지 않는데 저희 의원실에서 다시 한번 봤더니 저는 좀 신중검토 의견을 다시 제시하면서 이야기할 건데요.

지금 개정안에 보면 제59조의7 제1항에 보면 규제특례와 관련해서 있는데 이 부분이 지역균형발전에 역행하는 것 아니냐는 의견을 다시 한번 제시하는 바이고요.

차관님, 지난번에 장관님 인터뷰라든가 보시면 RISE 체계 구축 방안에 따르면 RISE 사업의 지역혁신을 통해서 지방소멸에 대응하는 그 목적이 있다고 말씀하셨는데 그게 유효하나요?

○**교육부차관 오석환** 그렇습니다.

○**정을호 위원** 그렇지요. 그런데 규제특례 조항에 보면 수도권을 포함하고 있는 부분도 있는 것 같아요. 이 부분이 규제특례를 신청할 수 있으면, 그동안에 우리가 지역균형발전을 위해서는 수도권 규제 정책이라는 부분이 있었던 거잖아요. 수도권에 과밀하게 다 집중되는 부분이 있었기 때문에 해체하면서까지 이 부분을 이렇게 하는 부분이 어떤 결과를 초래할지 차관님께서는 생각해 보셨으면 다시 한번 말씀 좀 부탁드리겠습니다.

○**교육부차관 오석환** 위원님 좋은 지적 주셨습니다.

지금 우리가 RISE 체계를 운영하는 거 그게 저희가 7개를 시범 운영하다가 17개로 확대하는 것은 사실 수도권을 포함한 시도의 요구를 반영한 것입니다. 그 뜻은 지역과 지방과 수도권과 관계없이 고등교육 체계가 시도의 지방자치단체와 연계해서 지역 발전을 주도해야 된다는 것에 공감을 한 상황입니다. 그래서 그것을 제도화하는 과정이고요.

그런 과정에서 지금 중요한 규제특례를 두셨는데 규제특례는 지방대학에 이루어졌던 그러한 규제특례뿐만 아니라 사실 고등교육 전반에 관한 규제특례 사항들입니다. 그 특례들 중에서 제도화를 위해서 필요한 특례가 있다고 그러면 그것은 지방대학뿐만 아니라 수도권 대학에도 동시에 적용되는 것이고요. 그중에서 지방대학 육성법에 그대로 존재하는 방식으로 지방대학의 특별한 육성을 위해서 필요한 특례가 있다고 그러면 그것은 거기에 국한돼서 적용되는 것입니다. 그러니까 제도만 마련한다는 것을 말씀드립니다.

○**정을호 위원** 그러면 수도권이 아니라 지역대학의, 지역사회 경쟁력을 높이는 방향으로 설계한다?

○**교육부차관 오석환** 그렇습니다.

○**정을호 위원** 그 부분을 그러면 차관님께서 아까 이야기하신 대로 그게 가능하시다고 보시는 거예요?

○**교육부차관 오석환** 그럼요. 왜냐하면 지금 특성이 좀 다릅니다. RISE 체계를 저희가 이번에 기본계획을 수립을 하면서 바라봤더니 수도권 지역은, 지방대학은 취약성을 보강하는 방식으로 운영이 되고 지역의 발전, 지역산업의 발전을 중심으로 이루어진다고

그러면 수도권 지역은 글로벌 역량을 강화한다든지라는 특수한 수요에 부합되게 운영되는 방식입니다. 그래서 그런 것들이 RISE 체계를 통해서 지역 스스로 그러한 문제를 진단하고 그에 따른 계획을 수립하고 그것을 지역 내에서 합의를 이루고 기본계획을 수립하고 진행하는 과정이기 때문에 가능하다고 보고 있습니다.

○정을호 위원 기본적인 질문인데 그러면 이게 지역 대학과 수도권 대학의 격차가 이 제도로서 더 심화되는 방향으로 가지 않을까요?

○교육부차관 오석환 저희는 상향 평준화라고 보고 있습니다. 지금 상황에서 보면 RISE를 통해서 운영을 하고자 하는 수도권 대학은 현재 가지고 있는 경쟁력상에서 특성을 가지고 있는 경쟁력이기 때문에 그게 지방대학하고 경쟁하면서 경쟁을 상향 조정하는 것이 아니고 오히려 세계 시장과 경쟁하면서 할 수 있는 방식으로의 상향이라고 보고 있고요. 지방대학은 지방대학 육성법의 취지를 반영한 상태에서 RISE 체계까지 공고하게 넣어 가지고 더 발전 전략에 부합되게 지방대학의 강점을 살릴 수 있다고 보고 있고 그렇게 운영이 되고 있습니다.

○정을호 위원 그러면 이주호 장관님이 인터뷰한 부분들이 많이 변경된 거네요, 입장에서?

○교육부차관 오석환 아닙니다. 어떤 말씀을 하시는지 말씀 주시면 제가……

○정을호 위원 RISE 사업이 지역혁신을 통해서 지방소멸에 대응하는 데 집중하고 있다, 그 부분에 대해서.

○교육부차관 오석환 RISE의 첫 출발이 기본적으로 지방을 중심으로, 좀 전에 잘 아시는 것처럼 RISE를 중심으로 해서 지자체와 그다음에 대학이 연합하는 모델을 만들어 봤는데 개별 사업 중심으로 운영이 되다가 보니까 결과적으로는 효과를 못 냈던, 그것을 발전시켜 가지고 RISE로 전환시키면서, 사실은 발전적인 전환이었습니다. 그래서 우선적으로는 지역 중심으로 논의가 됐었는데 그게 지역 중심으로 논의된 그 지역이 지방대학으로 국한되지 아니하고 수도권까지의 각기 특성에 따른 체제 전환으로 저희가 이해하신다고 그러면 아마 충돌되는 지점이 없으리라고 저는 봅니다.

○정을호 위원 알겠습니다.
  그리고 지난번에 국정감사 때도 제가 한번 지적한 바 있는데요. 이게 지자체장들이 있지 않습니까?

○교육부차관 오석환 예.

○정을호 위원 본인들의 정치적 이해관계 등을 통해서 공약이라든가 그런 부분들을 통해 가지고 이 부분을 악용하는, 악용이라는 표현이 맞는지 모르겠지만 그런 방향으로 교육이 호도되는 그런 부분들을 규제라기보다 어떻게 선방향으로 가시려고 하는지 그 부분이 가장 궁금하더라고요.

○교육부차관 오석환 그렇습니다. 저희도 처음에 시도지사가 지역 산업과 지역 발전 전략과 연계해서 고등교육과의 연계성을 하면서 한쪽으로는 협업을 하고 한쪽으로 지원하라는 체계로 저희가 RISE 제도를 논의를 했을 때 가장 우려됐던 부분이 시도지사가 정치적 이해관계를 중심으로 논의가 될 것이 아니냐는 것이었는데 그때 대학 총장님들하고 지역사회에서 논의하셨던 것들이 지금까지는 그냥 대학이 대학 중심으로 이뤘기 때문에 협업이 안 됐던 구조에서 협업이 되려고 그러면 결국은 같은 거버넌스 체계를 짜는 데

가장 중요하다. 그래서 저희가 거버넌스 체계를 지방자치단체장의 독임 체제가 아닌 공동 민간위원장을 포함하는 공동위원장 체계로 마련을 하고요. 위원회를 구성을 할 때 산업계 그다음에 교육계, 다양한 분야의 인사들이 참여할 수 있도록 하는데 그러면 공동위원장 체계 내에서는 다양한 분들을 구성을 할 때 같이 참여해서 운영을 하기 때문에 그러한 체계로서의 전환이 이루어집니다. 그 부분은 저희가 이번에 수정의견을 드렸습니다.

○정을호 위원 그러면 말씀 중에 한 가지, 공동위원장 체제로 해 가지고 위원회를 구성한다고 했잖아요?

○교육부차관 오석환 예.

○정을호 위원 그러면 아시다시피 단체장에게 호의적인 분들이 아마 위원으로 많이 구성될 텐데 그 부분들은 어떻게?

○교육부차관 오석환 운영상에 있어서 여러 가지 차이가 있겠습니다만 저희가 17개 시도의 각기 다른 베스트 프랙티스(best practice) 모델들이 마련돼 가면서 선순환으로 각자 학습하고 있다는 것을 지난 1년, 2년 동안에 확인한 바입니다. 처음에는 각자의 모델로 출발하다가 7개의 각기 다른 시도에서 베스트 프랙티스 모델들이 나오고 그것을 교육부가 같이 협력해 가지고 학습하는 과정에서 서로 간에 경쟁적으로 좋은 모델이 되는 것을 구현을 했는데 만약에 아마 그런 쪽으로 된다고 그러면 시민에 의한 투표 방식으로 압력이 이루어질 거라고 보고 있고 그게 저희가 지난 1년~1년 반 동안의 가능한, 좋은 시사점이라고 볼 수 있습니다.

○정을호 위원 그리고 이런 부분들을 시행령이 아닌 법률로서 규정하는 부분들에 대해서 어떻게 생각하십니까?

○교육부차관 오석환 어떤 말씀이시지요?

○정을호 위원 구성 관련해서 운영이라든가 객관성을 확보하기 위해서.

○교육부차관 오석환 예, 그러면 그것은……

○정을호 위원 시행령으로 돼 있는 얘기를 법률로 상향하는 부분에 대해서는……

○교육부차관 오석환 이 부분은 명확하게 RISE 체계라는 게, 제가 이해하기에는 저도 오랫동안 교육 정책을 해왔으니까 이것은 지방자치단체와 대학이 분절적으로 운영되지 아니하고 지역 발전을 위한 공동의 노력을 해 나가야 된다라고 할 때 가장 중요한 게 거버넌스 체계입니다. 거버넌스 체계에서 대학 총장님들이 지자체에 충분한 의견을 낼 수 있을 정도 수준으로 요구할 수 있는 수준으로의 거버넌스 체계가 필요하고, 그 거버넌스 체계는 중앙에서는 대학하고 지역·대학 동반성장위원회를 통해서 지방에서는 지역혁신위원회를 통해서 공동으로 참여함으로써 다양한 의견들이 투입될 수 있는 체계를 마련하는데 그 체계는 이러한 거버넌스 체계를 짜 주고 그것을 상향 입법해 가지고 제도화하는 게 적합하다고 보고 있습니다.

○정을호 위원 그런데 아무리 제도가 훌륭한 방향으로 가더라도 운영하는 분들에 따라서 이게 또 악용되는 부분들이 많기 때문에 아까 제가 말씀드렸듯이 그 부분에 대해서 다시 한번 재고해서 다음에 이야기할 때 다시 한번 부탁드리겠습니다.

○교육부차관 오석환 예, 하나하나 저희가 운영 과정에서 처음부터 제기됐던 부분들이고 그게 해소되는 측면들도 있고 또 그것을 해소하는 방법들도 저희가 고민을 하고 있으니까요. 상세한 부분이 있으면 다시 저희가 상의드리겠습니다.

○**정을호 위원** 이상입니다.

○**교육부차관 오석환** 고맙습니다.

○**소위원장 문정복** 강경숙 위원님 토론해 주십시오.

○**강경숙 위원** 지금 정을호 위원님께서 지적하신 것처럼 굉장히 명분은 훌륭하지요. 지자체하고 어떤 학계하고의 연계를 통해서 지역의 산업도 살리고 산업 구조도 되게 다 좋은데, 이렇게 깊이 들어가다 보면 이를테면 교수가 어떤 특허를 땄잖아요. 본인이 그것을 본인에게 귀속할 수 있는 것들을 지자체에다가 풀어야 될지도 잘 모르겠고, 이것은 그냥 하나의 예지만 굉장히 다양한 역동들이 그 안에 생겨날 것입니다. 그 흐름들이 아주 굉장히 여러 가지들이 나타날 것인데 그것은 현실과 명분이라는 건 굉장히 다르게 전개될 수 있다라는 말씀을 드리는 거의 일환이고.

저도 지역의 대학에 있다가 왔지만 좋은 측면을 계속 강조하시면서 교육부에서는 추진하려고 하시겠지만 격차를 오히려 심화할 수 있다는 의견도 상당히 많이 있습니다. 왜 그러냐 하면 경쟁력이라든지 행정 역량 이런 것들이 잘 갖춰진 지자체는 가시적인 성과를 낼 수 있지만 그렇지 않은 지역들도 되게 많고요. 상대적으로 오히려 더 많이 뒤처질 위험도 노출될 수 있는 거예요, 그런 상황에서. 그리고 지자체의 RISE에 대한 이해도가 낮을 수도 있고, 대학 특성이나 지역 산업 구조 이런 거 불일치가 되거나, 산학협력 구조 이런 것들이 해결해야 될 구조가 굉장히 과제들이 많거든요.

그래서 시행 첫 해에 이렇게 급하게 꼭 법제화해야 되는 것인지, 예산 사업의 성패도 아직 확인하지 않은 채로 해야 되는 것인지에 대한 의문이 있고요. 이것만이 아니라 명확한 법적 근거 없이 하는 게 교육 특구 사업도 있고 또 늘봄 이런 게 있어요. 그런데 그런 것 굳이 많은 검토가 필요한…… 이렇게 RISE만 굳이 법률 근거를 명확하게 하려는 것이 좀 이해하기 어렵습니다.

거듭 말씀드리자면 검증된 시행이 확실하지 않은 상태에서 영구화하는 법률로 이렇게 법제화해 버리는 것이 적절한가, 시행 첫해인데 성패를 보고 해도 늦지 않겠다. 그리고 저는 기본적으로 이게 자칫하면 굉장히 역기능적 요소들이 상당히 많이 만들어질 수가 있는 측면들도 없지는 않다, 굉장히 꼼꼼하게 섬세하게 잘 살펴봐야 될 것들이 있다. 자칫하면 대학 재정지원 사업 같은 것들이 나눠 먹기식 분배 이런 것들도 될 수 있다는 우려도 많이 있다는 점을 말씀드립니다.

이상입니다.

○**교육부차관 오석환** 그러면 간략하게만, 이것은 연장선상에서 말씀 주시는 거니까.

개별적인 사항들에 대해서는 따로 나중에 추가적으로 논의가 되면 그때 말씀을 드리겠습니다. 다만 지금 RISE 체계를 통해서 하고자 하는 것은 시도와 대학이 분리돼 있던 체계에서 같이 공동으로 교육의 문제를 논의하는 구조이고요. 그런 과정에서 재정의 배분이나 이런 것들이 교육의 요구와 그다음에 지방자치단체의 필요와 같이 부합되도록 하는 일들이고 아까 우려하셨던 개인 교수의 특허나 이런 문제들은 이 제도하고는 좀 다른 측면에서 바라봐 주시면 될 것 같습니다. 이것은 전체적으로 우리 재정 흐름과 그다음에 사업을 기획하는 과정들이고요. 그다음에 거기에서 구체적으로 이루어지는 특허나 이런 관계는 여전히 교육부의 주무 업무로서 고등교육과 관련돼 있는 제도 범위 내에서 운영이 됩니다.

두 번째로 지금 현재 상태로 놓았을 때 이러한 지역발전을 위한 가장 많은 고민을 가지고 있는 시도가 가장 중요한 싱크탱크인 대학과 연계해서 어떤 방식으로든 공동발전 전략을 짜야 된다는 것에 대해서는 수십 년 동안의 우리 교육의 과제이면서 우리 국가 과제였습니다. 그 과제를 실행하기 위해서 다양한 방식으로 저희가 사업을 해 왔던 것이고요. 그 사업을 한 것의 연장선상에서 제도개선으로 이런 노력을 하는 건데 지금 이 제도를 운영했을 때 상향 평준화의 가능성과, 상향 평준화의 지난 1년 반 정도의 가능성을 보고 저희가 제도를 계속 운영하려는 것이고요. 오히려 그냥 뒀을 때 지금 생기는 격차를 해소하기 위한 1단계의 노력은 저희가 진행을 하고 있는 거니까 이것을 해 나가는 데는 입법화했을 때 그게 부작용으로보다는 제도를 안정적으로 운영하는 기반을 마련하는 것이 가능하다라고 말씀을 드리고요.

세 번째, 이렇게 시기의 문제는 있습니다. 여전히 말씀 주시는 대로 RISE 체계를 통해서 방향성은 옳은데 이것을 입법화하는 것이 지금이냐 아니냐라는 말씀을 주시는데 제도가 어느 정도 도입이 되고 또 거기에 대한 필요성이 느껴진다면 그때 입법화하는 것은 국회에서 해 주시는 일들이고 교육 발전 특구도 저희가 입법화를 추진하기 위해서 위원님들하고 상의를 드리겠습니다. 그러니까 그런 방식으로 운영이, 지금 시기가 적합하냐고 보시는 질문이신데 저희 정부 입장에서는 여러 가지, 지금 바로 시작하는 것이라기보다는 이미 오랫동안 논의했던 제도를 이제 제도화하는 과정이다라고 하는 입장이기 때문에 지금 해 주시는 게 저희한테는 제도 운영을 하는 데 도움이 된다라고 말씀드립니다.

○소위원장 문정복 잠시만요.

김준혁 위원님 그다음에 서지영 위원님 백승아 위원님 이렇게 하겠습니다.

○김준혁 위원 차관님께 질의 좀 드리겠습니다.

제가 지난번 소위 때 논의할 때 차관님도 계셨겠지만 우리가 분교 그러니까 서울 소재 대학의 분교 캠퍼스에 대해서 지방 대학으로 분류하지 않고 있지 않습니까? 그래서 그렇게 됐을 때 RISE 지원 대상에서 제외될 수 있다라고 하는 문제, 실제로 이 분교 캠퍼스도 RISE와 관련해서 역할을 하고 싶어하고 또 당연히 받아야 되고 하는데 수도권 대학으로 묶여 있는 상황에서 그 부분을 우리가 좀 해결할 필요가 있겠다라고 했는데 그 이후에 교육부 쪽에서 이와 관련된 새로운 계정이라든가 아니면 서울 소재 분교 캠퍼스에 대해서 어떻게 지원할 수 있는가에 대한 논의들이 있었나요?

○교육부차관 오석환 예, 매우 중요한 지적을 주셔서 저희가 몇 가지로 지금 논의를 좀 발전시켰습니다.

우선 지금 이 핵심적인 내용은 캠퍼스 대학도 되기는 하고 분교도 되기는 합니다마는 근본적으로는 보면 본교의 소재 지자체와 그다음에 캠퍼스 또는 분교의 소재 지자체가 다른 경우에 지방자치단체가 재정 지원을 할 수 있느냐의 문제로 문제를 정의한다고 그러면 정확하게 이번에 저희가 그 수정안에 소재가 다르더라도 지방자치단체가 지원할 수 있다라고 함으로써 예컨대 전남대학교가 광주에 본교를 두고 있습니다만 여수 캠퍼스가 전남에 있습니다. 그런 경우에는 지원할 수 있도록 하고요.

그다음에 캠퍼스 대학 54개 정도의 캠퍼스가 있는데 그 캠퍼스의 경우에도 분교 소재가 수도권이 아닌 지방에 있는 경우에도 제도적으로도 지원할 수 있도록 저희가 열어 놨고 어차피 그 지역 내에서 캠퍼스 대학이 역할을 하는 것이기 때문에 지방자치단체에는 재정 지원 수요가 있습니다. 지금까지는 재정 지원 방식으로 접근을 했기 때문에 신청권을 안 주던 것일 뿐이고 지원은 가능하도록 이번에 그 수정안에 반영을 했고요.

또 하나 두 번째는 더 나아가서는 RISE를 운영하는 과정에서는 이미 제도적으로 그 지역에 있는 캠퍼스 대학의 경우에도 지방자치단체가 지원할 수 있도록 하는 체계로 저희가 운영을 하고 있습니다.

고맙습니다. 좋은 지적 주셔서 저희가 한결 더 나아가는 방향으로 발전시켰습니다.

○소위원장 문정복 서지영 위원님 토론해 주십시오.

○서지영 위원 저는 법안의 근본적인 취지에 대해서는 100% 동의하는 입장이고요. 다만 아까 위원님들이 지적하셨던 내용 중에 저도 조금 궁금한 부분이 아까 강경숙 위원님께서 오히려 조금 격차를 심화시킬 수 있다라는 우려를 지적을 해 주셨고 그러시면서 또 지역 지자체의 여러 가지 역량의 차이에 따라서 격차가 오히려 더 심화될 수도 있지 않느냐라는 지적을, 긴 시간 말씀은 못 하셔서 그랬겠는데 차관님께서는 이것이 상향 평준화를 이루는 방향으로 여러 가지 보이고 있는 측면도 있고 그렇게 될 것이다라는 낙관적인 얘기를 하셨어요.

그럼에도 불구하고 또 한편은 그런 것들을 극복하기 위한 노력의 일환으로 취지가 있지만 진행되는 과정에서 강경숙 위원님이 우려하셨던 것처럼 그러한 현상이 나타날 때 교육부 차원에서의 어떤 대안이나 대책을 그리고 더 추가적인 어떤 행정적인 지원이라든지 그런 것들에 대해서도 검토하고 계신지가 좀 궁금합니다.

○교육부차관 오석환 중요한 말씀 주셨습니다. 강경숙 위원님 말씀과 서지영 위원님 말씀이 공동으로 보는 것은 지금 현재 상태에 있을 때 지역 간의 차이가 발생함에도 불구하고 고등교육과 연계시켜서 지역발전 전략을 짤 수 있는 가능성이 매우 낮은 상태입니다. 했던 일들이 겨우 재정 지원 사업을 통해서 부분 사업을 하는데 그것은 지속 가능성이 없다는 것이 현재 모두 공감하는 방식이고요.

그리해서 저희가, 제가 사례를 그냥 아예 바로 말씀을 드리겠습니다. 보면, 시범 운영을 하면서 예를 들면 경남의 경우에는 지역 산업에 항공우주나 이런 방위 산업이 존재하는데 그냥 됐을 경우에는 따로 독립돼서 운영이 되고 있었습니다.

그런데 저희가 시범 사업에 참여하면서 그 사업을 지원을 할 때 지방자치단체가 추가적인 재원까지 투입을 해 가지고 대학과 연계한 사업을 통해서 그 지역의 전략 산업을 발전시키는 노력을 함으로써 따로 떨어져 운영되고 있던 대학과 지방자치단체의 지역발전 전략이 하나가 되는 모습을 지금 정확하게 보여 주고 있습니다.

이게 조금 더 나아가면 다른 분야에서, 지금은 하나의 지역발전 전략에만 있겠지만 그 다음에는 토착 산업에 대한 부분으로도 발전되리라고 보고 그게 각 대학의 역할, 전문대학까지를 포함한 대학의 역할들을 제대로 할 수 있는 영역으로 발전시켜 주는 것이고 그렇게 된다고 그러면 지역에서의 격차가 결과적으로는 중요한 싱크탱크이면서 인력 양성을 하고 있는 대학이 제 기능을 못 했기 때문인데 제 기능을 할 수 있는 방식으로 상향 평준화가 될 수 있을 거라고 보고요.

경북의 경우에는 대학이 없는 그런 지역이 많습니다, 시군·자치구가. 그것을 아예 경북도청이 시군구와 대학을 연계시켜 줌으로써 컨설팅 기능을 하게 됨으로써 이제는 대학은 없더라도 지역의 발전 전략에 대학이 가지고 있는 자원을 투입하도록 하고, 대학도 관심을 기울이고 지방자치단체도 종전에 한두 명의 연구 용역으로 해결했던 문제들을 컨설팅 방식으로 해결하는 굉장히 중요한 변화를 일으키고 있습니다.

부산의 경우에는 청년 인구가 많이 나가는 대표적인 도시라고 문제 제기를 하고 있습니다. 가장 큰 문제는 대기업 같은 그러니까 주력 기업이 존재하지 않기 때문에 그게 취업 창출을 못 해서 생기는 문제인데 부산의 발전 전략은 중견기업들을 계열화해서 묶어 가지고 시너지 효과를 냄으로써 취업도 이루어지고 인재 양성도 하고 교육 과정과 연계시키는 방식으로 운영되고 있는 발전 전략을 짜고 있습니다.

그러니까 종전 같았으면 대학이 가지고 있는 자원하고 시도가 가지고 있는 발전 전략하고 동떨어져서 이 중요한 자원들을 고민만 하고 연결하지 못했던 부분들을 서로 모여 가지고 토론하는 과정에서 이러한 발전 전략들을 만들어 내고 있고 거기에 대한 책임은 온전히 지방자치단체와 대학과 기업과 주민과의 협력 속에서 이루어지고 중앙정부는 그 일들이 작동하는 것에 대한 성과관리 체계를 단단하게 마련할 겁니다. 그래서 중앙 RISE 지원센터를 마련을 해 가지고 아까 말씀드렸듯이 가장 핵심적인 요소들은 상호 학습하는 방식으로의 선순환이 이루어질 수 있도록 하는 노력들이고요. 그런 노력들이 확산하는 데 굉장히 큰 도움을 주고 있다고, 지금까지의 잠정적인 결과를 보더라도 저희는 높은 가능성을 보고 있습니다.

고맙습니다.

○**서지영 위원** 차관님 감사합니다.

그리고 하나만 더 제가 말씀드리면 아까 정을호 위원님께서 걱정을 좀 많이 하셨는데 위원회 구성할 때 지자체장에 좀 호의적인 분들로 위원회가 구성되는 우려도 있지 않겠냐 그랬는데 저는 이것은 좀 지나친 걱정이라는 생각이 듭니다.

왜냐하면 지자체장은 선거로 평가받고 자기 지역의 혁신을 가장, 혁신을 위해서 최선을 다하는 분들이시기 때문에 지자체장들께서 지역발전과 대학 혁신을 위해서 오히려 더 훌륭한 좋은 선택들을 하실 거라고 생각하기 때문에 너무 걱정하지 않으셔도 되지 않겠나 생각합니다.

이상입니다.

○**소위원장 문정복** 백승아 위원님 토론해 주십시오.

○**백승아 위원** 저는 일단 교육자 출신이다 보니까 이렇게 교육과 행정이 함께 가는 어떤 정책이 있을 때 교육이 힘이 센 행정에 종속되어서 좀 좌지우지되지 않을까 항상 그 걱정을 하거든요. 그래서 이 법안을 볼 때도 그런 부분을 훑어봤는데 지금 현재 RISE 센터 자체가 지자체 출연 연구원 또 평생교육진흥원, 테크노파크, 인재원 이런 데 설치가 되잖아요. 그러면 단체장으로부터 독립성이 좀 부족하지 않을까? 그래서 그런 책임과 권한을 제대로 세울 수 있을지 좀 우려가 되는데 이 법에 따르면 지역 출연 기관장이 단체장한테 성과평가를 받아야 돼요. 그리고 성과계약서도 체결해야 되고 그러니까 한마디로 지자체장이 평가권자입니다. 그러니까 보너스 얼마 받을지까지 여기서 결정을 하는데 과연 이 조직이, 이 RISE 센터가 얼마나 소신을 가지고 독립성을 보장받은 채 이 권한과 책임을 다할 수 있을까, 그런 구조 자체가 되지 않는다 이런 걱정이 좀 되고요. 그래서 RISE 센터를 아예 별도 독립 법인으로 설치해야 된다 이런 의견도 있는 것으로 아는데 교육부 생각은 어떠십니까?

○**교육부차관 오석환** 중요한 지적 주셨습니다. 결국은 작동하게 하려고 그러면 그것을 잘 지원해 주고 또 발전시킬 수 있도록 우리가 지적 기반을 마련하는 일들인데요.

전담기관의 역할은 두 가지 역할을 동시에 하고 있습니다. 하나는 지방자치단체의 발전 전략을 가장 잘 이해해서 각기 다른 이해관계를 잘 조율을 하면서 발전 전략에 맞는 기획을 해 나가는 일들이고요. 또 하나는 그걸 가지고 성과관리까지 해 나가는 일들이거든요.

그래서 우선은 전담기관이 조금 더 나아가면 독립적이라 하는데 독립적이라는 게 단순하게 따로 기관의 독립을 보장하는 그런 방식이 아니고 의사결정을 할 때 정치적인 압력을 받지 아니하도록 하는 체계로 가는 것이기 때문에 궁극적으로는 독립 법인으로 발전돼 가는 것은 바람직한 방향으로 보고 있습니다.

그런데 독립 법인으로 발전되기 전 단계에서 가장 잘 활용할 수 있고 지역 사정을 가장 잘 아는 기구를 전담기구로 선정을 해 갖고 지금 진행을 하는 것이거든요. 그러니까 발전 단계가 지금 그렇게 되고 그렇게 됐을 때 자칫 잘못하면 독립된 게 또 정치적 그리고 국민에 의한 민주적 통제를 받지 아니하는 조직이 되지 않도록 하는 방식은 저희가 지속적으로 인터랙션(interaction)을 해 가면서 짜 나갈 계획입니다.

그리고 또 하나는 아까 교육이 종속되는 부분인데 이것은 되게 중요한 문제입니다. 제가 지역에 있는 총장님들을 계속 만나면서 그리고 지자체장들을 만나면서 말씀드리는 것은 지금 총장님들이 지방자치단체의 정책에 관여할 수 있는 채널이 거의 없습니다. 그런데 이제 공식 채널을 만들어 가는 과정이거든요. 가서서 말씀하시게 되면 어쨌든 공식적으로 말씀하시는 채널에서는 제도가 되는 것이기 때문에 종속되는 것이 아니라 지금까지 거의 그냥 독립적으로인데 사실은 독립적으로라기보다는 역할을 못 하는 상태로 운영됐던 것이 이제 직접적 역할을 하는 관계로 가게 되면 저는 대학의 영향력이 지자체의 의사결정에 훨씬 더 크게 기여하는 방향으로 갈 거라고 보고 있습니다. 큰 흐름을 바꾼다고 봅니다.

○**백승아 위원** 저는 그런 의도는 좋고 그렇게 되면 참 좋겠지요. 그런데 지금 상태로는 그러기 어렵다고 보고 그래서 지자체랑 대학이 동등한 입장에서 또 총장님들이 지자체장과 동일한 위치에서 말할 수 있도록 하는 그런 체계가 필요하고 법적 근거가 있어야 된다, 그것을 보장하지 않은 채 이대로 추진하는 것은 좀 위험하다고 보고요.

센터별 인력 구성을 보니까 인천 4명, 제주 19명 그러니까 평균 11명이에요. 그런데 이 계획 수립부터, 보조금도 거의 수백, 수천 억 수준이잖아요. 이런 것들을 교부하고 집행하고 관리하고 이것을 인천 4명이 한다는 게 제대로 될까 그런 우려가 좀 되기도 하고.

RISE 센터가 광역별로 설치되니까 생활권이랑 좀 다른 부분도 있더라고요. 예를 들면 부울경은 대학 정주여건, 경제여건 다 밀접한데 센터는 각각 설치가 돼 있고 또 어떤 곳은 따로 그 반대의 경우도 있고 이래서 조문 수정도 조금 필요하지 않을까 싶은데 지금 이 법이 없다고 해서 센터 운영이 안 되는 것은 아니잖아요.

그러니까 저는 올해 시작하는 단계이니 시작을 해 보고 어떤 문제가 발생하는지 또 저희가 이렇게 지적하는 부분들을 좀 수렴하셔서 그 후에 상황을 좀 보고 제대로 체계를 다시 갖추는 게 어떨까 그런 생각이 듭니다.

이상입니다.

○**교육부차관 오석환** 고맙습니다.

○**소위원장 문정복** 수고하셨습니다.

의사일정 3항·4항·5항·6항은 계속 심사하는 걸로 정리해도 되겠지요?

그렇게 하도록 하겠습니다.

○**조정훈 위원** 제가 한 가지만 좀 질문을……

○**소위원장 문정복** 예, 말씀하십시오.

○**조정훈 위원** 차관님, 아까 백승아 위원님께서 말씀하신 마지막 질문, 지금 RISE 사업은 지금 우리가 논의하는 이 법 없이도 집행할 수 있다, 그리고 결과 보고 법안이 필요할지 보자라고 하시는데 맞습니까?

○**교육부차관 오석환** 제도적으로는 지금……

○**조정훈 위원** 나중에 또 국회에 와서 혼나시지 않아요? '법 없이도 어떻게 합니까?' 막 야당 위원들 많이 하시잖아요.

○**교육부차관 오석환** 아마 야단은 안 치실 거라고 보고요. 저희가 여러 번 상의를 드렸으니까요.

○**조정훈 위원** 이것은 괜찮으십니까, 진짜? 제도적 이게 필요 없이 가실 수 있으세요?

○**교육부차관 오석환** 말씀드렸듯이 어느 시기엔가는 제도화를 해야 되는 시기인데 저희는 지금이, 충분히 필요성에 대해서는 논의가 됐고요. 그리고 거기에 대한 방향도 운영이 됐고 지금 위원님들께서 걱정해 주시는 부분들은 지금 큰 틀로 제도화가 되어 있는 게 제안된 법안입니다. 이 법안에서 큰 틀로 만들어 놓으면 훨씬 더 안정적으로, 정부와 관계없이 안정적으로 의도가 되는 것이고요.

○**조정훈 위원** 그러니까 결론적으로 예를 들어서 올해 RISE 사업 추진 계획이 있으실 텐데 이 법안 없이 갈 수 있습니까?

○**교육부차관 오석환** 실무적으로는 저희가 실행은 가능합니다. 그렇지만 법제화를 해 주시기를 요청드립니다.

○**조정훈 위원** 이해했습니다.

○**소위원장 문정복** 제가 좀 착각을 했는데요.

의사일정 7항 김대식 의원안, 지방대학 및 지역균형인재 육성에 관한 법률 일부개정법률안은 사실은 RISE 체계와 관련돼서 연동돼 있는 법안이기 때문에 이전 3·4·5·6항이 계속 심사됨에 따라서 7항도 연동해서 계속 심사하는 걸로 그렇게 하겠습니다.

다음은 의사일정 8항 정을호 의원이 대표발의한 고등교육법 일부개정법률안을 심사하겠습니다.

전문위원님 보고해 주십시오.

○**수석전문위원 천우정** 심사자료 1쪽입니다.

대학의 등록금 인상률을 직전 3개 연도 물가상승률의 1.2배로 제한하여 대학생들의 등록금 부담을 경감시키려는 것입니다.

2쪽입니다.

1, 대학등록금 인상률 기준 하향.

최근 물가상승과 가계부채 증가가 사회적 이슈가 되는 상황에서 등록금 기준 인상률을 하향 조정함으로써 대학의 과도한 등록금 인상을 억제하여 경제적인 여건에 따라 고등교육의 기회가 박탈되지 않도록 하려는 취지로 보입니다.

다만 교육부의 24년 4월 대학정보공시 분석 결과에서 발표한 24년 대학별 등록금 현황에 따르면 4년제 일반 및 교육대학 193개교 중 26개교는 인상, 166개교는 동결, 1개교는 인하하였으며 이에 따라 학생 1인이 연간 부담하는 평균 등록금은 682만 원으로 전년 679만 원 대비 3만 2500원 상승하였습니다.

전문대학 130개교 중 18개교는 인상, 111개교는 동결, 1개교는 인하하였으며 이에 따라 학생 1인이 연간 부담하는 평균 등록금은 618만 원으로 전년 대비 5만 5000원 상승한 것으로 파악됩니다.

3쪽입니다.

최근 5년간 등록금 인상률 현황을 살펴보면 매해 유사한 수준으로 인상되고 있으나 고등교육법에서 규정하고 있는 법정 상한선은 물론 당해연도 물가상승률에도 미치지 못하는 등록금 인상률을 보여 주고 있습니다.

4쪽입니다.

즉 현재도 개정안이 규정하고 있는 직전 3개 연도 평균 소비자 물가상승률의 1.2배 밑으로 등록금 인상률이 책정되어 왔고 등록금이 대학의 중요한 교육 재원 중 하나라는 점을 고려했을 때 등록금 인상률 상한을 추가적으로 낮추는 것은 고등교육의 질 저하 및 대학 경쟁력 하락과 함께 대학의 자율성을 제한할 수 있다는 우려가 있습니다.

최근 전국 주요 대학의 25학년도 등록금을 인상률 5% 내외로 인상할 계획을 발표하고 있다는 점을 참고할 필요가 있습니다.

교육부는 신중검토 의견입니다.

5쪽입니다.

대학도 신중검토 의견입니다.

이상입니다.

○소위원장 문정복 정부 측 의견 말씀해 주십시오.

○교육부차관 오석환 정부 의견 말씀드리겠습니다.

신중검토 의견 드립니다.

현행 등록금 법정 인상 상한은 물가상승률의 1.5배 이내지만 지난 15년간 등록금 동결 정책으로 실제로 법정 기준은 적용되지 않고 있습니다. 그간의 재정 지원 확대나 집행 자율성, 수익 다각화 노력 등을 통해 등록금 동결을 유도해 왔으나 16년간의 동결 정책으로 인해 대학 재정은 한계 상황이라는 인식이 높은 상황입니다.

등록금 인상 상한 하향에 일정 부분 공감은 합니다마는 다만 학생의 학비 부담, 대학의 재정 지원 방향, 등록금 인상에 대한 정책 방향 등에 대한 종합적인 논의가 필요하다고 보고 있습니다. 특히 동 법안이 물가인상률의 1.2배로 해 놓게 되면 그 취지와 달리 물가상승률 1.2배 인상까지는 허용된다라고 이해될 가능성도 있습니다. 이러한 점들을 종합적으로 고려해서 논의해 주시기를 요청드립니다.

고맙습니다.

○소위원장 문정복 정을호 위원님 토론해 주십시오.

○정을호 위원 차관님, 회의 전에 야당 국회의원님들이 소통관에서 사립대 등록금 인상 관련해서 기자회견을 하고 왔는데요. 아까 자료에 보면 24년도 통계로 이야기하셨는데

25년도 올해 보면 190개 대학에서 103개 교가 현재 수준 인상을 이야기하고 있더라고요. 최소한 5.49%에서 4%대로 하고 있는데 그래서 앞에 수석전문위원님이 말씀하셨던 24년도 4월 대학정보공시 분석 결과 그 부분은 지금 올해하고 좀 다른 부분 같아요.

○교육부차관 오석환 그렇습니다.

○정을호 위원 그래서 다시 한번 이야기하는 거고요.

지금 보니까 너무 모든 대학들이 지금 정부가 힘이 없을 때, 이런 말은 좀 죄송스럽지만 지금 무정부 상태라고 생각하고 물가도 많이 올라 있고 그래서 이번이 아니면 다음에 못 올린다 그렇게 해서 올리지 않겠다고 말한 곳도 포함해 가지고 다 올리고 있는 상황이에요. 그래서 보니까 거의 아마 103개 교 이상 더 올릴 것 같은데 이 부분에 대해서 문제점이 있는 거고요. 지금 여기서 지적하고 있는 1.2배라는 부분들은 우리가 거기까지 올려라 그런 말이 아니라 최소한의 억제 폭을 줘야 된다는 그 말이고요.

그리고 아까 위원님들께서 기자회견했던 부분을 간단하게 이야기하면 정부가 무분별한 등록금 인상을 막고 가계 부담을 완화할 근본적인 정책을 펼쳐야 되는데 그 부분을 새롭게 수립해 달라는 요청이 하나 있고요.

두 번째가 정부가 대학이 등록금에 의존하지 않고도 지속해서 운영해 나갈 수 있는 방안, 재정 지원 방안에 대해서, 또 이 부분도 정부의 역할인 거잖아요. 이 부분 이야기를 했고요.

세 번째가 대학은 유일하게 등록금에 의존하고 있는 상황이 많아요. 이 부분 관련해 가지고 적립금이라는 부분이 많은 거잖아요. 보니까 모 대학은 9000억 적립돼 있고 7000억도 돼 있고 그런 부분인데 그 대학들이 앞장서서 등록금 인상하고 있는 상황이거든요. 보니까 적립금이 거의 8조 7000억 원 정도 적립돼 있어요. 그리고 한 해 등록금 수익이 한 9조 5000억 정도 되는 것 같고 그러면 1년 등록금 수익금을 그대로 그냥 적립금으로 가지고 있는 상황이거든요. 이럼에도 불구하고 대학들은 그냥 오로지 대학 등록금으로써 하려고 하고 있고 이런 부분, 적립금을 어떻게 활용하는 부분들 그리고 대학 학생들이라든가 그걸 전용해서 쓸 수 있는 방안이 있는데도 불구하고 안 하는 이런 부분들을 교육부에서 좀 더 세밀하게 살펴서 억제하는 부분들을 교육부에서 해야 되지 않을까 하는 이야기거든요.

그래서 세 가지 요구에 비하면 인상률 1.5배에서 1.2배로 조정하는 부분은, 솔직히 저도 이거 학생들을 위한 그다음에 국민들을 위해서 미봉책, 창피하다는 말도 드리고 싶거든요. 그래서 이 부분은 이 정도까지는 우리가 해야 되지 않겠나 하는 의견을 제시합니다.

그리고 이번 인상이 일회성으로 그치지 않을 것 같은 우려점도 분명히 있는 거거든요. 이 부분에 있어서 차관님께 지금 드리고 싶은 말은 객관적으로 이런 흐름을 막을 수 있는, 억제할 수 있는 방안을 교육부에서 어떤 생각을 가지고 있는지 그걸 여쭈고 싶습니다.

○교육부차관 오석환 고맙습니다.

15년간의 등록금 동결 정책이고 동결 정책의 핵심적인 수단이 사실 국가장학금 Ⅱ유형과 연동을 시켜서 행정지도를 통해서 이루어져 왔던 일들인데 결과적으로는 대학사회 내에서의 재정의 어려움이라고 얘기합니다마는 재정의 어려움은 당연한 문제들이고요. 그거는 상호 간에 공개되어 있는 상황인데 저희가 그동안에 노력은 되게 많이 해 왔습니다.

우리 위원님들께서도 도와주셔서 고등·평생교육특별회계를 만듦으로써 전체적으로는 저희가 계산해 봤더니 3.2조 원의 재정 확충 효과가 고등교육에 있었습니다. 그 재원을 국고 재원으로 확보하려고 그러면 거의 불가능했던 일들을 고평 재원을 확보함으로써 가능했던 일들이고요.

또 하나는 고등교육에서의 재원을 확충하는 과정에서 사실 장학금을 저희가 많이 높여서 줬는데 두 개가, 장학금을 높여 주는 것하고 대학의 재정 여력이 좋아지는 것이 직접 맞아떨어지지 않기 때문에 현실적으로 대학이 제 기능을 수행하기 위해서 필요한 재정 확충이 더 필요하다는 얘기는 공감되는 사항들입니다.

그 문제가, 금년에 저희가 사실 잘 아시는 것처럼 장차관 그다음에 실국장들을 중심으로 해서 거의 모든 대학들과 같이 협의를 하면서 '이번에 참아 주십시오. 어려운 시기인데 우리 국민들을 위해 참아 주십시오'라고 했는데도 불구하고 지금 이런 결과가 나온 거는 정부의 그런 특수한 상황도 있겠습니다마는 그동안 누적된 결과의……

일종의 대학사회 내에서의 구성원 간의 합의라도 볼 수 있는 게 사실 저희가 대학생들도 만나 가지고 이번에 대안으로 제안드렸던 3.88% 정도의 인상률의 효과를 나타내는 대안들도 있습니다. 잘 아시는 것처럼 제안을 했고 대학생들도 다 알고 등심위 운영 과정에서 논의했음에도 불구하고 사실상으로는 합의가 된 상태에서의 등록금 인상이라고 볼 수 있습니다. 그러니까 종전 같았으면 이게 합의가 안 된 상황이라고 그러면 굉장히 큰 갈등들이 대외로 막 노출되고 할 텐데 대부분의 경우에는 결정이 되면, 합의가 된 구조로 돼 있긴 합니다.

그렇지만 저희는 여전히 1.2배 논의가 되면 1.2배로 그냥 갈 가능성이 있으니까 위원님께서 말씀주신 대로 이 문제를 해결하기보다는 저희가 아까 말씀드렸던 고등교육의 재원 확충 그다음에 수익 다각화 방식을 통해서 대학들의 실질적인 재원이 확충되는 방식으로 내부에 들어가 있는 혁신지원사업비의 인건비 사용분이라든가 이런 것들에 대한 어떤 장애가 있는 것들은 저희가 해소해 주려는 노력을 했고요. 또 하나는 규제 혁신을 하면서 사실상으로 저희가 확인을 해 보니까 약 5500억 정도의 실질적인 재원 확충 효과도 있었습니다.

그런 여러 가지들을 다시 종합적으로 저희가 논의를 해 가지고 등록금 인상에 관한 논의는 종합적으로 이루어질 수 있도록 하고 그거는 정부가 지속적으로 국회하고 상의를 하면서 진행을 해 나가도록 해 주시면 고맙겠습니다.

○정을호 위원 말씀 중에 등록금심의위원회 이야기를 하신 것 같은데 등록금심의위원회에서 학생들이라든가 그분들이 차지하는 게, 의결 과정에서, 심의 과정에서 그분들의 의사를 반영하는 수준이 어느 정도인지 모르겠지만 제가 보기에는 그게 0%거든요.

○교육부차관 오석환 다수가 되지 않는 건 고민합니다.

○정을호 위원 그냥 윗분들이 통지하면 학생들이 따르는, 거의 대답할 수 없는 그런 구조로 알고 있어요, 솔직히. 학생들을 그냥 구색 맞추기 식으로 갖다 놓고 아마 그런 식으로 등록금심의위원회가 진행되는 걸로 저는 파악하고 있는데 거기서 합의됐다고 해 가지고 우리 정부라든가 교육위원회에서 그냥 '이번에 넘어가자' 하는 건 좀 아닌 것 같아요.

그래서 우리도 학생들과 국민들을 위해서라도 어느 정도 대안을 마련해 줘야 되고 제도적으로도 마련해야 되지 않느냐는 의견이고요. 아까 야당 위원님들도 똑같은 생각으로 기자회견을 했거든요. 그래서 아까 세 가지 요건을 정리해서 다시 한번 저희 교육위원회에, 먼저 저희 의원실에 부탁드리고요.

그다음에 안건이 많았던 1.5배를 1.2배로 조정하는 부분들은 더 낮추고 싶었지만 그래도 상황도 있고 해서 1.2배로 낮췄다는 부분 다시 한번 말씀드리고 수용해 주실 것을 요청드리겠습니다.

○**교육부차관 오석환** 위원님들 브리핑하시면서 주셨던 말씀들은 사실 아까 말씀드린 재정 확충 그다음에 재원 내에서의 실질적인 재원 확충 방안 그리고 의사결정 체계에서의 합리화 방안 등등의 노력들이 사실 복합적으로 이루어져 있는 부분들이고 그게 지속적으로 저희가 동결 정책하면서 해 왔던 일들이긴 한데 그 노력들을 이제는 변화된 상황에서 어떻게 할지를 저희가 종합적으로 계속 검토를 해 가지고 상의드리겠습니다.

○**정을호 위원** 적립금에 대한 사용, 어떻게 사용할 수 있는 부분들 그것도 구체적으로 마련을 해 주셔야 할 것 같아요.

○**교육부차관 오석환** 예, 적립금 부분은 너무 잘 아시는 것처럼 사실상 현재의 제도 범위 내에서는 적립금이 외형으로는 많다고 보여지지만 목적적립금 방식으로 운영되고 있어서 제도적 한계가 있습니다. 그 부분은 앞으로 운영하는 과정에서 저희가 투명성을 강화하고 실제로 제도를 투명하고 또 바람직한 방향으로 운영하기 위해서 지난번에 국회에서 법률 개정을 해 주셔 가지고 지금 공시하도록 돼 있습니다. 그런 방식으로 해서 제도 운영을 합리화하는 방식으로 저희가 노력하겠습니다.

○**소위원장 문정복** 김준혁 위원님, 정성국 위원님, 강경숙 위원님, 이렇게 토론하도록 하겠습니다.

○**김준혁 위원** 앞서 정을호 위원께서 잠깐 말씀하셨는데 검토의견서에 5년간 등록금 인상률이 0.5% 이렇게 수석전문위원님께서도 말씀하셨는데 이거는 올해 2025년 상황하고는 약간 다르니까 이 부분에 대해서는 정정할 필요가 있겠다라고 말씀을 드리고 싶고요. 정확한 통계를 한번 내 주셨으면 좋겠습니다. 올해 대학에서 등록금을 인상한 대학과 동결한 대학 현황을 정확하게 주셨으면 좋겠습니다.

굉장히 슬픈 이야기인데 제가 재직했던 대학이 재정이 어려워서 교수들이 월급을 받으면 5%를 떼서 장학금으로 지급하던 시절이 있었습니다. 한 4년 하다가 안 했는데 대학마다 차이들이 있고 교수 급여 차이도 존재하는 것 아니겠습니까? 수도권에 있는 모 대학 총장님하고 제가 미팅을 한 적이 있었는데 이공계 교수들을 모집하기가 어렵다는 겁니다. 왜 그러냐 하면 이공계 교수들이 대기업 가면 훨씬 더 많은 급여를 받고 있는데 대학에 와 봐야 다 1억 미만의 연봉을 받고 있는데 누가 오겠느냐 그러면서 이런 부분들을 단순하게 등록금 문제로 해결할 부분이 아니고 교육부의 재정 지원 방식 같은 것들도 고민해 볼 수 있지 않겠느냐.

일단 기본적으로 등록금에 대한 이 부분은 저는 정을호 위원의 생각이 굉장히 중요하다라고 하는 판단과 더불어서 대학이 재정적으로 안정되기를 가장 바라는 마음이기는 합니다마는 이런 부분을 단순하게 등록금 인상의 문제가 아니라 교육부의 재정 지원의 방식을 새롭게 짜 봐야 되지 않느냐. 그 속에서 우리가 예전에 계속 강조해 왔던 공영형 사립대학 문제도 좀 더 깊이 있게 교육부가 기재부하고 협의해서 논의해서 이 부분들을 대학의 투명성과 더불어서 재정의 안정성, 그 속에서 학생들, 대학의 질을 높이는 이런 부분들……

교수 충원이 안 된다고 하면 이해가 안 되겠지요. 인문학 쪽 교수들이야 그건 뭐 교수되기가 하늘의 별 따기인데 이공계는 모아도 들어오지도 않고 의과대학 교수들 들어오지도 않고 이게 또 대한민국의 양극화된 현실이라고 하는 것 이 부분을 단순하게 등록금의 증가로 해결할 것이 아니라 교육부의 재정 지원의 방식들을 또 다른 방식으로 고민해 볼 필요가 있겠다는 게 제 말씀입니다.

○**교육부차관 오석환** 고맙습니다.

○**소위원장 문정복** 정성국 위원님 토론해 주세요.

○**정성국 위원** 법안의 취지에 공감하고요. 그다음에 대학생들의 등록금 부담을 경감시키고자 하는 정을호 위원님의 마음도 충분히 이해하고요.

제가 한국교총 회장하면서 제일 욕을 많이 먹었던 게 있었는데, 항의도 많이 받고 한 게 교총이 12년 동안 회비 인상을 안 하다가 제가 회장되자마자 회비 인상한다니까 집단적인 반발부터 시작해 가지고 회원들의 항의가 쏟아지는데 너무 괴로웠습니다. 교총이 거의 한 십몇 년 회비를 안 올린 이유를 살펴보니까 좀 죄송하지만 앞의 회장님들이 회비 인상이 굉장히 부담스러웠는가 봐요.

그런데 지금 교원단체 회원 수가 많이 줄고 있거든요, 전체적으로. 그런데 거기서 제가 보고를 받고 상황을 보니까 회비 인상하지 않으면 교원단체 운영이 어려울 정도로 힘들겠다는 판단이 되니까 화살을 받더라도 해야 되겠다 해서 회비 올리는 데 1년이 걸렸거든요. 1년을 설득을 해서 올렸는데 다수의 회원들은 다 회비 인상 반대합니다. 그런데 그 금액이 얼마냐면요, 회비 인상하면 몇만 원 올리는 것 같지요? 한 달에 2000원 올리는 건데 2000원 올리는 것도 격렬한 반발이 올라왔어요. 한 달에 2000원 인상되는 것을 못하게 하더라고요. 그런데 그 마음은 이해가 돼요. 왜? '아니, 지금 돈 어디 쓰고 있어?' 이런 말 하는 것 있지 않습니까. '지출을 어디 하고 있는 거야? 나한테 돌아오는 것 없는데, 1년 돼 봐야 스승의 날 때 선물 하나 주면서, 하는 건 없으면서 왜 돈만 받아 가냐'는 식으로 그런 말 하는 분도 계세요. 충분히 이해합니다.

그런데 막상 그렇게 회비를 안 올림으로 인해서 생기는 게 어떤 게 있냐면 교권옹호기금을 더 만들어서 선생님들에게 변호사비 지원해 주고 싶어도 돈이 없으니까, 물이 새는데 시설을 보완할 수 있는 돈이 없고요. 이런 일을 보니까 정말 돈 인상으로 인해서 회원들에게 고통을 주는 그런 게 있겠지만 이걸 하지 않으면 안 되는 상황이 오더라고요.

그러면 대학을 봤을 때 대학이 등록금 인상이 거의 없이, 사실 지금 굉장히 오랜 기간 고통을 감내하고 있습니다. 감내하고 있고 그리고 정말 희생을 많이 했어요. 또 대학의 관계자들의 입장을 한번 생각해 본다면, 제가 대학 총장을 해 보지는 않았지만 돈이 없음으로 인해서 하고 싶은 일을 못 하고 학생에게 정말 보내야 되는 소중한 그것조차 축소되고 하지 못하는 현실들을 굉장히 힘들어하고 있을 것이라는 생각도 드는 거예요. 그래서 우리가 국회에서 이걸 논할 때 이 부분을 충분히 균형감을 갖고 의논하는 게 맞지 않겠느냐 그런 생각이 많이 듭니다. 당연히 국가가 인상률을 이렇게 상한을 하향 이런 걸 정해 버리면 대학의 재정 건전 문제에 대한 침해, 자율성 침해가 되잖아요. 그런데 또 보면 경제가 어렵고 학생들이 어려운데, 아르바이트해서 돈 벌어서 등록금 내는 학생들도 있는데, 그렇다고 해 가지고 등록금을 마냥 올리게 할 수도 없고. 그래서 저는 여기에서 정말로 중요한 지혜가 필요하지 않느냐. 그래서 정을호 의원님께서 이런 안을 낸 데 대해서는 정말 공감하고요.

다만 이 1.5배, 1.2배라는 의미가 어떤 정확한 근거와 비율인지를 확인하고 싶은데 정말로 이게 양쪽 다 필요한, 5 대 5로 팽팽하게 맞서는 의견이라면 1.5배에서 1.35배로 조정을 해 본다든지 이런 지혜를 한번 발휘해 보면 어떻겠나 생각을 해 봅니다. 그렇게 말씀드리겠습니다.

○소위원장 문정복 다음은 강경숙 위원님 토론해 주십시오.

○강경숙 위원 사실상 입법의 취지에는 존중할 수밖에 없겠지요. 여러 말씀 하신 게 다 공감이 되는데 아까 차관님 말씀하실 때 정부의 재정지원 확대라든지, 예를 들면 법인의 자구 노력이라든지 수입 다각화 방안 그렇게 말씀하셨는데 사실 등록금을 인상하지 않고도 여러 방법으로 대학이 운영될 수 있도록 여러 노력들이 진짜 제대로 갖추어졌다면 등록금을 이렇게 인상하려고 하는 것들을 조금 막아 낼 수 있지 않았을까라는 아쉬움은 듭니다.

사실 17년간 동결했거든요. 그런데 지금 우후죽순, 벌써 등록금을 인상하는 대학이 6월 4일 기준으로 103개 대학이고 그중의 47개 대학이 법정 상한에 가까운 5%대 인상을 확정했다고 그러는데, OECD 국가의 지표를 보면요 우리나라 대학의 등록금 의존율이 굉장히 상위권에 속하고, 미국을 보면 주요 사립대가 33.4%, 주립대가 18.9%인데 우리나라는 등록금 의존율이 53.5%라 그래요. 그러니까 사실상 많다는 증거지요. 그렇지요, 여러 비교를 해 보면?

여러 가계에 부담도 되고 하니까 어떤 면에서는 대학의 등록금까지 무상으로 해야 된다는 움직임까지 있는 마당에 계속적으로 이렇게 올리는 것이 많이 부담이 될 것이므로 저는 입법 취지에는 동감을 하는데, 아까 정성국 위원님 말씀처럼 1.5배인데 왜 1.2배로 제한하는지에 대한 것은 별다른 근거는 없어 보여요. 예산 추계를 했는지는 잘 모르겠는데 그냥 1.2배로 하신 것 같은 느낌은 드는데……

저의 질문은 아까 말씀하신 것처럼 대학의 등록금을 인상한 대학들은 국가장학금 2유형을 받을 수 없게 돼 있었어요. 그래서 등록금을 동결할 수 있는 여러 근거들을 두셨고 지원을 해 주신 셈인 건데, 35만 명이 2유형의 장학금 혜택을 봤다 그러거든요. 그러면 그 학생들은 등록금 인상도 되고 장학금도 감소되는 그런 이중고를 겪게 되는 것이에요. 그건 어떻게 처리가 될 것인지 말씀해 주시고 대학 재정 구조에 대한 조금 더 근본적인 해결책이 군이 등록금 인상 말고는 없을까 그 말씀 듣고 싶습니다.

○교육부차관 오석환 고맙습니다.

먼저 앞엣것 말씀 주셨는데 사실 등록금 인상을 하게 되면 모든 학생들에게 인상이 됩니다. 그런데 모든 학생들이 인상이 되는데 따져 보면 국가장학금을 받는 학생들에게는 인상의 폭이 줄어듭니다. 그러니까 국가장학금 전액을 받는 학생들도 있고요. 그런데 그런 면에서 보면 등록금 인상을 할 때 실제로 부담하는 학생들 간에는, 대학 내에서는 또 개인 간의 차이가 발생을 합니다. 그런 재분배 효과가 있다는 말씀을 하나 드리고요.

또 하나는 금년에는 계속 국가장학금 100%랑 연계시키기에는 어려워서 저희가 대학에 대안을 드린 게 안 올리면 국가장학금 2유형의 전년 대비 90%까지 지원하는 것은 허용을 하겠다 그랬고, 그랬을 경우에 등록금 인상률 기준으로 했을 때 약 3.88%입니다. 안 올려도 3.88% 정도 수준은 그냥 재정 지원을 받을 수 있는데 이번에 3.88%가, 그 밑에 올린 대학들도 있습니다. 그럼에도 불구하고 올린 가장 큰 이유는 등록금을 한번 올려놓으면 그게 기준이 되기 때문에 누적적으로 지원받을 수 있는 반면 안 올리면 16년간 동결됐던 그 효과가 그대로 유지가 된다라고 하는 효과 때문에 그랬던 거고요. 그런데 그런 실명들은 대학생들을 포함한 모든 분들이 다 알고 있는 상태에서 논의가 됐음에도 불구하고 이번에 이렇게 등록금 인상이 이루어지는 상황이 되어서 저희로서는 안타깝습니다. 그리고 그 부분에 대해서 이것을 인정해 준 곳은, 다행히 국립대학은 그래도 사회적 책무성과 공공성을 고려해 가지고 이번에 인상하지 않는 것을 결정해 주었습니다.

그리고 재정 확충 방안은 아까 위원님께 말씀드렸지만 제1번은 결국 고평이 지금 3년까지 운영되어서 내년에 바로 연장을 해야 되는 그런 시기가 되는데, 고평의 연장과 직접적으로 연계돼 있는 것은 두 가지입니다. 하나는 국고를 확충하는 방안하고 또 하나는 지금 현재 지방교육재정교부금의 국세분 교육세가 일부 전환되는 부분들이 남아 있는 거기 때문에 이 또한 아까 계속 논의하고 계시는 고등교육을 포함한 전체 교육재정의 규모를 어떻게 할 것인가, 적정 규모를 가지고 대외적인 논쟁을 해야 되는 상황이기 때문에 그것하고 연계돼 있다는 말씀을 꼭 드립니다.

고맙습니다.

○소위원장 문정복 조정훈 위원님 다음 김민전 위원님 토론하시겠습니다.

○조정훈 위원 제 소견을 좀 말씀, 이건 저희 당이 아니라 개인적 의견이고요 제가 참 좋아하고 존경하는 정을호 의원님이 발의 안 하셨으면 좋았을 뻔했다라서, 개인적 친분은 유지하기를 기대하지만 그래도 제 소견을 말씀드립니다.

OECD 국가 중에 대학 등록금을 국가가 통제하는 나라가 우리나라 말고 있습니까?

○교육부차관 오석환 우리나라의 특수 상황으로 생각을 합니다.

○조정훈 위원 우리나라가 유일하지요?

○교육부차관 오석환 그러니까 그 이유는 아시는 것처럼……

○조정훈 위원 그 이유는 아마 러시아하고 중국일 겁니다.

그러면 대학 등록금을 통제할 수 있는 헌법적 근거가 어디에 있다고 보십니까?

○교육부차관 오석환 행정지도입니다.

○조정훈 위원 예?

○교육부차관 오석환 행정지도 방식으로 정책으로 운영을 하고 있습니다.

○조정훈 위원 아니요, 행정지도가 아니라 헌법적 조항에서…… 이게 사립대학도 적용되는 법이지요?

○교육부차관 오석환 그렇습니다.

○조정훈 위원 국립대학은 그렇다 치고 사립대학에서 자기의 운영에 제한을 가하는 거잖아요. 그 헌법적 근거가 어디 있습니까? 여러 가지로 굉장히 논쟁이 많이 붙을 수 있습니다. 그렇기 때문에 민주주의와 자유민주주의라는 대원칙으로 운영하는 국가에서 사적인 대학, 사립대학에 등록금을 통제하는 나라가 우리나라밖에 없는 겁니다.

17년째 이러고 있습니다. 공공 임금 중에 17년 동결한 게 있습니까? 없습니다. 지하철 요금, 택시 요금 어떤 것도 17년을 동결해 본 적은 없습니다. 저는 우리 세대가 무책임하다고 생각합니다. 계속 우리 정권만 넘어가면 된다 아닙니까, 이것 지금? 우리 정권에서 인기 없으니까, 못 올리니까 계속 가고 다른 방법으로 메꿔 주겠다 이래서 여기까지 온 겁니다.

저는 우리가 우리 청년들에게 좋은 교육을 주는 게, 소위 국제 경쟁력, 글로벌 다 떠나서 정말로 인생 살아가는 데 도움이 될 만한 좋은 교육을 제공해 주는 게 우리의 목적입니다. 그런데 그 교육을 제공하는 데 비싸단 말입니다. 솔직히 좋은 대학, 돈 많은 대학 아닙니까. 돈이 있어야 시설 투자도 하고 좋은 교수도…… 다 알지 않습니까? 그러면 할 수 없이 비용이 올라가는데 이 부분을 어떻게 막을까, 어떻게 대응할까.

저는 대학 교육은 최대한 자율로 주고 그 대학에 들어갈 지적 능력과 의지가 있는데 소위 경제적 형편이 어려운 분들에게는 장학금과 정말로 감당할 수 있는 학자금 대출을 해 주는 게 맞다고 봐요. 대학 등록금이 올라간 상황에서도 낼 수 있는 집안이 있습니다. 등록금이 10배가 올라도 낼 수 있는 사람도 있어요. 두세 배가 올라도 낼 수 있는 사람 아주 많을 겁니다. 그러면 정말 이런 대학 교육의 질적 향상을 폭발적으로 허용해 놓고 감당하지 못할 학생들에 대해서 적극적으로 확장해서 지원해 주는 게 맞는 길이지, 이렇게 모든 대학, 사립대학에 재산권 침해, 자율권 침해라는 헌법적 논쟁까지 일으키면서까지 그것도 17년 동안 캡을 씌워 놔서 우리가 얻은 게 과연 무엇일까요? 우리가 얻은 게 과연 무엇일까요? 사립대학이 좋아졌습니까? 그리고 대학이 더 갈 만한 대학이 돼서, 대학 등록금이 싸져서 대학 못 갈 사람들이 가고 있습니까? 그건 장학금으로 해결되는 것 아닙니까. 지금 이걸 1.5 하든 1.2 하든 어려운 학생들은 국가장학금 없이는 못 다니는 것 아닙니까. 즉 등록금 수준의 문제가 아니라 대학 교육을 감당할 만하냐는 그것의 결정적인 정책은 국가장학금과 학자금 대출의 정책에 좌지우지되는 거지 등록금 수준으로 좌지우지되는 게 아니란 말입니다. 그런데 이걸 갖고 계속 캡을 씌우고 한계를 놓는다는 그 주장을 우리는 다시 한번 생각해 봐야 된다고 생각합니다.

첫째, 헌법적 가치에서, 헌법적 원리에서 우리가 사립대학의 등록금을 국가가 막을 권리가 어디서 발생하는가. 군이 보면 재산권의 행사는 공공복리에 맞게 해야 된다라고 되어 있습니다. 그걸 인정한다면 그다음 조항도 기억해야 됩니다. 재산권의 행사를 제한할 수 있지만 그것에 상당한 보상을 해야 된다. 그것도 안 하고 있어요, 우리.

두 번째, 사립대학의 교육의 목적을 과연 어떻게 볼 것이냐. 정말 국가와 그 학생의 수준에, 학생들이 정말 경쟁력을 가지고 또 자신의 자아 발전할 수 있는 최고의 교육을 제공해 주는 게 우리의 목표라면 그것을 하는 과정에서 많은 비용이 든다는 건 현실이고 인정하자라는 겁니다. 자율권을 더 주자라는 거고. 그러면 돈 있는 학생만 대학 가나? 아니지요. 여기서 국가장학금과 학자금 대출로 최대한, 국립대학을 더 싸게 만드는 건 물론이고 사립대학 가겠다는 학생들에게도 돈 없어서 못 가는 학생은 없을 정도로 정말 장학금과 학자금 대출을 넉넉하게 해 주면 아까 김준혁 위원님 말씀하신 것처럼 교수 채용 못 하는 그런 슬픈 상황은 없을 거라고 봅니다.

그래서 제가 진짜 호소드리고 싶어요. 17년 동안 우리가 눈감아 왔는데 이제 좀 멈추자. 아까 여러 가지로 무정부 상태, 관리 정부 말씀하시는데 좋습니다. 이것 이용해서 이것 좀 바꿨으면 좋겠습니다. 그러면 18년, 19년, 20년 동결하면 뭐가 달라집니까? 달라질 것 아무것도 없고 사립대학의 질만 떨어질 뿐입니다. 그래서 다시 한번 생각했으면 좋겠고 저는 이 법률은 정말 다시 검토가 필요하다 생각합니다.

이상입니다.

○**소위원장 문정복** 김민전 위원님 토론해 주십시오.

○**김민전 위원** 역설적으로 생각하면 대한민국의 행정지도 소위 팔 비틀기라고 하는 게 얼마나 효과적인가라고 하는 걸 우리가 그동안 봐 왔던 게 아닌가 이런 생각을 합니다. 17년긴 등록금을 하나도 안 올린, 물가가 하나도 안 올라간 그런 곳이 어디 있겠는가 이런 생각을 해 보면 이 행정지도가 굉장히 효과적이었다 이런 얘기를 할 수 있고, 그렇다라고 하면 굳이 새로운 법을 만들 필요가 있을까 이런 생각도 해 볼 수는 있는데요.

그러나 또 다른 한편에서 생각하면 사실 대학의 경쟁력, 국제적인 경쟁력이라고 하는 게 요즘 계속해서 떨어지고 있는 것도 사실이어서, 우리가 고등교육을 일종의 포퓰리즘이라고 얘기할 수도 있을 텐데요. 민생이라고 하는 차원에서 등록금을 계속 억눌러 온 것이 이게 또 바람직하냐 이런 문제의식도 얼마든지 가질 수는 있다 이런 생각을 합니다.

그러나 또 학부모—얼마 전에 학부모를 졸업했는데요—입장에서 본다라고 하면 굉장히 숨이 막히는 큰 금액인 것도 또 사실이다 이런 얘기를 드릴 수가 있고요.

제가 말씀드리려고 했던 것은 강경숙 위원님께서 미국 주립대학은 17%를 등록금에 의존하고 있다라는 말씀을 주셔서 이 얘기를 좀 하려고 하는데요.

제가 아이오와대학에 있을 때였습니다. 아이오와 주의회가 예산안을 통과시키지 않고 굉장히 극한 대립을 하고 있는 상황이어서요 그 당시에 제가 다니던 학교의 도서관에서부터 시작해서 실험실 그리고 학교 내에 운영하는 버스 그리고 근로장학금 등이 다 정지되어 버렸습니다.

그래서 도서관 문도 다 닫고요, 실험실 문도 다 닫고요. 거기는 예산이 없으면 금방 문 닫아 버리는 체제, 미국 중앙 연방정부에서도 예산안 통과 안 되면 문 닫는 것들 많이 보셨을 텐데요. 그래서 제가 학교가 다 문을 닫는 그런 아주 희귀한 경험을 그 당시에 했었고요.

그래서 그 당시에 학교에서 암암리에 많이 얘기하는 것은 의회에 편지를 써라, 자기 개인의 삶이 얼마나 어려운가 이걸…… 그 정책이 잘못되었다 이렇게 쓰면 의회가 '왜 이렇게 쓰나', 이렇게 쓰면 별 효과가 없고 자기 개인의 삶이 지금 얼마나 고통을 받고 있는지 이것을 중심으로 해서 편지를 써라라고 하는 것을 학교 차원에서 굉장히 장려했던 그런 경험이 있습니다.

그래서 다르게 얘기하면 미국 주립대학 체제라고 하는 게 결국 주의회 예산에 굉장히 많이 의존하고 있기 때문에 등록금에 의존하는 비율이 적은 것이고 특히 인스테이트의 경우에는 그 주에 살고 있는 사람, 세금을 내는 사람의 경우에는 등록금이 더 싸지는 이런 체제인 것도 이것도 또 나아가면 한국의 고등교육은 지역과의 연계가 사실 뿌리 깊지 않았던 것이 또 다른 한편에 있어서는 등록금 의존도를 높인 이유이기도 하다 이런 얘기를 드릴 수가 있고요.

제가 RISE 토론회 할 때 일부러 아무 얘기도 안 했습니다마는 이게 또 다르게 보면 지역과 대학의 연계가 뿌리 깊어져야 지역이 결과적으로는 나중에 예산 지원도 하게 되고 또 지역을 위해서 대학이 거기에 대해서 여러 가지 기여를 하게 되기도 하고 이렇게 된다는 말씀을 드릴 수가 있고요.

제가 다니던 주의 경우에는 주력산업이 옥수수와 돼지농장이었습니다. 그래서 대학도 통계학이 발전되었고 뿐만 아니라 경제학에서 정치학에 이르기까지 다 통계를 기반으로 한 학문이 발전한 것도 바로 옥수수와 돼지 때문이었다 이런 얘기를 들을 수가 있었어요.

대학 특성화라고 하는 산업을 중앙정부에서 일방적으로 추구하는 것보다는 지역과 대학이 함께 가면서 자연적으로 특성화를 이루는 것이 이것이 조금 더 근본적인 처방이 아니냐 이런 생각도 하고 있습니다.

이상입니다.

○소위원장 문정복 정을호 위원님 토론을 마지막으로 하겠습니다.

○정을호 위원 간략하게 말씀드리겠습니다.

우선 자율성이라는 부분들, 헌법에 명시된 그 자율성이라는 부분들을 저희가 부정하는 부분은 아니고요. 여기서 이야기하는 1.2라는 부분들은 아까 억제하는 포인트가 있는 게 아니라 어느 정도 우리 의지에 관한 부분들을 명확하게 해 줘야 된다는 부분을 명시한 것이고.

그다음에 아까 이야기했듯이 저희가 국가장학금 2유형이 있지 않습니까? 그 부분에서 이렇게 등록금을 올림으로써 피해는 다 학생들에게 전가된다는 거거든요.

오늘 보니까 35만 명 이상이 등록금을 상향하기 때문에 그 부분의 장학금을 못 받는 상황이 된 거예요. 왜냐하면, 등록금을 올리면 국가가 그만큼 장학금을 안 주는 것은 맞는 거지요? 그 부분에 대해서 잠깐만 설명 좀 부탁드릴게요.

○교육부청년장학지원과장 이양주 예. 국가장학금 2유형은 등록금을 동결하는 대학을 대상으로 해서 추가적으로 지원하는 국가장학금 유형입니다. 그렇기 때문에 등록금을 인상하게 되는 학교의 경우에는 국가장학금 2유형이 예산이 지원되지 않고 국가장학금 2유형으로 지원을 받던 학생들 약 35만 명은 지원을 받을 수가 없는 상황이 되게 됩니다.

○정을호 위원 그렇지요.

보시다시피 아까 말씀드린 대로 모든 피해는 학생들이 그다음에 모든 재정 충당 수단은 학생들이, 기본적으로 모든 사학의 재원이 학생들로만 되어 있는 거예요. 이런 상황에서 국가가 어느 역할을 하지 못하면 사학의 비대함, 사학의 일방적 독주를 막을 수 없다.

그래서 기본적으로 1.2라는 숫자가 중요한 게 아니라 우리 국가의 어느 정도 보편성이라든가 그런 부분들도 필요하기 때문에 의지가 필요하지 않느냐 하는 의견에서 1.2라는 숫자를 제시한 것이고요. 이 부분 속에서 저희 교육위원회에서 그다음에 정부에서 이런 부분 당연히 메시지를 줘야 되는 게 맞습니다. 왜냐하면……

지금 그리고 국가 2유형이라는 부분들이 학교 당국에 직접적으로 이득이 있는 것은 없는 거잖아요, 현재로는. 학생들에게 직접적으로 가기 때문에 학교 당국은 장학금 준다고 해 가지고 자기한테 이득 있는 건 없는 거예요, 그렇기 때문에 무조건 지금 올리려고 하고 있는 것이고. 그 부분을 우리가 이해 못 하는 부분은 아니기 때문에……

그래서 아까 이야기했듯이 앞으로의 내용 중에 국가장학금 2유형 말고도 억제하는 여러 가지 장치, 예를 들면 아까 아이디어 수준이지만 RISE 사업이랑 연계한다든지—예를 들면—대학혁신사업들을 등록금과 연계한다든지 그런 여러 가지 아이디어를 제공해서 대학 당국이 실질적으로 이득 볼 수 있는 그런 사업체계로 어느 정도 가야 되고, 아까 법인적립금 부분들도 당연하게 의무적으로 사용할 수 있도록 해야 되는 부분들, 재정의 투입 부분들, 그런 부분들을 같이 고민하지 않으면 모든 수입원이……

맞지요, 자기가 필요하니까 대학 갔겠지. 그런데 그 대학생들은 우리 미래, 앞으로 우리 대한민국의 40년을 책임질 자원들인 거잖아요, 쉽게 말하면. 투자라고 생각하면 국가가 조금이라도 하는 부분이 맞다, 그렇습니다.

이상입니다.

○**소위원장 문정복** 서지영 위원님.

○**서지영 위원** 방금 정을호 위원님께서 지적하신 부분은 교육부에서 검토를 하셔야 되는 부분이라고 생각합니다, 그 부분은 공감하는 측면도 있고요.

다만 지금 정을호 의원님이 내신 법안은 현실적으로 크게 실익은 없어 보입니다. 실질적으로도 다 허들에 걸려 가지고 언더로 전부 다 등록금 인상도 될 수 있기 때문에 실익은 없음에도 불구하고 정을호 의원님의 의지에 대해서는 저희도 공감하는 측면은 있습니다.

그런데 이 등록금 문제에 대해서는 아까 조정훈 간사님께서도 얘기하셨지만 이제는 좀…… 이게 여당의 문제, 야당의 문제 이런 게 아니라 좀 근본적으로 우리가 생각을 다시 해야 될 때가 되었다고 생각을 합니다. 일단 너무 오랜 세월 동안 동결되었고 그것이 과연 우리 교육 발전에 도움이 되었는가, 대학과 학생에게 실질적인 도움이 되었는가에 대한 근본적인 질문을 해야 될 시점이 된 거고요.

그다음에 사회적으로 여러 가지 물가 수준이라든지 이런 것을 봤을 때 비상식적인 측면이 있었습니다. 그리고 동결을 위한 정책을 굉장히 많이 펼치고 있잖아요, 아까 국가장학금 문제도 그렇고. 그러니까 이게 우리가 목표와 수단이 완전히 뒤엉켜 버린 상황이 된 것 같고요.

그리고 김대식 위원님이 여기 계셨으면 또 강아지 유치원 얘기했을 겁니다. 실제로 제가 그래서 그 얘기가 맞는지 알아봤어요. 강아지 유치원 종일권이 하루에 4만 원이에요. 20일 우리가 학교 간다 해도 80만 원이에요, 한 달에. 이게 이런 비유까지, 강아지 유치원 비용보다도 못한 대학 등록금인 거예요. 그렇게 했을 때 우리가 어떻게 현실적으로 고등교육의 질을 담보할 수 있느냐 하는 부분도 생각을 해 봐야 되고.

한국 사회에서 지금 등록금 없어서 대학 못 간다는 얘기는 없습니다. 그리고 우리가 어떤 지표를 비교할 때 해외 대학들의 여러 가지 정책들도 함께 고려할 수 있지만 해외 대학들의 등록금도 한번 비교해 보세요.

이런 부분에 대해서 이제는 우리가 등록금 문제에 대해서도 좀 현실적인 방안들을 여야가 함께 마련했으면 좋겠다는 생각이 들고.

또 하나는 이것은 좀 다른 문제이기는 합니다만 등록금 문제보다도 더 심각한 것은 사교육 시장의 사교육비 문제지요. 지금 재수학원 비용이 한 달에 200만 원에서 350만 원인 것 다 아시잖아요. N수생들 늘어나는 것 다 아시잖아요. 재수종합반 1년 다니는 게 3000만 원이에요, 3000만 원. 이런데 N수생들은 양산되고 있어요.

왜 우리가 이런 현실적인 문제에 대해서는 전부 다 아무 얘기를 하지 않고 대학 등록금 가지고 정치적으로 생색내기에만 나서냐, 저는 여기에 대해서 우리 22대 국회 교육위원회에서는 좀 전향적인 입장을 여야가 마련할 필요가 있다고 보입니다.

이상입니다.

○**소위원장 문정복** 백승아 위원님 토론해 주십시오.

○**백승아 위원** 앞에 다 나온 이야기들이라서요, 짧게 이야기드리겠습니다.

소득격차에 따라서 학생들의 교육격차가 벌어지고 있는 현상에 대해서 저는 국가가 책임져야 된다고 생각을 합니다. 저출산 시대잖아요.

그러니까 고등교육의 질이 낮고 우리나라 고등교육 회계가 되게 부실하고, 다 맞는 이야기이고, 다만 그때 국가에서 부담을 해 줘야 되는데 이것을 학부모와 학생들에게 온전히 다 전가하는 것은 무책임하다는 생각이 들어요.

지금 교육부에서는 '대학 등록금 동결 요청했다' 이게 공식적인 입장인데 검토의견 보면 '열악한 대학 재정 문제 가중과 대학 자율성 침해가 우려된다', 이 두 가지 입장이 저는 모순된다 이렇게 생각이 되는데요.

혹시 장관님께서, 교육부에서 총장님들 만나서 '등록금 동결해라' 이렇게 설득하거나 그러신 적은 있으신가요?

○**교육부차관 오석환** 있습니다. 저희가 어쨌든 기본적으로 지금과 같은 상황에서…… 제가 국립대학교 그리고 사립대학 총장님들 만나서 이런 상황들을 공유하면서 금년의 경우에까지, 어려움은 이해가 됩니다마는 금년의 경우까지라도 논의하고 추가적으로 법률개정안도 올라와 있고 하니까 이런 종합적인 논의를 통해서 할 수 있도록 말씀을 드렸고 대교협 회의 가셨을 때 부총리께서도 그러한 논의를 하셨습니다.

○**백승아 위원** 국가장학금 예산보다 등록금 인상으로 인한 수입이 더 크니까 지금 대학들이 이렇게 과감히 장학금 포기하고 인상을 하는 건데 교육부가 실제로 그런 예산도 비교 분석했으면 좋겠고, 관련 자료가 있으면 제출해 주시고요.

국가 재정 지원사업에 의존하지 않고 또 등록금 인상에 의존하지 않고 대학들이 홀로 서고 학생들 교육할 수 있도록, 안정적으로 운영될 수 있도록 교육부가 나서서 재정 안정을 위해 애써 주시면 좋겠습니다.

이상입니다.

○**소위원장 문정복** 토론을 마칠 건데요. 저는 정치는 공감하는 거라고 생각합니다. 우리가 오찬 이후에 바로 논의해야 될 법안들이 취업 후 학자금 상환 특별법을 논의할 겁니다. 이것을 보시면 지금 우리가 오전에 논의했던 대학 등록금 인상률을 조정하자는 것이 어떤 의미인지 더 깊게 다가오실 겁니다.

대부분의 많은 학생들이 졸업과 동시에 학자금 상환을 위해, 취업하자마자 학자금 그리고 생활비를 상환하기 위해서 정말 몸부림을 칩니다. 그렇다라고 하면 우리가 실익이 있든 그렇지 않든 선언적이든 적어도 현재 있는 대학생들에게 '그래. 등록금 이만큼은 더 올리지 못하게 해 줄게'라고 하는 공감의 표시라도 좀 해 주자는 겁니다. 그것 안 되겠습니까? 왜 정치인들이……

지금 많은 대학생들이, 부모님이 부자여서 아르바이트 하지 않아도 등록금 내고 생활비 할 수 있는 아이들 많아요. 그렇지만 그렇지 못한 부모님을 둔 학생들 더 많습니다. 그런 학생들을 위해서 우리가 등록금 상한 비율을 조금 더 하한선으로 낮춰 주자라고 하는 건데 그것이 무엇이 그렇게 안 될 게 있겠습니까?

저는 지금 이 토론을 보면서 갑갑하기 그지없었어요. 이것 1.5배에서 1.2배로 내리면 학생들이 '아이고, 그것 갖고 되겠어?' 이렇게 얘기할 겁니다. 그렇지만 다만 그거라도 우리 정치권이 당신들의 고통에 대해서 공감한다, 고통을 같이 느낀다라는 얘기를 해 주고 싶은 겁니다.

그래서 저는 그렇게 생각합니다. 지금 김민전 위원님도 그렇고 정성국 위원님도 그렇고 딱히 이것에 대해서 '선언적 의미다' 반대의견 없으시고 조정훈 위원님이 약간 헌법적 문제에서 '사립대학교에 너무 강한 제재를 하는 것 아니냐' 이런 말씀 해 주셨는데 이것 위원님들께서 허락을 해 주신다라고 하면 조정훈 위원님의 의견을 소수의견으로 놓고 우리가 대학생들과 공감하는 차원에서 이 법은 넘겨 주십시다. 그렇게 해 주실 수 있겠습니까?

○**조정훈 위원**　제가 한마디 하겠습니다.

저는 문정복 위원장님의 공감의 정치 전적으로 동의하고요, 문정복 위원장 그런 정치 하시는 것 존중하고 있습니다. 저도 마찬가지고요. 다만 그 공감을 표시하는 방법 그리고 그 공감이 현실이 되게 하기 위한 방법이 이 방법은 아니라는 주장을 하는 겁니다.

제가 그 아이들이 많은 등록금으로 인해서, 저도 다음 법안도 충분히 검토했는데요 그걸 봐서도 저는 지금의 문제는 장학금과 학자금 대출로 그들을 도와줘야 되는 문제지 등록금 인상을 조정한다고 해서 이렇게…… 저는 헌법적 가치를 논쟁해 보면 이건 굉장히 문제가 있을 거라고 보는데 이 수단은 아니라는 겁니다. 차라리 더 많은 장학금, 더 좋은 조건의 융자금으로 인해서 어려운 친구들에게 선별적으로 지불하는 게 맞지 이런 방식을 통해서…… 이게 지금 17년 동안 해 온 겁니다. 그런데 이것은 아니라고 저는 생각해요.

○**소위원장 문정복**　그 일은 행정부가 해야 될 일인 거고요.

○**조정훈 위원**　그리고 선언적 의미에서 법안을 통과시키는데 그것까지도 반대가 있는데도 의결하시겠다는 것은 저는 납득하기가 어렵습니다. 긴급성이 과연 있습니까, 이게 지금?

○**소위원장 문정복**　그러니까 조정훈 위원님의 의견을 소수의견으로 하고 저희도……

그러니까 등록금 외에 많은 장학금이나 그 외 기타 등 학생들에게 지원하는 것은 교육부가 방안을 찾아서 가지고 오실 겁니다. 그것은 그대로 행정부의 몫인 거고요. 국회는 적어도 공감하는 정치 그리고 우리가 이렇게 함으로써 사립대나 국립대나 국회가 적어도 이런 의지를 갖고 있다라고 하는 것을 보여 주는 그런……

○**조정훈 위원**　그런 것은 기자회견하셨고, 그런데 그런 공감 능력을 표현하시는데 그걸 반헌법적 수단으로 할 수는 없지요.

○**소위원장 문정복**　아니, 반헌법적이라고 얘기하시면 안 되고…… 그러면 17년 동안 반헌법적으로 해 온 거예요?

○**김민전 위원**　위원장님, 저 의견 좀 말씀드리고 싶은데요.

공감의 정치라는 말씀 굉장히 좋고요. 또 학부모들에게 등록금이 굉장히 부담이 되고요. 사실 어떤 면에 있어서 9분위, 8분위 이상 되는 분들은 혜택이 없는데, 사실 그분들이 부자가 아니에요. 집 한 채 있고 이러면 대부분 혜택이 없는 경우들도 많고요, 그래서 굉장히 부담이 되는 것도 사실인데요.

○**소위원장 문정복**　그러면 이렇게 하시지요.

○**김민전 위원**　그래서 제가 드리고 싶은 말씀은 민주당이 주도해서 차라리 국회 결의

안으로……

○**소위원장 문정복** 그러면 거부하실 거잖아요.

○**조정훈 위원** 그래도 통과시킬 거잖아요, 할 수 있잖아요.

○**김민전 위원** 결의안으로 대학들이 좀 자제해 달라, 차라리 결의안을 하시는 게 어떠신지. 법안으로 몇 배 이상은 못 올린다 이것은 원칙에 좀 맞지 않지 않나……

○**소위원장 문정복** 이렇게 하겠습니다. 의사일정 23항이 고등교육법 개정안이기 때문에 이것은 의결을 보류하고 23항을 논의한 이후에 같이 의결하도록 하겠습니다.

아무튼 마음이 좀 안 좋습니다.

오전 12시에 오찬을 위해서 잠시 정회를 하고 오후 2시에 법안소위를 속개하는 것으로 그렇게 하겠습니다.

잠시 정회를 하겠습니다.

(12시02분 회의중지)
(14시03분 계속개의)

○**소위원장 문정복** 좌석을 정돈해 주시기 바랍니다.

회의를 속개하겠습니다.

다음은 의사일정 9항·10항 정을호 의원, 한창민 의원이 각각 대표발의한 취업 후 학자금 상환 특별법 일부개정법률안 2건을 심사하겠습니다.

전문위원 보고해 주십시오.

○**수석전문위원 천우정** 심사자료 2쪽입니다.

학자금 상환 부담 경감 등에 관한 사항입니다.

두 개정안은 대학생 학자금 상환 부담 경감을 위한 안입니다.

정을호 의원안은 취업 후 상환 학자금대출의 금리를 국채법에 따라 5년을 상환 기한으로 하는 국채의 매 학기 시작 전 3년간 평균수익률의 120%에서 110%로 하향하고, 한창민 의원안은 취업 후 상환 학자금대출 중 등록금대출 이자를 무이자로 하고 대출원리금은 등록금 대출잔액으로 하려는 것입니다.

정을호 의원안은 취업 후 상환 학자금대출(이하 ICL이라 함) 재원 조달 금리의 상한을 낮춰 학자금대출 금리 인하를 도모하여 대학생들의 학자금 상환 부담을 줄이려는 것이고 한창민 의원안은 취업 후 상환 학자금대출을 등록금대출과 생활비대출로 구분하고 학자금대출은 무이자로, 생활비대출 금리는 현행과 같이 유지하며 채무자가 상환할 등록금 대출원리금을 이자, 연체금 및 가산금을 면제한 대출잔액으로 함으로써 대출 규모 축소를 통한 대학생들의 학자금 이자 부담을 줄이려는 것입니다.

4쪽입니다.

이에 대해 교육부는 신중검토 의견입니다.

정을호 의원안에 대해서 학자금대출 금리의 상한을 재단채 조달금리보다 낮은 수준으로 법률로 제한하는 것은 중장기적 관점에서 학자금대출 제도의 재정건전성 및 지속가능성 문제 제기의 우려와 함께 현행 학자금대출 금리는 21년 1학기부터 1.7%로 동결해 왔고 이는 학자금대출 재원 마련을 위해 발행하는 재단채의 실제 조달금리보다 낮은 수준이라는 점, 한창민 의원안과 유사한 취지로 취업 후 학자금 상환 특별법에 따라 ICL 이자면제 지원범위 및 지원대상이 확대되었다는 점, 한창민 의원안이 입법화되었을 경우

개인별 소득수준에 관계없이 등록금대출을 받은 모든 학생이 동일한 이자면제 혜택을 받게 되는바 취업 후 상환 학자금대출이 소득수준에 따라 상환되도록 하는 대출이라는 면에서 제도의 취지와 부합하지 않는 면이 있기 때문에 개정에 신중한 검토가 필요하다는 입장에 있습니다.

12쪽입니다.

학자금대출 중 등록금대출 무이자 지원 시 추가 소요예산 추계입니다.

맨 하단에 보시면 ICL과 일반대출을 합칠 경우에 25년도에 53억 원, 26년도 115억 원, 27년도 175억 원이 매년 필요하다고 하겠습니다.

이상입니다.

○소위원장 문정복 정부 측 의견 말씀해 주십시오.

○교육부차관 오석환 정부 의견 말씀드리겠습니다.

정을호 의원님께서 제출하신 대출금리 상한 하향에 대해서 말씀드리겠습니다. 정책적으로 학자금대출 금리를 1.7%로 유지하고 있고요 이것은 합의에 의해서 운영이 되고 있습니다. 그렇기 때문에 상환금리를 인하하는 것은 법 개정의 실효성은 낮은 상태입니다. 이 개정법안에 따를 경우에 조달금리에도 미치지 못하는 상태로의 대출금리가 결정되기 때문에 그러면 그 차액에 대한 운영기관의 손실 또는 국가재정의 투입이라는 제도적 운영 관점에서 보면 지속가능성에 대한 우려가 있습니다.

한창민 의원님 발의안은 이것은 위원님들께서 잘 아시는 것처럼 굉장히 오랜 논의를 거쳐서 취업 후 학자금 상환 특별법 개정안을 지난 23년 12월 8일에 의결을 했고 확대하는 안입니다. 그 의결한 것을 가지고 24년 7월 1일부터 시행되고 있습니다. 그렇기 때문에 추가적인 논의에 대해서는 이 진행 상황을 성과 평가하고 난 다음에 다시 논의하는 것이 적절하다고 보고 있습니다.

한창민 의원님 17조 1항에 대해서는, 이것은 제도입니다. 그러니까 가산금과 연체금에 대한 제도는 일반적으로 제도가 지속가능하도록 하고 운영의 효율성을 높이기 위한 제도이기 때문에 이 제도를 ICL 제도에서만 특별히 제외해야 되는 사유가 적절하지 않다고 봅니다. 이것은 타 부처의 의견도 같다고 보여집니다.

고맙습니다.

○소위원장 문정복 위원님들께서는 토론해 주시기 바랍니다.

정을호 위원님.

○정을호 위원 이 부분도 앞의 8항에 있는 부분하고 비슷한 취지로 발의를 했고요. 위원님들도 아시겠지만 이 부분이 엄청난 실익이 있다 그 부분은 전혀 아니라는 것 저희도 알고 있습니다. 그럼에도 불구하고 제안한 이유는 뭐냐면 조금이라도 힘들게 있는 우리 학생들에게 정부하고 우리 국회에서 바라보고 있다는 것을, 공감의 표시로 그런 부분에서 제안했다는 부분을 다시 한번 말씀드리면서 제가 질의드리겠는데요.

차관님, 2025년도부터 1학기 학자금대출 금리 1.7%로 동결되었지요?

○교육부차관 오석환 예, 계속 그렇게 운영을 하고 있습니다.

○정을호 위원 2학기에도 똑같이 인상할 계획은 없는 거지요, 그 부분은?

○교육부차관 오석환 예, 지금 재정 당국은 거의 일종의 사회적 합의처럼 그렇게 운영을 하고 있습니다.

○**정을호 위원** 개인적으로는 학자금대출도 아까 한창민 의원, 비슷한 것 있지만 무이자까지 가야 된다는 생각을 가지고는 있습니다. 그러나 최근 경제상황 등 여러 가지 고려해서 나름대로 조달금리가 낮은 부분들이 있고 1.7%라는 부분은 낮은 부분이라는 점을 고려해서 그 부분도 생각하고 있지만 그래도 저희 제안처럼 국민들께, 학생들에게 우리의 따뜻한 법을 위해서 제가 이렇게 발의를 했기 때문에 한번 많은 고려를 해 주십사 하는 의견을 드리면서 제 토론을 마치겠습니다.

이상입니다.

○**소위원장 문정복** 더 질의하실 위원님 안 계십니까?

○**조정훈 위원** 저 질의하겠습니다.

9번 법안이 제가 보면 차관님 말씀하신 대로 이 법안이 통과가 되면, 저는 취지는 동의합니다. 그리고 아까 오전에도 다들 진심으로 가정 형편이 어려운 청년들이 대학 교육 받는 데 최대한 도움을 줘야 된다, 여야 할 것 없이 동의했고요.

그런데 이 제도가, 만약에 이 법안이 통과되면 지금 저희가 분석한 바로도 아마 이 학자금을 조달하기 위한 채권 이자율보다 더 금리가 낮아지기 때문에 결국은 재정 소요가 필요한 상황이 되는 거지요?

○**교육부차관 오석환** 예, 최대한의 대출금리를 그대로 적용을 한다 그러면 그렇습니다.

○**조정훈 위원** 그러면 현재 대출 정도의 금액을 기준으로 할 때 예산 소요를 얼마로 예상하십니까?

○**교육부차관 오석환** 지금 현재 상황으로 보면 조달금리가 3.12%고요, 그다음에 현행의 금리 상한은 3.38%에 들어가 있으니까 약 171억 정도의 재정 소요가 들어갑니다.

○**조정훈 위원** 매년 171억 원의 소요가 필요하다?

○**교육부차관 오석환** 예.

○**조정훈 위원** 그렇게 하면 결국 문제는 171억 원을 여기다 쓸지 좀 더 효과적으로 쓸지 선택의 문제 아니겠습니까?

○**교육부차관 오석환** 그렇습니다.

○**조정훈 위원** 어떻게 생각하세요, 차관님은?

○**교육부차관 오석환** 제가 아까 말씀, 그러니까 제도 시행의 실효성의 관점에서 보면 이것보다 훨씬 낮은 단계인 1.7%로 운영을 하고 있고 올리더라도 사회적 합의에 의하면 최대의 상한까지는 올라가지 않을 가능성이 높기 때문에 올리든 내리든 간에 사실은 실질적인 실효성은 별로 없다고 봅니다.

그러니까 최대로 운영을 한다고 그러면 171억의 재정 소요가 생기는 거고 그거는 운영하는 기관인 장학재단이 부담할 수 없기 때문에 결과적으로는 국가가 재정 부담을 해야 되는 체계입니다.

○**조정훈 위원** 그렇게 되면 그 장학재단에 돈을 줄 법적 근거가 있습니까?

○**교육부차관 오석환** 예, 이거는 재정 부담으로 진행하는 거니까 지원은 가능하다고 봅니다.

○**조정훈 위원** 국가가 장학재단에 예산 지원을, 손실을 메꾸는 법적 조항이 다 있어요?

○**교육부차관 오석환** 예, 그렇게 보고 있습니다.

○**조정훈 위원** 알겠습니다.

○**소위원장 문정복** 강경숙 위원님 토론하시고 김준혁 위원님 토론하시겠습니다.

○**강경숙 위원** 한창민 의원안인 경우에는 10년에 3000억 원을 추계를 했는데 정을호 의원님 비용 추계가 어느 정도 되는지는 좀 궁금한데요.

저는 교육부에 여쭙고 싶은 거는 최근에 학생들이 대출 연체를 했을 때 체납액 추이가 어떤지, 그 통계가 있으신지 모르겠어요.

○**교육부차관 오석환** 예, 있습니다.

○**강경숙 위원** 있으십니까? 왜냐하면 생각해 보면 이렇게 체납을 했다는 것은 오죽하면 그렇게 연체를 했을까라는 생각도 하는 반면에 이거를 갚은 학생들은 또 상대적인 형평성 문제라고 해야 될까요? 갚지 않은 학생들한테 이자율을 낮춰 주면 그러면 갚은 학생들은 형평성에 있어서 공평하지가 않은 측면이 또 있긴 하거든요. 어쨌든 그 추이가 어떤지 좀 듣고 싶습니다.

○**교육부차관 오석환** 위원님 지금 말씀하시는 내용은 1.7% 정을호 의원님 안을 말씀하십니까, 아니면……

○**강경숙 위원** 정을호 의원님 거요.

○**교육부차관 오석환** 정을호 의원님 말씀은 상환하고는 직접 관계가 없다고 봅니다, 지금 현재 상황에서는. 왜냐하면 이거는 제도를 운영하는 것이거든요. 제도를 운영하는데 현재 단계에서는 1.7%로 저희가 대출금리를, 상환 금리를 운영을 하고 있기 때문에 제도적으로 조달금리를, 그러니까 지금 상환 금리를 밑으로 낮춘다고 그래도 문제는 발생하지 않는 것으로 보여집니다. 현재 운영하고 있는 학자금대출 상환 대상자에게는 적용이 안 되는 겁니다.

○**강경숙 위원** 그렇군요. 알아들었습니다.

그러면 체납액 추이 좀 알고 싶은데요. 말씀 좀 해 주시지요.

○**교육부청년장학지원과장 이양주** ICL 관련해서 체납 추이는 매년 유사한 규모입니다. 매년 한 120억 정도 연체가 되고 있는 것으로 나타나고 있습니다. 전체 상환 대상자 중에서 보면 한 10% 미만 정도 보시면 되겠습니다.

○**강경숙 위원** 그러니까 어쨌든 형평성 문제는 별로 발생하지 않다고 봐야 되는 거겠네요?

○**교육부차관 오석환** 예, 이 제도하고 직접 연계되는 건 아니라고 보고 있습니다.

○**강경숙 위원** 알겠습니다.

○**소위원장 문정복** 김준혁 위원님 토론해 주십시오.

○**김준혁 위원** 저는 이 문제를 보니까 예전에 제가 조교할 때 생각이 납니다. 조교도 박봉인데 어려운 제 과 후배 학생들이 저한테 대출 보증을 좀 서달라고 그래서 제가 보증을 꽤 여럿 섰는데, 한 10여 년 전쯤에 후배들이 '다 갚았어요'라고 문자 오고 그때 생각이 나는데, 어쨌든 어려운 학생들 많은 건 사실입니다. 그렇기 때문에 이 문제와 관련해서 대출금을 좀 낮추게 하는 것들은 분명히 필요하다.

그런데 제가 지금 드리고 싶은 이야기는 제 아이도 지금 농림부 산하에 있는 국립대학에 다니고 있어요. 그런데 그 대학은 졸업하면서 창업과 관련된 지원금 대출을 해 줍니다. 얼마 전에 아이하고 여러 이야기를 하다가 대출 이자 관련된 이야기를 같이 논의를 했는데 농림부에서 지원해 주는 거는 1.4%였습니다. 그래서 우리가 그걸 받아 가지고 어떻게 비닐하우스를 만들까 이런 구상을 같이 했었는데, 물론 정부 부처는 다르기는 합니다마는 교육부는 1.7% 그런데 농림부는 1.4%, 왜 농림부는 지금보다 0.3% 더 싸게 할 수 있는 일을 하고 있는데 그런 근거는 어떻게 되는 것일까, 그래서 이걸 혹시 교육부와 농림부가 같이 맞추게 하는 방법은 없을까, 그렇다고 한다면 교육부도 0.3%라도 좀 더 낮출 방법은 없을까, 왜냐하면 다른 부서가 그렇게 하고 있으니까.

그래서 저는 이와 관련해서 한번 교육부가 농림부 쪽하고 정보 확인과 정확한 사실 확인을 통해서 낮출 수 있게 된 그 근거를 마련해 보고 그래서 가급적이면 조금 더 낮출 수 있는 방안을 찾아보게 하는 게 필요하지 않을까 싶습니다.

○교육부차관 오석환 좋은 제언 감사드립니다.

다만 기재부에서 재정 편성을 할 때 교육부하고 농림부하고 다른 예산 편성을 하고 있기는 합니다마는 동일 심사 과정을 거치기 때문에, 그 차이가 나는 가장 큰 이유는 저희는 대상이 굉장히 많은 대상자들이기 때문에, 저희가 사실 지금 현재의 실질 조달금리가 현행이 3.38%고—금리 상한이—그다음에 재단채로 보면 3.12%인데도 불구하고 1.7%로 낮춰 가지고 거기에 대한 예산 투자를 하고 있는 거거든요.

○김준혁 위원 이해는 합니다.

○교육부차관 오석환 규모는 그래도 굉장히 많은 노력을 통해서 지금 유지하고 있다는 말씀을 드립니다.

○조정훈 위원 한 가지만 더, 저는 그래서 정을호 의원님 법안에는 실익의 문제는 있지만 군이 통과를 하시겠다고 하면 반대는 하지 않을 생각이고요.

두 번째, 한창민 의원 법안은 이것도 내용이 이자 면제 등등인데 차관 말씀하신 것처럼 이미 지금 개정된 취업 후 학자금 상환 특별법에 소위 어려운 친구들, 수급자, 차상위 계층 또는 다자녀 가구에 해당하는 경우에는 이자 면제 조항이 있지요?

○교육부차관 오석환 그렇습니다.

○조정훈 위원 그러면 이 법을 추가로 통과하면 추가로 혜택을 보는 분들은 이분들 외에 어찌 보면 지불 능력이 있는 분들까지 포함하는 꼴이 될 수도 있지요?

○교육부차관 오석환 그래서 정확히 그 문제가 지난번에 23년 12월 8일 날 의결하는 과정까지 거의 1년 반 동안을 토론을 하면서 마지막 합의안이라고 보시면 됩니다. 그렇습니다. 이슈들이 많이 있습니다.

○조정훈 위원 그래서 이 한창민 의원이 지금 논의하고 있는 학자금이라는 게 대출받을 때 소득 기준 없이 대부분 다 받을 수 있는 거지 않습니까?

○교육부차관 오석환 예.

○조정훈 위원 그래서 저는 어느 정도, 이게 어떻게 보면 재정 지원이 필요하고 10년간 3000억의 재정이 필요한 상황인데 더 어려운 친구에게 더 두텁게 지원하는 게 맞지 않나.

그래서 23년 개정된 그 제도는 이미 가장 어려운 친구들은 됐으니까 이거는 이것이 어떻게 움직이는지 어느 정도 보고 더 필요하면 오히려 더 어려운 분들에게 두텁게 하는 게 맞지 이렇게 다 넓히는 것은 3000억을 효과적으로 쓰는 방법은 아니다 싶습니다.

○소위원장 문정복 조정훈 간사님 얘기 잘 들었고요.

저희는 그렇게 생각을 합니다. 사실은 대학생들이 학자금 융자를 받고 학자금 융자 받는 학생들은 대부분 또 생활자금도 융자를 받거든요. 그리고 졸업하고 나서 이 2개의 융자금을 갚는 것이 만만한 일이 아니더라고요. 그래서 가급적이면 대한민국이라는 나라가 학생들이 공부를 하겠다는데 전액 학비를 대 주지는 못할 망정 적어도 대출한 금액의 이자는 받지 말아야 되는 거 아니냐.

우리가 궁극석으로 가면 학자금대출을 받았을 때 원금을 상환하는 것에 중점을 둬야지 이자를 받는 거는…… 사실은 국가가 책임져 줘야 될 문제라고 저는 생각을 합니다. 그래서 지금 한창민 의원 법안은 계속 심사로 놔두고요, 정을호 의원님 법안은 의결했으면 하거든요.

또 하나의 당위성은 뭐냐면 은행 같은 데가 공적인 일만 하는 거는 아니지 않습니까? 그런데 은행이 부실이 났을 경우에 막대한 공적자금 몇십 조씩 쏟아붓습니다. 그런데 이렇게 하향한다고 하더라도 장학재단에 1년에 171억을 추가로 국가가 부담해야 된다라고 하면 이거는 정말 아무것도 아닌 거거든요. 그러면서 적어도 이자 부담은 더 낮춰 줘서 나중에는 거의 이자 부담이 생기지 않도록 하는 게 저는 국가의 책무라고 생각을 하거든요. 그래서 이 부분은 교육부에서도 수용하셨으면 좋겠습니다.

그렇게 하시겠습니까?

○**교육부차관 오석환** 예, 아까 말씀드렸듯이 실효성에 있어서는 지금 운영으로 보면 1.7%로 운영을 하고 있고 그 이상까지 갈 가능성은 없어 보입니다마는 위원님들께서 논의하셔 가지고 결정해 주신다고 그러면 저희도 수용을 하겠습니다.

○**소위원장 문정복** 그러면 우선 의사일정 11항까지 심사를 하고 그다음에 의결하도록 하겠습니다.

의사일정 11항, 김용태 의원이 대표발의한 취업 후 학자금 상환 특별법 일부개정법률안을 심사하겠습니다.

전문위원님 보고해 주십시오.

○**수석전문위원 천우정** 심사자료 1쪽입니다.

취업 후 상환 학자금 대출 연체금 총 한도를 미납된 대출원리금의 9%에서 5%로 하향하여 대학생의 취업 후 학자금 상환 부담을 경감할 수 있도록 제도개선을 하려는 것입니다.

대체토론이 있었습니다.

동 법안은 법 개정에 따른 추가로 소요되는 예산이 연평균 900만 원에 불과한 점, 국민건강보험의 경우에도 2019년 연체금 부과 한도를 9%에서 5%로 축소한 유사 사례가 있는 점을 고려하여 개정에 동의한다는 의견이 있었습니다.

2쪽입니다.

1. 학자금대출 연체금 총 한도 하향에 관한 사항입니다.

개정안은 취업 후 상환 학자금대출 연체금의 총 한도 상한을 낮춰 대학생들의 학자금 상환 부담을 줄임으로써 현재의 경제적 여건에 따라 고등교육의 기회가 박탈되지 않도록 하고 대학 졸업 후 사회로 진출한 청년들의 경제적 자립을 도우려는 취지입니다.

개정안이 입법화되어 학자금대출 연체금 한도를 하향하는 경우 줄어든 한도만큼 사업 시행 주체인 한국장학재단의 부담이 커질 수 있어 한국장학재단의 재정 건전성이 우려가 된다는 의견도 있습니다.

3쪽입니다.

이에 대해 한국장학재단은 개정안이 입법화되는 경우 한국장학재단채의 추가 발행에 따른 추가 소요 예산은 25년부터 29년까지 총 4300만 원, 연평균 900만 원 수준으로 추산하고 있습니다.

교육부는 이견 없습니다.

○**소위원장 문정복** 이것까지 한꺼번에 논의하고 할 건데요.

이거 이의 없으시지요?

(「예」 하는 위원 있음)

의사일정 9항 및 11항 취업 후 학자금 상환 특별법 일부개정법률안은 각각 본회의에 부의하지 않고 이들 법률안의 내용과 소위원회에서 심사한 결과를 반영하여 수정 정리한 대안을 우리 위원회안으로 채택하고자 하는데 이의 없으십니까?

(「예」 하는 위원 있음)

가결되었음을 선포합니다.

의사일정 12항부터 14항까지 백승아 의원, 서지영 의원, 정성국 의원이 각각 대표발의한 3건의 초·중등교육법 일부개정법률안을 심사하겠습니다.

전문위원 보고해 주십시오.

○**전문위원 윤상열** 전문위원입니다.

1페이지 설명드리겠습니다.

12항 및 13항은 총 세 가지 내용의 개정안이 포함돼 있는데요.

첫 번째는 정서·행동 문제를 가진 학생에게 상담을 받게 하고 이에 따른 치료 권고, 학습 지원 등을 하며 보호자에게 협조 의무를 부과하는 내용이고요. 두 번째는 학생에 대한 물리적 제지와 분리 조치에 관한 내용을 법률에 직접 규정하면서 이에 필요한 지원 규정을 마련하는 내용입니다. 마지막 세 번째 내용은 학교에 전문상담교사를 두는 것을 원칙으로 하되 일정 규모 이하 학교에서는 전문상담 순회교사를 두도록 하는 내용과 학업에 어려움을 겪는 학생의 개념에 '정서·행동문제'를 추가하는 내용입니다.

2페이지는 작년 9월 25일 소위에서 논의되었던 내용을 정리해 놓은 것입니다. 참고하시면 될 것 같고요.

3페이지 설명드리겠습니다.

정서·행동 문제를 겪을 때 적시에 상담 및 치료 등의 지원을 받을 수 있게 되어 문제를 조기에 해결할 수 있을 것이며, 수업 중 발생할 수 있는 방해나 갈등 상황을 최소화하고 학생들을 보다 효과적으로 지도할 수 있을 것으로 기대됩니다. 나름 적절한 입법이라고 판단이 됩니다.

다만 학생의 상담·치료 등 지원을 부모의 동의 없이 강제하는 부분은 인권 침해의 소지가 있다는 지적이 소위 논의 과정에서 있었고요. 또한 18조의4의 제목은 '학생의 인권 보장'으로 돼 있는데 이 개정안의 내용은 당사자인 학생 말고 다른 학생 그리고 교권 보호의 목적도 함께 있으니까 신설하려는 조문하고는 좀 맞지 않는 측면이 있다는 지적도 있었습니다.

4페이지입니다.

한편, 개정안에서 '전문가'를 구체적으로 정의하고 있지 않아 가지고 자격 요건 등 관련 사항을 대통령령에 위임하거나 구체적으로 명시할 필요성이 있다는 지적도 있었습니다.

교육부는 이러한 내용들을 조 제목과 개정안 내용의 부합성, '전문가'에 대한 위임 필요성 등을 고려해서 일부 수정해서 받아들이는 입장입니다. 교육부의 수정의견은 6페이지부터 9페이지까지 조문대비표로 정리를 해 두었습니다.

10페이지 설명드리겠습니다.

10페이지는 물리적 제지와 분리조치에 관한 내용인데요. 물리적 제지와 분리조치는 현재 교원의 학생생활지도에 관한 고시에 규정돼서 시행되고 있는 사항인데 어찌 보면 신체에 대한 강제력이 부과되는 측면이 있기 때문에 법률에 보다 명확하게 규정하는 것이 타당한 것으로 판단되고요.

그다음에 재정적·행정적 지원과 관련해서는 현재도 교내 분리장소가 설치되지 않은 학교가 많이 있고 그다음에 전담 인력도 부족한 상황이기 때문에 행정적·재정적 지원은 필요한 입법 조치로 판단이 됩니다.

다만 교육부는 몇몇 군데 수정의견을 제시하고 있는데요. 대표적으로 일단 필요 최소한도에서 사용한다는 내용을 법에 직접 명시했으면 좋겠다고 얘기를 하고 그다음에 물리적 제지와 관련해서 고시에는 학교장 보고 및 보호자 고지 의무에 대한 내용이 있는데 개정안에는 들어가 있지 않으니까 추가할 필요성이 있다고 의견을 제시하고 있습니다.

11페이지에 보면 분리조치와 관련해서도 수업 중 일시적으로 필요한 최소한도에서 사용하도록 이렇게 명시할 필요가 있다고 하고 그 기준 및 세부 방법 등에 대해서는 대통령령으로 위임할 필요가 있다 이러는 등 여러 가지 수정의견을 제시하고 있는데 교육부의 수정의견은 15페이지에서 19페이지까지 정리를 해 두었습니다.

20페이지 설명드리겠습니다.

세 번째 내용은 전문상담교사 및 전문상담 순회교사 배치 관련 내용인데 현행법은 대통령령의 위임을 거쳐 교육감이 정하도록 하고 있는데 개정안은 원칙적으로 전문상담교사를 두는 걸 원칙으로 하되 예외적으로 일정 규모 이하의 학교에는 전문상담 순회교사를 둘 수 있도록 함으로써 지역 간 편차 해소 등 여러 가지 수요에 응하여 배치하도록 하는 것을 내용으로 하고 있습니다.

그리고 또 한 가지 내용은 '학업에 어려움을 겪는 학생'의 개념에 '정서·행동문제'를 추가함으로써 실제로 종합적인 진단·상담·치유 프로그램 등을 제공하고 있는 위(Wee) 프로젝트에 따르면 정서·행동문제를 겪는 학생들 대상으로 많이 치료를 받고 있는데 법에는 그런 것들이 반영이 안 돼 있으니까 입법적 조치가 필요한 부분이라고 생각이 됩니다. 이 부분에 대해서는 교육부도 특별한 이견은 없습니다.

이어 제14항, 정성국 의원님 발의안 설명드리겠습니다.

1페이지입니다.

학교운영위원회 위원과 그 후보자의 결격사유 확인을 위한 범죄경력조회 요청 및 회신 근거를 명확히 규정하려는 내용입니다.

2페이지입니다.

현행법은 운영위원회 위원에 대해서만 규정이 있고 후보자에 대해서는 규정이 없어서 결격사유 확인에 어려움이 있습니다. 후보자까지 포함을 해서 규정을 하면 운영위원회의 원활한 구성에 도움이 될 것으로 보입니다.

다만 국가공무원법에 범죄경력 이외의 결격사유도 조회가 필요한데 그 부분에 대해서는 개정안에 빠져 있기 때문에 보충이 필요하고요. 그다음에 학교운영위원회가 매년 3월경에 구성이 된다는 점을 고려할 때 지금 2월이니까 부칙 규정을 시행해서 올해부터 바로 적용할 수 있게 그런 조치가 필요할 것으로 보입니다. 교육부도 그러한 부분을 수정해서 수용하겠다는 의견입니다.

이상입니다.

○**소위원장 문정복** 수고하셨습니다.

정부 측 의견 말씀해 주십시오.

○**교육부차관 오석환** 정부 의견 말씀드리겠습니다.

먼저 12항, 13항입니다.

지난 소위에서 상세하게 논의해 주신 내용들을 저희가 의원님실하고 그리고 보건복지부하고 충분히 상의를 드렸습니다. 그래서 반영된 내용을 중심으로 해서 정부 수정의견을 마련했습니다.

먼저 정신건강 및 행동 치료·상담 지원과 보호자 협조 규정과 관련해서 정부 수정의견 중심으로 말씀을 드리겠습니다.

7쪽입니다.

이 건에 대해서는 학생의 인권 보장과 지금 논의가 되고 있는 학생의 정서·행동 지원 등이 다소 차이가 있는 점을 고려해서 조문을 신설해 가지고 '학생의 정서·행동 지원 등'으로 조문 신설을 함으로써 2개의 차이를 구별했습니다. 그다음에 일부 조문 조항의 정리가 있고요.

그다음에 다음 쪽입니다.

8쪽에 보시면 서지영 의원님안 8항에 대해서는 이 내용에서 논의가 됐던 게 정신건강 및 행동전문가의 기준에 관한 문제를 제기해 주셨습니다. 따라서 그 부분에 대해서는 지금 상담·치료의 기준·내용 및 절차와 제1항과 4항에 따른 전문가의 기준·자격 등의 필요한 사항은 대통령령으로 정하도록 하여 구체적인 기준을 정할 수 있도록 그렇게 상세화하도록 하겠습니다.

그다음 두 번째 조항입니다.

물리적 제지와 분리조치에 관한 법률 명시에 대해서 복지부의 이견도 있었고요 그다음에 위원님들 간에도 논의를 해 주셨습니다. 그래서 그 부분을 취지를 반영해서 저희가 수정의견을 마련하였습니다.

15쪽입니다.

15쪽 백승아 의원님안에 대한 논의가 계셔 가지고 그 부분에 대해서는 위험 예방과 교원·학생 보호를 위해 '필요한 최소한도'라는 제한 규정을 두고 조문을 정리했습니다. 그래서 '물리적 제지는 위험성의 제거 또는 긴급 상황 종료 시까지 필요한 최소한도에서 사용되어야 하며, 이 경우 학교의 장과 교원은 교직원에게 도움을 요청하거나 경찰에 신고를 요청할 수 있다'라고 조문 정리를 했고 이것은 의원님실하고도 제가 상의를 드렸습니다.

그다음에 4항은 고시에 명시된 보호자의 고지 의무도 법률로 상향 조정하는 것으로 정리를 하였습니다.

20조의4항(학생에 대한 분리조치) 이 부분에 계속적인 논의가 이루어질 수 있는 게 기본권 침해와 관련돼 있는 우려입니다. 그래서 기본권 침해와 관련된 우려가 최소화될 수 있도록 조문으로는 '학교의 장과 교원은 학생이 수업 진행이 불가능할 정도'라는 조건을 두어서 '교육활동을 방해하여 다른 학생들의 학습권 보호가 필요하다고 판난되는 경우 이 경우에도 해낭 학생을 일시적으로 분리할 수 있다. 이 경우 분리조치는 수업 상황, 해당 학생의 특수성 등을 종합적으로 고려하여 필요한 최소한도에서 사용하되 분리조치 적용 기준 및 방법 등 세부사항은 대통령령으로 정한다'라고 하여 기본권 침해 우려를 최소화할 수 있는 조치를 취하였습니다.

그다음에 정부 수정의견 4항을 보시면, 백승아 의원님 2항입니다.

그 건에 대해서도 학생 분리조치와 관련돼 있는 내용 중에서 실질적으로 실행이 어렵고 문제가 제기될 수 있는 영역들을 조치해서 '보호자에게 학생 인계를 하기 어려운 경우'라고 포괄적으로 되어 있어서 이 부분에 대한 논쟁이 있었습니다.

이 부분에 대해서도 학생을 교육청에 인계하는 것은 현실적으로 보호자의 보호권을 약화시킬 뿐만 아니라 실행 과정에서도 악용될 소지가 있다는 점을 고려해서 이 부분에 대해서는 '학생이 분리조치를 거부하거나 여러 차례 학생의 분리를 실시하였음에도 불구하고 지속적으로 교육활동을 방해하여 다른 학생들의 학습권 보호가 필요하다고 판단하는 경우 보호자에게 학생 인계를 요청하여 가정학습을 하게 할 수 있다'라고 해 놓고 복지부의 의견을 저희가 반영했습니다. 그 이후의 팔로우업 과정이 필요하다고 봐서 '이 경우 학교의 장은 학생의 가정학습 상황을 점검하여야 한다'라고 함으로써 복지부가 제기했던 문제도 저희가 부처 간의 합의를 이루어 냈습니다.

3항입니다.

3항에서 백승아 의원님안에는 '교원은 분리조치를 한 경우 분리조치 일시 및' 이렇게 되어 있는데 이 경우의 분리조치에는 같은 공간에서의 분리조치도 가능합니다. 그런데 같은 공간에서의 분리조치까지 포함을 해서 보고하거나 관리하도록 한다 그러면 그 역할들이 많아지기 때문에 이것은 특별한 실질적 수요가 있는 '별도 공간에서 분리조치를 한 경우'로 정하여서 원안 조문을 정리했습니다. 그리고 이 경우에도 필요한 공간 및 인력을 확보해야 하고 학습지원 방안을 마련하여야 한다라고 해서 명확하게 후속적인 조치가 이루어질 수 있도록 했습니다.

그다음에 5항은 아까 말씀드렸던 것과 연계가 돼 있는데 '교육감 인계'가 아니고 '교육감의 지원'으로 조문을 정리했습니다.

'학교의 장은 제4항에 따른 보호자 인계가 여러 차례 반복되는 경우 교육활동 방해의 지속성 및 심각성, 보호자의 학생 인계 거부의 고의성, 가정학습 상황 등을 종합적으로 고려하여 교육감에게 지원을 요청할 수 있다. 이 경우 교육감은 학교의 장과 협의하여 해당 학생에 대한 치료, 상담 및 학습지원프로그램이 제공될 수 있도록 지원 대책을 마련하여야 한다'라고 하여 학교의 장과 학부모와 교육감의 역할을 명료하게 정리를 했습니다.

20쪽의 전문상담교사 관련 사항입니다.

조문에 대해서는 이견이 없습니다.

이 부분으로 핵심적인 사항은 지난번에 논의해 주신 것처럼 '전문상담교사를 학교에 둔다'라고 하여 원칙적인 선언을 저희가 하고 있습니다. 그리고 두지 못하는 경우에는 전문상담 순회교사를 둘 수 있도록 했는데 이 부분에 대해서는 행안부의 반대가 있습니다. 그렇지만 저희가……

행안부는 기본적으로, 이렇게 하면 정원이 늘어나는 구조가 되거든요. 그래서 반대가 있습니다마는 저희가 계속 실무적으로 설득을 하면서 진행하도록 하겠습니다.

그리고 14항입니다.

의사일정 14항 이것은 지금 학교운영위원회 위원의 결격사유가 발생하는 경우의 구체적인 절차를 명시해 주는 정성국 의원님의 안이십니다. 이 부분에 대해서는 입법 취지에 동의를 하고요.

다만 실행 과정에서 살펴보건대, 결격사유를 확인해야 되는 관계기관의 장이 종전에 경찰청만으로 이해를 했었는데 다른 관계기관의 장도 포함이 되고 있어서 그 내용을 반영한 조문 정리를 했습니다.

그리고 이 경우에 저희가 실행 과정을 고려한다 그러면 '이 법은 공포 후 6개월이 경과한 날로부터 시행한다'라고 해서, 그 이후에 관계기관의 장과 협의 절차가 필요한 사항들이 있어서 6개월 후로 해 주시면 고맙겠습니다.

○소위원장 문정복 14항이요?

○교육부차관 오석환 예, 14항의 개정안은 종전에 관계기관의 장과의 협의 절차나 후속적인 조치가 필요 없을 때는 즉시 공포하는 걸로 하면 좋았는데 지금 같은 경우에는 저희가 관계기관의 장과 실무적인 조치를 취하고 난 다음에 하면 좋기 때문에 '6개월이 경과한 날로부터 시행한다'라고 해 주시면 고맙겠습니다.

○소위원장 문정복 아까 전문위원 말씀은 3월 달에 운영위를 구성하니 공포한 즉시 시행되는 걸로 하면 3월 달 운영위부터 적용될 수 있지 않겠냐 그런 말씀 주시는데……

○교육부차관 오석환 예, 원래는 그게 빨리 진행됐으면……

그런데 지금 두 가지 요소가 생겼습니다. 시기적으로 빨리하더라도 그리고 즉시 3월에 할 때 실제 실행하기가 좀 어려운 측면이 하나가 있고, 더 중요한 것은 다른 관계기관의 장이라는 게 인사혁신처장하고 행안부장관 등의 실무적인 협의 진행이 필요한 사항입니다. 저희가 실무적으로 준비하겠습니다.

○소위원장 문정복 알겠습니다.

○교육부차관 오석환 고맙습니다.

○소위원장 문정복 감사합니다.

이제 위원님들 토론이 있으실 건데요. 백승아 위원께서 조문대비표를 회람하게끔 다 드렸을 거예요. 그것 보시면서 얘기를 좀 들으실 건데……

이게 세 번째 올라오는 거지요?

○백승아 위원 예.

○소위원장 문정복 그래서 위원님들이 그동안 충분히 토론을 해 주신 것도 있고 이래서 백승아 위원님 의견 듣고 또 추가 논의해 보도록 하겠습니다.

백승아 위원님 토론해 주십시오.

○백승아 위원 지난 소위 심사 이후에 제기된 문제들에 대해서 위원님들 찾아 뵙고 상의드린 경우도 있고 교육부와도 여러 차례 합의를 해서 또 보완을 많이 했습니다. 그래서

여러 차례 수정안을 만들고 보건복지부도 교육부가 많이 설득해 주셨고 그래서 신중검토에서 입장을 바꿔서 수정 찬성하는 변화가 있었고요.

그런데 제가 지금 또다시 조문대비표를 드린 것은 장애인학부모연대 이런 곳에서 우려가 많이 있으셨어요. 그래서 교원·학생·단체뿐만 아니라 장애인학부모연대랑 특수교사단체랑 민변 이렇게 시민단체들을 한 세 차례 정도 또 만나 뵙고 논의를 해서 이전에 제기되었던 물리적 제지나 학생 분리조치 이런 게 기본권을 침해할 가능성이 있다 해서 이것을 최소화하기 위해서 좀 더 명확화하고 그 느낌을 좀 바꾸기 위해서 용어 변화를 준 건데요.

그래서 추가로 몇 가지만 수정을 하면 '물리적 제지'라는 표현 대신에 '방어 및 보호를 위한 제지'로 변경해서 보다 방어적이고 보호적인 차원에서 학생을 제지하도록 했고, 두 번째로는 경찰에 신고 요청할 수 있다는 내용은 삭제하는 방향으로 갔고요. 또 '분리조치'라는 용어도 '개별학생교육지원'이라는 말로 변경을 해서 일시적으로, 교육부에서 제시하신 대로 최소한의 경우에, 꼭 필요한 경우에 일시적으로 분리해서 분리조치가 아니라 '개별학생교육지원을 한다' 이런 식으로 용어를 바꿨거든요. 그래서 이렇게 수정안을 제안드리니 이 내용을 보시고 토론해 주시면 감사하겠습니다.

그리고 이 서지영 의원님안에서 전문상담교사 의무 배치 저도 찬성하는 바이고, 대신 제 생각에 이걸 법에 담을 수 있는 것 같지는 않은데…… 교사총정원제가 있거든요. 그래서 행안부에서 더 늘려 주지 않을 텐데, 이 상담교사를 늘림으로 해서 교과교사가 줄어드는 것은 저는 좀 우려가……

○소위원장 문정복 그건 논의하신다잖아요, 차관님께서.

○백승아 위원 그렇게 한다는 조건하에 적극 찬성합니다.

○교육부차관 오석환 저희는 정말 전문상담교사나 교원의 정원을 늘리기 위한 노력은 지속적으로 하고 있습니다.

○소위원장 문정복 다음, 정성국 위원님 토론해 주십시오.

○정성국 위원 지금 아주 잘된 것 같아요.

사실 교육현장에서 굉장히 관심도 많고 그다음에 이에 대한 기대도 큽니다. 그런데 방금 백승아 위원님 말씀하신 대로 여기에 대해서 좀 우려를 표현한 단체들도 다 참여해서 다듬은 표가 나고 또 교육부도 여기에 다 했기 때문에 제가 쭉 봤을 때도 충분히 통과될 만한 그런 안으로 다듬어졌다 이렇게 생각을 하고요.

그런데 방금 말씀하신 것 중에 전문상담교사 저도 한 번 더 강조드리고 싶은 것은, 보면 교원 정원이 항상 걸리는 게 행안부 때문이잖아요. 교육부가 행안부보다 힘이 없습니까?

○교육부차관 오석환 저희가 교육적인 측면에서는 굉장히 힘이 세고 설득력이 굉장히 강합니다.

○정성국 위원 제가 볼 때는 주로 밀리는 것 같아요.

차관님, 아니, 부총리님이신데 행안부장관님한테 매번 밀리는 것 같아요, 죄송하지만. 제가 교총 회장 할 때부터 늘 느낀 게 교원 정원 들어가면 거의 90% 정도 반대로 지더라고요. 그러니까 서지영 의원님이 이렇게 어렵게 좋은 안을 마련해서 가지고 전문상담교사, 순회상담교사 이런 형태로 해서 좋은 제도를 만들더라도 이게 또 교사총정원제에 걸려 가지고 다른 데에 영향을 받거나 이리된다면 이건 정말 큰일 날 문제 아니겠습니까? 차관님, 그래서 우리 늘 말하잖아요, 학생당 학급 수가 교실에 한 2명, 3명 줄어드는 게 얼마나 큰 지를.

제가 한 가지만 얘기드리고 마칠게요.

학생이 24명인데 1명 전학오잖아요? 그러면 25명 되지요? 4인 1모둠이 깨집니다. 그러면 선생님이 어떻게 느끼냐면 4인 1모둠으로 다 교실 배치해 놨는데 1명 딱 전학 오면 5명이 한 모둠 돼야 되잖아요. 그 5명이 되는 자리가 공간을 차지하면 뒷자리 지나가기가 힘든 상황이 생기고요. 그 5명이 모둠 활동이 안 돼요.

우리는 교실에 학생 두세 명 차이가, 23명이나 25명이나 무슨 차이인가 이렇게 생각하는데 그 1명이 들어오고 안 들어오고가 그만큼 큽니다. 그리고 교실에 있다가 전학생 한두세 명 또 오고 이러면 교실 분위기가 달라져요, 학급 환경.

그래서 다시 한번 강조드리지만 교원 정원에 관련된 부분에서는 어떤 일이 있어도 차관님이 양보하시면 안 됩니다.

○**교육부차관 오석환** 예, 그렇게 하겠습니다.

○**정성국 위원** 부탁드리겠습니다.

○**교육부차관 오석환** 위원님들께서 주신 이 굉장히 현장 지혜를 담은 내용을 가지고 저희가 사실 행안부나 기재부하고 상의를 하고 있고요. 자화자찬입니다마는 사실상으로는 다른 정원에 비해서는 저희가 많은 정원을 확보하고 있다고 보고 있습니다.

○**정성국 위원** 고맙습니다.

○**교육부차관 오석환** 고맙습니다.

○**소위원장 문정복** 다음, 강경숙 위원님 토론해 주십시오.

○**강경숙 위원** 제가 사실 물리적 제지하고 분리조치 백승아 의원님안에 대해서 지난번에 되게 심각한 우려를 표한 적이 있었는데 그 노력을 많이 기울이셨던 흔적들이 많이 보여서 감사드립니다.

두 가지를 지적하고 싶은데요.

사실 그래도 여전히 장애학생들이 과잉행동들이 굉장히 많고 돌출행동들이 나왔을 때 자칫 제지를 하거나 분리가 돼야 되는 것으로 활용되지 않아야 된다는 게 제가 처음부터 고민이었는데.

이제 그런 걸 아까 '개별 학생 교육지원' 이렇게 넣기는 했는데, 예를 들어서 ADHD라든지 정서행동 위기 학생인 경우에 문제를 일으켰을 때 이 조항에 의해서 이렇게 분리돼 버리거나 그럴 수 있는 거를 좀 더 섬세하게 배려할 수 있는 것까지는 됐을까요? 이 정도로 가능한 걸까요? 여전히 조금씩 저는 마음에 남아 있어요, 그게.

○**백승아 위원** 그러니까 이게 최소한이고 꼭 필요한 경우이기 때문에 남발되는 경우는 사실 현재 학교 분위기상 어려울 거라고 보고요. 그러니까 학부모 단체에서 지금 예시를 준 안이에요, 개별 학생 교육지원이라는 것에 그런 내용을 넣어 달라 이렇게 말씀을 하셨는데 그걸 법에 다 담을 수는 없어서 그냥 이대로 일단은 올렸습니다.

○**강경숙 위원** 어쨌든 '물리적 제지'와 '분리 조치'라고 하는 용어는 없어진 것에 대해서는 저는 되게 환영하는 바입니다. 이제 다만 이런 것도 한번 고려해 봐야 되실 것 같은 거가 교육부에 제가 말씀드리고 싶은데, 사실 이렇게 한번 뭔가 제지를 당하거나, 물론

이제 어쩔 수 없는 경우라는 게 여기 다 조건에 있습니다만 그러면 이제 낙인효과가 발생할 수가 있고요. 한두 번 그러면 본인 스스로도 학습된 무기력이 생겨버릴 수가 있어서 오히려 그것이 좀 조장되는 경우가 학생 입장에선 그럴 수 있을 것 같아요. 글쎄요, 이게 처음에 시행 초기부터 잘 모니터링 돼야 될 것 같고요.

이것이 학생에게 혹여나 상처가 되거나 또 문제가 더 다른 방향으로 유발되지 않도록 상당히 섬세하게 고려가 돼야 된다라고 하는 말씀을 부탁을 드립니다. 아직 통과가 된 건 아니지만 통과가 될 것 같은 분위기라 말씀을 드리는 건데요. 아무튼 중요한 거는 갔다가 왔을 때, 애들이 뭔가 이렇게 방어하거나 제지를 당했을 때 그 이후에 좋아져야 되는데 오히려 나빠지지는 않도록 해야 된다라고 하는 것이 제 핵심이고요.

서지영 의원님 안에 대해서도 말씀을 드리자면 전문 상담교사, 사실 제가 이걸 제1호 법안에 낸 내용이거든요. 정서행동 위기학생 지원법이었는데 그 내용에, 저도 이게 있습니다만 물론 거기에는 조금 더 구체적이고 좀 더 더 깊이 있게 들어가서 종합 계획도 수립해야 되고 심의위원회도 설치하고 발견, 진단 검사도 해야 되고 선정 및 지원한다, 다양한 얘기들이 촘촘하고 종합적으로 지원해야 된다는 내용이 있어서 그거는 또 다른 시간에 논의가 될 수 있기를 희망하지만 전문 상담교사는 저도 환영하는 바이기는 한데 여기에 부모에 있어서, 부모의 협조의무 규정에 있어서 과태료를 의무화한다 그런 말이 있지 않습니까?

○**교육부차관 오석환** 예.

○**강경숙 위원** 그런데 그것은 과태료를 부과하는 것까지가 사실 어떤 면에서는 부모의 교육권이라든지 양육권이라든지 자기결정권을 굉장히 침해할 소지가 있고 교권 강화가 굉장히 강화가 되는 부분이 있다 보니까 학생 인권이라든지 감수성 있게 받아들여야 되는 다른 측면에서의 조망도 조금 더 강조되어야 된다라는 생각이 들어요. 그래서 이 과태료를 부과하는 측면은 저는 다시 고려해야 된다는 생각이 듭니다.

이상입니다.

○**소위원장 문정복** 조정훈 의원님 토론해 주십시오.

○**조정훈 위원** 조정훈입니다.

이게 세 번째인 것 같고 뭐라 그럴까요, 학교현장에서 일어나는 여러 가지 상황들을 바탕으로 법안을 만드신 두 의원님 그 입법 취지에 대해서는 다들 공감하는 것 같은데 지금 논의하는 게 뜻하지 않는 부작용과 여러 가지 균형의 문제였는데요. 저는 두 가지 말씀을 드리고 제안을 드립니다.

크게 두 가지인데 하나가 18조 4항, 학생의 인권 보장과 관련해서 전문가 상담인데요. 처음에 법안이 발의됐을 때 제 기억이 맞다면 전문가 정신적 치료 권고, 학습 지원을 받게 강제할 수 있다 뭐 이런 취지였는데 이게 많이 수정이 돼 온 것 같습니다. 정부 수정안을 이렇게 제가 따라 읽어 봤는데 질문이 좀 듭니다. 첫째는 전문가 상담을 권고할 때 '학교의 장이 그 학교 구성원의 의견을 들어'라는 표현이 있습니다. 이게 정부 수정의견 맞지요?

○**교육부차관 오석환** 그렇습니다.

○**조정훈 위원** 그런데 이게 학교 구성원이라는 게 그러면 결국 다른 교사, 선생님, 학생들 뭐 이런 겁니까?

○**교육부차관 오석환** 그렇습니다. 지금 종전에 교사로만 되어 있었는데 교사 이외에 다른 분들까지 포함하는 것으로 돼 있습니다.

○**조정훈 위원** 예, 그런데 전문 상담을 받아야 될지 말지의 영역은 민주주의의 영역이 아니라 전문의 영역이잖아요. 그러니까 이거 판단을 해서 학생이 전문가 상담이 필요하다는 판단을 해야 되는데 학교마다 전문 정신 상담사가 없는 현실에서 이 판단을 그냥 구성원들이 '너 동의', '너 동의', '너 동의'하고 가는 게 맞을지 그런 고민이 지금 듭니다. 전문성이 중요한 거지 지금 뭐 다수결의 원칙으로 이걸 판단할 문제는 아니라고 저는 생각이 돼요. 그래서 권고할 수 있다의 그 기준이 좀 고민이 되고요.

두 번째, 2항은 그렇게 해서 상담 학습 지원 등 필요한 지원을 할 수 있다, 뭐 가능성을 열어 뒀는데 3항에서 멈췄습니다. 이거는 그러면 보호자는 반드시 협조해야 되는 거지요?

○**교육부차관 오석환** 예, 이 정도의 절차를 거치면 협조하는 것을 전제로 저희는……

○**조정훈 위원** 협조 안 하면 어떻게 됩니까?

안 들립니다.

○**교육부사회정서성장지원과장 민혜영** 안녕하십니까? 사회정서성장지원과장 민혜영입니다.

관련해서 말씀드리겠습니다.

지금 이제 이미 선발이 되고 확인이 된 아이들에 대해서는 상담이나 치료 권고나 지원이 이루어지고 있습니다. 그래서 그런 부분은……

○**조정훈 위원** 아니요. 그 얘기를 하자는 게 아니고, 자꾸 공무원처럼 빙빙 돌아서 하고 싶은 얘기를 이렇게 간접적으로 하지 마시고 제 질문에 정확하게 답변해 주세요, 깔끔하게.

3항에서 '협조하여야 한다'를 협조하지 않은 학부모는 과태료 대상입니까? '예' 입니까, 아닙니까?

○**교육부사회정서성장지원과장 민혜영** 예, 맞습니다.

○**조정훈 위원** 얼마입니까?

○**교육부사회정서성장지원과장 민혜영** 지금 현재 구체적인 거는 령에서 정하도록 예정하고 있는데요.

○**조정훈 위원** 과태료 대상이다?

○**교육부사회정서성장지원과장 민혜영** 예.

○**조정훈 위원** 그런데 학교에서 상담 지원을 시켰는데 안 받게 하면 과태료 물어야 된다, 학부모가?

○**교육부사회정서성장지원과장 민혜영** 그런데 무조건적으로 그런 건 아니고 결과론적으로는 그러합니다.

○**조정훈 위원** 무조건적이 아닐 수가 있습니까, 안 받게 한다면?

○**교육부사회정서성장지원과장 민혜영** 그게 정당한 사유 없이 충분한 기회를 계속적으로 제공했음에도 불구하고 또 현저한 문제가 있어서 학생의……

○**조정훈 위원** 학부모가 아이 교육과 관련해서 과태료를 무는 경우가 뭐가 있습니까?

○**교육부사회정서성장지원과장 민혜영** 지금 저희가 이제 기존의 입법례를 보면 학교폭력

가·피해 학생에 대해서 치료 상담, 교육 권고를 했을 때 미이행 시에는 과태료 300만 원을 부과하도록 법에서 규정을 하고 있습니다. 그다음에 아동복지법에서 아동학대에 대해서 학대 피해 아동의 보호자가 그 아동학대 선고를 받고 그거에 따라서 상담이나 교육의 명령을 받았는데 미이행 시에는 그 또한 1000만 원 미만의 과태료를 부과하도록 되어 있습니다.

○**조정훈 위원** 저는 그 두 가지에 대해서 다른 논쟁을 하겠지만 아까 제가 계속 반대한 게, 아마 저는 일관적이라고 생각하는데 이 학교현장에서 정신건강 및 행동 전문가의 상담이 필요하다고 판단하는 아이들에게 정신건강과 상담을 받도록 권고할 수 있고 학교가 학습 지원을 할 수 있는 거는 다 좋다고 생각해요. 이건 다 학생을 위한 거고 또 이 아이들로 인해서 다른 아이들이 수업권을 침해 받으니까.

그런데 이거를 따르지 않은 학생, 학부모에게, 특히 이 상담 및 학습 지원의 내용에 대해서 불만을 가질 수도 있고 또 우리 아이에 대해서 다른 입장을 갖고 있는데 이것을 강제한다는 조항은 저는 동의할 수가 없고요. 따라서 저는 이걸 통과시키고 싶은 마음이 있으니까 제안드리는 건, 이 3항에 '협조하여야 한다'를 할 수 있다는 건 의미가 없잖아요, 솔직히. 저는 이거 3항을 삭제하는 게 맞다고 생각합니다. 계속 제가 말씀을 좀 끝까지 드려보겠습니다. 그거가 삭제가 된다면 저는 수용할 수 있다고 보고요.

그다음에 또 한 가지는 오히려 백승아 위원님께서 말씀하신 방어 및 보호를 위한 제지는 저는 굉장히 균형을 잘 잡으신 것 같고 전적으로 동의합니다. 왜냐하면 이 물리적 제지, 결국은 방어 및 보호를 위한 제지라고 했지만 필요한 경우 물리적 제지를 포함하는 거지요?

○**교육부차관 오석환** 예.

○**조정훈 위원** 결국 학생, 아이를 수업에 수업 교실에서 밖으로 뺀다는 거잖아요, 솔직하게 얘기해서. 그렇지요?

○**교육부차관 오석환** 예, 거기에 대한 태도의 문제라고 보고……

○**조정훈 위원** 그렇게 요청할 수도 있고 거기에 동의하지 않은 학생들을 물리적으로 빼낼 수 있다라는 그 얘기지요, 지금?

○**교육부차관 오석환** 예, 실행상에선 그렇습니다.

○**조정훈 위원** 그런데 이 경우에는 그 기준을 명백하게 해서 교사 또는 학생의 수업권이나 생명, 신체에 대한, 재산에 대한 중대한 손해를 끼친다고 판단할 경우 그거의 판단은 교사에게, 교사를 믿는 거고. 저는 그거는 충분히 동의할 수 있다고 생각합니다. 그래서 그 나머지 것들은 저는 굉장히 많이 백승아 위원님께서 여러 다양한 의견들을 수용해 주셔서 감사하다는 생각이 들고요. 저는 오늘 이걸 통과시키고 싶은 마음이 크지만 이 3항, '치료를 받도록 해야 한다', '수용하여야 한다', '협조하도록 하여야 한다' 이 의무 규정은 저는 동의할 수가 없습니다.

○**교육부차관 오석환** 간사님 말씀하신 거 한 가지만 좀 말씀을 드리고 가겠습니다.

○**소위원장 문정복** 아니, 차관님, 잠깐만 정리를 해 볼게요.

지금 강경숙 위원님이 말씀하신 서지영 의원님 안의 8항, 과태료 100만 원을 부과하는 것과 지금 조정훈 위원님이 얘기하신 3항에 '이루어질수록 협조해야 한다'를 지금 교육부는 과태료와 연관돼서 얘기를 하신 거예요. '협조하여야 한다' 이 강제 규정을 '협조를 하지 않으면 과태료를 부과할 수 있다' 이렇게 얘기하신 거예요.

그런데 그렇게 안 볼 수 있어요. 가령 서지영 의원님의 8항, 이거 저도 학부모한테 과태료를 100만 원씩 부과하는 것에 대해서는 좀 과하다는 생각이 들거든요. 그래서 이게 삭제가 되면 정부 수정의견 3항의 '협조하여야 한다'는 의무 규정만 되는 거거든요. 이것이 의무 규정으로 되어 있지 않으면 부모님들이 안 하세요. 그러니까 당연히 의무 규정으로 둬야 되는데 이거에 따라서 서지영 의원님의 8항, 과태료가 적용이 되면 그거는 대단히 좀 너무 위압적인 법안이 되는 거지요. 그래서 서지영 의원님께서 동의를 해 주시면 서지영 의원님 8항의 과태료 100만 원 부과하는 것만 삭제해 주시면 저는 이거는 정리가 될 것 같은데요.

○**조정훈 위원** 그런데요 위원장님, 제가 아까 그 과태료 기준들을 들어봤는데 이거랑 이거랑은 좀……

○**소위원장 문정복** 학폭하고 이거하고는 다른 거예요.

○**조정훈 위원** 그러니까요.

○**소위원장 문정복** 학폭은 당연히 그렇게 안 되면 과태료를 부과하지만 이거는 그런 게 아니잖아요.

○**조정훈 위원** 자, 이게 뭐가 다르냐면요. 학폭의 경우는 자신의 자유권을 넘어서 다른 사람의 자유 또 신체적 침해를 통해서 이게 피해를 입힌 거잖아요, 학폭이 인정된 경우에. 따라서 이거에 대한 책임이 일정 정도 따르는 거예요. 아무리 미성년자라도 학생, 자기의 자유권을 행사함에 있어서 다른 사람의 신체적 훼손을 가했기 때문에. 그런데 지금 이거는 그 아이를 위해서 상담을 받으라는 거 아니에요. 그렇지요?

○**교육부차관 오석환** 그렇습니다.

○**조정훈 위원** 그리고 필요하면 개별 분리하는 거고 개별 분리는 동의 없이 하실 거잖아요. 그렇지요? 그러면 그 아이를 위해서 상담, 학습 지원을 하겠다고 했는데 그러면 그 아이를 위해, 그러니까 이거는 누구에게 피해를 입힌 게 아니라고요. 그런데 이걸 안 한다고 과태료를 물거나 또는 학부모가 동의하지 않은 데 협조하여야 한다 그러면……

나는 내 아이가 학교 가서 어떻게 행동하는지 모르겠지만 학교 구성원의 의견에 따라서 우리 아이가 정신과 상담, 학습 지원을 받으라고 했는데 그걸 따라야 될 의무가 나에게 부과해진다? 저는 이런 세상은 아니라고 봐요. 내가 누구에게 피해를 입혔으면 그건 사과해야 된다, 그건 맞지요. 같이 살아가는 세상인데 우리 아이에게 제안을 해 주면 고마운 거지 이걸 따르지 않는다고 내가 벌을 받아야 된다고요?

○**소위원장 문정복** 그러니까 벌칙 조항을 없애자는 얘기예요.

○**조정훈 위원** 아니, 그런데 일반 국민들은 '협조해야 된다'라는 이 규정이 과태료가 있건 없건 굉장히 무섭지요.

○**소위원장 문정복** 아니, 당연히 협조를 해야지요, 학습권 보호를 위해서. 더군다나 교권 보호와 나머지 학생들의 학습권을 위해서는 당연히 협조를 해야 되는 게 맞지요.

○**조정훈 위원** 저는 이거는 의무가 아니라고 생각해요.

○**김준혁 위원** 여러 논의가 있을 수 있는데 실제로 제가 경험한 사례들만 말씀드리겠습니다.

초등학교 다닐 때도 우리 반에 전학 왔던 학생이 어떤 정신적 문제 때문에 학생뿐만이 아니라 선생님도 이렇게 때리고 했었는데, 그때는 벌써 진짜 50년 전 얘기잖아요. 그러니까 그때는 그런 게 다 넘어가던 시절인데 지금은 그렇지 않고.

초중고 과정에서 정신적인 문제나 또 여러 가지 상처받은 학생들일 수도 있지만 그런 난폭한 행동을 했을 때 다른 학생들에게 입히는 피해는 굉장히 큰데 그런 사실과 관련해서 학교가 학부모에게 어쨌든 그 치료 내지는 상담 이런 걸 권고를 했는데 그거를 학부모가 계속 이행하지 않는다면 그건 분명히 문제가 있는 거지요. 왜냐하면 학교공동체 전체를 위해서. 그렇기 때문에 범칙금은 아니라 하더라도 나름의 어떤 그것과 관련해서 이행할 수 있는 의무 규정은 저는 둘 필요는 있다고 생각을 합니다.

○**소위원장 문정복** 조정훈 위원님께서 이 문제는 3항은 의무적으로 두시되 벌칙 조항만 없애는 걸로 그렇게 하시지요.

○**조정훈 위원** 아니, 제가 다시 한번만 좀 말씀드려 보겠습니다.

저는 김준혁 위원님의 경험과 입장도 충분히 이해가 됩니다. 수업공동체에서 자신의 행동 때문에 다른 아이들의 수업에 피해를 준다. 그것을 학부모에게 고지하고 이 아이가 본인과 다른 사람을 위해서 좀 다르게 행동했으면 좋겠다.

○**김준혁 위원** 치료받기를 권하는 거지요, 상담을.

○**조정훈 위원** 그리고 여러 상황상 치료받기를 권하는데 그 학부모가 우리 아이는 이런 치료가 아니라 내가 다른 방법으로 집에서 다르게 양육을 해 보겠다, 이 치료가 필요 없이 이걸 낫게 해 보겠다라고 주장하면 그건 안 되는 겁니까?

○**김준혁 위원** 아니, 그것도 치료지요.

○**소위원장 문정복** 그런 조항이 들어 있어요.

○**조정훈 위원** 그게 어디 있지요?

○**소위원장 문정복** 그런 조항이 들어 있어요.

○**조정훈 위원** 그게 어디 있습니까?

○**소위원장 문정복** 분리해서 별도 가정학습을 하는데 거기에다가 의무 조항까지 뭘 넣나면 교육청은……

○**조정훈 위원** 아니, 그것은 물리적 분리의 문제고.

○**소위원장 문정복** 그러니까 교육청은 그 학생이 가서 공부하는 가정의 환경까지도 책임지고 관리하여야 한다라고 모 조항에 들어 있잖아요.

○**조정훈 위원** 그건 물리적 분리를 했을 때 개별 분리가 반복적으로 됐을 때 안 되는 경우 집에 보낼 수 있고 학교장은 집에서 뭐 하는지 관리해야 된다 이거잖아요. 이건 좀 다르지요.

○**소위원장 문정복** 저기 잠깐만요.

백승아 위원님 추가로 한번 하시고.

○**백승아 위원** 저도 약간 과태료 조항은, 18조의5 4항에서 과태료 조항을 빼고 3항은 그냥 '협조하여야 한다' 그 정도는 해 주셔야 효용성이 생겨요. 그냥 '할 수 있다'라고 하면 안 하시는 분들이 많고. 만약에 하여야 한다라고 법에 돼 있어요. 그런데 안 했어요. 그래도 사실상 현실적으로 아무 일도 일어나지 않습니다.

○**조정훈 위원** 그러면 차라리 그 학생의 수업권을 박탈하면 되지 않습니까?

○**백승아 위원** 그럴 수 없지요.

○**조정훈 위원** 개별 분리를 해서 이 학생은 개선되지 않기 때문에 이 반에서 수업을 들을 수 없다, 그것은……

○**백승아 위원** 그건 너무 학생의 인권 침해지요. 그것은 수업권 침해라 그렇게 할 수는 없고……

○**조정훈 위원** 아닙니다. 그게 오히려 맞지요.

○**백승아 위원** 잠시 분리해서……

○**소위원장 문정복** 여기서 상호간의 토론이 안 되는 거고.

○**조정훈 위원** 예, 죄송합니다.

○**소위원장 문정복** 백승아 위원님, 토론 다 하셨어요?

○**백승아 위원** 저도 과태료 조항을 조금 빼고 나머지는 그냥 가는 게 어떨까 싶습니다.

○**소위원장 문정복** 정성국 위원님.

○**정성국 위원** 우리 당 간사님이 말씀하시는데 조금 다른 의견 드리면 서운하실 것 같아서 한번 쳐다보고.

조정훈 위원님 말씀도 100% 공감합니다. 다만 제가 교육자로 있었던 상황을 보면 한 가지만 좀 예를 들어 볼게요. 학생이 눈 검사를 해 보니까 안경을 껴야 되는데 안경 껴야 된다는 권고 사항을 가정통신문으로 보내도 엄마가 할 필요 없다고 계속 안 해 줘요. 그런데 제가 그걸 보면서, 요즘은 예전처럼 보건선생님이 검사를 하는 게 아니라 안과 가서 검진받아 가지고 안경을 껴야 된다고 하는데 부모님들이 우리가 생각하는 것보다 살기 바쁘시고 여러 가지 또 본인 생각도 있고 이러다 보니까 부모로서 정말 최소한의 조치나 도리를 소홀히 하는 경우도 사실 좀 제법 있습니다.

그러면 제가 한번 역으로 정말로 안과에서 선생님이 이 학생이 지금 안경을 껴야 되는데 가정통신문 계속 보내고 학교에서 하라고 해도 학부모가 끝까지 안 하면 그것을 내버려 두는 게 맞을까요, 아니면 협조하도록 어느 정도……

부모도, 보호자도 최소한의 책무, 내 아이지만 그 아이에 대한 권한을 나 혼자만 다 가진다기보다는, 내가 100 중의 99를 가지더라도 1은 우리 사회와 국가의 역할에 부여해 주는 것도, 어찌 보면 그게 그 부모의 권리를 침해하는 것이 아니라 그 학생을, 한 아이를 키우기 위해서 마을 전체가 힘을 합쳐야 된다는 것처럼 좀 넓은 개념으로 한번 생각해 보면 어떨까.

그러면 지금 이 항도, 이게 아까 과태료 한 것을 제외해 버리면, 협조하여야 한다는 이게 과태료를 부과해야 된다는 걸로 연결시키지 않는 범위라면 그냥 협조하여야 한다는 이 말 자체가 일단 제가 그렇게 말씀드린 취지에 부합할 수 있다. 그런데 이게 빠져 버리면 법을 만드는 취지가 없어요.

학교에서 보면……

○**조정훈 위원** 제가 대안을 제시해 보겠습니다.

○**정성국 위원** 그래서 간사님, 저는 그렇게 말씀드리겠습니다.

○**조정훈 위원** 동료 위원들이 말씀하셔서 제가 대안을 한번 제시해 보겠습니다.

그러면 과태료는 빼고 다 동의하신 거고 이 항이……

○**소위원장 문정복** 잠깐만요. 서지영 위원님, 과태료 빼도 돼요?

○**서지영 위원** 물어보지도 않고……

○**소위원장 문정복** 그러니까.

○**조정훈 위원** 아, 그렇군요.

○**소위원장 문정복** 물어봐야 되지.

○**조정훈 위원** 침묵이 동의라고 생각해서.

그러면 먼저 말씀하시지요.

동의 안 되면 이제 더 어려워지는 거고.

○**서지영 위원** 갑자기 기회를 왜 위원장님이 안 주시고 간사님이 말씀하라고……

위원장님이 말씀 주신 걸로 알고……

○**조정훈 위원** 그러면 제가 제 대안을 말씀해 드리고 서지영 위원님이 수용 가능하신지 볼까요?

○**소위원장 문정복** 아니, 먼저 말씀해 주세요.

○**서지영 위원** 그냥 제 의견만 말씀드리겠습니다.

사실 과태료 규정이 들어간 것은 아마 어떻게 보면 현장에서 선생님들은 사실은 내심 필요하다고 생각하실 수도 있을 거라는 생각이 듭니다. 그런데 우리가 법을 개정하면서 여러 가지 개정 속도, 그러니까 국민들이 받아들일 수 있는 그런 정서적인 단계라는 게 있기 때문에 충분히 우려하시는 것들에 대해서 생각은 저는 수용할 수는 있습니다.

그런데 다만 이 과태료 규정이 새로운 항목을 제가 집어넣은 거지 사실은 기본적으로 부모가 자녀에 대한 교육과 관련 의무를 다하지 않을 때 과태료 규정은 이미 있지 않습니까? 의무 교육을 방기한다든지 애를 그냥 등록도 안 하고 학교에 입학도 안 시킨다든지 뭐 이런 사항들에 있어서 과태료 규정은 이미 있는 것이고.

다만 우리가 이런 치료 권고를 이행하지 않는 경우에 과태료를 새롭게 부과하는 것에 대해서 그런 정서적인, 받아들일 수 있는 단계가 있기 때문에 충분히 그런 우려들은 저는 수용은 할 수 있습니다만 우리가 이 한 단계 법안을 진행시킨 뒤에 다음 단계에서도 이것이 학교 현장에서 해소되지 않는 경우는 우리는 거기까지도 강제할 수 있는 부분들에 대해서 상징적으로 생각을 해 봐야 된다라는 여지를 좀 남기고 싶습니다.

그리고 간사님께서 염려하시는 부분들도 어떤 측면에서는 충분히 공감이 되고요. 우리는 아이에 대한 학습 권한 그리고 양육에 대한 권한을 부모가 절대적으로 가지고 있다는 생각에 저는 변화가 생겨야 된다고 생각합니다.

그렇기 때문에 부모가 아이에 대해서 독점적으로 모든 성장과 양육·교육에 관한 독점적 권한을 가지고 있다는 것도 저는 이제는 그 생각의 방향과 방식을 바꿔 나가야 될 때다.

그러함으로써 이루어지는 아이들에 대한, 사실은 부모로부터 행해지는 여러 가지 폭력적인 모습들이 우리 아이들을 굉장히 병들게 한 부분들이 많이 있고 그런 것이 이 법안에서도 대통령령이 정하는 바에 따라서 여러 가지 절차적 조치들을 거친 뒤에 여러 단계를 거쳐서 그 협조 의무를 부과하는 것으로 법안은 되어 있습니다.

그래서 간사님께서 그런 점들을 조금만 고려하신다면 아마 이것은 굉장히 제한적으로 이 법안이 실제로 운영이 되지 않겠나라는 생각을 저는 가지고 있습니다.

이상입니다.

○**소위원장 문정복** 대안을 말씀해 보시지요.

○**조정훈 위원** 제가 그렇게 맨날 옹고집을 부리는 건 아니니까, 그렇지요?

○**소위원장 문정복** 맨날 그랬어요.

○**백승아 위원** 맨날 그랬어요.

○**조정훈 위원** 그러면 더 세게?

　그래도 저는 일관되게 반대하는 이유가 있지 않습니까? 이것을 봤는데 하나는 아까 말씀드린 구성원의 의견이라는 그것보다는 아까 제가 교육부에서 보낸 자료들을 보니까 결국은 학교 위기관리위원회, 의무교육관리위원회 등 전문가들이 이렇게 모여서 이 아이들의 정서·행동을 판단하는 그런 위원회를 운영할 것으로 대령에 아마 그런 걸 담지 않을까 싶은데요.

○**교육부차관 오석환** 예, 그렇습니다.

○**조정훈 위원** 그러면 그걸 아예 법률로 해서 '대통령령으로 정하는 절차에 따라 학교 구성원'보다는 '전문가들의 의견을 들어'가 낫지 않습니까? 전문가적 평가가 있다며……

○**소위원장 문정복** 내부에 있는 전문가요, 아니면 외부에 있는 전문가? 학교 내의 전문가, 외부에 있는 전문가?

○**조정훈 위원** 학교 내에 전문가가 없을 수도 있잖아요.

○**백승아 위원** 교사가 전문가예요.

○**소위원장 문정복** 그러니까.

○**조정훈 위원** 아이, 교사가 전문가는……

○**백승아 위원** 교사가 전문가지요. 현장 전문가지요.

　지금 다시 말씀해 보세요.

　회의록에 다 쓰고 계시지요?

　교사가 전문가예요.

○**조정훈 위원** 그런데 교사가 정신건강 행동 전문가라고 하기에는……

○**백승아 위원** 교사가 정신건강 행동 전문가며 상담을 하지요.

○**조정훈 위원** 그래서 교육부에서 지금 가지고 있는 그 제안이 소속 학생의 필요, 그러니까 정신건강을 위해서 필요하다고 인정한 경우는 어떻게 운영하겠냐 봤더니 학교 위기관리위원회 또는 의무교육관리위원회 등에서 요청된 경우라고 하시더라고요.

○**교육부차관 오석환** 예, 절차를 그렇게 마련하려고 합니다, 대령에.

○**조정훈 위원** 그러면 이 안에 전문가들을 포함시킬 것 아닙니까?

○**교육부차관 오석환** 포함시킵니다.

○**조정훈 위원** 그렇다면 절차에 따라 학교 구성원을 빼시기가 그러면 '학교 구성원과 전문가들의 의견을 들어' 이렇게 좀 전문성이 있는 판단이라는 걸 해야 학부모들이 수용 가능성이 생길 것 같아요. 그래서 그걸 좀 넣어 주시고.

　마지막으로 협조하여야 한다를 예를 들어서 노력하여야 한다나 협조하도록 노력하여야 한다 이 정도로 낮춰 주시면 안 돼요?

○**소위원장 문정복** 그렇게 하면 안 한다니까요.

○**조정훈 위원** 그래요? 그러면 강제 조항이 아니네요?

○**소위원장 문정복** 예.

　그러니까 벌칙 조항이 없는 의무 조항으로 가야지 얘기가 된다니까요.

○**조정훈 위원** 왠지 우리가 다수당이 되면 제가 이것 다시 바꿀 것 같아서.

○**백승아 위원** 그때 바꾸세요.

○**조정훈 위원** 그때까지 부작용이 생길까 봐 걱정이 돼서.

○**소위원장 문정복** 그러면 그렇게 하시지요.

○**조정훈 위원** 그러면 그렇게 하시지요.

알겠습니다. 수용하겠습니다.

○**소위원장 문정복** 1항에서 '학교 구성원과 전문가의 의견을 들어' 이렇게 수정하고 3항은 그대로 '협조하여야 한다' 하고 서지영 위원님 8항 과태료는 삭제하고 이렇게 하는 걸로 정리가 됐지요?

○**정성국 위원** 예.

○**소위원장 문정복** 저 질문 하나 있는데요. 잠깐 마지막으로 질문 하나 있는데 교육부에 여쭙고 싶은데 이게 어쨌든 언어는 순화시켰지만 분리 조치를 하는 거예요. 그렇지요? 그랬을 때 인력이라든지 별도의 공간, 예산 이런 것들이 지원돼야 될 것이에요. 이게 또 적지 않은 문제입니다, 사실상.

그리고 거기서 어떤 프로그램이 진행될지, 갔다 와서 애들이 정말 좋아진다는 보장은 있는지, 교육부의 대책이 있는지 좀 말씀해 주세요, 그 부분에 대해서.

○**교육부차관 오석환** 학생 생활지도에 관한 영역입니다. 지금 말씀하신 부분들이 실제로 현장에서 이루어지고 있는 일들인데 그것을 좀 더 법률 개정을 계기로 해서 더 상세하게 해 나가기 위해서 저희가 지금 정책연구 진행하고 있습니다.

그래서 지금 이후부터는, 종전에는 학교 내에서 실행만으로 운영됐던 것을 구체적으로 지금 말씀하신 방식대로 어떻게 하면 좀 더 아이들에게 낙인 효과가 없으면서 섬세하게 아이들의 회복을 지원할 수 있을 것인가, 거기에 따른 재정적·인적·행정적 지원은 어떻게 될 것인가는 저희가 섬세하게 마련을 해 가지고 실행하도록 하겠습니다.

○**강경숙 위원** 그리고 아까 조정훈 위원님 말씀처럼 저도 그런 부분은 일정 부분 분명히 동의되는 바가 있어요. 저도 강제해야 된다고 생각하는 부분도 있지만 어떤 부분은 분명히 또 타당한 지적이신 것 같다라고 생각이 되는데 그랬을 때 위원회가, 아까 전문가와 교사의 의견에 의해서 강제한다고 하신 건데 그럴 때 어떤 위원회를 두어서 어떤 전문가라든지 부모라든지—다른 학생의 부모겠지요—그리고 무슨 교감이라든지 교사와 해서 협의하에 부모가 안 한다고 하더라도 강제할 수 있다 이렇게 또 만들어 보는 건 어떤가 하는 생각이 있어서 질문했습니다.

○**교육부차관 오석환** 그러니까 대통령령에 정할 때⋯⋯

○**강경숙 위원** 영에서 정할 때.

○**교육부차관 오석환** 예.

○**강경숙 위원** 알겠습니다.

○**교육부차관 오석환** 거기에 관한 사항들인데 저희가 실무적으로 진행하는 것은 위기관리위원회라든가⋯⋯

○**강경숙 위원** 위기관리.

○**교육부차관 오석환** 예.

그분들은 학교 교내의 전문가인 교내 선생님을 포함한 구성원과 그리고 교외의 전문가들을 포함시켜서 운영을 할 수 있습니다.

○**강경숙 위원** 예, 알겠습니다.

○**소위원장 문정복** 정성국 의원님이 대표발의한 14항에 대해서는 별다른 이견이 있으십니까?

○**조정훈 위원** 이견이라기보다 질문이 하나 있습니다. 이게 취지는, 저는 정성국 위원님 적극적으로 동의하는데 수정안 31조의3을 보니까 범죄경력을 조회하는데 학운위 후보자와 학운위 위원 모두에 대해서 범죄경력 자료를 요청할 수 있게 되는 거잖아요.

○**정성국 위원** 예.

○**조정훈 위원** 그런데 그 취지가 후보자의 경우에 범죄경력 자료를 요청해서 범죄가 있으면 공무원에 준하는 기준이기 때문에 후보 자격 박탈이잖아요?

○**교육부차관 오석환** 예, 이미 현재 규정에 그렇게 되어 있습니다.

○**조정훈 위원** 또는 이것을 거부하면 후보가 못 되는 거고.

○**교육부차관 오석환** 예.

○**조정훈 위원** 그런데 그걸 통과해서 학운위 위원이 됐단 말입니다. 그런데 학운위 운영위원의 범죄가 의심이 된다든지 여러 이유로 범죄경력 조회를 또 할 수 있는데 여기 보면 동의를 받아서 하는 거잖아요? 범죄경력이기 때문에.

○**교육부차관 오석환** 예.

○**조정훈 위원** 그런데 만약에 내가 뭔가 켕기는 게 있어서 동의를 안 하면 범죄경력 조회를 못 하는 거지요?

○**교육부차관 오석환** 예.

○**조정훈 위원** 동의 없이 할 수는 없잖아요? 범죄경력법상.

○**교육부차관 오석환** 예.

○**조정훈 위원** 그러면 의심이 가는데…… 의심 가니까 하시겠지요, 짐작컨대?

○**교육부차관 오석환** 예.

○**조정훈 위원** 그래서 만약에 학교 운영위원이 범죄경력이 있으면 자격 박탈이잖아요.

○**소위원장 문정복** 후보 자체 등록이 안 되는 것 아닌가요?

○**조정훈 위원** 아니, 그게 아니라 후보였을 때는 없었는데 위원으로 활동하다가 범죄를 했다. 위원으로 활동하는 중에 성범죄를 했다든지 중대 범죄를 저질렀다. 그런데 그게 공개되는 범죄가 있지만 공개가 안 되는 범죄도 있잖아요. 그럴 경우에 범죄경력 조회를 하는 건데 본인이 동의를 해 주지 않는다. 그러면 할 방법이 없습니다. 그러면 위원으로서 자격 박탈을 못 하는 거예요. 그렇게 되지요?

○**교육부차관 오석환** 예.

○**조정훈 위원** 이게 과연 실효가 있을까?

○**교육부차관 오석환** 간사님, 그 부분에 대해서는……

○**조정훈 위원** 후보자의 경우에는 이것 안 내면 후보 박탈 이게 가능한데, 그런데 위원인데 이렇게 놓고 이것 어떡할…… 이게 과연 운영이 될까요, 만약에 동의 안 하면?

○**교육부차관 오석환** 되게 섬세하게 잘 봐 주셨습니다.

○**조정훈 위원** 섬세한 게 아니라 기본이에요.

○**교육부차관 오석환** 출발할 때, 그러니까 통상 보면 후보자에 대한 범죄경력 조회 등의

결격사유 조회를 진행하는 거고요. 그 이후에는 그러한 사안이 발생했을 경우에 그것을 확인하기 위해서 범죄경력 조회를 하거나 하는 상황들이니까 지금 정상적으로 보면 법적 절차로는 동의를 안 하면 할 수는 없겠지만 그러나 그러한 사안들이 동의를 안 할 정도의 사안이 된다 그러면 실질적으로는 명확하게 그것을 동의하는 상황이니까 아마 사태의 사정이 돼야 될 때 법률적으로는 저희가 대통령령에 정할 수 있는지를 한번 살펴보겠습니다.

○조정훈 위원 아니, 그러니까 정성국 위원님의 취지는 학교운영위원회의 위원으로 활동할 때도 중대 범죄를 저지르면 위원회에서 사퇴해야 된다.

○교육부차관 오석환 맞습니다. 그 취지를 반영하는 거지요.

○조정훈 위원 하지만 자격 박탈이니까, 공무원에 준하는 윤리규정이 있으니까 그런데 그것을 확인하기 위해서 본인의 확인을 받아야 되는데 이것은 범죄자한테 너 범죄 저질렀지라고 자발적으로 동의하라는 거하고 똑같은 법률 조항이에요.

○소위원장 문정복 위원님, 이 정성국 의원님 법안은 연초에 운영위원회를 구성하기 위한 요건을 맞추는 법률이고 지금 위원님께서 말씀하신 것은 운영위원회 운영 과정 중에서 일어난 일에 대한 것이니까 나중에 그것……

○조정훈 위원 아니, 이게 법안에 있어요, 수정안. 31조 3항입니다, 그게.

○교육부차관 오석환 이것은 이번에 포괄하는 것이기 때문에 두 개를 다 포함하는 것으로 하셨고요.

○조정훈 위원 저는 이것을……

제 질문 이해가 되시지요?

○정성국 위원 예, 간사님, 이해됩니다. 이게 처음에 제가 제안한 안에서 교육부가 보완을 한 것이잖아요. 조정훈 위원님 말씀도 타당성 있는 말씀이고 그런데 이 법안의 취지 자체는…… 일단 그 말씀 맞습니다. 그것도 보완을 좀 해야 될 것 같아요.

이 취지 자체는 학교운영위원회가 구성되지 않습니까. 학기 초에 구성될 때 구성하려고 하는데도 불구하고 범죄경력 조회가 지금 안 되고 있으니까 강제 규정이 없다 보니까 여기에 대해서 학교가 요청해도 경찰청에서 답을 안 주는 경우가 많아요. 지금 후보자가 왔는데 이 사람한테 경력 조회 좀 하고 싶다 하면 해 주는 사람도 있는데 경찰청이 근거가 뭐냐 그래서 안 해 주면 우리가 방법이 없기 때문에 이 조사가 완전히 지금 제대로 되지 않으면서 학교운영위원회가 구성되고 있는 이런 잘못된 폐단을 고치는 것이기 때문에 이 법 자체의 취지에만, 발의 취지에만 생각해 본다면 조정훈 위원님이 말씀하신 부분은 좀 약간 그 이후에 추가 보완이 돼야 될 부분이긴 하지만 이 취지 자체는 구성을 하는 시점을 봤을 때 기준으로 봐 주시면 어떻겠느냐. 그리고 그 부분도 여기 좀 논의를 하면 좋겠어요.

○조정훈 위원 그러니까 제가 말씀드리는……

제가 발언 좀 해도 되겠습니까?

○소위원장 문정복 예.

○조정훈 위원 제가 말씀드리는 건 이게 잘못됐다는 게 아니라 불완전하다는 뜻이에요.

○교육부차관 오석환 그렇습니다.

○정성국 위원 더 보완하자는 거지요.

○**조정훈 위원** 그러니까 후보자에 대한 것은 완전성이 있어요. 그런데 위원에 대해서는 예를 들어서 이렇게 해 놓고 만약에 학교장 등이 범죄경력 그것을 요구했을 때 제출하지 않으면 자격을 박탈한다 이런 조항이 있어야 이게 작동이 되는 거지, 구멍이 커요, 이건.

○**교육부차관 오석환** 지금 이제 법률적으로 한번 보겠습니다. 저희가 실무적인 문제로 해결해 왔는데 법률에 이것을 상세하게 담아야 될지 여부를 제가 지금 말씀을 드리면, 이런 상황 아니겠습니까. 지금 후보자의 경우에는 명확하게 거부하면 그러니까 자격 박탈되니까 됩니다.

그런데 위원으로 활동하는 과정에서 문제 제기가 돼서 확인합시다라고 했는데, 확인을 하자고 했는데 나는 확인 안 하겠습니다라고 한다 그러면 일단 실무적으로는 보면 그러면 위험이 명확하게 사실상으로 인정하는 경우이니 그런 경우를 법률에 꼭 담아서 동의하지 않는 경우에는 위험이 있는 것으로 본다 또는 자격을 박탈한다라고 법률에 명시하기보다는 저희가 실제 다양한 학교운영위원회 운영하는 매뉴얼들이 있습니다. 그 매뉴얼을 통해서 그런 경우에는 범죄 있음을 사실상 확인하는 것으로 보고 할 수 있다. 그러니까 사직을 하게 할 수 있다라든지 사퇴를 요구할 수 있다 이런 방식으로 저희가 실무적으로 진행을 해 나가겠습니다. 법률에 담아야 될 사항은 아니라고 보여집니다.

○**소위원장 문정복** 아니면 이렇게 할 수 있어요, 차관님. 조정훈 위원님이 얘기하신 것을 4항에 신설로 해서 학기 중에 그러그러한 것들이 의심되는 정황이 있을 때 요구를 하고, 요구를 했는데 받지 않으면 학교운영위원회에서 사직해야 된다 이런 조항을 신설을 하면 커버가 될 것 같은데요?

○**교육부차관 오석환** 예, 그냥 아예 법률로 담아 가지고 명료화하신다고 그러면 학교운영위원이 동의를 하지 아니하는 경우에는 사퇴하여야 한다.

○**소위원장 문정복** 학교운영위원 재직 중……

○**교육부차관 오석환** 재직 중입니다. 운영위 활동 중……

○**소위원장 문정복** 재직 중에 요청에 의해서, 요청이 있는데 동의하지 않으면 사직 처리하는 것으로……

○**교육부차관 오석환** 예, 문안을 다듬겠습니다.

○**조정훈 위원** 꼭 통과시켜 드리고 싶으니까 오늘 끝나기 전까지 문구를 하나 만들어 오세요.

○**교육부차관 오석환** 예, 그렇게 하겠습니다.

○**조정훈 위원** 그리고 맨 마지막에 그거 보고 의결하시면 어떠실까요?

○**소위원장 문정복** 그러시지요.

○**교육부차관 오석환** 고맙습니다.

○**소위원장 문정복** 어차피 지금 12항에서부터 14항까지는 25항, 30항까지 하고 나서 의결해야 되니까 그전에 조문 하나 신설해 주시면 될 것 같아요.

○**교육부차관 오석환** 잘됐습니다.

고맙습니다.

○**소위원장 문정복** 정리되신 거지요?

그러면 이것 다 넘깁니다.

　　(「예」 하는 위원 있음)

하실 말씀 있으십니까?

○**백승아 위원** 아니요. 세 번째 만에 통과시켜 주신 위원님들, 교육부 관계자 분들 너무 감사드리고 우려하시는 바 제가 다 알고 끝까지 대통령령 어떻게 만들어지는지 확인하고 현장에서 어떤 부작용이 있는지 확인해서 다시 개정을 하든 끝까지 제가 챙겨서 보겠습니다.

감사합니다.

○**조정훈 위원** 큰 것 하셨습니다.

○**소위원장 문정복** 애쓰셨습니다.

다음은 의사일정 15항 조정훈 의원이 대표발의한 사립학교법 일부개정법률안을 심사하겠습니다.

전문위원 보고해 주십시오.

○**전문위원 윤상열** 전문위원입니다.

본 개정안은 사립학교 교원이 다른 사립학교 또는 국공립학교를 포함한 교육기관 등에 파견근무할 수 있고, 교육공무원도 사립학교에 파견할 수 있는 근거를 마련하여 국공·사립학교 간 인사교류의 유연성을 제고하려는 것입니다.

대체토론 과정에서 사립학교와 국공립학교의 차이, 교육공무원의 사립학교 파견 시 문제점 등에 대한 고려가 있어야 한다는 지적이 있었습니다.

2페이지입니다.

일단 개정안에 따를 경우 법적 근거를 기반으로 동일 학교 내 부모와 자녀가 교원과 학생으로 근무·재학하거나 교과목 수와 교원 수가 불일치하여 발생할 수 있는 문제를 유연하게 해결할 수 있는 그런 개정안이라고 판단이 됩니다.

교육부도 이 조항에 대해서는 특별히 이견이 없다고 수용 의사를 밝혔습니다.

이상입니다.

○**소위원장 문정복** 정부 측 의견 말씀해 주십시오.

○**교육부차관 오석환** 정부 의견 말씀드리겠습니다.

입법 취지에 동의합니다. 다만 대체토론에서 우려하셨던 부분에 대해서는 급여나 연금은 원소속 기관의 신분을 따르기 때문에 문제가 발생하지 않고요. 그다음에 복무와 관련돼서는 근무 기간의 특성에 따르게 돼 있고 특히 교원의 경우에는 공사립과 관계없이 교육공무원법을 적용하고 있기 때문에 우려하는 하시는 문제들은 발생하지 않는다고 보고 있습니다.

고맙습니다.

○**소위원장 문정복** 다음은 위원님들 토론 순서입니다.

토론해 주시기 바랍니다.

김준혁 위원님.

○**김준혁 위원** 이 법안은 굉장히 긍정적인 법안이라고 생각을 합니다. 공립학교하고 사립학교의 어떤 교원의 파견근무를 통해서 새로운 어떤 시스템도 좀 이해할 수 있고 보다 또 발전된 가능성도 있고 저는 이런 경험이 실제로 있습니다. 있는데, 굉장히 발전했던 것 같아요. 그래서 조정훈 위원님께서 아주 좋은 법안을 발의하신 것에 대해서 감사하다는 말씀드립니다.

○소위원장 문정복 정성국 위원님도 토론해 주세요.

○정성국 위원 한 가지만 좀 질문을 드리면 파견근무는 이게 지금 파견할 수 있는 기간은 여기 통상적인 파견법에 나와 있는 2년 플러스 1 이걸 말하는 건가요?

○소위원장 문정복 차관님께 물어보세요.

○정성국 위원 차관님, 우리가 파견 제도를 보면 파견은 2년 그리고 추가 1년이잖아요. 이건 어떤 파견이지요? 그 기간은……

○교육부차관 오석환 기간은 파견의 유형에 따라 다를 수 있습니다.

○정성국 위원 이건 어떤, 기간을 어떻게 봐야 됩니까?

○교육부차관 오석환 이건 근무파견이니까 지금 진행되고 있는 파견의 유형을 말씀드리겠습니다.

○정성국 위원 설명 좀 해 주세요.

○교육부교원정책과장 이혜진 교원정책과 이혜진 과장입니다.

저희가 파견하게 되는 사유나 기간에 대해서는 사립학교법 시행령에 별도로 정할 계획을 가지고 있습니다만 자료를 좀 참고하신다면 지금 심사자료의 6페이지를 보시면 교육공무원임용령에 파견근무에 대한 사유 그리고 그 뒷 페이지에 보시면 그 사유별로 파견이 가능한 기간이 명시가 되어 있습니다. 그래서 저희가 이 내용에 준해서 대통령령으로 해당하는 부분들을 정할 계획입니다.

○정성국 위원 대통령령으로 정한다?

○교육부교원정책과장 이혜진 예.

○정성국 위원 별도로 정해야 된다. 그렇지요?

○교육부교원정책과장 이혜진 예.

○정성국 위원 법은 이렇게 개정하고?

○교육부교원정책과장 이혜진 예, 맞습니다.

○정성국 위원 알겠습니다.

○소위원장 문정복 잠시만요.

백승아 위원님, 강경숙 위원님 이렇게.

○백승아 위원 의도나 법 개정 취지가 굉장히 긍정적으로 저도 봤는데요. 다만 몇 가지 우려가 있는데 지금 두 교원이 적용받는 법이 다르잖아요. 국공립학교 교원은 국가공무원법 또 교육공무원법 적용받고 사립학교 교원은 사립학교법 또 내부 규정, 학교법인 자체의 내부 규정으로 법적 지위가 다른데 만약에 두 집단 간에 파견이 되면 임금체계나 특히 연금 같은 경우에 계산식이 달라지잖아요. 그럴 때 명확한 규정이 차이가 나는데 어떻게 조정을 하실 건지 궁금한데요.

○교육부차관 오석환 아까 말씀을 드렸습니다마는 파견입니다. 그래서 원소속 기관은……

○백승아 위원 원적교에?

○교육부차관 오석환 예. 원소속 기관은 사립학교 교원이면 사학연금이 그대로 적용되고 근무만, 근무지만 이동을 하는 것이기 때문에 두 가지 요소입니다. 하나는 연금하고 연금과 관련돼 있는 사항은 원래의 원소속 기관의 지위에 따라서 사학이면 사학, 국공립이면 국공립으로 적용이 되고요. 복무는 사립하고 국공립하고 관계없이 교육공무원법을 준용을 하고 있기 때문에 복무는 그대로 진행이 되니까 차이가 없습니다.

○**백승아 위원** 알겠습니다. 그런데 서울시교육청도 교원 정원 감소, 정원 관리 문제 이것 고려해야 된다고 지적을 하셨잖아요.

○**교육부차관 오석환** 예, 그렇습니다.

○**백승아 위원** 저도 이게 조금 걱정인데 지금 교사 정원 줄이려고 하는 이 상황에서 파견근무가 어떤 신규 교원 채용을 더 어렵게 하는 면은 없나요?

○**교육부차관 오석환** 그러니까 이것은 기본적으로는 저희가 생각하고 있는 초기의 출발은 상피제의 영역이기 때문에 직접 관련성은 없습니다. 그리고 숫자도 그러니까 이러한 특수한 수에 따라서 운영을 하는 것이기 때문에 교원 정원에 영향을 미칠 만큼의 숫자나 사유가 있으리라고 보지는 않습니다.

○**백승아 위원** 알겠습니다.

○**소위원장 문정복** 강경숙 위원님 토론해 주십시오.

○**강경숙 위원** 지금 차관님 말씀하신 상피제라고 하는 것이 그러니까 사립학교에서 부모하고 동일 학교 내 재학 중인 자녀 얘기인 거잖아요.

○**교육부차관 오석환** 그렇습니다.

○**강경숙 위원** 그게 아까 보니까 115명 정도 되는 것 같더라고요, 2024년 기준으로. 그래서 국립학교와 사립학교 간에 파견이 된 거였었어요. 그렇지요? 법률에 이런 게 없었더라도. 그러면 지금 여기서 말씀하신 국가기관, 지방자치단체, 공공기관 다른 여타 기관에 파견한다 이것은 그 범위를 확장하는 것인 거지요?

○**교육부차관 오석환** 그렇습니다.

○**강경숙 위원** 그런데 사실은 솔직히 좀 말씀을 드리면 사립학교 교원에 대한 무슨 폄하 이런 건 아니지만 시험을 거치지 않고 사립학교에 교원으로 왕왕 임용되는 경우가 있었고 지금은 임용고시를 아예 따로 사립학교에서조차도 공정성을 위해서 실시는 하더라고요. 그래서 어떤 수준이랄까 그런 것들에 대한 의구심을 가질 이유는 없을 것 같은데, 사립학교 교원에 대해서도, 그러면 기존에도, 이렇게 공립학교하고 사립학교 간의 파견 외에도 이미 이런 일부 교육청에서 그렇게 하고 있었지 않았나요, 파견 현황, 실태 같은 것?

○**교육부차관 오석환** 예, 있습니다.

○**강경숙 위원** 그러면 이렇게 이 법이 없었는데도 할 수 있었다면 군이 또 이렇게 이번에 이런 명시를 하는 것이 왜 그러는 건지 좀 궁금합니다만.

○**교육부차관 오석환** 기본적으로 제도의 발전이 그러니까 필요에 의해서 실제로 운영이 됐는데 운영을 하다가 보면 아까 신분이나 소속 이런 문제들에 대한, 근무 조건에 대한 문제들이 명확하게 규정이 돼야 되지 않겠습니까? 그래서 그것을, 그러니까 오랫동안 운영되고 있던 것을 제도화를 시켜 가지고 실제로 근무하는 파견 제도를 운영할 때 명확하게 제도에서 운영할 수 있도록 하는 것입니다.

지금 말씀 주셨던 국공·사립 학교의 교원의 질적 문제나 이것하고는 직접 관련되는 것처럼 보이지 아니하고요. 다만 이렇게 확장하고 또 이렇게 상호 간의 파견근무를 운영할 수 있도록 함으로써 각기 다른 영역에서의 경험을 공유하는 일들은 교육감이 그런 내용들을 정확하게 파악을 해서 운영을 하는 것이기 때문에 좋은 제도의 전환이라고 보고 있습니다.

○**강경숙 위원** 저는 사실 완전히 새롭게 하는 거라면 좀 신중 접근해야 된다라고 생각한 것이고 기존에도 그렇게 있었다 그러면 법률로 좀 명확히 할 필요는 있겠습니다.

○**교육부차관 오석환** 고맙습니다.

○**강경숙 위원** 이상입니다.

○**소위원장 문정복** 토론 마치셨지요?

의결하도록 하겠습니다.

의사일정 제15항은 원안대로 의결하고자 하는데 이의 없으십니까?

(「예」 하는 위원 있음)

없으시므로 가결되었음을 선포합니다.

다음은 의사일정 제16항 백승아 의원이 대표발의한 유아교육법 일부개정법률안을 심사하겠습니다.

전문위원 보고해 주십시오.

○**전문위원 윤상열** 심사자료 1페이지입니다.

유치원에 두는 교직원의 배치 기준을 초·중등교육법과 동일하게 제18조에 따른 지도·감독관청인 관할청이 정하도록 하고 교육부장관은 교원의 정원에 관한 사항을 매년 국회에 보고하도록 하려는 것입니다.

2페이지입니다.

현행법 체계에서는 시도 및 유치원 운영 상황에 따라 필요로 하는 다양한 교직원의 종류와 배치 기준을 대통령령에 규정하도록 하고 있는데 그게 현실적으로 한계가 있기 때문에 관할청에서 정하도록 하면 그 수요를 반영한 교원 배치가 가능할 것으로 보이기 때문에 타당한 입법 조치라고 판단이 됩니다.

교육부도 이 부분에 대해서는 수용 의사를 밝히고 있습니다.

이상입니다.

○**소위원장 문정복** 정부 측 의견 말씀해 주십시오.

○**교육부차관 오석환** 정부 의견 말씀드리겠습니다.

이견 없습니다.

다만 이 부분에 대해서 행안부에서는 배치 기준하고 정원하고의 차이를 가지고 논의를 하고 있습니다마는 저희가 실무적으로는 협의를 진행해 나가겠습니다.

고맙습니다.

○**소위원장 문정복** 위원님들 토론해 주시기 바랍니다.

조정훈 위원님 토론해 주세요.

○**조정훈 위원** 제가 받아 본 자료에 의하면 저는 취지는 동의가 되는데 앞으로 유보통합도 진행될 거고 그리고 통합교사, 통합기관으로 갈 텐데 이 기준이 유치원의 교원의 배치 방식도 달라질 수 있다고 보시는지?

○**교육부차관 오석환** 그렇습니다. 그러니까 지금 정확하게 지적하신 대로 실제로는 이런 상황입니다. 정원이 있고 배치 기준이 따로 있습니다. 정원은 행안부의 관계에서 총정원을 저희가 확보하는 일이고요. 그다음에 그것을 교육청별로 배분을 하면 교육청 내에서 여러 가지 정원의 범위 내에서 사정을 고려하여 배치는 구조인데 유아교육은 그렇게 배치가 되어 있지 않습니다. 그래서 이것은 초·중등교육법과 같은 방식으로 정원의

확보는 국가가, 배치는 관할청이 하도록 하는 체계로 전환하는 것입니다.

○조정훈 위원 그러면 마지막으로 행안부 신중 검토 이것은 어떻게 생각하세요? 왜 그런가……

○교육부차관 오석환 행안부는 기본적으로 어떤 것이든 간에 정원과 관련돼 있는 변동에 있어서 문제 제기를 합니다만 아까 말씀드렸듯이 초·중등교육법에서 이미 저희가 정원과 배치 규정을 별도로 운영을 하고 있고 그것은 지방교육자치회의 원칙에 의해서도 차이가 있어야 될 이유가 없다고 보고 저희가 유아교육법에서도 이렇게 전환을 하는 것이라고 실무적으로는 설명을 하고 있습니다.

○조정훈 위원 법사위에서도 반대할 것 같으세요, 행안부가?

○교육부차관 오석환 아직, 강력 반대는 안 할 수 있도록 저희가 실무적으로는 통보를 했고 초·중등교육법에 이미 있는 사안이라고 협의를 했습니다.

○조정훈 위원 이상입니다.

○소위원장 문정복 더 토론하실 위원님 안 계시지요?

（「예」 하는 위원 있음）

의사일정 제16항은 원안대로 의결하고자 하는데 이의 없으십니까?

（「예」 하는 위원 있음）

없으므로 가결되었음을 선포합니다.

다음은 의사일정 17항부터 21항까지 문정복 의원, 서지영 의원, 김대식 의원, 정성국 의원이 각각 대표발의한 4건의 사립대학의 구조개선 지원에 관한 법률과 강경숙 의원이 대표발의한 사립대학의 위기대응 및 구조개선에 관한 법률안을 심사하겠습니다.

전문위원 보고해 주십시오.

○수석전문위원 천우정 심사자료 3쪽입니다.

지난 소위 주요 논의 사항입니다.

24년 11월 26일 법안심사소위가 있었습니다.

제정안과 관련하여 대학의 구조조정을 함에 있어 폐교를 우선하는 것이 올바른 방식인지, 비리 이사들의 먹튀 우려를 해결하기 위해 진선미 의원이 발의한 사립학교법을 먼저 통과해야 하는 것은 아닌지, 경영위기대학으로 지정되기 위해 편법을 쓰는 대학들은 어떻게 걸러낼 것인지에 대한 논의가 우선 필요하다.

해산장려금은 사립대학 재산의 일부를 설립 운영자에게 돌려주는 것으로서 학교법인은 출연에 따라 자본금을 조성하는 비영리법인인데 출연은 반대급부가 없는바 이에 대한 잔여재산 청구권도 없다고 보는 것이 타당하며 또한 자산전입금도 사립대학 전체 재정 수입의 5%밖에 되지 않기 때문에 해산장려금은 교육의 공공성 훼손의 우려가 있다.

대학 구조개혁을 위해서는 교육부가 전체적인 구조개혁에 대한 계획을 가져야 함에도 불구하고 사학구조개선심의위원회를 교육부장관 소속이 아닌 전담기관 소속으로 하는 것이 맞지 않다.

4쪽입니다.

지방자치단체의 지원 조항과 관련하여 지자체가 공익사업을 위해 토지 등을 매수할 때 제정안에서 우선적으로 고려하는 규정이 있는데 지자체가 예산이 부족한 경우 교육부가 예산 지원 등 방안을 고려할 필요가 있다.

해산장려금의 범위나 한도, 절차를 법률에 적시하지 않고 대통령령에 위임하는 이유 및 두 방법의 차이점에 대해 질의가 있었습니다.

전담기관으로 사학과의 관계가 지속되어 온 사학진흥재단을 지정하는 것이 타당한지에 대해 질의가 있었습니다.

해산장려금과 관련하여 자발적으로 해산할 대학에 대한 수요조사가 이루어졌는지, 이미 매각이 안 되고 있는 학교들도 있는데 해산장려금이 실효성이 있는지, 부정·부실 운영 학교가 해산할 때도 해산장려금을 주고 잔여재산 특례를 적용받는 것에 대한 보완 대책은 없는지, 해산 시 감사를 의무적으로 실시할 수는 없는 것인지 질의가 있었습니다.

제정안의 쟁점과 관련하여 사학구조개선법은 국고를 지원하지 않는다는 기본 원칙하에서 이루어지며 해산장려금에 대한 논란을 고려하여 구체적인 사항은 시행령에 위임하였고, 고용승계 법인에 대한 잔여재산 귀속 문제는 사립대학교 간의 M&A를 하지 못하도록 수정 필요성이 있으며, 지난 21대 공청회에 이미 많은 내용이 논의되어 있는바 공청회는 할 필요가 없어 보이고, 제정안은 국민의힘과 민주당이 합의 처리하는 법안이라는 설명이 있었습니다.

5쪽, 공청회의 주요 논의 사항입니다.

진술인 진술 요지입니다.

김명환 서울대학교 교수입니다.

2040년에는 현재의 대학 입학정원의 절반 이상, 26만 명 이상을 줄여야 하는 절박한 상황에 있습니다. 제정안은 다수의 부실대학들의 재산 빼돌리기를 쉽게 하고, 잔여재산으로 밀린 세금과 부채, 체불임금도 해결 못 하는 부실대학들이 많은 상황에서 해산장려금은 해법이 될 수 없으며, 학생 등록금, 정부의 지원으로 늘어난 사회적 부의 큰 몫을 사학 설립자와 가족들에게 넘겨 주는 것은 공익적 가치에 부합하지 않는 등의 문제점이 있습니다.

이에 따라 철저한 실태조사와 정부 재정 투입이 필요합니다. 전체적 관점에서 마스터플랜을 세워야 하고 사학진흥재단이나 지자체, 정부 등이 폐교 대상 대학들의 우선 인수권을 가지는 명문 조항 등 폐교 절차 보완이 필요합니다. 사학진흥재단의 사학청산계정에 상당한 액수의 기금을 마련할 필요도 있습니다.

우남규 한국사학진흥재단 대학경영진단원장입니다.

43년도의 학령인구는 약 22만 명으로 추산되어 현재 44만 명의 절반이 될 예정이고, 학령인구 감소로 등록금 수입의 감소, 국고보조금 수입 감소, 인건비 지출 상승 등으로 재정 악화가 심해지며 대학의 위기는 지리적 소재지와 무관히 전국적인 문제라는 점에서 국가적 차원의 지원이 필요한 상황입니다.

임희성 대학교육연구소 연구원입니다.

퇴출대학들을 공익법인, 사회복지법인으로 전환할 수 있는지, 전환한다면 공익법인과 사회복지법인의 과잉 공급 우려는 없는지, 해산장려금이 유효한 정책 수단이 될 수 있는지 등에 대한 면밀한 검토가 부족하여 학령인구 감소 속도와 규모에 대응이 미흡한 법안입니다.

사학구조개선심의위원회를 교육부장관 소속으로 두고 경영위기대학 지정 등 주요 업무는 교육부장관이 담당하는 것이 바람직합니다.

평생교육기관은 학력 미인정 시설의 경우 폐쇄 시에 관할청에 통보만 하면 가능하여 사학 잔여재산의 공공성 훼손을 야기할 수 있고 고용승계 법인으로의 귀속 특례 허용은 폐교 직전 교직원 구조조정을 통한 자산 빼돌리기로 악용될 우려가 있으며 해산장려금 지급은 청산 기간을 고려 시 효과성이 낮고 그 내용을 시행령에 위임한 것도 문제가 있는바 잔여재산 처분 한도를 법률에 명시해야 하고 대학 구조조정은 지방대학에 대한 구조조정뿐만 아니라 수도권 대규모 대학에 대한 정원 감축을 통해 지방대학의 소멸만 가속화되지 않도록 할 필요가 있다는 의견이 있었습니다.

9쪽입니다.

문정복 법안심사소위원장 수정의견이 있었습니다.

1. 위원회 법적 지원 및 소속 관련해서 법적 지위 명확화.

교육부장관이 전담기관에 사학구조개선심의회를 두어 주요 심의를 할 수 있도록 지위를 명확히 할 필요가 있으며 위원회 소속에 대해 위원회를 전담기관이 아닌 교육부장관으로 둘지 논의가 필요하다는 것에 대해서 위원회 소속을 전담기관으로 두더라도 법 제9조제4항에 따라 구조개선 명령 등 처분은 전담기관 장의 요청에 의해 교육부장관이 행사하도록 되어 있습니다.

행안부는 행정기관 소속 위원회의 설치·운영에 관한 법률 제7조에서는 성격과 기능이 중복되는 위원회 설치를 제한하고 있습니다.

2. 학령인구 감소 대응 및 종합적 구조조정 계획 필요입니다.

계획 수립과 관련하여 교육부장관이 지역균형발전을 고려한 대학 구조조정 기본계획을 수립하고 학령인구 감소에 대응한 종합적 구조조정 계획이 필요한데 사립대학을 포함하여 매 3년마다 대학 구조개선 기본계획을 수립·추진하여야 한다는 내용을 조문에 삽입하려고 합니다.

10쪽입니다.

다음, 교직원 및 학생 보호 강화입니다.

학생 보호와 관련하여 교직원 및 학생 보호 관련 심의 사안 추가, 재산 처분 및 구조조정 과정에서 학생 학습권 보장 명문화, 체불임금 우선 지급과 관련하여 교직원 생계대책 명문화, 사학진흥기금에서 체불임금을 선지급하고 잔여재산 정산을 통해 비용 회수, 학생 및 교직원 보호와 관련하여 재학생 편입학 지원, 편입 수용 대학에 대한 행정적·재정적 지원 필요, 교직원 보호, 체불임금, 퇴직위로금 등 잔여재산 사용 우선순위, 실직 교직원 재취업 및 직업훈련 지원입니다.

이와 관련해 제18조제1항에서 재학생 편입학에 대한 행정적·재정적 지원이 마련되어 있으며 2항에 따라 학생위로금 지급 조문을 포함하고자 합니다.

채무종결은 민법에 따른 청산인의 사무이며 법 제19조에 따라 한국사학진흥재단이 청산인이 된다면 조속한 청산·해산을 통한 채무 해소가 가능할 것입니다.

법 제17조제2항에서 잔여재산이 귀속된 경우 해산장려금을 지급할 수 있다라는 것은 청산 절차, 자산 처분, 채무종결 등에 대해 종결된 후 잔여재산이 사학진흥기금으로 귀속되고 해산장려금이 지급됨에 따라 구성원 보호 조치 등 선결 사항이 조문에 반영되어 있습니다. 그래서 보호 조치를 구체적으로 명문화할 경우 수정안은 법 제17조제2항 수정안과 같습니다.

11쪽입니다.

해산장려금 및 잔여재산 귀속 논란과 관련된 사항입니다.

부정한 귀속 방지와 관련하여 특수관계인이 설립한 법인에 잔여재산 귀속 금지, 장학 재단, 교육연수시설 등을 반대하는 것 관련하여 법 제17조에 따라 공익법인, 사회복지법 인, 사학진흥기금으로의 귀속만을 특례로 두고 있습니다.

해산장려금 지급 기준과 관련해 해산장려금 삭제, 먹튀 해산이 발생할 수 있으므로 해 산장려금 조항 삭제 후 법의 효과를 검토한 뒤 논의 재개 필요, 해산장려금 구체적 제안, 해산장려금 최대 상한 15%를 명시하고 대통령령으로 세부 규정을 두어 유연성 확보.

일부를 반영하여 법 제16조제1항 및 제2항에 따라 구성원 동의, 교육부장관의 점검 등 설립자의 먹튀 해산을 방지하도록 조문이 마련되어 있고 청산 종결 후 잔여재산 귀속분 의 15%와 설립자기본금의 최솟값으로 한도를 둠으로써 자산 가치에 따른 무분별한 먹튀 해산을 근본적으로 방지하고자 했습니다.

12쪽입니다.

감사 의무화.

폐교·해산 과정의 감사 의무화와 관련하여 폐교·해산 시 감사 의무화하여 부정 운영을 방지하고 감사 결과 부정 운영이 있는 경우 잔여재산 특례에서 제외하자는 의견으로서 이를 일부 반영하여 법 제16조제3항을 강제조항으로 수정하고 제4항에 따라 감사 결과 재정적 보전 필요성이 확인된 경우 법 제17조제2항 후단에 따라 해산장려금이 지급되지 아니하도록 수정안을 제시하고 있습니다.

이상입니다.

○**소위원장 문정복** 정부 측 의견 말씀해 주십시오.

○**교육부차관 오석환** 정부 의견 말씀드리겠습니다.

지난번 논의하고 공청회 이전 단계까지 논의해 주셨던 안을 중심으로 의견을 드렸고 요. 공청회 이후에 제기된 문제 그리고 지난번 소위에서 제기된 문제에 대해서는 우리 위원장님께서 잘 정리해 주셨습니다. 그 이슈를 중심으로 저희 정부 입장 말씀드리겠습 니다.

9쪽입니다.

위원회의 법적 지원과 관련된 사항에 대해서는 현안 유지, 저희도 이의 없습니다.

위원회 설치 제한에 대해서는 행안부는 아주 명료하게 별도의 교육부장관 또는 중앙행 정기관의 장으로서 위원회를 설치하는 것에는 반대하는 입장을 유지를 하고 있습니다.

학령인구 감소 대응 및 종합적 구조조정 계획의 필요에 따라서 구조개선 기본계획을 수립하여야 된다는 것에 대해서 저희도 동의합니다.

다음 쪽입니다.

교직원 및 학생 보호 강화 조치에 대한 필요성도 기존에 반영되어 있는 조항에 반영이 되어 있기 때문에 그 부분에 대해서 이의 없습니다.

해산장려금 및 잔여재산 귀속 논란 이 부분에 대해서 계속 논의가 있으셨는데 최근에 방안으로 제안해 주신 잔여재산 귀속분의 15%와 설립자기본금의 최솟값을 한도로 해 가 지고 비교해서 정하는 것에 대해서 저희도 이의 없습니다.

감사 의무화입니다.

감사 의무화는 이제 가장 큰 문제로 제기가 되었던 적정성에 관한 논의인데 적정성에 관한 논의를 실효성을 확보하기 위해서 사전감사를 의무화하는 제도에 대해서 저희도 동의합니다.

기타 나머지 사항들에 대해서 말씀 주시면 의견 드리겠습니다.

고맙습니다.

○**소위원장 문정복** 수고하셨습니다.

다음은 위원님들 토론 순서입니다.

그동안 위원님들이 주신 여러 가지 내용을 지속적으로 토론하고 업데이트해서 조문들을 정비를 했는데 그럼에도 부족할 수 있을 것이라고 생각합니다.

제가 늘 말씀드리는 것은 제정법이라는 것은 한 번에 다 완결성을 가질 수는 없습니다. 그렇기 때문에 일단 시작을 하는 것이 굉장히 중요한 일이고 시행을 해 나가면서 또 보완할 것은 보완하고 그렇게 하는 과정을 통해서 진행을 했으면 좋겠고요.

위원님들 토론 들어 보겠습니다.

조정훈 위원님.

○**조정훈 위원** 지금 일단은 논의의 효율성을 위해서 다섯 의원님께서, 모두 다 저희 교육위 위원님들께서 법안을 발의해 주셨는데 수정의견을 중심으로 논의하면 되는 건가요?

○**소위원장 문정복** 그렇습니다.

○**조정훈 위원** 그렇지요?

저는 개인적으로, 다들 의견이 많으실 것 같은데 몇 가지 제 입장 말씀드리겠습니다.

위원회 관련해서는 저도 전담기관을 두고 12인 정도로 하고 그다음에 제 개인적인 의견은 임명·위촉 방법은 저는 교육부장관이 임명하는 게 맞다고 생각합니다. 이게 국회가 또 추천을 받고 그러면 저는 이것은, 입법부는 법을 만들고 행정부는 집행하는 것인데 이렇게 추천권까지 갖다 보면 거의 입법부가 행정에 개입하는, 관여하는 모습이 돼서 저는 교육부가 명확하게 투명하고 공정한 기준을 밝히고 그 공개된 기준에 따라서 교육부장관이 추천하는 게 맞다는 생각입니다. 나머지는 수정안에 다 동의하고요.

그다음에 권한 주체에 관해서는 재정진단 대상 실태조사 등등 수정의견에 큰 틀에서 동의합니다.

폐교·해산 절차, 9·10·16항에 대해서 제가 조금 의문이 있습니다. 제가 이해하는 바로는 사립대학의 해산 또는 폐교가 경영진단에서 탈락한 학교뿐만 아니라 경영진단에서 통과라고 그럴까요, 그런 학교도 할 수 있는 거지요?

○**교육부차관 오석환** 그렇습니다.

○**조정훈 위원** 그런데 이 의견을 보면 여러 가지가 있는데 이사회 의결과 함께 그다음에 재적 학생, 구성원 3분의 2 이상 폐교 동의라고 되어 있습니다. 그러면 재적 학생이라는 거 보면 대학원생까지 다 포함하는 겁니까?

○**교육부차관 오석환** 예, 그렇게 될 겁니다.

○**조정훈 위원** 그러면 이게 실질적으로 불가능한 조항이거든요. 어떤 학교 학생이 우리 학교 폐교하겠다고 3분의 2가 동의하겠습니까? 그리고 재적의 3분의 2인데 국회도 300명 중에 200명 모으려면 정말로 중요한—몇 달에 한 번 있지 않으면, 요새는 좀 자주 있

지만—안인 거예요. 이게 거의 성원이 불가능하고 의결이 날 수 없는 조항을 여기다가 놔서 실질적으로 경영 정상화 대학은 자발적 폐교·해산을 불가능하게 만든 것 같아요.

제가 이해하는 바로는 교육부의 대학 정원 감축의 목표에 한 십육칠만 정도 되는데 모두 다 경영위기대학만으로 가는 건 아니잖아요, 지금. 일부는 경영 정상화 대학도 자발적 해산·폐교할 수 있다고 예상하시는 거지요?

○**교육부차관 오석환** 예, 그 경우에⋯⋯

○**조정훈 위원** 그런데 이 조항을 두면 하고 싶어도 할 수 있는 대학 아무도 없을 것 같아요. 이거는 실질적으로 굉장한, 이걸 운영해 보면 선의로 좋은 뜻으로 해도 이거는 불가능한 조항이다. 그래서 이건 다시 한번 검토가 필요하다. 이걸 제가 빼자는 소리는 아니⋯⋯ 하여튼 현실화 시킬 필요가 있다. 학교 구성원의 목소리를 듣자, 동의하지만 재적 3분의 2 동의 이건 일어날 수 없는 일이다.

그리고 만약에 구조개선 이행계획 그다음에 경영을 못하는 학교의 경우에 구조개선 명령에 따른 폐교·해산을 하면 이 경우에는 교육부가 결정해 버리면 학교의 의지와 관계없이 해산이지요?

○**교육부차관 오석환** 예.

○**조정훈 위원** 이거 깔끔하게 가는 거고, 구조개선 이행계획을 함에도 불구하고 이걸 수행했는데 그럼에도 해산하려면 이사회 의결이 있어야 되는 거지요?

○**교육부차관 오석환** 예, 절차적으로 그렇습니다.

○**조정훈 위원** 어떤 경우도 사립대학은 해산·폐교할 수 있도록 지금 법 조항이 만들어진 거고?

○**교육부차관 오석환** 예.

○**조정훈 위원** 알겠습니다. 그래서 저는 자발적 폐교·해산에 대한 조건의 현실성 한번 검토해 볼 필요가 있다고 생각하고요.

그다음에 잔여재산 귀속에 관한 특례 17조가, 이 문제가 논쟁인데 저는 공익법인, 사회복지법인까지는 다 동의가 되는데 강경숙 위원님이 평생교육기관 법인으로 넣자고 하셨고 몇몇 위원님들은 여러 가지 부정 가능성 때문에 반대하셨다고 생각해요. 그런데 저는 큰 틀에서 잔여재산을 출연함에 있어서 그 출연의 대상이 공공복리에 적합하다고 했을 때는 가능성을 열어 두는 게 어떨까 싶어요. 제가 위원장님과 여러 위원님의 걱정도 아는데 만약에 이걸 안 막아 놓으면요 어떤 일이 발생하냐면 학교에서 운영하고 있는 평생교육기관을 공익기관이나 사회복지법인으로 만들어 버릴 겁니다.

○**소위원장 문정복** 그렇게 안 되지요.

○**조정훈 위원** 하여튼 그런 가능성들이 생기기 때문에, 물론 그런 가능성들을 빼더라도 잔여재산의 출연을 공공복리에 맞게, 그냥 사익 회사를 만든다 이게 아니라 공익법인과 사회복지법인 그리고 우리 사회에 중요한 역할을 하는 목적지를 여러 개로 만드는 건 저는 동의할 수가 있고요.

그다음에 해산장려(정리)금인데요. 첫째, 저는 이름을 좀 바꿨으면 좋겠다 싶습니다. 이게 해산장려금 그러니까 약간 많은 분들이 국가에서 돈을 주는 줄 알아요. 그건 아니잖아요, 지금.

○**교육부차관 오석환** 아닙니다.

○**조정훈 위원** 자산 부채 정리하고 남은 돈 일부 가져가게 해 주겠다인데 이거를 해산 장려금 그러니까 '아, 해산하면 국가가 돈 준다'라는 사회적 인식이 조금씩 생기는 것 같아요. 그래서 이 워딩을 좀 정확하게 할 필요가 있다라는 생각이 들고요.

그다음에 국고 귀속 시 심의를 거쳐 얼마를 할 거다인데 저는 원칙적으로 가장 낮게 시작하는 게 낫다고 생각해요. 이것 때문에 해산하는 게 아니라 해산하는 과정에서 도움을 주자는 거지, 이거 하나 보고 학교를 접는다 이거는 이 법을 악용하는 거라고 생각합니다. 그래서 많은 대화를 해 보셨을 테니까 어느 정도 우리가 정책적으로 목적으로 한 그 규모의 사립대학의 구조조정을 달성할 수 있는 최소한의 비율이 적정하다고 보고요. 그 숫자를 우리가 확정할 수 없다면 대통령령으로 놓고 유연하게 하면서 최소한의 기준을 유지해 나가면 어떨까 하는 제안을 드립니다.

왜냐하면 우리가 15%든 12%든 과학적이고 산술적 근거는 없는 거예요. 이 15%에 얼마가 반응할지, 충분할지 너무 과할지 이거 해 봐야 아는 상황이지 않습니까? 그래서 이렇게 불확실성이 있을 때는 유연성이 반드시 필요하다라는 생각이 듭니다.

지급제한 등등에 대해서는 당연히 동의를 하고요.

그다음에 구성원 보호인데, 18에서 22조인데요. 다 동의가 되는데 편입학 지원이라는 게 제가 좀 걸려요. 교직원에 대해서는 퇴직위로금 지급 동의합니다. 연구자 보호 동의하고 백번 양보해서 학업 중단까지 학생들한테 어느 정도 돈을 준다인데 편입학을 지원해 준다라는 게 우리 20대, 30대 청년들한테 공정성 시비에 휘말릴 수도 있습니다.

'폐교하는 학교에 다닌다고 편입에 특례를 줘? 이게 말이 돼?' 이럴 수가 있습니다. 그러니까 제가 보니까 이게 일반 편입이 아니고 특수 편입 얘기하시는 거지요? 그리고 그 법 조항을 따져 보니까 이 편입의 티오는 편입 대상에 들어가지 않는다, 학교 정원에 포함하지 않는다고 그래서 남한테 피해를 주지 않겠다라는 건 분명히 밝히셨는데 그럼에도 불구하고 우리 청년들이 갖고 있는 공정에 대한 개념, 저 개인적으로도 살짝 놀랐지만 지금은 이해가 되는 우리 평창올림픽 때 남북 단일팀 만들려다가 청년들이 강한 반발 불러온 거 기억나시지요?

○**교육부차관 오석환** 예.

○**조정훈 위원** 그래서 저는 학교에 들어가서 그 학교 졸업을 못 하고 학업을 중단한 학생들에 대한 피해 보상은 동의가 되지만 그렇다고 편입에 지원을 한다는 게 어떻게 보면 편입을 할 수 있도록 열어 주겠다는 건데 이렇게 민감한 대학 입시에 관해서 이런 거를 열어 주기, 아까 그리고 줄이려는 학생의 수가 한두 명이 아니고 지금 십수만인데 그 십수만 명의 편입을 지원하겠다는 이 제도가 만약에 현실화가 되면 편입 대란이 일어날 수도 있습니다. 굉장히 신중하게 평가해야 된다고 생각합니다.

그리고 A 대학이 폐교를 했을 때 그러면 주변에 어느 대학까지 편입을 열어 줄 거냐, 이건 노골적인 문제까지 갈 수 있잖아요. 솔직히 그렇지요? 그래서 이거에 대해서 신중하지 않고 편입학 지원하겠다고 함부로 약속해서는 안 되겠다. 또 이거를 저는 개인적으로 들어온 학생들은 최대한 다 졸업을 시키고 폐교를 하는 게 맞다는 입장입니다. 그래서 편입학 수요를, 필요를 최소화하는 게 맞지 편입학을 확대해 주겠다. 십수만 명이 편입학하는 대이동을 무슨 수로 관리하려고 그러시는지 저는 잘 모르겠다는 생각이 들고요.

마지막 기타 사항에 대해서는 적용 대상에 전공 대학 포함 여부, 특정 과만 있는 대학 등등을 말씀하시는 건데 당연히 저는 포함돼야 된다고 생각합니다.

제 의견 이상입니다.

○소위원장 문정복 백승아 위원님.

○백승아 위원 9쪽에 보면 여기 위원회 소속이 나오는데 현안 유지면 이게 위원회가 전담기관 소속인 거잖아요.

○교육부차관 오석환 예.

○백승아 위원 저는 교육부 아래 두는 게 맞다 하는 생각이 들어서 지난번 공청회 때도 사학법인연합회에서 이 위원회의 역할과 권한이 중요하기 때문에 교육부장관 밑에 두는 게 좋다 이렇게 의견을 제출하셨었는데 교육부 의견은 어떠신가요?

○교육부차관 오석환 이 부분은 계속적으로 논의해 오셨던 거고요. 전담기관의 장의 소속으로 두는 방안 그리고 교육부장관으로 두는 방안이 있는데 궁극적으로 최종적인 행정처분은 교육부장관이 하도록 되어 있습니다. 그런 면에서 전담기관의 장에게 두느냐, 교육부장관에게 두느냐는 입법 선택의 문제라고 저는 보고 있습니다.

○백승아 위원 그러니까 저는 전담기관이 전담하는 부분, 관리하고 지원하는 업무하는 건 찬성인데 그러니까 실무 전담기관이 아니니까 어쨌든 위원회는 교육부 아래에 두는 게 좋을 것 같고. 또 어쨌든 저희가 지금 투명성 때문에 자꾸 이렇게 논의를 하는 거잖아요. 그래서 이 위원회의 어떤 운영에 대한 회의록 이런 것을 공개하는 건 어떨까요?

○교육부차관 오석환 그거는 절차적으로 당연히 가능하면 이런 모든 부분들은 지금 국회에 보고를 주기적으로 하는 여러 가지 절차들도 마련되어 있습니다. 그리고 시행령을 만들 때 그런 부분들이 일종의 모델처럼 만들어질 수 있도록 하는 게 좋을 거라고 봅니다.

○백승아 위원 그리고 10쪽에도 보니까 현안 유지라고 중간에 돼 있는데 이게 학생 및 교직원 보호가 먼저 돼야 될 것 같거든요, 저는. 수정안이 좀 더 보호할 수 있는 안 같은데 이게 현안 유지인 건가요, 지금은?

○소위원장 문정복 수정안으로 바꾼 거예요.

○백승아 위원 수정안으로 바꾼 건가요?

○교육부차관 오석환 이걸 바꿔 가지고 반영한 것입니다.

○백승아 위원 알겠습니다.

○소위원장 문정복 다 되셨습니까?

○백승아 위원 아니요. 잠시만요.

그리고 또 교육부 여쭤볼 게 86쪽 보니까 '필요한 경우' 그 부분에 이렇게 줄이 가 있는데 그러면 수정안에서는 필요한 경우를 삭제하는 건가요?

○교육부차관 오석환 예, 이거는 우리 위원님들 계속 우려하셨던 부분입니다. 필요한 경우에만 감사를 하는 것이 아니고 의무적 감사를 한다라는 의미에서 삭제하는 걸로 저희 수용합니다.

○백승아 위원 알겠습니다.

그래서 일단 저는 해산장려금 없이 한번 해 보고 안 되면 나중에 좀 늦게 조건부로 넣으면 어떨까 이런 생각도 지금 들고요. 강경숙 의원님 안에 평생교육기관으로 재산 출연하게 하면 이게 학력 미인정 시설의 경우에 그냥 통보만으로도 폐쇄할 수가 있더라고요. 그래서 너무 쉽게 건립하고 없애고 이런 과정 속에서 좀 공공성이 훼손되지 않을까 싶어서 이 부분 저도 빼면 어떨까 그런 생각이 듭니다.

　이상입니다.

○**소위원장 문정복** 김준혁 위원님 토론해 주십시오.

○**김준혁 위원** 참 많은 고민과 노력 속에서 이 수정 법안이 만들어지지 않았나 하는 그런 생각이 좀 듭니다. 내용을 죽 보니까 서로 간에 굉장히 많은 양보들이 이 안에 담겨져 있는 것이 아닌가 하는 생각이 좀 들고요. 일단 이 법안이 저는 좀 오늘 정도에서는 빨리 마무리되기를 희망을 하고, 특히나 아까 조정훈 위원님 해산장려금의 명칭을 좀 수정했으면 좋겠다라고 하는 것은 좋은 생각인 것 같습니다.

　해산장려금과 관련해서 예전에 문정복 의원님 안은 좀 더 높았었는데 15%로 이렇게 줄인 이 부분이……

○**소위원장 문정복** 당의 요청입니다.

○**김준혁 위원** 그런데 굉장히 저는 고민이 많지 않았는가 하는 생각이 들고요. 어쨌든 우리가 대학이 어쩔 수 없는 상황 속에서 지금 해산하지 않으면 안 되는 대학들이 실제로 존재하고 있고, 또 그것을 갖다가 안전하게 또 투명하고 깨끗하게 또 지역 발전에 도움이 될 수 있게 혹은 지역이 그로 인해서 좀 낙후되지 않게 하는 여러 가지 고민들을 우리가 계속해야 하는 것이고 그런 과정에서 15%라고 하는, 사실 그분들 입장에서 많은 사재를 이렇게 출연해서 교육적 기반을 마련하고 교육 사업을 참 애쓰셨고 했는데 그런 측면에서 좀 아쉬울 수 있는 측면은 있겠으나 그래도 이 정도 선이라도 마련을 해 주는 것이 최소한 해산할 수 있는 근거가 되지 않을까 하는 그런 생각이 있기 때문에 저는 최종 정리된 안대로 좀 오늘 잘 마무리됐으면 하는 생각입니다.

○**소위원장 문정복** 강경숙 위원님 토론해 주십시오.

○**강경숙 위원** 저는 오늘은 조금 이른 감이 있는 것 같습니다. 여기 자리 빠지신 분들도 많이 있어서 이건 제정법이고 굉장히 논쟁 지점이 상당히 뾰족한 부분들이 있기 때문에 조금 더 숙고했으면 좋겠다라고 하는 안인데요.

　제가 한 세 가지 정도 말씀드리고 싶은데 아까 백승아 위원님과 조정훈 위원님이 지적하신 사회복지법인으로 이전하는 것에 대해서는 제가 좀 생각이 짧았다는 생각이 들어서 그 부분은 저도 삭제해도 좋겠다는 말씀을 드립니다. 그게 왜냐하면 아까 여러 가지 말씀드린 이유가 있었어요. 괜히 그쪽으로 쉽게 이렇게 이전이 되는 바람에 공공성이 오히려 더 훼손될 수 있다라는 얘기셨는데요. 그 부분 인정을 하고요.

　그리고 아까 행안부에서 위원회를 반대했다고 하는데 사실 이거와 관련된 유사 위원회는 없을 거예요. 아마 행안위에서 생각하기에 무슨 위원회, 무슨 위원회, 무슨 위원회 너무 많으니까 중복되는 것 같다고 그래서 없었으면 좋겠다라고 생각하는 거지만 실제적으로 이거를 사학진흥재단의 소속으로 위원회를 둔다고 그러면 중립성 있게 그게 제대로 심의되기가 쉽지는 않을 거라는 생각이 들어요. 그래서 교육부 소속으로 독립적인 위원회가 타당하다라는 것은 저는 굉장히 강력하게 주장하는 바입니다.

　그리고 감사 의무화에 대한 거는 아까 백승아 위원님이 말씀하신 대로 필요한 경우를 빼면 강제 조항이 되는 거지요, 16조에서. 그렇지요?

○**교육부차관 오석환** 예, 의무 감사가 됩니다.

○**강경숙 위원** 그러니까 '필요한 경우에 감사를 한다' 이랬으면 말이 앞뒤가 안 맞는 거거든요. 필요한 부분이면 임의적으로 한다는 거니까요 아예 그것을 '불가피한 사유를 제외하고' 오히려 그렇게 해 버리는 것이 더 강제적으로 감사를 해야 되는 것이고요.

사실 가장 논쟁이 붙는 지점이 아마 해산장려금일 텐데 이것이 사실 30%나 15%나 그렇게 다르지 않습니다. 까놓고 말씀드리면 30%까지 되는 대학 흔하지 않을 거고요. 15%나 30%나 비슷합니다. 사실상 해산장려금이라는 것이 처음에 그 기준이 되는 금액, 그러니까 잔여재산의 귀속분을 어떻게 계상하는가에 따라서 학교법인에 따라서는 100억 원이 넘는 해산장려금이 지급될 가능성도 있는 것이거든요.

그래서 일단은 해산장려금이 없이 법률안을 운영해 본 이후에 상황에 따라서 추가적으로 조정하는 것도 나쁘지 않은 것 같아요. 왜냐하면 이게 역진하기 어렵거든요. 그렇게 한번 해산장려금을 주면서, 이게 지금 굉장히 공공성이 있는, 이게 학교법인이라고 하는 것 자체가 공적 재산이라는 것으로 일단은 사회적 합의가 일부분 있는 것인데 밀린 세금이라든지 부채라든지 체불 임금이라든지 이런 것도 해결 못 하는 부실 대학들이 해산장려금을 줄 수 있다, 이렇게 해법이 될 수는 없다는 생각이 저는 들기 때문에 아까 백승아 위원님 말씀처럼 일부 이것이 없이 한번 운영해 본 이후에 그 이후에 또 개정해도 늦지 않지 않을까라는 생각이 들어서 점진적으로 운영했으면 좋겠다는 생각이 들어요.

이상입니다.

○**소위원장 문정복** 토론 다 하셨지요?

오늘 의결하지 않습니다. 오늘 의결하지 않고 오늘 나온 의견 더 들어서 좀 더 숙고해서 20일 정도에 의결을 해 볼까 하는데 위원님들께서 쭉 주신 내용들이, 이런 표현을 들어서 죄송합니다. 다람쥐 쳇바퀴 도는 듯한 느낌이 자꾸 들어요.

분명히 말씀드렸지만 위원회의 법적 지위, 소속 관련은 교육부장관이 가지고 있는 거고요. 사학진흥재단은 국가 공공기관입니다. 국가 공공기관이 사립대와 관련해서 전담기관으로서 지금까지 역할을 해 왔기 때문에 그보다 더 잘할 수 있는 기관이 없어서 그 기관으로 가는 겁니다. 교육부장관은 정부에 따라서, 어느 정부가 들어서느냐에 따라서 거기에서 임명하는 장관이 만약에 전담기관의 기능을 갖게 되면 오히려 정치적 부침이 더 심할 수 있다라는 그런 우려도 있는 게 사실입니다.

그렇다고 하면 사학진흥재단이 지금껏 해 왔던 일들과 관련해서 조금 더 깊게 나가는 거고 결국은 쭉 정리를 실무 기관이 하고 결정은 장관이 하는 겁니다. 장관이 하는 것이기 때문에 이 문제가 왜 이렇게 첨예하게 대립이 되는지 저는 이해가 좀 안 되는 거고요.

지금 학령인구 감소 대응 및 종합적 구조조정 계획이 필요하다고 해서 3년에 한 번씩 하는 것으로 넣었고요. 그다음에 교직원 및 학생 보호 강화를 위해서, 해산청산금이라고 하는 것이 어감이 이상하다라고 하지만 그 모든 것이 다 정리가 되고 난 다음에, 가령 학생을 보호하고 체불 임금 다 지급하고 밀린 세금 지급하고 교직원 보호 다 하고 그리고 남는 금액이 사학진흥재단의 기금으로 들어가는 거예요. 그러면 거기에서 실제로 학교법인이 얼마큼 기여를 했는지 정말 전문가들이 따질 거고요. 그 전문가들이 따진 것 중에서 본인들이, 학교법인이 기여한 것 중에서 15%를 주겠다라는 겁니다.

우리 민주당 진성준 정책위의장님조차도 '이것은 인센티브다. 이렇게 하지 않으면 폐교하지 않는다. 폐교하지 않으면 그러면 그 불행한 일들을 누가 다 겪냐? 거기에 있는 학생들이 지게 되는 것이다. 그러기 위해서는 자발적으로라도 폐교할 수 있도록 인센티브를 주는 것이다'라고 대놓고 얘기를 하셔요. 그런 부분이 있는 겁니다.

그래서 산여재산 귀속에 관한 특례는 그 모든 것들이 다 정리되고 난 다음에 사학진흥재단 계좌에 입금되고 난 이후에 이것도 면밀하게 법인의 기여도에 따라서 정리되는 것이다 이렇게 말씀을 드리겠습니다.

감사 의무화도 넣었고요. 대략 그렇습니다. 그런데 아까 조정훈 위원님께서 얘기하신 위원회 추천권을 교육부가 다 가져가는 것에 대해서 말씀을 하셨는데 그것은 애초부터 저희가 교육부와 국회가 논의를 해서 5 대 5로 하기로 결정을 한 사안입니다. 그렇기 때문에 오히려 국회의 감시 기능이 더 강화된다라는 얘기 있는 거고요.

자발적 폐교 3분의 2 이상 가능하지 않을 것이다라고 얘기했는데 이것은 또 반증으로 얘기를 하면 그만큼 학생들의 동의와 교직원들의 동의를 얻은 후에 절차를 밟겠다라고 하는 그런 의미이기도 한 겁니다.

그리고 편입에 대한 형평성 얘기하셨는데 내 의지가 됐든 내 의지가 되지 않았든 학교가 폐교되는 것에, 학생들이 폐교되라고 고사를 지냈겠습니까, 아니면 기여를 했겠습니까? 어찌 됐든 학교가 운영을 잘못해서 폐교되는 것이지 않습니까? 그러면 학생들은 당사자이면서도 피해자인 거예요. 이 피해자들에 대한 구제책을 마련하지 않는다라고 하는 것은 국가의 의무를 방기하는 것이지요. 그렇기 때문에 만약에 소위 말하는 이렇게 조금 낮은 대학에 다니던 학생이 갑자기 서울대를 편입하겠다 이런 것은 가능하지 않겠지요. 그 지역사회에서 그리고 교육부가 그리고 위원회들이 합의되는 수준들이 있을 것입니다. 그런 것들로 봐 주시면 될 것 같고요.

또 제일 민감한 부분이 뭐냐면 잔여재산 귀속 금지와 관련해서 장학재단이나 교육연수시설 이런 데 넣지 말라고 하는 겁니다. 이런 것들은 뭐냐면 어느 누구에게도 지도·감독을 받지 않아요. 가령 장학재단을 어디서 합니까? 사단법인, 재단법인 이런 데 국가나 이런 기관들에서의 감사나 그런 의무가 없습니다. 그렇기 때문에 이것은 공적으로 조성된, 공익의 목적으로 조성된 자산들이기 때문에 그렇게 감시·감독이 되지 않는 장학재단이나 교육연수시설에 출연하지 마라, 이것은 결국은 재산을 빼돌리겠다라는 얘기와 똑같은 것이기 때문에 하지 마라라는 것이고 적어도 국가가 인정하는 사회복지법인이나 공익법인이나 그다음에 나머지 정리되고 나면 사학진흥기금으로 들어오라고 하는, 귀속시키라고 하는 그런 것들로 정리된 거예요.

이 법안이 어떤 시각으로 봐서 누군가에게 약간의 혜택을 주거나 그런 법안으로 비칠 개연성도 있다라는 것은 저는 이해를 합니다. 그러나 지금 이것을 하지 않으면 닥쳐올 학령인구 감소와 저 밑의 지방의 벚꽃이 지는 순서부터 폐교될 위기에 처해 있는 지방대학들에 대해서 우리가 손 놓게 되는 겁니다.

저는 22대 국회의원으로서, 더군다나 교육위원으로서 정말 수많은 음해를 받고 수많은 질타를 받고 가지가지 루머를 다 받음에도 불구하고 이 법안을 하겠다라고 하는 이유는 이것은 저의 뭐라고 할까, 국회의원으로서의 책무감에서 하는 겁니다.

그러니 오늘 충분히 얘기를 하셨으니까 얘기하신 부분들에 대해서 한 번 더 검토해 보십시오. 검토해 보시고 적어도 20일 정도는 넘겨주셔야지 진행을 할 수 있을 것이라는 생각이 듭니다. 제가 법안소위원장으로서 공청회 부분 위원님들이 요청해서 다 하고 시간 조정해 달라, 시간을 조금 더 연장하고 추가를 해 달라 해서 그렇게도 하고 했습니다. 할 만큼 했다고 생각해요. 그러니 한 번 더 고민하시고 20일 날은 좋은 의견으로 넘겨주셨으면 좋겠습니다.

계속 심사하도록 하겠습니다.

다음은 의사일정 제22항 백승아 의원이 대표발의한 교원의 지위 향상 및 교육활동 보호를 위한 특별법 일부개정법률안을 심사하겠습니다.

전문위원 보고해 주십시오.

○전문위원 윤상열 심사자료 1페이지입니다.

이 개정안은 두 가지 내용을 담고 있습니다. 첫 번째로 교원의 정당한 교육활동이 아동학대범죄로 신고되어 조사 또는 수사가 진행되는 경우 교육감으로 하여금 법률적 보호·지원 방안을 마련하도록 하는 내용이 하나고요. 두 번째는 교육감의 의견 제출 관련 업무, 교육활동 침해행위 및 무고성 아동학대 신고로 피해를 입은 교원 관련 보호·조사 등 업무 수행을 위해 시·도교육청에 교육활동보호조사관 제도······

○소위원장 문정복 전문위원님, 잠시만요. 죄송합니다.

4시 반에 김준혁 위원님도 나가셔야 되고 정성국 위원님께서 방송 때문에 나가셔야 되는데 저희가 지금 12·13·14항을 의결을 해야만 의결정족수가 되거든요. 그것 의결하고 진행하시는 것으로 하시지요.

합의된 내용 문구 조정 다 됐습니까, 정성국 의원님이 대표발의한 14항의 학교운영위원?

아까 14항 정성국 의원님이 대표발의한 학교운영위원회와 관련한 것 4항을 신설을 했는데요. '학교운영위원회 위원이 제2항에 따른 동의를 하지 않는 경우, 해당 위원은 당연히 퇴직한다' 이것을 신설했습니다. 이 정도면 되겠지요?

(「예」하는 위원 있음)

그러면 의결하도록 하겠습니다.

의사일정 12항, 13항, 14항 초·중등교육법 일부개정법률안 3건은 각각 본회의에 부의하지 않고 이들 법률안의 내용과 소위원회에서 심사한 결과를 반영하여 수정 정리한 대안을 우리 위원회안으로 채택하고자 하는데 이의 없으십니까?

(「예」하는 위원 있음)

없으므로 가결되었음을 선포합니다.

가셔도 됩니다.

그러면 이렇게 하시지요. 어차피 4시 반에 가셔야 되고 저희가 의결도 안 되니 오늘 의사일정 22항부터는 후순위에 심사하는 것으로 그렇게 하시지요. 그렇게 할까요?

(「예」하는 위원 있음)

○김준혁 위원 지금 눈이 무지하게 와서 못 다닌다고 빨리 다니라고 보좌관이 계속 문자가 옵니다.

○소위원장 문정복 그렇게 할까요?

오늘 회의를 모두 마치겠습니다.

의결한 법안의 경미한 자구 정리는 소위원장에게 위임해 주시기 바랍니다.

위원님 여러분, 오석환 차관을 비롯한 교육부 관계자, 보좌진과 전문위원 등 국회 관계자 여러분 모두 수고 많으셨습니다.

산회를 선포합니다.

(16시13분 산회)

○출석 위원(9인)

강경숙 김민전 김준혁 문정복 백승아 서지영 정성국 정을호 조정훈

○청가 위원(1인)

고민정

○출석 전문위원

수석전문위원 천우정

전문위원 윤상열

○정부측 및 기타 참석자

교육부

차관 오석환

기획조정실장 박성민

6차 변론기일, 피청구인 윤석열 발언

■ 곽종근 증인 신문 후 피청구인 의견 진술

먼저 제가 엊그제도, 수방사령관하고 또 조지호 경찰청장, 특전사령관에게 전화한 것은 당시 TV 화면으로 국회 상황이 굉장히 혼잡하고 수천 명이 들어가 있는 상황이라서, 현장의 이런 상황, 또 안전 문제 이런 것에 대해서 확인하기 위해서 전화를 했고, 보고를 좀 받다가 "우리 사령관은 지금 어디 있습니까?" 하니까 "저는 지휘통제실, 지통실에 있습니다" 해서, "아 그러면 화상으로 보는 거군요" 하고 저는 수고하라고 전화를 바로 끊었습니다.

근데 오늘 얘기 중에 뭐 '의원 끌어내라'에서 의원이라는 거는 자기가 의원으로 이해했다는 것이지, 제가 그 의원이라는 단어는 쓰지 않은 것이고. 또 그게 아니라 "인원"이라고 얘기했다고 하는데, 저는 그냥 사람이라는 이런 표현을 놔두고, 또 의원이면 의원이지, 인원이라는 말을 저는 써본 적이 없습니다. 그 말씀을 드리고요.

또 하나는 우리가 공직자로서, 군인이나 조직 생활을 하는 사람으로서, 상사가 상급자가 어떠한 지시를 했는데 그 지시가 자기가 보기에 위법하고 부당하기도 한 면이 있고, 또 하나는 현실적으로 그거를 이행하는 것이, 현실적으로 불가능한 상황도 있습니다. 그럴 때 상급자가 그거를 이행하라고 지시를 했을 때는, 먼저 "이것이 부당하다" 이런 얘기를 하기보다는 "현실적으로 여건이 이래서 하기가 좀 어렵습니다" 이렇게 얘기하는 게 기본입니다.

그런데 당시 상황에는, 아까 김현태 단장의 진술도, 저도 여기 와서 처음 들어봤습니다, 조서를 본 것도 아니고. 그런데 당시에 국회 본관을 거점으로 확보해서 불필요한 인원을 통제한다는 목적으로 들어갔는데, 소화기 분사를 받고 저쪽 북측 문 쪽으로 밀려납니다. 그런데 사령관이 "다시 들어갈 수 없냐"라고 할 때 그 '들어간다'는 뜻은, 아마 그 가운데 있는 홀, 로텐더 홀이라든지, 이런 쪽을 말하는 것이 아닌가 싶은데요.

그런데 어쨌든 그 상황에서 김현태 단장과의 소통을 통해서 그 안에는 약 15명, 20명이 안 되는 인원이 들어갔고, 밖에도 혼잡할 뿐만 아니라 그 안에도, 그 7층 건물 안에도 굉장히 많은 인원이 있다는 것을 잘 알고 있습니다.

그런데, 아니 제가 만약 백 보를 양보해서, 본회의장에 있는 의원을, 정족수가 안 된 것 같다, 과반수 안 된 것 같다고 하면은, 151명이라고 그래서 한 명이나 두 명만 끌어내면 되는 문제가 아닙니다. 한 명 두 명을 몇 명이 가서 끄잡아 낼 수 있는 게 아니라, 151명이든 152명이든 다 끄잡어 내야만 그 회의를 막을 수 있는 것인데, 그런 상황을 충분히 아는 사령관 입장에서 만약에 저나 장관이 의원을 끄집어내라는 취지의 얘기를 했다면, 그냥 즉각 "이거는 지금 현재 상황이 이렇기 때문에 우리 병력으로는 불가능합니다"라고 얘기하는 게 상식이지, 그거를 묵묵무답을 해놓고 "이거를 어떻게 해야 하나"라는 얘기를 했다는 것인데, 그 말 자체도, 제 통화를 받고 나서 얘기했다는 이것도, 본인의 조서하고도 안 맞습니다. 그 얘기는 저한테 전화하기 훨씬 전에, 김현태 등과 얘기했다는 내용이라 본인의 조서하고도 지금 안 맞는 얘기를 오늘 하는 것입니다.

제가 오늘 그저께 상황과 오늘 상황을 보니까, 12월 6일 바로 이 홍장원의 공작과 12월 6일 특전사령관의 김병주TV 출연부터 바로 이 내란 프레임과 탄핵 공작이 저는 시작된 거로 보여지구요. 10일날 오전에는 마치 무슨 대통령을 생각해서 감추는 척하면서 "오후에 두 번 통화했습니다"라고 얘기하는 것 자체도, 벌써 이미 전날 검찰에 가서 대통령에 관련된 얘기를 다 해놨다는 것은, 저는 그것도 다분히 어떤 의도가 있다고 볼 수밖에 없습니다.

그래서 이러한 것이, 제가 무슨 조서를 본 것도 아닙니다마는, 구치소에서 어두워서 그 조서를 읽을 수도 없고, 제가 법정에 와서 그저께 상황 오늘 상황을 보니까 '아 이것이 12월 6일부터 시작이 됐구나' 하는 생각을 아주 강하게 가질 수밖에 없구요.

하여튼 도무지 상식적으로, 어떤 조직 생활 공직 생활을 하는 사람이, 상부로부터 어떤 자기가 이행하기 어려운 지시를 받았을 때는 "부당합니다" 이전에 "현실적으로 이건 불가능합니다" 이 얘기를 먼저 한 마디 하면, "대통령님, 지금" 또는 "장관님, 지금 국회에 우리 요원은 15명 정도 또는 20명 안 되는 인원밖에 없고, 그리고 우리 전부 비무장 상태고, 그리고 이미 소화기 분사를 받고 시민들과 불필요한 충돌을 안 하기 위해서 지금 피하고 있습니다. 이 상황에서 지금 명령을 이행하기가 저희가 어렵습니다"라고 그 말 한마디 안 하고 했다는 것은. 그리고 그런, 아까도 변호인이 지적을 했습니다마는, 만약 그런 것을 강력하게 지시를 했다면은, 투표를 끝날 때까지 한두 차례라도 저나 장관이 "어떻게 된 거냐"라고 확인하는 것이 상례인데, 도무지 상식에 안 맞는, 뜬금없이 의원을 끄집어냈다. "의원은 제가 의원이라 이해했습니다"라면서, 의원을 끄집어내라는 얘기만 나왔다는 것이.

　　그리고 또 의원을 끄집어내라고 할 것 같으면, 상의를 좀 해야 됩니다, "거기 상황이 어떤가", "지금 예를 들면 지금 여차여차하는 이유가 있어서 이렇게 빨리 해제 요구안이 가결되면 우리는 이 가결된 거를 수용해서 바로 해제할 수밖에 없는데, 계엄이 몇 시간이라도 좀 더 유지돼야 될 이유가 있다, 필요가 있다. 그러니 어떻게든 좀 막아볼 수 없냐, 방법이 있겠냐"고 상의를 하고 "좀 어떻게 해봐라" 이렇게 말하는 것이 상식이지, 다짜고짜 전화해서 "의결 정족수가 안 되게 막아라", "끄집어내라" 이런 지시를, 어떤 공직 사회에서 상하 간에 이것이 가능한 얘기인지, 저는 우리 재판관님들께서 상식선에서 이 문제를 좀 들여다봐 주시기를 바라는 마음입니다. 이상입니다.*

---

*　　이 자료는 2025년 2월 6일 헌법재판소 윤석열 대통령 탄핵 심판 6차 변론기일 공개 송출 영상에서 발췌한 것임을 밝힙니다.

헌법재판소를 비롯한 사법부에 대한 국민 불신이 여러 여론조사를 통해 확인되고 있습니다. 편향된 재판 절차와, 상식적으로 납득 못할 판결들이 잇따른 결과입니다. 거슬러 올라가면 모두 모두 '우리법연구회'와 '인권법연구회'가 있습니다. 이재명 민주당 대표를 벼랑 끝에서 구한 2018년 대법원 판결, 이유를 알 수 없는 선거법 사건 1심 지연에도 이들이 있었습니다. 민주주의의 근간을 흔든 울산시장 사건 1심을 15개월이나 뭉갠 판사도, 최근 2심 무죄 판결을 내린 주심 판사도 우리법,인권법입니다. 수사권도 없는데 대통령 체포작전을 벌인 공수처장도, 영장 쇼핑 논란에도 체포영장을 내준 서부지법 영장판사도, '편향 재판' 논란을 부르고 있는 헌법재판관 8명 중 3명도 우리법,인권법입니다. 지난 2010년 사조직 논란이 거세지고, 대통령을 욕설로 조롱한 판사가 '우리법'으로 밝혀지면서 우리법은 사실상 해체 수순에 들어갔습니다. 그런데 비슷한 시기 '인권법연구회'가 생겼습니다. 둘 다 모두 초대 회장은 '김명수'였고, 인권법 창립 멤버 31명 중 10명이 우리법이었습니다. 문재인 대통령, 김명수 대법원장 시절 이들은 사법부를 손아귀에 넣었습니다. 전체 판사의 10% 안팎에 불과한 이들이 요직인 서울고법 판사, 대법원 재판연구관, 법원 행정처, 전국 지원장 등의 30-50%를 장악했고, 전국법관대표회의를 주도했습니다. 그 무서운 영향력을 국민들은 탄핵 사태 이후 절감하고 있습니다.

– 국민의힘 대변인 호준석, 2월 6일 논평

비상대책위원회의 주요내용

2월 6일 비상대책위원회의 주요내용은 다음과 같다.

– 권영세 비상대책위원장

헌법재판소에 대한 국민들의 불신이 갈수록 확대되고 있다. 1월 31일 국회 국민동의 청원에 접수된, 문형배 헌재소장 권한대행 탄핵안은 불과 이틀 만에 국민 5만명의 동의를 넘겨 법제사법위원회에 정식 회부됐고, 오늘 아침까지 청원에 동의한 국민들의 숫자가 10만명을 훨씬 넘었다. 작년 12월 19일 여론조사에서는 헌재를 신뢰한다는 응답이 67%에 달했는데, 올해 1월 10일에는 57%로 떨어지더니, 급기야 2월 4일 조사에서는 헌재의 심리가 불공정하다는 응답이 47.8%까지 치솟으면서 공정하다는 응답 48.7%와 오차 범위 안으로 좁혀졌다.

가장 신뢰받아야 할 헌법재판소에 대해 국민 절반이 불공정하다고 생각하는데, 왜 이런 결과가 나왔는지는 본인들이 누구보다 잘 알 것이다. 무엇보다 대통령 탄핵 심판 일정을 누가 봐도 무리하게 밀어붙이고 있고, 대통령 변호인단의 증인 신청, 증거 신청은 대거 묵살하고, 증인 신문 시간도 과도하게 제한하는 등 심리 진행이 불공정하고 편파적이라는 비판을 받고 있다.

한덕수 권한대행 탄핵 심판은 사안의 시급함에도 불구하고, 12월 27일 탄핵안 접수 후 한 달 반이 지나는 2월 19일에야 첫 변론 기일을 잡았다. 반면에 1월 3일 접수된 마은혁 후보자 임명에 대한 국회의 권한쟁의 청구는 변론 준비 기일도 없이 1회 변론으로 종결을 내고, 2월 3일 선고를 하려다가 국민적 반발에 부딪혀 선고 당일 무기한 연기하는 촌극을 벌였다.

전체 판사의 10%도 되지 않는 우리법연구회 출신이 이미 헌법재판관 8명 가운데 3명을 차지하고 있는데, 또 한명의 우리법연구회 출신 마은혁 후보자 임명을 강행하려 한 것이다. 이러니 국민들이 믿을 수 있겠는가. 한덕수 권한대행에 대한 탄핵 심판이 기각되면, 최상목 권한대행이 마은혁 재판관 임명을 보류한 것에 대해서는 판단할 이유 자체가 사라지게 된다. 심지어 최상목 권한대행이 임명한 2명의 헌법재판관들에게 법적 정당성이 있는지부터 다시 살펴보자는 얘기까지 나오는 그런 상황으로 갈 것이다. 어느 재판이 더 시급하고 중요한지 뻔히 알 수 있는데 헌재는 이를 철저하게 외면하고 있다.

이런 와중에 어제 국회 측은 한덕수 권한대행 탄핵 사유에서 형법상 내란죄를 철회해 달라고 요청했다. 대통령 탄핵안에 이어 또다시 탄핵 사유를 뗐다 붙였다 하고 있는데, 헌재는 명확한 입장도 없이 침묵으로 일관하고 있다.

지난달 헌법재판소는 공정한 재판이 이루어지고 있지 않다는 지적에 대해 헌법 분쟁을 해결하기 위해, 내리는 헌재의 결정을 가지고 새로운 헌법 분쟁을 만드는 건 헌재를 만든 주권자의 뜻이 아니라고 했다. 주권자의 뜻을 어기고, 새로운 헌법 분쟁을 만들어내고 있는 것은, 다른 누구도 아닌 헌법재판소 스스로 임을 깨달아야 할 것이다.

이재명 대표의 선거법 위반 2심 재판이 진행되는 가운데, 이 대표 측은 선거법상 허위사실공표죄가 표현의 자유를 과도하게 제한한다며, 위헌법률심판을 신청했다. 재판 지연을 위해 또다시 꼼수를 동원한 것으로 이재명 대표의 궁박한 처지가 불쌍해 보일 지경이다.

하지만 본인의 처지가 아무리 어렵다 하더라도 표현의 자유까지 들먹인 것은 황당하기 그지없다. 가짜 파출소까지 세워서 전 국민 카톡을 검열하고, 자신들을 반대하는 유튜버도 검열하고, 여론조사가 마음에 들지 않으면 여론조사 기관도 검열하고, 포털과 언론까지도 검열하겠다는 게 지금 민주당 아닌가. 급기야 언론들이 51%를 넘긴 대통령 지지율 여론조사를 보도하자 범죄라고 겁박하기까지 했다.

자신의 입맛에 맞지 않는 의견은 죄다 검열하고 처벌하겠다는 이재명 대표가 표현의 자유를 운운할 자격은 없다고 할 것이다. 정당한 방어권이라는 이재명 대표 측의 주장도 어이가 없다. 민주당은 공수처에 "관을 들고나올 결기를 보이라"며 대통령 체포영장 집행을 강요했고, 구속 기소에 이르기까지, 검찰과 법원을 끊임없이 압박했다. 대통령의 방어권을 보장하라는 목소리는 철저하게 짓밟았다.

표현의 자유와 법적 방어권은 이재명 대표만이 누리는 전유물이 아니다. 지금 이재명 대표 앞에는 선거법위반과 위증교사 외에도 대북송금, 대장동·백현동, 푸른위례, 성남FC, 부인의 법인카드 유용 등 여러 재판이 줄줄이 기다리고 있다. 무엇 하나 가벼운 죄가 없다. 민심의 법정이니, 역사의 법정이니, 변명을 늘어놓고 있는데, 무슨 말로도 현실의 법정을 피할 길이 없음을 깨닫고 성실하게 재판에 임하시기 바란다.

어제 우리 당 비대위는 경제활력민생특위, AI 3대 강국 도약 특위와 함께 전력 인프라 현장을 둘러보고 전문가 간담회도 가졌다. 전력 없이 AI 혁명도 없고, 나아가 대한민국의 미래 먹거리도 없다는 말을 실감할 수 있었다. 앞으로 대한민국이 AI 3대 강국으로 나아가려면, 위기와 기회가 교차하는 지금이 그 어느 때보다 중요하다. 국가의 모든 자원을 총동원해서 한 걸음이라도 앞서가야 할 것이다.

이틀 전 이재용 삼성전자 회장이 샘 올트먼 오픈 AI CEO, 손정의 소프트뱅크 그룹 회장과 서울에서 전격 회동해서 한 · 미 · 일 AI 삼각 동맹을 맺었다. 이처럼 기업들이 앞장서고 있는데 정치가 발목을 잡아서는 안 된다. 반도체특별법과 국가기간전력망 확충법을 비롯한 미래먹거리 4법을 2월 국회에서 반드시 통과시켜서 AI 혁명을 주도할 동력을 확보해야 한다. 야당의 대승적이고 초당적인 협력을 촉구한다.

2025년 하얼빈 동계아시안게임이 내일 개막한다. 코로나 팬데믹으로 8년만에 열리는 동계아시안게임이다. 저와 국민의힘은 대한민국 선수단의 선전을 기원하면서 국민과 함께 힘껏 응원 하겠다.

– 권성동 원내대표

민주당 토론회에서 간첩죄 적용 대상을 북한에서 외국으로 확대하는 형법 제98조 개정의 필요성이 제기되었다고 한다. 간첩법 개정은 대한민국의 국익을 지키기 위해 너무나 당연한 입법인데, 이재명 세력의 비협조로 법사위에서 꽁꽁 묶여있는 실정이다.

산업스파이 적발 건수는 매년 급증하는 추세이다. 경찰에 따르면 2021년 1건에 불과했던 해외 기술유출 적발 건수가 지난해 1월에서 10월 사이에만 총 25건으로 늘어났다고 한다. 하지만 지금은 중국 등 다른 나라에 기술을 팔아넘긴 산업스파이를 간첩죄로 처벌할 수 없는 상황이다.

간첩법 개정을 단 한시라도 늦출 수가 없다. 중국은 2023년 7월부터 간첩행위의 기준이 모호한 이현령비현령의 반간첩법을 시행하고 있고, 작년에 우리 교민이 반간첩법 혐의로 구속당하기도 하였다. 그런데 우리는 핵심기술 산업스파이를 잡아도, 간첩죄로 처벌하지 못하는 불공정한 상황이다.

정부와 여당은 간첩법 개정을 일관되게 추진해 왔고, 작년 11월이 되어서야 법사위 법안 소위를 통과했다. 그런데 민주당 지도부가 다시 태도를 돌변하면서 법사위 전체회의 상정이 미뤄지고 입법은 한없이 지연되고 있다. 간첩법 개정은 우리나라의 산업 경쟁력 보호를 위한 최우선 입법과제이다.

아무리 우리 기업들이 뛰어난 핵심기술을 개발한다고 하더라도, 그 기술이 다른 나라로 유출된다면 산업 경쟁력이 강화될 수 있겠는가. 최근 이재명 대표는 연일 산업 경쟁력 강화를 외치고 있다. 말로는 얼마든지 산업을 외칠 수 있지만, 문제는 실천이다. 말만 하는 실용주의보다 입법으로 하는 실천주의를 보여주십시오.

한 말씀만 더 드리면 간첩법 개정은 우클릭이 아니다. 정상 클릭이다. 대한민국 정당이라면 당연히 찬성해야 하는 것이다. 민주당이 대통령 탄핵에 이어, 한덕수 대통령 권한대행 탄핵에서도 내란죄를 삭제하기로 했다고 한다. 사기 탄핵 시즌 2이다. 한덕수 대행 탄핵이야말로 내란죄를 삭제하고, 무슨 사유로 탄핵하겠다는 것인지 도저히 알 수가 없다.

한덕수 대행에 대한 탄핵 소추문의 1번 사유는 대통령 재의요구권의 정당한 행사였는데, 이것으로 탄핵할 수 없다는 것은 너무나 자명하다. 결국, 민주당은 한덕수 대행을 기분상해죄로 졸속 탄핵한 것을 자백한 셈이다. 헌재는 한덕수 대행의 1차 변론 기일을 2월 19일로 잡았다. 그 다음날은 윤석열 대통령 10차 변론 기일이다. 형평성과 시급성에 크게 어긋나는 것이다.

헌재는 더 이상 탄핵 심판을 지연시키지 말고 한덕수 대행의 졸속탄핵을 즉시 각하할 것을 촉구한다. 민주당은 박성재 법무부 장관, 조지호 경찰청장 탄핵도 내란죄를 삭제할 것인지 밝히길 바란다. 이런 식으로 엉터리 탄핵 소추문을 졸속 가결 시켜놓고 나중에 헌재에 가서 또 바꿔서 심리한다면, 국회의 탄핵 소추 절차가 왜 필요한가. 국회의 존재 가치를 스스로 부정하는 이재명 세력의 연쇄 사기 탄핵을 강력 규탄한다.

– 김상훈 정책위의장

민주당의 4.1조원 민생 예산 일방적 삭감은, 감출 수 없는 진실이다. 이재명 대표가 뭐가 그리 급한지 실수를 연발하고 있다. 얼마 전 윤석열 정부가 깎은 예산과 민주당이 깎은 예산을 비교한 목록을 제시했는데, 경로당 냉난방기 지원 예산은 지난해 800억원에서 올해 875억원으로 증액되었고, 스텔스 전투기 F35 도입 예산도 올해 6,763억원으로 전년 대비 59%나 증액되었는데, 오히려 정부가 삭감했다고 주장했다. 이재명 대표 측은 "올해가 아니라 2023년 자료를 참고해서, 벌어진 해프닝"이라고 해명했다. 참 어이가 없다.

또한 민주당이 올해 본예산과 관련하여 '국민의힘의 거짓말'이라는 허위사실 카드뉴스를 배포했다. 민주당이 민생 예산을 삭감했음에도 불구하고, 국민과 기업 피해와는 전혀 관계가 없다고 적시했다.

팩트 체크해 보겠다. 민주당이 감액한 민생 예산 현황이다.

1. 국가 유공자 보상금 179억원
2. 금융위 혁신 성장 및 원전 산업 성장 펀드 288억원
3. 청년 도약 계좌 및 대학생 근로 장학금 363억원
4. AI 돌봄 지원 36억원
5. 광물 전용 비축기지 구축 125억원
6. 휘발유 가격 인하와 산유국 꿈을 이룰 유전 개발 사업비 497 억원
7. 중소기업 신용보증기금 400억원,
8. 외식 산업 활성화 14억원
9. 청년 일자리 강소 기업 선정 사업 15억원
10. 아이 돌봄 수당 384억원

이렇게 감액했다. 이렇게 삭감된 예산이 국민과 기업에 피해를 주지 않는다고 민주당은 계속 주장하시겠는가.

기술 강국을 위한 R&D 예산은 더 심각하다. 민주당은 본예산에서 삭감된 R&D 예산 815억원은 여야 합의로 감액했다고 주장하지만, 815억원 중 393억원은 여야 합의 없이, 민주당이 일방적으로 처리한 것으로 확인됐다. 글로벌 탑 전략연구단 지원 313억원, 글로벌 매칭형 R&D 56억원, 양자과학기술 글로벌 파트너십 선도대학 지원 24억원 등이다.

또한, 민주당은 과학기술자문회의 심의를 통해 타당성이 검증된 민간 합작 선진 원자로 수출 기반 구축 사업 예산 63억원도 원전 산업 카르텔이라는 말도 안 되는 논리로 감액했다. 차라리 원전 산업 활성화가 싫다고 말씀하는 게 낫지 않겠는가. 또한, 각종 수해 등 자연재해에 즉각적으로 지원해야 할 예비비 4.8조원 중 무려 50%인 2.4조원을 일방 삭감한 민주당이 예비비 집행률이 낮아 예비비를 삭감했다는 궤변을 늘어놨다.

어제 언론 보도에 따르면 민주당이 지난 12월 10일 일방적으로 삭감한 올해 예산의 부작용이 속속 나

타나고 있다고 한다. 일부 정부 기관은 전기료와 청소비도 없을 정도로 운영이 어려운 상태이고, 특정 업무 경비가 전액 삭감된 검찰, 경찰, 감사원의 업무도 지장을 받고 있다. 청소 용역비가 없어 직원들이 집에서 쓰레기봉투를 가져와서 처리하고 있고, 화장실 청소가 되지 않아 인근 관공서와 공원 화장실을 이용하고 있는 실정이라고 한나. 무심코 던진 돌에 개구리는 맞아 죽는다고 한다. 민주당이 거대 의석수만 믿고, 국민 여러분께 무심코 던진 돌이 국민 여러분의 일상에는 큰 피해를 줄 수 있다는 점을 민주당은 명심하기 바란다.

국가 미래먹거리 4법 처리 촉구 관련이다. 지난 설 연휴 이후 딥시크 사태로 인한 충격으로 전 세계 첨단산업 시장의 움직임은 더 기민해지고 절박해졌다. 정부도 어제 첨단 전략산업 기금 신설을 발표하는 등 급변하는 AI 패권 경쟁 시대에서 살아남기 위해 총력을 다하고 있다. 국민의힘도 집권 여당으로서 정부의 노력에 적극적으로 동참 협조할 것을 말씀드린다.

국민의힘은 어제 첨단 산업 경쟁력 강화를 위해 평택 고덕 발전소를 방문하여 AI 시대의 첨단 산업 경쟁력 강화의 핵심 기반이 되어 줄 국가기간전력망 확충법 등 에너지 3법의 조속 처리 필요성을 다시 한번 확인했다.

그러나 국회는 이러한 시장의 절박한 움직임을 제대로 뒷받침하지 못하고 있다. 민주당은 여전히 주 52시간 적용 예외를 반대하는 노동계 눈치만 보고, 반도체특별법 원안 처리를 반대하고 있다. 이에 국민의힘은 첨단 산업 에너지 3법만이라도 우선 처리하고, 반도체특별법에 대한 논의를 계속 이어가자고 했지만 묵묵부답이다.

민주당에 촉구한다. 실천 없는 실용주의는 당리당략적 기회주의에 불과하다. 대한민국 경제를 위해서 편 가르지 말고, 특정 자기 집단의 이익을 따지지 말자는 이재명 대표 본인의 말을 초당적 민생 입법 협조로 국민께 증명해 주기 바란다. 반도체법 등 미래 먹거리 4법과 지난해 합의했던, 미처리 민생 법안 39건도 2월 임시회에서 처리할 수 있도록 적극 협조해 주기 바란다.

– 임이자 비상대책위원

어제 형사 피고인 이재명 더불어민주당 대표가 선거법 사건 2심 재판부에 위헌 법률심판제청을 신청하면서, 이재명 대표의 위선이 또 한번 민낯을 드러냈다. 독일의 정치가이며 문학자인 괴테의 역작 파우

스트에는 '뱀은 허물을 벗지 못하면 죽는다'는 구절이 있다. 또한, 우리 옛말에는 '뱀은 허물을 벗어도 본성은 변하지 않는다'라는 말이 있다. 이런 관점에서 볼 때 뱀은 허물을 벗지 못하면 죽고, 허물을 벗는다 하더라도 본성은 변하지 않는다라고 귀결된다.

형사 피고인 이재명 대표의 위선에, 저는 왜 이런 말들이 떠오르는 건지 모르겠다. 이런 말이 떠오르는 이유는 첫째, 형사 피고인 이재명 대표는 흑묘백묘론을 꺼내 들며 실용주의와 기업성장을 강조했지만, 정작 경영계의 반도체특별법의 핵심인 주 52시간 근무 예외 조항에 대한 양보를 오히려 제한했다. 이것은 허물조차 벗지 못하는 형국이다. 그럼 죽는다. 국민 여러분, 속지 마십시오.

둘째, 형사 피고인 이재명 대표는 어제 위헌법률심판제청을 신청한 것과 관련해서 '재판 지연 꼼수' 비판이 일자 "재판은 전혀 지연 없이 신속하게 끝날 것"이라고 말하며 유체이탈 화법을 이야기하고 있는데, 그러나 그동안 이재명 대표의 재판 지연을 시키려고 온갖 수단을 다 써왔다는 것은 국민 여러분들이 잘 알고 있다.

1심, 6개월에 끝내야 되는데 26개월 걸렸다. 그리고 1심 판결 후에 소송 통지서를 받지 않으려고 피하고, 변호인 선임을 늦추거나 추가 증인을 신청하면서, 재판을 지금 두달 가까이 끌고, 이제는 위헌법률심판제청까지 하고 있는 형국이다. 이렇기 때문에 2030 청년들이 분노하고 있는 것이다. 이렇게 재판 지연 꼼수를 부려놓고 하는 이런 것들은 설사 뱀이 허물을 벗는다고 하더라도 본성은 변하지 않는다 하는 것과 다름이 없는 것이다. 국민 여러분 속지 마십시오.

끝으로 MBC에 경고한다. MBC는 진정 국민을 위한 공영방송인지 묻고 싶다. 공영방송국의 목적은 국민의 알 권리를 충족시키는 것도 있겠지만, 국민의 기본권인 또 그중에서 인권은 금과옥조처럼 여겨야 한다. MBC 방송 강령 전문에도 보면 '우리는 인권을 존중하고 사회정의와 민주질서를 옹호한다.'라고 버젓이 써났다.

현재 MBC에서 발생한 직장 내 괴롭힘으로 인해서 인권이 짓밟혀, 한 청년이 안타까운 선택을 했다. 이 사건을 두고 온 국민이 분노하고 있다. 故 오요안나 씨가 정규직이든 비정규직이든 프리랜서건 근로자성을 띠기 이전에, 한 가정의 자랑스러운 딸이자 기본권을 존중받아야 하는 대한민국의 국민이기 때문이다.

故 오요안나 씨의 죽음에 마치 이 문제를 MBC 흔들기 차원으로 접근하려는 MBC의 시각에 비판이

들불처럼 일어나고 있다. 권력은 유한하고 언론노조는 영원할 것 같은가. MBC는 나약한 한 국민의 인권조차 외면하는 비정한 방송이라는 오명을 벗으려면, 이 문제를 MBC가 반드시 결자해지하십시오.

– 최형두 비상대책위원

국내 주요 대기업들이 경제사절단을 꾸려서, 미국을 방문한다고 한다. 경제사절단은 오는 19일날 미국 의회 도서관 토머스제퍼슨빌딩에서 미국 상·하원 의원 그리고 미국 정부 관계자 등 100여 명과 함께 만날 예정이다. 미국 내 최대 투자자이자 미국 경제를 살려온 우리나라 글로벌 CEO는 이제 미국 대통령과 언제든 독대할 정도일 만큼, 우리 기업들이 한미 동맹은 물론이고 경제, 외교 안보에 큰 역할을 하고 있다.

서양 속담에 '경제는 정치인이 잠자는 사이에 성장한다.'라는 말이 있다. 그런데 우리나라에서는 정치가 민생의 발목을 잡고 경제성장에 머리채를 뒤에서 붙잡아 왔다. 경제성장의 발목을 잡던 정당이 이제는 갑자기 경제는 민주당이라고 이야기 하니 오히려 국민 걱정이 크다.

이재명 민주당은 AI 3대 강국 도약을 위한 반도체특별법, 전력망법을 즉각 통과시켜야 한다. 그리고 민노총 울타리 밖의 대다수 노동자들을 괴롭히는 불법 파업 조장법이나 멈춰주십시오. 경제는 기업이 이끈다. 그리고 창의와 혁신이 넘치는 인재들, 세계에서 가장 우수한 국민들이 함께 키워왔다.

일찍이 삼성 이건희 회장이 말했듯이, 우리 정치는 3류, 4류이다. 우리 정치는 이제 중증외상수술센터 수술대에 올라야 한다. OECD 선진국가 대비 국회의원 세비부터 수술해야 한다. 정치는 3류, 4류 아니 블랙홀인데, 우리나라 기업들과 국민들이 피땀으로 이뤄온 성과만 누리는 것은 부당한 특혜이다. 국민의힘은 광복 80주년 대한민국 재도약을 위해서 기업이 뛰게 하고 창의적 인재가 혁신을 이루도록 뒷받침하겠다.

– 김용태 비상대책위원

올해는 광복 80주년이자, 한일수교 60주년이 되는 해이다. 다음주인 15일에는 남산 서울타워와 도쿄타워에서 각각 수교 60주년을 기념하는 점등식을 개최한다고 한다. 그런데 일본은 군함도 후속 조치 보고서에서 알 수 있듯이 최근까지도 자신들의 근대화과정에서 기억하고 싶은 것만 기억하고, 진정한 양국 협력의 토대가 되는 역사 정의는 외면하고 있다.

군함도에서 일본은 근대적인 최첨단 산업단지이자 아파트 도시의 생활을 보고 싶을지 모르겠으나, 그곳에서 지하 1,000M 아래 경사진 좁은 곳에서 온도 40도가 넘고, 바닷물이 떨어진 탄광 속에서 채찍을 맞으며, 중노동에 시달린 조선인들에 지옥 같은 삶도 있었다.

일본 정부가 메이지 산업혁명 유산에 유네스코 세계문화유산 등재를 추진하는 23중에 7곳이 조선인들의 강제징용에 동원되었던 곳이다. 인류 보편적 가치를 추구하는 유네스코 세계문화 유산에서 우리 선조들이 당했던 강제 동원과 강제 노역의 역사가 부당하게 감춰진다면, 한국 정부는 일본의 추가적인 세계문화유산 등재 반대를 포함해 매우 결연한 태도를 보여야 한다.

군함도의 세계문화유산 등재가 결정되었던 2015년 7월 5일 유네스코 세계유산위원회에서 일본은 등재조건으로 군함도 전체시기의 역사를 말할 것, 이러한 강제징용의 역사가 있었음을 밝힐 것, 그리고 약속이행과 관련된 경과 보고서를 2017년 말까지 제출할 것을 약속한 바 있다. 당시 사토 구니 주 유네스코 일본대사는 1940년대 일부 시설에서 수많은 한국인과 여타 국민이 본인의 의사에 반해서 동원되어 가혹한 조건 하에서 강제로 노역을 했다고 발언하기도 했다.

그러나 등재 바로, 다음날 기시다 후미오 외무상은 어제의 발언 내용이 강제노동을 뜻하는 것이 아니라며 입장을 바꿨다. 2020년에 설립한 도쿄 신주쿠 산업유산정보센터에는 한반도 출신 탄광 노동자들에 대한 차별이 없었다는 주민들의 증언들을 전시했고, 심지어 2023년 9월에는 한일 강제 병합이 합법이라는 전시물까지 등장했을 정도이다. 2017년, 2019년, 2022년 그리고 최근 2024년 12월 이행 경과보고서 어디에도 강제표현은 사용되지 않았다.

일제강점기 시대의 역사 정의문제는 인권의 문제이자, 주권의 문제이다. 우리가 일본과의 역사문제로 일본과의 안보나 경제협력을 소홀히 할 수 없으나, 반대로 안보와 경제를 고려한다는 이유로 역사 정의를 외면할 수는 없다. 일본과의 역사 정의문제는 죽창가를 외치고 선동한다고 해서 진전되지 않듯이, 일본의 선의에 대한 기대만으로 해결될 수도 없다.

일본이라는 나라, 그리고 한일 관계의 특수성을 고려해서 경제 안보 협력과 역사 정의 문제해결을 병행해서 끈기 있게 추진해가야 한다. 외교권을 상실한 을사년의 치욕과 광복 80주년, 한일수교 60주년이 교차하는 2025년에 일본과의 역사 정의 문제해결을 위해 외교 전략이 발의될 수 있도록 정부가 더욱 힘써주시길 바란다.

— 최보윤 비상대책위원

민주당의 예산 졸속 처리 부작용이 곳곳에서 드러나고 있다. 넷플릭스 중증외상센터의 주인공 백강혁 같은 외상 전문의를 육성해 오던 국내 유일의 수련기관인 고대 구로병원 중증외상센터가 이달 말 운영을 중단할 예정이다. 동 센터는 지난 11년간 20여 명의 외상 전문의를 배출하였고, 이들은 전국 곳곳의 외상센터에서 환자의 생사의 갈림길에 건 생명을 구하는 골든타임을 책임지고 있다.

이런 동 센터가 문을 닫게 된 이유는, 정부가 지원해 왔던 연간 9억원의 예산이 올해 지급되지 않았기 때문이라고 한다. 동 사업비는 2025년 정부 예산안에 편성되지 않았고, 복지위 예산안 심사과정에서 중요성을 인정하고 반영이 되었다. 그렇지만 예결위에서 민주당의 감액 예산 처리로 반영되지 못했다.

연간 9억원이다. 민주당이 심도 있게 예산을 심의하였다면, 문을 닫아야 하는 상황은 발생 되지 않았을 것이다. 외상 분야는 수익성이 보장되지 않기 때문에 시설, 인력, 시스템 등 다방면에서 병원과 정부 차원의 지원이 반드시 필요하다. 국민의힘은 국민의 생명과 안전을 위한 중증외상 전문의 수련센터의 예산이 지원되도록 정부와 협의해서 대책 마련을 위해 최선을 다하겠다. 민주당은 예산 졸속 처리에 대한 반성과 사과가 있어야 할 것이다.

글로벌 AI 패권 경쟁이 국가의 존망을 좌우하는 총력전으로 확대되고 있다. 미국은 최대 5,000억달러를 AI 인프라에 투자하는 스타게이트 프로젝트를 발표했고, 중국은 저비용 고성능의 AI 모델을 선보이며 혁신을 이뤄냈다. EU는 최근 AI 등 경쟁력 강화를 위한 5개년 로드맵을 제시했다.

특히 주목할 점은 딥시크의 AI 기술이 전 세계를 충격에 빠뜨렸고, 중국에서는 문샷 AI 등 혁신적인 스타트업들이 제2의, 제3의 딥시크를 목표로 빠르게 성장하고 있다는 점이다. 이러한 중국의 성공 배경에는 정부의 전략적 지원이 있었다. BBC 보도에 따르면, 중국은 AI 등 핵심기술 분야에 대한 투자를 전폭적으로 확대하는 한편, 연구 보조금 지원을 강화하고 산학 협력을 장려하여 AI 인재 양성을 적극 추진해 왔다.

그러나 우리의 현실은 심각하다. 지난해 9월 출범한 국가 AI위원회는 제 기능을 못 하고 있으며, 과도한 규제로 신기술 개발은 답보 상태에 머물러 있다. 무엇보다도 법 제도적 기반 마련이 한없이 지체되어 AI 산업 생태계 구축에 심각한 차질을 빚고 있다. AI 경쟁력 확보를 위해서는, 핵심 법안의 통과가 시급하다. 반도체특별법을 통해 세제 혜택, 보조금 지원, 인프라 구축은 물론 연구개발 인력의 주 52시간 예외 적용 등 실질적인 지원책을 마련해야 한다. 국가기간전력망 확충법을 통해 막대한 전력을 소비하는 AI 산업의 성장 발전을 촉진하기 위한 전력 인프라를 구축해야 한다.

그러나 민주당은 국익을 외면한 채 당리당략적 발목잡기로 일관하고 있다. '추가경정예산에 AI 예산을 대폭 반영하자'는 허울적인 정치적 수사만 늘어놓으면서, 실제로는 AI 산업의 미래 경쟁력을 좌우할 핵심 법안들을 뭉개며, 소중한 골든타임을 허비하고 있다. 민주당은 특정 지지층의 눈치만 보며, 국가의 미래가 담긴 법안 처리를 의도적으로 지연시키고 있는 것이 거대 야당의 반민주적인 의회 독재 아니고 뭐겠는가.

국민의힘은 지난 1월 31일 AI 3대 강국 도약 특별위원회 긴급 간담회를 개최하여 각계각층 전문가들과 함께 딥시크 여파에 따른 AI 대응 전략을 모색했고, AI 특화 예산 편성과 지원책 마련 등 국회 차원의 적극적인 뒷받침을 약속한 바 있다. 국민의힘은 어제는 평택 고덕변전소를 찾아 에너지망을 고려한 국토 균형발전 종합 인프라 계획을 수립하겠다고 말씀드렸고, 에너지 수요를 찾아 이동하는 기업에 인센티브를 제공하는 특별법 제정 등 AI 산업 도약을 위한 새로운 로드맵을 발표했다.

국민의힘은 앞으로도 집권 여당으로서 정부, 산업계, 연구계와 협력하여 실효성 있는 전략을 수립하고, AI 산업 육성을 위한 과감한 투자, 규제 혁신, 인재 양성에 당의 역량을 집중해 나가겠다. 딥시크의 CEO 은 량원펑은 과거 "우리가 영원히 AI 분야의 추종자로 남을 수 없다"라고 발언을 했는데, 이는 우리에게도 깊은 울림으로 다가온다. 2월 국회는 대한민국이 향후 100년 세계를 선도하느냐, 뒤처지고 낙오하느냐를 가르는 역사적인 분기점이 될 것이다. 반도체특별법과 국가기간전력망 확충법 등 핵심 법안의 조속한 처리를 위해 민주당의 전향적인 협조를 강력히 촉구한다.

2025. 2. 6.
국민의힘 공보실

내란수괴 윤석열이 지난해 6월 대국민보고 국정브리핑을 열어 발표한 동해 석유·가스전 탐사시추 계획, 이른바 '대왕고래 프로젝트'가 대국민사기극으로 판명났습니다. 산업통상자원부 고위관계자는 오늘 기자들과 만나 "가스 징후가 일부 있는 걸 확인했지만 그 규모가 유의미한 수준, 경제성을 확보할 수 있는 수준은 아니었다"고 말했습니다. 수천억을 투자해 시추했으나 추가로 탐사 시추할 필요성도 없어서 시추공을 원상복구했다고 합니다. 4.10 총선에서 심판받은 윤석열이 호들갑을 떨 때부터 알아봤습니다. 내용을 뜯어보면, 정부가 탐사시추를 승인했다 정도였을 뿐입니다. 그런데 윤석열은 "최대 140억배럴에 달하는 석유와 가스가 매장돼 있을 가능성"을 언급하면서 '북'을 쳤고, 배석했던 안덕근 산업부 장관은 "영일만 석유·가스 매장 가치가 삼성전자 시가총액의 5배 정도"라면서 '장구'를 쳤습니다. (…) 윤석열 법률대리인단은 "최대 140억 배럴, 2270조원에 달하는 사업에 성공하면 우리의 에너지 자립과 에너지 안보를 획기적으로 강화할 수 있어 국민의 기대를 한 몸에 받고 있는 동해 심해 가스전 개발 사업(대왕고래 프로젝트)조차 대통령의 치적으로 평가받는 것을 막기 위해 예산을 사실상 거의 전액 삭감하였다"라고 변론중입니다. 야당의 독주를 막기 위해 비상계엄 선포가 불가피했다는 억지입니다.

— 조국혁신당 수석대변인 김보협, 2월 6일 논평

더불어민주당
제28차 정책조정회의 모두발언

□ 일시 : 2025년 2월 6일(목) 오전 9시 30분
□ 장소 : 국회 본청 원내대표회의실

– 박찬대 원내대표

입만 열면 거짓말, 내란 수괴 윤석열은 세상 뻔뻔한 거짓말을 멈추십시오. "탄핵하든 수사하든 당당히 맞서겠다"고 큰소리치던 말도 거짓말이었습니다. 반나절도 못가서 들통날 뻔한 거짓말로 오천만 국민을 속이고 있습니다. 곽종근 전 특전사령관은 '의원이 아니라 요원을 끌어내라는 지시였다'는 거짓말에 대해 "요원이 아니라 국회의원이 맞다"고 내란 국정조사에서 다시 한번 확인했습니다.

'국회의원 체포를 지시한 적 없다'는 윤석열의 거짓말에 대해 홍장원 전 국정원 1차장은 "윤석열이 싹 다 잡아들이라 했다", "체포자 명단을 듣고 뭔가 잘못됐다고 생각했다"며 조목조목 반박했습니다. 전 방첩사령관 여인형 역시 김용현한테 체포자 명단을 받았고, 선관위 서버를 확보하라고 지시하는 등 일부 사실을 인정했습니다. 심지어 윤석열 자신도 "선관위 군 투입은 내가 김용현에게 지시했다"고 자백 아닌 자백을 하기도 했습니다.

이처럼 수많은 증인과 증언으로 12.3내란사태의 진상이 밝혀지고 있는데도, 오로지 윤석열과 국민의힘만은 상식과 상상을 초월하는 거짓말과 궤변으로 국민을 기만하고 있습니다. 헌법재판관을 색깔론으로 위협하고, 극우폭동을 선동하는 것도 모자라, 국정조사에 나온 증인에게 "민주당에 회유당했다"고 협박하는 등 망동을 일삼고 있습니다. 국민의힘은 어제 내란국조 현장조사에 출석하지도 않았고, 윤석열과 김용현 등 내란 수괴와 그 하수인들 역시 조사에 응하지 않았습니다.

다시 한번 국민과 함께 확인합니다. 윤석열은 12.3내란을 사전에 모의해 준비했고, 명백한 위헌이자 심각한 불법인 비상계엄을 선포했으며, 국회 난입, 국회의원 체포, 언론사 봉쇄 및 단전-단수 지시, 선관위 군 투입 등을 지시하고 이행한 내란 수괴 피의자입니다. 윤석열이 그 어떤 거짓말과 오리발을 내밀

어도 내란 수괴 혐의를 결코 벗을 수 없으며, 파면이라는 국민적 심판을 피할 수 없음을 명심하기를 바랍니다.

최상목 대행이 어제 4건의 경찰 고위직 승진 인사를 승인했는데, 노골적인 내란 수사 방해를 위한 인사가 아닌지 매우 의심스럽습니다. 4명 중 3명이 이른바 '용산 출신'이고, 네 명 모두 현재 계급으로 승진한 지 1년이 안 됐는데도 또다시 초고속 승진한 경우입니다. 내란 수괴 윤석열과 그 잔당들이 버젓이 활개치는 와중에 노골적인 '윤석열 충성파 챙기기', '용산 코드인사, 보은인사'를 감행한 것입니다.

경찰청장 바로 아래 계급인 치안정감으로 승진하는 박현수 행안부 경찰국장은 실제로 윤석열 정부 아래서 승승장구한 인물로 알려졌습니다. 박현수 국장은 2022년 윤석열 인수위 근무를 시작으로 2023년 1월 경무관으로 승진해 대통령실 국정상황실에 파견된 뒤, 아홉 달 만인 10월에 다시 치안감으로 승진했습니다. 작년 6월부터는 그 말 많고 탈 많은 행안부 경찰국장으로 일해왔습니다. 나머지 3명의 경무관도 보통 3년 걸리는 치안감 승진을 1년 만에 '초고속 패스'한 경우라고 합니다.

대통령실과 최상목 대행이 경찰 고위급 인사를 '윤석열맨'으로 채우고, 경찰의 내란 수사를 방해할 속셈이 아닌지 의심하지 않을 수 없습니다. 오얏나무 아래에서 갓끈을 고쳐매지 말라고 했습니다. 최상목 대행과 대통령실은 의심받을 일체의 행위를 중단하길 경고합니다. 민주당은 내란을 지속시키려는 어떤 시도에도 단호히 대응할 것입니다.

– 진성준 정책위의장

국제 통상 전쟁이 시작되었습니다. 미국이 어제부터 중국에 대한 10% 추가 관세 부과를 시작했습니다. 수출이 그간 우리 경제를 책임져온 만큼, 우리 수출기업들은 그야말로 초비상입니다. 이미 기업들 사이에는 중국 다음이 우리나라가 될 것이라는 불안과 우려가 팽배합니다. 그렇지만, 캐나다와 멕시코에 대한 관세가 30일 유보된 사례에서 보듯이 여지는 남아있습니다. 어제 이재명 대표가 주재한 기업인들과의 통상정책 간담회에서도 미국 트럼프 대통령과의 정상급 외교가 절실한 상황이므로 하루빨리 정치적 불확실성을 제거해야 한다는 목소리가 이어졌습니다. 그렇게 정상외교를 통해서 돌파구를 마련해 보자고 하는 요구인 것입니다. 그리고, 지금 당장은 국회가 중심이 되어서 통상외교를 적극화하고, 수출산업 전반에 대한 전방위적 지원 대책을 마련해야 할 때입니다.

통계청에 따르면, 자영업자 수가 전년 대비 3만 2천 명 감소했습니다. 코로나 팬데믹도 버텼는데, 최악의 내수 침체 상황이 장기화되자 더는 버티지 못했다는 뜻입니다. 내란 사태로 위축된 소비심리가 내수 부진으로 이어져서 자영업자들이 그야말로 직격탄을 맞고 있습니다. 이날 발표된 1월 소비자물가 상승률은 5개월 만에 다시 2%대로 올라섰습니다. 환율이 급등하고 석유류 가격이 상승했습니다. 이에 따라서, 채소류, 전기, 가스, 수도 등도 큰 폭으로 뛰었습니다. 1%대 저성장이 예상되는 상황에서, 경기침체와 물가 상승이 동시에 발생하는, 이른바 '스태그플레이션'에 우려도 나오고 있습니다.

우리 경제가 이렇게 살얼음판을 걷는데도 정부와 국민의힘은 한가합니다. 추경 요구에는 이런저런 조건을 붙여가면서 반대하고 있고, 지난 3일 국회 통상특별위원회를 설치해서 대응하자고 하는 제안도 사전에 협의가 없었다면서 반대하고 나섰습니다. 설치하자고 제안하면 이제부터 협의하는 것 아닙니까? 사전협의를 하면 무엇을 제안합니까? 최상목 권한대행은 국민의힘의 눈치를 살피면서 여야 합의만을 되뇌고 있습니다. 정부와 국민의힘에 거듭 촉구합니다. 전향적인 자세로 추경 논의에 임하고, 국회 통상특위 설치도 즉각 수용하십시오. 다음 주 초에 국정협의회가 열릴 예정입니다. 내란을 종식하고 국민 삶을 보듬는 성과가 도출될 수 있도록 민주당은 최선을 다하겠습니다.

윤석열을 지지하는 일부 극우세력들이 국민을 위협하고 있습니다. '탄핵 배지'를 달았다는 이유로 마트 직원들의 신상을 인터넷에 유포하고, 매장을 직접 찾아가서 협박하는 일까지 벌이고 있습니다. 신상에 위협을 느낀 노동자는 가족을 직장으로 불러서 함께 퇴근했고, 어느 여성 노동자는 병가를 내기도 했습니다. 윤석열 구속영장을 발부한 판사를 응징하겠다면서 법원에 난입한 것처럼, 정치적 견해가 다른 평범한 시민을 대상으로 이른바 '백색테러'가 벌어지고 있는 것입니다. 내란 사태 이후 극우성향의 커뮤니티나 극우 집회에서 이재명 대표 등 유력 정치인들에 대한 테러도 예고되고 있습니다. 제2의 암살 시도, 제2의 서부지법 폭동 사태가 또 발생하는 것은 아닌지 우려스럽습니다. 공동체의 안전을 해치고 민주주의를 위협하는 행위를 용납할 수 없습니다. 사법당국은 국민의 신상을 유포하고 위협을 가한 자들을 색출해서 법과 원칙에 따라서 엄정하게 처벌할 것을 강력히 촉구합니다.

– 박성준 원내수석부대표

거짓말과 궤변으로 일관하는 내란 수괴를 국민이 언제까지 지켜봐야 합니까? 헌법재판소는 신속히 결론을 내야 합니다. 윤석열의 거짓말과 궤변이 날이 갈수록 심각해지고 있습니다. 비상계엄을 선포하고, 총도 쏴서라도 문을 부수고 들어가 의원들을 끌어내고 주요 정치인을 구금하라고 직접 지시까지 해놓고

선 이제 와 오리발만 내밀며 거짓말을 하고 있습니다. 심지어 비상계엄은 경고용이고 아무 일도 일어나지 않았다며 웃으면서 장난처럼 말하고 있습니다. 이런 수준의 사람이 대통령으로 있었다는 게 대한민국의 가장 큰 비극입니다. 게다가 윤석열은 말도 안 되는 이유를 들어, 시간만 지연시키려 하고 있습니다. 눈에 보이는 꼼수입니다. 헌법재판소가 이런 얕은수에 넘어가지 않으리라 생각합니다. 지금 국민은 내란 수괴의 생떼를 지켜보며 지쳐가고 있습니다. 헌법재판소가 신속히 결론을 내리고 국가를 정상화시켜야 합니다. 역사적 책임을 지고 신속히 결론 내리기를 기대하겠습니다.

한 말씀 더 드리겠습니다. 비상계엄 직전까지만 해도 명태균 국정농단이 정국의 핵이었습니다. 하지만, 지금 창원지검은 황금폰을 압수했지만, 그 어떤 수사도 제대로 진행하지 않고 있습니다. 국민의힘 대선 경선 여론조사 조작과 정치자금법 위반, 보궐선거부터 총선, 지방선거까지 각종 공천에 대한 불법적 개입 등 창원지검의 수사로 밝혀진 것이 없습니다. 소환된 정치인도 없습니다. 내란 수사를 지켜보며 적당히 덮으려는 수작으로 보입니다. 이대로 그냥 두어서는 안 됩니다. 명태균 게이트가 비상계엄 선포의 도화선이 되었다는 것은 모두가 아는 상식입니다. 대한민국을 뒤흔들고 있는 이 모든 사건의 발단인 명태균 게이트의 진상을 규명해야 합니다. 다시는 선거 조작, 여론조작, 비선 개입, 국정농단이 발생하지 않도록, 특검을 추진해 죄지은 자들을 법의 심판대에 세워야 할 것입니다. 민주당은 국민의 뜻을 모아서 명태균 특검법을 추진해 나가겠습니다.

– 정동영 과학기술정보방송통신위 위원

원내 회의에는 평생 처음 참석해보는데 대단합니다. 민주당의 살아있는 심장이고, 엔진이고, 시스템이고, 특히 퍼펙트 스톰, 쿠데타 폭풍, 트럼프 폭풍에 최근에는 AI 전쟁 속에서 대한민국호를 안전하게, 그리고 신속하고 정확하게 항해하는데 민주당 지도부가 정말 탁월한 지도력을 발휘하고 있다고 생각합니다. 우리 모두를 위해서 박수 한번 부탁합니다.

제가 오늘 회의에 참석한 것은 이정문 부대표가 어제 오후에 오라고 해서 왔습니다. 제가 과방위원이면서 AI TF 단장 자격으로 왔습니다. 설날 연휴에 온통 이른바 '중국발 딥시크 쇼크'가 세계를 휩쓸었는데, 지금 대한민국은 국가 AI 위원장이 공석입니다. 작년 9월에 국가 AI 위원회가 출범하고, 그 위원장이 윤석열이었습니다. 그런데 지금 위원장은 구속 상태입니다. 감옥에 가있습니다.

트럼프 대통령은 취임 다음 날 730조 AI 투자 계획과 함께 스타게이트 프로젝트를 발표했습니다. 영국의 스타머 총리는 25조를 AI 인프라에 국가가 투자하겠다고 2주 정도 전에 발표했습니다. 마크롱 대통령은 1년 전부터 대통령이 직접 진두 지휘하면서 AI에서 유럽의 강자가 되고 미국을 쫓아가겠다는 선언을 하고, 실리콘밸리에 있는 프랑스 과학자와 연구자들을 불러들여서 미스트랄이라는 프랑스 소버린 AI를 만들고, 이게 지금 유럽에서 최강입니다. 1년 반 만에 10조원 가치의 기업으로 크고 있습니다.

국가 AI 위원장 대행을 누가 해야 합니까? 최상목 부총리가 해야 합니다. 그런데 지금 내란 수괴 대행을 할 뿐 국가 AI 위원장 대행에는 관심이 없는 것 같습니다. 즉각 추경안과 관련해서 AI 인프라 투자에 대한 정부 계획을 집어넣어서 국회에 제출해 줄 것을 요청합니다.

과방위 차원에서 지난 정부 국회에서 민주당 의원님들과 함께 "이런 AI 전쟁 속에서 정부가 국회에 제출한 과기부 1조 2천억 예산, 그리고 전 정부 합쳐서 1조 8천억을 가지고는 태부족이다. 지금 중국이 올해 GPU 구입 예산만 8조, 캐나다가 2조, 이런 상황 속에서 구호만 'AI 3강'이지 예산이 뒷받침되지 않는 것은 공염불이다. 그래서 민주당 차원에서 감액 예산 중에 1조 원을 뚝 잘라서 AI 인프라에 넣자." 이런 제안을 선도적으로 주장을 했고, 마침내 정부여당의 동의를 받아서 지난 정기국회 과방위를 통과했습니다. 1조 증액 예산입니다.

GPU는 AI 모델을 구동할 수 있는 기본 장비인데 GPU 한 장에 엔비디아는 5천만에 팝니다. 근데 8장이 한 세트고 거기에 '쿠다'라는 소프트웨어를 장착하면 6억입니다. 5천만 원 곱하기 8을 하면 4억에 쿠다 2억을 더하면 총 6억이고, 적어도 이 GPU가 만장 단위는 있어야 스타트업이라든지 연구자들이라든지 기업이라든지 대학, 산업체 등에서 활용할 수가 있는데 대한민국 전체에 있는 GPU가 1,960장이라는 말도 있고 2천 몇 백 장이라고도 합니다.

그런데 마이크로소프트가 50만 장, 아마존이 35만 장, 구글이 작년에만 15만 장 등등 10만 단위, 20만 단위로 가고 중국도 20만 장이 있다고 합니다. 그런데 우리가 2천 장 정도 가지고 'AI 3강'이라는 것이 너무 한심한 지경입니다. 따라서 오늘 말씀드리는 것은 민주당이 세 가지, 첫째는 GPU와 관련해서 최소한 과방위를 통과한 1조 예산 투입에 추가로 1조가 더 있어야 합니다. 2조 원 정도는 주가 돼야 GPU 1만 장, 또는 1만 5천 장을 국내에 구비하게 됩니다.

마침 어제 유상임 과기부 장관도 똑같은 얘기를 했습니다. "GPU 1만 5천 장은 구비돼야 우리 산학연이 활용할 수 있다." 그걸 활용하기 위해서는 지난번 정기국회 때 과방위를 통과한 1조에 플러스 1조가 더 있어야 합니다. 그래야 1만 5천 장을 구매할 수 있게 되는데 이것을 담론으로 채택해서 정부의 추경에 반영해 달라고 요청할 필요가 있다는 말씀을 드립니다.

두 번째는 AI 특위 위원장을 사실은 이재명 대표가 원래 맡기로 했었는데, 쿠데타 사태 관련 일로 제가 대신하고 있습니다. 당 차원에서 AI 특위를 만들어서 직접 당 대표가 진두지휘하고 끌고 나갈 필요가 있다고 생각합니다.

그리고 또 하나는 현장에서의 강력한 요구입니다. 뭐냐면 결국 딥시크를 만든 량원펑이라는 젊은이가 200명의 중국 컴퓨터 공학과 출신 젊은이들과 함께 전 세계를 흔들어내고 미국과 AI 패권 전쟁에 강자로 등장을 했는데요. 우리 젊은 인력들이 의대로 쏠림도 있지만, AI 스타트업이나 중견 기업들이 병역 특례 문제 때문에 애로사항이 많습니다. 그래서 AI 반도체 등 전략 기술 분야에 관한 병역 특례 법안을 만들어 달라는 것이 현장의 강력한 요구입니다. 그래서 이것을 민주당의 당론으로 추진해 주십사 요청을 드립니다.

– 박범계 법사위 정책조정위원장

부하에게 책임을 떠넘기고 도망가기에 바쁜 직무 정지된 대통령의 민낯을 우리는 보았습니다. "호수에 떠 있는 달그림자를 쫓는 격이다. 아무 일도 없었다." 윤석열 피청구인의 지난 헌재 발언입니다. 실체가 없었다, 아무런 결과 발생이 없었다는 뜻을 강조하려고 이미지를 극대화하는 작업인 것으로 보입니다. 윤석열은 이를 통해 무엇을 얻으려 했을까요. 내란 행위가 위헌이라도 파면에 이를 정도로 위헌의 중대성이 크지 않다는 전략의 일환이 아닐까 생각합니다. 그러나 국헌문란의 목적으로 폭동한 내란 행위 그 자체가 위헌의 중대성까지를 내포합니다.

이진우, 여인형의 증언에 답답하셨고, 반면 홍장원의 증원에는 시원하셨을 것입니다. 중요한 것은 먼저 이진우입니다. "총을 쏴서라도 들어가 끄집어내라." 이 진술이 담긴 피의자 심문 조사가 헌법 재판관들의 확인에 의해 헌법재판소에서 증거로 채택되었다는 것입니다. 그밖에 이진우의 부관, 운전병 등의 진술로 보충되고 있다는 점에서 이진우의 묵비권은 탄핵에 아무런 장애가 되지 않습니다.

다음 여인형입니다. "위치 추적은 부탁했으나, 체포조 운영은 진술 못 하겠다"고 묵비권 행사를 했습니다. 그러나 여인형 본인의 휴대폰 클립보드에 체포조 운영, 체포조 작전 개시가 메모되어있는 물증이 명확히 존재하고 여인형, 김대우를 건너 들어 적었다는 방첩사 구 모 과장의 체포 명단 리스트와 홍장원의 진술과 메모로 충분히 보충되고도 있습니다.

홍장원입니다. 여인형이 불러준 것을 적었다는 체포 명단 메모에 대해서 정형식 재판관이 검거요청 문구에 대해 따져 물었으나, "검거지원요청이라는 뜻이다"고 홍장원은 대응하면서 증거를 배척할 결정적 문제가 있지는 않은 듯 보입니다. 더군다나 압수된 방첩사의 위에서 언급한 체포 명단 메모와도 일치하니, 더 말할 필요도 없겠습니다.

한편, 윤석열 피청구인이 계엄 당일 홍장원 차장에게 전화한 것은 단순히 격려 차원일 뿐이다, 간첩 관련일이다고 주장한 것에 대하여 홍장원은 그 엄중한 계엄 상황에 한가하게 격려 전화가 말이 되느냐, 싹 다 정리하라고 분명히 지시했다고 정면으로 반박했습니다. 결론적으로 윤석열 파면을 위한 증거는 차고 넘치고, 쏙쏙 헌재에서 드러나고 있습니다.

– 강선우 보건복지위 정조위원장

권성동 원내대표는 찬물로 세수하고 정신 차리십시오. 언제 민주당이 국민연금 구조 개혁을 안 한다고 했습니까? 권 원내대표는 민주당의 연금 개혁 추진을 두고 정치적 이미지에 분칠하려는 것, 지극히 정치공학적 판단이라고 중상모략 하느라 참 바쁩니다. 당장 할 수 있는 것부터 신속하고 단단하게 해나가자는 것이 왜 분칠이고 정치공학적 판단인지 알 수 없습니다. 권성동 원내대표에게 다시 묻겠습니다. 모수개혁은 이미 사회적 논의가 충분히 이뤄졌고 여야 간 이견도 크지 않습니다. 할 수 있는 모수개혁부터 우선 처리하자는 것이 어떻게 정치 공학적 판단이고 분칠입니까? 현재 연금 부채는 하루 885억 원, 매월 2조 7천억 원씩 불고 있습니다. 연금 체계 전반을 개편하는 구조개혁까지 한 번에 하려면 논의가 복잡하고 현재는 대행의 대행 체제지 않습니까? 이 체제에서는 결론을 내리기가 불가능합니다.

국민의힘 안상훈 의원은 대통령실 사회수석 시절에 선진국 사례를 보면 구조개혁은 아무리 빨라도 10년이 걸린다라고 말한 바 있습니다. 말 그대로 구조개혁은 중장기적인 논의가 필요한 사안입니다. 국민의힘은 국회 연금특위를 구성해 구조개혁과 모수개혁을 함께 논의하자며 사실상 개혁을 또다시 미루고 있습니다. 구조개혁까지 동시에 하려면 연금 개혁이 또 표류하게 됩니다. 개혁을 하지 않겠다는 말과 다름없습니다. 지극히 정치 공학적 판단과 분칠은 국민의 힘이 하고 있습니다. 게다가 국민의힘이 금과옥조로 여기는 정부의 연금 개혁안의 구체적인 구조개혁 방안이 담겨 있습니까? 없습니다. 연금개혁안이라고 발표한 것이 어떻게 하면 연금을 덜 줄지에 대해서 슬렁슬렁 대충대충 끄적거린 쪽지 메모 수준 아니었습니까? 즉 지금은 구조개혁안조차도 마련이 안 돼 있는 상황입니다.

있지도 않은 구조 개혁을 방패삼아서 충분히 할 수 있는 원포인트 모수개혁조차 하지 않겠다는 국민의 힘의 발싱이 참 나쁩니다. 국힘 입상에서는 또 권성동 원내대표 입장에서는 뭐 한낱 가벼운 정치질, 선동질에 지나지 않을지 몰라도 힘겨운 하루하루를 버티고 견뎌내는 그래서 괜찮은 노후는 꿈조차 못 꾸고 있는 대한민국 평범한 국민들께 이런 말 한마디, 한마디 자체가 고통이고 상처입니다. 국민연금 개혁 국민의 노후를 지키고 연금의 지속 가능성을 높이기 위해서 하는 것 아닙니까? 돈 때문에 겨울엔 냉장고 같은 집에서 뼈가 시린 걸 참아내고, 여름엔 찜통 같은 집에서 어지러운 두통을 견뎌내고 슈퍼에서 사 먹고 싶은 거 참고, 손주 손에 들러줄 과일 하나 사는데 망설이고, 이런 노후를 국민께 강요해서는 안 되지 않겠습니까? 국민의힘이 이 핑계 저 핑계 대며 보건복지부에서 당장 할 수 있는 모수개혁을 반대하는 것은 국민께 노후에는 이렇게 살라고 하는 것과 다름없습니다.

민주당이 모수개혁만 하고 끝내겠다고 하는 것이 아닙니다. 구조개혁을 하지 않겠다는 것은 더더욱 아닙니다. 당장 합의가 가능하고 처리가 가능한 모수개혁부터 보건복지위에서 원 포인트로 우선적으로 하고 중장기적 과제들은 그 성격에 맞는 단위에서 해 나가면 되는 겁니다. 실제로 지난 21대 국회에서 여야는 보험료율 9%에서 13%로 인상하는 데 합의했습니다. 단지 소득 대체율을 두고 1,2 포인트 차이가 있을 뿐입니다. 마지막 계단입니다. 이제 마지막 계단만 오르면 됩니다. 이 논의를 보건복지위에서 신속하게 합시다. 떼어봄직한 반발자국을 먼저 떼서 마지막 계단을 오르고, 그리고 구조 개혁의 첫 계단을 오를 준비를 바로 촘촘하게 함께 합시다.

21대 국회 막바지에 이재명 대표가 여당 안을 전격 수용해 타결 직전까지 갔지만 내란 우두머리 윤석열을 걸어차 무산시켰습니다. 국민의힘은 이 과오를 지금 국회에서 되풀이하자고 주장하고 있습니다. 그렇게 해선 안 됩니다. 특위 구성과 구조개혁 병행이라는 분칠과 정치공학적 판단으로 당장 할 수 있는 연금개혁 지연시키지 마십시오. 우리 국민들 노후에 겨울은 조금은 더 따뜻하게, 여름은 조금은 더 시원하게, 종종 먹고 싶은 것도 사 먹고, 손주 입에 맞난 것도 넣어줄 수 있도록 해 드립시다. 그 첫 문이 바로 보건복지위에서 모수개혁을 빠르게 해내는 것입니다. 국힘도 모르지 않지 않습니까? 함께 그 문을 열어 갑시다.

2025년 2월 6일
더불어민주당 공보국

고위공직자범죄수사처 설치 및 운영에 관한 법률 일부개정법률안
(전현희의원 대표발의)

의 안 번 호	7942

발의연월일 : 2025. 2. 6.

발 의 자 : 전현희・이학영・박홍배
조인철・윤건영・안태준
한준호・서미화・이병진
김동아 의원(10인)

제안이유 및 주요내용

현행법에서는 고위공직자범죄수사처(이하 '공수처'라 함) 검사와 수사관의 정원을 규정하고, 고위공직자범죄에 대한 수사 권한과는 달리 고위공직자 중 대법원장, 대법관, 검찰총장, 판사, 검사 및 경무관 이상 경찰공무원의 공직자범죄에 한하여 공소제기 및 그 유지를 할 수 있는 것으로 규정하고 있음.

그러나 살아있는 권력에 대한 수사가 최종적으로 법원의 심판을 받을 수 있도록 공수처 업무의 실질적인 독립성을 보장하기 위해서는 공수처의 수사 범위과 기소 범위를 일치시킬 필요가 있고, 부족한 공수처 검사와 수사관의 인력과 예산을 충분히 확보할 필요가 있음.

이에 공수처 수사와 공소제기의 대상을 일치시키고, 공수처 검사와 수사관의 정원을 확대하며, 공수처 검사의 연임제한을 폐지하여 적격심사를 받도록 하여 공수처의 독립성을 확보하려는 것임(안 제3조 등).

법률 제   호

고위공직자범죄수사처 설치 및 운영에 관한 법률
일부개정법률안

고위공직자범죄수사처 설치 및 운영에 관한 법률 일부를 다음과 같이 개정한다.

제3조제1항 각 호 외의 부분 중 "관하여 다음 각 호"를 "관한 수사 및 공소제기와 그 유지"로 하고, 같은 항 각 호를 각각 삭제하며, 같은 조에 제4항을 다음과 같이 신설한다.

④ 수사처는 예산에 관하여 「국가재정법」 제40조에 따른 독립기관으로 한다.

제8조제2항 중 "25명"을 "50명"으로 하고, 같은 조 제3항 중 "임기는 3년으로 하고, 3회에 한정하여 연임할 수 있으며, 정년"을 "정년"으로 한다.

제9조제1항 중 "전보"를 "전보, 적격심사"로 한다.

제10조제2항 본문 중 "40명"을 "60명"으로 한다.

제11조제2항 중 "20명"을 "40명"으로 한다.

제14조의2를 다음과 같이 신설한다.

제14조의2(수사처검사 적격심사) ① 처장과 차장을 제외한 수사처검사에 대하여는 임명 후 7년마다 적격심사를 한다.

② 인사위원회는 수사처검사가 능력이 현저히 떨어지는 등 수사처

검사로서 정상적인 직무수행이 어렵다고 인정하는 경우에는 의결을

거쳐 처장에게 그 수사처검사의 퇴직을 건의한다.

③ 인사위원회는 제2항에 따른 의결을 하기 전에 해당 수사처검사

에게 인사위원회에 출석하여 충분한 진술을 할 수 있는 기회를 주

어야 한다.

④ 처장은 제2항에 따른 퇴직 건의가 타당하다고 인정하면 대통령

에게 그 수사처검사에 대한 퇴직명령을 제청한다.

제17조제6항을 삭제한다.

제20조제1항 중 "제3조제1항 각 호에 따른"을 "고위공직자범죄등에 관

한"으로 한다.

제26조를 삭제한다.

부   칙

이 법은 공포한 날부터 시행한다.

신·구조문대비표

현 행	개 정 안
제3조(고위공직자범죄수사처의 설치와 독립성) ① 고위공직자범죄등에 관하여 다음 각 호에 필요한 직무를 수행하기 위하여 고위공직자범죄수사처(이하 "수사처"라 한다)를 둔다.	제3조(고위공직자범죄수사처의 설치와 독립성) ①--------------- 관한 수사 및 공소제기와 그 유지---.
1. 고위공직자범죄등에 관한 수사	<삭 제>
2. 제2조제1호다목, 카목, 파목, 하목에 해당하는 고위공직자로 재직 중에 본인 또는 본인의 가족이 범한 고위공직자범죄 및 관련범죄의 공소제기와 그 유지	<삭 제>
②·③ (생 략)	②·③ (현행과 같음)
<신 설>	④ 수사처는 예산에 관하여 「국가재정법」 제40조에 따른 독립기관으로 한다.
제8조(수사처검사) ① (생 략)	제8조(수사처검사) ① (현행과 같음)
② 수사처검사는 특정직공무원으로 보하고, 처장과 차장을 포함하여 25명 이내로 한다.	②-- 50명 ----------.
③ 수사처검사의 임기는 3년으	③ --------- 정년--------

로 하고, 3회에 한정하여 연임할 수 있으며, 정년은 63세로 한다.	--.
④ (생 략)	④ (현행과 같음)
제9조(인사위원회) ① 처장과 차장을 제외한 수사처검사의 임용, <u>전보</u>, 그 밖에 인사에 관한 중요 사항을 심의·의결하기 위하여 수사처에 인사위원회를 둔다.	제9조(인사위원회) ① -----------------------------------<u>전보, 적격심사</u>--.
② ~ ⑥ (생 략)	② ~ ⑥ (현행과 같음)
제10조(수사처수사관) ① (생 략)	제10조(수사처수사관) ① (현행과 같음)
② 수사처수사관은 일반직공무원으로 보하고, <u>40명</u> 이내로 한다. 다만, 검찰청으로부터 검찰수사관을 파견받은 경우에는 이를 수사처수사관의 정원에 포함한다.	② ----------------------------- <u>60명</u> ----------. ---.
③ (생 략)	③ (현행과 같음)
제11조(그 밖의 직원) ① (생 략)	제11조(그 밖의 직원) ① (현행과 같음)
② 제1항에 따른 직원의 수는 <u>20명</u> 이내로 한다.	② ------------------- <u>40명</u> ----------.
<신 설>	<u>제14조의2(수사처검사 적격심사)</u> <u>① 처장과 차장을 제외한 수사</u>

처검사에 대하여는 임명 후 7년마다 적격심사를 한다.

② 인사위원회는 수사처검사가 능력이 현저히 떨어지는 등 수사처검사로서 정상적인 직무수행이 어렵다고 인정하는 경우에는 의결을 거쳐 처장에게 그 수사처검사의 퇴직을 건의한다.

③ 인사위원회는 제2항에 따른 의결을 하기 전에 해당 수사처검사에게 인사위원회에 출석하여 충분한 진술을 할 수 있는 기회를 주어야 한다.

④ 처장은 제2항에 따른 퇴직 건의가 타당하다고 인정하면 대통령에게 그 수사처검사에 대한 퇴직명령을 제청한다.

제17조(처장의 직무와 권한) ① ~ ⑤ (생 략)

⑥ 처장은 수사처의 예산 관련 업무를 수행하는 경우에 「국가재정법」 제6조제2항에 따른 중앙관서의 장으로 본다.

제17조(처장의 직무와 권한) ① ~ ⑤ (현행과 같음)

<삭 제>

제20조(수사처검사의 직무와 권한) ① 수사처검사는 제3조제1항 각 호에 따른 수사와 공소의

제20조(수사처검사의 직무와 권한) ① ---------- 고위공직자범죄등에 관한 -----------

제기 및 유지에 필요한 행위를 한다. ②·③ (생 략) 제26조(수사처검사의 관계 서류와 증거물 송부 등) ① 수사처검사는 제3조제1항제2호에서 정하는 사건을 제외한 고위공직자범죄등에 관한 수사를 한 때에는 관계 서류와 증거물을 지체 없이 서울중앙지방검찰청 소속 검사에게 송부하여야 한다. ② 제1항에 따라 관계 서류와 증거물을 송부받아 사건을 처리하는 검사는 처장에게 해당 사건의 공소제기 여부를 신속하게 통보하여야 한다.	------------------------ ---. ②·③ (현행과 같음) <삭 제>

서울시 인권위원회는 서울 시민의 인권을 보호하고 증진하는 중요한 역할을 담당하는 기구입니다. 공인으로서 그 누구도 사명에 반하는 행동을 해서는 안 됩니다. 그런데 서울시 인권위원회의 구성원인 배보윤 위원장과 도태우 위원, 두 사람이 내란수괴 윤석열의 내란 혐의에 대한 형사재판 변호를 맡았습니다. (…) 내란수괴 혐의는 단순한 형사 사건이 아니지 않습니까? 헌법과 민주주의 사회에서 시민의 기본적 인권을 짓밟은 비상계엄 사건은 중대한 범죄입니다. 정치적 성향의 문제가 아닙니다. 있을 수 없는 일이며, 있어서도 안 되는 상황입니다. 그런데 김용원 국가인권위원회 상임위원 헌법재판소의 재판을 두고 "대국민 사기"라며 "완전히 미친 짓"이라는 막말을 서슴지 않고 내뱉는 것을 보니, 정말 우리나라의 헌정질서가 위태롭습니다. 대한민국 인권이 자격 없는 자들에게 놀아나지 않도록 제대로 원칙적으로 처리해야 합니다.

– 진보당 부대변인 이미선, 2월 6일 브리핑

제66차 최고위원회의 모두발언

2025.2.6.(목) 09:30 본관 당회의실(224호)

− 김선민 당대표 권한대행

조국혁신당 대표 권한대행 김선민입니다.

저는 지난 2일 기자간담회에서 내란 종식과 헌법 수호를 위한 원탁회의를 열자고 제의했습니다. 다음 날 민주당은 "조국혁신당의 내란종식 원탁회의 제안을 환영한다. 실무회의가 열릴 예정이고, 명칭이나 형식을 모두 열어놓고 전향적으로 듣고 논의해 나가겠다"고 화답했습니다.

진심으로 환영합니다. 이에 조국혁신당은 야당들에 실무회의 개최 제안을 통지했고, 조만간 실무회의가 진행될 예정입니다. 다음 주중 원탁회의 출범 공식행사 개최를 목표로 추진하고 있습니다. 실무회의에서 알토란 같은 결론을 도출하길 기대하겠습니다.

원탁회의를 여는 첫 번째 이유는 내란의 완전한 종식입니다. 윤석열 파면뿐 아니라 그 잔당을 뿌리 뽑아 다시는 대한민국에서 고개를 들지 못하도록 해야 합니다. 거기서 그쳐서는 안 됩니다. 탄핵 이후 완전히 새로운, 탄탄한 대한민국으로 가는 길을 원탁회의가 열어갈 것을 기대합니다. '87체제' 이후 한국 민주화에서 가장 중요한 순간 역사적 과제에 충실히 임하는 이들이 뜻을 함께하고 있습니다.

민주당이 통 큰 결단을 내려 원탁회의가 성사됐습니다. 회의에서도 넉넉하고 큰 포용을 보여줄 것으로 믿습니다. 모든 야당과 시민사회의 적극적인 동참을 기대합니다. 광화문, 여의도, 남태령, 한남동에서 함께한 국민 여러분의 뜨거운 성원을 부탁드립니다.

*

내란 세력의 헌법재판소 공격이 극에 달했습니다. 자기들 딴에는 탄핵을 막아보려는 속셈이겠지만, 민주주의와 공화주의를 흔드는 빈국가적 행태를 보입니다. 헌법재판소는 국민이 피땀으로 쟁취한 1987년 개헌의 산물입니다. 법규의 최종 기준인 헌법의 최고 해석기관입니다.

헌법을 인정한다면, 헌법재판소 판단도 인정해야 합니다.

그런데 윤석열 잔당과 국민의힘은 헌재를 흥신소 취급합니다. 마음에 드는 재판관을 고르려고 합니다. 재판부에는 색깔론을 덧칠하며 부정합니다. 어디 감히 나라님을 재판하느냐는 태도입니다. 헌법기관 부정을 넘어 무력화를 시도합니다.

그간 헌법재판소 결정에 찬성하지 않더라도 모두들 존중했습니다. 노무현 대통령 시절, 행정수도 이전이 "관습헌법에 따르면 위헌"이라고 결정났어도, 모두 받아들였습니다. 그때와 지금의 차이는 단 하나입니다. '헌법을 존중하는가, 아니면 헌법 위에 있는가'입니다.

윤석열은 헌재에서 "아무 일도 일어나지 않았다. 호수에 뜬 달그림자를 쫓는 것 같다"라고 했습니다. 온 국민이 생중계로 본 장면은 달그림자란 말입니까? 이 무슨 자다가 남의 다리 긁는 소리입니까? 평생 마시던 술을 못 마셔, 금단증세라도 나타나는 겁니까?

재판에서 이겨 대통령직에 복귀될 것이라는 도깨비 그림자를 쫓고 있는 사람은 윤석열 본인과 졸개들뿐입니다. 헌법 파괴와 국헌 문란 행위를 멈추고 심판의 날을 기다리십시오. 당신들 헛소리를 들어야 하는 국민에게는 일각이 여삼추입니다.

감사합니다.

원내대표 황운하입니다.

내란사태에 대한 검찰 수사 태도가 갈수록 의심스럽습니다. 검찰은 본래 그림을 미리 그려놓고 꿰맞추기 수사를 하는 못된 버릇이 있는데, 제 버릇 개 못 주고 또 다시 버릇이 도지고 있습니다.

검찰은 내란 사태의 핵심 공모자로 의심이 되는 김성훈 경호차장에 대한 구속영장 청구를 이미 두 차례나 반려했습니다. 검찰은 비화폰 서버 삭제 등 내란 공모정황에 대한 증거인멸 우려가 매우 큰 김성훈을 자유롭게 활보하도록 풀어두었습니다. 경찰은 지난 3일 김성훈 경호차장과 이광우 경호본부장 자택을 압수수색하면서 비화폰과 개인 휴대전화를 확보했습니다.

이 과정에서 계엄 하루 전날, 노상원 전 국군정보사령관에게 비화폰을 지급한 당사자가 김성훈 차장이라는 것도 밝혀졌습니다. 이것은 김성훈 차장이 내란에 깊숙이 관여한 직접 증거라고 볼 수 있습니다. 또 김건희도 여전히 비화폰을 사용하고 있다는 의혹이 있습니다.

만약 그렇다면 이러한 과정에서 김성훈은 매우 중요한 고리역할이라고 볼 수밖에 없습니다. 그가 계엄 모의를 준비하고, 실무 메신저 역할까지 담당한 것으로 보입니다. 당장 구속수사해야 합니다.

검찰의 의도가 도대체 무엇입니까? 비화폰 내역이 수사 대상에 오르지 않게 하려는 의도가 뭡니까? 혹시 검찰 수뇌부의 관여가 있어서 켕기는 구석이 있어서입니까?

경호처 차장을 살려두어서 경호처 압수수색이 불가능하게 만든 것도 바로 지금의 검찰입니다. 사사건건 경찰의 내란 수사를 방해하는 것은, 혹시 자기들이 그린 그림에서 엇나갈까 우려해서 그런 것 아닙니까?

심우정 검찰총장에게 경고합니다. 김성훈 차장에 대한 구속영장 기각은 검찰 수뇌부가 내란사태의 내부자라는 심증만 강화할 뿐입니다. 내란수사를 덮고 뭉개려는 시도를 즉각 중단하길 바랍니다. 어차피 시간 문제일 뿐, 내란특검을 통해서 사태의 모든 진실은 밝혀지게 되어 있습니다.

이 사건 수사 시작부터 검찰을 믿지 않았습니다. 검찰이 사태를 왜곡해 죄에 죄를 더하는 짓을 계속하다가는, 검찰 수뇌부 전체가 내란공범의 책임을 져야 할 것이라는 사실을 분명히 밝힙니다.

김성훈에 대한 세번째 구속영장이 조만간 다시 청구될 것으로 보입니다. 검찰이 어떤 결정을 할 지 두 눈 똑바로 뜨고 잘 지켜보겠습니다.

하나 더 말씀드리면, 정부가 경찰 수뇌부 인사 내정을 발표했습니다. 매우 부적절한 인사입니다. 경찰 수뇌부 인사는 대통령이 인사권자이고, 국무총리가 제청권자입니다. 또 경찰청장과 행안부장관이 협의를 해서 추천을 하게 되어 있습니다. 대통령도 부재중이고, 국무총리도 부재중이고, 행안부장관도 부재중이고, 경찰청장도 부재중입니다. 모두가 권한대행입니다. 경찰청장 권한대행, 행안부장관 권한대행, 국무총리 권한대행, 대통령 권한대행 이 체제 하에서 누가 경찰 수뇌부 인사를 결정한 것입니까?

이것은 감옥에 있는 윤석열이 옥중에서 인사를 한 것이라고 볼 수 밖에 없습니다. 지금도 용산에 남아 있는, 국록을 축내고 있는 정진석 비서실장을 비롯한 비서실 라인에서 이 인사를 주도한 것으로 보입니다. 그렇지 않고서야 이번 내란 사태에서 중요임무종사 혐의를 받고 있는 이상민을 보좌하는 행안부 경찰국장이 서울경찰청장이라는 경찰 내 넘버2의 요직에 인사될 이유를 설명하기 어렵습니다.

윤석열은 내란수괴로 구속 수사를 받고 있습니다. 구속기소되었습니다. 구속기소된 윤석열이 내란의 중요임무 종사자 또는 내란의 부화수행자 적어도 내란의 방조범 혐의를 받고 있는 그런 인사들에게 보은 인사를 한다는 게 이게 말이 됩니까?

이번 경찰 인사는 내란수괴가 자신을 도와서 내란을 방조한 또는 부화 수행한 사람에게 보은 인사를 하는 것과 다를 바 없습니다. 절대로 용납되어선 안 됩니다. 이번 인사는 즉각 취소 되어야 합니다.

이상입니다.

- 황명필 최고위원

최고위원 황명필입니다.

조직은 어떻게 와해되는가? 아부하는 사람이 승진하고, 열심히 일하는 사람이 좌천될 때 와해됩니다. 사회는 어떻게 망가지는가? 신상필벌의 원칙이 지켜지지 않을 때 망가집니다. 선행에 상을 주진 못하더라도, 범죄엔 단호해야 재발을 막을 수 있는데, 그것을 지키지 않는 보수정권 하에서 반복적으로 국가위기가 도래하는 이유가 여기에 있습니다.

박근혜 정부때 세월호 사고의 책임자들이 영전하는 일이 벌어졌습니다. 국민들은 허탈해했습니다. 검찰과 손잡은 윤석열 정부는 그것과는 비교도 안되는 짓을 합니다. 유죄를 받아 강서구청장직을 상실한 김태우를 사면복권해 다시 보궐선거에 내세우는 내식구 감싸기. 나아가 PD수첩에서 자세히 보도된 인천공항 마약수사에 이르러서는 "이게 나라냐" 소리가 절로 나옵니다.

앞에서는 마약과의 전쟁을 선포하며 한동훈 장관이 기자회견을 하더니 뒤로는 5천억 마약범죄를 소탕한 백해룡 과장을 좌천시켰습니다. 공이 있는 사람은 좌천. 수사를 무마한 사람들은 승진. 이래서야 조직이 어떻게 제대로 돌아갑니까? 어떤 범죄를 저질러도 무마할 수 있다는 달콤함을 경험한 조지호와 김봉식이 내란에 동참했다 구속된 것은 하늘의 섭리가 작용한 것이 아닌가 생각됩니다.

그러면 어느 정도의 사람이 배후에 있길래 이런 엄청난 조직적 비호가 가능한가? 말레이시아에서 사업한다는 김건희 동생과의 연관 의혹이 당연히 제기될 수밖에 없습니다.

보수정부의 문제는 이것만이 아닙니다. 경제적으로 너무나 무능합니다. 개발도상국 시기에 저임금으로 이룬 고도성장을 성과로 포장했지만, IMF 국가부도를 냈습니다. 277포인트까지 떨어진 주가지수를 2000으로 끌어올린 것은 노무현 정부였습니다. 이후 이명박이 다시 등장해 1000으로 끌어내린 주가지수를 3000으로 만든 것은 문재인 정부였습니다. 그리고 지금. 윤석열은 IMF 때 보다 힘들다는 현 상황을 만들었습니다. 여기에 크게 기여한 김진태 강원도지사가 함께 망가뜨린 채권시장의 직간접적 손실이 어마어마 합니다.

그런데 이런 문제보다 더 큰 사회적 위기는, 국민의힘이 '지역구만 잘 받으면 한없이 뻔뻔해도 국회의원이 될 수 있다'는 사례를 보여주고 있다는 것입니다.

강원랜드 인사비리 의혹으로 유명해진 권성동 의원이, 박근혜 때 한 말을 손바닥 뒤집듯 바꾼 그 권성동이, 이재명 대표를 도덕적으로 비난합니다. 동생이 건축업자에게 뒷돈을 받기로 계약서까지 써서 문제가 된 김기현 의원이, 자신의 땅을 위해 도로까지 구부린 의혹을 받는 그 김기현이, 정당한 수사를 한 황운하 의원을 구속하려 하다 좌절됐습니다. 이러니 정치가 신뢰를 잃는 것 아닙니까?

거짓말장이 내란수괴 윤석열이 옳은 말 한가지는 한 것 같습니다. 그가 말한대로 국민의힘은 없어져야 할 당이 맞습니다. 윤석열과 함께 사라지십시오. 우리 사회를 위해. 조국혁신당이 위헌정당 해산을 주도해 돕겠습니다.

– 서왕진 최고위원

○ 내란범 김용현은 진심으로 사죄하고 국민 앞에 무릎 꿇으라!

12.3 내란 주도 혐의로 구속기소된 김용현 전 장관이 서울서부지법에서 난동을 일으킨 폭도들에게 영치금을 보냈다고 합니다.

더 나아가 김용현은 서부지법에서 폭동, 특수폭행, 공동주거침입, 기물파손, 방화 미수 등 흉악범죄를 저지른 난동 폭도들을 '애국전사'라고 칭송했습니다. 만약 이 폭도들이 애국전사라면 서부지법은 반국가기관이었던 것입니까?

대한민국을 나락으로 떨어뜨린 내란주동자 윤석열과 김용현이 헌재 탄핵심판 내내 거짓과 궤변으로 일관하는 모습을 보면서 국민들은 황당함과 분노에 휩싸여 있습니다.

금방 들통날 거짓말로 자신의 책임을 회피하려는 찌질하기 짝이 없는 내란범들이 구속기소된 상태에서도 지지자들에게 폭동을 선동하며 내란을 이어가려 안간힘을 쓰는 모습은 한 나라의 지도자와 국무위원으로서의 자격 자체가 없었다는 점을 적나라하게 보여주고 있을 뿐입니다.

김용현 전 장관을 비롯한 12.3 내란 핵심 주동 인물들에게 경고합니다. 당신들이 할 일은 국민에게 진심으로 사죄하는 마음으로 성실하게 수사와 재판을 받아 죗값을 치르는 것뿐입니다.

○ '내란의힘'이라는 오명을 들어도 손색없는 국민의힘이 당내 특위를 꾸리고 개헌을 준비하겠다고 합니다.

12.3 내란사태 이후 끊임없이 윤석열을 옹호하며 정상적인 헌정체제와 사법질서의 작동을 방해한 국민의힘이 무슨 자격으로 '헌법'을 들먹이는지 어처구니가 없습니다.

'내란의힘' 답게 국민의힘이 내놓는 개헌 언급은 아무런 진정성 없이 오로지 조기대선 국면에서 내란 심판으로 전개될 대선 국면을 개헌 논의로 물타기 하려는 의도에 불과합니다.

단기적으로는 이번 내란사태의 원인을 윤석열 등 내란 주범들의 반헌정, 반민주적 인식과 행동이 아니라 야당의 의회 장악 때문으로 뒤집어씌우려는 의도를 지니고 있습니다.

오세훈 시장이 "거대 야당의 압도적인 힘을 정치인 1인의 생존 본능을 위해 휘둘러도 막을 방법이 전혀 없는 나라"라며 개헌을 제기한 것이나, 나경원 의원의 "대통령의 의회해산권 부여 필요" 등을 주장하는 것들이 대표적인 근거입니다.

개헌은 대한민국의 미래를 담아야 합니다. 그러기 위해서는 보다 근본적이고 체계적인 논의를 통해 민주주의와 국민의 권리를 강화하는 방향으로 나아가야 합니다.

내란공범 국민의힘에 경고합니다. 서울 구치소를 들락날락하며 내란수괴 윤석열을 떠받들며 헌정을 농락하고 민주주의를 훼손하는 국민의힘은 참된 개헌을 논할 자격이 없습니다.

여러분 머리 위에 앉아 있는 내란수괴 윤석열과 절연하는 것부터 시작하십시오. 진정한 헌법 개정의 시작은 내란수괴 윤석열의 탄핵과 엄중한 처벌이 함께 이뤄지는 것임을 명심하기 바랍니다.

- 조윤정 최고위원

최고위원 조윤정입니다.

대한민국에는 두 종류의 직장인이 있습니다. 정규직 노동자와 비정규직 노동자. 그들은 같은 일을 해도 다른 대우를 받습니다. 임금에서부터, 산재보험, 노동법 보호 등에서 차이가 큽니다. 작년 기준 비정규직 비율이 38.2%, 10명 중 약 4명꼴입니다.

최근 모 방송국 기상캐스터의 자살 소식이 있었습니다. 그녀는 비정규직이었습니다.

겉으로는 화려한 직업이지만, 방송출연 회당 7만 원, 한 달에 버는 돈이 고작 130만 원, 투잡을 뛰지 않으면 버틸 수 없는 구조입니다. 참고로, 방송국 내 비정규직 비율은 10명 중 7명입니다. 그래서 방송국을 '비정규직 백화점'이라고 부르기도 합니다.

유가족들이 이렇게 말합니다. "누군가를 향한 복수가 아니다. 프리랜서로 사람을 소모하고, '을' 들끼리 싸우지 않도록 제도를 바꿔달라는 것이다"

각 방송사의 프리랜서 고용에 대한 불평등한 제도개선이 우선적으로 필요합니다. 그런 열악한 임금 조건임에도, 개편될 때 자리 없어지는 건 부지기수입니다. 계약 해지도 카카오톡으로 날아온다고도 합니다.

방송계 진출이 꿈 아니었냐? 그럼 참아라. 열정페이를 강요합니다. 절이 싫으면 중이 떠나라. 10년 일한 작가도 부장 한마디에 잘려나가기도 합니다,

왜 이런 불합리하고도 불공정한 행태가 방송사에선 관행으로 여겨질까요? 방송사에는 약 100개에 가까운 직무가 존재하지만 정규직은 고작 5분의 1에 불과합니다. 대부분 비정규직과 열정페이 프리랜서 등의 노동으로 방송이 제작되고 있음에도, 비정규직은 쓰이고 버려지는 소모품입니다. 언제 밥줄이 끊길지 모르고, '방송에 나가야 한다'라는 명제 아래, 자기 몸을 갈아 넣어가면서 방송을 만들어야 하는 것이 현실입니다.

외국 방송사들은 다릅니다, 영국의 경우 비정규직의 평균임금은 정규직과 비교했을 때 약 87% 정도입니다. 해외의 방송 비정규직들은 정부의 관리 또는 노동조합의 협상으로 권리를 보호받습니다. 우리 한국에선 아직 먼 이야기입니다. 현장 이야기를 들어보니 노동인권의 사각지대가 아니라 '무법지대'로 봐도 무방할 정도입니다.

윤석열 정부 들어 비정규직이 34만 명이 더 늘었습니다. 늦은 감이 있으나, 우리 사회가 이제는 비정규직, 프리랜서의 불평등 문제를 공론장에서 논의해야 한다고 생각합니다. 프리랜서 비정규직의 노동자성을 확립할 수 있는 입법도 필요합니다.

우리는 지난 2년 반, 윤석열과 정치검찰의 기득권을 열심히 비판했습니다. 자신의 권력을 이용해 남을 죽이는 것도 잘못이지만, "나만 잘 살면 된다. 우리만 권력잡으면 된다."도 문제입니다.

‘나만 잘 먹고 잘살면 된다’가 아니라 ‘당신이 행복해야 나도 행복하다’가 기본 덕성이 되는 사회, 이제 우리가 만들어야 하지 않겠습니까?

이상입니다.

인권위에서 온갖 기행과 막말로 악명높은 김용원 위원은 어제 소셜미디어에 "헌법재판소가 주권자인 국민의 뜻을 거슬러 대통령을 탄핵한다면, 국민은 헌법재판소를 두들겨 부수어 흔적도 남김없이 없애버려야 합니다"고 썼습니다. 내란수괴급으로 서울구치소에 구속수감중인 김용현 전 국방부 장관이 '애국전사'라고 칭한, 서울서부지법 폭동 사태를 일으킨 극우세력에게 다음 폭동 표적을 지정해 준 것이나 다름없습니다. 윤석열 파면 뒤 열린 조기대선 출마를 저울중인 원희룡 전 국토부 장관도 헌재 공격에 가세했습니다. 한덕수 국무총리를 탄핵소추한 국회가 탄핵소추 사유에서 '형법상 내란죄'를 빼자 "한마디로 '엉터리 탄핵'"이라며 기각하라고 주장합니다. (…) 이유는 빤합니다. 법을 공부하고 법으로 먹고살았던 자들은, 윤석열의 비상계엄 선포가 중대한 헌법과 법률 위반 행위임을 잘 압니다. "주문, 대통령 윤석열을 파면한다"는 헌재의 결정을 피할 수 없다는 점 또한 잘 압니다. 그러니 지금부터 '불복할 준비'를 하는 것입니다. 맹목적인 윤석열 일당 지지자와 극우세력들이 헌재를 부수어 없애면 '국민 저항권'이라고 주장할 자들입니다. 스스로 반헌법세력임을 선언하고 있는 셈입니다.

– 조국혁신당 수석대변인 김보협, 2월 6일 논평

제67차 최고위원회의 모두발언 주요 내용

○ 일시 : 2025년 2월 6일(목) 09:30
○ 장소 : 국회 의원회관 제11간담회의실
○ 참석 : 천하람 원내대표 겸 당대표 권한대행, 이기인·전성균 최고위원, 이주영 정책위의장
○ 배석 : 김철근 사무총장, 이경선 조직부총장

– 천하람 원내대표 겸 당대표 권한대행

요즘 이재명 대표의 연일 우클릭 행보가 많은 관심을 받고 있다. 당의 경직된 이념 스펙트럼을 벗어나서 중도층과 타 진영 유권자를 대상으로 유연한 정책을 발표하고 입장을 취하는 것은 항상 환영할 만한 일이다. 그런데 문제는 이재명 대표 같은 경우에 우클릭 한다고 했더니 정말 우클릭 하는 줄 알더라 엔딩이 될까 겁난다. 이재명 대표는 과거에도 존경한다고 했더니 정말 존경하는 줄 알더라라고 하는 등의 주옥 같은 멘트들을 남긴 바가 있다. 대한민국 국민들이 가장 신뢰하지 않는 정치인을 뽑으라면 아마 최상단에 가실 분이 이재명 대표 아닐까 싶다. 저는 그래서 이재명 대표 우클릭 행보 정말로 진정성이 있다면 이렇게 제안드리고 싶다. 본인이 법안을 내라. 지금 이재명 대표는 현역 국회의원이고 국회 과반 의석을 가지고 있는 제1당의 압도적인 당 대표다.

본인이 말하는 것처럼 52시간제 등 여러 이슈들에 대해서 우클릭을 하려는 의지가 정말로 존재한다면 여러 국회의원들이 일반적으로 하듯이 법안을 발의하고 법안 발의 기자회견의 형태로 본인의 의지를 피력하면 될 일이다. 그런데 왜 그렇게 하지 못하는 것인가? 혹시 아직까지 본인 당내 설득조차 제대로 거치지 않고 최근 여론조사 지표들이 부진하니까 조급함에 등 떠밀려 지키지도 못할 공수표를 남발하고 있는 것은 아닌가? 조급함의 발로가 아니라 진정성 있게 추진할 예정이라면 지금이라도 동료 의원들을 모아 법안 발의를 하면 될 일이다. 혹시 예전에 정치 보복에 대해서 이야기하셨던 것처럼 당선되기 이전 선거 국면에서는 우클릭한다고 하다가 극단적 좌클릭은 꼭꼭 숨겨놓고 당선되면 몰래 할 생각인지 되묻고 싶다. 그게 아니라면 진정성 있는 행보를 보여주시기 바란다.

– 이기인 최고위원

호수 위에 빠진 달 그림자를 쫓는 것 같다. 헌법재판소의 대심판정에서 때아닌 달타령이 흘러나왔다. 아무 일도 없었으니 아무런 문제가 없었나는 피청구인 윤석열의 계엄에 대한 시적 은유였다. 추측컨대 세 평 남짓한 구치소 방 한 칸에서 지내면서 그렇게 좋아하던 권력과 술과 유튜브를 오래 끊다 보니 시적 악상이 떠오르는 금단 현상이 생긴 듯하다. 망상이다. 잔상에 비친 달을 잡으려고 호수에 직접 손을 넣은 것은 윤석열 본인 아닌가? 손을 뻗어서 군인들을 국회에 투입하면 내 손 안에는 한동훈이, 내 발 아래엔 이재명이 금방이라도 잡힐 것만 같은 그 우매한 허상 하나로 위대한 대한민국을 한순간에 내란 국가로 만든 장본인이 아닌가? 계엄 사태 한 달 동안 코로나 1년보다 많은 47조 원의 환매채를 발행시켜서 경제의 체질을 허약하게 하고 계엄 국가라는 오명을 전 세계에 알리게 한 그 주역이 바로 윤석열 본인인데 아무 일도 없었다니. 이 정도의 망상은 병이다.

내란 대통령의 신속한 탄핵이 필요한 까닭이기도 하다. 윤석열의 탄핵으로 인한 이재명 대표의 집권, 저 또한 그 가능성이 올라가는 것이 두렵다. 하지만 언제나 그랬듯이 역사의 변곡점에서는 늘 우리 국민들은 현명한 판단을 하셨다. 지금 국민들이 요구하는 것은 최악의 시대와 내전에 가까운 정치를 만든 윤석열과 이재명의 동반 퇴장이다. 그것이 우리 정치권이 갖는 엄중한 과제임을 저희는 잘 알고 있다. 정치가 회복되어야 할 것이다. 상대방을 끝장내려는 검투사가 아니라 최소한 최소한의 금도를 지키는 상호주의 속에서 공론의 장을 회복하고 스스로에게 엄한 기준과 줄자를 갖다 대는 그런 정치를 재생시켜야 한다. 좌도 우도 아닌 앞으로의 정치를 우리 개혁신당이 만들어 가겠다.

– 전성균 최고위원

이재명의 민주당은 거대 야당이라고 하기에는 한없이 가볍다. 존경하는 국민 여러분. 어제 민주당이 계획했던 동덕여대 기자회견을 돌연 취소했다. 도대체 왜 만났고 기자회견을 왜 열겠다고 했는가? 정치적으로 이용하려고 했는데 역풍 불까 봐 내부적으로 비판이 있으니 취소한 것 아닌가? 착한 폭동은 없다. 폭동은 그저 폭동이다. 그래도 취소는 참 잘했다. 그런데 돌연 취소하는 모습으로 민주당이 국민께 신뢰를 얻을 수 있는가? 다수의 민주당 의원께서 발의한 2D 인권법이라고 불렸던 아동 청소년의 성보호에 관한 법률 일부 개정안 법률안도 거센 저항에 철회했다. 우마 무스메를 보고 성 상품화라고 했던 민주당. 그게 얼마나 지났다고 2D를 성 상품으로 규제하려고 하는가? 정말 이해가 안 되는 것이 캐릭터를 어떻게 못 잡아서 이렇게 안달인가? 젊은 사람들이 많이 즐기는 분야라 그러는가? 그래도 철회해서 정말 다행이다.

금투세 폐지 과정도 마찬가지다. 처음에는 강행하려다가 거센 반발이 있자 갑자기 의견 수렴한다고 해서 뒤늦게 폐지를 결정했다. 그래도 폐지 결정 정말 잘했다. 기본 사회 공약도 할지 말지 확실하게 말하지 않는 것처럼 민주당은 그간 주장해 온 모습과는 정말 다르다. 이 모든 사례에서 민주당의 공통된 패턴은 무엇인가? 처음에는 강하게 주장하고 여론이 불리해지면 돌연 취소하고 국민 앞에서 책임지지 않는 모습. 이것이 과연 책임 있는 거대 야당의 민주당인가? 정치에서 가장 중요한 것은 신뢰다. 국민과 한 약속을 쉽게 번복하고 불리하면 말을 바꾸고 정략적 이득만 계산하는 정당 국민께 신뢰를 얻을 수 없습니다. 이인영 의원이 반도체 52시간 예배 비판하면서 민주당은 윤석열이 아니다라고 말씀을 했는데 이인영 의원님 몰랐나 보다. 민주당은 국민의힘과 같은 기득권이다. 민주당이 가벼워야 할 것은 정치적 태도가 아니라 국민의 삶의 무게다.

– 이주영 정책위의장

요즘 인기 있는 OTT 시리즈에서는 중증외상 현장이 나온다. 익숙한 응급실과 수술실의 장면이 반갑기도 했지만 현실을 아는 저는 영상을 보는 내내 씁쓸함을 지울 수 없었다. 용감하고 사명감 넘쳐 보이지만 만년 적자를 내고 있을 것이 분명한 외상외과 교수가 그 병원에서 일할 수 있도록 병원을 유지시켜주는 것은 아마도 탐욕과 이기심과 나태함으로 묘사되는 대장항문외과와 마취통증의학과일 것이다. 윤석열 정부의 의료 개혁이 1주년을 맞았다. 대통령은 직무가 정지되었지만 의료 개혁 실무는 오늘도 진행 중이다. 문제는 지역 의료, 그리고 핵심 의료의 공백이었고 정부가 써낸 답안지는 필수 의료 패키지와 파격적 의대 증원이었다. 이제 성적표가 날아온다. 각급 병원의 진료량, 그리고 수술 건수는 절반으로 줄어들었다. 보건복지부가 발표한 초과 사망자 수는 3천 명을 상회한다. 살릴 수 있었던 환자들이고 정부가 만든 사회적 재난이다.

전체 의사의 그것도 막내 7%가 수련을 중단했을 뿐이고 그들 중 다수가 여전히 의료에 종사 중인데, 현장이 이렇게까지 망가진 것을 아직도 전공의들 탓으로 돌릴 것인가? 제가 응급실을 떠난 이후 정부는 수많은 지원책을 쏟아내는 채 했지만 전국의 소아응급의료와 외상의료는 이제 사실상 종말을 맞았고, 급기야 이달 말 국내에 유일한 중증외상전문의 수련 센터마저 문을 닫는다. 해당 센터는 그간 외상전문의 수련에 필요한 비용을 정부로부터 지원받아 매년 국가장학 외상전문의를 육성해 왔다. 그러나 지난해 9월 지난해 9억 원가량 투입된 외상학 전문 인력 양성 사업 예산이 올해 전액 삭감되면서 이 사업은 폐지

될 예정이다. 보건복지부의 외상학 전문 인력 양성 사업은 지난 2020년부터 2023년간 11에서 14억 원이 배정됐지만 실적 부진으로 지난해 5억 이상 삭감된 상태였다.

　복지부는 중증외상센디 지원 예산을 편성했지만 기획재정부 심의 과정에서 삭감됐고, 이후 국회에서 외상학 전문 인력 양성의 중요성을 고려해 예산을 예산을 부활시켰음에도 불구하고 연말 증액 논의가 이뤄지지 않으면서 결국 예산이 전액 삭감된 것이다. 망상적 의료 개악으로 30조가 넘는 돈을 쏟아부을 동안 외상 전문의 양성에 지원할 9억은 정부와 국회에게 너무나 큰 돈이었나 보다. 저는 이다음에 일어날 일들을 잘 알고 있다. 정부는 아마 병원을 압박할 것이다. 지원금 삭감이 단골 협박 도구였는데 그건 이미 사라졌으니 그 다음은 상급종합병원 취소 등으로 협박을 할 것이다. 그러지 마시라. 지금까지는 그나마 돈과 현실의 문제였다면 이제는 사랑과 의미의 문제가 되었기 때문에 손을 대고 협박할수록 매듭은 더 어렵게 꼬일 것이다. 대한민국의 의료는 이제 고르디우스의 매듭이 되었다. 정부는 결단을 하든가 제발 손을 떼라. 뭘 안 하는 게 도와주는 것이다.〈끝〉

2025. 2. 6.
개혁신당 공보실

홍성규 수석대변인, 정혜경 원내대변인 브리핑

□ 일시 : 2025년 2월 6일(목) 오전 10시 30분
□ 장소 : 국회 소통관 기자회견장

■ 부정선거 음모론자 황교안의 합류로 확연히 증명된 '국가전복 내란행위'!

지난 2022년 대선 전부터 '부정선거 · 부패방지대', 이른바 '부방대' 총괄대표로 활동하며 대한민국 부정선거 음모론자의 대부를 자처하던 황교안 전 총리가 윤석열 내란죄 형사재판의 변호인단으로 합류했습니다.

환영합니다. 이로써, 그간 쌓아온 대한민국 민주주의 시스템을 전면 부정하고 '국가전복 내란행위'를 자행하려던 윤석열 일당의 죄상이 한층 더 선명해졌습니다.

우리 국민을 능멸하고 철저하게 속인 사기꾼 윤석열의 죄상 또한 2022년 대선 때까지로 거슬러올라가게 되었습니다. "여러분 걱정하지 마시고 사전투표해 주십시오! 저도 첫날 사전투표하겠습니다!", 지난 대선에서 사전투표를 앞두고 후보였던 윤석열 사진을 전면에 실었던 국민의힘 홍보물이었습니다. 이 또한 모두 다 철저한 거짓말이었던 셈입니다.

국민의힘 또한 조금도 숨기지 않고 당력을 총동원해 '부정선거 음모론'으로 질주 중입니다. 국회 국조특위 청문회에서 국민의힘 의원들은, 이미 그 진위 여부가 다 확인된 사실들조차 다시 끄집어내 선관위를 공격하고 있습니다. 심지어 '선거제도건강검진법'이라는 특별법 발의까지 추진하겠다니 그야말로 기가 막힐 일입니다. 건강검진이 필요한 것이야말로 '선거제도'가 아니라 '국민의힘의 뇌구조'가 아닙니까?

권영세 비대위원장, 권성동 원내대표는 즉각 공식 입장을 밝혀야 합니다. 대한민국 민주주의 시스템을 전면 부정하는 '부정선거 음모론'이 국민의힘의 공식 당론입니까? 우리 국민들의 엄중한 경고에도 불구

하고, 그토록 '국가전복 내란행위'로 매진하겠다면, 응당 그에 맞게 단호히 응징해 드리겠습니다.

■ 최상목, 무엇보다 중요한 '속도'는 '노동자 쥐어짜기'가 아니라 '내란 극복'이다!

경제가 어렵고 민생이 심각하다는 말씀을 이 자리에서 드리기조차 참으로 송구합니다. 우리 서민들 모두 그야말로 매섭게 피부로 느끼고 있기 때문입니다.

여전히 1,500원에 육박하는 환율 급등의 출발점은 바로 12.3 내란사태였고, 국제유가 상승과 맞물리면서 물가 상승도 가팔라졌습니다. 여기에 트럼프 미국 대통령 취임 이후 이른바 '관세전쟁'까지 가세한 형국입니다.

작금의 저성장과 고물가 탈출, 민생안정의 출발점은 당연히 정치적 리스크부터 시급히 해소하는 것임에도, 유독 최상목 대통령 권한대행과 국민의힘만 거꾸로 가고 있습니다.

최상목 대행은 엊그제도 "반전의 돌파구를 마련해야 하고 무엇보다 속도가 중요하다"면서도 난데없이 '반도체특별법 도입'을 제기했습니다. 아니, 안그래도 전세계에서 여전히 노동강도가 가장 극심한 이 사회에서, 우리 노동자들이 일을 더 안해서 경제가 어려워졌다는 말입니까? 참으로 뻔뻔하고 파렴치한 책임전가입니다.

'내란특검법'을 거부하고 행정부를 비롯한 우리 사회 곳곳의 내란세력을 그대로 방치하고서야 그 모든 대책이란 것은 다 부질없고 공허한 말장난에 불과합니다.

최상목 대행과 국민의힘 모두 '경제'와 '민생'을 언급할 자격도 없습니다. '윤석열 리스크', '국민의힘 리스크'부터 척결해야 경제회복도 가능합니다.

지금 무엇보다 중요한 그 '속도'는, 기만적인 '노동자 쥐어짜기'가 아니라 실질적인 '내란극복'이어야 함을 거듭 강력히 못박아둡니다.

2025년 2월 6일
진보당 수석대변인 홍성규

■ 내란 '블랙박스' 경호처 비화폰, 김성훈 경호차장 구속하라.

'경호처 비화폰'이 내란의 연결고리로 주목받고 있습니다. 곽종근, 여인형, 이진우 등 내란에 깊이 개입한 군 장성들은 물론 민간인 노상원 전 정보사령관에게도 비화폰이 지급됐습니다. 내란 2인자 김용현 전 국방부 장관도 본인의 검찰조사 직전 이 비화폰으로 검찰 수뇌부와 소통했습니다.

내란수괴 윤석열의 모든 동선에 경호처가 있었습니다. 내란 주요임무 종사자들은 경호처가 지급한 비화폰을 쥐고 있었습니다. 이들은 도감청·통화녹음이 불가능한 보안 휴대전화로 내란 사전모의, 실행은 물론 사후 증거인멸까지 소통한 것으로 보입니다. 경호처 비화폰이 '내란의 블랙박스'인 셈입니다.

지금 헌재 변론, 국정조사 등에서 내란을 둘러싼 소모적 공방을 깔끔하게 해소할 핵심 수단이 바로 경호처 비화폰입니다. 비화폰 서버에 저장된 통화내역이 가장 진실에 근접한 증거입니다.

검찰의 행보가 수상합니다. 김성훈 경호차장은 비화폰 서버 압수수색을 막았고, 관련 기록 삭제 지시 의혹도 제기됐습니다. 그럼에도 검찰은 두 차례나 구속영장을 반려했습니다. 검찰의 공소장에도 경호처 관련 의혹은 쏙 빠져있습니다. 검찰이 내란 은폐를 조력한다고 의심할 수 밖에 없습니다. 검찰은 즉각 김성훈 경호차장 구속수사할 것을 강력히 촉구합니다.

■ 탄핵되면 헌재 부수라"는 김용원 인권위원, 구속 수사하라

김용원 국가인권위원회 상임위원이 헌재 폭동을 선동했습니다. 윤석열을 탄핵한다면, "헌법재판소를 두들겨 부수어 흔적도 남김없이 없애버려야 한다"고 주장했습니다. 현재 진행 중인 탄핵심판에 대해서도 "완전 미친짓"이라 막말했습니다.

명색이 차관급 고위공직자이자 인권위 상임위원인데, 그게 할 말 입니까. 윤석열이 임명한 자들은 어쩜 이리 하나같이 '윤석열스러운지' 모르겠습니다. 애초부터 김용원은 '일본군 성노예 타령'을 비롯한 상상초월 온갖 폭언은 물론 '내란범죄 방어권' 운운하며 인권위를 아수라장으로 만든 장본인입니다. 그가 또 나서서 헌법재판소에 대한 폭력테러·내란선동까지 일삼았습니다.

서부지법 폭동 사태의 충격이 아직 채 가시지도 않았습니다. 그럼에도 재차 헌재 폭동을 선동하는 김용원은 우리 사회 격리대상입니다. 즉각 구속수사해야 마땅합니다.

2025년 2월 6일
정혜경 진보당 원내대변인[*]

---

[*] 동일 일자 보도자료 4개를 함께 실었음을 밝힙니다.

윤석열이 오늘 헌법재판소 탄핵심판정에서 곽종근 전 특전사령관의 증언을 부인하며, 도리어 홍장원 전 국정원 1차장과 곽종근 전 사령관 탓에 '내란 프레임'과 '탄핵 공작'이 시작됐다고 주장했습니다. 이제 하다 하다 내란까지 남탓입니까? 자기 책임을 모면하려고 양심에 따른 증언을 공작이라고 매도하다니 정말 비겁합니다. 부정선거 음모론이라는 망상으로 나라를 혼탁하게 만든 것도 모자라서 이제 탄핵공작 음모론으로 분열과 갈등을 조장하려고 합니까? 탄핵을 자초한 건 12월 3일 밤 위헌 위법한 계엄으로 내란을 일으킨 윤석열 자신입니다. 홍장원 전 차장, 곽종근 전 사령관이 내란을 부추기기라도 했습니까?

– 더불어민주당 수석대변인 조승래, 2월 6일 서면브리핑

부록 ———————————————————————

대한민국헌법

[시행 1988. 2. 25.] [헌법 제10호, 1987. 10. 29., 전부개정]

제1장 총강

제1조 ①대한민국은 민주공화국이다.
②대한민국의 주권은 국민에게 있고, 모든 권력은 국민으로부터 나온다.

제2조 ①대한민국의 국민이 되는 요건은 법률로 정한다.
②국가는 법률이 정하는 바에 의하여 재외국민을 보호할 의무를 진다.

제3조 대한민국의 영토는 한반도와 그 부속도서로 한다.

제4조 대한민국은 통일을 지향하며, 자유민주적 기본질서에 입각한 평화적 통일정책을 수립하고 이를 추진한다.

제5조 ①대한민국은 국제평화의 유지에 노력하고 침략적 전쟁을 부인한다.
②국군은 국가의 안전보장과 국토방위의 신성한 의무를 수행함을 사명으로 하며, 그 정치적 중립성은 준수된다.

제6조 ①헌법에 의하여 체결·공포된 조약과 일반적으로 승인된 국제법규는 국내법과 같은 효력을 가진다.
②외국인은 국제법과 조약이 정하는 바에 의하여 그 지위가 보장된다.

제7조 ①공무원은 국민전체에 대한 봉사자이며, 국민에 대하여 책임을 진다.
②공무원의 신분과 정치적 중립성은 법률이 정하는 바에 의하여 보장된다.

제8조 ①정당의 설립은 자유이며, 복수정당제는 보장된다.
②정당은 그 목적·조직과 활동이 민주적이어야 하며, 국민의 정치적 의사형성에 참여하는데 필요한 조직을 가져야 한다.
③정당은 법률이 정하는 바에 의하여 국가의 보호를 받으며, 국가는 법률이 정하는 바에 의하여 정당운영에 필요한 자금을 보조할 수 있다.
④정당의 목적이나 활동이 민주적 기본질서에 위배될 때에는 정부는 헌법재판소에 그 해산을 제소할 수 있고, 정당은 헌법재판소의 심판에 의하여 해산된다.

제9조 국가는 전통문화의 계승·발전과 민족문화의 창달에 노력하여야 한다.

제2장 국민의 권리와 의무

제10조 모든 국민은 인간으로서의 존엄과 가치를 가지며, 행복을 추구할 권리를 가진다. 국가는 개인이 가지는 불가침의 기본적 인권을 확인하고 이를 보장할 의무를 진다.

제11조 ①모든 국민은 법 앞에 평등하다. 누구든지 성별·종교 또는 사회적 신분에 의하여 정치적·경제적·사회적·문화적 생활의 모든 영역에 있어서 차별을 받지 아니한다.
②사회적 특수계급의 제도는 인정되지 아니하며, 어떠한 형태로도 이를 창설할 수 없다.
③훈장등의 영전은 이를 받은 자에게만 효력이 있고, 어떠한 특권도 이에 따르지 아니한다.

제12조 ①모든 국민은 신체의 자유를 가진다. 누구든지 법률에 의하지 아니하고는 체포·구속·압수·수색 또는 심문을 받지 아니하며, 법률과 적법한 절차에 의하지 아니하고는 처벌·보안처분 또는 강제노역을 받지 아니한다.
②모든 국민은 고문을 받지 아니하며, 형사상 자기에게 불리한 진술을 강요당하지 아니한다.
③체포·구속·압수 또는 수색을 할 때에는 적법한 절차에 따라 검사의 신청에 의하여 법관이 발부한 영

장을 제시하여야 한다. 다만, 현행범인인 경우와 장기 3년 이상의 형에 해당하는 죄를 범하고 도피 또는 증거인멸의 염려가 있을 때에는 사후에 영장을 청구할 수 있다.

④누구든지 체포 또는 구속을 당한 때에는 즉시 변호인의 조력을 받을 권리를 가진다. 다만, 형사피고인이 스스로 변호인을 구할 수 없을 때에는 법률이 정하는 바에 의하여 국가가 변호인을 붙인다.

⑤누구든지 체포 또는 구속의 이유와 변호인의 조력을 받을 권리가 있음을 고지받지 아니하고는 체포 또는 구속을 당하지 아니한다. 체포 또는 구속을 당한 자의 가족등 법률이 정하는 자에게는 그 이유와 일시·장소가 지체없이 통지되어야 한다.

⑥누구든지 체포 또는 구속을 당한 때에는 적부의 심사를 법원에 청구할 권리를 가진다.

⑦피고인의 자백이 고문·폭행·협박·구속의 부당한 장기화 또는 기망 기타의 방법에 의하여 자의로 진술된 것이 아니라고 인정될 때 또는 정식재판에 있어서 피고인의 자백이 그에게 불리한 유일한 증거일 때에는 이를 유죄의 증거로 삼거나 이를 이유로 처벌할 수 없다.

제13조 ①모든 국민은 행위시의 법률에 의하여 범죄를 구성하지 아니하는 행위로 소추되지 아니하며, 동일한 범죄에 대하여 거듭 처벌받지 아니한다.

②모든 국민은 소급입법에 의하여 참정권의 제한을 받거나 재산권을 박탈당하지 아니한다.

③모든 국민은 자기의 행위가 아닌 친족의 행위로 인하여 불이익한 처우를 받지 아니한다.

제14조 모든 국민은 거주·이전의 자유를 가진다.

제15조 모든 국민은 직업선택의 자유를 가진다.

제16조 모든 국민은 주거의 자유를 침해받지 아니한다. 주거에 대한 압수나 수색을 할 때에는 검사의 신청에 의하여 법관이 발부한 영장을 제시하여야 한다.

제17조 모든 국민은 사생활의 비밀과 자유를 침해받지 아니한다.

제18조 모든 국민은 통신의 비밀을 침해받지 아니한다.

제19조 모든 국민은 양심의 자유를 가진다.

제20조 ①모든 국민은 종교의 자유를 가진다.

②국교는 인정되지 아니하며, 종교와 정치는 분리된다.

제21조 ①모든 국민은 언론·출판의 자유와 집회·결사의 자유를 가진다.

②언론·출판에 대한 허가나 검열과 집회·결사에 대한 허가는 인정되지 아니한다.

③통신·방송의 시설기준과 신문의 기능을 보장하기 위하여 필요한 사항은 법률로 정한다.

④언론·출판은 타인의 명예나 권리 또는 공중도덕이나 사회윤리를 침해하여서는 아니된다. 언론·출판이 타인의 명예나 권리를 침해한 때에는 피해자는 이에 대한 피해의 배상을 청구할 수 있다.

제22조 ①모든 국민은 학문과 예술의 자유를 가진다.

②저작자·발명가·과학기술자와 예술가의 권리는 법률로써 보호한다.

제23조 ①모든 국민의 재산권은 보장된다. 그 내용과 한계는 법률로 정한다.

②재산권의 행사는 공공복리에 적합하도록 하여야 한다.

③공공필요에 의한 재산권의 수용·사용 또는 제한 및 그에 대한 보상은 법률로써 하되, 정당한 보상을 지급하여야 한다.

제24조 모든 국민은 법률이 정하는 바에 의하여 선거권을 가진다.

제25조 모든 국민은 법률이 정하는 바에 의하여 공무담임권을 가진다.

제26조 ①모든 국민은 법률이 정하는 바에 의하여 국가기관에 문서로 청원할 권리를 가진다.

②국가는 청원에 대하여 심사할 의무를 진다.

제27조 ①모든 국민은 헌법과 법률이 정한 법관에 의하여 법률에 의한 재판을 받을 권리를 가진다.

②군인 또는 군무원이 아닌 국민은 대한민국의 영역 안에서는 중대한 군사상 기밀·초병·초소·유독음식물공급·포로·군용물에 관한 죄중 법률이 정한 경우와 비상계엄이 선포된 경우를 제외하고는 군사법

원의 재판을 받지 아니한다.

③모든 국민은 신속한 재판을 받을 권리를 가진다. 형사피고인은 상당한 이유가 없는 한 지체없이 공개재판을 받을 권리를 가진다.

④형사피고인은 유죄의 판결이 확정될 때까지는 무죄로 추정된다.

⑤형사피해자는 법률이 정하는 바에 의하여 당해 사건의 재판절차에서 진술할 수 있다.

제28조 형사피의자 또는 형사피고인으로서 구금되었던 자가 법률이 정하는 불기소처분을 받거나 무죄판결을 받은 때에는 법률이 정하는 바에 의하여 국가에 정당한 보상을 청구할 수 있다.

제29조 ①공무원의 직무상 불법행위로 손해를 받은 국민은 법률이 정하는 바에 의하여 국가 또는 공공단체에 정당한 배상을 청구할 수 있다. 이 경우 공무원 자신의 책임은 면제되지 아니한다.

②군인·군무원·경찰공무원 기타 법률이 정하는 자가 전투·훈련등 직무집행과 관련하여 받은 손해에 대하여는 법률이 정하는 보상 외에 국가 또는 공공단체에 공무원의 직무상 불법행위로 인한 배상은 청구할 수 없다.

제30조 타인의 범죄행위로 인하여 생명·신체에 대한 피해를 받은 국민은 법률이 정하는 바에 의하여 국가로부터 구조를 받을 수 있다.

제31조 ①모든 국민은 능력에 따라 균등하게 교육을 받을 권리를 가진다.

②모든 국민은 그 보호하는 자녀에게 적어도 초등교육과 법률이 정하는 교육을 받게 할 의무를 진다.

③의무교육은 무상으로 한다.

④교육의 자주성·전문성·정치적 중립성 및 대학의 자율성은 법률이 정하는 바에 의하여 보장된다.

⑤국가는 평생교육을 진흥하여야 한다.

⑥학교교육 및 평생교육을 포함한 교육제도와 그 운영, 교육재정 및 교원의 지위에 관한 기본적인 사항은 법률로 정한다.

제32조 ①모든 국민은 근로의 권리를 가진다. 국가는 사회적·경제적 방법으로 근로자의 고용의 증진과 적정임금의 보장에 노력하여야 하며, 법률이 정하는 바에 의하여 최저임금제를 시행하여야 한다.

②모든 국민은 근로의 의무를 진다. 국가는 근로의 의무의 내용과 조건을 민주주의원칙에 따라 법률로 정한다.

③근로조건의 기준은 인간의 존엄성을 보장하도록 법률로 정한다.

④여자의 근로는 특별한 보호를 받으며, 고용·임금 및 근로조건에 있어서 부당한 차별을 받지 아니한다.

⑤연소자의 근로는 특별한 보호를 받는다.

⑥국가유공자·상이군경 및 전몰군경의 유가족은 법률이 정하는 바에 의하여 우선적으로 근로의 기회를 부여받는다.

제33조 ①근로자는 근로조건의 향상을 위하여 자주적인 단결권·단체교섭권 및 단체행동권을 가진다.

②공무원인 근로자는 법률이 정하는 자에 한하여 단결권·단체교섭권 및 단체행동권을 가진다.

③법률이 정하는 주요방위산업체에 종사하는 근로자의 단체행동권은 법률이 정하는 바에 의하여 이를 제한하거나 인정하지 아니할 수 있다.

제34조 ①모든 국민은 인간다운 생활을 할 권리를 가진다.

②국가는 사회보장·사회복지의 증진에 노력할 의무를 진다.

③국가는 여자의 복지와 권익의 향상을 위하여 노력하여야 한다.

④국가는 노인과 청소년의 복지향상을 위한 정책을 실시할 의무를 진다.

⑤신체장애자 및 질병·노령 기타의 사유로 생활능력이 없는 국민은 법률이 정하는 바에 의하여 국가의 보호를 받는다.

⑥국가는 재해를 예방하고 그 위험으로부터 국민을 보호하기 위하여 노력하여야 한다.

제35조 ①모든 국민은 건강하고 쾌적한 환경에서 생활할 권리를 가지며, 국가와 국민은 환경보전을 위하여 노력하여야 한다.

②환경권의 내용과 행사에 관하여는 법률로 정한다.

③국가는 주택개발정책등을 통하여 모든 국민이 쾌적한 주거생활을 할 수 있도록 노력하여야 한다.

제36조 ①혼인과 가족생활은 개인의 존엄과 양성의 평등을 기초로 성립되고 유지되어야 하며, 국가는 이를 보장한다.

②국가는 모성의 보호를 위하여 노력하여야 한다.

③모든 국민은 보건에 관하여 국가의 보호를 받는다.

제37조 ①국민의 자유와 권리는 헌법에 열거되지 아니한 이유로 경시되지 아니한다.

②국민의 모든 자유와 권리는 국가안전보장·질서유지 또는 공공복리를 위하여 필요한 경우에 한하여 법률로써 제한할 수 있으며, 제한하는 경우에도 자유와 권리의 본질적인 내용을 침해할 수 없다.

제38조 모든 국민은 법률이 정하는 바에 의하여 납세의 의무를 진다.

제39조 ①모든 국민은 법률이 정하는 바에 의하여 국방의 의무를 진다.

②누구든지 병역의무의 이행으로 인하여 불이익한 처우를 받지 아니한다.

제3장 국회

제40조 입법권은 국회에 속한다.

제41조 ①국회는 국민의 보통·평등·직접·비밀선거에 의하여 선출된 국회의원으로 구성한다.

②국회의원의 수는 법률로 정하되, 200인 이상으로 한다.

③국회의원의 선거구와 비례대표제 기타 선거에 관한 사항은 법률로 정한다.

제42조 국회의원의 임기는 4년으로 한다.

제43조 국회의원은 법률이 정하는 직을 겸할 수 없다.

제44조 ①국회의원은 현행범인인 경우를 제외하고는 회기 중 국회의 동의없이 체포 또는 구금되지 아니한다.

②국회의원이 회기 전에 체포 또는 구금된 때에는 현행범인이 아닌 한 국회의 요구가 있으면 회기 중 석방된다.

제45조 국회의원은 국회에서 직무상 행한 발언과 표결에 관하여 국회 외에서 책임을 지지 아니한다.

제46조 ①국회의원은 청렴의 의무가 있다.

②국회의원은 국가이익을 우선하여 양심에 따라 직무를 행한다.

③국회의원은 그 지위를 남용하여 국가·공공단체 또는 기업체와의 계약이나 그 처분에 의하여 재산상의 권리·이익 또는 직위를 취득하거나 타인을 위하여 그 취득을 알선할 수 없다.

제47조 ①국회의 정기회는 법률이 정하는 바에 의하여 매년 1회 집회되며, 국회의 임시회는 대통령 또는 국회재적의원 4분의 1 이상의 요구에 의하여 집회된다.

②정기회의 회기는 100일을, 임시회의 회기는 30일을 초과할 수 없다.

③대통령이 임시회의 집회를 요구할 때에는 기간과 집회요구의 이유를 명시하여야 한다.

제48조 국회는 의장 1인과 부의장 2인을 선출한다.

제49조 국회는 헌법 또는 법률에 특별한 규정이 없는 한 재적의원 과반수의 출석과 출석의원 과반수의 찬성으로 의결한다. 가부동수인 때에는 부결된 것으로 본다.

제50조 ①국회의 회의는 공개한다. 다만, 출석의원 과반수의 찬성이 있거나 의장이 국가의 안전보장을 위하여 필요하다고 인정할 때에는 공개하지 아니할 수 있다.

②공개하지 아니한 회의내용의 공표에 관하여는 법률이 정하는 바에 의한다.

제51조 국회에 제출된 법률안 기타의 의안은 회기 중에 의결되지 못한 이유로 폐기되지 아니한다. 다만, 국회의원의 임기가 만료된 때에는 그러하지 아니하다.

제52조 국회의원과 정부는 법률안을 제출할 수 있다.

제53조 ①국회에서 의결된 법률안은 정부에 이송되어 15일 이내에 대통령이 공포한다.

②법률안에 이의가 있을 때에는 대통령은 제1항의 기간내에 이의서를 붙여 국회로 환부하고, 그 재의를 요구할 수 있다. 국회의 폐회 중에도 또한 같다.

③대통령은 법률안의 일부에 대하여 또는 법률안을 수정하여 재의를 요구할 수 없다.

④재의의 요구가 있을 때에는 국회는 재의에 붙이고, 재적의원 과반수의 출석과 출석의원 3분의 2 이상의 찬성으로 전과 같은 의결을 하면 그 법률안은 법률로서 확정된다.

⑤대통령이 제1항의 기간 내에 공포나 재의의 요구를 하지 아니한 때에도 그 법률안은 법률로서 확정된다.

⑥대통령은 제4항과 제5항의 규정에 의하여 확정된 법률을 지체없이 공포하여야 한다. 제5항에 의하여 법률이 확정된 후 또는 제4항에 의한 확정법률이 정부에 이송된 후 5일 이내에 대통령이 공포하지 아니할 때에는 국회의장이 이를 공포한다.

⑦법률은 특별한 규정이 없는 한 공포한 날로부터 20일을 경과함으로써 효력을 발생한다.

제54조 ①국회는 국가의 예산안을 심의·확정한다.

②정부는 회계연도마다 예산안을 편성하여 회계연도 개시 90일 전까지 국회에 제출하고, 국회는 회계연도 개시 30일 전까지 이를 의결하여야 한다.

③새로운 회계연도가 개시될 때까지 예산안이 의결되지 못한 때에는 정부는 국회에서 예산안이 의결될 때까지 다음의 목적을 위한 경비는 전년도 예산에 준하여 집행할 수 있다.

1. 헌법이나 법률에 의하여 설치된 기관 또는 시설의 유지·운영
2. 법률상 지출의무의 이행
3. 이미 예산으로 승인된 사업의 계속

제55조 ①한 회계연도를 넘어 계속하여 지출할 필요가 있을 때에는 정부는 연한을 정하여 계속비로서 국회의 의결을 얻어야 한다.

②예비비는 총액으로 국회의 의결을 얻어야 한다. 예비비의 지출은 차기국회의 승인을 얻어야 한다.

제56조 정부는 예산에 변경을 가할 필요가 있을 때에는 추가경정예산안을 편성하여 국회에 제출할 수 있다.

제57조 국회는 정부의 동의 없이 정부가 제출한 지출예산 각항의 금액을 증가하거나 새 비목을 설치할 수 없다.

제58조 국채를 모집하거나 예산 외에 국가의 부담이 될 계약을 체결하려 할 때에는 정부는 미리 국회의 의결을 얻어야 한다.

제59조 조세의 종목과 세율은 법률로 정한다.

제60조 ①국회는 상호원조 또는 안전보장에 관한 조약, 중요한 국제조직에 관한 조약, 우호통상항해조약, 주권의 제약에 관한 조약, 강화조약, 국가나 국민에게 중대한 재정적 부담을 지우는 조약 또는 입법사항에 관한 조약의 체결·비준에 대한 동의권을 가진다.

②국회는 선전포고, 국군의 외국에의 파견 또는 외국군대의 대한민국 영역 안에서의 주류에 대한 동의권을 가진다.

제61조 ①국회는 국정을 감사하거나 특정한 국정사안에 대하여 조사할 수 있으며, 이에 필요한 서류의 제출 또는 증인의 출석과 증언이나 의견의 진술을 요구할 수 있다.

②국정감사 및 조사에 관한 절차 기타 필요한 사항은 법률로 정한다.

제62조 ①국무총리·국무위원 또는 정부위원은 국회나 그 위원회에 출석하여 국정처리상황을 보고하거나 의견을 진술하고 질문에 응답할 수 있다.

②국회나 그 위원회의 요구가 있을 때에는 국무총리·국무위원 또는 정부위원은 출석·답변하여야 하며, 국무총리 또는 국무위원이 출석요구를 받은 때에는 국무위원 또는 정부위원으로 하여금 출석·답변하게 할 수 있다.

제63조 ①국회는 국무총리 또는 국무위원의 해임을 대통령에게 건의할 수 있다.

②제1항의 해임건의는 국회재적의원 3분의 1 이상의 발의에 의하여 국회재적의원 과반수의 찬성이 있어야 한다.

제64조 ①국회는 법률에 저촉되지 아니하는 범위 안에서 의사와 내부규율에 관한 규칙을 제정할 수 있다.

②국회는 의원의 자격을 심사하며, 의원을 징계할 수 있다.

③의원을 제명하려면 국회재적의원 3분의 2 이상의 찬성이 있어야 한다.

④제2항과 제3항의 처분에 대하여는 법원에 제소할 수 없다.

제65조 ①대통령·국무총리·국무위원·행정각부의 장·헌법재판소 재판관·법관·중앙선거관리위원회 위원·감사원장·감사위원 기타 법률이 정한 공무원이 그 직무집행에 있어서 헌법이나 법률을 위배한 때에는 국회는 탄핵의 소추를 의결할 수 있다.

②제1항의 탄핵소추는 국회재적의원 3분의 1 이상의 발의가 있어야 하며, 그 의결은 국회재적의원 과반수의 찬성이 있어야 한다. 다만, 대통령에 대한 탄핵소추는 국회재적의원 과반수의 발의와 국회재적의원 3분의 2 이상의 찬성이 있어야 한다.

③탄핵소추의 의결을 받은 자는 탄핵심판이 있을 때까지 그 권한행사가 정지된다.

④탄핵결정은 공직으로부터 파면함에 그친다. 그러나, 이에 의하여 민사상이나 형사상의 책임이 면제되지는 아니한다.

제4장 정부

제1절 대통령

제66조 ①대통령은 국가의 원수이며, 외국에 대하여 국가를 대표한다.

②대통령은 국가의 독립·영토의 보전·국가의 계속성과 헌법을 수호할 책무를 진다.

③대통령은 조국의 평화적 통일을 위한 성실한 의무를 진다.

④행정권은 대통령을 수반으로 하는 정부에 속한다.

제67조 ①대통령은 국민의 보통·평등·직접·비밀선거에 의하여 선출한다.

②제1항의 선거에 있어서 최고득표자가 2인 이상인 때에는 국회의 재적의원 과반수가 출석한 공개회의에서 다수표를 얻은 자를 당선자로 한다.

③대통령후보자가 1인일 때에는 그 득표수가 선거권자 총수의 3분의 1 이상이 아니면 대통령으로 당선될 수 없다.

④대통령으로 선거될 수 있는 자는 국회의원의 피선거권이 있고 선거일 현재 40세에 달하여야 한다.

⑤대통령의 선거에 관한 사항은 법률로 정한다.

제68조 ①대통령의 임기가 만료되는 때에는 임기만료 70일 내지 40일 전에 후임자를 선거한다.

②대통령이 궐위된 때 또는 대통령 당선자가 사망하거나 판결 기타의 사유로 그 자격을 상실한 때에는 60일 이내에 후임자를 선거한다.

제69조 대통령은 취임에 즈음하여 다음의 선서를 한다.

"나는 헌법을 준수하고 국가를 보위하며 조국의 평화적 통일과 국민의 자유와 복리의 증진 및 민족문화의 창달에 노력하여 대통령으로서의 직책을 성실히 수행할 것을 국민 앞에 엄숙히 선서합니다."

제70조 대통령의 임기는 5년으로 하며, 중임할 수 없다.

제71조 대통령이 궐위되거나 사고로 인하여 직무를 수행할 수 없을 때에는 국무총리, 법률이 정한 국무위원의 순서로 그 권한을 대행한다.

제72조 대통령은 필요하다고 인정할 때에는 외교·국방·통일 기타 국가안위에 관한 중요정책을 국민투표에 붙일 수 있다.

제73조 대통령은 조약을 체결·비준하고, 외교사절을 신임·접수 또는 파견하며, 선전포고와 강화를 한다.

제74조 ①대통령은 헌법과 법률이 정하는 바에 의하여 국군을 통수한다.

②국군의 조직과 편성은 법률로 정한다.

제75조 대통령은 법률에서 구체적으로 범위를 정하여 위임받은 사항과 법률을 집행하기 위하여 필요한 사항에 관하여 대통령령을 발할 수 있다.

제76조 ①대통령은 내우·외환·천재·지변 또는 중대한 재정·경제상의 위기에 있어서 국가의 안전보장 또는 공공의 안녕질서를 유지하기 위하여 긴급한 조치가 필요하고 국회의 집회를 기다릴 여유가 없을 때에 한하여 최소한으로 필요한 재정·경제상의 처분을 하거나 이에 관하여 법률의 효력을 가지는 명령을 발할 수 있다.
②대통령은 국가의 안위에 관계되는 중대한 교전상태에 있어서 국가를 보위하기 위하여 긴급한 조치가 필요하고 국회의 집회가 불가능한 때에 한하여 법률의 효력을 가지는 명령을 발할 수 있다.
③대통령은 제1항과 제2항의 처분 또는 명령을 한 때에는 지체없이 국회에 보고하여 그 승인을 얻어야 한다.
④제3항의 승인을 얻지 못한 때에는 그 처분 또는 명령은 그때부터 효력을 상실한다. 이 경우 그 명령에 의하여 개정 또는 폐지되었던 법률은 그 명령이 승인을 얻지 못한 때부터 당연히 효력을 회복한다.
⑤대통령은 제3항과 제4항의 사유를 지체없이 공포하여야 한다.

제77조 ①대통령은 전시·사변 또는 이에 준하는 국가비상사태에 있어서 병력으로써 군사상의 필요에 응하거나 공공의 안녕질서를 유지할 필요가 있을 때에는 법률이 정하는 바에 의하여 계엄을 선포할 수 있다.
②계엄은 비상계엄과 경비계엄으로 한다.
③비상계엄이 선포된 때에는 법률이 정하는 바에 의하여 영장제도, 언론·출판·집회·결사의 자유, 정부나 법원의 권한에 관하여 특별한 조치를 할 수 있다.
④계엄을 선포한 때에는 대통령은 지체없이 국회에 통고하여야 한다.
⑤국회가 재적의원 과반수의 찬성으로 계엄의 해제를 요구한 때에는 대통령은 이를 해제하여야 한다.

제78조 대통령은 헌법과 법률이 정하는 바에 의하여 공무원을 임면한다.

제79조 ①대통령은 법률이 정하는 바에 의하여 사면·감형 또는 복권을 명할 수 있다.
②일반사면을 명하려면 국회의 동의를 얻어야 한다.
③사면·감형 및 복권에 관한 사항은 법률로 정한다.

제80조 대통령은 법률이 정하는 바에 의하여 훈장 기타의 영전을 수여한다.

제81조 대통령은 국회에 출석하여 발언하거나 서한으로 의견을 표시할 수 있다.

제82조 대통령의 국법상 행위는 문서로써 하며, 이 문서에는 국무총리와 관계 국무위원이 부서한다. 군사에 관한 것도 또한 같다.

제83조 대통령은 국무총리·국무위원·행정각부의 장 기타 법률이 정하는 공사의 직을 겸할 수 없다.

제84조 대통령은 내란 또는 외환의 죄를 범한 경우를 제외하고는 재직 중 형사상의 소추를 받지 아니한다.

제85조 전직대통령의 신분과 예우에 관하여는 법률로 정한다.

제2절 행정부

제1관 국무총리와 국무위원

제86조 ①국무총리는 국회의 동의를 얻어 대통령이 임명한다.
②국무총리는 대통령을 보좌하며, 행정에 관하여 대통령의 명을 받아 행정각부를 통할한다.
③군인은 현역을 면한 후가 아니면 국무총리로 임명될 수 없다.

제87조 ①국무위원은 국무총리의 제청으로 대통령이 임명한다.
②국무위원은 국정에 관하여 대통령을 보좌하며, 국무회의의 구성원으로서 국정을 심의한다.
③국무총리는 국무위원의 해임을 대통령에게 건의할 수 있다.
④군인은 현역을 면한 후가 아니면 국무위원으로 임명될 수 없다.

제2관 국무회의

제88조 ①국무회의는 정부의 권한에 속하는 중요한 정책을 심의한다.

②국무회의는 대통령·국무총리와 15인 이상 30인 이하의 국무위원으로 구성한다.

③대통령은 국무회의의 의장이 되고, 국무총리는 부의장이 된다.

제89조 다음 사항은 국무회의의 심의를 거쳐야 한다.

1. 국정의 기본계획과 정부의 일반정책
2. 선전·강화 기타 중요한 대외정책
3. 헌법개정안·국민투표안·조약안·법률안 및 대통령령안
4. 예산안·결산·국유재산처분의 기본계획·국가의 부담이 될 계약 기타 재정에 관한 중요사항
5. 대통령의 긴급명령·긴급재정경제처분 및 명령 또는 계엄과 그 해제
6. 군사에 관한 중요사항
7. 국회의 임시회 집회의 요구
8. 영전수여
9. 사면·감형과 복권
10. 행정각부간의 권한의 획정
11. 정부 안의 권한의 위임 또는 배정에 관한 기본계획
12. 국정처리상황의 평가·분석
13. 행정각부의 중요한 정책의 수립과 조정
14. 정당해산의 제소
15. 정부에 제출 또는 회부된 정부의 정책에 관계되는 청원의 심사
16. 검찰총장·합동참모의장·각군참모총장·국립대학교총장·대사 기타 법률이 정한 공무원과 국영기업체관리자의 임명
17. 기타 대통령·국무총리 또는 국무위원이 제출한 사항

제90조 ①국정의 중요한 사항에 관한 대통령의 자문에 응하기 위하여 국가원로로 구성되는 국가원로자문회의를 둘 수 있다.

②국가원로자문회의의 의장은 직전대통령이 된다. 다만, 직전대통령이 없을 때에는 대통령이 지명한다.

③국가원로자문회의의 조직·직무범위 기타 필요한 사항은 법률로 정한다.

제91조 ①국가안전보장에 관련되는 대외정책·군사정책과 국내정책의 수립에 관하여 국무회의의 심의에 앞서 대통령의 자문에 응하기 위하여 국가안전보장회의를 둔다.

②국가안전보장회의는 대통령이 주재한다.

③국가안전보장회의의 조직·직무범위 기타 필요한 사항은 법률로 정한다.

제92조 ①평화통일정책의 수립에 관한 대통령의 자문에 응하기 위하여 민주평화통일자문회의를 둘 수 있다.

②민주평화통일자문회의의 조직·직무범위 기타 필요한 사항은 법률로 정한다.

제93조 ①국민경제의 발전을 위한 중요정책의 수립에 관하여 대통령의 자문에 응하기 위하여 국민경제자문회의를 둘 수 있다.

②국민경제자문회의의 조직·직무범위 기타 필요한 사항은 법률로 정한다.

제3관 행정각부

제94조 행정각부의 장은 국무위원 중에서 국무총리의 제청으로 대통령이 임명한다.

제95조 국무총리 또는 행정각부의 장은 소관사무에 관하여 법률이나 대통령령의 위임 또는 직권으로 총리령 또는 부령을 발할 수 있다.

제96조 행정각부의 설치·조직과 직무범위는 법률로 정한다.

제4관 감사원

제97조 국가의 세입·세출의 결산, 국가 및 법률이 정한 단체의 회계검사와 행정기관 및 공무원의 직무에 관한 감찰을 하기 위하여 대통령 소속하에 감사원을 둔다.

제98조 ①감사원은 원장을 포함한 5인 이상 11인 이하의 감사위원으로 구성한다.
②원장은 국회의 동의를 얻어 대통령이 임명하고, 그 임기는 4년으로 하며, 1차에 한하여 중임할 수 있다.
③감사위원은 원장의 제청으로 대통령이 임명하고, 그 임기는 4년으로 하며, 1차에 한하여 중임할 수 있다.

제99조 감사원은 세입·세출의 결산을 매년 검사하여 대통령과 차년도국회에 그 결과를 보고하여야 한다.

제100조 감사원의 조직·직무범위·감사위원의 자격·감사대상공무원의 범위 기타 필요한 사항은 법률로 정한다.

제5장 법원

제101조 ①사법권은 법관으로 구성된 법원에 속한다.
②법원은 최고법원인 대법원과 각급법원으로 조직된다.
③법관의 자격은 법률로 정한다.

제102조 ①대법원에 부를 둘 수 있다.
②대법원에 대법관을 둔다. 다만, 법률이 정하는 바에 의하여 대법관이 아닌 법관을 둘 수 있다.
③대법원과 각급법원의 조직은 법률로 정한다.

제103조 법관은 헌법과 법률에 의하여 그 양심에 따라 독립하여 심판한다.

제104조 ①대법원장은 국회의 동의를 얻어 대통령이 임명한다.
②대법관은 대법원장의 제청으로 국회의 동의를 얻어 대통령이 임명한다.
③대법원장과 대법관이 아닌 법관은 대법관회의의 동의를 얻어 대법원장이 임명한다.

제105조 ①대법원장의 임기는 6년으로 하며, 중임할 수 없다.
②대법관의 임기는 6년으로 하며, 법률이 정하는 바에 의하여 연임할 수 있다.
③대법원장과 대법관이 아닌 법관의 임기는 10년으로 하며, 법률이 정하는 바에 의하여 연임할 수 있다.
④법관의 정년은 법률로 정한다.

제106조 ①법관은 탄핵 또는 금고 이상의 형의 선고에 의하지 아니하고는 파면되지 아니하며, 징계처분에 의하지 아니하고는 정직·감봉 기타 불리한 처분을 받지 아니한다.
②법관이 중대한 심신상의 장해로 직무를 수행할 수 없을 때에는 법률이 정하는 바에 의하여 퇴직하게 할 수 있다.

제107조 ①법률이 헌법에 위반되는 여부가 재판의 전제가 된 경우에는 법원은 헌법재판소에 제청하여 그 심판에 의하여 재판한다.
②명령·규칙 또는 처분이 헌법이나 법률에 위반되는 여부가 재판의 전제가 된 경우에는 대법원은 이를 최종적으로 심사할 권한을 가진다.
③재판의 전심절차로서 행정심판을 할 수 있다. 행정심판의 절차는 법률로 정하되, 사법절차가 준용되어야 한다.

제108조 대법원은 법률에 저촉되지 아니하는 범위 안에서 소송에 관한 절차, 법원의 내부규율과 사무처리에 관한 규칙을 제정할 수 있다.

제109조 재판의 심리와 판결은 공개한다. 다만, 심리는 국가의 안전보장 또는 안녕질서를 방해하거나 선량한 풍속을 해할 염려가 있을 때에는 법원의 결정으로 공개하지 아니할 수 있다.

제110조 ①군사재판을 관할하기 위하여 특별법원으로서 군사법원을 둘 수 있다.
②군사법원의 상고심은 대법원에서 관할한다.

③군사법원의 조직·권한 및 재판관의 자격은 법률로 정한다.

④비상계엄하의 군사재판은 군인·군무원의 범죄나 군사에 관한 간첩죄의 경우와 초병·초소·유독음식물공급·포로에 관한 죄 중 법률이 정한 경우에 한하여 단심으로 할 수 있다. 다만, 사형을 선고한 경우에는 그러하지 아니하다.

제6장 헌법재판소

제111조 ①헌법재판소는 다음 사항을 관장한다.
  1. 법원의 제청에 의한 법률의 위헌여부 심판
  2. 탄핵의 심판
  3. 정당의 해산 심판
  4. 국가기관 상호간, 국가기관과 지방자치단체간 및 지방자치단체 상호간의 권한쟁의에 관한 심판
  5. 법률이 정하는 헌법소원에 관한 심판
②헌법재판소는 법관의 자격을 가진 9인의 재판관으로 구성하며, 재판관은 대통령이 임명한다.
③제2항의 재판관중 3인은 국회에서 선출하는 자를, 3인은 대법원장이 지명하는 자를 임명한다.
④헌법재판소의 장은 국회의 동의를 얻어 재판관 중에서 대통령이 임명한다.

제112조 ①헌법재판소 재판관의 임기는 6년으로 하며, 법률이 정하는 바에 의하여 연임할 수 있다.
②헌법재판소 재판관은 정당에 가입하거나 정치에 관여할 수 없다.
③헌법재판소 재판관은 탄핵 또는 금고 이상의 형의 선고에 의하지 아니하고는 파면되지 아니한다.

제113조 ①헌법재판소에서 법률의 위헌결정, 탄핵의 결정, 정당해산의 결정 또는 헌법소원에 관한 인용결정을 할 때에는 재판관 6인 이상의 찬성이 있어야 한다.
②헌법재판소는 법률에 저촉되지 아니하는 범위 안에서 심판에 관한 절차, 내부규율과 사무처리에 관한 규칙을 제정할 수 있다.
③헌법재판소의 조직과 운영 기타 필요한 사항은 법률로 정한다.

제7장 선거관리

제114조 ①선거와 국민투표의 공정한 관리 및 정당에 관한 사무를 처리하기 위하여 선거관리위원회를 둔다.
②중앙선거관리위원회는 대통령이 임명하는 3인, 국회에서 선출하는 3인과 대법원장이 지명하는 3인의 위원으로 구성한다. 위원장은 위원 중에서 호선한다.
③위원의 임기는 6년으로 한다.
④위원은 정당에 가입하거나 정치에 관여할 수 없다.
⑤위원은 탄핵 또는 금고 이상의 형의 선고에 의하지 아니하고는 파면되지 아니한다.
⑥중앙선거관리위원회는 법령의 범위 안에서 선거관리·국민투표관리 또는 정당사무에 관한 규칙을 제정할 수 있으며, 법률에 저촉되지 아니하는 범위 안에서 내부규율에 관한 규칙을 제정할 수 있다.
⑦각급 선거관리위원회의 조직·직무범위 기타 필요한 사항은 법률로 정한다.

제115조 ①각급 선거관리위원회는 선거인명부의 작성 등 선거사무와 국민투표사무에 관하여 관계 행정기관에 필요한 지시를 할 수 있다.
②제1항의 지시를 받은 당해 행정기관은 이에 응하여야 한다.

제116조 ①선거운동은 각급 선거관리위원회의 관리하에 법률이 정하는 범위 안에서 하되, 균등한 기회가 보장되어야 한다.
②선거에 관한 경비는 법률이 정하는 경우를 제외하고는 정당 또는 후보자에게 부담시킬 수 없다.

제8장 지방자치

제117조 ①지방자치단체는 주민의 복리에 관한 사무를 처리하고 재산을 관리하며, 법령의 범위 안에서 자치에 관한 규정을 제정할 수 있다.
②지방자치단체의 종류는 법률로 정한다.

제118조 ①지방자치단체에 의회를 둔다.

②지방의회의 조직·권한·의원선거와 지방자치단체의 장의 선임방법 기타 지방자치단체의 조직과 운영에 관한 사항은 법률로 정한다.

제9장 경제

제119조 ①대한민국의 경제질서는 개인과 기업의 경제상의 자유와 창의를 존중함을 기본으로 한다.

②국가는 균형있는 국민경제의 성장 및 안정과 적정한 소득의 분배를 유지하고, 시장의 지배와 경제력의 남용을 방지하며, 경제주체간의 조화를 통한 경제의 민주화를 위하여 경제에 관한 규제와 조정을 할 수 있다.

제120조 ①광물 기타 중요한 지하자원·수산자원·수력과 경제상 이용할 수 있는 자연력은 법률이 정하는 바에 의하여 일정한 기간 그 채취·개발 또는 이용을 특허할 수 있다.

②국토와 자원은 국가의 보호를 받으며, 국가는 그 균형있는 개발과 이용을 위하여 필요한 계획을 수립한다.

제121조 ①국가는 농지에 관하여 경자유전의 원칙이 달성될 수 있도록 노력하여야 하며, 농지의 소작제도는 금지된다.

②농업생산성의 제고와 농지의 합리적인 이용을 위하거나 불가피한 사정으로 발생하는 농지의 임대차와 위탁경영은 법률이 정하는 바에 의하여 인정된다.

제122조 국가는 국민 모두의 생산 및 생활의 기반이 되는 국토의 효율적이고 균형있는 이용·개발과 보전을 위하여 법률이 정하는 바에 의하여 그에 관한 필요한 제한과 의무를 과할 수 있다.

제123조 ①국가는 농업 및 어업을 보호·육성하기 위하여 농·어촌종합개발과 그 지원등 필요한 계획을 수립·시행하여야 한다.

②국가는 지역간의 균형있는 발전을 위하여 지역경제를 육성할 의무를 진다.

③국가는 중소기업을 보호·육성하여야 한다.

④국가는 농수산물의 수급균형과 유통구조의 개선에 노력하여 가격안정을 도모함으로써 농·어민의 이익을 보호한다.

⑤국가는 농·어민과 중소기업의 자조조직을 육성하여야 하며, 그 자율적 활동과 발전을 보장한다.

제124조 국가는 건전한 소비행위를 계도하고 생산품의 품질향상을 촉구하기 위한 소비자보호운동을 법률이 정하는 바에 의하여 보장한다.

제125조 국가는 대외무역을 육성하며, 이를 규제·조정할 수 있다.

제126조 국방상 또는 국민경제상 긴절한 필요로 인하여 법률이 정하는 경우를 제외하고는, 사영기업을 국유 또는 공유로 이전하거나 그 경영을 통제 또는 관리할 수 없다.

제127조 ①국가는 과학기술의 혁신과 정보 및 인력의 개발을 통하여 국민경제의 발전에 노력하여야 한다.

②국가는 국가표준제도를 확립한다.

③대통령은 제1항의 목적을 달성하기 위하여 필요한 자문기구를 둘 수 있다.

제10장 헌법개정

제128조 ①헌법개정은 국회재적의원 과반수 또는 대통령의 발의로 제안된다.

②대통령의 임기연장 또는 중임변경을 위한 헌법개정은 그 헌법개정 제안 당시의 대통령에 대하여는 효력이 없다.

제129조 제안된 헌법개정안은 대통령이 20일 이상의 기간 이를 공고하여야 한다.

제130조 ①국회는 헌법개정안이 공고된 날로부터 60일 이내에 의결하여야 하며, 국회의 의결은 재적의원 3분의 2 이상의 찬성을 얻어야 한다.

②헌법개정안은 국회가 의결한 후 30일 이내에 국민투표에 붙여 국회의원선거권자 과반수의 투표와 투표

자 과반수의 찬성을 얻어야 한다.

③헌법개정안이 제2항의 찬성을 얻은 때에는 헌법개정은 확정되며, 대통령은 즉시 이를 공포하여야 한다.

부칙 <헌법 제10호, 1987. 10. 29.>

제1조 이 헌법은 1988년 2월 25일부터 시행한다. 다만, 이 헌법을 시행하기 위하여 필요한 법률의 제정·개정과 이 헌법에 의한 대통령 및 국회의원의 선거 기타 이 헌법시행에 관한 준비는 이 헌법시행 전에 할 수 있다.

제2조 ①이 헌법에 의한 최초의 대통령선거는 이 헌법시행일 40일 전까지 실시한다.

②이 헌법에 의한 최초의 대통령의 임기는 이 헌법시행일로부터 개시한다.

제3조 ①이 헌법에 의한 최초의 국회의원선거는 이 헌법공포일로부터 6월 이내에 실시하며, 이 헌법에 의하여 선출된 최초의 국회의원의 임기는 국회의원선거후 이 헌법에 의한 국회의 최초의 집회일로부터 개시한다.

②이 헌법공포 당시의 국회의원의 임기는 제1항에 의한 국회의 최초의 집회일 전일까지로 한다.

제4조 ①이 헌법시행 당시의 공무원과 정부가 임명한 기업체의 임원은 이 헌법에 의하여 임명된 것으로 본다. 다만, 이 헌법에 의하여 선임방법이나 임명권자가 변경된 공무원과 대법원장 및 감사원장은 이 헌법에 의하여 후임자가 선임될 때까지 그 직무를 행하며, 이 경우 전임자인 공무원의 임기는 후임자가 선임되는 전일까지로 한다.

②이 헌법시행 당시의 대법원장과 대법원판사가 아닌 법관은 제1항 단서의 규정에 불구하고 이 헌법에 의하여 임명된 것으로 본다.

③이 헌법 중 공무원의 임기 또는 중임제한에 관한 규정은 이 헌법에 의하여 그 공무원이 최초로 선출 또는 임명된 때로부터 적용한다.

제5조 이 헌법시행 당시의 법령과 조약은 이 헌법에 위배되지 아니하는 한 그 효력을 지속한다.

제6조 이 헌법시행 당시에 이 헌법에 의하여 새로 설치될 기관의 권한에 속하는 직무를 행하고 있는 기관은 이 헌법에 의하여 새로운 기관이 설치될 때까지 존속하며 그 직무를 행한다.

계엄법

[시행 2017. 7. 26.] [법률 제14839호, 2017. 7. 26., 타법개정]

국방부(기획총괄담당관) 02-748-6523

제1조(목적) 이 법은 계엄(戒嚴)의 선포와 그 시행 및 해제 등에 필요한 사항을 정함을 목적으로 한다.
[전문개정 2011. 6. 9.]

제2조(계엄의 종류와 선포 등) ① 계엄은 비상계엄과 경비계엄으로 구분한다.
② 비상계엄은 대통령이 전시·사변 또는 이에 준하는 국가비상사태 시 적과 교전(交戰) 상태에 있거나 사회질서가 극도로 교란(攪亂)되어 행정 및 사법(司法) 기능의 수행이 현저히 곤란한 경우에 군사상 필요에 따르거나 공공의 안녕질서를 유지하기 위하여 선포한다.
③ 경비계엄은 대통령이 전시·사변 또는 이에 준하는 국가비상사태 시 사회질서가 교란되어 일반 행정기관만으로는 치안을 확보할 수 없는 경우에 공공의 안녕질서를 유지하기 위하여 선포한다.
④ 대통령은 계엄의 종류, 시행지역 또는 계엄사령관을 변경할 수 있다.
⑤ 대통령이 계엄을 선포하거나 변경하고자 할 때에는 국무회의의 심의를 거쳐야 한다.
⑥ 국방부장관 또는 행정안전부장관은 제2항 또는 제3항에 해당하는 사유가 발생한 경우에는 국무총리를 거쳐 대통령에게 계엄의 선포를 건의할 수 있다.<개정 2013. 3. 23., 2014. 11. 19., 2017. 7. 26.>
[전문개정 2011. 6. 9.]

제3조(계엄 선포의 공고) 대통령이 계엄을 선포할 때에는 그 이유, 종류, 시행일시, 시행지역 및 계엄사령관을 공고하여야 한다.
[전문개정 2011. 6. 9.]

제4조(계엄 선포의 통고) ① 대통령이 계엄을 선포하였을 때에는 지체 없이 국회에 통고(通告)하여야 한다.
② 제1항의 경우에 국회가 폐회 중일 때에는 대통령은 지체 없이 국회에 집회(集會)를 요구하여야 한다.
[전문개정 2011. 6. 9.]

제5조(계엄사령관의 임명 및 계엄사령부의 설치 등) ① 계엄사령관은 현역 장성급(將星級) 장교 중에서 국방부장관이 추천한 사람을 국무회의의 심의를 거쳐 대통령이 임명한다.<개정 2017. 3. 21.>
② 계엄사령관의 계엄업무를 시행하기 위하여 계엄사령부를 둔다. 이 경우 계엄사령관은 계엄사령부의 장이 된다.
③ 계엄사령관은 계엄지역이 2개 이상의 도(특별시, 광역시 및 특별자치도를 포함한다)에 걸치는 경우에는 그 직무를 보조할 지구계엄사령부(地區戒嚴司令部)와 지구계엄사령부의 직무를 보조하는 지역계엄사령부를 둘 수 있다.
④ 계엄사령부의 직제는 대통령령으로 정한다.
[전문개정 2011. 6. 9.]

제6조(계엄사령관에 대한 지휘·감독) ① 계엄사령관은 계엄의 시행에 관하여 국방부장관의 지휘·감독을 받는다. 다만, 전국을 계엄지역으로 하는 경우와 대통령이 직접 지휘·감독을 할 필요가 있는 경우에는 대통령의 지휘·감독을 받는다.
② 제1항에 따라 계엄사령관을 지휘·감독할 때 국가 정책에 관계되는 사항은 국무회의의 심의를 거쳐야 한다.
[전문개정 2011. 6. 9.]

제7조(계엄사령관의 관장사항) ① 비상계엄의 선포와 동시에 계엄사령관은 계엄지역의 모든 행정사무와 사법사무를 관장한다.
② 경비계엄의 선포와 동시에 계엄사령관은 계엄지역의 군사에 관한 행정사무와 사법사무를 관장한다.

제8조(계엄사령관의 지휘·감독) ① 계엄지역의 행정기관(정보 및 보안 업무를 관장하는 기관을 포함한다. 이하 같다) 및 사법기관은 지체 없이 계엄사령관의 지휘·감독을 받아야 한다.

② 계엄사령관이 계엄지역의 행정기관 및 사법기관을 지휘·감독할 때 그 지역이 1개의 행정구역에 국한될 때에는 그 구역의 최고책임자를 통하여 하고, 2개 이상의 행정구역에 해당될 때에는 해당 구역의 최고책임자 또는 주무부처의 장(법원의 경우에는 법원행정처장)을 통하여 하여야 한다.
[전문개정 2011. 6. 9.]

제9조(계엄사령관의 특별조치권) ① 비상계엄지역에서 계엄사령관은 군사상 필요할 때에는 체포·구금(拘禁)·압수·수색·거주·이전·언론·출판·집회·결사 또는 단체행동에 대하여 특별한 조치를 할 수 있다. 이 경우 계엄사령관은 그 조치내용을 미리 공고하여야 한다.

② 비상계엄지역에서 계엄사령관은 법률에서 정하는 바에 따라 동원(動員) 또는 징발을 할 수 있으며, 필요한 경우에는 군수(軍需)로 제공할 물품의 조사·등록과 반출금지를 명할 수 있다.

③ 비상계엄지역에서 계엄사령관은 작전상 부득이한 경우에는 국민의 재산을 파괴 또는 소각(燒却)할 수 있다.

④ 계엄사령관이 제3항에 따라 국민의 재산을 파괴 또는 소각하려는 경우에는 미리 그 사유, 지역, 대상 등 필요한 사항을 그 재산의 소재지를 관할하는 행정기관과 그 재산의 소유자, 점유자 또는 관리자에게 통보하거나 공고하여야 한다.
[전문개정 2011. 6. 9.]

제9조의2(재산의 파괴 또는 소각에 대한 보상) ① 제9조제3항에 따라 발생한 손실에 대하여는 정당한 보상을 하여야 한다. 다만, 그 손실이 교전 상태에서 발생한 경우에는 그러하지 아니하다.

② 국방부장관은 미리 보상청구의 기간 및 절차 등 보상청구에 필요한 사항을 10일 이상의 기간을 정하여 공고하여야 한다.

③ 국방부장관은 보상금 지급결정을 하였을 때에는 지체 없이 보상대상자에게 보상금 지급통지서를 송부하여야 한다.

④ 관할 행정기관의 장은 재산의 파괴 또는 소각으로 인한 손실액을 판단하는 데에 필요한 조사서, 확인서, 사진 등 증명자료를 기록·유지하여야 한다.

⑤ 이 법에서 규정한 사항 외에 보상금 지급 등에 필요한 사항은 대통령령으로 정한다.
[전문개정 2011. 6. 9.]

제9조의3(보상기준 등) ① 제9조의2제1항에 따른 손실보상은 다른 법률에 특별한 규정이 있는 경우를 제외하고는 현금으로 지급하여야 한다.

② 손실액의 산정은 파괴 또는 소각으로 인하여 재산이 멸실될 당시의 과세표준을 기준으로 한다.

③ 제2항에 따른 과세표준은 대통령령으로 정한다.
[전문개정 2011. 6. 9.]

제9조의4(보상 제외) 파괴 또는 소각으로 인하여 멸실된 재산이 국유재산이거나 공유재산인 경우에는 제9조의2제1항에도 불구하고 보상을 하지 아니한다.
[전문개정 2011. 6. 9.]

제9조의5(공탁) 국방부장관은 다음 각 호의 어느 하나에 해당하게 되어 보상대상자에게 보상금을 지급할 수 없을 때에는 해당 보상금을 보상대상자의 주소지를 관할하는 지방법원 또는 그 지원(支院)에 공탁(供託)하여야 한다.

1. 보상대상자가 보상금의 수령을 거부하는 경우

2. 대통령령으로 정하는 기간 이내에 제9조의2제3항에 따른 보상금 지급통지서에 응답하지 아니한 경우
[전문개정 2011. 6. 9.]

제9조의6(보상청구권의 소멸시효) 보상청구권은 제9조의2제2항에 따른 공고기간 만료일부터 5년간 행사하지 아니하면 시효의 완성으로 소멸한다. 다만, 공고 사실을 알지 못한 경우에는 그 사실을 안 날부터 계산한다.

제10조(비상계엄하의 군사법원 재판권) ① 비상계엄지역에서 제14조 또는 다음 각 호의 어느 하나에 해당하는 죄를 범한 사람에 대한 재판은 군사법원이 한다. 다만, 계엄사령관은 필요한 경우에는 해당 관할법원이 재판하게 할 수 있다.<개정 2015. 1. 6.>

1. 내란(內亂)의 죄
2. 외환(外患)의 죄
3. 국교(國交)에 관한 죄
4. 공안(公安)을 해치는 죄
5. 폭발물에 관한 죄
6. 공무방해(公務妨害)에 관한 죄
7. 방화(放火)의 죄
8. 통화(通貨)에 관한 죄
9. 살인의 죄
10. 강도의 죄
11. 「국가보안법」에 규정된 죄
12. 「총포·도검·화약류 등의 안전관리에 관한 법률」에 규정된 죄
13. 군사상 필요에 의하여 제정한 법령에 규정된 죄

② 비상계엄지역에 법원이 없거나 해당 관할법원과의 교통이 차단된 경우에는 제1항에도 불구하고 모든 형사사건에 대한 재판은 군사법원이 한다.
[전문개정 2011. 6. 9.]

제11조(계엄의 해제) ① 대통령은 제2조제2항 또는 제3항에 따른 계엄 상황이 평상상태로 회복되거나 국회가 계엄의 해제를 요구한 경우에는 지체 없이 계엄을 해제하고 이를 공고하여야 한다.

② 대통령이 제1항에 따라 계엄을 해제하려는 경우에는 국무회의의 심의를 거쳐야 한다.

③ 국방부장관 또는 행정안전부장관은 제2조제2항 또는 제3항에 따른 계엄 상황이 평상상태로 회복된 경우에는 국무총리를 거쳐 대통령에게 계엄의 해제를 건의할 수 있다.<개정 2013. 3. 23., 2014. 11. 19., 2017. 7. 26.>
[전문개정 2011. 6. 9.]

제12조(행정·사법 사무의 평상화) ① 계엄이 해제된 날부터 모든 행정사무와 사법사무는 평상상태로 복귀한다.

② 비상계엄 시행 중 제10조에 따라 군사법원에 계속(係屬) 중인 재판사건의 관할은 비상계엄 해제와 동시에 일반법원에 속한다. 다만, 대통령이 필요하다고 인정할 때에는 군사법원의 재판권을 1개월의 범위에서 연기할 수 있다.
[전문개정 2011. 6. 9.]

제13조(국회의원의 불체포특권) 계엄 시행 중 국회의원은 현행범인인 경우를 제외하고는 체포 또는 구금되지 아니한다.
[전문개정 2011. 6. 9.]

제14조(벌칙) ① 거짓이나 그 밖의 부정한 방법으로 이 법에 따른 보상금을 받은 자 또는 그 사실을 알면서 보상금을 지급한 자는 5년 이하의 징역 또는 3천만원 이하의 벌금에 처한다. 다만, 해당 보상금의 3배의 금액이 3천만원을 초과할 때에는 그 초과 금액까지 벌금을 과(科)할 수 있다.

② 제8조제1항에 따른 계엄사령관의 지시나 제9조제1항 또는 제2항에 따른 계엄사령관의 조치에 따르지 아니하거나 이를 위반한 자는 3년 이하의 징역에 처한다.

③ 제1항에 규정된 죄의 미수범은 처벌한다.

④ 제1항의 징역형과 벌금형은 병과(併科)할 수 있다.
[전문개정 2011. 6. 9.]

부칙 <법률 제14839호, 2017. 7. 26.> (정부조직법)

제1조(시행일) ① 이 법은 공포한 날부터 시행한다. 다만, 부칙 제5조에 따라 개정되는 법률 중 이 법 시행 전에 공포되었으나 시행일이 도래하지 아니한 법률을 개정한 부분은 각각 해당 법률의 시행일부터 시행한다.

제2조 부터 제4조까지 생략

제5조(다른 법률의 개정) ①부터 <41>까지 생략

　<42> 계엄법 일부를 다음과 같이 개정한다. 제2조제6항 및 제11조제3항 중 "행정자치부장관"을 각각 "행정안전부장관"으로 한다.

　<43>부터 <382>까지 생략

제6조 생략

탄핵 심판 홍장원, 곽종근 등 증언과 국정조사 청문회
(2025.2.4.~2.6.)

초판인쇄 2025년 2월 21일
초판발행 2025년 2월 21일

지은이 한국학술정보(주)
펴낸이 채종준
펴낸곳 한국학술정보(주)
주 소 경기도 파주시 회동길 230(문발동)
전 화 031-908-3181(대표)
팩 스 031-908-3189
투고문의 ksibook1@kstudy.com
등 록 제일산-115호(2000. 6. 19)

ISBN   979-11-7318-267-9 94340